Wolfgang Schönpflug
Ute Schönpflug

DIE GRUNDLAGEN DER

PSYCHO LOGIE

Wolfgang Schönpflug
Ute Schönpflug

DIE GRUNDLAGEN DER

PSYCHO LOGIE

Allgemeine Psychologie
Entwicklungspsychologie
Persönlichkeitspsychologie
Sozialpsychologie

NIKOL
VERLAG

4. Auflage
Genehmigte Lizenzausgabe für
Nikol Verlagsgesellschaft mbH & Co. KG,
Hamburg, 2014

© 1997 Verlagsgruppe Beltz
Julius Beltz GmbH & Co. KG, Weinheim

Lektorat Gerhard Tinger
Covergestaltung: Groothuis, Gesellschaft für Ideen und Passionen mbH
Druck: Finidr s.r.o.
Printed in the Czech Republic
ISBN: 978-3-86820-242-7

www.nikol-verlag.de

Inhalt

„Übelkeit nach zu viel Psychologie. Wenn einer gute Beine hat und an die Psychologie herangelassen wird, kann er in kurzer Zeit und in beliebigem Zickzack Strecken zurücklegen wie auf keinem anderen Feld. Da gehen einem die Augen über."

(Notiz des Schriftstellers Franz Kafka, 1883-1924; aus Kafka, F. (1953). Hochzeitsvorbereitungen auf dem Lande. *Gesammelte Werke* (Band 6, S. 153), herausgegeben von M. Brod. Frankfurt a. M.: Fischer.)

Vorwort zur dritten Auflage

Zwölf Jahre nach Erscheinen der ersten Auflage unseres Lehrbuchs ist eine gründliche Überarbeitung geboten. Den Fortschritt in der Drucktechnik, der sich seitdem eingestellt hat, haben wir genutzt, um das Lesen noch leichter zu machen.

Sigrid Greiff hat mit großer Sorgfalt bei der Herstellung der Druckvorlagen geholfen. Anna Georgiew, Gesine Grossmann und Stefanie Jenkel haben die letzte Fassung des Textes durchgesehen. Das Buch erscheint nunmehr in der Psychologie Verlags Union, freundlich und sachverständig betreut von Dipl. Psych. Gerhard Tinger.

Berlin, Januar 1995

Wolfgang und Ute Schönpflug

Vorwort zur zweiten Auflage

Unser Buch hat nicht nur Leser, sondern auch Freunde gefunden. Wir haben uns über Lob gefreut und waren für Kritik dankbar. Die Herstellung einer zweiten Auflage nutzen wir, um einige Fehler zu beseitigen und die Hinweise auf weiterführende Literatur auf den neuesten Stand zu bringen.

Berlin, Januar 1989

Wolfgang und Ute Schönpflug

Vorwort zur ersten Auflage

"Vieles, was man sagen könnte, wird nicht ausgesprochen. Vieles, was ausgesprochen wird, trifft nicht zu, und dies, obwohl die Konsistenz der Theorie es fordert, obwohl der Autor danach verlangt und der Leser es schätzen würde, ... Drittens: Das Wenige, was zutrifft, ist meistens weder neu noch wissenswert."

(Vukovich, 1974, S. 171f.)

Wovon die Rede ist? Von der modernen Psychologie. Diese Sätze zielen - von dem Regensburger Psychologen Adolf Vukovich mit satirischem Ernst seinem fiktiven Kollegen Ernst August Dölle in den Mund gelegt - auf ihre Versäumnisse, ihre Borniertheiten, ihre Belanglosigkeiten. In der Tat: Als akademisches Fach ist die Psychologie voll, als Beruf ist sie weitgehend etabliert; ihr Fundus an Erfahrungen und Erkenntnissen ist aber noch keineswegs konsolidiert. Ihr Methodenbewußtsein ist stark ausgeprägt; aber über das rechte Vorgehen in Forschung und Praxis herrschen oft Unsicherheit und Uneinigkeit. Expansiv und betriebsam - rund 27 000 allein im Jahre 1980 weltweit registrierte psycho-logische Bücher und Zeitschriftenartikel bezeugen das - schwankt sie zwischen Tiefsinn und Oberflächlichkeit, zwischen Arroganz und Selbstzerfleischung, zwischen enthusiastischer Anteilnahme am gesellschaftlichen Leben und mimosenhafter Zurückgezogenheit. Über ein im Aufbruch befindliches Fach kann man selbstverständlich kein abgerundetes, abgeschlossenes und abgeklärtes Lehrbuch schreiben. Aber man kann versuchen,

- die psychologische Forschungsthematik in ihren Umrissen nachzuzeichnen,
- Schwerpunkte und Zusammenhänge innerhalb dieser Thematik herauszustellen,
- den Spielraum theoretischer Kontroversen und methodischer Alternativen kenntlich zu machen,
- historische Entwicklungslinien aufzuzeigen.

Vukovich, A. (1974). Dölles linguistische Durchbrüche. In Th. Herrmann (Hrsg.), *Dichotomie und Duplizität - Ernst August Dölle zum Gedächtnis* (S.165-183). Bern: Huber.

Solche Beschreibungen sollen erweisen, daß die Psychologie trotz Wildwuchs und Zersplitterung ein beträchtliches Maß an Identität und Einheitlichkeit besitzt, daß ihre Vielfalt nicht frei von Systematik ist und ihre Entwicklung nicht ohne Logik.

So will dieses Lehrbuch einen Überblick und Durchblick verschaffen. Gegenüber der Breite soll jedoch die Vertiefung nicht zu kurz kommen. Deshalb werden regelmäßig ausgewählte Ausschnitte in größerem Detail behandelt - als Anreiz zur konkreten Auseinandersetzung mit repräsentativen Phänomenen und Lehrmeinungen. Die Darstellung konzentriert sich auf theoretische und empirische Grundlagen und dringt von der Allgemeinen Psychologie ausgehend bis zur Entwicklungspsychologie, Persönlichkeitspsychologie und Sozialpsychologie vor. Mit einer solchen Themenwahl und einer derartigen didaktischen Orientierung ist der Band auf Leser zugeschnitten, die eine Einführung in wissenschaftliche Fragestellungen, Denkansätze und Wissensbestände der gegenwärtigen Psychologie suchen. Dies sind vor allem die Studierenden der Psychologie in ihrem ersten Studienabschnitt sowie interessierte Studierende anderer Disziplinen - etwa der Medizin, der Erziehungs-, der Rechts- und Wirtschaftswissenschaften. Auch praktisch, lehrend oder forschend tätige Psychologen sind eingeladen, in Augenschein zu nehmen, was hier als Grundstock an Fachwissen angeboten wird; die Lektüre soll ihnen helfen, ihr eigenes Studienwissen aufzufrischen, zu ergänzen sowie Stellenwert und Innovationsmöglichkeiten ihrer eigenen Spezialisierungsrichtung neu einzuschätzen.

Das vorliegende Buch ist aus einem Studientext hervorgegangen, den wir ursprünglich für den von Bund und Ländern geförderten „Versuch für ein Fernstudium im Medienverbund (FIM)" (Geschäftsführung: Deutsches Institut für Fernstudien an der Universität Tübingen) verfaßt haben. Für die Beratung und Unterstützung dieser Arbeit haben wir der Fachkommission Psychologie des FIM-Versuchs zu danken sowie den zuständigen Mitarbeitern der Projektgruppe "FIM-Psychologie" in Erlangen - allen voran dem Projekt-Koordinator Dr. Walter Kugemann. Nach Abschluß des Versuchs hat uns der Verlag Urban und Schwarzenberg ermutigt, unsere für das Fernstudium bestimmten Texte zu dem vorliegenden Lehrbuch umzuarbeiten. Es ist eine gründliche Umarbeitung geworden; dabei waren uns die verständnisvollen Ratschläge und der gute Zuspruch aus dem Wissenschaftlichen Beirat des Verlages - insbesondere von Prof. Rainer Silbereisen - sowie aus dem Verlagslektorat - insbesondere von Dr. Bernd Weidenmann - eine große Hilfe.

Herzlich gedankt sei Birgit Neubert für die Geduld, mit der sie das Manuskript in die endgültige Form brachte. Die Reproduktionen der wiedergegebenen Fotografien stammen zumeist von Peter Grunwald. Weiterhin zu erwähnen haben wir die Mitwirkung von Sigrid Greiff und Dipl.-Psych. Rainer Klima bei der Erstellung der Bibliographie sowie des Stichwortregisters mit den Mitteln automatischer Textverarbeitung.

Und schließlich: Wir haben uns oft aus unserem engeren Fachgebiet herausgewagt in andere Wissenschaftszweige (wie etwa die Philosophie) und wichtige, von unserem Fach noch nicht ausreichend erschlossene Lebensbereiche (wie etwa die Kunst und die Politik). Wir wollten zeigen, daß psychologische Problematik und psychologische Erkenntnis nicht allein dort gedeihen, wo professionelle Psychologen wirken. Dabei waren wir freilich oft auf sachverständiges Geleit angewiesen. Unser aufrichtiger Dank gilt daher auch zahlreichen Kennern verschiedener uns nicht vertrauter Gebiete, die uns bereitwillig mit Auskünften und Quellennachweisen versorgt haben.

Berlin, März 1982

Wolfgang und Ute Schönpflug

Kapitel 1

Der Begriff der Seele - das Fachgebiet der Psychologie

Der Begriff der Seele

Lehren vom Wesen und vom Wirken der Seele

Die moderne Psychologie im Verbund der Wissenschaften

„Was ist Psychologie?" „Was taugt Psychologie?" - diese Fragen stellen sich, wenn man beginnt, sich mit der Psychologie zu beschäftigen; sie hören freilich nicht auf, auch diejenigen zu fesseln, die schon weit in das Fachgebiet der Psychologie eingedrungen sind.

Was bedeutet überhaupt „Seele"? Welche Erkenntnis gewinnt man durch die Erforschung der Seele? Dieses Kapitel wird versuchen, die Entstehung des Seelenbegriffs mit der Erfahrung des Todes zu begründen. Seele wird erklärt als Trägerin des Lebens. Seelische Erscheinungen sind dann alle Lebensäußerungen: Wahrnehmen und Denken, Gefühl und Wille, Handeln und Sprechen gehören zu den wichtigsten dieser Lebensäußerungen.

Dieses erste Kapitel soll weiterhin zeigen: Man kann Seele und seelische Erscheinungen nicht losgelöst von anderen Lebenserscheinungen bestimmen und sodann zur wissenschaftlichen Untersuchung an die Psychologie und nur an diese überweisen. Zum einen stellt sich das Problem des Zusammenhangs von Körper und Seele; wird nicht gar der Begriff der Seele entbehrlich, wenn fortgeschrittene biologische Forschung im Körper alle Grundlagen von Lebensäußerungen ermittelt? Zum zweiten ist die Erklärung und Gestaltung menschlichen Lebens Gegenstand zahlreicher Spezialwissenschaften wie der Rechtswissenschaft und der Sprachwissenschaft; Psychologie als eigenständige Disziplin steht dann im Wettbewerb mit anderen Wissenschaften.

Schließlich soll die Gliederung der Psychologie als Studienfach und als Forschungsgebiet erläutert werden.

1.1
Der Begriff der menschlichen Seele

1.1.1 Seele als Inbegriff des Lebens

Der Begriff „Seele" entspringt wohl der Erfahrung von *Leben* und *Tod.* Vergleicht man Lebende und Tote, so erkennt man Gemeinsamkeiten und Unterschiede. Gemeinsam ist ihnen die äußere Gestalt des Körpers. Körper von Verstorbenen gleichen oft den Körpern von Lebenden im Schlaf. Der Unterschied: Ein Leichnam ist regungslos und tritt nicht mehr in Beziehung zu seiner Umwelt; die Vorgänge in seinem Inneren sind zum Erliegen gekommen.

Erfahrungen verdichten sich zu Begriffen. So lassen sich jene inneren und äußeren Abläufe, die Toten fehlen, unter dem Begriff „Leben" fassen. Das Denken sucht auch nach Erklärungen. Es bot sich als Erklärung an: Menschen sind Doppelwesen. Zum einen bestehen sie aus einem (leblosen) Körper.

Zum anderen eignet ihnen etwas (körperloses) Lebendiges, Bewegendes. Dieses zweite Wesen des Menschen hat man sich als unstoffliche Substanz vorgestellt, als Luftgeist. Ein einprägsamer Name für dieses zweite Wesen war „Seele". Seele ist somit der Inbegriff des Lebens.

Der eingehende Vergleich von Lebenden und Toten lehrt nun, was unter „Leben" im einzelnen zu verstehen ist. Was leisten denn Lebende, wozu Tote nicht imstande sind?

- Lebende atmen, nehmen Nahrung auf, ihr Blut kreist; sie bringen Kinder zur Welt: Das sind Leistungen zur Erhaltung und Fortpflanzung des eigenen Körpers.
- Lebende hören, sehen, riechen, schmecken; sie leiden Schmerz; sie erkennen Gesichter; sie erkennen ihre Wege durch Stadt und Land: Das sind Leistungen der Sinnesempfindung und der Wahrnehmung.

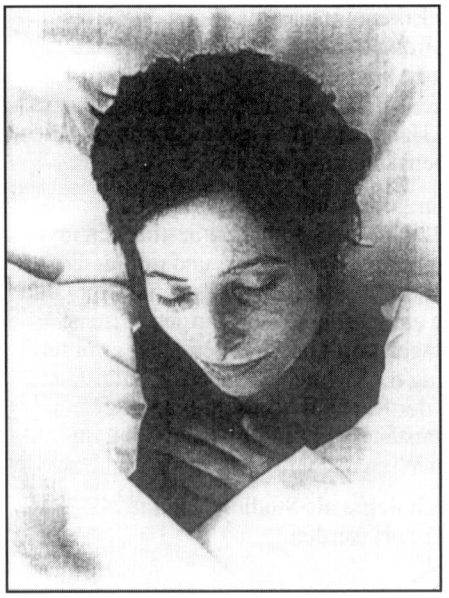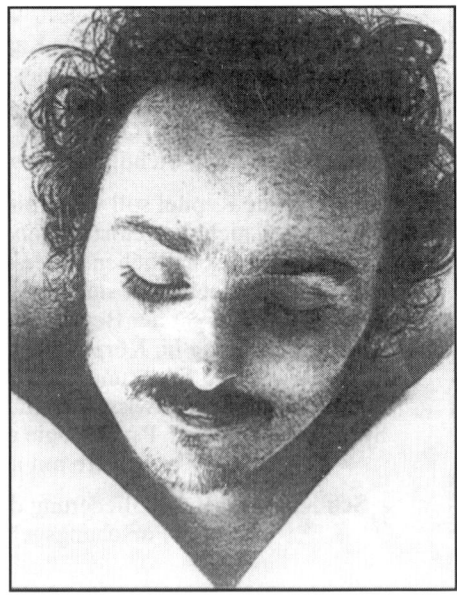

Der Tod als Schlaf: Portraits von Verstorbenen (Schäfer, 1989)

Die Seele verläßt den Körper

Die Deutung des Menschen als körperlich-seelisches Doppelwesen hilft, den Vorgang des *Sterbens* zu erklären. Sind Seele und Körper unterschiedliche Wesen, dann können sie sich trennen. Im Sterben vollziehe sich dann eine Trennung von Seele und Körper.

Zahlreiche Bilder geben die Vorstellung wieder, die Seele verlasse den Körper durch den Mund. Eine solche Darstellung findet sich im *Sachsenspiegel*, einem Rechtsbuch aus dem 13. Jahrhundert. Eine Schwierigkeit derartiger Zeichnungen ist: Die Seele als körperloses Gebilde ist eigentlich gar nicht für das Auge darstellbar. Der Zeichner behilft sich, indem er das Seelenwesen als kleinen, nackten Körper abbildet.

Die Seele entweicht dem Munde (*Sachsenspiegel*, Bild aus der Heidelberger Handschrift, herausgegeben von E. von Künssberg, 1934)

Schäfer, R. (1989). *Der Ewige Schlaf - visages de morts*. Hamburg: Kellner.

Künssberg, E. von (Hrsg.). (1934). *Der Sachsenspiegel*, Band 347. Leipzig: Insel.

- Lebende erinnern sich an Vergangenes und stellen sich Zukünftiges vor; sogar Unwirkliches können sie sich vorstellen: Das sind Leistungen des Gedächtnisses und der Vorstellung.
- Lebende haben Gefühle wie Liebe und Trauer und Bedürfnisse wie Ehrgeiz und Wissensdurst.
- Lebende können ihren Körper geschickt und kraftvoll bewegen; ihr Handeln kann die Welt verändern.
- Lebende können sich mit ihren Mitmenschen verständigen, durch Sprache, Schrift und Gesten.

Es gibt also die Vorstellung eines einheitlichen Seelenwesens als Trägerin des Lebens insgesamt. Leben verwirklicht sich dabei in vielfältigen Erscheinungsformen, und es ist immer wieder das eine Seelenwesen, das alle Formen hervorbringt. Es ist die Seele selbst, die den Körper erhält und über Generationen fortpflanzt, die Empfindung und Wahrnehmung betreibt, Gedächtnis und Vorstellung, Gefühle und Bedürfnisse, Körperbewegung, Handeln, Sprache und Verständigung. Dies alles seien *Leistungen der Seele*, seelische Leistungen.

Statt von seelischen Leistungen kann man auch von Fähigkeiten der Seele, seelischen Fähigkeiten sprechen. Wahrnehmung, Denken usw. seien seelische Fähigkeiten. Noch andere Ausdrucksweisen: Es seien Abläufe, Prozesse an oder in der Seele; es seien Auswirkungen, *Funktionen der Seele*.

1.1.2 Das Leib-Seele-Problem

Die Deutung, Körper und Seele seien eigenständige Wesen, nennt man *Leib-Seele-Dualismus*. Die im Dualismus enthaltenen Annahmen, die Seele belebe den Körper nach Vereinigung mit ihm und bleibe erhalten trotz Trennung vom Körper, haben nicht alle Theoretiker überzeugt. Eine andere Annahme ist: Seele und Körper sind nur verschiedene Erscheinungsformen des Menschen; je nach Betrachtungsweise erscheine der Mensch als Körper oder als Seele. In Wirklichkeit seien Seele und Körper gar nicht zu trennen.

Der Mensch sei ein *Organismus*, ein Gebilde aus Knochen und Sehnen, Nerven und Muskeln, Gefäßen und Flüssigkeiten. Und 'für jeden Organismus gelte: Aufbau und stoffliche Zusammensetzung entscheiden über seine Leistungsfähigkeit. Zum Beispiel sei ein Baum so beschaffen, daß er Feuchtigkeit aus dem Boden ziehe und Früchte hervorbringe. Der menschliche Organismus sei dagegen so beschaffen, daß er sich fortpflanze, Felder bestelle, Schulen einrichte usf. Was für den menschlichen Organismus im ganzen gelte, gelte auch für seine Teile, die Organe. Das menschliche Auge sei derart gebaut, daß es die Farbempfindung leiste; der menschliche Arm sei zum Heben von Lasten geeignet usf.

Eine wichtige Zusatzannahme ist: Was ein Organismus kann, das muß er auch tun; es ist seine Bestimmung. Ein Baum muß wachsen und Frucht bringen, sobald er ausreichend mit Wasser und Wärme versorgt ist. Ebenso könnten Menschen nicht umhin, Farben zu erleben, wenn sie mit farbtüchtigen Augen eine Frühlingslandschaft erblicken; sie müssen malen, pflanzen, lieben, lehren und lernen, wenn sie dazu begabt sind und sich Gelegenheit dazu bietet. Das gesamte Leben vollziehe sich als eine Tätigkeit, in welcher sich menschliches Potential gemäß seinen Lebensbedingungen entfalte.

Zur Natur des Menschen gehört demnach dreierlei:
• Sein Körperbau,
• das damit angelegte Leistungspotential und
• das Streben, jenes Potential in der Lebenstätigkeit zu entfalten.

Man mag den Körper in seinem Aufbau betrachten, ohne dessen Leistung zu bedenken. Zum Beispiel kann man Linse und Pupille im Augapfel studieren, ohne die Abbildung zu bedenken, welche das Auge vermittelt. Umgekehrt kann man sich auf den Eindruck eines Gemäldes konzentrieren, ohne auf Linsen und Pupillen der Augen zu achten, die das Sehen des Gemäldes ermöglicht haben. Dann hat man eine seelische Funktion ohne deren körperliche Voraussetzungen betrachtet. Gleichwohl gehörten Körper und Seele untrennbar zusammen. Verfalle der Körper, schwinde zugleich die seelische Funktion. Diese Deutung nennt man *Leib-Seele-Monismus*.

Redensarten von der Seele

Aufschluß über den Begriff der Seele geben volkstümliche Redensarten (Röhrich, 1973, S. 934-936). Redensarten wie „eine durstige Seele" und „die Seele des Geschäfts" belegen: Eine Person wird gleichgesetzt mit der ihr zugeschriebenen Seele. Mitunter ist die Unterscheidung von Person und Seele völlig aufgehoben; „Seele" bedeutet „Mensch". So etwa im Ausdruck „ein Dorf mit hundert Seelen" (d. h. Einwohnern). Als „Seelenverkäufer" bezeichnete man einen Sklavenhändler (die Seelen, die er verkaufte, waren Leibeigene).

Vielfältig belegt ist die Vorstellung von der Seele, die im Sterben dem Mund entweicht. In diesem Zusammenhang bedeutet „Die Seele sitzt ihm auf der Zunge": Er hat nicht mehr lange Zeit zum Leben. Dagegen sagte man von einem Alten, der scheinbar alles überlebt: „Die Seele ist ihm angewachsen".

In Redensarten kommt auch der Glaube an die überirdische Natur sowie an ein Leben der Seele nach dem Tode des Körpers zum Ausdruck. Die Erwartung einer Bestrafung der Seele für ihre Untaten im Leben tritt in der Redensart zutage: „ ... die Seele dem Teufel verpfänden". Von einem betrügerischen Bäcker hat man gesagt: „Er hat seine Seele ins Brot gebacken".

Der Monismus besteht also darauf, Sinnesorgane, Gliedmaßen, Hirnareale und andere Funktionseinheiten des Körpers nicht bloß als Instrumente zu betrachten, welche sich eine lebensfreudige Seele nach Belieben dienstbar macht. Seelische Leistungen ohne Körperorgan könne es nicht geben - also kein Hören ohne Ohr, kein Erinnern ohne ein Hirnareal für das Gedächtnis. Damit entfiele auch die Grundlage für den Glauben an das Weiterleben der Seele nach dem Tode des Körpers.

Monismus und Dualismus sind keineswegs die einzigen Ansätze zur Lösung des Leib-Seele-Problems geblieben. Ein dritter Lösungsansatz sei noch erwähnt: Der *Leib-Seele-Parallelismus*. Danach sind körperliche und seelische Erscheinungen voneinander unabhängig; jedoch verlaufen sie in zeitlicher

Entsprechung. Wiederum ein Beispiel: Ein Kind erschrickt vor einem Hund und weint. Dies deutet der Parallelismus so: Es ist weder der (seelische) Schrecken Auslöser des (körperlichen) Tränenflusses, noch ist der (körperliche) Tränenfluß Auslöser des (seelischen) Schreckens. Schreck und Tränenfluß sind vielmehr gleichzeitig von dem Anblick des Hundes ausgelöst; trotzdem sind sie von jeweils eigener Art, d. h. sie sind voneinander verschieden.

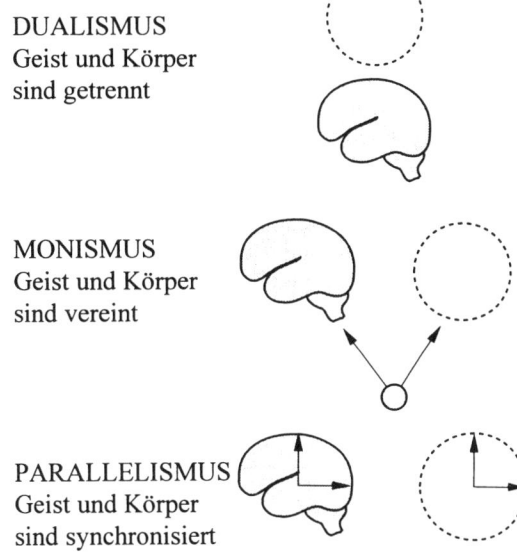

DUALISMUS
Geist und Körper
sind getrennt

MONISMUS
Geist und Körper
sind vereint

PARALLELISMUS
Geist und Körper
sind synchronisiert

Röhrich, L. (1973). *Lexikon der sprichwörtlichen Redensarten* (Band 2). Freiburg i. Br.: Herder.

Bunge, M. (1984). *Das Leib-Seele-Problem*. Tübingen: Mohr (Erstausgabe 1980: *The mind-body-problem. A psychological approach*. Oxford: Pergamon Press).

Bunge (1980/84, S.16) hat insgesamt zehn Lösungen des Leib-Seele-Problems unterschieden. Drei davon sind hier schematisch dargestellt: Dualismus, Monismus und Parallelismus.

1.2
Psychologie im Verband der Wissenschaften

1.2.1 Psychologie als Einzelwissenschaft und Transdiziplinäre Psychologie

Psychologie (griech. *psyche*, Seele; griech. *logos*, Wort, Kunde) ist eine Wissenschaft; Universitäten in aller Welt haben Studiengänge für Psychologie eingerichtet. Ist Seele - wie in den vorangehenden Abschnitten ausgeführt - der Inbegriff des Lebens, dann kann man folgern: Psychologie und nur diese ist die Lehre vom Leben des Menschen. Hugo Münsterberg hatte eine solche Vision, als Psychologie an den europäischen und amerikanischen Universitäten zu einem eigenständigen Fach wurde. Unter dem Namen der Psychologie sollte eine umfassende Wissenschaft einerseits dem individuellen Leben der Menschen gewidmet sein - insbesondere dem menschlichen Bewußtsein, dem sozialen Verständnis, dem Wollen und Handeln; andererseits sollte Psychologie der Gestaltung des Lebens in den verschiedenen Bereichen der menschlichen Kultur dienen - insbesondere Wirtschaft und Recht, Erziehung und Gesundheit, Kunst und Forschung (Münsterberg, 1914). Fachbereichsübergreifende Psychologische Institute würden dann mit einem gewaltigen Netz von Einrichtungen die Universitäten überziehen (Webb, 1970).

Die Vision von der Psychologie als Einheit allen Forschens und Lehrens zur Natur und Gestaltung des menschlichen Lebens ist nicht Wirklichkeit geworden. Tatsächlich haben sich mehrere wissenschaftliche Disziplinen dieser Aufgabe angenommen. Der Grund hierfür war eine zunehmende Spezialisierung. Spezialisierungen erfolgten häufig auf Praxisfelder: Recht und Wirtschaft, Gesundheit und Erziehung sind gewichtige Beispiele. Maßgebende Probleme in diesen Feldern sind unstrittig zu den psychologischen zu zählen. So sollen Rechtsvorschriften das einvernehmliche Zusammenleben in Familie und Gemeinde, im Staat und zwischen Staaten sichern; Richter und Rechtsanwälte sprechen wie Fachpsychologen über die Zurechnungsfähigkeit von Beschuldigten. Banken und Industrie berücksichtigen bei ihren Entscheidungen psychologische Sachverhalte wie Zukunftsängste von Sparern oder die Leistungsmotivation von Mitarbeitern.

Münsterberg, H. (1914). *Psychology: General and applied.* New York: Appleton.

Webb, W. B. (1970). The university-wide department of psychology model. *American Psychologist, 25,* 424-427.

Nicklisch, H. (1932). *Die Betriebswirtschaft.* Stuttgart: Poeschel.

Eine Wissenschaft, die sich auf eine psychische Einzelleistung spezialisiert hat, ist die Sprachwissenschaft. Betrachtet man Sprache als Erfindung und Werkzeug des Menschen, so ist der Sachverstand, der ihre Probleme erkennen und lösen hilft, ein psychologischer. Sprachwissenschaftler wie Psychologen mögen sich über die Deklination von Hauptwörtern in verschiedenen Sprachen wundern. Ein hilfreicher Erklärungsansatz ist: Beim Erzählen erhalten Personen und Gegenstände Rollen zugewiesen - die Rolle eines Verursachers, eines Besitzers, eines Nutznießers usf. Es ist ein geschicktes Mittel der Verständigung, die gemeinte Rolle in der Wortendung auszudrücken; auf diese Weise kommt es zur Unterscheidung von Fällen (Nominativ, Genetiv, Dativ usf.). Will man eine solche Erklärung ausschließlich eine sprachwissenschaftliche oder nur eine psychologische nennen?

Transdisziplinäre Psychologie: Universalität - Spezialisierung

Soll man psychologische Fragen ausschließlich der Psychologie überlassen? Dann brauchten etwa Wirtschaftswissenschaftler sich nicht mehr mit menschlichen Motiven, Bedürfnissen, dem menschlichen Selbstbewußtsein zu befassen. Der Betriebswirtschaftler Heinrich Nicklisch hat gegen den Rückzug seiner Wissenschaft aus der Psychologie argumentiert:

„... der Wirtschaftswissenschafter wird die Erscheinungen des Wirtschaftslebens nicht verstehen, wenn er sie nicht bis in die Wurzel verfolgt. Es hilft ihm hier wenig, die Arbeit allein dem Philosophen und Psychologen zu überlassen. Er muß sich ihr selbst unterziehen, muß selbst in die Tiefe dringen. Dabei wird er sich mit Schürfern auf anderen menschlichen Betätigungsgebieten, die die gleiche Arbeit von diesen aus tun, begegnen. Diese Fühlung, aus der Arbeit an der gleichen Aufgabe von verschiedenen Gebieten aus, wird von dem Wirtschaftswissenschafter gleichzeitig die Gefahr des Spezialistentums fernhalten und in ihm wirkungsvoll den universalen Menschen erhalten ..."

(Nicklisch, 1932, S. 19)

Wissensgebiete wie Recht, Wirtschaft und Sprache werden von Spezialwissenschaftlern mit großem Überblick und Detailkenntnissen gepflegt. Rechtswissenschaftler besitzen ein umfangreiches Wissen über Gesetze, Streitfälle und Gerichtsverfahren, Wirtschaftswissenschaftler über Unternehmensformen, Produktionsverfahren und Finanzierungsmodelle; Sprachwissenschaftler beherrschen Vokabular und Grammatik oft mehrerer Sprachen. Unverkennbar ist der psychologische Gehalt in den Spezialkenntnissen dieser Fächer. Daher gilt: Wissenschaften, die sich mit Leben und Leistungen der Menschen befassen, verbindet psychologisches Wissen. Dieses in zahlreichen wissenschaftlichen Disziplinen gepflegte psychologische Wissen wird hier transdisziplinäre Psychologie genannt.

Psychologie als Einzelwissenschaft zieht sich freilich nicht aus den Gebieten zurück, die bereits durch andere Fächer besetzt sind. Mit ihrem Anspruch, eine umfassende Wissenschaft vom menschlichen Leben zu sein, entwickelt sie ihre eigenen Spezialisierungen. Es gesellt sich zur Rechtswissenschaft die *Rechtspsychologie*, zur Wirtschaftswissenschaft die *Wirtschaftspsychologie*, zur *Sprachwissenschaft* die Sprachpsychologie. Auf diese Weise verdoppelt und ergänzt die Psychologie als Einzelwissenschaft die transdisziplinäre Psychologie in zahlreichen Spezialwissenschaften.

1.2.2 Psychologie und die Naturwissenschaften

Versteht man unter Leben auch körperliches Leben, wird man das Studium des menschlichen Körpers in die Psychologie einbeziehen. Insbesondere muß man in der Psychologie körperliche Prozesse studieren, wenn man an die Einheit von Seele und Körper glaubt (s. Abschnitt 1.1.2). Zur Psychologie gehören dann die Lehren vom Körperbau (Anatomie), von der Tätigkeit der Körperorgane (Physiologie) und von der Vererbung (Genetik). Das Verständnis des Körpers verlangt eine ausreichende Vertrautheit mit den grundlegenden Naturwissenschaften und ihrer Anwendung auf Lebensvorgänge, vor allem mit Chemie und Biochemie, Physik und Biophysik. Man untersucht zum Beispiel mit biochemischen Methoden den Zusammenhang zwischen der Stärke des Immunsystems und sozialer Anerkennung. (Der Verdacht besteht, daß rangniedere Individuen Infektionen weniger Widerstand entgegensetzen.) Der biophysikalischen Methodik bedient sich das Verfolgen von elektromagnetischen Veränderungen im Gehirn beim Sprechen. (Solche Änderungen können Aufschluß über die Erzeugung der Sprache geben.) Derartige naturwissenschaftliche Auseinandersetzungen mit Problemen des menschlichen Lebens haben in der Psychologie einen festen Platz. Diese Arbeitsrichtung bezeichnet man als *Biopsychologie*.

Herzrhythmus - körperliche oder geistige Funktion?

Die lebensnotwendige Herztätigkeit dient der Versorgung von Körpergeweben (Hirn, Muskeln) mit Sauerstoff. Die Herzleistung steigert sich besonders bei Muskelbeanspruchung, folgt jedoch auch der geistigen Beanspruchung.

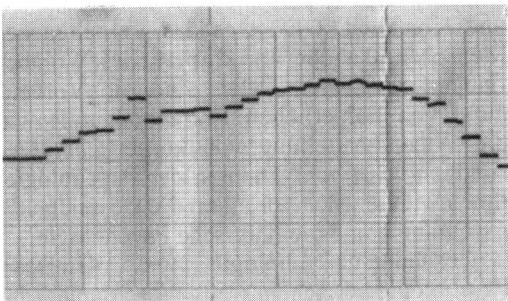

Der Herzschlag beschleunigt sich bei Betrachten einer spannenden Filmszene. Eine Erklärung: Die Spannung geht mit Tendenzen zum Eingreifen oder zur Flucht einher; für die damit verbundenen Bewegungen werden die Muskeln mobilisiert.

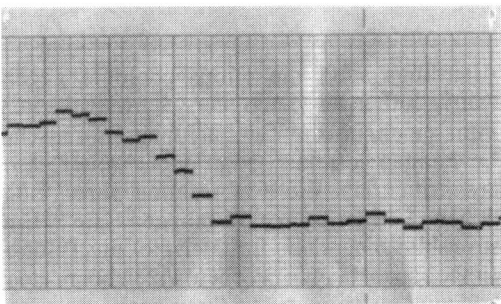

Beim konzentrierten Beobachten (hier beim Betrachten durch ein Mikroskop) verlangsamt sich der Herzschlag. Eine Erklärung: Der Muskelapparat wird beim Beobachten ruhig gestellt.

Gesundheitspsychologie, psychologische Behandlung körperlicher Störungen

Es ist richtig: Psychologie bevorzugt höhere geistige Prozesse und überläßt die körperlichen Prozesse der Ernährung, der Sauerstoffversorgung, der Fortpflanzung usf. der Biologie und Physiologie. Richtig ist aber auch: Das Denken des Menschen kreist um seinen Körper, um körperliche Gesundheit und Krankheit. Oft ist es das Verhalten der Menschen, das über ihr körperliches Wohlbefinden entscheidet. Daher sind die Vorbeugung von körperlichen Erkrankungen sowie die Wiederherstellung von körperlicher Gesundheit sehr wohl Themen der Psychologie. Ihnen widmen sich vor allem die Gesundheitspsychologie und die Klinische Psychologie.

Gesundheitspsychologie und Klinische Psychologie verzichten weitgehend darauf, die mit Krankheiten einhergehenden körperlichen Veränderungen selbst aufzuklären - z. B. den Infektionsvorgang bei AIDS, die Verdauung bei Magersucht. Doch bemühen sie sich, das Erleben von Krankheit und Gesundheit zu erfassen und Verhaltensprogramme zum Erhalt von Gesundheit und zur Behandlung von Krankheit zu erproben und anzuwenden - z. B. Programme zur kontrollierten Ernährung (s. Pudel & Maus, 1990) sowie zur Heilung der Brechkrankheit (s. Jacobi, 1993).

Allerdings stößt die Biopsychologie gegenwärtig auf zwei Arten von Schwierigkeiten. Zum einen ist die Beobachtung psychischer Leistungen oftmals sehr viel weiter fortgeschritten als die Erforschung ihrer möglichen körperlichen Grundlagen. Im Hirnstrombild mag sich zum Beispiel die Bildung eines Satzes beim Sprechen abzeichnen; doch können aufmerksame Hörer auch ohne biophysikalische Protokolle die Entstehung von Sätzen verfolgen. Sie erkennen darüber hinaus Zusammenhänge zwischen Sätzen, witzige Anspielungen und ähnliche Merkmale eines anregenden Vortrags. Dafür Entsprechungen

Pudel, V. & Maus, N. (1990). Ernährung. In R. Schwarzer (Hrsg.), *Gesundheitspsychologie* (S. 151-168). Göttingen: Hogrefe.

Jacobi, C. (1993). Stationäre Behandlung von Bulimia nervosa. In M. Zielke & J. Sturm (Hrsg.), *Handbuch Stationäre Verhaltenstherapie* (S. 563-570). Weinheim: Beltz / Psychologie Verlags Union.

im Hirnstrombild nachzuweisen, gelingt vorderhand noch nicht. Das gilt auch für viele andere psychologische Vorgänge. Die Zeit für die Ermittlung ihrer körperlichen Grundlagen scheint noch nicht reif zu sein.

Eine zweite Schwierigkeit ist: Psychologie, wie sie sich gegenwärtig darstellt, ist gar nicht an allen Lebensfunktionen in gleichem Ausmaß interessiert. Sie neigt dazu, die oben (Abschnitt 1.1.1) aufgezählten Lebensfunktionen zu trennen in rein körperliche und geistige, in niedere und höhere. Sind einmal solche Unterscheidungen getroffen, bevorzugt die Psychologie die Funktionen, die man eher als geistige und höhere bezeichnet. Die lebensnotwendigen Funktionen der Atmung, Ernährung, Fortflanzung gelten weder als geistig noch als hochrangig; ihnen schenkt die psychologische Forschung keine große Aufmerksamkeit.

Wiederum ein Beispiel: Das Herz ist eines der lebenswichtigen Organe. Die rhythmische Bewegung, mit welcher das Herz unablässig Blut durch den Körper pumpt, vollzieht sich weitgehend autonom, d. h. selbsttätig. Autonomie, gedeutet als örtliche Selbststeuerung des Herzens, ist ein Grund, die Herztätigkeit als eine rein körperliche und niedere Funktion der Physiologie als Forschungsgegenstand zu überlassen. Die Vernachlässigung der Herzfunktion in der Psychologie kann sich freilich als nachteilig erweisen. Denn der Herzschlag schwankt sowohl mit der geistigen Beanspruchung als auch mit der emotionalen Erregung; das beweist seine Bedeutsamkeit auch für die in der Psychologie bevorzugten höheren geistigen Prozesse.

Der biopsychologische Ansatz stößt innerhalb der Psychologie noch auf Grenzen. Doch nicht wenige Vertreter der Psychologie sind überzeugt, daß die zunehmende Verfeinerung von Beobachtungen am menschlichen Körper auch Fortschritte beim Nachweis körperlicher Anteile an psychischen Funktionen herbeiführen wird. Daher gehörte die Biopsychologie zu den Gebieten, denen der Präsident der Deutschen Gesellschaft für Psychologie eine *„international bereits dynamisch verlaufende Entwicklung"* (Weinert, 1987, S. 7) bestätigte.

Weinert, F. E. (1987). Zur Lage der Psychologie. *Psychologische Rundschau, 38*, 1-13.

Musil, R. (1943/1972). *Der Mann ohne Eigenschaften*. Hamburg: Rowohlt.

1.2.3 Psychologie und Metaphysik

Metaphysik (griech. *meta ta physika*, hinter der Natur) nennt man eine Welt, die hinter oder über der natürlichen liegt - etwa ein himmlisches Paradies. An die Existenz einer übernatürlichen Welt kann man glauben; mit den Sinnen erfahren kann man sie nicht. Die übernatürliche Welt wird oft als körperlos gedacht, dabei als Ort vollkommener und ewiger Ideen und Werte - Wahrheit, Schönheit, Güte. Auch der körperlosen Seele ist Übernatürlichkeit zugedacht worden. Jenseits der körperhaften Lebenswelt befinde sich ihre Heimat; dort genieße die Seele ihr Glück. Nach Austritt aus dem Körper begebe sie sich in das Jenseits. Einige Lehren behaupten zusätzlich, die Seele habe sich bereits vor Eintritt in den Körper im Jenseits aufgehalten. (Von diesen und anderen Seelenlehren berichtet Rohde, 1898/1980). Weiterhin wird fortgeschrittene Einsicht durch Offenbarung metaphysischer Wahrheit für möglich gehalten. Ein Beispiel sei die Gabe der Prophetie; der Blick in die Zukunft werde den Sterblichen von Göttern verliehen.

Die Psychologie als moderne Wissenschaft enthält sich weitgehend solcher Überlegungen. Die Fragen der Metaphysik überläßt sie der Theologie und der Philosophie. Insbesondere hat die moderne Psychologie den Gedanken an ein eigenständiges Seelenwesen aufgegeben. Sie beteiligt sich nicht an Mutmaßungen über eine Luft- und Geistseele, die Wanderungen dieser Seele durch die Zeit, ihre Sündigkeit und ihre Erlösung.

Als Wissenschaft, die sich auf Beobachtung stützt und deren Gedankengänge auf den Regeln des Verstandes beruhen sollen, hat sie zwei Argumente zur Wahl, Übernatürliches aus ihrer Betrachtung auszuscheiden. Das erste Argument ist ein methodisches: Übernatürliches mag es geben, doch verfüge Psychologie nicht über die Verfahren zu dessen Erkenntnis. Das zweite Argument: Daß Übernatürliches mit den verfügbaren wissenschaftlichen Methoden nicht nachweisbar sei, verbiete, die Existenz des Übernatürlichen anzunehmen. Das zweite Argument bewegte den Philosophen Friedrich Albert Lange, die Psychologie aufzufordern, *„das Seelengespenst auszutreiben"* und zu einer *„Psychologie ohne Seele"* zu werden (Lange, 1875, S. 381).

Unvereinbar mit dem Bekenntnis zu Beobachtung und analytischem Verstand als Mittel der Erkenntnis war auch die Annahme, der Mensch greife auf übernatürliches Wissen zurück. Der amerikanische Psychologe George Stuart Fullerton (1897) verwarf die Lehre von der metaphysischen Erkenntnis als unlogisch:

„Die Natur des Bewußtseins letztlich mit der Annahme von Gegebenheiten erklären zu wollen, die sich selbst nicht im Bewußtsein befinden ..., halte ich für eine unergiebige Beschäftigung."

(Übersetzung aus Fullerton, 1897, S. 25).

„Von allen Eigentümlichkeiten dieses Wortes Seele ist aber die merkwürdigste, daß junge Menschen es nicht aussprechen können, ohne zu lachen."

(Musil, 1943/1972, S. 183)

Gleichwohl ist zu bezweifeln, daß moderne Psychologie in allen ihren Lehren sich völlig von der Metaphysik gelöst hat. Zwar handelt Psychologie nicht von einer Seele nach dem Tode des Körpers. Doch halten zahlreiche psychologische Autoren die Annahme eines Zentrums der Persönlichkeit für zwingend. Meist wird dafür der Name „*Ich*" oder „*Selbst*" vorgeschlagen. Das Ich oder Selbst vermittle die *Einheit der Person*, ihre Individualität (lat. *individuum*, Unteilbares), sowie ihr Gleichbleiben über die Wechsel der

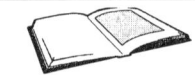

Rohde, E. (1898/1980). *Psyche. Seelenkult und Unsterblichkeitsglaube der Griechen* (zwei Bände in einem Band). Darmstadt: Wissenschaftliche Buchgesellschaft.

Lange, F. A. (1875) *Geschichte des Materialismus* (Band 2). Iserlohn: Baedeker, 2. Aufl.

Fullerton, G. (1897). The „knower" in psychology. *Psychological Review, 4,* 1-26.

Das Selbst als Archetyp

Als Archetypus, als Urbild des *kollektiven Unbewußten*, erklärt Carl Gustav Jung (1875-1961) das Selbst. Er deutete das Selbst als Inbegriff der eigenen Person, ihrer Einheit und ihrer Dauer. Das Selbst sei dynamisch; es strebe zur Entfaltung seiner Möglichkeiten.

Obwohl im Unbewußten angesiedelt, können Archetypen nach Jung doch zu *Bewußtsein* kommen. Das geschehe in verschlüsselter Form. Die Menschheit habe es zu großer Kunstfertigkeit im Ausdruck unbewußter Inhalte gebracht. Man müsse nur Mythen, Märchen, phantasievolle Bilder und Naturbeschreibungen daraufhin analysieren. Dort entschlüssele man Ausdrucksformen des Unbewußten, die *Symbole* (griech. *symbolon*, Kennzeichen) *des Unbewußten*.

In einer phantasievollen Weltbeschreibung, dem *Rosarium Philosophorum* aus dem Jahre 1593, stieß Jung auf eine Darstellung, die er als Sinnbild der Individuation, des zu sich kommenden Selbst deutete. Das Selbst sei dargestellt als zweiköpfige Figur, die erhöht in der Mitte des Bildes steht, als Himmelskönig. Es sei ein Hermaphrodit, ein zweigeschlechtliches Wesen; denn das Selbst des Menschen enthalte jeweils ein weibliches und ein männliches Wesen, *anima* und *animus*. Das dargestellte Selbst trete auf dem Bild noch mit anderen Symbolen in Beziehung: Mit der Schlange, dem Symbol der Bewußtwerdung, und dem Löwen, als Symbol der Macht.

Bild aus dem *Rosarium Philosophorum* von 1593, von Jung (1944/1972) gedeutet als Symbol der Individuation.

Zeit, ihre *Identität* (lat. *idem*, derselbe). Ich oder Selbst ordneten Erkenntnis zu einheitlichen Bildern; sie seien Träger des Willens und behaupteten sich gegenüber den Forderungen der Umwelt (z. B. Hartmann, 1970). Ich oder Selbst werden hier als eigenständige Wesen beschrieben. Ihr Wirken hebt sich vom Geschehen im Körper ab. Sie stehen für die Person als ganze; mit ihnen erhält eine Person ihre wertvollste Erscheinung. Gleichen bezüglich dieser Merkmale nicht Ich und Selbst einem Seelenwesen?

Auch behaupten sich in der Psychologie bis heute Lehren über Erkenntnisse, die nicht durch eigene Erfahrung oder eigenes Denken erworben wurden. Zwar enthalten moderne psychologische Theorien keine Annahmen über außerirdische Eingebungen, doch halten einige Autoren durchaus ein ererbtes Vorwissen für möglich. So vertrat der Schweizerische Arzt und Psychologe Carl Gustav Jung die Meinung, Urerfahrungen der Menschheit prägten sich der Erbmasse ein; jedem Menschen sei ein kollektives Unbewußtes angeboren.

Das kollektive Unbewußte enthalte *Urbilder*. Urbilder stellten unter anderem Familienrollen dar wie „Mutter", „Vater", „Bruder", Lebensereignisse wie „Geburt" und „Tod" und Grundwerte wie „gut" und „böse" (Jung, 1954/1976). Unbewußte Urbilder steuerten das Erleben und Handeln. So könnten Menschen mit starkem Vaterbild auch Lehrer, Vorgesetzte u.ä. als väterlich erleben; Menschen mit starkem Mutterbild könnten auch gegenüber Nachbarn, Gästen u. ä. ein besonders mütterlich-fürsorgliches Benehmen an den Tag legen. Auffallend ist, daß Jung die Urbilder *Archetypen* (griech. *archetypon*, Vorbild) nennt. Als Archetypen hatten schon christliche Kirchenväter göttliche

Ideen bezeichnet, die sie als Entwürfe für die Lebewesen und Gegenstände dieser Welt betrachteten (Hüllen, 1971). Aus der Übernahme dieser Bezeichnung kann man den Schluß ziehen: In der Theorie vom kollektiven Unbewußten taucht metaphysisches Denken in modernem Gewande wieder auf.

Kurz: Psychologie lehnt Metaphysik ausdrücklich als ihr Thema ab, scheint aber stillschweigend Anleihen bei ihr zu machen. Möglicherweise besteht trotz gegenteiliger Versicherungen von seiten der wissenschaftlichen Psychologie die Erwartung, Psychologie habe eine modernere und menschenfreundlichere Form der Metaphysik anzubieten als die in sittenstrenge Religionsgemeinschaften eingebundene Theologie und die zu oft schwer verständlichen Abstraktionen neigende Philosophie. Diese Erwartung mag zum starken Andrang von Bewerbern für den Studiengang Psychologie beitragen, die Enttäuschung der Erwartung aber zur häufigen Unzufriedenheit mit dem Studium selbst.

Jung, C. G. (1944/1972). Psychologie und Alchemie. *Gesammelte Werke* (Band 12). Olten: Walter.

Hartmann, H. (1970). *Ich-Psychologie und Anpassungsproblem*. Stuttgart: Klett.

Jung, C. G. (1954/1976). Die Archetypen und das kollektive Unbewußte. *Gesammelte Werke* (Band 9). Olten: Walter.

Hüllen, J. (1971). Archetypus. In J. Ritter (Hrsg.), *Historisches Wörterbuch der Philosophie* (Band 1, S.497-500). Basel: Schwabe.

1.3
Die Gliederung der Psychologie

1.3.1 Psychologie und Psychologien

Das Wissensgebiet der Psychologie ist groß und für einzelne schwer überschaubar. Die Menge des Wissenswerten legt eine Binnengliederung der Psychologie nahe, welche eine Konzentration auf leichter überschaubare Teilgebiete ermöglicht. Das Wissenswerte in der Psychologie ist zudem in seiner Art recht unterschiedlich. Binnengliederung schafft dann qualitativ voneinander abzugrenzende Teilgebiete; das erleichtert die Spezialisierung auf Themen, die man gerne mag. Psychologie tritt daher häufig in ihren Ausschnitten in Erscheinung. Man begegnet einer Fülle von Beiwort- und Bindestrich-Psychologien.

Durchmustert man Bücher- und Zeitschriftentitel, die Namen wissenschaftlicher Gesellschaften und Kongresse, dann fallen vor allem die folgenden Spezialisierungen auf:
- Theoretische Spezialisierungen (z. B. Tiefenpsychologie, Gestaltpsychologie),
- Methodische Spezialisierungen (z. B. Mathematische Psychologie, Experimentelle Psychologie),
- Spezialisierungen nach Funktionsbereichen (z. B. Gedächtnispsychologie, Psychologie der Gefühle),
- Spezialisierungen nach Untersuchungsaspekten (z. B. Entwicklungspsychologie, Sozialpsychologie),
- Spezialisierungen nach Praxisfeldern (z. B. Arbeitspsychologie, Schulpsychologie),
- Regionale Spezialisierungen (z. B. spanische Psychologie, amerikanische Psychologie).

Solche Spezialisierungen schließen einander grundsätzlich nicht aus. Deshalb können sich psychologische Teilgebiete überschneiden. So überlappen sich etwa die Arbeits- und Entwicklungspsychologie beim Problem der Berufsbildung, Gedächtnispsychologie wird zur Mathematischen Psychologie, wenn Gedächtnisabläufe mathematisch dargestellt werden.

Die Teilgebiete der Psychologie haben sich nicht nach übergeordneten Plänen herausgebildet. Vielmehr erfolgte die Binnengliederung der Psychologie bisher in einem recht ungeregelten Wachstumsprozeß. Dies hat zur Folge, daß Teilgebiete nicht scharf umrissen sind und sich nicht zu einem übersichtlichen Gesamtgebiet der Psychologie zusammenfügen. Psychologie ist daher kein Fach aus einem Guß. Vielmehr gleicht sie einem unregelmäßig zusammengesetzten Flickenteppich, in dem man immer wieder Löcher entdeckt.

1.3.2 Teilgebiete der Psychologie

Die Vielfalt der Teilgebiete der modernen Psychologie, die Vielfalt ihrer Untersuchungsprogramme, die sich teilweise in einzelne Teilgebiete einfügen, teilweise mehrere Teilgebiete übergreifen, weist trotz der beschriebenen Unregelmäßigkeiten eine nicht unbeträchtliche Ordnung auf. Es fehlt nicht an Bemühungen, zu einem gegliederten Gesamtbild psychologischer Probleme und Forschungsansätze zu gelangen. Hilfreich sind dabei vor allem die drei folgenden Schritte:
- Festlegung der zu analysierenden psychischen Funktionen,
- Festlegung von Analyseaspekten,
- Festlegung von Anwendungsbereichen.

Im ersten Schritt fällt die Entscheidung für eine Funktionsbetrachtung. Nicht ein Seelenwesen als Ganzes wird als Ausgangspunkt psychologischer Untersuchungen gewählt, sondern die ihm zugeschriebenen Leistungen, Fähigkeiten und Prozesse (vgl. Abschnitt 1.1.1). Dabei ist es üblich, einzelne psychische Funktionen zu Gruppen zusammenzufassen. Zum Beispiel kann man die Funktionen der Begriffsbildung, des Schlußfolgerns und des Problemlösens der Gruppe der Denkfunktionen zuordnen. Die dieser Gruppe gewidmeten psychologischen Lehren bilden dann die Denkpsychologie. Andere Funktionsgruppen werden entsprechend Gegenstände der Wahrnehmungs- und Motivationspsychologie.

Im zweiten Schritt können nun Analyseaspekte genauer bestimmt werden. Analyseaspekte heben besondere Anliegen bei der Untersuchung hervor. Ein vielbeachteter *Analyseaspekt* ist der *soziale*. Das Leben des Einzelnen vollzieht sich in

- kleinen Gruppen - etwa in Anwesenheit eines Kollegen, in einer Familie u. ä.,
- größeren Organisationen - etwa in Betrieben, Parteien u. ä.,
- Kulturen, das sind umfassende Lebens- und Glaubensgemeinschaften wie Völker oder Kirchen.

In Gruppen, Organisationen, Kulturen vollzogen, wird Denken soziales Denken, Wahrnehmen soziales Wahrnehmen, Motivation soziale Motivation. Zum Beispiel wird Denken ein sozial bedeutsamer Prozeß, wenn es Partner oder Beziehungen oder Organisationen und Kulturen zum Inhalt hat. Sozial wird Denken weiterhin, indem es unter den Einfluß von Partnern, Organisationen oder Kulturen gerät; so entstehen in Völkern leicht Feindbilder von Angehörigen anderer Völker (Einfluß von Sozialbeziehungen auf das Denken). Soziales Denken wirkt sich auf soziales Verhalten aus; Feindbilder führen zu Feindseligkeiten gegenüber Fremden (Einfluß des Denkens auf Sozialbeziehungen).

Ein zweiter bei der Analyse psychischer Funktionen hervorzuhebender *Aspekt* ist deren *Entwicklung*. Psychische Funktionen entfalten sich und verfallen mit der Zeit. Dabei ist zu unterscheiden zwischen

- *Ontogenese* (griech. *on*, seiend, *genesis*, Entstehung), d. h. die lebenslange Entwicklung von Individuen und
- *Phylogenese* (griech. *phylon*, *genesis*, Entstehung), d. h. die Stammesentwicklung, die Entwicklung von Gattungen über Generationen.

Möglicherweise wiederholt sich in fortgeschrittenen Kulturen während der Kinderjahre die intellektuelle Entwicklung, welche die Menschheit in den Generationen vorher durchlaufen hat. Was etwa die Denkentwicklung anbelangt, vermögen Kinder zunächst nur konkrete Begriffe zu bilden (z. B. „Küchentische wie der unsere", „die Straßenbahn vor unserem Haus"). Erst später in der Schulzeit eignen sich Kinder abstrakte

Begriffe an (z. B. Möbel, Fahrzeuge). In anderen Kulturen ist konkretes Denken durchaus auch bei Erwachsenen normal.

Sylvia Scribner berichtete etwa von einem Bauern vom Stamm der Kpelle in Westafrika, er habe sich geweigert, Denkaufgaben zu lösen, die von fiktiven Personen handelten. Fragte die Forscherin:

„Alle Kpelle Männer sind Reisbauern. Mr. Smith ist kein Reisbauer. Ist er dann ein Kpelle Mann?"

entgegnete der Mann:

„Ich kenne den Mann doch nicht. ... Wenn ich ihn selbst kenne, dann kann ich die Frage beantworten. Aber ich kenne ihn doch gar nicht, da kann ich die Frage nicht beantworten."

(Übersetzung aus Scribner, 1975, S. 155)

Ein dritter hervorzuhebender *Analyseaspekt* ist der *differentielle*. Unter dem differentiellen Aspekt ist zu ermitteln, wie psychische Funktionen sich bei verschiedenen Menschen ausprägen. Ihrer Art nach gleiche Funktionen fallen bei verschiedenen Personen unterschiedlich aus. Ein Beispiel aus dem Bereich des Denkens sind persönliche Begriffe. George Kelly (1955) hat an vielen Fällen dargelegt, wie Personen gleichen Begriffsbezeichnungen unterschiedliche Bedeutungen geben können. Für eine Person mag „guter Freund" bedeuten „mir überlegen und daher eine Hilfe", für eine andere „mir unterlegen und daher keine Bedrohung". Individuelle Eigenarten lassen sich zurückführen auf

- körperliche Konstitution und Erbanlagen,
- Erziehung und soziale Umwelt,
- Selbstbestimmung und eigenes Training.

Sind die individuellen Eigenarten eines Menschen beliebig kombinierbar? Oder fügen sie sich zu stimmigen Mustern zusammen? Ein stimmiges Muster psychischer Eigenschaften würde eine Person als Ganzes kennzeichnen. Ein solches ganzheitliches Muster wird als Charakter oder Persönlichkeit bezeichnet. Eine bekannte Persönlichkeitstheorie betrachtet die *Introversion* als einen einheitlichen Charaktertyp. Introvertierte seien schmal im Körperbau, im Denken scharfsinnig und abstrakt; sie achteten

Kulturpsychologie -
Sozial- und Entwicklungspsychologie zugleich

Bevor die Aborigines, die Ureinwohner Australiens, mit den europäischen Siedlern auf ihrem Kontinent vertraut wurden, hatten sie nur ein geringes Verständnis für Zahlen; über die Drei gingen sie in der Regel nicht hinaus. Aus der Sicht von Europäern war das ein Mangel, der auf niedrige Intelligenz schließen ließ. Aborigines unterschieden jedoch, komplizierter als Europäer das gewöhnlich tun, zwischen Verwandtschaftsverhältnissen und Abstammungsbeziehungen; das sprach gegen die Annahme einer geringen Intelligenz. Der Hamburger Psychologe Kurt Pawlik hat die Aborigines besucht. Er führt die Begrenzung ihres Zahlenbegriffs auf die Besonderheiten ihres Lebensraums und ihrer Lebensgewohnheiten zurück:

„Da Ackerbau und Viehzucht (abgesehen von der Haltung von Hunden) fehlen, ein fester Wohnplatz nicht gewünscht und auch nicht sinnvoll ist (der Jäger und Sammler folgt dem Wild ...) und der bewegliche Hausrat in einer Nomadenkultur noch dazu ohne Transporttiere ... naturgemäß kleingehalten wird, existieren in der natürlichen Stammesfamilie selten gleichartige (und des Abzählens werte) Objekte in Mengen von mehr als einigen wenigen Exemplaren. Dies dürfte auch mit der egalitären Besitztumsverwaltung innerhalb der Stammesfamilie zu tun haben und mit der Tatsache, daß den Aborigines traditionsgemäß eine geldartige Zahlungsparität für Tauschgeschäfte fehlt".

(Pawlik, 1976, S. 66)

Pawlik, K. (1976). Ökologische Validität. Ein Beispiel aus der Kulturvergleichsforschung. In G. Kaminski (Hrsg.), *Umweltpsychologie* (S. 59-72). Stuttgart: Klett.

Der Umgang mit Zahlen ist nach dieser Deutung kein Selbstzweck. Vielmehr ist es eine Fähigkeit zur Bewältigung praktischer Aufgaben. Wie weit die Fähigkeit entwickelt wird, entscheidet die Umwelt, Landschaft und Klima sowie die Verfügbarkeit von Nahrung und die herrschenden Stammessitten.

Psychische Funktionen im Zusammenhang mit der Lebenswelt zu betrachten, ist das Programm der *Kulturpsychologie. Kultur* umfaßt dabei geographische, wirtschaftliche und soziale Lebensbedingungen. Kultur als Lebenswelt schafft Voraussetzungen für die Entfaltung psychischer Funktionen; insofern paßten sich Menschen mit ihren Funktionen ihrer jeweiligen Kultur an. Psychische Funktionen dienten jedoch auch der Gestaltung der Lebenswelt - insofern seien Kulturen den in ihnen lebenden Menschen angepaßt.

Als schöpferische Anpassungsleistungen der Menschen sind Kulturen Gegenstände der Sozialpsychologie. Kulturen durchlaufen als soziale Schöpfungen freilich ihre eigenen Entwicklungen. Insofern sind Kulturen gleichzeitig Gegenstand der Entwicklungspsychologie.

Ureinwohner Australiens bei der Bora-Zeremonie (Ullstein Bilderdienst).

auf Formen mehr als auf Farben; sie hingen lange eigenen Gedanken nach und verhielten sich im sozialen Umgang oft abweisend und verletzend (Kretschmer, 1929).

Scribner, S. (1975). Recall of classical syllogisms: A cross- cultural investigation of error in logical problems. In R. S. Falmagne (Ed.), *Reasoning: Representation and process in children and adults* (pp. 153-173). Hillsdale: Erlbaum.

Kelly, G. A. (1955). *The psychology of personal constructs*. New York: Norton.

Kretschmer, E. (1929). *Körperbau und Charakter*. Berlin: Springer.

Über die Frage, wie weit man sich auf die Untersuchung einzelner Merkmale von Personen beschränken sollte und wie weit es aussichtsreich ist, ein Gesamtgefüge der Persönlichkeit zu ermitteln, ist gestritten worden. Doch gibt es Gründe, Einzelmerkmale und Persönlichkeitsgefüge zunächst nebeneinander zu untersuchen, und die Streitfrage erst später wieder aufzugreifen, wenn mehr einschlägige Forschungsergebnisse vorliegen. Um das Nebeneinander der beiden Aspekte zum Ausdruck zu bringen, verbindet man sie zu der Bezeichnung „Differentielle Psychologie und Persönlichkeitspsychologie".

Strenggenommen ist jede psychische Erscheinung einmalig und unverwechselbar, weil stets durch die jeweilige soziale Lage, den Entwicklungsstand und die persönliche Eigenart ihres Trägers bestimmt. Gleichwohl kann man sich bemühen, in der Vielfalt der Erscheinungen Gemeinsames zu entdecken, im Besonderen das Allgemeine. Die Suche nach dem Allgemeinen ist für viele Wissenschaftler besonders erstrebenswert. Denn die allgemein gültige Erkenntnis enthält in knapper Fassung eine Aussage über eine Vielzahl einschlägiger Erscheinungen. Solche allgemeingültigen Aussagen nennt man in den Wissenschaften Gesetze. Die Allgemeine Psychologie erhebt also in besonderem Maße den Anspruch, psychologische Gesetzmäßigkeiten abzuhandeln.

Unter dem allgemeinpsychologischen Aspekt wird zweierlei versucht:
- eine Phänomenanalyse: Die Feststellung und Beschreibung psychischer Erscheinungen (z. B. die Bildung von Ober- und Unterbegriffen wie „Fisch" und „Karpfen"),
- eine Bedingungsanalyse: Ein Überblick über die äußeren und inneren Bedingungen, unter welchen psychische Erscheinungen sich einstellen (z. B. das Einfallen von Ober- und Unterbegriffen bei bildlicher und schriftlicher Darstellung: Fällt etwa zu dem Bild eines Karpfens der Oberbegriff „Fisch" ebenso schnell ein wie zu dem geschriebenen „Karpfen"?)

Nach diesen Analyseaspekten unterscheidet man also die *Allgemeine Psychologie*, die *Differentielle* und *Persönlichkeitspsychologie*, die *Entwicklungspsychologie* und die *Sozialpsychologie*. In einem dritten Schritt kann man nun alle Funktionen und alle Analyseaspekte mit Praxisfeldern in Beziehung setzen. Man kann etwa die Frage der individuellen Begriffsbildung auf das Feld der Politik anwenden. Man prüft
- das Auftreten einer psychologischen Erscheinung in einem bestimmten Praxisfeld (z. B. die Verwendung bestimmter Begriffe - wie „Abfallbeseitigung", „Steuergerechtigkeit" - in einer Parlamentsdebatte),
- die Bedeutsamkeit von Analyseaspekten für die Behandlung einer psychischen Erscheinung in einem Praxisfeld (z. B. die Bedeutsamkeit des sozialpsychologischen Aspekts für die Verwendung von Begriffen in Parlamentsdebatten - etwa ob Verwendung und Verständnis des Begriffs „Steuergerechtigkeit" durch politische Ziele und Parteizugehörigkeit beeinflußt ist), sowie
- die Nützlichkeit einer psychologischen Behandlung (z. B. ob die Parlamentsarbeit unter unterschiedlichem Begriffsverständnis leidet und die psychologische Aufklärung von Mißverständnissen die Einigung zwischen Parteien beschleunigt).

Die Psychologie bemüht sich um Anwendung in verschiedenen Praxisfeldern. Die Psychologie im Rechtswesen und in der Wirtschaft, im Erziehungs- und Gesundheitswesen, in Kunst und Sport seien auch stellvertretend für andere Zweige genannt (s.o. Abschnitt 1.2.1).

Studien- und Prüfungsfächer

Die höchste Anerkennung erlangt ein Teil-gebiet der Psychologie, wenn es als Fach in die Studien- und Prüfungsordnungen der Universitäten eingeführt wird. Besondere Bedeutung kommt dabei den staatlich genehmigten Diplomprüfungsordnungen für Psychologie zu. Solche Ordnungen gibt es in Deutschland und Österreich; sie weisen einen recht hohen Grad an Übereinstimmung auf.

Die deutschen und österreichischen Diplomstudiengänge trennen ein Grund-studium und ein Hauptstudium. Das Grund-studium umfaßt vier Fächer, welche die vier in diesem Abschnitt beschriebenen Analyse-aspekte vertreten:
- Allgemeine Psychologie,
- Persönlichkeits- und Differentielle Psycho-logie,
- Entwicklungspsychologie,
- Sozialpsychologie.

Hinzu kommen (s. Abschnitt 1.2.2)
- Biopsychologie, sowie die
- Psychologische Methodenlehre.

Das Hauptstudium beherrschen Fächer, die auf die Tätigkeit in Praxisfeldern vorbereiten:

- Arbeits- und Organisationspsychologie,
- Pädagogische Psychologie,
- Klinische Psychologie.

Zwei praxis- und forschungsbezogene Methodenfächer treten hinzu:
- Diagnostik und Intervention,
- Forschungsmethodik und Evaluation.

Diesen weitgehend einheitlichen Fächer-katalog ergänzen die meisten Ausbildungs-institute im Hauptstudium mit psychologi-schen Wahlpflichtfächern, welche die Vielfalt der an den Instituten vertretenen Forschungs- und Praxisleistungen widerspiegeln sollen. Zwei neuerdings häufiger angebotene und gewählte psychologische Wahlpflichtfächer sind Gesundheitspsychologie (s. Abschnitt 1.2.2) und Rechtspsychologie (zu den örtlichen Studienplänen in Deutschland, Österreich und der Schweiz vgl. Wilhelm, 1992).

Wilhelm, H. (1992). *Studienführer Psychologie*. München: Lexika Verlag.

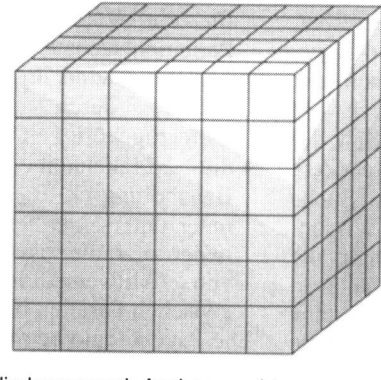

Gliederung nach Funktionen
(Wahrnehmungspsychologie, Denkpsychologie, Gedächtnispsychologie, Motivationspsychologie)

Gliederung nach Praxisfeldern
(Rechtspsychologie, Wirtschaftspsychologie, Gesundheitspsychologie, Erziehungspsychologie)

Gliederung nach Analyseaspekten
(Allgemeine Psychologie, Entwicklungspsychologie, Persönlichkeitspsychologie, Sozialpsychologie)

Gliederung der Psychologie nach Funktionsbereichen, Analyseaspekten und Praxisfeldern

ZUSAMMENFASSUNG

1. Nach der dualistischen Auffassung der Beziehung von Körper und Seele ist die Seele der Inbegriff des Lebens und Trägerin aller Lebenserscheinungen. Zu den Lebenserscheinungen zählen: Denken, Wahrnehmen, Handeln, Sprechen.

2. Nach der monistischen Auffassung beruhen die seelisch genannten Leistungen auf körperlichen Grundlagen (z. B. sei Sehen ohne Auge nicht möglich). Körper und Seele seien also nicht trennbar.

3. Psychologie als Einzelwissenschaft befaßt sich mit den seelischen Funktionen. Diese Funktionen sind teilweise auch Gegenstand anderer spezialisierter Disziplinen (z. B. die Sprachwissenschaft), insbesondere von Disziplinen, die sich auf einzelne Praxisfelder konzentrieren (z. B. die Rechtswissenschaft). Psychologisches Wissen, an dem mehrere Disziplinen Anteil haben, wird hier Transdisziplinäre Psychologie genannt.

4. Mit den Religionslehren verbindet die Psychologie die gemeinsame Verwendung des Begriffs der Seele. Dabei werden innerhalb der Psychologie vorwiegend naturwissenschaftliche Theorien vertreten, während Religionslehren sich vorzugsweise mit Theorien von dem übernatürlichen Wesen der Seele beschäftigen (z. B. Leben der Seele nach dem Tode).

5. Die Psychologie als Einzelwissenschaft gliedert sich in mehrere Richtungen und Fächer. Für die Fächergliederung sind besonders wichtig: Die Trennung von Funktionen (z. B. Denken, Motivation), von Analyseaspekten (z. B. Entwicklung, Persönlichkeit) sowie von Praxisfeldern (z. B. Schulwesen, Gesundheitswesen).

6. Das Studium der Psychologie gliedert sich gewöhnlich in ein Grundstudium und ein Hauptstudium; das Hauptstudium widmet sich den fortgeschrittenen Methoden der Forschung und der Praxis.

 LITERATUR ZUR ERGÄNZUNG UND VERTIEFUNG

Jüttemann, G., Sonntag, M. & Wulf, Ch. (1991). *Die Seele.* Weinheim: Psychologie Verlags Union.
(Eine Sammlung von Aufsätzen zur Geschichte des Seelenbegriffs im Abendland.)

Klix, F. (1993). *Erwachendes Denken.* Heidelberg: Spektrum.
(Anschauliche Darstellung der Evolution von Intelligenzleistungen wie die Entwicklung von Werkzeugen, Schrift und Sozialverhalten im Verlauf der Menschheitsgeschichte und in der Geschichte von Tierarten.)

Koch, S. & Leary, D. E. (1985). *A century of psychology as a science.* New York: McGraw Hill.
(Überblick über Problembereiche, Forschungsperspektiven und Ergebnisse der Psychologie in den letzten hundert Jahren.)

Michaelis, W. (1986). *Psychologieausbildung im Wandel. Beschwichtigende Kompromisse, neue Horizonte.* München: Profil.
(Informationen über den Diplom-Studiengang Psychologie, die inhaltliche Kennzeichnung des Faches und zur Situation auf dem Berufsmarkt.)

Pongratz, L. J., Traxel, W. & Wehner, E. G. (1972, 1979). *Psychologie in Selbstdarstellungen* (Band 1 und 2). Bern/Stuttgart: Huber (Band 3 s. Wehner, 1992).
(Eine lebendige Darstellung der neueren Geschichte der Psychologie im deutschen Sprachraum anhand kurzer Autobiographien bekannter Wissenschaftler.)

Sexton, V. S. & Misiak, H. (1976). *Psychology around the world.* Monterey: Brooks and Cole.
(Internationaler Stand psychologischer Lehre, Forschung und Praxis.)

Thomae, H. (1977). *Psychologie in der modernen Gesellschaft.* Hamburg: Hoffmann und Campe.
(Stellung und Aufgaben der heutigen Psychologie.)

Wehner, E. G. (1992). *Psychologie in Selbstdarstellungen* (Band 3). Bern: Huber.
(Fortsetzung der von Pongratz, Traxel und Wehner, s. o., begonnenen Reihe von Autobiographien deutschsprachiger Psychologen.)

Kapitel 2

Theoretische Richtungen in der Psychologie

Die drei grundlegenden theoretischen Richtungen in der Psychologie:

Kognitivismus

Tiefenpsychologie

Behaviorismus

In der Psychologie herrscht eine große Vielfalt von Meinungen. Umstritten ist:

Welches ist der fruchtbarste Ansatzpunkt für psychologische Untersuchungen?

Welches sind die ergiebigsten Untersuchungsmethoden?

Welches sind die für Beschreibung und Erklärung geeignetsten Begriffe?

Welches sind die nützlichsten Verfahren für die Praxis?

Die Vielfalt vorherrschender Meinungen kann man auf drei Grundpositionen zurückführen. Kognitivistische Richtungen beschreiben und behandeln den Menschen als ein vernunftbegabtes und selbstverantwortliches Wesen; sie vertrauen auf die Berichte der Betroffenen und auf die Wirksamkeit zutreffender Einsichten in Probleme. Tiefenpsychologische Richtungen nehmen unbewußte Bilder und Triebkräfte an; diese Inhalte des Unbewußten gelte es aufzudecken. Behavioristische Richtungen beschränken sich auf die Beobachtung des Verhaltens; da Verhalten durch die Umwelt bestimmt sei, könne man es durch die Gestaltung der Umwelt verändern.

Grundpositionen, wie sie dieses Kapitel behandelt, sind durch Wissenschaftler durchgesetzt und vertreten - und zwar meist durch einzelne hervorragende Persönlichkeiten. Die Programme dieser Wissenschaftler haben Vorbildwirkung; man nennt sie daher auch Paradigmen (griech. *paradigma*, Muster). Vorbildern kann man getreu folgen - der Fall der Orthodoxie (griech. *orthodoxia*, Rechtgläubigkeit). Man kann aber auch zwischen ihren Angeboten wählen - der Fall des Eklektizismus (griech. *eklektikos*, auswählend). Auch in der Psychologie findet man orthodoxe neben eklektisch vorgehenden Fachvertretern.

2.1
Kognitivistische Richtungen

2.1.1 Ein jugendlicher Ausreißer

Jan, 15 Jahre alt, wird von der Polizei in verwahrlostem Zustand aufgefunden - 50 km von seinem Wohnort entfernt. Vier Tage vorher war er von zu Hause ausgerissen. Kurz davor war bekannt geworden, daß er bei zwei Schulkameraden kleinere Geldbeträge entwendet hatte.

Die Eltern sind sehr besorgt und stellen eine Vermißtenanzeige. Es ist nicht das erste Mal, daß Jan auffällig wird. Er wird zunächst in einem Heim für Jugendliche untergebracht. Jans Eltern - der Vater ist von Beruf Architekt, die Mutter Lehrerin - reisen an und wollen ihren Jungen wieder nach Hause holen. Der Heimpsychologe untersucht Jan und spricht mit seinen Eltern. Da die Familienverhältnisse in Jans Elternhaus geordnet sind, bestehen keine Bedenken, Jan nach Hause zu entlassen.

Da aber Jan nun mehrfach Diebstähle begangen hat und von zu Hause ausgerissen ist, wird eine ausführliche psychologische Beratung der Familie nötig. Und das ist die Diagnose des Psychologen: Jan hat ein recht hohes Selbstbewußtsein, gepaart mit einem erheblichen Drang nach Selbständigkeit. Er ist egozentrisch und betrachtet seine Eltern und Freunde vorzugsweise als Mittel zur Erfüllung seiner Zwecke. Dabei trifft er in seinem Vater auf einen starken Partner. Der Vater hat feste Vorstellungen von der Zukunft seines Sohnes und den erstrebenswerten Erziehungszielen und läßt keine Gelegenheit aus, auf Jan erzieherisch Einfluß zu nehmen. Kurzum: Der Junge befindet sich in einer *Ablösungskrise*. Seine Bedürfnisse, sein Leben nach eigener Entscheidung zu gestalten, sind bereits stark ausgeprägt. Der Vater kann oder will dem Jungen nicht den gewünschten Freiraum gestatten. Deshalb entwickelt der Junge Symptome von *Reaktanz*.

Reaktanz - das ist ein Begriff, den der amerikanische Sozialpsychologe Jack Brehm (1966) eingeführt hat. Reaktanz ist die Gegen-

wehr, welche einsetzt, wenn sich ein Individuum in seinem Freiheitsraum unangemessen eingeengt sieht. Jan wehrt sich möglicherweise gegen die erlebte Einengung seiner Freiheit, indem er sonst sinnlose Handlungen vollzieht wie Stehlen und Davonlaufen. Dabei interessiert ihn nicht der Wert des Geldes, und auch das Fernsein als solches hat keinen besonderen Reiz für ihn. Die mit dem Stehlen und Weglaufen verbundene Verletzung von väterlichen Geboten und Erziehungsregeln geben ihm allerdings die Gewißheit, noch Herr seiner Entschlüsse und nicht hoffnungslos abhängig zu sein.

Jan wird in einem Park aufgefunden.

Brehm, J. (1966). *A theory of psychological reactance*. New York: Academic Press.

Der Heimpsychologe berät die Familie

Jan wird nach Hause entlassen

Was wird der Psychologe nun den Eltern für Ratschläge geben? Offensichtlich unterstellt er in seiner Diagnose eine mißglückte Verständigung zwischen Vater und Sohn. Deshalb wird es Ziel der Therapie sein müssen, die Verständigung vor allem zwischen Jan und seinem Vater zu verbessern. So wird er sich bemühen, beim Vater Verständnis für das Selbständigkeitsstreben seines Sohnes zu wecken. Dem Sohn wird er dagegen die Motive für die Sorge des Vaters verständlich machen. Er wird Sohn und Vater anhalten, in gemeinsamer Bemühung ausreichende Freiheitsräume für den Jungen zu schaffen (z. B.

Einrichten eines eigenen Zimmers nach eigenem Geschmack, Erlaubnis zur Teilnahme an einem Ferienlager). Gleichzeitig werden jedoch Vater und Sohn auch gehalten sein, bezüglich der Grenzen dieser Freiräume zu einer Übereinkunft zu gelangen (z. B. zu Vereinbarungen über ein Sohn wie Eltern angemessen erscheinendes Taschengeld, über Zeiten der Anwesenheit zu Hause).

2.1.2 Theoretische Prinzipien im Kognitivismus

Der Psychologe, der Jan untersucht und seine Eltern beraten hat, verfolgt offensichtlich einen *kognitivistischen* Theorieansatz. Er traut Jan und seinen Eltern zu, daß sie sich selbst Klarheit über ihre Probleme verschaffen können und daß sie in der Lage sind, für ihre Probleme selbst eine Lösung zu finden. Für diesen Psychologen ist das Erkennen, die *Kognition* (von lat. *cognoscere*, erkennen), die wichtigste psychologische Funktion. Und er glaubt auch, daß dieses Erkennen sich im Bewußtsein vollzieht und daher einen angemessenen sprachlichen Ausdruck finden kann.

Der Kognitivismus beruht im wesentlichen auf fünf Prinzipien:
- Das (bereits genannte) Prinzip der Erkenntnis: Den Kern des Psychischen bildet die Erkenntnis, die Kognition. Im Erkennen entsteht die Welt und die eigene Person aufs neue (Welteinsicht und Selbsterkenntnis).
- Das (ebenfalls schon erwähnte) Prinzip der Bewußtheit: Grundsätzlich vollzieht sich das Erkennen im und durch Bewußtsein.
- Das Prinzip der kognitiven Ordnung: Das Erkennen erschöpft sich nicht einfach in der Kenntnisnahme einzelner Daten (z. B. Farbpunkte oder Einzeltöne). Wesentlich für das Erkennen ist vielmehr die Bildung von Zusammenhängen. Es ergibt sich die *Einsicht* (ein wichtiger Schlüsselbegriff des Kognitivismus) in strukturelle Zusammenhänge (z. B. „Kopf, Rumpf und Gliedmaßen bilden zusammen den Körper") sowie in funktionale Zusammenhänge (dazu gehören sämtliche Ursachenerklärungen, z. B. „Feuer bringt Wasser zum Kochen" oder „wenn Maria merkt, daß ein Mann sie heiraten will,

verläßt sie ihn"). Aus den gebildeten Zusammenhängen ersteht eine kognitive Ordnung. Die Ordnung schließt zukünftige Gegebenheiten ebenso ein wie gegenwärtige und vergangene. Denn aufgrund seiner Einsichten in Gegenwart und Vergangenheit kann der Mensch *Erwartungen* (ein anderer wichtiger Schlüsselbegriff) für die Zukunft aufbauen.

- Das Prinzip des einsichtigen Handelns: Wenn die Zukunft in der Erwartung vorweggenommen wird, kann sich Handeln planmäßig auf die Zukunft richten. Der Mensch kann nützliche Ziele setzen und Strategien entwerfen, mit deren Hilfe diese Ziele zu erreichen sind. Vor allem kann er dann nach Nützlichkeitserwägungen ("Wie lohnend ist dieses Ziel?") und nach Erfolgserwartungen ("Mit welcher Wahrscheinlichkeit werde ich das gesteckte Ziel erreichen?") entscheiden, welche Handlungen er ausführt und welche er unterläßt.
- Aus dem Prinzip des einsichtigen Handelns ergibt sich einerseits das Bekenntnis zum Grundsatz der menschlichen Entscheidungsfreiheit, andererseits der Glaube an die menschliche Fähigkeit zur Rationalität und Ökonomie.
- Das Prinzip der Selbstverantwortung und Selbstregulation: Der Mensch, der grundsätzlich frei, einsichtig und zur Selbsterkenntnis fähig ist, wird zum Urheber seines Geschicks und zum Gestalter seiner Persönlichkeit. Er trägt Verantwortung für sich selbst und ist zur *Selbstregulation* fähig.

Freilich stößt der Mensch - das räumen auch die Verfechter des Kognitivismus ein - immer wieder auf soziale und physikalische Grenzen. Gerade diese vorgefundenen Grenzen sollen Menschen als Herausforderung an ihre soziale Verantwortung und ihre Kreativität betrachten. Vernunft und Voraussicht sollen die Menschen dazu führen, sich gemäß ihren Möglichkeiten zu entfalten (Selbstverwirklichung) und gleichzeitig ihren Mitmenschen zu einer solchen Entfaltung zu verhelfen.

Die kognitivistische Psychologie ist geprägt von der Philosophie des *Rationalismus*. Das Naturbild der rationalistischen Philosophen lebt im Kognitivismus ebenso weiter wie ihr Menschenbild. Der Rationalismus (lat. *ratio*, Verstand, Vernunft) erlebte seine erste Blütezeit im 17. und 18. Jahrhundert und befaßt sich vor allem mit dem Verhältnis von Natur und Vernunft. Vor allem lehrt der Rationalismus:

- Die Welt ist nach logischen und mathematischen Prinzipien aufgebaut. Sie ist daher mit den Mitteln der Vernunft zu erfassen. Der Hallenser Philosoph Christian Wolff (1667-1754) verkündet: *"Nihil est sine ratione sufficiente"* (lat. "alles hat seinen zureichenden Grund") (Wolff, 1730/1962, § 70) und fordert damit auf, nach Erklärungen für die Ursachen der Dinge zu forschen.
- Das sittliche Handeln wird durch Vernunft geleitet. Für den Rationalisten ist die Natur ein geordnetes Ganzes. Der deutsche Philosoph und Mathematiker Gottfried Wilhelm Leibniz (1646-1716) nennt die Welt die beste aller möglichen Welten, weil sie sich in Übereinstimmung mit der höchsten, der göttlichen Vernunft befinde (s. Leibniz, 1710/1925).

Wolff, Chr. (1962). Philosophia prima sive ontologia. *Gesammelte Werke* (2. Abt. Bd. 3), herausgegeben von J. Ecole. Hildesheim: Olms (Erstausgabe 1730).

Leibniz, G. W. (1925). *Die Theodicee*, herausgegeben von A. von Buchenau. Leipzig: Meiner (Erstausgabe 1710: *Essais de théodicée sur la bonté de dieu, la liberté de l'homme et l'origine du mal*. Amsterdam: Troyel).

Kognitivisten erweisen sich nicht nur als Nachfahren rationalistischer Philosophen, indem sie Begriffe wie *Ursachenerklärung, gesetzmäßige Ordnung, vernunftgeleitetes Entscheiden* und *verantwortungsvolles Handeln* in den Mittelpunkt ihrer Theorie stellen. Sie haben mit ihnen auch gemeinsam, daß sie die Fähigkeit zum Verständnis, zur Vernunft und zur Übernahme von Verantwortung grundsätzlich allen Menschen zubilligen. Das hat zur Folge: Kognitivisten wollen sich als Wissenschaftler von ihren Klienten und

Probanden nicht abheben. Sie haben großen Respekt vor der Fähigkeit der Menschen zur Selbsterkenntnis und zur Selbstbestimmung; sie wollen weder klüger sein als ihre Mitmenschen noch mächtiger (vgl. Little, 1972).

Von vorwissenschaftlichen psychologischen Annahmen, Beobachtungen und Erklärungen suchen sich Kognitivisten weniger als andere Theoretiker der Psychologie zu distanzieren. Ganz im Gegenteil: Zu den Merkmalen der kognitivistisch orientierten Theorie gehört die starke Berücksichtigung der Alltagspsychologie, der „naiven Psychologie". Jeder Mensch sei (zumindest in begrenztem Umfang) ein Wissenschaftler - lautet eine der provokanten Thesen aus dem Bereich des Kognitivismus. Und einige Vertreter des Kognitivismus ergänzen: Jeder Mensch ist (aufgrund seiner Erlebnis- und Gestaltungsfähigkeit) ein Künstler. Es war ein Markstein in der neueren Geschichte des Kognitivismus, als der aus Österreich stammende, in den Vereinigten Staaten lehrende Psychologieprofessor Fritz Heider sich in seinem 1958 erschienenen Buch *The psychology of interpersonal relations* offen zur „naiven Psychologie" bekannte und deren wissenschaftliche Qualitäten herausarbeitete.

Little, B. R. (1977 gekürzt). Der Mensch in der Psychologie - Wissenschaftler, Humanist und Spezialist. In W. Schönpflug (Hrsg.), *System Mensch - Beispiele aus der psychologischen Fachliteratur* (S. 26-32). Stuttgart: Klett-Cotta (Erstausgabe 1972: Psychological man as scientist, humanist, and specialist. *Journal of Experimental Research in Personality, 6,* 95-118).

Heider, F. (1977). *Psychologie der interpersonalen Beziehungen.* Stuttgart: Klett (Erstausgabe 1958: *The psychology of interpersonal relations.* New York: Wiley).

2.1.3 Kognitivistische Methoden

Der nach kognitivistischen Grundsätzen arbeitende Diagnostiker wird sich bemühen, aufgetretene Probleme zunächst aus der Sicht der jeweils Betroffenen kennenzulernen. Er bedient sich dabei der die Erlebnisse beschreibenden Methode, der *phänomenologischen* (griech. *phainomenon*, Erscheinung) *Methode.* Dadurch erkundet er das Selbstbild und das Weltbild seiner Probanden, die Deutung der jeweiligen Situation und die Einschätzung von sozialen Partnern. Aus den zentralen Begriffen der kognitivistischen Theorie folgen dann insbesondere die Fragen: Welche Anreize sieht ein Mensch in seiner Umwelt? Wie beurteilt er seine Fähigkeiten? Wie beurteilt er seine Interessen? Was setzt er für Ziele? Wie schätzt er die Folgen seiner Handlungen ein? Wie erlebt ein Mensch seine Mitmenschen?

Erlebnisse werden am klarsten mit Hilfe der gesprochenen und geschriebenen Sprache vermittelt. So führt der kognitivistisch orientierte Untersucher mit seinen Probanden und Klienten Gespräche (*Interviewmethode*), oder er wertet von ihnen verfaßte Texte wie Tagebücher und Aufsätze aus (*Inhaltsanalyse*). Freilich sind frei gestaltete Gesprächsbeiträge und Niederschriften nicht immer eindeutig und ergiebig. Daher versucht der Untersucher, die Äußerungen seiner Probanden und Klienten zu lenken. Er kann etwa sein Interview durch einen Leitfaden „strukturieren". Am weitesten fortgeschritten ist die Technik der „Strukturierung" in Fragebögen. Es gibt Fragebögen mit offenen Antwortmöglichkeiten sowie Fragebögen mit vorgegebenen Antwortmöglichkeiten.

So sehr der überzeugte Kognitivist die offene Aussprache und Befragung nutzt, so sehr kennt er die Grenzen, welche sprachliche Fähigkeiten dem Ausdruck setzen. Deshalb sucht auch er nach Ausdrucks- und Verständigungsmöglichkeiten, welche nicht den Gebrauch der gesprochenen und geschriebenen Sprache voraussetzen. Dazu gehört die zeichnerische und bildnerische Darstellung, das Spielen (z. B. Puppenspiel) und das Bauen (z. B. Aufbau von Familienszenen).

Weil der kognitivistisch ausgerichtete Psychologe glaubt, es seien vor allem Mängel an Einsicht, welche Klienten in Schwierigkeiten bringen, wird er seine Therapie darauf abstellen, ihnen Einsicht zu verschaffen. Er wird einerseits versuchen, ihnen zur Klarheit über ihre gegenwärtige Situation zu verhelfen (z. B. Jan über die Gefühle seiner Eltern, die Einstellungen seiner Freunde, die Anforderungen in der Schule), zum anderen wird er ihnen

Bewußtseinspsychologie - eine frühe Form des Kognitivismus

Die Bewußtseinspsychologie setzt das Psychische mit dem Bewußten gleich. Voraussetzung hierfür ist die Ausgrenzung des Bewußtseins aus der Körperwelt, wie sie von dem französischen Philosophen und Mathematiker René Descartes (1596-1650) vorgenommen wurde. Der berühmte Ausruf aus seinen *Meditationes de prima philosophia* „*cogito, ergo sum*" (lat. „ich denke, also existiere ich") verweist auf die Selbstgewißheit, die nur dem eigenen Bewußtsein entspringen kann.

Die Psychologie des 19. Jahrhunderts ist weitgehend eine Bewußtseinspsychologie. Sie fand in Wilhelm Wundt (1832-1920) einen überragenden Vertreter. Wundt war zunächst Professor für Physiologie an der Universität Heidelberg, wechselte aber dann zur Philosophie über, die er 1874 in Zürich und ab 1875 in Leipzig lehrte. In seinen umfangreichen experimentalpsychologischen Untersuchungen standen die Phänomene der Sinnesempfindung, der Aufmerksamkeit, der Vorstellung sowie der Gefühle im Vordergrund. Seine Betrachtungen zur Völkerpsychologie hat er gesellschaftlichen Erscheinungen wie Familie, Gesetz, Mythen gewidmet. Bewußtsein war für ihn das Medium, welches diese individuellen und sozialen Vorgänge und Leistungen hervorbringt. So schrieb er in seinem *Grundriß der Psychologie*:

„*Da sich jedes psychische Gebilde aus einer Vielheit elementarer Processe zusammensetzt, die weder sämmtlich genau im selben Moment zu beginnen noch aufzuhören pflegen, so reicht der Zusammenhang, der die Elemente zu einem Ganzen verbindet, im allgemeinen stets über diesen hinaus, so dass verschiedene gleichzeitige wie successive Gebilde selbst wieder, wenn auch loser, untereinander verbunden werden. Diesen weiteren Zusammenhang der psychischen Vorgänge nennen wir das Bewusstsein.*"

(Wundt, 1896, S. 238)

Freud hat sich der These von der Identität des Psychischen mit dem Bewußtsein mehrfach widersetzt. In einer für ihn ungewöhnlich sarkastischen Anmerkung zu einer Schrift aus dem Jahre 1909 vergleicht er die Überzeugung der Wundtschen Schule, wonach „*das Bewußtsein der nie fehlende Charakter des Seelischen*" sei, mit dem Kinderglauben seines fünfjährigen Patienten Hans, aus der unsichtbaren Klitoris seiner kleinen Schwester werde noch einmal ein großer männlicher Penis (Freud, 1909/ 1941, S. 249).

Descartes, R. (1959). *Meditationen über die Grundlagen der Philosophie*, herausgegeben von L. Gäbe. Hamburg: Meiner (Erstausgabe 1641: *Meditationes de prima philosophia*. Paris: Soly).

Wundt, W. (1896). *Grundriss der Psychologie*. Leipzig: Engelmann.

Freud, S. (1941). Analyse der Phobie eines fünfjährigen Knaben. *Gesammelte Werke* (Band 7, S. 241-377). Frankfurt a. M.: Fischer (Erstausgabe 1909).

Ganzheit und Gestalt

Der Kognition, wie sie in bewußten Erlebnissen zutage tritt, ist Eigenständigkeit und Gestaltungskraft zugesprochen worden. Eines der wichtigsten Argumente hierfür war die Ganzheitlichkeit der Wahrnehmung. Metzger (1953, S. 72) demonstrierte die Ganzheitlichkeit der Wahrnehmung am Phänomen der Sternbilder. Der Wahrnehmung von Sternbildern liegen einige objektiv zusammenhanglose Lichtpunkte am Nachthimmel zugrunde - etwa diese:

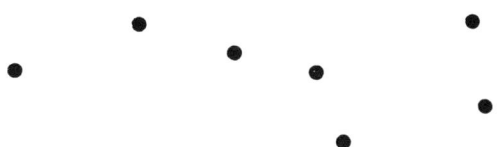

Die objektiv zusammenhanglosen Elemente werden in der Wahrnehmung zu bedeutungsvollen Figuren zusammengefaßt, indem einige der Lichtpunkte durch „Brückenlinien" verbunden werden. So entsteht aus dem obigen Punkteschwarm das Sternbild des „Wagens":

Das Sternbild stellt ein ganzheitliches Gebilde dar; seinen einzelnen Teilen, den Lichtpunkten, fällt im Ganzen jeweils eine bestimmte, nur in diesem Ganzen definierbare Rolle zu. Solche ganzheitlichen Gebilde werden Gestalten genannt.

Auf Tendenzen zur Gestaltbildung hat in der psychologischen Wahrnehmungslehre erstmals der Prager Philosoph Christian von Ehrenfels (1859-1932) hingewiesen. Gestalttendenzen im menschlichen Erkennen dienen seitdem als Belege für die Eigenständigkeit des Erkenntnisprozesses gegenüber der vorgegebenen Wirklichkeit, jedoch auch für das Wirken natürlicher Ordnungskräfte.

Auf dem Gestaltprinzip baut eine eigene theoretische Richtung innerhalb des Kognitivismus auf, die *Gestaltpsychologie*. Die Gestaltpsychologie tritt vor allem in der Zeit zwischen den beiden Weltkriegen in Erscheinung und bringt zwei Forschergruppen hervor, die mit den Namen „Berliner Schule der Gestaltpsychologie" und „Leipziger Schule der *Ganzheitspsychologie*" belegt werden.

Die Leipziger Schule betont die Einbettung der Erkenntnis im Gefühl. Sie wird angeführt durch Felix Krueger (1874-1948), als Nachfolger von Wilhelm Wundt Professor für Philosophie und Psychologie an der Universität Leipzig. Die Berliner Schule konzentriert sich auf die Analyse von Gestalttendenzen in kognitiven Strukturen beim Wahrnehmen, Denken, Einprägen und Handeln. Als ihre einflußreichsten Vertreter sind Wolfgang Köhler (1887-1967), Kurt Lewin (1890-1947) und Max Wertheimer (1880-1943) zu nennen. Sie lehrten an den Universitäten Berlin und Frankfurt am Main. Die nationalsozialistische Machtübernahme setzte ihrer Tätigkeit in Deutschland ein vorzeitiges Ende. Lewin und Wertheimer mußten wegen ihrer jüdischen Herkunft das Land verlassen. Köhler verzichtete wegen der für ihn untragbaren politischen Verhältnisse aus eigenen Stücken auf seinen Berliner Lehrstuhl. In den Vereinigten Staaten fanden die drei Wissenschaftler ein neues Wirkungsfeld.

Metzger, W. (1953). *Gesetze des Sehens*. Frankfurt a. M.: Kramer.

Ehrenfels, Chr. von (1890). Über Gestaltqualitäten. *Vierteljahresschrift für Philosophie*, 14, 249-292.

Humanistische Psychologie

Kognitivistische Ansätze wurden zunächst in westlichen Ländern vertreten. Ihre Prinzipien der Einsicht, der Selbstverantwortung und der Selbstverwirklichung nährten sich aus der Tradition der bürgerlichen Freiheitsbewegung in Europa und Amerika und dienten auch als Stütze dieser Bewegung - vor allem in der bildungs- und wirtschaftspolitischen Auseinandersetzung.

Im Jahre 1962 wurde in den Vereinigten Staaten von Charlotte Bühler, Abraham Maslow, Kurt Goldstein, Rollo May, Carl Rogers, Henry Murray, Sidney M. Jourard, David Riesman und James F. Bugenthal eine Gruppe ins Leben gerufen, die auf den Prinzipien des Kognitivismus aufbaut: die *Humanistische Psychologie*. Die Humanistische Psychologie zeichnet sich nicht zuletzt durch ihr gesellschaftspolitisches Engagement aus. Eine ihrer ersten Aktivitäten war die Verabschiedung eines Manifestes mit folgenden Thesen:

„Im Zentrum der Aufmerksamkeit steht die erlebende Person. Damit rückt das Erleben als das primäre Phänomen beim Studium des Menschen in den Mittelpunkt. Sowohl theoretische Erklärungen wie auch sichtbares Verhalten werden im Hinblick auf das Erleben selbst und auf seine Bedeutung für den Menschen als zweitrangig betrachtet.

Der Akzent liegt auf spezifisch menschlichen Eigenschaften wie der Fähigkeit zu wählen, der Kreativität, Wertsetzung und Selbstverwirklichung - im Gegensatz zu einer mechanistischen und reduktionistischen Auffassung des Menschen.

Die Auswahl der Fragestellungen und der Forschungsmethoden erfolgt nach Maßgabe der Sinnhaftigkeit - im Gegensatz zur Betonung der Objektivität auf Kosten des Sinns.

Ein zentrales Anliegen ist die Aufrechterhaltung von Wert und Würde des Menschen, und das Interesse gilt der Entwicklung der jedem Menschen innewohnenden Kräfte und Fähigkeiten. In dieser Sicht nimmt der Mensch in der Entdeckung seines Selbst, in seiner Beziehung zu anderen Menschen und zu sozialen Gruppen eine zentrale Stellung ein.“

(Bühler & Bugenthal, 1962/1974, S. 7)

Bühler, Ch. & Bugenthal, J. F. (1974). Broschüre der Association for Humanistic Psychology. In Ch. Bühler & M. Allen (Hrsg.), *Einführung in die humanistische Psychologie*. Stuttgart: Klett (Erstausgabe 1962).

Hilfen für ihre zukünftigen Entscheidungen und Handlungen vermitteln wollen (z. B. Informationen über Berufschancen, über Nutzen und Nachteile des Festhaltens an einer Partnerbeziehung). Beides erfolgt in einer Gesprächs- und Beratungssituation. Dafür sind Einzelsitzungen geeignet; üblich sind jedoch auch Gruppengespräche und -beratungen (z. B. Familientherapien).

Eine Alternative zur Gesprächsführung ist das Vorführen von Vorbildern - in der Psychologie (wie im Textilgewerbe) *Modelle* genannt (s. a. Abschnitt 10.5.3). Ein solches

Modell kann einem Leistungsängstlichen beispielsweise vorführen, wie man seine Ängste überwindet und zu Erfolgen gelangt. In anderen Fällen mag ein Modell einem Alkoholgefährdeten zeigen, wie man auch freundliche Einladungen zu einem Glas Wein zurückweisen kann, ohne deshalb von Kollegen oder Freunden verspottet zu werden. Ein solches Modell kann real auftreten (in der Regel im Rollenspiel) oder in einem Film festgehalten sein.

In der kognitivistisch orientierten Therapie ist es umstritten, wie weit Therapeuten initiativ und aktiv werden dürfen. Direktive Therapieformen stehen nichtdirektiven gegenüber. Direktiv verhält sich ein Therapeut, wenn er den Klienten von der Richtigkeit seiner eigenen Einschätzungen zu überzeugen und für seine Vorschläge zu gewinnen versucht. Bei der nichtdirektiven Therapie - sie wurde von ihrem ersten prominenten Verfechter Carl Rogers (1942/1976) *klientenzentrierte Therapie* genannt - hält sich der Therapeut mit eigenen Einschätzungen und Vorschlägen zurück. Er bestärkt vielmehr seinen Klienten, selbständig Einschätzungen und Lösungen zu entwickeln.

Eine nicht-direktive Gruppentherapie: Diese Gruppe besteht aus Klienten mit psychischen Störungen sowie zwei Therapeuten, den Hamburger Psychologieprofessoren Reinhard und Annemarie Tausch. Die Gruppe befindet sich in einem Langzeitgespräch (rund 20 Stunden). Eine solche Dauersitzung wird auch Marathon genannt. Die von Reinhard und Annemarie Tausch angewandte Methode ist die der Konfrontation (engl. *encounter*, Begegnung). Die Klienten beraten sich gegenseitig. Die Therapeuten ordnen sich als gleichberechtigte Mitglieder in die Gruppe ein.

Rogers, C. R. (1976). *Die nicht-direktive Beratung.* München: Kindler (Erstausgabe 1942: *Counseling and psychotherapy*. Boston: Houghton & Mifflin).

Tausch, R. & Tausch, A.-M. (1979). *Gesprächspsychotherapie.* Göttingen: Hogrefe.

2.2
Tiefenpsychologische Richtungen

2.2.1 Noch einmal der Fall Jan: Geht der Konflikt tiefer?

Zurück zum Fallbeispiel aus Abschnitt 2.1.1. Wie äußert sich eigentlich der betroffene Junge zu seinem Problem? Vielleicht so: *„Manchmal habe ich es zu Hause satt. Dann muß ich einfach heraus - egal wohin. Ich habe meinen Vater im Grunde ganz gerne. Aber manchmal wird er mir einfach zu viel. Immer ist er hinter mir her, immer hat er etwas an mir auszusetzen. Das Geld von den Schulkameraden habe ich genommen, um von hier wegzukommen. Die brauchten es gerade nicht. Nach ein paar Tagen komme ich sowieso wieder von meinem Trip zurück. Bis dahin gibt mein Vater ihnen alles wieder zurück".*

Und der Vater? Er sieht die Sache vielleicht so: *„Ich lebe ganz für meinen Beruf und meine Familie. Ich liebe meinen Sohn und will sein Bestes. Warum er stiehlt und davonläuft, weiß ich nicht. Er hat bei uns doch alles, was er braucht. Wir kümmern uns jeden Tag um seine Aufgaben. Natürlich, Strenge muß sein. Aber das sieht er auch ein, und deshalb sind wir im Grunde die besten Freunde".* Das sind Äußerungen, die durchaus als Belege für die Berechtigung der kognitivistischen Reaktanzhypothese dienen können. Aber darf man den Aussagen der Betroffenen wirklich trauen? Wissen sie selbst, wie es um sie bestellt ist? Braucht es da nicht den erfahrenen Psychologen, der den vorhandenen Schwierigkeiten auf den Grund geht? Das Bemühen, jenseits der bewußten Erkenntnis der Betroffenen und über ihre sprachlichen Äußerungen hinaus zu wissenschaftlichen Diagnosen zu gelangen, ist kennzeichnend für die Tiefenpsychologie.

Jans Fall ist nicht erfunden. Helm Stierlin und Kent Ravenscroft (1974) haben ihn in einer wissenschaftlichen Abhandlung beschrieben. (Die Abbildungen sind allerdings nachgestellt.) Stierlin und Ravenscroft gehören zu den modernen Vertretern der *Tiefenpsychologie.* Und so ist auch ihre Deutung des Falles tiefenpsychologisch orientiert. Es handle sich - so die beiden Autoren - um einen Trennungskonflikt. Schlüsselfigur des Konflikts sei nicht etwa der auffällig gewordene Junge, sondern sein Vater.

Der Vater habe eine entbehrungsreiche, lieblose Kindheit und Jugend erfahren, gestehe sich dies aber nicht ein. Die uneingestandenen Enttäuschungen kommen im Verhalten des Vaters gleichwohl zum Vorschein. Erstens versucht er, dem Sohn alle Freude und Liebe zu verschaffen, die ihm in der eigenen Kindheit entgangen sind. Zweitens erwartet er bei seinem Sohn Schwierigkeiten und Unzulänglichkeiten, um sich von seinen eigenen Problemen abzulenken. So entsteht eine komplizierte Erziehungssituation für den Jungen: Auf der einen Seite umwirbt ihn der Vater mit undistanzierter Liebe und überschüttet ihn mit Geschenken. Auf der anderen Seite verfolgt er ihn mit Verdächtigungen und ruht nicht, bis er Mißerfolge und Verfehlungen bei ihm festgestellt hat. Der

Junge paßt sich an. Um seinen Vater zu befriedigen, übernimmt er die Rolle des Problemlieferanten, er begeht Unarten und Verfehlungen. Jan kann nicht umhin, seinen Vater wegen seiner liebevollen Zuwendung selbst zu lieben. Weil ihn aber der Vater mit seinem ständig nach Bestätigung drängenden Mißtrauen in Bedrängnis bringt, haßt er ihn gleichzeitig. Sein Konflikt zwischen Liebe und Haß bereitet ihm Angst, und diese Angst treibt ihn immer wieder aus dem Haus. Das Schlimme an dieser Situation sei - so weiter die Autoren: der entstehende Konflikt. Die ihm zugrunde liegenden Verdrängungen, Verschiebungen und Kompensationen blieben unbewußt.

Wenn somit die Betroffenen blind sind für die Ursachen ihrer Leiden, können sie diese Ursachen auch nicht beseitigen. Therapie muß unter diesen Voraussetzungen zur Aufklärung verhelfen. Sie wird nicht allein beim Sohn anzusetzen haben, der zunächst auffällig geworden ist, sondern auch beim Vater, dessen langjähriges Verhalten der Anlaß für die Auffälligkeit des Jungen geworden ist. Der Therapeut wird versuchen, dem Vater seine Kindheit in Erinnerung zu bringen, er wird dabei auch seine früheren Entbehrungen und

Enttäuschungen wachrufen; er wird ihm aber nicht gestatten, die Ursachen seiner Unlust erneut zu verdrängen, sondern wird sie mit ihm durcharbeiten und zeigen, daß man vor leidvollen Erfahrungen keine Angst zu haben braucht. Wenn der Vater diese Aufklärung annimmt, wird er sich in Zukunft mit seinen eigenen Problemen auseinandersetzen und nicht mehr zum Ersatz die Probleme seines Jungen benötigen. Und wenn er die Enttäuschung seiner an Liebe armen Kindheit bewußt verarbeitet hat, wird er nicht mehr seinen Sohn als Objekt benutzen, dem er zum Ersatz seine verfügbare Liebe aufdrängt. Entsprechend wird er den Jungen aufklären, wird ihm seine früheren Ängste vor Augen führen und ihm deutlich machen, daß er in Zukunft weder die selbstsüchtige Liebe seines Vaters zu fürchten braucht, noch dessen Kritik herausfordern muß.

Stierlin, H. & Ravenscroft, K. (1974). Trennungs-konflikte bei Jugendlichen. *Psyche, 28*, 719-746.

2.2.2 Theoretische Prinzipien der Tiefenpsychologie

Es gibt mehrere tiefenpsychologische Richtungen, die jedoch einige Prinzipien gemeinsam haben.
- Das Prinzip des Unbewußten: Die Annahme eines dem Bewußtsein vorgelagerten Bereichs, von dem Betroffene (ohne Aufklärung von Experten) keine Kenntnis besitzen.
- Das Ich-Prinzip: Die Ausgliederung einer Ich-Instanz. Vom Ich wird behauptet, es folge der Realität. Im Ich seien die Funktionen zusammengefaßt, welche das realistische Erkennen der Welt vermitteln und vernunftgeleitetes Handeln steuern.
- Das Libido-Prinzip: Alle psychische Tätigkeit bedarf der psychischen Energie, die in tiefenpsychologischen Theorien zumeist Libido genannt wird. Die Libido drängt auf Abfuhr, auf Triebbefriedigung. Die Ich-

Funktion vermag einige Triebbefriedigung zu verschaffen (z. B. durch rechtzeitige Beschaffung von Nahrung, durch Herstellung vernünftiger Partnerbeziehungen); insofern hat die Ich-Funktion Anteil an der psychischen Energie einer Person und ihrer Abfuhr. Aber ein Großteil von ungenutzter und unbefriedigter Energie bleibe zurück - lehrt die Tiefenpsychologie - und dränge auf Abfuhr.
- Das Prinzip der Verdrängung: Die nicht durch das Ich bewältigte Triebenergie verbleibt im Unbewußten. Ja, das Ich wird sogar als Instanz beschrieben, welche für einen Verbleib nicht zu bewältigender Triebenergie im Unbewußten sorgt. Denn nicht allen Triebansprüchen kann das bewußte, realitätsangepaßte Ich entsprechen. Das Ich ist um Anpassung, Umsicht und Vorausschau bemüht. So vermag es beispielsweise zu erkennen, daß ein augenblicklicher aggressiver Impuls die Zerstörung einer langfristig befriedigenden Partnerschaft bewirken kann. Im Interesse der langfristig befriedigenden Partnerschaft gibt das Ich den aggressiven Impulsen nicht nach. Dadurch droht es aber selbst in Bedrängnis zu geraten. Die nicht befriedigten aggressiven Impulse haben selbst keine Realitätseinsicht und drängen weiter auf Befriedigung. Das Ich wird dadurch in seiner Funktionsfähigkeit gestört und reagiert darauf mit dem Affekt der Angst. Aus Angst verbannt es dann die störenden libidinösen Impulse aus dem Bewußtsein, es verdrängt sie ins Unbewußte.
- Das Prinzip der Gegenverdrängung: Als verdrängt bezeichnet werden libidinöse Impulse und die damit verbundenen Bewußtseinsinhalte (Vorstellungen, Erinnerungen u. ä.). Verdrängte Impulse und Inhalte blieben im Unbewußten aktiv, suchten ins Bewußtsein zurückzukehren und Handlungen in ihrem Sinne zu beeinflussen. Es tauchen möglicherweise verdrängte Vorstellungen als Symbole in Träumen wieder auf. Verdrängte Handlungsimpulse veränderten den Ablauf des Verhaltens; das rationale, realitätsgerechte Verhalten werde durch irrationales, neurotisches Verhalten abgelöst.

• Das Prinzip der frühkindlichen Fixierung: In aller Regel schreiben Tiefenpsychologen der frühen Kindheit eine maßgebende Rolle in der menschlichen Entwicklung zu. In der frühkindlichen Sozialisation erfahre der Mensch seine ersten schweren Konflikte und behalte davon auf Dauer seelische Wunden, die sogenannten *Traumata* (griech. *trauma*, Wunde, Verletzung) zurück. Mit seinem ersten großen Trauma beginne seine Verdrängungsgeschichte. Frühe Verbindungen von verdrängten Inhalten und Affekten bildeten Kerne des Unbewußten, an welche sich später neue Erlebnisse anschlössen. Verbindungen von unbewußten Inhalten und Affekten werden auch *Komplexe* genannt.

Die Szene tiefenpsychologischer Richtungen, Gruppen und Schulen ist vielgestaltig. Sie ist darüber hinaus von außerordentlicher Lebendigkeit und in ständigem Wandel begriffen. Eine zentrale Stellung nimmt die von Sigmund Freud (1856-1939) begründete *Psychoanalyse* ein; diese Richtung wertet Liebe und Aggression als Hauptmotive.

Andere Autoren lassen die Festlegung auf Liebe und Haß als menschliche Grundmotive nicht gelten, halten aber gleichwohl an den oben aufgeführten Prinzipien der Tiefenpsychologie fest. Otto Rank (1884-1939) leitete etwa die neurotischen Störungen von dem Geburtstrauma des Menschen her - von dem Schock, welchem Menschen nach Ranks Auffassung ausgesetzt sind, wenn sie den wärmenden und schützenden Mutterleib verlassen.

Eine weitere tiefenpsychologische Triebtheorie, welche bis heute viele Anhänger gefunden hat, ist die von dem Arzt Alfred Adler (1870-1937) begründete *Individualpsychologie*. Nach Adler ist das Zentralmotiv des Menschen das Bedürfnis nach Macht, nach Überlegenheit. Dabei stamme das Bedürfnis nach Macht und Überlegenheit aus der Erfahrung der Ohnmacht und der Unterlegenheit. Menschen litten nämlich im allgemeinen unter einem *Minderwertigkeitskomplex*. Einen Minderwert erführen Menschen - so der Ausgangspunkt der Adlerschen Lehre - zuerst an ihrem schwächsten Körperorgan. Jeder Mensch besitze ein schwächstes oder ein krankes Organ. Und an seiner erfahrenen Körperschwäche oder -krankheit entzünde sich sein Wille, sein Ehrgeiz: Er suche einen Ausgleich, die Kompensation seiner Minderwertigkeit. Und oft tue er weit mehr, als zum Ausgleich seiner Schwäche notwendig sei: Übersteigerte *Kompensation* werde dann zur Überkompensation. Adlers Interesse gehört vor allem den Menschen, die mit Geburtsfehlern zur Welt gekommen sind, sowie den Kleinwüchsigen, Stotterern, Bettnässern, die unter dem Spott ihrer Altersgenossen aufwachsen mußten. Unter ihnen glaubt er besonders viele Künstler, Wissenschaftler und Politiker zu finden, die hervorragende Leistungen vollbracht haben.

„Daß Redner, Schauspieler, Sänger die Zeichen der Organminderwertigkeit aufweisen, habe ich sehr häufig gefunden. ... Demosthenes, der Stotterer, wurde zum größten Redner Griechenlands, und von Camille Demoulin, der im gewöhnlichen Leben stotterte, berichten seine Zeitgenossen, daß seine Rede wie geschmolzenes Gold dahinfloß. ... Ähnlich bei Musikern, die ziemlich oft an Ohrenleiden erkranken. Beethoven, Robert Franz, Smetana, die das Gehör verloren, seien als bekannte Beispiele hierher gesetzt. "

(Adler, 1907/1973, S. 51f.)

Adler warnte vor der Überkompensation von Minderwertigkeit und dem damit verbundenen überschießenden Leistungsstreben; es führe zu neurotischen Störungen und zu sozialer Rücksichtslosigkeit.

Wie kaum ein anderer hat der schweizerische Psychologe Carl Gustav Jung (1875-1961) nach *Symbolen des Unbewußten* gesucht - in Träumen, in Märchen und Legenden, in der Mythologie, der Alchemie (s. o. Abschnitt 1.2.3). Denn Symbole seien Botschaften des Unbewußten. Sie verwiesen auf Inhalte, die aus dem Bewußtsein verdrängt seien und dorthin zurückstrebten. Um die Verdrängungsmechanismen zu überwinden, die dem Bewußtwerden entgegenarbeiten, werde die Kunst der Täuschung eingesetzt. Die verdrängten Inhalte treten nicht offen auf, sondern verhüllt und verschlüsselt - eben in Gestalt der Symbole. Wie alle Symbole müsse man sie nur zu deuten verstehen.

Freud, S. (1972). Abriß der Psychoanalyse. *Gesammelte* Werke (Band 17, S. 63-138). Frankfurt a. M.: Fischer (Erstausgabe 1940).

Rank, O. (1924*). Das Trauma der Geburt.* Wien: Psychoanalytischer Verlag.

Adler, A. (1945). *Studie über die Minderwertigkeit von Organen.* Darmstadt: Wissenschaftliche Buchgesellschaft (Erstausgabe 1907).

Jung, C. G. (1976). Die Dynamik des Unbewußten. *Gesammelte* Werke (Band 8). Olten: Walter (Abhandlungen aus den Jahren 1931-1954).

2.2.3 Tiefenpsychologische Methoden

Tiefenpsychologen nähern sich mit einer recht kritischen Haltung dem Schicksal einzelner Personen sowie der Entwicklung menschlicher Kulturen. Das Vorhandensein des Unbewußten ist für sie eine Quelle von Störungen; zudem werte Unwissenheit den Menschen ab. Denn was im Unbewußten verborgen liegt, entzieht sich der Einsicht und Kontrolle. Zum Ärgernis wird für Tiefenpsychologen vollends der Vorgang der *Verdrängung*, des Abschiebens unbequemer Vorstellungen und Wünsche. Die Kritik der Tiefenpsychologie entzündet sich vornehmlich an zwei (individuellen und gesellschaftlichen) Erscheinungen:

- Fehleinschätzungen der Wirklichkeit: Inwiefern handelt es sich tatsächlich immer um beängstigende, gesellschaftlich verpönte Triebansprüche und Vorstellungen, welche der Vergessenheit anheimfallen sollen? Erlebt man nicht etwa in einigen Kulturen, daß sexuelle Wünsche als unsittlich und unerfüllbar unterdrückt werden, obwohl bei unvoreingenommener Einschätzung der menschlichen Natur sowie bei nüchterner Beurteilung der Wirklichkeit sowohl die Berechtigung dieser Wünsche als auch ihre Erfüllbarkeit anzuerkennen wäre?

- Die Illusion der Unterdrückbarkeit: Wie können vitale Bedürfnisse und lebhafte Vorstellungen überhaupt unterdrückt werden, ohne daß das betroffene Individuum Schaden leidet? Konflikte müssen bis zur Lösung durchgestanden werden; Verzicht, wo er unumgänglich ist, muß einsichtig sein und akzeptiert werden. Unerledigte Reste sind stets ein Potential für neu entstehende Störungen.

Gegen die Verdrängung (und ihre oft beklagenswerten Folgen) setzen Tiefenpsychologen ihre Bemühungen um Aufklärung. Ihr Ziel ist, das Verdrängte im Unbewußten aufzuspüren, ihm den Weg in das Bewußtsein zu bahnen und eine Bewältigung traumatischer (s. o.) Erfahrungen zu ermöglichen.

Wie aber können Tiefenpsychologen ihren Klienten helfen, ihre Verdrängung zu überwinden? Sie müssen der Symbole des Unbewußten (s. o.) habhaft werden und aus ihnen die Inhalte des Unbewußten und die Geschichte ihrer Verdrängung erschließen. Tiefenpsychologische Diagnostiker brauchen eine gehörige Sachkenntnis und nicht wenig Scharfsinn, um Botschaften zu entziffern, die bis zur Unkenntlichkeit verschlüsselt wurden, damit sie die Verdrängungsmechanismen unbeanstandet passieren können.

Um trotz Verdrängungstendenzen Material zu erhalten, dessen unbewußte Inhalte von Experten noch entschlüsselt werden können, suchen oder schaffen Tiefenpsychologen Situationen, in denen die Aufmerksamkeit und Wachsamkeit ihrer Klienten gemindert ist; dann können sie damit rechnen, daß auch die Leistung der Verdrängungsmechanismen herabgesetzt ist und selbst schwach verschlüsselte Symbole eine Chance haben, die Schranke zum Bewußtsein zu passieren. Tiefenpsychologische Diagnostiker lassen daher ihre Klienten ihre Träume erzählen; sie betten Klienten auf eine bequeme Couch, um sie in entspannter Lage zu befragen; sie lassen Klienten - scheinbar unvermittelt und ohne Zusammenhang - auf Wörter wie „Mutter", „Schwester" spontan einfallende Antworten nennen - sogenannte Assoziationen. Alles dies sind Vorkehrungen, um die Grenzkontrollen des Bewußtseins zu mindern und dem Unbewußten zum Ausdruck zu verhelfen.

Kurt Tucholsky zur Psychoanalyse

Unter den tiefenpsychologischen Richtungen hat die von Freud vertretene Psychoanalyse eine außerordentliche Popularität erreicht. Die in Freuds Schriften vorzufindende starke Gewichtung der Sexualität ging im europäischen Bürgertum mit einer zunehmenden Liberalisierung von Partnerschaften, der sogenannten sexuellen Revolution einher. Die Zentralthese der Freudschen Psychoanalyse zu sexuellen und inzestuösen Neigungen des Kindes (in der sogenannten Ödipus- bzw. Elektrasituation strebe das Kind nach sexuellem Kontakt mit dem gegengeschlechtlichen Elternteil) hat auf die Zeitgenossen jedoch als Provokation gewirkt.

Der Schriftsteller Kurt Tucholsky soll Sigmund Freud sehr verehrt haben. Seinen „Pansexualismus" habe der Autor eines der unbefangensten deutschen Liebesromane (*Schloß Gipsholm*) freilich abgelehnt (Cremerius, 1975).

Aus dem Jahre 1925 stammt das folgende Gedicht *Psychoanalyse* von Tucholsky:

„*Drei Irre gingen in den Garten*
und wollten auf die Antwort warten.
Der erste Irre sprach: '*O Freud!*
Hat dich noch niemals nicht gereut,
daß du Schüler hast? Und was für welche -?
Sie gehen an keinem vorüber, die Kelche.
Ich kenne ja wirklich allerhand
als Mitglied vom Deutschen Reichsirren-
verband -
aber die alten Doktoren sind mir beinah
lieber als das Getue dieser
                                             Ja. '

Der zweite Irre sprach: '*Schmecks.*
Ich habe hinten einen Komplex.
Den hab ich nicht richtig abreagiert,
jetzt ist mir die Unterhose fixiert.

Und ich verspüre mit großer Beklemmung
rechts eine Hemmung und links eine
Hemmung.
Vorn hängt meine ältere Schwester und
in der Mitte bin ich ziemlich gesund.
                                             Ja. '

Der dritte Irre sprach: '*Wenn*
heut einer mal muß, dann sagt er's nicht, denn
er umwickelt sich mit düstern Neurosen,
mit Analfunktionen und Stumpfdiagnosen -'
(*'Ha !* - *Stumpf* ' *riefen die beiden anderen*
Irren,
konnten den dritten aber nicht verwirren. Der
fuhr fort:)
'Vorlust, Nachlust und nächtliches Zaudern -
es macht soviel Spaß, darüber zu plaudern!
Jeder Jüngling von etwas Manieren
geht heute mal Muttern deflorieren.
Jede Frau, die in die Epoche paßt,
hat schon mal ihren Vater gehaßt.
Keine Tischkante ohne Symbol und kein
Loch...
Wie lange noch -? Wie lange noch -? '

Drei Irre standen in dem Garten
und täten auf die Antwort warten. "

(Tucholsky, 1975, S. 277ff., gekürzt)

Cremerius, J. (1975). Kurt Tucholsky über Psychoanalyse. *Psyche*, 29, 355-359.

Tucholsky, K. (1975). *Gesammelte Werke* (Band 4), herausgegeben von M. Gerold-Tucholsky & F. J. Raddatz. Reinbek: Rowohlt.

Tiefenpsychologisch orientierte Diagnostiker legen weiterhin Bilder von Personen vor und bitten, dazu eine Geschichte zu erzählen. Die Erwartung ist, daß Klienten ihre eigenen Affekte, Probleme und Einschätzungen, die sie nicht einmal sich selbst einzugestehen wagen, den dargestellten Personen zuschreiben. Mit anderen Worten: Es wird erwartet, daß Betroffene ihre Gefühle und Empfindungen auf andere verlagern, nach außen projizieren. Deshalb heißen solche Verfahren *projektive Methoden* (lat. *proicere*, nach vorne werfen). Andere projektive Methoden sind das freie Zeichnen, das Kneten von Figuren und das Spielen mit Puppen.

Mit der geglückten Diagnose hat der Tiefenpsychologe bereits einen Großteil der Therapie geleistet. Wenn etwa dem Vater aus dem obigen Fallbeispiel mitgeteilt wird: *„Sie hatten eine lieblose Kindheit und wollten sich das nicht eingestehen. Deshalb haben Sie ihren Jungen mit Liebe verwöhnt und nicht einsehen wollen, daß ihm Ihre Liebe zu viel war"*, dann muß der Vater lediglich diese Erklärung akzeptieren, und es werden sich von selbst seine Einstellungen und sein Verhalten ändern.

Das Akzeptieren solcher Erklärungen ist freilich nicht immer einfach. Alte Konflikte müssen neu aufgerollt, in ihren Einzelheiten durchgearbeitet werden. Dazu bedarf es meist vieler und langer Gespräche. Und manchmal hilft das nochmalige Durchleben in der Vorstellung, sogar im Spiel. So sind Rollenspiele in der tiefenpsychologischen Praxis nicht nur eine diagnostische Hilfe zur Rekonstruktion vergangener Konflikte, sondern auch ein therapeutisches Mittel zu ihrer Bewältigung.

Rollenspiel als diagnostisches und therapeutisches Mittel

Ein tiefenpsychologisch orientiertes Verfahren des Rollenspiels ist von Josef Moreno (1959) entwickelt worden: das *Psychodrama*. Im Psychodrama sollen Patienten ihren Konflikten Ausdruck verleihen. Eine Konfliktsituation wird zum Thema des Rollenspiels. Der Patient nimmt darin mehrere Rollen ein, andere Mitglieder seiner therapeutischen Gruppe spielen ebenfalls mit; ein anderer Teil bleibt Zuschauer. Ein Spielleiter greift - je nach therapeutischer Auffassung - mehr oder weniger stark in den im übrigen spontan gestalteten Spielverlauf ein.

Ein Psychodrama kann etwa so ablaufen: Eine Patientin erlebt sich als äußerst unattraktiv. Sie ist kontaktscheu, da sie bei jeder Kontaktaufnahme eine Ablehnung des Partners erwartet. Im Psychodrama werden nun verschiedene Kontaktsituationen aufgegriffen. Die Patientin spielt z. B. die Rolle der Nachbarin, die sich bei ihrem Nachbarn, der Gartenarbeit erledigt, einen Rat holen möchte. Sie spielt sowohl die Ratsuchende als auch den Nachbarn, um ihre Einstellungen und Gefühle auszudrücken. Andere Mitspieler übernehmen die Rollen von Hilfs-Ichen, die ein ähnliches Verhalten in der gleichen Situation, ein alternatives Verhalten oder genau das gleiche Verhalten wie ein Spiegelbild vorführen.

Moreno, J. (1959). *Gruppentherapie und Psychodrama*. Stuttgart: Klett.

2.3
Behavioristische Richtungen

2.3.1 Jan schließt einen Vertrag mit seinen Eltern

Was wäre geschehen, wenn Jan in die Obhut eines behavioristisch, eines *verhaltenstheoretisch* (engl. *behavior*, Verhalten) orientierten Psychologen gelangt wäre? Ein solcher Psychologe hätte sicherlich nicht die Frage nach unbewußten Konflikten gestellt wie ein Tiefenpsychologe. Und er hätte sich auch nicht um bewußte Einstellungen und Wahrnehmungen kümmern wollen wie ein Kognitivist. *„Woher wissen eigentlich meine nicht-behavioristischen Kollegen"*, würde er argumentieren, *„daß es so etwas wie Reaktanz oder unbewußten Haß überhaupt gibt? Das sind doch alles vage Vermutungen, mit denen sich ein Wissenschaftler gar nicht abgeben sollte."* Nach seinem Wissenschaftsverständnis zählt nur die objektive Messung.

Im Falle von Jan beginnt der behavioristische Psychologe zunächst mit der Verhaltensbeobachtung. Aus der Beobachtung von Jan in seiner natürlichen Umgebung oder aus verläßlichen Berichten versucht er zuerst, die situativen Bedingungen zu ermitteln, unter denen Jan sein unerwünschtes Verhalten hervorbringt. Er könnte etwa feststellen: Besonders gefährdet ist Jan, wenn er in der Schule eine schlechte Note bekommen hat.

Außerdem mag er herausfinden: Stehlen hat für Jan nie unangenehme Konsequenzen. Der Sohn verbraucht jeweils den entwendeten Betrag, bevor der Schaden bemerkt wird; und nach der Entdeckung ersetzt der Vater den entstandenen Verlust, ohne den Sohn zur Wiedergutmachung anzuhalten.

Das sind zwei Beobachtungen, welche dem Psychologen gestatten, therapeutisch einzugreifen. Den Eltern wird er den Rat geben, jedem Schulversagen durch Hausarbeiten, Nachhilfeunterricht u. ä. vorzubeugen. Zum anderen wird der Psychologe insbesondere den Vater anhalten, den Jungen die Folgen etwaiger weiterer Diebstähle unmittelbar spüren zu lassen (etwa durch Entzug von

Elterliche Reaktion auf eine Schulnote

Vertragsabschluß

Taschengeld, Verpflichtung zur Wiedergutmachung). Um die Einhaltung dieser Maßnahmen zu sichern, läßt er die Eltern mit Jan einen Vertrag abschließen.

Der Vertrag enthält in mehreren Paragraphen die zukünftigen Verpflichtungen von Jan und die in Aussicht genommenen Strafen bei Verletzung der Vertragsverpflichtungen. Bei Einhalten des Vertrages verpflichten sich die Eltern ihrerseits zur Gewährung eines angemessenen Taschengelds und regelmäßiger Ausgehzeiten. Beide Seiten unterzeichnen den Vertrag; der Vertragsabschluß wird durch einen Umtrunk bekräftigt.

2.3.2 Theoretische Prinzipien im Behaviorismus

Die für den Behaviorismus maßgebenden Prinzipien sind nicht psychologischer, sondern erkenntnistheoretischer Natur. Es sind die vom logischen Positivismus vorgetragenen Prinzipien der Wissenschaftlichkeit überhaupt: die Objektivität und die intersubjektive Vergleichbarkeit von Beobachtungen. Eine wissenschaftliche Theorie ist demnach eine Beschreibung der Realität anhand von Beobachtungsprotokollen. Zum Vorbild dient die in den exakten Naturwissenschaften übliche Messung und Zählung (z. B. Ablesen einer Uhr, Ausmessen einer Strecke).

Der Behaviorismus ist im wesentlichen eine Lerntheorie und beschäftigt sich mit dem Aufbau von Reiz-Reaktions-Beziehungen (z. B. die schlechte Note als Auslöser des Diebstahls) bzw. Reiz-Folge-Beziehungen (z. B. die Beziehung zwischen dem Ausreißen und der Gewährung eines erhöhten Taschengeldes). Die Kopplung von Reaktionen an vorangehende Bedingungen wird Konditionieren (lat. conditio, Bedingung) genannt. Die Förderung des Verhaltens durch deren Konsequenzen (umgangssprachlich: Lohn, Strafe) heißt Verstärkung (engl. reinforcement).

Als Begründer der behavioristischen Psychologie gilt der Amerikaner John Broadus Watson (1878-1958). Watson war ein unermüdlicher Verfechter des Verstärkerprinzips. Er glaubte, man könne jedem Menschen alle Fertigkeiten lehren, ihm seine Ängste nehmen und seine Unarten abgewöhnen, wenn man ihn nur in geeigneter Weise belohne und bestrafe. Der Behaviorismus fand besonders starke Verbreitung in den Vereinigten Staaten, wo er sich auf die philosophische Tradition des Pragmatismus stützen konnte.

Der Pragmatismus - Watson begegnete ihm insbesondere in der Version des amerikanischen Philosophen John Dewey (1859-1952) - sieht die Erfahrung, das Denken und das Handeln im Dienst der Anpassung. Jede menschliche Tätigkeit sei auf die Bewältigung der Lebensprobleme gerichtet. Da sich die Welt in ständigem Wandel befinde, müßten auch Denken und Handeln sich ständig neu anpassen. Konditionierungen sind aus dieser Sicht Ergebnisse vollzogener Anpassung, Verstärkungen sind Mittel zur Neuanpassung.

Der Pragmatismus hat enge Beziehungen zur erkenntnistheoretischen Richtung des Positivismus unterhalten. Nach der positivistischen Lehre kann sich Erkenntnis nur aus der Erfahrung von Tatsachen (d. h. von positiven, vorgesetzten Gegebenheiten) ableiten. Subjektive Erkenntnisse und Annahmen über bewußte und unbewußte Inhalte und Prozesse werden mit diesen erkenntnistheoretischen Argumenten als spekulativ und unwissenschaftlich verworfen.

Der Behaviorismus verdankt die Ausarbeitung seiner theoretischen Grundlagen vor allem zwei Männern: Clark L. Hull (1884-1952), Psychologieprofessor an der Universität Yale, der das Verhalten durch hoch formalisierte Gesetze zu beschreiben versuchte, sowie Burrhus F. Skinner (1904-1990), Psychologieprofessor an der Harvard Universität, ein geschickter Experimentator und Anwender und darüber hinaus ein engagierter Verfechter seiner Thesen in der wissenschaftlichen und gesellschaftspolitischen Diskussion (s. Abschnitte 9.2.2 und 10.4.1). Der oben als Begründer des modernen Behaviorismus genannte John B. Watson ist im wesentlichen nur während seiner Lehrtätigkeit an der John-Hopkins-Universität von 1908-1920 wissenschaftlich tätig gewesen und hat vor allem durch einige experimentelle Demonstrationen sowie seine grundsätzlichen und provokativen Äußerungen gewirkt.

Operationale Definitionen

Behavioristische Autoren greifen mit ihrer Erkenntnistheorie Formulierungen des Wiener Kreises von Neopositivisten um Moritz Schlick und Rudolf Carnap (1966) auf. Das wichtigste Ergebnis des Kontaktes zwischen behavioristischen Psychologen und neopositivistischen Philosophen war die Übernahme der Forderung nach *operationalen Definitionen* in der Psychologie. Jeder Begriff in einer psychologischen Theorie solle durch einen Meßvorgang (allgemein: eine Beobachtungsoperation) definiert sein. Was ist aber in der Psychologie der unmittelbaren Beobachtung und Registration zugänglich? Die physikalischen und physiologischen Bedingungen (z. B. Helligkeit im Raum, Säuregehalt des Magensaftes), unter denen sich Verhalten abspielt, sowie das äußerlich beobachtbare Verhalten selbst (z. B. Greifbewegungen, sprachliche Äußerungen).

Mit anderen Worten: Operational definierbar seien in der Psychologie
- die Reaktionen von Lebewesen,
- die situativen und organismischen Reize vor und während der Reaktionen und
- die den Reaktionen folgenden Änderungen der situativen und organismischen Reize.

Watson, J. B. (1968). *Behaviorismus*. Köln: Kiepenheuer & Witsch (Erstausgabe 1925: *Behaviorism*. New York: Norton).

Dewey, J. (1929). *The quest for certainty*. New York: Minton, Blach & Co.

Hull, C. L. (1952). *A behavior system*. New Haven: Yale University Press.

Skinner, B. F. (1978). *Was ist Behaviorismus?* Hamburg: Rowohlt (Erstausgabe 1974: *About behaviorism*. New York: Knopf, 2. Auflage).

Carnap, R. (1966). *Physikalische Begriffsbildung*. Darmstadt: Wissenschaftliche Buchgesellschaft (Erstausgabe 1926).

Pawlow war bereits über fünfzig Jahre alt, als er seine als wissenschaftliche Sensation aufgenommenen Lernexperimente an Hunden begann. In diesen Experimenten demonstrierte Pawlow in klassischer Weise das Prinzip der Konditionierung, d. h. das Erlernen neuer Auslösebedingungen für vorhandenes Verhalten. Als vorhandenes Verhalten wählte Pawlow zumeist den Speichelreflex, der normalerweise der Darbietung von Futter folgt; wenn ein Glockenton zusammen mit dem Futter dargeboten wird, ist nach einiger Zeit der Ton allein imstande, den Speichelreflex auszulösen (s. Abschnitt 10.2.1).

In einem Punkt zumindest unterscheidet sich die Reflexologie vom Behaviorismus, und darin wird die unterschiedliche philosophische Herkunft der beiden Strömungen kenntlich: Reaktionen werden stets konsequent als physiologische Reflexe gedeutet. Die Reflexologie steht nämlich im Gefolge der materialistischen Philosophie. Der Materialismus - im vorrevolutionären Rußland u. a. vertreten durch Sechenow (1829-1905) - erkennt nur die (organische und anorganische) Materie als wirklich an. Das menschliche Verhalten ist demnach einerseits von der objektiven Umwelt bestimmt - daher die Betonung der Bedeutung objektiver auslösender und verstärkender Reize; andererseits ist der sich verhaltende Mensch ebenfalls nur als stofflicher Körper aufzufassen; sein Bewußtsein sei allenfalls eine Folgeerscheinung, ein

2.3.3 Reflexologie

Im nachrevolutionären Rußland erreichte eine psychologische Lehre eine beherrschende Stellung, welche wesentliche Grundannahmen mit dem Behaviorismus teilt, im übrigen aber eine eigenständige Entwicklung nimmt: die Reflexologie. Die Reflexologie ist in der ganzen Welt mit dem Namen des russischen Physiologen Iwan P. Pawlow (1849-1936) verknüpft. Pawlow war an der Militärakademie in St. Petersburg tätig und hat sich zunächst viele Jahre mit der Physiologie des Kreislaufs und der Verdauung beschäftigt. Für seine Untersuchungen zur Verdauungsphysiologie erhielt er 1904 den Nobelpreis für Medizin.

Epiphänomen seiner Gehirntätigkeit. Geist und Vernunft als eigenständige Gegebenheiten werden verworfen.

Unter diesen Voraussetzungen erübrigt sich die Untersuchung von Wahrnehmungs-, Denk- und Gefühlserlebnissen. Die Untersuchung wendet sich statt dessen der *höheren Nerventätigkeit* zu. Durch Beobachtung von nervös gebahnten Reflexen suchte Pawlow den Zugang zur (nur unzureichend direkt beobachtbaren) Gehirntätigkeit. Die Reflexologie ist daher stärker hirnphysiologisch orientiert als der Behaviorismus.

Die Reflexologie gelangte nach der Oktoberrevolution im Jahre 1917 in der Sowjetunion in den Rang einer Staatslehre. Nach dem Tode Stalins hat das Spektrum von Fragestellungen und Theorieansätzen in der sowjetischen Psychologie an Breite gewonnen. Mit dem Fortschreiten der Hirnforschung hat Pawlows Theorie, psychische Prozesse beruhten auf Verschaltungen in höheren Hirnarealen, neue Beachtung gefunden; neuere Autoren versuchen, kognitive Mechanismen als Nervennetze zu beschreiben (vgl. später Abschnitt 3.3.2).

Die Reflexologie Pawlows im nachrevolutionären Rußland

Der philosophische Materialismus in der Reflexologie Iwan P. Pawlows entsprach den Forderungen des marxistisch-leninistischen dialektischen Materialismus. Pawlows Lehre genoß daher im nachrevolutionären Rußland Anerkennung und Unterstützung durch Staat und Partei. Das beweist der folgende Beschluß des Rats der Volkskommissare aus dem Jahre 1921 - vier Jahre nach der Oktoberrevolution:

„In Anbetracht der ganz außerordentlichen wissenschaftlichen Verdienste des Akademiemitglieds I. P. Pawlow, die von ungeheurer Bedeutung für die Werktätigen der ganzen Welt sind, hat der Rat der Volkskommissare beschlossen:

1. Auf Grund der Vorlage des Petrograder Sowjets eine Sonderkommission mit weitgehenden Vollmachten in folgender Zusammensetzung zu bilden: Gen. M. Gorki, Gen. Kristi, Leiter der Petrograder Hochschulen, und Gen. Kaplun, Mitglied des Kollegiums der Abteilung Verwaltung beim Petrograder Sowjet. Die Kommission wird beauftragt, in kürzester Frist maximal günstige Bedingungen zu schaffen, die die wissenschaftliche Arbeit des Akademiemitglieds Pawlow und seiner Mitarbeiter gewährleisten.

2. Der Staatsverlag wird beauftragt, das von Akademiemitglied Pawlow besorgte wissenschaftliche Werk, das die Ergebnisse seiner wissenschaftlichen Arbeiten während der letzten 20 Jahre zusammenfaßt, in der besten Druckerei der Republik in einer Luxusausgabe herauszubringen, wobei das Eigentumsrecht an diesem Werk für Rußland wie auch für das Ausland Akademiemitglied I. P. Pawlow vorbehalten bleibt.

3. Die Kommission für Arbeiterversorgung wird beauftragt, Akademiemitglied Pawlow und seiner Frau eine Sonderzuteilung zu bewilligen, die den doppelten Kaloriengehalt hat wie die üblichen Lebensmittelzuteilungen für Akademiemitglieder.

4. Der Petrograder Sowjet wird beauftragt, Professor Pawlow und seiner Frau die lebenslängliche Benutzung ihrer Wohnung zu sichern und diese sowie das Laboratorium des Akademiemitglieds Pawlow mit maximalen Bequemlichkeiten auszustatten.

Der Vorsitzende des Rats der Volkskommissare, W. Uljanow (Lenin)

Moskau, Kreml, 24. Januar 1921."

(Lenin, 1961, S. 56f.)

2.3.4 Behavioristische Methoden

Der Behaviorismus und die Reflexologie haben eine kaum zu überschauende Vielfalt von Forschungsunternehmen angeregt. In unzählbaren Experimenten haben ihre Vertreter verschiedene Arten von Verstärkern erprobt und deren Wirkung in Abhängigkeit von ihrer Menge, Häufigkeit und zeitlichen Abfolge bestimmt. Die Art und Menge auslösender Reize und ihre Beziehungen zu Reaktionen wurden ermittelt.

Die vom Behaviorismus geforderte Meßgenauigkeit und die Bedingungskontrolle verlangten ihren Preis. Um beobachtet werden zu können, durften Reaktionen nicht zu kompliziert sein; die dargebotenen Reize mußten leicht und schnell genug herstellbar sein. Die Vorerfahrungen der untersuchten Subjekte mußten bekannt sein und ihr Bedürfniszustand beeinflußbar. So war es nur folgerichtig, daß behavioristische Forschung in großem Stil zum Tierversuch überging. Tauben, Ratten, Affen und Hunde konnte man ja ohne Schwierigkeiten in Gefangenschaft halten, dabei überprüfen und beeinflussen, welche Erfahrungen die Tiere sammelten und durch Angebote oder Entzug von Futter, Wasser, sozialen Partnern u. ä. ihre Bedürfnisse verändern.

Pawlow, I. P. (1953-1955). *Sämtliche Werke.* Berlin: Akademie Verlag.

Sechenow, I. M. (1960). *Selected physiological and psychological works*, herausgegeben von G. Gibbons. Moskau: Foreign Language Publication House.

Lenin, W. I. (1961). *Gesammelte Werke* (Band 32). Berlin: Akademie Verlag.

Insbesondere für Tauben und Ratten wurden standardisierte Versuchsanordnungen konstruiert - Labyrinthe, Sprungapparate, Laufräder, Futterspender. Besonders bekannt geworden ist ein von Skinner entworfener Experimentierkäfig für Tauben und Ratten - die „*Skinnerbox*". In der Skinnerbox können Tiere einen Kontakt betätigen: Tauben durch

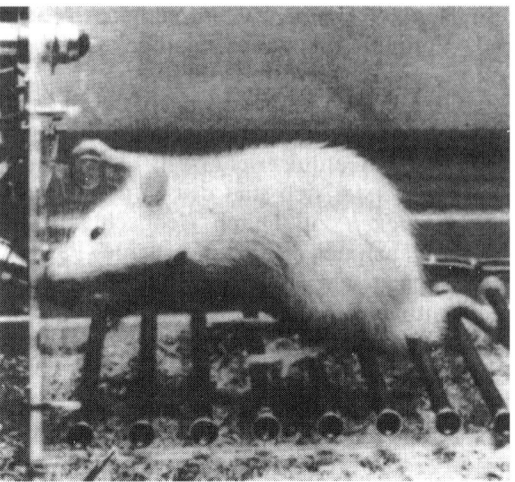

Ratte in einem Experimentierkäfig nach Skinner, mit Schalthebel, Lichtsignal und Futterspender.

Picken auf eine Scheibe, Ratten durch Niederdrücken eines Hebels. Das ist eine Reaktion, welche mit Futter oder Wasser belohnt werden kann.

Die behavioristische Forschungspraxis ist vielfach zum Vorbild für pädagogische und klinische Methoden geworden. Psychologen der Universität Harvard haben als erste aufgrund ihrer Erfahrungen mit Skinnerboxen Anordnungen zum Programmierten Unterricht entworfen; Schüler lernten dabei im Dialog mit einer Lehrmaschine, welche sie für richtige Reaktionen mit neuen Fragen belohnte. Methoden der Verstärkung erwünschten Verhaltens werden allenthalben zur Verhaltensänderung, zur Verhaltensmodifikation eingesetzt.

Behavioristisch ausgerichtete Techniken der Verhaltensmodifikation haben die klinische Psychologie um eine neue Therapieart bereichert, die *Verhaltenstherapie*. Verhaltenstherapie kann die Optimierung des Verhaltens mit der Vertragstechnik versuchen, wie das oben (Abschnitt 2.3.1) anhand des Falles von Jan veranschaulicht wurde. Klienten treffen quasi-formelle (meist schriftlich fixierte) Abmachungen über ihr zukünftiges Verhalten (z. B. der Sohn verpflichtet sich, nicht mehr zu stehlen; der Vater sagt zu, wöchentlich mit dem Sohn ins Kino zu gehen); in den Vertrag eingeschlossen sind

„Sanktionen" für den Fall des „Vertrags-bruchs" (z. B. Entzug des Taschengeldes bei erneutem Diebstahl).

Der behavioristische Praktiker wird sich mit der Ätiologie (d. h. den zurückliegenden Ursachen) von Verhaltensstörungen nicht lange aufhalten. Er wird es einerseits für schwierig erachten, die Entstehung von Fehl-verhalten nachträglich zu rekonstruieren; andererseits wird ihm die Ätiologie eines Fehlverhaltens für die Wahl der Behand-lungsmethode unerheblich erscheinen. Es komme auf die Zukunft an und nicht auf die Vergangenheit - wird er argumentieren: Fehl-verhalten sei abzubauen und erwünschtes Verhalten an seiner Stelle aufzubauen; dazu seien neue Lernprozesse in Gang zu setzen. Diese Lernprozesse seien grundsätzlich gleich, wie immer die Entstehung des Ver-haltens beschaffen gewesen sein mag.

Totale Verhaltenskontrolle

Die behavioristischen Methoden der *Verhal-tenskontrolle* sind oft als Manipulations-techniken verurteilt worden. Durch Umwelt-reize und Sanktionen solle der Mensch zu einem stereotypen Verhalten gebracht werden; seine Freiheit und Würde blieben dabei auf der Strecke. Skinner hat sich mehrfach zu dem Prinzip der Verhaltenskontrolle bekannt - etwa in seinem Buch *Jenseits von Freiheit und Würde*. Er könne Verhaltenskontrolle schon deshalb nicht als unsozial und unmoralisch ablehnen, weil sie auf Gegenseitigkeit beruhe (z. B. beeinflusse der Schüler seinen Lehrer ebenso wie der Lehrer seinen Schüler).

Skinner, B. F. (1970). *Futurum II*. Hamburg: Wegener.

Wie eine zukünftige Welt mit konsequenter Verhaltenskontrolle beschaffen sein könnte, hat Skinner in seinem Roman *Futurum II* (im Original *Walden II*) darzustellen versucht. In Futurum II wird eine alternative Lebensform in einer eigens zu ihrer Verwirklichung einge-richteten Gemeinde beschrieben. Es wird geschildert: Eine Studiengruppe besucht die Gemeinde und unterhält sich mit deren Gründer Frazier über die Grundsätze des Zusammenlebens. Unter anderem erklärt Frazier den Besuchern die Arbeitsverteilung in der Gemeinde:

„ 'Letzten Endes sind alle Arbeiten gleichermaßen begehrt, sobald die Werte festgesetzt sind. Wenn nicht, wäre Nachfrage für die begehrtesten vorhanden, und der Wert würde geändert. Ab und zu manipulieren wir Begünstigungen, sobald ein Job ohne Ursache gemieden wird.'

'Ich nehme an, Sie stellen in den Schlafzimmern Bandgeräte auf, die ständig wiederholen: ,Ich möchte bei der Siel-reinigung arbeiten, das macht Spaß.'

'Nein, diese Art Schöne Neue Welt macht Futurum II nicht mit,' erwiderte Frazier. 'Propaganda betreiben wir nicht, das ist ein Grundprinzip. Ich leugne nicht, daß es möglich wäre. Wir könnten die schwerste Arbeit als die ehrenhafteste und erwünschteste hinstellen. ... Sie mögen einwenden, daß wir sozusagen jegliche Arbeit propagieren, aber dagegen sehe ich keine Bedenken. Wenn wir Arbeiten durch richtiges Zureden angenehmer machen können, warum nicht?' "

(Skinner, 1970, S. 52f.)

Der Titel *Schöne Neue Welt* ist eine Anspielung auf Aldous Huxleys Roman *Brave new world* aus dem Jahre 1932.

ZUSAMMENFASSUNG

DIE DREI GROSSEN PSYCHOLOGISCHEN THEORIEN

	Kognitivismus	*Psychoanalyse*	*Behaviorismus*
Zentraler Untersuchungs-gegenstand	Bewußtsein	Triebe und unbewußte Inhalte	äußeres Verhalten (Reaktionen, Reflexe)
Maßgebende Ursachen des Verhaltens	Erkenntnisstrukturen	(unbewußte) Komplexe, Triebfixierungen	Milieubedingungen (Reize, Verstärker)
Menschenbild	Der Mensch besitzt Einsicht und Voraussicht und daher auch Verantwortung und Entscheidungs-freiheiten	Der Mensch ist Gefangener seiner Triebe	Freiheit und Vernunft sind vorwissenschaft-liche Begriffe. Das Verhalten des Men-schen ist voll durch seine Umgebung und seine Triebreize bestimmt
Bevorzugte Untersuchungs-methode	offene Befragung	Suche nach Symbolen des Unbewußten in Sprache und nichtsprachlichem Ausdruck	Messung von Reizen und Reaktionen
Bevorzugte Behandlungsmethode	Beratung, Hilfe zur Selbstreflexion und Selbstregulation	Aufklärung über Komplexe, Traumata, Verdrängungen	Verhaltensmodifika-tion durch Reizkontrolle, Verstärkungspläne, Verhaltenspläne

2.4
Kognitivismus, Tiefenpsychologie und Behaviorismus in der Entwicklungs-, Persönlichkeits- und Sozialpsychologie

2.4.1 Entwicklungspsychologie

Die menschliche Entwicklung ist sowohl für den Kognitivismus als auch für die Tiefenpsychologie zu einem maßgeblichen Thema geworden. Die Tiefenpsychologie konzentriert sich auf die frühe Kindheit als eine das gesamte Leben prägende Phase. Im Gegensatz dazu betont der Kognitivismus den Verlauf der Entwicklung über die gesamte Lebensspanne. Denken, Fühlen und Handeln besäßen keine feste Form, sondern seien nur als Stadien in einem unablässigen Wandel der Person zu begreifen - so der Gestaltpsychologe Kurt Koffka (1921). Die zeichnerische Gestaltung des reifen Erwachsenen zum Beispiel könne man nur dann deuten, wenn man ihre Entwicklung aus der Kinderzeichnung verstehe; und das Verständnis des Alterswerks setze wiederum die Kenntnis des Schaffens in der Reifezeit voraus. So fordert Koffka für die psychologische Analyse die Betrachtung von vollständigen Entwicklungsreihen, über die Altersstufen (Kindheit - Jugend - Reife - hohes Alter). Dies gelte für einzelne Menschen ebenso wie für Kulturen, die ebenfalls ihre Entwicklungsstufen durchliefen (völkerkundlicher Vergleich).

Kognitivistische Autoren haben sich eingehend der Entfaltung des menschlichen Denkens und Erkennens, der Motivation und der Handlung zugewandt. Zahlreiche Studien zur Entwicklung des Zahl- und Mengenbegriffs, des logischen Denkens, des kausalen Denkens, des Zeitbegriffs, des moralischen Urteils und der Leistungsmotivation waren getragen von dem Eifer, Menschen als einsichtige und verantwortungsbewußte Wesen zu erkunden. Der Glaube an die Entwicklungsfähigkeit bis ins hohe Alter hinein ist ein hervorstechendes Merkmal zahlreicher kognitivistischer Untersuchungen über lebenslange Entwicklungsprozesse.

Der kognitivistische Glaube an die fortdauernden Entwicklungsmöglichkeiten der Menschen findet unter anderem seinen Ausdruck in Arbeiten zum erfolgreichen Altern. So gingen am Berliner Max-Planck-Institut für Bildungsforschung Ursula Staudinger, Jacqui Smith und Paul Baltes (1992) der Frage der *Altersweisheit* nach. Gibt es ein besonderes, durch langjährige Lebenserfahrung gereiftes Wissen über die Welt, über mögliche Veränderungen und Schicksale (Faktenwissen), verbunden mit einem besonderen Urteilsvermögen und gutem Rat für kritische Lebenslagen (Verfahrenswissen)? Die Verfasser fanden keine Belege für ein durchweg überlegenes Alterswissen; es ist also nicht Lebenszeit allein, die überlegenes Wissen vermittelt. Dafür war festzustellen: Expertise, d. h. berufliche Erfahrung mit Menschen in kritischen Situationen, verhalf zu besserem Wissen und besserem Urteil. Eine Expertenerfahrung brauchte freilich kein langes Berufsleben. Mitdreißiger konnten sie sich bereits im gleichen Umfang angeeignet haben wie Siebzigjährige. Und noch ein Alterseffekt verdient Erwähnung: Junge wissen mehr über Junge, Alte mehr über Alte. Im schnellen Wandel der Verhältnisse kennt also jeder die eigene Lebenssituation am besten.

Kognitivistisch orientierte Entwicklungspsychologen betonen auch immer wieder den *Erkenntnisdrang* des Menschen. Insbesondere Kinder strebten über ihren jeweils erreichten Kenntnisstand hinaus. Ihre *Neugier* und *Wißbegier*, ihr Bedürfnis nach Abwechslung erfasse auch andere Bereiche - vor allem die Motorik. So fördere das Interesse an Gegenständen in der Umgebung das Kriechen, das Aufrichten und das Greifen. Neuere Diskussionen über die *Selbstmotivierung der menschlichen Entwicklung* knüpfen an eine Abhandlung des amerikanischen Psychologen McVicker Hunt aus dem Jahre 1960 an, in der eine Fülle theoretischer und empirischer Grundlagen für diese Annahme zusammengetragen sind.

Von der Kognition gehen Impulse für das Handeln aus - lehren kognitivistische Entwicklungspsychologen. Überhaupt betonen Kognitivisten den Gestaltungsdrang der Menschen. Gestalten wollten die Menschen ihre Welt. Doch gleichzeitig würden im Verlauf ihrer Entwicklung Menschen sich selbst zu Gegenständen ihres Wirkens machen. Sie setzten sich selbst *Entwicklungsaufgaben* (engl. *developmental tasks)* - ein von Robert J. Havighurst (1972) geprägter Begriff. Entwicklungsaufgaben seien alters- und kulturspezifisch. So mag ein Jugendlicher in einer Stadt Europas sich die Aufgabe stellen: „Selbständig werden" oder „einen Freund finden". Zur Lösung solcher Aufgaben wird der Jugendliche Pläne machen, Fähigkeiten erwerben und Tätigkeiten durchführen - so wie das seine Umgebung gestattet, fördert oder gar von ihm verlangt. Dadurch verändert er nicht nur seine Lebenssituation (z. B. indem er eine eigene Wohnung bezieht), sondern auch sich selbst. (Indem er z. B. lernt, selbst einzukaufen und zu kochen, erwirbt er nicht nur nützliche Fähigkeiten, sondern steigert auch sein Selbstvertrauen.) So entwickelten sich Menschen durch ihre Tätigkeit, und zwar innerhalb (im Kontext) ihrer jeweiligen Umwelt und in Wechselwirkung (in Transaktion) mit ihr.

Die Tiefenpsychologie ist selbst in wesentlichen Anteilen eine Entwicklungspsychologie. Für Tiefenpsychologen und besonders für Psychoanalytiker entscheiden ja die frühen Kinderjahre über die gesamte Persönlichkeitsentwicklung. Freud (1905/1972) hat in seinen *Drei Abhandlungen zur Sexualtheorie* eine Lehre von den menschlichen Entwicklungsphasen vorgelegt. Entwicklung ist danach im wesentlichen die Entwicklung der ursprünglichen Triebenergie, der Libido (s. bereits Abschnitt 2.2.2).

Nach Freud entwickeln sich in den ersten Lebensjahren die zentralen Instanzen der menschlichen Persönlichkeit: *Es, Ich* und *Über-Ich*. Als Es, als Triebwesen komme der Mensch zur Welt, nur dem Lustprinzip folgend. Doch der Mensch müsse sich der Na-

Koffka, K. (1921). *Die Grundlagen der psychischen Entwicklung.* Osterwieck/Harz: Zickfeldt.

Staudinger, U. M., Smith, J. & Baltes, P. B. (1992). Wisdom-related knowledge in a life review task: Age differences and the role of professional specialization. *Psychology and Aging, 7,* 271-281.

Hunt, J. McV. (1960). Experience and the development of motivation: Some reinterpretations. *Child Development, 31,* 489-504.

Kohlberg, L. (1963). The development of children's orientation towards a moral order: I. Sequence in the development of moral thought. *Vita Humana ,* 6, 14-33.

Havighurst, R. J. (1972). *Developmental tasks and education.* New York: Longman.

tur anpassen, sich auf das Realitätsprinzip einstellen. Dies tue er, indem er die Welt der Natur mit seinen Sinnen zu erfassen, mit seinem Denken zu begreifen und mit seinem Willen zu gestalten suche. Die hierzu erforderlichen Fähigkeiten bildeten die Instanz des Ich. In seiner Realitätsbindung könne das Ich dem Es auch Wünsche versagen, wenn dies langfristig der Befriedigung diene (z. B. könne das Ich den gefährlichen Wunsch des Es nach dem Spiel mit dem Feuer unterdrücken).

Ein dramatischer Entwicklungssprung ergäbe sich, wenn die Liebe von Kindern erwache; Söhne richteten ihre Liebe stets auf die Mutter, Töchter auf den Vater. Der jeweils gegengeschlechtliche Elternteil verhindere eine Beziehung durch Androhung von Strafen gegenüber dem Kind. So kündigten Väter ihren Söhnen die Kastration an, wenn sie nicht ihren Anspruch auf die Mutter aufgäben. Kinder erlebten damit eine neue Grenze: die Macht von Menschen. Sie lernten die Angst vor den Forderungen der anderen sowie die Schuld nach Verletzung dieser Forderungen. Die Instanz, die soziale Forderungen verinnerlicht und zugleich die Gefühle der Angst und der Schuld pflegt, nennt Freud (u. a. 1924/1972) das Über-Ich.

Zur Entwicklung des moralischen Urteils

Wesentlich für die Steuerung von Handlungen ist aus kognitivistischer Sicht das moralische Urteil, die Ansichten über gut und böse. Das moralische Urteil sei eine kognitive Struktur, die sich im Laufe des Lebens entwickle. Kohlberg (1963) hat sechs aufeinander folgende

Phasen in der Entwicklung des moralischen Urteils ermittelt. Nach seiner Theorie gibt es Rückfälle von einer späteren Phase in eine frühere. Auch könnten Menschen sich spätere Auffassungen zu eigen machen, ohne frühere völlig aufzugeben.

	Maßgebendes Kriterium	*Moralische Maxime*	*Anwendungsbeispiel*
Phase 1	Ergebnis der Handlung	Schlecht ist, was schadet	Jetzt ist die Tasse kaputt - jetzt kriegst du Haue!
Phase 2	Allseitige Bedürfnisbefriedigung	Gut ist, was in guter Absicht geschieht	Ich hatte doch Hunger - und dem Peter macht das doch gar nichts aus!
Phase 3	Übereinstimmung mit anderen Personen	Gut ist, was (einzelne) andere gut finden	Die Oma hat aber gesagt, ich bin ein liebes Mädchen!
Phase 4	Überindividuelle feste Regeln	Was gut (und schlecht) ist, ist in Vorschriften, Lebensregeln u. a. festgelegt	Bei Rot ist das Überqueren der Straße nicht gestattet.
Phase 5	Überindividuelle, aber relativierbare Vereinbarungen	Gut ist, was den Regeln entspricht; aber man muß auch den Sinn der Regeln einsehen	Am Sonntag fahren hier wenig Autos; wenn man gut aufpaßt, kann man da auch bei Rot über die Straße.
Phase 6	Allgemein geltende ethische Grundsätze	Gut ist, was überall und jederzeit als gut gelten sollte	Das höchste Gut ist die Erhaltung menschlichen Lebens

Behavioristisch orientierten Psychologen ist die Idee einer kontinuierlichen und phasentypischen Entwicklung fremd. Denn nur durch innere Faktoren kann eine solche Entwicklung gesteuert sein; gerade den Bezug auf solche inneren Faktoren lehnen Behavioristen ab. Für sie vollzieht sich die menschliche Entwicklung als eine Folge aufeinander aufbauender Lernprozesse. Dabei hänge das Auftreten der Lernprozesse von dem Angebot förderlicher Reize und Verstärker ab. Da die Natur der Lernprozesse stets gleich sei, bestehe keine Veranlassung, Vergleiche zwischen Altersstufen anzustellen.

Bedeutsame theoretische Beiträge speziell zur Entwicklungspsychologie sind daher von

seiten behavioristischer Autoren selten. Nach dem behavioristischen Reiz-Reaktions-Verstärkungs-Schema werden lediglich einzelne Verhaltensweisen wie etwa das Daumenlutschen oder das aggressive Verhalten untersucht. Dabei geht es - wie etwa in einer Studie von Mees und Fieguth (1977) über aggressives Verhalten - um die Bestimmung von Entstehungsbedingungen auffälliger Verhaltensweisen bei Kindern. Ziel einer Ermittlung der Auslösebedingungen von Auffälligkeiten ist die Entwicklung von pädagogischen Interventionstechniken - Maßnahmen zum Abbau unerwünschten Verhaltens (z. B. von Aggression) sowie zum Aufbau erwünschten Verhaltens (z. B. von Kooperation).

Freud, S. (1972). Drei Abhandlungen zur Sexualtheorie. *Gesammelte Werke* (Band 5). Frankfurt a. M.: Fischer (Erstausgabe 1905).

Freud, S. (1972). Der Untergang des Ödipuskomplexes. *Gesammelte Werke* (Band 13, S. 393-402). Frankfurt a. M.: Fischer (Erstausgabe 1924).

Mees, U. & Fieguth, G. (1977). Sequentielle Beobachtungen und Analyse aggressiven Kinderverhaltens. In W. Tack (Hrsg.), *Bericht über den 30. Kongress der Deutschen Gesellschaft für Psychologie 1976 in Regensburg* (Band 2, S. 77-79). Göttingen: Hogrefe.

2.4.2 Persönlichkeitspsychologie

Ebenso wie Kognitivismus und Tiefenpsychologie den intraindividuellen Unterschieden im Verlaufe des menschlichen Lebens große Aufmerksamkeit schenken, beachten sie auch interindividuelle Unterschiede, d. h. Unterschiede zwischen Individuen gleichen Entwicklungsstandes. Beide Richtungen sind geneigt, Unterschiede zwischen Menschen auf deren unterschiedliche Entwicklungsgeschichte zurückzuführen. Mit besonderer Konsequenz wird dieser Ansatz von tiefenpsychologischen Autoren verfolgt, welche - wie schon mehrfach erwähnt - der frühen Kindheit einen maßgeblichen Einfluß auf die Persönlichkeitsbildung zuschreiben.

Große Bedeutung mißt der Psychoanalytiker Erich Erikson (1959/1968) dem Vertrauen bei, das Menschen in ihrer Kindheit zu ihrer Mutter und zu ihrer gesamten Umgebung ausbilden konnten. Menschen, denen es an einem solchen Vertrauen - Erikson nennt es Urvertrauen - mangelt, sollen anfällig für Neurosen und Depressionen sein. Freud selbst entwarf eine Persönlichkeitstypologie, ausgehend von der Annahme einer frühkindlichen Fixierung in einzelnen Phasen der Triebentwicklung (Freud, 1905/1972, S. 144). Bleibe ein Mensch auf die *Urethralerotik* fixiert (Lustgefühle bei Harndrang, Harnentleerung, s. Abschnitt 2.4.1), so werde er Ehrgeiz entwickeln. Bei einer Fixierung auf oralen Lustgewinn im ersten Lebensjahr sollen sich Passivität und Anlehnungsbedürfnis bis zum Erwachsenenalter erhalten.

Am eingehendsten von Freud (1908/1972) selbst behandelt und über Fachkreise hinaus bekannt geworden ist seine Theorie zum *Analcharakter*. Das Beherrschen der Körperfunktionen, das Einhalten von Ausscheidungen sei eine Quelle der Lust. Der anal fixierte Mensch versuche sein Leben lang an dieser Art des Lustgewinns festzuhalten: durch Sauberkeit und Pedanterie, aber auch - verallgemeinert auf Besitz - durch Sparsamkeit, ja Geiz, und schließlich - durch weitere Verallgemeinerung - durch Herrschsucht, ja Grausamkeit. Freuds Theorie vom Analcharakter ist deshalb so populär geworden, weil sie den Verdacht begründete, eine frühe und intensive Reinlichkeitserziehung würde das oben beschriebene Syndrom des analen Charakters hervorbringen.

Entwicklungsphasen nach Freud

1. Lebensjahr	Orale Phase	Oralerotik: Befriedigung durch Berührung und Manipulation von Objekten, insbesondere durch Mundkontakt
2. Lebensjahr	Anale Phase	Analerotik: Befriedigung durch Beherrschung von Körperfunktionen, insbesondere durch Kontrolle der Afterausscheidungen
3. Lebensjahr	Phallische oder Genitale Phase	Urethralerotik: Befriedigung durch Berührung der Sexualorgane, durch Kontrolle der Harnausscheidung
5. Lebensjahr	Latenzphase	Ruhen der Sexualentwicklung bis zum Ausbruch der Pubertät

Erikson, E. H. (1968). *Kindheit und Gesellschaft.* Stuttgart: Klett (Erstausgabe 1959: *Childhood and society.* New York: Norton).

Freud, S. (1972). Charakter und Analerotik. *Gesammelte Werke* (Band 7, S. 201-209). Frankfurt a. M.: Fischer (Erstausgabe 1908).

Ein Kognitivist würde sich scheuen, sämtliche Menschen einigen wenigen Typen zuzuordnen. Getreu seiner Überzeugung von den individuellen Fähigkeiten der Erkenntnisbildung und der Selbstverwirklichung wird er mit einer großen Vielfalt menschlicher Erscheinungen rechnen.

In seinem 1948 erschienenen Buch *Personality* vertritt der amerikanische Psychologe Gordon W. Allport sogar die Meinung, kein Mensch sei dem anderen gleich; jede Persönlichkeit sei einzigartig. Wer wirklich an die Einzigartigkeit der Persönlichkeit glaubt, wird nicht für möglich halten, zwei Menschen anhand desselben Eigenschaftsbegriffs zu vergleichen. Es gibt dann für ihn keinen rechten Sinn, zwei Personen etwa bezüglich des Grades ihrer Intelligenz oder in der Stärke ihrer Liebesfähigkeit zu vergleichen. Zwei Personen - wird er argumentieren - unterscheiden sich nicht nur in der Quantität ihrer Denk- oder ihrer Liebesfähigkeit, sondern vor allem in deren Qualität; das Problemverständnis und die liebende Zuwendung wird bei zwei verschiedenen Personen von vornherein von anderer Beschaffenheit sein. Diese Auffassung gestattet nur die Möglichkeit der jeweils individuellen Beschreibung, der idiographischen Methode.

Die Annahme einer völligen Einzigartigkeit der Persönlichkeit wird wiederum nicht von allen kognitivistisch ausgerichteten Autoren geteilt. Sie entspricht zumeist auch nicht der Einschätzung der betroffenen Personen. Die Eigenschaftsbegriffe der Sprache - wie Freundlichkeit, Ehrlichkeit, Geselligkeit, Müdigkeit, Ängstlichkeit - sind in der Sprachgemeinschaft zum Vergleich vieler Individuen bestimmt. Der psychologische Untersucher läßt die Betroffenen meist sich selbst bezüglich solcher Eigenschaften einstufen; manchmal bittet er zusätzlich Freunde, Lehrer und andere um eine Beurteilung.

Ein Persönlichkeitsfragebogen zur Selbstbeurteilung

Der MMPI-Fragebogen zur Persönlichkeitsdiagnostik (*Minnesota Multiphasic Personality Inventory* von S. R. Hathaway und J. C. McKinley, deutsche Bearbeitung von D. Spreen) fordert u. a. die Beantwortung der folgenden Fragen:

richtig	falsch	
☐	☐	Ich habe häufig das Gefühl, als ob ich einen Klumpen im Halse habe.
☐	☐	Es fällt mir schwer, meine Gedanken bei der Arbeit oder Aufgabe zu behalten.
☐	☐	Meine Eltern und Freunde haben mehr an mir auszusetzen als nötig.
☐	☐	Ich bin empfindsamer als die meisten Menschen.
☐	☐	Manchmal habe ich Lach- oder Weinanfälle, die ich nicht beherrschen kann.
☐	☐	Manchmal habe ich einen starken Drang, etwas Verletzendes oder Anstößiges zu tun.
☐	☐	Ich habe Probleme gegenübergestanden, die so voll Möglichkeiten waren, daß ich mich nicht mehr entscheiden konnte.
☐	☐	Ich habe niemals der Aufregung wegen etwas Gefährliches getan.

Es wird erwartet, daß Personen sich nach ihrer Kenntnis selbst einschätzen und psychologische Diagnostiker aufgrund der Selbsteinschätzungen ein Bild der Persönlichkeit der Befragten erhalten.

Einige Persönlichkeitseigenschaften haben sich aus kognitivistischer Sicht als theoretisch besonders fruchtbar erwiesen und werden deshalb häufig mit eigenen Fragebogen oder anderen Testmethoden erfaßt. Zwei Beispiele sind:

- Die Erwartung eigener Kontrolle bzw. eigener Fremdbestimmheit (nach Rotter, 1966),
- die Feldabhängigkeit, d. h. die Fähigkeit, einen Gegenstand unabhängig von seiner Umgebung zu beurteilen (nach Werner & Wapner, 1965; Witkin et al., 1954).

Allport, G. W. (1949). *Persönlichkeit.* Stuttgart: Klett (Erstausgabe 1948: *Personality.* New York: Holt).

Rotter, J. B. (1966). Generalized expectancies for internal versus external control of reinforcement. *Psychological Monographs, 80,* Nr. 609.

Werner, H. & Wapner, S. (1965). An experimental approach to the organismic-developmental point of view. In H. Werner & S. Wapner (Eds.), *The body percept* (pp. 9-25). New York: Random House.

Witkin, H. A., Lewis, H. B., Hertzman, M. et al. (1954). *Personality through perception.* New York: Harper.

Behavioristen konstatieren das Auftreten von individuellen Unterschieden als eine beobachtbare Tatsache. Als häufigste Ursache individueller Unterschiede nennen sie die unterschiedliche Lerngeschichte und damit - im Sinne der Reiz-Reaktions-Verstärkungs-theorie - das unterschiedliche Milieu von Personen. Insbesondere die Variation der Lerngeschwindigkeit wird aufmerksam analysiert; denn Unterschiede in der Entwicklung könnten ja auf einen ungleichen Zeitbedarf der Menschen beim Lernen zurückgehen.

Neben Leistungen werden auch Unterschiede in der Emotionalität beachtet. Weil Behavioristen Gefühle nicht durch Beschreibungen bestimmen lassen wollen, suchen sie nach emotional zu nennenden Verhaltens-

weisen. Im Tierversuch - etwa bei Ratten - wird die Emotionalität u. a. nach der Menge der Kotausscheidungen bestimmt. Legt man solche Maße zugrunde, läßt sich die genetische Bedingtheit individueller Unterschiede in der Emotion untersuchen. Tatsächlich gibt es Belege für eine Vererbung der individuellen Emotionalität.

Vererbung der Lernfähigkeit

Zuchtversuche scheinen zu belegen, daß die Lernfähigkeit von Elterntieren auf ihre Nachkommen übergeht. Bei Mäusen wurden über mehrere Generationen hinweg schnell lernende und langsam lernende Tiere miteinander gepaart. Die Züchtung gelang: Es bildeten sich zwei Stämme von Mäusen, die sich verschieden schnell in einem Labyrinth orientieren konnten.

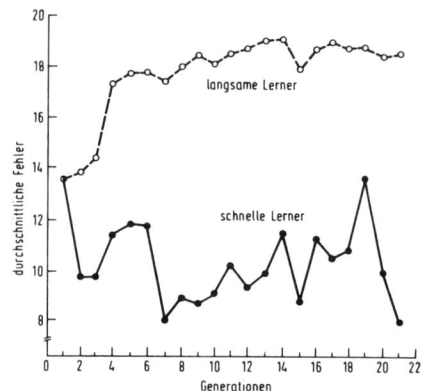

Genetische Determination des Verhaltens nach McClearn & De Fries (1973, S. 214).

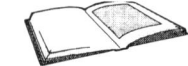

McClearn, G. E. & De Fries, J. C. (1973). *Introduction to behavioral genetics.* San Francisco: Freeman.

2.4.3 Sozialpsychologie

Das behavioristische Begriffssystem läßt sich ohne Schwierigkeiten auf soziale Beziehungen und soziales Verhalten anwenden. Soziale Partner, die Belohnung und Befriedigung vermitteln, können danach zu Verstärkern werden; Personen, denen ein Mensch Befriedigung verschafft hat, folgen ihm, um weiterhin in den Genuß seiner Anwesenheit zu gelangen (Mehrabian, 1970).

Noch eine andere Deutung ergibt sich aus behavioristischer und reflexologischer Sicht: Eine Person A wird für eine Person B zum (konditionierten) *Auslösereiz*. Gruppen bilden sich nach Lott und Lott (1965) durch einen Lernvorgang. Es schließen sich jeweils diejenigen Personen zusammen, welche gemeinsam belohnt werden. Lott und Lott führten dazu den folgenden Versuch durch: Sie ließen Kinder miteinander spielen; einige Kinder erhielten dabei vom Versuchsleiter eine Belohnung. Als die belohnten Kinder danach befragt wurden, welches andere Kind sie zu einer weiteren Unternehmung mitnehmen wollten, wählten die belohnten Kinder bevorzugt solche Partner aus, welche zum Zeitpunkt ihrer Belohnung anwesend gewesen waren. Dabei hatten diese gewählten Kinder gar nicht selbst zur Verabreichung der Belohnung beigetragen. Aber das partnerschaftliche Verhalten ihnen gegenüber sei durch die Belohnung gefestigt worden. Auf diese Weise läßt sich das Entstehen vieler sozialer Verhaltensweisen und Einstellungen erklären, nicht nur der *Affiliation* (d. h. des Anschlusses an andere), sondern auch der *Kooperation* (d. h. des Zusammenwirkens im Dienste eines gemeinsamen Zieles), der altruistischen Unterstützung, der kämpferischen Auseinandersetzung und der sprachlichen Verständigung.

Kognitivistische Autoren suchen nach umfassenderen Begriffen, die im Denken der Menschen verankert sind und deren soziale Einstellungen und Handlungen bestimmen: das *Gruppenbewußtsein* (z. B. „Wir sind eine alteingesessene Familie"), das *Rollenbewußtsein* des Einzelnen (z. B. „Ich bin der Briefträger; ich bin für die Postzustellung verantwortlich"), die Ausgeglichenheit von Gruppen (z. B. das Vorhandensein gleichmäßig freundlicher Beziehungen zwischen Gruppenmitgliedern) und ähnliches. Insbesondere durch Heiders Aufwertung der naiven Psychologie (s. Abschnitt 2.1.2) haben sich zahlreiche Untersucher einer Fülle von sozialen Problemen zugewandt, welche auch die Menschen im Alltag bewegen: den Regeln bei der Einnahme von Sitzplätzen, die Wirkung verschiedener Argumente beim Überreden, die Beschaffenheit von Vorurteilen und vieles andere.

Mehrabian, A. (1970). Some determinants of affiliation and conformity. *Psychological Reports, 27*, 19-29.

Lott, A. J. & Lott, B. E. (1965). Group cohesiveness as interpersonal attraction: A review of relationships with antecedent and consequent variables. *Psychological Bulletin, 64*, 259-309.

Von geradezu umwälzender Wirkung war in der Sozialpsychologie die Einführung des Begriffs der *kognitiven Konsistenz*. Kognitive Konsistenz - das bedeutet eine Übereinstimmung zwischen Werthaltungen (z. B. politischen Überzeugungen), sozialen Beziehungen (z. B. Sympathiebeziehungen zu Nachbarn), Wahrnehmungen (z. B. Wahrnehmung der physischen Attraktivität) und Handlungen. Der Mensch strebt - war die zentrale These - in seinen Entscheidungen nach einer solchen Konsistenz.

Eingeleitet wurde die Konsistenzforschung 1957 durch ein Buch des amerikanischen Psychologen Leon Festinger. Festinger gibt mehrere Beispiele für die Entstehung *kognitiver Dissonanzen* und ihre Reduktion. In einem seiner Versuche bittet er beispielsweise junge Leute, einen Aufsatz zu schreiben, in dem sie Ansichten vertreten müssen, die sie sonst ablehnen. Das führt eine Dissonanz herbei zwischen der im Aufsatz dargestellten Ansicht und der vorher gefaßten Meinung. Was ist zumeist die Folge? Die eigene Meinung gleicht sich der dargestellten (zumindest teilweise) an - die quälende Dissonanz wird verringert. Aber nicht alle Aufsatzschreiber

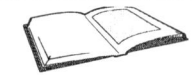

Festinger, L. (1978). *Theorie der kognitiven Dissonanz*. Bern: Huber (Erstausgabe 1957: *A theory of cognitive dissonance*. Stanford: Stanford University Press).

ändern ihre Meinung. Einige erhalten für ihren Aufsatz eine größere Summe Geldes. Die Abweichung von ihrer Überzeugung wird damit durch einen finanziellen Gewinn gerechtfertigt. An der eigenen Überzeugung können sie dann ohne Dissonanzerleben festhalten.

Einen starken sozialpsychologischen Gehalt besitzt auch die Tiefenpsychologie. Alfred Adler (s. Abschnitt 2.2.2) hat den Machtkampf und das Geltungsstreben als Folgen des von ihm angenommenen Gefühls der eigenen Minderwertigkeit beschrieben. Und die Familientheorie Freuds (vgl. Abschnitt 2.4.1) hat weitreichende Konsequenzen für die Deutung des Lebens in unserer Gesellschaft. Denn die von Freud angenommene Konfrontation des Kindes mit dem gegengeschlechtlichen Elternteil in der genitalen Phase ist ja als prägende Begegnung mit der äußeren Macht zu verstehen. Das Über-Ich, die Verinnerlichung sozialer Normen, die damit verbundenen Gefühle der Angst und der Schuld münden schließlich - so die Lehre - in eine Unterwerfung gegenüber der Autorität. In seiner kulturgeschichtlichen Schrift *Totem und Tabu* führt Freud (1912/1973) aus, wie aus dem Konflikt der Söhne mit dem übermächtigen Hordenvater die Phänomene gesellschaftlicher Tradition und gesellschaftlicher Macht entstehen.

Wilhelm Reich über die Symbolik des Hakenkreuzes

Wilhelm Reich (1897-1957) war als Arzt ausgebildet und schloß sich in Wien der Psychoanalyse an. Er trat der Kommunistischen Partei bei und gründete 1930 in Berlin den *Deutschen Reichsverband für proletarische Sexualpolitik* (Sexpol). Den Nationalsozialismus, der ihn selbst zur Emigration zwang, analysierte er als eine pathologische Massenbewegung, deren Führer sich unbewußte Mechanismen zunutze machten.

In diesem Zusammenhang widmete Reich (1933/1979) auch dem faschistischen Symbol des Hakenkreuzes ein Kapitel in seinem Buch *Die Massenpsychologie des Faschismus*. Der Autor verweist auf frühere Funde von Hakenkreuzen, in denen er die Prinzipien der Arbeit und der Geschlechtlichkeit dargestellt findet. Dies sind zwei seiner Abbildungen:

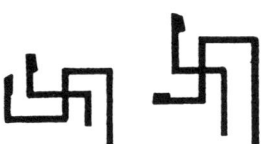

Hierzu erläutert Reich:

„Betrachten wir ... die Hakenkreuze ..., so enthüllen sie sich uns als Darstellung zweier ineinander geschlungener menschlicher Gestalten, ... Das linke Hakenkreuz stellt einen Geschlechtsakt in liegender, das andere in stehender Stellung dar. Das Hakenkreuz stellt also eine Grundfunktion des Lebendigen dar.

Diese Wirkung des Hakenkreuzes auf das unbewußte Gefühlsleben ist natürlich nicht Ursache, sondern bloß mächtiges Hilfsmittel des Erfolgs der faschistischen Massenpropaganda. ... Es ist ... anzunehmen, daß dieses Symbol ... auf tiefe Schichten des Organismus einen großen Reiz ausübt, der umso stärker ausfallen muß, je unbefriedigter, sexuell sehnsüchtiger der Betreffende ist. Wird das Symbol noch dazu als Sinnbild von Ehrenhaftigkeit und Treue präsentiert, so trägt es auch den Strebungen des moralistischen Ichs Rechnung ... Auch das Hakenkreuz hat einen Gehalt, der an das tiefste Gefühlsleben zu rühren geeignet ist, allerdings ganz anders, als sich's Hitler träumen ließ. "

(Reich, 1933/1979, S. 105f.)

Die psychoanalytische Sozialtheorie ist über die Fachwelt hinaus in das öffentliche Bewußtsein gedrungen. Vor allem zwei politisch bedeutsame Thesen haben Beachtung gefunden: Die im Über-Ich verinnerlichten Normen könnten die Eigenständigkeit des Ich schwächen. Die unheilvolle Über-Ich-Entwicklung sei in den europäischen Kulturen eine Folge einer allzu strengen Familienerziehung, speziell einer Dominanz der Vaterrolle. Auf diesem Wege hätten sich die bürokratisch-brutalen Charaktere gebildet, welche die Verbrechen des Faschismus zu verantworten hätten (Adorno, Frenkel-Brunswik, Levinson & Sanford, 1950). Nachdem sich in den letzten Jahrzehnten - nicht zuletzt aufgrund der psychoanalytisch fundierten Gesellschaftskritik - eine Abkehr von der patriarchalischen Familienstruktur und strengen Erziehungspraktiken angebahnt hat, wird ein neues Problem aktuell: Das Defizit an verbindlichen Normen. Die vaterlos werdende Gesellschaft - so der Psychoanalytiker Alexander Mitscherlich (1908-1982) - beginne an Orientierungsnöten zu leiden.

Freud, S. (1973). Totem und Tabu. *Gesammelte Werke* (Band 9). Frankfurt a. M.: Fischer (Erstausgabe 1912/13).

Reich, W. (1979). *Die Massenpsychologie des Faschismus*. Frankfurt a. M.: Fischer (Erstausgabe 1933).

Adorno, T. W., Frenkel-Brunswik, E., Levinson, D. J. & Sanford R. N. (1950). *The authoritarian personality*. New York: Harper.

Mitscherlich, A. (1963). *Auf dem Wege zur vaterlosen Gesellschaft*. München: Piper.

ZUSAMMENFASSUNG

1. Kognitivisten beschäftigen sich hauptsächlich mit der Entwicklung der Erkenntnisfunktionen und der Motivation über die Lebensspanne hinweg. Ihrer Ansicht nach bauen die verschiedenen kognitiven Funktionen und Strukturen aufeinander auf und entfalten sich zum Teil logisch zwingend in einer bestimmten Reihenfolge.

2. Behavioristen sehen die Entwicklung als eine Folge von Lernprozessen, die durch Umweltbedingungen gesteuert ist.

3. Tiefenpsychologen wenden sich besonders der Entwicklung der Persönlichkeit zu; die Psychoanalyse leitet die Persönlichkeit der Erwachsenen aus der frühkindlichen Sexualentwicklung ab.

4. Der Kognitivismus führt die Verhaltens- und Erlebensunterschiede zwischen den Menschen auf deren unterschiedliches Welt- und Selbstbild zurück. Kognitivisten betonen die Individualität der Persönlichkeit.

5. Tiefenpsychologen gehen davon aus, daß die Entwicklung in der frühen Kindheit die Persönlichkeit bestimme. Sie tendieren zu einer Typisierung der Persönlichkeit (z. B. bei der Definition des analen Charakters).

6. Behavioristen führen individuelle Unterschiede auf unterschiedliche Lebens- und Lernbedingungen zurück.

7. Kognitivisten sehen in bewußten Vorgängen (z. B. Werturteilen gegenüber Partnern) die Steuerungsmechanismen des sozialen Verhaltens.

8. Die an Freud orientierte Tiefenpsychologie leitet soziales Verhalten aus der Dynamik der Familienkonstellation ab (z. B. seien Machtpositionen in der Gesellschaft aus der Machtposition des Vaters in der Familie erwachsen).

9. Soziales Verhalten wird nach Ansicht der Behavioristen durch Verstärkungen (Belohnungen) bestimmt (z. B. könne Kontaktverhalten durch positive Verstärkung gefördert werden).

 LITERATUR ZUR ERGÄNZUNG UND VERTIEFUNG

Breuer, F. (1991). *Wissenschaftstheorie für Psychologen.* Münster: Aschendorff. (Einführung in methodologische und ethische Grundlagen der Psychologie.)

Eberlein, G. & Pieper, R. (Hrsg.). (1976). *Psychologie - Wissenschaft ohne Gegenstand?* Frankfurt a. M.: Campus. (Sammlung von Beiträgen zum Selbstverständnis der Psychologie.)

Knapp, T. J. & Robertson, L. C. (1986). *Approaches to cognition: Contrasts and controversies.* Hillsdale, NJ: Lawrence Erlbaum. (Hauptanliegen des Buches ist das Herausarbeiten von Unterschieden und Übereinstimmungen verschiedener Orientierungen der kognitiven Psychologie.)

Kuttner, P. (1989). *Moderne Psychoanalyse.* München: Verlag Internationale Psychoanalyse. (Systematische Einführung in die Psychologie unbewußter Prozesse - nach Aussage des Verlages „ohne alten Ballast".)

Mandler, G. (1985). *Cognitive psychology. An essay in cognitive science.* Hillsdale, NJ: Lawrence Erlbaum. (Eingehende Diskussion des kognitivistischen Ansatzes in der Psychologie.)

Mertens, W. (Hrsg.). (1981). *Neue Perspektiven der Psychoanalyse.* Stuttgart: Kohlhammer. (Sammlung von Beiträgen zu Neuorientierungen im Rahmen der psychoanalytischen Theorie.)

Reppen, J. (1985). *Beyond Sigmund Freud. A study of modern psychoanalytic theorists.* Hillsdale, NJ: Analytic Press.

(Personorientierte Diskussion von neuen Beiträgen zur Psychoanalyse.)

Sahakian, W. S. (1975). *History and systems of psychology.* New York: Schenkman/Wiley. (Psychologische Forschungsrichtungen seit dem klassischen Altertum; Einbeziehung neuerer Entwicklungen im Fernen Osten und in Lateinamerika.)

Sanders, C. (1978). *Die behavioristische Revolution in der Psychologie.* Salzburg: Müller (Erstausgabe 1972: *De behavioristische revolutie in de psychologie.* Deventer: Van Loghum Slaterus) (Zur Entwicklung des Behaviorismus und des Neobehaviorismus.)

Scheerer, E. (1983). *Die Verhaltensanalyse.* Berlin: Springer. (Grundsätzliche Auseinandersetzung mit der „experimentellen Verhaltensanalyse" in der von B. F. Skinner begründeten Konzeption.)

Schneewind, K. A. (Hrsg.). (1977). *Wissenschaftstheoretische Grundlagen der Psychologie.* München: Reinhardt. (Beiträge zur Anwendung der Wissenschaftstheorie auf die Psychologie.)

Thomae, H. & Feger, H. (1969). *Hauptströmungen der neueren Psychologie.* Bern: Huber. (Theoretische Richtungen und Forschungstraditionen.)

Wandersman, A., Poppen, P. & Ricks, D. (1976). *Humanism and behaviorism: Dialogue and growth.* Oxford: Pergamon. (Theoretische Auseinandersetzung mit dem Ziel einer Synthese.)

Kapitel 3

Bewußtsein - Kognition - Gehirn

Die Welt der subjektiven Erfahrung, jener „Film im Kopf"
Leistungen des Erkennens und Entscheidens
Ordnungen, auf denen Wahrheit und Richtigkeit beruhen
Das Gehirn als Ort menschlicher Erkenntnis

Die Begriffe Bewußtsein, Kognition, Geist verweisen alle auf die Erlebniswelt der Menschen (ihre Wahrnehmungen, Phantasien usf.), auf ihre Erkennens- und Entscheidensleistungen (Verstehen von Sprachen, Unterscheiden von Personen, Auswählen von Waren usf.) sowie auf die Wahrheit und Richtigkeit stiftenden Ordnungen (Gesetze der Geometrie, Regeln der Logik usf.). Vom subjektiven menschlichen Standpunkt aus sind fortgeschrittene bewußte Erlebnisse, kognitive Leistungen und geistige Ordnungen Besitztümer der Menschen und nur der Menschen. Doch gibt es auch Überlegungen zur Möglichkeit künstlicher Intelligenz: Ideen, daß technische Geräte entwickelt werden könnten, die Geist und Kognition, möglicherweise sogar Bewußtsein besitzen.

Wie müßten biologische oder technische Systeme beschaffen sein, die wahrnehmen, denken, schöpferisch planen? Wie vollziehen sich überhaupt Wahrnehmung, Denken, Planung? Kognitionspsychologie und darüber hinaus die interdisziplinär angelegte Kognitionswissenschaft versuchen, hierzu Modellvorstellungen vorzulegen und zu prüfen. Die Hirnforschung sucht zu ermitteln, auf welche Weise das Zentralnervensystem der Menschen und der Tiere kognitive Leistung und geistige Ordnung hervorbringt. Dabei steht die Hirnforschung vor einem besonderen Problem: Ob es ein einheitlich arbeitendes Gehirn gibt oder zwei unterschiedlich eingestellte Hirnhälften - die eine bewußt, logisch und zielgerichtet, die andere intuitiv, emotional, unbewußt.

3.1
Phänomenologie des Bewußtseins

3.1.1 Inhalte des Bewußtseins

Hendra, T. (1994). *BRAD '61.
Portrait des Künstlers als junger
Mann*. München: Schirmer/Mosel.

Comics von Tony Hendra (1994, S. 47, 62) nach den Gemälden „*Girl at piano*" und „*Drowning girl*" von
Roy Lichtenstein.

Comics machen sie als „Denkblasen" sichtbar: Erinnerungen (Darstellungen der Vergangenheit), Wahrnehmungen (Darstellungen
der Gegenwart), Vorstellungen (Darstellungen
des früher, jetzt oder in Zukunft Möglichen).
Denkblasen haben ihren Ursprung am Kopf.
So verweisen sie auf das innere Medium, dem
die Darstellungen zugehören: das Bewußtsein.
Die Erscheinungen im Medium des Bewußtseins zu beobachten, zu analysieren und zu

beschreiben, ist Anliegen der *Phänomenologie*
(griech. *phainomenon*, Erscheinung, s. a.
Abschnitt 2.1.3).

Zu Beginn dieses Jahrhunderts hat der
amerikanische Psychologe und Philosoph
William James das Bewußtsein mit einem
Fluß verglichen. Man solle es „*Strom des
Denkens, des Bewußtseins ..., des subjektiven
Lebens nennen*" (Übersetzung aus James,
1905, S. 159). Nach dem Einzug moderner

Medien könnte man noch eine andere Metapher wählen: den Film. Bewußtsein wäre - wählt man diese Metapher - ein im Kopf ablaufender Film. Was enthält der „Strom des Bewußtseins", was zeigt jener „Film im Kopf"? Hervorgehoben seien
- spezifische Qualitäten (auch *Qualia* genannt), Erscheinungen, wie sie nur im Bewußtsein auftreten,
- Intentionalität,
- Subjektivität.

Besondere *Qualitäten des Bewußtseins* sind die sinnlichen: Farben und Töne, Geschmack, Geruch, Schmerz usw. Zu den Qualitäten zählen weiterhin Kategorien der Ordnung - vor allem Raum und Zeit. Auf den Kategorien des Raumes und der Zeit fußen zwei weitere Eigenschaften des Bewußtseinsstromes: Kontinuität und Wechsel. Ein Beispiel für Kontinuität und Wechsel zugleich ist die Bewegung eines Lichtpunktes: Man erlebt den bewegten Punkt als einen und denselben (Kontinuität); doch sein Ort verändert sich mit der Zeit (Wechsel).

Intentionalität (auch *Gegenständlichkeit*) *des Bewußtseins* bedeutet: Bewußtsein ist auf Gegenstände gerichtet, scheint Personen, Dinge, Vorgänge der Welt wiederzugeben (z. B. Vogelstimmen, Familienmitglieder, Wind und Regen). Dabei ist zunächst unerheblich, ob das Gegenstandsbewußtsein einer Prüfung seiner Realitätsangemessenheit standhält oder ob Täuschung und Einbildung Gegenstände im Medium des Bewußtseins nur vorspiegeln. Der in Wien lehrende Philosoph Franz Brentano (1874) hat die Eigenständigkeit der Psychologie mit der Intentionalität begründet. Psychische Phänomene (wie Sinnesempfindungen, Urteile) bezögen sich stets auf Gegenstände außerhalb ihrer selbst. Darin unterschieden sie sich von physikalischen Erscheinungen (z. B. Schwerkraft, Elektrizität), ja sogar von den physiologischen Erscheinungen (z. B. Nervenerregung, Blutkreislauf).

Das dritte hervorgehobene Merkmal des Bewußtseins ist seine *Subjektivität*. Unter Subjektivität ist zumindest zweierlei zu verstehen: die Zugehörigkeit von Bewußtsein zu Individuen (Subjektivität im ersten Sinne) und die Einnahme eines individuellen Standpunkts, von dem aus sich eine individuelle Perspektive ergibt (Subjektivität im zweiten Sinne). Subjektivität im ersten Sinne bedeutet: Bewußtsein bildet sich individuell und wird letztlich nur durch das Individuum, das es bildet, erfahren. Anders ausgedrückt: Den Film im eigenen Kopf kann jede und jeder nur selbst betrachten. Man kann Eindrücke über den Film austauschen und zu der Überzeugung gelangen: Mein Gesprächspartner sieht genau denselben Film wie ich, hört die gleiche Musik wie ich usf. Doch ein Austausch von Erlebnissen, der ihren unmittelbaren Vergleich gestatten würde, ist bisher nicht möglich. So mag „meine Farbe Rot" eine ganz andere sein als „deine Farbe Rot", obwohl „ich" und „du" an „unsere gemeinsame Farbe Rot" glauben.

Subjektivität als egozentrische Sicht der Welt. In seinem Werk *Analyse der Empfindungen* veranschaulichte der Physiker und Psychologe Ernst Mach - zuletzt Professor an der Universität Wien - mit dieser Zeichnung den subjektiven Standpunkt sowie die subjektive Perspektive in der Wahrnehmung. Die Zeichnung stellt den (einäugigen) Blick des Autors in sein Arbeitszimmer dar (Mach, 1885, S. 15).

Subjektivität im zweiten Sinne ist am anschaulichsten in der Wahrnehmung. Wahrnehmung erfolgt von einem Standpunkt in der Welt aus und eröffnet jeweils eine und nur eine Perspektive. So mag der Kletterer gerade auf dem Gipfel eines Berges stehen und von dort in das Tal hinunter blicken; die Bewohner des Tales dagegen blicken von dort zu dem Kletterer am Gipfel hinauf. Je nach Standort und Blickrichtung verändert sich das Gesehene. Subjektive Standpunkte und Perspektiven gibt es auch im Denken. Zum Beispiel kann das Denken von der Erfahrung des persönlichen Schicksals geprägt sein. Eine besondere Quelle der Subjektivität ist die Erfahrung eigenen Befindens und die Vorstellung von Werten. Bewußtsein spiegelt dann Erwartungen und Bedürfnisse. So kann Denken eigennützig werden, wenn der Denkende sich in der Vergangenheit als benachteiligt erlebt hat oder wenn er sich gerade als notleidend erlebt.

Weiterhin sind die besonderen Formen der Darstellung im Bewußtsein festzuhalten: Das Bewußtsein vermag seine Inhalte in mindestens zweierlei Weise darzustellen:
- in Form von Anschauungen. Anschauungen spiegeln die Besonderheiten der Sinnesgebiete wider. Im Gebiet des Sehens sind es Bilder, auch *ikonische* (griech. *eikon,* Bild) *Darstellungen* genannt, im Gebiet des Hörens Klänge usw.
- in Form von Aussagen. Aussagen, auch *Propositionen* (lat. *propositio,* Darlegung) genannt, spiegeln sprachlich-logische Inhalte wider.

Bildliche (ikonische) und sprachliche (propositionale) Darstellung gleichen Inhalts.

Ist mit der bildlichen und sprachlichen Form die Darstellung im Bewußtsein erschöpft? Zu Beginn dieses Jahrhunderts haben Wissenschaftler der Universität Würzburg - seitdem als „Würzburger Schule" bezeichnet - die These vertreten, es gäbe noch weitere Bewußtseinsinhalte. Karl Marbe (1901), damals Psychologieprofessor in Würzburg, hat als Beispiele angeführt: Die Erlebnisse des Zweifelns, der Sicherheit, des Zögerns. Für solche Erlebnisse wählte er die Bezeichnung „*Bewußtseinslagen*". (Mehr über Darstellungsformen in Abschnitt 3.2.3.)

James, W. (1905). *Psychology.* New York: Holt.

Brentano, F. (1874). *Psychologie vom empirischen Standpunkt.* Leipzig: Meiner.

Mach, E. (1885). *Analyse der Empfindungen.* Jena: Fischer.

Marbe, K. (1901). *Experimentalpsychologische Untersuchungen über das Urteil.* Leipzig: Engelmann.

Evidenz des Bewußtseins

Nichts erscheint vertrauter und selbstverständlicher als das eigene Bewußtsein. Diese Selbstgewißheit nennt man auch *Evidenz* (lat. *evidentia,* Ersichtlichkeit). Es scheint schwer, etwas Neues über das Bewußtsein zu sagen. Der Physiker Arthur Eddington begann daher seine Ausführungen über das Bewußtsein: „*Bewußtsein ist - aber das wissen Sie doch selbst. Was soll ich noch darüber sagen?* "(Übersetzung aus Eddington, 1935, S. 271).

Freilich haben kunstvolle Phänomenologen selbst über scheinbar vertraute Bewußtseinserscheinungen noch überraschende und umstrittene Aussagen zustande gebracht. Auch gibt es Zeiten der Umnachtung und Verwirrung, in denen die Gewißheit der Erinnerungen, Wahrnehmungen und Vorstellungen abhanden kommt.

3.1.2 Bewußtseinsprozesse, Reflexivität, Metabewußtsein

Im Film des Bewußtseins bildet sich das Zustandekommen seiner Szenen ab. Es wird dabei vor allem beachtet:

- Aktivität/Passivität des Subjekts: Sind Inhalte aus der Welt übernommen oder vom Subjekt selbst erzeugt?
- Rückgriff auf alte oder Zugriff auf neue Erfahrung: Sind Inhalte neu oder wurden sie vom Subjekt gespeichert?

Nach solchen Gesichtspunkten trennt man *Bewußtseinsprozesse*. Bewußtseinsprozesse sind jene Vorgänge, die Bewußtseinsinhalte hervorbringen:

- Wahrnehmungen: Übernahmen von neuer Information aus der Welt (z. B. Hören eines Konzerts),
- Vorstellungen: Eigenständige Bildung neuer Inhalte (z. B. Angstträume),
- Eingebungen, Intuitionen (lat. *intuitio*, unmittelbare Anschauung): Von außen vermittelte oder jedenfalls nicht selbst hervorgebrachte neue Erkenntnisse (z. B. Offenbarungen höherer Mächte, spontane Einfälle),
- Urteile: Herstellung neuer Zusammenhänge zwischen Erkenntnissen oder Ableitung neuer Erkenntnisse aus alten (z. B. Beurteilung einer Person als ehrlich nach Rückgabe eines Fundstücks, Berechnung eines Produkts aus Faktoren),
- Erinnerungen: Wiederbeschaffung früherer Bewußtseinsinhalte nach zwischenzeitlicher Aufbewahrung im Gedächtnis (z. B. Erinnerung an Gesichter von Abwesenden).

Eddington, A. S. (1935). *The nature of the physical world*. London: Dent.

Holzkamp, K. (1993). *Lernen. Subjektwissenschaftliche Grundlegung*. Frankfurt a. M.: Campus.

Ich, Selbst, Person, Subjekt

Subjektivität und Intentionalität scheinen die Vielfalt menschlichen Erlebens zu vereinheitlichen. Sie verweisen auf ein Zentrum, dem sie entspringen. Dieses Zentrum läßt sich dann als Repräsentant des Psychischen insgesamt auffassen. Es wird unter den Namen *„Ich"* und *„Selbst"* behandelt (vgl. bereits Abschnitte 1.2.3 und 2.4.2). In ähnlicher Bedeutung gebraucht werden die Bezeichnungen *„Person"*, *„Persönlichkeit"* und *„Subjekt"*.

Ausschließlich vom Standpunkt des Subjekts wollte der Berliner Psychologe Klaus Holzkamp (1927-1995) die Psychologie betreiben sehen. Sein Ansatz der Kritischen Psychologie will *„den Standpunkt des Subjekts akzentuieren ..., der eine Perspektive, d. h. eine besondere Ansicht der Welt (einschließlich der eigenen Person) einschließt."* Diese Perspektive besitze *„intentionalen Charakter ..., d. h. daß sich ... das Subjekt mit seinen Absichten, Plänen, Vorsätzen bewußt auf die Welt und sich selbst bezieht"* (Holzkamp, 1993, S. 21). Intentionalität wird in der Kritischen Psychologie handlungsorientiert bestimmt. Sich auf Gegenstände zu beziehen, bedeute: sie nach den eigenen Bedürfnissen zu werten, sie sich zunutze machen, sie zu verändern (mehr über die Handlungsorientierung in der Kognitionsforschung in Abschnitt 3.2.5).

In der Psychologie müßten *„Erfahrungen vom Standpunkt des Subjekts dadurch diskursfähig und wissenschaftlich verhandelbar werden, daß sie in der Sprache subjektiver Handlungsbegründungen artikuliert und kommuniziert werden können"*. Kritische Psychologie setze sich daher mit subjektiven Begründungen auseinander, die *„als solche stets 'je meine Gründe'"* sind. Sie mache sich praktisch nützlich, indem sie Personen in ihrer jeweiligen *„sachlich-sozial bedeutsvollen Welt"* zur Handlungsfähigkeit verhelfe (Holzkamp, 1993, S. 23).

Manchmal müssen sich Menschen (z. B. als Zeugen vor Gericht) die Frage gefallen lassen: „Haben Sie das selbst gesehen, oder haben Sie sich das so ausgedacht?" Mitunter fragen sie sich selbst (z. B. bei Schläfrigkeit, nach Drogeneinnahme): „Sehe ich das wirklich, oder ist das meine Phantasie?" Wie beantworten sie solche Fragen? Die amerikanische Psychologin Marcia K. Johnson hat diesem Problem ein umfangreiches Forschungsprogramm gewidmet. Sie untersucht, wie Menschen die *Herkunft* ihrer *Bewußtseinsinhalte* ermitteln (engl. *source monitoring*) und dabei Vorstellungen, Wahrnehmungen und Erinnerungen unterscheiden (Johnson, Hashtroudi & Lindsay, 1993).

Eines der untersuchten Teilprobleme lautete: Wenn sich Menschen an ihr Leben zurückerinnern (*autobiographisches Gedächtnis*) - wie trennen sie Wahrnehmungserlebnisse (z. B. tatsächliche Behandlungen beim Zahnarzt) von Vorstellungen (z. B. ängstliche Erwartungen einer nicht zustande gekommenen zahnärztlichen Behandlung)? Eine nachträgliche Unterscheidung ist durchaus möglich. Wahrnehmungen weisen mehr anschauliche Details auf - sie sind unter anderem reicher an Geruchs- und Geschmacksempfindungen, und sie enthalten mehr räumliche und zeitliche Bestimmungen - Begleitumstände wie „im Sommer", „auf dem Balkon". Hingegen sind Vorstellungen komplexer und gedankenträchtiger - in sie mischen sich etwa Deutungen der jeweiligen Situation und Zukunftserwartungen; die sie begleitenden Gefühle sind intensiver (Johnson, Foley, Suengas & Raye, 1988).

Johnson, M. K., Hashtroudi, S. & Lindsay, D. S. (1993). Source monitoring. *Psychological Bulletin, 114*, 3-28.

Johnson, M. K., Foley, M. A., Suengas, A. G. & Raye, C. L. (1988). Phenomenal characteristics of memories for perceived and imagined autobiographical events. *Journal of Experimental Psychology: General, 117*, 371-376.

Der Traum ein Leben - Zuwendung zur Innenwelt

Kunst führt gerne in die Welt der Vorstellung, der Phantasie. Ein Grund hierfür ist: Als Phantasievorstellung läßt sich eine Innenwelt von Menschen abbilden, die von der Außenwelt abweicht. In der Phantasie erstehen Bilder und Gedanken von einem anderen Leben, Sehnsüchte und Ängste.

Grillparzer, F. (1840/1961). Der Traum ein Leben. In *Sämtliche Werke* , herausgegeben von Peter Frank und Karl Pörnbacher (Band 2, S. 89-182). München: Hanser.

Ein Beispiel ist das Drama *Der Traum ein Leben* des österreichischen Dichters Franz Grillparzer. Hauptperson in diesem Drama ist der junge Bauer Rustan, der des eintönigen Landlebens überdrüssig ist. Ein Traum führt ihn an einen Königshof. Dort erlebt er Glanz und Abenteuer, aber auch Aufruhr und Mord. Entsetzt wacht er auf, nun mit seinem schlichten Leben versöhnt. Hat der Traum ihn in eine andere Welt versetzt? Ja und nein - meint der Dichter. Ja, weil die Traumwelt des Königshofes eine gänzlich andere war als seine alltägliche ländliche Lebenswelt. Nein, weil die Traumwelt seine eigene Innenwelt war:

„Doch vergiß es nicht, die Träume,
Sie erschaffen nicht die Wünsche,
Die vorhandnen wecken sie,
Und was jetzt verscheucht der Morgen,
Lag als Keim in dir verborgen. "

(Grillparzer, 1840/1961, S. 180)

Das Bewußtsein von Prozessen, welche Bewußtseinsinhalte erst hervorbringen, ist eine Abbildung des Bewußtseins im Bewußtsein selbst. Genauer: Bewußtseinsinhalte und -prozesse werden zu Inhalten eines übergeordneten Bewußtseins. Erlebt werden

Erinnerungen an eigene Erinnerungen, Selbstbeurteilung eigener Urteile, Selbstbeobachtung beim eigenen Zuhören, Erinnerung an eigene Urteile, Beurteilung eigener Beobachtungen usf. Daß Bewußtsein sich auf sich selbst zurückbezieht, kommt in der Bezeichnung „*reflexives Bewußtsein*" (lat. *reflexio,* Zurückbeugen) zum Ausdruck. Reflexion nennt man entsprechend die bewußte Beschäftigung mit dem eigenen Bewußtsein.

Faßt man Bewußtsein als ein Darstellungsmedium - etwa als „Film im Kopf" - auf, dann bietet sich für das reflexive Bewußtsein die Vorstellung zweier hintereinander angeordneter Darstellungsmedien an; dabei spiegelt sich - wie bei einem Film im Film - das erste Medium im zweiten, und das Spiegelbild kann Gegenstand neuer Beschäftigung werden. Auf einem solchen Vergleich beruht offenbar die Bezeichnung „*Metabewußtsein*" (griech. *meta,* hinter, nach) für das übergeordnete Bewußtsein.

3.1.3 Kontrolle durch Bewußtsein, Kontrolle des Bewußtseins

Die Reflexion schafft offensichtlich Möglichkeiten zur Prüfung und Korrektur. Das Metabewußtsein prüft und korrigiert jene Bewußtseinsinhalte und -prozesse, die es abbildet. Durch Reflexion gelangt so Bewußtsein zu Selbstkontrolle - Kontrolle des Bewußtseins durch das Bewußtsein.

Kluwe (1981) hat aufgezählt, welches Wissen sich im Metabewußtsein ansammelt:
- Wissen über Aufgaben und Fähigkeiten: Welche Anforderungen stellen Denk- und Beobachtungsaufgaben? Mit welchen Verfahren sind sie zu lösen? Wie gut beherrscht man diese Verfahren (z. B. Was ist Trigonometrie, d. h. Dreiecksberechnungen? Welche Rechenarten muß man dazu beherrschen? Wie schwer sind diese? Wie gut kann ich diese?).
- Kenntnis von Steuerprozeduren: Wie schnell soll, kann man vorgehen (z. B. beim Lesen)? Wieviel soll, kann man bewältigen (z. B. auswendig Lernen)? Wie ausdauernd kann, soll man arbeiten?

Metabewußtsein und Agnostizismus

Während Evidenz, Gewißheit ein Merkmal des Bewußtseins ist (s. o), vermittelt das Metabewußtsein Zweifel. Gelegentliche Zweifel können sich verdichten zur grundsätzlichen Annahme der Aussichtslosigkeit menschlicher Erkenntnisbemühungen. Ein solcher grundsätzlicher Zweifel kann selbst wieder zu einer Gewißheit werden. Das bezeugt der dem griechischen Philosophen Sokrates (469-399 v. Chr.) zugeschriebene Ausspruch: *„Ich weiß, daß ich nichts weiß".*

Die Denkrichtung, welche die Ergiebigkeit des menschlichen Denkens gering schätzt, nennt man Agnostizismus (griech. *agnosia,* Unkenntnis, Unverstand). Der Agnostizismus gelangt zu seiner konsequentesten Ausprägung, wenn er sich sogar außerstande sieht, sein eigenes Prinzip des Nicht-wissen-könnens zu beurteilen. Eine entsprechende Argumentationsfigur berichtete Kluwe (1981, S. 246) aus dem Munde des deutschen Schachmeisters Robert Hübner. Auf die Frage eines Journalisten, ob eine Partie für ihn auf Gewinn stünde, habe der Meister geantwortet, er könne nicht einschätzen, ob er das einschätzen könne.

- Kenntnis von Kontrollprozeduren: Erkennen und Einordnen der eigenen Tätigkeit (z. B. „das ist spanisch und ich übersetze gerade"), Prüfen und Bewerten der eigenen Tätigkeit (z. B. „einige Ausdrücke sind schlecht übersetzt; da sollte ich in einem Wörterbuch nachschlagen"), Vorhersagen (z. B. frühzeitiges Erkennen von Schwierigkeiten, zeitliche Abstimmung von Teilarbeiten).

Solche Selbsterkenntnis erweist sich oft als recht nützlich. Es scheint ein gutes Erziehungsprinzip zu sein, Lernenden Kenntnisse über eigene Kenntnisse zu vermitteln. So machten etwa in der Schweiz Hans Aebli und Ursula Ruthemann (1987) Schüler mit unterschiedlichen Lösungswegen für Rechenaufgaben vertraut. Sie zeigten ihnen: Verschiedene Wege waren unterschiedlich kompliziert; sie waren aber auch unterschiedlich nützlich bei der Lösung der Aufgaben. Dabei stellten die Schüler fest: Die komplizierteren Lösungswege waren die nützlicheren. Nachdem sie Vergleiche hinsichtlich der Kompliziertheit und der Nützlichkeit angestellt hatten, entschlossen sie sich, die komplizierteren Lösungen zu erlernen und anzuwenden. In ähnlicher Weise gelang es Schmalohr (1991), durch Ausbildung des Metabewußtseins das Lesen zu fördern. Er machte Schülern ihre geistigen und emotionalen Probleme beim Lesen klar (z. B. Konzentration auf einzelne Wörter unter Vernachlässigung der Wortreihe, ungeduldiges Hin- und Herspringen zwischen Wörtern); er erreichte dadurch eine bessere Selbstbeherrschung, die ihrerseits der Leseleistung zugute kam.

Erst durch Metakognition bilden sich Normen für richtiges und falsches Bewußtsein - für die Wahrheit oder Falschheit von Inhalten, für die Richtigkeit oder Irrtümlichkeit von Prozessen. Erst Reflexion ermöglicht die Beurteilung von Wahrheit und Richtigkeit. Ein wichtiger Gesichtspunkt bei dieser Beurteilung ist die Freiheit von Widersprüchen. Widersprüche sind festzustellen zwischen Erinnerungen und Wahrnehmungen (z. B. „Heute ist er glatt rasiert; gestern hatte er noch einen Bart!"), zwischen Vorstellungen und Wahrnehmungen (z. B. „Diese Reise enttäuscht mich; ich hatte sie mir schöner vorgestellt!"), zwischen Urteilen und Intuitionen (z. B. „Ich habe den Preis sorgfältig ausgerechnet; und doch sagt mir eine innere Stimme, daß das Ergebnis nicht stimmt!") sowie bei anderen Vergleichen.

Widersprüche und Unklarheiten geben Anlaß zum Eingriff in bewußte Prozesse. Die Eingriffe bewirken
• den Abbruch unergiebiger Denk-, Wahrnehmungs- und Erinnerungsvorgänge,
• die Wiederholung der genannten Prozesse,
• die Korrektur der genannten Prozesse.
Die Selbstprüfung, welche dem Bewußtsein die Billigung und Ablehnung eigener Inhalte und Prozesse gestattet, erscheint als hochwertige Leistung. Durch sie wird Bewußtsein zu *kritischem Bewußtsein* (griech. *krinein*, entscheiden).

Kluwe, R. H. (1981). Metakognition. In W. Michaelis (Hrsg.), *Bericht über den 32. Kongreß der Deutschen Gesellschaft für Psychologie in Zürich 1980* (Bd.1, S. 246-258). Göttingen: Hogrefe.

Aebli, H. & Ruthemann, U. (1987). Angewandte Metakognition: Schüler vom Nutzen der Problemlösestrategien überzeugen. *Zeitschrift für Entwicklungspsychologie und Pädagogische Psychologie, 19,* 46-64.

Schmalohr, E. (1991). Metakognitive Instruktionsgespräche über Leseschwierigkeiten mit Grund- und Sonderschülern. *Heilpädagogische Forschung, 17,* 117-128.

3.1.4 Implizites und explizites Wissen, mentale Modelle

„Explizit" bedeutet „ausdrücklich" (lat. *explicare,* aufrollen, bezogen auf eine Handschrift, die zum Lesen ausgebreitet wird), „implizit" dagegen „eingeschlossen" (lat. *implicare,* einwickeln). Inwiefern lohnt die Unterscheidung von explizitem und implizitem Wissen? Hierzu ein Beispiel: Friedrich M., Pädagogikstudent, hört den folgenden Satz:

DER VATER BRACHTE DEN JUNGEN EILIGST INS KRANKENHAUS.

Was geht Friedrich M. beim Hören dieses Satzes durch den Kopf?
1. Da ist ein Vater; außerdem ist da ein Junge; der Vater bringt den Jungen ins Krankenhaus; er tut das eilig.
2. Der Junge ist der Sohn des Vaters; der Junge ist plötzlich schwer erkrankt oder er ist verletzt.
Das erste ist ohne Zweifel in dem Satz ausgedrückt, das zweite nicht. Das zweite könnte sich als völlig unzutreffend erweisen. Es könnte ja auch so sein: Der Junge - sein Name sei Kurt - war bei seinem Freund zu Besuch; Kurts Eltern arbeiteten als Ärzte im Krankenhaus; Kurt sollte die Eltern nach dem Dienst abholen; er hatte beim Spielen die Zeit

vergessen und fürchtete, zu spät zu kommen; da fuhr ihn der Vater seines Freundes schnell ins Krankenhaus zu den Eltern.

Freilich hatte Friedrich M. gute Gründe, über das ausdrücklich Mitgeteilte hinauszugehen. Er wußte:

3. Der Satz hat einen Urheber, der einerseits seinen Zuhörern etwas mitteilen will, andererseits diese Mitteilung kurz faßt.

4. Krankenhäuser haben Notdienste für die Untersuchung und Behandlung von Erkrankten und Verletzten; bei plötzlichen Erkrankungen und Verletzungen ist eine eilige Überführung ins Krankenhaus geboten; Väter sind um ihre Kinder besorgt.

Friedrich M. besitzt also ein Wissen über den Vorgang der Mitteilung und ein Wissen über die besprochene Situation. Beide Arten von Wissen hat er benutzt, um aus dem Satz DER VATER BRACHTE DEN JUNGEN EILIGST INS KRANKENHAUS weitergehende Schlüsse zu ziehen. Friedrich M. hat dem mitgeteilten Satz eine Standardsituation zugrunde gelegt. Gleichzeitig hat er angenommen, der Urheber sei von derselben Standardsituation ausgegangen - und zwar stillschweigend; sonst hätte der Urheber einen Hinweis auf zu beachtende Abweichungen gegeben. Kurz: Friedrich M. glaubte, in den kurzen Satz seien noch eine Menge von Mitteilungen stillschweigend hineingepackt; der Satz impliziere Wissenswertes, ohne dies klar zum Ausdruck zu bringen.

Nicht nur gesprochene und geschriebene Sätze, auch Bilder und Klänge, Wahrnehmungen, Erinnerungen, und andere Bewußtseinsinhalte haben ihre expliziten und impliziten Anteile. Die expliziten Anteile sind in aller Regel ausschnitthaft, unklar, unvollständig. Man will sie ergänzen, verbessern. Dazu braucht man Kenntnisse über ihr Zustandekommen und über die Sachverhalte, auf welche sie sich beziehen. Kenntnisse, die einen geschlossenen Bereich von Wissenswertem abdecken, nennt man Modelle (mehr über den Begriff des Modells und seine Verwendung in der Kognitionspsychologie in Abschnitt 5.4.3).

Van Dijk und Kintsch (1983) haben in ihrem Buch über das Verstehen von Texten zwei Arten von Modellen unterschieden:

- Kommunikationsmodelle: Wissensbestände über das Zustandekommen von Mitteilungen, über die Absichten und Erwartungen von Urhebern und Empfängern von Mitteilungen. Solche Modelle könnte man mit Titeln versehen wie „Was man über die Werbung wissen muß" oder „Verhandlungen vor der Strafkammer des Landgerichts".
- Situationsmodelle: Wissensbestände über Sachverhalte, auf welche sich Mitteilungen oder überhaupt neue Erfahrungen beziehen. Solche Modelle könnte man mit Titeln versehen wie „Rund um das Krankenhaus" oder „Als Tourist in Südamerika".

Spätestens seit Erscheinen eines gleichnamigen Buches des Engländers Philipp Johnson-Laird (1983) hat sich in der Psychologie für derartige Wissensbestände der Name „mentales Modell" eingebürgert. Man kann versuchen, mentale Modelle in Worte zu fassen (z. B. „Beschreibung einer typischen schweizerischen Stadt"); man kann auch visuelle oder andere Vorstellungen dazu bilden (z. B. „Plan einer typischen schweizerischen Stadt"). Es herrscht weitgehende Einigkeit: Sprachlich sind mentale Modelle nur annäherungsweise darstellbar. Eher gleichen sie Vorstellungen, die Zustände der Welt unmittelbar und anschaulich wiedergeben. Allerdings möchte sie Johnson-Laird mit Vorstellungen nicht gleichsetzen. Denn Vorstellungen böten wie Wahrnehmungen jeweils nur eine einzige Sichtweise (wie z. B. den Blick auf das Portal einer Kirche). Mentale Modelle seien gedankliche Nachbildungen von kompletten Sachverhalten; sie vereinigten in sich alles Gewußte zur gleichen Zeit (so wie eine Kirche gleichzeitig Portal, Altar, Kanzel usw. umfaßt).

Mitunter werden mentale Modelle insgesamt dem impliziten Wissen zugerechnet. Diese Zurechnung läßt sich damit begründen, daß alle ihre Teile für Implikationen in einschlägigen ausdrücklichen Erfahrungen verfügbar sind. Der Begriff „implizit" hat übrigens gegenüber der obigen engen Bestimmung seine Bedeutung erweitert. Implizit heißt manchmal auch unbeachtet, unbemerkt oder unbewußt. Das ist folgendermaßen zu erklären: Würde man Friedrich M. die obigen ausführlichen Erörterungen seines Falles vortragen, so würde er vermutlich sagen: Hier gehe es um Zusammenhänge zwischen Wissen und Verstehen, und diese seien ihm als angehendem Pädagogen durchaus klar. Als er allerdings den Satz gehört habe, habe er sich über zugrunde zu legende Wissensbestände sowie mögliche Implikationen und Schlußfolgerungen keine Gedanken gemacht. Sonst wäre er ja selbst darauf gekommen, daß der Satz auch anders zu verstehen sei. Diese Äußerung würde die häufige Erfahrung bestätigen: Mentale Modelle, die Wissensbestände insgesamt sind oft ebenso unauffällig wie die Implikationen und Schlußfolgerungen, zu denen sie den Stoff liefern. Manche Autoren bezeichnen das *Wissen* als *still* (engl. *tacit knowledge)*, manche gar als unbewußt.

Freilich scheint dieses Wissen weitgehend der Reflexion zugänglich zu sein. Es kann daher ins volle Bewußtsein gebracht, geprüft, ergänzt und verändert werden (vgl. Abschnitt 3.1.2).

van Dijk, T. & Kintsch, W. (1983). *Strategies of discourse comprehension.* New York: Academic Press.

Johnson-Laird, P. N. (1983). *Mental models: Towards a cognitive science of language, inferences, and consciousness.* Cambridge, MA: Cambridge University Press.

ZUSAMMENFASSUNG

1. Phänomenologie ist die Lehre von den Erscheinungen des Bewußtseins, den Vorstellungen, Wahrnehmungen, Erinnerungen. Das Bewußtsein besitzt seine eigenen Qualitäten (z. B. Farberlebnisse), ihm werden Intentionalität (Bezug auf Gegenstände außerhalb seiner selbst) sowie Subjektivität zugeschrieben.

2. Gegenstände im Bewußtsein stellen sich sprachlich (propositional) und bildlich (ikonisch) dar.

3. Ein eigenes Problem ist das Erkennen der Herkunft von Bewußtseinsinhalten. Ist ein Inhalt etwa eine Traumvorstellung, eine Erinnerung oder eine von außen stammende Wahrnehmung? An Merkmalen wie „Reichtum an anschaulichen Einzelheiten" (z. B. Geschmacksempfindungen) oder „Menge von Zukunftserwartungen" läßt sich das abschätzen.

4. Bewußtseinsinhalte und -prozesse sind selbst im Bewußtsein abbildbar. Dadurch entsteht eine eigene Bewußtseinsebene, das Metabewußtsein. Metabewußtsein gestattet die Kontrolle und Korrektur von Erkenntnisprozessen und ihren Ergebnissen.

5. Wissen kann man in explizites (ausdrückliches, bewußt vorhandenes) und in implizites (im Hintergrund befindliches, nicht bewußtes) trennen. Beim Erkennen unterstützt implizites Wissen (z. B. Ortskenntnisse) das explizite Wissen (z. B. eine ausdrückliche Wegbeschreibung).

6. Wissenswertes stellt sich in Form mentaler Modelle dar. Situationsmodelle bilden Sachverhalte ab, Kommunikationsmodelle die Art der Darstellung von Sachverhalten, die an der Darstellung beteiligten Personen, ihre Absichten u. ä.

3.2
Modelle der Kognition

3.2.1 Funktionalismus, absoluter Geist

Wozu besitzen Menschen Bewußtsein? Eine mögliche Antwort: Bewußtsein ist Selbstzweck. Ihr Bewußtsein bereichert die Menschen, schenkt ihnen Freude an Schönheiten und Wahrheiten, ja sogar noch Befriedigung und Stolz über die Erkenntnis des Grauens und des Irrtums.

Eine andere mögliche Antwort: Bewußtsein ist nützlich. Insbesondere das reflexive, sich selbst überprüfende und verbessernde Bewußtsein ist ein leistungsfähiges Erkenntnisinstrument. Es entdeckt das Wissenswerte in der Welt, es leitet die Veränderung der Welt nach dem Willen des Menschen. In seinem reflexiven Bewußtsein kommuniziert der Mensch mit sich selbst. Seine bewußten Erlebnisse sind Signale, Mitteilungen an sich selbst: Das sehe, höre, rieche ich - das denke, erinnere ich usf. Solche von dem Erkennenden an den Erkennenden selbst gerichteten Mitteilungen seien Voraussetzungen für reflektiertes Urteilen und Handeln. Würde etwa eine Person ihren Appetit und vorgesetzte Speisen nicht bewußt erkennen, würde sie nicht zum Essen imstande sein.

Dem Argument, Bewußtsein sei Selbstzweck, kann man leicht entgegenhalten: Das menschliche Bewußtsein ist eine außerordentlich aufwendige Schöpfung der Natur; es hätte sich nicht entwickelt, wenn es nicht erhebliche Vorteile für das Leben gebracht hätte. Doch die Anerkennung der Nützlichkeit von Wahrnehmen, Denken, Gedächtnis usf. schließt nicht notwendig die Annahme eines wirkungsvollen subjektiven Bewußtseins ein. Subjektives Erleben, Selbsterkenntnis, könnte eine freundliche Beigabe der Natur, ein Epiphänomen (Begleiterscheinung, griech. epi-, daneben, phainomenon, Erscheinung) sein. Lycan (1987) veranschaulicht: Man könne doch einen Menschen denken, der bei Migräne Aspirin schlucke, ohne Kopfschmerzen zu empfinden. Oder: Die Tatsache, daß ein Mann namens Dudley Motorräder meide, setze nicht die Annahme voraus: „Dudley hält Motorräder für gefährlich". Verhaltensweisen wie die Einnahme von Arznei oder die Meidung von Fahrzeugen seien auch von Wesen hervorzubringen, denen die Qualia des Bewußtseins (s. Abschnitt 3.1.1) fremd seien.

In der Tat kann man menschliche Erkenntnis nur als Leistung betrachten. Dann konzentriert man sich auf Fragen wie:
- Welche Qualitäten, Muster, Gegenstände können Menschen erfassen und unterscheiden? Auf welche Weise geschieht das?
- Welche Schlußfolgerungen ziehen Menschen? Wie tuen sie das?
- Was und wie speichert der Mensch frühere Erkenntnis?
- Wie versteht und erzeugt der Mensch Sprache?
- Wie plant der Mensch seine Handlungen? Wie führt er sie aus?

Eine Psychologie, die Erkennen lediglich als Leistung analysiert, nennt man funktionalistisch. Funktionalismus ist eine Richtung innerhalb der Kognitionspsychologie, welche die Untersuchung des subjektiven Bewußtseins (Abschnitt 3.1.1) für unerheblich oder sogar für wissenschaftlich unzulässig hält.

Funktionalistische Kognitionsforschung braucht sich nicht auf den Menschen zu beschränken. Sie kann sich auf alle Gebilde erstrecken, die kognitive Leistungen hervorzubringen imstande sind. Das sind zumeist feinmechanische und elektronische Geräte wie
- Lesegeräte, die auch Handschriften zu identifizieren imstande sind,
- Datenbanken mit vernetzten Beständen,
- Sprachübersetzer,
- Schachcomputer.

Wie das Beispiel des Schachcomputers zeigt, können technische Geräte durchaus die kognitive Leistungsfähigkeit von Menschen erreichen. Grundsätzliche Einwände, bestimmte kognitive Funktionen seien nur den Menschen vorbehalten, verlieren angesichts rapider technischer Entwicklungen an Gewicht. So lautete ein grundsätzlicher Einwand,

Künstliche Intelligenz - Kognitionswissenschaft

Die Annahme, geistige Leistungen, wie sie bislang dem Menschen vorbehalten gewesen seien, ließen sich auch durch technische Geräte erzeugen, ist die Grundlage des Forschungs- und Entwicklungsprogramms der Künstlichen Intelligenz (engl. *artificial intelligence).* Das Programm der Künstlichen Intelligenz (zum Überblick: Schefe, 1991) hatte sich unter anderem mit der Frage der Gleichartigkeit von menschlicher und künstlicher Intelligenz auseinanderzusetzen: Wenn von Menschen gebaute Maschinen Leistungen hervorbringen, die menschlichen Leistungen gleichen, sind die maschinellen Leistungen ebenso zustande gekommen wie die menschlichen?

Die Suche nach einer Intelligenz, für die verschiedene Organismen (Menschen, Tiere, Pflanzen) und verschiedene Produkte (Halbleiter, Bildröhren u. ä.) als Träger dienen könnten, hat Wissenschaftler verschiedener Richtungen zusammengeführt: Physiker und Mathematiker, Physiologen und Biologen, Psychologen und Philosophen (Johnson, 1991). Dieser interdisziplinäre Verbund gewinnt zunehmend an Eigenständigkeit und tritt unter einem neuen Namen auf: Kognitionswissenschaft (engl. *cognitive science).*

die *Selbstreflexion* (s. Abschnitt 3.1.1) sei eine menschliche Besonderheit; inzwischen gibt es jedoch Rechnerprogramme, die Bezug auf sich selbst nehmen (Opwis, 1990).

Ist Kognition nicht eine dem Menschen vorbehaltene Leistung, können mehrere natürliche Organismen und möglicherweise beliebig vermehrbare Kunstprodukte ebenfalls kognitive Leistungen hervorbringen. Das wirft die Fragen auf: Was ist denn Kognition, in deren Dienst so viele verschiedenartige Funktionseinheiten treten können, über alle diese Funktionseinheiten hinweg, ja sogar in Abwesenheit aller dieser Funktionseinheiten? Was gibt es denn an Wissenswertem, an Denkbarem? Welche Möglichkeiten des

Umgangs mit Zahlen, Strecken, überhaupt Begriffen gibt es? Zum Beispiel kann man darüber nachdenken, ob die Lehrsätze der Geometrie (z. B. der Satz des Pythagoras über das Verhältnis der Quadrate über den Seiten eines rechtwinkligen Dreiecks) nicht zu einem Bestand des Denkbaren gehören, selbst wenn kein Mensch und kein anderes Gebilde sie als solche erkannt hat. Mit dem Nachdenken über das Wißbare und Denkbare im Unterschied zu dem tatsächlich Gewußten und Gedachten erneuert sich der Begriff einer allgemeinen und übergreifenden Kognition. Für eine solche eigenständige Kognition, die vor dem menschlichen Denken und unabhängig von diesem besteht, hat die Philosophie einen eigenen Begriff: *Absoluter Geist.*

Lycan, W. G. (1987). *Consciousness.* Cambridge, MA: Massachusetts Institute of Technology Press.

Schefe, P. (1991). *Künstliche Intelligenz - Überblick und Grundlagen : Grundlegende Konzepte und Methoden zur Realisierung der künstlichen Intelligenz.* Mannheim: Bibliographisches Institut.

Johnson, G. (1991). *In den Palästen der Erinnerung.* München: Droemer Knaur (Erstausgabe 1991: In the palaces of memory. New York: Knopf).

Opwis, K. (1990). Selbstreferentielle wissensbasierte Systeme. *Sprache und Kognition, 9,* 193-204.

3.2.2 Aufbau des Erkennens: Module und Modelle

Die Prozesse der Kognition - Wahrnehmung, Denken, Planen u. ä.: Wie vollziehen sie sich? Und wie muß ein kognitives System - Mensch, Tier, Maschine - beschaffen sein, damit es solche Prozesse zustande bringt?

Mit Fragen der kognitiven Funktion kann man sich auf zweierlei Weise auseinandersetzen:

- Rekonstruktiv, d. h. indem man bestehende kognitive Systeme während ihrer Arbeit beobachtet und dabei sowohl ihren Aufbau als auch ihre Funktion zu ermitteln trachtet.
- Konstruktiv, d. h. indem man neue kognitive Systeme schafft, deren Aufbau und Funktion man vorher ausgedacht hat.

Auf beiden Wegen gelangt man zu Annahmen von einheitlichen Funktionsmechanismen, den *Modulen* (engl. *module,* auswechselbarer Bestandteil eines Geräts) sowie zu Entwürfen für Zusammenhänge zwischen Mechanismen, den Modellen (lat. *modulus,* Muster).

Es liegt nahe, für jede kognitive Leistung ein eigenes Modul anzunehmen: Ein Modul für das Farbensehen, eines für das Gedächtnis, eines für das Schlußfolgern, eines für das Sprechen usw. Solche Module lassen sich zu größeren Systemen zusammensetzen. Ausgangspunkt der Untersuchung ist jeweils die Bestimmung von kognitiven Leistungen bei der Bewältigung einer Aufgabe. So legte etwa Allen Newell (1990, S. 262) seiner Analyse von einfachen und schnellen Reaktionen (z. B. Erwidern eines Grußes) die folgende Abfolge von Leistungen zugrunde:

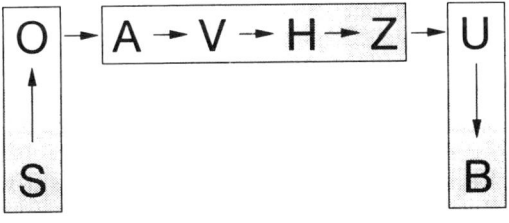

S Sinnesempfindung
O Empfindungen ordnen
A Aufmerksamkeit zuwenden
V in seiner Bedeutung verstehen
H Handlungsmöglichkeiten erkennen
Z Ziele setzen und Handlung auslösen
U Umsetzen in Handlungsschritte
B Bewegungen ausführen

In Newells Modell könnte man jeder Teilleistung ein eigenes Modul zuordnen, z. B. der Aufmerksamkeitsleistung einen Aufmerksamkeitsmechanismus, dem Setzen von Zielen einen Zielsetzungsmechanismus. Doch erwägt Newell (1990, S. 268), mit weniger Modulen als Leistungen auszukommen; mehrere Mechanismen könnten gemeinschaftlich Leistungen eigener Art hervorbringen.

Überhaupt ist es fraglich, ob kognitive Leistungen jeweils einem umschriebenen Mechanismus zugeordnet werden sollen - in Geräten ein herausnehmbares Teil und bei Tier oder Mensch ein besonderes Hirnareal. Der vor allem in der Sprachwissenschaft hervorgetretene Autor Jerry A. Fodor hat 1983 vorgeschlagen, als umschriebene geistige Module nur *Eingabesysteme* (engl. *input systems)* gelten zu lassen. Von Eingabesystemen seien *Zentralsysteme* (engl. *central systems)* zu unterscheiden, die umfassend wirkten, ohne als feste Einheiten beschreibbar zu sein. Eingabesysteme seien bereichsspezifisch; sie dienten dem Erkennen bestimmter Merkmale, reagierten auf bestimmte Vorkommnisse. So gäbe es Module für Farben und Formen, möglicherweise für bestimmte Klassen von Gegenständen (wie „Hund" und „Haus"), für Musik und Sprache. Kennzeichnend für solche Module seien ihre Zwanghaftigkeit und ihre Einkapselung. Ein Beispiel für Zwanghaftigkeit: Hört man eine Rede in einer bekannten Sprache, dann kann man nicht umhin, die Bedeutung des Gesagten zu erfassen. Negativ ausgedrückt: Hörer können die Bedeutung einer Rede in einer bekannten Sprache nicht ausblenden. Mit dem Begriff „Einkapselung" meint der Autor: Sätze, Gegenstände usw. werden zunächst nur isoliert aufgenommen. Es fehle sowohl deren Einbettung in größere Bedeutungszusammenhänge als auch deren Beurteilung und Bearbeitung; erst später würden Bedeutungsbezüge hergestellt, Glaubwürdigkeit eingeschätzt oder Umformungen vorgenommen.

Jenes Herstellen von Bedeutungsbeziehungen, Beurteilen, Umformen leisteten Zentralsysteme. Sie sorgten für die Einschätzung von Ähnlichkeit, Unterschiedlichkeit und Glaubwürdigkeit, für ihre Auswertung durch Rechnen, Denken und Planen. Zentralsysteme würden ihre Inhalte gerade nicht einkapseln, sondern die Bereiche der modularen Eingabesysteme überschreiten. Sie stellten etwa Gemeinsamkeiten zwischen den Erlebnissen des Tanzes und Musik her, erlaubten Einschätzungen zu beiden und Schlußfolgerungen aus ihnen. Ihre Wirkungen ereigneten sich keineswegs zwangsläufig. Jene Zentralsysteme seien allgegenwärtig, und deshalb ließen sie sich nicht eng umschreiben. Fodor benutzt folgendes Bild: Die getrennten Module der Eingabesysteme seien nach Bereichen übereinander (vertikal) geordnet. Quer dazu (horizontal) setzten die Zentralmechanismen an. Sie verknüpften die modular getrennten Inhalte, unterwürfen sie Beurteilungen und Umwandlungen und zögen Schlüsse daraus.

Für Zusammenstellungen von Funktionseinheiten und Abläufen (wie die auf der vorangehenden Seite von Newell beschriebenen Schritte beim einfachen Reagieren) wird ebenfalls (s. bereits Abschnitt 3.1.4) die Bezeichnung „Modell" verwendet. Die Modelle der Kognitionspsychologie sind wissenschaftliche Darstellungen kognitiver Systeme und Prozesse.

3.2.3 Bilder, Schriften und Prozeduren - das Problem der inneren Kodierung

Zu den in der Kognitionspsychologie am häufigsten verwendeten Begriffen gehören „*Repräsentation*" und „*Kodierung*". Repräsentation heißt Darstellung, Wiedergabe, Abbildung. Wie stellen sich etwa Freunde und Fremde, Ballspiele und Videoclips, Rechenaufgaben und chemische Formeln im Medium der Kognition dar? Die Metapher des Films im Kopf (s. Abschnitt 3.1.1) verdeutlicht das Problem, erweist sich aber als ungeeignet, es zu lösen. Denn eines ist offensichtlich: Im Kopf befindet sich weder ein Zelluloidfilm noch ein Magnetband. Deshalb wird man nicht erwarten können, daß Darstellungen im Kopf denen auf äußeren Medien gleichen könnten; im Kopf wird es z. B. keine Farbpigmente geben wie auf Zelluloid. Und wenn die Darstellung andersartig ist: Welche Zeichen benutzt sie? Welchen Regeln folgt sie? Zeichen und Zeichenfolgen nennt man

Newell, A. (1990). *Unified theories of cognition*. Cambridge, MA: Harvard University Press.

Fodor, J. A. (1983). *The modularity of mind*. Cambridge, MA: Massachusetts Institute of Technology Press.

auch *Kode* (engl., franz. *code*). Kodieren heißt dann: Sachverhalte in Form von Zeichen oder Zeichenfolgen darstellen.

Vertraut man der phänomenologischen Evidenz (s. Abschnitt 3.1.1), dann nimmt man zwei Formen der Repräsentation und der Kodierung an:

• eine analoge Form der Repräsentation (Kodierung),
• eine symbolisch-sprachliche Form der Repräsentation (Kodierung).

Analoge Wiedergaben (griech. *ana logon*, in gleicher Weise) bilden räumliche, zeitliche, überhaupt sinnlich erfahrene Merkmale ihrer Eigenart entsprechend ab. So werden etwa Höhe und Breite eines Gebäudes auf einer analogen Abbildung maßstabsgetreu, d. h. in ihrem beobachteten Verhältnis, wiedergegeben; Helligkeits- und Farbabstufungen bleiben als solche erhalten usf. Eine Analogdarstellung erscheint daher als Kopie eines erfahrenen Originals (wie die Photographie eines Bürohauses) oder als Entwurf eines zu schaffenden Originals (wie die Bauzeichnung eines Bürohauses).

Symbolisch-sprachliche Wiedergaben bestehen aus Zeichen, die nach Regeln zusammengesetzt sind. Ein System solcher Regeln nennt man *Syntax* (griech. *syntaxis*, Zusammenstellung) oder *Grammatik* (griech. *grammatike*, Schreibkunst). Wer Grammatik innerhalb des Sprachunterrichts kennengelernt hat, versteht darunter meist nur die äußere Form. So lernt man etwa im Sprachunterricht, in Sätzen die Form von Verben der Form von Subjekten anzupassen (z. B. wird die Grundform „werfen" zu „wirft" im Zusammenhang „sie wirft" und zu „wirfst" im Zusammenhang „du wirfst"). Die tiefergehende Frage ist jedoch: Welches sind die Zusammenhänge, die in solchen Formen ausgedrückt werden?

Bei der gesprochenen und geschriebenen Sprache kann man die Worte des Lexikons als *Symbole* (griech. *symbolon,* Zeichen) betrachten. Die Verbindung zwischen ihnen stiftet weitere Bedeutungen. De Beaugrande (1980, S. 80f.) hat eine Liste von Begriffen zusammengestellt, die bedeutungsvolle Verbindungen innerhalb von Wortreihen schaffen. Der Autor nimmt Primärbegriffe als Kerne jedes sinnvollen Satzes an. Sinnvolle Sätze behandelten EREIGNISSE, HANDLUNGEN, GEGENSTÄNDE, SITUATIONEN. Ein Text entfalte sich, indem diese Kernbegriffe durch geeignete Sekundärbegriffe näher bestimmt werden. Als Sekundärbegriffe werden vorgeschlagen:

- Spezifikationen der Kernbegriffe (z. B. Orts-, Zeitbestimmungen, Eigenschaften),
- menschliche Erfahrung (z. B. Begründung, Zweck, emotionale Bewertung),
- Klassenbildung (z. B. Einschluß in Oberbegriff, Ausgliederung von Beispielen),
- Beziehungen (z. B. Anfang, Ende, Gegensatz),
- Angaben zur Kommunikation (z. B. Widerspruch, Gleichwertigkeit).

Für solche Verbindungen hielten Sprachen Ausdrucksformen bereit - Präpositionen wie „in", „nach", „zu" (z. B. EREIGNIS „Diebstahl" war ZUR ZEIT „Abend") oder Haupt- und Nebensatzkonstruktionen (z. B. WIDERSPRUCH „Max bestreitet" gegen ZEITBESTIMMUNG „es war abends").

Die Annahme, in der Kognition werde sowohl analog als auch symbolisch-sprachlich kodiert, so wie im Erleben Bild und Sprache nebeneinander aufträten, liegt nahe; zwingend ist sie nicht. Zenon W. Pylyshin von der Universität von Western Ontario hat auf die Möglichkeit hingewiesen, auch Bilder symbolisch-sprachlich wiederzugeben. In einer Schrift aus dem Jahre 1973 spottete er über das „geistige Auge", das „die Bilder im eigenen Kopf" betrachte. Auf der Stufe der Wahrnehmung sei eine analoge Repräsentation noch möglich. Doch wenn Bilder langfristig ins Gedächtnis übertragen würden, werde die analoge Kodierung in eine symbolisch-sprachliche übersetzt. Die einheitliche Form der Repräsentation im Gedächtnis sei wirtschaftlicher; in einen Einheitskode übersetzt ließen sich Inhalte im Gedächtnis leichter einordnen und schneller wiederfinden.

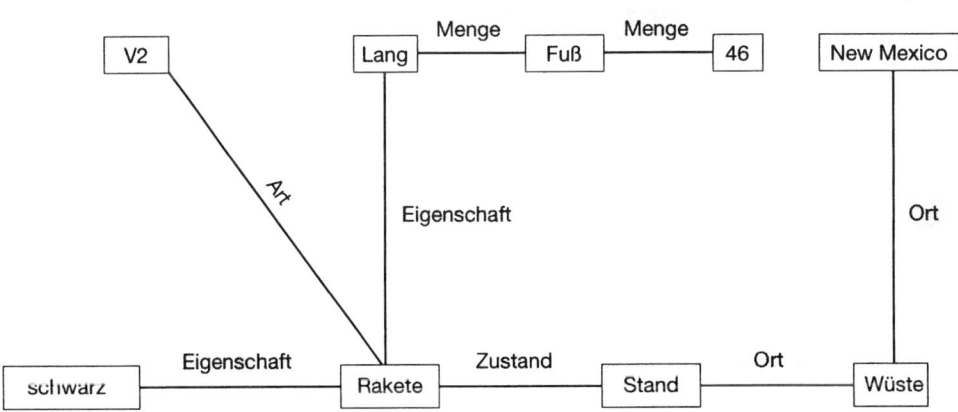

Texte lassen sich in Aussagen (Propositionen) zerlegen, welche die in ihnen enthaltenen bedeutungsvollen Verbindungen ausdrücklich wiedergeben. Auf diese Weise haben mehrere Autoren einen Text über Raketen analysiert, dessen erster Satz verkürzt lautet:
EINE SCHWARZE V-2 RAKETE VON 46 FUSS LÄNGE STAND IN DER WÜSTE VON NEW MEXICO.

Die Kernaussage erstreckt sich auf die Beziehung STAND - RAKETE. Zusätzlich ist RAKETE durch die Eigenschaft SCHWARZ, die Einordnung V-2 sowie die Quantitäten 46 FUSS LÄNGE bestimmt. STAND ist doppelt ergänzt um die Ortsbestimmungen WÜSTE und NEW MEXICO.
Den Zusammenhang aller Begriffe im Satz zeigt der oben wiedergegebene Graph (nach de Beaugrande, 1980, S. 91).

de Beaugrande, R. (1980). *Text, discourse, and process.* London: Longman.

Pylyshin, Z. (1973). *What the mind´s eye tells the mind´s brain: A critique of mental imagery. Psychological Bulletin, 80,* 1-24.

Paivio, A. (1986). *Mental representations.* New York: Oxford University Press.

Die Theorie der einheitlichen sprachlichen Kodierung ist offensichtlich in einer Zeit entstanden, als die Entwicklung von Rechnersystemen große Fortschritte bei der Verarbeitung von Symbolen gestattete (vor allem Rechnen mit Zahlen), während die Bildverarbeitung noch in den Kinderschuhen steckte. Die folgenden technischen Fortschritte in der Bildverarbeitung stärkten den Glauben an die Wirtschaftlichkeit der Bildverarbeitung. Das kam Theorien zugute, die eine doppelte (duale) Kodierung annahmen. Die Theorie der doppelten, der dualen Kodierung ist vor allem von dem - wie Pylyshin an der kanadischen Universität von Western Ontario lehrenden - Psychologieprofessor Allan Paivio vorangetrieben worden.

Paivio (1986) beschrieb zwei getrennte Repräsentationssysteme, ein sprachliches und ein nichtsprachliches. Den Systemen ordnete er die folgenden Funktionen zu:

• Getrennte Aufnahme sprachlicher und nichtsprachlicher Reize,
• getrennte Erzeugung sprachlicher und nichtsprachlicher Reaktionen.

Die Herstellung von Beziehungen zwischen Sprache und Bild ermöglicht u. a. das Benennen von Bildern und das Veranschaulichen von Worten.

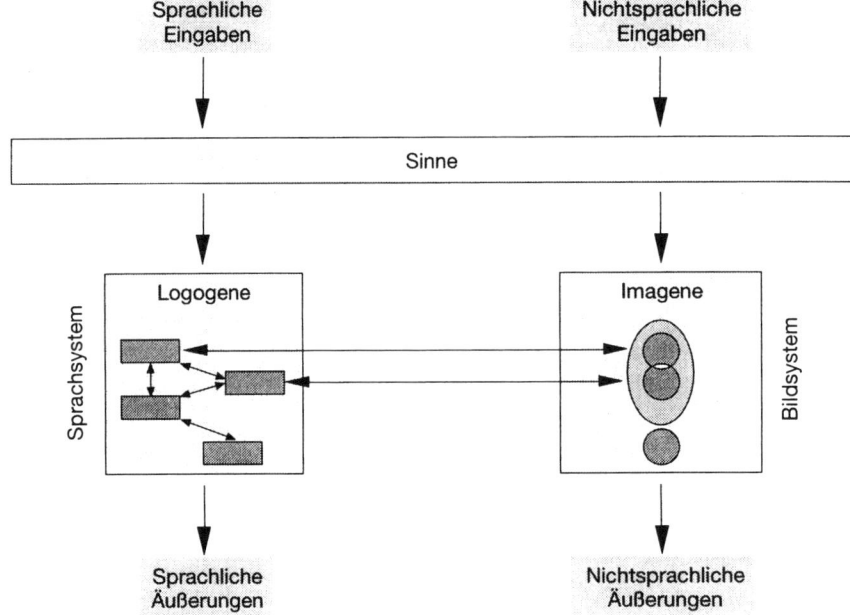

Modell der Doppelkodierung nach Paivio (1986, S. 67). Ein sprachliches System steht einem nichtsprachlichen gegenüber. Ein Worterzeuger (Logogen) spricht auf sprachliche Eingaben an und ermöglicht sprachliche Äußerungen. Ein Bilderzeuger (Imagen) spricht auf nichtsprachliche Eingaben an und ermöglicht nichtsprachliche Äußerungen. Innerhalb der beiden Systeme (d. h. zwischen den Worten einerseits und zwischen den Bildern andererseits) sowie zwischen den Systemen (d. h. zwischen Bild und Sprache) entwickeln sich Beziehungen.

Anderson, J. R. (1983). *The architecture of cognition.* Cambridge, MA: Harvard University Press.

Genesereth, M. R. & Nilsson, N. J. (1989). *Logische Grundlagen der künstlichen Intelligenz.* Braunschweig: Vieweg (Erstausgabe 1987: Logical foundations of artificial intelligence. Los Altos, CA: Morgan Kaufman).

Bilder und Sprache können Welten beschreiben. Etwas anderes ist die Beschreibung von Verfahren, mit denen man einerseits die beschriebene Welt verändert (z. B. Flüsse umlenkt, Krankheiten heilt), andererseits die Beschreibungen der Welt bearbeitet (z. B. aus ihnen Schlüsse zieht). Die verfügbaren Beschreibungen der Welt werden das deklarative Wissen genannt, die Änderungs- und Bearbeitungsverfahren das prozedurale Wissen. In Rechnern sind Deklarationen und Prozeduren in Form von Datenlisten und Programmen repräsentiert. So enthalten Rechner von Personalverwaltungen Listen von Beschäftigten, Gehaltsgruppen und Tarifen; darauf können Programme angesetzt werden, die Jahresgehälter und Sozialabgaben berechnen. Für die menschliche Kognition hat der Psychologe John R. Anderson (1983) die gleiche Trennung von deklarativem und prozeduralem Wissen angenommen.

Wie ist prozedurales Wissen darzustellen? Anderson wählte die Form der WENN - DANN - Beziehung. Eine elementare Prozedur ist nach Anderson (1983, S. 6) die Schaffung neuer Datenklassen. Somit wäre eine Produktionsregel:

WENN Person 1 Vater von Person 2 ist
    und Person 2 Vater von Person 3 ist
DANN ist Person 1 Großvater von
    Person 3.

Eine solche Regel läßt sich auf verschiedene Daten anwenden, z. B. auf Max als Person 1, Fritz als Person 2 und Ursula als Person 3.

Um möglichst allgemeine Formen der Repräsentation zu erreichen, die dann für unterschiedliche biologische und technische

Systeme geeignet sind, haben sich Autoren auf die formale Logik besonnen. Insbesondere die Aussagenlogik ist zur Darstellung von Wissen herangezogen worden (s. Genesereth & Nilsson, 1987/1989). Die Aussagenlogik beschäftigt sich mit der Verknüpfung von Aussagen. Maßgebende Verknüpfungsfunktionen (Junktoren) sind:

UND (Zeichen $\wedge$),
ODER (Zeichen $\vee$),
WENN-DANN (Zeichen $\rightarrow$),
GENAU DANN - WENN (Zeichen $\leftarrow\rightarrow$),
NICHT (Zeichen $\rceil$).

Mit Hilfe solcher Verknüpfungen läßt sich der Satz „Wenn Gert nicht zu Hause ist, ist er krank" folgendermaßen darstellen:

$\rceil$ Ort (Gert, Zuhause) $\rightarrow$ Krank (Gert)).

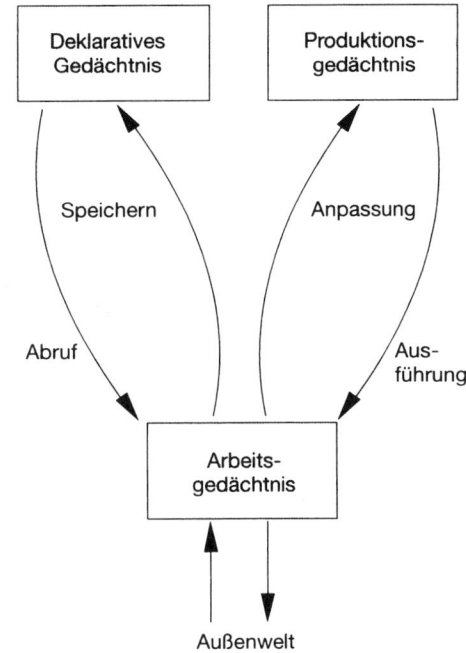

ACT* (*active control of thought*) Modell nach Anderson (1983, S. 19). Der Autor nimmt drei Gedächtnisse an: Je ein Gedächtnis für deklaratives und prozedurales Wissen sowie ein Arbeitsgedächtnis für die Anwendung von prozeduralem auf deklaratives Wissen.

3.2.4 Ökologischer Realismus, Handlungsorientierung, Konstruktivismus

Sowohl der phänomenologische als auch der funktionalistische Ansatz (Abschnitte 3.1.1 und 3.2.1) lassen keinen Zweifel: Die Welt gibt es wirklich, und Menschen können ihre Lebenswelt erkennen, wie sie wirklich ist. Das ist das Prinzip des ökologischen Realismus. Der ökologische Realismus tritt in der Regel handlungsorientiert auf. Menschliches Leben bedeute schließlich, sich in der Welt, wie sie ist, zu behaupten, und darüber hinaus die Welt zu eigenem und gemeinschaftlichem Nutzen umzugestalten. So bilde Erkennen eine Stufe im Prozeß des Handelns, und Erkennen wie Handeln könnten sich grundsätzlich nur auf eine wirkliche, d. h. eigenständig existierende und nach ihrer eigenen Ordnung wirkende, Welt richten.

Der *ökologische Realismus* warnt vor der Überbewertung von bewußten Erlebnissen (wie sie die Phänomenologie behandelt) und inneren, geistigen Repräsentationen (dem zentralen Thema der funktionalistischen Kognitionspsychologie). Erlebnisse und die Annahme innerer Repräsentationen täuschten lediglich eine eigenständige geistige Welt vor. Dem sei die Behauptung entgegenzusetzen: Geist und Welt, innere und äußere Welt sind eins (Still & Costall, 1987).

Als entschiedener Vertreter des ökologischen Realismus gilt der Wahrnehmungspsychologe James J. Gibson. Gibson hatte unter anderem Untersuchungen zur Raumorientierung von Flugzeugpiloten angestellt, und war zu der Überzeugung gelangt, daß Wahrnehmung grundsätzlich dem Finden von Wegen und Werkzeugen dient. Daher seien die Oberflächeneigenschaften der Räume und Dinge als solche für den Menschen unerheblich. Es gäbe kein Erkenntnisinteresse, das sich in der Feststellung erschöpfe, ein Ding sei rund oder eckig, rauh oder glatt, eine Landschaft voller Sand oder voller Bäume. Vielmehr seien es die Nutzwerte der Dinge und Räume, die zählten: Eine glatte Fläche in der steinigen Landschaft biete sich als Weg für den Wanderer oder den Soldaten an, ein festes Ding mit einer scharfen Kante als Messer. Was also zähle, seien lebenswichtige Kombinationen von Umgebungs- und Personeigenschaften. So mag ein meterhoher Felsblock dem Menschen zur Sitzgelegenheit werden - doch nur unter zwei Bedingungen: Wenn der Mensch müde ist (sonst geht er daran vorbei) und wenn er erwachsen ist (sonst ist der Sitz zu hoch für ihn). Für solche Gebrauchswerte prägte Gibson (1979) das Kunstwort *affordances* (nach engl. *afford*, leisten, gewähren) - zu übersetzen als „Gewährleistungen". Eine Gewährleistung sei Gegenstand des Erkennens; das Erfassen einer Gewährleistung sei kein Selbstzweck, sondern Teil von Lebensvollzügen wie Fliegen und Klettern, Sägen und Nähen.

Unter diesen Umständen sei Erkennen nicht dem Herstellen eines Bildes vergleichbar. Es sei eher die Versorgung eines sich bewegenden und bewegten Subjekts mit Information zur Bewegungskontrolle.

„Nach der Affordanztheorie ist das Sehen von Dingen gleich dem Sehen, wie man mit den Dingen umgehen kann, was man mit ihnen machen und nicht machen soll. ... visuelle Wahrnehmung dient dem Verhalten, und Verhalten wird gesteuert durch Wahrnehmung."

(Übersetzung aus Gibson, 1979, S. 223)

Im Widerspruch zum ökologischen Realismus steht der *Konstruktivismus*. Der Konstruktivismus (lat. *construere*, zusammenschichten) baut vor allem auf zwei Annahmen auf:

- Die Existenz einer wirklichen Welt ist nicht beweisbar; man solle daher nicht denken, es gäbe Wirklichkeit außerhalb der menschlichen Kognition.
- Der Mensch selbst ist es, der in seiner Kognition (und nur in seiner Kognition) Wirklichkeit herstellt.

Still, A. & Costall, A. (1987). Introduction: In place of cognitivism. In A. Costall & A. Still (Eds.), *Cognitive psychology in question* (pp.1-12). Brigthon, Sussex: Harvester Press.

Gibson, J. J. (1979). *The ecological approach to visual perception*. Boston, MA: Houghton Mifflin.

Ein radikaler Vertreter des Konstruktivismus war der Philosoph Ludwig Wittgenstein (1889-1951). Für ihn sind Denk- und Erfahrungsmuster bereits in der Sprache festgelegt. Daher seien die Logik und die Aussagen der Menschen für diese bereits Tatsachen. Eine Welt der vom menschlichen Erkennen unabhängig bestehenden Tatsachen brauche man nicht mehr zu suchen. Vielmehr solle man fragen, wie der Mensch die Inhalte seiner Erkenntnis und die Regeln seines Denkens gestalte. Damit wird die Erkenntnislehre, die *Epistemologie* (griech. *episteme*, Verstehen), zu einem zentralen wissenschaftlichen Unternehmen.

Innerhalb der Psychologie gilt der früher in Genf und Paris lehrende Professor für Philosophie und Psychologie Jean Piaget (1896-1980) als Wegbereiter des Konstruktivismus. Er hat selbst das folgende Fazit aus seinem Lebenswerk gezogen:

„Fünfzig Jahre Forschung haben mich gelehrt, daß Wissen nicht bloß eine Anhäufung von Beobachtungen ist. Wissen erfordert die strukturierende Tätigkeit von seiten des Subjekts."

(Übersetzung aus Piatelli-Palmarimi, 1980, S. 23)

Die Auffassung, daß Menschen zum Erkennen von Mengen, Zeiten, Begründungen usf. innere kognitive Strukturen aufbauen, hat der Lehre Piagets die Bezeichnung „Strukturalismus" eingetragen.

Piaget war ein gemäßigter Konstruktivist. Er hat keinesfalls die Existenz der Realität und ihrer Erfahrbarkeit bestritten. Doch seien die kognitiven Strukturen durchaus eigenständig gebildet. Daher stelle sich die Frage: Wie gelangen kognitive Strukturen und Realität zu einer hinreichenden Übereinstimmung? Piaget (1976) lehrte, Wirklichkeitserfahrung und eigengesetzliche Strukturbildung würden in ein Gleichgewicht gebracht; er nennt diesen Vorgang *Äquilibration*. Einerseits suchten Menschen eigene Schemata zu schaffen und die Erfahrung der Welt diesen subjektiven Schemata anzugleichen (*Assimilation*). Andererseits paßten sie ihre kognitiven Strukturen der Wirklichkeit an (*Akkomodation*). So glaubten Kinder lange, Metall könne nicht schwimmen, bis sie die Erfahrung (etwa von

Mythen und ihr Ende

Der Konstruktivismus hat zu mannigfachen Überlegungen über die Zwecke des Redens und Schreibens angeregt. Wenn Berichte und Beschreibungen Erfindungen des Menschen sind: Wozu sind sie erfunden? Eine Antwort ist: zum Erwerb von Ansehen und Macht. Insbesondere pflegten Einrichtungen der Gesellschaft eigene Mythen, um ihren Bestand zu sichern und sich gegenüber Konkurrenten durchzusetzen. So beruhten Kirchen, Staaten und Wissenschaften auf Legenden über ihren Ursprung, ihre Leistungen, ihre Opfer sowie über ihre hervorragenden Vertreter und Feinde.

Der französische Philosoph Jean-Francois Lyotard (1983/1989) hat die gesellschaftlich wirksamen Mythen „große Erzählungen" genannt. Er sieht ihr Ende nahen. In der gegenwärtig anbrechenden Epoche würden sie ersetzt durch ein Nebeneinander von widerstreitenden und miteinander nicht zu vereinbarenden *Diskursen* (lat. *discursus*, Abhandlung). Mit den großen Erzählungen würden auch die von ihnen gestützten beherrschenden Mächte und Lehren verschwinden.

Dampfschiffen aus Stahl) nötige, das Prinzip der Wasserverdrängung einzusehen (ausführlicher in Abschnitt 6.3.2).

Wittgenstein, L. (1960). *Philosophische Untersuchungen. Schriften* (S. 279-544). Frankfurt a. M.: Suhrkamp.

Piatelli-Palmarimi, M. (Ed.). (1980). *Language and learning. The debate between Jean Piaget and Noam Chomsky.* London: Routledge.

Piaget, J. (1976). *Die Äquilibration der kognitiven Strukturen.* Stuttgart: Klett.

Lyotard, J.-F. (1989). *Der Widerstreit.* München: Fink (Erstausgabe 1983: *Le différend.* Paris: Les Editions de Minuit).

ZUSAMMENFASSUNG

1. Der funktionalistische Ansatz versucht, die Entstehung kognitiver Leistungen mit Hilfe kognitiver Modelle zu beschreiben.
2. Kognitive Leistungen und Modelle sind - folgt man dem funktionalistischen Ansatz - nicht nur bei Menschen festzustellen, sondern auch bei technischen Geräten.
3. Es gibt allgemeine kognitive Prinzipien, deren Erforschung Aufgabe der interdisziplinären Kognitionswissenschaft ist.
4. In kognitiven Modellen kann man (möglicherweise gebietsspezifische) Module und (möglicherweise gebietsübergreifende) Zentralmechanismen unterscheiden.

5. Für die Repräsentation im kognitiven System werden symbolisch-sprachliche und analoge Formen untersucht; zu den symbolischen Formen gehören auch formal-logische.
6. Der ökologische Realismus erkennt die Wirklichkeit der Lebenswelt an; Kognitionen werden als Abbilder der Wirklichkeit gedeutet, die Handlungen leiten. Der Konstruktivismus betont dagegen die Eigenständigkeit der Kognition beim Erstellen von Weltbildern. In seiner radikalen Form bestreitet der Konstruktivismus die Wirklichkeit der Welt.

3.3
Kognition und Gehirn

3.3.1 Kognitive Funktionen im Gehirn - Ortsbestimmungen

Kognitive Modelle sollen jene Funktionen bestimmen, deren Zusammenspiel jene Leistungen hervorbringt, die man die geistigen nennt. Die Modelle lassen offen, wo und wie die in ihnen enthaltenen Funktionen bereits verwirklicht sind oder noch auf ihre Verwirklichung warten. Ein stimmiges Modell ist ein Entwurf, nach dem prinzipiell ein mechanisches Gerät (z. B. eine Dampfmaschine) ebenso gestaltet sein könnte wie ein elektronisches Produkt (z. B. ein Computer) oder ein biologischer Organismus (d. h. ein Gebilde aus lebenden Zellen) (s. Abschnitt 3.2.2).

Freilich kennt man geistig genannte Leistungen vornehmlich von Menschen. Deshalb stellt sich vordringlich bei ihnen die Frage nach dem Ort und der Erzeugung geistiger Leistungen. Kognitive Funktionen muß man bei Menschen in erster Linie in ihrem Gehirn suchen; das zeigt schon die Beobachtung, daß Kopfverletzungen zu den nachhaltigsten geistigen Störungen führen.

Hirnforscher können an ihre Arbeit gehen wie Elektroingenieure. Wenn sie die Schädeldecke geöffnet haben, sehen sie vor sich ein Netz von Nervenleitungen und -verbindungen. Nicht anders mag es Ingenieuren ergehen, die das Gehäuse eines großen Rechners aufgeschraubt haben. Doch gibt es zwischen den Nervennetzen im Gehirn und elektronischen Schaltungen wesentliche Unterschiede:
- Elektronische Schaltungen sind „trockene Systeme", Leiterplatten ohne Eigenleben. Nervennetze sind „feuchte Systeme", lebendige Gewebe. Das endokrine System - ein Teil des Zentralnervensystems - produziert eigene biochemische Stoffe, die Hormone; diese nimmt das Gehirn auf.
- Als lebendige Systeme zeigen Nervennetze Wachstum und Absterben; neue Nerven sprossen aus, alte verkümmern. Elektronische Leitungen bleiben in ihrem Verlauf stabil.
- In Nervennetzen können sich durch Wachstum neue Leitungen und damit neue Verbindungen herausbilden; das geschieht in technischen Anlagen nicht.

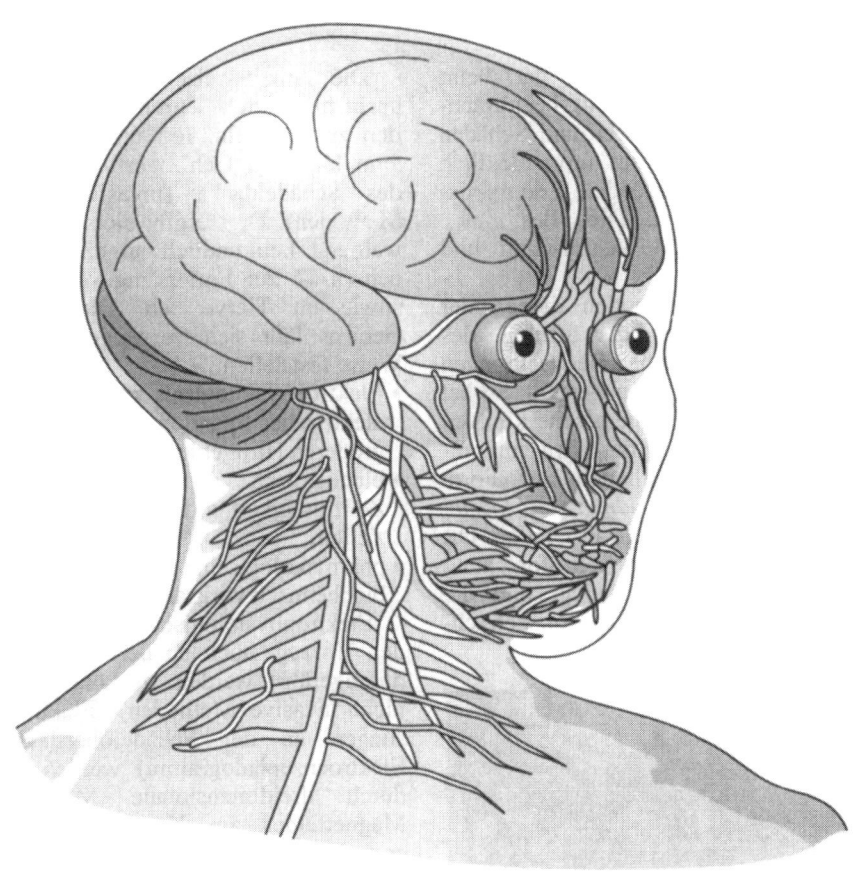

Als Gehirn bezeichnet man den unter dem Schädel angeordneten zentralen Teil des Nervensystems. Zu dem Zentralnervensystem führen die Sinnesbahnen; sie stellen die Verbindung zu den an der Körperoberfläche oder im Körperinneren liegenden Sinnesorganen her (sensorisches System). Weg von dem Zentralnervensystem führen die motorischen Bahnen; sie leiten Impulse an die Muskeln (motorisches System). Neben dem sensorischen und dem motorischen System ist das autonome Nervensystem mit dem Zentralnervensystem verbunden. Das autonome Nervensystem steuert innere Vorgänge wie Herzschlag, Hormonausschüttung und Sexualfunktionen. Die Nervenstränge zwischen Gehirn und Körper sind weitgehend in der Rückenmarksbahn gebündelt.

• Die Hormone verändern den Zustand der Nerven und damit ihre Leitungsfunktion (z. B. Leitungsgeschwindigkeit, Selektivität der Erregung); technische Leiter bleiben weitgehend gleich.

• Hormone verändern die Übertragung an Nervenverbindungen; die Übertragung von einem Nerven zum anderen können sie bahnen und hemmen. Das gibt es so in elektrischen Schaltungen nicht.

Methoden der Hirnforschung

Die Untersuchung des Gehirns darf beim Menschen die Gesundheit nicht beeinträchtigen. Tieren dürfen Schmerzen und Schäden zugefügt werden, sofern dies unvermeidlich und durch den zu erwartenden Erkenntnisgewinn gerechtfertigt ist. Dies bestimmen ethische Grundsätze der Wissenschaft und Gesetze des Staates.

Neuroanatomische Methoden dienen der Erforschung des Aufbaus, der Struktur des Gehirns. Neuroanatomische Beobachtungen werden meist am toten Hirn angestellt. So hat man einerseits genialen, andererseits kranken Menschen nach ihrem Tod das Hirn entnommen und nach Besonderheiten der Form gesucht. Oft kann man *Läsionen* (lat. *laesio*, Verletzung) mit bloßem Auge feststellen. Oft werden in der modernen Hirnforschung Schnitte durch das Gehirn gelegt und die Schnittflächen unter dem Mikroskop betrachtet.

Die Arbeitsweise des lebenden Gehirns sucht man durch neurophysiologische Methoden zu ermitteln. Ein unmittelbarer Zugang zum lebenden Gehirn erfordert die Öffnung des Schädeldachs (invasive, eindringende Methoden). Dies ergibt sich beim Menschen während heilkundlich angezeigter Operationen (z. B. zur Entfernung von Hirntumoren) sowie im Tierversuch. Die Tätigkeit des Gehirns läßt sich vorwiegend auf dreierlei Weise feststellen:

- Elektrophysiologisch, d. h. durch Messung elektrischer Spannungen an Nerven oder in größeren Hirngebieten,
- biochemisch, d. h. durch Analyse der Zellflüssigkeit, z. B. des Kalziumspiegels in Zellen.
- pharmakologisch, durch Einführung von biochemisch wirksamen Stoffen.

Elektrophysiologische Verfahren haben den Vorzug, auch an der Schädeloberfläche durchgeführt werden zu können (unblutige, nicht invasive Methoden). Elektrische Messungen an der Schädeloberfläche (EEG, Elektroenzephalogramm) werden inzwischen durch dreidimensionale Messungen des Magnetfeldes am Kopf (MEG, Magnetoenzephalogramm) ergänzt.

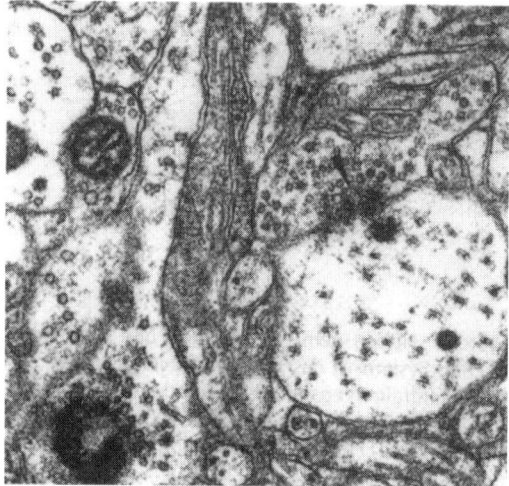

Schnitt durch die Großhirnrinde einer Maus (elektronenmiskroskopische Aufnahme mit fast 70tausendfacher Vergrößerung). Man erkennt einzelne Neuronen sowie Nervenzellen; der Pfeil in der Mitte des Bildes weist auf eine Synapse, eine Schaltstelle zwischen Neuronen (Ausschnitt aus einer Abbildung in Braitenberg & Schüz, 1990, S. 186).

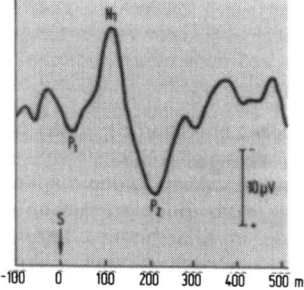

Akustisch evoziertes Potential - Schwankungen der elektrischen Spannung an der Schädeloberfläche nach Hören eines Tons. Der Ton setzt zum Zeitpunkt 0 ein. Die auffälligsten Veränderungen sind eine negative Verschiebung (N1), gefolgt von einer positiven (P2). Die Potentialschwankungen halten etwa eine halbe Sekunde (500 ms) an (Schandry, 1989, S. 223).

Obwohl das Gehirn keinesfalls einer eindeutig berechenbaren Maschine gleicht, besitzt es doch eine Reihe von festen Eigenschaften. Zwei seien hier hervorgehoben:
• die Lokalisation von Funktionen, d. h. die Zuordnung umschriebener Leistungen zu Hirnarealen,
• die Ausbildung von Nervennetzen, welche die Grundlage für Leistungen des Erkennens sowie des Lernens bilden könnten.

Blind werden Menschen nicht nur bei Schädigung ihrer Augen, sondern auch bei der Verletzung ihrer Hirnrinde an einer Stelle am Hinterkopf. Allgemein gilt: Die Zerstörung von bestimmten Teilen der Hirnrinde führt ebenso zum Ausfall von Empfindungen wie die Zerstörung von Sinnesorganen. Zu jedem Sinnesgebiet findet man nicht nur eigene Sinnesorgane (wie Auge, Ohr), sondern auch ein eigenes Gebiet der Hirnrinde. Die Zusammengehörigkeit von Sinnesorganen und Rindengebieten kann man auch folgender-maßen feststellen: Man reizt das Sinnesorgan (z. B. leitet Licht ins Auge) und mißt an der zugehörigen Stelle der Hirnrinde (z. B. an der Sehrinde) eine Potentialschwankung (s. o.). Die anatomische Analyse belegt dann die aufsteigende Sinnesbahn, auf welcher vom Sinnesreiz ausgelöste Impulse zur Hirnrinde gelangen. Ebenso finden sich Rindenfelder, von denen aus Bewegungsimpulse die Skelettmuskulatur erreichen. Von besonderem Interesse sind Felder für das Sprachverstehen (*Wernicke'sches Zentrum*) und die Sprach-erzeugung (*Broca'sches Zentrum*).

Unterhalb der Hirnrinde, dem Kortex, scheinen Gebiete zur Regelung des Drüsen- und Gefäßsystems zu liegen (z. B. Blutdruck, Hormonausschüttung). Aus psychologischer Sicht kommt diesem subkortikalen Gebiet, dem limbischen System, eine besondere Bedeutung zu - und zwar für die Emotion und die Motivation (z. B. emotionale Erregbarkeit, Aggressivität).

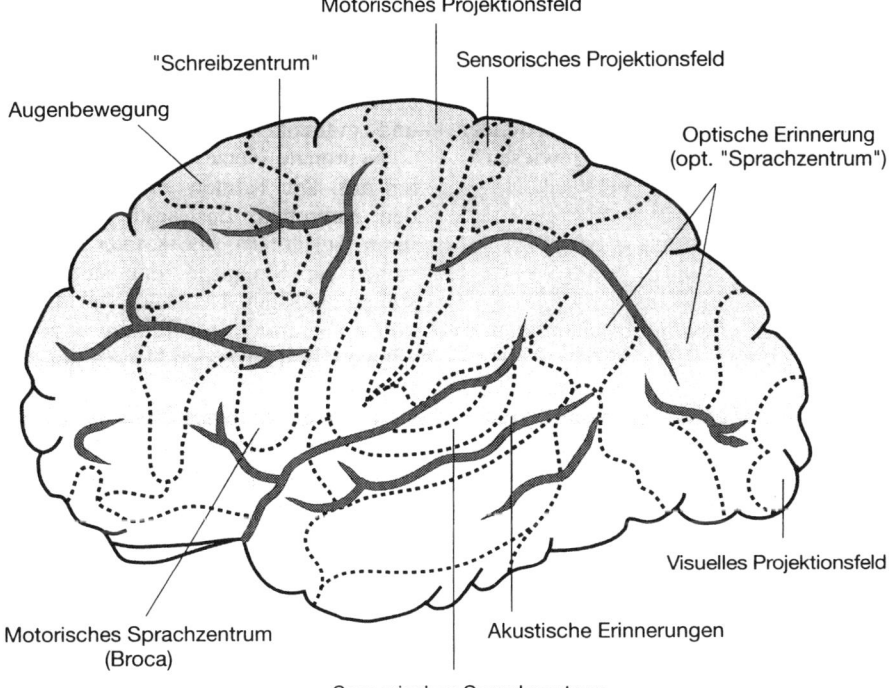

Lokalisation von Hirnfunktionen: Einige Felder und ihre Leistungen (nach Schandry, 1989, S. 35).

Braitenberg, V. & Schüz, A. (1990). Cortex: hohe Ordnung oder größtmögliches Durcheinander? In W. Singer (Hrsg.), *Gehirn und Kognition* (S. 182-194). Heidelberg: Spektrum der Wissenschaft.

Schandry, R. (1989). *Lehrbuch der Psychophysiologie.* Weinheim: Psychologie Verlags Union.

In den Hirnarealen mit ihren erkennbaren Funktionen mag man die von Fodor (Abschnitt 3.2.1) geforderten Bausteine des Geistes, die kognitiven Module verwirklicht sehen. Und man mag ihm recht geben: Alle Module sind bereichsspezifisch; sie sind für ein Sinnesgebiet oder eine Muskelgruppe zuständig, für Musik oder für Sprechen. Übergreifende Funktionen wie das Vergleichen von Größen oder das Bilden von Summen scheinen keine eigenen Zentren zu besitzen. Gibt es solche Zentren, und die Forschung hat lediglich ihre Entdeckung versäumt? Oder hat Fodor weiterhin recht mit seiner Vermutung, solchen übergreifenden Funktionen sei kein fester Platz zugewiesen?

3.3.2 Nervennetze - flexible Arbeitseinheiten

Bereichsspezifität in Hirnarealen und mangelnde räumliche Zuordnung von bereichsübergreifend anwendbaren Bearbeitungsverfahren - diese Unterscheidung mag mit der Trennung von deklarativem und prozeduralem Wissen (Abschnitt 3.3.1) im Einklang stehen. Es könnte deklaratives Wissen sein, das sich auf die unterschiedlichen Orte im Gehirn verteilt. Das zu seiner Bearbeitung angesetzte prozedurale Wissen müßte nicht an einem und nur einem Ort lagern. Es mag von Ort zu Ort wandern oder - je nach Bedarf - an jedem Ort für den jeweils dort vertretenen Bereich gebildet werden. Es käme also darauf an, für die Bearbeitung von deklarativem Wissen

jeweils vor Ort „Programme zu schreiben" oder „Hardwarekonstruktionen" zu schaffen. Wenn das Nervengewebe tatsächlich flexibel ist (s. Abschnitt 3.3.1): Könnte es nicht Strukturen herausbilden, welche die jeweils beobachtbaren Bearbeitungsleistungen zustande bringen - Computern vergleichbar, die wahlweise mit Zahlen rechnen, Wörter in andere Sprachen übersetzen, Muster erkennen helfen usw.?

Der Neurologe Warren McCulloch und der Mathematiker Walter Pitts (s. McCulloch, 1965) haben am Massachusetts Institute of Technology in Boston begonnen, kognitive Leistungen an elektronischen Schaltungen zu simulieren. Seitdem ist die Zuversicht gewachsen, das Nervensystem könne Arbeitseinheiten herausbilden, die nach den aus der Informatik bekannten Prinzipien wirken. Solche Einheiten nennt man *Nervennetze* oder *neuronale Netze* (engl. *neural networks).* Die Erforschung biologischer Nervennetze hat inzwischen so große Fortschritte gemacht, daß sie der Technik Anregungen für die Konstruktion von „intelligenten Geräten" zu geben vermag - etwa Küchenherden und Fotoapparaten, die „verständnisvoll beobachten" und „mitdenken".

Neuronale Netze weisen Knoten und Kanten auf. Die Kanten entsprechen im Gehirn den Neuronen, das sind Nervenzellen mit ihren Ausläufern. Die Knoten im Nervennetz stehen für Synapsen, das sind Berührungsstellen zwischen Neuronen; an den Synapsen können Neuronen Einfluß auf andere Neurone nehmen. In neuronalen Netzen gelten folgende Regeln:
• Die Erregung eines Neurons kann sich auf ein nachgeordnetes Neuron übertragen;
• die Erregung eines Neurons kann die Erregung in einem nachgeordneten Neuron hemmen;
• sowohl die Erregungsübertragung als auch die Hemmung sind abgestufte Prozesse - ihre Wahrscheinlichkeit wird durch einen Gewichtsfaktor ausgedrückt;
• die Schaltung von Neuronen kann sowohl eine vorauslaufende als auch eine rückläufige Wirkung entfalten;
• in neuronalen Netzen ist Parallelverarbeitung möglich.

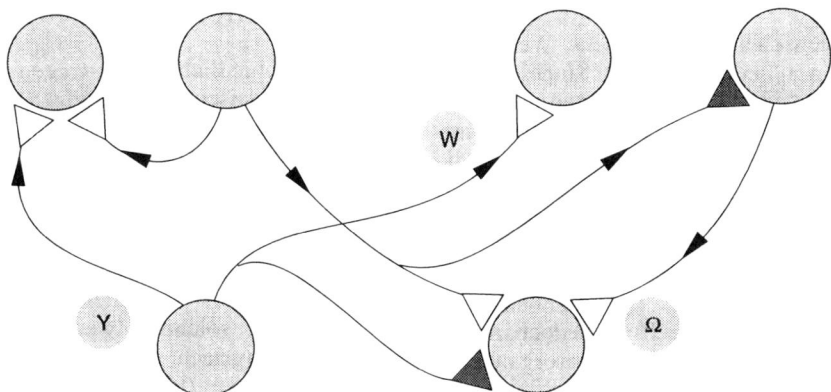

Ausschnitt aus einem neuronalen Netz (nach Tesauro, 1990, S. 96). Neuronale Netze sind Schaltungen mit Erregungsausbreitung über Synapsen (Kreise). In diesem Netz beginnt die Erregung in den Einheiten der untersten Reihe; sie breitet sich innerhalb des Netzes aus, bevor die Funktion des Netzes (z. B. Erkennen eines Wortes) erfüllt ist. Die Erregung wandert dabei auf den eingezeichneten Bahnen (Linien) in Richtung der dort eingetragenen Pfeilspitzen. In Bezug auf die Hauptrichtung der Erregungsausbreitung sind also einige Bahnen rückläufig. Eine Erregungsübertragung an einer Synapse ist durch ein offenes Dreieck gekennzeichnet, eine Hemmung durch ein gefülltes Dreieck. Zusätzlich ist die Wahrscheinlichkeit von Übertragungen und Hemmungen durch Gewichtsfaktoren angegeben. Zu beachten ist weiterhin: In neuronalen Netzen können gleichzeitig auf mehreren Bahnen Vorgänge ablaufen (Parallelverarbeitung von Information).

Die zuletzt genannte Möglichkeit der Parallelverarbeitung ist als Durchbruch zu Systemen gewürdigt worden, die es an Leistungsfähigkeit mit menschlichen Experten (z. B. geübten Sprechern, Architekten) aufnehmen können. Ältere Konzeptionen hatten nur einen Verarbeitungsschritt zu einer Zeit gestattet, wodurch es zu einem Stau in einer Warteschlange kommen konnte. Durch Parallelverarbeitung gewinnen Prozesse dagegen an Geschwindigkeit und Flexibilität.

Anziehend sind neuronale Netze für Forscher auch, weil sie die unmittelbare Verwirklichung von logischen Funktionen (Abschnitt 3.2.3) erlauben. Es lassen sich spezielle UND-, ODER-, WENN-DANN-, NICHT-Schaltungen aufbauen. So läßt sich eine UND-Schaltung herstellen, indem man ein nachgeordnetes Neuron C vorsieht, das nur aktiv wird, wenn es zugleich von den Neuronen A und B Erregung erhält. Die NICHT-Funktion läßt sich durch Einbau einer Hemmung herstellen usf.

Die in Nervennetzen zu verwirklichenden Regeln haben für die Entwicklung kognitiver Modelle (u. a. für das Gedächtnis, s. Abschnitt 7.3.5) eine überragende Bedeutung erlangt. Die Forschung hierzu betätigt sich im Wechselspiel von Hirnphysiologie und -anatomie, Informatik und Kognitionspsychologie. Daraus ist der mehrere Disziplinen übergreifende Ansatz des *Konnektionismus* (lat. *connectere*, verbinden) entstanden.

McCulloch, W. S. (1965). *Embodiments of mind.* Cambridge, MA.: Massachusetts Institute of Technology Press.

Tesauro, G. (1990). Neural models of classical conditioning: A theoretical viewpoint. In S. J. Hanson & C. R. Olson (Eds.), *Connectionist modeling and brain function: The developing interface* (pp. 74-104). Cambridge, MA: Massachusetts Institute of Technology Press.

3.3.3 Ein Gehirn - zwei Hirnhälften

Warum Menschen symmetrische Wesen mit Paaren von Gliedmaßen und Sinnesorganen sind, hat mancherlei Überlegungen ausgelöst. Gleichwohl hat überrascht, daß die Hirnforschung die Auffassung unterstützte, die beiden symmetrischen Hälften seien ihrer Art nach verschieden. Hierzu ist aus anatomischer Sicht vorauszuschicken: Das Zentralnervensystem ist ebenso symmetrisch aufgebaut wie der Körper insgesamt. Die Bahnen vom Körper zum Gehirn wechseln jedoch in der Regel die Seite, so daß die Sinnesorgane und Muskeln der rechten Körperhälfte überwiegend mit der linken Hirnhälfte verbunden sind, die linke Körperhälfte jedoch mit der rechten Hirnhälfte.

Doch wie kann man beurteilen, ob linke und rechte Hirnhälfte, die beiden *Hemisphären* (griech. *hemisphairion,* Halbkugel) des Gehirns, gleich oder unterschiedlich arbeiten? Die klarsten Befunde stammen aus Untersuchungen an Personen mit chirurgisch getrennten Hemisphären (engl. *split brain).* Es sind Patienten, die an Epilepsie leiden, einer Krankheit, die mit einer unkontrollierten Erregungsausbreitung im Gehirn einhergeht. Patienten mit Epilepsie versucht man zur Heilung zu verhelfen, indem man das Überspringen von Erregung zwischen Hirnhälften verhindert. Dies geschieht durch Zerschneiden des sog. Balkens (lat. *corpus callosum),* eines Faserbündels, das die Verbindung zwischen den Hemisphären herstellt. Die Patienten sind durch den Eingriff in ihrem täglichen Leben nicht beeinträchtigt. Doch ausgeklügelte Untersuchungsmethoden bringen unterschiedliche Leistungen der linken und rechten Seite zum Vorschein.

Am California Institute of Technology hat der als Zoologe und Psychologe ausgebildete Roger W. Sperry die Kunst der Untersuchung getrennter Hirnhälften entwickelt. Im Jahre 1981 hat er dafür den Nobelpreis für Medizin erhalten. Sperry (1968) hat zunächst vor allem Unterschiede in der Wirkung von bildlichen und schriftlichen Darbietungen in der linken und rechten Hälfte des Gesichtsfeldes ermittelt. Dabei konnte man aufgrund der anatomischen Verhältnisse voraussetzen:

Dichotomien - Polaritäten

Die Unterschiedlichkeit, ja Gegensetzlichkeit von Lebensweisen, Einstellungen und Denkstilen ist ein für viele anregendes, für einige beunruhigendes Thema. Zahlreiche Autoren haben sich um die Aufdeckung zweier unterschiedlicher Seiten des Menschen bemüht: Tagseite und Nachtseite, Engel und Tier, apollinischer Ordnungssinn und dionysischer Rausch sind drei dieser Begriffspaare. Man nennt solche Zweiteilungen auch *Dichotomien* (griech. *dichotomos,* zweigeteilt) oder *Polaritäten* (lat. *polus,* Endpunkt der Erdachse).

Daß jeder Mensch die Dichotomien und Polaritäten in sich vereinigt, ist eine gängige Behauptung. Auch finden sich Lehren, nach denen die *Dichotomien* und *Polaritäten* körperlich begründet sind. So kann man lesen, Menschen seien nicht ausschließlich weiblich oder männlich, sondern besäßen sowohl eine männliche wie weibliche Natur. Platon (undatiert/1974) lehrte in seiner Schrift *Das Gastmahl,* es habe einmal einen zweigeschlechtlichen Menschenschlag gegeben. Dieser Menschenschlag sei so stark und klug gewesen, das er den Himmel habe stürmen wollen. Um die Menschen zu schwächen, jedoch ihre Opfer nicht zu verlieren, habe Zeus den ärztlich kundigen Apoll angewiesen, die Menschen in zwei Hälften zu teilen. Seitdem suchten die Menschen ihre jeweils andere Hälfte:

„Nachdem nun die Gestalt entzweigeschnitten war, sehnte sich jedes nach seiner anderen Hälfte, und so kamen sie zusammen, umfaßten sich mit den Armen und schlangen sich ineinander, und über dem Begehren, zusammenzuwachsen, starben sie aus Hunger ..."

(Platon, undatiert/1974, S. 190, übersetzt von Friedrich Schleiermacher.)

Bilder und Schriften aus der linken Hälfte des Gesichtsfeldes werden in der rechten Hirnhemisphäre verarbeitet, Bilder und Schriften aus der rechten Gesichtsfeldhälfte in der linken Hemisphäre.

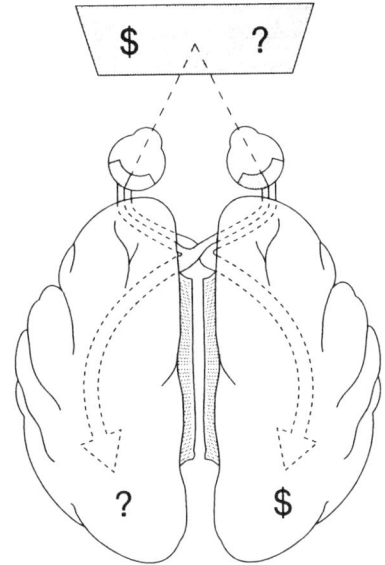

Anordnung zur getrennten Untersuchung von Hirnhemisphären (nach Sperry, 1968, S. 725). Der
Balken, die Verbindung zwischen der linken und
rechten Hirnhälfte, ist bei Split-Brain-Patienten
durchtrennt. Fixieren diese Patienten einen Punkt in
der Mitte ihres Gesichtsfeldes (z. B. einer Wand),
dann bildet sich aufgrund des Lichteinfalls durch die
Linse der Augen der linke Teil des Gesichtsfeldes
(hier $) auf der Netzhaut des Auges rechts ab; von
beiden Augen wird sodann das Muster der rechten
Netzhaut zur rechten Hemisphäre übertragen.
Umgekehrt bildet sich die rechte Seite des
Gesichtsfeldes (hier ?) auf den linken Netzhaut-
hälften ab und wird von dort zur linken Hemisphäre
übertragen. Fazit: Die rechte Hirnhemisphäre sieht
die Welt zur Linken, die linke Hemisphäre die Welt
zur Rechten.

Sperry berichtete Befunde wie diese: Auf
einer Tafel stand links das Zeichen „$" und
rechts das Zeichen „?". Forderte man Split-
Brain-Patienten auf zu benennen, was sie auf
der Tafel sahen, antworteten sie: ein
Fragezeichen. Bat man sie jedoch, mit dem
Finger auf das Gesehene zu deuten, zeigten
sie auf das Dollarzeichen. Die Deutung des
Autors: Für die sprachliche Leistung des
Benennens ist die linke Gehirnhälfte zuständig, und diese sieht die Welt zur Rechten. Die
räumliche Anschauung ist dagegen die
Spezialität der rechten Hirnhälfte; diese
betrachtet die Welt zur Linken.

Im Laboratorium von Sperry haben die
beiden Psychologen Jerre Levy und Colvyn
Trevarthen (1976) weitere aufschlußreiche
Experimente an vier Split-Brain-Patienten
ausgeführt. Sie zeigten ihnen sogenannte
Chimärenbilder. (Chimären sind in der
griechischen Mythologie aus verschiedenen
Arten zusammengesetzte Tiere - z. B. ein
Ungeheuer, vorne Löwe, in der Mitte Ziege,
hinten Schlange.) Chimärenbilder zeigten
links und rechts von einem Fixierpunkt
Bildhälften unterschiedlicher Gegenstände (z.
B. Schere - Sonnenbrille). Aus einer Reihe
weiterer Bilder sollten die Patienten nun
passende wählen.

Wie ließ sich das Urteil „passend"
begründen? Zum einen nach der Ähnlichkeit
der äußeren Erscheinung - vor allem des
Umrisses, zum anderen nach ihrer funktionalen Zusammengehörigkeit. Zu beobachten
war: Gegenstände zur Linken wurden
vorwiegend nach dem Aussehen zugeordnet
(z. B. ein gekreuztes Besteck zu einer
geöffneten Schere), Gegenstände zur Rechten
nach der Funktion (z. B. zu einer Schere
Nadel und Garn). Dies deuteten die Autoren
als Beleg für die anschauliche Spezialisierung
der (nach links blickenden) rechten Hirnhälfte
und für die kausale und funktionale
Spezialisierung der (nach rechts blickenden)
linken Hirnhälfte.

Platon (undatiert/1974). Das Gastmahl. *Werke*
(Band 3, S. 209-394), herausgegeben von G.
Eigler. Darmstadt: Wissenschaftliche Buch-
gesellschaft.

Sperry, R. W. (1968). Hemisphere deconnection
and unity in conscious awareness. *American
Psychologist, 23*, 723-733.

Levy, J. & Trevarthen, C. (1976). Metacontrol of
hemispheric function in human split-brain
patients. *Journal of Experimental Psychology:
Human Perception and Performance, 2*, 299-
312.

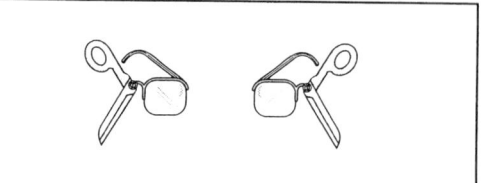

Chimärenbilder (nach Levy & Trevarthen, 1976, S. 302). Split-Brain-Patienten fixierten den Mittelpunkt der Bilder, so daß sie die Bildhälften mit unterschiedlichen Hemisphären wahrnahmen.

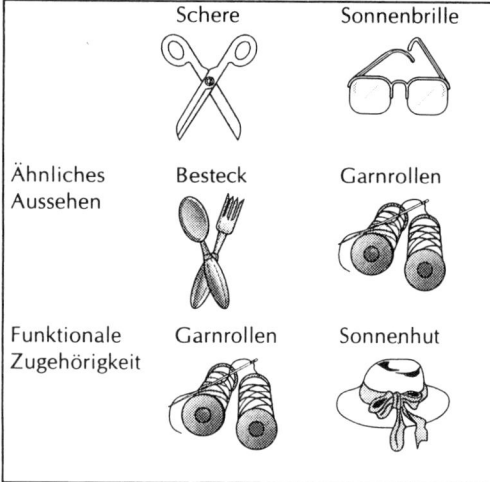

Aus einer Reihe weiterer Bilder sollten die Patienten zu jedem Chimärenbild ein passendes auswählen. Die Reihe enthielt sowohl ähnlich aussehende Bilder als auch nach ihrer Funktion zusammengehörige Bilder (nach Levy & Trevarthen, 1976, S. 302).

Welche Experimente sind noch mit Split-Brain-Patienten durchgeführt worden? Vor allem drei Arten von Vergleichen sind zu nennen:
- Vergleiche von Darbietungen auf anderen Sinnesgebieten (z. B. links- und rechtsseitiges Hören),
- Vergleich der Bedeutung, der Emotionalität sowie weiterer Merkmale von Darbietungen (z. B. Gesichter vs. geometrische Figuren),
- Vergleiche links- und rechtsseitiger Bewegungen (z. B. Fingerzeichen der linken und rechten Hand).

Springer und Deutsch (1987, S. 170f.) haben eine längere Liste von berichteten Spezialisierungen der Hirnhemisphären zusammengestellt. Darin sind u.a. folgende Begriffspaare aufgeführt:

Linke Hemisphäre	Rechte Hemisphäre
sprachlich	anschaulich-räumlich
analytisch	ganzheitlich, synthetisch
rational	intuitiv
abstrakt	konkret
sukzessiv, sequentiell	simultan, parallel
gerichtet, kausal	frei, impulsiv
zeitlich	zeitlos
objektiv	subjektiv
explizit	implizit
westliches Denken	östliches Denken

In der Liste fehlt ein Begriffspaar, dem sonst eine große Bedeutung beigemessen wird: Weiblich (rechte Hemisphäre) und Männlich (linke Hemisphäre). Diese Zurückhaltung von Sally Springer und Georg Deutsch dürfte mit ihrer Warnung vor einer Dichotomanie zusammenhängen; damit meinen sie eine wissenschaftlich nicht gerechtfertigte Eilfertigkeit bei der Zweiteilung von Denkstilen, ja Kulturen.

Ein weiteres Begriffspaar, das in der obigen Liste fehlt, ist „bewußt - unbewußt". Dabei haben tiefenpsychologisch orientierte Autoren Befunde der Hemisphärenforschung als die lange gesuchten Nachweise des Unbewußten begrüßt. So berichtete Sperry von Versuchen, in denen

„...unerwartet ein Aktphoto innerhalb einer Reihe geometrischer Figuren projiziert wird, und zwar zufällig in die rechte oder linke Gesichtsfeldhälfte. Wenn das überraschende Nacktphoto auf der linken Seite erscheint, sagen die Probanden meistens, daß sie nichts oder nur einen Lichtschein gesehen haben. Allerdings straft ein verschämtes Lächeln und vielleicht ein Erröten und ein Kichern bei den nächsten Darbietungen die Behauptung der sprechenden Hemisphäre Lügen. ... Offenbar kommt nur die emotionale Reaktion zum Ausdruck, als könne die kognitive Komponente nicht artikuliert werden ..."

(Übersetzung aus Sperry, 1968, S. 732)

Das geschilderte Zusammentreffen von Emotionalität und Unfähigkeit zur bewußten Beschreibung deckt sich mit der tiefenpsychologischen Annahme der *Verdrängung* ängstigender Gedanken in das Unbewußte. Stellt man einen solchen Zusammenhang zwischen Hirnforschung und Tiefenpsychologie her, gelangt man zu dem Schluß: Die rechte Hemisphäre ist der Sitz des Unbewußten.

Der Psychiater Rhawn Joseph (1992) scheint fest davon überzeugt, daß schmerzliche Erfahrungen im rechten Hirn als Geheimnisse gehütet werden. Er berichtet von einer Klientin, die als junges Mädchen von ihrem Onkel sexuell mißbraucht worden sei. Sie habe daran keine bewußte Erinnerung. Doch noch als junge Frau könne sie es nicht ertragen, daß ihr Partner ihre Haare streichle, wie es ihr Onkel getan habe, als sie sich über seinen Schoß beugte. Das rechte Hirn erinnere sprachlos an das frühe Leid - so deutet der Autor das Widerstreben der Frau gegen zärtliches Streicheln der Haare, während das sprachfähige linke Hirn sich gegen die Erinnerung sperre (Joseph, 1992, S. 61f.). Diese Argumentation scheint schlüssig. Allerdings: Es mangelt sowohl am Nachweis des behaupteten Mißbrauchs als auch an jedwedem Beleg für die behauptete Beziehung zwischen der festgestellten Abneigung und der Hirntätigkeit. Solange der Autor seine Deutung nicht besser belegen kann, muß man diese mindestens als voreilig, jedenfalls als wissenschaftlich ungesichert bewerten.

Springer, S. P. & Deutsch, G. (1987). *Linkes - rechtes Gehirn: funktionelle Asymmetrien.* Heidelberg: Spektrum der Wissenschaft (Erstausgabe 1985: *Left brain - right brain.* New York: Freeman).

Joseph, R. (1992). *The right brain and the unconscious.* New York: Plenum.

ZUSAMMENFASSUNG

1. Hirnforschung versucht, die Entstehung kognitiver Leistungen im Gehirn zu ermitteln. Die Besonderheiten des Gehirns sind: Es ist ein „feuchtes System", das eigene biochemische Stoffe hervorbringt und aufnimmt; dadurch kann es seinen Zustand verändern. Weiterhin bringt es durch Wachstum neue Nerven und Nervenverbindungen hervor.

2. Zur Untersuchung der Hirnleistung gibt es anatomische und physiologische Methoden. Neben invasiven Methoden (mit Öffnung des Schädels) gibt es nicht invasive (z. B. das Elektroenzephalogramm an der Kopfhaut).

3. Im Gehirn gibt es Areale mit umschriebenen Funktionen (u. a. Zentren für das Verstehen und Produzieren von Sprache).

4. Als flexible Funktionseinheiten werden Nervennetze (neuronale Netze) untersucht. Nervennetze sollen aus verschiedenen Arten von Schaltungen aufgebaut sein. Sie sollen dem Erkennen von Mustern und anderen kognitiven Leistungen dienen und die Fähigkeit des Lernens besitzen.

5. Aufsehen hat die Entdeckung erregt, daß die beiden Hirnhälften unterschiedliche Leistungen hervorbringen. Der linken Hirnhälfte werden vorzugsweise sprachliche und analytische Leistungen zugeschrieben, der rechten Hälfte anschauliche und intuitive. Es gibt darüber hinaus die - durchaus umstrittene - Hypothese, die linke Hälfte sei der Sitz des Bewußtseins, die rechte Hälfte dagegen der Ort des Unbewußten.

3.4

Kognition und Gehirn als Probleme der Entwicklungs-, Persönlichkeits- und Sozialpsychologie

3.4.1 Entwicklungspsychologie

Über die gesamte Lebensspanne lassen sich verfolgen:
* Bewußte Erlebnisse,
* kognitive Repräsentationen,
* kognitive Leistungen,
* neuropsychologische Veränderungen.

Es ist festzustellen, wie das Wissen über die Welt und das Verstehen ihrer Zusammenhänge anwachsen - wie z. B. Kinder die Kenntnis ihrer häuslichen Umgebung ausweiten und geographische Kenntnisse erwerben. Von großer Bedeutung sind darüber hinaus Untersuchungen zur Entwicklung der *Metakognition*.

Die entwicklungspsychologische Analyse der Kognition und der Metakognition ist nicht zuletzt für die Erkenntnistheorie ergiebig. Sie führt u. a. vor Augen, daß die Evidenzerlebnisse (Abschnitt 3.1.1) der Erwachsenen keineswegs schon zu Beginn der Lebensspanne aufzutreten brauchen. Alison Gopnik (1993) versucht das am Phänomen der *Intentionalität* nachzuweisen. Unter Intentionalität versteht man den Bezug von kognitiven Prozessen zu ihren Objekten (s. wieder Abschnitt 3.1.1). So sind Wahrnehmungen für Erwachsene Wahrnehmungen von Objekten. Erwachsene glauben unmittelbar erleben zu können, daß sie z. B. eine Katze sehen. Noch mehr: Sie glauben, selbst am besten beurteilen zu können, was sie sehen. Gopnik nennt dies das *„Ich-Privileg"* (engl. *first-person privilege).* Kinder hätten diese Gewißheit bis zu einem Alter von etwa vier Jahren nicht. Für sie seien Bewußtsein und Zustand der Welt noch stärker voneinander abgesetzt.

Im Alter von etwa drei Jahren verstünden Kinder sehr wohl „Spaß" und „Ernst" von Darstellungen. Als spaßig empfänden sie Darstellungen, die phantasievoll oder vorgetäuscht seien; die Kinder wüßten dann genau, daß ihre Erlebnisse nicht mit der Wirklichkeit übereinstimmten. Wenn etwa ein Erwachsener

einen Hund spiele, würden die Kinder die Realität des Erwachsenen durchaus von der Fiktion des Hundes unterscheiden (Flavell, Flavell & Green, 1987). Eigenständigkeit des Bewußtseins gegenüber der Wirklichkeit zeige auch eine Untersuchung von Perner, Leekam und Wimmer (1987): Jüngere Kinder bekamen eine Pralinenschachtel mit Bleistiften gezeigt. Auf die Frage, was denn jemand anderer in der Schachtel vermuten würde, antworteten sie: „Bleistifte". Bei dieser Antwort blieben sie, selbst nachdem sie andere Personen gesehen hatten, welche auf die falsche Verpackung „hereingefallen" waren und „Pralinen" gesagt hatten. Mit etwa vier Jahren ereigne sich die Wende zur Intentionalität. Die Kinder stellten zwischen der Welt und ihrem Bewußtsein einen festen Zusammenhang her. Und sie bildeten eine *Metatheorie,* daß ein solcher Zusammenhang sein müsse.

Wissen über die Welt und das erfolgreiche Handeln in der Welt baut sich in Stufen auf. Dabei ist praktisches Wissen von sprachlich mitteilbarem zu trennen. Das zeigt unter anderem eine an der Universität Frankfurt am Main von Krist, Fieberg und Wilkening (1993) durchgeführte Studie. Die Autoren untersuchten physikalisches Wissen, nämlich die Bestimmung der Flugbahn von Körpern. Von einer Rampe aus war ein Ball über eine Strecke auf ein Ziel am Boden zu werfen. Mit welcher Wucht, d. h. mit welcher Anfangsgeschwindigkeit mußte der Ball abgeworfen werden? Dies hängt von der Schwerkraft, der Entfernung des Ziels und der Höhe der Rampe ab.

An dem Versuch nahmen fünfjährige Kinder aus einem Kindergarten teil, Viertklässler (Durchschnittsalter: 10 Jahre) sowie Studierende (Durchschnittsalter: 25 Jahre). Zur Prüfung ihres praktischen Wissens mußten sie alle den Ball von der Rampe zum Ziel werfen. Das gelang allen recht gut. Schon im Kindergarten konnten die Kinder die

Geschwindigkeit des Abwurfs sowohl der Höhe als auch der Entfernung anpassen. Schwierigkeiten gab es bei Einstellungen der erforderlichen Geschwindigkeit an einem Drehknopf. Bei solchen Einstellungen wurde zwar die Entfernung angemessen berücksichtigt, die Höhe aber vernachlässigt.

Vor allem waren es die Fünfjährigen, die mit der Einstellung der Geschwindigkeit nicht zurecht kamen. Sie waren - meinten die Autoren - überfordert, wenn sie gleichzeitig die beiden Dimensionen Höhe und Weite bei ihrem Urteil in Rechnung zu stellen hatten. Freilich gibt zu denken: In der praktischen Anwendung, wenn sie vonder Rampe den Ball warfen, hatten sie offenbar keine Schwierigkeiten, die beiden Dimensionen gleichzeitig zu beachten.

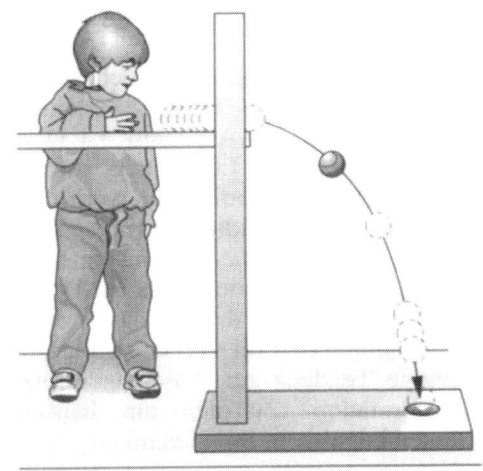

Wurf von einer Rampe in horizontaler Richtung. Welche Anfangsgeschwindigkeit muß ein Ball haben, um genau ein Ziel auf dem Boden zu erreichen? (Zeichnung nach der Versuchsbeschreibung von Krist, Fieberg & Wilkening, 1993)

Gopnik, A. (1993). How we know our minds: The illusion of first-person knowledge of intentionality. *Behavioral and Brain Sciences, 16,* 1-14.

Flavell, J. H., Flavell, E. R. & Green, F. L. (1987). Young children´s knowledge about the apparent-real and pretended-real distinctions. *Developmental Psychology, 23,* 816-822.

Perner, J., Leekam, S. & Wimmer, H. (1987). Three-year-olds´difficulty with false belief: The case for a conceptual deficit. *British Journal of Developmental Psychology, 5,* 125-137.

Krist, H., Fieberg, E.-L. & Wilkening, F. (1993). Intuitive physics in action and judgment: The development of knowledge about projectile motion. *Journal of Experimental Psychology: Learning, Memory, and Cognition, 19,* 952-966.

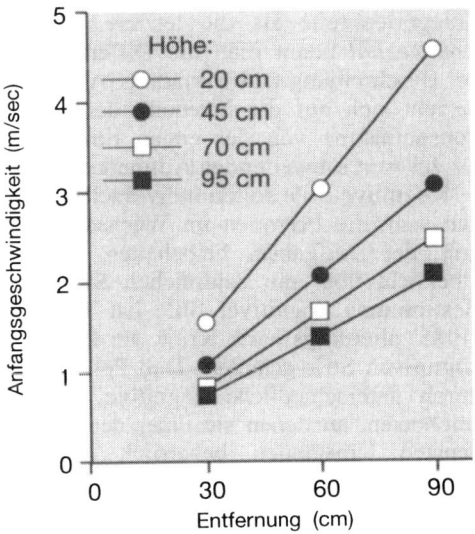

Erforderliche Anfangsgeschwindigkeit eines Balles, der von unterschiedlicher Höhe über unterschiedliche Entfernung geworfen wird (nach Krist, Fieberg & Wilkening, 1993, S. 953).

3.4.2 Persönlichkeitspsychologie

Ist Bewußtsein nicht grundsätzlich subjektiv und individuell? Das ist eine erkenntnistheoretische Frage (s. Abschnitt 3.1.1). Daß Wissen und kognitive Leistungen, sofern sie überhaupt zwischen Individuen vergleichbar sind, mit diesen Individuen variieren, gehört zu den am besten gesicherten Annahmen.

Eine häufig vertretene These ist: Personen unterscheiden sich in ihrem kognitiven Stil. Unter kognitivem Stil versteht man eine bevorzugte Tendenz zur Auseinandersetzung mit Information. Zu den am häufigsten erwähnten kognitiven Stilen gehören

- Kategorienweite,
- kognitive Komplexität und
- Abtastbreite.

Kategorienweite bezeichnet die Neigung, Gegenstände in großen oder kleinen Gruppen zu repräsentieren. Zum Beispiel mag die eine Person das Angebot eines Möbelhauses in Küchen, Schlafzimmer und Wohnzimmer unterteilen; eine andere mag innerhalb der Kategorie Wohnzimmer, Eß-, Sitz- und Arbeitszimmer unterscheiden, innerhalb der Kategorie Küche Kunststoffküchen und Holzküchen usf. Die erstere hätte eine größere Kategorienbreite als die letztere. *Kognitive Komplexität* nennt man die Differenziertheit der Beschreibung und Erklärung. Abtastbreite bezieht sich auf die Streuung der Informationsaufnahme von der engen Fokussierung bis zur weit schweifenden Aufmerksamkeit.

Kognitive Stile sollen individuelle Neigungen sein, die Personen im Wechsel der Zeit und der Aufgaben beibehalten. In einer Übersicht über die zahlreichen Studien zur Bestimmung kognitiver Stile hat Tiedemann (1988) allerdings harte Kritik am Begriff des kognitiven Stils geäußert. Daß Personen sich durch unterschiedliche kognitive Stile auszeichneten, an denen sie unter den verschiedensten Umständen beharrlich festhielten, werde zwar immer wieder behauptet; es ließe sich jedoch nicht ausreichend belegen. Menschen wechselten die gewählte Kategorienbreite, Komplexität, Aufmerksamkeitsverteilung usw., wodurch sie teilweise Leistungsvorteile erzielten, teilweise Leistungsminderungen erlitten.

Daß für individuelle Unterschiede in der Kognition eine unterschiedliche Hirnstruktur verantwortlich sein könnte, ist oft in Erwägung gezogen worden. Seitdem die Verschiedenheit der Hirnhemispären (s. Abschnitt 3.3.3) bekannt geworden ist, konzentriert sich die Forschung auf die Hemisphärendominanz. Selbst bei normalen und gesunden Menschen, deren Gehirnhälften durch den Balken verbunden sind, könnte eine Hirnhälfte die Führung übernehmen und durch ihre Eigenart die Kognition einer Person bestimmen.

Hinweise auf die Einseitigkeit, die *Lateralität* (lat. *latus,* Seite) einer Person geben Beobachtungen über die erhöhte Geschicklichkeit oder bevorzugte Benutzung einer Körperhälfte. Die auffälligsten körperlichen Einseitigkeiten sind die Links- oder Rechtshändigkeit (z. B. beim Schreiben) und die Links- und Rechtsfüßigkeit (z. B. beim Treten von Bällen). Stehen solche Lateralitäten mit kognitiven Leistungen in Beziehung? Schließt man etwa von beobachteter Rechtshändigkeit auf ein Vorherrschen der linken Hirnhälfte, dann müßte Rechtshändigkeit mit guten sprachlichen Leistungen einhergehen. Dagegen müßte Linkshändigkeit mit besserer Raumanschauung verbunden sein, denn beide dürften sich von der rechten Hirnhälfte herleiten.

Marian Annett (1985) aus England hat zahlreiche einschlägige Untersuchungen zur Rechts-Linkshändigkeit gesammelt und kommentiert. In ihrer Sammlung gibt es zwar durchaus Studien, deren Ergebnisse die genannten Annahmen zur Lateralität stützen; doch gibt es gerade gegen diese Studien ernsthafte methodische Einwände und Widerspruch von seiten anderer Untersuchungen. Die Autorin warnt daher vor einer Verallgemeinerung. Man solle vorerst nicht behaupten, Rechtshänder lernten schneller lesen, könnten besser rechnen oder besäßen gar eine höhere Intelligenz. Ebenso solle man von den Linkshändern nicht behaupten, sie könnten sich besser im Raum orientieren oder Muster erkennen. Man kann dies auch umgekehrt ausdrücken: Rechtshänder sind gegenüber Linkshändern ebenso wenig benachteiligt wie Linkshänder gegenüber Rechtshändern.

3.4.3 Sozialpsychologie

Ravers bei ihrer *Love-Parade* (Ullstein Bilderdienst)

Sie nennen sich *ravers* (engl. *rave*, toben), und es sind bis zu 100 000, die mit ihren *love-parades* eine Stadt in eine Freiluft-Diskothek verwandeln. Die meisten sind Jugendliche um das zwanzigste Jahr. Im Piraten-Look oder in Bodies, mit Trekking-Brillen und Boots rucken und zucken sie zu Techno-Musik. Sie haben keine feste Organisation, und doch erfahren sie Tag und Ort des nächsten Treffens. Man kann die Ravers eine Gruppe innerhalb einer Kultur oder eine *Subkultur* nennen.

Die Ravers teilen Lebensstil, Denkweisen und Werte. So haben sie die Werte „Friede", „Freude" gemeinsam, die Lust an der Regel-

Tiedemann, J. (1988). Zur Diagnostik kognitiver Stile. *Diagnostica, 34,* 289-300.

Annett, M. (1985). *Left, right, hand and brain: The right shift theory.* London: Lawrence Erlbaum.

losigkeit, die schräge und schrille Selbstdarstellung, den Sinn für Körperlichkeit. Man kann fragen: Ist das Bewußtsein, die Kognition dieser Menschen ihr individueller Besitz oder ist es eine kollektive Erscheinung, an der einzelne lediglich Anteil nehmen? Dann ist eine mögliche Antwort: Kulturen und Subkulturen entwickeln in ihren *Stereotypen,* d. h. in ihren kulturspezifischen Anschauungen, ihren Denk- und Sprachstilen, ihrer Ästhetik, ihren Gebräuchen und Ritualen, ihren Werten und Normen einen eigenen, übergreifenden, *kollektiven Geist* (vgl. dagegen Abschnitt 3.2.1).

In der Sozialpsychologie spricht man bevorzugt von *sozialen Kognitionen* der Individuen. Man vermeidet die Annahme eines kollektiven Geistes. Kognitionen sind jeweils nur individuell vertreten. Die individuellen Kognitionen werden jedoch innerhalb einer Gruppe oder Kultur zwischen Mitgliedern ausgetauscht und im Sinne einer Gruppennorm angeglichen. Auf solche Weise werden Kognitionen durch Anpassung an eine Gruppe sozial geprägt; sie erscheinen als gruppeneigene Kognitionen, die sich die der Gruppe angehörenden Personen lediglich angeeignet haben.

Was ist der Inhalt von sozialen Kognitionen? Und wie kommen soziale Kognitionen zustande? Diese beiden Fragen leiten die Forschung über soziale Kognitionen. Den Inhalt von sozialen Kognitionen ermittelt man oft im Vergleich mehrerer Gruppen. Zum Beispiel stellte sich nach der Vereinigung Deutschlands die Frage nach unterschiedlichen Denkweisen und Einstellungen in den alten und neuen Ländern. Wie und ob sich insbesondere Führungskräfte der Wirtschaft aus der Bundesrepublik und der Deutschen Demokratischen Republik unterschieden, berichteten im Jahre 1993 Jürgen Schultz-Gambard und Eva Altschuh von der Ludwig-Maximilians-Universität München. Aufgrund von Befragungen hatten sie unterschiedliche Führungsstile festgestellt. Insgesamt zeigten sich Führungskräfte, die aus der DDR stammten, stärker an betriebliche Regelungen und Vorgesetzte gebunden; die aus der alten Bundesrepublik stammenden stellten sich als selbständiger und flexibler dar.

	Manager aus der BRD	DDR
Bemühen um Akzeptanz (z. B. „sagen, was erwartet wird")		X
Meiden von Risiken und Konflikten		X
Orientierung an Autoritäten und Regeln		X
Wettbewerb (z. B. „gewinnen wollen", Selbstdarstellung)	X	
Perfektion (hohe Anforderungen setzen, Aufgaben erfüllen)	X	
Personorientierung (Förderung von Mitarbeitern u.ä.)	X	

Kurz nach der Vereinigung Deutschlands äußerten sich Führungskräfte der Wirtschaft, die aus der BRD und der DDR stammten, unterschiedlich zu Fragen der Betriebsführung. Die befragten Gruppen von Managern aus der BRD und der DDR waren hinsichtlich Alter, Geschlecht, Vorbildung und Management-Ebene gleich ausgewählt. Die Tabelle zeigt sechs Urteilskategorien, in denen sich die beiden Gruppen statistisch bedeutsam unterschieden haben (nach Schultz-Gambard & Altschuh, 1993, S. 179).

Einen Einblick in den Prozeß der Urteilsbildung in Gruppen gestattet eine Studie von Andrea Abele und Susanne Rank von der Universität Erlangen-Nürnberg. Die beiden Autorinnen setzten sich mit dem Problem der emotionalen Appelle in der Gruppe auseinander. Ein sozialer Appell enthält eine Aufforderung, nennt Argumente und regt gleichzeitig das Gefühl an. Die Rolle von Argumenten und Gefühlen bei der Übermittlung von Aufforderungen suchten die Autorinnen getrennt zu erfassen. Sie ließen Studierende zu der Frage einer Erhöhung der Beiträge zum Studentenwerk Stellung nehmen. Vorher teilten sie die Studierenden sechs Gruppen zu, die eine unterschiedliche Behandlung erfuhren. Die Aufforderung, der Erhöhung zuzustimmen, war in drei der Gruppen von starken, in drei anderen Gruppen von schwachen Argumenten begleitet. Sowohl die drei Gruppen mit starken als auch die drei Gruppen mit schwachen Argumenten wurden in unterschiedliche Stimmungen versetzt: In eine positive, heitere Stimmung (durch Vor-

führung eines Loriot-Films), in eine negative, traurige Stimmung (durch Vorführung einer Trennungsszene aus dem Film „Kramer gegen Kramer") sowie eine neutrale Stimmung (ohne Filmvorführung).

Die Autoren fanden: In neutraler Stimmung folgten die Probanden weitgehend den übermittelten Argumenten; sie stimmten der Beitragserhöhung zu, wenn starke Argumente dafür sprachen. Bei den emotional gestimmten Gruppen war dies keineswegs der Fall. Insbesondere die heiter gestimmte Gruppe benahm sich paradox: Sie verweigerte häufiger die Zustimmung und folgte eher den schwachen als den starken Argumenten. Die Erklärung der Autorinnen: Durch den heiteren und einfallsreichen Film angeregt (es handelte sich um die Nöte eines Mannes, eine Bananenschale loszuwerden), befleißigten sich die Teilnehmer selbst eines kreativeren Denkens, brachten mehr eigene Einfälle hervor und fühlten sich den vorgegebenen Argumenten weniger verpflichtet; das ergaben zusätzliche Erhebungen der Gedankenflusses bei der Urteilsbildung. Emotionen scheinen also die Kritik nicht stets zu mindern - wie häufig behauptet wird; sie können Kritik auch steigern.

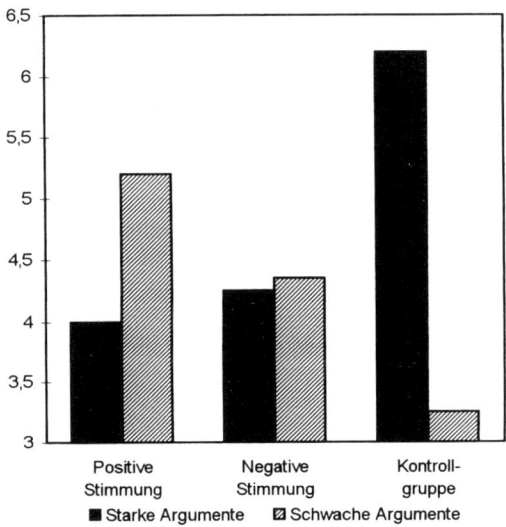

Zustimmung zu einer Beitragserhöhung, begründet mit starken und schwachen Argumenten, in positiver, negativer und neutraler Stimmung (Abele & Rank, 1993, S. 123).

Schultz-Gambard, J. & Altschuh, E. (1993). Unterschiedliche Führungsstile im geeinten Deutschland. *Zeitschrift für Sozialpsychologie, 24,* 167-175.

Abele, A. & Rank, S. (1993). Zur Stimmungskontingenz der Verarbeitung persuasiver Kommunikationen. *Zeitschrift für Sozialpsychologie, 24,* 117-128.

ZUSAMMENFASSUNG

1. Kognitive Leistungen und kognitive Prozesse verändern sich über die gesamte Lebensspanne. Dabei vermehrt und verbessert sich nicht nur das Wissen über die Welt. Es bildet sich auch Metabewußtsein, d. h. Wissen über die eigene Erkenntnisbildung.

2. Der These, daß Bewußtsein grundsätzlich subjektiv und individuell ist, steht die Auffassung gegenüber, daß individuelle Unterschiede in der Kognition auftreten, im übrigen aber Kognitionen verschiedener Personen vergleichbar sind.

3. Es gibt Untersuchungen über individuell unterschiedlich ausgeprägte kognitive Stile, die allerdings grundsätzliche Kritik erfahren haben. Auch die Auffassung, individuelle Unterschiede ließen sich durch Lateralisierung, d. h. durch Vorherrschen einer Hirnhälfte erklären, hat sich nicht durchweg bestätigt.

4. Gruppen teilen ihren Lebensstil, Denkweisen und Werte. Gruppen und Kulturen bestimmen sich geradezu über ihre sozialen Kognitionen. Wichtig ist dann die Übermittlung sozialer Kognitionen.

LITERATUR ZUR ERGÄNZUNG UND VERTIEFUNG

Gardner, H. (1989). *Dem Denken auf der Spur: der Weg der Kognitionswissenschaft.* Stuttgart: Klett-Cotta (Erstausgabe 1985. *The mind's new science: a history of the cognitive revolution.* New York: Basic Books).
(Einführung in die Kognitionswissenschaft; gibt einen guten Überblick über aktuelle Probleme der interdisziplinären Forschung.)

Gazzinaga, M. S. (1970). *The bisected brain.* New York: Appleton-Century-Crofts.
(Gazzinaga hat eng mit Sperry zusammengearbeitet. Sein Buch ist ein aufschlußreicher Bericht über die Pionierleistungen in der Split-Brain-Forschung.)

Hampden-Turner, Ch. (1996). *Modelle des Menschen. Dem Rätsel des Bewußtseins auf der Spur.* Weinheim: Psychologie Verlags Union.
(Dokumentation der Versuche des menschlichen Geistes, sich selbst zu erkennen.)

Holzkamp, K. (1983). *Grundlegung der Psychologie.* Frankfurt a. M.: Campus.
(Zusammenstellung und Erläuterung der Grundsätze der Kritischen Psychologie. Dabei die Beschreibung und Begründung des subjektorientierten Ansatzes in der Psychologie sowie eine Kritik der vorherrschenden Kognitionspsychologie.)

Krämer, S. (Hrsg.). (1994). *Geist - Gehirn - künstliche Intelligenz.* Berlin: de Gruyter.
(Sammelband mit Beiträgen von Autoren aus verschiedenen Disziplinen. Insbesondere soll ein Dialog zwischen Geistes- und Naturwissenschaften über Modelle des Denkens entstehen.)

Kolb, B. & Whishaw, I. Q. (1993). *Neuropsychologie.* Heidelberg: Spektrum (ausführlichere Erstausgabe 1980: *Fundamentals of human neuropsychology.* New York: Freeman).
(Reich illustriertes Lehrbuch mit aufschlußreichen Kapiteln zur Hirnforschung.)

Otto, H. R. & Tuedio, J. A. (Hrsg.). (1988). *Perspectives on mind.* Dordrecht: Reidel.
(Philosophische Texte zum Problem des Geistes; Sammelband mit Beiträgen von Autoren aus verschiedenen Fachgebieten.)

Searle, J. R. (1986). *Geist, Hirn und Wissenschaft.* Frankfurt a. M.: Suhrkamp *(*Erstausgabe 1984: *Mind, brain and science.* London: British Broadcasting Corporation).
(Plädoyer für die Eigenständigkeit und Unverwechselbarkeit des menschlichen Geistes, gegen den Anspruch der Kognitionswissenschaft, Kunstprodukte wie Computer könnten menschliche Denkleistungen nachbilden.)

Segal, L. (1988). *Das 18. Kamel oder Die Welt der Erfindung.* München: Piper (Erstausgabe 1986: *The dream of reality.* New York: London).
(Recht anschauliche Einführung in den Konstruktivismus mit häufigen Bezügen zur Kommunikationstheorie.)

Weinert, F.-E. & Kluwe, R.-H. (Hrsg.). (1984). *Metakognition, Motivation und Lernen.* Stuttgart: Kohlhammer.
(Sammelband mit theoretischen und empirischen Beiträgen zur Selbststeuerung des Lernens und anderer bewußter Vorgänge.)

Kapitel 4

Wahrnehmung

Wahrnehmen: Die Welt im Inneren noch einmal erstehen lassen

Motive der Wahrnehmung

Sinnesempfindungen

Gegenstands- und Raumwahrnehmung

Semantik und Symbolik

Aufmerksamkeit

Verkennung und Verleugnung

Die Wahrnehmung ist ein aktiver Vorgang. Das Hinlaufen zu einem Wahrnehmungsobjekt gehört ebenso dazu wie das Betrachten des Objekts mit den Augen, das Befühlen mit den Händen, das Riechen, das Schmecken. Die Sinne sind für die Wahrnehmung unentbehrlich. Doch Sinnesempfindungen bedürfen noch der Verarbeitung im Gehirn, damit Wahrnehmungen ihre raum-zeitliche Ordnung erhalten. Darüber hinaus vermittelt Informationsverarbeitung den Bedeutungsgehalt von Wahrnehmungsgegenständen (z. B. das Erkennen einer Rose), Bedeutungszusammenhänge (z. B. Erkennen einer Rose als Neuheit bei einer Gartenausstellung) sowie Symbol- und Zeichencharaktere (z. B. Erfahrung einer Rose als Sinnbild der stolzen Schönheit oder als Liebesgruß).

Es versteht sich, daß es bei diesem Prozeß zahlreiche Pannen geben kann: Fehleinschätzungen, Verwechslungen und Verkennungen. Manche Fehler entspringen den Bedürfnisspannungen und Erwartungen der Beobachter. Menschen sind oft parteiische und voreingenommene Beobachter; sie sehen die Welt nicht, wie sie ist, sondern wie sie diese zu sehen wünschen.

4.1
Wahrnehmung als Orientierungsverhalten

4.1.1 Aktive Informationssuche und Körperbewegung

An einem sommerlichen Wochenende ging das niederländische Kabinenschiff *Princes Irene* in Köln am Rhein vor Anker. An Bord befanden sich neben der Besatzung über neunzig ältere und behinderte Passagiere. In der Nacht zum Samstag geriet das Schiff aus unbekannter Ursache in Brand und sank. Die Katastrophe forderte zwanzig Tote. Rundfunk und Fernsehen verbreiteten die Nachricht von dem Unglück. Zeitungen berichteten in großer Aufmachung darüber. Zahlreiche Bewohner von Köln und den umliegenden Orten benutzten das freie Wochenende, um die Unglücksstelle zu besichtigen und den Fortgang der Bergungsarbeiten zu beobachten. Der Andrang der Schaulustigen war beträchtlich. Es gab Auseinandersetzungen um günstige Beobachtungsplätze; zeitweise mußte die Polizei ordnend eingreifen.

Zuschauer bei der Bergung des gesunkenen Kabinenschiffes *Princes Irene* am Rhein bei Köln.

Der Fall zeigt: Menschen sind Wesen, die sich selbst Kenntnis von der Welt zu beschaffen suchen. Sie warten nicht immer ab, welche Information ohne ihr Zutun zu ihnen gelangt. Vielmehr nehmen sie Einfluß auf Art und Menge der ihnen zugehenden Information. Insofern ist die Wahrnehmung der Menschen ein aktiver Prozeß. Die Aktivität des Wahrnehmungsprozesses zeigt sich besonders deutlich an folgenden Merkmalen:

- Lokomotion, Ortsbewegung (lat. *locus,* Ort; lat. *motio,* Bewegung): Menschen suchen neue Plätze auf, um dort neue Erfahrungen zu sammeln; zum Beispiel begeben sich Schaulustige an Unglücksorte. Sie suchen durch Ortsveränderung die Wahrnehmung zu verbessern; zum Beispiel klettern sie auf Bäume und Laternen, um sich bessere Sicht zu verschaffen.
- Bewegung der Sinnesorgane und ihrer Träger: Um die Wahrnehmung weiter zu verbessern, werden Sinnesorgane bewegt (z. B. Augenbewegung) sowie die Körperteile, welche Sinnesorgane tragen (z. B. Drehen des Kopfes, Recken des Halses, Verlagerung der tastenden Hand).
- Manipulation (frz. *manipulation,* Handhabung) von Wahrnehmungsobjekten zur besseren Beobachtung. Zum Beispiel heben und drehen Betrachter Gegenstände, um sie besser sehen zu können.
- Informationsverarbeitung: Wahrnehmungsobjekte setzen sich keinesfalls vollständig und wirklichkeitsgetreu in Wahrnehmungsbilder um. Vielmehr vollzieht sich Wahrnehmung als ein Prozeß der Infomationsverarbeitung. Informationsverarbeitung ist ebenfalls ein aktiver Vorgang. Informationsverarbeitung ist auswählend und folgt eigenen Strategien sowie Motiven des Wahrnehmenden.

Die Wahrnehmung kann man daher als Tätigkeit eigener Art auffassen und als *Orientierungsverhalten* bezeichnen. Durch Orientierungsverhalten schafft eine wahrnehmende Person (das Subjekt der Wahrnehmung) eine innere Abbildung (das Wahrnehmungsbild) von einem Wahrnehmungsgegenstand. Das Wahrnehmungsbild nennt man auch *innere Repräsentation* oder *inneres Modell* (s. Abschnitt 3.1.4).

Wahrnehmende Personen gleichen einem Maler, der seine Vorlagen auswählt und seine Bilder mit Kunst und Bedacht herstellt. Sie gleichen weniger einem Spiegel, der die vor ihm befindlichen Gegenstände (aber auch nur diese) in steter Regelmäßigkeit abbildet. Allerdings vollzieht sich die Wahrnehmung als Prozeß - anders als die Herstellung eines Gemäldes - schnell; sie entzieht sich weitgehend dem Bewußtsein und damit auch der bewußten Einflußnahme. Das Wahrnehmungsbild, das Ergebnis des Wahrnehmungsprozesses, ist dagegen dem bewußten Erleben und der kritischen Beurteilung weitgehend zugänglich (zum Verhältnis von Bewußtsein und Kritik vgl. Abschnitt 3.1.3).

Der Vollständigkeit halber sei erwähnt, daß nicht nur reale Objekte (wie ein Schiff) Gegenstände der Wahrnehmung sein können, sondern auch deren künstliche Wiedergaben. Dazu zählen zum einen analoge Wiedergaben wie Photographien, zum anderen symbolische wie Zeitungsartikel oder Rundfunkreportagen (über analoge und symbolische Wiedergaben vgl. Abschnitt 3.1.1).

4.1.2 Motive des Orientierungsverhaltens

Warum strömen Menschen zu einem Unfallort? Warum wollen sie andere Menschen kennenlernen? Warum lesen sie Bücher und Zeitschriften? Allgemein: Was sind Beweggründe, Motive des Orientierungsverhaltens? Über die Motive des Wahrnehmens und der Orientierung gibt es vor allem drei Theorien:

- Die Handlungstheorie der Wahrnehmung,
- die Theorie von der Existenz eines eigenen Erkenntnismotivs sowie
- die Theorie eines Optimums der Stimulierung.

Tiefgründige Überlegungen zur Bedeutung der Wahrnehmung hat der russische Psychologieprofessor Alexejew Nikolajew Leontjew (1959/1973) vorgetragen. Um die menschliche Orientierung zu erklären, müsse man einerseits die gesamte Lebenstätigkeit des Menschen berücksichtigen, andererseits die Entwicklung der Lebewesen. So verfügten stammesgeschichtlich frühe Lebewesen nur über einen einfachen Mechanismus der *Reiz-*

Augenbewegungen

Zu dem von Betrachtern kaum bemerkten Orientierungsverhalten gehören ihre Augenbewegungen. Betrachter meinen zumeist, mit ihren Augen das Gesichtsfeld gleichmäßig zu erfassen. Tatsächlich führen die Augen ruckartige Bewegungen aus und fixieren nacheinander verschiedene Teile des Gesichtsfeldes für eine Zeit von etwa 0,3-0,5 Sekunden. Die Augen tasten dabei schrittweise das Gesichtsfeld ab und verweilen an informationshaltigen Orten.

Augenbewegungen passen sich sowohl dem Informationsangebot an als auch den Interessen des Betrachters. So richten sich die Augenbewegungen von Autofahrern einerseits nach der Straßenführung, anderen Verkehrsteilnehmern u. ä.; andererseits spiegeln sie die eigenen Sicherheitsbedürfnisse, die Schwerpunkte der Aufmerksamkeit u. ä. wieder. Dies zeigt eine an der Technischen Hochschule in Zürich durchgeführte Studie von Amos S. Cohen (1976).

Cohen filmte die Augenbewegungen von Autofahrern beim Passieren einer Baustelle. Dabei konnte er feststellen, wie die Fahrer den Blick über die Straße schweifen ließen. Als sich aber an einer Stelle die Straße durch ein Hindernis verengte, fixierten die Fahrer bevorzugt eine Rampe, über welche das Hindernis umfahren werden konnte.

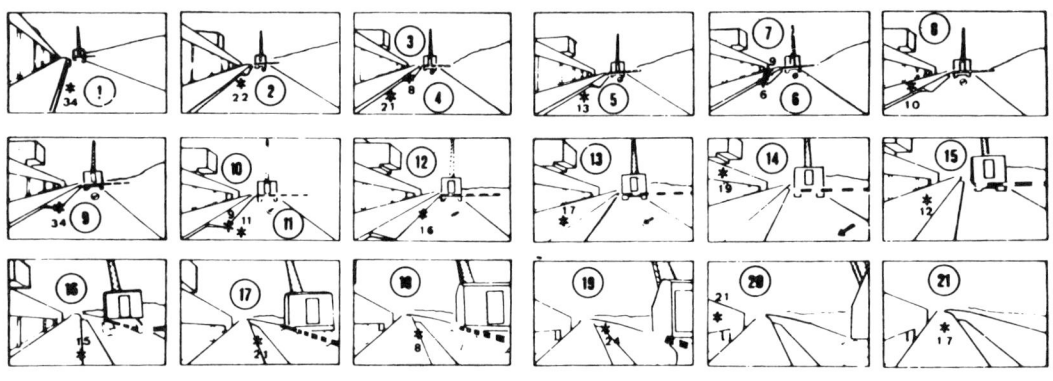

Augenbewegungen eines 23-jährigen Autofahrers beim Umfahren eines Hindernisses (Cohen, 1976, S. 70). Die Augenbewegungen wurden mit einer Spezialkamera gefilmt. Die Blickrichtung der Augen ließ sich mit dem jeweiligen Gesichtsfeld in Beziehung setzen. Dadurch ließ sich ermitteln, in welcher Reihenfolge und wie lange der Fahrer die einzelnen Stellen der Straße fixierte.
Die achtzehn Bilder zeigen die Straße vor dem Fahrer. Die Kreise bezeichnen die Fixationspunkte. Die eingetragenen Nummern geben die Reihenfolge der Bilder und Fixationen an.

barkeit (z. B. Ortswechsel von der Kälte in die Wärme); daraus habe sich die *Empfindung* entwickelt (z. B. die Temperaturempfindung). Vor allem unter den Bedingungen des sozialen Lebens (z. B. Jagd, Gemeinschaftsarbeit) hätten sich die fortgeschrittenen Formen der Wahrnehmung entwickelt - wie die Abbildung von Objekten zusammen mit der *Begriffsbildung* sowie der *sprachlichen Benennung*. Der Mensch als Endglied einer langen Entwicklungsreihe betreibe Wahrnehmung immer noch als Lebensnotwendigkeit. Wahrnehmung stehe im Dienste des Überlebens, diene aber auch der Erfüllung der spezifischen Lebens- und Arbeitsaufgaben. Die von der materialistischen Philosophie geprägte *Widerspiegelungstheorie* Leontjews trifft sich mit dem Ansatz des *ökologischen Realismus* von Gibson (s. Abschnitt 3.2.4) in einem wichtigen Punkt: Wahrnehmung strebt nach nützlicher Erkenntnis, nach Erkenntnis, die den Erfolg beabsichtigter Handlungen sichert. Zum Beispiel orientiert sich der Reisende über die günstigsten Verbindungen zu seinem Ziel, Sportler suchen im Wettkampf Schwächen ihrer Gegner zu erkennen, Handwerker halten bei ihrer Arbeit Werkzeuge und Materialien im Auge.

Leontjew, A. N. (1973). *Probleme der Entwicklung des Psychischen*. Frankfurt a. M. : Athenäum Fischer (Erstausgabe Moskau 1959).

Cohen, A. S. (1976). Augenbewegungen des Autofahrers beim Vorbeifahren an unvorhergesehenen Hindernissen und auf freier Strecke. *Zeitschrift für Verkehrssicherheit*, 22, 68-75.

Freilich wird man mit der soeben beschriebenen *Handlungstheorie der Wahrnehmung* das Verhalten von Schaulustigen bei Unfällen schwerlich erklären können. Die Mengen stellen sich ja selten ein, um den Opfern Hilfe zu leisten oder sich selbst an dem Unglück zu bereichern. Sie sind einfach neugierig. Vielleicht geben sie als Grund ihres Kommens an: „Ich habe ein solches Unglück noch nie aus der Nähe gesehen; da dachte ich mir, ich gehe hin." Auf solchen Beobachtungen beruht die Annahme eines eigenständigen *Neugiertriebes*.

Der englische, später in den Vereinigten Staaten lehrende Psychologe William McDougall (1908) hat ausdrücklich die Existenz eines *Erkundungsdranges* (engl. *exploratory drive)* angenommen. Menschen wie Tiere besäßen ein grundlegendes Bedürfnis, ihre Umgebung zu erkunden und Wissenslücken zu schließen. An der Universität von Toronto hat Daniel E. Berlyne (1960) McDougalls Theorie aufgegriffen. Er meinte, die Erfahrung des Neuen, Widersprüchlichen und Verwickelten errege die Menschen. Die Erregung sei aber lustvoll, wenn nachfolgende Informationsverarbeitung Neues vertraut mache und Widersprüche wie Verwicklungen bereinige. Dieser Wechsel von Erregung und Beruhigung - Berlyne nennt ihn

Erregungsschub (engl. *arousal jag)* - sei es, der Lust bereite. Die Aussicht auf Erregungsschübe rege Erkundungsverhalten an und nähre die *Wißbegier*, die *epistemische Neugier* (engl. *epistemic curiosity)*.

Tatsächlich fällt die Freude am Erleben des Neuen und Ungewöhnlichen auf, selbst wenn ein Nutzen der neuen Erfahrung nicht erkennbar wird. Geradezu anstößig mag die an Unfallorten häufig anzutreffende Heiterkeit und Ausgelassenheit der Schaulustigen anmuten. Leuba (1955) hat dafür eine eigene Erklärung vorgeschlagen: die *Theorie der optimalen Stimulierung*. Danach kämpft der Mensch gegen Eintönigkeit und Langeweile. Das Informationssystem des Menschen sei auf eine bestimmte Auslastung eingestellt. Sinke die Auslastung unter einen Optimalwert, so sinke die Körpererregung, die *organismische Aktivierung* ab. Um seine Aktivierung wieder zu erhöhen, setze der Mensch sich neuen, anregenden Erfahrungen aus.

„*Kunst ist überhaupt nichts, wenn sie nicht neu ist."*
Carl Friedrich Schinkel, Baumeister, Maler, Möbelentwerfer (1781-1841).

Die quälende Langeweile, die sich beim Fehlen von Information einstellt, ist zum Gegenstand von Untersuchungen zum *Reizentzug* (engl. *sensory deprivation)* geworden. Reizentzug bedeutete in einem der ersten einschlägigen Experimente von Bexton, Heron und Scott (1954): Aufenthalt in einer erleuchteten Zelle mit einem Bett, mit Brillen, die nur diffuses Licht durchließen und Handschuhen, die Tastempfindungen verhinderten; nur das Summen der Klimaanlage war zu hören; Unterhaltungen, Lektüre, Musikhören waren nicht möglich. Während die Probanden - alles freiwillig teilnehmende Studierende - die ersten Stunden mit Reizentzug noch als erholsam empfinden mochten, wurde nach zwölf und mehr Stunden der Reizentzug zunehmend belastend. Aufschlußreich für die Theorie der optimalen Stimulation war: Die Probanden entwickelten einen „*Reizhunger*". Geringfügige technische Geräusche wurden

Überraschung, Ästhetik, Kunst

Die Dame ohne Unterleib, das Kalb mit zwei Köpfen, der „Freak", das Monstrum - sie alle lassen das Herz höher schlagen und erregen ein manchmal mit Grausen gemischtes Entzücken. Von dieser Erfahrung hat sich Daniel E. Berlyne (1958) in seiner psychologischen Ästhetik leiten lassen. Ästhetisch anregende Erscheinungen zeichnen sich nach Berlyne durch ein Überraschungsmoment aus, durch die Unverträglichkeit von Elementen und durch eine anregende Komplexität. Diese Eigenschaften schaffen beim Beobachter Unsicherheit und Konflikt; aber sie regen zugleich das Denken und das Gefühl an.

Kunst entsteht nach Berlyne, wenn Menschen dazu übergehen, selbst Plastiken, Abbildungen, Tonfolgen u. ä. herzustellen, die Unsicherheit und Konflikt erzeugen. Dieser Charakterisierung entsprechen z. B. die spannungsgeladenen und erwartungswidrigen Bilder des spanischen Malers Pablo Picasso.

Allerdings gibt es auch andere Kunstwerke wie die Skulpturen des französischen Bildhauers Auguste Rodin: Sie wollen das als vollkommen Erwartete, Überdauernde darstellen, suchen nach Harmonie und Einheit und üben eine beruhigende Wirkung auf den Betrachter aus.

Picasso (1881-1973): Mädchen

Rodin (1840-1917): Der Gedanke

als willkommene Abwechslung begrüßt. Das Fehlen äußerer Reize suchten die Probanden durch *Selbstreizung* wettzumachen. Die meisten versuchten sich selbst akustisch und taktil zu stimulieren - durch Pfeifen oder durch Kratzen (soweit dies die Handschuhe zuließen). Hinzu kamen rege Vorstellungen - eine Phantasietätigkeit bis an die Grenze der *Halluzination*: Die Probanden berichteten von Tapetenmustern an den kahlen Wänden, von Kriegern und Eichhörnchen, die sich durch das Gesichtsfeld bewegten. Auch dies ist als Selbststimulierung zu deuten, die den Ausfall von Wahrnehmungen ausgleichen soll.

McDougall, W. (1928). *Grundlagen einer Sozialpsychologie*. Jena: Fischer (Erstausgabe 1908: *Social psychology*. London: Methuen).

Berlyne, D. E. (1974). *Konflikt, Erregung und Neugier*. Stuttgart: Klett (Erstausgabe 1960: *Conflict, arousal, and curiosity*. New York: Mc Graw Hill).

Leuba, C. (1955). Toward some integration of learning theories: The concept of optimal stimulation. *Psychological Reports, 1*, 27-33.

4.1.3 Wahrnehmung und Vorwissen

Noch einmal zurück zu den Schaulustigen an der Unfallstelle: Was können sie dort Neues erfahren? Touristendampfer wie die *Princes Irene* haben sie schon oft gesehen. Auch die Rheinlandschaft wird ihnen vertraut sein. Dagegen: Einen Bergungskran mit eigenen Augen zu sehen, noch dazu in vollem Einsatz - das ist etwas Neues, das mag die Mühen einer längeren Fahrt wert sein. Aber selbst, wer Bergungskräne schon ebenso gut kennt wie Landschaft und Schiff, kann an der Unfallstelle etwas Neues, etwas Einmaliges erleben: Die vertraute *Princes Irene* vor Köln unter Wasser!

Sind alle Bestandteile vertraut, so mag ihr raum-zeitliches Zusammentreffen neu, ja einzigartig sein. Grundsätzlich gilt: Jede Wahrnehmung bringt neues Wissen, denn sie macht entweder einen bisher unbekannten Gegenstand bekannt oder zeigt neue raum-zeitliche Zusammenhänge. Was bekannt, was neu ist, ist ein unablässiges Thema der Wahrnehmenden. Zwischen neu gebildeten Wahrnehmungen und dem im Gedächtnis gespeicherten Wissen findet daher ein ständiger Vergleich statt: Und es spricht viel für die Annahme, daß ohne einen solchen Vergleich überhaupt keine komplexeren Erkenntnisleistungen zustandekämen.

Bexton, W. H., Heron, W. & Scott, T. H. (1954). Effects of decreased variation in the sensory environment. *Canadian Journal of Psychology, 8*, 70-76.

Berlyne, D. E. (1958). The influence of complexity and novelty in visual figures on orienting responses. *Journal of Experimental Psychology, 55*, 289-296.

Tulving, E. (1972). Episodic and semantic memory. In E. Tulving & W. Donaldson (Eds.), *Organisation of memory* (pp. 381-403). New York: Academic Press.

Biederman, I. (1987). Recognition-by-components: A theory of human image understanding. *Psychological Review, 94*, 115-117.

Was nehmen eigentlich die Kleinkinder an der Unfallstelle wahr? Ihre Eltern haben sie in Tragetaschen mitgebracht, halten sie vielleicht noch hoch und muntern sie auf: „Da, guck einmal!" Ihnen bietet sich die gleiche Szene wie ihren Eltern. Aber erkennen sie: die untergegangene *Princes Irene*, Bergungskräne, den Rhein? Sicherlich nur in ganz eingeschränktem Umfang. Weil sie noch nicht das Wissen von der Existenz von Schiffen, Kränen, Unglücken und Bergungen erworben haben, bleibt ihre Wahrnehmung wohl auf einige Umrisse, auf die Unterscheidung verschiedenartiger Körper beschränkt.

Zwischen Wahrnehmung und gespeichertem Wissen ist die Beziehung zweiseitig. Gespeichertes Wissen fördert das Erkennen bei der Objektwahrnehmung. Das Erkennen in der Wahrnehmung schlägt sich jedoch auch im gespeicherten Wissen nieder: Wer viel erlebt, weiß viel. Zur genaueren Darstellung dieses Zusammenhangs ist eine These des kanadischen Gedächtnispsychologen Endel Tulving hilfreich. Tulving (1972) befürwortet die Unterscheidung zweier Arten von Gedächtnisinhalten: *Episoden* und *Bedeutungen*. Episoden sind raum-zeitliche Ereignisse wie das Schiffsunglück am Rhein im April 1975. Bedeutungen sind jedoch Begriffe und Begriffsbeziehungen, abgelöst von raum-zeitlichen Episoden - wie etwa die Begriffe Schiff und Kran. Was in der Wahrnehmung erfaßt wird, sind Episoden; das Erkennen der Episoden erfordert Bedeutungswissen. Fehlt Bedeutungswissen, versagt das Erkennen oder die Bedeutung muß neu erschlossen werden.

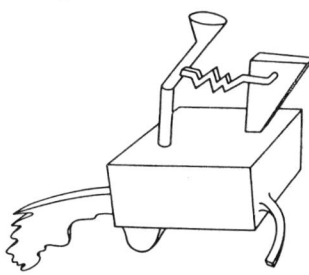

Unbekanntes Objekt (nach Biederman, 1987, S.116). Das Erkennen des Umrisses, der räumlichen Gliederung u. ä. gelingt gut. Jedoch mangelt es an Vorbildern im Gedächtnis, welche die Bedeutung des Gegenstandes vermitteln.

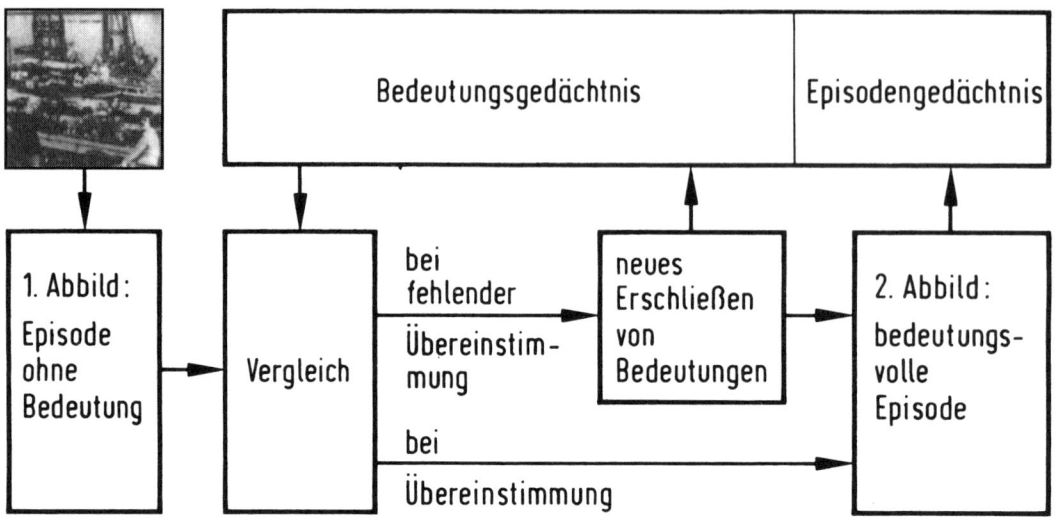

Beziehungen zwischen Wahrnehmung und Gedächtnis

So ergibt sich folgende Wechselwirkung zwischen Wahrnehmung und Gedächtnis:

- Eine Szene bietet sich zur Wahrnehmung an,
- ein erstes Abbild der Szene entsteht; ihm fehlt es noch an Bedeutung,
- die Inhalte des ersten Abbilds werden mit gespeicherten Bedeutungen verglichen,
- Übereinstimmungen beim Vergleich führen zu einem Erkennen von Bedeutung,
- bei fehlender Übereinstimmung kann die Bedeutung neu erschlossen werden,
- es entsteht ein zweites Abbild der Szene, dieses hat eine bedeutungshaltige Episode zum Inhalt,
- neu erschlossene Bedeutungen werden gespeichert und vermehren den Bestand an Bedeutungswissen,
- bedeutungshaltige Episoden werden im Gedächtnis gespeichert.

ZUSAMMENFASSUNG

1. Wahrnehmen ist ein aktiver Prozeß, in dessen Verlauf ein wahrnehmendes Subjekt ein inneres Abbild eines Wahrnehmungsgegenstandes herstellt.

2. Wahrnehmen läßt sich als Orientierungsverhalten deuten. Es schließt Bewegungen ein, welche die räumliche Beziehung zwischen Subjekt und Objekt verändern (Kopf- und Augenbewegungen, Drehung eines Objekts u. ä.).

3. Als Motive der Orientierung werden genannt: Gewinn von Informationen für den erfolgreichen Vollzug von Handlungen, ein eigenständiges Erkenntnisbedürfnis (Neugier, Wißbegier), das Bedürfnis nach optimaler Anregung (Stimulierung).

4. In die Wahrnehmung wird vorhandenes Wissen (aus dem Gedächtnis) einbezogen; die Wahrnehmung hilft umgekehrt, das im Gedächtnis gespeicherte Wissen zu ergänzen.

4.2
Leistungen der Wahrnehmung

4.2.1 Vom physikalischen Raum zum Wahrnehmungserlebnis

Oliver Selfridge (1959) hat das visuelle System mit einer Werkstatt voller guter Geister verglichen. Jeder dieser Geister - Selfridge nennt sie „Dämonen" - hat seine eigene Aufgabe. Einige sind für die Anzeige von Helligkeiten zuständig, andere für das Ermitteln von Formen (z. B. Winkel, Krümmungen), wieder andere für das Entdecken von Mustern (z. B. Buchstaben). Über allen thront ein Oberdämon, der die Bedeutung der identifizierten Muster bestimmt (z. B. „dieses Viereck mit einem Dreieck darauf stellt ein Haus dar").

Andere Sinnessysteme (wie Gehör, Geruch, Geschmack) ließen sich ebenfalls als „Pandämonium" im Sinne von Selfridge beschreiben, in dem über eine Hierarchie von Analyse- und Verarbeitungsstufen ein Wahrnehmungsbild aufgebaut wird. Dabei sind die folgenden Wahrnehmungsfunktionen zu unterscheiden:

- Die Ermittlung von Reizintensitäten (z. B. Lichtstärke, Schalldruck, Konzentration von Geschmacksstoffen),
- die Bestimmung räumlicher und zeitlicher Lagen von Reizen sowie ihrer räumlichen und zeitlichen Abstände (z. B. Entfernung von Lichtreizen im Raum, Veränderung des Schalldrucks in der Zeit),
- das Entdecken von Formen und Mustern (z. B. Kreisformen, Formen von Buchstaben, Perioden von Schalldruckschwankungen),
- die Klassifikation und Bewertung der identifizierten Muster (Erkennen von Schriftarten, Erkennen der Bedeutung von Schriftzeichen).

Die Wahrnehmungsforschung stellt Aufgaben an mindestens vier wissenschaftliche Disziplinen: Die Physik, die Physiologie und die Anatomie sowie die Psychologie. Physikalisch zu bestimmen sind die objektiv zu nennenden Eigenschaften der Wahrnehmungsgegenstände (z. B. objektive Lichtstärke einer Kerze) sowie der Informationen, die von den Gegenständen im Raum verbreitet werden (bei Lichtstrahlen z. B. die Helligkeitsverteilung). Physikalische Messungen ergeben: Was geht den Wahrnehmenden objektiv an Information zu? Oder anders ausgedrückt: Welche Reize empfangen sie?

Zur *Reizaufnahme* können Wahrnehmende manchmal mit ihren Gegenständen in unmittelbaren Kontakt treten (z. B. beim Ertasten der Form einer Vase, beim Fühlen der Temperatur während des Eintauchens in eine Flüssigkeit). Andere Gegenstände sind nicht unmittelbar zugänglich: etwa ein Baum am Horizont, der Klang einer fernen Trompete. Über die nicht unmittelbar zugänglichen Gegenstände können Wahrnehmende gleichwohl Kenntnis gewinnen. Der ferne Baum reflektiert Lichtwellen; die Trompete setzt Luftschwingungen in Gang. Dadurch wird das Medium der Umgebung verändert, moduliert. Durch Modulation elektromagnetischer Wellen, mechanischer Schwingungen u. ä. breitet sich Information von einer Quelle in ihre Umgebung aus und wird so bis zum wahrnehmenden Subjekt übertragen.

Einem Vorschlag von Egon Brunswik (1934) folgend, unterscheidet man in der Wahrnehmungsforschung *distale* (lat. *distare*, fern sein) und *proximale* (lat. *proximus*, der nächste) Reize. Distal nennt man dann die Wahrnehmungsgegenstände, zu denen kein unmittelbarer Kontakt besteht. Proximale Reize sind dagegen die Trägerprozesse, die den Wahrnehmenden unmittelbar erreichen.

Empfangen und verarbeitet werden nicht nur Informationen aus der Ferne und Nähe des umgebenden Raumes. Wahrnehmende erhalten auch Informationen über sich selbst - vor allem über ihr äußeres Erscheinungsbild (z. B. Hände und Füße) und über ihre körperlichen Zustände (z. B. Sättigung, Ermüdung, Erregung). Deshalb gehen Selbstwahrnehmung und Fremdwahrnehmung, d. h. Beobachtung der eigenen Person und Beobachtung der Umgebung, stets miteinander einher.

Das *Sinnessystem* (das sensorische System) erstreckt sich von den Sinnesorganen (wie Auge, Ohr) bis zur Hirnrinde. Es ist hierarchisch gegliedert. Auf der untersten Stufe der Hierarchie stehen die für die inneren und äußeren Reize empfindlichen Teile der Sinnesorgane, die *Rezeptoren* (lat. *recipere,* aufnehmen). Sie entsprechen den dienstbaren Geistern in Selfridges Pandämonium-Modell; sie zeigen im wesentlichen Reizintensitäten an, in beschränktem Umfang auch einfache Muster. Der beherrschende Geist, der über Bedeutungen entscheidet, ist dagegen offenbar am obersten Teil des Gehirns, der Hirnrinde, anzusiedeln. Zwischen den Rezeptoren und der Hirnrinde besteht offenbar nicht nur eine einfache Nervenleitung. Die Nervenleitung ist vielmehr mehrfach unterbrochen durch Kerngebiete; das sind Umschaltstellen, an denen die Analyse und Verarbeitung der eingehenden Information jeweils ein Stück fortgeführt wird (zur Neurophysiologie der Wahrnehmung s. Guttmann, 1982, S. 200ff.).

Bewußte Wahrnehmungserlebnisse stellen sich erst ein, wenn die aufgenommene Information die Hirnrinde erreicht. Deshalb weist die bewußte Wahrnehmung alle Zeichen der fortgeschrittenen Verarbeitung auf:
• Das Wahrnehmungsbild ist bedeutungsvoll,
• die Sinneseindrücke sind zu einem raumzeitlichen Ganzen organisiert (z. B. einer natürlichen Landschaft),
• Eindrücke von seiten der Umgebung und von seiten der wahrnehmenden Person sind verwoben zu einem Weltbild, in dessen Mittelpunkt das eigene Ich steht (egozentrisches Weltbild, vgl. Abschnitt 3.1.1).

Selfridge, O. G. (1959). Pandemonium: A paradigm for learning. *Symposium on the mechanization of thought processes.* London: HM Stationary Office.

Brunswik, E. (1934). *Wahrnehmung und Gegenstandswelt.* Leipzig: Deuticke.

Guttmann, G. (1982). *Lehrbuch der Neuropsychologie.* Bern: Huber.

Funktion und Aufbau des Sinnessystems zu beschreiben ist Aufgabe der Physiologie und der Anatomie. Es ist das bewußte Wahrnehmungserlebnis, worauf sich die psychologische Forschung zumeist konzentriert; auch Reaktionen (wie Handbewegungen, sprachliche Äußerungen), die vorheriges Erkennen voraussetzen, werden in die psychologische Untersuchung einbezogen. Die Aufmerksamkeit der psychologischen Forschung richtet sich damit vornehmlich auf die höchste Stufe der Verarbeitung, auf das Wahrnehmungsbild. Die niedrigeren Stufen der Reizaufnahme und -verarbeitung können in der psychologischen Wahrnehmungsforschung nicht im gleichen Maße berücksichtigt werden. Den Wahrnehmungsprozeß in seinem gesamten Ablauf zu erfassen, erscheint jedoch auch aus psychologischer Sicht wünschenswert. Wie entsteht in der Informationsverarbeitung das Wahrnehmungsbild? Wie schlagen sich in dem Wahrnehmungsbild die Eigenarten der Rezeptoren nieder? Zur Klärung solcher

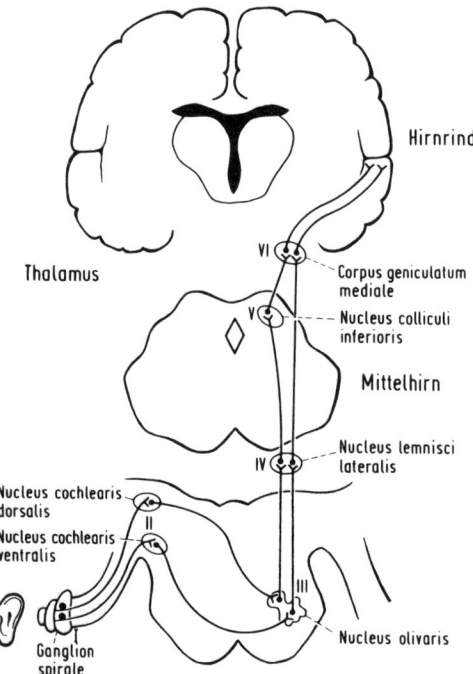

Das akustische System als Beispiel eines spezifischen Sinnessystems (nach Guttmann, 1982, S. 212).

Fragen suchen Psychologen die Zusammenarbeit mit Physiologen und Anatomen. Sie führen aber auch selbst Experimente über Wahrnehmungsleistungen durch, aus deren Ergebnissen Rückschlüsse auf den Ablauf des Wahrnehmungsprozesses - auch dessen frühen Stufen - zu ziehen sind.

Als besonders fruchtbar haben sich in der Wahrnehmungsforschung vor allem drei methodische Ansätze erwiesen:

- Neurophysiologische und biochemische Methoden. Diese Methoden suchen die Erregungsausbreitung vom Eintreffen der Reize bis zur Entstehung von bewußten Wahrnehmungsbildern zu erfassen. Sie messen dabei Veränderungen an den Rezeptoren (z. B. den Abbau von lichtempfindlichen Stoffen im Auge), die Veränderungen auf der Sinnesbahn (z. B. Potentialänderungen an Umschaltstellen) sowie die Elektropotentiale an der Hirnrinde oder auf der oberhalb der Hirnrinde liegenden Kopfhaut (vgl. Abschnitt 3.3.1).
- Verhaltenspsychologische Experimente. Die häufigste Form ist das *Reaktionsexperiment*. Untersucher zeigen Bilder, Zeichen o. ä. und bitten Probanden, möglichst schnell eine Taste zu drücken, wenn sie eine Darbietung erkannt haben. Bleibt ein Tastendruck aus, kann man annehmen, daß eine Darbietung nicht erkannt wurde. Ausgewertet wird auch die Reaktionszeit; sie gibt Aufschluß über den Verarbeitungsaufwand.
- Die dritte Methode ist die Auskunft über das bewußte Wahrnehmungsbild durch den Beobachter. Beobachter können ihre Wahrnehmungen in Worten beschreiben; sie können aber auch andere Ausdrucksmittel (z. B. Zeichnungen) benutzen. Eine solche Erlebnisbeschreibung beruht auf Selbstbeobachtung, auf *Introspektion* (lat. *introspectus*, Hineinschen). Die Introspektion besitzt einen erheblichen Vorteil und einen erheblichen Nachteil. Der Vorteil: Wie keine andere Methode erschließt sie den Umfang, die Subtilität und die Anschaulichkeit der Wahrnehmung. Ihr Nachteil: Die Selbstbeschreibung ist subjektiv; ihre Richtigkeit ist durch andere Personen nicht nachprüfbar (vgl. bereits Abschnitt 3.1.1).

4.2.2 Sinnesempfindungen, Psychophysik und Skalierung

In ihren Sinnesorganen, über die Körperoberfläche verteilt, jedoch auch im Inneren des Körpergewebes, besitzen Menschen mehrere hundert Millionen von Sinnesrezeptoren. Rezeptoren sind jeweils hoch spezialisiert und reagieren nur auf eine Art oder wenige Arten von Reizen; in der Regel gibt es nur eine Art der für sie angemessenen Reizung. So reagieren die Rezeptoren in der Nasenschleimhaut lediglich auf die Zusammensetzung der Atemluft; die Rezeptoren der Zunge sind dagegen nur empfindlich für die Zusammensetzung von Flüssigkeiten. Reize, denen Rezeptoren angepaßt sind, nennt man auch adäquate Reize.

Mit hoher Sicherheit lassen sich neun Gruppen von Rezeptoren unterscheiden, deren Reaktionen rund ein Dutzend verschiedener Zustände anzeigen. Diese Zustände werden jeweils als Empfindungen eigener Art im Bewußtsein abgebildet - als Farbe, Helligkeit, Tonhöhe, Lautheit, Berührung, Stellung und Haltung, Geruch, Geschmack, Temperatur und Schmerz.

Die Stell- und Halterezeptoren sowie die Schmerzrezeptoren sind offenbar bevorzugt zur Informationsaufnahme aus dem eigenen Körper eingerichtet. Sie heißen deshalb *Enterozeptoren* oder *Propriozeptoren* (lat. *proprium*, eigen). Andere Rezeptorengruppen sind stärker auf die Umwelt gerichtet; sie werden *Exterozeptoren* genannt. Man kann die Exterozeptoren weiter unterteilen und sie den *Fernsinnen* (vor allem Hören, Sehen) oder den *Nahsinnen* (vor allem Tasten) zuordnen. Es fällt auf, daß es mehr Exterozeptoren als Propriozeptoren gibt. Bedenkt man weiterhin, wie viele Nervenfasern die Erregung der Rezeptoren ins Gehirn weiterleiten - nicht immer gehört zu einem Rezeptor eine und nur eine weiterführende Nervenfaser -, so kommt man zu dem Schluß, daß der Mensch durch seine Sinne ungleich mehr über seine Umgebung als über sich selbst erfährt.

Einen Überblick über die Sinnesgebiete des Menschen gibt die Tabelle auf der übernächsten Seite. Der Beitrag der verschiedenen

Entdeckung von Signalen

Die Leistungsfähigkeit eines Meßgeräts bestimmt man nach seiner Eignung zum Nachweis der physikalischen Änderungen, die es anzeigen soll. In der Nachrichtentechnik wird ein Empfänger danach beurteilt, wie gut er Signale (z. B. eine Radiosendung auf einer festen Frequenz) von Rauschen, der oft chaotischen Fülle zugehender Information (z. B. das Gemisch von Radiowellen und atmosphärischen Störungen in einem Empfangsgebiet) zu trennen vermag. Nach dem gleichen Muster kann man die Fähigkeit von Menschen zum Entdecken von Signalen (engl. *signal detection)* prüfen.

Musikfreunden ist das Problem bekannt, aus dem Orchesterklang einzelne Instrumente herauszuhören (insbesondere bei Wiedergabe durch Lautsprecher). Kann ein Hörer etwa während eines Symphoniekonzerts die Mitwirkung eines Kontrabasses erkennen? Dies kann man folgendermaßen prüfen: Man spielt dem Hörer mehrere Ausschnitte aus dem Konzert vor; einige Ausschnitte - es seien 20 - enthalten einen Kontrabaß, andere - es seien ebenfalls 20 - nicht. Der Hörer hat zu jedem Ausschnitt anzugeben, ob ein Kontrabaß mitwirkt.

Ein vollkommener Musikhörer wird alle Ausschnitte, bei denen ein Kontrabaß mitspielt, richtig bezeichnen; ebenso wird er das Fehlen des Instruments in allen anderen Ausschnitten richtig anzeigen. Seine Leistung stellt sich dann folgendermaßen dar:

| | | Ausschnitt mit Kontrabaß? | |
		ja	nein
Urteil:			
	ja	20 Treffer	0 Fehlalarme
Kontrabaß spielt mit			
	nein	0 verpaßte Signale	20 richtige Fehlanzeigen

Nun kann man die volle Zahl möglicher Treffer auch erreichen, indem man bei jedem Ausschnitt angibt, es habe ein Kontrabaß mitgespielt. Mit dieser Strategie kann man die richtigen Ausschnitte nicht verfehlen. Allerdings steigt dann die Zahl der Fehlalarme ebenfalls drastisch an:

| | | Ausschnitt mit Kontrabaß? | |
		ja	nein
Urteil:			
	ja	20 Treffer	20 Fehlalarme
Kontrabaß spielt mit			
	nein	0 verpaßte Signale	0 richtige Fehlanzeigen

Fehlalarme (aber auch Treffer) häufen sich, wenn Beobachter eilfertig oder aus Angst, ein Signal zu verpassen, das Urteil „Ja, da war ein Signal" abgeben. Umgekehrt sinkt die Zahl der Fehlalarme (allerdings auch die Zahl der Treffer), wenn Beobachter träge urteilen oder Angst vor Fehlalarmen haben.

Velden, M. (1982). *Die Signalentdeckungstheorie in der Psychologie.* Stuttgart: Kohlhammer.

Durch Vergleich von Treffern und Fehlern kann man daher im Detektionsversuch ermitteln:
- Die Sensitivität für Signale, d. h. die Fähigkeit, auftretende Signale zu entdecken,
- die Anzeigenschwelle, d. h. die Signalstärke, bei der eine Entdeckung berichtet wird.

Anwendungen der *Signal-Entdeckungstheorie* in der Psychologie sowie Methoden zur Berechnung von Sensitivität und Anzeigenschwelle beschreibt Velden (1982).

Leben mit Sinnesausfällen

Eine erhebliche Anzahl von Menschen leidet unter dem teilweisen oder vollständigen Verlust von Sinnesempfindungen. Solche Menschen müssen bemüht sein, ihre Ausfälle durch erhöhte Inanspruchnahme funktionstüchtiger Sinnesgebiete auszugleichen. So benutzen etwa Blinde in gesteigertem Maße ihr Gehör und ihren Tastsinn, um sich im Raum (z. B. auf der Straße) zu orientieren.

Keller, H. (1955). *Die Geschichte meines Lebens*. Bern: Scherz (Erstausgabe 1954: *The story of my life*. New York: Doubleday).

Die Möglichkeiten der Kompensation sind oft erstaunlich. Berühmtheit hat der Fall der Amerikanerin Helen Keller (1880-1968) erlangt. Die Frau verlor als Kind - mit neunzehn Monaten - Augenlicht und Gehör. Mit Unterstützung einer engagierten Lehrerin machte sie sich durch Tasten mit ihrer Umgebung vertraut und erlernte die Zeichensprache sowie die Blindenschrift. So konnte sie regen Anteil am Leben ihrer Zeit nehmen. Sie studierte bis zum Erwerb des Doktorgrades und widmete sich der Schriftstellerei. Zu ihrem Lebensziel wurde es, anderen Behinderten durch ihr Vorbild Mut zu geben.

Sinnesgebiete zur gesamten Wahrnehmung ist schwer einzuschätzen. Ist das Sehen für den Menschen wichtiger als das Hören? Wozu braucht der Mensch einen Geruchssinn? Gäbe es einen aufrechten Gang auch ohne Gleichgewichtsempfindung? Welche Schwerpunkte sich in der Entwicklung der menschlichen Art ergeben haben, ist zumindest ansatzweise zwei Größen zu entnehmen: der Ausstattung der Sinnesgebiete mit Rezeptoren sowie der Zahl der von den Rezeptoren wegführenden Nervenfasern. Danach sieht man, daß dem Gesichtssinn eine recht großzügige Ausstattung an Aufnehmern und Leitungen zugewachsen ist. Bescheiden ist im Vergleich dazu der Geschmackssinn ausgestattet.

Im Vergleich zu anderen Arten von Lebewesen besitzen Menschen ein ziemlich leistungsfähiges Sinnessystem. Trotzdem entgeht ihnen viel von der im Raum verfügbaren (mit Hilfe spezieller physikalischer Meßgeräte nachweisbaren) Information. Das hat vor allem drei Gründe:

- Für manche Arten von Zuständen in der Welt haben Menschen keine geeigneten Rezeptoren entwickelt. So fehlt ihnen beispielsweise ein Sinn zum unmittelbaren Entdecken und quantitativen Bestimmen von radioaktiver Strahlung.
- Die Rezeptoren sprechen nur innerhalb eines begrenzten Bereiches auf ihre Umgebung an. So gibt es wesentlich „tiefere" und wesentlich „höhere" Töne, als Menschen zu hören vermögen. Aber auf Schallwellen mit einer Frequenz von weniger als 20 und mehr als 18 000 Hertz (d. h. Schwingungen in der Sekunde) reagieren ihre Gehörsrezeptoren nicht mehr.
- Da insbesondere die Exterozeptoren in kleinen Sinnesorganen konzentriert sind, sind sie nur auf einen Teil des Wahrnehmungsraumes gerichtet; Information aus dem restlichen Wahrnehmungsraum entgeht ihnen. Besonders groß ist der Informationsverlust (bzw. der Nicht-Gewinn) beim Sehen. Mit feststehenden Augen überblicken Menschen vertikal ein Gesichtsfeld von rund 130 Grad und horizontal von rund 150 Grad. Aber was hinter ihrem Kopf vorgeht, können sie nicht sehen, weil ihre Augen gleichsam im Schatten ihres Kopfes liegen.

In welcher quantitativen Beziehung stehen subjektive Sinnesempfindungen zur Rezeptoraktivität einerseits und zur objektiven Sinnesreizung andererseits? Diesen beiden Fragen ist das Forschungsprogramm der *Psychophysik* gewidmet. Mit den psychophysischen Untersuchungen des Leipziger Anatomie- und Physiologieprofessors Ernst Heinrich Weber (1795-1878) und des ebenfalls an der Universität Leipzig lehrenden Physikers und Philosophen Gustav Theodor Fechner (1801-1887) beginnt die Geschichte der neueren Wahrnehmungspsychologie. Beide Forscher hatten nichts weniger im Sinn, als das *Leib-Seele-Problem* einer Lösung näherzubringen. So schrieb Fechner:

Die Sinnesgebiete des Menschen und einige ihrer Merkmale

Sinnesorgan	Adäquater Reiz	Modalität der Empfindung	Zahl der Rezeptoren	Zahl der Nervenfasern
Auge	Elektromagnetische Wellen (Länge / Amplitude)	Farbe Helligkeit	$7 \cdot 10^6$ 10^8	10^6
Innenohr (Schnecke)	Mechanische Schwingungen	Tonhöhe Lautstärke	$2 \cdot 10^4$	$3 \cdot 10^4$ Gehörsrezeptoren vermitteln zugleich Empfindungen der Tonhöhe und der Lautstärke
Innenohr (Bogengänge, Labyrinth)	Beschleunigung, Schwerkraft	Bewegung, Drehung, Gleichgewicht	$2 \cdot 10^4$	$2 \cdot 10^4$
Nase	Moleküle in Gasen	Geruch	$2 \cdot 10^7$	$2 \cdot 10^3$
Zunge, Mund, Rachen	Moleküle in Flüssigkeiten	Geschmack	$3 \cdot 10^6$	$2 \cdot 10^3$
Haut, Muskel, innere Organe	Verformung, Druck Muskelspannung Verletzung, Druck Temperatur	Berührung, Druck Stellung, Haltung Schmerz Kälte, Wärme	$5 \cdot 10^6$ 10^6 $3 \cdot 10^6$ $2 \cdot 10^5$	10^6

„Nun bietet sich leicht die Betrachtung dar, dass der äußere Reiz, der eine Empfindung auslöst, dies nicht direct, sondern dadurch thut, dass er eine körperliche Thätigkeit, ich nenne sie die psychophysische, in unserem Nervensystem auslöst, von welcher die psychische Thätigkeit der Empfindung in unmittelbarer Abhängigkeit steht. Könnte man nun die durch den Reiz ausgelöste psychophysische Tätigkeit ihrem Masse nach dem Reize selbst seinem Masse nach proportional setzen, oder Proportionalität zwischen den beiden gültig finden, so würden jene Gesetze und Formeln erstenfalls unmittelbar zugleich für das Abhängigkeitsverhältnis zwischen Empfindung und psychophysischer Thätigkeit gelten, zweitenfalls noch auf dasselbe zu schließen gestatten, hiermit, abgesehen vom Masse der Empfindung, ein wichtiger Beitrag, ja erster Angriffspunct für eine exacte Lehre von den unmittelbaren Beziehungen zwischen Leib und Seele nach quantitativer Seite gegeben sein."

(Fechner, 1877, S. 1f.)

Fechner (1860) hat eine *äußere Psychophysik* von einer *inneren* unterschieden. Die äußere Psychophysik befaßt sich mit der Beziehung zwischen physikalischen Reizen (z. B. dem Licht) und den dadurch ausgelösten Empfindungen (z. B. der Helligkeitsempfindung) - den psychischen Funktionen. Die innere Psychophysik behandelt dagegen die Beziehung der Empfindungen zu den von den physikalischen Reizen ausgelösten Körperreaktionen.

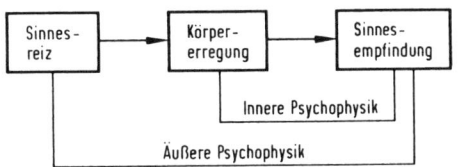

Innere und äußere Psychophysik nach Fechner (1860)

Die ersten psychophysischen Experimente hatte vor Gustav Fechner bereits Ernst Heinrich Weber (1851) vorgenommen. Seine Entdeckung: Die Fähigkeit zur Unterscheidung von Reizintensitäten (Gewichten, Lichtstärken, Lautstärken) hängt von der Reizintensität selbst ab. Er demonstrierte das zuerst an Gewichten: Hebt man ein Gewicht von 25 g erscheint es schwerer als ein kurz zuvor gehobenes Gewicht von 20 g. Gewichte von 500 und 505 g erscheinen dagegen als gleich schwer. Dabei unterscheidet sich das Paar schwerer Gewichte von dem leichten Paar jeweils um den gleichen Betrag von 5 g. Auf den absoluten Unterschied im Gewicht kommt es also bei der Empfindung nicht an. Die Gewichte müssen sich in einem bestimmten Verhältnis unterscheiden, damit der Unterschied wahrgenommen wird. Bei gehobenen Gewichten ist das erforderliche Verhältnis nach Feststellung Webers etwa 2%. Ein Gewicht muß also mindestens 10 g und nicht nur 5 g schwerer sein als ein Pfundgewicht, um auch als schwerer empfunden zu werden.

Webersche Konstanten für vier Sinnesmodalitäten

Helligkeit	2 - 5 %
Gesehene Längen	1 %
Druck auf der Haut	3 - 10 %
Gewicht	2,5 - 3 %

Weber hat daraufhin die folgende Schlußfolgerung gezogen, die nach ihm das *Webersche Gesetz* genannt wird: Der *eben merkliche Unterschied* zweier Reize (dS) steht zur absoluten Größe eines Standardreizes (S) in konstantem Verhältnis k:

$$k = d\,S\,/\,S$$

Fechner (1860) hat Webers Ausdruck umgeformt und ist dadurch zu der folgenden Aussage gelangt: Die Stärke der Empfindung (I) wächst mit dem Logarithmus der Reizstärke (S):

$$I = k \times \log S$$

Der Ausdruck k entspricht dabei der Weberschen Konstanten. Die Formel zur Bestimmung der Empfindungsstärke aus der Reizstärke ist als *Fechnersches Gesetz* in die Psychologie eingegangen.

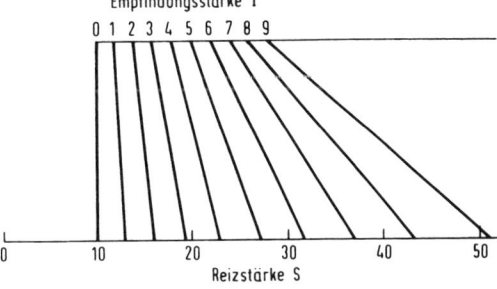

Fechnersches Gesetz: Die Stärke der Empfindung wächst mit dem Logarithmus der Reizsstärke.

Fechner, G. Th. (1877). *In Sachen der Psycho-physik*. Leipzig: Breitkopf & Härtel.

Weber, E. H. (1851). *Die Lehre vom Tastsinne und Gemeingefühle*. Braunschweig: Vieweg.

Fechner, G. Th. (1860). *Elemente der Psycho-physik*. Leipzig: Breitkopf & Härtel.

Stevens, S. S. (1975). *Psychophysics*. New York: Wiley.

Die Generalisierbarkeit der angegebenen logarithmischen Funktion ist durch spätere Untersuchungen, vor allem durch Stanley S. Stevens (1975), erheblich in Zweifel gezogen worden. Neben logarithmischen Funktionen haben sich auch mehrere exponentielle als brauchbar erwiesen. Aber das im Fechner-schen Gesetz enthaltene Grundprinzip hat sich immer wieder bestätigt: Je stärker (oder ausgedehnter) ein Reiz ist, desto gröber ist das menschliche Unterscheidungsvermögen.

4.2.3 *Bezugssysteme für subjektive Urteile*

Die soeben geschilderten Untersuchungen zur Psychophysik ordnen einem physikalischen Reiz jeweils eine und nur eine Empfindung zu. Ein Ton von 600 Hertz (am Klavier die Note e in der fünften Oktave) besitze stets den gleichen Wert auf der Skala der empfundenen Tonhöhen, ein Gewicht von 700 Gramm stets einen bestimmten Wert auf einer Skala empfundener Schwere. Dies ist jedoch keineswegs der Fall. Hat man längere Zeit hohe Pfeiftöne von 2000-3000 Hertz gehört, erscheint ein 600 Hertz-Ton als tief; jedenfalls erscheint er tiefer als nach dem Hören einiger Töne von 200-400 Hertz. Die Stärke einer Empfindung beruht also keineswegs nur auf der Intensität gerade anwesender Reize, sondern steht auch unter dem Einfluß des Angebots vorangehender Reize. Dieser Grundsatz gilt für Urteile im allgemeinen: Was man groß oder klein, stark oder schwach, teuer oder billig nennt, hängt nicht zuletzt von früherer Erfahrung ab.

Der Amerikaner Harry Helson (1964) hat diesem Effekt sein Lebenswerk gewidmet. In Laboratoriumsanordnungen hat er ihn präzise demonstriert. So ließ Helson (1947) von verschiedenen Personen eine Serie von fünf Gewichten zwischen 200 und 400 g nach ihrer Schwere auf einer neunstufigen Skala ein-stufen; die Skala reichte vom Wert „sehr, sehr leicht" über „mittel" bis zum Wert „sehr, sehr schwer". Seine Probanden teilte der Autor in drei Versuchsgruppen ein. Die erste Gruppe hatte vor der Beurteilung der Serie Gewichte von 100 g zu heben, die zweite Gewichte von 300 g, die dritte Gruppe Gewichte von 900 g. Im Vergleich zur zweiten Gruppe beurteilte die dritte Gruppe die Gewichte als leichter, die erste Gruppe jedoch als schwerer.

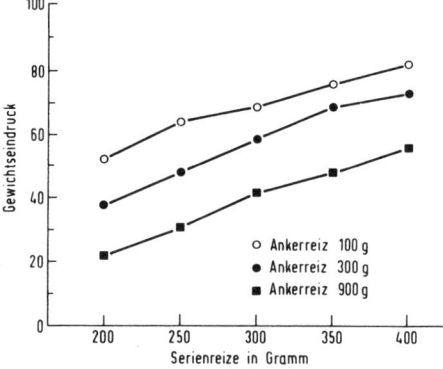

Adaptationswirkungen nach Helson (1947, S. 10). Vorreize (Ankerreize) lassen spätere Reize (Serien-reize) als leichter oder schwerer erscheinen.

Helson nannte die Erfahrungswirkung einen *Anpassungs-* oder *Adaptationseffekt*. Der Organismus führe gleichsam Buch über die ihm begegnenden Reize. Kennzeichnend für die Verteilung vorangehender Reize sei ihr Mittelwert. An ihn sei der Organismus am besten angepaßt. Diesen Mittelwert voran-gehender Reizung nennt Helson *Adaptations-niveau*. Reize von der Größe des Adaptations-niveaus würden stets als neutral beurteilt - im Falle von Tönen als weder hoch noch tief, im Falle von Gewichten als weder leicht noch schwer. Andere Reize würden dann je nach ihrer Größe mit dem Adaptationsniveau in Beziehung gesetzt. Frühere Reize wirkten somit als *Anker* für spätere Serienreize.

Die Theorie vom Adapationsniveau macht einen grundlegenden Unterschied zwischen den physikalischen Maßstäben und den Maßstäben für die subjektive Empfindung bzw. das subjektive Urteil. Ein physikalischer Maßstab für Längen ist das Metermaß, ein anderer physikalischer Maßstab ist die Gramm-Skala für Gewichte. Beide Maßstäbe haben als Ausgangspunkt einen Wert Null. Dabei stellt die Null den niedrigsten Wert dar; abweichend von Null steigen die meßbaren Größen (im gewählten Beispiel: Längen und Gewichte) in bestimmten Einheiten (wieder im Beispiel: Meter oder Gramm) an. Beim subjektiven Urteil ist das anders. Hier gibt es für das gleiche Merkmal zwei Bezeichnungen: Für Längen etwa „kurz" und „lang", für Gewichte „leicht" und „schwer". Ist die Wahl dieser Bezeichnungen beliebig? Keinesfalls: „Schwer" und „lang" werden den höheren physikalischen Meßwerten zugeordnet, „leicht" und „kurz" den niedrigeren. Doch wo liegt die Grenze zwischen „leicht" und „schwer", „kurz" und „lang"?

Die Grenze zwischen „leicht" und „schwer", „kurz" und „lang" bilden Neutralwerte: „Weder schwer noch leicht", „weder kurz noch lang". Sie entsprechen dem Helsonschen Adaptationsniveau, dem Mittel der erfahrenen Werte. Das Adaptationsniveau, die gewohnteste Empfindung, bildet entsprechend den Ausgangspunkt, den Nullpunkt auf Urteilsskalen. Es ist in aller Regel ein mittlerer Wert. Physiker messen also zumeist nach der Regel: Bestimme ein Merkmal, indem du das nicht mehr Meßbare als Nullpunkt wählst und das Meßbare als Zuwachs gegenüber Null an-

Helson, H. (1964). *Adaptation level theory.* New York: Harper u. Row.

Helson, H. (1947). Adaptation level as frame of reference for prediction of psychophysical data. *American Journal of Psychology, 60,* 1-29.

Witte, W. (1960). Experimentelle Untersuchungen von Bezugssystemen. I. Struktur, Dynamik und Genese von Bezugssystemen. *Psychologische Beiträge, 4,* 218–252.

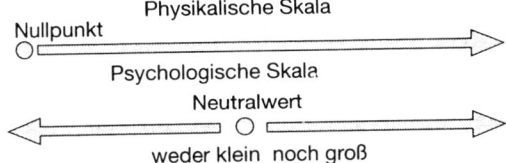

Physikalische Skalen sind meist unipolar (mit einem Nullpunkt am unteren Ende). Psychologische Skalen, Urteilsskalen, sind meist bipolar (mit einem Nullpunkt in der Mitte).

gibst. Dagegen gilt für das subjektive Urteil die Regel: Nenne das Gewohnte neutral oder mittelmäßig und gib, falls du Abweichungen davon feststellst, die Größe der Abweichung nach oben und unten an.

Für Maßstäbe und Skalen gibt es einen übergeordneten Begriff: *Bezugssysteme.* Bezugssysteme gestatten die Ordnung und den Vergleich von Merkmalen. Beurteilern bieten sie eine Grundlage zur Bestimmung von Mittel- und Neutralwerten, von Extremwerten, und Zwischenstufen. Leistungsfähige Bezugssysteme ermöglichen sogar die Bestimmung von Abständen zwischen Urteilsgegenständen (Intervallskalen) oder den Verhältnissen zwischen ihnen (Verhältnisskalen).

Bezugssysteme überdauern die einzelnen Reize. Sie sind - wie Wilhelm Witte (1960) betonte - „*mnestisch*" (d. h. im Gedächtnis) stabilisiert. Die Ausbildung von Bezugssystemen ist also eine Leistung der kognitiven Verarbeitung von Reizen. Witte hat die Ausbildung von Bezugssystemen als einen Vorgang der sukzessiven Teilung zu deuten versucht. Am Anfang stünde die Unterteilung „groß" - „klein"; in einem zweiten Schritt teile sich „groß" in „sehr groß" - „mäßig groß" sowie „klein" in „sehr klein" und „mäßig klein" usw.

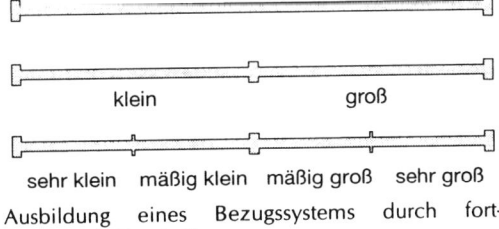

Ausbildung eines Bezugssystems durch fortschreitende Zweiteilung.

Psychologisches Skalieren

Die psychophysischen Untersuchungen von Weber und Fechner (s. o.) haben eine neue Epoche in der Geschichte der Psychologie eingeleitet: die Epoche der Messung psychischer Größen. Gemessen werden seit dem Beginn der Psychophysik die verschiedensten Intensitäten von Erlebnissen: die Stärke von
- sinnlichen Empfindungen (z. B. erlebte Lautheit),
- Gefühlserregungen (z. B. Stärke der erlebten Angst),
- Einstellungen (z. B. erlebte Hilfsbereitschaft gegenüber Ausländern),
- Bedürfnissen (z. B. erlebte Intensität des Hungers),
- Funktionszuständen (z. B. erlebte Müdigkeit).

Zur Messung können verschiedene Verfahren verwendet werden:
- Paarvergleich. Dazu benötigt man eine Serie von Urteilsgegenständen (wie z. B. „Politiker") und mindestens ein Beurteilungskriterium (z. B. Beliebtheit). Aus der Serie der Urteilsgegenstände werden alle möglichen Paarkombinationen gebildet. Zu jeder Paarkombination wird eine Verteilung von Urteilen ermittelt (z. B. „Politiker A ist bei 60 % der Befragten beliebter als Politiker B"). Aus den Verteilungen der Urteile läßt sich (1) eine Beliebtheitsskala konstruieren und (2) jedem berücksichtigten Politiker ein Platz auf der Skala zuweisen.
- Intervallschätzung. Beurteiler schätzen Abstände zwischen Urteilsgegenständen (z. B. „Politiker A hat gegenüber B einen ebenso großen Vorsprung in der Beliebtheit wie B gegenüber Politiker C").
- Verhältnisschätzung. Eingeschätzt wird das Verhältnis zwischen Urteilsgegenständen (z. B. „Politiker A ist doppelt so beliebt wie Politiker B").
- Rangschätzung. Urteilsgegenstände werden nach vorgegebenen Kriterien in eine Rangordnung gebracht (z. B. „Politiker A ist am beliebtesten, ihm folgt in der Beliebtheit Politiker B und so fort").

- Einstufung in vorgegebene Skalen: Man gibt eine Meßskala vor und läßt die Urteilsgegenstände unmittelbar auf dieser Skala einstufen. Hierzu ein Beispiel (nach Schäfer, 1975): Es wird die ideologiespezifische Bewertung politischer Schlüsselwörter erfaßt, z. B. „Vaterland". Dazu wird der Begriff u. a. auf den folgenden beiden Skalen eingestuft:

dumm   3 2 1 0 1 2 3   klug

alt   3 2 1 0 1 2 3   jung

Schäfer, B. (1975). Konstruktion eines Eindrucksdifferentials zur Erfassung der ideologiespezifischen Bewertung politischer Schlüsselwörter. In R. Bergler (Hrsg.), *Das Eindrucksdifferential* (S. 139-156). Bern: Huber.

Tack, W. (1983). Psychophysische Methoden. In H. Feger & J. Bredenkamp (Hrsg.), *Messen und Testen. Enzyklopädie der Psychologie* (Themenbereich B, Serie I, Band 3, S. 346-426). Göttingen: Hogrefe.

Der Messung psychophysischer Funktionen dienen *Schwellenbestimmungen*. Zu unterscheiden sind zwei Arten von Schwellen:
- Die Absolutschwelle. Die Absolutschwelle wird ermittelt als minimaler Betrag der Reizintensität oder -extensität, der eine Empfindung auslöst.
- Die Unterschiedsschwelle oder Relativschwelle. Es wird der minimale Unterschied zwischen Urteilsgegenständen ermittelt, den Beurteiler angeben können. Unterschiedsschwellen sind nichts anderes als die oben bereits beschriebenen *„eben merklichen Unterschiede"* nach Weber.

Die Bestimmung psychischer Größen heißt psychologisches Skalieren. Die Entwicklung, Prüfung und Anwendung von Methoden der psychologischen Skalierung beschäftigt eine eigene Disziplin innerhalb der Psychologie, die *Psychometrie* (Tack, 1983).

Man wäre nun versucht zu schließen: Ist ein Vorreiz („Anker") besonders groß, erscheinen alle späteren Reize besonders klein. Umgekehrt: Ein besonders kleiner Vorreiz läßt alle nachfolgenden Reize besonders groß erscheinen. Ein solcher Schluß wäre jedoch nicht richtig. Das hat der deutsche Psychologieprofessor Viktor Sarris in einer Vielzahl von Versuchen belegt. So hat Sarris (1967) - wie vor ihm Helson - Gewichte schätzen lassen. Die kritische Serie enthielt Gewichte zwischen 200 g und 400 g. Die davor gebotenen Ankerreize wichen jedoch teilweise erheblich von dieser Größenordnung ab: Sie variierten zwischen 10 g und 4,5 kg. Das Ergebnis: Ankerreize verschieben das Adaptationsniveau nur, wenn sie mäßig davon abweichen; extreme Anker (von denen man besonders starke Verschiebungen erwarten könnte) bleiben ohne Einfluß.

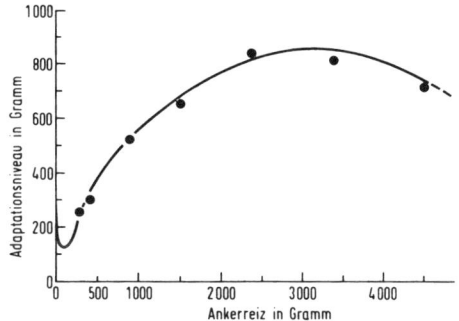

Lage des Adaptationsniveaus (d. h. Schwere des als „mittel" eingestuften Gewichts) nach Heben von Gewichten zwischen 12 g und 4500 g (Ankerreize). Das Adaptationsniveau verschiebt sich nur bei einer mäßig vom Adaptationsniveau abweichenden Vorreizung, nicht bei extremen Ankerreizen (nach Sarris, 1967, S. 32).

Sarris, V. (1967). Die Abhängigkeit des Adaptationsniveaus von Ankerreizen. *Zeitschrift für experimentelle und angewandte Psychologie, 14*, 1-53.

Sarris, V. (1971). *Wahrnehmung und Urteil.* Göttingen: Hogrefe.

Sarris (1971) hat für diesen Effekt folgende Erklärung gegeben: Urteilsgegenstände seien nach ihrer Ähnlichkeit zu Klassen zusammengefaßt. So seien sehr leichte Gewichte („Federgewichte", „Papiergewichte") von mittleren Gewichten und diese wiederum von hohen Gewichten („Schwergewichten") abgesetzt. Eine Urteilsverschiebung durch Vorreizung finde nur innerhalb gleicher Klassen statt, nicht über Klassengrenzen hinweg. Folgt man dieser Auffassung, so erscheint die Bezugssystemsbildung noch komplizierter. Denn danach entwickeln sich für jedes Merkmal mehrere (größen- bzw. objektspezifische) Bezugssysteme nebeneinander. Zum Beispiel bezeichnet „schwer" bei einem Koffer ein höheres Gewicht als bei einem Buch. Vor jedem Urteil ist demnach nicht nur die Einordnung in ein Bezugssystem erforderlich, sondern zuvor noch die Wahl des (für die jeweilige Größe bzw. das jeweilige Objekt) angemessenen Bezugssystems. Von einer *„einfachen" Empfindung* kann bei einem derart differenzierten und anspruchsvollen Urteil wahrlich nicht mehr die Rede sein.

4.2.4 Gegenstands- und Raumwahrnehmung

Räumlich gegliederte, bedeutungsvolle Wahrnehmungsbilder ergeben sich nicht durch das bloße Zusammensetzen von *Sinnesempfindungen.* Würde man Sinnesinformation ohne Überarbeitung zusammenfügen, ergäben sich nur recht unvollkommene Abbildungen. Dem bedeutenden Physiker und Physiologen Hermann von Helmholtz (1821-1894) wird die Äußerung zugeschrieben: „Wenn das Auge von einem Optiker angefertigt worden wäre, dann müßte man ihm dieses zurückgeben." In der Tat ist selbst das gesunde Auge ein recht unvollkommenes Sinnesorgan. Die Linse verzerrt die Farben (*chromatische Aberration*). Der Augenhintergrund mit den Lichtrezeptoren ist uneben und keinesfalls glatt wie ein guter Hohlspiegel. Mitten in das Projektionsfeld hinter der Linse mündet der Sehnerv und verdrängt die Rezeptoren (blinder Fleck). Aber nicht nur die Unvollkommenheiten der Sinnesorgane machen die Wahrnehmung zu einem schier aussichtslosen Unternehmen. Die Hindernisse für eine wirklichkeitsgetreue Wahrnehmung erscheinen unüberwindlich:

- Die aus dem Wahrnehmungsraum zugehenden Informationen sind unvollständig (z. B. mag eine Wand im Vordergrund die Sicht auf Gegenstände dahinter verstellen).
- Die von den Rezeptoren zugehenden Informationen sind mehrdeutig. Ihre Mehrdeutigkeit, ihre Ambiguität, ergibt sich aus Veränderungen von Trägerprozessen in ihren Medien. So breitet sich etwa Schall nur mit Energieverlusten aus; Licht nimmt beim Durchdringen einer Scheibe die Färbung dieser Scheibe an. Den Wahrnehmenden stellen sich somit viele Rätsel: Hören sie lauten Schall aus der Ferne oder leisen Schall aus der Nähe? Sehen sie einen weißen Gegenstand hinter einer roten Scheibe oder einen roten Gegenstand hinter einer weißen Scheibe?
- Manche zugehenden Informationen werden von den Rezeptoren nicht erfaßt, entweder weil Rezeptoren für sie nicht empfindlich sind oder weil die für sie empfindlichen Rezeptoren von ihnen abgewandt sind.
- Die Unvollkommenheiten (neutraler: die Eigenheiten) im Bau und in der Funktion der Sinnesorgane und Rezeptoren führen zu Informationsverlusten (wie die erwähnten Verzerrungen in der Linse des Auges).
- Die sensorischen Informationen aus dem Wahrnehmungsraum sind zerstückelt. Gerüche, Farben, Töne usf. von verschiedenen Orten des Raums verteilen sich zunächst auf mehrere hundert Millionen getrennt arbeitende Rezeptoren.

Schon Helmholtz (1867) hat vermutet, das Nervensystem würde die Lücken im Informationsangebot und die Schwächen der Sinne durch „unbewußte Schlüsse" ausgleichen. Die Vermutung wird durch die moderne Neurophysiologie und Wahrnehmungspsychologie eindrucksvoll bestätigt. Der zentrale Teil des sensorischen Nervensystems erweist sich als ein höchst leistungsfähiges Informationsverarbeitungssystem. Ihm gelingt es, mit großer Geschwindigkeit Fehlendes zu ergänzen, Mehrdeutigkeit aufzulösen und verstreute Information zu einem einheitlichen Bild zu organisieren.

Multimodalität und Synästhesie

Natürliche Situationen bieten gleichzeitig Sinnesreize verschiedener Art: Duft und Klang, Wärme, Farbe, Stiche auf der Haut. Sie erzeugen eine Mischung von Empfindungen der verschiedenen Sinnesgebiete - eine multimodale Wahrnehmung.

Im Erleben empfindsamer Menschen steigert sich die *Multimodalität* zur *Synästhesie*, die Mischung zur Verschmelzung verschiedenartiger Sinnesempfindungen. Synästhetische Erlebnisse, insbesondere Verschmelzungen von Gesichts- und Gehörseindrücken („goldene Töne", „der Töne Licht"), hat der Lyriker Clemens Brentano (1778-1842) in seinem Gedicht „Abendständchen" zum Ausdruck gebracht:

Hör, es klagt die Flöte wieder,
Und die kühlen Brunnen rauschen,
Golden wehn die Töne nieder -
Stille, stille, laß uns lauschen!

Holdes Bitten, mild Verlangen,
Wie es süß zum Herzen spricht!
Durch die Nacht, die mich umfangen,
Blickt zu mir der Töne Licht.

(Brentano, 1923, S. 52)

Helmholtz, H. (1867). *Handbuch der physiologischen Optik*. Leipzig: Voss.

Brentano, C. (1923). *Gesammelte Werke* (Band 1), herausgegeben von H. Amelung und K. Vietor. Frankfurt a. M.: Frankfurter Verlagsanstalt.

Veranschaulichung eines Brillenversuchs von Erismann (1948) und Kohler (1956)

So erscheint ein Gegenstand durch ein Prisma betrachtet

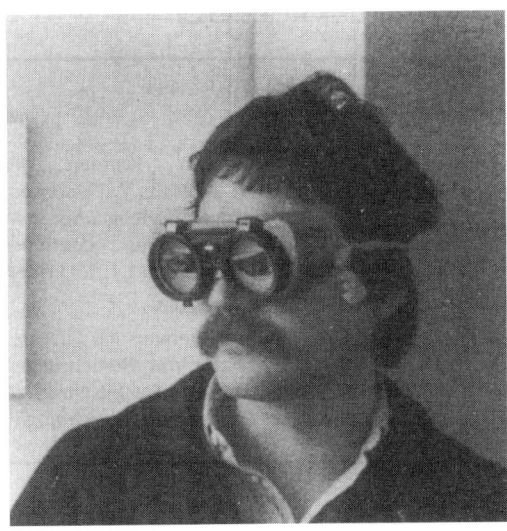

Proband mit Umkehrbrille. Die Brille enthält Prismen, welche die Welt zunächst auf dem Kopf stehend erscheinen lassen. Nach mehrtätiger Gewöhnung wird die Welt jedoch wieder aufrecht gesehen.

Die hohe Eigenständigkeit der zentralen Verarbeitung belegen *Brillenversuche.* In diesen Versuchen tragen die Teilnehmer Spezialbrillen, welche die in die Augen einfallenden Lichtstrahlen verzerren. Durch entsprechend geschliffene Gläser betrachtet, sieht dann die Welt gekrümmt oder sonstwie verwandelt aus. Besonders bekannt geworden sind solche Versuche aus dem Psychologischen Institut der Universität Innsbruck. Die dortigen Professoren Theodor Erismann (1948) und Ivo Kohler (1956) ließen ihre Probanden unter anderem mehrere Tage lang Prismenbrillen tragen. Prismen kehren den Strahlengang um, so daß dem Träger einer Prismenbrille die Welt zunächst auf dem Kopf zu stehen scheint. Wahrnehmung und Bewegung sind damit empfindlich gestört.

Kann man die Störung überwinden? Kann man sich an eine solche Brille gewöhnen? Das ist offenbar der Fall. Nach einer knappen Woche unablässigen Tragens einer Umkehrbrille richtete sich das Wahrnehmungsbild

wieder auf. Die Probanden konnten auch wieder ohne Unsicherheit über die Straße und durch ein Zimmer gehen.

Die Schlußfolgerung von Erismann und Kohler lautet nun: So wie im Wahrnehmungsbild eine Verzerrung des Strahlengangs durch eine Brille korrigiert wird, werden auch andere Verzerrungen von seiten der Sinnesorgane oder auf dem Wege der Reizübertragung ausgeglichen. Dies sei eine Lern- und Korrekturleistung des Zentralnervensystems. Das Aufrichten des Wahrnehmungsbildes im Umkehrbrillenversuch beruhe auf Erfahrung, sei auf Gewöhnung zurückzuführen. Anstelle des Begriffs der Gewöhnung benutzten die Autoren den - auch von Helson verwendeten Begriff (s. Abschnitt 4.2.3) - der *Adaptation.*

Daß Adaptation ein aktiver Lernprozeß ist, zeigte folgende Beobachtung bei den Innsbrucker Experimenten: Adaptation trat nur ein, wenn die Probanden Hin- und Hergingen, Radfahren und das Fechten mit Stöcken übten. Bei ihren Bewegungen erfuhren sie die

Richtung der Schwerkraft, und mit dieser Erfahrung brachten sie ihr Wahrnehmungsbild in Einklang. Ruhten die Probanden mit ihrer Umkehrbrille ohne Bewegung, blieb für sie die Welt auf dem Kopf stehen.

Erismann, T. (1948). Das Werden der Wahrnehmung. In J. v. Allesch, W. Jacobsen, G. Munsch u. a. (Hrsg.), *Bericht über den Kongreß des Berufsverbandes deutscher Psychologen 1947 in Bonn*, (Band 1, S. 51-86). Hamburg: Nölke.

Kohler, I. (1956). Der Brillenversuch in der Wahrnehmungspsychologie mit Bemerkungen zur Lehre von der Adaptation. *Zeitschrift für experimentelle und angewandte Psychologie, 3*, 381-417.

Adaptationsexperimente wie die von Erismann und Kohler sind als Stützen des *ökologischen Realismus* (s. Abschnitt 3.2.4) gedeutet worden. Sie bewiesen: Menschen leben in einer wirklichen Welt, und Wahrnehmung lehre, die Welt abzubilden, wie sie sei. Dabei komme die physikalische Gesetzmäßigkeit der Welt den Lernbemühungen entgegen. Die Verfärbung und Ablenkung von Lichtstrahlen auf dem Weg vom Objekt zum Auge, die Abschwächung von Schallwellen, die perspektivische Abbildung des dreidimensionalen Raums auf dem zweidimensionalen Augenhintergrund - um nur einige physikalische Besonderheiten zu nennen - seien nicht nur als Abweichungen von der Beschaffenheit der Welt aufzufassen, sondern auch als Informationen über den Vorgang der Abbildung. Indem das Wahrnehmungssystem diese Information ausnutze, könne es ein getreues Bild der Wirklichkeit herstellen.

James J. Gibson (1973) hat mit zahlreichen Demonstrationen gezeigt, wie beim Sehen aus einer den Gesetzen der Perspektive entsprechenden Verteilung von Reizen sich der Eindruck der räumlichen Tiefe ergibt. Der aus Ungarn stammende Physiologe und Physiker Georg von Bekésy - übrigens für seine Erforschung des Innenohrs mit dem Nobelpreis für Medizin ausgezeichnet - hat u. a. ermittelt, wie man nur mit dem Gehör eine laute Stimme aus einer weiten Entfernung von einer leisen Stimme aus der Nähe unterscheiden kann. Beide Stimmen mögen beim Eintreffen am Ohr die gleiche Lautstärke aufweisen; die von weiter her kommende war zwar ursprünglich lauter, hat auf ihrem längeren Weg zum Ohr aber mehr Schallenergie eingebüßt als die aus der Nähe kommende leisere Stimme. Bekésy (1960) erklärt: Tiefe Töne werden mit der Entfernung schneller gedämpft als hohe. Aus größerer Entfernung enthält eine Stimme also weniger tiefe Töne und klingt dünner; aus der Nähe sind mehr tiefe Anteile zu hören, und die Stimme klingt kräftiger.

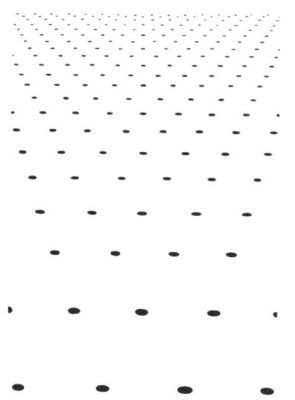

Die von unten nach oben sinkenden Abstände zwischen Punkten begünstigen den Eindruck einer in die Tiefe erstreckten Ebene.

Bleiben die Abstände zwischen Punkten gleich, stellt sich der Eindruck der Tiefe nicht ein (nach Gibson, 1973, S. 84).

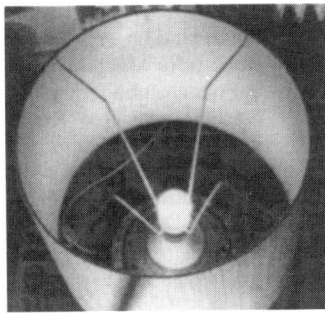

Drei Ansichten derselben Lampe - von oben, von unten, von der Seite. Die Wahrnehmung sucht die Invarianten in wechselnden Ansichten.

Zu den maßgebenden Leistungen der Wahrnehmung auf höherer Stufe gehört die Ermittlung von *Invarianten*. Invarianten nennt man die festen Merkmale von Gegenständen - insbesondere Form und Größe. Diese erfahren freilich unter den Bedingungen der Wahrnehmung oft eine recht unterschiedliche Abbildung. Die drei oben wiedergegebenen Photographien mögen für wechselnde Abbildungen ein- und desselben Gegenstandes auf dem Augenhintergrund eines Betrachters stehen. Je nach Standort des Betrachters und des Gegenstandes selbst bildet sich die Form des Gegenstandes - eine Lampe - auf dem Augenhintergrund anders ab. Und doch erkennt der Betrachter die Form des Lampenschirms als unveränderliches Merkmal; es kommt ihm nicht in den Sinn, er finde - je nach Richtung der Betrachtung - eine andere Lampe vor. Der Betrachter erlebt *Formkonstanz*.

Ein ebenfalls kritisches Merkmal ist die Größe eines Gegenstandes. Gerade die Größe von Gegenständen verändert sich oft in der Abbildung. Beim Sehen gilt: Je weiter ein Gegenstand vom Auge entfernt ist, desto kleiner wird er auf dem Hintergrund des Auges abgebildet. Doch kann man versuchen, auf die Erfahrung zurückzugreifen, um die Größe zu schätzen - wie bei dem unten klein abgebildeten möblierten Raum.

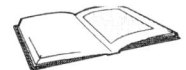

Bekésy, G. von (1960). *Experiments in hearing.* New York: McGraw Hill.

Gibson, J. J. (1973). *Die Wahrnehmung der visuellen Welt.* Weinheim: Beltz (Erstausgabe 1950: *The perception of the visual world.* Boston: Houghton & Mifflin).

Bitte gleich umblättern!

Riesenkind in Menschen-
stube oder Menschenkind
in Puppenstube?
Nachbau des *Red Room*
im Weißen Hauses in
Washington für die acht-
jährige Kimby Zweifel in
Orlando, Florida.

Der Bildausschnitt auf der vorangehenden Seite erscheint in der Regel als Wiedergabe eines bewohnbaren Raums mit prunkvollen Möbelstücken, Lampen und einem Porträt. Man hat einen Eindruck von der Höhe und Breite der Möbel - man schätzt den Abstand zwischen der Oberkante des Spiegels und dem Fußboden etwa 2 m hoch. Erst das auf dieser Seite folgende vollständigere Bild zeigt: Es handelt sich um eine Miniaturnachbildung für ein junges Mädchen.

Immerhin zeigt das Beispiel, daß es in der Regel gelingen sollte, unzuverlässige Größendarstellungen nach dem Gedächtnis genauer zu bestimmen. Im übrigen gilt auch bei Größenschätzungen der von Gibson und Bekésy (s. o.) vertretene Grundsatz: Optische Abbildungen werden nach der geltenden physikalischen Gesetzmäßigkeit bewertet. Die geltende Gesetzmäßigkeit lautet: Je größer die Entfernung zwischen Gegenstand und Bildfläche, desto kleiner die Abbildung. In der Zentralverarbeitung kann daher wahrgenommene Größe mit der wahrgenommenen Entfernung abgeglichen werden. So läßt sich dann *Größenkonstanz* erzielen.

Der Scheinriese Tur

Der Schriftsteller Michael Ende (1960) hat ein Wesen erfunden, das im Widerspruch zu den Gesetzmäßigkeiten der physikalischen Optik steht: den Scheinriesen Tur. Tur sieht - aus der Ferne betrachtet - riesengroß aus. Je mehr man sich ihm jedoch nähert, desto mehr schrumpft sein Anblick. Ein Riese ist er also nur scheinbar, wenn er am fernen Horizont auftaucht; lernt man ihn aus der Nähe kennen, ist er ein kleines, dürres Männchen.

Ende, M. (1960). *Jim Knopf und Lukas der Lokomotivführer.* Stuttgart: Thienemann.

Tur ist ein optisches Wunder, doch bringt ihm das Kummer. Denn Menschen meiden ihn, weil sie sein Anblick aus der Ferne ängstigt. So lernen sie nicht aus der Nähe seine Freundlichkeit kennen, und Tur wird einsam und unglücklich.

Die psychologische Wahrnehmungsforschung bemüht sich, aus den nachweisbaren Leistungen auf den Prozeß zu schließen, dem diese Leistungen entspringen. Mancherlei theoretische Fragen begleiten diese Forschung; unter ihnen kehren die Probleme der *Ganzheitlichkeit* (Alternative: *Komponentengliederung*) sowie der *Autonomie* (Alternative: *Abhängigkeit von Lernen*) häufig wieder.

Irving Biederman (1987, s. a. Abschnitt 4.1.3) hat hierzu eine Komponententheorie vorgestellt. Wenn Personen vor der Aufgabe stünden, ein Objekt zu erkennen, zerlegten sie es erst in einzelne Teile, Komponenten. Die Komponenten dienten als Erkennungszeichen. Hätten sie Komponenten geschickt ausfindig gemacht, könnten sie in ihrem Gedächtnis die zugehörigen Objekte identifizieren. Wie sollen solche Komponenten beschaffen sein? Biedermann schlägt u. a. die folgenden vor:

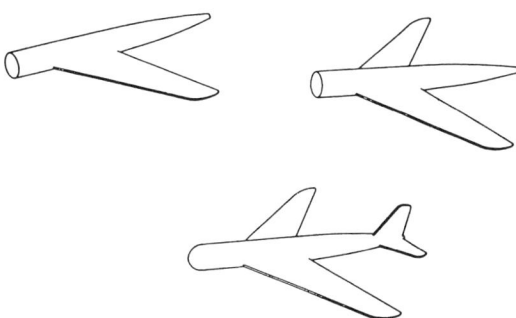

Objekte mit fehlenden Einheiten (Biederman, 1987, S. 132)

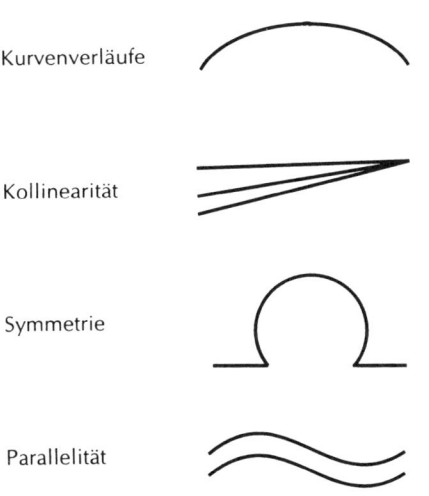

Kurvenverläufe

Kollinearität

Symmetrie

Parallelität

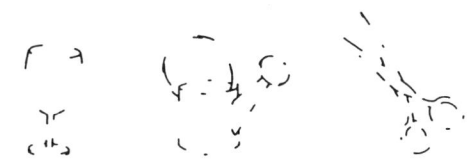

Objekte mit unterbrochenen Konturen (Biederman, 1987, S. 135)

Die Bedeutung solcher Kriterien prüfte Biederman in Experimenten, in denen er die Genauigkeit und Geschwindigkeit des Erkennens von vollständigen und unvollständigen Zeichnungen ermittelte (s. wieder Abschnitt 4.1.3). Selbstverständlich wurden die Zeichnungen umso schneller und genauer erkannt, je vollständiger sie waren. Aber nicht alles Weglassen verschlechterte das Erkennen in gleichem Ausmaß; Verschlechterungen traten vor allem ein, wenn die vom Autor angenommenen Merkmale zur Bestimmung von Komponenten nicht mehr vorhanden waren. Der Autor führte zwei Arten von Lücken ein: An Objekten, die aus mehreren Einheiten bestanden, ließ er entweder ganze Einheiten weg oder lediglich Stücke der Kontur. Die für bedeutsam erachteten Merkmale waren unterschiedlich davon betroffen. Beispielsweise bleibt der Kurvenverlauf einer gekrümmten Linie noch lange erkennbar, wenn man sie mehrfach unterbricht.

Solche Merkmale können helfen, Bestandteile, Komponenten von Gegenständen auszugliedern. Parallelität und Symmetrie mag etwa eine Komponente auszeichnen, die als Tragegriff eines Koffers in Frage kommt:

Geometrisch-optische Täuschungen

Gesetzmäßigkeiten der Wahrnehmung suchte man oft aus Täuschungsphänomenen zu erschließen. Entsprachen sie nicht oder nicht voll der Wirklichkeit, so sollten sie doch umso mehr die dem Wahrnehmungssystem innewohnenden Tendenzen widerspiegeln.

Die wohl bekannteste Figur zur Erzeugung einer geometrisch-optischen Täuschung ist 1889 von dem Physiologen Müller-Lyer publiziert worden. Sie verlangt den Vergleich zweier Strecken, von denen die eine von einem einwärts gekehrten Winkelpaar begrenzt wird, die andere von einem Paar nach außen gekehrter Winkel. Der unmittelbare Eindruck und dessen Wiedergabe in der Zeichnung von Versuchspersonen besagt recht eindeutig: die beiden Strecken sind ungleich. Die objektive Messung beweist jedoch: die beiden Strecken sind gleich.

Die Abfärbetheorie sowie die aus ihr gezogene Schlußfolgerung einer ganzheitlichen Eigendynamik ist nicht ohne Widerspruch geblieben. Eine andere Erklärung: Die Müller-Lyer´sche Täuschung sei ein Spezialfall von Größen- und Formkonstanz (s. o.). Reinhard Tausch (1954) meinte aufgrund eigener Versuche: Menschen kennen Winkel aus der Raumanschauung. Nach außen gekehrte Winkel schlössen sich perspektivisch an Hinterkanten von rechtwinkligen Körpern an, nach innen gekehrte Winkel dagegen an Vorderkanten. Da die Körper in der Regel gleiche Höhe hätten - also Vorder- und Hinterkante gleich lang seien, Näheres im Auge größer abgebildet werde als Entfernteres, verkleinere ein Konstanzmechanismus die als Vorderkante aufgefaßte Strecke und vergrößere die Hinterkante.

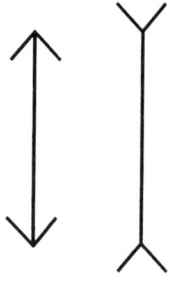

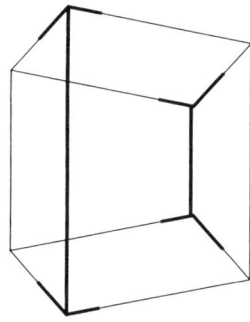

Geometrisch-optische Täuschung nach Müller-Lyer (1889).

Die Müller-Lyer-Täuschung als perspektivische Darstellung eines Körpers mit konstanter Höhe.

Müller-Lyer erklärte die Täuschung nach dem Ganzheitsprinzip. Da die Figur mit den Auswärtswinkeln als ganze mehr Raum ausfülle, werde auch ihren Teilen mehr Ausdehnung zugeschrieben; die Figur mit den Einwärtswinkeln nehme weniger Raum ein. Der räumliche Gesamteindruck „färbe ab" auf die Wahrnehmung der Mittelstrecke. Die Täuschung spreche also einerseits für die Eigendynamik der Wahrnehmung, andererseits für deren ganzheitliche Organisation.

Müller-Lyer, F. C. (1889). Optische Urteilstäuschungen. *Archiv für Psychologie* (Ergänzungsband), 263-270.

Tausch, R. (1954). Optische Täuschungen als artifizielle Effekte der Gestaltungsprozesse von Größen- und Formkonstanz in der natürlichen Raumwahrnehmung. *Psychologische Forschung, 24,* 299-348.

Max Wertheimer (1923) hat ebenfalls Gesetzmäßigkeiten vorgeführt, nach denen sich die Ausgliederung von Figuren oder Figurteilen vollzieht. Wertheimer nannte sie *Gestaltgesetze.* Dazu gehören Symmetrie, Ebenbreite und Geschlossenheit. Eine anschauliche Gliederung läßt sogar Gegenstände erleben, die unmittelbar gar nicht vorhanden sind. Paolo Bonaiuto, Professor für Psychologie in Rom, nennt sie Täuschungen mit *amodaler* (d. h. unanschaulicher) Vervollständigung.

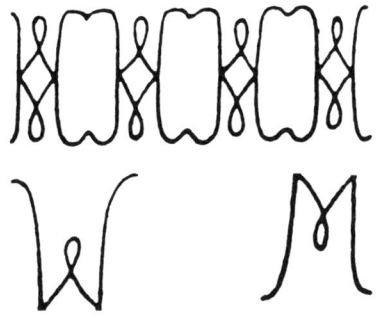

Symmetrie und Geschlossenheit (nach Wertheimer, 1923, S. 334). Ebenbreite Flächen verbinden sich mit Ornamenten zu einem Band. Wer erkennt darin noch die Buchstaben „W" und „M"?

Wertheimer, M. (1923). Untersuchungen zur Lehre von der Gestalt. *Psychologische Forschung, 4,* 301-350.

Bonaiuto, P., Giannini, A. M. & Bonaiuto, M. (1991). Visual illusory productions with or without amodal completion. *Perception, 20,* 243-257.

Wertheimer wie Bonaiuto deuten die Wahrnehmung als ganzheitlich. Alle Bildteile werden gleichzeitig erfaßt; jede Einzelheit spielt ihre Rolle im Ganzen. Nach der ganzheitlichen Auffassung darf man Wahrnehmungsphänomene nicht isoliert betrachten. Zerlege man die Wahrnehmung in einzelne Sinnesempfindungen oder in einzelne Bildteile, gingen die Rollenbeziehungen jener Teile im Ganzen verloren.

Ganzheit, Ordnung, Synergetik

Regelhafte Ordnungen, gute Gestalten, wie sie die Wahrnehmung aufweist, gibt es auch in der Wirklichkeit. So ist in der Wahrnehmung der Kreis eine bevorzugte Figur. Doch in elektrischen Feldern oder in Flüssigkeiten bilden sich ebenfalls kreisförmige Strukturen aus (z. B. das runde Fettauge auf einer heißen Suppe). Der Gestaltpsychologe Wolfgang Köhler (1920) hat aus dieser Parallelität den Schluß gezogen: In der Natur gibt es universelle Ordnungstendenzen; die Psychologie findet sie in den bewußten Erlebnissen, Physik und Physiologie in der materiellen Welt. Bewußtsein und materielle Welt seien *isomorph* (griech. *isos,* gleich; *morphe,* Form). Wenn Wahrnehmung der Wirklichkeit entspreche, beruhe das nicht auf einer unmittelbaren Abhängigkeit der Wahrnehmung von der Wirklichkeit, sondern auf *Isomorphie,* der Tendenz beider zur Gleichgestaltigkeit.

Köhler, W. (1920). *Die physischen Gestalten in Ruhe und im stationären Zustand.* Erlangen: Weltkreis Verlag.

Haken, H. (1990). *Erfolgsgeheimnisse der Natur: Synergetik - Die Lehre vom Zusammenwirken.* Frankfurt a. M.: Ullstein.

Hermann Haken (1990) hat den Gedanken von den selbsttätigen Ordnungstendenzen in der Natur mit Beispielen aus der modernen Physik, Chemie und Biologie erneuert. Nach seiner Auffassung zeichnen sich lebende Organismen und sonstige Strukturen durch ein Zusammenwirken ihrer Teile aus. Durch dieses Zusammenwirken entgehen sie dem Chaos und erzielen eine Funktion. Ihre Ordnung sei ihnen dabei nicht von außen aufgezwungen, sondern stelle sich selbsttätig ein. (Die Theorie der selbsttätigen Organisation steht somit im Gegensatz zu Automatentheorien.) Haken nennt seine Theorie vom Zusammenwirken „Synergetik".

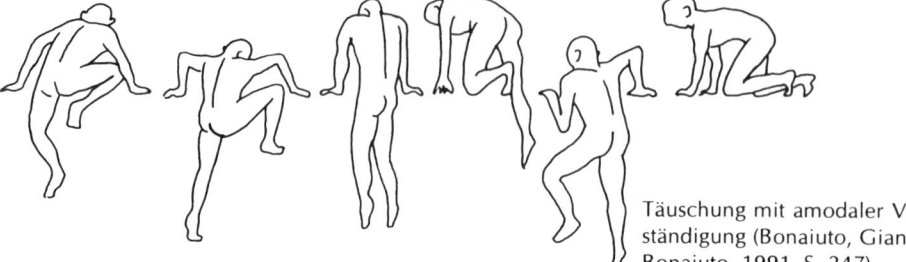

Täuschung mit amodaler Vervollständigung (Bonaiuto, Giannini &
Bonaiuto, 1991, S. 247).

4.2.5 Die Zuerkennung von Bedeutung

Subjektive Schilderungen können sich eng an objektivierbare Gegenstände halten. So mag ein Betrachter des folgenden Bildes von Ingres schlicht feststellen: „Ich sehe hier ein Mädchen mit einem Krug." Ein anderer Betrachter kann über diese Feststellung weit hinausgehen. So etwa der Kunstpsychologe Rudolf Arnheim zu demselben Bild:

„Den rechten Arm einen Umweg um den Kopf herum machen zu lassen, ohne daß unser betrachtendes Auge sich beschwert, erfordert kühne Phantasie. Weiterhin rufen auch Ort, Funktion und Gestalt des Kruges bedeutungs-volle Assoziationen hervor. Offensichtlich ähnelt der Leib des Kruges seinem Nachbarn, dem Kopf des Mädchens, obgleich in umge-kehrter Raumlage. Sie sind nicht nur von gleicher Gestalt, sondern beide haben eine freie, ununterbrochene Seite mit einem Ohr (Griff), während die andere Seite leicht über-schnitten wird. Beide sind nach links gedreht, und es besteht eine Entsprechung zwischen fließendem Wasser und fallendem Haar. Durch diese Formanalogie wird einerseits die fehlerlose Geometrie der menschlichen Gestalt unterstrichen, andererseits werden durch die naheliegenden Vergleiche die Unterschiede betont. Durch den Kontrast zum leeren ,Gesicht' des Kruges stellen die Gesichtszüge des Mädchens einen noch auffälligeren Kontakt zum Betrachter her. Gleichzeitig läßt der Krug offen das Fließen des Wassers zu, während der Mund des Mädchens nur leicht geöffnet ist ... "

(Arnheim, 1965, S. 124ff.)

Und schließlich gelangt Arnheim (1965, S. 126) zu Aussagen wie dieser:

„Der Krug reimt sich auch mit dem Körper - er hat die Nebenbedeutung eines Uterus - und hebt die Übereinstimmung hervor, daß das Gefäß den Strom offen entläßt, während der Schoß verschlossen ist ... "

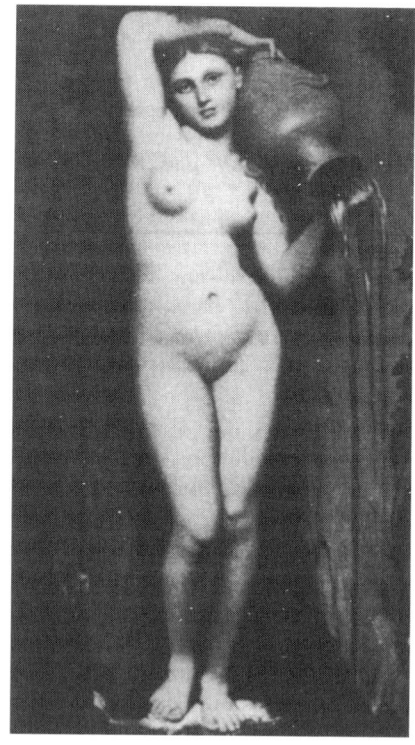

Bildnis eines jungen Mädchens (*La Source*), gemalt 1856 von dem französischen Maler Jean August Dominique Ingres.

Arnheim, R. (1965). *Kunst und Sehen. Eine Psychologie des schöpferischen Auges.* Berlin: De Gruyter.

Subjektive Schilderungen wie die von Arnheim gegebenen verweisen auf Wahrnehmungsinhalte, die über Empfindungen (sensorische Information) weit hinausgehen:
• Bedeutung (semantische Information) sowie
• Symbolik (symbolische Information).
Bedeutung oder Sinn erhält eine Wahrnehmung, indem sie eine Beziehung zu einem Gegenstand, einer Person u. ä. erkennen läßt (z. B. „hier ist ein Krug gemalt"). Bedeutungshaltigkeit nennt man auch *Semantik* (griech. *sema,* Zeichen). (Die Semantik von Wörtern und anderen Zeichen wird noch ausführlicher in Kapitel 12 über Sprache und Kommunikation zu behandeln sein.) Die Semantik geht allerdings über das Objektivierbare hinaus. Sie schließt Ausdruckseigenschaften und Assoziationen ein. So ist für Arnheim „der Krug ein leeres Gesicht", der Körper des Mädchens erscheint ihm formvollendet, doch auch kühl und zurückhaltend.

Noch weiter geht Arnheim in seiner Betrachtung des Gemäldes von Ingres, wenn er den gemalten Krug als ein Sinnbild des weiblichen Schoßes deutet. Offenbar weist im Erleben des Betrachters der Krug über sich hinaus auf den weiblichen Uterus. Solche Querbezüge sind häufig: Ein Wappen verweist auf eine Familie, ein Schriftzug auf eine Person. Man nennt einen Gegenstand, der auf einen anderen verweist, ein *Symbol* (griech. *symballein,* zusammenlegen, vergleichen) oder ein Zeichen. Zu den Zeichen, die auf Gegenstände verweisen, gehören auch die Worte und andere Zeichen der Sprache (z. B. „Capriccio", „ECU"). Symbole entstehen meist durch soziale Vereinbarung und sind daher kulturspezifisch.

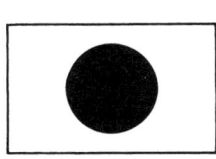

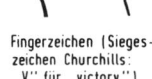

Symbole   Flagge (Symbol des Staates Japan)   Fingerzeichen (Siegeszeichen Churchills: „V" für „victory")

ZUSAMMENFASSUNG

1. Menschen sind empfindlich für etwa ein Dutzend Zustände aus ihrer Umwelt (z. B. elektromagnetische Wellen, mechanische Schwingungen) und an ihrer eigenen Person (z. B. Ermüdung, Sättigung). Empfindungen dieser Zustände werden durch Sinnesrezeptoren vermittelt. Zusammenhänge von Empfindungsstärke, Rezeptorerregung und Reizintensität sucht die Psychophysik festzustellen.

2. Erregungen der Rezeptoren werden zur Hirnrinde weitergeleitet, wo ein bewußtseinsfähiges Wahrnehmungsbild entsteht. Die Sinnesinformation wird auf dem Weg zur Hirnrinde in mehreren Stufen einer kognitiven Verarbeitung unterzogen.

3. Sinnesempfindungen werden - je nach Vorerfahrung - unterschiedlich beurteilt.

4. In der Verarbeitung werden Verzerrungen bei der Aufnahme korrigiert, Informationslücken geschlossen und Ambiguitäten aufgelöst. Sinnesinformationen werden zu einem geschlossenen Wahrnehmungsbild organisiert. Umstritten ist, wie weit eine solche Organisation sich selbsttätig vollzieht und wie weit sie auf Erfahrung beruht.

5. Das Wahrnehmungsbild trägt gegenständliche Bedeutung (Bezug von Abbild zu abgebildeten Gegenstand) und Symbolgehalt (Bezug von Gegenstand bzw. Zeichen zu anderen Gegenständen).

4.3
Dynamische Prozesse: Aufmerksamkeit und motivierte Wahrnehmung

4.3.1 Aufmerksamkeit

Die Wahrnehmung kann sich konzentrieren. Man nennt eine solche Konzentration Aufmerksamkeit. Aufmerksamkeit kann gerichtet sein auf

• Ausschnitte des Wahrnehmungsraums (z. B. die Bühne eines Theaters),
• ausgewählte Gegenstände, Personen oder Ereignisse (z. B. spielende Kinder),
• ausgewählte Gegenstandsmerkmale (z. B. die Farbe Rot),
• ausgewählte Sinnesmodalitäten (z. B. das Gehör).

Warum vollzieht sich überhaupt eine Konzentration der Wahrnehmung? Die Antwort: Weil das Wahrnehmungssystem bei der Verarbeitung zugehender Information überlastet sein kann und dann eine Auswahl der verarbeiteten Information vornimmt. Der britische Psychologe Donald Broadbent (1958) hat die Aufmerksamkeit mit einer Filterung verglichen, wie sie auf Nachrichtenkanälen vorgenommen wird. Doch welches sind die Kanäle der menschlichen Informationsübermittlung, auf welchen eine Filterung erfolgen könnte? In Frage kommen zunächst die Kanäle für sensorische Information, sodann die Kanäle für semantische Information. Broadbent und seine Mitarbeiter an der *Applied Psychology Unit* des *Medical Research Council* in Cambridge haben sich vor allem mit der Verschiebung der Aufmerksamkeit von einem Sinnesgebiet auf das

andere sowie innerhalb gleicher Sinnesgebiete befaßt. So untersuchten sie das Verstehen von gesprochenen Worten beim konzentrierten Lesen. Oder sie spielten über Kopfhörer den beiden Ohren unterschiedliche Mitteilungen zu und prüften, wie gut die Mitteilungen auf einer Seite verstanden wurden, wenn sich die Aufmerksamkeit vorzugsweise auf die andere Seite richtete (Cocktailparty-Phänomen).

Broadbent hat seine Befunde als Belege für eine Filterung auf den sensorischen Kanälen gedeutet. Gegen diese Auffassung haben sich J. A. Deutsch und D. Deutsch (1963) gewandt. Sie meinen: Die Auswahl findet erst später während der semantischen Verarbeitung statt. Deutsch und Deutsch begründen ihre These mit Beobachtungen zur Verengung der Aufmerksamkeit auf bestimmte Objekte oder Objektklassen (z. B. erhöhte Aufmerksamkeit für Männer, verminderte für Frauen); hier muß in der Tat die Verarbeitung bis zum Erkennen der Gegenstandsbedeutung fortgeschritten sein, bevor eine Auswahl stattfindet.

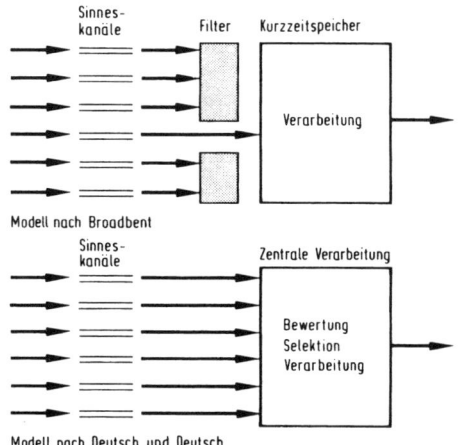

Zwei Modelle der Aufmerksamkeit: Selektion an der Sinnesperipherie (Broadbent 1958) und Selektion bei der zentralen semantischen Verarbeitung (Deutsch & Deutsch, 1963).

Broadbent, D. E. (1958). *Perception and communication*. London: Pergamon Press.

Deutsch, J. A. & Deutsch, D. (1963). Attention: Some theoretical considerations. *Psychological Review, 70,* 80-90.

Sinnliche Aufmerksamkeit

Welchem Sinnesgebiet sich gerade die Aufmerksamkeit zuwendet, hängt u. a. von den gerade herrschenden Wahrnehmungsbedingungen ab. Durch Verschiebung der Aufmerksamkeit von einer Sinnesmodalität zur anderen können Nachteile kompensiert werden. So berichtet in Shakespeares Komödie *Ein Sommernachtstraum* Hermia ihrem Geliebten Lysander:

„Die Nacht, die uns der Augen Dienst entzieht,

Macht, daß dem Ohr kein leiser Laut entflieht.

Was dem Gesicht an Schärfe wird genommen,

Muß doppelt dem Gehör zu Gute kommen.

Mein Aug' war's nicht, das dich, Lysander fand;

Mein Ohr, ich dank' ihm, hat die Stimm' erkannt. "

(Shakespeare, 1956, S. 289)

Man hat die Aufmerksamkeit mit einem Lichtkegel verglichen, der in einem dunklen Raum einzelne Teile hervorhebt. Wie ein Lichtkegel in einem dunklen Raum kann die Aufmerksamkeit von einem Augenblick zum anderen ihre Richtung wechseln. Oft sind Wechsel der Aufmerksamkeitsrichtung mit Orientierungsbewegungen wie Kopfdrehen und Näherkommen (vgl. Abschnitt 4.1.1) verbunden. Die Frage stellt sich dann: Warum wandert der Lichtkegel der Aufmerksamkeit? Und wenn die Richtung der Aufmerksamkeit wechselt: Wie wechselt sie? Auf diese Fragen gibt es drei Arten von Antworten (vgl. dazu Motive der Wahrnehmung, Abschnitt 4.1.2):

- Menschen sind ständig auf Suche nach neuer Information und durchmustern systematisch ihre Umgebung.
- Erkenntnisdrang, Neugier lenken die Aufmerksamkeit zu den jeweils unklaren, mehrdeutigen, widersprüchlichen Teilen des Wahrnehmungsfeldes.
- Im Vollzug von Handlungen richtet sich Aufmerksamkeit auf die zur Kontrolle von Handlungen bedeutsamen Gegebenheiten.

Die beiden letzten Erklärungen haben einfallsreiche Experimente angeregt. Berlyne (1958) hat beobachtet, welche Zeichnungen die Aufmerksamkeit auf sich ziehen. Es waren vor allem Zeichnungen, die Unregelmäßigkeiten und Unstimmigkeiten aufwiesen.

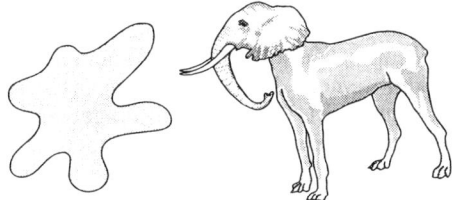

Unregelmäßige Formen und unstimmige Bilder, die die Aufmerksamkeit auf sich ziehen (nach Berlyne, 1958, S. 291).

Der Bedeutung der *Handlungssteuerung* für die Aufmerksamkeit ist der an der Universität Bielefeld tätige Psychologieprofessor Odmar Neumann nachgegangen. Nach seiner Auffassung beruht die Enge der Aufmerksamkeit nicht auf begrenzter Verarbeitungskapazität; vielmehr zeige sich darin die Konzentration auf die jeweils ablaufende Tätigkeit. Menschen müßten für die jeweils nächste Tätigkeit Informationen sammeln (z. B. müßten sie beim Pflücken eines Apfels Richtung und Entfernung der Frucht beachten). Für die Steuerung der Handlung unerhebliche Informationen würden dann ausgeblendet, um ein „Verhaltens-Chaos" zu vermeiden.

Um zu belegen, daß die Aufmerksamkeit sich zugunsten einer Handlung verenge, bevor noch die Verarbeitungskapazität ausgelastet

Shakespeare, W. (1956). Ein Sommernachtstraum. *Sämtliche Werke* (Band 2, S. 298). Berlin: Aufbau Verlag.

Berlyne, D. E. (1958). The influence of complexity and novelty in visual figures on orienting responses. *Journal of Experimental Psychology, 55,* 289-296.

Neumann, O. (1987). Zur Funktion der selektiven Aufmerksamkeit für die Handlungssteuerung. *Sprache und Kognition, 6,* 107-125.

sei, führte Neumann (1987) folgende Versuche durch: Probanden sahen einen Trickfilm, in dem zwei Wortfolgen über die Bildfläche wanderten - die eine in großer schwarzer Schrift, die andere in kleiner roter Schrift. Die schwarzen Wörter sollten die Probanden laut mitlesen (Sprechaufgabe). Auf der Bildfläche tauchte mitunter ein Städtename auf - den sollten die Probanden durch Drücken einer Taste anzeigen (Überwachungsaufgabe). Den im Film eingeblendeten Städtenamen übersahen die Probanden häufig. Waren sie durch die Sprechaufgabe schon bis zur Grenze ihrer Kapazität belastet? Wohl nicht, meint der Autor. Denn wenn man ihnen - bei der gleichen Sprechaufgabe - die Namen von Städten über Kopfhörer darbot, verpaßten sie diese nur selten. Die Probanden hätten sich also zur Bewältigung der Sprechaufgabe im visuellen Bereich auf die schwarzen Wörter konzentriert; für den davon getrennten akustischen Bereich sei noch Kapazität vorhanden gewesen. Der Effekt blieb erhalten, wenn die Sinnesgebiete wechselten. Wurden den beiden Ohren über Kopfhörer zwei verschiedene Wortfolgen geboten, von denen die rechts gebotene nachzusprechen war, so wurden auf dem linken Ohr eingeblendete Städtenamen meist überhört; beim Nachsprechen akustisch gebotener Wörter wurde jedoch ein im Film eingeblendeter Städtename mit großer Wahrscheinlichkeit erkannt.

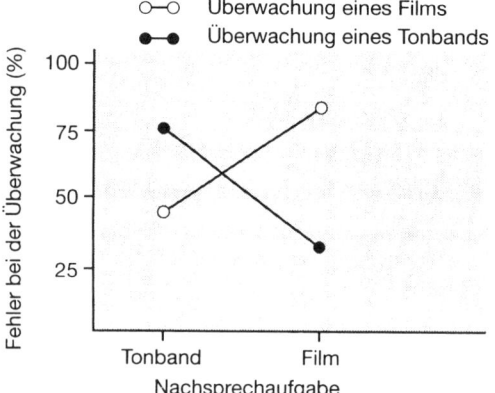

Verpaßte Städtenamen bei auditiver und visueller Darbietung während Nachsprechen von auditiv oder visuell gebotenen Wortfolgen (nach Neumann, 1987, S. 120).

4.3.2 Bedürfnis und Wahrnehmung

David C. McClelland und John W. Atkinson berichteten 1948 von folgendem Experiment: Drei Gruppen von Soldaten erhielten unterschiedlich lange nichts zu essen. So hatten sie verschieden großen Hunger. In ihrem Hungerzustand sollten sie im Halbdunkeln Bilder beschreiben. Obwohl ihnen in Wirklichkeit leere Blätter gezeigt wurden, sollten sie die Fragen beantworten: „Was ist hier zu sehen?" Und: „Was machen die Leute auf diesen Bildern?" Tatsächlich berichteten die Soldaten, sie hätten Nahrungsmittel sowie Personen gesehen, die Speisen zubereiteten oder verzehrten - und zwar umso häufiger, je länger sie selbst nichts gegessen hatten.

Hungergefühl (eingestuft auf einer 5-Punkte-Skala), Zahl beschriebener Eßwaren und auf Essen bezogener Tätigkeiten nach 1, 4 und 16 Stunden ohne Nahrung (nach McClelland & Atkinson, 1948, S. 212).

| | Zeit ohne Nahrung | | |
	1 Stunde	4 Stunden	16 Stunden
Hunger	1,7	3,0	3,1
Eßwaren	85	100	121
Tätigkeiten	75	87	93

Befunde wie die oben wiedergegebenen zeigen erneut die Subjektivität menschlicher Wahrnehmung. McClelland und Atkinson bezeichneten die Abhängigkeit der Wahrnehmung von den eigenen Bedürfnissen mit einem aus der Tiefenpsychologie stammenden Begriff: *Projektion*. Projektion ist eine Zuschreibung eigener Eigenschaften an andere (vgl. Abschnitt 2.2.3). Nach der psychoanalytischen Lehre dient Projektion der Abwehr von unangemessenen Triebansprüchen; es werden der Umwelt eigene Eigenschaften und Motive angelastet, unter denen die projizierende Person selbst leidet. Ein Fall von Projektion liegt beispielsweise vor, wenn ein Kind seine eigene Aggressivität verbergen will und diese zu seiner Entlastung einem anderen, ihm freundlich oder neutral begegnenden Kind zuschreibt. (Es bezichtigt dann das andere Kind: „Du bist immer böse; ich bin lieb!")

4.3.3 Wahrnehmungsabwehr

Es scheint auch das Gegenteil von (positiv) motivierter Wahrnehmung zu geben: Widerstand gegen Wahrnehmungen. Aus einer Debatte des britischen Parlaments stammt der folgende Bericht:

„Der konservative Abgeordnete Christopher Brocklebank-Fowler attackierte am Montag ... in scharfer Weise die von ihm als 'falsch, unmenschlich und gefährlich' bezeichnete Wirtschaftspolitik der konservativen Regierung. Frau Thatcher, die schon vorher wußte, was er sagen würde, verließ demonstrativ das Parlament, als Brocklebank-Fowler zu sprechen begann."

Um also Kritik nicht zu hören, verließ die Premierministerin das Parlament. Wäre es ihr nicht um die Wirkung ihrer Demonstration gegangen, hätte sie einfach weghören können. Weggehen und Weghören sind Fälle von *Wahrnehmungsmeidung* oder *Wahrnehmungsabwehr*. Das Verlassen des Parlaments stellt dabei eine negative Version des Orientierungsverhaltens dar. Das Weghören wäre entsprechend das negative Gegenstück zur inneren Aufmerksamkeitszuwendung; es wäre eine Ablenkung der inneren Aufmerksamkeit.

Die Wahrnehmungsmeidung durch Abwendung des Blicks, Abdecken des Gehörs u. ä. ist Gegenstand psychologischer Forschungsvorhaben geworden. So berichtet Seymour Epstein von Untersuchungen an Fallschirm-

McClelland, D. C. & Atkinson, J. W. (1948). The projective expression of needs: I. The effect of different intensities of the hunger drive on perception. *Journal of Psychology, 25*, 205-222.

Epstein, S. (1976). Anxiety, arousal and the self-concept. In Ch. D. Spielberger (Ed.), Stress and anxiety (Vol. 3, pp. 185-224). Washington: Hemisphere.

Freud, S. (1972). Abriß der Psychoanalyse. *Gesammelte Werke* (Band 17, S. 63-138). Frankfurt a. M.: Fischer (Erstausgabe 1940).

springern. Fallschirmspringer würden im Training unterwiesen, beim Absprung nicht in die Tiefe, sondern zum Horizont zu blicken. Wer Wahrnehmungen meidet, suche die damit verbundene Unlust zu meiden. Den Fallschirmspringern solle mit dem Blick in die Tiefe die dadurch eingeflößte Angst erspart werden. Die britische Premierministerin suchte mit ihrem Auszug aus dem Parlament vermutlich einer Ärgerreaktion vorzubeugen.

Daß Information noch aus dem laufenden Wahrnehmungsprozeß ausgeschieden werden kann, nachdem sie als unmutsauslösend erkannt worden ist, gehört zu den vieldiskutierten Thesen der Wahrnehmungspsychologie. Die Psychoanalyse hat die Annahme innerer *Abwehrmechanismen* zu einer ihrer zentralen Forderungen gemacht (vgl. Freud, 1940/ 1972). Umstritten ist diese Annahme wegen des folgenden Problems: Wie kann behauptet werden, daß die Wahrnehmung eines Gegenstandes wegen ihrer emotionsauslösenden Wirkung unterbleibt, wenn Wahrnehmung notwendig ist, um den Gegenstand als Ursache einer Emotion zu erkennen? (So ist an dem Bericht aus dem britischen Unterhaus bemerkenswert, daß die Regierungschefin die Rede ihres Kritikers nicht hören will, obwohl sie deren Inhalt schon kennt.)

Die Psychoanalyse sucht den Widerspruch durch ein Zwei-Stufen-Modell zu lösen. Das Erkennen eines Inhalts in der ersten Stufe der Informationsverarbeitung bleibt unbewußt; in dieser Stufe können jedoch bereits angstauslösende Eigenschaften erkannt werden. Erst in der zweiten Stufe findet danach ein bewußtes Erkennen statt, das die Bezeichnung der Wahrnehmung voll verdient. Steht die emotionale Gefährlichkeit des Inhalts auf der ersten Stufe fest, dann wird eine Übertragung des Inhalts in die zweite Stufe unterbunden.

Ein vorbewußtes Erkennen - auch *Subzeption* (lat. *sub*, unter; lat. *capere*, erfassen) genannt - wird auch von neurophysiologisch und kognitivistisch orientierten Forschern für möglich gehalten. Wahrnehmung als schneller und automatischer Verarbeitungsprozeß leiste viel, bevor das Bewußtsein dessen gewahr werde (vgl. Kihlstrom, 1987). Dabei fällt durchaus auf, daß Affekten bei der Subzeption eine besondere Bedeutung zukommt.

Kihlstrom, J. F. (1987). The cognitive unconscious. *Science, 237,* 1445-1452.

Kunst-Wilson, W. R. & Zajonc, R. B. (1980). Affective discrimination of stimuli that cannot be recognized. *Science, 207,* 557-558.

Seamon, J. G., Marsh, R. L. & Brody, N. (1984). Critical importance of exposure duration for affective discrimination of stimuli that are not recognized. *Journal of Experimental Psychology: Learning, Memory, and Cognition, 10,* 465-469.

Ein Beispiel für unbewußte Affekte in der Subzeption ist der nach seinen Entdeckern Kunst-Wilson und Zajonc benannte Effekt. Die Autoren zeigten Probanden unregelmäßige Vielecke - jede Figur insgesamt fünfmal und für die sehr kurze Zeit von einer Millisekunde. Die Probanden gaben an, nichts erkannt zu haben. Trotzdem: Verglichen die Probanden später nach längerer Betrachtung die vorher gezeigten Figuren mit neuen Figuren, so gefielen ihnen die alten besser. Dabei waren sie immer noch nicht imstande, vorher gezeigte und neue Figuren zu unterscheiden. Obwohl sie die Figuren also nicht wiedererkannten, waren sie ihnen vertrauter und angenehmer geworden. Andere Autoren haben das Auftreten des Effekts bestätigt. Seamon, Marsh und Brody (1984) haben als kritische Zeit für die Subzeption 10-20 Millisekunden ermittelt. Bis dahin wächst die Vertrautheit, ohne daß Wiedererkennen gelingt. Sieht man die Figuren länger als 20 Millesekunden, steigt die Vertrautheit nur mehr wenig an und das Wiedererkennen verbessert sich sprunghaft.

Freud (1940/1972) geht allerdings in seiner psychoanalytischen Behandlung der Wahrnehmungsabwehr noch einen Schritt weiter. Die Verleugnung eines angsteinflößenden Gegenstandes könne sich bis zur Verkennung steigern. In diesem Fall werde anstelle des nicht zum Bewußtsein zugelassenen Inhalts ein anderer, unverfänglicher gesetzt. Sigmund Freud selbst erläutert diesen Vorgang am Fall des Fetischismus:

"Diese Abnormität ... begründet sich bekanntlich darauf, daß der fast immer männliche Patient die Penislosigkeit des Weibes nicht anerkennt, die ihm als Beweis für die Möglichkeit der eigenen Kastration höchst unerwünscht ist. Er verleugnet darum die eigene Sinneswahrnehmung, die ihm den Penismangel am weiblichen Genitale gezeigt hat, und hält an der gegenteiligen Überzeugung fest. Die verleugnete Wahrnehmung ist aber auch nicht ganz ohne Einfluß geblieben, denn er hat doch nicht den Mut zu behaupten, er habe wirklich einen Penis gesehen. Sondern er greift etwas anderes, Körperteil oder Gegenstand, auf und verleiht dem die Rolle des Penis, den er nicht vermissen will."

(Freud, 1940/1972, S. 133)

ZUSAMMENFASSUNG

1. Durch unterschiedliche äußere Zuwendung sowie durch innere Verschiebungen der Aufmerksamkeit werden einzelne (meist informative und interessante) Wahrnehmungsinhalte bevorzugt, andere (meist Ärger oder Angst erregende) gemieden.

2. Durch sukzessives Abtasten des Wahrnehmungsfeldes läßt sich der Beobachtungsraum erweitern.

3. Die Selektion von Wahrnehmungsinhalten kann bereits an der Sinnesperipherie einsetzen; sie kann auch in der zentralen Verarbeitung stattfinden.

4. Nach der psychoanalytischen Theorie ist die Abwehr eine Funktion des Unbewußten. Der Verschleierung der Abwehr - so ebenfalls die Psychoanalyse - dienen die Vorgänge der Verkennung und der Projektion ich-bedrohlicher Triebansprüche nach außen.

5. Unbewußte Wahrnehmung (Subzeption) läßt sich experimentell belegen.

4.4
Wahrnehmungspsychologische Probleme in der Entwicklungs-, Persönlichkeits- und Sozialpsychologie

4.4.1 Entwicklungspsychologie

Bereits bald nach der Geburt sind Fähigkeiten des Erkennens und Unterscheidens festzustellen; Säuglinge reagieren auf Schall, Helligkeit und Berührung der Haut. Und doch ist die Wahrnehmung des Kleinkindes der des Erwachsenen nicht gleich. Maßgebend für die Unterschiede ist wohl weniger die Tüchtigkeit der Sinnesrezeptoren. Wichtiger dürften die folgenden Faktoren sein (vgl. Haith, 1978):

• Die für die Orientierung erforderlichen motorischen Fähigkeiten sind noch unzureichend ausgeprägt (Drehen des Kopfes, Augenbewegung, Akkomodation der Linse im Auge).

• Das sensorische Nervensystem ist noch nicht ausgereift und daher die Kapazität zur Informationsverarbeitung eingeschränkt.

• Das Kleinkind hat noch nicht genügend Wissen über die Welt erworben, um seine Sinneseindrücke zu einem widerspruchsfreien Bild ordnen zu können.

• Das Kind erfährt die Welt zunächst nur aus einer egozentrisch eingeschränkten Perspektive. Informationen über den eigenen Körper erhalten ein starkes Übergewicht gegenüber Informationen aus der Umwelt.

Erst langsam erweitert sich die Erfahrung. Das Kind wendet seine Aufmerksamkeit immer komplexeren Gegenständen zu. Es orientiert sich immer besser im Raum. Man kann dies aus einzelnen Leistungen schließen, wie aus der Fähigkeit zum Schätzen von Entfernungen. Die Schätzung von Entfernungen verbessert sich in den ersten Lebensjahren laufend, bis sie im Alter von 10-12 Jahren den Stand der Erwachsenen erreicht (Epstein, 1967).

Der Zuwachs an sinnlich vermittelter Erfahrung scheint dabei nicht nur ein quantitativer, sondern auch ein qualitativer zu sein. So unterscheidet der amerikanische Entwicklungspsychologe Jerome Bruner (1964) drei aufeinanderfolgende Stadien der kogniti-

ven Repräsentation: das *enaktive Stadium*, das *ikonische* und das *symbolische*. Das Erkennen im enaktiven Stadium ist geprägt durch das Manipulieren mit nahen Gegenständen; Berührungs-, Stell- und Halteempfindungen kommt dabei eine große Bedeutung zu. Später lernt das Kind, ohne unmittelbares Berühren und Hantieren auszukommen und die in den Trägerprozessen (s. Abschnitt 4.2.4) enthaltene Information auszunutzen; so entsteht die *ikonische* (von griech. *eikon,* Bild) Auffassung mit einer Dominanz von Gesichts- und Gehörseindrücken. Die *ikonische Repräsentation* werde jedoch bald überlagert durch die *symbolische Repräsentation.* Unter symbolischer Repräsentation versteht Bruner die Herausbildung von Invarianten, von feststehenden Begriffen von Dingen, Personen, Ereignissen (s. wieder Abschnitt 4.2.4), die sich von der hier und jetzt und konkret verwirklichten ikonischen Repräsentation ablösen lassen und diese überdauern.

Beruht die Entwicklung der Wahrnehmung ausschließlich auf Lernen? Oder gibt es auch angeborene Wahrnehmungsfähigkeiten? Sind angeborene Fähigkeiten vielleicht erst die Voraussetzung für das Wahrnehmungslernen?

Haith, M. M. (1978). Visual competence in early infancy. In R. Held, H. W. Leibowitz & H.-L. Teuber (Eds.), *Handbook of sensory physiology. Perception* (Vol. 8, pp. 311-356). Heidelberg: Springer.

Epstein, W. (1967). *Varieties of perceptual learning.* New York: McGraw Hill.

Bruner, J. S. (1964). The course of cognitive growth. *American Psychologist, 19,* 1-15.

Gibson, E. J. & Walk, R. D. (1960). The visual cliff. *Scientific American, 202,* 67-71.

So ist oben die Entfernungsschätzung als eine Leistung beschrieben worden, die sich mit dem Alter und wohl auch mit der Übung verbessert. Gleichzeitig gibt es Hinweise auf ein Erkennen von Tiefe, das einer vorherigen Übung nicht bedarf. Solche Hinweise haben Untersuchungen von Eleanor J. Gibson zum Verhalten von Kleinkindern und neugeborenen Tieren am „visuellen Abgrund" (engl. *visual cliff*) gefunden. Der visuelle Abgrund besteht aus einer ebenen Glasplatte, unter der ein Hohlraum zu sehen ist. Kinder und Tiere können sich sicher über die Glasplatte bewegen. Doch ein Blick durch das Glas zeigt den Hohlraum, und das Erkennen der Tiefe mag Angst vor einem Fall auslösen.

Ab wann erkennen Lebewesen die Tiefe und zeigen Angst davor? Gibson und Walk (1960) berichten: Bereits Säuglinge und neugeborene Tiere schrecken vor einem tiefen Hohlraum zurück, wenn sie ihn - durch die Mutter angelockt - krabbelnd überqueren sollen. Diese Beobachtung spricht für eine angeborene Fähigkeit zum Tiefensehen.

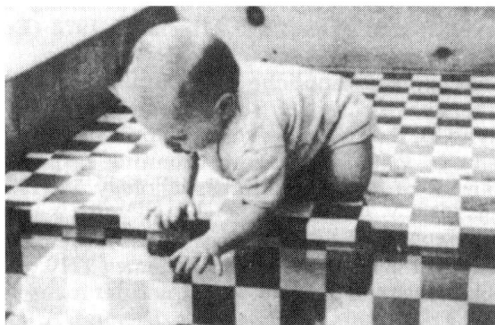

„Visueller Abgrund" (engl. *visual cliff*), eine Glasplatte über einem Hohlraum (Gibson & Walk, 1960, S. 65). Kinder und Jungtiere scheuen gleichermaßen die Tiefe, obwohl sie noch keine Erfahrung mit den Gefahren der Tiefe gemacht haben.

4.4.2 Persönlichkeitspsychologie

Menschen unterscheiden sich erheblich in ihren Wahrnehmungen. Untersucht worden sind unter anderem die folgenden Leistungen, in denen sich Unterschiede zwischen Personen zeigen:
- Funktionstüchtigkeit der Sinne (z. B. Hörfähigkeit, Farbtüchtigkeit, Sehschärfe),
- Anfälligkeit für Sinnestäuschungen,
- Geschwindigkeit und Genauigkeit des Erkennens von Gegenständen,
- Feldabhängigkeit (d. h. die Fähigkeit, einen Gegenstand unabhängig von seiner Umgebung einzuschätzen).

Wichtig sind individuelle Unterschiede in der Aufmerksamkeit sowie im Orientierungsverhalten. So gibt es beispielsweise *impulsiv* genannte Kinder, die beim Lesen, Betrachten von Bildern und ähnlichem ständig unstet die Augen wandern lassen und dabei viel Information verpassen, während andere, *reflexiv* genannte Kinder, ruhig Zeile für Zeile und Bild für Bild ansehen und die angebotene Information mit größerer Vollständigkeit aufnehmen (Wagner & Cimiotti, 1975).

Unterschiedliche Bedürfnisse schlagen sich auch in unterschiedlichen Wahrnehmungen nieder (vgl. Abschnitt 4.3.2). Sofern sich Motive wie Angst oder Erfolgsstreben bei Individuen verfestigen, entstehen überdauernde persönliche Besonderheiten der Wahrnehmung und der Aufmerksamkeit. Bei Ängstlichen findet man etwa eine dauernd erhöhte Aufmerksamkeit für bedrohliche Ereignisse, die freilich ein Meiden und eine Abwehr belastender Wahrnehmungen nicht ausschließt (s. Krohne, 1976).

Es hat immer wieder Vorschläge gegeben, Personen nach ihren überdauernden Wahrnehmungsneigungen Persönlichkeitstypen zuzuordnen. So war der französische Psychiater J. M. Charcot bemüht, seine Probanden nach ihrem bevorzugten Sinnesgebiet in optische (visuelle), akustische (auditive) und motorische Typen einzuteilen. Oswald Kroh (1929-1934) hat eine Einteilung nach Farb- und Formsehern vorgenommen. Viel Aufsehen hat zu ihrer Zeit auch die Definition eines *ganzheitlichen Auffassungstyps* von E. R. Jaensch (1932) erregt.

Diese Linie hat gegenüber der Senkrechten
eine Neigung von 30 Grad

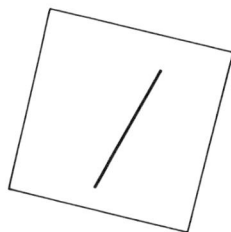

Hat diese Linie dieselbe Neigung wie die obere?
Wer sich von dem Rahmen nicht beeinflussen
läßt, wird diese Frage bejahen.

Demonstration der Feldabhängigkeit der Wahrnehmung

Wagner, I. & Cimiotti, E. (1975). Impulsive und reflexive Kinder prüfen Hypothesen: Strategien beim Problemlösen, aufgezeigt an Blickbewegungen. *Zeitschrift für Entwicklungspsychologie und Pädagogische Psychologie, 7,* 1-15.

Krohne, H. W. (1976). *Theorien zur Angst.* Stuttgart: Kohlhammer.

Kroh, O. (1929-34). *Experimentelle Beiträge zur Typenkunde* (Band 1-3). Leipzig: Barth (Zeitschrift für Psychologie, 1. Abt., Ergänzungsband II).

Jaensch, E. R. (1932). Das Verhältnis der Integrationstypologie zu anderen Formen der Typenlehre. *Zeitschrift für Psychologie, 125,* 113-148.

4.4.3 Sozialpsychologie

Die Sozialpsychologie ist reich an wahrnehmungspsychologischen Problemen:
- Soziale Interaktion setzt das Identifizieren und Einschätzen von Partnern sowie von Bezugsgruppen voraus (Personenwahrnehmung, Wahrnehmung von Gruppen);
- Kommunikation zwischen Partnern ist selbst ein Akt der Wahrnehmung;
- Wahrnehmung von Personen, Dingen und Ereignissen - darunter die soziale Interaktion selbst - ist Gegenstand der Kommunikation und der sozialen Bewertung;
- auf gemeinsamen Wahrnehmungen bauen die soziale Einstellung und das soziale Handeln auf.

Rechte und Pflichten der Beobachtung sind in Gruppen teils ausdrücklich, teils stillschweigend geregelt: Welche Mitglieder eine erhöhte Beachtung verdienen, welchen Mitgliedern Schutz vor Beobachtung gebührt, bei welchen Verrichtungen das Zuschauen und Zuhören erlaubt, bei welchen es verboten ist. Zwischen Partnern kann das Abwenden des Blickes Desinteresse bezeugen. Ein Fixieren des Partners schafft ein Verhältnis der *Intimität.* Die Intimität kann als willkommen, aber auch als lästig empfunden werden.

A
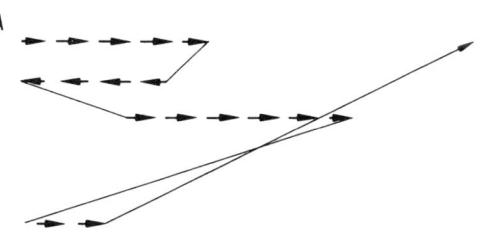

B
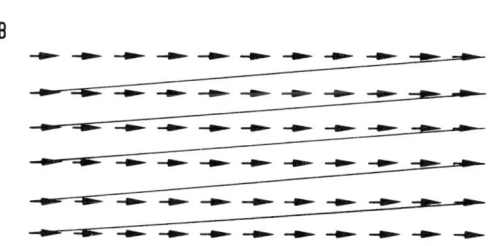

Augenbewegungen beim Lesen. A: Impulsive Kinder. B: Reflexive Kinder (nach Wagner & Cimiotti, 1975, S. 11).

Der Sozialpsychologe Michael Argyle von der Universität Oxford hat zusammen mit J. Dean (1965) die Theorie vertreten, Menschen trachteten jeweils nach einem optimalen Grad an Intimität. Zu geringe Intimität werde ebenso vermieden wie zu hohe Intimität. Zur Herstellung des gewünschten Intimitätsgrades sei der Blickkontakt hilfreich. Eine Verlängerung des Blickkontaktes steigere die Intimität; ein Senken des Blicks oder ein Vorbeischauen lasse die Intimität sinken. Augenbewegungen könnten auch andere Einflüsse ausgleichen. So sei die Intimität nicht nur durch den Blickkontakt, sondern ebenfalls durch die räumliche Entfernung der Partner und durch ihr Gesprächsthema bestimmt. Solange Individuen bestrebt seien, das vorher gewählte Optimum an Intimität beizubehalten, reagierten sie auf das Näherrücken von Partnern mit einer Verringerung des Blicks; gemindert werde der Blickkontakt ebenfalls, wenn die Emotionalität des Themas sich erhöhe.

Ein enger Zusammenhang besteht zwischen *sozialen Einstellungen* und Bedürfnissen einerseits und Wahrnehmungen andererseits. Als in den vierziger Jahren die experimentelle Demonstration der Bedürfnisabhängigkeit von Wahrnehmungen gelang (s. Abschnitt 4.3.2), wurde dies als Beginn einer neuen Ära der Wahrnehmungspsychologie gefeiert - als *new look* der *Sozialwahrnehmung* (engl. *social perception*). Die Überlegung war dabei: Wenn die Wahrnehmung von Bedürfnissen beeinflußt wird, ist sie auch von sozialen Situationen und von Vorgängen in Gruppen abhängig; denn die soziale Situation und die Gruppe nehmen ja ihrerseits Einfluß auf die individuellen Bedürfnisse (Tajfel, 1969). So können etwa soziale Ängste die Wahrnehmung von Gefahren begünstigen.

Zu beachten ist weiterhin, wie das soziale Lernen die Wahrnehmung prägt. Ein Fall, der das verdeutlicht: Menschen können Gesichter der eigenen Rasse besser unterscheiden als Gesichter anderer Rassen. Der amerikanische Psychologieprofessor Roy S. Malpass hat das als Gerichtsgutachter und als Mitglied einer Bürgerinitiative gegen Rassendiskriminierung selbst erfahren. In der Stadt El Paso in Texas, wo zahlreiche Weiße und Schwarze zusam-

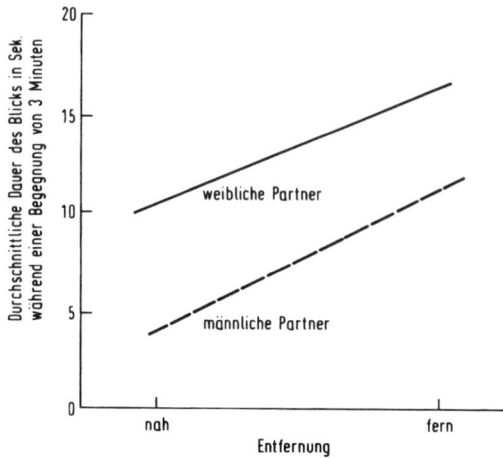

Blickverhalten in einer Wartesituation (nach Coutts & Schneider, 1975). Je geringer die Entfernung zwischen Personen, desto peinlicher ist ihnen ein Blickkontakt. Weibliche Partner tauschen außerdem häufiger Blicke aus als männliche.

menleben, hat er festgestellt: Für viele Weiße sehen Schwarze „alle ziemlich gleich" aus; sie können die Gesichter von Schwarzen schlechter unterscheiden als die Gesichter anderer Weißer, d. h. ihrer eigenen Rasse. Daß dies nicht an den Gesichtern selbst liegt, beweist die Umkehrung des Effekts bei den Schwarzen: Sie können Gesichter ihrer eigenen Rasse besser unterscheiden als Gesichter von Weißen. Die praktischen Folgen liegen auf der Hand: Es gibt mehr Verwechslungen bei der Identifizierung von Personen anderer Rassen - insbesondere wenn Zeugen vor Gericht aussagen.

Mit Patricia G. Devine hat Malpass (1985) untersucht, wie weit durch gelenkte Aufmerksamkeit die Begünstigung der eigenen Rasse ausgeglichen werden kann. Sie zeigten schwarzen und weißen Studierenden Photographien von weißen und schwarzen Gesichtern; sie sollten diese (ähnlich den Zeugen vor Gericht) anschließend wiedererkennen. Unter einer Versuchsbedingung war dies den Teilnehmern bekannt; sie sollten sich um ein genaues Wiedererkennen bemühen und die Bilder aufmerksam betrachten. Unter anderen Bedingungen wußten die Teilnehmer bei Betrachten der Photos nicht, daß sie diese später wiedererkennen sollten; eine Versuchs-

Individuelle Projektion - soziale Konstruktion

Zu den beliebtesten *Comic*-Figuren gehört Prinz Eisenherz, Ritter aus Thule im Dienste des König Artus. In die Figur des Eisenherz kann man eigene Wünsche projizieren - Mut, Stärke, männliche Schönheit.

Prinz Eisenherz und sein Freund Boltar.

Homosexuelle Männer haben Eisenherz als ebenfalls homosexuell erkannt. Nachdem Schwulenorganisationen Eisenherz zu ihrer Symbolfigur erklärt haben, sehen auch heterosexuelle Männer in Eisenherz einen Schwulen. Was als individuelle Projektion begann, ist also inzwischen zur sozialen Konstruktion geworden.

gruppe wurde beispielsweise nur aufgefordert, die Freundlichkeit des Gesichtsausdrucks zu beurteilen. In der Tat führte die aufmerksame Betrachtung zu einem besseren Wiedererkennen aller Gesichter. Doch die Benachteiligung des Erkennens von Gesichtern der jeweils anderen Rasse ließ sich durch aufmerksames Betrachten nicht beseitigen. Dieser Befund zeigt, wie stark die Wahrnehmung in kulturelle Zusammenhänge eingebunden ist.

Argyle, M. & Dean, J. (1965). Eye-contact, distance and affiliation. *Sociometry, 28,* 289-304.

Coutts, L. M. & Schneider, F. W. (1975). Visual behavior in an unfocused interaction as a function of sex and distance. *Journal of Experimental Social Psychology, 11,* 64-77.

Tajfel, H. (1969). Social and cultural factors in perception. In G. Lindzey & E. Aronson (Eds.), *The handbook of social psychology* (pp. 315-394). Reading/Mass.: Addison Wesley.

Devine, P. G. & Malpass, R. S. (1985). Orienting strategies in differential face recognition. *Personality and Social Psychology Bulletin, 11,* 33-40.

ZUSAMMENFASSUNG

1. Die Fähigkeiten der Wahrnehmung und des Erkennens wachsen in den ersten Lebensjahren beträchtlich. Anfangs beruht das Erkennen vorwiegend auf den Nahsinnen (Berührung); es schreitet über ein bildhaftes Stadium, in dem die Fernsinne (Gesicht und Gehör) die Oberhand gewinnen, zur symbolischen Repräsentation fort. Es gibt Hinweise auf angeborene Fähigkeiten der Wahrnehmung.

2. In der Wahrnehmung gibt es eine Fülle individueller Unterschiede. Neben Unterschieden in der Tüchtigkeit der Sinne (z. B. Hörvermögen) ist u. a. eine Variation der Feldabhängigkeit, der Sensibilität für

Objekte und Aspekte (z. B. Gefahren) sowie des Orientierungsverhaltens (z. B. Impulsivität der Augenbewegung) zu beobachten.

3. Die soziale Interaktion baut auf gemeinsamen Wahrnehmungen (z. B. von Mitgliedern anderer Gruppen) auf. Indem die Wahrnehmung in Abhängigkeit von Bedürfnissen steht, diese jedoch sozial bestimmt sind, ergibt sich ein Einfluß der sozialen Situation auf die Wahrnehmung (Sozialwahrnehmung). Gruppe und Kultur nehmen Einfluß auf das Wahrnehmungslernen (z. B. werden Gesichter der eigenen Rasse feiner unterschieden).

LITERATUR ZUR ERGÄNZUNG UND VERTIEFUNG

Bruce, V. & Green, P. R. (1990). *Visual perception. Physiology, psychology and ecology.* Hillsdale, NJ: Lawrence Erlbaum.
(Breitgefächerter Überblick über das Gebiet der visuellen Wahrnehmung.)

Drösler, J. (1989). *Quantitative psychology.* Toronto: Hogrefe.
(Mathematisch anspruchsvolle Darstellung der Psychophysik sowie der allgemeinen Theorie des Messens in der Psychologie.)

Hajos, A. (1980). *Einführung in die Wahrnehmungspsychologie.* Darmstadt: Wissenschaftliche Buchgesellschaft.
(Breit angelegte Einführung mit Schwerpunkt im Bereich der sensorischen Prozesse.)

Kebeck, G. (1994). *Wahrnehmung.* Weinheim: Juventa.
(Studientext mit zahlreichen Demonstrationen zur visuellen Wahrnehmung; behandelt die Auseinandersetzung von Gestaltpsychologie und ökologischem Realismus.)

Metzger, W. (1953). *Gesetze des Sehens.* Frankfurt a. M.: Kramer.
(Gestaltpsychologisch orientierte Einführung mit einer Fülle von Demonstrationen zur visuellen Wahrnehmung.)

Neisser, U. (1979). *Kognition und Wirklichkeit.* Stuttgart: Klett-Cotta (Erstausgabe 1976: *Cognition and reality.* San Francisco: Freeman).
(Eine Psychologie der Wahrnehmung als Erkenntnis der Umwelt.)

Neumann, O. & Prinz, W. (Eds.). (1990). *Relationships between perception and action.* Berlin: Springer.
(Sammlung von Berichten über aktuelle Forschungsarbeiten zum Zusammenhang von Wahrnehmung und Motorik.)

Rock, I. (1985). *Wahrnehmung. Vom visuellen Reiz zum Sehen und Erkennen.* Heidelberg: Spektrum der Wissenschaft.
(Analyse des Prozesses der Informationsverarbeitung, vorwiegend aus neuropsychologischer Sicht.)

Stadler, M., Seeger, F. & Raeithel, A. (1975). *Psychologie der Wahrnehmung.* München: Juventa.
(Einführung mit besonderer Berücksichtigung handlungs- und sozialpsychologischer Fragestellungen.)

Voss, H. G. & Keller, H. (Hrsg.). (1981). *Neugierforschung.* Weinheim: Beltz.
(Behandelt Grundlagen und Anwendungen der Theorie der Wißbegier.)

Kapitel 5

Vorstellung, Begriffe, Wissen

Vorstellung: Anschauung jenseits der Wahrnehmung

Begriffe und ihre Ordnung

Phantasie und Traum

Das Phänomen des gesteigerten Bewußtseins

Bedeutungs- und Wissensstrukturen

Realitätsgebundenheit und Freiheit von Denk- und Vorstellungsinhalten

Sind Menschen imstande, die Inhalte ihres Bewußtseins selbst zu gestalten? Bilden sie eigenständige Vorstellungen, die - anders als Wahrnehmungen - nicht die gegenwärtig erfahrbare Welt darstellen und - anders als Erinnerungen - auch nicht frühere Erfahrungen aufs neue erstehen lassen? Zumindest besitzen Menschen die Fähigkeit, Wahrnehmungen und Erinnerungen zu verändern - etwa gesehene Gegenstände in der Vorstellung an einen neuen Ort zu verschieben oder gehörte Melodien in eine andere Tonart zu übertragen.

Eigenständigkeit gegenüber der Erfahrung scheint auch bei der Zusammenfassung und Ordnung von Erlebnissen zu herrschen. So werden Gegenstände, Personen und Ereignisse in Klassen zusammengefaßt und nach Begriffen geordnet. Angehörige gleicher Klasse erhalten zumeist eine eigene sprachliche Bezeichnung.

Dieses Kapitel wird noch ein drittes Thema behandeln: das menschliche Wissen, wie es die Wahrnehmung leitet (vgl. Kapitel 4), das Erkennen und Lösen von Problemen stützt (vgl. Kapitel 8), Handeln und Kommunikation bestimmt (vgl. Kapitel 10 und 12) und langfristig im Gedächtnis aufbewahrt wird (vgl. Kapitel 7). Wissen läßt sich in sprachlicher und in anschaulicher Form darstellen. Wissensrepräsentationen sind oft schematisch; sie bilden innerhalb einer Kultur Standardformen aus. Wissensschemata sind gemeinsamer Besitz der Teilhaber einer Kultur und deshalb sowohl Grundlage als auch bevorzugter Gegenstand von Unterricht und Kommunikation.

5.1
Vorstellungen - selbst erzeugte Gegenstände im Kopf?

5.1.1 Korallendom und Sternenkrieg

„Die blauen Tintenfische schwimmen vor den Fenstern, ... moosköpfige Fische treiben vorbei, die Tintenfische entfernen sich, und das blaue Polypengeflecht zerfällt in den Wirbeln des Kräuterwassers; die Luft in meinem Gehäuse ist ein Gemisch aus Balsam, Harz und Wind, ich fahre durch Korallenriffe, ... Reflexe in den blauen Schatten der Tintenfische, die nun zahlreicher werden; ... die Korallenriffe werden zu Felsen, korallenköpfige Pilaster gegen den Schatten des Kräuterwassers, der Wind mischt die Substanzen Staub und Glas, ich fahre durch Dome, ... die Korallen zerstieben, die Schnelligkeit muß zugenommen haben, ich fahre zwischen Lichtgewächsen hindurch, ich fahre windverpackt, lichtdurchbebt, die Reflexe der zerstörten Korallenriffe auf der Haut, ... ich fahre durch die Membran der Jahrtausende, ... und wieder die Korallenriffe, die glühenden Monstren, ... durch das Äonengeflecht, der Balsam und der poröse Rauch des Harzes, die Dome wachsen in den Horizont hinein, ich fahre im Geflecht der Korallen, Wind im Gesicht, ein fremdes Gemisch, das Kräuterwasser, kobaltblaue Tintenfische, das algenfransige Gewebe vor Augen, ... und über dem Horizont aus Tusche öffnen sich die Augen eines Totenschädels, ich fahre durch die Augen in den Totenschädel, das Innere ... ist ein geräumiges Verlies ..."

Mit dieser phantastischen Schilderung beginnt ein surrealistischer Roman des Berner Schriftstellers Heinz Weder. Phantastisch und unrealistisch wirkt auch die Darstellung eines Kampfes zwischen technisch hochgerüsteten kosmischen Mächten in dem Film *Krieg der Sterne* von George Lucas; der Film schildert einen Kampf zwischen einem galaktischen Imperium, das in finsterer Absicht das Weltall zu unterjochen trachtet, und mutigen Rebellen auf dem Gestirn Alderaan, die sich dem Imperium entgegenstellen.

Szene aus dem Film „Krieg der Sterne" von George Lucas aus dem Jahre1978.

Sowohl der Roman als auch der Film gibt Phantasievorstellungen wieder - Phantasievorstellungen des Romanautors und des Filmautors. Der Romanautor hat für die Wiedergabe die sprachliche Form gewählt, der Filmautor die bildhafte. Doch dürfte beiden, als sie ihre Kunstwerke schufen, eine anschauliche Vorstellung gewärtig gewesen sein, in der Erscheinung einer sinnlichen Wahrnehmung gleich, jedoch in der Entstehung ohne Sinnesreiz, ohne unmittelbaren äußeren Gegenstand.

Inhalte der Vorstellung decken sich ihrer Art nach mit denen der Wahrnehmung. Sie umfassen Räume mit ihren Gegenständen (z. B. zeigen sie den Weltraum und Naturszenerien) und erstrecken sich über die Zeit (z. B. zeigen sie Kämpfe und Reisen). Sie umfassen Empfindungen aller Sinnesmodalitäten (z. B. Geruchsempfindungen wie im Erlebnis des „Gemischs von Balsam, Harz und Wind" im Text Weders, visuelle Empfindungen im Erlebnis der „korallenköpfigen Pilaster" im gleichen Text). Während sich allerdings in der Vorstellung der Roman- und Filmautoren die Bilder von Unterwasser- und Weltraumabenteuern formen, befinden sich diese an ihren heimischen Schreibtischen - inmitten einer Wirklichkeit, die nichts gemein hat mit einem gerade vorgestellten, von Kräuterwasser umspülten Totenschädel oder einem Flugkörper mit kosmischen Giganten.

Menschen wissen zumeist recht sicher zwischen ihren Vorstellungen („das habe ich mir so zurechtphantasiert") und ihren auf die Wirklichkeit bezogenen Wahrnehmungen zu unterscheiden. Im Prozeß der *Wirklichkeitsabschätzung* (engl. *reality monitoring)* trennen sie Abbildungen der ihren Sinnen gerade zugänglichen Welt und Vorstellungen einer anderen, räumlich oder zeitlich entfernten Welt, ja sogar einer Welt, die nie verwirklicht war und sein wird (vgl. Abschnitt 3.1.2). Phantasievorstellungen wird deshalb oft ein eigener hoher Wert zugeschrieben: als selbstgestalteter Teil der menschlichen Erlebniswelt, als Schöpfungen menschlichen Geistes.

Der englische Psychologe David Marks (1990, S. 4) hat *Vorstellungen des Bewußtseins* (engl. *mental imagery, mental images)* u. a. die folgenden fünf Merkmale zugeschrieben:

Weder, H. (1966). *Der Makler.* Hamburg: Hoffmann & Campe.

Marks, D. F. (1990). On the relationship between imagery, body, and mind. In P. J. Hampson, D. F. Marks & J. T. E. Richardson (Eds.), *Imagery* (pp. 1-38). London: Routledge.

- Vorstellungen entstehen in einem geistigen Produktionsprozeß „von oben nach unten" (engl. *top-down process).* In dem Prozeß werden Bilder von ganzheitlicher Struktur erzeugt, ohne daß vorher - wie bei Wahrnehmungen - elementare Sinnesempfindungen „von unten nach oben" (engl. *bottom-up)* zusammengefügt werden.
- Vorstellungen lassen sich im Raum verschieben und umgestalten, ohne daß ihre Struktur verloren geht (z. B. kann man in der Vorstellung Raumschiffe durch das Universum kreisen lassen - ein Fall von Ortsveränderung; man kann kobaltblaue Tintenfische in der Vorstellung zu giftgrünen werden lassen - ein Fall von Merkmalsänderung).
- Man kann gegenüber Vorstellungen den eigenen Standort verändern (z. B. kann man sich vorstellen, wie man selbst um einen Totenschädel herumfährt).
- Vorstellungen lassen sich verfeinern - als verfüge der Mensch über einen Vergrößerungsmechanismus, ein „hochauflösendes graphisches System" (z. B. kann die Vorstellung eines Korallenriffs zu den Details einer einzelnen Koralle übergehen).
- Vorstellungen gehen oft mit Emotionen einher (z. B. freudige Vorstellungen erwarteter Geschenke, sorgenvolle Vorstellungen befürchteten Unglücks).

Mit solchen Eigenschaften werden vorgestellte Räume und Dinge zu bevorzugten Gegenständen des Problemlösens und der Handlungsplanung. Man kann an ihnen Veränderungen ausprobieren, ohne die Anstrengungen und Folgen tatsächlicher Manipulation auf sich nehmen zu müssen (vgl. Abschnitte 8.1.3, 9.3.1).

5.1.2 Kognitive Operationen an visuellen
und akustischen Vorstellungen

Eine der auffälligsten Eigenschaften von Vorstellungen ist ihre willentliche Beeinflußbarkeit (s. bereits Abschnitt 5.1.1). Der Baseler Psychologe Gerhard Steiner erklärt damit geradezu den Ursprung und die Funktion von Vorstellungen. Vorstellungen nähmen reale Objekte vorweg; in der Vorstellung erfolge eine „Antizipation sensorischer Information". An den innerlich vorweggenommenen Objekten könnten dann Handlungen vorweggenommen werden; insofern bilde das Vorstellen selbst eine *„verinnerlichte Handlung"* (Steiner, 1980 S. 216, 219). Damit der Vorstellungsverlauf der möglicherweise nachfolgenden Handlung entspricht, müssen die vorgestellten Gegenstände ebenfalls realitätsgerecht sein. Diese Forderung erfüllt die analoge Wiedergabe, welche die räumlichen, zeitlichen und sensorischen Merkmale von Gegenständen weitgehend original- und maßstabsgetreu nachbildet (vgl. Abschnitt 3.2.3). Visuelle Bilder (z. B. das obige Bild eines Flugkörpers aus *Krieg der Sterne)* träten als Vorstellungen besonders häufig auf, weil sie einerseits Analogdarstellungen seien, andererseits den visuellen Wahrnehmungen glichen, wie sie Handlungen am häufigsten steuerten.

Die Vorstellung als innere Handlung läßt sich leicht am Fall von vorgestellten Melodien erläutern. Musiker können Melodien vielfach abwandeln: Sie können das Tempo beschleunigen oder verlangsamen, die Melodie in eine andere Tonart transponieren usw. Dies alles sind tatsächlich durchführbare und hörbare Veränderungen. Dieselben Veränderungen kann man allerdings auch in der Vorstellung vollziehen, ohne daß sie hörbar werden. Solchen Veränderungen sind allerdings beim hörbaren Musizieren wie in der lautlosen Vorstellung Grenzen gesetzt. Andrea Halpern (1992) hat u. a. untersucht, wie weit Personen sich eine Änderung des Tempos von Liedern vorstellen können. Sie stellte fest: Menschen haben ausgeprägte Vorstellungen über das für ein Lied angemessene Tempo. Sie können sich die Lieder auch schneller oder langsamer vorstellen; Abweichungen sind jedoch nur in begrenztem Umfang statthaft.

Vorstellungen als innere Handlungen sind häufig am Fall der *mentalen Rotation* (engl. *mental rotation)* visueller Gegenstände untersucht worden. Als Gegenstände der Rotation boten sich u. a. Schriftsymbole wie Ziffern und Buchstaben an. Buchstaben wie „R" kennt man in der Regel in aufrechter und seitenrichtiger Lage. Schneidet man ein „R" aus Pappe aus, legt es verdreht oder verkehrt vor eine Person und bittet diese Person, den Buchstaben zu lesen, dann bringt die Person wahrscheinlich den Pappbuchstaben in die gewohnte Lage, bevor sie ihn benennt. Roger Shepard von der amerikanischen Universität Stanford hat nun angenommen, daß Personen in ihrer Vorstellung die gleichen Operationen vollziehen, wenn sie ein verdrehtes oder seitenverkehrtes Zeichen vor sich sehen.

Zusammen mit Lynn Cooper hat Shepard im Jahre 1973 den Vorgang der mentalen Rotation von Schriftzeichen in folgendem Versuch nachzuweisen versucht: Die Forscher zeigten Probanden Buchstaben und Ziffern, von denen einige gegenüber der normalen Lage gedreht oder seitenverkehrt (spiegelbildlich) waren. Die Probanden sollten durch Knopfdruck anzeigen, ob die gezeigten Zeichen seitenverkehrt waren. Die Autoren glaubten: Wenn die Probanden zu beurteilen hätten, ob die Ziffern normal oder spiegelbildlich wiedergegeben sind, würden sie in ihrer Vorstellung zunächst (in der Bildebene) verdrehte Zeichen in eine aufrechte Lage bringen und sodann spiegelbildliche (in der Tiefenrichtung) in ihre normale Seitenlage.

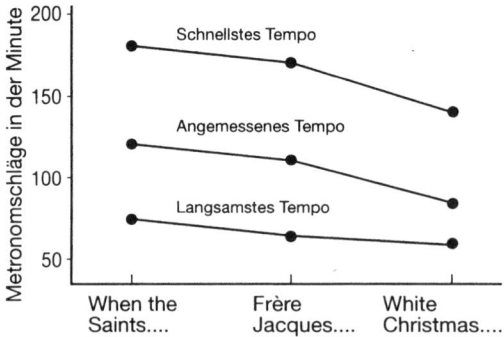

Angemessenes, schnellstes und langsamstes vorstellbares Tempo für die Lieder „When the Saints go marching in", „Frère Jacques" und „White Christmas" (nach Halpern, 1992, S.16).

Mentale Rotation (nach Cooper & Shepard, 1973). Es wird angenommen, daß verdreht oder verkehrt gebotene Schriftzeichen in der Vorstellung in die gewohnte Lage gebracht werden. Dabei erfolgt - falls die Zeichen verdreht gezeigt werden - zunächst eine Drehung, sodann - falls die Zeichen seitenverkehrt gezeigt werden - eine Wendung.

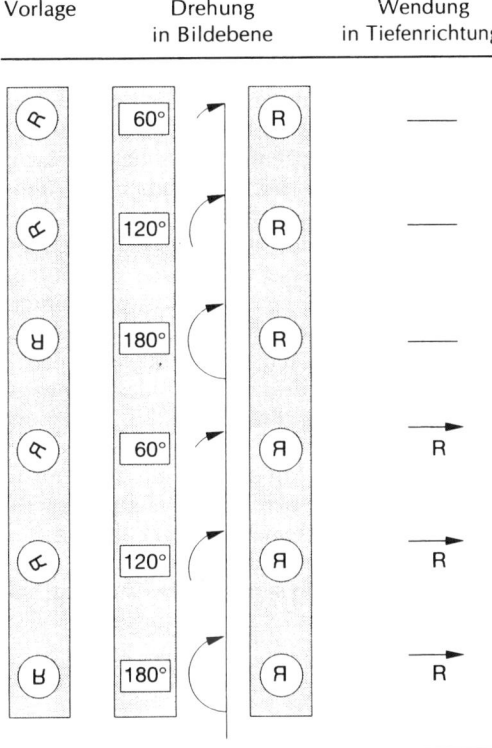

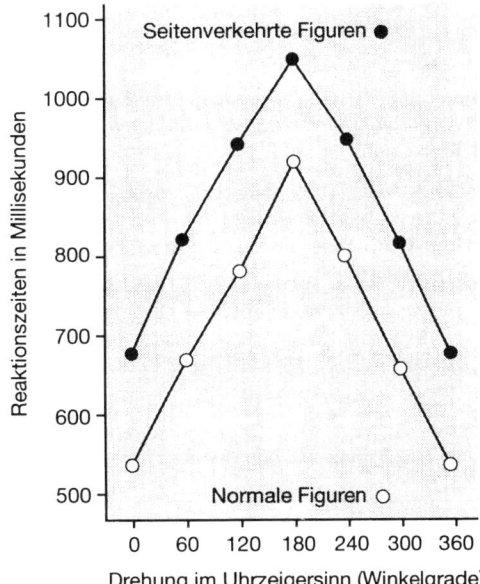

Reaktionszeit bei Benennung gedrehter oder seitenverkehrter Schriftzeichen (nach Cooper & Shepard, 1973, S.103 und 150). Interessant an diesen Ergebnissen ist übrigens, daß die Richtung der angenommenen Drehung keine Rolle spielte; die Probanden drehten also in Richtung des Uhrzeigers nicht schneller als in Gegenrichtung.

Gemessen wurde die Zeit, welche von dem Beginn der Darbietung bis zum Druck auf einen von zwei Knöpfen verging. Der Druck auf den einen Knopf bedeutete: Das Zeichen ist spiegelverkehrt. Ein Druck auf den anderen Knopf hieß: Das Zeichen ist seitenrichtig. Diese Reaktionszeit verlängerte sich mit der Größe des Winkels, um den ein gezeigtes Zeichen von seiner aufrechten Normallage abwich. Sie verlängerte sich weiterhin, wenn ein Zeichen seitenverkehrt dargeboten wurde. Die Autoren schlossen daraus: Die Reaktionszeiten spiegelten die Zeit wider, welche die Probanden brauchten, um in ihrer Vorstellung die Zeichen in die Normallage zurückzudrehen oder sie umzuwenden.

Wenn nun Vorstellungen Objekten gleichen, an denen man Operationen vollziehen kann: Wie sind diese Vorstellungen beschaffen? Hier liegt der Vergleich mit bildverarbeitenden und bilderzeugenden Techniken nahe. Man kann einerseits Vorstellungen mit Photographien vergleichen, welche die Verteilung von Farben und Helligkeiten aus der Umgebung auf einem Film festhält. Man kann sie andererseits mit der Oberfläche eines Bildschirms vergleichen, dessen Punkte durch einen Kathodenstrahl gesteuert werden. Der Kathodenstrahl ist seinerseits durch ein Rechnerprogramm gelenkt. Das Rechnerprogramm kann wiederum Anweisungen in symbolischer Form enthalten. Auf diese Weise wird möglich, daß eine analog erscheinende Vorstellung durch ein propositional aufgebautes System erzeugt wird (vgl. Abschnitt 3.2.3).

Die Frage, ob die visuelle Vorstellung des Menschen sich ebenso verhält wie bekannte technische Graphiksysteme, hat zahlreiche

Steiner, G. (1980). *Visuelle Vorstellungen beim Lösen von elementaren Problemen.* Stuttgart: Klett-Cotta.

Halpern, A. R. (1992). Musical aspects of auditory imagery. In D. Reisberg (Ed.), *Auditory imagery* (pp. 1-28). Hillsdale, NJ: Lawrence Erlbaum.

Cooper, L. A. & Shepard, R. N. (1973). Chronometric studies of the rotation of mental images. In W. G. Chase (Ed.), *Visual information processing* (pp. 75-176). New York: Academic Press.

Kosslyn, S. M. (1975). Information representation in visual images. *Cognitive Psychology, 7,* 341-370.

In einem seiner Versuche bat Kosslyn (1975, Experiment 5) seine Probanden, sie sollten sich Tiere vorstellen (z. B. eine Katze). Er gab ihnen vier unterschiedlich große Quadrate vor; das größte Quadrat war ca. 200 cm^2 groß (Kantenlänge ca. 14 cm), das kleinste ca. 1 cm^2 (Kantenlänge ca. 1 cm). Der Größe dieser Quadrate sollten die Probanden nun ihre Vorstellungen anpassen. Der Autor prüfte sodann die Verfügbarkeit von Einzelheiten. Er fragte die Probanden nach dem Vorhandensein von Körpermerkmalen, und zwar von zutreffenden (z. B. hat die Katze Krallen?) wie von nicht zutreffenden (z. B. hat die Katze einen Schnabel?). Die Annahme war nun: Sähen die Probanden die erfragten Merkmale bildlich vor sich oder sei aus ihren Vorstellungen das Fehlen dieser Merkmale ersichtlich, würden sie die Frage schnell beantworten. Fehlten aber die erfragten Details in ihrem Vorstellungsbild, dann müßten sie diese nachträglich erzeugen; dieser Prozeß des nachträglichen Erzeugens würde die Antwort verzögern. Tatsächlich stellte Kosslyn eine Verlängerung der Antwortzeit mit zunehmender Verkleinerung der Vorstellungen fest. Er schloß daraus: Je kleiner das Vorstellungsbild, desto mehr Details werden darin ausgespart. Jedoch kann das System der Vorstellung bei Bedarf fehlende Einzelheiten ergänzen.

Forscher beschäftigt. Als einer der ersten hat Kosslyn (1975) zu dieser Frage Experimente durchgeführt. Er unterschied zwei Arten von Bilddarstellungen: gleichzeitig vollständige sowie sukzessiv erzeugte. Ein Beispiel für ein gleichzeitig vollständiges Bild ist ein Diapositiv; es enthält alle Einzelheiten (z. B. eine Straßenszene mit Häusern, Verkehrsmitteln und Passanten, zur Zeit der Aufnahme anwesende Gäste bei einer Geburtstagsfeier) gleichzeitig. Nacheinander können dagegen rechnergestützte Graphiksysteme Bildteile herstellen (z. B. können Architekturbüros zunächst den Umriß eines Gebäudes zeichnen, dann Fenster einsetzen und schließlich den Platz vor dem Gebäude mit Autos und Fußgängern bevölkern. Enthält die menschliche Vorstellung eines Gegenstandes alle vorgestellten Merkmale auf einmal (wie ein Diapositiv), oder werden Vorstellungen in Teilen nach und nach erzeugt?

Kosslyn benutzte verschiedene Methoden zur Variation der Größe von Vorstellungen. Dabei ließ er sich von folgender Überlegung leiten: Vergrößert oder verkleinert man die Wiedergabe eines Diapositivs, bleibt die Zahl der darin enthaltenen Einzelheiten gleich. Denn bei einem Graphiksystem - einem natürlichen wie einem technisch konstruierten - liegt es nahe, jeweils so viele Einzelheiten zu zeigen, wie Platz für die Darstellung vorhanden ist.

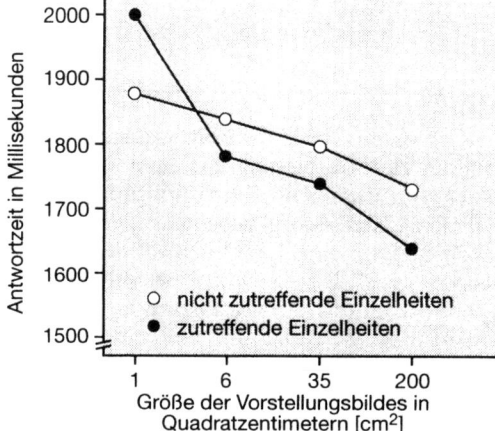

Antwortzeit bei unterschiedlich großen Vorstellungsbildern (nach Kosslyn, 1975, S. 362). Probanden stellten sich Tiere in unterschiedlicher Größe vor. Danach wurden sie nach (zutreffenden und unzutreffenden) Einzelheiten gefragt.

Gegenstandslose Kunst - Phantasie jenseits der Erfahrung?

Kann sich Phantasie von der sinnlichen Erfahrung lösen? Ist Phantasie, wenn sie schon nicht der aktuellen Wahrnehmung entspringt, nicht wenigstens Erinnerung? Und wenn Phantasie mehr hervorbringt als Wahrnehmung und Erinnerung: Ist das Ergebnis dann so sinnvoll wie die gegenwärtige oder frühere Erfahrung, ja dieser vielleicht sogar überlegen? Ein Prüfstein für diese Fragen ist die Kunst, die sich nicht in der getreuen Wiedergabe von Natur, von Wirklichkeit, erschöpfen will.

Die Vorgaben der sinnlichen Erfahrung haben Künstler in diesem Jahrhundert als Einschränkung ihrer Gestaltungsfreiheit gewertet. Ihre Konsequenz: Auf gegenständliche Darstellungen (wie z. B. Portraits, Stilleben, Landschaften) ganz zu verzichten und Farben und Formen frei zu entwickeln. Dies ist die Grundlage der als abstrakt oder als gegenstandslos bezeichneten Richtung in der Malerei und Bildhauerei. Der Maler Wassily Kandinsky (1866-1944) drückte deren Absicht im Programm der *Neuen Künstlervereinigung München* aus dem Jahre 1909 folgendermaßen aus:

„Wir gehen aus von dem Gedanken, daß der Künstler außer den Eindrücken, die er von der äußeren Welt, der Natur, erhält, fortwährend in einer inneren Welt Erlebnisse sammelt und auf der Suche ist nach künstlerischen Formen, welche die gegenseitige Durchdringung dieser sämtlichen Erlebnisse zum Ausdruck bringen sollen - nach Formen, die von allem Nebensächlichen befreit sein müssen, um nur das Notwendige stark zum Ausdruck zu bringen ... dies scheint uns eine Losung, die gegenwärtig immer mehr Künstler geistig vereint."

(Buchheim, 1959, S. 23)

Der Maler Paul Klee (1879-1960) betonte die eigenständige Welt, die sich der Künstler mit seinen Mitteln zu schaffen vermag:

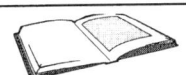

Buchheim, L. G. (1959). *Der ,Blaue Reiter' und die ,Neue Künstlervereinigung München'*. Feldafing: Buchheim.

Klee, P. (1920). Beitrag für den Sammelband ,Schöpferische Konfession' (Nachdruck 1976 in Ch. Geelhaar (Hrsg.), Paul Klee. *Schriften* (S. 118-122). Köln: Du Mont).

Münch, H. (1960). *Die gegenstandslose Kunst - ein Denkfehler*. Wels: Wancara.

Abell, W. (1936). *Representation and form. A study of aesthetic values in representational art*. London: Scribner.

„Aus abstrakten Formelementen wird über ihre Vereinigung zu konkreten Wesen oder zu abstrakten Dingen wie Zahlen und Buchstaben hinaus zum Schluß ein formaler Kosmos geschaffen, der mit der großen Schöpfung solche Ähnlichkeit aufweist, daß ein Hauch genügt, den Ausdruck des Religiösen, die Religion zur Tat werden zu lassen."

(Klee, 1976/1920, S. 121)

Unbenannte Improvisation (Kandinsky, 1914)

Freilich ist in der Kunsttheorie (vgl. Münch, 1960; Abell, 1936) umstritten, wie weit die Darstellung reiner Formen und Farben lediglich einer ungebundenen Sinnlichkeit dient oder ob sie darüber hinaus ein Bewußtsein geistiger Ordnung entstehen läßt.

5.1.3 Freiheit und Wunscherfüllung

Vorstellungen lösen sich von aktuellen Wahrnehmungen und damit von der gegenwärtigen Wirklichkeit. Auch die Umkehrung scheint zu gelten: Wenn die Wirklichkeit wenig neue und anregende Information anbietet, geht das kognitive System zur Schaffung eigener Bewußtseinsinhalte über. Situationen der Langeweile und der Monotonie (z. B. Warten auf einen Bus, Fahren in der Dunkelheit) sind daher günstig für die Tätigkeit der *Phantasie*. Indem Phantasie sich von der Erfahrung der Wirklichkeit löst, gewinnt sie Gestaltungsfreiheit. Ihre Freiheit kann sie in den Dienst der Wünschbarkeit stellen.

Eine verbreitete These behauptet, Phantasie diene unmittelbar der *Wunscherfüllung*. Es könnten Vorstellungen von begehrten Objekten, geliebten Personen, angestrebten Handlungen u. ä. allein Bedürfnisse befriedigen. Vorstellungen werden dann zum Ersatz für die Wirklichkeit. Es brauchte dann z. B. der Ehrgeizige nicht mehr die Anerkennung seiner Mitmenschen, wenn er sich in seinen Gedanken den eigenen Ruhm nur lebhaft genug ausmalt; der Hungernde würde bereits von der Vision einer reich gedeckten Tafel satt.

Ist Befriedigung nur durch die Kraft des eigenen Bewußtseins tatsächlich zu leisten? Eine Untersuchung zu dieser Frage hat im Jahre 1933 Wera Mahler veröffentlicht. Ihr Interesse galt dem Leistungsmotiv. Mahler beauftragte ihre Probanden mit dem Erledigen einer Serie von Aufgaben (u. a. Zeichnen eines Titelblatts für ein Märchenbuch, Ausstechen von Wörtern auf einem Blatt Papier), verhinderte aber durch eine Störung (z. B. Unterbrechung durch einen Neuankömmling) den Abschluß der Arbeit. Personen mit ausgeprägten Leistungsbedürfnissen pflegen nach einer Unterbrechung die Arbeit wieder aufzunehmen, um sich das befriedigende Gefühl der Erledigung zu verschaffen.

In Versuchen wie denen von Mahler nehmen 70-80% der Probanden spontan ihre Tätigkeit wieder auf, wenn sie nach der Unterbrechung dazu die Gelegenheit erhalten (vgl. Abschnitt 9.4.5). Wie hoch ist nun die *Wiederaufnahmetendenz*, wenn Probanden die unterbrochenen Tätigkeiten nicht tatsächlich

Phantasie und Langeweile

„Alice machte es keinen Spaß mehr, neben ihrer Schwester ... zu sitzen und nichts zu tun zu haben. Zwischendurch schaute sie in das Buch, das ihre Schwester las, aber da waren keine Bilder ... drin. 'Was soll ein Buch ohne Bilder ... ?' dachte sie. Sie war dabei zu überlegen ..., ob es sich lohnte, aus Gänseblümchen eine Kette zu flechten, als plötzlich ein Weißes Kaninchen mit rosa Augen auf sie zulief."

(Übersetzung aus Carroll, 1865/1975, S. 23)

So beginnt eine der bekanntesten Phantasiegeschichten, *Alice im Wunderland*. Ihr Autor, der Oxforder Mathematiker Charles Dodgson (mit Künstlernamen Lewis Carroll), hat sie sich einfallen lassen, als er mit der kleinen Alice Liddell und ihren Schwestern Lorina und Edith im Boot die Themse hochpaddelte. Es sollte für die Kinder seines Dekans ein Zeitvertreib an einem heißen Julitag werden. Zur Abwechslung bat Alice um eine Erzählung *„with plenty of nonsense in it"* (Carroll, 1865/1975, S. 11). Dodgson verstärkte noch die Langeweile der Mädchen, indem er diese ausmalte; damit weckte er ihre volle Bereitschaft zur Reise in eine Welt der Phantasie, dem Wunderland des Weißen Kaninchens und des Übergeschnappten Hutmachers, wo es Säfte gibt, die Alice so klein schrumpfen lassen, daß sie in ihren vorher vergossenen Tränen zu ertrinken droht.

zu Ende führen können, dies aber wenigstens in ihrer Vorstellung tun? Wenn die Betroffenen durch gedankliche Erledigung zu der Überzeugung kamen, der Aufgabe gewachsen zu sein, sank die Wiederaufnahmequote auf 40%. Die Vorstellung der erfolgreichen Fortführung hatte also die Enttäuschung über den erzwungenen Abbruch zum Teil ausgeglichen.

Die gedankliche *Ersatzbefriedigung* mag allerdings bei dem von Mahler untersuchten Leistungsmotiv leichter herbeizuführen sein als bei anderen Motiven (wie zum Beispiel dem Durst). Trotzdem drängt sich die Frage auf, ob nicht die Phantasie zur Ersatzwelt werden kann, die alles aufbietet, was die Wirklichkeit versagt. Das ist offensichtlich nicht immer der Fall. Hierzu ein Untersuchungsergebnis: Gäbe es einen Ausgleichsautomatismus, der in die Phantasie einbringt, was die Wirklichkeit an sexueller Befriedigung versagt, müßten Personen, die sich sexuell weniger betätigen, mehr sexuelle Phantasien hervorbringen. Die von Davidson (1975) erhobenen Daten von 200 unverheirateten Studentinnen sprechen gegen eine solche Vermutung. Die meisten sexuellen Tagtraumphantasien wurden von Frauen angegeben, die mehr als einen Partner erfahren und starke Orgasmen erlebt hatten; sexuell inaktive Frauen, für welche die Phantasie einen Ersatz hätte darstellen können, fielen in der Stichprobe offenbar nicht auf.

Mahler, W. (1933). Ersatzhandlungen verschiedenen Realitätsgrades. *Psychologische Forschung, 18*, 27-89.

Carrol, L. (1865/1975). *Alice's adventures in wonderland*. Harmondsworth, GB: Puffin.

Davidson, A. D. (1975). The relationship of reported sexual daydreaming to sexual attitude, sexual knowledge and reported sexual experience in college women. *Dissertation Abstracts (International) 35*, (7 B) 3574-3575.

Arnim, L. A. von & Brentano, C. (1977). *Des Knaben Wunderhorn* (Teil 3), herausgegeben von H. Rölleke. Stuttgart: Kohlhammer (Erstausgabe 1808).

Freiheit der Gedanken

Die Phantasie ist als Raum der Freiheit gepriesen worden. Dieser Raum gestatte die Abkehr von quälenden Lebensumständen. Ein Zeugnis einer solchen Freiheitsphantasie ist das *Lied des Verfolgten im Thurm* aus der Sammlung *Des Knaben Wunderhorn*. Es feiert Gedankenfreiheit als Ausweg aus politischer Unterdrückung und persönlicher Not:

„Und sperrt man mich ein
In finsteren Kerker,
Dies alles sind nur
Vergebliche Werke;
Denn meine Gedanken
Zerreißen die Schranken
Und Mauern inzwey.
Die Gedanken sind frey.

Mein Wunsch und Begehren
Niemand kanns mir wehren; ...
So kann ich vom Herzen
Stets lachen, bald scherzen;
Es bleibet dabey
Die Gedanken sind frey.

(v. Arnim & Brentano, 1808/1977, S. 41f.)

ZUSAMMENFASSUNG

1. Vorstellungen sind wahrnehmungsähnliche Erlebnisse; sie beruhen jedoch nicht auf einer unmittelbar vorhergehenden Sinnesreizung und sind auch keine unmittelbaren Erinnerungen.

2. Vorstellungen lassen sich mitunter wie die vorgestellten Gegenstände behandeln: Man kann sie willkürlich drehen, umformen u. ä. Damit sind Vorstellungen für Planungen und für Problemlösen geeignete Gegenstände.

3. Es gibt unterschiedliche Theorien über die Repräsentation von Vorstellungen im Nervensystem sowie über Operationen an Vorstellungen. Eine Forschungsrichtung versucht, die Funktionen der visuellen Vorstellung nach dem Vorbild technischer (bilderzeugender und -verarbeitender) Graphiksysteme zu erklären.

4. Phantasievorstellungen entstehen oft in monotoner Umgebung; ihre ästhetischen und emotionalen Eigenschaften sind geeignet, Langeweile zu vertreiben.

5. Es gibt Anzeichen dafür, daß die Erfüllung von Wünschen in der Phantasie zum Ersatz für die tatsächliche Befriedigung von Bedürfnissen werden kann.

5.2
Divergentes Denken in der Phantasie

5.2.1 Wachträume und Schlafträume

Unzählbar viele Szenen, Figuren und Konstellationen erfüllen die Phantasie; sie stehen in häufigem Wechsel und lösen einander oft in überraschenden Folgen ab. Die Phantasie gelangt - wie es umgangssprachlich heißt - vom Hundertsten ins Tausendste. Man nennt einen solchen Denk- und Vorstellungsverlauf *divergent* (lat. *divergere*, auseinanderlaufen). Im Gegensatz zum divergenten Denken stehen das schlußfolgernde Denken (mehr darüber in Kap. 6) und das Probleme lösende Denken (mehr darüber in Kap. 8), die von verschiedenen Ausgangspunkten auf feste Lösungen zustreben und insofern als *konvergent* (lat. *convergere*, zusammenlaufen) zu bezeichnen sind.

Als wichtige Phantasietätigkeiten unterscheidet man den *Wachtraum* (*Tagtraum*) und den *Schlaftraum* (*Nachttraum*). Es scheint gesichert, daß weit über 90 % aller Menschen von Wachträumen berichten können (Singer, 1966). Schlafträume sind ebenfalls weit verbreitet. Obwohl viele Personen aus ihrer alltäglichen Selbsterfahrung den Eindruck gewinnen, traumlos zu schlafen, zeigt die eingehende Untersuchung auch bei ihnen regelmäßige Traumerlebnisse. Weckt man sie nämlich unmittelbar nach ihren Tiefschlafphasen, sind ihnen noch Träume gewärtig, die sie bis zum Ende der Schlafperiode wieder vergessen (vgl. den nächsten Abschnitt 5.2.2). Wo liegen die Unterschiede zwischen Wachtraum und Schlaftraum? Unterschiede ergeben sich wohl überhaupt dadurch, daß im Wachen der Umweltkontakt noch weitgehend fortbesteht, während er im Schlafen stark herabgesetzt ist. Im Wachen muß sich die Phantasie daher mehr als im Schlaf gegen Wahrnehmungsinhalte durchsetzen; sie wird sich stärker mit ihnen mischen und sich ihnen dabei anpassen. So wird aus der Wachtraumphantasie leicht ein Fortspinnen aktueller Erlebnisse.

Die Weiterverarbeitung wahrgenommener Szenen in der Phantasie gibt Gelegenheit, diese mit neuen Charakteren und Aspekten auszustatten, ihnen Neuigkeiten und Wünschbarkeiten einzuverleiben. Die oben (Abschnitt 4.3.2) beschriebene motivierte bzw. soziale Wahrnehmung erklärt sich auf diese Weise als Mischung von realistischer Wahrnehmung und (wunschgerechter) Phantasie.

> *„Die im Wachen träumen, haben Kenntnis von tausend Dingen, die jenen entgehen, die nur im Schlaf träumen."*
> Der Maler Wolfgang Schulze (WOLS), 1963.

Ein gleitender Übergang scheint auch zwischen dem Tagträumen und der Planung von Handlungen zu bestehen (vgl. Abschnitt 5.1.2). Selbst das Tagträumen von Schülern, oft als Störung des Lernens und als Rückzug von Unterricht und Hausaufgaben gescholten, scheint noch auf die Gestaltung und Bewältigung der Zukunft gerichtet zu sein. So zieht etwa Ursula Morf-Rohr (1981) das folgende Fazit aus einer schweizerischen Studie über das Tagträumen von 11-13jährigen:

> *„So phantastisch die Tagträume oft klingen mögen, liegt die Vermutung nahe, daß sich in ihrer Struktur die sozialen Regeln der Erwachsenen spiegeln und daß sie deshalb verstanden werden können als Einüben in die kommende Wirklichkeit; dabei darf aber das Phantastische, manchmal Utopische nicht aus dem Auge verloren werden, das die Erwartungen und Wünsche an die Zukunft zum Ausdruck bringt."*

(Morf-Rohr, 1981, S. 446)

Die *Wachphantasie* ist im allgemeinen willentlich beeinflußbar; man kann darauf hinwirken, daß die eigenen Vorstellungen sich fortsetzen oder abbrechen, daß sie Wohlsein, Angst oder Abscheu erzeugen. Die willentliche Beeinflußbarkeit des Schlaftraums gilt dagegen als gering. Tatsächlich haben Schläfer zumeist den Eindruck, ihren Träumen ausgeliefert zu sein. Allerdings wird diese Unterscheidung vielen Einzelfällen nicht gerecht. Manchen Phantasien können sich auch Tagträumer nicht entziehen. In pathologisch zu nennenden Fällen werden Vorstellungen zwanghaft; sie können weder abgebrochen, noch in ihrem Inhalt verändert werden. Andererseits scheint es - folgt man dem Psychologen Paul Tholey - die Fähigkeit zu geben, auch im Schlaf Klarheit über das Auftreten eines Traums zu gewinnen und dann willentlich Einfluß auf das eigene Traumgeschehen zu nehmen. Der Autor schreibt über diesen Zustand, den er *Klartraum* nennt:

„Dem Verfasser ist es gelungen, in Untersuchungen mit 14 Personen, die zuvor nie Klarträume gehabt hatten, eine Technik zu entwickeln, die es ermöglicht, Klarträume in einer bisher nicht beobachteten Frequenz bewußt herbeizuführen. Diese ... Technik beruht auf dem Grundgedanken, daß Personen, die sich im Wachzustand häufig die Frage stellen, ob sie träumen oder nicht, auch im Traum eine kritische Einstellung gegenüber ihrem Bewußtseinszustand gewinnen und dann ... in der Regel leicht erkennen können, daß sie sich im Zustand des Träumens befinden. Die bisherigen Untersuchungen ... lassen den Schluß zu, daß die meisten Menschen lernen können, sich im Traum des Träumens bewußt zu werden und handelnd in das Traumgeschehen einzugreifen."

(Tholey, 1977, S. 376)

5.2.2 Entstehung und Funktion von Schlafträumen

Der unvoreingenommene Beobachter glaubt, in tiefen Schlaf zu versinken, nachdem er sich zur Ruhe begeben hat, und bis zum Aufwachen in annähernd gleicher Schlaftiefe zu verharren. Dieser Eindruck trügt jedoch - zumindest was den normalen Nachtschlaf anbelangt. In Wirklichkeit durchlaufen durchschnittliche Schläfer jede Nacht ungefähr fünf Zyklen, in deren Wechsel eine Phase tiefen Schlafes in eine Phase flachen Schlafes über-

Symbolik in der Phantasie - offen oder verdeckt?

Die Tiefenpsychologie lehrt: Verdrängte Wünsche mischen sich - unerkannt von den Betroffenen - in die Phantasie und treten dort in Form von Symbolen des Unbewußten (Abschnitt 2.2.2) in Erscheinung. Allerdings ist auch zu beobachten: Symbole treten offen in Erscheinung - als unverhüllter und gerade in seiner Offenheit ebenso eindringlicher wie aufdringlicher Ausdruck bewußter Strebungen. Das zeigt das Gedicht *die brücken von budapest - für Elisabeth* von Reiner Kunze:

Die brücken erinnern ans lieben
weil sie
überbrücken
wie die arme der liebenden die nacht
der phallus den tod
Weil sie
von neuem überbrücken und
dennoch
dennoch
dennoch
Die brücken erinnern ans lieben: spannung
wie in den muskeln liebender
Die Margareteninsel,
entbunden des keuschheitsgelübdes, spreizt
die schenkel ihrer brücke, der himmel
ein männerauge
Zwischen ferse und schulter
ein einziger bogen; erinnert ans lieben
die brücke der brücken
mit deinem namen

(Kunze, 1969, S. 62)

geht. Die wechselnde *Schlaftiefe* ist unmittelbar durch die Leichtigkeit festzustellen, mit der sich Schläfer wecken lassen. Ohne Störung des Schlafes durch Weckreize kann man den Verlauf des Schlafes im Elektroenzephalogramm (EEG), der Aufzeichnung der elektrischen Aktivität des Gehirns, verfolgen.

Die Häufigkeit und Beschaffenheit von Träumen ändert sich mit der Schlaftiefe. Weckt man Schläfer aus unterschiedlich tie-

Singer, J. L. (1966). *Daydreaming.* New York: Random House.

Schulze, W. (1963). In *Aufzeichnungen,* herausgegeben von W. Haftmann. Köln: Du Mont Schaumberg.

Morf-Rohr, U. (1981). Tagträumen in der Vorpubertät. In W. Michaelis (Hrsg.), *Bericht über den 32. Kongreß der Deutschen Gesellschaft für Psychologie 1980 in Zürich* (Band 1, S. 444-446). Göttingen: Hogrefe.

Tholey, P. (1977). Der Klartraum. Seine Funktion in der experimentellen Traumforschung. In W. Tack (Hrsg.), *Bericht über den 30. Kongreß der Deutschen Gesellschaft für Psychologie 1976 in Regensburg* (Band 1, S. 376-378). Göttingen: Hogrefe.

Kunze, R. (1969). *Sensible Wege.* Reinbek: Rowohlt.

fem Schlaf und bittet sie um Wiedergabe ihrer frischen Traumerlebnisse, so werden aus dem tiefsten Schlaf die meisten Träume berichtet. Die Träume aus dieser Phase sind auch die lebhaftesten und detailliertesten; sie zeichnen sich durch den höchsten Grad an Deutlichkeit, Folgerichtigkeit und zeitlicher Ordnung aus.

Bereits die ersten Studien zur experimentellen Traumforschung stimmten in diesem Befund überein (Foulkes, 1964). Traumberichte aus Phasen geringer Schlaftiefe erscheinen demnach kurz, diffus, punktuell. Etwa:

„Ein rotes Licht, welches näher kommt."

Im Vergleich dazu haben Berichte aus Phasen hoher Schlaftiefe erzählenden und ausmalenden Charakter, z. B.:

„Ich befinde mich in einer Höhle. In der Dunkelheit unter mir glitzert Wasser. Das Wasser steigt. Da höre ich Stimmen. Ich rufe um Hilfe. Da nähert sich ein Froschmann. Er richtet seine Taschenlampe auf mich."

Der Traum ist zu den rätselhaftesten psychischen Erscheinungen gezählt worden. Auch der modernen Wissenschaft hat sich die Frage nach dem Ursprung und dem etwaigen Nutzen von Träumen aufgedrängt. Unter den *Traumtheorien* stehen sich vor allem eine tiefenpsychologische Version aus Sigmund Freuds (1900) Werk *Die Traumdeutung* und eine hirnphysiologische Auffassung gegenüber, die von Ephron und Carrington im Jahre 1966 ausgearbeitet wurde.

Die Freudsche Theorie stellt keineswegs einen einheitlichen Ansatz dar, sondern ein Bündel von Einzelthesen, unter denen die folgenden drei herausragen:
• die These von der Traumsymbolik,
• die These von der Wunscherfüllung,
• die These von der Aufarbeitung der Tagesreste.

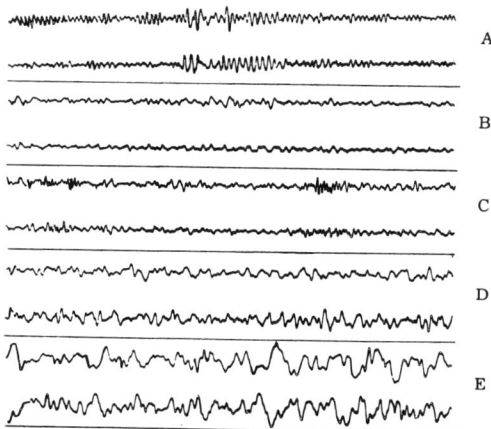

Elektroenzephalogramm bei verschiedener Schlaftiefe. Stadium A: Entspanntes Wachsein. Stadium E: Tiefschlaf (Baust ,1970, S. 106).

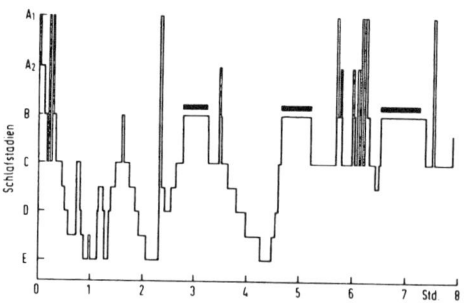

Schlaftiefenschwankungen innerhalb einer Nacht; schwarze Balken bezeichnen Traumperioden (Baust, 1970, S. 107).

Ein stimulierter Traum

Im Schlaf ist die Aufmerksamkeit herab-gesetzt, aber nicht völlig ausgeschaltet. Bekannt ist das Phänomen des Ammenschlafs: Die Mutter oder eine andere Pflegeperson schläft beim Schreien fremder Kinder weiter, wacht aber beim Schreien des eigenen Kindes auf. Ein experimentelles Gegenstück dazu: Schläfer erkennen unter einer Reihe von vorgelesenen Namen ihren eigenen wieder und reagieren - noch immer im Schlaf - durch ein Handzeichen darauf (Oswald, Taylor & Treisman, 1960). Derartige Wahrnehmungen können Träume stimulieren. Ein stimulierter Traum wird von Freud (1900/1973, S. 371f.) anhand einer Bildserie aus dem ungarischen Witzblatt *Fidibusz* veranschaulicht:

Eine Kinderfrau erlebt im Traum das Urinieren ihres Schützlings.

Der Strom des Urins wird zu einer Fahrstraße für kleinere ...

und größere Schiffe,

bis die Frau erwacht und in dem Schreien des ihr anvertrauten Jungen der Anlaß ihres Traumes erkennbar wird.

In detaillierten Analysen zur Traumsymbolik hat Freud nachzuweisen versucht, daß zunächst unverfänglich erscheinende Trauminhalte wie Hüte, Stiegen und Gebäudeschächte anstelle von Genitalorganen und anderen Gegebenheiten stehen, welche die Betroffenen aus ihrem Bewußtsein zu verdrängen trachten. Der Schlaf ist demnach ein Zustand verringerter Kontrolle, in dem Unbewußtes - zumindest in verschlüsselter Form - die Grenzen zum Bewußtsein überwinden kann (vgl. wieder Abschnitt 2.2.2). Bewußte und unbewußte Inhalte gehen dabei eine Verbindung ein:

„Ich stelle mir vor, daß der bewußte Wunsch nur dann zum Traumerreger wird, wenn es ihm gelingt, einen gleichlautenden unbewußten zu wecken, durch den er sich verstärkt. Diese unbewußten Wünsche betrachte ich, nach den Andeutungen aus der Psychoanalyse der Neurosen, als immer rege, jederzeit bereit, sich Ausdruck zu verschaffen, wenn sich ihnen Gelegenheit bietet, sich mit ihrer Regung aus dem Bewußten zu alliieren, ihre große Intensität auf deren geringere zu übertragen."

(Freud, 1900/1973, S. 558)

Wegen ihrer Herkunft aus dem Unbewußten seien Trauminhalte letztlich alle *infantil* (kindlich, lat. *infans*, Kind). Freilich behauptet auch Freud nicht, allen Traumvorstellungen käme eine symbolische Bedeutung zu, die sich dem unmittelbaren Verständnis der Träumenden verschließe. Tatsächlich gibt es ja eine Fülle von Traumepisoden, für welche die Betroffenen plausibel und vollständig erscheinende Erklärungen anzubieten haben. Die amerikanischen Traumforscher Hall und Van de Castle (1966) halten den Anteil von Träumen mit offenkundiger und unverhüllter Bedeutung für so hoch, daß sie ernsthafte Zweifel an der Berechtigung der Symboltheorie anmelden.

Die These von der Wunscherfüllung im Traum ist eine spezielle Ausarbeitung der allgemeineren These von der bedürfnisbefriedigenden Wirkung der Phantasie (Abschnitt 5.1.3). Freud legt hierfür in seiner *Traumdeutung* umfangreiches Belegmaterial vor und schließt seine Ausführungen mit der humorvollen Bemerkung:

„Ein Sprichwort, dessen Erwägung ich einem meiner Hörer danke, ... stellt die Frage auf: Wovon träumt die Gans? und beantwortet sie: Vom Kukuruz (Mais). Die ganze Theorie, daß der Traum eine Wunscherfüllung sei, ist in diesen zwei Sätzen enthalten."

(Freud, 1900/1973, S. 137)

Die dritte These Freuds behauptet, dem Traum komme eine Schutzfunktion für den Schlaf zu. Der Autor veranschaulicht seine These am oben wiedergegebenen Wassertraum der Kinderfrau. Die Frau habe das Urinieren des schreienden Kindes in eine fremde Situation verlegt - und habe zunächst beruhigt weitergeschlafen. Auch in Abwesenheit äußerer Reize sei der Schlaf bedroht: durch unerledigte Gedanken an den Vortag, die Tagesreste. Diese würden im Traum aufgearbeitet, so daß sie keinen Anlaß zum Aufwachen mehr böten. Im Kampf gegen die Störungen von seiten der Tagesreste werde so der Traum zum Hüter des Schlafes.

Die tiefenpsychologischen Thesen fußen alle auf einer Deutung der Trauminhalte. Für Harmon Ephron und Patricia Carrington (1966) sind die Trauminhalte unerheblich. Wesentlich seien nur Zeitpunkt und Intensität von Träumen. Der Traum sei ausgelöst durch die Aktivitäts- und Stoffwechselbedürfnisse der Hirnrinde. Im Wachen werde die Hirnrinde durch die aufsteigenden Impulse aus den Sinnesbahnen zur Tätigkeit angeregt. Mit zunehmender *Schlaftiefe* (s. o.) nehme die Anregung von seiten der Sinne ab; mit der Unterforderung drohe der Rinde ein Verfall und damit dem Organismus ein Dauerschaden. Um die Schädigung abzuwenden, trete ein Gleichgewichtsmechanismus in Aktion: Aus

Oswald, I., Taylor, A. M. & Treisman, M. (1960). Discriminative responses to stimulation during human sleep. *Brain, 83,* 440-453.

Freud, S. (1973). Die Traumdeutung. *Gesammelte Werke* (Band 2/3). Frankfurt a. M.: Fischer (Erstausgabe 1900).

niedriger gelegenen Hirnteilen - vor allem aus dem Bereich der Brücke - werden Impulse zur Rinde gesandt, die dort den Stoffwechsel anregen und die Aktivität erhöhen. Diese Ersatzreizung sei besonders ausgeprägt in Tiefschlafphasen und führe zu einer vorübergehenden Minderung der Schlaftiefe; so werde der Schlafverlauf zyklisch gesteuert (s. o.). Die *Traumerlebnisse* seien gewissermaßen ein Nebenprodukt; in ihnen träten die ausgelösten nervösen Erregungsmuster der Rinde subjektiv in Erscheinung. Die Art der Muster sei dabei vergleichsweise beliebig: Reste aus der Zeit unmittelbar vor dem Einschlafen, emotional herausgehobene Strukturen, weitere aus unbekannten Gründen gerade aktivierbare Muster. Die Traumerlebnisse spiegelten diese Beliebigkeit wider. Schließlich spiele das Traumgeschehen - so das Fazit der Deutung von Ephron und Carrington - lediglich die Rolle eines Lückenfüllers für die Zeit der Regeneration, in welcher die Informationszufuhr aus der Umwelt weitgehend unterbrochen sei.

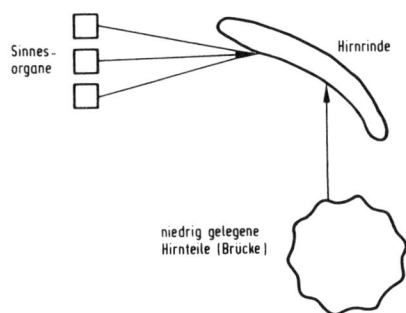

Nach Ephron und Carrington (1966) benötigt die Hirnrinde stets ein Minimum an Stimulierung. Bleibt im Schlaf die Stimulierung von seiten der Sinnesorgane aus, erfolgt eine Stimulierung aus niedrigen Hirnregionen. Die dann angeregte Rindenaktivität tritt als Traumerlebnis ins Bewußtsein.

5.2.3 Das Phänomen der Bewußtseinserweiterung

Nicht selten stößt man in der Phantasie auf das Phänomen eines Bewußtseins, das gegenüber dem Alltagserleben eindrucksvoll erhöht und erweitert erscheint. Ist das Phänomen stark ausgeprägt, glauben Betroffene nicht nur, die Außenwelt gegen eine Innenwelt auszutauschen, sondern sich in einer neuen, übernatürlichen Welt jenseits der irdischen Erfahrung zu befinden. Diesen Übergang in eine andere Welt nennt man *Transzendenz* (lat. *transcendere*, überschreiten). Zustände der Bewußtseinserweiterung treten oft im Schlaftraum auf. Ereignen sie sich im Wachen, erscheinen sie oft wie Wachträume. Sie begleiten häufig künstlerische und religiöse Erlebnisse. Mit Hilfe von Drogen sind sie vergleichsweise leicht herbeizuführen.

Von dem Ausnahmeerlebnis einer Bewußtseinserweiterung hat der Dramatiker Eugène Ionesco in einem Interview aus dem Jahre 1973 berichtet. Er erinnerte dieses Erlebnis aus seinem 18. Lebensjahr:

„... eines Tages spazierte ich in einer Provinzstadt herum, im Juni, am Morgen. Plötzlich erschien die Welt mir wie verwandelt, so stark, daß ich von einer überrumpelnden Freude ergriffen war und bei mir selbst sagte:

Baust, W. (1970). Die Phänomenologie des Schlafes. In W. Baust (Hrsg.), *Ermüdung, Schlaf und Traum* (S. 99-144). Stuttgart: Wissenschaftliche Verlagsgesellschaft.

Foulkes, D. (1964). Theories of dream formation and recent studies of sleep consciousness. *Psychological Bulletin, 62,* 236-247.

Hall, C. S. & Castle, R. L. van de (1966). *The content analysis of dreams.* New York: Appleton Century Crofts.

Ephron, H. S. & Carrington, P. (1966). Rapid eye movement sleep and cortical homeostasis. *Psychological Review, 73,* 500-526.

Gesteigertes Erleben - gesteigerte Menschlichkeit?

Die Steigerung des sinnlichen, sozialen und transzendentalen Erlebens über die Alltagserfahrung hinaus mündet in eine Vermehrung der Lebensfreude, der subjektiven Einsicht und des Selbstvertrauens; sie vermittelt ein erhöhtes Selbstbewußtsein. Kunst und Religion, die solche Erhebungserlebnisse vermitteln, genießen in vielen Kulturen ein hohes Ansehen.

Allerdings stößt man im Laufe der Geschichte auf kunst- und religionsfeindliche Richtungen, welche diese Art der Steigerung des menschlichen Selbstbewußtseins ablehnen. Sie bekämpfen gerade die Förderung des sinnlichen und transzendentalen Erlebens sowie des damit verbundenen Gefühls des Über-sich-und-die-Welt-Hinauswachsens; sie halten solche Änderungen des Bewußtseins für illusionär und schädlich - keineswegs für Anzeichen eines höher entwickelten Menschentums.

Wallmann, J. (1973). *Kirchengeschichte Deutschlands* (Band 2). Frankfurt a. M.: Ullstein.

Marx, K. (1972). Zur Kritik der Hegelschen Rechtsphilosophie. In K. Marx & F. Engels, *Werke* (Band 1, S. 378-391). Berlin: Dietz (Erstausgabe 1844).

Als Beispiel einer solchen Bewegung der geistigen Konzentration kann der Puritanismus gelten, der sich in Europa seit dem 15. Jahrhundert im Zuge der Kirchenreformation ausbreitete. In Abkehr von dem prächtigen Sakramenten- und Heiligenkult der römisch-katholischen Kirche bemühte er sich um eine schlichte Innerlichkeit. Andreas Bodenstein, genannt Karlstadt (1480-1541), ursprünglich Doktorvater und Bundesgenosse Martin Luthers, später von ihm als Schwärmer und falscher Prophet bekämpft, schaffte in seiner Orlamünder Gemeinde Orgel und Bilder ab; als Gemeindepfarrer vertauschte er den geistlichen Talar mit einem grauen Bauernkittel (Wallmann, 1973, S. 54f.).

Die Innerlichkeit, die Karlstadt anstrebte, sollte freilich ebenfalls zu einer vermehrten Verbindung mit dem Göttlichen führen. Gegen alle derartigen auf das Außer- und Überirdische gerichteten Erlebnisse wandten sich wiederum Vertreter des Materialismus. Der Philosoph Karl Marx lehnte religiöse Vorstellungen, welche die Hoffnung auf ein Jenseits lenkten, aus sozialpolitischen Gründen ab. Es sei dies Hoffnung auf und Befriedigung an einer überirdischen Gerechtigkeit, die lediglich untauglicher Ersatz sei für fehlende soziale Gerechtigkeit in der realen Lebenswelt:

„Der Mensch macht die Religion, die Religion macht nicht den Menschen. Und zwar ist die Religion das Selbstbewußtsein und das Selbstgefühl des Menschen, der sich selbst entweder noch nicht erworben oder schon wieder verloren hat. Aber der Mensch, das ist kein abstraktes, außer der Welt hockendes Wesen. Der Mensch, das ist die Welt des Menschen, Staat, Sozietät. Dieser Staat, diese Sozietät produzieren die Religion, ein verkehrtes Weltbewußtsein, weil sie eine verkehrte Welt sind. Die Religion ist die allgemeine Theorie dieser Welt, ihr enzyklopädisches Kompendium, ihre Logik in populärer Form, ihr spiritualistischer Point d'honneur, ihr Enthusiasmus, ihre moralische Sanktion, ihre feierliche Ergänzung, ihr allgemeiner Trost- und Rechtfertigungsgrund. Sie ist die phantastische Verwirklichung des menschlichen Wesens, weil das menschliche Wesen keine wahre Wirklichkeit besitzt.

Das religiöse Elend ist in einem der Ausdruck des wirklichen Elends und in einem die Protestation gegen das wirkliche Elend. Die Religion ist der Seufzer der bedrängten Kreatur, das Gemüt einer herzlosen Welt, wie sie der Geist geistloser Zustände ist. Sie ist das Opium des Volks."

(Marx, 1844/1972, S. 378)

was auch immer geschehen möge, jetzt weiß ich. Und ich werde diesen Augenblick nie vergessen. Und folglich werde ich nie mehr völlig verzweifelt sein. Ich kann Ihnen nicht erzählen, was es war, denn es ist wirklich unerzählbar. Es war gleichsam eine Veränderung eingetreten im Anblick der Stadt selbst, der Welt, der Leute. Der Himmel schien mir viel näher zu sein, fast mit Händen greifbar. Ich kann nichts anderes sagen als Intensität, Anwesenheit, Licht. Man kann es mit diesen Wörtern mehr oder weniger umschreiben. Aber es ist unmöglich, es zu definieren."

(Nach Mommaers, 1979, S. 35f.)

Es ist offenbar nicht einfach, das Erlebnis der Bewußtseinserweiterung nüchtern nachzuvollziehen; es fehlen die Worte, seine inspirierende Wirkung in einer knappen Beschreibung festzuhalten. Zumindest annähern kann man sich jedoch dem Erlebnis durch eine Analyse einiger Inhalte, wie sie Masters und Houston (1966) protokolliert haben. Die Autoren gehören zu den ersten Forschern, die Reihenversuche über Bewußtseinsänderungen durch Drogen durchgeführt haben. Aus ihren Aufzeichnungen stammt die folgende Wiedergabe einer nach Einnahme von LSD (Lysergsäurediäthylamid) erlebten Szene:

„Das erste Bild, an das ich mich erinnere, war ein ägyptisches Grabmal aus Granit, Alabaster und Marmor. Dahinter erhoben sich goldene Skulpturen von Pharaonen, und der Duft von Eukalyptus, der in dreibeinigen Kupferschalen auf Falkenfüßen verbrannte, erfüllte die Luft. Priester in prächtigem Kopfschmuck umgaben das Grab; sie erhoben die Arme, um einen Zug von hell gekleideten Gestalten zu begrüßen, die Fackeln trugen und ihr Gesicht hinter Tiermasken verbargen. Grabgebete schienen sich mit einem Hochzeitsritual zu mischen. Obst und große Fleischplatten, sogar das verbotene Schwein, wurden von schwarzen Sklaven aufgetragen."

(Übersetzung aus Masters & Houston, 1966, S. 8)

Diese Beschreibung enthält Züge, die für viele Rauschphantasien sowie künstlerische und religiöse Erlebnisse charakteristisch sind:

Mommaers, P. (1979). *Was ist Mystik?* Frankfurt a. M.: Insel.

Masters, R. E. L. & Houston, J. (1966). *The varieties of psychedelic experience.* New York: Holt, Rinehart & Winston.

- eine illusionär-exotische Szenerie (Tiermasken, Pharaonen-Kult),
- eine mystisch-transzendentale Stimmung (Sakralhandlung, Begräbnis- und Hochzeitsritual),
- Empathie (engl. *empathy*, Einfühlung), d. h. das Gefühl eines wechselseitigen Verstehens und Einverständnisses,
- Sinnlichkeit (Duft von Eukalyptus, Helligkeit),
- Freizügigkeit (Pracht von Kultgegenständen, Fleischplatten, das „verbotene Schwein").

Solche Züge übertreffen in der Tat die alltägliche Erfahrung und sind daher vorzüglich geeignet, das Empfinden eines neuen, geweiteten Bewußtseins zu vermitteln.

Die Inhalte des als geweitet empfundenen Bewußtseins brauchen dabei nicht gegenständlich zu sein; sie brauchen nicht - wie in dem obigen Protokoll - Menschen, Plätze und Handlungen abzubilden. Oft wird im Rausch Sinnlichkeit, Empathie und Transzendenz ohne Bezug zu konkreten Situationen erlebt, etwa lediglich in einem Meer von Farben.

Psychedelische Malerei: „Cosmic Orchid" von Isaac Abrams (1967).

ZUSAMMENFASSUNG

1. Phantasietätigkeit ist im wachen Zustand und im Schlaf festzustellen (Wachtraum und Schlaftraum). Ihr Verlauf ist oft unregelmäßig und verzweigt (divergentes Denken). Mitunter wird sie von Wahrnehmungen ausgelöst (stimulierter Traum) oder sie mischt sich mit Wahrnehmungen.

2. In besonderen Fällen (bei künstlerischer oder religiöser Betätigung, nach Drogengenuß u. ä.) stellt sich das Phänomen des über das Alltagserleben hinaus erweiterten Bewußtseins ein. Dieses Bewußtsein kennzeichnen u. a. mystische und empathische Stimmungen, erhöhte Sinnlichkeit sowie ein Gefühl von Freizügigkeit.

3. Träume gibt es in allen Stadien des Schlafes; in den sich zyklisch wiederholenden Tiefschlafphasen gewinnen sie an Häufigkeit, Lebhaftigkeit und Ordnung.

4. Die Psychoanalyse hebt die Bedeutung der Trauminhalte und ihrer Verarbeitung hervor (Symbolisierung des Unbewußten, Wunscherfüllung, Beseitigung von Tagesresten). Aus hirnphysiologischer Sicht beruht der Schlaftraum auf einer Erregung der Hirnrinde von seiten niedrig gelegener Hirnteile; diese Erregung dient als Ersatz für die während des Schlafes ausbleibende Außenreizung von seiten der Sinnesorgane.

5.3
Begriffe

5.3.1 Begriffe, Klassen und Merkmale

Personen, Gegenstände und Ereignisse lassen sich nach ihrer Ähnlichkeit in Klassen ordnen. Ihrer Individualität entkleidet, tritt das ihnen Gemeinsame in einer neuen kognitiven Einheit in Erscheinung, dem Begriff. Innerhalb wie außerhalb der psychologischen Forschung gibt es eine Tradition, Begriffe bzw. Klassen anhand einer Liste von Merkmalen zu definieren. Dabei stellen sich mindestens drei Fragen:

- Wieviele Merkmale sind nötig, um einen Begriff zu bestimmen?
- Wie sind die Merkmale beschaffen, die einen Begriff definieren?
- In welcher Weise werden Merkmale zur Bildung neuer und zum Erkennen vorgegebener Begriffe kombiniert?

Eine der ersten experimentellen Studien zur *Begriffsbildung* stammt von der amerikanischen Psychologin Edna Heidbreder (1946a, b). Sie gab ihren Probanden Karten mit verschiedenen Zeichnungen und bat, diese nach ihrer Zusammengehörigkeit zu gleichen Klassen in verschiedene Stöße zu ordnen.

Palmer (1975, S. 301) veranschaulicht hier, wie die wahrgenommene Individualität von Personen und Dingen (A) im begrifflichen Denken (B) auf eine Schematik von Objektklassen (Menschen, Bücher, Tische etc.) zurückgeführt wird.

Mitunter genügt ein einziges Merkmal, um eine Klasse zu definieren. Beispielsweise ordneten die Probanden Heidbreders die drei unten abgebildeten Karten zu einem Stoß. Alle Karten zeigten Paare. Da die Zeichnungen auf den Karten so verschiedene Dinge wie Socken und Löffel darstellten, ist anzunehmen, daß allein das Merkmal der Zweiheit die Einordnung unter dem Begriff des Paares ermöglichte - eine Mengeneigenschaft.

Palmer, S. E. (1978). Visuelle Wahrnehmung und Wissen. In D. A. Norman & D. E. Rumelhart (Hrsg.), *Strukturen des Wissens* (S. 281-307). Stuttgart: Klett-Cotta (Erstausgabe 1975: Visual perception and world knowledge. In D. A. Norman & D. E. Rumelhart (Eds.), *Explorations in cognition* (pp. 279-307). San Francisco: Freeman).

Heidbreder, E. (1946a). The attainment of concepts: I. Terminology and methodology. *Journal of General Psychology, 35,* 173-189.

Heidbreder, E. (1946b). The attainment of concepts: II. The problem. *Journal of General Psychology, 35,* 191-223.

 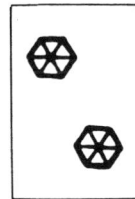 

Drei Karten mit Paaren von Gegenständen (Heidbreder, 1946a)

Andere Stöße wurden nach Gegenstandsklassen zusammengestellt: So wurden Gebäude und verschiedene Gesichter einander zugeordnet. In wieder anderen Stößen fanden sich Zeichnungen mit gleichen Formen: kreisförmige Muster und Schlangenmuster. Aus solchen Versuchen kann man schließen: Zur Begriffsbildung können zahlreiche Merkmale herangezogen werden: Form, Farbe, Größe, Menge und vieles andere.

Nun sind die genannten Merkmale sicherlich nicht gleichwertig. Mengen und Formen sind vergleichsweise elementar; sie lassen sich ihrerseits nicht auf einfachere Merkmale zurückführen. Nicht so Gebäude und Gesichter; sie sind komplex, da sie ihrerseits wieder durch eine größere Zahl einfacherer Merkmale zu beschreiben sind (z. B. die Gesichter durch vorherrschend runde Formen, die Gebäude durch vorherrschend gerade Linien). Das Eigenartige ist nun: Komplexere Merkmale sind durchaus nicht schwerer zu erfassen als elementare. Vergleicht man die Zeiten, welche die Probanden in Heidbreders Untersuchung benötigten, um ihre Kartenstöße zu ordnen,

so stellt man fest: Am schnellsten legten sie die Gegenstände (Gesichter und Gebäude) zusammen, am langsamsten die Mengen. Dies macht auf eine weitere Eigenschaft von Begriffen aufmerksam: ihre *Konkretheit* bzw. ihre *Abstraktheit* (lat. *abstrahere*, abziehen). Die auf Gegenstände bezogenen Begriffe

Gegenstände, geordnet nach vier Klassen (Heidbreder, 1946a, S. 182).

stehen der wahrnehmbaren Wirklichkeit näher; sie sind konkreter, weniger abstrakt. Die Mengenbegriffe erfordern eine gedankliche Abhebung von der Wahrnehmung; sie sind in diesem Sinne abstrakter, weniger konkret. Die Abstraktion erschwert offenbar den Umgang mit Begriffen, wie aus dem erhöhten Zeitbedarf beim Ordnen ersichtlich wird.

An der Definition von Klassen bzw. Begriffen kann mehr als ein Merkmal beteiligt sein (z. B. „Antic-cars sind Automobile aus der Zeit vor 1905"). Neben Positivbestimmungen von Merkmalen (z. B. „weiblich", „blond") sind auch Negativbestimmungen zugelassen (z. B. „nicht weiblich", „nicht blond"). Weiterhin lassen sich verschiedene Zuordnungsregeln bilden. Haygood und Bourne (1965) haben das am Beispiel von neun Figuren erläutert, die sich in zwei Merkmalen (Form und Ausfüllung) unterscheiden; beide Merkmale variieren jeweils in drei Ausprägungen:
• Form: Kreis, Dreieck, Viereck.
• Ausfüllung: schwarz, weiß, schraffiert.
Sowohl eine positive Merkmalszuordnung (*Affirmation*) als auch eine negative (*Negation*) ist zugelassen. Die Tabelle auf der folgenden Seite zeigt: Es existieren sowohl für den Fall der Affirmation als auch für den Fall der Negation vier Regeln. Die Durchsicht der Tabelle dürfte deutlich machen, daß die Regeln eine unterschiedliche Schwierigkeit besitzen. Zum Beispiel sind Konjunktionsregeln leichter anzuwenden als Disjunktionsregeln. Und die Negation erhöht im allgemeinen die Schwierigkeit gegenüber der Affirmation.

Wer entwickelt solche Regeln und legt ihre Gültigkeit fest? Jede Person kann dies für sich entscheiden. Solche Regeln können einer Person aber auch als verbindlich vorgegeben werden. Dabei brauchen die vorgegebenen Regeln nicht ausdrücklich benannt zu sein. Es mag die Aufgabe der betroffenen Person werden, die jeweils geltenden Regeln selbst herauszufinden. In einer groß angelegten Studie zur Begriffsbildung haben Bruner, Goodnow und Austin (1956) zu ermitteln versucht, auf welche Weise Personen die jeweils anzuwendenden Regeln herausfinden. Dabei unterscheiden die Autoren verschiedene Strategien. Die am häufigsten gewählte Strategie nannten sie *positive Zentrierung* (engl. *positive focussing*). Die Probanden suchen zuerst nach einem ersten bedeutsamen Merkmal (z. B. „aha, es muß sich um ein Dreieck handeln"). An diesem Merkmal halten die Probanden fest und suchen sodann nach weiteren Merkmalen (z. B „ist es nun ein schraffiertes oder ein schwarzes Dreieck?"). Eine solche einfache und wegen ihrer Einfachheit bevorzugte Strategie ist zur Bestimmung von *Konjunktionen* (Merkmal X zusammen mit Merkmal Y) hervorragend geeignet, nicht jedoch zur Bestimmung von *Disjunktionen* (X oder Y). Bruner, Goodnow und Austin weisen außerdem darauf hin, daß die Begriffsbildung bzw. das Ermitteln von Begriffen nicht immer logisch vollständig festgelegt ist. Das liegt an zwei Umständen:
• Merkmale sind manchmal einer Klasse nur mit einer gewissen Wahrscheinlichkeit zugeordnet. So ist Fieber zwar eine häufige Begleiterscheinung von Gelbsucht; es kommt aber auch Gelbsucht ohne Fieber vor.
• Menschen bemühen sich bei ihren Klassifikationen nicht immer um ein Ausschöpfen der logischen Möglichkeiten. Sie treffen oft riskante Entscheidungen aufgrund weniger

Durch Kombination zweier Merkmale (Form und Ausfüllung) mit je drei Ausprägungen entstehen neun Objekte.

Regeln der Zuordnung von zwei Merkmalen zu Begriffen (nach Haygood & Bourne, 1965).

Affirmation			*Negation*		
Merkmalskombination (Beispiel)	Regel	Symbolische Beschreibung	Merkmalskombination (Beispiel)	Regel	Symbolische Beschreibung
Alle schwarzen Dreiecke	Konjunktion	$S \wedge D$	Alle Figuren, die weder schwarz noch dreieckig sind	Gemeinsame Verneinung	$\rceil S \wedge \rceil D$
Alle Dreiecke oder alle schwarzen Figuren oder schwarzen Dreiecke	Disjunktion	$S \vee D$	Alle Figuren, die entweder nicht schwarz oder nicht dreieckig sind	Alternative Verneinung	$\rceil S \vee \rceil D$
Wenn die Figur schwarz ist, muß sie ein Dreieck sein	Implikation	$S \rightarrow D$	Alle schwarzen Figuren, die nicht dreieckig sind	Einfacher Ausschluß	$S \wedge \rceil D$
Eine schwarze Figur, aber nur dann, wenn sie ein Dreieck ist	Äquivalenz	$S \leftrightarrow D$	Alle schwarzen oder dreieckigen Figuren, aber keine schwarzen Dreiecke	Alternativer Ausschluß	$(S \wedge \rceil D)$ $\vee$ $(\rceil S \wedge D)$

Merkmale. So liegt es nahe, heftige Kopfschmerzen als Symptome einer Migräne zu deuten, d. h. einer Veränderung der Hirnnerven und -gefäße. Begnügt man sich nicht mit dieser naheliegenden Diagnose und sucht nach weiteren Ursachen (etwa mit Hilfe von Röntgenaufnahmen), stellt man in einzelnen Fällen eine ganz andere Erkrankung fest, nämlich einen Hirntumor.

Haygood, R. C. & Bourne, L. E. (1965). Attribute- and rule-learning aspects of conceptual behavior. *Psychological Review, 72*, 175-195.

Bruner, J. S., Goodnow, J. J. & Austin, G. A. (1956). *A study of thinking.* New York: Wiley.

5.3.2 Prototypen

Den oben (Abschnitt 5.3.1) geschilderten Ansatz, Begriffe über einen Satz von Merkmalen zu definieren, hat Eleanor Rosch mit ihrer Arbeitsgruppe an der Universität von Kalifornien in Berkeley entschieden kritisiert (Rosch, 1978). Nach ausdrücklich definierten Merkmalen würden sich Personen nur richten, wenn man sie nötige, künstlich konstruierte Begriffe zu bilden oder zu benutzen (z. B. den Begriff DREIECKE, DIE NICHT SCHWARZ SIND). Solche Konstruktionen seien typisch für das traditionelle Forschungsexperiment. Es seien beliebige Merkmalskombinationen, deren Beschaffenheit durch geduldiges Prüfen herauszufinden sei. Ganz anders gehe es dagegen beim Bilden und Benutzen von *natürlichen Begriffen* zu, d. h. von Begriffen tatsächlich vorkommender Lebewesen, Ereignisse, Gebrauchsgegenstände u. ä. (z. B. REPTIL, MUMPS, GELD). Hier erfahre man den Begriffsinhalt als ein Ganzes und sei sogar in großer Verlegenheit, wenn man seine (durchaus feststellbaren) Merkmale einzeln zu benennen habe. Rosch spielt hier auf das Phänomen an, daß Menschen besonders vertraute Begriffe durch diese selbst zu definieren pflegen (z. B. „Ein Fahrrad ist eben ein Fahrrad - was soll man noch mehr dazu sagen?"). Erst die über das spontane Denken hinausgehende wissenschaftliche Analyse oder eine verwaltungstechnische Regelung greift einzelne Bestimmungsmerkmale heraus (z. B. „Ein Fahrrad ist ein zweirädriges, einspuriges Fahrzeug, das über eine Tretkurbel ...").

Nach Rosch werden Klassen jeweils durch ein herausragendes Mitglied bestimmt. Angehende Mediziner bekommen etwa in ihrer klinischen Ausbildung „einen typischen Fall von Gelbsucht" vorgestellt. Touristen sind begierig, ein typisches französisches Schloß oder ein typisches deutsches Bier zu erleben. Es wird dann ein passendes Exemplar zum Vorbild für die Mitglieder einer Klasse. (Zum Beispiel ist für viele Menschen das Renaissance-Schloß Azay-le-Rideau an der Loire zum Vorbild für ein Schloß in Frankreich geworden.) Rosch nimmt nun an: Jeder Begriff ist durch ein vorbildliches Mitglied bestimmt; dieses vorbildliche Mitglied nennt sie Prototyp (griech. *protos*, erster; *typos*, Form, Gestalt). Der *Prototyp* wird im Verlauf der natürlichen Begriffsbildung ganzheitlich erfaßt; einzelne Merkmale werden dabei nicht ausdrücklich beachtet.

Nach dieser Theorie ist zweierlei zu ermitteln (Rosch, 1975):
• der Prototyp jeder Klasse,
• die Typikalität der anderen Mitglieder dieser Klasse.

So zählt jedermann Haushuhn, Schwan und Schwalbe zu den Vögeln. Aber auf die Bitte, doch ein Beispiel für einen Vogel zu nennen, geben viele Menschen die Schwalbe an und kaum jemand das Huhn. Zur Erklärung wird dann vorgebracht, eine Schwalbe sei eben ein „besserer", ein „typischerer" Vogel. Beurteiler können sogar so weit gehen und die Schwalbe zum „Idealfall eines Vogels", zum „Vogel schlechthin" erheben. Daraus können Untersucher schließen: SCHWALBE ist Prototyp der Klasse VOGEL.

Ein flüssiges, dickflüssiges oder kristallines Lebensmittel

Ein Argument für die ganzheitliche Auffassung von Begriffen ist die Beobachtung, daß ausführliche und detaillierte Definitionen von vertrauten Gegenständen - d. h. die ausdrückliche Aufzählung der sie bestimmenden Merkmale - verfremdend und nicht selten geradezu erheiternd wirken. Die Aufzählung präziser Bestimmungsmerkmale wird zumeist mit Justiz- und Verwaltungsbedürfnissen begründet. So hat sich etwa der Bundesminister für Jugend, Familie und Gesundheit veranlaßt gesehen, eine „Honigverordnung" zu erlassen und in Anlage dazu den Honig zu definieren als

„... flüssiges, dickflüssiges oder kristallines Lebensmittel, das von Bienen erzeugt wird, indem sie Blütennektar, andere Sekrete von lebenden Pflanzenteilen oder auf lebenden Pflanzen befindliche Sekrete von Insekten aufnehmen, durch körpereigene Sekrete bereichern und verändern, in Waben speichern und dort reifen lassen."

(Bundesgesetzblatt, 1976, Teil I, S. 3393)

Solche detaillierten Bestimmungen haben den Vorzug, Konfliktfällen vorzubeugen und Konflikte zu schlichten. Die Eigenschaften von Lebensmitteln legt man im Interesse des Verbraucherschutzes und der Einfuhrregelung fest.

Rosch, E. (1978). Principles of categorization. In E. Rosch & B. B. Lloyd (Eds.), *Cognition and categorization* (pp. 27-48). Hillsdale, NJ: Lawrence Erlbaum.

Rosch, E. (1975). Cognitive representations of semantic categories. *Journal of Experimental Psychology: General, 104*, 192-233.

Wie steht es mit HUHN, SCHWAN und anderen Mitgliedern der Klasse VOGEL? Diese werden der Klasse zugezählt, wenn sie sich als dem Prototypen vergleichbar erweisen. Huhn und Schwan wären also als Vögel anerkannt, sofern sie der prototypischen Schwalbe ähnlich erscheinen. Wer allerdings „Schwalbe" als Prototyp erfährt, wird „Huhn" und „Schwan" im Vergleich mit ihr als „nicht ganz typische" Vögel absetzen. Damit wird die Ähnlichkeit zum Prototyp der Maßstab der Klassenzugehörigkeit. Rosch nennt dies die *Typikalität* eines Klassenmitglieds. Je höher die Typikalität, desto sicherer ist die Klassenzugehörigkeit.

Freilich: Wenn auch Personen globale Ähnlichkeitsvergleiche zwischen Prototypen und anderen Klassenmitgliedern vornehmen, so lassen sich doch einzelne Faktoren namhaft machen, welche auf die Bildung und Besetzung von Begriffsklassen Einfluß nehmen. Rosch und ihre Mitarbeiter haben die folgenden drei Faktoren hervorgehoben:

- Objekte in gleichen Klassen ähneln sich in ihrem Umriß mehr als Objekte in verschiedenen Klassen (vgl. etwa die trotz Größen- und Formvariation vorhandenen Ähnlichkeiten in der äußeren Gestalt von Vögeln im Vergleich zur äußeren Gestalt von Flugzeugen).
- Sie haben ähnliche Funktionen (z. B. Vögel fliegen, legen Eier).
- Man führt ihnen gegenüber ähnliche Handlungen aus (z. B. man kann Vögel im Netz fangen, ihr Fleisch braten, ihren Balg ausstopfen).

Drei Gegenstandsklassen und einige ihnen zugehörige Gegenstände in der Reihenfolge ihrer Typikalität (nach Rosch, 1975, S. 229ff.).

Möbel	Obst	Kleidung
Stuhl	Apfelsine	Hose
Sofa	Banane	Hemd
Couch	Pfirsich	Kleid
Tisch	Birne	Rock
Sessel	Aprikose	Anzug
Schaukelstuhl	Pflaume	Mantel
Kommode	Weintrauben	Unterhose
Bett	Johannisbeere	Büstenhalter
Lampe	Zitrone	Schuhe
Radio	Tomate	Armband

Für die natürliche Begriffsbildung gelte schließlich: Vergleiche mit dem Prototyp würden nach dem Prinzip der Familienähnlichkeit vollzogen. Das bedeutet: Es steht, sofern Vergleichsmerkmale herangezogen werden, jedem Beurteiler frei, die für ihn maßgeblichen Vergleichsmerkmale selbst auszuwählen. Das sähe man am besten bei der Beurteilung der Ähnlichkeit zwischen Familienmitgliedern. Man könne etwa folgenden Fall beobachten: Die Schwestern A und B seien ihrer Mutter ähnlich. Tochter A sei ihrer Mutter ähnlich, weil sie Haar und Augen wie ihre Mutter habe. Tochter B ähnele dagegen ihrer Mutter hinsichtlich des Mundes und der Nase. Die Ähnlichkeit der Schwestern zu ihrer Mutter komme also auf ganz verschiedene Weise zustande. Man erkenne ihre Zugehörigkeit zur gleichen Familie; doch ähnlich seien sie einander nicht.

Verschiedene Mitglieder der Begriffsklasse „Vogel". Die als erste abgebildete Schwalbe dient oft als

Prototyp. Der als letzter abgebildete Pinguin besitzt oft die geringste Typikalität in der Klasse „Vogel".

5.3.3 Begriffshierarchien

Die Begriffe ARZT - GYNÄKOLOGE - ORTHOPÄDE sind miteinander verwandt; sie gehören der gleichen Klasse an. Die Beziehungen zwischen ihnen lassen sich innerhalb der Grenzen dieser Klasse bestimmen. Nach der Merkmalstheorie der Begriffsbildung (Abschnitt 5.3.1) ergeben sich Gemeinsamkeiten und Unterschiede zwischen verwandten Begriffen aus den für sie charakteristischen Merkmalen. So dürfte der Begriff GYNÄKOLOGE durch die gleichen gemeinsamen Merkmale charakterisiert sein wie der Begriff ARZT. Aber dem Begriff ARZT dürften einige spezifische Merkmale fehlen, die den Begriff GYNÄKOLOGE kennzeichnen:

Begriff	Merkmale
ARZT	Medizinische Ausbildung; diagnostiziert und therapiert Krankheiten, berufsständische Vertretung
GYNÄKOLOGE	Medizinische Ausbildung und dazu Facharztausbildung in Frauenheilkunde und Geburtshilfe. Spezialisiert auf Diagnose und Therapie von Frauenkrankheiten; berät bei Schwangerschaften. Kann auch einer gynäkologischen Vereinigung angehören.

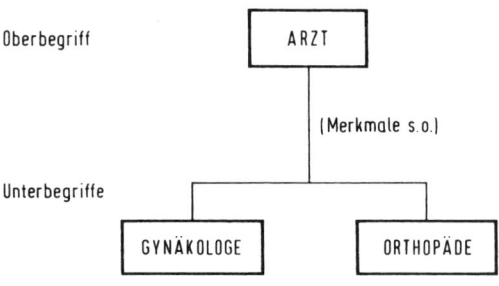

(Merkmale: Wie ARZT mit Spezialisierung im Bereich Frauenkrankheiten und Geburtshilfe)

(Merkmale: Wie ARZT mit Spezialisierung im Bereich Knochenerkrankungen und -verletzungen)

Ausschnitt aus einer Begriffshierarchie: (abstrakter) Oberbegriff und (konkretere) Unterbegriffe.

GYNÄKOLOGE ist also ein Spezialfall eines Arztes. Stattet man den Begriff ARZT mit anderen spezifischen Merkmalen aus, so gelangt man zu anderen Spezialfällen, etwa zum ORTHOPÄDEN, INTERNISTEN oder KINDERARZT. In dieser Betrachtung ist der Begriff ARZT der weiteste; schließt er doch alle anderen (durch spezifischere Merkmale gekennzeichneten) Begriffe (GYNÄKOLOGE, ORTHOPÄDE, KINDERARZT) ein. Als weitesten und übergreifenden Begriff kann man ihn als *Oberbegriff* auffassen, in den die anderen genannten Begriffe als *Unterbegriffe* eingebettet sind.

Solche Einbettungen bzw. derartige Über- oder Unterordnungen lassen sich auf mehr als zwei Ebenen vollziehen: durch stufenweise Anreicherung eines allgemeinen Begriffs mit spezifischen Merkmalen oder umgekehrt durch stufenweisen Entzug von Merkmalen eines spezifischen Begriffs. Dabei sind nach der Merkmalstheorie so viele Über- bzw. Unterordnungsverhältnisse zu erzeugen, wie es charakterisierende Merkmale gibt (vgl. Klix, 1978). Eine siebenstufige Schichtung ist z. B. festzustellen bei der Reihe: LEBEWESEN - PFLANZE - BLUME - ROSE - MORGENLÄNDISCHE ROSE - TEEROSE - GLOIRE DE DIJON (Rosensorte). Derartige Schichtungen von Begriffen nennt man *Begriffshierarchien* (griech. *hieros,* heilig; *archein,* herrschen).

Je spezifischer ein Begriff, d. h. je niedriger sein Rang in einer Hierarchie ist, desto vollständiger sind in ihm die Eigenschaften eines wahrgenommenen Gegenstandes erhalten. Er erscheint daher der Realität näher, erscheint konkreter. Je mehr spezifische Merkmale beim Aufstieg in der Hierarchie zurücktreten, desto mehr erscheinen Begriffe von der Realität abgelöst, erscheinen abstrakt. Mit einer Zunahme der Abstraktion ist meist ein Verlust an Anschaulichkeit verbunden. Konkrete Begriffe wie TEEROSE wirken lebendiger als abstraktere wie PFLANZE.

Von Eleanor Rosch und ihrer Forschungsgruppe (Abschnitt 5.3.2) stammt auch ein wichtiger Beitrag zum Problem der Hierarchisierung von Begriffen. Zahl und Art von Über- und Unterordnungen seien nicht beliebig durch Hinzufügen und Auslassen von

Klix, F. (1978). On the representation of semantic information in human long-term memory. *Zeitschrift für Psychologie, 186*, 26-38.

Rosch, E., Mervis, C. D., Gray, W. D. et al. (1976). Basic objects in natural categories. *Cognitive Psychology, 8*, 382-439.

Gegenstandsmerkmalen bestimmt, wie eine Auslegung der Merkmalstheorie vermuten ließe. In der natürlichen Begriffsbildung (außerhalb des psychologischen Laboratoriums, der Wissenschaft und der Verwaltung) komme es im wesentlichen lediglich zum Aufbau von drei Abstraktionsebenen. Der Aufbau vollziehe sich von Grundbegriffen aus, die zugleich die mittlere Ebene besetzten. Durch Zusammenfassung und Generalisierung von Grundbegriffen entstünden Oberbegriffe; durch Differenzierung des Grundbegriffs entwickelten sich Unterbegriffe. Für die Klasse der Möbelstücke etwa:

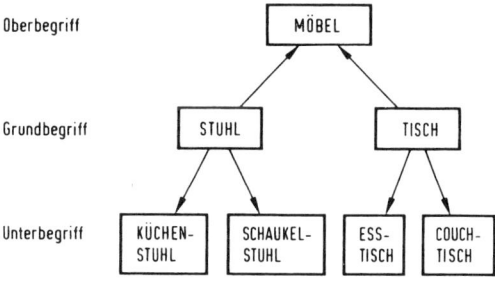

Ein umfangreiches Untersuchungsprogramm (Rosch, Mervis, Gray et al., 1976) sollte belegen: Der Dreiteilung liegen Ökonomieerwägungen zugrunde. Begriffe sollen - so die Autoren - zwei Prinzipien genügen:
• erstens, je mehr Klassen und Begriffe, desto größer die Differenziertheit,
• zweitens, je weniger Klassen und Begriffe, desto größer die Überschaubarkeit.
Offensichtlich sind die beiden Prinzipien im Widerspruch; es gilt, ein Optimum zu finden, das größtmögliche Differenziertheit bei größtmöglicher Überschaubarkeit gewährleistet.

Jenes Optimum sei gerade in den Grundbegriffen verwirklicht. Das sei aus zwei Befunden ersichtlich: der Zahl genannter Eigenschaften (z. B. „ist aus Holz", „hat einen Schnabel") und der Häufigkeit zugeordneter Bewegungen (z. B. „man setzt sich darauf", „man brät es in der Pfanne"). Ohne langes Überlegen zählen Erwachsene zu Grundbegriffen wie TISCH, HOSE, KLAVIER im Durchschnitt rund zehn Eigenschaften und zwanzig auszuführende Handlungen auf. Bei Oberbegriffen wie MÖBEL, KLEIDUNG, MUSIKINSTRUMENT sinken die Nennungen beider Arten drastisch ab; bei Unterbegriffen wie KÜCHENTISCH, BADEHOSE, KONZERTFLÜGEL steigen die Nennungen nur wenig oder gar nicht. Daraus schließen die Autoren: Oberbegriffe differenzieren im Vergleich zu Grundbegriffen nur wenig und lassen insofern an Nützlichkeit zu wünschen übrig. Unterbegriffe weisen gegenüber den Grundbegriffen nur einen kleinen Gewinn an Differenziertheit auf, der den Aufwand der Unterteilung nur knapp rechtfertigt. Alles in allem sei der Zuschnitt der Grundbegriffe also für die meisten praktischen Zwecke am günstigsten bemessen.

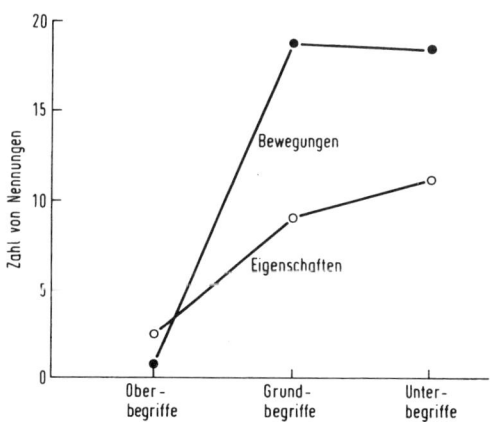

Durchschnittliche Zahl genannter Eigenschaften und Bewegungen zu Grund-, Ober- und Unterbegriffen der fünf Gegenstandsklassen KLEIDER, MÖBEL, MUSIKINSTRUMENTE, OBST, WERKZEUG (nach Rosch, Mervis, Gray et al., 1976, S. 391 u. 396).

5.3.4 Assoziationen zwischen Begriffen

Das Bewußtsein wandert von Vorstellung zu Vorstellung, von Begriff zu Begriff. Es kreist innerhalb von Begriffsklassen (z. B. in der Gedankenfolge KLARINETTE - TROMPETE - BLASINSTRUMENTE); es überspringt aber auch Klassengrenzen (z. B. in der Folge ENTE - JÄGER - GEWEHR). Beziehungen von Begriffen verschiedener Klassen sind von Beziehungen der Begriffe innerhalb gleicher Klassen zu unterscheiden. Während die Beziehungen innerhalb von Klassen ihr Entstehen der sprachlichen Logik verdanken, beruhen die Beziehungen zwischen Klassen auf der Erfahrung einer Zusammenhang stiftenden Episode; zur Kopplung der Begriffe ENTE - JÄGER - GEWEHR bedarf es etwa der Kenntnis einer Jagdszene, bei welcher ein Jäger eine Ente erlegt (s. wieder Klix, 1978).

Die Verknüpfung von Bewußtseinsinhalten ist ein Thema mit langer Tradition. Bereits der englische Philosoph David Hume (1711-1776) nannte drei Prinzipien, die Zusammenhänge zwischen Ideen stiften sollten:

• räumliche und zeitliche Nähe (Kontiguität),
• Ähnlichkeit,
• Häufigkeit der Verknüpfung.

Auf diesen drei Prinzipien gründete die Lehre des *Assoziationismus.* Diese Lehre glaubte, die menschliche Vorstellungs- und Gedankenwelt als Menge von Einzelverbindungen, von *Assoziationen* (lat. *associare,* sich verbinden), erklären zu können.

Die Konzeption eines assoziativ gebildeten Gefüges von Begriffen und anschaulichen Vorstellungen erwies sich bis in die neueste Zeit hinein als attraktiv. Es fehlte nicht an Bemühungen, Assoziationen genauer zu ermitteln. Hierfür stand eine Methode bereit: Personen bekamen Wörter (Reizwörter) oder Bilder vorgelegt und sollten mit den ihnen dazu einfallenden Wörtern (Reaktionswörter) antworten. Zu jedem Reiz gab es eine Reaktion. So wurden Einzelassoziationen erhoben. Man konnte den Versuch fortführen, indem man die Probanden bat, auch ihre Einfälle zu den Reaktionswörtern sowie zu den Reaktionen auf die Reaktion kundzutun. So ließen sich längere Assoziationsketten bestimmen.

Die erste umfassendere Erhebung von Assoziationen hat zu Beginn dieses Jahrhunderts Gertrud Saling (1908) in Frankfurt am Main durchgeführt. Sie legte Schulkindern und Studierenden Reizwörter wie DOLCH, HARFE, SCHÜRZE vor und stellte deren Reaktionen darauf zusammen. Das Ergebnis nannte die Autorin einen Grundstock für ein Assoziationslexikon. Zu jedem Reizwort waren die protokollierten Assoziationen verzeichnet, und zwar in der Reihenfolge ihrer Geläufigkeit. Die von Gertrud Saling begonnenen Erhebungen wurden von späteren Autoren zum Teil in großem Stil fortgesetzt. Inzwischen gibt es Assoziationslexika oder - wie man heute sagt - *Assoziationsnormen* für verschiedene Sprachen und Bevölkerungsgruppen (z. B. Postman & Keppel, 1970).

Selbstverständlich sind Einzelassoziationen nur die kleinstmöglichen Ausschnitte aus einem größeren Netz von Assoziationen. Ein Assoziationsnetz enthält mehrere Begriffe und diese Begriffe sind teilweise wechselseitig voneinander abhängig (das Reizwort NADEL ruft z. B. die Reaktion FADEN hervor, aber umgekehrt auch FADEN als Reizwort die Reaktion NADEL). Die wechselseitige Abhängigkeit zweier Begriffe braucht nicht symmetrisch zu sein (z. B. ruft NADEL die Reaktion FADEN häufiger hervor als FADEN die Reaktion NADEL). Schließlich kann die Beziehung zwischen zwei Begriffen über einen dritten vermittelt sein.

Beispiele aus dem Assoziationslexikon von Saling (1908): Reizwörter mit Reaktionen und deren Häufigkeit.

Akkord		*August*	
Klavier	22.2	September	50.0
Musik	11.1	Hitze	11.1
Arbeit	11.1	Ferien	11.1
Klang	-		
anonym		*Band*	
Brief	33.3	Seide	22.2
synonym	-	binden	11.1
		schwarz	11.1

Hume, D. (1907). *Eine Untersuchung über den menschlichen Verstand.* Leipzig: Dürr (Erstausgabe 1739: *Enquiry concerning human understanding.* London: Noon).

Saling, G. (1908). Assoziative Massenversuche. *Zeitschrift für Psychologie, 49,* 238-253.

Postman, L. & Keppel, G. (Eds.). (1970). *Norms of word association.* New York: Academic Press.

Deese, J. (1961). From the isolated verbal to the connected discourse. In C. N. Cofer (Ed.), *Verbal learning and verbal behavior* (pp. 11-31). New York: McGraw Hill.

Assoziationsversuch und Tatbestandsdiagnostik

Gertrud Salings Erhebung von Assoziationen stand im Dienste der Kriminalpsychologie. Die Autorin hatte bevorzugt Reizwörter ausgewählt, die oft in Vernehmungsprotokollen aus Strafverfahren auftauchten (u. a. ANONYM, DIETRICH, ENTKOMMEN, LEBENSWANDEL). Die Überlegung der Autorin war: Kennt man die Häufigkeit von Reaktionen, erkennt man im Einzelfall die Seltenheit einer Reaktion. Seltene Reaktionen lassen sich im Einzelfall als Abweichungen von der Norm deuten und sind damit unter geeigneten Umständen als Indizien für einen Tatverdacht zu werten. Meidet etwa ein mutmaßlicher Täter, der für einen Totschlag mit einem Hammer in Frage kommt, auf das Reizwort NAGEL die Reaktion HAMMER, obwohl diese bei unbefangenen Probanden recht geläufig ist, so kann dies als Anzeichen seiner uneingestandenen Schuld ausgelegt werden.

Der Ansatz Salings hat freilich erhebliche Schwächen und ist juristisch bedenklich. Die Assoziationsmethode wird daher bei Strafprozessen in Deutschland nicht angewandt.

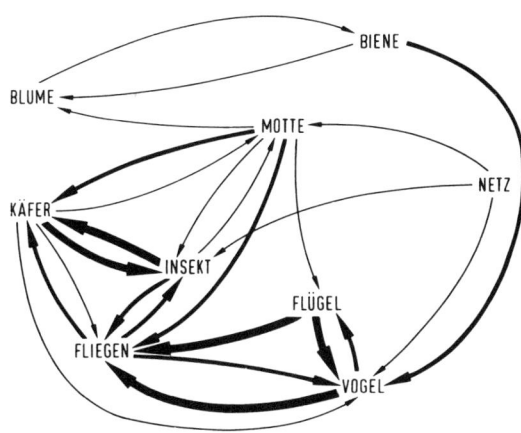

Assoziationsnetz (nach Deese, 1961). Die Begriffe am Anfang von Pfeilen stellen Reizwörter dar, am Ende von Pfeilen Reaktionen. Begriffe, bei denen Pfeile anfangen und enden, sind sowohl als Reiz- als auch als Reaktionswörter in Erscheinung getreten. Die Breite der Pfeile gibt die Stärke der Assoziation (Häufigkeit von Nennungen) wieder.

ZUSAMMENFASSUNG

1. Nach der Merkmalstheorie werden Begriffe bzw. Klassen von Gegenständen durch Einzelmerkmale oder durch Merkmalskombinationen bestimmt; für die Kombination von Merkmalen gibt es verschiedene Regeln.

2. Nach der ganzheitlich orientierten Prototypentheorie wird zu jeder Begriffsklasse ein Beispielexemplar gebildet; die Zugehörigkeit anderer Gegenstände zu dieser Klasse richtet sich nach der Familienähnlichkeit zu dem Beispielexemplar.

3. Begriffshierarchien ordnen Begriffe innerhalb gleicher Klassen nach ihrer Abstraktionshöhe. Je höher ein Begriff in der Hierarchie rückt, desto kleiner ist die Zahl seiner charakteristischen Merkmale. Nach der Prototypentheorie erwerben Menschen zuerst Grundbegriffe, die sie um Ober- und Unterbegriffe ergänzen.

4. Assoziationen sind Verbindungen von Begriffen zu Paaren, Reihen oder Netzen.

5.4
Wissensstrukturen

5.4.1 Semantische Netze

Vorstellungen und Begriffe können sich zu Wissensstrukturen zusammenfügen. Wissensstrukturen bilden einen Bereich der Wirklichkeit in der Kognition ab (vgl. Abschnitt 3.1.4). So entsteht handwerkliches Wissen (z. B. für das Schneiderhandwerk Kenntnis von Nähtechniken, Textilien), geographisches Wissen (z. B. Kenntnis von Bergen und Seen, Verkehrsverbindungen) usf. Wissen ist Voraussetzung für das

• Verstehen von Erfahrungen und Mitteilungen sowie für das
• Planen und Handeln.

Wie kann man den Zusammenhang von Begriffen sowie von Vorstellungen innerhalb der Wissensstrukturen darstellen?

Eine beliebte Form der Darstellung von Zusammenhängen ist das Netz (s. bereits Abschnitt 3.3.2). Netze bestehen aus Knoten und Kanten. Man kann also Begriffe als Knoten definieren und Verbindungen zwischen ihnen als Kanten. Insofern können die in Abschnitt 5.3.4 geschilderten Assoziationsnetze als einfache Wissensstrukturen gelten. Allerdings zeigen die oben eingeführten Assoziationsnetze nur die Menge und Stärke von Verbindungen an, nicht deren Beschaffenheit. Bestimmt man auch die Art bestehender Verbindungen, erhält man ein Netzwerk mit Bedeutung tragenden Beziehungen, ein *semantisches Netz* (engl. *semantic network).* Bedeutungsvolle Beziehungen finden in der Sprache ihren Ausdruck. Durch Sprachanalyse gelangt man daher zu bedeutungsvollen Beziehungen wie diesen:

• „ist ein/eine" (z. B. „Klara ist Journalistin"),
• „Teil von" (z. B. „Rad ist Teil vom Auto"),
• „Ursache von" (z. B. „Blitz ist Ursache von Feuer"),
• „besitzt" (z. B. „Markus besitzt ein Radio") (vgl. bereits Abschnitt 3.2.3). Die Forschungen über semantische Netze versuchen nun festzustellen, welche Begriffe oder Vorstellungen als Knoten benötigt werden und

welche Beziehungen als Kanten, um Verstehen und Handeln zu ermöglichen. Eine grundlegende Art eines semantischen Netzes entfaltet sich um ein Ereignis bzw. eine Handlung (z. B. „bauen"). Das Netz um diesen Kern verhilft zu dessen Verständnis: „Wer ist es, der baut?" „Für wen wird gebaut?" usw. Welche Fragen man zu einem Ereignis stellen kann, lehrt die Sprachanalyse. Für Informationen, die zum Verständnis von Ereignissen wichtig sind, halten Sprachen eigene Formen bereit: die Deklinationsfälle von Hauptwörtern. Deklinationsfälle bezeichnen Rollen bei Handlungen, u. a.

• die Rolle des Handelnden, des Agenten,
• die Rolle des Behandelten, des Objekts,
• die Rolle des Mittels der Behandlung, das Instrument,
• die Rolle des Orts der Behandlung, die Lokation.

Die genannten Rollen finden sich u. a. in folgendem Satz:

IN DER WERKSTATT (Lokation) GLÄTTET DER SCHREINER (Agent) DAS BRETT (Objekt) MIT DEM HOBEL (Instrument).

In graphischer Darstellung:

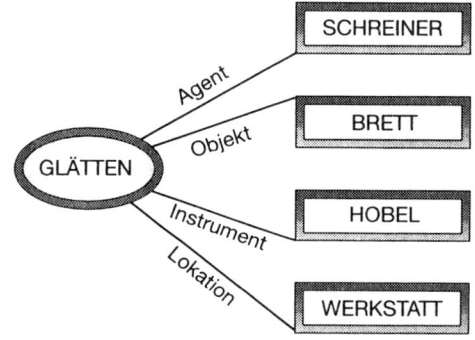

Im Mittelpunkt dieses semantischen Netzes steht eine Aussage über die Handlung (GLÄTTEN). Diesen Mittelpunkt nennt man Prädikat. Darum gruppieren sich die näheren Bestimmungen von Rollen (SCHREINER usw.); diese nennt man Argumente.

Norman, D. A. & Rumelhart, D. E. (1978). Gedächtnis und Wissen. In D. A. Norman & D. E. Rumelhart (Hrsg.), *Strukturen des Wissens* (S. 21-47). Stuttgart: Klett-Cotta (Erstausgabe 1975: *Explorations in cognition*. San Francisco: Freeman).

Fillmore, C. J. (1977). Plädoyer für Kasus. In W. Abraham (Hrsg.), *Kasustheorie* (S. 1-118). Frankfurt a. M.: Athenäum (Erstausgabe 1968: The case for case. In E. Bach & R. T. Harms (Eds.), *Universals in linguistic theory* (pp. 1-88). New York: Holt, Rinehart & Winston).

Die Methode, aus der Analyse von Deklinationsfällen die Darstellung von Wissensstrukturen abzuleiten, stammt von dem Linguisten Charles Fillmore (1968/1977). Die *Kasustheorie* von Fillmore ist in der Kognitionspsychologie vielfach aufgegriffen worden (vgl. auch später Abschnitt 12.1.2). Von den vier oben aufgeführten Rollen entspricht im Deutschen „Agent" dem Nominativ (1. Fall der Deklination), „Objekt" dem Akkusativ (4. Fall). Für die Funktionen „Lokation" und „Instrument" besitzen andere Sprachen eigene Fälle, jedoch nicht die deutsche. Andere Rollenfunktionen treten hinzu wie „Zweck", „Nutznießer" (Dativ, 3. Fall).

Oft findet man die beschriebene Art von semantischem Netz in leicht abgewandelter Form. Den Kern bildet die schlichte Aussage: „Es besteht eine Beziehung". Diese Aussage wird dargestellt als Knoten RELATION. Der Typ der Relation (das Ereignis, die Handlung) wird dann durch einen eigenen Knoten gekennzeichnet. Von den Argumenten, welche das Prädikat näher bestimmen (s. o.), sind einige für das Verständnis notwendig (obligatorisch), andere sind nach Belieben hinzuzufügen (fakultativ).

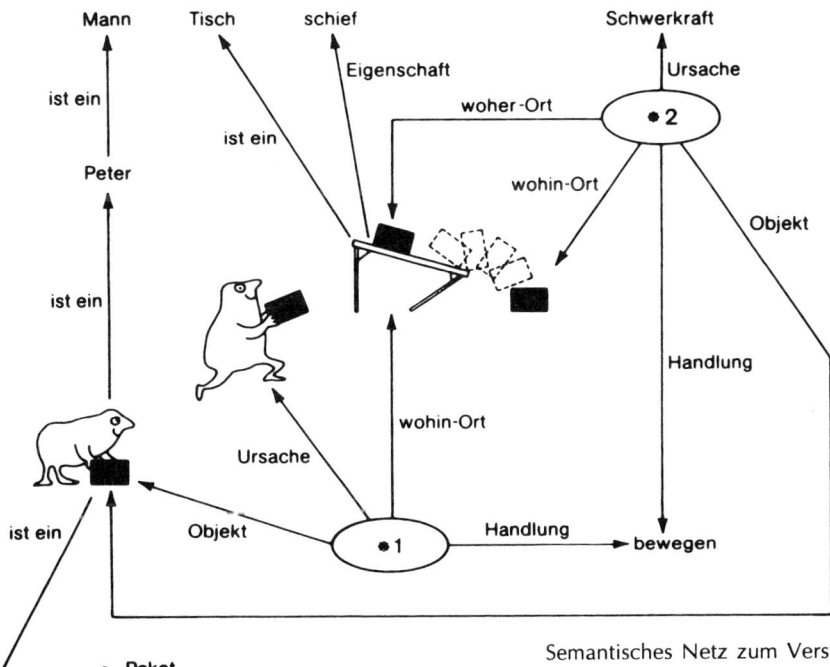

Semantisches Netz zum Verständnis der Sätze „Peter stellte das Paket auf den Tisch. Weil die Tischplatte schief war, rutschte das Paket herunter" (nach Norman & Rumelhart, 1975/1978, S.26).

In dem Beispiel

KLAUS (Agent) GAB (Typ der Relation) GABY (Empfängerin) AM MORGEN (Zeit) EINEN BRIEF (Objekt).

sind der Agent, die Empfängerin sowie das Objekt obligatorische Argumente, die Zeit ist ein fakultatives. Graphisch läßt sich der Satz folgendermaßen darstellen:

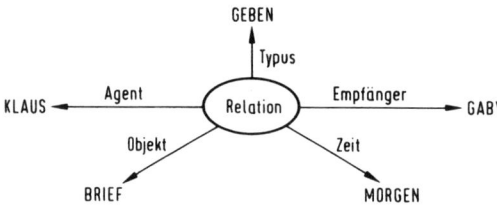

Eine Relation kann selbst zum Argument werden. Zum Beispiel wird GEBEN zum Argument von SAGEN in dem Satz:

KLAUS SAGTE MARGARETE, ER HABE GABY AM MORGEN DEN BRIEF GEGEBEN.

Man erkennt in der graphischen Darstellung: Es werden zwei Relationen miteinander verknüpft, und KLAUS erscheint zweimal als Agent.

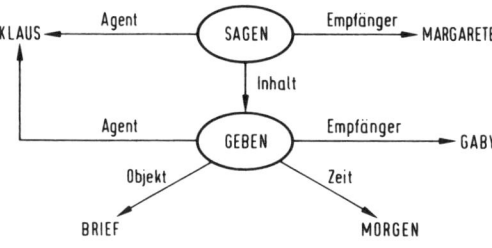

Auf diese Weise kann man kleine semantische Netze zu großen verknüpfen. Ein ehrgeiziges Ziel ist, umfassende Wissensgebiete (z. B. die internationalen Verkehrssysteme, die Pflanzen der Erde) in Form von semantischen Netzen darzustellen. Ein hierfür

geeignetes Medium wären elektronische Speicher. Solche Unternehmen sind für die Kognitionswissenschaft (s. Abschnitt 3.2.1) von großem theoretischen Interesse. Aber auch praktische Auswirkungen wären enorm. Zum Beispiel könnten leistungsfähige semantische Netze als Grundlagen für Auskunfts- und Planungssysteme dienen.

5.4.2 Schemata

Wissensstrukturen sind manchmal in gleicher Form mehrfach anwendbar. Solche Strukturen nennt man *Schemata* (griech. *schema,* Form, Gestalt). Ein Beispiel ist das Schema des menschlichen Gesichts. Man kann es mit wenigen Strichen zeichnen; man kann das minimale Schema um einige Einzelheiten ergänzen. Stets hat das Gesichtsschema zwei Eigenschaften:
• Es gleicht keinem wirklichen Gesicht genau,
• es enthält im wesentlichen alle Züge der wirklichen (normalen) Gesichter.

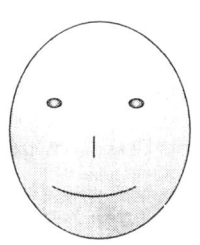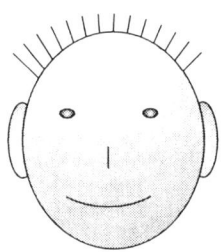

Minimales Schema
eines Gesichts

Erweitertes Schema
eines Gesichts

Marvin Minsky hat 1975 mit seiner *Schematheorie* der kognitionspsychologischen Forschung anhaltende Anregungen gegeben. Minsky behandelte Schemata unter der Bezeichnung „*Rahmen*" (engl. *frame).* Rahmen seien bereichsspezifische Wissensstrukturen mit zwei Ebenen. Auf einer ersten Ebene befinden sich unveränderliche Bestimmungen, auf einer zweiten Ebene sind „*freie Plätze*" (engl. *slots,* Schlitze) zur wechselnden Belegung.

Ein Beispiel wäre ein Rahmen „Büro". Zu der Vorstellung oder dem Wissen von einem Büro gehören wohl stets Merkmale wie umbauter Raum mit Wänden, Decke und Fußboden sowie Schreibarbeit. Schreibgeräte gehören ebenfalls zu der Vorstellung eines Büros. Jedoch handelt es sich hier um variabel auszufüllende Leerstellen. Sie können ausgefüllt sein mit mechanischen Schreibmaschinen, elektronischen Textsystemen oder Füllfedern; unter Umständen kann ein Diktiergerät ein Schreibgerät ersetzen.

Rahmen können einander zugeordnet oder miteinander verknüpft werden. Die Ordnung kann dabei eine hierarchische sein; dann sind *Unterrahmen* (engl. *sub-frames)* in übergeordneten Rahmen enthalten. Zum Beispiel kann ein übergeordneter Rahmen „Fahrzeuge" auf einen Unterrahmen „Antriebssysteme" verweisen. Verknüpfungen zwischen Rahmen sind durch Gemeinsamkeiten in Leerstellen herzustellen. So überlappen sich die Rahmen „Kinder" und „Haustiere" u. a. in ihrer Zugehörigkeit zu einer Wohngemeinschaft.

Einer Anleihe bei der Filmproduktion ist der Begriff des *Script*-Schemas zu verdanken. Die Verwendung des Begriffs in der Kognitionswissenschaft ist im Jahre 1977 von Roger Schank und Robert C. Abelson propagiert worden. Scripts nennt man die Drehbücher, nach denen Filmszenen hergestellt werden. Sie enthalten jeweils Angaben über eine bestimmte Situation und die in ihr ablaufenden Ereignisse. Dazu gehören nach Schank und Abelson insbesondere die folgenden Angaben:

- Örtlichkeit (z. B. „Bahnhof"),
- Requisiten (z. B. „Gleise", „Fahrkarten"),
- Rollen (z. B. „Schaffner", „Reisende"),
- Eingangsbedingungen bzw. Motive (z. B. „Reisende kommen zum Bahnhof, um zu verreisen"),
- Ausgangsbedingungen (z. B. „Reisende verlassen den Bahnhof an ihrem Reiseziel"),
- Szenen bzw. Handlungsabläufe (z. B. „Reisende kaufen eine Fahrkarte und besteigen einen Zug").

Das Script-Schema sei auf viele Bereiche anwendbar. Die Teile des Schemas („Rollen", „Requisiten" usw.) seien Leerstellen, die sich vielfältig ausfüllen ließen. So gelangt man zu einem Script „Restaurant", wenn man die Rollenfunktionen mit „Kellner" und „Gast" besetzt. Anderseits seien ausgefüllte Script-Schemata in einer Kultur recht stabil. Situationen und Abläufe, wie sie etwa die Scripts „Bahnhof", „Restaurant", „Krankenhaus" festhielten, blieben über Orte und Zeiten weitgehend gleich.

Das in Scripts enthaltene Wissen dient dem Verständnis von Erfahrungen und Mitteilungen. Ohne ein „Bahnhof"-Script müßte z. B. der folgende Satz unverständlich bleiben:

IRMA STAND RATLOS VOR DEM FAHRKARTENSCHALTER; IHR PORTEMONNAIE WAR VERSCHWUNDEN.

Das Rätsel dieses Satzes löst sich jedoch schnell auf, wenn man ihn auf der Grundlage eines Bahnhof-Scripts deutet. Auf dieses Script verweist der Ausdruck FAHRKARTENSCHALTER. Damit wird klar: Irma ist eine Reisende, die mit einem Zug wegfahren will; dazu muß sie am Schalter eine Fahrkarte besorgen. Die Fahrkarte kostet Geld. Dieses befindet sich im Portemonnaie. Wenn aber das Portemonnaie verschwunden ist, läßt sich die Absicht zu verreisen nicht ausführen. Was aber dann? Diese Frage ist der Grund von Irmas Ratlosigkeit.

Schema, Script, Witz

Hellmuth Metz-Göckel (1989) hat als eine der Grundlagen für das Entstehen von Witz die Schematik der Scripts im Sinne von Schank und Abelson (s. o.) analysiert. So gibt er den folgenden Witz wieder:

„ 'Ich habe eine gepökelte Zunge, gedämpftes Hirn, Froschschenkel, saure Nieren ... .' 'Gut, kommen Sie gleich in meine Sprechstunde. Ich will nur rasch etwas essen.'"

(Metz-Göckel, 1989, S. 186)

Komisch wirke hier der plötzliche Sprung aus einem Restaurant- in ein Arztschema.

Minsky, M. (1975). A framework for representing knowledge. In P. H. Winston (Ed.), *The psychology of computer vision* (pp. 211-277). New York: McGraw Hill.

Schank, R. C. & Abelson, R. P. (1977). *Scripts, plans, goals, and understanding*. Hillsdale, NJ: Lawrence Erlbaum.

Metz-Göckel, H. (1989). *Witzstrukturen*. Opladen: Westdeutscher Verlag.

Die Script-Forschung entwickelt sich in zwei Richtungen. Zum einen geht es um eine Bestandsaufnahme verfügbarer Scripts (Zahl, Art, Ausführlichkeit von Scripts bei Individuen und Gruppen). Zum anderen wird die Nützlichkeit verfügbarer Scripts für das Verständnis von Äußerungen, für die Planung und für das Bewältigen von praktischen Aufgaben untersucht. Kognitionswissenschaftler und Informatiker interessieren sich nicht zuletzt für das Problem, welche Script-Informationen man in Computersysteme eingeben muß, damit diese die Bedeutung neuer Sätze (wie des obigen Beispielsatzes IRMA STAND ...) automatisch zu erkennen vermögen.

5.4.3 Mentale Modelle

Das neuerdings wohl am häufigsten benutzte Konstrukt zur Kennzeichnung einer Wissensstruktur heißt „*mentales Modell*" (engl. *mental model,* s. bereits Abschnitt 3.1.4*)*. Modelle sind - folgt man der Definition von Stachowiak (1973) -
• Abbildungen von Originalen,
• Reduktionen der Originale auf bedeutsam erscheinende Bestandteile,
• nach praktischen Gesichtspunkten hergestellt.
Anders als die konkret aufgebauten Modelle der Ingenieure, Architekten usf. (vgl. Abschnitt 8.1.3) sollen die mentalen Modelle nur in der Kognition bestehen. So mögen Bürger einer Stadt ein mentales Modell ihrer Stadtverwaltung haben oder ein mentales Modell der Verkehrsverbindungen in ihrer Region.

Ein solches Konstrukt entspricht recht gut dem Alltagsverständnis von „Wissen". Das Konstrukt des mentalen Modells so zu präzisieren, daß es über das Alltagsverständnis von „Wissen" hinausreicht, ist eine Herausforderung für die Kognitionspsychologie. Der Mannheimer Psychologe Theo Herrmann hat noch im Jahre 1988 Zweifel geäußert, ob die Kognitionsforschung die unerläßliche Aufgabe bewältigt hat, innere Repräsentationen als solche zu beschreiben, die zu repräsentierenden Originale zu kennzeichnen sowie die Beziehung zwischen beiden zu bestimmen. Was etwa die mentalen Modelle als Repräsentationen anbelangt, ist es vor allem ungeklärt, wieweit es sich um Vorstellungen, um Begriffe, um Erinnerungen handelt, wieweit sie bewußt (explizit) sind oder überhaupt bewußt zu sein brauchen, wieweit sie sprachlich oder bildlich gefaßt sind. Möglicherweise ist menschliches Wissen tatsächlich eine heterogene und komplexe Struktur, eine Mischung aus Bewußtem und Unbewußtem, Sprachlichem und Bildlichem, aus Erinnertem, Vorgestelltem und Gedachtem. Als solche Strukturen mögen sie insbesondere für praktische Zwecke (s. o.) nützlich sein.

Wenn auch mentale Modelle ein Original abzubilden trachten, brauchen sie nicht unmittelbar auf dieses Original zurückzugehen. Nicht selten scheinen Erfahrungen von einem Objekt auf ein anderes übertragen zu werden. Ein häufig zitiertes Beispiel haben Dedre Gentner und Donald Gentner (1983) einer eingehenden Untersuchung unterzogen: Modelle von Stromkreisen. Was wissen Schüler und Studierende über Elektrizität? Auf welche Weise erklären sie alltägliche Ereignisse wie das Leuchten einer Glühbirne? Eine häufige Beobachtung: Menschen wissen wenig über Stromstärke und -spannung, über elektrische Widerstände und Schaltungen. Aber sie finden doch recht gute Erklärungen, indem sie elektrischen Strom wie Wasser betrachten oder wie eine Menschenmenge. Zu dem Verhalten von Wasser und Menschenmengen besitzen sie nämlich mehr Wissen, und dieses ist - aus welchem Grund auch immer - auf den elektrischen Strom übertragbar. Wasser und Menschen dienen hier als verhältnisgleiche Gegenstände, als *Analogien*.

Stachowiak, H. (1973). *Allgemeine Modelltheorie.* Wien: Springer.

Herrmann, Th. (1988). Mentale Repräsentation - ein erläuterungsbedürftiger Begriff. *Sprache und Kognition, 7,* 162-175.

Gentner, D. & Gentner, D. R. (1983). Flowing waters and teeming crowds: Mental models of electricity. In D. Gentner & A. L. Stevens (Eds.), *Mental models* (pp. 99-129). Hillsdale, NJ: Lawrence Erlbaum.

Issing, L. J. (1994). Wissenserwerb mit bildlichen Analogien. In B. Weidenmann (Hrsg.), *Wissenserwerb mit Bildern* (S. 149-176). Bern: Huber.

In seiner psychologischen Diplomarbeit an der Freien Universität Berlin hat Oliver Bube nach dem Vorbild der Studie von Gentner und Gentner (s. o.) Versuche mit einem Lehrtext angestellt (Issing, 1994). In dem Text wurde die Arbeitsweise eines Transistors erklärt; er enthielt Sätze wie diesen:

„Im Transistor fließt nur dann Strom vom Emitter zum Kollektor, wenn gleichzeitig auch durch die Basis Strom fließt. ... Je größer der Basis-Strom ist, desto größer ist auch der Strom, der vom Emitter zum Kollektor fließt.“

(Nach Issing, 1994, S.170)

Schüler der 7. und 8. Klasse erhielten im Physikunterricht diesen Text zum Lernen. Eine Gruppe erhielt lediglich den Text. Drei andere Gruppen bekamen zusätzlich eines von drei Bildern: den Schaltplan eines Transistors oder die Darstellung eines Menschenstroms oder eine Schleusendarstellung.
Der Schaltplan und das Bild des Menschenstroms förderten das Lernen des Textes nur wenig. Das Schleusenbild erwies sich dagegen als wirkungsvolle Lernhilfe. Die Schüler beurteilten die Schleuse auch als eine besonders gelungene Analogie zum Transistor. Man kann also durchaus Wissen von einer Situation auf die andere übertragen; doch nützt das nur, wenn sich die Verhältnisse in beiden Situationen gleichen.

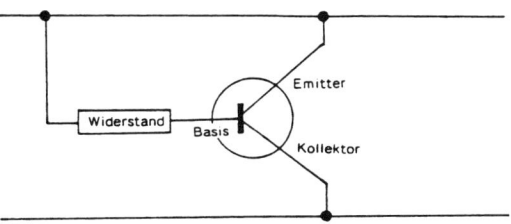

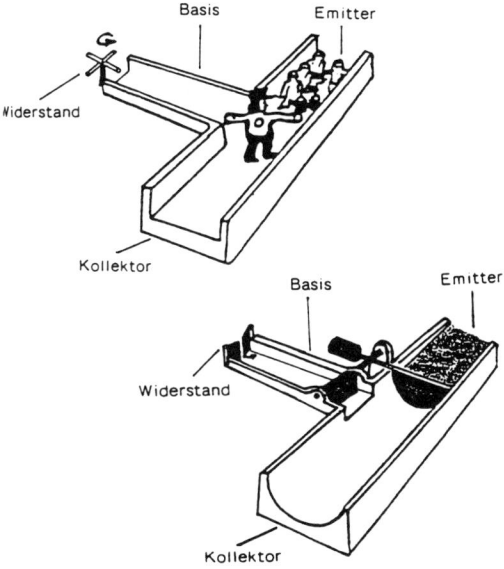

Schaltplan eines Transistors, Männchen-Analogie und Schleusen-Analogie (nach Issing, 1994, S.171f.).

ZUSAMMENFASSUNG

1. Vorstellungen und Begriffe lassen sich zu Wissensstrukturen verknüpfen.

2. Auf der Grundlage der Kasusgrammatik ist die Verbindung von Prädikaten und Argumenten zu semantischen Netzen darstellbar.

3. Schemata sind mehrfach anwendbare Wissensstrukturen. Häufig untersucht wird das Script-Schema; es beschreibt Standardmerkmale von Situationen und den in ihnen üblichen Handlungen.

4. Mentale Modelle nennt man innere Abbilder von Originalen, die Verstehen und Handeln leiten. Analogien können als mentale Modelle dienen und nützlich sein.

5.5
Vorstellung, Begriffsbildung, Wissen in der Entwicklungs,- Persönlichkeits- und Sozialpsychologie

5.5.1 Entwicklungspsychologie

Der kindlichen Phantasie sagt man oft eine bemerkenswerte Lebendigkeit und Reichhaltigkeit nach. Zum Beleg wird auf die Originalität im Kinderspiel, in der Kindersprache und in der Kinderzeichnung hingewiesen. Als Grund für diese Originalität wird angegeben: Die Vorstellung des jüngeren Kindes sei weniger als die des Erwachsenen durch die Erfahrung der Realität eingeengt; wo Welterfahrung sich noch nicht gebildet habe, gewinne die Phantasie Freiräume. Auf der anderen Seite darf man die Eigenständigkeit und den Reichtum der Phantasie jüngerer Kinder auch nicht überschätzen: So ist konkretes Denken vor Beginn der Schulzeit weit verbreitet. Zum Beispiel ist die Vorstellung eines fliegenden Fisches mit drei Köpfen vielen jüngeren Kindern völlig fremd (Mussen, Conger & Kagan, 1976). Erst später lernen sie, Erfahrungselemente frei zu kombinieren und zu phantasievolleren Vorstellungen zu gelangen.

Tiere machen einen Zirkus (Zeichnung eines Siebenjährigen): Freie Phantasie oder Kombination von Erfahrungen?

Objektrepräsentation, Wissenserwerb und Begriffsbildung gehen in der Regel Hand in Hand. Die Aneignung von Wissen gleicht in vielen Bereichen einem Schreiten über Stufen; das Erreichen höherer Stufen setzt das Einnehmen niedrigerer Stufen voraus. Bereits bei Säuglingen kann man eine Repräsentation von Objekten nachweisen; zumindest erkennen Säuglinge, daß Gegenstände über die Zeit dieselben bleiben (*Objektpermanenz*). Dies zeigt ein Versuch von Baillargeon (1987).

Der Versuch ging von der Annahme aus, daß Säuglinge Gegenständen ihren Blick zuwenden, wenn diese für sie neu sind, und den Blick wieder von den Gegenständen abwenden, wenn sie sich an sie gewöhnt haben. Es wurde Säuglingen zunächst ein Spielfahrzeug vorgeführt, das auf Schienen eine schiefe Ebene hinunterfuhr, hinter einem Schirm vor dem Säugling verschwand und kurz danach wieder auftauchte. In diesem ersten Versuchsteil sollten sich die Säuglinge bereits an das Fahrzeug gewöhnen. Im zweiten Teil des Versuches wurde der Schirm kurz angehoben und es wurde eine Kiste entweder hinter die Schiene oder auf die Schiene gestellt. Danach wurde in einem dritten Teil der Schirm wieder gesenkt und das Fahrzeug erneut in Gang gesetzt, worauf es auf der anderen Seite des Schirms auftauchte. Die Säuglinge, die die Kiste auf den Schienen gesehen hatten, blickten dem Fahrzeug länger nach als Säuglinge, die vorher die Kiste hinter den Schienen gese-

Mussen, P. H., Conger, J. J. & Kagan, J. (1976). *Lehrbuch der Kinderpsychologie.* Stuttgart: Klett (Erstausgabe 1956: *Child development and personality.* London: Harper & Row).

Baillargeon, R. (1987). Object permanence in 3 1/2- and 4 1/2 month-old infants. *Developmental Psychology, 23,* 655-664.

hen hatten. Danach haben die Kinder ein mögliches und ein unmögliches Ereignis unterschieden. Dies setzte die innere Repräsentation der Kiste und ihres Standorts voraus.

Wie verändern sich Repräsentationsformen nach dem Säuglingsalter? Kosslyn (1978) meinte aufgrund der ihm vorliegenden Befunde, es würden zuerst sensumotorische Schemata (z. B. Wissen, wie man eine Tasse hält), dann räumlich-bildhafte Vorstellungen (z. B. Vorstellung einer Tasse) und schließlich sprachlich-symbolische Repräsentationen (z. B. das Wort „Tasse") ausgebildet.

Seine experimentellen Untersuchungen hat Kosslyn auch auf Kinder ausgedehnt. Der Autor legte Sechs- und Neunjährigen sowie Erwachsenen Aussagen über Tiere vor. Die Aussagen behaupteten das Vorhandensein eines Merkmals bei einem Tier; sie konnten richtig oder falsch sein (z. B. „die Katze hat einen Schnabel"). Die Probanden sollten den Wahrheitsgehalt der Aussagen bestätigen (zur Anlage des Versuchs vgl. Abschnitt 5.1.2). Es wurde angenommen: Bildeten die Probanden Vorstellungen, so sollten größere Merkmale schneller als richtig oder falsch erkannt werden als kleinere; die größeren Merkmale müßten in dem Vorstellungsbild deutlicher zu erkennen sein. Sollte dagegen ein Rückgriff auf explizites semantisches Wissen erfolgen, sollten kleinere Merkmale schneller erkannt werden. Zudem wurde die Instruktion variiert. In einer Bedingung forderte der Autor ausdrücklich zum Bilden von Vorstellungen auf. Die Ergebnisse deuteten darauf hin, daß Sechsjährige unabhängig von der Instruktion anschauliche Vorstellungen bilden und mit ihrer Hilfe die Fragen beantworten, während Erwachsene dies nur tun, wenn sie ausdrücklich dazu aufgefordert werden.

Die Darstellung in semantischen Netzen (s. Abschnitt 5.4.1) ist geeignet, das Wachsen von Wissen zu beschreiben. Dies zeigt eine weitere Studie von Dedre Gentner (s. bereits Abschnitt 5.4.3). Die Autorin untersuchte den Erwerb von Verben des Besitzwechsels wie GEBEN, NEHMEN, BEZAHLEN, TAUSCHEN, KAUFEN, VERKAUFEN. Ihre Vorhersage war: Die Verben werden in der angegebenen Reihenfolge gelernt, da sich ihre Bedeutungselemente stufenweise aufhäufen:

Reihen-folge	Verben	Bedeutungselement
1	GEBEN/ NEHMEN	Tun mit Ursache/Verursacher und mit der Folge eines Transfers (Besitzwechsel)
2	TAUSCHEN/ BEZAHLEN	Tun, Ursache, Transfer (wie GEBEN/NEHMEN), vollzogen als wechselseitige soziale Verpflichtung
3	KAUFEN/ VERKAU-FEN	Tun, Ursache, Transfer, Verpflichtung (wie TAUSCHEN/ BEZAHLEN), dazu eine Übereinkunft über den Wert von Geld und Ware

Nach diesem Aufbauplan wachse das Netz von Stufe 1 (GEBEN/NEHMEN) bis zur Stufe 3 (KAUFEN/VERKAUFEN) an. Dabei seien die Knoten der niedrigeren Stufen in den Netzen der höheren Stufen mit enthalten.

Zur Prüfung ihres Modells ließ Gentner Kinder zwischen drei und neun Jahren an Puppen aus der Fernsehsendung „Sesamstraße" vorführen, was GEBEN, NEHMEN, TAUSCHEN usw. bedeutet (z. B. „Bert tauscht mit Ernie ein Flugzeug gegen zwei Boote"). Tatsächlich konnte sie beobachten, daß das Verständnis der Begriffe GEBEN/ NEHMEN ab drei Jahren fast vollkommen vorhanden war, während sich das Verständnis der Begriffe TAUSCHEN/BEZAHLEN sowie KAUFEN/VERKAUFEN darauf aufbaute und daher langsamer in Erscheinung trat.

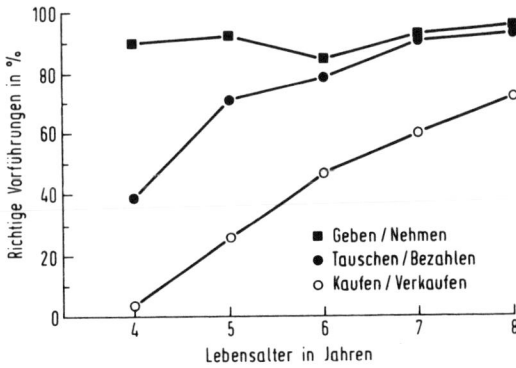

Anteil richtiger Vorführungen von Begriffen des Besitzwechsels (vereinfacht nach Gentner, 1975, S. 241).

Kosslyn, S. M. (1978). The representational-developmental hypothesis. In P. A. Ornstein (Ed.), *Memory development in children* (pp. 157-189). Hillsdale, NJ: Lawrence Erlbaum.

Gentner, D. (1978). Der experimentelle Nachweis der psychologischen Realität semantischer Komponenten: Die Verben des Besitzes. In D. A. Norman & D. E. Rumelhart (Hrsg.), *Strukturen des Wissens* (S. 213-247). Stuttgart: Klett-Cotta (Erstausgabe 1975: Evidence for the psychological reality of semantic components: The verbs of possession. In D. A. Norman & D. E. Rumelhart (Eds.), *Explorations in cognition* (pp. 211-246). San Francisco: Freeman).

Piaget, J. (1974). *Der Aufbau der Wirklichkeit beim Kinde.* Stuttgart: Klett (Erstausgabe 1950: *La construction du réel chez l'enfant.* Neuchâtel: Delachaux & Niestlé).

Jean Piaget (1950/1974, s. Abschnitt 3.2.4) hat freilich davor gewarnt, den Erkenntnisfortschritt während der psychosozialen Entwicklung allein als Anhäufung von Wissen zu erklären. Geistige Entwicklung schließe auch einen beträchtlichen qualitativen Wandel ein. Die ersten Erfahrungen des Kindes seien aktiv, konkret, egozentrisch. Durch Greifen und Manipulieren erkenne das Kind Personen und Gegenstände in seiner Umgebung, erlebe seine Umwelt und sich selbst als Auslöser zahlreicher Ereignisse - etwa beim Ballspiel, beim Anstoßen von Klappern.

Aufgrund des äußeren Umgangs bildeten sich eigene, innere Erkenntnisstrukturen; es seien von äußeren Vorbildern geprägte Schemata, abhängig von unmittelbarer Erfahrung, gegenstandsgebunden und immer noch egozentrisch (zum Begriff des Schemas vgl. Abschnitt 5.4.2). Mit fortschreitender Entwicklung würden jedoch die von außen übernommenen Schemata zunehmend kognitiv verarbeitet, zu inneren Schemata umgeformt. Innere Schemata seien von größerer Abstraktion. Das gegenstandsgebundene und egozentrische Erkennen weiche damit einem Weltbild von größerer Flexibilität und allgemeinerem Geltungsanspruch.

5.5.2 Persönlichkeitspsychologie

Es gibt erhebliche interindividuelle Unterschiede in der Art und Menge des Wissens sowie im Umfang und in der Beschaffenheit der Vorstellung und des Begriffsrepertoires. Je nach ihrer Lebenserfahrung und ihren Interessen bauen Personen unterschiedliche mentale Modelle auf. Ein aktuelles Beispiel: Computerfachleute müssen, um Geräte zu konstruieren und Programme für ihre Geräte zu entwerfen, ein mentales Modell von Geräten, Programmen und ihren Einsatzmöglichkeiten haben. Oft kennen sie aber die Arbeitsaufgaben und -bedingungen der späteren Nutzer nur unzureichend. Das Modell der Konstrukteure weicht daher von dem Modell der Benutzer ab; Unzufriedenheit auf seiten der Benutzer kann dann die Folge sein (Frese & Brodbeck, 1989).

Grundlegende Unterschiede im Wissen ergeben sich regelmäßig durch verschieden weit fortgeschrittenes Lernen. Lernen vermehrt Wissen nicht nur, sondern gestaltet es um. Deshalb ist oft das Wissen von Anfängern oder Novizen und das Wissen von Experten verglichen worden. Experten

• benutzen abstraktere Begriffe,
• stellen mehr Zusammenhänge zwischen ihren Wissensbeständen her,
• haben ihr Wissen besser nach Anwendungsfällen geordnet,
• haben deklaratives (beschreibendes) Wissen besser mit prozeduralem (Verfahrens-) Wissen verknüpft.

Um solche Unterschiede zu ermitteln, haben Chi, Feltovich & Glaser (1981) Doktoranden der Physik mit Studienanfängern nach ihrem ersten Kurs in Mechanik verglichen. Beide Gruppen bekamen 24 Textaufgaben zur Mechanik vorgelegt, die sie beliebig sortieren sollten. Es fanden sich Unterschiede in den Kategorien, nach denen die Aufgaben sortiert worden waren. Die Anfänger wählten Kategorien nach Oberflächenmerkmalen wie der äußeren Form der beschriebenen physikalischen Gegenstände (z. B. Blöcke, Rollen, schiefe Ebenen). Die Experten gruppierten nach physikalischen Gesetzen, der Tiefenstruktur (z. B. dem Gesetz von der Erhaltung der Energie).

Zur Untersuchung von Expertise ist die Erhebung des Wissens und Könnens in spezialisierten Berufen besonders geeignet. Was macht etwa „gute Ärzte" oder „gute Lehrer" aus? Wüßte man dieses hinreichend genau, könnte man u. a. die Ausbildung für diese Berufe verbessern.

Darüber hinaus gibt es die Auffassung, individuelle Begriffe seien die Grundlage der Persönlichkeit. Jeder Mensch schaffe sich ein Selbstbild und ein Weltbild. Er konstruiere sein Verständnis von Personen, Gegenständen und Ereignissen wie ein Wissenschaftler - durch Beobachtung, Schlußfolgerung und Deutung. Die selbstkonstruierten *persönlichen Begriffe* (engl. *personal constructs)* bestimm-

ten die Eigenart, die Persönlichkeit von Menschen. Die Theorie, Persönlichkeit sei ein Gefüge von Begriffen, hat vor allem der Amerikaner George Kelly (1955) verfochten. Er hat sich damit unter die entschiedensten kognitivistischen Autoren eingereiht (s. Abschnitt 2.4.2).

Der Konstruktionsprozeß bediene sich - so Kelly - persönlicher Begriffe wie „gut und schlecht" oder „schön und häßlich". Solche Begriffe wähle der Betroffene selbst aus; er könne sie aber auch aufgeben und durch neue Begriffe ersetzen. Ein Wandel in der Begrifflichkeit ziehe einen *Persönlichkeitswandel* nach sich. Dazu ein Beispielfall:

„Nehmen wir an, ein Mensch beginnt mit einem Begriff ‚Angst und Überlegenheit' und geht dann über zu einem Begriff ‚Achtung und Verachtung'. Während er früher seine Bekannten einteilte in solche, vor denen er Angst hatte, und solche, denen er überlegen war, hat er mit zunehmender Reife seine Mitmenschen eher in geachtete und verachtete eingeteilt. Aber um diesen Umschwung zu vollziehen, braucht er einen anderen Begriff, in dessen Bereich ‚Angst und Überlegenheit' liegt und der sich auch als hinreichend zugänglich für die neue Idee ‚Achtung und Verachtung' erweist. ... Der ... Begriff, in dessen Bereich die genannten Varianten liegen, mag etwa den Sinn haben ‚Reife und Unreife'."

(Übersetzung aus Kelly, 1955, S. 81f.)

Frese, M. & Brodbeck, F. C. (1989). *Computer in Büro und Verwaltung.* Berlin: Springer.

Chi, M., Feltovich, P. & Glaser, R. (1981). Categorization and representation of physics problems by experts and novices. *Cognitive Science, 5,* 121-152.

Bromme, R. (1992). *Der Lehrer als Experte. Zur Psychologie des professionellen Wissens.* Bern: Huber.

Kelly, G. A. (1955). *The psychology of personal constructs.* New York: Norton.

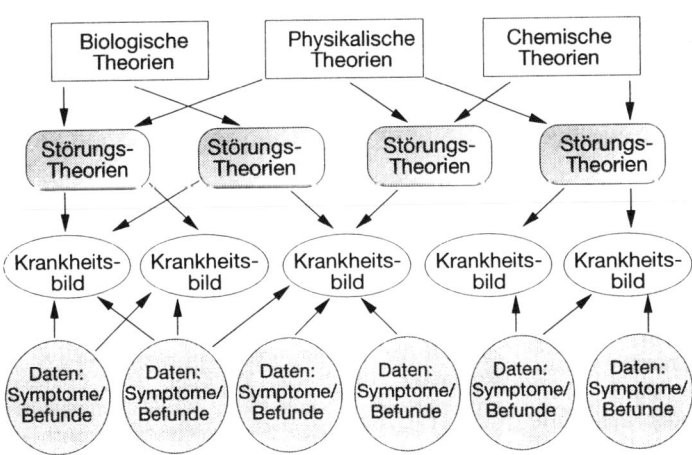

Ausschnitt aus dem Expertenwissen von Ärzten (Bromme, 1992, S. 28).

5.5.3 Sozialpsychologie

Die Entwicklung und Pflege gemeinsamer Vorstellungen und Begriffe ist zugleich Voraussetzung und Folge des Zusammenlebens in Gruppen. Die Sozialpsychologie hat sich daher den gemeinsamen kognitiven Inhalten mit Vorrang zugewandt; sie nennt diese *soziale Kognitionen*. Sozial bedeutsam können Kognitionen genannt werden,

• wenn sie soziale Sachverhalte betreffen,
• wenn sie Individuen zu partnerschaftlichen Gruppen vereinen oder sie in rivalisierende Gruppen trennen,
• wenn sie soziales Handeln leiten.

Die Sozialforschung beschränkt sich nicht auf das Erheben der Verbreitung sozialer Kognition (z. B. „90 % der Bevölkerung in der deutschen Bundesrepublik ist der Begriff Umweltschutz bekannt"). Durch Interviews und Umfragen wird auch die Struktur sozialer Kognitionen in ihrem zeitlichen Wandel ermittelt. So war festzustellen, daß das ökologische Bewußtsein seit Beginn der achtziger Jahre stark geprägt war durch die Sorge um Energie- und Rohstoffvorräte, durch Skepsis gegenüber der Kernkraft und durch Einsichten über Grenzen des wirtschaftlichen Wachstums (Fietkau, Kessel & Tischler, 1982).

Ein früher Ansatz zur systematischen Erfassung der Struktur sozialer Kognitionen und Einstellungen stammt von Abelson und Rosenberg aus dem Jahre 1958. Darin wird versucht, soziale Kognitionen in drei Elemente zu zerlegen:

• Handelnde (Betroffene, Gruppen usw.),
• Mittel (Handlungen usw.) und
• Ergebnisse (Schaden, Nutzen usw.).

Zwischen diesen Elementen vermitteln vier Arten von Beziehungen: positive, negative, neutrale und ambivalente.

Die Faustregel, daß soziale Kognitionen Gruppen zusammenhalten und Gruppen bei Divergieren ihrer Meinungen auseinanderbrechen - von Muzafer und Carolyn Sherif bereits 1953 in einer eindrucksvollen Studie über Gruppen in Ferienlagern unter Beweis gestellt - erfährt oft eine bemerkenswerte Umkehrung: Um die Gruppe zu erhalten, üben ihre Mitglieder Druck aufeinander aus, ihre Meinungen und Kenntnisse einander anzu-

Fietkau, H. J., Kessel, H. & Tischler, W. (1982). *Umwelt im Spiegel der öffentlichen Meinung.* Frankfurt a. M.: Campus.

Abelson, R. P. & Rosenberg, M. J. (1958). Symbolic psychologic: A model of attitudinal cognition. *Behavioral Science, 3*, 1-13.

Sherif, M. & Sherif, C. W. (1953). *Groups in harmony and tension.* New York: Harper.

gleichen. Daraus erwächst ein neues Problem: der Erwerb von Wissen über das Denken der anderen. Es ist keine Selbstverständlichkeit, selbst Kenntnis über das Denken eines anderen zu besitzen (Denken als Teil des Bildes vom anderen) sowie Unterschiede zwischen dem eigenen Denken (*Selbstbild*) und dem Denken des anderen (*Fremdbild*) in Rechnung zu stellen.

Mit Miller, Kessel und Flavell (1970) nennt man das Nachdenken über die Gedanken anderer *rekursives Denken*. Das rekursive Denken kann dabei - wie die Autoren es ausdrücken - mehrere Schleifen durchlaufen. Im einfachsten Fall hat es die Form: „A denkt, daß B denkt" (eine einzige Schleife). Diese Form läßt sich erweitern nach dem Muster: „A denkt, daß B denkt, daß C denkt, ..." (mehrere Schleifen). Die Fähigkeit zum rekursiven Denken bildet eine Voraussetzung für das

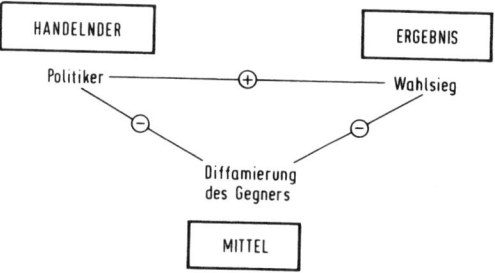

Beispiel für soziale Kognition (nach Abelson & Rosenberg, 1958): Der Wahlsieg eines Politikers wird begrüßt, obwohl seine Wahlkampfmethode sowohl im Hinblick auf seine Person als auch auf das Ergebnis abgelehnt wird.

Soziale Kognitionen - soziale Stereotypen

In sozialen Gemeinschaften entstehen Bilder von Mitgliedern ethnischer, rassischer, religiöser und anderer Gruppen. Sie werden - ungeachtet aller individueller Variationen - über alle Mitglieder der betroffenen Gruppen verallgemeinert. Einer Anregung des New Yorker Publizisten Walter Lippmann folgend, nennt man solche Eindrücke Stereotypen.

So besteht bei vielen Japanern, die in Deutschland leben oder gelebt haben, folgender Eindruck vom Deutschen und der Bundesrepublik: Der Deutsche ist nicht sehr warmherzig, aber vernünftig, ziemlich dickhäutig, aber hilfsbereit. Er ist bis zum Exzeß korrekt und außerordentlich zuverlässig. In Deutschland muß man alle seine Gedanken in Worte fassen, sonst wird man nicht verstanden. Der Deutsche liebt gutes Essen, wobei Schweinefleisch besonders gut zubereitet wird. Die Städte der Bundesrepublik sind sauber und ordentlich. Die Dörfer sind aufgeräumt, sehr klein und voll von hübschen kleinen Fachwerkhäusern.

Abschied nehmen die Japaner gegenwärtig von ihrem früheren Deutschlandbild, das durch Persönlichkeiten wie Beethoven, Schiller und Goethe geprägt war: Entgegen seinem Ruf sei der Deutsche weniger kulturverbunden und statt dessen praktisch und geschäftstüchtig (repräsentative Äußerungen in japanischen Zeitungen, welche die Deutsche Botschaft in Tokio 1976 und 1977 zum „Tag des Grundgesetzes" angeregt hatte).

Das Deutschlandbild der mit Deutschland vertrauteren Japaner ist nicht unkritisch, aber freundlich. Das ist nicht bei allen Stereotypen der Fall. Häufig nimmt das Bild von Menschen in anderen Gruppen den Charakter eines Feindbildes an. Vom Feindbild zur Aggression ist es dann nur ein kurzer Schritt. Nicht zuletzt um Aggressionen aufzuklären und ihnen vorzubeugen, hat sich die Sozialpsychologie mit sozialen Stereotypen auseinandergesetzt und ihre Entstehung, ihren Wandel sowie ihre Folgen zu bestimmen versucht (Mees, 1974).

Verständnis der Sichtweise anderer, ihrer Perspektive. Louis Oppenheimer (1980) von der Katholischen Universität Nijmwegen (Holland) hat herausgearbeitet, wie aus dem rekursiven Denken einerseits die Differenzierung verschiedener Perspektiven hervorgeht (z. B. „ich sehe das so; du siehst das anders; er sieht es wieder anders"), andererseits die Übernahme einer fremden Perspektive.

Soziale Kognitionen finden Verbreitung im persönlichen Kontakt sowie in den privaten und öffentlichen Kommunikationsmedien (z. B. Plakate, Rundfunk, Fernsehen). Auf ihnen fußt gemeinschaftliches Handeln; sie bestimmen Handlungsziele (z. B. Hilfe für Notleidende), die Wege zum Ziel (z. B. Sammlungen von Geldspenden), die Wahrnehmung von Situationen (z. B. Einschätzung von Schwierigkeiten) sowie die Organisation der Beteiligten (z. B. Verteilung von Verantwortung).

Lippmann, W. (1922). *Public opinion.* New York: Macmillan.

Mees, U. (1974). *Vorurteil und aggressives Verhalten.* Stuttgart: Klett.

Miller, P. H., Kessel, F. S. & Flavell, J. H. (1970). Thinking about people thinking about people thinking about ... : A study of social cognitive development. *Child Development, 41,* 613-623.

Oppenheimer, L. (1980). Die Beziehung zwischen rekursivem Denken und sozialer Perspektivenübernahme: Eine Entwicklungsstudie. In L. Eckensberger & R. K. Silbereisen (Hrsg.), *Entwicklung sozialer Kognitionen* (S. 211-227). Stuttgart: Klett-Cotta.

ZUSAMMENFASSUNG

1. Wissen und begriffliche Ordnung bauen sich während der lebenslangen Entwicklung in Stufen auf. Bereits Säuglinge besitzen eine Repräsentation von Objekten und erwerben sensumotorische Schemata. Darauf fußen räumlich-bildhafte Vorstellungen und sprachlich-symbolische Repräsentationen.

2. Wissen und Vorstellung, Begriffe und mentale Modelle weisen beträchtliche interindividuelle Unterschiede auf. Man findet grundlegende Unterschiede zwischen dem Wissen von Anfängern (Novizen) und Experten; insbesondere haben Experten ihre Wissensbestände zweckmäßiger und reichhaltiger verknüpft.

3. Die Theorie der persönlichen Begriffe deutet die Persönlichkeit eines Menschen als das Gefüge seiner Kognitionen. Menschen konstruierten ihr eigenes Selbst- und Weltbild und gäben dabei Begriffen ihre individuelle Bedeutung.

4. Denk- und Vorstellungsinhalte werden zu sozialen Kognitionen, wenn sie soziale Sachverhalte betreffen, zum Bestand und zur Auflösung von Gruppen beitragen und soziales Handeln leiten. Soziale Kognitionen können zu sozialen Stereotypen (z. B. Feindbildern) werden. Voraussetzung für den Austausch von Kognitionen in Gruppen wird die Übernahme der Perspektive anderer.

 LITERATUR ZUR ERGÄNZUNG UND VERTIEFUNG

Aebli, H. (1980). *Denken: Das Ordnen des Tuns* (Band I). Stuttgart: Klett-Cotta (Band II, 1981).
(Begriffsbildung und Wissensorganisation aus handlungspsychologischer Sicht.)

Cohen, D. B. (1979). *Sleep and dreaming*. Oxford: Pergamon.
(Zusammenstellung und Diskussion von Ergebnissen der modernen psychologischen Schlaf- und Traumforschung.)

Cole, M., Gay, J., Glick, J. A. et al. (1971). *The cultural context of learning and thinking*. London: Methuen.
(Studien zur Kulturabhängigkeit von Schlußfolgerungen und Lernprozessen.)

Dixon, N. F. (1981). *Preconscious processing*. Chichester: Wiley.
(Auseinandersetzung mit dem Problem des Vorbewußten.)

Harnad, S. R. (1987). *Categorical perception. The groundwork of cognition*. Cambridge University Press.
(Berichte über Forschungen zum Zusammenhang von Kognitionen und Wahrnehmung.)

Hoffmann, J. (1986). *Die Welt der Begriffe. Psychologische Untersuchungen zur Organisation des menschlichen Wissens*. Weinheim: Beltz.
(Forschungsansatz zur Beschreibung von Ordnungen innerhalb der Begriffswelt.)

Horowitz, M. J. (1970). *Image formation and cognition*. New York: Appleton-Century-Crofts.
(Über die Entstehung von Phantasievorstellungen, mit zahlreichen Illustrationen.)

Mandl, H. & Spada, H. (Hrsg.). (1988). *Wissenspsychologie*. Weinheim: Psychologie Verlags Union.
(Analysen des Gegenstandes ‚Wissen' aus dem Blickwinkel der Psychologie, der Informatik und der Neurowissenschaften.)

Kapitel 6
Schlußfolgerndes Denken

Hypothesenbildung und Beobachtung

Induktives und deduktives Urteil

Denken in Analogien

Wahrscheinlichkeitsschlüsse

Fehler im menschlichen Denken

Wenn der Mensch an Weltverständnis, an Naturbeherrschung und an gesellschaftlicher Organisation alle anderen Gattungen übertrifft, so verdankt er das seiner herausragenden Fähigkeit, sein Wissen zu vermehren. Dies tut er nicht nur durch Beobachtung. Aus seinen Beobachtungen und Vorstellungen kann er vielmehr Schlußfolgerungen ziehen und dadurch neue Erkenntnisse ableiten. Die kognitiven Vorgänge, in deren Verlauf aus vorhandener Erfahrung neue Erkenntnis geschöpft wird, faßt man unter dem Begriff des Denkens zusammen. Die hier vorzustellenden Formen schlußfolgernden Denkens bilden eine Auswahl aus der Vielfalt vorfindbarer Denkprozesse. Sie gehören wohl zu denjenigen, die sich in der psychologischen Forschung stärkerer Aufmerksamkeit erfreuen, da sich ihr Ablauf in der formalen Sprache der mathematischen Logik darstellen läßt.

Das schlußfolgernde Denken bewährt sich bei der Analyse von Sachverhalten und Geschehnissen, die der Beobachter in seiner Welt vorfindet (z. B. in der Wetterkunde, in der Geschichtsforschung). Die Schlußfolgerung tritt aber ebenfalls in den Dienst von Überlegungen zur eigenen Gestaltung der Welt beim Probleme lösenden Denken (z. B. bei der Beseitigung sozialer Mißstände, bei der Herstellung von Werkzeugen). Das vorliegende Kapitel wird sich darauf beschränken, die ausgewählten Denkfiguren im Rahmen des analysierenden Denkens zu beschreiben. Das Thema des Problemlösens bleibt zunächst ausgespart; ihm wird ein eigenes Kapitel gewidmet sein.

6.1
Denken - Kampf gegen die Ungewißheit

6.1.1 Eine historische Kontroverse: Wer erschoß den Präsidenten?

Am 22. November 1963 befand sich John F. Kennedy, Präsident der Vereinigten Staaten von Amerika, auf dem Weg zu einer Wahlversammlung in Dallas (Texas).

Der Präsident mit seiner Frau Jacqueline Kennedy und dem Gouverneur des Staates Texas, John Connally.

Plötzlich fielen Schüsse, die den Präsidenten und den Gouverneur trafen. In rasender Fahrt wurden die Opfer des Attentats zum Parkland-Hospital der Stadt gebracht. Das Leben des Gouverneurs konnte gerettet werden. Für den Präsidenten kam die ärztliche Hilfe zu spät.

Das Präsidentenauto am Ort des Attentats.

Ein Gewehr, das als Mordwaffe in Frage kam, wurde in einem nahe gelegenen Schulbuchlager gefunden. In der Nähe eines Fensters im fünften Stock lagen noch drei leere Patronenhülsen. Jedoch behaupteten Zeugen, die Schüsse seien von einem Hügel vor einer Brückeneinfahrt gekommen; sie hätten sie gehört.

Als der Tat dringend verdächtig wurde in einem Kino der 24jährige Lee H. Oswald festgenommen. Bei der Verhaftung soll er zu den Polizisten geäußert haben: „Jetzt ist alles vorbei!" Lee Oswald war mit einer Russin verheiratet; er hatte die Jahre 1959 bis 1962 in der Sowjetunion verbracht. Ein Paraffintest ergab Pulverspuren an Gesicht und Händen. Hand- und Fingerabdrücke am Schaft des gefundenen Gewehrs stimmten mit den seinen überein. Das Gewehr war durch eine Nummer identifiziert; es war im März 1963 bei einem Versandhaus in Chicago gekauft worden; der vorliegende Bestellschein lautete zwar nicht auf Oswalds Namen, war aber in seiner Handschrift ausgefüllt.

Lee H. Oswald nach seiner Verhaftung.

Oswald hat nie ein Geständnis abgelegt. Als er zwei Tage nach dem Attentat aus dem Rathaus in das Bezirksgefängnis überführt werden sollte, wurde er von dem 52jährigen Nachtclub-Besitzer Jack Ruby aus Dallas erschossen. Ruby gab an, er habe der Frau des toten Präsidenten die seelischen Qualen eines Prozesses ersparen wollen. Ruby wurde von seinen Freunden als Patriot beschrieben, von seiner Schwester als hilfsbereiter Mensch. In seinem Nachtclub trat er gern in Cowboy-Ausrüstung auf und betätigte sich als rabiater Rausschmeißer.

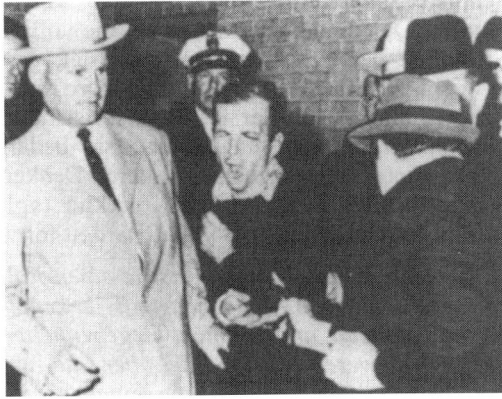

Oswald wird von Ruby erschossen.

Aus strafrechtlichen wie aus politischen Gründen kam der Aufklärung des Hergangs und der Hintergründe des Attentats auf den Präsidenten eine herausragende Bedeutung zu. War Oswald ein Agent der Sowjetunion gewesen, mit deren Regierung der getötete Präsident die Konfrontation nicht gescheut hatte? Ein solcher Zusammenhang hätte unübersehbare diplomatische Konsequenzen gehabt, und der Botschafter der Sowjetunion stellte eine Beteiligung seines Landes energisch in Abrede. War das Attentat ein Racheakt gegen die mächtige Kennedy-Familie? Dann war auch das Leben anderer Familienmitglieder gefährdet. (Tatsächlich fiel der Bruder Robert Kennedy fünf Jahre später ebenfalls einem Attentat zum Opfer.) War das Attentat gegen die Reformpolitik des Präsidenten gerichtet, insbesondere gegen seine Politik der Rassenintegration? Dann

mußte man auf weitere Gewalttaten gegenüber fortschrittlichen Politikern gefaßt sein. (Und in der Tat wurde etwas später im gleichen Jahr der Führer der Bürgerrechtsbewegung, Pastor Martin Luther King jr., ebenfalls ermordet.)

Am 26. 12. 1963 erklärte die örtliche Polizeibehörde, es bestünden nicht die geringsten Zweifel an der Schuld Oswalds. Diese Erklärung wurde selbst von hohen Beamten als voreilig bezeichnet. War Oswald wirklich der Mörder? Und wenn er der Mörder war: Hatte er Helfer oder Hintermänner? Das amerikanische Bundeskriminalamt FBI wurde mit einer Untersuchung beauftragt, danach eine Kommission unter der Leitung des Obersten Richters der USA, Earl Warren. Beide kamen zu dem Schluß, Oswald sei wahrscheinlich allein und ohne Auftrag tätig geworden. Aber Gerüchte und weitere Indizien gaben der Komplott-Theorie neue Nahrung. So beschloß das amerikanische Repräsentantenhaus noch 1975 die Einsetzung eines Sonderausschusses zur Überprüfung neuer Beweismittel.

Eine Sensation war die Aussage der Professoren Weiss und Ashkenasay vor diesem Ausschuß: Mit 95%iger Wahrscheinlichkeit seien zur Tatzeit vier Schüsse aus zwei verschiedenen Richtungen abgegeben worden. Die Akustik-Experten hatten eine Tonbandaufnahme eines Polizisten aus der Eskorte des Präsidentenwagens nach neuen Methoden analysiert. Zur Sicherung ihrer Ergebnisse hatten sie an der Stelle des Attentats eigene Schießexperimente veranstaltet. Ihre Aussage wurde jedoch wieder durch die Erklärung des betroffenen Polizisten entwertet, das analysierte Tonband stamme nicht von ihm.

6.1.2 Beobachtung, Hypothese, Theorie

Im Mordfall Kennedy sind einige unbestrittene Tatsachen festzustellen: die tödlichen Schüsse, das Opfer, Ort und Zeit der Tat. Hinzu kommen Indizien, die Lee Oswald belasten: die im Paraffintest ermittelten Pulverspuren, die Herkunft der Tatwaffe, die leeren Patronenhülsen, die oppositionelle Gesinnung. Was darüber hinausgeht, ist trotz amtlicher und gerichtlicher Feststellungen umstritten geblieben: der Hergang und die Motive der Tat, insbesondere die Frage der Alleinschuld Oswalds. Wenn er beteiligt war: War er vielleicht doch nur ein Helfer des Schützen gewesen, aber nicht der Schütze selbst? War er ein Alleingänger oder Mitglied einer Verschwörung?

Die Schüsse, ihr Opfer, Ort und Zeit der Tat verdienen die Anerkennung als unbestreitbare Sachverhalte, weil sie auf Beobachtung beruhen. Eine breite Öffentlichkeit ist ihr Zeuge geworden; Filmdokumente, deren Echtheit über jeden Verdacht erhaben ist, halten sie fest. Wäre die Vorbereitung und Durchführung der Mordtat ebenso der Beobachtung zugänglich gewesen, hätten sie sich wenigstens nachträglich in übereinstimmenden Zeugenaussagen rekonstruieren lassen, hätte es keine Ungewißheit gegeben, keine Zweifel und keine Kontroversen. Hier klaffen jedoch Lücken im Geflecht der Beobachtungen, und diese Lücken versucht das Denken durch Annahmen zu schließen. Im Falle der Indizienkette knüpfen sich die Annahmen noch recht eng an weitere Beobachtungen an. (So ist es etwa recht plausibel anzunehmen, der Besitzer der Tatwaffe sei auch der Mörder, vor allem wenn er die Waffe unter falschem Namen beschafft hat.) Die Frage der Alleinschuld Oswalds stützt sich dagegen mehr auf allgemeine Überzeugungen („So etwas kann nur ein Einzelgänger tun") und das Fehlen einschlägiger Indizien (z. B. Beobachtungen von Zusammenkünften).

Freilich sind Annahmen oft mehr als Lückenbüßer. Sie überbrücken die Lücken zwischen feststehenden Tatsachen so überzeugend, daß ihnen ihre Vertreter den gleichen Rang geben wie den Beobachtungen. Oft ergänzen sich mehrere Annahmen in so zwingender Weise, daß ihr gesamtes Gefüge von ihren Vertretern als sicher gewertet wird. Annahmen erscheinen also umso glaubwürdiger, je mehr sie sich auf Beobachtungen stützen und je mehr sie sich gegenseitig bestärken.

Eine einzelne *Annahme* nennt man inzwischen nicht nur in der Wissenschaft, sondern auch im Privatleben und Beruf *Hypothese*. Das Gefüge mehrerer aufeinander bezogener Annahmen stellt eine *Theorie* dar.

Das Hinausgehen über die gesicherte Information der Wahrnehmung hat der britische Psychologe Frederic Bartlett (1951/1958) als vorrangiges Charakteristikum des *Denkens* beschrieben:

„*Wenn jemand Erkenntnisse irgendwelcher Herkunft interpretiert und seine Interpretation die Grundlage der unmittelbaren sinnlichen Beobachtung oder Wahrnehmung verläßt, dann denkt dieser Mensch.*"

(Übersetzung aus Bartlett, 1951, S. 18)

Dabei ist von vornherein die Unhaltbarkeit einer strengen Trennung von sicherem Wahrnehmen und unsicherem Denken einzuräumen. Denn eine Wahrnehmung, die völlige Sicherheit des Erkennens gewährleistet, gibt es nicht. Vielmehr ist die unmittelbare sinnliche Erfahrung in aller Regel unvollständig, widersprüchlich und ungeordnet; sie bedarf selbst einer weitergehenden, dem Denken entsprechenden Deutung und Korrektur (vgl. bereits Abschnitt 4.2.4). So fährt Bartlett fort:

„*Das Problem ist: Niemand hat je einen Fall von menschlichem Umgehen mit Erkenntnissen gefunden, an dem nicht Gegebenheiten beteiligt gewesen wären, die über die unmittelbare sinnliche Erfahrung hinausgehen. Deshalb kann man sagen: Menschen denken immer, wenn sie sich mit Erkenntnissen beschäftigen.*"

(Übersetzung aus Bartlett, 1951, S. 1)

Gewißheit verschafft demnach weder die Wahrnehmung noch das Denken allein. Die Sicherheit der Erkenntnis wächst vielmehr
- durch das Entwickeln und Anwenden der Regeln effektiven Denkens,
- durch die Einbeziehung einschlägiger Erfahrung,
- durch die Entwicklung, Prüfung und Kombination einschlägiger Hypothesen,
- durch das Sammeln neuer Beobachtungen.

In komplexen oder sonstwie schwer überschaubaren Situationen einen Zuwachs an Erkenntnis zu erzielen, erfordert demnach ein umfangreiches Programm. Nur zu gern überläßt man ein solches Programm den Experten, von denen man einen überlegenen Sachverstand und eine besondere Ausdauer erwartet. So wurden mit der Klärung des Kennedy-Attentats Untersuchungskommissionen betraut, die ihrerseits wieder Fachwissenschaftler zu Rate zogen.

Im Denkfortschritt wird nicht nur die Zahl eingebrachter Annahmen erhöht und deren Stimmigkeit unter Beweis gestellt. Wirksames Denken schreitet auch fort durch

- die begründete Rückweisung von Annahmen,
- den Nachweis von Widersprüchen,
- den Hinweis auf Erkenntnislücken.

Insbesondere die Ermittlung von Widersprüchen und Informationslücken leitet die Suche nach neuer Information ein. So ergab die fortschreitende Untersuchung des Kennedy-Falls immer wieder neue Gesichtspunkte zur Analyse der Tonbänder, auf denen die Explosionsgeräusche der Schüsse festgehalten waren. Und in dem Bemühen, die kritische Situation zu rekonstruieren und darin Beobachtungen nachzuholen, welche die Hektik zur Tatzeit nicht zuließ, führten - wie erwähnt - Akustikfachleute sogar Schießexperimente am Tatort durch.

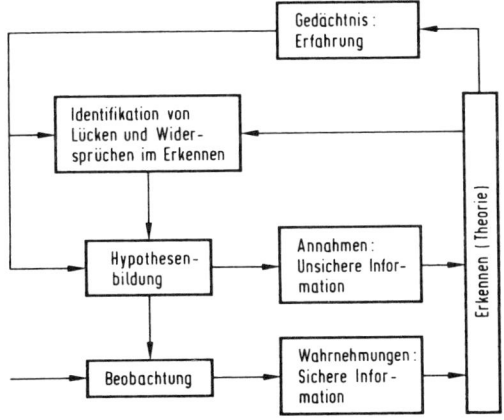

Zusammenhang zwischen Beobachtung, Denken und Gedächtnis. Das Erkennen nährt sich von vergleichsweise sicheren Informationen aus der Wahrnehmung und den vergleichsweise unsicheren Annahmen, welche Widersprüche und Lücken im Erkennen zu beseitigen trachten. Das Denken dient freilich nicht nur dem Beseitigen von Widersprüchen und Lücken, es lenkt auch das Ermitteln dieser Widersprüche und Lücken; es kann weiterhin zu neuen Beobachtungen anregen. In den Denkprozeß gehen Erfahrungen ein; die erzielten Erkenntnisfortschritte werden im Gedächtnis festgehalten.

6.1.3 Rekonstruktives, prognostisches und konstruktives Denken

In der breit gefächerten Diskussion nach dem Kennedy-Attentat fallen drei Stränge auf. Erstens: Wie hat sich das Attentat abgespielt, und wie ist es dazu gekommen? Zweitens: Welche Folgen wird das Attentat haben - für die betroffene Familie Kennedy, für die internationale Politik usw.? Drittens: Was kann man tun, um in Zukunft das Leben des amerikanischen Präsidenten und anderer Spitzenpolitiker wirkungsvoller zu schützen? Ist eine Verschärfung des Schußwaffengesetzes ein geeignetes Mittel? Soll der Präsident stets durch Panzerglas von der Öffentlichkeit getrennt sein? Offensichtlich unterscheiden sich die drei Stränge hinsichtlich ihres Erkenntnisziels. Der erste sucht vergangene Ereignisse gedanklich nachzubilden, zu rekonstruieren. Der zweite und der dritte sind gleichermaßen bemüht, zukünftige Geschehnisse gedanklich vorwegzunehmen. Die Vorausschau auf die Zukunft erfolgt jedoch aus unterschiedlicher Perspektive. In einem Fall herrscht die Perspektive des Betrachters vor, der zukünftigen Entwicklungen ihren Lauf läßt, ohne darauf Einfluß zu nehmen ("was wird geschehen?"). Im anderen Fall erkundet ein Handelnder seine Gestaltungsmöglichkeiten und trachtet danach, aus ihnen den besten Weg zum lohnendsten Ziel herauszufinden ("was ist zu tun?").

Selbstverständlich darf man in dieser Übersicht nicht das auf die Gegenwart gerichtete Denken vergessen - etwa das Nachdenken über Zusammenhänge in der Natur oder die Absichten der Mitmenschen. Die geistige Tätigkeit zur Klärung gegenwärtiger Verhältnisse gleicht freilich dem schon beschriebenen Bemühen um die Klärung der Vergangenheit. In beiden Fällen ist dem Denkenden ein Sachverhalt vorgegeben, den er gedanklich zu rekonstruieren hat. Gedankliche Klärungen von gegenwärtigen und vergangenen Sachverhalten sind demnach beide als *rekonstruktives Denken* zu bezeichnen (Strang 1). Das in die Zukunft gerichtete Denken heißt *prognostisches Denken* (griech. *prognosis*, Vorherwissen), sofern es sich auf die Vorausschau späterer Zustände beschränkt

Unvermeidlichkeit des Denkens?

Obwohl die einzelnen Menschen ihr Denkvermögen und ihre Denkleistung oft als unbefriedigend empfinden, hat die Menschheit insgesamt in ihren Wissenschaften doch einen erheblichen Erkenntnisfortschritt aufzuweisen. Kritiker, insbesondere Kritiker der Naturwissenschaften, geben zu bedenken, ob dieser Fortschritt die Menschheit nicht ins Verderben zu stürzen drohe. Die Kenntnis der Natur führe zur hemmungslosen Ausbeutung irdischer Ressourcen und zum Bau immer verheerenderer Vernichtungswaffen.

Der schweizerische Dramatiker Friedrich Dürrenmatt läßt in seinem Schauspiel *Die Physiker* einen genialen Naturwissenschaftler zu dem Entschluß kommen, sich unter Vortäuschung eines Wahns in eine Irrenanstalt zurückzuziehen. Seine Begründung:

„Es gibt Risiken, die man nicht eingehen darf: Der Untergang der Menschheit ist ein solches. Was die Welt mit den Waffen anrichtet, die sie schon besitzt, wissen wir; was sie mit jenen anrichten würde, die ich ermögliche, können wir uns denken. Dieser Einsicht habe ich mein Handeln untergeordnet. Ich war arm. Ich besaß eine Frau und drei Kinder. Auf der Universität winkte Ruhm, in der Industrie Geld. Beide Wege waren zu gefährlich. Ich hätte meine Arbeiten veröffentlichen müssen. ... Die Verantwortung zwang mir einen anderen Weg auf. Ich ließ meine akademische Karriere fahren, die Industrie fallen und überließ meine Familie ihrem Schicksal. Ich wählte die Narrenkappe. Ich gab vor, der König Salomo erscheine mir, und schon sperrte man mich in ein Irrenhaus.

Unsere Wissenschaft ist schrecklich geworden, unsere Forschung gefährlich, unsere Erkenntnisse tödlich. ... Wir müssen unser Wissen zurücknehmen, und ich habe es zurückgenommen. "

(Dürrenmatt, 1962, S. 68f.)

Aber das Opfer ist vergebens. Die umwälzenden Theorien, die vor der Welt geheimgehalten werden sollen, werden doch bekannt; ein Trust wertet sie aus. Das Fazit:

„Was einmal gedacht wurde, kann nicht mehr zurückgenommen werden. "

Und:

„Alles Denkbare wird einmal gedacht. Jetzt oder in Zukunft. "

(Dürrenmatt, 1962, S. 75 u. S. 77).

(Strang 2). Befaßt es sich jedoch mit den Möglichkeiten des aktiven Herbeiführens dieser späteren Zustände, so kann man es *konstruktives Denken*, auch *schöpferisches* oder *produktives Denken* nennen (Strang 3).

Nun betrifft die zeitliche Ausrichtung des Denkens zunächst mehr dessen Inhalt als dessen Form. Die grundlegenden Denkformen sind im rekonstruktiven, konstruktiven und prognostischen Denken gleichermaßen vertreten. Das sei an der Form des *Induktionsschlusses* veranschaulicht. In der Induktion wird von einem Fall (oder wenigen Fällen) auf alle (oder einzelne) ähnliche Fälle verallgemeinert. (Genaueres zum Induktionsschluß später in Abschnitt 6.3). Als ein Ansatz für Induktion bietet sich das Attentat auf den amerikanischen Präsidenten Abraham Lincoln an - knapp hundert Jahre vor dem Mord an Kennedy. Auch Lincoln wurde in der Öffentlichkeit erschossen, und zwar in einem Theater. Im Mordfall Lincoln steht das historische Urteil über den Täter fest. Es war William Booth, ein fanatischer Südstaatler, der die Haltung des Präsidenten in der Sklavenfrage ablehnte. Er war nicht Mitglied eines Komplotts, sondern ein Einzeltäter. An diesem Punkt könnte die Verallgemeinerung einsetzen: Präsidentenmörder sind immer Einzeltäter. Eine solche Verallgemeinerung des Lincoln-Falles ist geeignet, für die Alleinschuld Oswalds einzunehmen; die Verallgemeinerung wäre dann in den Dienst der Rekonstruktion des Vergangenen getreten.

Induktionen helfen jedoch nicht nur bei der Aufarbeitung von Vergangenheit und Gegenwart, sie helfen auch bei der Prognose. Möglicherweise galt das Attentat dem Präsidenten als Mitglied eines mächtigen und daher vielen Gegnern verhaßten Familien-Clans. Dann war die Verallgemeinerung zulässig: Ein Kennedy mit politischen Ambitionen hat Gegner, die ihm nach dem Leben trachten. Dieser Schluß, von dem ältesten Kennedy-Bruder John Fitzgerald abgeleitet, ließe sich auf die jüngeren Brüder Robert und Edward Kennedy anwenden. Auch um deren Leben müsse man bangen, wenn sie sich weiter um hohe Posten bewerben würden - eine Prognose, die sich bald für Robert Kennedy als zutreffend erweisen sollte.

Bartlett, F. C. (1958). *Thinking*. London: Allen & Unwin (Erstausgabe 1951 in: *Manchester Memoirs, 93*, 3).

Dürrenmatt, F. (1962). *Die Physiker*. Zürich: Verlag der Arche.

Schließlich leisten Induktionen große Dienste im konstruktiven Denken. Kann etwa die Verallgemeinerung gewagt werden: „Länder mit strengen Waffengesetzen haben auch ein geringes Maß an Terrorismus", so kann dies in einem Land, das politische Gewalttaten zurückdrängen will, Politikern eine Hilfe sein, strengere Waffengesetze einzuführen.

ZUSAMMENFASSUNG

1. Die Wahrnehmung (Beobachtung) liefert oft lückenhafte und widersprüchliche Erfahrung. Das Denken führt über die Wahrnehmung hinaus und sucht deren Lücken auszufüllen sowie deren Widersprüche aufzulösen.

2. Das Denken bringt Annahmen (Hypothesen) hervor. Diese Annahmen können sich zu Gefügen (Theorien) zusammenschließen. Die Glaubwürdigkeit sowohl von Hypothesen als auch von Theorien hängt von ihrer Übereinstimmung mit Beobachtungen, von ihrer Folgerichtigkeit und ihrer Widerspruchsfreiheit ab.

3. Das Denken macht auch Erkenntnislücken und -widersprüche genauer kenntlich. Dadurch wird das Sammeln neuer Beobachtungen angeregt, die ihrerseits neue Überlegungen stützen.

4. Denken kann sich auf die Klärung vergangener und gegenwärtiger Sachverhalte oder auf die Vorhersage zukünftiger Zustände und Ereignisse erstrecken (rekonstruktives und prognostisches Denken). Es dient darüber hinaus dem Abschätzen von zukünftigen Handlungsmöglichkeiten und deren Folgen (konstruktives Denken).

6.2
Schlußfolgern durch Deduktion

6.2.1 Was ist ein deduktiver Schluß?

Die *Deduktion* (lat. *deducere*, herabführen, herleiten) ist eine zwingende Form der Ableitung neuer Aussagen aus vorgegebenen Aussagen. Ein Deduktionsschluß ist zum Beispiel:

1. ALLE PASSAGIERE WURDEN GE-RETTET
2. HORST FISCHER WAR EIN PASSA-GIER
3. ALSO WURDE HORST FISCHER GE-RETTET

Die Sätze 1 und 2 sind dabei dem Urteil vorgegeben, sie dienen als *Prämissen* (lat. *praemittere*, vorausschicken). Aus ihnen wird als Satz 3 die Schlußfolgerung, die *Konklusion* (lat. *conclusio*, Folgerung) hergeleitet. Prämissen und Konklusion bilden zusammen einen *Syllogismus* (Neubildung aus griech. *syn-*, zusammen, *logos*, Satz, Behauptung). Syllogismen vom Typ ALLE PASSAGIE-RE ... sind gekennzeichnet durch die Struktur der in ihnen enthaltenen Sätze. Die Sätze können dabei positiv (auch affirmativ, lat. *affirmare*, zustimmen) oder negativ formuliert sein. Der erste Satz hier ist affirmativ gefaßt; negativ hätte er gelautet: ALLE PASSAGIE-RE WURDEN NICHT GERETTET.

Außerdem kann die Quantifizierung solcher Sätze verändert werden. Universell bestimmt erstreckt sich eine Aussage auf sämtliche Mitglieder einer Klasse (z. B. ALLE PASSAGIERE ...), partikulär bestimmt auf einige Mitglieder oder ein einzelnes Mitglied der Klasse (z. B. EINIGE PASSAGIERE ... oder EIN EINZELNER PASSAGIER ...).

Logiker unterscheiden je nach der Form der kombinierten Prämissen insgesamt 512 verschiedene Syllogismen (Johnson-Laird 1977). Ein großer Teil dieser Syllogismen besitzt jedoch keine schlüssige Lösung. So läßt sich aus den Prämissen

1. ALLE CHINESEN FAHREN RAD
2. EINIGE RADFAHRER HABEN HERZ-FEHLER

selbst bei größtem Scharfsinn kein zwingender Schluß ziehen, da offen bleibt, ob die Teilgruppe der Radfahrer mit Herzfehlern ganz oder teilweise aus China stammt oder sich auf andere Länder verteilt.

Ob zwei Prämissen einen eindeutigen Schluß zulassen, darüber läßt sich nach einsichtigen, wenn auch nicht für alle Menschen immer leicht verständlichen logischen Regeln Übereinstimmung erzielen. Nach logischen Regeln ist dann auch jede Konklusion als richtig oder falsch zu bewerten. So läßt sich aus den Prämissen

1. ALLE SPANIER SIND SÜDEUROPÄER
2. ALLE SPANIER SIND KATHOLIKEN

ein als richtig zu bewertender Schluß ziehen, nämlich:

3. EINIGE SÜDEUROPÄER SIND KATHO-LIKEN.

Eindeutig falsch wäre jedoch nach den logischen Regeln:

4. ALLE SÜDEUROPÄER SIND KATHO-LIKEN.

Schafft die Deduktion neue Erkenntnisse? Man kann darüber geteilter Meinung sein. Auf der einen Seite könnte man die Frage verneinen. Die Konklusion enthält nämlich kein Wissen, das nicht schon in den Prämissen vorhanden gewesen wäre. Gerade aus psychologischer Sicht wird die Frage jedoch bejaht. Aus der Synthese der vorgegebenen Aussagen in der Schlußfolgerung entsteht nämlich zumindest eine neue Sicht eines bereits bekannten Sachverhalts. So mag oben im Syllogismus ALLE PASSAGIERE WURDEN GERETTET ... einem Betroffenen erst im Augenblick der Schlußfolgerung klarwerden, daß die Rettung aller Passagiere auch für den individuellen Passagier HORST FISCHER die Rettung bedeutet. Daher hat Max Wertheimer in einer Abhandlung über Syllogismen hervorgehoben:

„Man spürt: Irgendwie ist man wirklich vorwärtsgekommen; etwas von dem Schönen des Eindringens, Vorwärtsdringens von Erkenntnis liegt drin."

(Wertheimer 1925, S. 165)

Aus Universal- und Partikularaussagen zusammengesetzte Syllogismen lassen sich mengentheoretisch analysieren und in sogenannten Venn-Diagrammen (nach dem englischen Moralphilosophen und Logiker John Venn, 1834-1923) darstellen. Ein *Venn-Diagramm* ist eine schematische Darstellung von Mengen und ihren Verknüpfungen. So wird etwa die logische Struktur des Syllogismus ALLE PASSAGIERE augenfällig in der folgenden Graphik:

Die Fläche innerhalb des äußeren Kreises gibt die Menge aller Passagiere wieder, für die - nach der ersten Prämisse - die Eigenschaft GERETTET gilt. Der innere Kreis stellt den individuellen Passagier HORST FISCHER dar; entsprechend Prämisse 2 erscheint er als Teil der Gesamtmenge. Daraus folgt nun, daß er an der kritischen Eigenschaft der Gesamtmenge GERETTET Anteil hat.

Zum Vergleich das Venn-Diagramm zum obigen Syllogismus ALLE SPANIER ... :

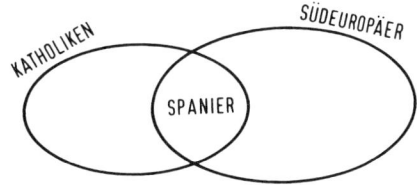

SPANIER erscheint hier als Schnittmenge von SÜDEUROPÄER und KATHOLIKEN.

Die Mengendarstellung veranschaulicht, mit welcher unerbittlichen Schärfe die Deduktion Gemeinsamkeiten in verschiedenen Aussagen kenntlich macht und diese als neue Aussagen formuliert. In der Konklusion geht freilich der überschüssige Gehalt der Prämissen, jener Anteil, in dem sich die beiden Aussagen nicht überlappen, verloren. Der deduktive Schluß begnügt sich mit einem Ausschnitt des gesamten Wissens. Joseph Klemens Kreibig (1909) hat deshalb diese Art des *Denkens regressiv*, d. h. zurückweichend genannt.

Johnson-Laird, P. N. (1977). Reasoning with quantifiers. In P. N. Johnson-Laird & P. C. Wason (Eds.), *Thinking and reasoning* (pp. 129-142). Cambridge: Cambridge University Press.

Wertheimer, M. (1925). *Drei Abhandlungen zur Gestalttheorie* (S. 164-184). Erlangen: Palm & Enke.

Kreibig, J. K. (1909). *Die intellektuellen Funktionen. Untersuchungen über Grenzfragen der Logik, Psychologie und Erkenntnistheorie.* Wien: Hölder.

Ebenfalls einen Syllogismus mit Deduktion bilden die folgenden Aussagen:

1. DIE KATZE SITZT AUF DEM RÜCKEN DES ESELS
2. DER HAHN SITZT AUF DEM KOPF DER KATZE
3. DEMNACH SITZT DER HAHN ÜBER DEM ESEL.

Der Syllogismus DIE KATZE SITZT ... ist freilich anderer Art als der Syllogismus ALLE PASSAGIERE ... Die Unterschiede zwischen den beiden Arten von Syllogismen beginnen schon bei der Struktur ihrer Prämissen. Sind Aussagen vom Typ PASSAGIERE WURDEN GERETTET zu trennen in ein Prädikat und ein Subjekt (formal ausgedrückt P(S) bzw. konkret GERETTET (PASSAGIERE)), so beschreiben Sätze vom Typ KATZE AUF DEM ESEL eine Beziehung zweier Einheiten (formal ausgedrückt B (E1, E2) bzw. konkret HÖHER (KATZE, ESEL)). Die Beziehung ist zudem näher bestimmt als Paarbeziehung innerhalb einer längeren, durchgehend geordneten Reihe. Es handelt sich um eine *Reihenbildung*, auch *Seriation* genannt.

Die Reihenbeziehung läßt sich sprachlich in vielfältiger Weise ausdrücken: Mit Ortsbezeichnungen wie AUF, ÜBER, UNTER oder mit Vergleichseigenschaften wie GRÖSSER, KLEINER, SCHNELLER, LANGSAMER, MUTIGER, FEIGER. Letztlich zählt in der Analyse nur das MEHR oder WENIGER einer Lage oder einer Eigenschaft. Für Seriationsaufgaben gibt es - wie für andere Syllogismen - eindeutige Regeln, die gestatten, Schlußfolgerungen einvernehmlich als richtig oder falsch zu bewerten. Sie zeigen auch an, in welchen Fällen ein richtiger Schluß überhaupt nicht zu ziehen ist. Kein gültiger Schluß ist zu ziehen in dem Beispiel:

1. HANS IST GRÖSSER ALS KURT
2. PAUL IST GRÖSSER ALS KURT

Die Konklusion scheitert offensichtlich an dem Fehlen einer Angabe über die Beziehung von HANS und PAUL. (Mit Venn-Diagrammen sind Reihenbildungen übrigens nicht darstellbar.)

Pioniere der Psychologie des deduktiven Denkens

Die ersten systematischen Beobachtungen über den Ablauf des deduktiven Denkens stammen von Gustav Störring (1860-1946), seit 1919 Professor für Psychologie und Philosophie an der Universität Bonn. Störring befaßte sich sowohl mit einstelligen Prädikaten (z. B. alle ... sind ...) als auch mit zweistelligen Relationen (z. B. ... ist größer als ...). Störring stand in der Tradition der formalen Logik und hat seinen Probanden abstrakte Syllogismen zur Bearbeitung vorgelegt - etwa der Form

1. ALLE X SIND M
2. ALLE M SIND Y
3. DARAUS FOLGT ...

Störrings erste Studie zum deduktiven Denken erschien 1908; über seine wichtigsten Untersuchungen zu diesem Thema berichtete er in einer Monographie aus dem Jahre 1926. Der Jesuitenpater und Professor für Psychologie an der Prager Karls-Universität, Johannes Lindworsky (1875-1939), verwandte in seinen 1916 erschienenen Studien - anders als Störring - bedeutungsvolle Sätze. Ein Aufgabenbeispiel aus dem 191 Syllogismen umfassenden Hauptversuch des Verfassers:

1. Nie haben kluge Politiker Schutzzölle verworfen.
2. Einzelne Demokraten wollen von Schutzzöllen nichts wissen.
3. Also ...

Störring, G. (1908). Experimentelle Untersuchungen über einfache Schlußprozesse. *Archiv für die gesamte Psychologie*, 11, 1-127.

Störring, G. (1926). *Das urteilende und schließende Denken in kausaler Behandlung*. Leipzig: Akademische Verlagsgesellschaft.

Lindworsky, J. (1916). *Das schlußfolgernde Denken*. Freiburg: Herder.

6.2.2 Der Ablauf des deduktiven Schließens

Mit dem logischen Schließen verhält es sich ähnlich wie mit dem Sprechen: Es gibt dafür recht präzise Regeln; diese Regeln sind jedoch nur den wissenschaftlich gebildeten Spezialisten - beim Schließen den Logikern, bei der Sprache den Linguisten - derart geläufig, daß sie sie ausdrücklich benennen können. Das Unvermögen, logische und sprachliche Regeln aufzuzählen, hindert Nichtspezialisten allerdings nicht daran, zutreffende Schlüsse zu ziehen und korrekte Sätze zu bilden. Es gibt also beim Denken wie beim Sprechen ein tief gründendes Verständnis; freilich können nur die wenigsten Menschen darüber detailliert Rechenschaft ablegen. Was ihr Urteil leitet, erleben sie global als Sprachgefühl und als logisches Empfinden. Das Wissen um die Beschaffenheit einer idealen Sprache hat der Linguist Noam Chomsky (1970) als *Sprachkompetenz* bezeichnet; der Sprachkompetenz entspricht das Wissen um das angemessene Denken, die logische Kompetenz.

Nun erweist es sich als recht schwierig zu ermitteln, wie die logische Kompetenz beschaffen ist und wie sie sich in tatsächliche Denkabläufe umsetzt. Dabei muß man auch mit mißglückten Umsetzungen rechnen. Denn ebensowenig wie der Besitz von Sprachkompetenz stets grammatikalisch richtige Sätze garantiert, schützt eine logische Grundkompetenz vor Denkfehlern (wobei die beweiskräftige Bewertung einer Schlußfolgerung als fehlerhaft wiederum von den spezialisierten Logikern zu treffen ist).

Die erste Klippe, die bei der Analyse von Denkprozessen zu überwinden ist, ist die Entscheidung über die Beschaffenheit der kognitiven Repräsentationen. Bekanntlich (s. Abschnitt 3.2.3) gibt es dazu zwei Auffassungen. Nach der einen Auffassung sind kognitive Inhalte stets von sprachlicher (propositionaler) Beschaffenheit, nach der anderen bilden sie Gegenstände analog ab. Mit analogen Vorstellungen muß man selbstverständlich anders umgehen als mit Propositionen. Deshalb hängt von der Entscheidung über die anzunehmende Beschaffenheit der kognitiven Inhalte die Ausgestaltung der Theorie über den Schlußprozeß ab.

Gustav Störring hat gleich zu Beginn der psychologischen Erforschung individueller Schlußprozesse die These von der Bildhaftigkeit des logischen Schließens vorgebracht. Selbst seine abstrakten Syllogismen seien bildhaft erlebt worden. So hätten sich seine Probanden bei den Prämissen

ALLE X SIND M
ALLE M SIND Y

die Werte X, M und Y visuell vorgestellt und auch deren Anordnung im Raum behalten. Die Konklusion hätten sie durch Verschiebung im Raum und anschauliche Verschmelzung gefunden, und zwar in drei Stadien:

Stadium 1	X = M
	M = Y
Stadium 2	X = M = Y
Stadium 3	X = Y

Stadium 3 habe dann der Lösung

ALLE X SIND Y

entsprochen.

Konsequenterweise warf Störring dann die Frage auf, inwieweit der Schlußvorgang nicht überhaupt an die visuelle Vorstellung gebunden sei. Gelingt der Schluß ebenso leicht, wenn die Prämissen nicht schriftlich vorgelegt, sondern vorgelesen werden? Geht in der akustischen Darbietung etwa der Vorteil der anschaulicheren Raumgliederung verloren?

Die Auffassung, die Seriation vollziehe sich als anschauliche Anordnung im Vorstellungsraum, ist bis in die neuere Forschung hinein lebendig geblieben. Die Prämissen beschreiben ja manchmal ausdrücklich eine räumliche Ordnung (z. B. X ÜBER Y, Z UNTER Y), die sich zur Übertragung in eine bildhafte Vorstellung anbietet. Und selbst ein Eigenschaftsvergleich (z. B. SABINE IST FREUNDLICHER ALS MARIANNE) läßt sich leicht in ein bildhaftes Übereinander oder Nebeneinander, d. h. in eine vertikale oder horizontale Ordnung umsetzen. Janellen Huttenlocher (1968) hat im Rahmen einer Vorstellungstheorie der Seriation zu begründen versucht, wie manche Prämissen den Aufbau einer räumlichen Anordnung erleichtern, andere ihn erschweren. So fiel ihren Probanden der Schluß aus Prämissen wie

1. HANS IST GRÖSSER ALS PAUL

2. KURT IST KLEINER ALS PAUL

vergleichsweise leicht (Fehlerquote knapp 10%), und sie zogen ihn vergleichsweise schnell (Durchschnittszeit zwischen dem Vorlesen der Prämissen und dem Beginn einer richtigen Antwort 1,4 Sekunden). Nach Auffassung der Autorin sind die Probanden dabei folgendermaßen vorgegangen: Aufgrund der ersten Prämisse bildete sich die anschauliche Reihe

HANS VOR PAUL

Die Frage schloß sich dann an: „Und wo steht nun der Dritte in der Reihe?" Auf diese Frage gab die zweite Prämisse sogleich eine bündige Antwort: KURT kommt hinter PAUL. Das bedeutete eine Fortschreibung der Reihe nach hinten (bzw. rechts)

Schritt 1   Schritt 2

HANS VOR PAUL   DAHINTER KURT

Als schwieriger erwiesen sich Syllogismen der Form

1. PAUL IST KLEINER ALS HANS

2. PAUL IST GRÖSSER ALS KURT

Huttenlochers Probanden machten dabei knapp 20% Fehler und benötigten zwischen Vorlesen der Prämissen und Beginn der Antwort rund 1,6 Sekunden. Die Erschwerung sei - so die Autorin - hier bei der Verarbeitung der zweiten Prämisse eingetreten. Nach der ersten Prämisse habe der Reihenanfang wieder gelautet:

HANS VOR PAUL

Auf die sich anschließende Frage: „Wohin gehört nun der Dritte?" sei jedoch keine Aussage über den interessierenden KURT unmittelbar erfolgt (d. h. kein Satz mit KURT als Subjekt). Vielmehr habe die zweite Prämisse eine unmittelbare Aussage über PAUL enthalten (d. h. PAUL war Subjekt des Satzes); erst mittelbar, d. h. über den Vergleich mit PAUL, sei die Lage von KURT zu ermitteln gewesen (KURT als Objekt). Um

daher die Lage von KURT in der Reihe zu ermitteln, hätten die Probanden erst die Subjekt-Objekt-Beziehung der zweiten Prämisse umgekehrt (zu KURT IST KLEINER ALS PAUL) und hätten dadurch erfahren: KURT ist hinter PAUL anzuhängen. Im Gegensatz zum vorherigen Syllogismus habe hier die Lösung also drei Schritte umfaßt:

Schritt 1   HANS VOR PAUL

Schritt 2   PAUL VOR KURT

Schritt 3   KURT HINTER PAUL.

Huttenlochers „Anhängelogik" hat sich nicht ungeteilter Zustimmung erfreut. Als ersten Kritikpunkt hat Herbert Clark (1969) den Befund berichtet, daß keineswegs alle Teilnehmer in Seriationsexperimenten visuelle Vorstellungen hätten; in seinen Untersuchungen sei das nur die knappe Hälfte gewesen. Und außerdem gebe es gute Möglichkeiten, die Serienbildung ohne Annahme von Raumvorstellungen nur aufgrund von sprachlichen Faktoren zu erklären.

Chomsky, N. (1970). *Aspekte der Syntaxtheorie.* Frankfurt a. M.: Suhrkamp (Erstausgabe 1965: *Aspects of the theory of syntax.* Cambridge: MIT Press).

Huttenlocher, J. (1968). Constructing spatial images: A strategy in reasoning. *Psychological Review, 75,* 550-560.

Clark, H. H. (1969). Linguistic processes in deductive reasoning. *Psychological Review, 76,* 387-404.

Clarks linguistische Theorie: Wenn Paarvergleiche zwischen Personen oder anderen Urteilsgegenständen gefällt werden, wird das Ergebnis des Vergleichs sowie der zum Vergleich herangezogene Maßstab symbolisch ins Gedächtnis eingetragen. Es entstehen dann *Kurzprotokolle* (engl. *compressed markings*), ähnlich etwa den Notizen eines Lehrers über Pluspunkte der Schüler in den einzelnen Fächern. Die Prämisse

JOHN IST BESSER ALS BILL

werde dann umgesetzt in die folgende Liste:

Personen	Vergleichsmaßstab	Vorrang
Bill	Tüchtigkeit	
John	Tüchtigkeit	+

Aus dieser Liste ginge dann ohne weitere anschauliche oder gar räumliche Vorstellung hervor, daß John bezüglich seiner Tüchtigkeit vor Bill rangiert. Kommt nun als zweite Prämisse hinzu:

BERT IST BESSER ALS JOHN

so werde der Vorzug BERTs vor dem JOHNs eingetragen und die Reihe

BERT VOR JOHN VOR BILL

sei komplett. Eine solche Serie zu bilden, wäre vergleichsweise leicht.

Schwieriger wäre jedoch das Finden der Reihenfolge, wenn zur ersten Prämisse JOHN IST BESSER ALS BILL die zweite Prämisse hieße:

BILL IST BESSER ALS BERT.

Dann wäre nämlich ein Vergleich von BILL und BERT fällig, in der nach der ersten Prämisse gebildeten Liste (s. o.) würde jedoch ein Eintrag zu BILL fehlen. Deshalb müßte, um die Beziehung von JOHN und BERT zu klären, die Liste unter Rückgriff auf die erste Prämisse neu ausgefüllt werden. Etwa so:

Personen	Vergleichsmaßstab	Vorrang
Bert	Tüchtigkeit	
Bill	Tüchtigkeit	+
John	Tüchtigkeit	++

Die Überlegenheit seiner linguistischen Theorie über die Theorie der Raumvorstellung begründet Clark mit Beobachtungen bei der Bearbeitung von Syllogismen mit Prämissen der Form :

PETER IST NICHT SO SCHLECHT WIE MIKE

Eigentlich ist eine solche Prämisse gleichbedeutend mit

PETER IST BESSER ALS MIKE.

Diese Gleichheit bestehe jedoch - wie der Autor im Anschluß an Chomsky (1970) herausgearbeitet - nur oberflächlich. Unter der sprachlichen Oberfläche liege eine sprachliche Tiefenstruktur (s. a. Abschnitt 12.2.3), und bezüglich dieser Tiefenstruktur würden sich Formulierungen wie BESSER ALS und NICHT SO SCHLECHT WIE deutlich unterscheiden; sie würden nämlich auf verschiedene Vergleichsmaßstäbe Bezug nehmen. BESSER ALS weist allen Beurteilten in dem hypothetischen Gedächtnisprotokoll einen Wert für die Eigenschaft GUT zu, NICHT SO SCHLECHT WIE einen Wert für die Eigenschaft SCHLECHT. Je nachdem welche Formulierung gewählt werde, würden andere Beurteilungsgegenstände als vorrangig markiert. Das heißt für das obige Beispiel: MIKE erhält eine Vorrangmarkierung vor PETER bezüglich der Eigenschaft SCHLECHT, bezüglich der Eigenschaft GUT erhält PETER die Vorrangmarkierung vor MIKE.

Offensichtlich ist der Umgang mit Negativvergleichen (NICHT SO ... WIE) schwieriger als mit Positivvergleichen (... ALS) - empirische Befunde bestätigen das. Clark führt diese Erscheinung auf den Umstand zurück, daß bei Positivvergleichen stets der zuerst genannte Urteilsgegenstand eine Markierung erhält, während die Markierung bei Negativvergleichen auf den später genannten Urteilsgegenstand fällt; letzteres ziehe eine Verlängerung der Markierungszeit nach sich.

Mayer, R. E. & Revlin, R. (1978). An information processing framework for research on human reasoning. In R. Revlin & R. E. Mayer (Eds.), *Human reasoning* (pp. 1-32). Washington, DC.: Winston.

Wyer, R. S. & Podeschi, D. M. (1978). The acceptance of generalizations about persons, objects and events. In R. Revlin & R. E. Mayer (Eds.), *Human reasoning* (pp. 101-137). Washington, DC.: Winston.

Revlis, R. (1975). Syllogistic reasoning: Logical decisions from a complex data base. In R. J. Falmagne (Ed.), *Reasoning: Representation and process in children and adults* (pp. 93-133). Hillsdale, NJ.: Lawrence Erlbaum.

Ähnlich wie Clark in seiner Markierungstheorie stellen auch andere Autoren zwei Phasen im Deduktionsprozeß als wesentlich heraus: die Wahrnehmung und Einspeicherung der Prämissen sowie die Verknüpfung der Prämissen zur Erreichung der Konklusion. Genauere Untersuchungen legen nach Mayer und Revlin (1978) sogar nahe, die erste Phase in zwei weitere aufzuteilen: die Selektion beim Wahrnehmen und Einspeichern und das Konstruieren von Zusammenhängen. Die Bedeutung dieser Phasen wird am augenfälligsten bei der Analyse von *Fehlschlüssen*.

Fehlschlüsse entstehen mitunter aufgrund der falschen oder lückenhaften Auffassung einer Prämisse. Statt wie vorgegeben

EINIGE A SIND NICHT B

wird z. B. aufgefaßt und gemerkt

EINIGE A SIND B

oder

A (d. h. dann ALLE A) SIND NICHT B,

und diese Änderungen schlagen sich selbstverständlich in der Schlußfolgerung nieder (vgl. Wyer & Podeschi, 1978).

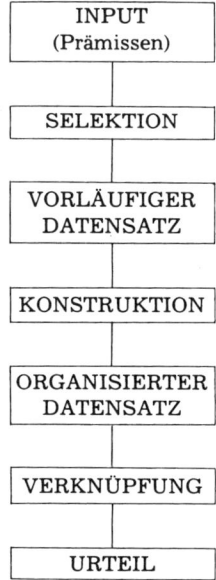

Ablauf des Schlußprozesses (modifiziert nach Mayer & Revlin, 1978, S. 2).

Hinweise auf die Konstruktion gibt die *Konversion* (lat. *convertere*, umwenden, vertauschen). Durch Konversion wird z. B. aus der Aussage ALLE A SIND B die Aussage ALLE B SIND A. Die beiden Aussagen sind ungleich, weshalb die aus ihnen gezogenen Schlüsse sich ebenfalls unterscheiden (Revlis, 1975). Vertauschungen gehören übrigens zu den häufigen Fehlern; sie werden oft nicht beachtet, weil sie mitunter unschädlich sind (z. B. gilt EINIGE X SIND Z ebenso wie die Umkehrung EINIGE Z SIND X).

In der Phase der Verknüpfung würde man von einem idealen Beurteiler die vollständige und richtige Anwendung der logischen Schlußregeln erwarten. Diese Regeln werden aber mitunter nicht angewandt; die Beurteiler sind dann außerstande, zu einem Schluß zu gelangen. Oder die anzuwendenden Regeln werden durch andere Tendenzen, möglicherweise durch eine eigene, eine subjektive Logik, außer Kraft gesetzt. Davon vermittelt der von Woodworth und Sells im Jahre 1935 entdeckte „Atmosphären-Effekt" einen Eindruck: Wenn in einem Syllogismus die beiden Prämissen sich in ihrer Form gleichen, dann zeigt sich eine Fortsetzungstendenz, die auch die Konklusion in dieselbe Form zu bringen trachtet. Zum Beispiel

1. EINIGE A SIND B
2. EINIGE C SIND A
3. EINIGE C SIND B

Der Schluß ist falsch; der Beurteiler hat sich von einer durch die Prämissen geschaffenen Einstellung „hier sind alle Aussagen partikulär und affirmativ" gefangen nehmen lassen.

Charakteristische Fortsetzungstendenzen sind übrigens nicht nur zu beobachten, wenn die Prämissen sich in ihrer Form gleichen. Auch einige Paare ungleichartiger Prämissen suggerieren eine bevorzugte Konklusion. So hat eine überwiegende Mehrheit der Probanden von Begg und Denny (1969), welche aus Prämissen der Form

1. ALLE A SIND B
2. KEIN C IST EIN A

einen falschen Schluß zogen, diesem Schluß die Form gegeben:

3. KEIN C IST EIN B.

Formale Logik

Die *Logik* (griech. *logike techne,* Kunst des Denkens) ist die Lehre von den formalen Beziehungen zwischen Denkinhalten und liefert Regeln zur Bewertung der Gültigkeit von Schlüssen. Sie hat sich als Disziplin der Philosophie entwickelt. Im griechischen Altertum sollte Logik einerseits die Wahrheitsfindung fördern, andererseits Regeln für die Argumentation im Dialog aufstellen; in ihrer Anwendung auf den Dialog wird die Logik auch als Dialektik bezeichnet. Seit dem vergangenen Jahrhundert hat die Logik eine starke Formalisierung erfahren und ist dadurch ein Zweig der Mathematik geworden.

Logische Theorien leisten eine detaillierte Aufgliederung der zu Urteilen führenden gedanklichen Schritte; darüber hinaus definieren sie Voraussetzungen, unter denen die einzelnen Schritte zu begründen sind. Zu den Fragestellungen der Logik gehören:

- Die Struktur von Aussagen - z. B. die Analyse von Sätzen mit Identitätsfeststellungen wie DER ALBATROS IST EIN VOGEL.
- Die Verknüpfung von Aussagen mit Hilfe von Operatoren wie UND, ODER, WENN-DANN - z. B. zu dem Schluß:

WENN GILT (DER ALBATROS IST EIN VOGEL)

UND GILT (VÖGEL SIND KEINE SÄUGETIERE),

DANN GILT (DER ALBATROS IST KEIN SÄUGETIER).

- Die Zuordnung von Wahrheitswerten zu Aussagen. Der Wahrheitswert ist einer Aussage nicht von vornherein eingegeben. Grundsätzlich kann jeder Satz den Wert „wahr" oder „falsch" annehmen. Die Zuordnung von Wahrheitswerten hat dann Konsequenzen für die Urteilsbildung. (Würde man z. B. den Satz DER ALBATROS IST EIN VOGEL als falsch einstufen, den Satz VÖGEL SIND KEINE SÄUGETIERE als wahr, so wäre der oben gezogene Schluß DER ALBATROS IST KEIN SÄUGETIER ebenfalls falsch.)

- Die Interpretation von Aussagen. In dem bisher geschilderten Programm der Logik sind die Gegenstände der Aussagen abstrakte Größen. Es zählt zunächst nur ihre Platzhalterfunktion, ihre Rolle als Baustein von Aussagen. So kann etwa der Satz DER ALBATROS IST EIN VOGEL stellvertretend für alle gleichartigen Sätze mit Identität stehen, z. B. für TOBIAS IST EIN KIND oder DIE PSYCHOLOGIE IST EINE WISSENSCHAFT. ALBATROS, TOBIAS und PSYCHOLOGIE gleichen sich in ihrer Rolle als Subjekt der Sätze ebenso wie VOGEL, KIND und WISSENSCHAFT in ihrer Rolle als Prädikat. Insofern braucht man zur Ausfüllung solcher Aussagen gar nicht Begriffe aus der Umgangssprache zu verwenden; man kann als Platzhalter allgemeine und beliebige Zeichen einsetzen etwa X und Y. Mit ihnen lassen sich dann Aussagen bilden wie X IST EIN Y.

Man kann allerdings - und so gelangt man auf die nächste Stufe der logischen Analyse - zusätzlich fragen, welche Ausschnitte aus der Wirklichkeit bzw. aus der Vorstellung im Einzelfall Platzhalter ersetzen. Die allgemeinen Ausdrücke nehmen dann spezifische Werte an. Diesen Vorgang, für den sich ebenfalls Regelhaftigkeiten bestimmen lassen, nennt man Interpretation.

Kutschera, F. von & Breitkopf, A. (1971). *Einführung in die moderne Logik.* Freiburg: Alber.

Essler, W. K. (1969). *Einführung in die Logik.* Stuttgart: Kröner.

Die moderne Logik hat eine Fülle von Richtungen und Problemstellungen hervorgebracht (zur Einführung s. u. a. Kutschera & Breitkopf, 1971; Essler, 1969). Für die Denkpsychologie ist die Logik zu einem Vorbild geworden, weil sie mit höchster Rationalität und minutiöser Darstellungstechnik ideale

Denkabläufe entfaltet. Zu Unrecht wird von Laien an die Logik die Erwartung herangetragen, sie liefere Normanweisungen, d. h. Denkregeln, deren Anwendung im Interesse der Wahrheit verpflichtend sei. Eine solche Erwartung wurzelt in einem *absoluten Wahrheitsbegriff*, welchen sich die Vertreter der modernen Logik nicht zu eigen machen. Für sie gibt es keine absolute Wahrheit, an der sich die Gültigkeit eines Satzes messen läßt. Die Gültigkeit eines Satzes ergibt sich vielmehr aus der Stimmigkeit, mit der er aus den jeweils gegebenen Voraussetzungen folgt. Logisch ist aus dieser Sicht ein Denken, das sich seiner vollständigen Voraussetzungen bewußt bleibt und in Treue zu diesen Voraussetzungen fortschreitet.

Woodworth, R. S. & Sells, S. B. (1935). An atmosphere effect in syllogistic reasoning. *Journal of Experimental Psychology, 18,* 451-460.

Begg, I. & Denny, J. P. (1969). Empirical reconciliation of atmosphere and conversion interpretation of syllogistic reasoning errors. *Journal of Experimental Psychology, 81,* 351-354.

Janis, I. & Frick, F. (1943). The relationship between attitudes towards conclusions and errors in judging logical validity of syllogisms. *Journal of Experimental Psychology, 33,* 73-77.

6.2.3 Schlußfolgern und Einstellung

Die Regeln der formalen Logik werden oft mißachtet, wenn ihre Anwendung zu unwillkommenen Schlüssen führt. Menschen sind keine kühlen Beurteiler, die beim Denken von ihren Wünschen und Befürchtungen, ihren Zu- und Abneigungen völlig absehen. Ihre Einstellungen schlagen sich nieder in den Fehlern, die ihnen unterlaufen. Dieser Umstand - von Logikern schon seit alters her beklagt - läßt sich seit einer Studie von Janis und Frick (1943) auch experimentell belegen.

Die Autoren legten ihren Probanden Syllogismen vor, mit der Aufforderung, deren Schlüssigkeit zu beurteilen. Gleichzeitig wurde die Einstellung jedes Probanden zu den gezogenen Schlußfolgerungen erhoben. So lautete einer der Syllogismen:

Eskimos sind die einzigen Menschen, die nur Fleisch essen. Dabei haben alle Eskimos gute Zähne. Daraus können wir schließen, daß Menschen, die kein Fleisch essen, schlechte Zähne haben.

Der Syllogismus ist nicht schlüssig. (Denn wie kann man von Fleischessern auf Nicht-Fleischesser schließen?) Von der Konklusion werden sich jedoch leidenschaftliche Fleischesser in ihrer Überzeugung bestätigt sehen. Um ihren Glauben zu erhalten, werden sie geneigt sein, Fehler beim Schlußvorgang zu übersehen. Bei Vegetariern entfielen dagegen die Gründe für ein Tolerieren der Urteilsfehler.

Zur Gegenprobe dienten andere Syllogismen wie der folgende:

Bauern essen viel Obst und Gemüse. Dabei haben sie gute Zähne. Daraus folgt, daß Menschen, die Fleisch essen, schlechte Zähne haben.

Dieser Syllogismus ist ebensowenig schlüssig wie der vorher wiedergegebene. Aber im Gegensatz zu dem vorherigen entspricht seine Konklusion der Überzeugung von Vegetariern und nicht der Überzeugung von Fleischessern. Wird also die inhaltliche Tendenz einer Schlußfolgerung bei der Beurteilung ihrer Stimmigkeit mit berücksichtigt, müßten es diesmal die Vegetarier sein, die dem Syllogismus unkritisch zustimmen.

Es war also zu überprüfen: Wenn eine logisch falsche Schlußfolgerung der Einstellung der Beurteiler entgegenkommt, wird sie dann leichter als richtig anerkannt? Und in Umkehrung dieser Fragestellung: Wenn eine logisch zwingende Schlußfolgerung der Einstellung zuwiderläuft, wird sie dann eher als falsch zurückgewiesen? Das Ergebnis der Untersuchung war: Die Treue zur eigenen Einstellung ist für eine Reihe von Fehlurteilen (nach dem Maßstab der formalen Logik) verantwortlich.

Verteilung von Fehlern im Versuch von Janis und Frick (1943). Die meisten Fehler entstanden durch inhaltliche Zustimmung zu falsch gezogenen Schlüssen, sowie durch inhaltliche Ablehnung von richtig gezogenen Schlüssen.

Einstellung zur Konklusion	Vorgegebener Syllogismus	
	falsch	richtig
Zustimmung	13 Fehler	24 Fehler
Ablehnung	22 Fehler	11 Fehler

Die Wirkung von Einstellungen ist durchaus erklärbar. Nur wenige Menschen werden das formale Regelwerk der Logik als sich selbst genügend anerkennen. Schlußfolgerungen werden ihnen auch ein Weg sein, ihre für sie verbindlichen Meinungen zu bestätigen und durchzusetzen. Dazu gibt der Schlußprozeß selbst Gelegenheit. Vollzieht sich etwa logisches Schließen, wie Mayer und Revlin (Abschnitt 6.2.2) dies in ihrem Modell beschrieben haben, dann wird man annehmen dürfen:

- Schon in der Phase der Selektion wird jener Teil der Prämisseninformation bevorzugt, der mit den bestehenden Überzeugungen und Interessen übereinstimmt.
- In der Phase der Konstruktion werden Aussagen den empfundenen Wünschbarkeiten angepaßt.
- Die Verknüpfung von Aussagen wird vor allem so vorgenommen, daß die Konklusion den eigenen Einstellungen entspricht.

Man kann aber Einstellungswirkungen auch ganz einfach erklären: Probanden enthalten sich, wenn sie einen sie betreffenden Syllogismus sehen, der Mühe des sorgsamen und zeitaufwendigen Durcharbeitens eines Schlußprozesses. Sie übergehen die Prämissen, begeben sich unverzüglich zur Schlußfolgerung und unterziehen diese einem schnellen, und dann auf Vorerfahrung und Voreinstellung beruhenden Urteil.

ZUSAMMENFASSUNG

1. Deduktive Schlüsse leiten aus vorgegebenen Aussagen (Prämissen) eine neue Aussage (Konklusion) ab; die Konklusion umfaßt die Gemeinsamkeiten in den Prämissen. Schlußfolgerungen können sowohl die Zuordnung von Subjekten und Prädikaten betreffen als auch die Beziehung in Reihen (Seriation).

2. Psychologische Theorien der Deduktion nehmen teilweise an, daß zum logischen Schließen räumliche Vorstellungen gebildet werden; teilweise nehmen sie eine sprachliche Repräsentation an.

3. In der psychologischen Analyse von Deduktionsvorgängen sind vor allem die Phasen der Informationsselektion, der Konstruktion von Zusammenhängen zwischen den ausgewählten Informationen und der Verknüpfung des organisierten Wissens unterschieden. Typische Fehler in diesen drei Phasen beruhen auf Vernachlässigung von vorgegebenen Aussageinhalten, auf Vertauschung von Inhalten und auf schematischer Übernahme von Prämissenformen in die Konklusion (Atmosphären-Effekt).

4. Bei Schlußfolgerungen aus Sätzen, die für die eigene Einstellung bedeutsam sind, ist eine Neigung zu beobachten, die Stimmigkeit einer Schlußfolgerung danach zu beurteilen, ob sich die Konklusion mit der eigenen Einstellung deckt.

6.3
Schlußfolgern durch Induktion

6.3.1 Arten von induktiven Schlüssen

Die *Induktion* (lat. *inducere*, hineinführen) ist eine Form des verallgemeinernden Denkens. Sie soll nun eingehender erörtert werden, und zwar noch einmal anhand des Kennedy-Falls (vgl. Abschnitt 6.1.1). Wenn Kommentatoren nach dem Attentat auf den Präsidenten voraussagten: „Und jetzt trachten die Mörder nach dem Leben der Brüder Robert und Edward", so lag dem folgender Schluß zugrunde:

1. DAS ATTENTAT GALT DEM PRÄSI-DENTEN ALS REICHEM, LIBERALEM, EHRGEIZIGEM ANGEHÖRIGEN DER KENNEDY-FAMILIE
2. ROBERT UND EDWARD SIND EBENSOLCHE ANGEHÖRIGE DER KENNEDY-FAMILIE
3. ALSO WERDEN AUCH SIE VON DEN NEIDERN VERFOLGT

Stellt man diese Verhältnisse wieder in einem Diagramm dar, so ergibt sich das unten auf dieser Seite wiedergegebene Bild.

Die durch den äußeren Kreis begrenzte Fläche repräsentiert die Gesamtmenge der Kennedy-Brüder. Im inneren Kreis erscheint John als Teil dieser Gesamtmenge. An diesem

Teil setzt der induktive Schluß an: Einer Prämisse wird ein Prädikat von John entnommen (formal: VERFOLGT (JOHN)). Dieses Prädikat wird dann allen anderen Mitgliedern der Gesamtmenge zugeschrieben (formal: VERFOLGT (KENNEDY-BRÜDER)).

Das Diagramm gleicht in seiner Form völlig dem Venn-Diagramm zum Syllogismus ALLE PASSAGIERE (s. Abschnitt 6.2.1). Die hier angewandte Induktion nimmt jedoch genau den umgekehrten Verlauf wie bei der oben beschriebenen *Deduktion*. Die Induktion setzt bei der Teilmenge an und schreitet zur Gesamtmenge fort; eine bei der Teilmenge vorgefundene Eigenschaft wird dann auf die Gesamtmenge übertragen. Die Deduktion hatte dagegen bei der größeren Menge angesetzt und war zur kleineren Menge fortgeschritten. Während also bei der Deduktion die Verengung der Aussage auf die Gemeinsamkeiten in den Prämissen das hervorstechende Merkmal ist, leistet die Induktion gerade eine Ausweitung der Aussage über die Prämissen hinaus. Joseph Kreibig hat deshalb die Induktionsschlüsse - im Gegensatz zu den von ihm als *regressiv* gekennzeichneten *Deduktionsschlüssen* (s. Abschnitt 6.2.1) - als *progressiv* bezeichnet.

Die Kennedy-Brüder: John, Robert, Edward.

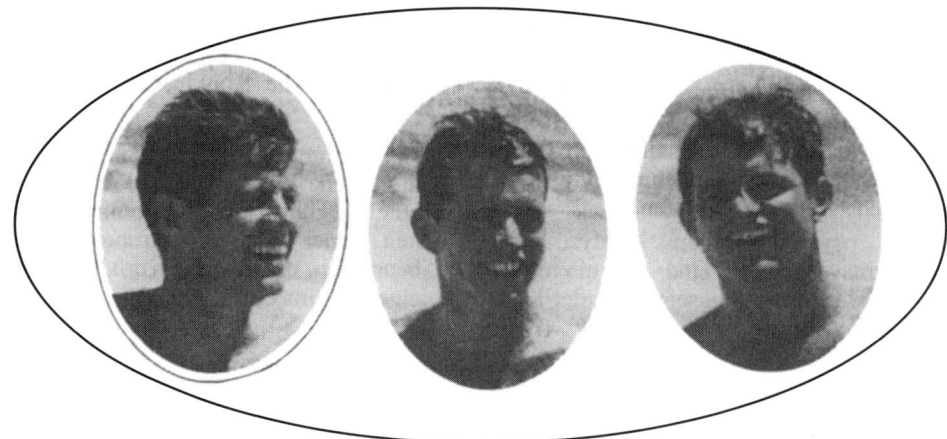

Die Induktion ist wohl die am häufigsten angewandte Methode des logischen Schliessens. Bei genauerer Betrachtung kann man verschiedene Arten der Induktion unterscheiden:

- von einem Teilelement (oder wenigen Teilelementen) auf die gesamte Klasse (z. B. „In meiner Kindheit hat mich ein Schäferhund gebissen; seitdem weiß ich, daß Schäferhunde gefährlich sind");
- von einer Teilklasse auf die Gesamtklasse (z. B. „Gold, Eisen und Silber sind Metalle und schwerer als Wasser, also sind Metalle schwerer als Wasser");
- innerhalb derselben Gesamtklasse von einer Teilklasse A auf eine Teilklasse B (z. B. „Tabakwaren werden bald höher besteuert, da werden sicher auch die Steuern für Spirituosen erhöht, denn beides sind Genußmittel").

Solche Schlüsse sind mitunter riskant, da die Beziehung der kritischen Eigenschaften von Gegenständen zur gebildeten Klasse keineswegs immer feststeht. So kann eine Verallgemeinerung vorschnell sein.

Die drei soeben angeführten Beispiele für induktive Schlüsse brauchen alle nicht akzeptiert zu werden. Insbesondere der zweite „Metalle sind schwerer als Wasser" ist nachweislich falsch. Er war nur so lange vertretbar, bis H. Davy im Jahre 1807 die Gewinnung reinen Kaliums gelang. Da erwies es sich: Kalium ist ein Metall, besitzt jedoch ein geringeres spezifisches Gewicht als Wasser. Trotz ihrer Risiken sind induktive Schlüsse für Laien wie für Wissenschaftler unentbehrlich. Dazu der Mathematiker Georg Polya (1949):

„ In der Mathematik wie in der Physik können wir Beobachtung und Induktion benutzen, um allgemeine Gesetze zu entdecken. Aber es gibt einen Unterschied. In der Physik gibt es keine höhere Autorität als Beobachtung und Induktion, aber in der Mathematik existiert eine solche: der strenge Beweis.

... Wir enthalten uns weiterer Bemerkungen über das Thema der Induktion, über das eine weitgehende Meinungsverschiedenheit unter den Philosophen besteht. Aber es soll hinzugefügt werden, daß viele mathematische

Resultate zuerst durch Induktion gefunden und erst später bewiesen worden sind. "

(Polya, 1949, S. 136)

Polya hebt zu Recht die Bedeutung der Beobachtung für die Induktion hervor. Eine Verallgemeinerung kann aufrechterhalten bleiben, solange Erfahrung sie stützt. Oft genügt eine einzige entkräftende Beobachtung, um eine Verallgemeinerung ungültig werden zu lassen. So glauben viele Menschen, Schwäne seien immer weiß, und die Erfahrung gibt ihnen oft recht. Bis sie einmal einen schwarzen Schwan erblicken; dann werden sie nach einer einzigen Beobachtung ihre Annahme aufgeben.

Die Vielfalt oft widersprüchlicher Erfahrungen und Erwartungen läßt sich jedoch in Aussagen eigener Art auffangen, in *Wahrscheinlichkeitsaussagen*. Von den Schwänen läßt sich dann feststellen, sie seien mit hoher Wahrscheinlichkeit - wenn auch nicht immer - weiß. Das Einschätzen von Wahrscheinlichkeiten ist im Zeitalter der statistischen Erhebung zu einer besonders verbreiteten Übung geworden: Versicherungen schätzen die Wahrscheinlichkeit von Unfällen, Reisebüros die Wahrscheinlichkeit von Sonnentagen an Urlaubsorten und so fort. Wahrscheinlichkeitsansätze können ebenfalls Prämissen von induktiven Schlüssen werden. Das Ergebnis sind dann Wahrscheinlichkeitsschlüsse. So lautet z. B. ein Wahrscheinlichkeitsschluß:

1. 70% DER LEHRER IN UNSERER STADT SIND FRAUEN.
2. DIRK KOMMT JETZT IN DIE SCHULE.
3. DA BEKOMMT ER ZU 70% EINE LEHRERIN.

Die Bedeutung und Verbreitung von Wahrscheinlichkeitsschlüssen ist offenkundig: Entscheidungen in Familie, Beruf und Freizeit stützen sich zumeist auf Erwartungen, und Erwartungen haben die Form von Wahrscheinlichkeitsschätzungen (z. B. Sicherheit von Einkommensquellen, Zuverlässigkeit von Partnern). Insofern entspricht das rationale Vorgehen bei einer Entscheidung einem Wahrscheinlichkeitsschluß (vgl. Jungermann, 1976).

6.3.2 Fortschreitende Induktion

Wenn Beobachtung - wie oben beschrieben - die Grundlage der Induktion ist, so vollzieht sich die Erkundung eines Gegenstandes in der Regel als ein mehrfacher Wechsel zwischen Beobachtung und Induktion. Eine solche Erkundung kann zweierlei Ergebnisse hervorbringen:

- Eine quantitative Anreicherung einer Kategorie mit neuen Merkmalen; das Hinzufügen neuer Merkmale ändert dabei nichts an dem Bestand der alten Merkmale;
- eine stufenweise Veränderung der Qualität von kennzeichnenden Merkmalen; alte Merkmale werden dabei durch neue ersetzt.

Das zuerst genannte Ergebnis ist die Folge einer sukzessiven Zuwendung zu verschiedenen Merkmalen eines Gegenstandes. Ein Beispiel: Ein Kind erfährt in seinem Garten: Erdbeeren sind süß. Es verallgemeinert dieses Wissen (1. Induktion) und sucht die häusliche Küche auf, in der die Mutter Erdbeeren zu Marmelade verkocht. Das Kind verallgemeinert: Man kann aus Erdbeeren Marmelade machen (2. Induktion). In der Konditorei entdeckt es dann: Aus Erdbeeren kann man auch Eis machen (3. Induktion). So fügt es eine Erkenntnis an die andere.

Wie durch fortschreitende Beobachtung und Induktion ein Merkmalsgefüge drastisch verändert und dabei unter Umständen sogar vereinfacht wird, hat die naturwissenschaftliche Forschung in ihren eindrucksvollsten Leistungen gezeigt. Der Mensch, der als Laie die Naturgesetze für sich neu entdeckt, folgt dem Naturwissenschaftler auf seinen Wegen. Auch sein Denken wandelt sich qualitativ durch fortschreitende Induktion. Ein schönes Beispiel hierfür stammt aus den Untersuchungen Piagets (s. Abschnitt 3.2.4) zur Entwicklung des physikalischen Denkens. Es handelt von Kindern und Jugendlichen, die sich mit der Frage auseinandersetzen: Wann schwimmen Körper auf dem Wasser (Piaget & Inhelder, 1955/1977)?

Kinder von weniger als fünf Jahren (und wohl noch manche Erwachsene) haben da recht feste Vorstellungen. Sie sortieren einfach Gegenstände nach ihrer Eigenschaft, auf dem Wasser zu bleiben oder darin unterzugehen. Also etwa: Schiffe schwimmen, Enten schwimmen, Wasserbälle schwimmen - Steine schwimmen nicht. Die Induktion erfolgt hier offenbar innerhalb eng umrissener und voneinander abgesetzter Gegenstandsklassen. Etwa die Klasse „Ente": Man hat ein Exemplar oder wenige Exemplare dieser Gattung schwimmen gesehen und schreibt nun diese Fähigkeit der gesamten Gattung zu. Dasselbe geschieht mit Schiffen usw. Gibt es Möglichkeiten, über solche Gegenstandsklassen hinweg zu generalisieren? Etwa Gemeinsamkeiten zu finden bei Enten und Schiffen, welche deren Fähigkeit des Schwimmens begründen?

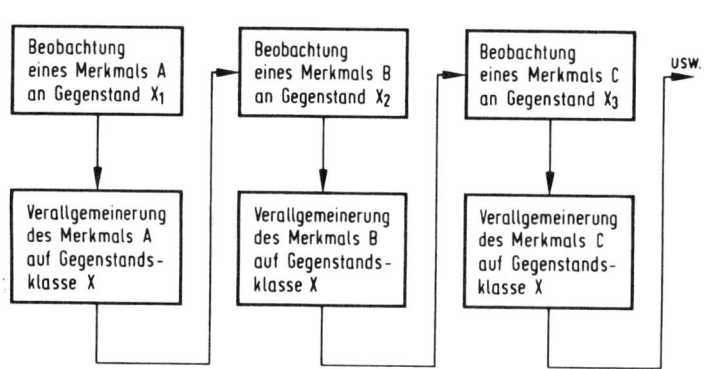

Quantitative Anreicherung einer Kategorie mit neuen Merkmalen durch fortschreitende Induktion.

Kinder bei der Diskussion der Frage: Wann schwimmen Körper auf dem Wasser?

Bei Schulkindern ist in der Regel festzustellen: Sie haben solche gemeinsamen Eigenschaften entdeckt. Sie verweisen vor allem auf Materialqualitäten und Gewicht. Holz - sagen sie etwa - schwimmt, und Metall geht unter. Damit ist die Zuordnung des Merkmals „Schwimmen" zu kompakten Gegenstandskategorien zurückgetreten hinter die Beziehung zu Teilkomplexen dieser Gegenstandskategorie. Diese fortgeschrittene Erkenntnis beruht ihrerseits auf Beobachtung und Verallgemeinerung des Beobachteten. Aber sie hält der Überprüfung durch weitere Beobachtung nicht stand: Manches Holz sinkt, während Metallnadeln und -folien ohne weiteres auf dem Wasser treiben.

Derartige Widersprüche geben Anlaß zum Nachdenken. Und langsam wächst die Erkenntnis der maßgebenden Eigenschaften. Es sind in diesem Fall: Das spezifische Gewicht des Gegenstandes (d. h. das Verhältnis seines Gewichtes zu seiner Ausdehnung) sowie das Verhältnis seines spezifischen Gewichtes zum spezifischen Gewicht des Wassers - die Massendichte eines Körpers. So erläutert der 12jährige Mal:

„Das Silber ist schwer, deshalb geht es unter. ... Der Baum ist sehr viel schwerer, aber er ist aus Holz. Das Wasser ist leichter als das Silber, aber es ist nicht leichter als das Holz ..., man nimmt die Wassermenge, die der Größe des Gegenstandes entspricht: man nimmt die gleiche Größe Wasser. ... Wenn das die gleiche Menge Kork wäre, würde es schwimmen, weil Kork weniger schwer als die gleiche Wassermenge ist."

(Piaget & Inhelder, 1955/1977, S. 47f.)

Auf dieser Stufe erweist sich sowohl die Kategorisierung nach Gegenstandsklassen als auch die Zuweisung von Materialqualitäten als entbehrlich. Das allen konkreten Körpern zukommende Merkmal der Massendichte (spezifisches Gewicht) reicht aus, um die Fähigkeit des Schwimmens zu erklären. Eigentlich könnte, wer die letzte Stufe der Erkenntnis erreicht hat, die früheren Stufen (Schwimmen als materialspezifische Qualität und Schwimmen als gegenstandsspezifische Qualität) vergessen. (Daß gleichwohl frühere Erkenntnisstufen in der Regel gegenwärtig bleiben und fallweise weiter genutzt werden, ist ein Problem, auf das hier nicht einzugehen ist.)

Polya, G. (1949). *Schule des Denkens*. Bern: Francke.

Jungermann, H. (1976). *Rationale Entscheidungen*. Bern: Huber.

Piaget, J. & Inhelder, B. (1977). *Von der Logik des Kindes zur Logik des Heranwachsenden*. Olten: Walter (Erstausgabe 1955: *De la logique de l'enfant à la logique de l'adolescent*. Paris: Presses Universitaires de France).

Eine einflußreiche Theorie und ihre Widerlegung

Beobachtungen haben nicht nur die Funktion, Annahmen zu verifizieren (als wahr zu belegen). Sie bewähren sich auch bei der Falsifikation (der Widerlegung von Annahmen). Eine der spektakulärsten Falsifikationen traf die *Phlogistontheorie*. Ihr Urheber war Georg Ernst Stahl (1660-1734) aus Ansbach, Leibarzt des Preußischen Königs Friedrich Wilhelm I. Stahl wurde berühmt durch die These, alle brennbaren Körper, auch die unedlen Metalle, enthielten als Substanz das brennbare *Phlogiston* (griech. *phlegein*, brennen). Durch Verbrennung könne man daher Stoffe in ihre Bestandteile zerlegen: Es entweiche dabei das Phlogiston, und die Grundbestandteile blieben zurück.

Die Phlogistontheorie hat die Chemie des 18. Jahrhunderts beherrscht und zahlreiche wegweisende Forschungen angeregt. Ihre Bedeutung war: Sie hat die Chemie über ihren alchemistischen und pharmazeutischen Ursprung (Goldgewinnung und Verlängerung des Lebens) hinausgeführt und auf Grundlagenprobleme hingelenkt. Dabei war die Phlogistontheorie ganz und gar unrichtig. Schon im Jahre 1732 meldete Herman Boerhaves grundsätzlichen Widerspruch dagegen an. Er hatte Metall in kaltem und in glühendem Zustand gewogen und dabei keinen Gewichtsunterschied festgestellt. Wie konnte da ein Bestandteil entwichen sein? Zeitgenossen versuchten, den Widerspruch durch Zusatzannahmen zur Phlogistontheorie aufzulösen.

Erst dem französischen Chemiker Antoine Laurent Lavoisier (1743-1794), Mitglied der französischen Akademie der Wissenschaften und unter dem Bourbonenkönig Louis XVI. Generalpächter der Steuern, gelang der Nachweis der Natur der Verbrennung und damit die endgültige Widerlegung der Phlogistontheorie. Er leitete Wasserdampf über glühendes Eisen; der Sauerstoff des Wassers verband sich mit dem Metall, und Wasserstoff wurde freigesetzt. So gelangte er zur Verallgemeinerung, daß ein Körper bei der Verbrennung Sauerstoff aufnimmt (Oxydation) und ihm nicht etwa ein Brennstoff entzogen wird.

Charakteristisch an diesem stufenweisen Prozeß des Entdeckens ist, daß dabei Beobachtung und Induktion stets bei einem Merkmalskomplex verharren und diesem immer präzisere Kenntnis abgewinnen. Es entwickelt sich eine Kette der folgenden Art:

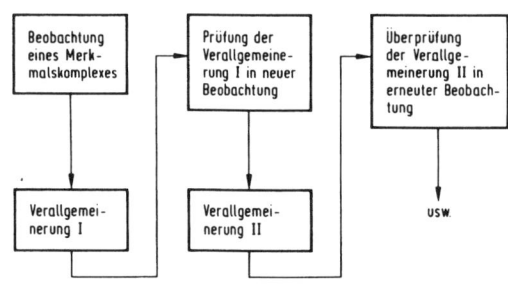

6.3.3 Schwierigkeiten mit Wahrscheinlichkeitsschlüssen

Wahrscheinlichkeitsschlüsse gehören in die Familie der Induktionsschlüsse; deshalb gilt, was im vorangehenden Abschnitt über die Induktion ausgeführt wurde, grundsätzlich auch für Wahrscheinlichkeitsschlüsse. Allerdings stellt der Begriff der Wahrscheinlichkeit seine spezifischen Anforderungen.

Die Schwierigkeiten beginnen mitunter bereits bei der Bildung von Wahrscheinlichkeitsschätzungen. Es seien etwa Wetten auf zwei Tennisspieler A und B abzuschließen, die sich demnächst in einem Wettkampf gegenüberstehen werden. Wer wird gewinnen? Von A sei bekannt, er habe in der laufenden Saison bereits 30 Spiele gewonnen: B habe in der gleichen Zeit erst 20 Spiele für sich entschieden. Für manche Beurteiler folgt daraus: A ist stärker als B. Sie vergessen dabei freilich zu fragen: Haben A und B sich an den gleichen Gegnern gemessen? Und vor allem: Haben sie gleich viele Spiele absolviert? Stammen die 20 Siege des B aus 22 Spielen, die 30 Siege des A jedoch aus 40 Spielen, so erscheint B als Favorit. Er hat nämlich eine Siegesquote von 90% aufzuweisen, während sein Gegner A nur auf eine Quote von 75% kommt. Das Urteil, das A zum Favoriten erklärt, ist also nicht haltbar. Durch welchen Fehler ist es zustande gekommen? Das Urteil baute auf absoluten, anstatt auf relativen Häufigkeiten auf.

Die Wahrscheinlichkeit eines Ereignisses ist zu verstehen als dessen relative Häufigkeit. Die relative Häufigkeit ist identisch mit dem Anteil kritischer Fälle (im obigen Beispiel: gewonnene Spiele) an der Gesamtzahl einschlägiger Fälle (im obigen Beispiel: absolvierte Spiele). In den Begriff der Wahrscheinlichkeit gehen somit zwei Bestimmungsgrößen ein. Die erste von ihnen - die Anzahl kritischer Fälle - erhält dabei den Vorrang. Die zweite von ihnen - die Gesamtzahl einschlägiger Fälle (bzw. die Summe von kritischen Fällen und Gegenfällen) - wird oft vernachlässigt. William Estes, der diesen Sachverhalt in einigen Experimenten untersucht hat, führt ihn auf ein unterschiedliches

Behalten zurück. Die Menschen würden sich bevorzugt die Fälle merken, die sie zur Vorhersage und anderen Verallgemeinerungen benutzen wollten - Siege in sportlichen Wettkämpfen und politischen Wahlen, Verkaufserfolge und ähnliches. Die Gegenfälle - Niederlagen und Mißerfolge - würden sie sich jedoch nicht einprägen. So entstehe aus ihrer Erinnerung ein verzerrtes Bild der tatsächlichen Verhältnisse (Estes, 1976).

Überhaupt ist der Fehler, entscheidungsnotwendige Ausgangsgrößen zu vernachlässigen, beim Wahrscheinlichkeitsschluß weit verbreitet. Der Schlußprozeß selbst wird durch eine solche Vernachlässigung unzulässig verkürzt. Dies sei gleich an einem Beispiel (mit fiktiven Zahlen) erläutert: Eine Statistik früherer Lebensgewohnheiten von Herzinfarktpatienten ergäbe, daß 70 % von ihnen überwiegend weniger als sieben Stunden Schlaf je 24-Stunden-Tag gefunden hätten. Eine solche Feststellung könnte leicht den Verdacht wecken, die Schlafminderung komme als Ursachenfaktor für einen Herzinfarkt in Frage. Und mancher Leser wird aus der Statistik den Schluß ziehen: 70 % der Kurzschläfer werden früher oder später einen Herzinfarkt erleiden. In jedem Fall handelt es sich um eine *Prognose* von einer Testgruppe auf eine größere Bevölkerung.

Sparsamkeit des Denkens

In der europäischen Geistesgeschichte ist oft die Befürchtung geäußert worden, Denken könne sich von seinem Gegenstand lösen und ihn dadurch verfehlen. Dieser Befürchtung entspringt die Forderung nach Sparsamkeit im Denken. Der englische Philosoph und Theologe William Ockham (ca. 1285 - 1350) stellt diese Forderung in den Mittelpunkt seiner Erkenntnistheorie und warnt vor einem ausufernden Denken, das über die Realität hinausgeht. Was durch wenige Annahmen erklärbar sei, solle nicht durch eine Vielzahl von Annahmen erklärt werden (lat. *frustra fit per plura quod potest fieri per pauciora*). Mehrfachannahmen seien durch Belege zu

rechtfertigen (lat. *pluralitas non est ponenda sine necessitate*).

Es ist übrigens eine interessante Analogie, daß Ockham nicht nur mit einer Lehre zur Sparsamkeit im Denken hervorgetreten ist, sondern auch engagiert das Prinzip der Mönchsarmut verfochten hat. Ockham war selbst Mitglied des Franziskanerordens und geriet in Gegensatz zu dem damals in Avignon residierenden Papst Johannes XXII. Er wurde vom Papst exkommuniziert und fand Zuflucht in München, wo er später in der alten Franziskanerkirche bestattet wurde. Sein Grab wurde allerdings im Jahre 1802 an einen unbekannten Ort verlegt.

Der Autor der Behauptung, 70% der Kurzschläfer würden einmal einen Herzinfarkt erleiden, hat eine Umkehrung vorgenommen: Aus 70 % von Kurzschläfern in der Testgruppe der Infarktpatienten sind 70% zukünftige Infarktpatienten in der Prognosegruppe der Kurzschläfer geworden. Eine solche Verallgemeinerung braucht nicht falsch zu sein. Sie stimmt unter zwei Voraussetzungen: Erstens, in der Bevölkerung muß es gleich viele Personen mit und ohne Herzinfarkt geben (Gleichverteilung des Prognosemerkmals Infarktrisiko). Zweitens, wenn unter Infarktpatienten sich 70% Kurzschläfer befinden, müssen unter Gesunden lediglich 30% Kurzschläfer sein (symmetrische Verteilung des *Diagnosemerkmals* Schlafdauer).

Die obere der beiden folgenden graphischen Darstellungen zeigt: Eine Aufschlüsselung der Bevölkerung (angenommene Größe 10 000 Personen) nach diesen Werten stimmt mit der obigen Verallgemeinerung überein. Man sieht: Nach dieser Aufstellung beträgt das Infarktrisiko der Kurzschläfer tatsächlich 70%.

Nun ist es sicher nicht zulässig, derartige Voraussetzungen stillschweigend zu machen. Man muß möglicherweise eine ungleiche Verteilung des Prognosekriteriums und eine asymmetrische Verteilung des Diagnosekriteriums in Rechnung stellen. Dann gelangt man zu einem völlig anderen Ergebnis. Veranschlagt man etwa, daß lediglich 20% der Bevölkerung ein Herzinfarkt ereilt und sich unter den nicht Gefährdeten 40% Kurzschläfer befinden, so ergibt sich - die untere der beiden folgenden graphischen Darstellungen veranschaulicht das - ein völlig anderes Bild: Das Infarktrisiko der Kurzschläfer beträgt nur noch 30%.

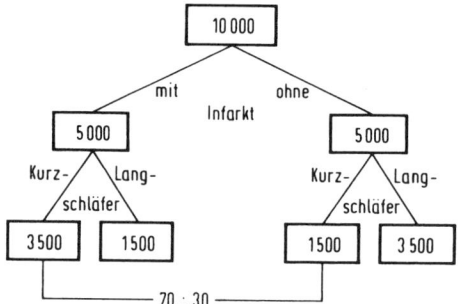

Prognose bei Gleichverteilung des Prognosemerkmals und symmetrischer Verteilung des Diagnosemerkmals.

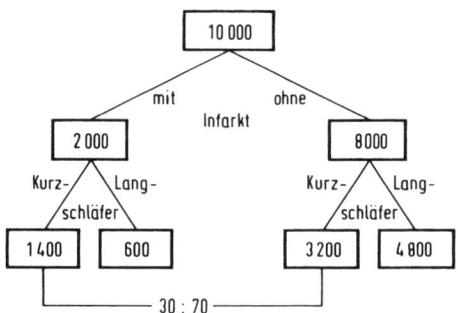

Prognose bei ungleicher Verteilung des Prognosemerkmals und asymmetrischer Verteilung des Diagnosemerkmals.

Der hier beschriebene Wahrscheinlichkeitsschluß liegt allen Prognosen zugrunde, die sich auf ein Diagnosemerkmal stützen. Gesucht ist dabei jeweils p(P + D), die Wahrscheinlichkeit des Eintretens eines Prognosefalls (z. B. Herzinfarkt) bei Vorliegen eines bestimmten Diagnosefalls (z. B. Schlafstörungen).

Zur Ermittlung dieser Wahrscheinlichkeit benötigen umsichtige Beurteiler jedoch Schätzungen dreier weiterer Größen:

- p(P), die Wahrscheinlichkeit des Prognosefalls überhaupt (z. B. die Häufigkeit von Herzinfarkten in der Gesamtbevölkerung),
- p(D| P+), die Wahrscheinlichkeit einer positiven Diagnose vor Eintreten des Prognosefalles (z. B. Häufigkeit von Schlafstörungen bei Personen mit Herzinfarkt),
- p(D| P-), die Wahrscheinlichkeit einer positiven Diagnose ohne Eintreten des Prognosefalles (z. B. Häufigkeit von Schlafstörungen bei Personen ohne Herzinfarkt).

Der angemessenen Verknüpfung dieser Größen dient die Formel

$$p(P+|D) = \frac{p(P) \times p(D|P+)}{p(P) \times p(D|P+) + (1-p(P)) \times p(D|P-)}$$

Die Formel geht auf den englischen Pastor und Mathematiker Thomas Bayes (1702-1761) zurück. Bayes hat für Wahrscheinlichkeitsschlüsse eine eigene Logik entwickelt, die inzwischen zu einer der Grundlagen der modernen *Diagnostik* und *Entscheidungstheorie* geworden ist.

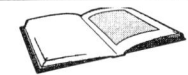

Ockham (1957). *Philosophical writings.* Ph. Boehner (Ed.). London: Nelson.

Estes, W. K. (1976). The cognitive side of probability learning. *Psychological Review, 83,* 37-64.

Bayes, Th. (1763). An essay towards solving a problem in the doctrine of chances. *The Philosophical Transactions, 53,* 370-418 (Nachdruck (1958) in *Biometrika, 45,* 296-315).

ZUSAMMENFASSUNG

1. Induktion ist eine Verallgemeinerung von einem Fall (oder wenigen Fällen) auf sämtliche Fälle derselben Klasse; die Induktion beruht zumeist auf Beobachtung.

2. Im Wahrscheinlichkeitsschluß erfolgt ein Urteil über die relative Häufigkeit eines Ergebnisses; Wahrscheinlichkeitsschlüsse zählen zu den Induktionsschlüssen.

3. Durch fortschreitende Induktion werden teilweise neue Merkmale eines Gegenstandes entdeckt, ohne daß sich dadurch die Auffassung über früher entdeckte Merkmale zu ändern braucht. Zum Teil wird jedoch durch das Entdecken neuer Merkmale das Wissen über früher entdeckte Merkmale überholt.

4. Fehler beim Wahrscheinlichkeitsschluß entstehen oft durch Vernachlässigung von Ausgangsgrößen wie die Gesamthäufigkeit einschlägiger Fälle oder die Wahrscheinlichkeit, daß ein Ereignis vorhergesagt wird, ohne daß es eintritt.

6.4
Analogieschlüsse

6.4.1 Analogien zwischen gleich- und verschiedenklassigen Begriffen

„Die Satire ist der Zahnschmerz des Staates"- dieser Aphorismus des Belgrader Schriftstellers Milovan Vitezovic (nach der Zeitschrift *Stern*, Nr. 41, 1978) bildet eine (elegante) Verkürzung der Aussage: „Die Satire ist für den Staat, was der Zahnschmerz für den einzelnen Menschen ist" (nämlich ein quälender Hinweis auf einen Krankheitsherd). In formaler Schreibweise läßt sich der Satz folgendermaßen ausdrücken:

SATIRE : STAAT ≈
ZAHNSCHMERZ : INDIVIDUUM

Damit wird eine Analogie (griech. *analogia*, Verhältnis, Entsprechung) aufgestellt. Die Analogie behauptet eine Gemeinsamkeit oder Ähnlichkeit in der Beziehung zweier Begriffspaare. Die Art der Beziehung ist nicht immer ausdrücklich benannt; sie muß oft aus den vorgegebenen Begriffen erschlossen werden. Manchmal sind auch die in Analogie gesetzten Begriffe nicht vollzählig aufgeführt. In der Analogieaufgabe

STUTE : FOHLEN ≈ HENNE : X

sind z. B. drei Begriffe vorgegeben, das zweite Glied des zweiten Paares ist jedoch zu suchen. Die unbekannte Größe X läßt sich bestimmen, indem man zuerst die Beziehung des vollständigen Paares ermittelt (hier: Zwischen STUTE und FOHLEN besteht eine Mutter-Kind-Beziehung) und das zweite Paar gemäß dieser Beziehung ergänzt (hier: HENNE nimmt in der Mutter-Kind-Beziehung die Rolle der Mutter ein, X ist also das Kind der Henne). Durch Ersetzen der Größe X läßt sich demnach die Analogie vervollständigen zu:

STUTE : FOHLEN ≈ HENNE : KÜKEN

Trennt man Beziehungen innerhalb und zwischen Klassen, so wird man die oben dargestellten Beziehungen als Beziehungen zwischen Begriffen verschiedener Klassen werten. Denn die Begriffe SATIRE und ZAHNSCHMERZ, INDIVIDUUM und STAAT, auch STUTE und FOHLEN sind nicht innerhalb gleicher Begriffshierarchien einander zugeordnet; zwischen ihnen herrschen gesondert zu definierende semantische Relationen.

Ebenso lassen sich Analogien zwischen Begriffen gleicher Klasse bilden. Hierzu sind jene Beziehungen auszunutzen, die innerhalb der Klassen herrschen. Etwa nach der Beziehung der Über- bzw. Unterordnung:

MÖBEL : TISCH ≈ KLEIDUNG : MANTEL.

Oder nach der Gegensätzlichkeit:

FEUER : WASSER ≈ RIESE : ZWERG.

Oder nach der Steigerung:

GROSS : RIESIG ≈ KLEIN : WINZIG.

Neben positiven (vorhandenen) Analogien wie in den obigen Beispielen lassen sich auch negative (fehlende, falsche) Analogien bestimmen, wie etwa in dem Beispiel:

ELEPHANT : MAUS ≠ HÜGEL : BERG.

Soll hier der Vergleich über kein anderes Merkmal erfolgen als über die Größe, dann ist die Analogie falsch. Denn bezieht man den Vergleich jeweils auf das erste Glied eines Paares, so besteht beim ersten Paar eine GRÖSSER-Relation, beim zweiten Paar jedoch eine KLEINER-Relation.

6.4.2 Denken in Analogien

Von der Merkmalstheorie der Begriffe aus (s. Abschnitt 5.3.1) ist vor allem die Bildung von Analogien bei Begriffen gleicher Klasse leicht zu erklären. Zugehörigkeit zu gleichen Begriffsklassen bedeutet ja hiernach: Teilhabe an gleichen Merkmalssätzen. Unmittelbar ergibt sich diese Beziehung zwischen hierarchisch geordneten Begriffen. TISCH und MANTEL in der oben dargestellten Analogie haben gemeinsam, daß sie Unterbegriffe sind - TISCH der Unterbegriff von MÖBEL, MANTEL der Unterbegriff von KLEIDUNG. Die Unterbegriffe werden von den Oberbegriffen voll eingeschlossen, d. h. die Merkmale der Oberbegriffe sind auch die der Unterbegriffe; zur Kennzeichnung der Unterbegriffe treten lediglich einige spezifische Merkmale hinzu. Insofern ist ohne weiteres zu begründen, daß MÖBEL ebenso eine Abstraktion von TISCH ist wie KLEIDUNG von MANTEL.

Nun hat an der Humboldt-Universität in Berlin Dieter Häuser (nach Klix, 1980) eine aufschlußreiche Beobachtung gemacht. Häuser hat den Teilnehmern seiner Versuche komplette Analogien vorgelegt; die Teilnehmer hatten die Richtigkeit der Analogien zu beurteilen. Dabei ergab sich: Die Geschwindigkeit der Beurteilung von Analogien, die aus Ober- und Unterbegriffen bestehen, hängt von der Reihenfolge ab, in welcher die Begriffe erscheinen. Die Beziehung eines Unterbegriffs zu einem Oberbegriff wird schneller erkannt als umgekehrt die Beziehung eines Oberbegriffs zu einem Unterbegriff. Vergleichsweise schnell als richtig erkannt wird also eine Analogie der Form:

ROSE : BLUME ≈ KARPFEN : FISCH.

Im Vergleich hierzu langsam wird die Umkehrung erkannt:

BLUME : ROSE ≈ FISCH : KARPFEN.

Klix führt diesen Befund auf das unterschiedliche Durchmustern der Merkmalssätze zurück. Wird der Unterbegriff zuerst geboten, so sind damit sowohl die spezifischen Merkmale des Unterbegriffs gewärtig als auch die allgemeinen Merkmale, die der Unterbegriff mit dem Oberbegriff gemeinsam hat. Wird also ein Oberbegriff wie BLUME nach einem zugehörigen Unterbegriff wie ROSE geboten, ist dessen Merkmalssatz bereits durchmustert und braucht nicht mehr neu abgefragt zu werden.

Anders sei es, wenn der Oberbegriff zuerst erscheine. Zu seinem Erkennen werde lediglich der kleinere Satz der gemeinsamen

Merkmale durchmustert. Erscheine dann der Unterbegriff, müßten seine spezifischen Merkmale gesondert abgefragt werden.

Der Zeitunterschied verschwindet übrigens bei Vergleichen auf hohem Abstraktionsniveau. Das Erkennen der Analogie

BLUME : PFLANZE ≈ FISCH : TIER

benötigt etwa genau so viel Zeit wie das Erkennen der Umkehrung

PFLANZE : BLUME ≈ TIER : FISCH.

Die Erklärung der Autoren: Bei hohem Abstraktionsniveau bleiben nur wenige, dafür aber komplexe Merkmale zur Beurteilung übrig. Wegen der Komplexität steigt der Zeitbedarf für ein Urteil insgesamt an; Unterschiede in der Zahl gemeinsamer und spezifischer Merkmale schlagen sich nicht mehr im Zeitbedarf nieder.

Bei Analogien von Begriffen verschiedener Klasse ist eine andere Art der Erklärung vonnöten. Hier greifen Klix und Elke van der Meer auf Modelle semantischer Netze (vgl. Abschnitt 5.4.1) zurück (Klix, 1980) und ziehen semantische Relationen zur Analogienbildung heran. Die Analogie

LEHRER : SCHÜLER ≈ ARZT : PATIENT

lebt etwa von der Agent-Objekt-Relation. Eine andere Analogie

SCHNEIDEN:MESSER ≈ MALEN:PINSEL

beruht auf der Instrumenten-Funktion.

Die Autoren argumentieren, die Schwierigkeit einer Analogie mit verschiedenklassigen Begriffen spiegele die Komplexität ihres semantischen Zusammenhangs wider. Sie unterscheiden drei verschiedene Werte der Komplexität, je nach der Zahl der ausdrücklich und stillschweigend beteiligten Teilrelationen in der Verbindung zweier Begriffe. Eine einwertige Beziehung herrscht danach zwischen zwei Begriffen, wenn keine weiteren Begriffe zur Erläuterung ihres Zusammenhangs notwendig sind. Dies wird etwa angenommen für die Begriffe SONNE/ SCHEINEN. (Der Satz: „Die Sonne scheint" bedarf danach keiner weiteren Bestimmung, um verständlich zu sein.) Bei zweiwertigen Beziehungen wird ein weiterer, ein dritter

Analogien in der Rechtssprechung

Zu den Gebieten, in denen das Denken in Analogien gebräuchlich ist, gehört die Rechtssprechung (vgl. etwa Heller, 1961). Vieles ist durch Gesetz geregelt. Aber das Gesetz hat auch Lücken. Die Lücken lassen sich schließen, indem ein vom Gesetz nicht ausdrücklich geregelter Tatbestand in Entsprechung zu einem gesetzlich geregelten behandelt wird. Dann gilt die Analogie:

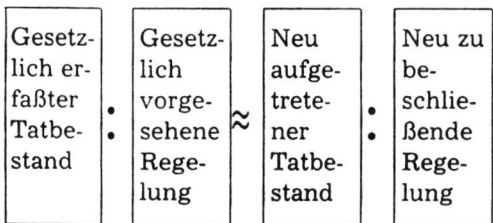

Gesetzlich erfaßter Tatbestand	: / :	Gesetzlich vorgesehene Regelung	≈	Neu aufgetretener Tatbestand	: / :	Neu zu beschließende Regelung

Ein Beispiel: Nach § 463 (Satz 2) des Bürgerlichen Gesetzbuchs kann ein Käufer Schadensersatz oder eine Vertragsänderung verlangen, wenn der Verkäufer ihm einen Fehler des Kaufobjekts arglistig verschwiegen hat. Wie steht es aber mit der arglistigen Vorspiegelung eines (nicht vorhandenen) Vorzugs? Dieser Fall ist im Gesetz nicht erwähnt. Dabei handelt es sich doch grundsätzlich um die gleiche Verfehlung: einen Betrug am Kunden. Deshalb ist nach dem Grundsatz der Gleichbehandlung des Gleichartigen auch im Falle der arglistigen Vorspiegelung eines Vorzugs nach § 463 (Satz 2) BGB zu verfahren (Larenz, 1975, S. 367).

Allerdings läßt das Rechtswesen bei der Anwendung von Analogien Vorsicht walten: Nach dem Strafrecht, nach dem die Kriminaldelikte geahndet werden, darf kein Angeklagter durch Analogieschlüsse einen Nachteil erleiden. Dort gilt der Grundsatz: „*Nullum crimen, nulla poena sine lege*", d. h. „Ohne (ausdrückliche) gesetzliche Regelung ist kein Verbrechen festzustellen und keine Strafe zu erteilen".

Heller, T. (1961). *Logik und Axiologie der analogen Rechtsanwendung*. Berlin: De Gruyter.

Larenz, K. (1975). Methodenlehre der Rechtswissenschaft. Berlin: Springer.

Begriff zur Ergänzung erwartet. Die Autoren führen als Beispiel an TRAGEN/ KOFFER. Hier fragt man offen oder stillschweigend nach einem Agenten („wer trägt den Koffer?"). Zwei weitere Begriffe seien zur Ergänzung erwartet in einer dreiwertigen Beziehung, etwa in der Beziehung TADEL/ STRAFE. Hier werde Objekt und Zweck genannt, es fehle aber der Agent und der Rezipient („wer erteilt wem zur Strafe einen Tadel?"). Zum Verständnis eines Prädikats werden also Argumente erwartet - diese seien obligatorische Argumente genannt. Im Rahmen der Theorie semantischer Netze gilt dann: Die Wertigkeit einer Beziehung innerhalb eines Begriffspaares ergibt sich aus der Zahl der dem Begriffspaar zugehörigen obligatorischen Argumente.

In weiteren Versuchen legten die Autoren ihren Probanden wiederum komplette Analogien vor und ließen deren Richtigkeit beurteilen. Und tatsächlich konnten Klix und van der Meer nachweisen: Das Urteil über höherwertige, d. h. stärker erklärungsbedürftige Beziehungen nimmt mehr Zeit in Anspruch. Eine Analogie der Art

TADEL : STRAFE ≈
SCHLOSS : SICHERHEIT

ist offenbar schwerer zu erfassen als eine Analogie der Art

SONNE : SCHEINEN ≈ VOGEL : FLIEGEN.

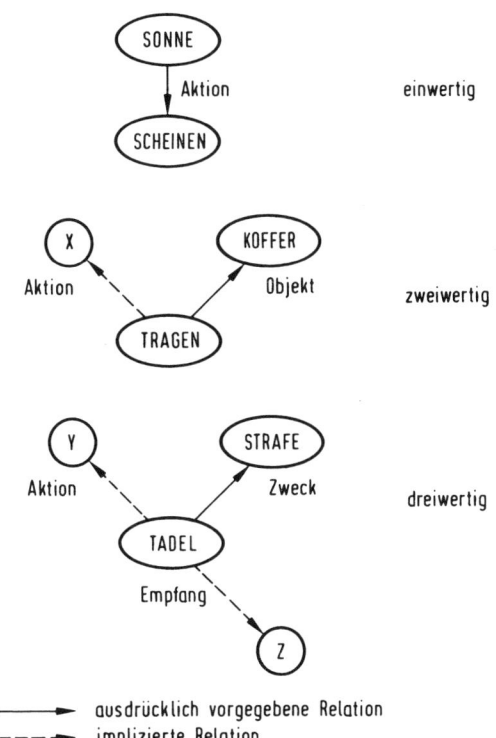

Klix, F. (1978). On the representation of semantic information in human long-term memory. *Zeitschrift für Psychologie, 186,* 26-38.

Klix, F. (1980). On the structure and function of semantic memory. In F. Klix & J. Hoffmann (Eds.), *Cognition and memory* (pp. 11-25). Amsterdam: North-Holland.

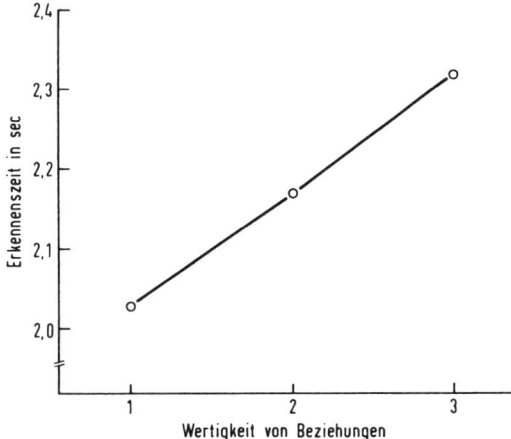

Ein-, zwei- und dreiwertige semantische Beziehungen zwischen zwei Begriffen. Die Wertigkeit nimmt zu mit der Zahl der zur vollen Klärung der Beziehung notwendigen Teilbeziehungen (nach Klix, 1980, S. 17).

Erkennungszeit von Analogien in Abhängigkeit von der Wertigkeit der in ihnen enthaltenen Beziehungen (nach Klix, 1980, S. 18).

ZUSAMMENFASSUNG

1. Analogien bringen Gemeinsamkeiten in der Beziehung von Begriffen zum Ausdruck. Die betroffenen Beziehungen können dabei innerhalb gleicher Begriffsklassen angesiedelt sein (z. B. MÖBEL/TISCH) oder Begriffe verschiedener Klassen miteinander verbinden (z. B. KOFFER/TRAGEN).

2. Beziehungen zwischen Begriffen gleicher Klasse lassen sich als Gemeinsamkeiten in den die Begriffe charakterisierenden Merkmalssätzen deuten. Unterschiede in der Geschwindigkeit des Erkennens von Analogien sind dann zurückzuführen auf ein unterschiedlich schnelles Durchmustern von Merkmalssätzen.

3. Zwischen Begriffen verschiedener Klasse lassen sich semantische Beziehungen (z. B. Aktion, Objekt, Zweck) bestimmen. Unterschiede in der Geschwindigkeit des Erkennens von Analogien sind dann aufgrund der verschiedenen Komplexität der semantischen Beziehungen zu erklären.

6.5
Logisches Denken als Gegenstand der Entwicklungs-, Persönlichkeits- und Sozialpsychologie

6.5.1 Entwicklungspsychologie

Markante Veränderungen innerhalb der Lebensspanne zeigen nicht nur die Inhalte des Denkens, sondern auch die Denkoperationen. In der Regel bewährt sich der Grundsatz, daß Denktätigkeiten, die Erwachsenen schwer fallen, sich bei Kindern und Jugendlichen erst spät einstellen. Vielleicht ist die Umkehrung dieses Satzes sogar zutreffender: Denktätigkeiten, die sich erst spät in Kindheit und Jugend entwickelt haben, bereiten Erwachsenen oft noch erhebliche Schwierigkeiten.

Solange die Denkinhalte des Kindes vorwiegend konkret und anschaulich sind, herrschen die erfahrungsnahen Denkformen der *Induktion* und der *Analogie* vor. Erst später gesellt sich mit der Kenntnis abstrakter Symbole das Denken in formalen Beziehungen hinzu. Ein Beispiel hierfür ist schon früher in diesem Kapitel gegeben worden: die Entdeckung der Gesetzmäßigkeit schwimmender Körper. Beginnt die Induktion hier zunächst mit der Zuschreibung der Eigenschaft SCHWIMMEN zu spezifischen Gegenständen, so endet sie mit der universellen Regel der Verdrängung von Wasser (s. wieder Abschnitt 6.3.2).

Ein anderes recht aufschlußreiches Beispiel stammt aus einer Studie von Tom Trabasso, Christine Riley und Elaine Wilson von der Princeton Universität (1975). Untersucht wurde die Fähigkeit zur Reihenbildung. Die Autoren stellten Sechsjährige, Neunjährige und Erwachsene vor dieselbe Aufgabe: Sie sollten sechs verschiedenfarbige Stäbchen nach ihrer Länge in eine Reihe bringen. In einer Trainingsphase beschäftigten sich die Teilnehmer mit Paaren von Stäbchen, die bezüglich ihrer Länge in der Reihe benachbart waren. Sobald die Probanden die Beziehung zwischen den benachbarten Paaren gelernt hatten, wurden sie nach der Beziehung jener Paare gefragt, die in der Reihe nicht benachbart waren; so wurde ermittelt, wie weit die

Probanden aus den Paarbeziehungen (z. B. „das blaue Stäbchen ist länger als das grüne, das rote Stäbchen ist größer als das blaue") tatsächlich eine widerspruchsfreie Reihe (z. B. „von grün über blau nach rot nimmt die Länge der Stäbchen zu") gebildet hatten. Die entscheidende Variable war die Form der Darbietung. Unter einer der Bedingungen wurden die Stäbchen deutlich sichtbar vorgezeigt (visuelle Bedingung); unter einer anderen Bedingung wurde über die Länge der Stäbchen nur gesprochen (sprachliche Bedingung).

Das Ergebnis: Bei visueller Darbietung erzielten alle Altersgruppen fast fehlerlose Leistungen und unterschieden sich somit nicht. Unterschiede zwischen den Altersgruppen waren jedoch unter der sprachlichen Bedingung festzustellen: Während Erwachsenen auch bei sprachlicher Bezeichnung der Relationen eine fast fehlerlose Leistung gelang, fiel die Leistung der Kinder nach Maßgabe des Alters ab. Die Autoren deuten dies unter Berufung auf Huttenlocher (s. Abschnitt 6.2.2) als Beleg für die Ausbildung einer räumlichen Vorstellung der Reihe; sprachliche Informationen hätten dabei in

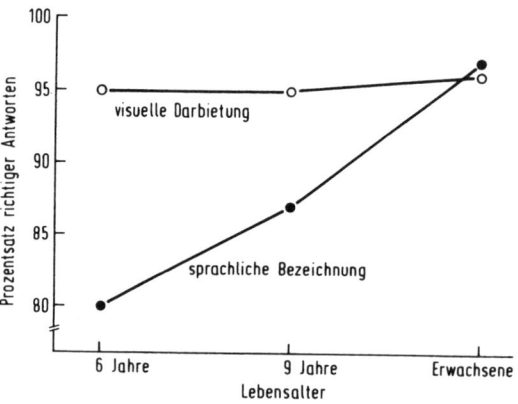

Testleistung als Indiz der Reihenbildung nach visueller Darbietung und nach sprachlicher Bezeichnung der Größenrelation zwischen Paaren der Reihe (nach Trabasso, Riley & Wilson, 1975, S. 217).

räumliche Vorstellungen übersetzt werden müssen. Bei dieser Übersetzung seien vor allem die jüngeren Kinder benachteiligt gewesen. Folgt man den Autoren bei ihrer Deutung, gelangt man zu der Auffassung: Es ist gar nicht die Fähigkeit zur Reihenbildung als solche, in welcher sich Kinder und Erwachsene unterscheiden; die festgestellte Überlegenheit der Erwachsenen über die Kinder beruht vielmehr auf ihrer stärker ausgebildeten Fähigkeit zur *Abstraktion*.

Trabasso, T., Riley, C. A. & Wilson, E. G. (1975). The representation of linear order and spatial strategies in reasoning: A developmental study. In R. J. Falmagne (Ed.), *Reasoning: Representation and process in children and adults* (pp. 201-229). Hillsdale, NJ: Lawrence Erlbaum.

Piaget, J. & Inhelder, B. (1977). *Von der Logik des Kindes zur Logik des Heranwachsenden*. Olten: Walter (Erstausgabe 1955: *De la logique de l'enfant à la logique de l'adolescent*. Paris: Presses Universitaires de France).

Die zunehmende Abstraktion des Denkens im Laufe der psychosozialen Entwicklung folgt nach Piaget (s. wieder Abschnitt 3.2.4) einer universellen inneren Logik. Die ersten Operationen des Kindes seien auf Objekte fixiert und würden sensumotorisch vollzogen: Stoßen und Ziehen, Zufügen und Wegnehmen, Umfüllen und Abgießen. Solche Operationen seien auch gebunden an die eigene Person. Abstrakte Operationen würden dann aus den konkreten abgeleitet. Dabei werde die Bindung an konkrete Gegenstände und die eigene Person schrittweise gelockert. So werde aus dem konkret vollzogenen Zufügen und Wegnehmen das allgemein anzuwendende Verfahren des Addierens und Subtrahierens. Aus der Erfahrung des Vereinigens und Trennens von Mengen ergäbe sich die Logik der Implikation und der Induktion (vgl. wiederum Piaget & Inhelder, 1955/1977).

6.5.2 *Persönlichkeitspsychologie*

Besitz und Einsatz geistiger Fähigkeiten charakterisieren einen Menschen. Die Fähigkeiten zum logischen Denken gehen ein in die Summe aller kognitiven Fähigkeiten, die man unter dem Begriff der *Intelligenz* zusammenzufassen versucht. Die Persönlichkeitsforschung steht somit vor der Aufgabe,

- den Beitrag logischer Fähigkeiten zur Gesamtpersönlichkeit zu beurteilen und
- Unterschiede in den logischen Fähigkeiten verschiedener Individuen festzustellen.

Die Intelligenzforschung hat sich bemüht, im Vergleich verschiedener geistiger Leistungen grundlegende Intelligenzdimensionen ausfindig zu machen. Sie war zeitweise auch von der Hoffnung getragen, einen Generalfaktor der Intelligenz, d. h. eine ganz allgemeine mentale Fähigkeit, möglicherweise eine Fähigkeit abstraktiv-logischer Art zu entdecken, die in sämtlichen geistigen Leistungen ihren Niederschlag findet. Diese Hoffnung ist freilich bisher enttäuscht worden. Eine umfassende Intelligenz scheint es nicht zu geben, dafür aber mehrere voneinander unabhängige *Intelligenzfaktoren*.

Im deutschsprachigen Raum hat sich Adolf Otto Jäger mit seinen Mitarbeitern um eine Aufklärung der Intelligenzstruktur, d. h. um den Nachweis voneinander unabhängiger Intelligenzfaktoren bemüht. An einer Stichprobe von über dreihundert Probanden hatte Jäger (1967) zunächst die folgenden Intelligenzfaktoren ermittelt:

- anschauungsgebundenes Denken (u. a. Vermögen zur Visualisierung, Vorhersehen von Ereignissen),
- Einfallsreichtum und Produktivität (u. a. Assoziationsflüssigkeit, Originalität),
- formallogisches Denken und Urteilsfähigkeit,
- zahlengebundenes Denken,
- sprachgebundenes Denken.

Man sieht, daß in dieser Reihe die formalen Denkoperationen einen eigenen Platz erhalten; sie sind jedoch nicht als alleinige oder übergeordnete geistige Tätigkeiten ausgewiesen.

Unter dem persönlichkeitspsychologischen Aspekt ist nicht nur die erbrachte Denkleistung von Interesse, sondern auch das individuelle Herangehen an die Denkaufgabe. Der Göttinger Psychologe Suitbert Ertel hat 1966 in einer Untersuchung zu Intelligenzleistungen drei persönlichkeitsspezifische Dimensionen der geistigen Tätigkeit herausgestellt:
- Anspannung (vom angestrengten zum gelassenen Denken),
- Variabilität (vom phantasievollen zum nüchternen Denken),
- Strukturiertheit (vom integrativen zum differenzierten analytischen Denken).

Ein Stilmerkmal, das viele Autoren hervorheben, ist die Komplexität des Denkens. Damit ist wahlweise der Reichtum an Denkschritten, die Breite des Denkansatzes oder die Menge des im Denken verarbeiteten Materials gemeint (vgl. Mandl & Huber, 1978). Als weitere Aspekte des kognitiven Stils werden auch die Rigidität und der Dogmatismus genannt, d.h. zum einen die

Neigung zu starrem Denken, zum anderen die Abhängigkeit des Denkens von Autoritäten und Ideologien (vgl. Goldstein & Blackman, 1978).

Jäger, A. 0. (1967). *Dimensionen der Intelligenz.* Göttingen: Hogrefe.

Ertel, S. (1966). Ein differential-methodischer Versuch zum Intelligenzproblem. *Psychologische Forschung, 30,* 151-195.

Mandl, H. & Huber, G. L. (Hrsg.). (1978). *Kognitive Komplexität.* Göttingen: Hogrefe.

Goldstein, K. M. & Blackman, S. (1978). *Cognitive style.* New York: Wiley.

Raven, J. C. (1978). *Raven-Matrizen-Test.* Deutsche Bearbeitung von A. Schmidtke, S. Schaller & P. Becker. Weinheim: Beltz (Erstausgabe 1956: *Standard progressive matrices.* London: Watt).

Intelligenzmessung mit Denkaufgaben

Der Progressive Matrizentest nach Raven (1956) definiert die Intelligenz als Fähigkeit zum schlußfolgernden Denken. Er benutzt sprachfreies Material und kann so besser als die üblichen Intelligenztests dem Anspruch gerecht werden, die Intelligenz unabhängig von sozialen Faktoren zu messen, die über die

Sprachentwicklung auch die Leistungen im Intelligenztest bestimmen können. Hier zwei typische Aufgaben: In einem Feld mit regelhaftem Aufbau fehlt ein Ausschnitt; er soll ergänzt werden. Hierfür stehen sechs Alternativen zur Auswahl (richtige Lösungen Nr. 6 und Nr. 5).

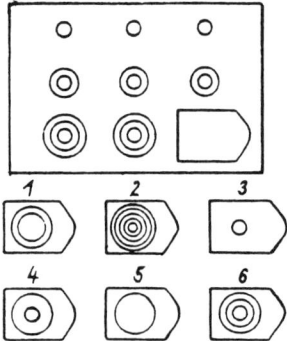

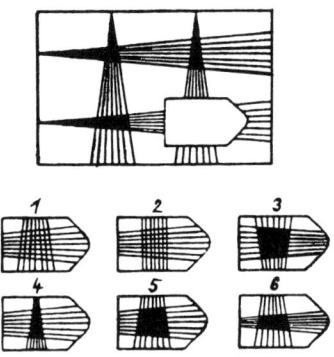

6.5.3 Sozialpsychologie

Das intensive, folgerichtige Denken bedarf der Ungestörtheit und Konzentration. Deshalb sind Phasen des konzentrierten Denkens oft mit Einsamkeit, dem Rückzug von der sozialen Umwelt verbunden. Das logische Denken darum einen rein individuellen Vorgang nennen zu wollen, dem soziale Züge fehlen, wäre dennoch nicht angebracht. Denn wenn sich das Denken im Einzelnen vollzieht, kann es doch arbeitsteilig verlaufen. Wo eine Person ihre Überlegungen abschließt, kann eine zweite ansetzen und die Überlegungen weiterführen. Auf diese Weise wird die Geschichte des Geistes zu einer verzweigten Kette, bei der jede Generation von Denkern auf den Ergebnissen vorangehender Generationen aufbaut.

Sofern Schlußfolgerungen von Individuum zu Individuum mitgeteilt werden, entsteht

- ein Austausch von Argumenten zwischen Individuen,
- eine Verständigung über die bei der Argumentation zugrunde zu legenden Regeln,
- eine gegenseitige Korrektur auf der Grundlage vereinbarter oder einseitig festgelegter Regeln.

Le Bon, G. (1953). *Psychologie der Massen.* Stuttgart: Kröner (Erstausgabe 1895: *Psychologie des foules.* Paris: Alcan).

Gilson, C. & Abelson, R. P. (1965). The subjective use of inductive evidence. *Journal of Personality and Social Psychology, 2*, 301-310.

Nicht unterschätzt werden sollte die Bedeutung vereinbarter logischer Regeln für die Vereinheitlichung von Meinungen und Schlußfolgerungen in Gruppen. Die aus der Anwendung gemeinsamer Regeln erwachsende Rationalität ist geeignet, Konflikten vorzubeugen und die Stabilität der Gruppen zu erhöhen.

Manche Autoren schätzen freilich die Fähigkeit großer Gruppen, sich von der Logik leiten zu lassen, als gering ein. Zu stark seien darin die Widerstände bei der Verständigung; als hinderlich wirke sich auch die Emotionalität in Gruppen aus. So behauptete etwa der französische Soziologe Gustave Le Bon:

„Man kann nicht mit unbedingter Bestimmtheit sagen, daß Massen durch Schlußfolgerungen nicht zu beeinflussen wären. Aber die Beweise, die sie anwenden, und die, welche auf sie wirken, scheinen vom Standpunkt der Logik von so untergeordneter Art, daß man sie allein mit Hilfe der Analogie als Schlüsse gelten lassen kann."

(Le Bon, 1895/1953, S. 49, übersetzt von H. Dingeldey)

Die behauptete Unvernunft von Menschen in großen Gruppen rührt oft von ihrem starren Festhalten an vorgefaßten Meinungen her. So hängt etwa die Bereitschaft zu einer induktiven Verallgemeinerung von der Glaubwürdigkeit einer Aussage ab, die Glaubwürdigkeit wiederum von sozialen Stereotypen (vgl. Abschnitt 5.5.3). Eine Aussage PASTOR BEI LADENDIEBSTAHL ERTAPPT würde, da mit den geltenden sozialen Kognitionen nicht konform, viel seltener generalisiert als die Aussage ZIGEUNER BEI LADENDIEBSTAHL ERTAPPT (vgl. Gilson & Abelson, 1965).

ZUSAMMENFASSUNG

1. Aus konkreten Operationen entwickeln sich im Laufe der Kindheit und Jugend mit zunehmender Abstraktion die formalen Operationen.

2. Die Fähigkeit zum logischen Denken gilt als Komponente der Intelligenz. Somit charakterisiert sie einzelne Menschen und dient zur Unterscheidung von Individuen. Intelligenztheorien suchen Dimensionen der Intelligenz zu ermitteln, hinsichtlich derer sich Individuen unterscheiden.

3. Logische Regeln sind geeignet, die Meinungsbildung in Gruppen zu vereinheitlichen. Vereinbarungen über logische Regeln gehören daher zu den wichtigen sozialen Errungenschaften.

4. Kulturkritische Autoren warnen vor dem Verlust an Logik in großen und emotionalen Gruppen. Die konsequente Anwendung logischer Regeln erscheint gefährdet, wenn Schlußfolgerungen sozialen Stereotypen zuwiderlaufen.

 LITERATUR ZUR ERGÄNZUNG UND VERTIEFUNG

Brainerd, C. D. (1982). *Children's logical and mathematical cognition.* Berlin: Springer. (Entwicklungspsychologie des logischen und mathematischen Denkens.)

Fiedler, K. (1980). *Urteilsbildung als kognitiver Vorgang.* München: Minerva. (Über das Ineinandergreifen von Induktion und Deduktion sowie über Zusammenhänge von Entscheidungen, Begriffsbildung und Einstellung.)

Kolodner, J. L. & Riesbeck, C. K. (Eds.). (1986). *Experience, memory, and reasoning.* Hillsdale, NJ: Lawrence Erlbaum. (Hauptanliegen ist, die Forschung über die Rolle der Erfahrung bei kognitiven Verarbeitungsprozessen zusammenzufassen.)

Nisbett, R. E. & Ross, L. (1980). *Human inference: Strategies and shortcomings of social judgment.* Englewood Cliffs: Prentice Hall. (Über die Theorienbildung im Alltag und die Strategien des Urteilens in sozialen Zusammenhängen.)

Rubinstein, S. L. (1977). *Das Denken und die Wege seiner Erforschung* (6. Aufl.). Berlin: Deutscher Verlag der Wissenschaften. (Denkpsychologie aus der Sicht der materialistisch orientierten Psychologie.)

Kapitel 7

Gedächtnis

Was leistet das menschliche Gedächtnis?

Kann es sein, daß man einmal Gemerktes nie vergißt?

Wie sind Gedächtnisspuren im Gehirn beschaffen?

Haben Menschen nur ein einziges Gedächtnis oder besitzen sie mehrere Gedächtnisse?

Werden Gefühlserlebnisse bevorzugt erinnert?

Gibt es eine Verdrängung aus dem Gedächtnis?

Wahrnehmen, Denken und Handeln sind von Erfahrung begleitet und durch Erfahrung geprägt. Die psychische Funktion, welche Erfahrung festhält und bei Bedarf bereitstellt, nennt man Gedächtnis.

In der Gedächtnisforschung hat sich die Experimentierfreude der Psychologen und ihre Lust am Entwerfen theoretischer Modelle entfaltet wie wohl kaum auf einem anderen Gebiet der Psychologie. Die Methoden- und Theorienbildung ist dabei schnell fortgeschritten. Das hat der modernen Gedächtnispsychologie den Ruf eingetragen, sich von den Problemen des menschlichen Alltags zu entfernen. Doch gerade neuere Untersuchungen haben sich Gedächtniserscheinungen in Alltagssituationen zugewandt - z. B. dem biographischen Gedächtnis, der Erinnerung an das eigene Leben.

Zudem haben Fortschritte der Hirnforschung und der Informatik die Gedächtnispsychologie bereichert. Die Informatik befaßt sich ja mit technischen Speichern für Bilder und Wörter, und die Frage liegt nahe, ob Konstrukteure technische Informationsspeicher für Menschen nicht nach denselben Prinzipien bauen, nach denen das Gehirn Informationen speichert.

Über allen Analogien zur Technik wird nicht übersehen, daß Menschen von Bedürfnissen und Emotionen bewegt sind. Wie diese sich auf das Gedächtnis auswirken, ist zu einem besonderen Forschungsproblem geworden.

7.1
Über die Arbeit des Gedächtnisses

7.1.1 Erinnern - zu viel und zu wenig

Der dreißigjährige Schereschewski war Zeitungsreporter. Bei Redaktionsbesprechungen erregte er zunächst den Ärger des Redaktionsleiters, weil er Namen, Adressen u. ä. nicht notierte. Doch Schereschewski führte alle Aufträge vollständig aus und konnte auf Befragen sämtliche Einzelheiten der Besprechung lückenlos wiederholen. Lange Reihen von Wörtern oder Zahlen behielt er nach einmaligem Vorlesen. Er konnte die Reihen auch in umgekehrter Reihenfolge hersagen und vermochte, wenn man ihm ein Wort der Reihe nannte, mühelos das vorangehende und das folgende Wort anzugeben.

Grundlage für Schereschewskis vorzügliche Gedächtnisleistung war eine dauerhafte visuelle Vorstellung. Er verwandelte gehörte Wörter in Schriften, Zahlenreihen ordnete er zu Tabellen. Die so entstehenden Vorstellungen blieben haften. Bei der Wiedergabe hatte er den Eindruck, innere Bilder „abzulesen". Hörte er freilich Geschichten in normalem Sprechtempo und sollte er sie wörtlich wiedergeben, so geriet er in Not. Denn jedes Wort in einem Text rief ein eigenes Bild hervor; die Bilder überlagerten sich, und Schereschewski klagte über ein „Chaos in seinem Kopf". Um sich von dem Chaos zu befreien, wünschte er, vergessen zu können. Sein überaus gutes Gedächtnis bereitete ihm Qualen.

Ganz anders war das bei dem Kriegsinvaliden Sassezki. Er erinnerte zu wenig und vergaß zu viel. Sassezki wurde als Student mit 23 Jahren eingezogen und erlitt im zweiten Weltkrieg eine schwere Kopfverletzung. Danach beschrieb er seinen Zustand:

„In meinem Gedächtnis ist nichts; ich kann mich an kein einziges Wort erinnern, in der Erinnerung fliegen nur irgendwelche Bilder vorbei, undeutliche Visionen, die plötzlich auftauchen und dann ebenso plötzlich wieder verschwinden ..."

(Lurija, 1968/1991, S. 34).

Auch später kannte Sassezki sich in seiner Wohngegend nicht mehr aus. Lesen und Schreiben mußte er neu erlernen. Er konnte nur kleine Einheiten im Gedächtnis behalten; um sie zu behalten, mußte er sie oft wiederholen. Sein Gedächtnis für Kindheitserlebnisse war übrigens weitaus besser als das Gedächtnis für neue Erlebnisse. Sein ganzes Fachwissen aus der Studienzeit war ihm abhanden gekommen. Ein weiteres Defizit, das sich nicht beheben ließ, war die Trennung des visuellen vom auditiven Gedächtnis. Wenn Sassezki eine Objektbezeichnung hörte, konnte er sich den zugehörigen Gegenstand nicht bildlich vorstellen. Er blieb für den Rest seines Lebens auf Betreuung angewiesen.

Es war der russische Neuropsychologe Alexander R. Lurija (1902-1977), der Schereschewski und Sassezki eingehend untersucht hat. Den ersten schilderte er als einen Fall von *Hypermnesie* (griech. *hyper*, über; griech. *mneme*, Gedächtnis). Den zweiten beschrieb er als einen Fall von pathologischem Gedächtnisverlust, von *Hypomnesie* (griech. *hypo*, unter). Hypomnesie zieht eine Reihe ernsthafter Funktionsstörungen nach sich. Aber auch ein Übermaß an Erinnerungen wirkt störend. Offenbar benötigen Menschen in ihren jeweiligen Lebenssituationen passend ausgewählte Erinnerungen - Erinnerungen von jeweils angemessener Art und in jeweils richtiger Menge.

Lurija, A. R. (1991). *Der Mann, dessen Welt in Scherben ging. Zwei neurologische Geschichten.* Reinbek: Rowohlt (Erstausgabe 1968: *Malenkaja knishka o bolschoj pamjati.* Moskau: Isdatelstwo Moskowskowo Universiteta).

Ohne Gedächtnis gäbe es kein umfassendes Erkennen (vgl. Abschnitt 4.1.3). Ohne Gedächtnis gäbe es auch kein planvoll aufgebautes, zielgerichtetes Verhalten (vgl. Abschnitt 9.3.1). Genauer:

- Erst auf der Grundlage langfristig ge-speicherter Wahrnehmungsschemata lassen sich Personen, Objekte, Ereignisse u. ä. identifizieren (z. B. erwirbt man bei der Berufsausbildung die Fähigkeit zum Erkennen von Werkzeugen und ihren Funktionen).
- Die Speicherung im Gedächtnis ermöglicht die Wahrnehmung zeitlich erstreckter Ereignisse, deren Teile nacheinander aufgenommen werden (z. B. Wahrnehmung einer Melodie nach Hören einer Tonfolge, Wahrnehmung eines Satzes nach Hören einer Wortfolge).
- Die Speicherung im Gedächtnis ermöglicht die Wahrnehmung von Räumen und räumlich ausgedehnten Gegenständen, wenn diese nicht simultan zu erfassen sind, sondern erst durch sukzessives Abtasten (vgl. Abschnitt 4.1.2) erfahren werden.
- Die Ausführung von Handlungen sowie die sprachliche Äußerung setzen das Merken von Handlungsplänen, Aktionsmustern, Sprachregeln u. ä. voraus (z. B. Einsatzpläne, handwerkliche Fertigkeiten, grammatikalische Regeln des Satzbaus).
- Das kurzfristige Gedächtnis für aktuell ablaufende Handlungen und sprachliche Äußerungen sichert deren Koordination im zeitlichen Zusammenhang (z. B. müssen beim Sprechen eines Satzes die bereits gesprochenen Worte gemerkt werden, damit unnötige Wiederholungen vermieden werden und der Satz eine angemessene grammatikalische Ordnung erhält).

7.1.2 Gedächtnisinhalte und ihre Speicherung im Gehirn

Zum Inhalt des Gedächtnisses kann alles werden, was im Bewußtsein repräsentiert ist:

- Sinnesempfindungen und Wahrnehmungen von Räumen und Gegenständen (Gerüche, Schmerzen, Landschaften, Pflanzen u. ä.),
- Vorstellungen und Gedanken (Träume, Begriffe, Pläne u. ä.),
- Gefühle und Stimmungen (Angst, Trauer u. ä.),
- Bedürfnisse, Absichten, Handlungen (Durst, Vornahmen, Arbeiten u. ä.).

Wie bei Repräsentationen im Bewußtsein überhaupt, kommt eine bildliche Darstellung im Gedächtnis ebenso in Frage wie eine sprachliche.

Wenn Inhalte längere Zeit behalten werden, ist zu beachten, wie weit sie im raum-zeitlichen Zusammenhang gemerkt werden, in dem sie erfahren wurden. Wer etwa erinnert: „Am Neujahrstag 1995 brachte Martina ihre Tochter Vera zur Welt; es war eine Hausgeburt, und ihr Partner Horst war dabei", hat ein Ereignis mit zeitlicher und räumlicher Bestimmung eingeprägt. Wer dagegen weiß: „Kinder haben Vater und Mutter" und „es gibt Krankenhausgeburten und Hausgeburten" hat Bedeutungen und Beziehungen eingeprägt. Tulving (1972) nennt Ereignisse, die in ihrer raum-zeitlichen Bestimmung einzigartig sind, *Episoden*. Er unterscheidet sie von raum-zeitlich übergreifenden Bedeutungen und Beziehungen. Episoden und *allgemeine Bedeutungen* seien Gedächtnisinhalte verschiedener Art, meint Tulving, und empfiehlt daher die Unterscheidung eines *episodischen* und eines *semantischen Gedächtnisses* (s. bereits Abschnitt 4.1.3).

Dem semantischen Gedächtnis werden als Inhalte Sprach- und Begriffssysteme zugewiesen, aber auch die *Schemata* des Erkennens und Handelns wie *Scripts* und *Rahmen* (s. Abschnitt 5.4.2). Dem Episodengedächtnis als Inhalte zuzuweisen sind die vielen Ereignisse zu allen Zeiten und in aller Welt. Für psychologische Untersuchungen besonders geeignet halten zahlreiche Autoren das *autobiographische Gedächtnis* und untersuchen das Behalten und Erinnern von Ereignissen aus dem eigenen Leben.

Ins autobiographische Gedächtnis gehen unterschiedliche Inhalte ein - wie Personen, Orte, Emotionen, persönliche Zielsetzungen und Sinngebungen. Nach Conway und Rubin (1993) enthält das autobiographische Gedächtnis vor allem drei Grundstrukturen:

- Epochen im Lebenslauf (z. B. „meine Kindheit", „als wir noch in ... wohnten"),
- wiederholte Ereignisse (z. B. „Kinderkrankheiten", „Weihnachtsfeier"),
- ereignisspezifisches Wissen (z. B. „was wir taten, als uns das Auto gestohlen wurde").

Auf der Suche nach der Gedächtnisspur im Gehirn

Wilder Penfield war Professor für Neurologie und Neurochirurgie an der McGill Universität in Kanada. Er hat Gehirnoperationen, bei denen die Patienten bei vollem Bewußtsein blieben, zur Untersuchung der Grundlage von Wahrnehmungen, Halluzinationen und Erinnerungen eingesetzt. So berichtet er über eine Operation an einem 14jährigen Mädchen. Wegen epileptischer Anfälle wurde der Schädel geöffnet und ein Schnitt an der Hirnrinde ausgeführt. (Dadurch sollte die Ausbreitung von Erregungs- und Krampfzuständen verhindert werden.) Nachdem nun die Hirnrinde offen vor dem Operateur lag, konnte er einige Rindenpunkte durch schwachen elektrischen Strom reizen. (Solche Hirnoperationen sind schmerzlos für die Patienten!)

Floß der Strom an den Punkten 13 und 17 (s. Abbildung), so berichtete das Mädchen, Farben zu sehen. Hier befand sich offenbar die Sehrinde. Reizte er dagegen die Punkte 11, 10, 5, 6, 2 und 3, so erinnerte das Mädchen ein traumatisches Erlebnis aus seinem achten Lebensjahr: Sie war mit ihren Brüdern über die Felder gewandert. Da kam ein Mann mit einem Sack und sagte: „Da sind Schlangen drin; willst du auch hinein?" In höchstem Schrecken hatte sie sich mit ihren Brüdern zur Mutter nach Hause geflüchtet. Die Mutter konnte den Vorfall bestätigen.

Penfield, W. & Rasmussen, Th. (1957). *The cerebral cortex of man*. New York: Macmillan.

Penfield glaubte daher, bei der Reizung die Stelle getroffen zu haben, wo die Spuren des alten Angsterlebnisses aufbewahrt wurden. Der Autor führte weiter aus:

„Der Kortex enthält sicher noch die Muster für viele andere Erlebnisse. Aber dieses Erlebnis war so stark, daß es allein auf die Reizung reagierte. Verschiedene Teile ließen sich durch Reizung verschiedener Hirngebiete wachrufen. Es war kein einheitliches Bild."

(Übersetzung aus Penfield & Rasmussen, 1957, S. 180).

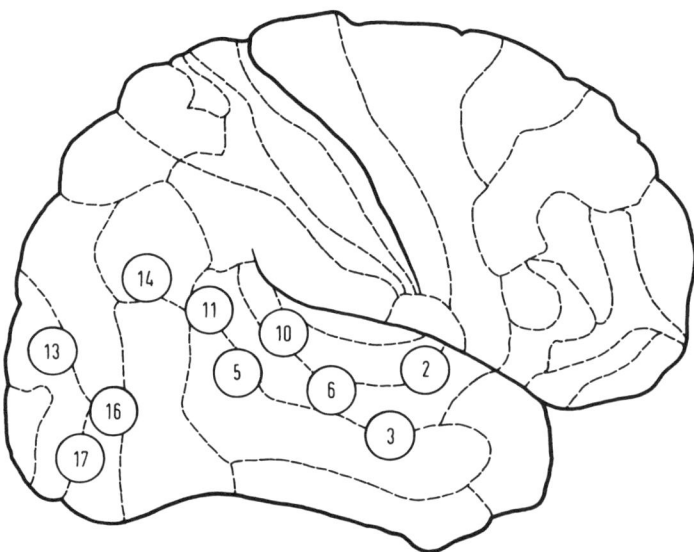

Schematische Wiedergabe der Hirnrinde (rechte Hälfte) und Bezeichnung einiger elektrisch gereizter Punkte bei der Hirnoperation eines 14jährigen Mädchens (aus Penfield & Rasmussen, 1957, S. 165).

Tulving, E. (1972). Episodic and semantic memory. In E. Tulving & W. Donaldson (Eds.), *Organisation of memory* (pp. 381-403). New York: Academic Press.

Conway, M. A. & Rubin, D. C. (1993). The structure of autobiographical memory. In A. F. Collins, S. E. Gathercole, M. A. Conway & P. E. Morris (Eds.), *Theories of memory* (pp. 103-137). Hillsdale, NJ.: Lawrence Erlbaum.

Katz, J. J. & Halstead, W. G. (1950). Protein organization and mental functions. *Comparative Psychology Monographs, 20*, 1-38.

Barzilai, A., Kennedy, T. E., Sweatt, J. D. & Kandel, E. R. (1989). 5 H-T modulates protein synthesis and the expression of specific proteins during long-term facilitation in Aplysia sensory neurons. *Neuron, 2*, 1577-1586.

Gedächtniseinbußen nach Hirnverletzungen, wie im eingangs (Abschnitt 7.1.1) geschilderten Fall des Invaliden Sassezki, gehören zu den vielen Befunden, die dafür sprechen, daß das Gedächtnis eine Funktion des Gehirns ist. Wenn nun das Gehirn einen Speicherplatz für die oben aufgezählten Inhalte enthält: Wo befindet sich dieser Platz? Wo ist der Sitz des Gedächtnisses? Und wie sind die Inhalte dort abgebildet? Anders ausgedrückt: Wie sind Gedächtnisspuren beschaffen?

Eine fest umschriebene Hirnregion als Sitz des Gedächtnisses wird man vergebens suchen. Vielmehr scheinen sich Gedächtnisfunktionen auf mehrere Orte des Gehirns zu verteilen. Nicht nur die Hirnrinde scheint an der Speicherung beteiligt zu sein, sondern auch tiefer gelegene Hirnteile wie der limbische Kortex.

Was die Ausbildung von Gedächtnisspuren sowie die Darstellung von Inhalten im Gedächtnis anbelangt, scheint es drei Möglichkeiten zu geben:
• die Bildung von Gedächtnismolekülen,
• den Ausbau von Nervennetzen und
• die Veränderung der Erregungsleitung.

Gedächtnismoleküle sind biochemische Strukturen im Gehirn, die Inhalte abbilden können wie Zeichen oder Zeichenkombinationen. Sie werden durch Protein-Synthese aufgebaut. Proteine sind Eiweißstoffe und entstehen ihrerseits aus Aminosäuren. Im Jahre 1950 haben Katz und Halstead wohl als erste im Bereich der Psychologie die Annahme geäußert, eine dieser Aminosäuren, die Ribonukleinsäure (abgekürzt RNS) verändere sich beim Lernen. Für diese Annahme haben sich seitdem in Tierversuchen zahlreiche Belege gefunden. Zum einen läßt sich nach dem Lernen eine Vermehrung von Proteinen im Gehirn beobachten. Zum anderen stellt man Veränderungen in der Struktur von Molekülen während des Verlernens einer vorher geübten Tätigkeit fest (Barzilai, Kennedy, Sweatt & Kandel, 1989).

Auch die Nervennetze im Gehirn verändern sich durch *Lernen*; dabei kann sich der Lernerfolg in den neu entstehenden Strukturen darstellen. Ein zu beachtender Befund ist, daß beim Lernen neue Nerven aussprossen und neue Nervenverbindungen (*Synapsen*) sich herausbilden (Bailey & Chen, 1991). Selbst wenn sich die Struktur der Nervennetze durch Lernen nicht verändert, kann sich deren Verhalten ändern. Dies geschieht, wenn sich die Übertragung von Erregung an den Synapsen ändert. Die Übertragung kann erleichtert oder erschwert werden (*Bahnung* und *Hemmung*) - je nach der Bereitstellung von Überträgerstoffen, den Neurotransmittern. In den so entstehenden Erregungsmustern können sich ebenfalls Lernerfahrungen abbilden - wie als einer der ersten der australische Neurophysiologe Eccles (1964) gezeigt hat.

Erkenntnisse über die Kodierung von Gedächtnisinhalten im Nervenkostüm gewinnt man gegenwärtig vor allem im Tierversuch. Es sind daher nur recht elementare Lernerfahrungen - wie das Zurückweichen von Schnecken oder Ratten vor einem schmerzhaften Reiz, deren Festhalten in einer Gedächtnisspur zu untersuchen ist. Eine Antwort auf die Frage, welche Gedächtnisspuren etwa der Lebenslauf eines Menschen oder der Anblick von Postleitzahlen im menschlichen Gehirn hinterläßt, wird man vorläufig nicht erhoffen dürfen.

Bailey, C. & Chen, M. (1991). The anatomy of long term sensitization in Aplysia: Morphological insights into learning and memory. In L. R. Squire, N. M. Weinberger, G. Lynch & J. L. McGungh (Eds.), *Memory: Organization and locus of change* (pp. 273-300). New York: Oxford University Press.

Eccles, J. C. (1964). Excitatory responses of spinal neurons. In J. C. Eccles & J. P. Schade (Eds.), *Progress in brain research. Physiology of spinal neurons* (Vol. 12, pp. 1-34). Amsterdam: Elsevier.

7.1.3 Gedächtnisprozesse

Gedächtnisprozesse entfalten sich in drei Phasen:
• dem Einprägen, auch Einspeichern (engl. *storage*) oder Enkodieren (engl. *encoding*) genannt,
• dem Behalten, auch Speichern oder Retention (engl. *retention*) genannt,
• das Erinnern, auch als Abruf aus dem Gedächtnis (engl. *retrieval*) bezeichnet.

Einprägen kann ein vergleichsweise mechanischer Vorgang sein - vor allem dann, wenn schlichte Wiederholung eines Lernstoffs dafür sorgt, daß dieser im Gedächtnis haften bleibt. So ließen die amerikanischen Psychologen John Bransford und Marcia Johnson Studierende den folgenden Text lernen:

„Wenn die Ballons platzen würden, wäre der Ton zu leise; das richtige Stockwerk wäre dann nämlich zu weit entfernt. Auch durch ein verschlossenes Fenster könnte der Schall nicht dringen, denn die meisten Gebäude sind ja recht gut isoliert. Da der gesamte Vorgang von der Erhaltung einer elektrischen Spannung abhängt, würde ein Bruch in der Mitte des Drahtes Schwierigkeiten bereiten. Natürlich könnte es der junge Mann auch mit seiner Stimme versuchen, aber die menschliche Stimme ist ja viel zu schwach für solche Entfernungen. Weiterhin könnte eine Saite am Instrument reißen, dann gäbe es keine Begleitung.

Es ist klar: Bei einer Verkürzung der Entfernung wäre das Risiko geringer. Am wenigsten könnte schiefgehen, wenn die Beteiligten nahe beieinander wären."

(Übersetzung aus Bransford & Johnson, 1972, S. 719)

Offensichtlich ist der Text - derart geboten - schwer zu behalten. Nach einmaligem Lesen konnten die Studenten nur etwa die Hälfte der Sätze dem Inhalt nach richtig wiedergeben. Sie stuften den Text als ziemlich unverständlich ein (Durchschnittswert 2,3 auf einer Skala der subjektiven Verständlichkeit mit sieben Stufen). Die Studenten hatten den Text als recht sinnlose Wortfolge auswendig gelernt.

Einer anderen Gruppe von Studierenden erschien der Text gar nicht unverständlich (durchschnittliche Einstufung 6,1 auf einer siebenstufigen Skala der Verständlichkeit). Sie konnten auch fast alle Sätze dem Inhalt nach richtig wiedergeben. Was war der Unterschied zwischen den beiden Gruppen? Die zweite Gruppe erhielt den Text zusammen mit einer Zeichnung (s. folgende Seite). Die Zeichnung stellte eine Szene dar, in welcher die Sätze des Textes Sinn und Zusammenhang gewinnen. Im Zusammenhang der Szene war der Text zu verstehen. Verstehen bedeutete u. a.: beteiligte Personen und ihre Absichten erkennen, Bezüge zwischen Gegenständen und Ereignissen herstellen (bitte auf folgender Seite prüfen).

Das Experiment von Bransford und Johnson macht deutlich: Wenn Einprägen mehr sein soll als nur ein mechanischer Vorgang, baut es vorhandenes Wissen aus. In diesem Sinne haben van Dijk und Kintsch (1983, s. Abschnitt 3.1.4) Situationsmodelle als Voraussetzungen des Verstehens beschrieben. Auch anders genannte Schemata wie das Scriptschema (s. Abschnitt 5.4.2) können zur Grundlage des Verstehens werden. Damit werden Modelle und Schemata zugleich zu Voraussetzungen des verständnisvollen Einprägens. Ein solches Einprägen baut auf Vorwissen auf. Dies scheint auch sonst die Regel zu sein: *Lernen* ist eine Erweiterung des bereits bestehenden Wissens.

Einprägen und Vorwissen

Die folgende Abbildung veranschaulicht den nachfolgenden Text. Nur mit der Abbildung ist der Text leicht zu merken - eine Demonstration der Wirkung von Vorwissen nach Bransford und Johnson (1972, S. 718f.).

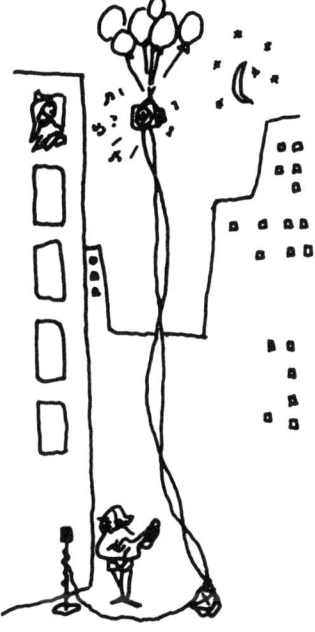

„Wenn die Ballons platzen würden, wäre der Ton zu leise; das richtige Stockwerk wäre dann nämlich zu weit entfernt. Auch durch ein verschlossenes Fenster könnte der Schall nicht dringen, denn die meisten Gebäude sind ja recht gut isoliert. Da der gesamte Vorgang von der Erhaltung einer elektrischen Spannung abhängt, würde ein Bruch in der Mitte des Drahtes Schwierigkeiten bereiten. Natürlich könnte es der junge Mann auch mit seiner Stimme versuchen, aber die menschliche Stimme ist ja viel zu schwach für solche Entfernungen. Weiterhin könnte eine Saite am Instrument reißen, dann gäbe es keine Begleitung. Es ist klar: Bei der Verkürzung der Entfernung wäre das Risiko für ein Mißlingen geringer. Am wenigsten könnte schiefgehen, wenn die Beteiligten nahe beieinander wären."

Das Verständnis, das den Vorgang des Einprägens leitet, bestimmt freilich auch, was und wie ein Inhalt ins Gedächtnis eingetragen wird. Tulving und Thomson (1973, S. 359) erläutern dies an folgendem Beispiel: Je nach Zusammenhang und Verständnis kann das Wort ROSA als ein Farbname oder als Frauenname eingeprägt und erinnert werden. Die Autoren nennen dies *Kodierungseigenheit* (engl. *encoding specificity*).

Wie steht es mit dem Behalten des ins Gedächtnis Eingeprägten? Drei Möglichkeiten sind denkbar:
- Eingeprägte Spuren bleiben unverändert erhalten,
- die Spuren verändern ihre Qualität - es kommt zu Erinnerungstäuschungen,
- die Spuren zerfallen - es tritt Vergessen auf.

Freilich ist es bisher nicht möglich, den Bestand und die Veränderung von Spuren im Gedächtnis unmittelbar zu erfassen (vgl. Abschnitt 7.1.2). Vielmehr kann man das Behalten lediglich durch Prüfung der Fähigkeit zum Erinnern feststellen. Wenn allerdings ein Mensch sich nicht erinnern kann, läßt das nicht allein den Schluß auf den Verlust einer früheren Gedächtnisspur zu. Bei erhaltener Spur im Gedächtnis mag der Vorgang des Erinnerns mißlingen; eine vorhandene Spur kann - zumindest in der verfügbaren Zeit - nicht aufgefunden werden und läßt sich dann nicht wiedergeben. Fehlende Erinnerungen kann man daher auch auf unzureichenden Abruf aus dem Gedächtnis zurückführen.

Bransford, J. D. & Johnson, M. K. (1972). Contextual prerequisites for understanding: Some investigations of comprehension and recall. *Journal of Verbal Learning and Verbal Behavior, 11*, 717-726.

van Dijk, T. & Kintsch, W. (1983). *Strategies of discourse comprehension.* New York: Academic Press.

Tulving, E. & Thomson, D. M. (1973). Encoding specificity and retrieval processes in episodic memory. *Psychological Review, 80*, 352-373.

Mechanisches Lernen und sinnarme Silben

Die experimentalpsychologische Gedächtnisforschung hat Hermann Ebbinghaus (1850-
1909) begründet. Ein Bericht über seine ersten
Versuchsreihen erschien im Jahre 1885.
Ebbinghaus wollte das Gedächtnis in seiner
reinsten Form erfassen. Als reinste Form des
Gedächtnisses betrachtete er das vom Denken
und von Vorstellungen freie Einprägen und
Behalten. Daher konstruierte er als Lernstoff
„sinnlose Silben"; das waren Buchstaben-
kombinationen, die in der gebräuchlichen
Sprache nicht vorkamen (z. B. RAK, ROP).
Die Wahl seines Materials begründete
Ebbinghaus (1885, S. 31f.) folgendermaßen:

*„Das beschriebene, völlig sinnlose Material
bietet ... mannigfache Vorteile. Es ist zuvör-
derst verhältnismäßig einfach und verhältnismäßig gleichartig. Bei den zunächst sich
darbietenden Stoffen, Gedichten oder Prosa-
stücken muß der bald erzählende, bald
reflektierende Inhalt, hier eine pathetische,
dort eine lächerliche Wendung, die Schönheit
oder Härte der Metaphern, die Glätte oder
Eckigkeit von Rhythmus und Reim eine Fülle
von unregelmäßig wechselnden und deshalb
störenden Einflüssen ins Spiel bringen: hin-
und herspielende Assoziationen, verschiedene
Grade der Anteilnahme ... usw. Alles dies
wird bei unseren Silben vermieden."*

Ebbinghaus benutzte aber in seinen
Lernversuchen nicht ausschließlich sinnlose
Silben. Er selbst lernte mehrere Stanzen aus
Byrons *Don Juan*, um die Verbesserung des
Behaltens mit der Übung zu demonstrieren.
Hier eine solche Stanze:

„Sevilla war die Stadt, die Juan gebar,
Sie hat die schönsten Frau'n und Apfelsinen;
Der kennt nichts, der nicht in Sevilla war',
Dies Sprüchwort mag zu ihrem Lobe dienen:
Die schönste Stadt in Spanien ist's, sogar
Cadix ist mir nicht lieblicher erschienen.
Die Eltern wohnten in dem Flußquartier,
Man nennt den prächt'gen Strom Guadal-
quivir."

(Byron, o.J., Stanze 8, 1. Gesang, übersetzt von W.
Schäffer).

Ebbinghaus, H. (1885). *Über das Gedächtnis.*
Leipzig: Duncker & Humblot.

Byron (o. J.). *Gesammelte Werke* (Band 3). Leipzig:
Bibliographisches Institut, o. J.

Der Abruf aus dem Gedächtnis schließt
seinerseits zwei Vorgänge ein:
• die Suche im Gedächtnis sowie
• das Erkennen eines gefundenen Inhalts als
  den gesuchten.
Die Suche im Gedächtnis wirft eine Reihe von
Fragen auf. So hat der amerikanische Psychologe Saul Sternberg (vgl. Sternberg, 1975) ein
umfangreiches Forschungsprogramm Problemen der Suchstrategie im Gedächtnis gewidmet. Er fragte vor allem: Wenn ein bestimmter
Inhalt (z. B. der Name eines Politikers)
gesucht wird: Werden alle Namen von Politikern, gar alle Personennamen im Gedächtnis
durchmustert, bevor ein Abruf erfolgt? Oder

gibt es ein Auswahlverfahren, das die Suche
zielstrebig zum gesuchten Inhalt führt?
  Eine der Voraussetzungen einer erfolgreichen Suche im Gedächtnis ist die Übereinstimmung von Enkodier- und Abruf-
kriterien. So ist etwa festzustellen, daß das
biographische Gedächtnis nach spezifischen
Ereignissen geordnet ist (s. Abschnitt 7.2.1).
Denkt man an solche spezifischen Ereignisse,
dann fallen damit zusammenhängende frühere
Erlebnisse schneller ein. Ein Beispiel nach
Reiser, Black und Abelson (1985): Das Erlebnis „als wir unseren Sitzplatz nicht finden
konnten" fällt schneller ein, wenn man einen
Hinweis auf den Zusammenhang hat, in den

das Erlebnis eingeordnet ist - z. B. „der Kino-samstag unserer Familie". Nimmt man jedoch beim Versuch eines Abrufs eine falsche Zuordnung zu einem spezifischen Ereignis vor (z. B. eine irrtümliche Zuordnung zu „Besuch des Sportstadiums" anstatt „Kinobesuch"), dann mißlingt die Erinnerung oder wird zumindest verzögert.

Selbst wenn das Auffinden eines Inhalts im Gedächtnis gelingt: Das Finden allein reicht für das erfolgreiche Erinnern nicht aus. Es muß die Gewißheit hinzutreten, daß das Gefundene auch das Gesuchte ist. Zur Erinnerung gehört das Erlebnis des Schon-da-gewesen-Seins, das *Déjà-vu-Erlebnis* (franz. *déjà vu*, bereits gesehen). So ist das Hören eines Liedes, auch der spontane Einfall einer Melodie, oft von dem Eindruck begleitet: „Das habe ich schon einmal gehört." In anderen Fällen fehlt ein Déjà-vu-Erlebnis. Man hat etwa bei einer Melodie den Eindruck: „Das habe ich noch nie gehört." Dies nennt man ein *Jamais-vu-Erlebnis* (franz. *jamais vu*, noch nie gesehen). Fehlt ein Déjà-vu-Erlebnis, wird ein erfolgreicher Abruf nicht als solcher erkannt. Die Betroffenen glauben dann, sich nicht erinnern zu können, verzichten auf eine Wiedergabe - kurz: sie verhalten sich, als hätten sie eine Gedächtnislücke.

7.1.4 Gedächtniskontrolle, explizites und implizites Gedächtnis

Daniela ist Studentin der Geschichte. Um Spanisch zu lernen, besucht sie einen Sprachkurs für Anfänger. Dreimal wöchentlich erhält sie in einer Gruppe mit zwölf Teilnehmern von einem Lektor Unterricht. Der Unterricht vermittelt nach einem vorgegebenen Plan Grammatik, eine Auswahl aus dem Wortschatz des Spanischen und korrekte Aussprache. Von Daniela wird erwartet, daß sie regelmäßig zum Unterricht erscheint und sich auch auf den Unterricht konzentriert. Am Ende des Kurses steht eine Abschlußprüfung. Die Prüfungsanforderungen hat der Lektor während des Kurses bekannt gegeben. Daniela strengt sich an, in der Abschlußprüfung ihre neu erworbenen Kenntnisse des Spanischen unter Beweis zu stellen.

Sternberg, S. (1975). Memory scanning: New findings and current controversies. *Quarterly Journal of Experimental Psychology, 27*, 1-32.

Reiser, B. J., Black, J. B. & Abelson, R. P. (1985). Knowledge structures in the organization and retrieval of autobiographical memories. *Cognitive Psychology, 17*, 89-137.

Tonja war Austauschschülerin in Ecuador. Als sie dort eintraf, konnte sie noch kein Spanisch. Mit ihrer Gastfamilie konnte sie sich am Anfang nur englisch verständigen. Ihren Platz in der Schule nahm sie ein, obwohl sie in den ersten Wochen dem in Spanisch abgehaltenen Unterricht kaum folgen konnte. Sie bat ihre Mentorin von der Austauschorganisation um Sprachunterricht. Aber die lachte nur: „Das brauchst du nicht. Halt nur ein paar Wochen durch, dann kommt das Spanisch von selbst!" So war es tatsächlich. Nach zwei Monaten hatte Tonja genügend Worte „aufgeschnappt", um mit ihrer Gastmutter über Essen und mit ihren Gastschwestern über Musik zu sprechen. Nach zwei weiteren Monaten konnte sie sich mit einigem Erfolg am Schulunterricht beteiligen. Am Ende ihres Austauschjahres verabschiedete sich Tonja mit einem selbst verfaßten spanischen Gedicht; alle lobten ihr gutes Spanisch.

Offensichtlich haben Daniela und Tonja auf unterschiedliche Weise eine für sie neue Sprache erworben. Den Unterschied in ihrem Lernen versuchen folgende Begriffe zu fassen:

- Absichtliches (intentionales) und beiläufiges (inzidentelles) Lernen,
- kontrolliertes und automatisches Lernen,
- explizites (ausdrückliches) und implizites Lernen.

Mit *Absicht* lernt Daniela insofern, als sie sich feste Lernziele setzt (z. B. heute zehn Vokabeln lernen) und diese durch eigene Lerntätigkeiten (z. B. Wiederholen) zu erreichen sucht. Tonja dagegen ißt mit ihrer Gastfamilie, trifft Freundinnen u. ä.; dabei fließen ihr - je nach angetroffener Situation - Sprachkenntnisse zu. Diese Vermehrung von Wissen ereignet sich „wie von selbst", d. h. *automa-tisch*. Daniela dagegen bemüht sich, ihr Lernen zweckmäßig zu steuern, zu kontrollieren. *Absichtlichkeit* und *Kontrolle* betreffen auch die Wissensprüfungen. Im Sprachkurs sind sie mit Bedacht veranstaltet, und Daniela stellt sich darauf ein. Die Sprachkenntnisse von Tonja werden in den sich ergebenden Gesprächen geprüft - ohne Plan, Vorankündigung und gezielte Vorbereitung.

Absichtliches und beiläufiges Lernen kann man auch im psychologischen Experiment vergleichen. So führten Schönpflug und Beike (1964) ihren Probanden jeweils eine Serie von Wörtern vor. Ein Teil der Probanden wurde gebeten, die Wörter zur baldigen Wiedergabe einzuprägen. Die anderen Versuchsteilnehmer wurden gebeten, die Wörter aufmerksam zu lesen; eine Gedächtnisprüfung wurde nicht angekündigt. Tatsächlich mußten alle Versuchsteilnehmer nach Betrachten der Serie wiedergeben, was sie behalten hatten. Diejenigen, welche intentional gelernt hatten, waren den anderen im Behalten überlegen. Aber auch die anderen konnten sich noch an einige der Wörter erinnern; sie mußten diese beim Betrachten beiläufig eingeprägt haben. Nun unterschieden sich die dargebotenen Wörter in ihrer Emotionalität. Bei einer Hälfte der Probanden waren die Wörter emotional

(z. B. ERHÄNGEN, KUSS), bei der anderen Hälfte waren sie unverfänglich (BLUME, WÜRFEL u. ä.). Es zeigte sich: Der Unterschied in der Behaltensleistung von absichtlich und beiläufig Lernenden war nur groß, wenn belanglose Wörter zu lernen waren. Emotionale Wörter blieben auch ohne Lernabsicht gut im Gedächtnis haften. Bedurften die Lernenden einer Absicht und einer Bemühung, um die belanglosen Wörter einzuprägen, hafteten die emotionalen Wörter „wie von selbst".

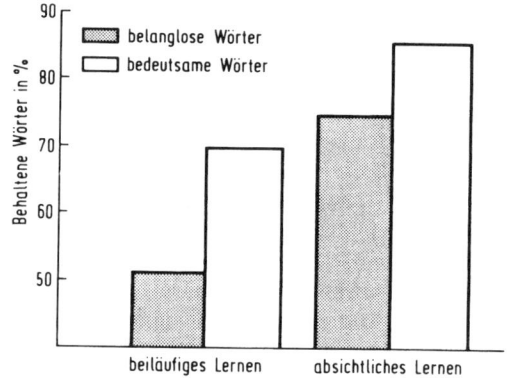

Behalten von belanglosen und emotionalen Wörtern nach absichtlichem und beiläufigem Lernen (Schönpflug & Beike, 1964).

Fremdsprachenunterricht im Sprachlabor: kontrolliertes, explizites Lernen (Ullstein Bilderdienst).

Erwerb einer Sprache als Gast in einem anderen Land: Implizites Lernen.

Daß der Abruf aus dem Gedächtnis absichtsvoll und kontrolliert oder unbeabsichtigt, ja widerwillig erfolgen kann, hat schon früh in der Geschichte der Gedächtnispsychologie die Göttinger Psychologen Georg Elias Müller (1850-1934) und A. Pilzecker beschäftigt. Sie beschrieben unwillkürliche Erinnerungen als „frei steigende Assoziationen", und sie betonten ebenfalls, daß es bedeutsame, emotionale Inhalte seien, die sich derart automatisch ins Bewußtsein drängten - oft genug als quälende Erinnerungen.

Auch von der Geübtheit scheint es abzuhängen, ob ein Abruf aus dem Gedächtnis kontrolliert oder automatisch verläuft. Das läßt sich an einem Versuch von Schneider und Shiffrin (1977) erläutern. Die Autoren ließen eine Karte mit vier Ziffern einprägen. Diese Ziffern machten einen „Merksatz" (engl. memory set) aus. Danach wurden den Probanden 20 weitere Karten gezeigt, auf denen ebenfalls vier Eintragungen waren. Auf den Prüfkarten konnten eingetragen sein: eine Ziffer aus dem Merksatz, mehrere Ziffern, die im Merksatz nicht enthalten waren, oder Buchstaben. Aufgabe der Probanden war es, sich sofort zu melden, wenn sie eine Ziffer aus dem Merksatz auf einer Karte wiedererkannten. Wichtig für das Wiedererkennen war die Konsistenz der Eintragungen auf der Prüfkarte. Befanden sich nämlich außer einer gemerkten Ziffer auf einer Prüfkarte nur noch Buchstaben - eine solche Bedingung nennen die Autoren „variierte Kombination" -, so gelang das Wiedererkennen sehr schnell und sicher. In spätestens 20 Millisekunden war ein solcher Vorgang abgeschlossen; Fehler wurden dabei fast keine gemacht. Standen jedoch auf der Prüfkarte nur Ziffern - die Bedingung der „konsistenten Kombination", dann dauerte der Vorgang im Durchschnitt 800 Millisekunden, und dabei waren noch 30% der Reaktionen falsch. Die Autoren schlossen aus diesen Beobachtungen: Die Unterscheidung von Buchstaben und Ziffern ist ein hoch geübter und deshalb wenig aufwendiger automatischer Vorgang. Nicht so jedoch die Unterscheidung von Ziffern untereinander. Dieser bedarf noch der Kontrolle der Aufmerksamkeit und ist daher ebenso zeitaufwendig.

7	5		7	9		7	T
3	8		6	2		L	P

Merksatz mit vier Ziffern

Prüfkarte mit vier Ziffern, darunter eine Ziffer aus dem Merksatz (konsistente Kombination)

Prüfkarte mit einer Ziffer und drei Buchstaben (variierte Kombination)

Vorlagen aus der Versuchsanordnung von Schneider und Shiffrin (1977).

Es verdichtet sich also der Eindruck, das Gedächtnis verfahre nach zwei unterschiedlichen Arbeitsweisen. Hierfür haben sich die Begriffe des expliziten und des impliziten Gedächtnisses durchgesetzt. Den neueren Stand der Forschungen zum expliziten und impliziten Gedächtnis hat 1993 Schacter zusammengefaßt. Danach ist das explizite Gedächtnis vorwiegend begriffsgesteuert. (Zum Beispiel werden im Fremdsprachen-

Schönpflug, W. & Beike, P. (1964). Einprägung und Aktivierung bei gleichzeitiger Variation der Absichtlichkeit des Lernens und der Ich-Bezogenheit des Lernstoffs. Psychologische Forschung, 27, 366-376.

Müller, G. E. & Pilzecker, A. (1900). Experimentelle Beiträge zur Lehre vom Gedächtnis. Leipzig: Barth.

Schneider, W. & Shiffrin, R. M. (1977). Controlled and automatic human information processing. I. Detection, search, and attention. Psychological Review, 84, 1-66.

Schacter, D. L. (1993). Understanding implicit memory: A cognitive neuroscience approach. In A. F. Collins, S. E. Gathercole, M. A. Conway & P. E. Morris (Eds.), Theories of memory (pp. 387-412). Hillsdale, NJ.: Lawrence Erlbaum.

unterricht ausdrücklich verschiedene Konjugationsformen getrennt, wenn die Konjugation von Verben behandelt wird.) Dafür ist das implizite Gedächtnis besonders empfänglich für Sinneseindrücke. (Zum Beispiel lernt man beiläufig Konventionen - wie die Aussprache von Wörtern.) Beim Erinnern ist für das explizite Vorgehen das Ordnen und Ausarbeiten charakteristisch (z. B. „ich hatte doch fünf Artikel eingekauft; welches war doch noch der fünfte?"). Das implizite Vorgehen zeigt sich in Einfällen - wie bei Wortergänzungen (z. B. die Ergänzung von „Tanz" zu „Tanzmusik"). Ein übergreifendes Merkmal des expliziten Gedächtnisses scheint dessen Bewußtsein zu sein, das ausgearbeitete Erleben von Gedächtnisinhalten, Lern- und Erinnerungsprozessen. Im Vergleich dazu ist implizites Lernen und implizit Gelerntes im Bewußtsein nicht oder nur unvollkommen vertreten.

7.1.5 Metagedächtnis

Franz E. Weinert hat 1991 gefragt: „Weiß das Gedächtnis, daß, was und wie es lernt?" Die Frage ist zu bejahen. Denn wenn Menschen Inhalte und Prozesse ihres Gedächtnisses absichtsvoll beeinflussen (s. Abschnitt 7.1.4), müssen sie Kenntnis von diesen besitzen. Jenes Wissen über das eigene Gedächtnis nennt man *Metagedächtnis*.

Zum Metagedächtnis gehört die zutreffende Einschätzung dessen, was man bereits gelernt hat. Dazu gehört weiterhin die zutreffende Einschätzung der Schwierigkeit des Lernstoffs. Kann man Lernfortschritte und Lernschwierigkeiten einschätzen, kann man auch den Lernprozeß wirkungsvoller gestalten. Ein Beispiel stammt aus einer Untersuchung von Nelson und Leonesio (1988). Die beiden Autoren ließen Studierende u. a. eine Reihe von kurzen Texten („Nachrichten für Studierende") auswendig lernen. Die Texte waren unterschiedlich schwer zu merken. Die Versuchsteilnehmer konnten die Schwierigkeit der Texte recht gut beurteilen. Durften sie das Lerntempo selbst bestimmen, so paßten sie die Zeit für das Lernen eines Textes dessen Schwierigkeit an.

Das implizite Gedächtnis scheint emotional bedeutsame Nebenbedeutungen aufzunehmen, ohne daß dies den Betroffenen bewußt zu werden braucht. So mag sich beim Anblick des obigen Werbebildes der Name einer Zigarettenmarke zusammen mit dem Gefühl eines Abenteuers einprägen.

Als weiterer Bestand des Metagedächtnisses hat Wolfgang Schneider (1985) die Kenntnis von Verfahren beschrieben, welche den Lernerfolg steigern. (Ein solches Verfahren ist beim Einprägen von Texten das Unterstreichen von Textpassagen.) Nach der Durchsicht einschlägiger Untersuchungen kommt Schneider zu dem Schluß, daß der Lernerfolg von der Güte des Metagedächtnisses abhängt. Maße des Metagedächtnisses erlaubten eine bessere Vorhersage von Gedächtnisleistungen als Maße der allgemeinen Intelligenz.

Weinert, F. E. (1991). Weiß das Gedächtnis, daß, was und wie es lernt? In K. Grawe, R. Hänni, N. Semmer & F. Tschan (Hrsg.), *Über die richtige Art, Psychologie zu betreiben* (S. 271-281). Göttingen: Hogrefe.

Nelson, T. O. & Leonesio, R. J. (1988). Allocation of self-paced study time and the „labor-in-vain-effect". *Journal of Experimental Psychology: Learning, Memory and Cognition, 14,* 676-686.

Schneider, W. (1985). Developmental trends in the metamemory-memory behavior relationsship: An integrative review. In D. L. Forrest-Pressley, G. E. MacKinnon & T. G. Waller (Eds.), *Cognition, metacognition, and human performance* (pp. 57 - 109). New York: Academic Press.

Das Zungenspitzenphänomen

Von dem Berliner Satiriker Adolf Glassbrenner (1810-1876) stammt die folgende Glosse mit dem Titel *Die neue Geschichte:*

A. Sag mal, hast du denn schon davon gehört?

B. Wovon denn?

A. Nu von die Jeschichte mit den - mit den - na, da draußen, da neben die - jees! ...

B. Meenst du vielleicht die neue Bierkneipe?

A. I, nee doch! Ick meene die Jeschichte da mit den - na, der Name schwebt mir uff de Lippe. Die da draußen vorjejangen is, da bei - da draußen bei - Jott, du mußt ja den Ort kennen!

B. Ach, jees, des is die Jeschichte mit den - ja, die kenn ick - mit den - na, mit den, jees, wie heeßt er doch? Die meenste?

A. Richtig, die meen ick. Also du kennst se schon?

B. Ja, die kenn' ick; die hat mir der - der - na, wie heeßt er denn? erzählt. Der - da draußen - du weeßt ja!

A. Ja, ick weeß schon, det is die Jeschichte! Von den hab' ick se ooch.

(Glassbrenner, 1977, S. 14)

Der Dialog führt ein Alltagserlebnis vor: Man will etwas erinnern, spürt, daß man es weiß, kann es aber nicht oder nur bruchstückhaft wiedergeben. Diese Erscheinung nennt man auch Zungenspitzenphänomen. „Spüren, daß man's weiß" (engl. *feeling of knowing*) gilt als Hinweis auf die Existenz des Metagedächtnisses.

Ein Überblick von Anne Brown (1991) über die Forschung zum Zungenspitzenphänomen zeigt: Es kommt beim Erinnern verschiedener Inhalte (auch von Gerüchen und Gesichtern) vor; besonders häufig tritt es beim Erinnern von Eigennamen auf. Es widerfährt allen Altersstufen, steigt jedoch mit dem Alter an. Meistens löst sich die Erinnerungshemmung schnell auf - in der Hälfte der Fälle innerhalb einer Minute.

Glassbrenner, A. (1977). *... ne scheene Jejend is det hier!* Berlin: Arani.

Brown, A. S. (1991). A review of the tip-of-the-tongue experience. *Psychological Bulletin, 109,* 204-223.

ZUSAMMENFASSUNG

1. Einprägen, Behalten, Erinnern - die Prozesse des Gedächtnisses - bilden die Grundlage für Kognition und Handeln.

2. Als Gedächtnisspuren, d. h. als im Gehirn gespeicherte Darstellungen von Wissen kommen in Frage: Molekülstrukturen, neu gebildete Nervennetze und Veränderungen der Erregungsleitung in bestehenden Netzen.

3. Vergessen kommt möglicherweise durch Verfall von Gedächtnisspuren zustande. Aber auch falsche Abrufstrategien mögen Erinnerungsmängel begründen.

4. Neues Wissen wird umso leichter erworben, je besser es auf vorhandenem Vorwissen aufbauen kann.

5. Das episodische Gedächtnis enthält - anders als das semantische Gedächtnis - situative Informationen wie Ort und Zeit (wie beim autobiographischen Gedächtnis).

6. Intentionales, kontrolliertes, explizites Gedächtnis ist stärker durch Begriffe gesteuert, inzidentelles, automatisches, implizites Gedächtnis durch Sinneseindrücke. Ersteres weist höhere Bewußtheit auf.

7. Die Steuerung - und damit Verbesserung - des eigenen Gedächtnisses ist möglich. Dies setzt Wissen über das eigene Gedächtnis (Metagedächtnis) voraus.

7.2
Leistungen des Gedächtnisses

7.2.1 Übung und Vergessen

Es gibt einzelne kurze Erlebnisse, die man lange nicht vergißt (z. B. eine Begegnung mit einem bekannten Schauspieler). Doch oft bedarf es der Übung, der mehrfachen Wiederholung, bis ein Inhalt eingeprägt ist (z. B. beim Auswendiglernen eines Gedichts). Auch im Gedächtnisexperiment werden Texte, Wortlisten o. ä. in der Regel mehrfach dargeboten. Der Lernfortschritt wird dann in Lern- oder Übungskurven dargestellt. Solche Kurven zeigen die Gedächtnisleistung nach aufeinanderfolgenden Wiederholungen des Lernstoffs oder nach verschieden langer Übungszeit (s. Abbildung links unten).

Wird die Übung eingestellt, tritt in der Regel Vergessen ein. Die Güte und Menge der Gedächtnisleistung nimmt mit der Zeit, die nach der letzten Darbietung vergangen ist, ab. Das Nachlassen der Erinnerung kann man feststellen, indem man diese im unterschiedlichen zeitlichen Abstand von der letzten Übung prüft. Die graphische Darstellung der festgestellten (in der Regel nachlassenden) Leistung in der Zeit ohne Übung nennt man *Vergessenskurve* (s. Abbildung rechts unten).

Einen Einfluß auf das Behalten hat die Reihenfolge, in welcher Lernstoff dargeboten wird. Die ersten und die letzten Darbietungen werden jeweils am besten erinnert. Insbesondere beim Lernen von Aufzählungen, Listen u. ä. findet man in der Regel eine sogenannte *Positionskurve*. Die Bevorzugung der ersten Glieder einer Reihe nennt man Anfangseffekt (engl. *primacy effect)*, die Bevorzugung der letzten Glieder Frischeeffekt (engl. *recency effect)*. Positionskurven setzen einen gleichförmigen Lernstoff voraus. Neuartige Darbietungen innerhalb einer Reihe (z. B. Ziffern innerhalb einer Reihe von Wörtern) führen zu einem Anstieg der Gedächtnisleistung. Man nennt diese Erscheinung - nach Hedwig von Restorff (1933), die sie zuerst experimentell untersucht hat - den Restorff-Effekt. Ebenso durchbrechen emotionale oder sonstwie hervorgehobene Darbietungen die Regelmäßigkeit der Positionskurve. Es gibt daher Darbietungen von zu merkenden Reihen, nach denen keine Positionskurve entsteht. Aura und Loftus (1993) führten z. B. ihren Probanden Folgen von Alltagsszenen vor; sie fanden keinen Vorteil für die ersten Szenen und nur einen leichten Vorteil für die allerletzte.

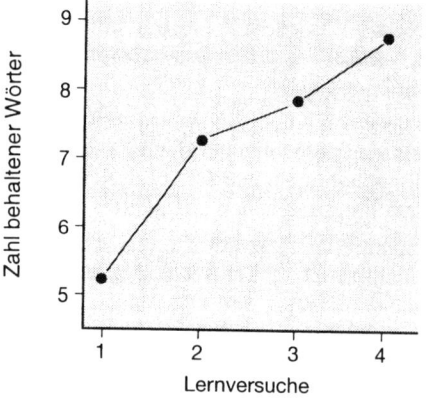

Lernkurve aus einer Untersuchung von Paivio, Yuille & Rogers (1969). Eine Liste mit Wörtern wurde viermal dargeboten. Unmittelbar nach jeder Darbietung wurde das Behalten geprüft. Die Kurve zeigt die Zahl behaltener Wörter.

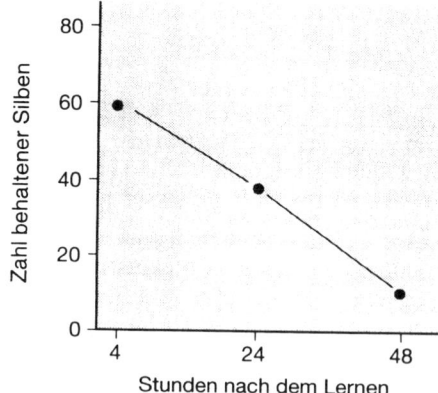

Vergessenskurve nach Luh (1922). Luh ließ Listen mit jeweils zwölf sinnarmen Silben lernen. Vier Stunden, einen Tag und zwei Tage danach prüfte er das Behalten. Die Kurve zeigt den Prozentsatz behaltener Silben in den verschiedenen Prüfungen.

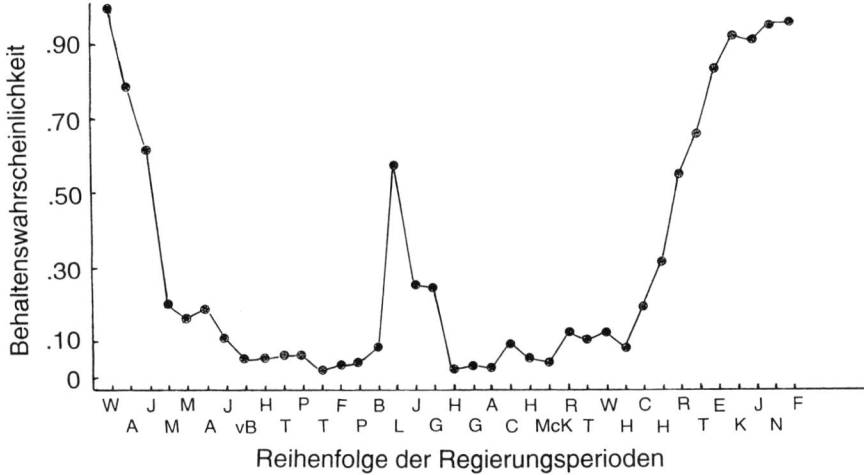

Reihenfolge der Regierungsperioden
amerikanischer Präsidenten

Positionskurve nach Roediger und Crowder (1982). Die Autoren fragten nach den Namen amerikanischer Präsidenten. Die ersten Präsidenten (Washington, Adams, Jefferson) und die damals letzten Präsidenten (Nixon, Ford) wurden häufiger genannt als die Präsidenten der Zwischenepochen. Eine Ausnahme bildet Abraham Lincoln (L); offensichtlich nimmt er eine herausragende Stellung in der Reihe amerikanischer Präsidenten ein und durchbricht die Regelmäßigkeit der Positionskurve.

Paivio, A., Yuille, J. C. & Rogers, T. B. (1969). Noun imagery and meaningfulness in free recall and serial recall. *Journal of Experimental Psychology, 79,* 509-514.

Luh, C. W. (1922). The conditions of rentention. *Psychological Monographs, 31,* Nr. 142.

Restorff, H. von (1933). Über die Wirkung von Bereichsbildung im Spurenfeld. *Psychologische Forschung, 18,* 299-342.

Aura, H. & Loftus, G. (1993). A model for conceptual processing of naturalistic scenes. *Canadian Journal of Experimental Psychology, 47,* 548-569.

Roediger, H. L. & Crowder, R. G. (1982). A serial position effect in recall of United States presidents. In U. Neisser (Ed.), *Memory observed. Remembering in natural contexts* (pp. 230-237). San Francisco: Freeman.

7.2.2 Anschaulichkeit und Ordnung

Die Gedächtnisleistung wird durch zwei Faktoren erheblich gesteigert:
• Veranschaulichung und
• Herstellen von Ordnung.
Beides zugleich zeigt eine Studie von Gordon H. Bower und Judith S. Reitman von der Universität Harvard.

Bower und Reitman (1972) ließen Studierende mehrere Listen mit je 20 Wörtern lernen. Vorher hatten sie ihnen beigebracht, wie man in anschaulicher Weise Verknüpfungen zwischen diesen Wörtern und vorher eingeprägten Schlüsselwörtern herstellt. Waren etwa die Wörter HUND, HUT, FAHRRAD und ZIGARRE zu merken, konnten diese an ein Schlüsselwort EI bildhaft angebunden werden. Dies erfolgte beispielsweise mit Hilfe der Vorstellung „ein Bernhardiner-HUND mit einem Zylinder-HUT, der auf einem FAHRRAD sitzend ein EI ißt, während er in seiner Hand eine rauchende ZIGARRE hält". Solche Vorstellungen versetzten die Probanden in die Lage, am Ende des Lernens rund 80 von 100 Wörtern zu reproduzieren; eine Woche später

Mnemotechnik

Die von Bower und Reitman (s. o.) erprobte Methode des bildhaften Vorstellens und des Verknüpfens neu einzuprägender Inhalte mit vorab gelernten Schlüsselwörtern gehört zu dem Bestand der Methoden zur Steigerung des Einprägens, Behaltens und Erinnerns. Solche Methoden faßt man unter dem Begriff der Mnemotechnik (griech. *mneme*, Gedächtnis; *techne*, Kunst) zusammen.

Die Mnemotechnik entstand in der Antike als Teil der *Rhetorik*, der Kunst der freien Rede. Im Mittelalter verbreiteten sich astrologische und okkulte Systeme zur anschaulichen Verknüpfung von Gedächtnisinhalten (s. Yates, 1966/1991).

Bower, G. H. & Reitman, J. S. (1972). Mnemonic elaboration in multilist learning. *Journal of Verbal Learning and Verbal Behavior, 11*, 478-485.

Yates, F. A. (1991). *Gedächtnis und Erinnern. Mnemonik von Aristoteles bis Shakespeare.* Weinheim: VCH (Erstausgabe 1966: *The art of memory.* London: Routledge & Kegan).

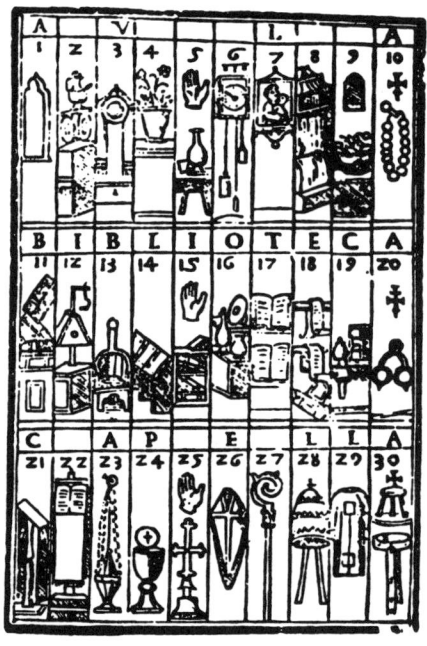

Mnemotechnisches Schema des deutschen Dominikanerpaters Johannes Host von Romberch aus dem Jahre 1533 (nach Yates, 1966/1991, S. 112). Als Grundgerüst war eine aus verschiedenen Gebäuden bestehende Abtei einzuprägen (Bild links). Innerhalb der einzelnen Gebäude (im zweiten Bild: Wohnhaus, Bibliothek, Kapelle) waren charakteristische Einrichtungsgegenstände und Utensilien vorzu-

stellen. Neu zu merkende (zeitlich wechselnde) Gegenstände sollten zur besseren Haftung im Gedächtnis recht anschaulich in das Abteischema eingepaßt werden. (Zum Beispiel könnte, wer Bücher zu merken hat, sich diese in der Bibliothek aufgereiht vorstellen; zu merkende Bilder ließen sich in der Vorstellung auf Wohnraum und Kapelle verteilen usf).

waren es immerhin noch 54%. Das ist eine hervorragende Leistung. Von vergleichbaren Gruppen aus anderen Studien, die ohne Veranschaulichung lernen, werden weitaus geringere Werte berichtet.

Ordnungen lassen sich auch ohne Veranschaulichung erzielen. Sie können formal oder inhaltlich bestimmt sein. Eine formale Ordnung erreicht man bereits durch Bildung von Unterteilungen oder von Gruppen - z. B. beim Lernen von Ziffernfolgen durch Bildung von Dreiergruppen wie

8-3-4 5-9-2 6-8-1

(vgl. später Abschnitt 7.4.1). Inhaltliche Ordnung für das Lernen vermitteln vor allem Schemata wie etwa Scripts für Situationen (s. Abschnitt 5.4.2) oder *Erzählschemata* (s. Abschnitt 12.2.4). Weiterhin können mentale Modelle Vorwissen bereitstellen; Weiterlernen baut darauf auf (s. Abschnitt 7.1.3).

Der Psychologe Walter Kintsch von der Universität von Colorado und der Linguist Teun van Dijk von der Universität Amsterdam haben zwei Richtungen des Lernens unterschieden:

• Differenzierendes Lernen von „oben" nach „unten", d. h. Beginn bei einem übergeordneten Schema, nachfolgend Ausfüllung dieses Schemas mit neuen Einzelheiten,
• integrierendes Lernen von „unten" nach „oben", d. h. Beginn mit neuen Einzelheiten, nachfolgend die Herstellung eines Ordnungsschemas.

Kintsch und van Dijk (1978) belegten ihren Ansatz mit Analysen zum Lernen von Prosatexten - Märchen und anderen Erzählungen. Solche Texte haben innerhalb ihrer Kultur eine schematische Ordnung. Europäische Märchen folgen in der Regel einem Schema mit den aufeinanderfolgenden Einheiten „*Exposition*" („es war einmal ..."), *Komplikation* („da ereignete sich ein Unglück, eine Gefahr") und *Lösung* („eine ungewöhnliche menschliche oder überirdische Figur bringt Rettung"). Dieses Schema läßt sich nun mit Detailaussagen auffüllen und spezifizieren (z. B. „es war einmal ein König", „eines Tages näherte sich ein gefährlicher Drache", „ein tapferer Schneider besiegt den Drachen"). Das übergeordnete Schema nennen Kintsch und van

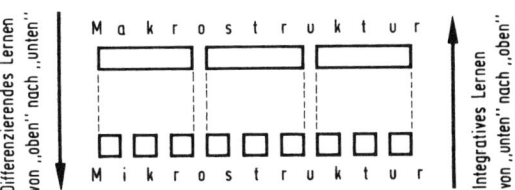

Differenzierendes und integrierendes Lernen.

Dijk die *globale Makrostruktur* des Textes. Entsprechend bilden die Einzelheiten *lokale Mikrostrukturen*.

In der Regel greifen lernende Personen zuerst auf ein vertrautes Schema als Makrostruktur zurück. Ist einmal die Makrostruktur gesichert, wird sie ergänzt um die Einzelheiten der Mikrostruktur. Sie haben damit eine Makrostruktur von „oben" nach „unten" fortschreitend differenziert. Die Geschwindigkeit und Richtigkeit des Lernens hängt maßgeblich von der Beherrschung der Makrostruktur ab. Allerdings gibt es auch den umgekehrten Lernverlauf. Personen hielten zuerst Detailaussagen fest und suchten nach globaleren Einheiten der Makrostruktur, um die Einzelheiten dort einzuordnen (z. B. „da war doch noch eine Hornisse - ach ja, die gehört wohl zum Heer des Zaunkönigs und sollte den Fuchs in die Flucht schlagen - es geht da um einen Kampf zwischen Kleinen und Großen"). Das ist ein integrierendes Fortschreiten von „unten" nach „oben", von lokalen Mikrostrukturen zur globalen Makrostruktur. Das integrierende Verfahren hat allerdings seine Gefahren. Es lädt zum eigenständigen Kombinieren und Phantasieren ein. Lernende können dabei leicht die vorgegebene Textbasis verfehlen, dann häufen sich Erfindungen und Verwechslungen.

Kintsch, W. & van Dijk, T. (1978). Toward a model of text comprehension and production. *Psychological Review, 85*, 363-394.

7.2.3 Abruf aus dem Gedächtnis

Die freie Wiedergabe aus dem Gedächtnis nennt man *Reproduktion* (lat. *re-*, wieder; *producere*, hervorbringen). Das Gedächtnis kann sich ebenfalls beim Wiedererkennen bewähren. Das Wiedererkennen wird auch als *Rekognition* (lat. *recognoscere*, wiedererkennen) bezeichnet.

Wiedererkennen ist bedeutend leichter als freies Wiedergeben. Das hat auch Adrienne Miler (1960) in ihrer Doktorarbeit belegt. Sie ließ ihre Probanden Silben auswendig lernen. Dann teilte sie ihre Probanden in mehrere Gruppen ein. Die Hälfte von ihnen wurde nach der Reproduktionsmethode geprüft: Sie mußten die gelernten Silben aus dem Gedächtnis niederschreiben. Die andere Hälfte wurde nach der Rekognitionsmethode geprüft: Sie erhielten eine Liste, auf denen die vorher gelernten Silben mit neuen Silben vermischt waren, und mußten die ihnen bereits aus der Lernphase bekannten anstreichen. Reproduktions- und Rekognitionsprüfungen wurden nicht nur unmittelbar nach dem Einprägen vorgenommen, sondern auch zu verschiedenen Terminen nach dem Lernen; die letzte Prüfung fand 14 Tage nach dem Lernen statt.

Das Ergebnis: Wiedererkennen ist weitaus erfolgreicher als Reproduzieren. Die Überlegenheit des Wiedererkennens wächst dabei mit dem Fortschreiten des Vergessens. Zur Erklärung des besseren Abschneidens beim Wiedererkennen zog die Autorin eine neurophysiologische Theorie des Gedächtnisses heran. Der wesentliche Punkt darin: Die gebildeten Spuren weisen jeweils eine gewisse Stärke auf. Bei unvollkommenem Lernen oder nach fortgeschrittenem Vergessen sinke ihre Stärke unter die „Schwelle der freien Reproduzierbarkeit" ab. Die erneute Darbietung des gelernten Materials im Wiedererkennungstest frische dagegen die abgesunkene Spur so weit auf, daß ihr Vorhandensein im Gedächtnis festgestellt werden könne.

Die Annahme einer unterschiedlich hohen Spurenstärke beim Reproduzieren und Wiedererkennen hat allerdings eine entscheidende Schwäche - wie sich inzwischen herausgestellt hat. Würde sie stimmen, dann müßte vertrauter und geläufiger Lernstoff leichter

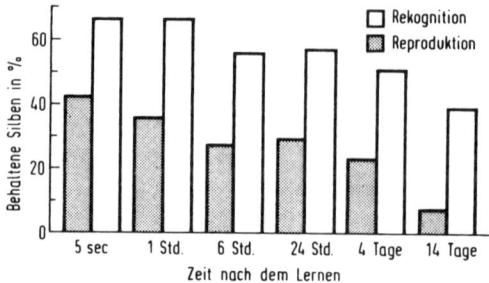

Vergleich von Reproduktions- und Rekognitionsleistung (nach Miler, 1960).

wiedererkannt werden als neuer, ungeläufiger Lernstoff. Denn je geläufiger ein Lernstoff ist, desto stärker müßte seine Spur im Gedächtnis ausgeprägt sein; desto leichter müßte auch das Wiedererkennen fallen. Genau das geschieht jedoch nicht. Seltene, auffällige Wörter (wie der Name der mexikanischen Pyramidenstadt TEOTIHUACAN für Nicht-Mexikaner) sind leichter wiederzuerkennen als Allerweltswörter (wie STRASSE, KUH); das hat u. a. Shepard (1967) nachgewiesen.

Was ist also der Unterschied zwischen Reproduzieren und Wiedererkennen? Offenbar erfordert das Reproduzieren zwei Teilleistungen: den Abruf aus dem Speicher und das Erkennen, daß der abgerufene Inhalt wirklich der gesuchte ist. Beim Wiedererkennen ist der zu prüfende Inhalt vorgegeben; erforderlich ist nur die Überprüfung, ob der Inhalt der gesuchte ist. Im Reproduzieren ist also das Wiedererkennen mitenthalten. Das Reproduzieren verlangt daher einen zusätzlichen Schritt über das Wiedererkennen hinaus; darum fällt es schwerer. Die Ausnahme, daß seltene Wörter besser wiedererkannt werden als häufige (s. o.), ist ebenfalls auf diese Weise erklärbar. Seltene Wörter bieten für das Wiedererkennen markantere Merkmale als Allerweltsworte.

Wiedergaben (oder Angaben zum Wiedererkennen) brauchen freilich mit dem Inhalt des Gelernten nicht übereinzustimmen. Einer der Gründe für Erinnerungstäuschungen sind steuernde Abfragen. Eine überzeugende Demonstration hierzu bietet eine Studie von Hanawalt und Demarest (1939). Die Autoren ließen eine Serie von zwölf gezeichneten Figuren betrachten. Danach sollten die Teil-

Methoden zur Gedächtnisprüfung

- Freie Wiedergabe (Reproduktion): Probanden erhalten Texte oder aus mehreren Einheiten bestehende Listen (z. B. 20 Wörter, 30 Strichfiguren, 10 Sätze) zum Einprägen. Später müssen sie wiedergeben, was sie behalten haben. Die Behaltenszeit zwischen Lernen und Wiedergabe schwankt dabei in der Regel zwischen 5 sec. und vier Wochen.

- Vorhersage (Antizipation): Probanden erhalten die Elemente einer Liste mehrfach in stets gleichbleibender Reihenfolge vorgelegt. Sie müssen jeweils vorhersagen, welcher Teil der Liste (z. B. welches Wort) als nächster folgen wird.

- Paarlernen (engl. *paired-associates learning*): Probanden erhalten in der Lernphase mehrfach eine Liste von Paarkombinationen dargeboten. Die Paare können aus Wörtern, Buchstabenkombinationen, Zahlen u. ä. bestehen. Die Paare können aus gleichartigen Gliedern zusammengesetzt sein (z. B. VATER - MUTTER; GWL - NJK; 5 - 9) oder aus verschiedenartigen (z. B. KIND - 3; SKP - 5). Es wird jeweils zunächst das erste Glied des Paares gezeigt (z. B. KIND -) und dabei nach dem zugehörigen zweiten Glied gefragt.

- Wiedererlernen (Ersparnismethode): Probanden lernen zunächst eine Liste, einen Text oder ähnliches - in der Regel bis zur völligen Beherrschung. Dem Lernen folgt ein Behaltensintervall, in dem Vergessen eintritt. Nach dem Behaltensintervall wird das Material erneut gelernt. Zumeist wird das Wiedererlernen weniger Zeit bzw. weniger Wiederholungen beansprucht als das ursprüngliche Lernen: Die Probanden haben dann beim Wiedererlernen gegenüber dem Neulernen Wiederholungen „gespart". Die Größe der Ersparnis erlaubt Rückschlüsse auf den Umfang des vorherigen Vergessens.

- Wiedererkennen (Rekognition): Probanden erhalten eine Reihe von zu lernenden Materialien vorgelegt. Später werden dieselben Materialien noch einmal dargeboten; diesmal sind sie jedoch gemischt mit neuem Material (Distraktoren). Die Probanden haben nun die Aufgabe, die aus der früheren Lernphase bekannten Einheiten ausfindig zu machen. Dabei können ihnen zwei Arten von Fehlern unterlaufen: (a) Bereits früher vorgeführte Wörter, Photos und ähnliches werden als neu gekennzeichnet; (b) neu vorgelegte Wörter, Bilder oder ähnliches werden als bereits bekannt eingestuft. Die Leistung kann dabei nach der Signal-Entdeckungstheorie beurteilt werden (s. Abschnitt 4.2.2).

- Methode der Erinnerungshilfen (engl. *cued recall*): Es werden Hinweisreize zur Förderung der Erinnerung (z. B. ähnliche Worte, Textanfänge) vorgegeben.

---

nehmer die Figuren nachzeichnen, und zwar in einer von den Versuchsleitern angesagten Reihenfolge. Um die Reihenfolge anzusagen, riefen die Versuchsleiter die Figuren mit Namen auf. Dabei benutzten sie für jede der zwölf Figuren zwei unterschiedliche Namen. Forderten sie etwa eine Gruppe auf: „Zeichnet als nächstes die Brille", so lautete bei der anderen Gruppe die Aufforderung zur selben Figur: „Zeichnet als nächstes die Hantel". Wie erwartet änderten sich die Nachzeichnungen in Richtung auf die gewählten Namen; das durch die Einführung der Namen eingebrachte Wissen hatte sich der Erinnerung beigemischt.

Auffassungsunterschiede beim Einprägen, Enkodierspezifitäten (s. Abschnitt 7.1.3), sind für die unterschiedlichen Wiedergaben nicht verantwortlich zu machen, auch keine Einflüsse während des Behaltens. Die Benennung der Figuren erfolgte ja erst kurz vor der Reproduktion. Die mit den Namen verbundenen Vorstellungen müssen also unmittelbar in den Abruf eingegriffen haben. Man kann daraus folgern: Erinnern ist nicht allein ein Hervorholen von Inhalten aus dem Gedächtnis. Vielmehr ist es ein Prozeß der Wiederherstellung, der *Rekonstruktion* (lat. *re-*, zurück, *construere*, herstellen). Eine Rekonstruktion be-

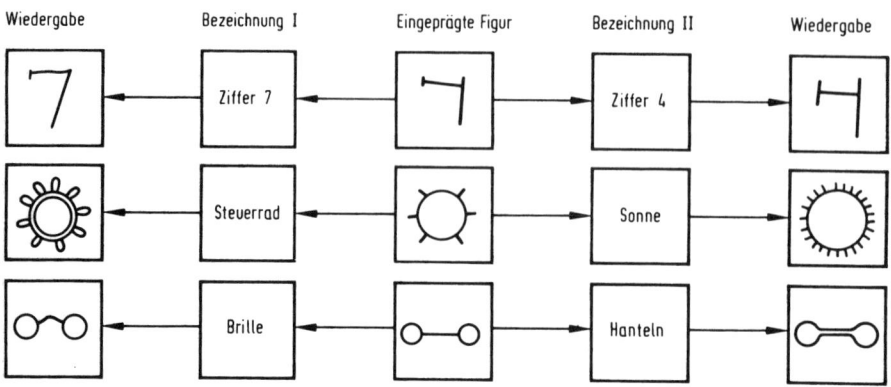

Wiedergabe	Bezeichnung I	Eingeprägte Figur	Bezeichnung II	Wiedergabe

Rekonstruktionen bei unterschiedlicher Abfrage (nach Hanawalt & Demarest, 1939).

ruht nicht nur auf getreu abgerufenen Gedächtnisspuren. In sie gehen aktuelle Einfälle, Vorstellungen und Wahrnehmungen ebenfalls ein. Die Rekonstruktion ist damit nicht wenig gelenkt durch die Besonderheiten der Abfrage selbst. In der Untersuchung von Hanawalt und Demarest waren es Begriffsbezeichnungen, welche die Rekonstruktion in unterschiedliche Richtung gelenkt haben. In anderen Fällen werden es zusätzliche Abrufhinweise (z. B. „das war bei deinem letzten Geburtstag") und äußere Erinnerungshilfen (z. B. eine zufällig sichtbare Photographie) sein, welche Verlauf und Ergebnis der Erinnerung bestimmen.

7.2.4 Gedächtnis und Emotion

Daß Behalten und Erinnern von Stimmungen und Gefühlen abhänge, wird häufig behauptet. Verwirrend ist freilich die große Zahl von Befunden und Erklärungen zu dieser Frage. Vor allem die folgenden Hypothesen haben die psychologische Forschung beschäftigt:
- die Intensitätshypothese: Je emotionaler ein Inhalt ist, desto wahrscheinlicher wird er behalten und erinnert;
- die Verdrängungshypothese: Unlustvolle Inhalte werden seltener erinnert; sie werden ins Unbewußte verdrängt;
- die Hypothese von der Kongruenz des Einprägens und Erinnerns: Was einmal in heiterer Stimmung eingeprägt wurde, wird auch später in heiterer Stimmung besser erinnert.

Ebenso wird in trauriger Stimmung besser erinnert, was früher in trauriger Stimmung eingeprägt wurde;
- die Hypothese von der Kongruenz von Stimmung und Inhalt beim Erinnern: In trauriger Stimmung erinnert man mehr Unlustiges, in heiterer Stimmung mehr Lustvolles.

Viele Studien zeigen eine Abhängigkeit des Behaltens und Erinnerns von der Stärke der Emotionalität des Lernstoffs, ohne daß die Art der Emotion, insbesondere die vom Lerninhalt ausgelöste Lust und Unlust, eine erhebliche Rolle spielt. Eine dieser Studien ist die oben (Abschnitt 7.1.4) erwähnte von Schönpflug und Beike (1964).

Miler, A. (1960). Vergleich der Vergessenskurven für Reproduzieren und Wiedererkennen von sinnlosem Material. *Zeitschrift für experimentelle und angewandte Psychologie*, 7, 29-38.

Shepard, R. N. (1967). Recognition memory for words, sentences and pictures. *Journal of Verbal Learning and Verbal Behavior*, 6, 156-163.

Hanawalt, N. G. & Demarest, I. H. (1939). The effect of verbal suggestion in the recall period upon the reproduction of visually perceived forms. *Journal of Experimental Psychology*, 25, 159-174.

Die *Verdrängungshypothese* ist ein fester Teil der *psychoanalytischen Theorie* (s. Abschnitt 2.2.2). Zu ihren Gunsten werden vorwiegend Einzelfälle berichtet, in denen Personen unfähig gewesen sein sollen, sich an Unangenehmes oder Peinliches zu erinnern. Ein Beispiel dafür ist eine von Theodor Reik (1920) festgehaltene Begebenheit:

„In einer kleinen Gesellschaft ... sprach man von den zahlreichen Fragen, welche der Ursprung des Christentums ... aufgibt. ... eine der jungen Damen, welche sich am Gespräch beteiligte, erinnerte sich, in einem englischen Roman, den sie kürzlich gelesen hatte, ein anziehendes Bild der vielen religiösen Strömungen, welche jene Zeit bewegten, gefunden zu haben. Sie fügte hinzu, in dem Roman werde das ganze Leben Christi von der Geburt bis zu seinem Tode geschildert, doch wollte ihr der Name der Dichtung nicht einfallen ... Auch drei von den anwesenden Herren behaupteten, den Roman zu kennen, und bemerkten, daß auch ihnen sonderbarerweise der Name nicht zur Verfügung stehe ..."

(Reik, 1920, S. 204)

Der gesuchte Buchtitel lautete: Ben Hur (von Lewis Wallace). Nachdem dies festgestellt war, erklärte die betroffene Frau selbst dem Autor, sie habe den Namen wohl vergessen, *„weil er einen Ausdruck enthält, den ich und jedes andere junge Mädchen - noch dazu in der Gesellschaft junger Leute - nicht gern gebrauchen wird"*. Anstatt dessen fielen ihr andere Titel ein: „Ecce homo", „Quo vadis".

Freud hat diesen Fall in die späteren Ausgaben seiner wohl populärsten Abhandlung, der Schrift *Zur Psychopathologie des Alltagslebens*, aufgenommen. Er rechnet darin das durch Verdrängung entstandene Vergessen zusammen mit einigen Formen des Vergreifens und Versprechens zu den alltäglichen Fehlleistungen (Freud, 1904/1973). Charakteristisch ist für ihn dabei nicht nur die Unfähigkeit zur Erinnerung, sondern auch die Suche nach Ersatzeinfällen. Ähnlich wie bei der Verleugnung, die durch Verkennung kaschiert wird (s. Abschnitt 4.3.3), nimmt Freud aktive Mechanismen an, die nicht nur die Bewußtwerdung eines Gedächtnisinhalts

verhindern, sondern auch einen Ersatzinhalt an seine Stelle bringen. Die durch Verdrängung entstehende Erinnerungslücke wird so durch Vortäuschen einer Erinnerung, durch eine - wie Freud sagt - *verschobene Erinnerung*, geschlossen. Das Motiv der Verdrängung ist die *Angst*.

Freud über das Gedächtnis

Sigmund Freud hat sich ausführlich mit Gedächtnisproblemen auseinandergesetzt. Er unterscheidet dabei das einfache Vergessen und das durch Verdrängung hervorgerufene Vergessen. In seinem im Jahre 1900 erstmals veröffentlichten Buch *Traumdeutung* entwickelte Freud (1900/1973, S. 546) das folgende Modell vom Informationsfluß im menschlichen System:

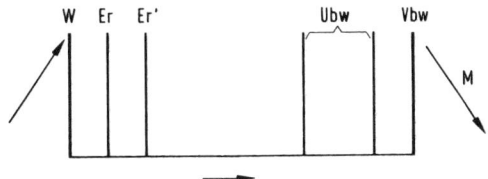

Die Symbole bedeuten: Wahrnehmungen W erreichen den Organismus und bilden darin in mehrfacher Verknüpfung verschiedene Schichten von Erinnerungsspuren E. Aus den Erinnerungsspuren nähren sich das Unbewußte Ubw, das Vorbewußte Vbw, sowie das Bewußtsein (hier nicht gesondert eingezeichnet). Auf den Inhalten des Bewußten und Unbewußten beruht die Motorik M, das Verhalten. Erinnerungsspuren sind nach Freud stets unbewußt. Bevor sie ins Bewußtsein treten und sich in Handlungen umsetzen, müssen sie die Instanz des Unbewußten passieren und können dabei blockiert werden.

Die dritte der oben aufgeführten Annahmen, die Hypothese von der *Kongruenz der Stimmungen* beim Einprägen und Erinnern, stammt von Gordon Bower (1981). Die Hypothese bestätigte sich zunächst in folgendem Versuch: Probanden lernten in einer ersten

Quälende Erinnerungen

Daß Unangenehmes, Ängstigendes aus dem Gedächtnis ausgeschlossen wird, ist durchaus nicht immer festzustellen. Manchmal werden Menschen von Erinnerungen geplagt, die sie entweder überhaupt nicht oder zumindest nicht zur gegebenen Zeit zu haben wünschen. In solchen Fällen gibt es zwei Möglichkeiten der Deutung:

• Das Gedächtnis hat versagt, denn es stellt Inhalte bereit, die zur gegebenen Zeit stören.
• Das Gedächtnis wirkt als Mahner. Es erinnert an drängende Probleme, deren Bewältigung vorrangig ist.

Wie unerledigte Handlungen im Gedächtnis Vorrang erhalten und dadurch die Wiederaufnahme der Handlungen erwirken, wird später in Abschnitt 9.4.5 noch ausführlicher behandelt werden. Zu einem wichtigen Thema für die psychologische Praxis und Forschung ist neuerdings die Störung von Denkprozessen und Handlungen durch ängstigende und sorgenvolle Gedanken *(Angstkognitionen)* geworden. Sorgen und Ängste nehmen die knapp werdende *Aufmerksamkeit* in Anspruch und führen zu Verzögerungen und Leistungseinbußen. Und dabei ist jeweils festzustellen: Es handelt sich also um eine Störung durch *„innerlich erzeugte sekundäre Information"* (Hamilton, 1975).

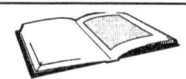

Reik, Th. (1920). Über kollektives Vergessen. *Internationale Zeitschrift für Psychoanalyse, 6,* 202-215.

Freud, S. (1973). Zur Psychopathologie des Alltagslebens. *Gesammelte Werke* (Band 4). Frankfurt a. M.: Fischer (Erstausgabe 1904).

Freud, S. (1973). Die Traumdeutung. *Gesammelte Werke* (Band 2/3). Frankfurt a. M.: Fischer (Erstausgabe 1900).

Hamilton, V. (1975). Socialization anxiety and information processing: A capacity model of anxiety-induced performance deficits. In I. G. Sarason & C. D. Spielberger (Eds.), *Stress and anxiety* (Vol. 2, pp. 45-68). Washington: Hemisphere Publishing Hemisphere Publishing Corporation.

Sitzung Listen mit Wörtern; in einer späteren Sitzung wurde geprüft, welche der Wörter sie erinnerten. Sowohl vor dem Lernen als auch vor der Prüfung des Gelernten unterzogen sie sich einer hypnotischen Behandlung; dabei konnten sie entweder in heitere oder in traurige Stimmung versetzt werden. Es gab vier Versuchsbedingungen. In der ersten Bedingung wurden die Teilnehmer zum Lernen wie zur Prüfung heiter gestimmt, in der zweiten Bedingung beide Male traurig; es herrschte Übereinstimmung, Kongruenz in der Stimmung beim Lernen und Wiedergeben. In zwei anderen Bedingungen war keine Kongruenz gegeben. Entweder die Teilnehmer waren während des Einprägens heiter und während des Erinnerns traurig (Bedingung 3)

oder umgekehrt: traurig während des Einprägens und heiter während des Erinnerns (Bedingung 4).

Das Ergebnis: Bei Kongruenz, d. h. wenn die Stimmung bei der Prüfung der Stimmung beim Lernen entsprach, erinnerten die Probanden mehr. Es war also der Gefühlszustand der Probanden und nicht die Emotionalität der Wörter (die ja in allen Bedingungen die gleichen waren), welche auf das Gedächtnis Einfluß nahmen.

Die Ergebnisse von Bower waren bisher nicht gut zu replizieren. Doch bereichert die Kongruenztheorie das Repertoire psychologischer Erklärungen. Der Autor meint nämlich, Stimmungen bildeten einen kognitiven Kontext - vergleichbar einem erläuternden Bild (wie in Abschnitt 7.1.3 demonstriert). Diesem

„Glücklich ist, wer vergißt, was doch nicht zu ändern ist."

Kehrreim aus der Operette *Die Fledermaus* von Johann Strauss (1825-1899).

„Das Vergessenwollen verlängert das Exil, und das Geheimnis der Erlösung heißt Erinnerung."

Inschrift in Yad Vashem, der Mahnstätte für die Opfer des Faschismus in Jerusalem.

Bower, G. H. (1981). Mood and memory. *American Psychologist, 36,* 129-148.

Ellis, H. C. & Ashbrook, P. W. (1991). The „state" of mood and memory research: A selective review. In D. Kuiken (Ed.), *Mood and memory* (pp.1-21). London: Sage.

Kontext würden die Wörter aus der Liste beim Lernen zugeordnet. Würde der Kontext während der Prüfung erneut aktiviert, indem die gleiche Stimmung wie beim Einprägen erzeugt wird, entstehe eine Abrufhilfe.

Oft beobachtet man freilich, daß eine Stimmung schlicht die Erinnerung von Inhalten begünstigt, die zu dieser Stimmung passen. Dabei ist die Stimmung während des früheren Einprägens unerheblich. Das behauptet die vierte der oben aufgeführten Hypothesen, die Hypothese von der Kongruenz von Stimmung und Erinnerungsinhalt. In einer Bilanz der bisherigen Forschung über Stimmung und Gedächtnis haben Henry Ellis und Patricia Ashbrook (1991) festgestellt, daß die meisten Studien für diese vierte Hypothese sprechen. Dazu gehörten sowohl Untersuchungen, in welchen die jeweilige Stimmung experimentell erzeugt wurde (z. B. durch Hypnose), als auch Studien über chronische Stimmungen

(vor allem Mißstimmungen wie Depression). In Heiterkeit wurden mehr heitere Inhalte erinnert, in Traurigkeit mehr traurige. Ellis und Ashbrook deuteten dies als Effekt der Zuweisung von Verarbeitungskapazität; stimmungskongruenten Inhalten werde bei der Verarbeitung Vorrang eingeräumt.

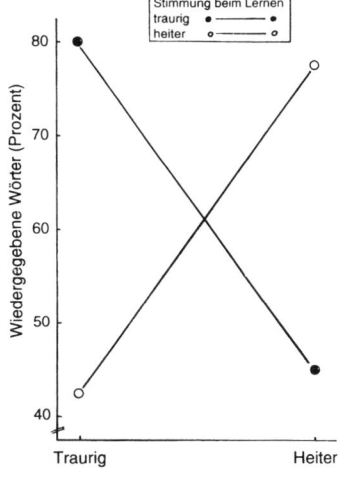

Wiedergabe von Wörtern, gelernt in heiterer oder trauriger Stimmung und erinnert in heiterer oder trauriger Stimmung. Die Erinnerung war am besten, wenn die Stimmung während der Wiedergabe der Stimmung während des Lernens entsprach (nach Bower, 1981, S.132).

ZUSAMMENFASSUNG

1. Der Verlauf der Übung und des Vergessens wird in der Lern- und Vergessenskurve dargestellt.

2. Die Positionskurve zeigt bevorzugtes Behalten des Anfangs und des Endes von Reihen an.

3. Wiedererkennen ist in der Regel leichter als Erinnern.

4. Unter dem Begriff Mnemotechnik faßt man Methoden zur Verbesserung des Gedächtnisses zusammen.

5. Veranschaulichung trägt zur Steigerung der Gedächtnisleistung bei.

6. Differenzierendes Lernen ordnet neue Inhalte in bekannte Makrostrukturen ein. Integrierendes Lernen erzeugt Makrostrukturen zur Ordnung von Einzelheiten.

7. Der Abruf aus dem Gedächtnis ist ein Rekonstruktionsprozeß, in den auch aktuelle Einfälle, Wahrnehmungen u. ä. eingehen.

8. Die Stimmung beim Lernen, die Stimmung beim Erinnern sowie die Emotionalität des Lernstoffs können die Gedächtnisleistung beeinflussen.

7.3
Modellvorstellungen vom Gedächtnis

7.3.1 Ein Speicher mit mehreren Bearbeitungsstufen

Eine ökonomische Modellvorstellung vom Gedächtnis haben im Jahre 1972 die kanadischen Psychologen Fergus Craik und Robert Lockhart vorgestellt. Die Autoren hielten zwei Prinzipien für ausreichend:

- Es gibt lediglich eine Art von Gedächtnis, eine einzige Speicherstruktur zur Aufbewahrung von Gedächtnisinhalten.
- Unterschiedliches Behalten beruht auf verschieden weit fortgeschrittener kognitiver Bearbeitung der gespeicherten Inhalte.

Die Annahme der Autoren, Information werde bis zur Speicherung einer Bearbeitung in mehreren Stufen unterzogen, hat dem Ansatz seinen Namen gegeben: *Mehr-Stufen-Ansatz* (engl. *levels of processing*, Bearbeitungsstufen).

Die Autoren führen eine Reihe von experimentellen Belegen zur Unterstützung ihres Mehr-Stufen-Ansatzes an. Kennzeichnend für ihre Beweisführung ist eine Versuchsserie, über die Craik und Tulving (1975) berichtet haben. In dieser Serie wurde Probanden eine Reihe zweisilbiger Hauptwörter nacheinander vorgeführt. Jedes Wort war 0,2 Sekunden lang zu sehen. Zu jedem der Wörter wurde eine Frage gestellt. Zumeist war es eine Frage

- nach dem Schriftbild des Wortes („War das Wort in Großbuchstaben geschrieben?"),
- nach dem Klang des Wortes (z. B. „Reimt sich das Wort auf EISEN?") oder
- nach der Bedeutung des Wortes (z. B. „Paßt das Wort in den Satz: Er sah ein(e) ... auf der Straße?").

Hatte der Versuchsleiter also beispielsweise das Wort KUTSCHE gezeigt, so war die erste Frage zu bejahen (das Wort war in Großbuchstaben geschrieben), die zweite zu verneinen (KUTSCHE reimt sich nicht auf EISEN), die dritte wiederum zu bejahen („Er sah eine Kutsche auf der Straße" ist ein sinnvoll gebildeter Satz).

Die zentrale Überlegung war nun die folgende: Fügt jemand ein Wort in einen Satz ein, so muß er auf dessen Bedeutung achten. Hierzu muß er sich stark in das Wort vertiefen. Weniger vertiefen muß man sich in ein Wort, wenn man nur seinen Klang einzuschätzen hat. Und ganz oberflächlich beurteilt man ein Wort aufgrund seines äußeren Druckbildes. Nach der Theorie der Bearbeitungsstufen müßte zweierlei gelten: Erstens, je tiefer die Bearbeitung fortschreitet, desto mehr Zeit nimmt sie in Anspruch. Und zweitens, je weiter ein Lernstoff ausgearbeitet wird, desto besser haftet er im Gedächtnis.

Die erste Annahme versuchten Craik und Tulving zu überprüfen, indem sie die Zeit für die Beantwortung der gestellten Fragen maßen. Sie fanden tatsächlich die vorhergesagten Zeitunterschiede: Einfügungen von Worten in Sätze benötigten mehr Zeit als Vergleiche mit möglichen Reimwörtern; am schnellsten ging die Beurteilung des Druckbildes. Die zweite Annahme überprüften die Autoren durch Bestimmung der Gedächtnisleistung. Dabei verfuhren sie besonders sorgfältig. In verschiedenen Versuchsreihen wurde die Güte des Behaltens teilweise beim Wiedererkennen, teilweise bei der freien Wiedergabe ermittelt (vgl. Abschnitt 7.2.2).

Die Ergebnisse bestätigten auch die zweite Annahme der Autoren: Die Beschäftigung mit der Bedeutung eines Wortes fördert das Behalten mehr als die Beschäftigung mit seinem Klang; am wenigsten förderlich ist das Beachten des äußeren Erscheinungsbildes.

Ein wichtiger Hinweis auf die Gültigkeit der Stufentheorie ist der Befund, daß durchaus nicht alle Fragen nach dem Gehalt eines Wortes dessen Behalten fördern. Dies tun vielmehr - wie Schulman (1974) zeigte - nur sinnvoll erscheinende Fragen, die zur weiteren Vertiefung in die Bedeutung des Wortes anregen (z. B. „Ist SOPRAN eine Singstimme?"), nicht jedoch Fragen, mit denen Befragte nichts anzufangen wissen (z. B. „Ist SENF gebogen?").

Zusammenhang von Bearbeitungszeit, Wiedererkennungsleistung und Wiedergabeleistung nach Craik & Tulving (1975). (Die Autoren versuchten, ihre Probanden zu unterschiedlicher Bearbeitungstiefe zu veranlassen, indem sie zu den Wörtern verschiedenartige Fragen stellten: zum Druckbild, zum Klang (Reim) oder zur Bedeutung (Einfügung in Satz). Für die Tabelle ausgewählt wurden Daten aus Versuchsreihen ohne Ankündigung einer späteren Gedächtnisprüfung.)

Bearbeitungsstufe Frage	1 Druck	2 Reim	3 Satz
Zeit für Beantwortung der Frage	0,5 sec	0,6 sec	0,7 sec
Anteil wiedererkannter Wörter	18 %	32 %	64 %
Anteil frei wiedergegebener Wörter	8 %	20 %	53 %

7.3.2 Kurzzeitgedächtnis und Langzeitgedächtnis

Ein Thema, das die Gedächtnispsychologie ausgiebig beschäftigt hat, ist die Unterscheidung eines *Langzeitgedächtnisses* bzw. *Langzeitspeichers* (engl. *long term memory, long term store*) von einem *Kurzzeitgedächtnis* bzw. *Kurzzeitspeicher* (engl. *short term memory, short term store*). Die Unterscheidung von Kurzzeit- und Langzeitgedächtnis stützt sich vor allem auf vier Arten von Beobachtungen. Sie betreffen
• die erlebte Dauer des Erinnerns,
• die objektive Dauer des Behaltens,
• die Menge des behaltenen Stoffes und
• die Organisation des gemerkten Stoffes.
Die Flüchtigkeit des Kurzzeitgedächtnisses und die Dauerhaftigkeit des Langzeitgedächtnisses glaubt man unmittelbar an sich selbst beobachten zu können. Man will etwa einen Bekannten anrufen und läßt sich von der Vermittlung seine Telefonnummer geben. Etwa: 8337496. Nun beginnt ein Wettlauf mit der Zeit, wenn man die Nummer nicht notieren oder noch einmal erfragen will. Man muß schnell wählen; denn man merkt, wie sich die Ziffern im Gedächtnis verflüchtigen und die letzte Ziffer bereits entfallen sein kann, wenn beim Wählen die Reihe an sie

Craik, F. I. M. & Lockhart, R. S. (1972). Levels of processing: A framework for memory research. *Journal of Verbal Learning and Verbal Behavior, 11*, 671-684.

Craik, F. I. M. & Tulving, E. (1975). Depth of processing and the retention of words in episodic memory. *Journal of Experimental Psychology: General, 104*, 268-294.

Schulman, A. I. (1974). Memory for words recently classified. *Memory and Cognition, 2*, 47-52.

kommt. Anders ist dies bei Telefonnummern, die man häufig benutzt - etwa die Nummer des eigenen Telefons. Diese entfällt einem nicht so leicht. Wenn man sie wählt, kann man sich getrost Zeit lassen. Sie ist beliebig reproduzierbar.

Die subjektiven Eindrücke des kurzfristigen und dauerhaften Behaltens kann man durch objektive Leistungsmessungen überprüfen. Wie lange kann man Zahlenreihen nach einmaligem Hören noch nachsprechen? Die Dauer läßt sich recht exakt bestimmen. Sie liegt bei rund zehn Sekunden (vgl. Melton, 1963). Prägen sich die Reihen freilich durch häufigeres Üben (wie beim Vokabellernen) oder wegen ihrer Bedeutsamkeit (wie beim Miterleben eines Unfalls) ein, so können sie unbegrenzt im Gedächtnis haften.

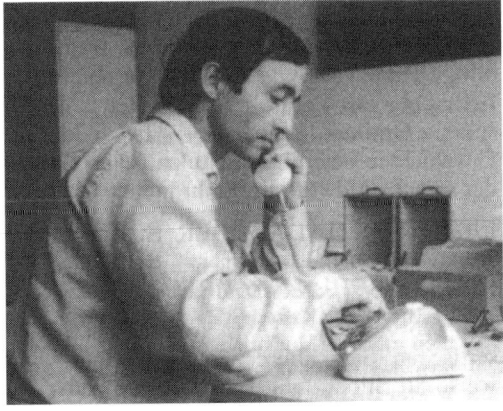

Eiliges Wählen einer Telefonnummer, die schnell zu entfallen droht.

Unterschiede zwischen dem kurz- und langfristigen Behalten sind auch bezüglich der Aufnahmefähigkeit, der *Speicherkapazität* festzustellen. Für die Zeit des kurzen Behaltens kann man nicht viele Inhalte aufnehmen. Grob geschätzt sind es rund zehn Einheiten, wobei die Einheiten die verschiedenste Gestalt annehmen können. Es können Ziffern sein, Wörter, Gesichter, Töne oder ähnliches (Miller, 1956). Die Menge der langfristig zu behaltenen Einheiten geht über die kurzzeitig gemerkte weit hinaus. Wie viel langfristig behalten wird, läßt sich schwer bestimmen. Schätzungen führen zu recht großen Mengen. Schon die Beherrschung der deutschen Sprache verlangt die Kenntnis von rund 150 000 Wörtern. Wer noch andere Sprachen lernt, kann dieses Wortrepertoire ohne weiteres verdoppeln oder verdreifachen. Zu dem Wortrepertoire treten jeweils die grammatikalischen Regeln. Und wer die Sprache benutzt, muß auch dauernde Kenntnis von den zu bezeichnenden Personen, Dingen, Ereignissen, Tätigkeiten und ähnlichem besitzen. Eine Zahl von rund einer Million langfristig behaltener Einheiten ist nach dieser Rechnung schnell erreicht (Frank, 1965).

Eindrucksvoll ist schließlich die unterschiedliche *Organisation des Lernstoffs* nach kurzem und langem Behalten. Zahlreiche Forscher haben sich ausgeklügelte Experimente einfallen lassen, um Aufschluß über unterschiedliche Ordnungen im Gedächtnis zu gewinnen. Recht anschaulich ist eine einschlägige Studie von Jacqueline Strunk Sachs (1967). Die Autorin trug ihren Probanden einige Texte vor - wie etwa die Geschichte der Erfindung des Fernrohrs durch den holländischen Optiker Lippershey. In jeder der Geschichten befand sich ein kritischer Satz; in der Geschichte vom Fernrohr lautete er:

ER SCHICKTE DARÜBER EINEN BRIEF AN GALILEO, DEN BERÜHMTEN ITALIENISCHEN NATURFORSCHER.

Der vorgelesene Text konnte nach dem kritischen Satz abbrechen, er konnte wahlweise 80 Silben lang (etwa 30 sec) oder 160 Silben lang (etwa 45 sec) fortgesetzt werden. (So ließ sich etwa weiterhin berichten, wie Galileo das Fernrohr erprobte und dabei die Jupitermonde entdeckte.) Nach dem Vortrag jedes Textes hörten die Probanden vier Sätze:

- den kritischen Ausgangssatz aus dem vorangegangenen Text (s. o.),
- den Ausgangssatz mit veränderter Bedeutung (z. B. GALILEO, DER BERÜHMTE ITALIENISCHE NATURFORSCHER, SCHICKTE IHM DARÜBER EINEN BRIEF),
- den Ausgangssatz in veränderter grammatikalischer Form (z. B. EIN BRIEF DARÜBER WURDE AN GALILEO, DEN BERÜHMTEN ITALIENISCHEN NATURFORSCHER, GESANDT),
- den Ausgangssatz mit veränderter Wortstellung (z. B. ER SCHICKTE AN GALILEO, DEN BERÜHMTEN ITALIENISCHEN NATURFORSCHER, EINEN BRIEF).

Die Probanden sollten sagen, ob die Sätze so oder anders in dem Text vorgekommen waren. Das Ergebnis: Unmittelbar nach Hören der kritischen Sätze waren Inhalt, Satzform und Wortstellung noch recht gut gewärtig. Aber bereits nach einer Fortsetzung der Geschichte um 80 Silben waren Grammatik und Wortstellung nur noch schwach erinnerlich; gut wurde jedoch selbst nach 160 Silben die inhaltliche Bedeutung wiedererkannt.

Die Autorin meint, ihre Probanden hätten die Sätze zunächst in der gehörten Fassung aufgenommen, zum dauerhaften Einspeichern jedoch ihrer sprachlichen Form entkleidet; nur noch ihren Sinngehalt hätten sie langfristig in das Gedächtnis übernommen. Allgemein kann man das Ergebnis der Studie von Sachs folgendermaßen formulieren: Es herrscht kurze Zeit nach der Aufnahme eine *sensorische Ordnung* vor, eine Ordnung, wie sie bereits in der Sinnesinformation enthalten ist;

Sicherheit des Wiedererkennens von Sinngehalt, Form und Wortstellung von Sätzen (Sachs, 1967, S. 441).

Wiedererkann-te Eigenschaft	Zahl eingeschobener Silben		
	0	80	160
Sinngehalt	3,7	2,6	2,5
Satzform	3,8	0,9	0,8
Wortstellung	3,2	0.5	0,2

Die wichtigsten Unterschiede zwischen Kurzzeitgedächtnis und Langzeitgedächtnis.

	Kurzzeitgedächtnis	Langzeitgedächtnis
Haltezeit	etwa 10 Sekunden	unter Umständen lebenslang
Erlebte Beständigkeit der Spuren	flüchtig	beständig
Zeitdruck bei der Reproduktion	groß	klein
Kapazität	etwa 10 Einheiten	nicht bekannt, Größenordnung: 1 Million Einheiten
Vorherrschende Ordnung	nach sensorischen, insbesondere akustischen Merkmalen	nach semantischen Merkmalen

diese sensorische Ordnung wird später abgelöst durch eine *semantische Ordnung*, eine Ordnung nach Bedeutungsgehalten.

Subjektive Eindrücke wie objektive Befunde legen gleichermaßen die Annahme zweier getrennter Speichermechanismen nahe, eines Kurzzeitgedächtnisses und eines Langzeitgedächtnisses. Kurze Haltezeit, geringe Kapazität und eine „primitive" Ordnung, wie sie die Sinne vermitteln - das fügt sich zusammen zu der Vorstellung vom Kurzzeitgedächtnis als einem einfachen Speichersystem, das allerdings einen erheblichen Vorzug besitzt: Es kann schnell und unkompliziert neue Information aufnehmen. Das Kurzzeitgedächtnis bildet dabei eine Vorstufe und Durchgangsstufe zum Langzeitgedächtnis. Dort ist der Zugang nicht so leicht. Die Einordnung muß erst nach den oft komplizierten Kategorien der Sprache und des Denkens erfolgen. Dafür ist die Speicherung beständig und das Fassungsvermögen groß.

7.3.3 Ultrakurzzeitspeicher

Über die Trennung eines Kurzzeitspeichers und eines Langzeitspeichers hinaus fordern viele Autoren die Berücksichtigung einer dritten Speichereinheit, eines Kürzestzeitspeichers oder *Ultrakurzzeitspeichers* (engl. *very short term store*). Die wichtigsten Belege hierfür stammen aus Experimenten von George Sperling. Sperling (1960) zeigte seinen Probanden Karten mit Buchstaben; die Vorführung dauerte jeweils nur wenige Tausendstelsekunden. Die Zahl der auf einer

Karte dargebotenen Buchstaben variierte von 2 bis 12. Unmittelbar nach der Darbietung konnten die Probanden nie mehr als durchschnittlich vier Buchstaben richtig angeben. Man hätte daraus schließen können: Die Probanden konnten in der kurzen Darbietungszeit nicht mehr als vier Buchstaben erfassen.

Melton, A. W. (1963). Implications of short-term memory for a general theory of memory. *Journal of Verbal Learning and Verbal Behavior*, 2, 1-21.

Miller, G. A. (1956). The magical number seven, plus or minus two: Some limits on our capacity for processing information. *Psychological Review*, 63, 81-97.

Frank, H. (1965). *Kybernetik. Brücke zwischen den Wissenschaften*. Frankfurt a. M.: Umschau.

Sachs, J. S. (1967). Recognition memory for syntactic and semantic aspects of connected discourse. *Perception and Psychophysics*, 2, 437-442.

Dieselbe Beobachtung ließ sich aber auch anders erklären: Die Probanden erfaßten alle dargebotenen Buchstaben; doch während der Zeit, in der sie die ersten vier Buchstaben reproduzierten, vergaßen sie die restlichen. Sperling überprüfte diese Annahme, indem er seinen Probanden nur noch die Nennung eines einzigen Buchstabens abverlangte. Damit sie gleichwohl genötigt waren, sich allen gebotenen Buchstaben gleichzeitig zuzuwenden,

Ein Drei-Speicher-Modell

Repräsentativ für die theoretischen Vorstellungen vieler Autoren ist ein Drei-Speicher-Modell geworden, wie es Shiffrin und Atkinson im Jahre 1969 entworfen haben.

Folgende Merkmale des Modells sind zu beachten:

- Das Modell enthält drei Speicherstrukturen: ein *sensorisches Register*, einen Kurzzeitspeicher und einen Langzeitspeicher.
- Eintreffende Information muß das sensorische Register durchlaufen, wenn sie den Kurzzeitspeicher erreichen soll; ein Zugang zum Langzeitspeicher ist nur über den Kurzzeitspeicher möglich.
- Inhalte des Langzeitspeichers können in den Kurzzeitspeicher abgerufen werden.
- Reproduktionen erfolgen sowohl aus dem Kurzzeitspeicher als auch aus dem Langzeitspeicher.

Spuren im Kurzzeitspeicher verfallen schnell. Spuren im Langzeitspeicher bleiben unbegrenzt erhalten. (Vergessen beruht dann auf der Unfähigkeit zum Abruf der gespeicherten Information.)

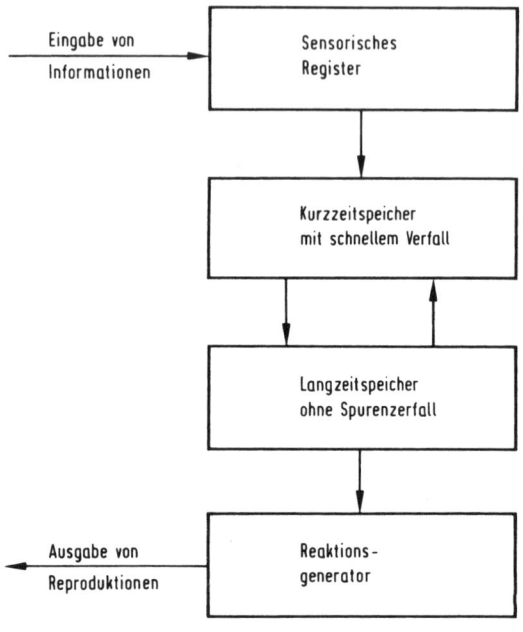

Drei-Speicher-Modell von Shiffrin & Atkinson (1969).

ließ er sie bis zur Reproduktion im Ungewissen, welcher der Buchstaben abgefragt würde. Dabei wählte er folgendes Vorgehen: Zuerst zeigte er kurz eine Tafel mit mehreren Buchstaben. Nach ihrem Verschwinden erschien eine Markierung an einer Stelle, an der vorher ein Buchstabe gestanden hatte; dieser Buchstabe war dann zu benennen. Der Vorgang wurde mehrfach wiederholt, wobei die Markierung in unregelmäßiger Folge ihren Ort wechselte. Unter dieser Bedingung konnten die Probanden fast alle markierten Buchstaben wiedergeben. Es durften nur nicht mehr als rund zwei Zehntelsekunden seit der Darbietung vergangen sein. Es bestätigte sich somit die zweite These: Nicht die Auffassung während der sehr kurzen Darbietung war begrenzt, sondern die Zeit des Behaltens.

Sperling, G. (1960). The information available in brief visual presentations. *Psychological Monographs, 74*, Nr. 498.

Shiffrin, R. M. & Atkinson, R. C. (1969). Storage and retrieval processes in long-term memory. *Psychological Review, 76*, 179-193.

Die Begrenzung der Haltezeit auf 0,2 sec unterschreitet die sonst für das Kurzzeitgedächtnis angesetzte Haltezeit ganz erheblich. Sperling nimmt daher an, dem Kurzzeitspeicher sei eine weitere Speichereinheit vorgelagert. Vor der Übertragung in den Kurzzeitspeicher sei die Information in einem

„*sensorischen Register*" festgehalten. Das sensorische Register wechsle seinen Inhalt so schnell, daß eine vollständige Übertragung in den Kurzzeitspeicher nicht möglich sei.

7.3.4 Das Arbeitsgedächtnis

Auf Allan Baddeley (1986), einem Psychologen aus Cambridge, geht das Modell vom Arbeitsgedächtnis (engl. *working memory)* zurück. Das Arbeitsgedächtnis habe nur begrenzte Kapazität, trage aber aktiv zur Bearbeitung von Informationen bei, die gerade zur Erfüllung von Aufgaben benötigt werden. Das Modell umfaßt eine *modalitätenfreie kontrollierende Zentralinstanz* (engl. *central executive)*, der eine Reihe von Hilfssystemen zugeordnet seien. Die Zentralinstanz ist das Kernstück des Arbeitsspeichers. Sie verwaltet dessen knappe Kapazität (vgl. Abschnitt 4.3.1). Sie entscheidet über die Bearbeitung neuer sowie vorhandener Information. Sie lenkt die Aufmerksamkeit auf die jeweils zieldienlichen Wahrnehmungen und Erinnerungen und hält sie fest, so lange sie einer Bearbeitung unterzogen werden. Sie verknüpft zudem die Arbeit verschiedener Speicherfunktionen. Die Zentralinstanz entscheidet schließlich über die Art der Verarbeitung, welcher die Information unterzogen wird. So leistet sie eine Kontrolle und Koordination von Prozessen des Kurzzeitgedächtnisses.

Von den angenommenen Hilfssystemen des Arbeitsspeichers haben in der Forschung zwei eine hervorgehobene Stellung eingenommen: die *artikulatorische Rückkopplungsschleife* (engl. *articulatory feedback loop)* und das Teilsystem für *visuell-räumliche Informationsverarbeitung* (engl. *visuospatial sketchpad)*. Die Artikulationsschleife sei darauf spezialisiert, verbales Material zu verarbeiten und bestehe ihrerseits aus zwei Subsystemen: einem *phonologischen Speicher* und einer *artikulatorischen Wiederholungsschleife*. Auf dieser Schleife kreise Information (wie beim Wiederholen einer Telefonnummer, die zu entfallen droht). Davon getrennt sei ein Bereich der Bildspeicherung, der Information hält, ohne daß es einer ständigen Wiederholung bedarf.

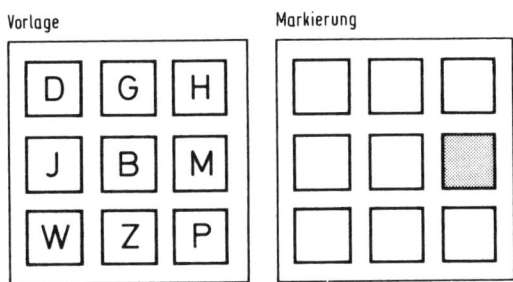

Sperlings Versuchsmaterial.

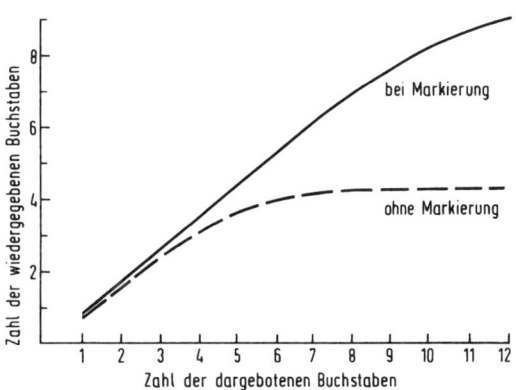

Versuchsergebnisse nach Sperling (1960).

Gestützt wird das Modell des Arbeitsspeichers vor allem durch Studien an hirngeschädigten Patienten. Je nach Art von Hirnschädigungen zeigten sich Gedächtnisstörungen, die auf eine Beeinträchtigung eines phonologischen Speichers, einer artikulatorischen Schleife, einer Einheit zur Verarbeitung visuell-räumlicher Informationen oder einer Zentralinstanz schließen lassen (z. B. Minderung der Fähigkeit, eine Zahlenreihe in der Vorstellung oder in Gedanken zu wiederholen, Minderung der räumlichen Orientierung, vgl. Belleville, Peretz & Arguin, 1992; van der Linden, Coyette & Seron, 1992).

Visuell-räumliches Teilsystem

Phonologische Rückkopplungs – schleife

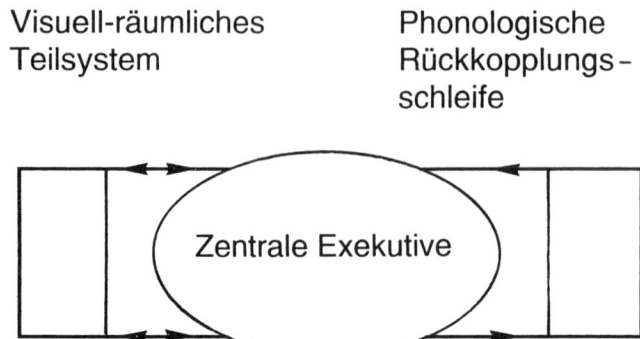

Arbeitsspeicher nach Baddeley (1986). Ein zentrales Kontrollsystem (Zentrale Exekutive) koordiniert den Fluß der eingehenden Information durch Aufmerksamkeitsverteilung und Zuweisen von Verarbeitungsstrategien. Ihm zugeordnet sind zwei Hilfssysteme: eine phonologische Rückkopplungsschleife und ein visuell-räumliches System. Im ersteren werden Sprachreize kurzfristig erhalten und die Artikulation von Sprache vorbereitet. Das letztere nimmt Wahrnehmungsreize und Vorstellungsbilder auf und dient der Raumorientierung sowie der Bewegung im Raum.

7.3.5 Neuronale Netzwerke

In den letzten Jahren haben mehrere Autoren versucht, das Gedächtnis als Nervennetz (s. Abschnitt 3.3.2) darzustellen. Es wurde also vorausgesetzt: Einheiten des Gedächtnisses sind Knoten, im Gehirn gebildet durch Neuronen oder Neuronengruppen. Diese Einheiten können erregt, aktiviert werden. Eine Erregung oder Aktivierung von Knoten im Gedächtnis wird entweder durch eine neu geschaffene Repräsentation, d. h. durch einen aktuellen Reiz, oder durch eine bereits vorhandene Repräsentation, d. h. durch eine Gedächtnisspur, ausgelöst. Knoten sind nicht gleichgewichtig, d. h. sind nicht durch alle Auslöser gleich aktivierbar. Gewichte drücken auch aus: Die *Ausbreitung von Erregung* (engl. *spread of activation)* im Netz erfolgt von Knoten zu Knoten unterschiedlich. Weiterhin wird angenommen: Knoten haben eine Eigenaktivität.
Unter diesen Voraussetzungen versuchen Netzwerkmodelle eine Antwort auf folgende Fragen zu geben:
• Welcher Zusammenhang besteht zwischen Spuren?
• Wie läßt sich die Stärke der Verbindung zwischen Spuren bestimmen?
• Wie werden Spuren aktiviert?

Ein neueres Netzwerkmodell stammt von Mark Chappell und Michael S. Humphreys (1994) von der Universität von Queensland in Australien. Die Autoren nehmen an: Durch Eigenaktivität von Knoten breiten sich Erregungsmuster aus, welche die Grundlage für beobachtbare Assoziationsmuster bilden. Die Erregungsmuster sind unterschiedlich stabil; ihre Stabilität sei Grundlage dafür, ob dauerhaft behalten oder nur vorübergehend aufbewahrt werde. Die Autoren nehmen eine Funktion an, die sie als „Selbst-Assoziator" (engl. *auto-associator)* bezeichnen. Selbst-Assoziatoren verlagern ein Erregungsmuster von alten Einheiten auf neue oder aktivieren

Baddeley, A. D. (1986). *Working memory.* Oxford: Oxford University Press.

Belleville, S., Peretz, I. & Arguin, M. (1992). Contribution of articulatory rehearsal to short-term memory: Evidence from a case of selective disruption. *Brain and Language, 43,* 713-746.

Van der Linden, M., Coyette, F. & Seron, X. (1992). Selective impairment of the „central executive" component of working memory: A single case study. *Cognitive Neuropsychology, 9,* 301-326.

ein Muster in einer alten Einheit zu einem späteren Zeitpunkt. Die Weitergabe von Erregungsmustern kann gleichzeitig (parallel) oder nacheinander (sequentiell) erfolgen. Daß Erregung unterschiedlich schnell über Einheiten wandert, soll u. a. die unterschiedliche Zeit für den Abruf erklären. Mißt man nämlich die Zeit von einer Anfrage (z. B. „Wie heißt der österreichische Bundeskanzler?") bis zur Antwort, stellt man eine erhebliche Variation mit dem Inhalt der Antworten fest.

Während nach Chappell und Humphreys der Selbst-Assoziator mit seiner Eigenerregung dafür sorgt, daß Assoziationsmuster im Speicher an ihrem Ort erhalten bleiben oder an andere Orte weitergegeben werden, vermittelt eine andere Funktion die Zuführung von außen herangetragener Assoziationsmuster an die bereits im Gedächtnis vertretenen. Die Autoren nennen diese Funktion *„Muster-Assoziator"* (engl. *pattern associator*). Muster-Assoziatoren können mit Selbst-Assoziatoren in Wechselwirkung treten; so entsteht u. a. die Erinnerung mit äußeren Hilfen.

Die Autoren führen nun genauere Berechnungen für Fälle wie den folgenden durch: Ein bestimmtes Wort „Brot" solle im Zusammenhang einer Wortliste gelernt werden. Nach einer Zeit der Speicherung der ursprünglich eingeprägten Wortliste soll das kritische Wort „Brot" innerhalb einer neuen Liste, einer Testliste, wiedererkannt werden; die Testliste besteht je zur Hälfte aus neuen und zur Hälfte aus alten Worten. Probanden haben zu jedem Wort der Liste anzugeben, ob es bereits in der alten Liste enthalten war oder ob es ein neues Wort ist.

Der *Wiedererkennungsvorgang* wird nach dem Modell vom neuronalen Netzwerk so gedeutet: Das Assoziationsmuster der Testliste wird durch den Muster-Assoziator an den Selbst-Assoziator weitergegeben. Es wird angenommen, daß das Wort „Brot" (wie die anderen Wörter der gelernten Liste) durch ein Muster von Knoten dargestellt wird. Wird bei erneuter Darbietung von „Brot" aus diesem Muster eine ausreichende Anzahl von Knoten im Selbst-Assoziator aktiviert, wird das Wort als „alt" kategorisiert; unterbleibt eine solche

Aktivierung, erfolgt die Einstufung „neu". Bei dieser Entscheidung wirkt die Wortumgebung der neuen Liste, also der Kontext, mit - u. a. die Menge der Worte, in die das kritische Wort eingebettet ist, das Verhältnis von alten zu neuen Worten in der Testliste, die Unterscheidbarkeit der Merkmale des kritischen von den anderen Wörten in der Lern- wie in der Testliste.

Der Testliste sind im Modell des neuronalen Netzwerkes ebenfalls Knoten zugeordnet; diese werden durch Erscheinen des Kontextes erregt, und die entstehende Erregung breitet sich bis zu den für das Wiedererkennen kritischen Knoten aus. Das Umfeld des zu lernenden Wortes „Brot", der Kontext, bildet also eine dritte Systemkomponente. Der Kontext kann das Wiedererkennen des kritischen Wortes fördern oder behindern.

In dem vorliegenden Modell wird vorausgesetzt: Der Fluß der Erregung oder Aktivation ist immer gerichtet, und zwar weg von den vorgegebenen Reizen. Der Selbst-Assoziator in dem Netzwerkmodell entspricht dem semantischen Langzeitspeicher in früheren Modellen (s. Abschnitt 7.3.2). Als vollständig geschlossenes System ist er nicht gedacht; auch auf ihn können experimentelle Bedingungen einwirken: z. B. der Muster-Assoziator, der mit dem Assoziationsmuster der kritischen Worte, ihren aktuellen Erregungsmustern an der Peripherie und mit den Repräsentationen im Selbst-Assoziator verbunden ist. Er unterliegt auch den Einflüssen des kontextuellen Muster-Assoziators, dessen Einheiten wiederum mit denen im Selbst-Assoziator verbunden sind. Das Modell in der vorliegenden Form nimmt keine unmittelbaren Verbindungen zwischen kontextuellen Erregungsmustern und der peripheren Aktivierung an. Alle Aktivation erfolgt über den Selbst-Assoziator.

Chappell, M. & Humphreys, M. S. (1994). An autoassociative neural network for sparse representations: Analysis and application to models of recognition and cued recall. *Psychological Review, 101*, 103-128.

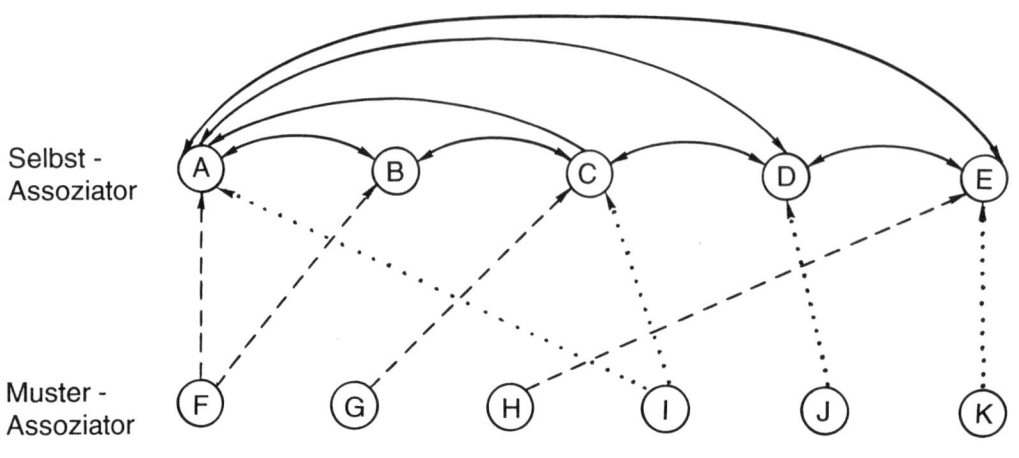

Kritischer Reiz   **Kontext**

Neuronales Netzwerk-Modell (nach Chappell & Humphreys, 1994, S. 105). Die hier dargestellte Version soll einen speziellen Anwendungsfall erklären: das Wiedererkennen eines Wortes in einer Wortliste; das Wort sei bekannt und vordem als Teil einer anderen Liste gelernt worden (z. B. BROT zusammen mit ZUCKER und PFEFFER). Was von dem Wort und der gesamten ursprünglich gelernten Liste behalten ist, wird in den Knoten A-E festgehalten. Es werde wieder erinnert, wenn diese Knoten erregt würden. Dabei müssen nicht alle Knoten auf einmal erregt werden. Es genügt, zunächst einige von ihnen zu aktivieren; dann breite sich Erregung zwischen ihnen aus (Selbst-Assozia-

tion, durchgezogene Linien). Ein Anstoß zur Aktivierung ist die erneute Darbietung des kritischen Wortes in einer Testfrage wie: „War BROT schon in der alten Liste zusammen mit SALZ und WASSER?"). Die erneute Darbietung aktiviert zunächst eine eigene Gruppe von Knoten F-H, die ihrerseits Knoten aus dem Komplex A-E erregt (unterbrochene Linien). Zur Erregung des Komplexes A-E tragen aber auch andere Teile der neuen Liste bei, in welcher das zu erkennende Worte bei der Prüfung erscheint (z. B. neue Worte, die Schriftform u. ä.), der Kontext. Der Kontext aktiviert wiederum eine eigene Gruppe von Knoten I-K, von denen aus der Komplex A-E erregt wird (punktierte Linien, Musterassoziation).

ZUSAMMENFASSUNG

1. Man kann das Gedächtnis als eine einzige Speichereinheit auffassen (Ein-Speicher-Modell) und die Güte des Behaltens auf die Tiefe der Bearbeitung zurückführen.

2. Angenommen wird auch die Trennung von Kurzzeitgedächtnis und Langzeitgedächtnis (Zwei-Speicher-Modell). Kurz- und Langzeitgedächtnis unterscheiden sich in ihrer Kapazität, Haltezeit und Organisation.

3. Weiterhin gibt es Beobachtungen, welche die Annahme eines Ultrakurzzeitspeichers (sensorisches Register) für Behaltenszeiten bis rund 0,2 sec nahelegen.

4. Eine neuere Konzeption stellt ein Arbeitsgedächtnis in den Mittelpunkt der Betrachtung. Das Arbeitsgedächtnis besteht aus einer kontrollierenden und koordinierenden Zentralinstanz sowie aus einem phonologischen Speicher, einem Bildspeicher sowie Wiederhol- und Rückkopplungsschleifen.

5. Netzwerkmodelle des Gedächtnisses fußen auf Annahmen der Neuropsychologie. Die Tätigkeit des Kurzzeitspeichers wird als Aktivierung kognitiver Einheiten (Knoten) beschrieben. Auf einer höheren Ebene können Gruppen aktivierter Knoten in einen Zusammenhang gebracht werden.

7.4
Gedächtnispsychologische Probleme der Entwicklungs-, Persönlichkeits- und Sozialpsychologie

7.4.1 Entwicklungspsychologie

Gedächtnistests zeigen bis zu einem Lebensalter von etwa 25 Jahren ein Anwachsen der Gedächtnisleistung; etwa ab dem 30. Lebensjahr ist ein zunehmendes Nachlassen des Gedächtnisses zu beobachten. Doch worauf beruht das Anwachsen der Gedächtnisleistung und Nachlassen des Gedächtnisses? Reift während der frühen Lebensjahre das Gehirn aus, und entsteht so mehr Gedächtniskapazität? Verfallen die Gehirnzellen im Alter, und geht so Gedächtniskapazität verloren? Oder sind es die Speicherungs- und Abrufprozesse, deren Vervollkommnung zu einem Anstieg der Gedächtnisleistungen in Kindheit und Jugend führt, während ihre unzureichende Nutzung im Alter maßgeblich zum Nachlassen des Gedächtnisses beiträgt?

Die Entwicklungspsychologie und die Neuropsychologie sind gemeinsam auf der Suche nach Antworten zu diesen Fragen. Ein wichtiger Befund erscheint jedoch gesichert: Sobald Kinder Bilder, Sätze, Zahlen oder Geschichten richtig zu erkennen in der Lage sind, können sie sich diese auch merken. Gedächtnis ist also ein fester Bestandteil der Kognition.

Spilich, G. J., Vesonder, G. T., Chiesi, H. L. & Voss, J. F. (1979). Text processing of domain-related information for individuals with high and low domain knowledge. *Journal of Verbal Learning and Verbal Behavior, 18*, 275-290.

Strauss, M. S. & Carter, P. (1984). Infant memory: Limitations and future directions. In R. Kail & N. E. Spear (Eds.), *Comparative perspectives on the development of memory* (pp. 317- 323). Hillsdale, N. J.: Lawrence Erlbaum.

Schneider, W. (1989). *Zur Entwicklung des Meta-Gedächtnisses bei Kindern.* Bern: Huber.

Kinder erkennen schon früh Gegenstände und Personen wieder. *Vorwissen* spielt dabei eine ebenso wichtige Rolle wie bei Erwachsenen (Spilich, Vesonder, Chiesi & Voss, 1979). Bereits im Alter von sechs Monaten haben Kleinkinder eine Fülle von *Wissen* über ihre Umgebung gesammelt. Strauss und Carter (1984) berichten: Bis zum Alter von neun bis zwölf Monaten besitzen Säuglinge Wissen über natürliche Kategorien wie menschliche Gesichter, Hunde, Essen und Möbel. Weiterhin verfügen sie in diesem Alter über ein Zahlen- und Mengengedächtnis; sie merken sowohl Kardinal- als auch Ordinalzahlen. Auch das *episodische Gedächtnis* mit Raum- und Zeitmarkierungen ist ausgeprägt.

Eine bedeutende Rolle bei der Entwicklung des Gedächtnisses scheint das *Metagedächtnis* zu spielen. Wolfgang Schneider (1989) hat dargestellt, wie zusammen mit der Gedächtnisleistung das Wissen über die Schwierigkeit von Lernaufgaben, über Vorzüge und Nachteile von Lernverfahren sowie eigene Stärken und Schwächen beim Lernen wächst. Hierzu nur ein Beispiel, das Harris und Burke (1972) berichtet haben. Die Autoren projizierten Reihen mit jeweils neun Ziffern auf einen Bildschirm. Die Ziffern erschienen dort entweder mit stets gleichen Abständen oder geordnet zu drei Dreiergruppen. Etwa so:

Bedingung 1	Bedingung 2
581473962	581 473 962

Zweitkläßler schnitten bei einem nachfolgenden Reproduktionstest wesentlich besser ab, wenn die Ziffernreihe zu Dreiergruppen geordnet war (Bedingung 2). Für Sechstkläßler machte die Darbietungsform keinen Unterschied. Die Autoren nahmen an (und konnten diese Annahme auch auf weitere Beobachtungen stützen): „*Ältere Kinder sind bereits gewohnt, eigene Gruppierungen herzustellen; auf äußere Hilfen sind sie dabei nicht mehr angewiesen.*"

Harris, G. J. & Burke, D. (1972). The effects of grouping on short-term serial recall of digits by children: Developmental trends. *Child Development, 43,* 710-716.

Knopf, M. (1987). *Gedächtnis im Alter.* Berlin: Springer.

Van der Linden, M., Brédart, S. & Beerten, A. (1994). Age-related differences in updating working memory. *British Journal of Psychology, 85,* 145-152.

Reber, A. S. (1992). The cognitive unconscious: An evolutionary perspective. *Consciousness and Cognition, 1,* 93-133.

Das Gedächtnis älterer Menschen ist von einem *Abbau* betroffen, der auch andere Leistungen in Mitleidenschaft zieht. Eingehendere Untersuchungen wie die von Monika Knopf (1987) zeigen jedoch: Nicht alle Gedächtnisleistungen verschlechtern sich mit dem Alter. Defizite treten freilich bei Älteren häufig im Arbeitsgedächtnis (s. Abschnitt 7.3.4) auf; das konnten van der Linden, Brédart und Beerten (1994) in einer Studie mit jungen und alten Erwachsenen nachweisen. Insbesondere war oft eine der Verarbeitungskomponenten beeinträchtigt. Dies war aus folgenden Beobachtungen zu ersehen: Die Autoren gaben älteren und jüngeren Versuchsteilnehmern verschieden lange Listen mit Buchstaben fortlaufend zum Lernen; zwischendurch unterbrachen sie die Darbietung und fragten nach den sechs zuletzt gebotenen Buchstaben. Bestand die Liste nur aus diesen sechs Buchstaben, zeigten die älteren Personen kein Defizit. Waren die Listen aber länger, so daß beim Lesen immer wieder neue Folgen von sechs Buchstaben hergestellt werden mußten, überforderte das die älteren Teilnehmer.

Ältere Menschen erinnern gern ihr Leben; die Untersuchung ihres *autobiographischen Gedächtnisses* (s. Abschnitt 7.1.2) gibt Aufschluß über ihr langfristiges Behalten. Zu untersuchen ist u. a. das Erinnern von Ersterfahrungen - etwa „erste Liebe", „Erwerb des Führerscheins". Erinnerungen an Ersterfah-

Der Übergang vom impliziten zum expliziten Lernen

Von grundlegender Bedeutung dürfte in der Entwicklung der Übergang vom impliziten zum expliziten Gedächtnis (Abschnitt 7.1.4) sein. Reber (1992) hat darauf hingewiesen, daß früh in der *Ontogenese*, der Entwicklung von Einzelwesen, (d. h. bei Kindern) und in frühen Stufen der *Phylogenese*, der Stammesgeschichte, (d. h. bei Tieren) die implizite Form des Gedächtnisses allein vertreten zu sein scheint. Die erste Sprache, die ein Kind lernt, erwirbt es durch Zuhören, Nachahmen, Ausprobieren, nicht durch geregelten Sprachunterricht. Auch anderes Wissen und Können (wie Verwandtschaftsverhältnisse und Essen) wird nicht bewußt nach benannten Regeln gelernt. Es ist vielmehr ein stattlicher Sprung in der Entwicklung heranwachsender Menschen sowie der Menschheit insgesamt, wenn Lernen und Gedächtnis ausdrücklich betrieben, bewußt gestaltet werden.

Dabei mögen durchaus Zweifel berechtigt sein, ob der Übergang zum expliziten Lernen immer ein Fortschritt ist. Unterliegt das explizite Lernen doch den Einschränkungen der Aufmerksamkeit (Abschnitt 4.3.1). Es mag Einzelnes klarer und genauer erfassen, doch die Komplexität und Feinstruktur von manchem Wissenswertem mag explizites Lernen nicht bewältigen. So gelingt der Erwerb von Sprachen den Erwachsenen trotz systematischer Unterweisung nicht mehr so gut und so leicht wie Kindern in ihrer natürlichen Umgebung.

rungen zeigen die subjektive Bedeutsamkeit von Episoden im Leben an (Robinson, 1992). Die Verteilung von Erinnerungen über die Lebensspanne haben Conway und Rubin (1993) erhoben. Die verschiedenen Lebensabschnitte sind in der Rückerinnerung unterschiedlich stark vertreten. Ereignisse aus den letzten fünf Lebensjahren werden mit größter Häufigkeit wiedergegeben; doch auch die eigene Jugend sowie das frühe Erwachsenenalter wird bevorzugt erinnert.

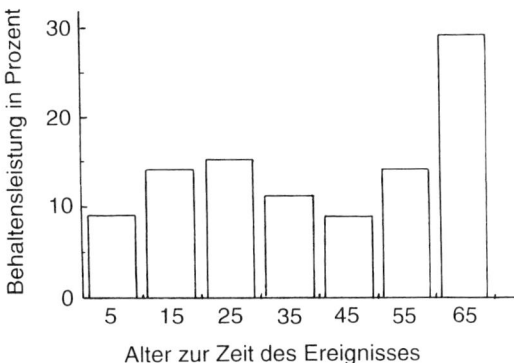

Verteilung autobiographischer Erinnerungen im Alter von mehr als siebzig Jahren über die Lebensspanne (Conway & Rubin, 1993). Ereignisse aus den vorangegangenen Lebensjahren sowie aus der Jugend und dem frühen Erwachsenenalter werden am häufigsten erinnert.

7.4.2 Persönlichkeitspsychologie

Gedächtnisleistungen zeigen beträchtliche individuelle Unterschiede in der Quantität und Qualität der Erinnerung. Vor allem sind die folgenden Variationen untersucht worden:
* die Geschwindigkeit des Einprägens und Vergessens,
* der Umfang des Behaltens (die individuelle Gedächtnisspanne),
* die Bevorzugung verschiedener Arten von Lernstoff (z. B. bevorzugtes Behalten von Zahlen verglichen mit Wortmaterial).

Zu den üblichen Batterien von Intelligenztests gehört in der Regel ein eigener Untertest für das Gedächtnis. Zumeist handelt es sich um einen Test des Kurzzeitgedächtnisses, der Gedächtnisspanne. Obwohl auch andere Untertests Ansprüche an die Merkfähigkeit stellen dürften, ergeben faktorenanalytische Untersuchungen immer wieder Belege für die (statistische) Unabhängigkeit der Gedächtnisleistung von anderen Intelligenzleistungen (Jäger, 1967). Aber die eingehendere Untersuchung scheint zu belegen: Wer Zahlen gut behalten kann, braucht nicht gleichzeitig ein gutes Gedächtnis für Bilder und Figuren zu besitzen; wer kurzzeitig gut erinnert, braucht nicht gleichzeitig ein gutes Langzeitgedächtnis zu haben.

Robinson, J. A. (1992). First experience memories: Contexts and function in personal histories. In M. A. Conway, D. C. Rubin, H. Spinnler & W. Wagenaar (Eds.), *Theoretical perspectives on autobiographical memory* (pp. 223-239). Dordrecht: Kluwer.

Conway, M. A. & Rubin, D. C. (1993). The structure of autobiographical memory. In A. F. Collins, S. E. Gathercole, M. A. Conway & P. E. Morris (Eds.), *Theories of memory* (pp.103-137). Hillsdale, NJ: Lawrence Erlbaum.

Wenn es also (erworbene oder ererbte) Gedächtnisfertigkeiten gibt, in denen sich Personen unterscheiden, so sind diese nicht jeweils bei ein und derselben Person vereinigt, sondern zumeist über verschiedene Personen verteilt. Es ist daher nicht sinnvoll, Menschen mit durchweg „gutem Gedächtnis" von Personen mit durchweg „schlechtem Gedächtnis" zu unterscheiden. Das ist jedenfalls eine Folgerung, die man aus den Untersuchungen Katzenbergers (1967) ziehen kann.

Ein Test der Merkfähigkeit

Einige Aufgaben aus dem Hamburg Wechsler Intelligenztest für Erwachsene (Wechsler, 1964) zur Prüfung der Merkfähigkeit. Die folgenden Zahlreihen werden Probanden langsam vorgesprochen. Probanden sollen versuchen, die Reihen (vorwärts oder rückwärts) nachzusprechen.

Zahlen vorwärts	Zahlen rückwärts
582	24
6439	629
42731	3279
619473	15286
4179386	724856
38295174	4739128
275862584	94376258

Auf der Suche nach individuellen Unterschieden in der Kognition ist die Forschungsgruppe um George Klein auch auf qualitative Veränderungen beim langzeitigen Behalten gestoßen (Gardner, Holzman, Klein u. a., 1959). Auf solche Unterschiede hat erstmals Friedrich Wulf (1922) aufmerksam gemacht. Wulf legte seinen Probanden einige Strichzeichnungen vor und bat sie, teilweise nach einer halben Stunde, teilweise nach einem vollen Tag die Vorlagen nachzuzeichnen. Es gab eine Gruppe von Personen, welche die charakteristischen Merkmale der Figuren bei der Wiedergabe noch stärker herausarbeiteten als in der Wirklichkeit: Sie erinnerten spitze Winkel noch spitzer, Längenunterschiede und Krümmungsunterschiede noch ausgeprägter als bei der Vorlage. Wulf nannte sie *Präzisierer* (engl. *sharpener*). Im Gedächtnis anderer Personen verloren die charakteristischen Merkmale ihre Auffälligkeit. Spitze Winkel wurden stumpfer, Unterschiede in Länge und Krümmung nahmen ab. Wulf nannte sie *Nivellierer* (engl. *leveler*), weil sie dazu tendierten, die Unterschiede zwischen den Figuren zu verwischen. In seiner Darstellung von *kognitiven Stilen* (s. bereits Abschnitt 3.4.2) verallgemeinerte George Klein die Unterscheidung von Wulf über das Gedächtnis hinaus auf weitere Bereiche des Wahrnehmens und des Denkens.

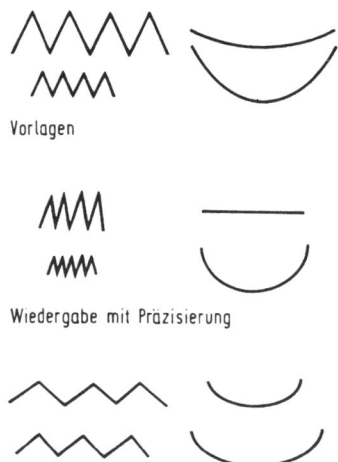

Vorlagen

Wiedergabe mit Präzisierung

Wiedergabe mit Nivellierung

Vorlagen und ihre Wiedergabe (nach Wulf, 1922)

Jäger, A. O. (1967). *Dimensionen der Intelligenz.* Göttingen: Hogrefe.

Katzenberger, L. F. (1967). *Gedächtnis oder Gedächtnisse?* München: Ehrenwirth.

Wechsler, D. (1964). *Die Messung der Intelligenz Erwachsener.* Bern: Huber (Erstausgabe 1939: *The measurement of adult intelligence.* Baltimore: Williams & Wilkins).

Gardner, R. W., Holzman, P. S., Klein, G. S. et al. (1959). Cognitive control: A study of individual consistencies in cognitive behavior. *Psychological Issues, 1,* Nr. 4.

Wulf, F. (1922). Über die Veränderungen von Vorstellungen (Gedächtnis und Gestalt). *Psychologische Forschung, 1,* 333-373.

Es gibt wahrscheinlich eine Fülle von Persönlichkeitsvariablen, die einen Einfluß auf das Gedächtnis nehmen. Umgekehrt dient die Erinnerung der Festigung der Persönlichkeit. So stehen individuelle Erfahrungen und dauerhafte Stimmungen in Wechselwirkung mit Lernaufgaben, Lernbedingungen sowie dem Lernstoff. Als Beispiel mögen die Beobachtungen von Einstein und Ellis (unveröffentlicht, nach Ellis & Ashbrook, 1991, S. 6, s. Abschnitt 7.2.4) über den Zusammenhang von Geschlechtszugehörigkeit, Depressivität und Lernstoff dienen. Die beiden Autoren führten einen Versuch durch, in dem sie Männer und Frauen in depressiver oder gleichmütiger Stimmung Märchenerzählungen oder sachliche Beschreibungen einprägen ließen. Die zu lernenden Märchen waren eher besinnlich - wie die Erzählung von dem Jungen, der dafür sorgt, daß der Großvater wieder mit der Familie am Tisch essen kann; die Beschreibungen waren geographischer Natur - wie ein Bericht über die Antarktis (vgl. Einstein, McDaniel, Owen & Coté, 1990).

Frauen behielten die nüchternen Beschreibungen weniger gut, wenn sie mißgestimmt waren; ihre negative Stimmung beeinträchtigte jedoch das Behalten der Märchentexte nicht. Bei Männern verhielt sich dies anders:

Einstein, G. O., McDaniel, M. A., Owen, P. D. & Coté, N. C. (1990). Encoding and recall of texts: The importance of material appropriate processing. *Journal of Memory and Language*, 29, 566-581.

Cattell, R. B. (1950). *Personality*. New York: McGraw Hill.

Allport, G. W. (1958). *Werden der Persönlichkeit*. Bern: Huber (Erstausgabe 1937: *Pattern and growth in personality*. New York: Holt, Rinehart & Winston).

Sie behielten die nüchternen Beschreibungen in beiden Stimmungslagen gleich gut; waren sie aber mißgestimmt, so zeigten sie beim Märchentext einen Abfall der Gedächtnisleistung.

In der Persönlichkeitstheorie findet das Gedächtnis nicht nur wegen der individuellen Variation von Gedächtnisleistungen Beachtung. Das Gedächtnis erscheint einigen Autoren auch unentbehrlich für die Entstehung des Selbstbildes einer Person, ihrer Identität. Jeder Mensch erlebt sich zu verschiedenen Zeiten und in verschiedenen Situationen; dabei erlebt er aber auch, daß er unbeschadet seiner körperlichen und geistigen Entwicklung stets er selbst bleibt. Der Persönlichkeitstheoretiker Raymond C. Cattell (1950) nennt den auf Erfahrung gründenden Begriff von der eigenen Person das *"empirische Ich"*. Andere Autoren nennen mit Gordon W. Allport (1958) das empirische Ich *"Selbst"* oder *"Proprium"*.

7.4.3 Sozialpsychologie

Die Gedächtnispsychologie und die Sozialpsychologie verbinden zwei Fragen:
- Wie sind die Gedächtnisleistungen von Individuen beschaffen, die in einer Gruppe miteinander kooperieren?
- Welche Rolle spielt das Gedächtnis für das Sozialleben, und inwiefern werden Gruppen aktiv, um einzelne Inhalte in Erinnerung zu behalten, andere aber in Vergessenheit geraten zu lassen?

Die Vorzüge gemeinsamen Einprägens und Erinnerns liegen auf der Hand, wie bereits die von Lorge, Fox, Davitz et al. (1958) zusammengefaßten Untersuchungen über Problemlösen in Gruppen ergaben:
- Je mehr Personen versammelt sind, desto größer ist die Wahrscheinlichkeit, daß eine von ihnen einen gesuchten Inhalt (z. B. einen Namen, ein Hilfsmittel, eine Verfahrensregel) richtig erinnert. Was aber ein Mitglied einer Gruppe erinnert, wissen alle Gruppenmitglieder (falls die betreffende Person ihre Erinnerung weitergibt).
- Mehrere Personen können Teilerinnerungen zusammentragen, aus denen sich der gesamte gesuchte Inhalt ergibt (z. B. Rekonstruktion eines Gedichts aus mehreren Strophen).
- Mehrere Personen können helfen, eine falsche Erinnerung zurückzuweisen und nach einer neuen zu suchen.
- Mehrere Personen können im Zweifel die Richtigkeit einer Erinnerung bestätigen.

Soziale Denkschemata dürften Einfluß auf die Organisation des Gedächtnisses nehmen und damit auch auf die Einspeicherung und den Abruf von Gedächtnisinhalten (vgl. Abschnitt 5.5.3). Den in Gruppen entstehenden Emotionen kommt eine besondere Bedeutung für das Einprägen und Behalten zu (vgl. Abschnitt 7.2.4). Personen, Ereignisse, Sachverhalte, die sozial erwünscht sind, werden bereitwilliger eingeprägt und wiedergegeben als sozial unerwünschte. In Unterhaltungen kann Erinnern zur organisierten sozialen Aktion werden. In Unterhaltungen werden kollektive Versionen von vergangenen Ereignissen konstruiert. Daraus bilden sich *soziale Kognitionen*; diese wiederum können Ausgangspunkt für *soziale Aktionen* sein (Middleton & Edwards, 1990).

Wenn es eine individuelle Verdrängung aus dem Gedächtnis gibt, so können zu Gruppen organisierte Individuen das Phänomen der *sozialen Verdrängung* zeigen. Eindeutige Belege für die Richtigkeit dieser Behauptung sind nicht leicht zu beschaffen. Aber einzelne systematisch durchgeführte Studien dürften für die Frage der kollektiven Verdrängung bedeutsam sein. In einer detailliert durchgeführten Inhaltsanalyse von Zeitungsartikeln, die sich mit der Frage des deutschen

Nationalismus in der Zeit von 1949-1966 befaßt, stellt E. Liebhart im Jahre 1971 fest: Deutsche reagierten empfindlich auf die Frage der Kriegsschuld. In entsprechenden Artikeln häuften sich Rechtfertigungsargumente wie jenes, daß der Krieg allen beteiligten Nationen gelegen kam usw. Sofern ein Entlastungsbedürfnis bestand, wurden vorzugsweise die Grausamkeiten des Feindes geschildert, die eigenen blieben unerwähnt. Es entstehen Ideologien in Form des *sozialen Gedächtnisses: Kollektive Erinnerungen* werden darin zusammengefügt und gemeinsam Vergessenes bleibt ausgespart.

Wie sehr Berichte über Vergangenes auf die Durchsetzung eigener Interessen in der jeweiligen sozialen Situation zugeschnitten sind, zeigen Zeugenaussagen. Ulric Neisser berichtete 1981 über die Zeugenaussagen von John Dean, einem Berater des amerikanischen Präsidenten Nixon, anläßlich des Watergate-Skandals. Helfer Nixons hatten 1973 einen Einbruch in ein Büro in Washington verübt, um Dokumente von den politischen Gegnern zu erbeuten; der Präsident mußte nach Aufdeckung des Einbruchs von seinem Amt zurücktreten. Neisser hatte 245 Seiten von Aussagen zusammengestellt; sie stammten von Dutzenden von Treffen aus mehreren Jahren. Die Treffen hatten meist im Büro Nixons stattgefunden; die dabei geführten Gespräche waren ohne Wissen der Besucher auf Tonband aufgezeichnet worden. Zeugenaussagen über die Gespräche konnten also später durch einen Vergleich mit den Tonbandaufzeichnungen auf ihren Wahrheitsgehalt überprüft werden. Dean hat nach dem Kriterium des Ereignisberichts das Gehörte richtig wiedergegeben; Personen, denen er

schuldhaftes Verhalten vorgeworfen hatte, mußten später ins Gefängnis. Aber seine Wiedergabe war trotzdem ungenau. Seine Zeugenaussage enthielt *Rekonstruktionen*, die seine eigene Rolle überbetonten. Er gab die Quintessenz von Gesprächen nicht genau wieder; die Bedeutungen und Zielstellungen schienen ihm entgangen zu sein. Es mangelte seinen Schilderungen auch an Ereignistreue, denn die einzelnen Episoden waren nicht korrekt wiedergegeben. Neisser berichtet von „Richtigkeitsbereichen", die wie Inseln im Meer der unkorrekten Erinnerungen herausragten. Diese Anteile richtiger Aussagen basieren nach Neissers Interpretation auf wiederholten gleichartigen Erfahrungen, die sich dem Gedächtnis dann in typisierter Form einprägen.

Lorge, I., Fox, D., Davitz, J. et al. (1958). A survey of studies contrasting the quality of group performance and individual performance (1920-1957). *Psychological Bulletin, 55,* 337-372.

Middleton, D. & Edwards, D. (1990). Conversational remembering: A social psychological approach. In D. Middleton & D. Edwards (Eds.), *Collective remembering* (pp. 23-45). London: Sage.

Liebhart, E. (1971). *Nationalismus in der Tagespresse.* Meisenheim: Hain.

Neisser, U. (1981). John Dean's memory: A case study. *Cognition, 9,* 1-22.

ZUSAMMENFASSUNG

1. Im Verlauf der menschlichen Entwicklung verändert sich die Gedächtnisleistung. Verbesserungen der Gedächtnisleistung beruhen auch auf einer Vervollkommnung des Metagedächtnisses.

2. Implizites Lernen in den ersten Lebensjahren wird zunehmend durch explizites Lernen ersetzt.

3. Es gibt individuelle Unterschiede in der Geschwindigkeit des Lernens und Vergessens, des Behaltensumfangs und der Veränderung von Erinnerungen nach längerem Behalten.

4. Das Gedächtnis trägt zur Ausbildung eines Selbst-Konzepts bei.

5. Erinnerungsleistungen von Gruppen sind dem individuellen Erinnern oft überlegen. Wie beim individuellen Gedächtnis könnte auch beim kollektiven Gedächtnis Verdrängung vorkommen.

6. Erinnerungen dienen oft der Durchsetzung eigener Interessen in einer Gruppe oder drücken soziale Wünsche und Vorstellungen aus.

 LITERATUR ZUR ERGÄNZUNG UND VERTIEFUNG

Alkon, D. L. (1987). *Memory traces in the brain.* Cambridge: University Press.
(Neuere Erkenntnisse der neuropsychologischen Gedächtnisforschung.)

Baddeley, A. D. (1990). *Human memory: Theory and practice.* Hillsdale, NJ: Lawrence Erlbaum.
(Vorgestellt werden die gegenwärtig wichtigen Forschungen über Prozesse der Speicherung von Informationen im Gedächtnis; eigene Forschungen werden gebührend berücksichtigt.)

Dutta, S. & Kanungo, R. N. (1975). *Affect and memory: A reformulation.* New York: Pergamon Press.
(Über Affektzustände und ihre Auswirkungen auf verschiedene Gedächtnisleistungen.)

Engelkamp, J. (1990). *Das menschliche Gedächtnis. Das Erinnern von Sprache, Bildern und Handlungen.* Göttingen: Verlag für Psychologie.
(Studientext zur modernen Gedächtnispsychologie mit Schwerpunkt beim sprachlichen Gedächtnis.)

Howe, M. L. & Brainerd, C. J. (Eds.). (1988). *Cognitive development in adulthood.* New York: Springer.

(Fragestellungen und Befunde zu Gedächtnisveränderungen im Alter.)

Parkin, A. (1996). *Gedächtnis. Ein einführendes Lehrbuch.* Weinheim: Psychologie Verlags Union.
(Einführung in theoretische und experimentelle Aspekte des menschlichen Gedächtnisses.)

Schneider, W. & Pressley, M. (1989). *Memory development between 2 and 20.* New York: Springer.
(Ausgewählte Themen der Gedächtnisentwicklung, vor allem werden Metagedächtnis und Gedächtnisstrategien behandelt.)

Tulving, E. (1983). *Elements of episodic memory.* Oxford: Clarendon Press.
(Eigener theoretischer Ansatz zur Abgrenzung des episodischen Gedächtnisses von anderen Formen des Speicherns.)

Wender, K. F., Colonius, H. & Schulze, H.-H. (1980). *Modelle des menschlichen Gedächtnisses.* Stuttgart: Kohlhammer.
(Studientext mit Schwerpunkt im Bereich des sprachlichen Gedächtnisses.)

Kapitel 8
Problemlösen

Schöpferisches Denken, Originalität, Kreativität

Komplexität von Problemen

Strategien des Problemlösens

Lösungsprinzipien

Gebrauchswerte von Gegenständen

Stille Phasen im kreativen Prozeß

Erfahrung als Hilfe beim Lösen von Problemen und als Hemmnis der Kreativität

Dieses Kapitel schlägt eine Brücke zwischen den vorangegangenen Darstellungen des Wahrnehmens, Vorstellens und Erinnerns, des Schlußfolgerns und der Begriffsbildung (Kapitel 4 bis 7) und den folgenden Darstellungen des Handelns und seiner Motivation (Kapitel 9 bis 11). Es befaßt sich mit dem vorausschauenden Denken, das Probleme anpackt, die Welt verbessern und den Menschen Zufriedenheit verschaffen will.

Probleme kann man erst lösen, wenn man sie als solche erkannt hat. Deshalb bildet das Ausfindigmachen und Analysieren von Problemen einen wesentlichen Teil des Vorgangs des Problemlösens.

Die Probleme, deren Lösung hier betrachtet wird, sind schwierige Probleme. Ihre Lösung erfordert Anstrengung oder besonderes Geschick. Schwierige Probleme zu lösen, gilt als eine Kunst, die nicht alle beherrschen. Zudem gelten Probleme dann als schwierig, wenn Vorbilder für ihre Lösung nicht bekannt sind und man zu ihrer Lösung neue Wege beschreiten muß. Daher nennt man das Probleme lösende Denken auch schöpferisch, kreativ, produktiv und originell.

Kreativität setzt Phantasie voraus, die sich von der vorgegebenen Wirklichkeit abhebt. Doch muß sich die schöpferische Phantasie mit einer getreuen Einschätzung der Wirklichkeit verbinden, wenn Lösungsentwürfe eine Realisierungschance haben sollen.

8.1
Über die Komplexität von Problemen

8.1.1 Lohhausen: Komplex, vernetzt, dynamisch

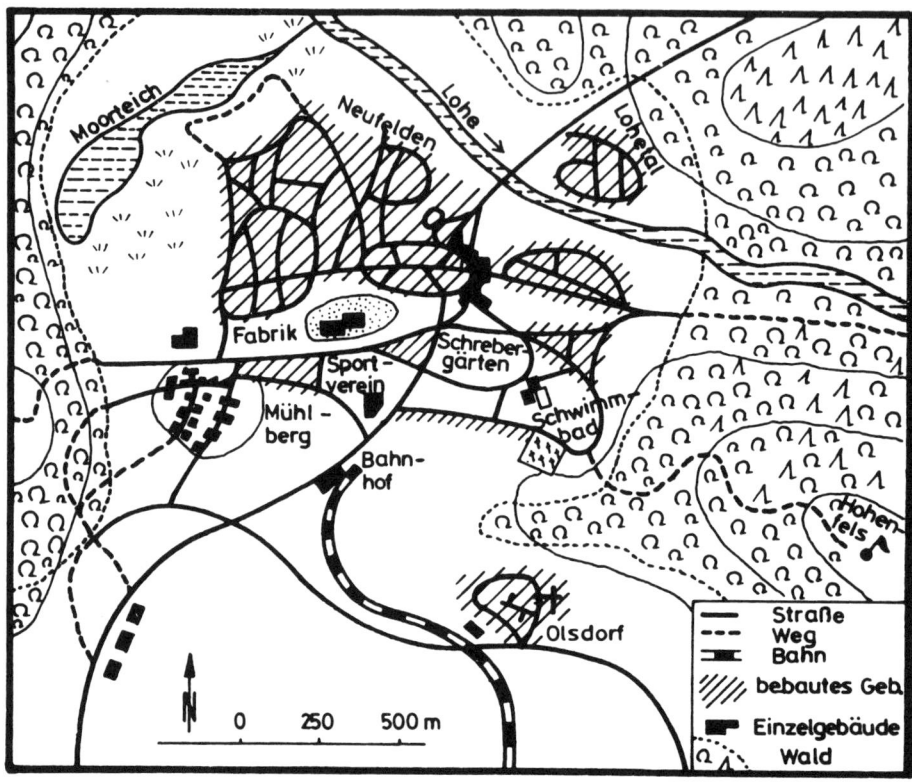

Dies ist der Stadtplan von Lohhausen an der Lohe. Lohhausen hat etwa 4000 Einwohner und liegt in einer waldreichen Gegend, etwa 60 km von einer größeren Stadt entfernt. Auf dem Plan erkennt man eine Eisenbahnlinie, ein Schwimmbad und eine Fabrik. Die beiden Ortsteile Neufelden und Lohetal sind Neubausiedlungen mit zum Teil mehrstöckigen Mietshäusern, während im Westen und Nordwesten alte Wohnviertel liegen, die hauptsächlich von Arbeitern bewohnt werden. Die Häuser am Mühlberg im Südwesten der Stadt besitzen dagegen Villencharakter. Die ökonomische Basis der Stadt, wenn auch nicht die einzige Einnahmequelle, ist eine Uhrenfabrik. Außerdem gibt es eine Bank, Gaststätten, Lebensmittelhändler, Textilwaren-

handlungen und andere Geschäfte, dazu eine Schule, Kindergärten, einen Sportverein und eine Stadtverwaltung. Alle Betriebe in der Stadt mit Ausnahme der Geschäfte, der Post und der Bahn sind städtisch. Die Stadt nimmt Mieten und Steuern ein. Dafür hat sie aber auch Verpflichtungen: Krankenversorgung, Pensionen und Arbeitslosengelder.

Die Stadt Lohhausen wird man auf der Landkarte vergeblich suchen. Sie ist eine Erfindung des an der Universität Bamberg lehrenden Psychologen Dietrich Dörner und seiner Mitarbeiter (Dörner, Kreuzig, Reither & Stäudel, 1983, S.105f.). Die Autoren haben sich die Stadt mit allen ihren Merkmalen ausgedacht und in einem Rechnermodell simuliert.

Simulation bedeutet: Es wurden Merkmale definiert, die mehrere Zustände annehmen konnten (z. B. das Merkmal Einwohnerzahl, das Werte zwischen tausend und hunderttausend annehmen konnte). Weiterhin wurden Beziehungen zwischen Merkmalen bestimmt (z. B. je mehr Wohnraum, desto höher die Einwohnerzahl). Die Merkmale mit ihren Verknüpfungen bildeten das „System Lohhausen". Das System Lohhausen konnte man verwalten, als wäre es eine richtige Stadt. Man konnte so tun, als sei man ein mit diktatorischen Vollmachten ausgestatteter Bürgermeister und könne Entscheidungen über Lohhausen treffen. Beispielsweise konnte man entscheiden: „Mehr Steuergelder für den Wohnungsbau!" Dann wurde die gewünschte Summe - sofern in der fiktiven Stadtkasse vorhanden - als Zustand des Merkmals „Investitionen für den Wohnungsbau" eingetragen.

Zahlreiche Probanden haben sich in dieser simulierten Stadt als Bürgermeister betätigt. Sie wurden mit folgenden Worten in ihr Amt eingeführt:

„Stellen Sie sich vor, Sie werden plötzlich Bürgermeister von Lohhausen (an der Lohe). ... Alles, was Sie beschließen, wird tatsächlich durchgeführt. Ihre Aufgabe ist es, für das Wohlergehen der Stadt in der näheren und ferneren Zukunft zu sorgen. Was Sie dafür unternehmen, ist Ihre Sache. "

(Dörner u. a., 1983, S. 106f.)

Manche Teilnehmer hatten bei der Verwaltung eine glückliche Hand. Es gab z. B. einen Probanden Konrad, während dessen „Regierungszeit" Produktivität und Zufriedenheit deutlich zunahmen. Anders bei dem Probanden Marcus. Marcus wirtschaftete die Stadt herunter. Aufgrund seiner Entscheidungen stiegen Arbeitslosigkeit und Wohnungsnot, und die Zufriedenheit der Bürger sank.

Dörner, D., Kreuzig, H. W., Reither, F. & Stäudel, Th. (Hrsg.). (1983). *Lohhausen. Vom Umgang mit Unbestimmtheit und Komplexität.* Bern: Huber.

Die Aufgabe „Verwaltung der Stadt Lohhausen" ist ein Beispiel eines komplexen Problems. Kennzeichnend für komplexe Probleme sind sechs Eigenschaften:

- Zahl der Variablen. Variablen nennt man die Merkmale des Systems, die jeweils mehrere Werte annehmen können. Komplexe Probleme zeichnen sich durch die große Zahl der zu berücksichtigenden Variablen aus. Das System Lohhausen bestand in seiner ursprünglichen Fassung aus 2000 Variablen wie „Arbeitsplätze", „Preisniveau", „Güte des Gesundheitsdienstes".

- Polytelie. Polytelie (griech. *polys*, viel; *telos*, Ziel) nennt man das gleichzeitige Vorhandensein mehrerer zu verfolgender Ziele. Tatsächlich erhielten die Bürgermeister nur den Auftrag, „für das Wohlergehen der Stadt in der näheren und ferneren Zukunft zu sorgen". Dieser Auftrag konnte vielerlei bedeuten: ökologische Qualität, Familien- und Ausbildungsförderung, Kunst- und Sportveranstaltungen. Ziele hängen oft zusammen. So genügt es nicht, mehr Wohnungen bereitzustellen; es müssen dazu passend Arbeitsplätze geschaffen und Schulen gebaut werden.

- Vernetztheit. Viele Variablen sind unmittelbar oder mittelbar miteinander verknüpft. Ein Beispiel für eine unmittelbare Verknüpfung: Ein städtisches Sommerfest mag die Zufriedenheit der Bürger unmittelbar steigern. Ein Beispiel für eine mittelbare Verknüpfung: Die Schaffung von Arbeitsplätzen mag in einem ersten Schritt zu mehr Einkommen der Bürger führen und in einem zweiten Schritt zu mehr Steuereinnahmen der Stadt. Vernetztheit kann eine Ausbreitung günstiger Wirkungen zur Folge haben (z. B. Sinken der Kriminalität bei Abbau der Arbeitslosigkeit), aber auch zum Entstehen neuer Probleme (z. B. mehr Müll bei höherem Einkommen) beitragen.

- Dynamik. In einem komplexen System gibt es zeitliche Veränderungen. Ein Beispiel einer zeitlichen Änderung ist die wirtschaftliche Konjunktur. Im laufenden Jahr mag die Absatzlage der örtlichen Uhrenfabrik vorzüglich sein; im nächsten Jahr ist der Uhrenmarkt vielleicht schon gesättigt. Dynamik ist eine Eigenschaft des Systems selbst; es sind

Veränderungen, für die ein Problemlöser wie der Bürgermeister von Lohhausen nicht verantwortlich ist.

- Intransparenz. Die Beziehung zwischen Variablen ist in komplexen Systemen nicht immer klar. Zum Beispiel mag ein Konzertprogramm im Gemeindehaus Besucher anziehen. Sicher ist das aber nicht. Dafür mag die Einrichtung von Parkuhren Besucher vertreiben, ohne daß man damit rechnet.
- Freie Komponenten. Ein komplexes System ist, was die Variablen und ihre Verknüpfungen anbelangt, nicht immer vollständig festgelegt. Mancher Bürgermeister wird in seinem Amt schon geseufzt haben: „Es gibt Dinge, die gibt es gar nicht!" Zum Beispiel mögen Auseinandersetzungen in fernen Ländern jahrzehntelang verfügbare Rohstoffe knapp werden lassen. Mit freien Komponenten meint man neu auftretende Variablen; sie schaffen Unsicherheit.

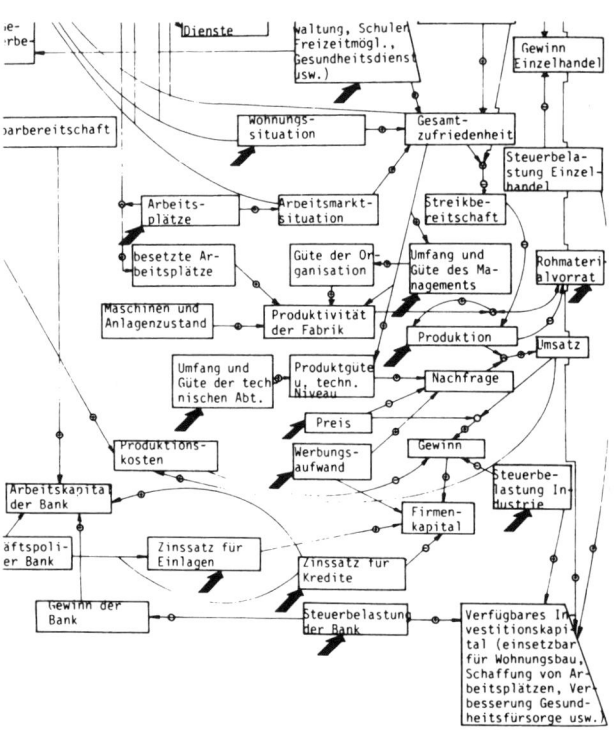

System „Lohhausen" (Ausschnitt aus Dörner u. a., 1983, S.110).

8.1.2 Probleme von hoher und geringer Komplexität im Vergleich

Probleme gibt es in großer Zahl. In ihnen spiegelt sich der Reichtum menschlicher Bedürfnisse. Sie betreffen unterschiedliche Bereiche der Arbeitswelt (z. B. Bau-, Produktions- und Transportprobleme), das soziale Leben (z. B. Probleme zwischen Angehörigen verschiedener Völker) sowie das persönliche Fortkommen und Befinden (z. B. Lernprobleme, Gesundheitsprobleme). Die zur Lösung von Problemen erforderlichen Tätigkeiten sind ebenso vielfältig wie die Probleme selbst. Manche Aufgaben verlangen zu ihrer Lösung mathematische Operationen, andere politische Aktivitäten (wie z. B. das Herbeiführen von Beschlüssen in öffentlichen Versammlungen); wieder andere verlangen körperlichen Einsatz.

Allerdings stellt sich die Frage, ob nicht alle Probleme - ungeachtet ihres Reichtums an Erscheinungsformen - eine gemeinsame Grundstruktur aufweisen und ihre Lösung nicht einem allgemeinen Grundmuster folgt. Gäbe es tatsächlich allgemeine Problemstrukturen und Lösungsmuster, könnten sie den Gegenstand einer allgemeinen Theorie des Problemlösens bilden. Nicht zuletzt für die Entwicklung automatischer Problemlöseprozeduren wäre eine derartige Theorie von großer Bedeutung. Daher ist es kein Zufall, daß es mit G. W. Ernst und Allan Newell (1969) zwei Informatiker waren, die Ansätze zu einer *allgemeinen Theorie des Problemlösens* formuliert haben. Jeweils bezogen auf den Bereich, dem das Problem entspringt, definierten sie generell zwei Zustände:

- einen Ausgangszustand und
- einen Ziel- oder Endzustand.

Was oben Lösungstätigkeit genannt wurde, definieren die Autoren allgemein als die zur Veränderung von Zuständen *zulässigen Operationen*. Durch Anwendung zulässiger Operationen ergeben sich Übergangszustände zwischen Ausgang und Ziel.

Problemlösen - interdisziplinär

Die Theorie des Problemlösens ist keineswegs nur Gegenstand der Psychologie. Außerhalb der Psychologie befassen sich insbesondere mit dem Thema einer allgemeinen Theorie der Probleme und des Problemlösens vor allem
- die Philosophie,
- die Mathematik und Informatik,
- die Soziologie,
- die Geschichtswissenschaft.

Die Philosophie bemüht sich vorwiegend um die erkenntnistheoretischen Grundlagen des Problemlösens. So hat der Philosoph Nicolai Hartmann (1882-1950) eine eigene *Aporetik* zu entwickeln versucht, das ist eine Theorie des Versuchs zur Bewältigung schwer lösbarer Aufgaben (griech. *aporia*, Weglosigkeit, Ausweglosigkeit). Neuere Vertreter der Philosophie, wie der Philosoph Paul Lorenzen (1955), widmen sich den beim Problemlösen anwendbaren logischen Operationen und ihren Voraussetzungen. Allgemeine Prozeduren zur Lösung von Problemen sucht auch die Mathematik zu entwickeln. Ihr computerwissenschaftlicher Zweig, die Informatik, macht sich dabei die Vorzüge moderner Großrechner zunutze (vgl. Mesarović, 1965).

> *„Das Bleibende im Wechsel der Systeme ist die Aporetik, sind die Probleme."*
>
> (Hartmann, 1933, S. 285).

Die Soziologie behandelt das Erfinden und Problemlösen als gesellschaftliche Vorgänge. Sie erkundet die sozialen Vorbedingungen und Folgen von Neuerungen wie z. B. Bevölkerungswachstum, Industrialisierung, Handelsbeziehungen, Lebensstandard (vgl. Gilfillan, 1970). Von den historischen Disziplinen geht insbesondere die Technikgeschichte und die Sozialgeschichte dem Entstehen von Neuerungen nach. So hat der in Dänemark lebende Historiker Drachmann die Entwicklung der Mechanik im griechischen Altertum (Erfindung und Vervollkommnung von Mühlen, Pressen, Katapulten u. ä.) zu seinem Forschungsgegenstand gemacht.

Im Grunde leistet jede Wissenschaft einen Beitrag zur Theorie des Problemlösens, sobald sie eine eigene Methodik hervorbringt. So ist auch das gemeinsame Bemühen um die Lösung von Problemen als einigendes Band zwischen den Wissenschaften gesehen worden. Hier setzt die *Allgemeine Systemtheorie* an. Sie trachtet nach einer „präzisen Sprache für multidisziplinäres Problemlösen und interdisziplinäre Kommunikation" (Mesarović, 1972), um mit ihrer Hilfe die auseinanderstrebenden Einzelwissenschaften zu einem großen Verbund zu organisieren.

Hartmann, N. (1921). *Grundzüge einer Metaphysik der Erkenntnis*. Berlin: De Gruyter.

Lorenzen, P. (1955). *Einführung in die operative Logik und Mathematik*. Berlin: Springer.

Mesarović, M. D. (1965). Toward a formal theory of problem solving. In M. A. Saff & W. D. Wilkinson (Eds.), *Computer augmentation of human reasoning* (pp. 37-64). Washington: Macmillan.

Hartmann, N. (1933). *Systematische Selbstdarstellung*. Berlin: Junker & Dünnhaupt.

Gilfillan, F. C. (1970). *The sociology of invention*. Cambridge/Mass.: Massachusetts Institute of Technology Press.

Drachmann, A. G. (1967). *Große griechische Erfinder*. Zürich: Artemis.

Mesarović, M. D. (1972). Mathematical theory of general systems. In G. J. Klir (Ed.), *Trends in general systems theory* (pp. 251-269). New York: Wiley.

Zum allgemeinen Ansatz des Problemlösens gibt Wickelgren (1974) ein einfaches Beispiel. Gegeben sei eine Serie von vier dreigliedrigen Ketten A-D:

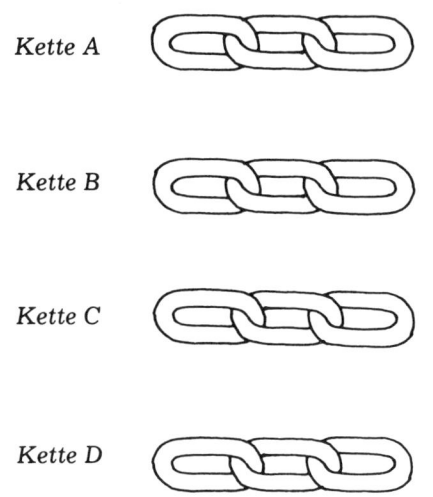

Kette A

Kette B

Kette C

Kette D

Kettenproblem (nach Wickelgren, 1974, S. 56). Ausgangszustand: Vier dreigliedrige Ketten.

Die Aufgabe sei, aus den vier dreigliedrigen Ketten eine einzige zwölfgliedrige Kette anzufertigen. Eine zwölfgliedrige Kette - das sei der Zielzustand:

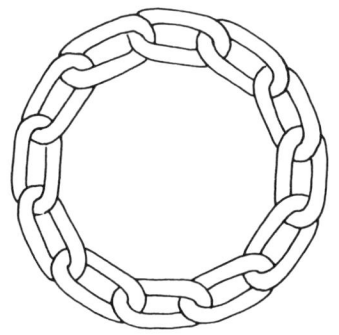

Kettenproblem (nach Wickelgren, 1974, S. 56). Zielzustand: Eine zwölfgliedrige Kette.

Für die Lösung gibt es Bedingungen. Nicht alle denkbaren Lösungsoperationen seien zugelassen. Es gelte: Jedes Glied der Ketten darf geöffnet und geschlossen werden; jedoch dürfen nicht mehr als drei Glieder geöffnet werden. (Die Lösung des Problems folgt auf der nächsten Seite.)

Ausgangs- und Zielzustände sowie Lösungsoperationen, die Übergangszustände schaffen, wird man für alle Problemfälle annehmen können. Wie das Beispiel „Lohhausen" freilich zeigt, sind Ausgangs-, Ziel- und Übergangszustände nicht immer leicht und eindeutig zu bestimmen. Probleme sind und bleiben oft unklar; für die psychologische Forschung sind sie dann spröde Gegenstände. Lieber und häufiger analysierten Untersucher bisher gut überschaubare Probleme mit eindeutigem Ziel und ohne Dynamik. Spezialkenntnisse (z. B. technisches, medizinisches und juristisches Expertenwissen) sollten meist nicht erforderlich sein. So bevorzugte die Problemlöseforschung logische und mathematische Aufgaben.

Eine der logischen Aufgaben, die sich bei den Forschern einer größeren Beliebtheit erfreut, ist die „Kannibalen-Missionare"-Aufgabe (vgl. Thomas, 1974):

Drei Menschenfresser und drei Missionare wollen zusammen über einen Fluß. Aber sie haben nur ein Boot mit zwei Plätzen. Und wenn auf einem Ufer mehr Kannibalen als Missionare sitzen, ist es um die Missionare geschehen. Wie kann die ganze Expedition übersetzen, ohne daß ein Missionar ums Leben kommt?

Ausgang und Ziel, zulässige Lösungsoperationen und Zustandsänderungen sind bei dieser Aufgabe leicht auszumachen. Das Boot muß mindestens elfmal den Fluß überqueren, bis alle sechs Reisenden heil am anderen Ufer sind. Die Lösung umfaßt also elf Schritte.

Ernst, G. W. & Newell, A. (1969). *GPS: A case study in generality and problem solving.* New York: Academic Press.

Wickelgren, W. A. (1974). *How to solve problems.* San Francisco: Freeman.

Thomas, J. C. (1974). An analysis of behavior in the hobbits-orcs problem. *Cognitive Psychology, 6,* 257-269.

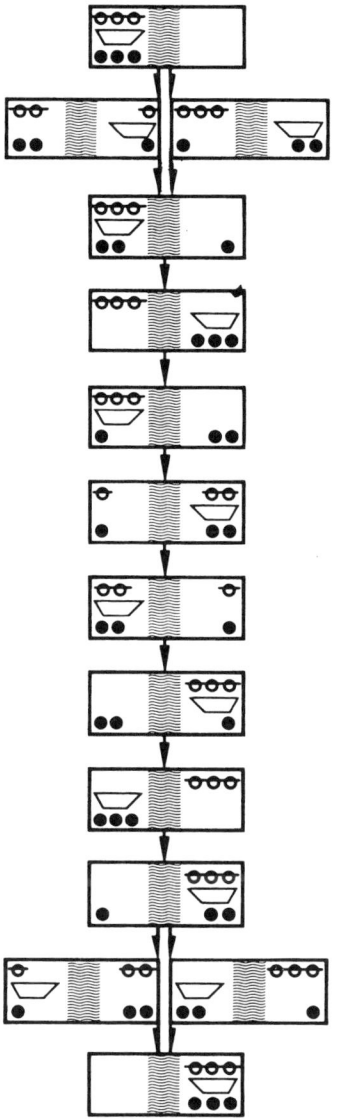

Lösung der „Kannibalen-Missionare"-Aufgabe

Experten haben oft ihr eigenes Verständnis von Problemen. Daher ist das Problemlösen von Experten ein Forschungsthema für sich. Zu den Aufgaben für Experten gehören Schachaufgaben. Die Lösung von Schachaufgaben haben neben anderen der Holländer de Groot (1946/1978) und der Russe Tichomirow (1975) untersucht. Sie analysierten u. a. das Spiel von Schachmeistern wie Euwe, Keres, Alechin und Botwinnik.

Lösung des Halskettenproblems

Es muß eine der vier Ketten vollständig aufgelöst werden. Dann erhält man drei Glieder, um die verbleibenden Ketten miteinander zu verbinden. (Würde man die vier Ketten jeweils durch ihr Anfangs- oder Endglied miteinander verbinden, würde man vier Glieder verändern müssen, und das verstößt gegen die Lösungsregeln).

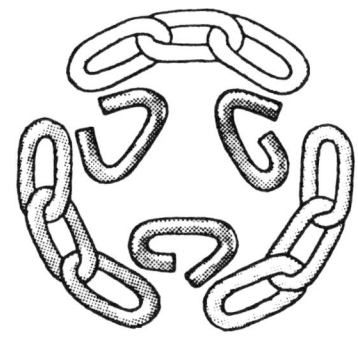

8.1.3 Theoretische Kontroversen zum Problemlösen

Aus kognitivistischer Sicht bildet Problemlösen einen Vorgriff auf das Handeln. Man kann unterscheiden: äußere Handlungen (z. B. Löschen von Feuer, Trösten von Trauernden) und Denkvorgänge, die problemlösendes Handeln vorwegnehmen und steuern (z. B. Planen einer Rettungsaktion).

De Groot, A. D. (1978). *Thought and choice in chess*. Den Haag: Mouton (Erstausgabe 1946: *Het Denken van den Schaker*. Amsterdam: Utig).

Tichomirow, O. K. (1975). Struktur der Denktätigkeit des Menschen. In A. W. Bruschlinski & O. K. Tichomirow (Hrsg.), *Zur Psychologie des Denkens* (S. 133-352). Berlin: Deutscher Verlag der Wissenschaften.

Problemlösen im Denken hat eine Eigenschaft, die ihm gegenüber dem Handeln gleichzeitig einen Vorteil und einen Nachteil verschafft. Der Nachteil: Die gedachte (theoretische) Lösung ändert nicht das geringste an der Realität. Aber das ist auch ein Vorteil. Denn nicht jede gedachte Lösung bewährt sich in der Realität. Mancher Einfall erweist sich schlicht als untauglich, und Problemlöser müssen nachträglich froh sein, ihn erst „im Kopf" geprüft und nicht gleich in der Realität erprobt zu haben. Denn die gedachte Problemlösung ist in der Regel - verglichen mit der ausgeführten Handlung - wenig aufwendig. Sie benötigt meist weniger Zeit, verbraucht kein Material, hat keine nachteiligen Folgen. Wer etwa ohne reifliche Planung an den Bau eines Hauses geht, wird möglicherweise viel Zeit und Geld unnütz aufwenden; darüber hinaus kann noch großer Schaden entstehen, wenn z. B. das schlecht geplante Haus einstürzt. Ein Bauplan des Hauses ist schneller und leichter zu erstellen und zu prüfen; werden Fehler in der Statik durch Vorausberechnung rechtzeitig entdeckt, wird niemand dadurch zu Schaden kommen.

Modellsimulationen

Problemlösen ist Probehandeln. Es kann sich lediglich in Gedanken und Vorstellungen vollziehen. Es kann aber auch ein praktisches Ausprobieren am Anwendungsort sein. Eine Zwischenstellung zwischen der rein gedanklichen Vorwegnahme und dem Ausprobieren am Anwendungsort selbst nimmt die Arbeit am Realmodell ein. Ein *Realmodell* bildet ein Stück der Wirklichkeit nach und erlaubt ein Ausprobieren von Lösungen an der Kopie.

Wenn das Realmodell dem nachgebildeten Bezugsbereich in der Realität hinreichend ähnlich ist, kann die Güte von erdachten Problemlösungen daran erprobt werden. Die Arbeit am Realmodell ist zwar materiell aufwendiger als der reine Denkprozeß, jedoch weniger aufwendig als die Arbeit im realen Bezugsbereich. Die Folgekosten eines Fehlschlags sind im Modell zumeist gering.

Neben Realmodellen spielen bei Ingenieuren, Architekten und Stadtplanern neuerdings Computermodelle eine beherrschende Rolle. Computermodelle versuchen (wie das System „Lohhausen" in Abschnitt 8.1.1), ein Stück der Wirklichkeit durch einen Satz von Meßgrößen mit ihren Wechselbeziehungen zu erfassen. Nachbildungen der Wirklichkeit in Real- und Computermodellen sowie die darin erprobten Lösungen nennt man auch Simulationen.

Modell einer Talsperre (Institut für Wasserbau, Technische Universität Berlin). Das Modell läßt sich verändern und dient so dem Leistungsvergleich von Entwürfen mit verschiedenen Eigenschaften.

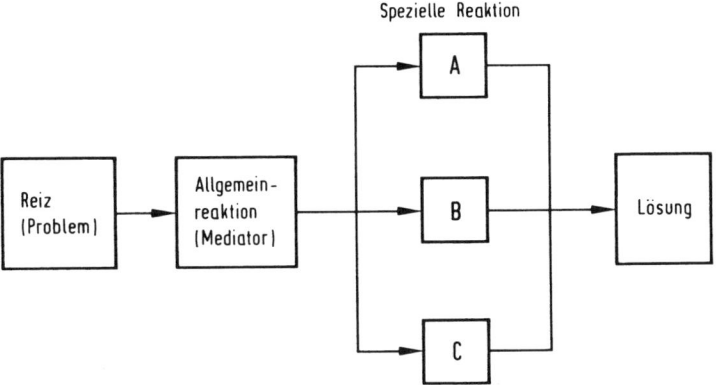

Problemlösen nach dem behavioristischen Reiz-Reaktions-Prinzip (vereinfacht nach Maltzman, 1955).

Die Freizügigkeit des Denkens offenbart sich aus der Sicht kognitivistischer Autoren besonders in der *Subjektivität von Problemen*. Was Menschen zum Problem wird, hänge von ihren jeweiligen Bedürfnissen und ihrer Sicht der Dinge ab. Man möchte meinen: Es gibt Probleme, denen sich Betroffene und Beobachter nicht entziehen können: Hungersnot, Naturkatastrophen, Verletzungen der Menschenrechte mögen einem naturgegebenen Grundbedürfnis nach Leben und sozialer Gemeinschaft entgegenstehen; insofern kann man sie als universelle Probleme bezeichnen. Allerdings ist schon mancher Untersucher an der Annahme naturgegebener Grundbedürfnisse irre geworden. Zahlreiche Fälle von Selbsttötungen nähren etwa Zweifel, ob man den Willen zum Leben zur unwandelbaren Grundausstattung eines jeden Menschen rechnen kann (vgl. Weinert, 1976).

Allen Newell und Herbert A. Simon (1972) von der Carnegie Mellon Universität setzten sich mit der Beschaffenheit von Problemen auseinander, als sie universelle Lösungsprozeduren für Prozeßrechner zu entwickeln versuchten. Gerade ihnen fiel bei der Beobachtung menschlicher Problemlöser auf, wie subjektiv Menschen Problemeigenschaften festlegen. Sie haben ihre eigenen Wahrnehmungen und Urteile bezüglich des Ausgangszustandes und des Zielzustandes (s. Abschnitt 8.1.2). Daher sprechen Newell und Simon von *individuellen Bestimmungen von Problemen* (engl. *redefinition of problems*).

Behavioristische Autoren halten die wissenschaftliche Behandlung subjektiver Sichtweisen auch bei Problemen nicht für statthaft. Von kognitivistischen Autoren unterscheiden sie sich darüber hinaus durch ihre Auffassung von Vorgängen des Problemlösens. Es beruhe auf Verhaltenslernen. In diesem Sinne stellt Irving Maltzman (1955) das Lernen des praktischen Problemlösens dar. Es vollziehe sich auf zwei Ebenen; zu unterscheiden seien
• spezielle Reaktionen, die unmittelbar ausgeführt und beobachtet werden können (z. B. Knüpfen eines Knotens, Zusammenkleben, Aneinanderhaken),
• allgemeine Reaktionen, welche innerlich ablaufen und nicht unmittelbar zu beobachten sind (z. B. Verbinden, Trennen).
Nach Maltzman wirkt die jeweilige Problemsituation als komplexer Reiz. Ein solcher Reiz mag ein Wägelchen sein, das ein Kind vor seiner Haustür findet. Das Kind will den gefundenen Wagen mitnehmen, kann dies aber nicht, da es schon einen anderen Wagen hinter sich herzieht. In dieser Situation mag eine vorher gelernte allgemeine innere Reaktion „Verbinden" erregt werden. Diese Allgemeinreaktion dient nun als *Vermittler* (engl. *mediating response*) zu den speziellen ausführbaren Reaktionen. Durch eine Schnur mit Knoten oder durch Anhaken kann etwa der zweite Wagen an den ersten angehängt werden. Die speziellen Reaktionen sind also vergleichsweise variabel gegenüber der vermittelnden Allgemeinreaktion.

Weinert, Th. (1976). *Aggression und Depression.* Göttingen: Verlag für medizinische Psychologie.

Newell, A. & Simon, H. A. (1972). *Human problem solving.* Englewood Cliffs: Prentice Hall.

Maltzman, I. (1955). Thinking: From a behavioristic point of view. *Psychological Review, 62,* 275-286.

Wertheimer, M. (1956). *Produktives Denken.* Frankfurt a. M.: Kramer (Erstausgabe 1943: *Productive thinking.* New York: Harper & Row).

Egan, D. E. & Greeno, J. G. (1974). Theory of rule induction: Knowledge acquired in concept learning, serial pattern learning and problem solving. In L. W. Green (Ed.), *Knowledge and cognition* (pp. 43-104). Potomac: Erlbaum.

Als mechanistischen Lernprozeß wollen kognitivistische Autoren das Problemlösen nicht gelten lassen. Zu ihnen gehören Max Wertheimer und sein Schüler Karl Duncker, beide maßgebende Vertreter der *Gestalttheorie* (s. Abschnitt 4.2.4). Wertheimer und Duncker werten Problemlösen als *produktives*, als *schöpferisches Denken*.

Für schöpferische Lösungen braucht es nach Wertheimer nicht unbedingt einschlägige Erfahrung, es braucht vielmehr Einsicht. Das „Kapieren" erwachse aus einer Erneuerung der Wahrnehmung, es zeige einen alten Sachverhalt in neuer Sicht. Wertheimer (1956, S. 144ff.) erläutert dies an einer Fülle von Beispielen. Darunter ist auch die folgende Episode von zwei Jungen (übrigens Wertheimers eigene Söhne): Die beiden Jungen spielen Federball. Zuerst spielen sie gegeneinander um Punkte; aber daran verlieren sie bald die Lust, denn der eine ist zwei Jahre älter und dem anderen in allen Spielen weit überlegen. Ein Wettkampf hat unter diesen Umständen gar keinen Sinn. Aber was sollten die Jungen sonst machen? Die Jungen finden eine Lösung dieses sozialen Problems. Sie spielen nicht mehr in Konkurrenz, indem sie sich gegenseitig Fehlerpunkte anrechnen. Sie spielen vielmehr kooperativ und zählen, wie oft sie den Ball hin- und herschlagen können. Der ältere Junge setzt nun seine Überlegenheit dazu ein, dem jüngeren Bälle klug zuzuspielen und selbst ungeschickt geschlagene Bälle noch zurückzuschlagen. Der Jüngere hat es nun leichter, den Ball in der Luft zu halten. So ist jeder der Partner nach seiner Fähigkeit gefordert, und beide freuen sich über ihre mit fortschreitender Übung immer länger werdenden Schlagserien.

In der Analyse Wertheimers: Erfolgreiches Problemlösen bringe neue kognitive Strukturen hervor. Für diese gedankliche Umstellung prägte der Autor einen eigenen Begriff, den Begriff der Umstrukturierung. Wahrnehmen und produktives Denken seien also Erkenntnisprozesse, deren Gleichartigkeit es herauszustellen gelte. Zuerst komme die Wahrnehmung zum Zuge und münde in eine erste Struktur, eine erste Form der Ordnung (z. B. „Federball ist ein Wettkampfspiel"). Das produktive Denken leiste dann einen Strukturwechsel, eine *Umstrukturierung* (z. B. „Federball kann man auch partnerschaftlich spielen!"). Wertheimer war fasziniert von der Unmittelbarkeit und Plötzlichkeit, mit der sich seiner Erfahrung nach Lösungseinfälle einstellen. Er hielt Umstrukturierungen für selbsttätige Prozesse der Organisation (vgl. wieder Abschnitt 4.2.4).

Wahrscheinlich schließen sich kognitivistische und behavioristische Ansätze in der Theorie des Problemlösens gar nicht aus; möglicherweise sind sie sogar geeignet, einander zu ergänzen. Problemlösen - darauf haben D. E. Egan und J. G. Greeno (1974) hingewiesen - kann sich vornehmlich auf früher gesammelte Erfahrungen stützen und wendet sich dabei verstärkt der Vergangenheit zu. Problemlösen kann aber auch in der Gegenwart verbleiben und durch kluge Analyse neue Erkenntnis aus der gerade verfügbaren Information schöpfen. Je nach Art des Problems und je nach der Zugänglichkeit früherer Erfahrung wird das Verfahren vergangenheits- oder gegenwartsorientiert. Man könnte die Meinung vertreten: Behavioristische Autoren wie Maltzman heben den Vergangenheitsbezug des Problemlösens hervor, Autoren wie Wertheimer den Gegenwartsbezug.

ZUSAMMENFASSUNG

1. Probleme unterscheiden sich u. a. in ihrer Komplexität, Vernetztheit und Dynamik. Erfolgreiches Problemlösen überführt mit Hilfe zulässiger Operationen einen Ausgangszustand in einen Zielzustand.

2. Problemlösen besitzt einen inneren Anteil (problemlösendes Denken) und einen äußeren Anteil (praktisches Handeln). Problemlösendes Denken läßt sich als Probehandeln deuten, das Ziele und Lösungen in ökonomischer Weise vorwegnimmt.

3. Das Gelingen einer Lösung führen behavioristisch orientierte Autoren auf Erfahrung zurück.

4. Kognitivistisch orientierte Autoren betonen die Unmittelbarkeit, mit der sich im Augenblick der Lösung eine neue Sicht alter Sachverhalte einstellt; es handle sich dabei um einen der Wahrnehmung vergleichbaren Erkenntnisprozeß (Umstrukturierung).

8.2
Der Prozeß des Problemlösens

8.2.1 Problemlösen durch systematische Variation

Wenn ein Mensch mit einem Problem in seinem Ausgangszustand konfrontiert ist und einige Operationen zur Verfügung hat, diesen Ausgangszustand zu verändern, so interessiert, welche Zustände er überhaupt herstellen kann. So hat sich etwa Sydow (1970) mit den möglichen Lösungsschritten zum Problem des „Turms von Hanoi" befaßt. Der „Turm von Hanoi" besteht aus mehreren Scheiben, die der Größe nach auf einem Feld A gestapelt sind. Sie sollen in der gleichen Reihenfolge auf ein Feld C gebracht werden. Dabei gelten die Regeln: Es darf erstens jeweils nur eine Scheibe zu einer Zeit bewegt werden, es darf zweitens ein Zwischenfeld B zur Ablage verwendet werden, und es darf drittens nie eine kleinere Scheibe unter einer größeren liegen. Gespielt wird in der Regel mit 5-6 Scheiben.

Schon der einfache Fall eines Spiels mit zwei Scheiben eröffnet in drei Zügen 16 Aktionsmöglichkeiten mit 9 unterschiedlichen Ergebnissen, darunter die Lösung. Bei Verwendung von sechs Scheiben sind bereits mindestens 63 Züge zur Lösung erforderlich; die Zahl verschiedener Aktionsmöglichkeiten ist nach 63 Zügen auf 729 angewachsen.

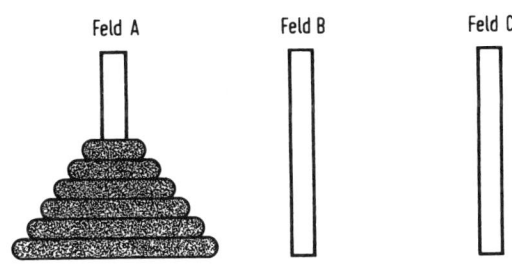

Turm von Hanoi: Ausgangsstellung.

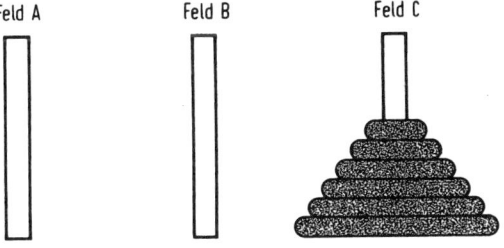

Turm von Hanoi: Endstellung.

Anhand derartiger Aufgaben bemühten sich an der Carnegie Mellon Universität in den USA Ernst, Newell und Simon um eine Theorie der Handlungsmöglichkeiten beim Problemlösen. (Herbert Simon ist Professor für Informatik und Psychologie und hat im Bereich der Wirtschaftswissenschaften Entscheidungs- und Verwaltungsprobleme untersucht; im Jahre 1978 wurde er mit dem Nobelpreis für Wirtschaftswissenschaften ausgezeichnet.) Gesucht waren jeweils komplette Darstellungen von Anfangs-, Zwischen- und Endzuständen von Problemen (vgl. Abschnitt 8.1.2). Die Gesamtheit dieser Zustände nennt man *Problemraum* (engl. *problem space*). Die Verwandlung früherer Zustände des Problemraumes in spätere erfolge durch Operationen des Problemlösens. Die Darstellung von Problemräumen zeige somit die Handlungsmöglichkeiten beim Problemlösen an. Darstellungen von Lösungsoperationen nennt man entsprechend auch *Aktionsbäume* oder ausführlicher *Zustands-Aktions-Bäume* (engl. *state-action-trees*).

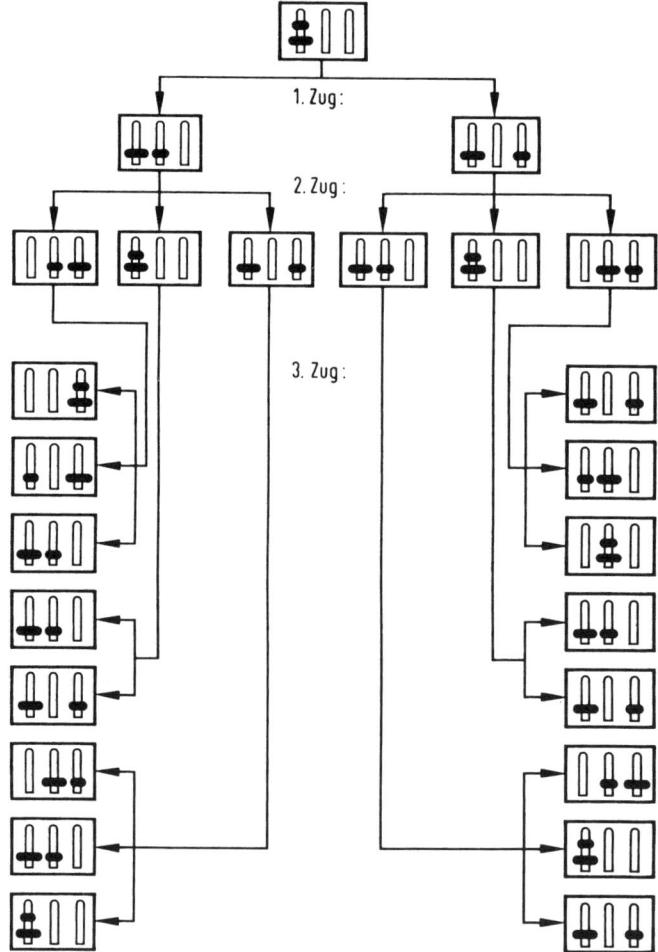

Vollständiger Aktionsbaum zur „Turm von Hanoi"-Aufgabe (nach Sydow, 1970). Vorgegeben sind dabei drei Felder und zwei Scheiben.

Nach Newell und Simon (1972) ist das Fortschreiten im Problemraum durch zwei Grundoperationen bestimmt: durch das Hervorbringen neuer Zustände und durch die Überprüfung der hervorgebrachten Zustände. Beim „Turm von Hanoi" ist das Erzeugen neuer Zustände nicht schwer. Insbesondere wenn die Zahl der Felder klein ist, kann man alle möglichen Züge durchprobieren, bis man auf eine Zugfolge stößt, die zur gewünschten Lösung führt. Ein solches vollständiges Ausprobieren aller möglichen Operationen nennt man eine *systematische Variation*.

Es gibt zahlreiche, auch praktisch bedeutsame Probleme, bei denen das Verfahren der systematischen Variation angebracht ist. Insbesondere seitdem schnell arbeitende Rechner Simulationen von Prozessen und Produkten gestatten (s. Abschnitt 8.1.3), hat das Verfahren der systematischen Variation an Bedeutung gewonnen. Ein wichtiges Anwendungsgebiet ist etwa der konstruktive Ingenieurbau. Beim Entwurf von Gebäudedächern, Schiffsschrauben, Tragflächen u. ä. sind die wesentlichen Einflußfaktoren wie Material, Größe und Form mit ihren Eigenschaften bekannt. Gesucht wird aber die optimale Form ihrer Verbindung (z. B. „aus welcher Metallegierung und in welcher Form fertigt man am besten eine Tragfläche bestimmter Größe?"). Sämtliche Kombinationen von Material, Größe und Form lassen sich dann mit Hilfe eines Rechnermodells simulieren. Durch Herstellung und Vergleich aller möglichen Varianten ist der beste Entwurf ausfindig zu machen.

Der Methode der systematischen Variation sind freilich enge Grenzen gesetzt. Dafür sind vor allem zwei Gründe maßgebend:
• Die für die Lösung bedeutsamen Faktoren sind oft am Beginn des Lösungsvorgangs gar nicht bekannt.
• Die Prüfung erreichter Zustände ist oft mit schwierigen und langwierigen Erhebungen verbunden. (Zum Beispiel erfordert die Beurteilung von Modellversuchen im Schulwesen umfangreiche Begleituntersuchungen.) Sind Problemlöser nicht vom Glück begünstigt, so entmutigt die Beschäftigung mit unbrauchbaren Ergebnissen, bevor eine brauchbare Lösung erreicht ist.

Sydow, H. (1970). Zur metrischen Erfassung von subjektiven Problemzuständen und deren Veränderung im Denkprozeß. *Zeitschrift für Psychologie, 177*, 145-198.

Ernst, G. W. & Newell, A. (1969). *GPS: A case study in generality and problem solving.* New York: Academic Press.

Newell, A. & Simon, H. A. (1972). *Human problem solving.* Englewood Cliffs: Prentice Hall.

Problemlöser - und mit ihnen Untersucher des Problemlösungsprozesses - geraten also in ein Dilemma: Grundsätzlich müßte es zu jedem Problem einen vollständigen Aktionsbaum und mindestens eine Lösung durch systematische Variation geben (falls das Problem überhaupt lösbar ist). Aber solange die Fähigkeit des Menschen zur Bewältigung großer Informationsmengen beschränkt bleibt, werden ihm die Aktionsbäume in der Regel „über den Kopf wachsen". Die systematische Variation wird ihn rettungslos überfordern. Daher wird nach Möglichkeiten zu suchen sein, „den Aktionsbaum zu beschneiden" - wie Wickelgren (s. Abschnitt 8.1.2) das ausgedrückt hat.

8.2.2 Algorithmische und heuristische Lösungen

„Den Aktionsbaum beschneiden" bedeutet für Problemlöser: alle Zweige zu entfernen, die nicht zur Lösung führen; statt dessen die Aufmerksamkeit auf jene Zweige zu richten, die sie einer Lösung näher bringen. Ein solches Vorhaben führt von einer systematischen Variation zu einer planmäßig auswählenden Variation. Eine planmäßige Auswahl ist nach zwei Verfahren möglich:
• durch Algorithmen, feststehende Lösungsprozeduren (so benannt nach Al-Chwarismi, einem arabischen Mathematiker),
• durch Heuristiken (von griech. *heuriskein*, finden), Suchverfahren und Findemethoden, für die es keine feste Vorschrift gibt.

Ein unfehlbares Rezept zur Verlagerung des „Turms von Hanoi" lautet:

Bei ungeraden Zügen bewege die kleinste Scheibe.

Bei geraden Zügen bewege die nächstkleinste freie Scheibe.

Ist die Zahl der Scheiben ungerade, wandert die kleinste Scheibe in Richtung A→C→B→A usf. über die Felder.

Ist die Zahl der Scheiben gerade, wandert die bewegte Scheibe von A→B→C→A usw.

Diese Regeln kann man noch stärker formalisieren. In dem Satz von Anweisungen, deren Befolgung die Lösung der „Turm-von-Hanoi"-Aufgabe garantiert, hat man ein Beispiel für einen *Algorithmus* (Klix, 1971, S. 727).

Heuristiken sind weniger klar zu beschreiben. Sie können speziell auf ein bestimmtes Problem zugeschnitten sein. Ein heuristisches Prinzip, anwendbar bei der „Turm-von-Hanoi"-Aufgabe, kann etwa lauten: Beim Abräumen des Turms von Feld A muß zum Schluß Feld C frei sein, damit die größte Scheibe dahin verlagert werden kann.

> *„Es gibt keine richtigen und falschen Theorien. Es gibt nur fruchtbare und sterile Theorien."*
>
> (Der Physiologe Claude Bernard, 1813-1878)

Manche Heuristiken scheinen allgemein anwendbar. Bei jedem Problem ist z. B. die Prüfung nützlich: „Warum geht das eigentlich nicht?" „Welche Randbedingungen sind für mein Problem wesentlich, welche unwesentlich?" Speziellere Heuristiken sind: „Ersatz beschaffen" , „Hindernisse beseitigen". Durch Zusammenstellung derartiger Heuristiken erhält man Leitfäden zur Behandlung von Problemen (z. B. Putz-Osterloh, 1974).

Klix, F. (1971). *Information und Verhalten*. Bern: Huber.

Putz-Osterloh, W. (1974). Über die Effektivität von Problemlösungstraining. *Zeitschrift für Psychologie, 182*, 253-276.

8.2.3 Lösungsprinzipien und ihre Konkretisierung

Stehen keine Algorithmen bereit und fällt auch nicht schlagartig eine Lösung ein, so muß der Lösungsweg schrittweise erarbeitet werden. Allgemeine und spezielle Heuristiken (s. Abschnitt 8.2.1) sind dabei wesentliche Wegmarken. Sie helfen, die zieldienlichen Teile des Aktionsbaumes auszusondern. Dabei ist zu beachten: Zu vielen Problemen gibt es mehrere Lösungen. Verschiedene denkbare Lösungen brauchen dabei nicht gleichwertig zu sein, so daß Entscheidungen zwischen ihnen nötig werden. Außerdem herrscht auf dem Wege zur Lösung subjektive Unsicherheit; erst mit dem endgültigen Erreichen der Lösung steht die Angemessenheit des Lösungswegs außer Zweifel.

Es war Karl Duncker, der den gedanklichen Weg zur Lösung einer eingehenden phänomenologischen Analyse unterzogen hat (s. bereits Abschnitt 8.1.3). Zu den von ihm am häufigsten vorgelegten Aufgaben gehört die „Bestrahlungsaufgabe":

„... gesucht ein Verfahren, um einen Menschen von einer inoperablen Magengeschwulst zu befreien mit Hilfe von Strahlen, die bei genügender Intensität organisches Gewebe zerstören - unter Vermeidung einer Mitzerstörung der umliegenden gesunden Körperpartien."

(Duncker, 1935, S. 1.)

Zu dieser Aufgabe machen Probanden Lösungsvorschläge wie: „Strahlen durch die Speiseröhre schicken", „die gesunden Gewebe durch Einspritzung unempfindlich machen", „Freilegung der Geschwulst durch Operation. Die Lösungsvorschläge lassen sich nach drei Grundideen gruppieren:
- Vermeidung eines Kontakts zwischen Strahlen und gesundem Gewebe,
- Immunisierung des gesunden Gewebes gegenüber Strahlen sowie
- Herabsetzung der Strahlung auf dem Wege durch das gesunde Gewebe.

Diese Grundideen enthalten in allgemeiner Form drei Möglichkeiten der Lösung des Bestrahlungsproblems, sie verkörpern drei allgemeine Lösungsprinzipen.

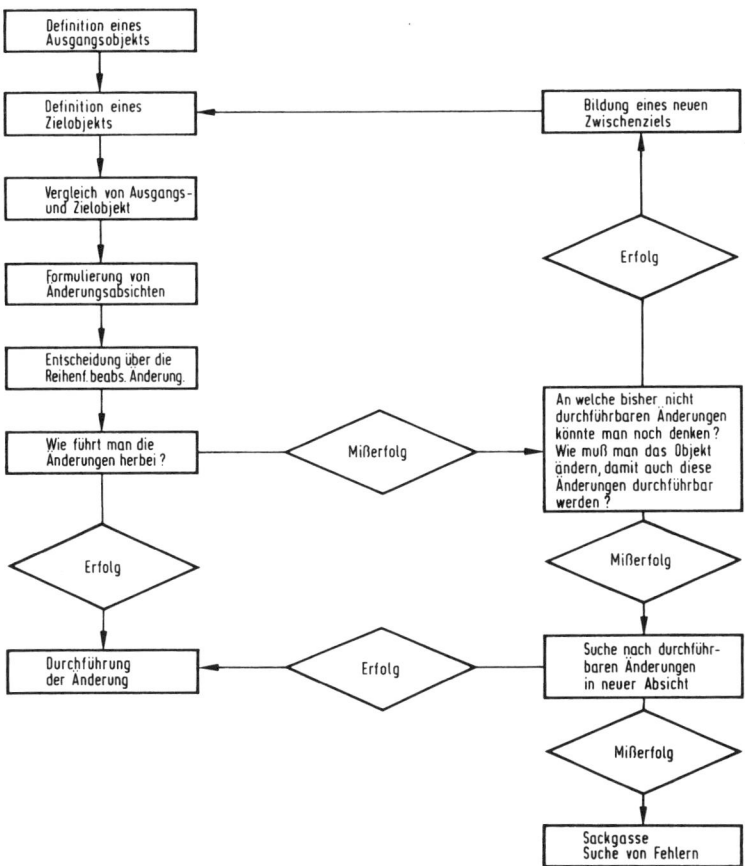

Heuristisches Schema (Allgemeinstrategie) zur Lösung von Problemen (nach Putz-Osterloh, 1974, S. 259).

Jedes Lösungsprinzip kann nun weiter präzisiert werden. Ein Kontakt zwischen Strahlen und gesundem Gewebe wäre etwa zu vermeiden

- durch Benutzung eines gewebefreien Zugangs zum Magen; als ein solcher freier Zugang ließe sich die Öffnung der Speiseröhre benutzen,
- durch eine operative Entfernung gesunder Gewebe aus der Strahlenbahn; das wäre der Fall bei einer Freilegung des Magens, der dann allein den Strahlen auszusetzen wäre,
- durch Einführung einer Schutzwand zwischen Strahlenbahn und gesundem Gewebe; so könnte man die Strahlen durch eine Kanüle bis zum Magen leiten.

Eine Herabsetzung der Bestrahlung auf dem Wege durch das gesunde Gewebe ließe sich u. a. erreichen

- durch Streuung der Strahlen auf dem Wege durch das Gewebe und Bündelung der Strahlen am Ort des Tumors (eine Person macht den Vorschlag, dies durch eine Linse zu bewerkstelligen),
- durch Rotation des Patienten bei fester Bestrahlungsrichtung; die Strahlen sollen den Tumor stets voll treffen, das von den Strahlen passierte gesunde Gewebe soll aber stets wechseln,
- durch eine Rotation des Bestrahlungsapparates um den Patienten; dadurch ist ebenfalls eine dauernde Bestrahlung des Tumors bei wechselnder Einflußnahme auf das umgebende Gewebe gewährleistet.

Duncker nennt die Darstellung verzweigter Lösungswege *Lösungsstammbäume*. In der Tat ähneln sie den Stammbäumen der Genealogie (Ahnenforschung).

Die Dunckerschen Lösungsstammbäume haben mit Aktionsbäumen (s. Abschnitt 8.2.1) die Form gemeinsam. Sie beziehen sich aber auf andere Inhalte. Werden in Aktionsbäumen aufeinanderfolgende Operationen erfaßt, so beschreiben Lösungsstammbäume gedankliche Schritte. Während im Aktionsbaum die Begründung für die Wahl einzelner Operationen offen bleiben kann, liefern die Denkschritte im Lösungsstammbaum die Argumentationsgrundlage für die Ausführung von Handlungen.

Duncker, K. (1935). *Zur Psychologie des produktiven Denkens*. Berlin: Springer.

Duncker, K. (1926). A qualitative (experimental and theoretical) study of productive thinking (solving of comprehensible problems). *Journal of Genetic Psychology, 33*, 642-708.

Die Dunckerschen Lösungsstammbäume entfalten sich jeweils in mehreren Zweigen; diese gliedern sich nach den herangezogenen Lösungsprinzipien. Indem Zweige verschiedene Ebenen erreichen, gewinnen sie an Konkretheit. So bleibt in der Idee „Leitung der Strahlen durch die Speiseröhre" der gesamte Inhalt des übergeordneten Prinzips „Vermeidung eines Kontakts zwischen Strahlen und gesundem Gewebe" erhalten. In der untergeordneten Idee wird die übergeordnete lediglich durch zusätzliche Merkmale genauer bestimmt.

Nicht alle erdachten Lösungen sind akzeptabel. Lösungen sind oft falsch, weil sie auf nicht zutreffenden Voraussetzungen beruhen. Manche Lösungen sind nicht geradezu falsch zu nennen; sie sind aber doch für praktische Zwecke zu verwerfen, weil sie unter den gegebenen Umständen nicht zu verwirklichen sind oder weil sie ungünstige Nebenwirkungen haben. So ist es zweifellos eine hervorragende Idee, das Gewebe durch eine Injektion vor Strahlung zu schützen. Aber die Idee läßt sich nicht verwirklichen, solange die schützende Substanz nicht entdeckt ist. Die operative Freilegung des Tumors würde unerwünschte Strahlenschäden vermeiden - aber um welchen Preis! So scheint tatsächlich der Wechsel der Bestrahlungsrichtung die praktikabelste Lösung innerhalb des dargestellten Lösungsstammbaumes zu sein. Ein Lösungsstammbaum kann sich „von oben her" - wie Duncker schreibt - durch fortschreitende Konkretisierung entwickeln. Typisch für diese Lösung „von oben her" ist das Durchlaufen der Stadien:

• Problemanalyse,
• Finden eines Lösungsprinzips,
• sukzessive Konkretisierung des Prinzips bis zum Erreichen der Praktikabilität.

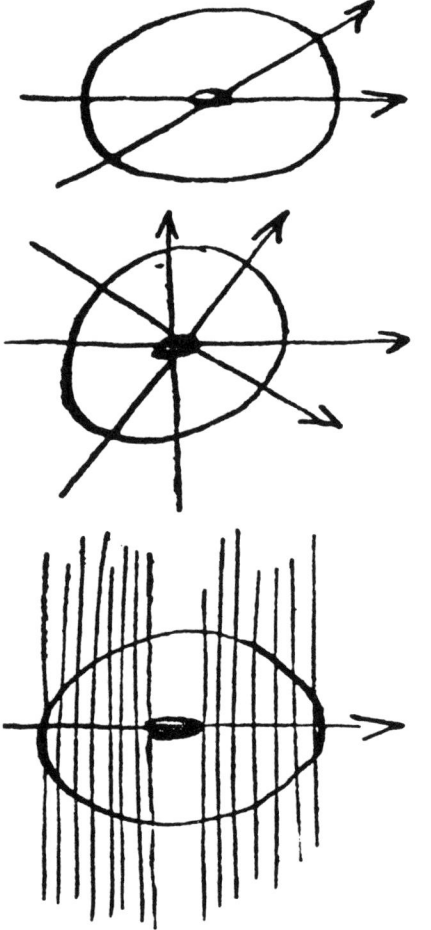

Drei Lösungsvorschläge für das Tumorproblem, wahrscheinlich von Duncker für eine Veröffentlichung aus dem Jahre 1926 selbst skizziert (Faksimile-Abdruck).

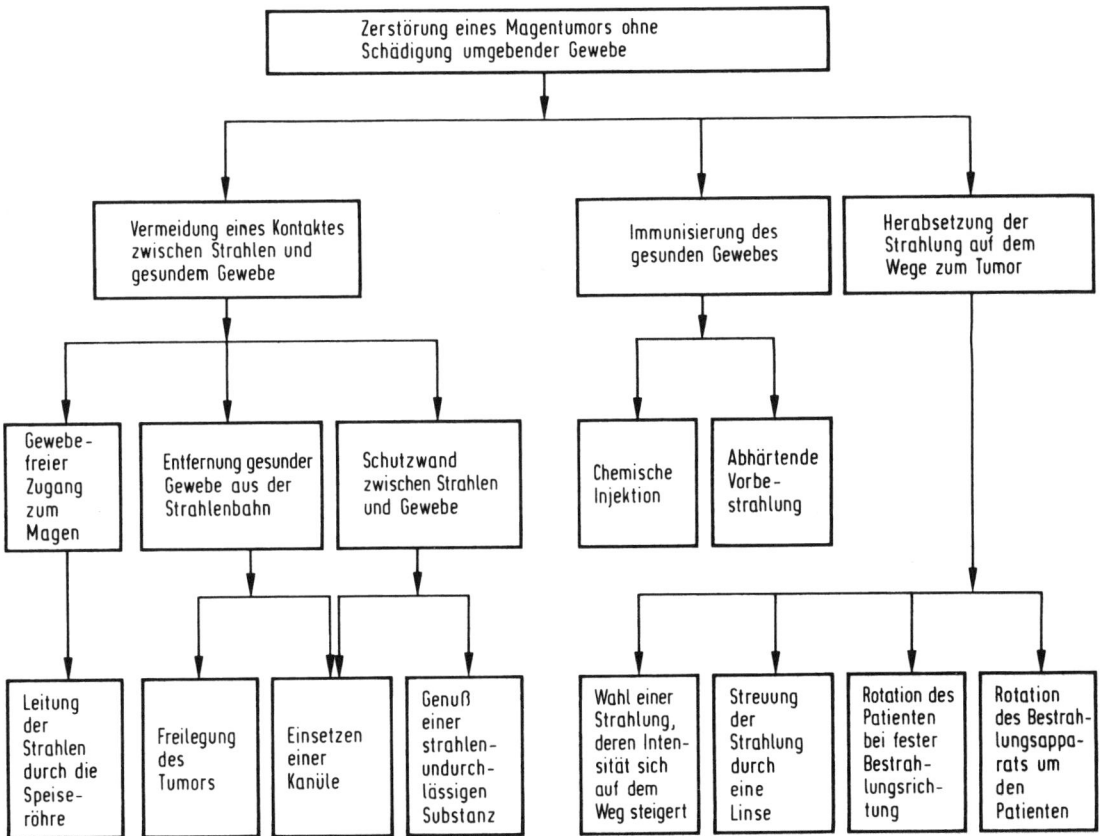

Lösungsstammbaum zum Tumorproblem (nach Duncker, 1935, S. 5).

Im Einzelfall bedarf es freilich nicht des gewissenhaften Abarbeitens dieser Kette. Oft erfolgt zuerst der Einfall einer konkreten Lösung (z. B. „da lassen wir den Patienten einfach rotieren"). Der Lösungsstammbaum wird dann „von unten her" entwickelt. Zu dem konkreten Lösungsvorschlag wird ein passendes Lösungsprinzip gesucht.

8.2.4 Fraktioniertes Problemlösen

Im Rückblick erscheint der Weg zur Lösung oft klar und gradlinig. Hat man erst Kenntnis von dem einschlägigen Aktionsbaum, sind die kürzesten und unaufwendigsten Pfade vom Problem zur Lösung leicht auszumachen. Solche Kenntnis fehlt aber zumeist bei der Konfrontation mit neuen, komplexen Problemen. Schon die Probanden Dörners, die für einige Stunden den Bürgermeister von Lohhausen spielen sollen (s. Abschnitt 8.1.1), werden in den ersten Minuten ratlos sein: „Was soll ich denn nur anfangen?" Noch größer und bedrückender kann diese Ratlosigkeit in komplexen Situationen mit Ernstcharakter werden: beim Flüchtling, den das Schicksal in ein fremdes Land verschlagen hat; beim Regierungschef, der sein Amt während einer Krise antritt; beim Planer zu Beginn eines großen Vorhabens. Solche Personen werden gut daran tun, dem Ratschlag zu folgen: „Nicht das gesamte Problem auf einen Schlag bewältigen wollen! Lieber das Problem in mehrere kleinere Brocken aufgliedern!"

Die Aufgliederung kann in zweierlei Weise erfolgen:

• Nach Teilproblemen, die zeitlich parallel zu bewältigen sind (z. B. wird nach einer Staatskrise die Versorgung der Bevölkerung mit Nahrungsmitteln und der Aufbau einer leistungsfähigen Verwaltung gleichzeitig zu betreiben sein);

• nach Teilproblemen, die nacheinander zu bewältigen sind; (so wird der Flüchtling in einem fremden Land zuerst eine Unterkunft und danach eine Arbeitsstelle suchen).

Evolutionistische Lösungsverfahren

Mit Neid betrachtet der Techniker oft die Natur. Einige ihrer Schöpfungen erscheinen unübertrefflich. Ein Beispiel ist der menschliche und tierische Blutkreislauf. Die Abstufung seiner Durchmesser und die Lage seiner Verzweigungen machen ihn zu einem idealen Rohrleitungssystem (Rechenberg, 1973). Wie ist die Natur zu solchen Erfindungen gelangt? Dazu die auf den englischen Gelehrten Charles Darwin zurückgehende Theorie: durch den Vorgang der *Evolution*. Von Generation zu Generation haben sich Erbanlagen spontan geändert (Mutation). Individuen mit verbesserten Eigenschaften hatten gegenüber anderen eine erhöhte Überlebens- und Fortpflanzungschance (Selektion).

Läßt sich dieses Verfahren, das möglicherweise in Milliarden von Jahren die heutigen Lebensformen hervorgebracht hat, auch bei kurzfristigen Problemlösungen anwenden? Ingo Rechenberg, Professor für Verfahrenstechnik an der Technischen Universität Berlin, ist davon überzeugt. Er hat ein mathematisches Konstruktions- und Prüfverfahren entwickelt, das der Evolutionsstrategie folgt. Mit Hilfe dieses Verfahrens hat er in vergleichsweise kurzen Zeiten Strahldüsen, Kühlrippen und andere konstruktive Elemente optimiert. Das gleiche Verfahren erweist sich auch in der Medizintechnik als nützlich. Zur Bekämpfung des Bluthochdrucks (Krowalewski, Peters & Zerbst, 1979) erhalten z. B. Patienten einen „Nervenschrittmacher" eingepflanzt, ein elektronisches Gerät, das Impulse zum Carotissinusnerv sendet. Der Nerv meldet den Druck an der Halsschlagader an das Kreislaufzentrum. Wird der Nerv nun elektrisch gereizt, täuscht dies einen erhöhten Gefäßdruck vor und löst eine Gegenregulation aus. Die Folge ist ein Absinken des Blutdrucks. Der Nervenschrittmacher hält den Blutdruck des Patienten auf einem Normalniveau. Allerdings muß der Schrittmacher recht genau an den Blutdruck und die Herzfrequenz der Patienten angepaßt werden. Dabei bedienen sich die Autoren der Rechenbergschen *Evolutionsstrategie*.

Rechenberg, I. (1973). Bionik, Evolution und Optimierung. *Naturwissenschaftliche Rundschau, 26,* 465-472.

Darwin, Ch. (o. J.). *Die Entstehung der Arten durch natürliche Zuchtwahl.* Leipzig: Kröner (Erstausgabe 1859: *The origin of species by means of natural selection.* London: Murray).

Krowalewski, H. E., Peters, T. & Zerbst, E. (1979). Prozessorgesteuerte Reizparameteroptimierung für ein rückgekoppeltes Nervenschrittmachersystem. *Biomedizinische Technik, 24,* 229-230.

In allen diesen Fällen ist das Prinzip das gleiche: Es werden Eigenschaften in den zu optimierenden Systemen geändert - dies entspricht der Mutation. In der nachfolgenden Prüfung wird festgestellt, ob die Veränderung Vorteile bringt. Varianten mit Vorzügen werden beibehalten und weiteren Veränderungen mit nachfolgender Prüfung unterworfen (Selektion). In den genannten Fällen benötigt man in der Regel 200 bis 300 „Generationen", um Erfolg zu haben.

Die praktische Auswertung theoretischer Erkenntnis

Entdeckungen und Erfindungen bleiben mitunter ungenutzt, weil kein hinreichend großer Bedarf dafür vorhanden ist oder es an der nötigen Technologie fehlt, um sie in größerem Maßstab nutzbar zu machen. Recht lehrreich ist in diesem Zusammenhang die Geschichte der Zuckerfabrikation (nach Darmstaedter, 1926, S. 76ff.). Zunächst war nur der Rohrzucker bekannt. Erst im Jahre 1747 hat Andreas Sigismund Marggraf (1709-1782), Apotheker und Privatgelehrter in Berlin, eine Abhandlung über *Chymische Versuche, einen wahren Zucker aus verschiedenen Pflanzen, die in unseren Ländern wachsen, zu ziehen* veröffentlicht. In dieser Schrift äußerte er:

„Ich kam gelegentlich auf den Gedanken, auch die Teile verschiedener Pflanzen, welche einen süßen Geschmack besitzen, zu erforschen, und nach mannigfachen Versuchen, welche ich angestellt habe, fand ich, daß einige dieser Pflanzen nicht nur einen dem Zucker ähnlichen Saft, sondern in der Tat wirklichen Zucker enthalten, der dem bekannten, aus dem Zuckerrohr gewonnenen, genau gleicht."

Als Pflanzen, aus deren Wurzeln er solchen Zucker isoliert hat, nennt er den weißen Mangold, die Zuckerwurzel und den „Rübenmangold" oder „Runkelrübe" genannten roten Mangold.

Darmstaedter, L. (1926). *Naturforscher und Erfinder*. Bielefeld: Velhagen & Klasing.

Marggraf hat die Gewinnung und Reinigung des Rübenzuckers beschrieben, aber nie eine Rübenzuckerfabrikation größeren Stils angestrebt. Die gewerbsmäßige Herstellung des Rübenzuckers wurde vielmehr erst von seinem Schüler Franz Karl Achard begonnen. Benjamin Delessert brachte das Verfahren 1812 zu großer Ergiebigkeit. Das war damals von erheblicher wirtschaftlicher Bedeutung, denn Europa stand unter einem „Zuckerschock". Durch die Kontinentalsperre Napoleons I. gegen England war die Einfuhr von Zuckerrohr aus Übersee drastisch zurückgegangen.

Die Aufgliederung eines *Gesamtziels* oder *Oberziels* in mehrere (simultan oder sukzessiv zu erreichende) *Teilziele* oder *Unterziele* erhöht die Überschaubarkeit der Anforderungen und teilt den Lösungsprozeß in mehrere (simultan oder sukzessiv abzuwickelnde) Schritte. Man kann dies als Fraktionierung (lat. *fractio*, Bruch) des Problemlösens bezeichnen.

Die Gliederung des Lösungsprozesses in mehrere aufeinanderfolgende Schritte ist oft bei schwierigen Aufgaben zu beobachten. Bei der Missionar-Kannibalen-Aufgabe (s. Abschnitt 8.1.2) ist ein häufiges Zwischenziel: Erst einmal alle Missionare über den Fluß bringen. Bei der Verlagerung des „Turms von Hanoi" ist ein häufiges Zwischenziel: Erst einmal die größte Scheibe freilegen.

Am eingehendsten ist die Zieldifferenzierung in psychologischen Untersuchungen zum Schachspiel behandelt worden. Der Reiz des Schachspiels liegt ja nicht zuletzt darin, daß kaum eine Partie der anderen gleicht und sich im Verlauf des Spiels die verschiedensten Probleme stellen. Diese Probleme bedürfen der Ordnung. Tichomirow (1975, S. 147) benennt eine Hierarchie von Aufgaben:
- Entscheidung des Spiels durch das Matt (persisch-arabisch *esch-schah-mat*, der König ist tot), d. h. die Eroberung des fremden Königs;
- strategische (langfristig angelegte) Pläne: Überlegungen, durch welche langfristigen Entwicklungen (Stellungsvorteil, Materialvorteil) man in den Besitz des gegnerischen Königs gelangen kann;

• taktische (kurzfristig angelegte) Methoden
wie Zerstörung einer Figurenreihe, den
gegnerischen König in eine Ecke treiben,
aus der es kein Entkommen gibt, usw.

Jede Aktion eines Spielers, jeder Spielzug,
soll einem oder mehreren Zielen innerhalb
dieser Hierarchie dienen.

Zu Beginn des Spiels sind die gegnerischen
Figuren - unterscheidbar an ihrer Farbe Weiß
und Schwarz - in größtmöglicher Entfernung
an den Grundlinien des Schachbretts versammelt. Die Figuren sind eingezwängt und
müssen „entwickelt", d. h. sicher zur Mitte
des Bretts gebracht werden, wo sie eine
größere Bedrohlichkeit entfalten. Die Mittelphase des Schachspiels ist durch recht komplizierte Stellungen mit zahlreichen Figuren
gekennzeichnet. Auch in dieser Phase ergibt
sich nicht immer die Gelegenheit zum Angriff
auf den gegnerischen König. Neben der
stetigen Verbesserung der eigenen Stellung
gilt das Streben deshalb dem Gewinn eines
Übergewichts an Figuren. In der Schlußphase
sind die beiden Könige ihrer meisten
dienenden Figuren beraubt. Sie werden dann
selbst aktiv, bis einer von ihnen mattgesetzt ist
oder - der Fall des unentschiedenen Ausgangs
- keiner der beiden Spieler ein Matt erzwingen
kann.

Die verschiedenen Ziele des Schachspiels.
„Entwickeln von Figuren", „Figurengewinn",
„Stellungsvorteil" und „Mattsetzen des
gegnerischen Königs", werden so in eine zeitliche Reihenfolge gebracht. Einem Oberziel
„Mattsetzen" werden mehrere Unterziele
vorgelagert. Dabei stehen die Unterziele im
Dienste des Oberziels. Die *Zielhierarchie*
setzt sich in eine Abfolge von Zielen um.

Sukzessiv und simultan zu verfolgende
Ziele im Ablauf des komplexen Problemlösens kann man als Netz darstellen. Ein
solches Netz von Zielen wird auch als
Zielstruktur bezeichnet.

Die Fraktionierung eines Problems in
Teilprobleme bzw. die Trennung eines
Lösungsablaufs in Teilschritte birgt freilich
auch eine Gefahr: die einseitige Konzentration
auf Teilaufgaben zum Schaden des Ganzen.
Dörner nennt einen solchen Rückzug
„*Einkapselung*". Aus der Lohhausen-Studie
(s. Abschnitt 8.1.1) berichtet er zum Beispiel:

Schachspiel Anfangsstellung: Die Figuren müssen
zuerst in eine günstige Stellung gebracht werden.

Schachspiel Mittelphase: Die Figuren sind
weitgehend in Stellung gebracht, nun geht es
vorzugsweise um Materialvorteile.

Schachspiel Endphase: Der schwarze König kann
sich der Übermacht weißer Figuren nicht erwehren
und steht vor dem Matt.

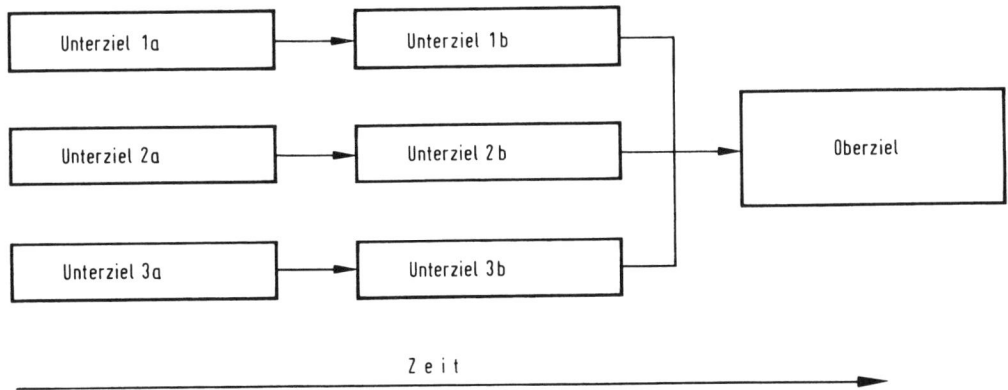

Graphische Darstellung einer Zielstruktur.

„... *nahm eine Versuchsperson die Nachricht vom beschleunigten Niedergang der städtischen Finanzen zwar zur Kenntnis, beschloß kurz einige Gehaltskürzungen, um sich sodann intensiv und mit hohem Zeitaufwand der Organisation eines Popfestivals zuzuwenden* ... . *Dies war wohl hauptsächlich eine Fluchtreaktion.*"

(Dörner, 1979, S. 180)

Wichtig ist unter diesen Umständen, bei einer Aufgliederung von Problemen den Überblick über die gesamte Zielstruktur nicht zu verlieren. Das bedeutet bei simultan zu erledigenden Aufgaben: Keine Einschränkung der Aufmerksamkeitsbreite! Und bei sukzessiv sich stellenden Anforderungen: Weit vorausschauen!

Tichomirow, O. K. (1975). Struktur der Denktätigkeit des Menschen. In A. W. Bruschlinski & O. K. Tichomirow (Hrsg.), *Zur Psychologie des Denkens* (S. 133-352). Berlin: Deutscher Verlag der Wissenschaften.

Dörner, D. (1979). Ut desint vires ... . *Scheidewege*, 9, 167-188.

8.2.5 Analysen und Transformationen auf dem Weg zur Lösung

Erschwert wird das Problemlösen, wenn das Problem nicht klar ist. Oft gibt es das diffuse Erleben, etwas sei nicht in Ordnung, ohne die Gewißheit, was da nicht in Ordnung sei. Wenn die Kenntnis des zu lösenden Problems unzureichend ist, muß das Problemlösen mit einer Präzisierung des Problems beginnen. Diese Präzisierung schließt die Fragen ein:
- Was sind die unmittelbaren Störfaktoren (z. B. Krankheiten, Versorgungsmängel, Unverträglichkeit von Partnern)?
- Was sind die weiterreichenden Ursachen dieser unmittelbaren Störfaktoren (z. B. falsche Diät als Ursache von Gesundheitsstörungen, Mängel im Transportsystem als Ursache von Versorgungsschwierigkeiten)?

Die Definition der Ausgangslage erfordert einen eigenen Prozeß, den Prozeß der *Problemanalyse.* Einen wesentlichen Teil der Problemanalyse hat bereits Karl Duncker als *Konfliktanalyse* beschrieben. Die Konfliktanalyse beschäftigt sich mit der Frage „Warum geht das eigentlich nicht?", bzw. „Was ist der Grund des Übels (Konflikts)?" (Duncker 1935, S. 25).

Eine Unklarheit anderer Art kann den Lösungszustand, das Endziel betreffen. Das Endziel mag sich - falls der Anfangszustand bekannt ist - lediglich als Verneinung des Anfangszustandes darstellen. Dazu ein Beispiel: Die historische Forschung und die aktuelle Berichterstattung haben ein recht genaues Bild der kriegerischen Auseinandersetzungen in diesem Jahrhundert vermittelt. Bekannt sind aus Kriegszeiten die politischen Krisen, die militärischen Potentiale, Truppenbewegungen, die Opfer unter den Kämpfenden und der Zivilbevölkerung. Die Leiden der von Kriegen betroffenen Völker sind so eindringlich empfunden worden, daß für eine überwältigende Zahl von Menschen die Folgerung unabweisbar wurde: „Nie wieder Krieg!" Diese Zielvorstellung ist hervorgegangen aus einer Negation der Existenz von Kriegen. Aber wie stellt man den Zielzustand unter den gegebenen politischen, geographischen, wirtschaftlichen und kulturellen Bedingungen her? Friede läßt sich ja nicht nur als passiv zu genießende Abwesenheit von Kriegen auffassen, sondern auch als aktive Sicherung vor Gewalt. Ist also die totale Abrüstung der anzustrebende Zustand, ein Gleichgewicht militärischer Kräfte oder ein multinationales Sicherheitssystem?

Duncker hat auf den Vorgang der Zielpräzisierung ebenfalls hingewiesen. Er hat ihn als Teil der Zielanalyse beschrieben:

„... ist für einen echten Denkprozeß charakteristisch die Analyse des Ziels, des Geforderten, die Frage, 'was will ich eigentlich?' und etwa die ergänzende Frage, 'was kann ich entbehren?'"

(Duncker, 1935, S. 27)

Sind Anfangs- und Endzustand hinreichend bekannt, kann der Übergang zwischen ihnen fehlen oder lückenhaft sein. So ist bei der „Turm-von-Hanoi"-Aufgabe ebenso wie bei der „Kannibalen-Missionare"-Aufgabe (s. wieder Abschnitt 8.1.2) der Anfangs- und Endzustand eindeutig angegeben. Es stellt sich jedoch das Problem der Überbrückung, auch Interpolation und Transformation genannt.

Transformationen betreffen insbesondere den Zustand von Gegenständen, Personen, Ereignissen. So mag bei der Behandlung des Problems „Abschleppen von Fahrzeugen" die Idee einer Verwendung von Abschleppseilen nicht befriedigen, weil die Verformbarkeit des Seils ein Auffahren des abgeschleppten Fahrzeugs begünstigt. Hier stellt sich die Frage

nach einer Verbindung, die alle wesentlichen Vorzüge des Seils besitzt und darüber hinaus noch die Eigenschaft, den Abstand zwischen abgeschlepptem Fahrzeug und Abschleppfahrzeug konstant zu halten. Dies läßt sich - wie bekannt - durch eine feste Metallstange bewerkstelligen. Die *„Verwandlung"* eines Seils in eine Metallstange beruht auf einer gedanklichen Veränderung bzw. Transformation von Eigenschaften.

Eine Transformation von Eigenschaften erfordert das Entfalten von *Eigenschaftsräumen*. Dies hat Klix (1971) für den Bereich „Metalle" veranschaulicht. Anhand der auf der nächsten Seite folgenden Graphik ist nachzuvollziehen, wie man mit Hilfe von „Wanderungen" durch den Eigenschaftsraum unliebsame Merkmalskombinationen durch erwünschte ersetzen kann.

Die Prozesse der Problemanalyse, der Zielanalyse und der Transformation (bzw. Interpolation) sind hier getrennt dargestellt worden. Das soll freilich nicht bedeuten, daß es zur Lösung konkret auftretender Probleme jeweils nur der Problemanalyse oder nur der Zielanalyse oder nur der Transformation bedürfe. In vielen Problemsituationen sind vielmehr Problemanalyse, Zielanalyse und Transformation gleichermaßen vonnöten; zum Teil bauen sie aufeinander auf, zum Teil entwickeln sie sich nebeneinander.

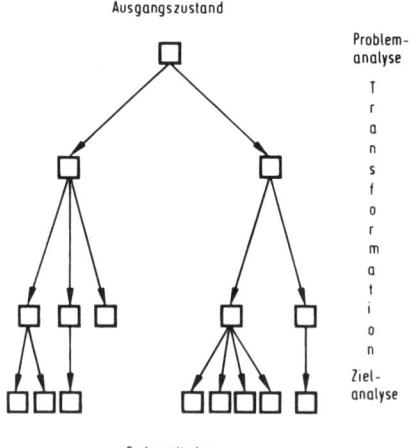

Transformation eines Anfangszustandes in einen Endzustand (Interpolation).

Möglicherweise hat Le Faivre (1974) recht, wenn er meint, beim praktischen Problemlösen sei zunächst keine der Gegebenheiten klar. Die Theorie des Problemlösens müsse sich daher auf die Bedingungen der *Verschwommenheit* einrichten. Er schreibt:

„ Man könnte meinen, daß wir noch nicht weit genug sind, uns mit dem verschwommenen Wissen (engl. fuzzy knowledge*) zu beschäftigen - schließlich haben wir ja genug Schwierigkeiten mit der Behandlung des nicht-verschwommenen Wissens (engl.* non-fuzzy knowledge*). Selbstverständlich hatten wir es in Gebieten wie Mustererkennen, Problemlösen und Lernen immer mit verschwommenem Wissen zu tun. Deshalb sollte man jetzt versuchen, sich mit der*

allgemeinen Beschaffenheit des Lösens unscharfer Probleme (engl. fuzzy problem-solving*) zu befassen und erörtern, wie weit die traditionellen klaren Probleme ‚verunklart' (und damit den Problemen der natürlichen Welt angenähert) werden können. "*

(Übersetzung aus Le Faivre, 1974, S. 153).

Helmer, O. (1966). *50 Jahre Zukunft.* Hamburg: Mosaik (Erstausgabe 1966: *Social technology.* New York: Basic Books).

Le Faivre, R. (1974). *Fuzzy problem-solving.* Ann Arbor: University of Wisconsin.

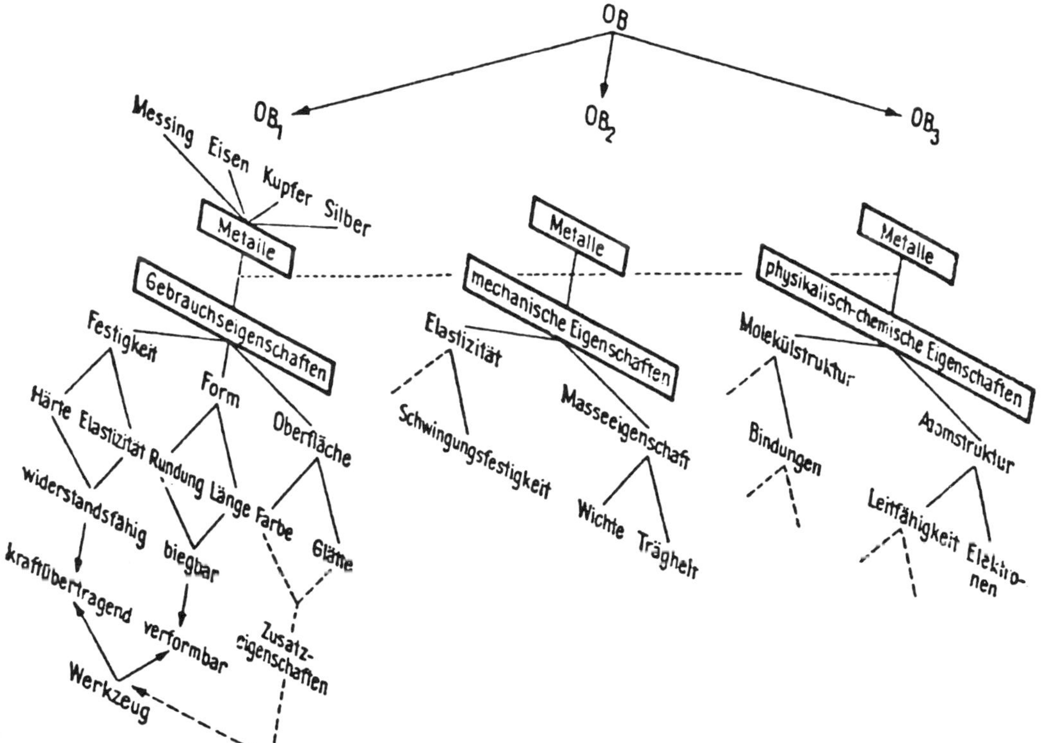

Eigenschaften für den Bereich der „Metalle" (Klix, 1971, S. 667).

Fortschrittsglaube

Eigentlich muß der Weg zu einem Ziel genau bekannt sein, bevor die jeweilige Entfernung zum Ziel einzuschätzen ist. So wäre auch anzunehmen: Solange ein Mensch ein Problem nicht gelöst hat, ist er nicht imstande anzugeben, wieviel Zeit er noch bis zur Lösung des Problems benötigt, ja ob ihm überhaupt eine Lösung gelingen wird. Erfahrungsgemäß ist das aber nicht so. Noch bevor eine Person ihr Problem gelöst hat, hat sie mitunter den Eindruck: „Nun hab' ich's aber bald!" Wie kann das geschehen?

Offenbar verfolgen Menschen recht aufmerksam ihren Lösungsprozeß. Sie stellen in diesem Prozeß Fortschritte fest: zunehmende Klarheit der Problem- und Zielauffassung, Vermehrung der Zahl erreichter Unterziele, Erfolge bei der Merkmalstransformation. Sie erfahren auch die Geschwindigkeit dieser Fortschritte. Und sofern sie Erwartungen bezüglich der fehlenden Teile der Lösung entwickeln, stellt sich auch ein Urteil über die Wahrscheinlichkeit, die Geschwindigkeit und die Mühseligkeit des endgültigen Erfolges ein. Ein starker Fortschrittsglaube regt die Anstrengung an. Deshalb kommt den Vorhersagen wichtiger Neuerungen große Bedeutung zu.

Die Verläßlichkeit von Vorhersagen im wissenschaftlich-technischen Bereich wird freilich oft mit Skepsis beurteilt. So kann man heute auf Prognosen von Experten aus dem Jahre 1963 zurückblicken. Der Wirtschaftswissenschaftler Olaf Helmer hat frühere Vorhersagen wissenschaftlich-technischer Fortschritte zusammengestellt. Wie sich nunmehr feststellen läßt, sind einige der vorhergesagten technisch-naturwissenschaftlichen Fortschritte tatsächlich und einigermaßen zeitgerecht eingetroffen - z. B. die Produktion einfacher und billiger Empfängnisverhütungsmittel. Dafür fehlt in der Liste die wohl praktisch bedeutsamste Neuerung der letzten Jahrzehnte: die Einführung von Industrierobotern und anderen mit Mikroprozessoren ausgestatteten Anlagen.

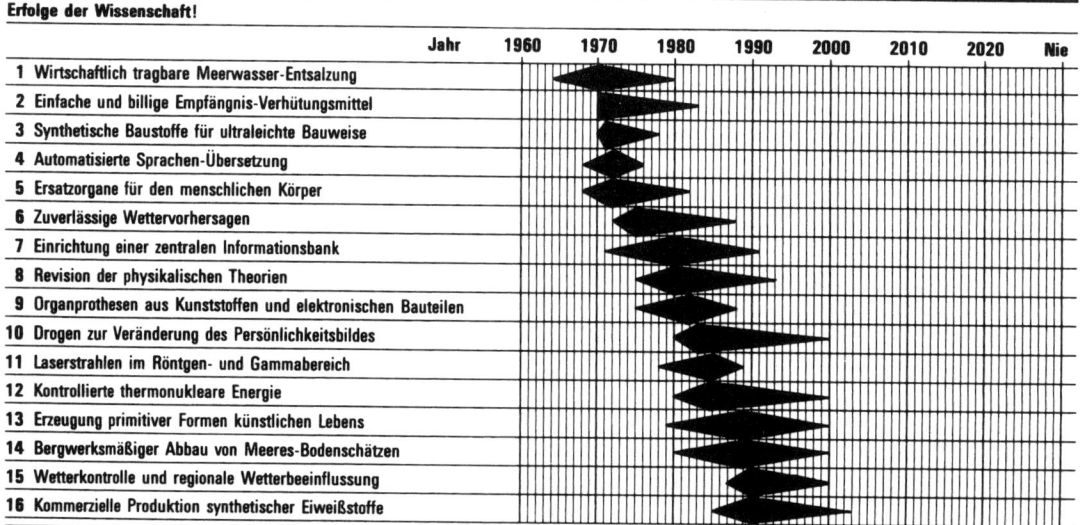

Expertenprognosen über wissenschaftlich-technische Fortschritte aus der Sicht der frühen sechziger Jahre (nach Helmer, 1966).

ZUSAMMENFASSUNG

1. Zur Lösung eines Problems kann man gelangen durch eine systematische (und möglichst vollständige) Variation der Zustände im Problemraum, durch Anwendung von Algorithmen (festen Lösungsregeln) und durch den Einsatz von Heuristiken (Such- und Findehilfen).

2. Beim schrittweisen Problemlösen wird durch zunehmende Konkretisierung aus einem allgemeinen Lösungsprinzip die ausführbare Lösung gewonnen. Das Fortschreiten von abstrakten Lösungsprinzipien zu konkreten Lösungen läßt sich in Form eines Lösungsstammbaumes darstellen.

3. Das Problemlösen erfolgt oft fraktioniert, d. h. nach Teilproblemen gegliedert. Diese Teilprobleme sind mitunter zeitlich parallel zu bewältigen, mitunter erscheinen sie in zeitlicher Staffelung.

4. Die Schwierigkeiten des Problemlösens erwachsen aus der Unklarheit der Ausgangslage, des Zielzustandes oder des Weges vom Ausgang zum Ziel. Die Beseitigung dieser Unklarheiten erfordert eine Problemanalyse, eine Zielanalyse und eine Suche nach Transformationen. Die Suche nach Transformationen schließt das Durchmustern von Eigenschaftsräumen ein.

8.3
Kreatives und Konventionelles im Prozeß des Problemlösens

8.3.1 Über „Baummieter", Kreativität und Originalität

Kein alltäglicher Anblick: Ein Baum haust einträglich unter Menschen in einer Stadtwohnung, als „Baummieter" neben „Menschenmietern". Er zahlt seine Miete mit

„… *Sauerstoff, durch seine Staubschluckkapazität, … Erzeugung von Ruhe, durch Giftvertilgung, durch Reinigung des verseuchten Regenwassers, als Produzent des Glücks und der Gesundheit, als Schmetterlingsbringer und durch Schönheit und mit vielen anderen Valuten.*"

So der Maler und Propagandist einer ökologischen Lebensweise Friedensreich Hundertwasser (geboren 1928) in einem Projektentwurf zur Mailänder Triennale von 1973. Die Idee wurde tatsächlich verwirklicht: An der Via Manzoni in Mailand wurden fünfzehn Bäume in Wohnungen eingepflanzt.

Der Gedanke des Initiators ist bestechend: Rückführung der Natur in die Stadt, Symbiose von Pflanze und Mensch. Und dieser Gedanke wird nicht nur gedacht, sondern in die Tat um-

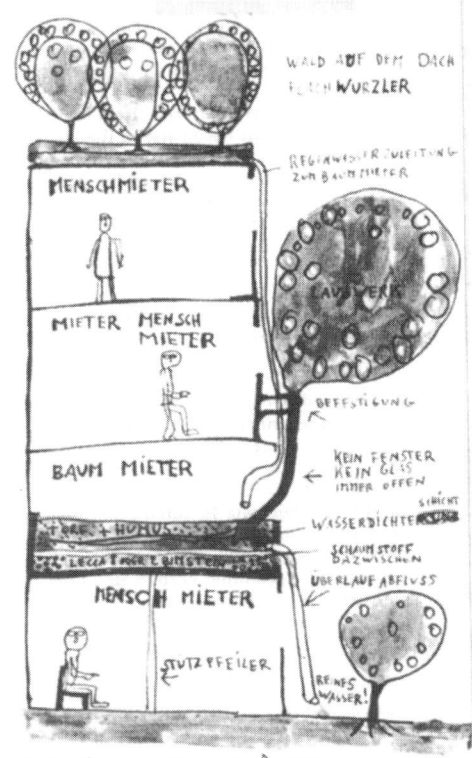

Baummieter (Hundertwasser, 1975, S. 369f.).

gesetzt. Solche Gedanken kann man als schöpferisch, als *kreativ* (lat. *creare*, schaffen) bezeichnen; die darauf aufbauenden Tätigkeiten nennt man dann schöpferisches oder kreatives Handeln oder Verhalten.

Zwei Arten von Widerstand sind beim kreativen Denken und Handeln zu überwinden: *Konvention* und *emotionale Abwehr*. Konvention (lat. *convenire*, zusammenkommen) ist die durch Wiederholung und soziale Übereinkunft erzeugte Festgelegtheit des Erlebens und Verhaltens. „Ein Baum gehört nicht ins Haus, der steht draußen vor dem Haus!" So bezeugt es die Erfahrung, und darin stimmen auch die Bewohner von Städten überein. Es bedarf eines durchschlagenden Einfalls, eines eigenständigen Denkakts, um sich aus dieser Festgelegtheit zu lösen. Hundertwasser hat mit seinem Projekt der „Baummieter" auch provoziert. „Wie kann man Bäume in so teure Wohnungen setzen?" „Hat der Mann nichts Besseres zu tun als solchen Unsinn?" Selbstverständlich verstößt der „Baummieter" gegen die gängige wirtschaftliche Vernunft, denn der Sauerstoff, mit dem er nach der Vorstellung des Künstlers bezahlt, hat keinen so hohen Marktwert wie der Wohnraum, den er ausfüllt. Hier kämpft der Künstler offensichtlich gegen geltende Wertvorstellungen. Er setzt sich ein für die Höherbewertung von Sauerstoff und Pflanzengrün. Dabei erregt er Abwehrgefühle bei seinen Mitbürgerinnen und Mitbürgern und hat möglicherweise eigene *emotionale Hemmungen* zu überwinden.

Das Abweichen von Konventionen und das Erregen von Gefühlen hängt wohl eng miteinander zusammen. Denn die Festlegung auf das Gewohnte gibt Sicherheit und Ruhe, während die Abweichung vom Gewohnten Sicherheit raubt und Anspannung fordert (vgl. Abschnitt 4.1.2). Daher stehen Angst, Scham und andere Gefühle dem kreativen Akt oft im Wege (Maslow, 1958).

Kreative Lösungen sind meistens gleichzeitig originell. Originell nennt man eine Lösung dann, wenn sie ohne erkennbares Vorbild entstanden ist. Im Unterschied zum Begriff der Kreativität bezieht sich der Begriff der Originalität nur auf die Neuheit einer Lösung, ihre Unabhängigkeit von vorher

angesammelter Erfahrung. Freilich wird in der psychologischen Analyse die Neuheit einer Lösung differenziert zu beurteilen sein. So unterscheidet Rausch (1952) drei Arten der Originalität:

- Eine Lösung ist völlig neu. Kein Mensch, keine Wissenschaft hat je vorher die gleiche Erkenntnis besessen.
- Eine Person hat eine Lösung für sich neu entdeckt. Zwar war die Lösung anderen bereits bekannt, die betroffene Person ist jedoch ohne fremdes Vorbild zu ihrer Lösung gelangt.
- Eine Person hat eine ihr früher bekannte Lösung wiederentdeckt. Dies ist ebenfalls eine schöpferische Leistung, wenn die betreffende Person die Lösung in der Zwischenzeit vergessen hat.

In der öffentlichen Diskussion zählt in der Regel nur die Originalität erster Art. Nur der erste Urheber einer Entdeckung oder Erfindung genießt die öffentliche Ehrung (z. B. durch Verleihung eines Preises) oder kann Anspruch auf die Beteiligung am Nutzen der Erfindung erheben (z. B. durch patentrechtlichen Schutz). In der psychologischen Analyse ist die Originalität der ersten Art unerheblich. Wenn eine Person ohne Vorbild eine Lösung entwickelt, dann kümmert es den Denkpsychologen - wie Rausch schreibt - wenig, ob andere die Lösung vor ihr hatten. Entscheidend ist der Prozeß, der zur selbständigen Lösung geführt hat. Und für den Denkpsychologen ist auch der Vorgang des Wiederentdeckens einer bereits vergessenen Lösung von Interesse.

Hundertwasser, F. (1975). *Katalog zur Ausstellung im Haus der Kunst München*. Glarus/Schweiz: Grüne Janura.

Maslow, A. H. (1958). Emotional blocks to creativity. *Journal of Individual Psychology, 14,* 51-56.

Rausch, E. (1952). Zum Ganzheitsproblem in der Psychologie des Denkens. *Studium Generale, 5,* 473-489.

8.3.2 Mutmaßungen über den kreativen Akt

Die Beschaffenheit des *kreativen Aktes*, der - unbekümmert um bestehende Konventionen und emotionale Hindernisse - das Besondere hervorbringt, hat sich bisher der exakten Beschreibung entzogen. Erheblich sind bei kreativ genannten Leistungen wohl die Anteile impliziten Denkens (vgl. Abschnitt 3.1.4). Zwei Merkmale gelten als charakteristisch für schöpferische Akte: die Plötzlichkeit und die Spontaneität der einsetzenden Erkenntnis; dies haben insbesondere Vertreter der kognitivistischen Richtung hervorgehoben - wie die Gestaltpsychologen Wertheimer und Köhler (s. Abschnitt 2.1.3).

Ein Beispiel für die Plötzlichkeit des kreativen Einfalls ist in einem Tagebucheintrag des Physikers und Mathematikers Ampère festgehalten (nach ihm ist die Maßeinheit der elektrischen Stromstärke benannt):

„Am 27. April 1802 stieß ich einen hellen Freudenschrei aus ... Sieben Jahre zuvor hatte ich mir eine Aufgabe gestellt, die ich nicht sofort lösen konnte, für die ich aber durch Zufall eine Lösung fand. Ich wußte zwar, daß sie richtig war, konnte sie aber nicht beweisen. Die Sache ging mir immer wieder durch den Kopf, und wohl zwanzigmal habe ich nach einer Lösung gesucht - doch vergebens. Tagelang schleppte ich den Gedanken mit mir herum, und schließlich - ich weiß nicht wie - hatte ich sie ...“.

(Übersetzung aus Koestler, 1966, S. 117)

Der Psychologe Karl Bühler (1879-1963), bis 1938 Professor an der Universität Wien und nach seiner Emigration Dozent an verschiedenen amerikanischen Universitäten, hat solche Einfälle in die Gruppe der *Aha-Erlebnisse* eingereiht (Bühler, 1907). Solchen Erlebnissen geht in der Regel eine - oft mehrere Tage andauernde - Zeit der Stagnation voraus. Manche Autoren (u. a. Olton, 1979) warnen jedoch, die dem kreativen Einfall vorangehende Zeit als unkreativ und verloren zu betrachten. Vielmehr sei es eine Zeit, in welcher der kreative Gedanke heranreife. Sie bezeichnen diese Zeit dann als

Inkubationszeit (lat. *incubare*, brüten, sorgsam bewachen).

Ein Hervorbrechen kreativer Einfälle nach ausreichender Inkubation ist zu unterscheiden von dem langsamen Fortschreiten auf dem Wege zur Lösung. Das anscheinend unvermittelte Auftreten von Gedanken nennt man auch deren *Spontaneität*. Der spontane Einfall (etwa beim Erkennen von Lösungsprinzipien) hat im Dunckerschen Lösungsstammbaum durchaus seinen Platz, erklärt aber nicht die geordnete Entfaltung des gesamten Lösungsstammbaumes.

Während die überlegte, teilweise sogar angestrengte schrittweise Annäherung an die Lösung als bewußt gesteuerter Vorgang zu deuten ist, wird der spontane Einfall gern den Kräften des Unbewußten zugeschrieben. Dazu Arthur Koestler:

„Während der ‚Inkubationszeit‘ ist die gesamte Persönlichkeit bis hin zu den sprachlosen und unbewußten Schichten so mit dem Problem angereichert, daß auf einer der geistigen Ebenen die Suche weitergeht, auch wenn die bewußte Aufmerksamkeit sich auf ganz andere Gebiete richtet ...“

(Übersetzung aus Koestler, 1964, S. 119)

„Stille Phasen“ beim Problemlösen können freilich mehr enthalten als lediglich ein Heranreifen von Ideen. Der Psychologe und Mathematiker Jacques Hadamard (1951) hat

Koestler, A. (1966). *Der göttliche Funke.* München: Scherz (Erstausgabe 1964: *The act of creation.* London: Hutchinson).

Bühler, K. (1907). Tatsachen und Probleme zu einer Psychologie der Denkvorgänge. I. Über Gedanken. *Archiv für die gesamte Psychologie, 9,* 297-365.

Olton, R. M. (1979). Experimental studies of incubation: Searching for the elusive. *Journal of Creative Behavior, 13,* 9-22.

Hadamard, J. (1951). A propos de la psychologie de l'invention. *Acta Psychologica, 8,* 147-153.

jedenfalls drei Vorgänge während „stiller Phasen" in Erwägung gezogen:

• das unbeachtete Fortschreiten vorher unbewußter Denkprozesse,
• das Wegräumen von Hindernissen,
• das Vergessen von erfolglosen Lösungsansätzen.

Allerdings sind aus dem Vorrat an Heuristiken (s. Abschnitt 8.2.2) Regeln zur Erhöhung der Kreativität anzuwenden. Eine Regel ist: den Suchraum für Lösungsmöglichkeiten erweitern. Sie wird von Klix (1971, S. 678ff.) an der folgenden Streichholzaufgabe demonstriert:

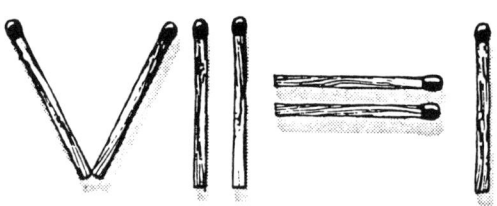

Faßt man die Anordnung als Gleichung mit den römischen Ziffern 7 und 1 auf, so erweist sie sich selbstverständlich als falsch. Die Aufgabe lautet nun, eines und nur eines der Hölzer so umzulegen, daß die Gleichung wieder stimmt. Typische Lösungsversuche:

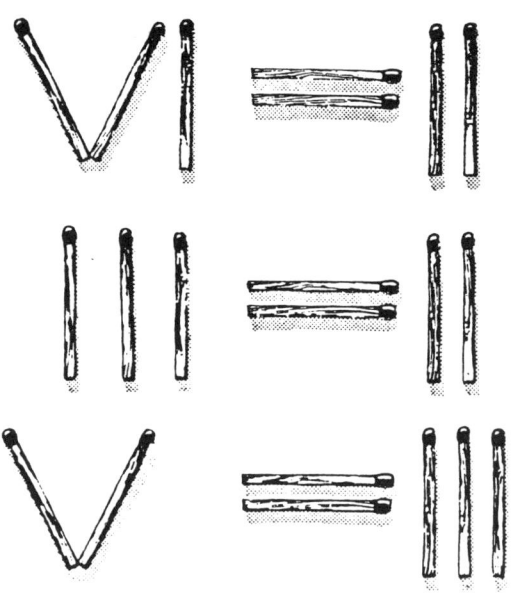

Versenkung und Kreativität

Vertrauen in die unbewußten Kräfte läßt kreative Lösungen von der Konzentration, der Versenkung in die eigene Person, erwarten. Nach dieser Auffassung kommt es nicht darauf an, äußere Informationen zu sammeln und bewußte Regeln zu ihrer Verwertung zu benutzen. Diese Auffassung hat das fernöstliche Denken wesentlich geprägt, wie der folgende Spruch des legendären chinesischen Philosophen Laotse (um 300 v. Chr.) zeigt:

„Ohne aus dem Hause zu treten/ kann man die Welt erkennen/ ohne aus dem Fenster zu blicken/ kann man des Himmels Sinn sehen/ je mehr einer aus sich herausgeht/ desto weniger kann er in sich gehen/ also erzielt der Weise sein Ziel ohne zu wandern/ er ruft deinen Namen ohne sich umzuschauen/ er tut nichts und erlangt alles. "

(Laotse, undatiert/1922, S. 3)

Offenbar dachten die Probanden nur an die Möglichkeiten der Veränderung von Zahlen. Die gewünschte Lösung sieht aber folgendermaßen aus:

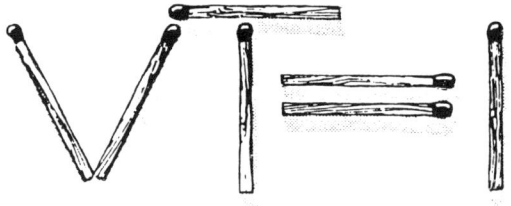

Man muß einen Teil der VII zu einem Wurzelzeichen „umfunktionieren". Diese kreative Lösung erschließt eine völlig neue Klasse von Prozeduren: das Legen von mathematischen Operationszeichen. Naheliegend war nur die Klasse „Verändern von Zahlen" gewesen. Legt man der Deutung das Schema der Aktionsbäume (s. Abschnitt 8.2.1) zugrunde, kann man verallgemeinern: Zur Erhöhung der Kreativität empfiehlt sich das „Anhängen" neuer Zweige am Aktionsbaum.

Laotse (undatiert/1922). *Sprüche*, übersetzt von Klabund. Berlin: Heyder.

Klix, F. (1971). *Information und Verhalten*. Bern: Huber.

Getzels, J. W. (1979). Problem finding: A theoretical note. *Cognitive Science, 3*, 167-171.

Getzels, J. W. & Csikszentmihalyi, M. (1975). From problem solving to problem finding. In I. A. Taylor & J. W. Getzels (Eds.), *Perspectives in creativity* (pp. 90-116). Chicago: Aldine.

Der amerikanische Psychologe Getzels hat in mehreren Beiträgen (z. B. Getzels, 1979; Getzels & Csikszentmihalyi, 1975) die Überzeugung vertreten, im kreativen Prozeß spiele nicht nur das Lösen, sondern auch das *Finden* von *Problemen* eine Rolle. Getzels (1979) empfiehlt die Unterscheidung zwischen

- der Kenntnisnahme ausdrücklich vorgegebener Probleme (z. B. bei Darstellung von Problemen durch Lehrer im Schulunterricht),
- dem Entdecken nicht ausdrücklich vorgegebener Probleme (z. B. selbständiges Finden von Problemen in der Natur),
- der selbständigen Entwicklung von Problemen (z. B. Entwicklung von Gestaltungsproblemen durch Künstler).

In Untersuchungen an künstlerisch tätigen Personen hat Getzels zu zeigen versucht, daß schöpferisches Gestalten das Aufwerfen von Fragen voraussetzt bzw. einschließt.

> „*Das Erkennen eines Problems ist meist wichtiger als seine Lösung, die lediglich von dem mathematischen oder experimentellen Geschick abhängen dürfte. Neue Fragen zu stellen, neue Möglichkeiten zu eröffnen, alte Probleme aus einem neuen Blickwinkel zu sehen, erfordert schöpferische Vorstellungskraft und bedeutet wirklichen Fortschritt in der Wissenschaft.*“
>
> (Der Physiker Albert Einstein, Übersetzung aus Getzels, 1975, S. 12).

8.3.3 Vom Nutzen der Erfahrung

Der Satz „Übung macht den Meister" ist in der Theorie des Problemlösens zwiespältig aufgenommen worden. Auf der einen Seite ist nicht zu bestreiten: Erfahrung spielt bei der Lösung von Problemen eine nicht zu unterschätzende Rolle. Auf der anderen Seite wird geltend gemacht: Gerade die wertvollen kreativen und originellen Lösungen übertreffen die vorhandene Erfahrung. Mehr noch: Frühere Erfahrung erstarrt leicht zur Konvention und macht dann blind für neue Probleme und originelle Lösungen. In diesem Abschnitt soll die hilfreiche Erfahrung behandelt werden, im folgenden die Behinderung durch Erfahrung.

Zunächst ist festzustellen: Wem einmal die Lösung eines Problems gelungen ist, oder wer die Lösung eines Problems durch einen anderen mit Verständnis verfolgen konnte, wird mit hoher Wahrscheinlichkeit beim zweiten Auftreten des Problems weniger Mühe mit der Lösung haben. Allgemein: Je häufiger ein Problem bearbeitet und gelöst wurde, desto größer ist die Wahrscheinlichkeit, daß bei erneutem Auftreten dasselbe Problem bewältigt wird. Mit wiederholter erfolgreicher Bearbeitung werden die benötigte Zeit, die Zahl durchlaufener Schritte und die erlebte Anstrengung zurückgehen. Aber diese Aussage ist eigentlich trivial. Nicht trivial ist dagegen die Aussage: Durch Lösen eines Problems A läßt sich unter Umständen Erfahrung erwerben, die das Lösen eines anderen Problems B erleichtert. Das wäre der Fall der *Übungsübertragung* (engl. *transfer*). Ebenfalls nicht trivial wäre: Es läßt sich für eine ganze Klasse von Problemen ein Verfahren einüben, das bei der Lösung jedes einzelnen Problems förderlich ist, auch wenn dieses vorher nie bearbeitet wurde.

Vor allem drei Bereiche haben in Untersuchungen zur Förderung des Problemlösens durch Lernen Beachtung gefunden:

- das Lernen von Gebrauchswerten (*Funktionalwerten*),
- das Lernen von einzelnen, aufeinanderfolgenden Lösungsschritten (*Taktiken*),
- das Lernen von allgemein anwendbaren Lösungsregeln (*Strategien*).

Geschärftes Problembewußtsein

Die Fähigkeit zum Entdecken von Problemen wird zu Recht als eine der Voraussetzungen der Kreativität bezeichnet. Sie kann beglückende Erkenntnis vermitteln und zur rechtzeitigen Vorsorge beitragen. Die Empfindsamkeit für Probleme kann aber auch geradewegs ins Unglück führen. Wer viele Probleme sieht, findet sich leicht von einer Übermacht von Anforderungen umgeben. Und wer noch dazu die Wahrscheinlichkeit drohender Gefahren nicht realistisch einzuschätzen weiß, ist einer Fülle quälender Sorgen ausgeliefert. Einen Fall emotionaler Belastung durch übersteigerte Problemempfindsamkeit schildert das Märchen *Die kluge Else* aus der Sammlung der Kinder- und Hausmärchen, herausgegeben von den Brüdern Jacob und Wilhelm Grimm:

„Es war ein Mann, der hatte eine Tochter, die hieß die kluge Else. Als sie nun erwachsen war, sprach der Vater ‚wir wollen sie heiraten lassen.‘ ‚Ja‘, sagte die Mutter, ‚wenn nur einer käme, der sie habe wollte‘. Endlich kam von weither einer, der hieß Hans, und er hielt um sie an, er machte aber die Bedingung, daß die kluge Else auch recht gescheit wäre. ‚O‘ sprach der Vater, ‚die hat Zwirn im Kopf‘, und die Mutter sagte, ‚ach, die sieht den Wind auf der Gasse laufen und hört die Fliegen husten‘. ... Als sie nun zu Tisch saßen und
gegessen hatten, sprach die Mutter ‚Else, geh in den Keller und hol Bier‘. Da nahm die kluge Else den Krug von der Wand, ging in den Keller und klappte unterwegs brav mit dem Deckel, damit ihr die Zeit ja nicht lang würde. ... Dann stellte sie die Kanne vor sich und drehte den Hahn auf und während der Zeit, daß das Bier hineinlief, wollte sie doch ihre Augen nicht müßig lassen, sah oben an die Wand hinauf und erblickte nach vielem Hin- und Herschauen eine Kreuzhacke gerade über sich, welche die Maurer da aus Versehen hatten stecken lassen. Da fing die kluge Else an zu weinen und sprach ‚wenn ich den Hans kriege und wir kriegen ein Kind, und das ist groß, und wir schicken das Kind in den Keller, daß es hier soll Bier zapfen, so fällt ihm die Kreuzhacke auf den Kopf und schlägt es tot‘. Da saß sie und weinte und schrie aus Leibeskräften über das bevorstehende Unglück. Die oben warteten auf den Trunk, aber die kluge Else kam immer nicht. ...“

(Grimm & Grimm, 1819/1975, S. 210f.)

Grimm, J. & Grimm, W. (Hrsg.). (1975). *Kinder- und Hausmärchen*. Darmstadt: Wissenschaftliche Buchgesellschaft (Erstausgabe 1819).

Funktionalwerte oder *Gebrauchswerte* von Gegenständen, Personen u. ä. bestimmen das „Wozu"; sie stiften die Beziehung zwischen einem Gegenstand und einer Lösung (Duncker, 1935, S. 5f.). So ist ein Funktionalwert des Hammers „Einschlagen von Nägeln", ein Funktionalwert der Schere „Zerschneiden von Papier". In der Regel hat ein Gegenstand mehr als einen Funktionalwert. Ein Hammer eignet sich nicht nur zum Einschlagen von Nägeln; er taugt auch zum Zerschlagen von Steinen, gelegentlich als Gewicht. Freilich sind nicht alle Funktionalwerte gleich geläufig: Einen Hammer als Schlagwerkzeug wird fast jeder Erwachsene kennen. Aber wer

wird auf die Idee kommen, einen Hammer als Gewicht für eine Pendeluhr zu verwenden? Somit sind die verschiedenen Funktionalwerte eines Gegenstandes zu einer Hierarchie zu ordnen.

Mit solchen Hierarchien haben sich die norwegischen Forscher Per Saugstad und Kjell Raaheim (1957/58) von der Universität Oslo beschäftigt. Sie stellten etwa fest: Einen Nagel kann man verwenden,
- um Dinge zu befestigen,
- um Dinge damit zu ergreifen,
- um Dinge damit aufzuspießen,
- um Dinge damit zu kratzen,
- um Dinge daran aufzuhängen.

Entsprechend ist eine Zeitung nicht nur zum Lesen gut; sie eignet sich außerdem

• zum Isolieren,
• zum Trocknen,
• zum Leiten (Herstellen eines Übergangs),
• zum Einwickeln,
• zum Entfachen eines Feuers.

Saugstad und Raaheim befragten in einer Studie rund 150 Gymnasiasten nach den Funktionen von „Zeitung", „Nagel" und anderen Gegenständen; anhand von Beispielen sollten die Schüler erläutern, was man alles mit den Gegenständen machen könne. Dabei ergaben sich - wie nicht anders zu erwarten - große Unterschiede in den Antworten. Einige Funktionen erwiesen sich als geläufig; hier herrschte große Übereinstimmung. Andere Funktionen wie „aus einem Nagel kann man einen Haken formen" und „eine Zeitung kann man zu einer Röhre rollen" erwiesen sich als „ausgefallen" und wurden seltener genannt.

Gerade auf diese „ausgefallenen" Funktionen kam es den Autoren an. Denn in einem nachfolgenden praktischen Versuch waren die beiden Funktionen für die Lösung erforderlich. Dieselben Probanden, die vorher Funktionen genannt hatten, wurden gebeten, Stahlkugeln aus einem Glas in ein Metallgefäß zu befördern. Die Situation war allerdings vertrackt: Denn sowohl das Glas mit den Kugeln, als auch das Gefäß, in das sie umgefüllt werden sollten, standen nicht in Reichweite. Es mußte daher zuerst ein Nagel zu einem Haken gebogen und an einer Schnur befestigt werden; dann ließ sich das Glas mit den Kugeln heranziehen. Das zweite Gefäß war ein unbeweglicher Metallzylinder. Um die Kugeln in den Zylinder zu befördern, mußte man eine bereitliegende Zeitung zu einer Röhre rollen; durch die Röhre konnte man die Kugeln in den Zylinder leiten.

Wirkten sich die Vorkenntnisse der Probanden bei der Transportaufgabe aus? Das war in der Tat der Fall. Denn Probanden, die von Anfang an erklärt hatten, aus einer Zeitung ließe sich eine Röhre formen und aus einem Nagel ein Haken biegen, fanden ausnahmslos die Lösung, während von den Teilnehmern, die keine der beiden Funktionen angegeben hatten, die meisten scheiterten.

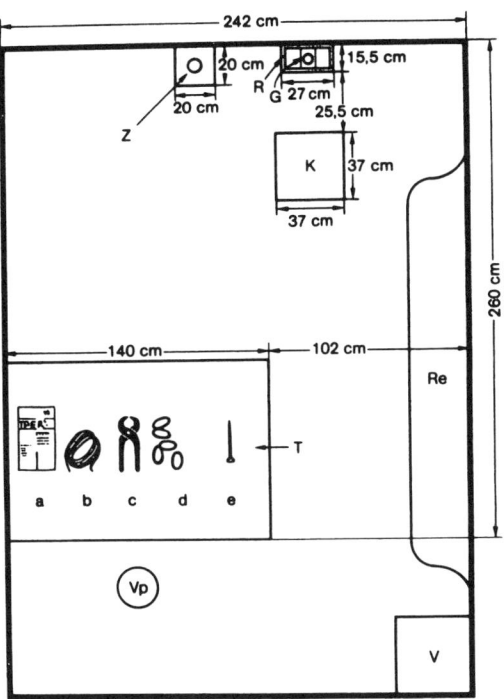

Problemsituation nach Saugstadt und Raaheim (1957/58): K - Holzkiste (schwer beweglich), Z - Metallzylinder auf Tisch (Ziel für Stahlkugeln), G - Glas mit Stahlkugeln auf R - Holzrahmen (fahrbar), Re - Regal, T - Tisch mit a, - vier Zeitungen, b - Bindfaden, c - Zange, d - fünf Gummibänder, e - Eisennagel, V - Tisch des Versuchsleiters, Vp - Platz des Probanden (er mußte hinter dem Tisch bleiben).

Die Autoren halten für möglich, daß Funktionen wie „Heranziehen", „Verbinden" nicht gelernt zu werden brauchen. Unter Umständen könne man Funktionen unmittelbar wahrnehmen, also den Gegenständen „ansehen", wozu sie zu gebrauchen seien. Allerdings liege es nahe, die Kenntnis des Gebrauchswerts von Gegenständen aus ihrem früheren Gebrauch herzuleiten. Dabei dürfe es keine erhebliche Rolle spielen, bei welcher Gelegenheit man den Wert eines Gegenstandes zuerst erfahren habe. Wer also beim Angeln gelernt hat, aus einem Stift einen Haken zu biegen, wird beim Transportproblem auf diese Erfahrung zurückgreifen können. Er hat damit eine *Übertragung* von einer Problemsituation auf eine andere vorge-

Vorkenntnis und Lösungsschwierigkeit: die vier wichtigsten Probandengruppen aus der Studie von Saugstad u. Raaheim (1957/58).

Genannte Funktionen im Vortest	Personen-zahl	Lösungen Zahl	Prozent
Haken und Röhre	8	8	100
nur Haken	14	8	57
nur Röhre	10	5	50
weder Haken noch Röhre	37	7	19

nommen. Man kann diesen Fall wohl verallgemeinern: Die Erfahrung von Funktionalwerten läßt sich auf neue Problemsituationen übertragen.

Die Wirksamkeit des Lernens allgemeiner *Lösungsstrategien* hat Wiebke Putz-Osterloh einer eingehenden Prüfung unterzogen. Sie verglich vor allem die Effektivität eines Trainings in der Taktik mit einer Unterweisung in der Strategie des Problemlösens (zur Unterscheidung von Taktik und Strategie vergleiche den Anfang dieses Abschnitts).

Duncker, K. (1935). *Zur Psychologie des produktiven Denkens*. Berlin: Springer.

Saugstad, P. & Raaheim, K. (1977). Problemlösen und Verfügbarkeit von Funktionen. In W. Schönpflug (Hrsg.), *System Mensch - Reader* (S. 146-150). Stuttgart: Klett-Cotta (Erstausgabe 1957/58: Problem solving and the availability of functions. *Acta Psychologica, 13*, 263-278).

Putz-Osterloh, W. (1974). Über die Effektivität von Problemlösungstraining. *Zeitschrift für Psychologie, 182*, 253-276.

Das Training erfolgte anhand eigens konstruierter „Käferaufgaben". Es sind dabei jeweils - ausgehend von einem vorgegebenen Käfer - neue Käfertypen herzustellen. So wird etwa durch „genetische Eingriffe" aus einem nutzlosen „Startkäfer" ein „Umweltschutzkäfer" zur Ölbeseitigung in Flüssen und Seen. Die „Verwandlung" des Tieres läßt sich einfach vorführen, wobei man sich mit den einzelnen Schritten vertraut machen kann. Dies ist das Ziel des *Taktik-Trainings*.

Anders verläuft das *Strategietraining*. Hier liegt der Schwerpunkt der Unterweisung auf der „Organisation von Problemlösungsprozeduren" (Putz-Osterloh, 1974, S. 253). Es wurde anhand der „Käferaufgaben" ein heuristisches Lösungsschema eingeübt (s. bereits Abschnitt 8.2.2).

Runder „Startkäfer" mit langen Beinen, Saugnäpfen, langen Flügeln mit schraffierten Flügeldecken, Fächerfühlern und Mundzangen.

„Zielkäfer" mit kurzen Paddelfüßen (zur besseren Fortbewegung), Leuchtpunkten (zur Orientierung der Schiffahrt), und Saugrohr (zum Absaugen der Ölrückstände in Gewässern).

Später wurde der Erfolg des Trainings geprüft. Es wurden neue Aufgaben (aus der Prädikatenlogik) vorgelegt, und die Probanden wurden bei ihrer Lösung beobachtet. Es zeigte sich: Strategisch geschulte Probanden hatten wesentlich kürzere Lösungszeiten; lediglich taktisch geschulte Personen unterschieden sich nicht von Untrainierten. Die Äußerungen der Probanden - diese waren zum „lauten Denken" angehalten worden - gaben Aufschluß über die Gründe für die Überlegenheit der strategisch trainierten Personen: Sie waren erstens mehr um eine Vorausschau bemüht und waren zweitens hartnäckiger bei der Suche nach möglichen Veränderungen. Obwohl sich die strategisch trainierten Probanden an einem vorgegebenen Lösungsschema orientierten, fielen - so betont die Autorin - ihre Lösungswege nicht stereotyp aus. Will man diese Ergebnisse verallgemeinern, wird man die Möglichkeit einer Übertragung von isolierten Lösungsschritten

auf neue Problemsituationen skeptisch beurteilen. *Heuristische Regeln* gelten dagegen
vermutlich für eine größere Menge von
Problemen und kommen daher der Lösung
neuer Aufgaben eher zugute.

8.3.4 Blindheit durch Erfahrung

Daß Erfahrung den Blick für neue Möglichkeiten trübt, läßt sich sowohl im Bereich der
Funktionalwerte als auch an Lösungsverfahren zeigen. Bereits die Wahrnehmung einer
Funktion trägt dazu bei, daß weitere
Funktionen nicht mehr oder nur verzögert
erkannt werden. Scheerer (1963) hat dazu
einen einprägsamen Beispielfall geschildert.
Er ließ Personen Ringe an einem Pflock
aufreihen. Die Schwierigkeit dabei: Sie
mußten während des Hantierens sowohl zu
den Ringen als auch zu dem Pflock knapp 2 m
Entfernung halten. Dies war nicht schlimm,
denn sie hatten zwei Stöcke zur Verfügung;
diese konnten sie zur Überbrückung benutzen.
Die beiden Stöcke waren allerdings nur je 60
cm lang. Man mußte sie also zusammenbinden, um mit ihrer Hilfe bis zu den Ringen
und zum Pflock zu reichen. Wenn die
Probanden von einem Nagel an der Wand eine
Schnur herunterhängen sahen, zögerten sie
nicht, diese Schnur von der Wand zu nehmen
und damit die Stöcke zu verbinden. Anders
war es jedoch, wenn an derselben Stelle an der
Schnur ein Bild hing. Dann „sahen" die
Probanden einfach nicht, daß sich hier eine
Schnur befand, mit deren Hilfe man die
Stöcke verbinden konnte. Nach zwanzig
Minuten Versuchszeit hatte die Hälfte dieser
Probanden noch nicht die Lösung gefunden.

Die anschauliche Deutung des Befundes:
Das Erlebnis „an der Schnur hängt etwas
dran" hatte den Einfall „mit der Schnur könnte
ich doch die Stöcke zusammenbinden" weitgehend unterdrückt. Anders als in der Studie
von Saugstad und Raaheim (s. Abschnitt
8.3.3) durchmusterten die Probanden nicht
den Vorrat erinnerlicher Funktionen, sondern
hielten an jener Funktion fest, die sich ihren
Augen bot.

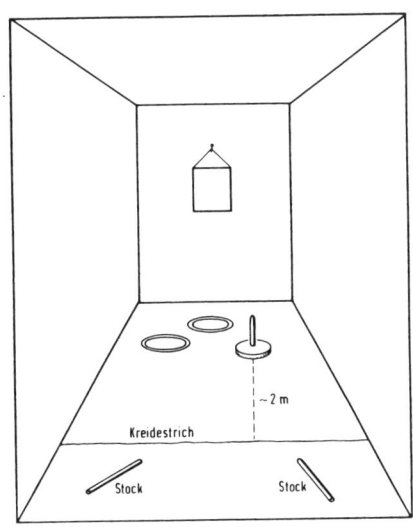

Versuchsanordnung von Scheerer (1963).

Ebenfalls hinderlich können Lösungs-
prozesse werden, die zur Routine geworden
sind. Dies ist dann der Fall, wenn sich die
Problemsituation verändert und der Wandel
der Problemsituation neue Lösungsverfahren
erfordert. Die Behinderung neuer Lösungen
durch eingeübte alte Lösungen hat Abraham
Luchins untersucht, ein Schüler Max Wertheimers an der New Yorker New School for
Social Research (s. wieder Abschnitt 2.1.3).
Seine im Jahre 1942 veröffentlichte Studie ist
zu einer klassischen Demonstration des zur
Routine erstarrten Denkens geworden.

Scheerer, M. (1963). Problem solving. *Scientific American*, 208, 118-128.

Luchins, A. S. (1942). Mechanisierung beim Problemlösen. Die Wirkung der „Einstellung". In C.-F. Graumann (Hrsg.), *Denken* (S. 171-202). Köln: Kiepenheuer & Witsch (Erstausgabe 1942: Mechanization in problem solving: The effect of „Einstellung". *Psychological Monographs*, 54, Nr. 248).

Maier, N. R. F. (1930). Reasoning in humans. I. On direction. *Journal of Comparative Psychology*, 10, 115-143.

Vorläufer großer Erfindungen

Selten werden große Erfindungen ohne erkennbare Vorerfahrungen gemacht. Ganz im Gegenteil: Eine oft stattliche Reihe von Teil- und Vorentwicklungen macht deutlich, daß die Zeit für sie reif geworden ist. Einen der größten Fortschritte in der Kulturentwicklung stellt die Erfindung des Buchdrucks durch Johannes Gutenberg in Mainz dar; er dürfte die erste Druckmaschine mit beweglichen Lettern um das Jahr 1450 hergestellt haben. Bereits vorher gab es jedoch unvollkommene Techniken der Vervielfältigung von Bildern und Schriften. So liest man in der *Einführung in die Geschichte der Erfindungen* von Zöllner, Mothes und Luckenbacher (1864, S. 342f.):

„Wie wohl selten eine Erfindung plötzlich und unvorbereitet in's Leben getreten ist, so übte man schon lange vor Erfindung des Buchdrucks gewisse Künste, die als Vorläufer desselben angesehen werden können, und die mit einer gewissen kulturgeschichtlichen Notwendigkeit endlich auf dieses Ergebnis hinführen mußten. Daß schon die ältesten gebildeten Völker Münzen schlugen, Petschafte und Stempel, Patronen und bewegliche Alphabete in Gebrauch hatten, wurde schon

vorhin erwähnt. Unter allen Druckkünsten aber steht dem Buchdruck am nächsten die Holzschneidekunst; sie bildete erweislich den Boden, aus welchem die Kunst des Buchdrucks unmittelbar hervorwuchs. Der Holzschnitt war damals selbst noch eine junge Kunst, denn seine Anfänge können kaum über das Jahr 1400 zurückverfolgt werden. Zwar wissen wir jetzt, daß Chinesen, Inder und andere Völker weit früher von geschnittenen Holztafeln druckten ...; bei der geringen Kenntnis aber, welche man damals von fernen Ländern hatte, ist es ganz unwahrscheinlich, daß der Holzschnitt sich aus Asien nach Europa verpflanzt habe, vielmehr weit eher anzunehmen, daß der Behelf, Zeichnungen auf Holzplatten erhaben auszuschneiden und davon in Ölschwärze Abzüge auf Papier zu machen, im Abendlande selbständig aufgefunden wurde, ..."

Zöllner, J., Mothes, O. & Luckenbacher, F. (1864). *Einführung in die Geschichte der Erfindungen.* Leipzig & Berlin: Spamer.

Gutenberg bei seinen ersten Druckversuchen (Zöllner, Mothes & Luckenbacher, 1864, S. 337).

Luchins hat den von ihm untersuchten Sachverhalt in einem Experiment herbeigeführt. In einem Erkundungsversuch bat er Studenten, das Umfüllen von Flüssigkeiten zu üben. Die Aufgabe war mit Bleistift und Papier zu lösen. Sie lautete:

„Schreiben Sie bitte nieder, wie man eine gewünschte Wassermenge erhalten kann, wenn bestimmte leere Meßgefäße zur Verfügung stehen."

Zuerst ging es darum, mit Hilfe von zwei Krügen - sie faßten 29 und 3 Liter - eine Menge von 20 Litern abzumessen. Die Lösung: Man füllt zuerst den 29-Liter-Krug, schüttet daraus dreimal den 3-Liter-Krug voll und behält dann 20 Liter zurück. Die nächste Aufgabe war komplizierter: Es gab drei Krüge mit 3, 21 und 127 Liter, und es sollten 100 Liter abgemessen werden. Die Lösung: Man füllt zuerst das 127-Liter-Gefäß, gießt dann aus ihm einmal den 21-Liter-Krug voll und zweimal den 3-Liter-Krug. Im 127-Liter-Krug bleiben dann die gewünschten 100 Liter Wasser zurück.

Von dieser Art gab es zunächst fünf Aufgaben:

Auf-gabe	Fassungsvermögen			Abzumessende Menge
	Krug 1	Krug 2	Krug 3	
1	21	127	3	100
2	14	163	25	99
3	18	43	10	5
4	9	42	6	21
5	20	59	4	31

Diese Aufgaben ließen sich stets nach dem gleichen Schema lösen:

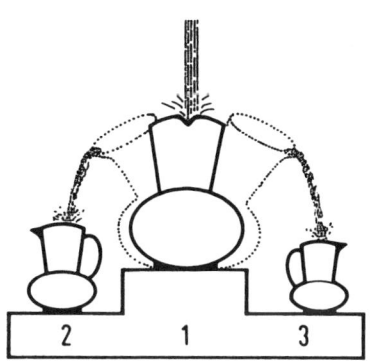

Man konnte zur Lösung die folgenden Regeln aufstellen:
1. Fülle den mittleren Krug bis zum Rand.
2. Gieße aus dem mittleren Krug einmal den linken Krug voll.
3. Gieße aus dem mittleren Krug zweimal den rechten Krug voll.
4. Dann verbleibt im mittleren Krug die jeweils abzumessende Menge.

Das Schema bewährt sich bei den ersten fünf Aufgaben. Wenn sich die Probanden jedoch darauf verließen, rächte sich das bei den folgenden Aufgaben:

Auf-gabe	Fassungsvermögen			Abzumessen-de Menge
	Krug 1	Krug 2	Krug 3	
6	23	49	3	20
7	15	39	3	18
8	28	76	3	25

Zwar war bei den Aufgaben 6 und 7 das Schema noch anwendbar. Aber es war viel zu umständlich. Statt dreimal aus dem mittleren Krug abzuschütten, konnte man die erforderliche Menge leichter erhalten, indem man Krug 1 füllte und nach Krug 3 abgoß (Aufgabe 6) oder, indem man die Krüge 1 und 3 füllte und deren Inhalt zusammengoß (Aufgabe 7). Völlig versagte das Schema bei Aufgabe 8; einmaliges Abgießen nach links und zweimaliges Abgießen nach rechts brachte einfach nicht das richtige Resultat.

Das Auffallende war: Die betroffenen Personen gewöhnten sich nur allzu schnell an das Schema und wandten es mechanisch an. Der Autor schreibt: Sie bildeten eine *Einstellung* und ließen sich von ihr leiten. Die Einstellung verführte sie zu der umständlichen Lösung der Aufgaben 6 und 7; bei der Aufgabe 8 waren die Einstellungsabhängigen verwirrt und hilflos.

Luchins hat seinen Erkundungsversuch später mit mehreren hundert Schülern und Erwachsenen wiederholt. Im Durchschnitt wählten rund 70% der Personen, welche die Einstellungs-Aufgaben bearbeitet haben, den umständlicheren Weg bei den Aufgaben 6 und 7; und es waren ebenfalls rund 70%, welche nach Bearbeitung der Einstellungs-Aufgaben die Aufgabe 8 nicht in der vorgesehenen Zeit von 2 1/2 Minuten lösen konnten.

Interessant ist der Vergleich mit Personen, welche an die Prüfaufgaben 6, 7 und 8 herangingen, ohne die Einstellungs-Aufgaben 1-5 zu kennen. Von ihnen scheiterten nur 5 % an der Aufgabe 8, und es waren verschwindend wenige unter ihnen, die bei den Aufgaben 6 und 7 die umständlichere Lösung wählten. So gelangte der Autor zu dem Schluß:

„Einstellung oder Gewöhnung verursacht eine Automatisierung der Denkvorgänge, ein blindes Vertrauen gegenüber Aufgaben; man geht an die Aufgabe nicht mit den ihr angepaßten Überlegungen heran, sondern bleibt automatisch an dem eingeübten Denkmuster."

(Luchins, 1965, S. 185.)

Die prinzipielle Auseinandersetzung über die Natur des Problemlösens ist durch die Befunde zur Erfahrungsabhängigkeit des problemlösenden Denkens bereichert, aber nicht entschieden worden. In dieser Auseinandersetzung haben vor allem behavioristisch orientierte Autoren die Meinung vertreten, Erfolge beim Problemlösen beruhten auf einschlägiger Erfahrung. Die Erfahrungstheoretiker fühlten sich durch Beobachtungen von Übungsgewinnen bestätigt. Sogar der Nachweis hemmender Einstellungswirkungen bestärkte sie in ihrer Auffassung; zeige sich doch noch in der Unzweckmäßigkeit die Macht der Gewohnheit (Maier, 1930).

Die Gegner der Erfahrungstheorie schlossen selbstverständlich Einflüsse von Erfahrung und Übung nicht grundsätzlich aus. Jedoch legten sie innerhalb ihrer Theorie den Schwerpunkt in den Bereich des Denkens, das zu neuen, vorher nicht gekannten Lösungen vorstößt. So berufen sie sich bevorzugt auf kreative Leistungen, die sich nicht oder zumindest nicht vollständig aus vorangegangener Erfahrung herleiten lassen. Und für besonders beweiskräftig erklärten sie jene schöpferische Tätigkeit, welche über mechanische Einstellung und starre Gewohnheit triumphiert.

ZUSAMMENFASSUNG

1. Eine Lösung nennt man kreativ oder originell, wenn sie ohne Vorbild zustande kommt oder von bestehenden Vorbildern abweicht. Indem Kreativität und Originalität Konventionen überwinden, beseitigen sie auch emotionale Widerstände.

2. Kreative Lösungen erscheinen oft plötzlich und unerwartet; ihnen geht jedoch nicht selten eine stille Phase voraus, die manche Autoren als Inkubationszeit deuten.

3. Das Problemlösen wird durch die Kenntnis von heuristischen Lösungsstrategien sowie von Gebrauchswerten (Funktionalwerten) der Gegenstände erleichtert. Routine kann in neuen Situationen jedoch den Übergang zu nicht vertrauten Lösungsprinzipien, Strategien und Funktionalwerten erschweren und damit die Lösung behindern.

8.4
Problemlösen in der Entwicklungs-, Persönlichkeits- und Sozialpsychologie

8.4.1 Entwicklungspsychologie

Hilflos kommt der Mensch auf die Welt; zunehmende Hilflosigkeit beschwert sein Alter. Der Heranwachsende und reife Mensch ist dagegen sehr wohl in der Lage, eine Fülle von Problemen zu bewältigen. Er verfügt über Algorithmen, um bekannte Aufgaben anzugehen, und über Heuristiken, um neuen Anforderungen gerecht zu werden. Indem immer mehr Wissen über die Welt erworben wird, gelingt es immer besser, sie nach eigenen Wünschen und Zielen zu gestalten. Die Anpassung des Denkens an die Realität geht einher mit der Anpassung der Wirklichkeit an die Vorstellung (vgl. Oerter, Dreher & Dreher, 1977). Wie weit Kinder, wenn sie unbelastet von Konventionen aufwachsen, zu besonders kreativen Lösungen imstande sind, ist unklar (vgl. dazu bereits Abschnitt 5.5.1); in der Beobachtung fällt oft ihre Neigung zur Imitation und zum starren Festhalten an früher bewährten Lösungen auf (Yando, Seitz & Zigler, 1978; Lesser & Hlavacek, 1977.)

Oerter, R., Dreher, E. & Dreher, M. (1977). *Kognitive Sozialisation und subjektive Struktur.* München: Oldenbourg.

Yando, R., Seitz, V. & Zigler, E. (1978). *Imitation: A developmental perspective.* Hillsdale, NJ: Lawrence Erlbaum.

Lesser, H. & Hlavacek, P. (1977). Problem-solving rigidity of children on perceptual tasks as a function of parental authoritarianism. *Journal of Genetic Psychology, 131,* 97-106.

Watson, G. (1957). Some personality differences in children related to strict or permissive parental discipline. *Journal of Psychology, 44,* 227-249.

Krause, R. (1977). *Produktives Denken bei Kindern.* Weinheim: Beltz.

Bei der *Entwicklung des produktiven Denkens* scheint das Elternhaus - allgemein: das Verhalten der Erzieher - eine wesentliche Rolle zu spielen. Nicht selten stößt man auf die Behauptung, Kreativität entfalte sich spontan. Daraus wird die Empfehlung abgeleitet, Erzieher sollten Kinder mit größtmöglicher Freizügigkeit behandeln (z. B. Watson, 1957). Diese Aussagen können keinesfalls als gesichert gelten. In einer Studie von Rainer Krause haben sie sich jedenfalls nicht bestätigt.

Krause untersuchte in einer Schweizer Großstadt 107 Kinder mit ihren Eltern. Die Kinder waren nach den Ergebnissen einschlägiger Tests entweder als hoch oder als niedrig kreativ einzustufen. Ihre Eltern berichteten über ihren Erziehungsstil. Ein ganz charakteristisches Ergebnis war: Väter von hoch kreativen Kindern (Jungen und Mädchen) bestanden auf anspruchsvollen Forderungen, auch wenn die Kinder sich dagegen wehrten; Unmutsäußerungen nahmen sie dabei in Kauf. Väter von Kindern mit niedriger Kreativität legten in erster Linie Wert auf ein gutes Einvernehmen; um dieses Einvernehmen nicht zu gefährden, steckten sie ihre Forderungen zurück. Der Autor beurteilt die Erziehungshaltung von Vätern kreativer Kinder folgendermaßen:

„Die Väter der Hochkreativen sind selbstzufrieden, haben also keinen internen Konflikt, dafür aber einen vorprogrammierten zwischen sich und dem Kind. Wohl in der Annahme, daß ihre Anordnungen vernünftig sind, verlangen sie strikte Befolgung, allerdings ohne das Kind dabei zu demütigen, indem sie auch noch verlangen würden, daß das Kind die Befolgung gerne machen würde. Die sadistisch autoritäre Erziehung verlangt eigentlich von dem Kind, daß es nach der Bestrafung auch noch sagt, ich danke für die Züchtigung. Wohingegen diese Art von Autorität eher so aufgebaut scheint, daß der

Vater sagt, ich verlange von dir das und das, ob du es gerne tust, spielt keine Rolle ... Ich möchte davor warnen, diese Haltung als autoritär zu verstehen. Ich würde eher meinen, sie ist eher transparenter als diejenige eines Vaters, der meint, er müsse eigentlich strenger sein, es dann aber auf Kosten seiner eigenen Zufriedenheit nicht ist."

(Krause, 1977, S. 207.)

8.4.2 Persönlichkeitspsychologie

Spätestens seitdem der französisch-schweizerische Psychologe Edouard Claparède (1873-1940) Intelligenzhandlungen als Akte des Problemlösens beschrieben hat (Claparède, 1924, S. 219f.), ist die Bedeutung des Problemlösens für die Persönlichkeitspsychologie offenkundig. Dabei ist die Auseinandersetzung unerheblich, ob man eine einheitliche Fähigkeit des Problemlösens annehmen darf, die sich bei den verschiedenartigsten Problemen bewährt (allgemeine Intelligenz), oder ob verschiedene Fähigkeiten zu unterscheiden sind, die sich ungleich über Individuen verteilen. Auf jeden Fall sind die Fähigkeiten zur Überwindung von Schwierigkeiten als wichtige Persönlichkeitseigenschaften zu veranschlagen. Solche Fähigkeiten, auch *Kompetenzen* (lat. *competentia*) genannt,

- bestimmen den Lebensweg und die Sozialisation eines Menschen,
- ihr Besitz vermittelt das Gefühl der Selbstsicherheit,
- ihr Mangel führt zu Versagen und Angst.

Kreativität - so der Persönlichkeitstheoretiker und Mitbegründer der Humanistischen Psychologie Abraham Maslow (s. a. Abschnitte 2.1.3 und 11.2.4) - kennzeichne den autonomen Menschen. Sie helfe ihm, seinen Bedürfnissen gerecht zu werden, und diene damit der Selbstverwirklichung. Jeder Mensch könne auf seinem Weg zur Selbstverwirklichung seine individuelle Form der Kreativität entwickeln. Nicht nur dem gefeierten Künstler oder dem bewunderten Erfinder sei daher Kreativität zuzubilligen, sondern auch dem spielenden Kind, dem

Handwerker und der Hausfrau, dem Sportler und dem Bastler, wenn sie nur mit Hingabe und Einfallsreichtum bei der Sache sind (Maslow, 1954).

Im Gegensatz zu dieser optimistischen Sicht der Kreativität stehen einige Tiefenpsychologen. So hat Sigmund Freud bereits zu Beginn dieses Jahrhunderts die Vermutung geäußert, die schönsten Schöpfungen der Kunst und der Wissenschaft verdankten ihre Entstehung einer frühkindlichen Enttäuschung. Als Beispiel wählte Freud den italienischen Maler Leonardo da Vinci (1452-1519). Der Künstler trachte durch seine herrlichen Madonnenbilder insgeheim danach, seiner Mutter habhaft zu werden, die trotz ihrer Zärtlichkeit seinem vollen Liebesverlangen nicht gefolgt sei (Freud 1964/1910). Noch einen Schritt weiter geht Alfred Adler. Er deutet jede große Leistung als Wiedergutmachen eines Versagens. Sie sei der Versuch der *Kompensation* empfundener Schwäche und Minderwertigkeit (s. Abschnitt 2.2.2).

Claparède, E. (1924). *Comment diagnostiquer les aptitudes chez les écoliers.* Paris: Flammarion.

Schoppe, K. J. (1975). *Verbaler Kreativitätstest. Handanweisung.* Göttingen: Hogrefe.

Maslow, A. (1954). *Motivation and personality.* New York: Harper.

Freud, S. (1969). *Eine Kindheitserinnerung des Leonardo da Vinci. Gesammelte Werke* (Band 8, S. 127-211). Frankfurt a. M.: Fischer (Erstausgabe 1910).

Adler, A. (1973). Die Theorie der Organminderwertigkeit und ihre Bedeutung für Philosophie und Psychologie. In A. Adler & C. Furtmüller (Hrsg.), *Heilen und Bilden.* Frankfurt a. M.: Fischer (Erstausgabe 1907).

Es hat nicht an Versuchen gefehlt, die Kompetenz zur Lösung von Problemen zu messen. Viele mit Hilfe von Intelligenztests geprüfte Fähigkeiten wie das induktive und deduktive Denken (s. Abschnitte 6.2 und 6.3), die Merkfähigkeit (s. Abschnitt 7.4.2) und die Raumanschauung (s. Abschnitt 4.2.1)

kommen zweifellos dem praktischen Problemlösen zugute. Der Ablauf des praktischen Problemlösens stellt jedoch auch seine spezifischen Anforderungen - wie die Fähigkeit zur Vorausschau und Planung (vgl. Abschnitt 9.5.2). Solche Kompetenzen sind nicht leicht zu bestimmen, und deshalb stecken Tests zur unmittelbaren Erfassung der Kompetenz zum praktischen Problemlösen noch in den Anfängen.

8.4.3 Sozialpsychologie

Problemlösen wird zum Gegenstand der sozialpsychologischen Betrachtung, wenn
- die zur Lösung anstehenden Probleme sozialer Natur sind (z. B. Rangkonflikte, Konkurrenz um knappe Ressourcen, Entscheidung über Aufnahme und Ausschluß von Gruppenmitgliedern, Verteilung von Aufgaben) und wenn
- mehrere Individuen sich gemeinsam um die Lösung von (sozialen und nicht sozialen) Problemen bemühen (z. B. wissenschaftliche Teams, Künstlergruppen, Flugzeugbesatzungen).

Der Sozialpsychologe Helmut Crott (1979, S. 112f.) bescheinigt den Gruppen, sie würden *„im Vergleich mit dem durchschnittlichen Individuum ... Probleme im allgemeinen mit größerer Wahrscheinlichkeit"* bewältigen.

Gründe für die häufige Überlegenheit von Gruppen liegen auf der Hand:
- Je mehr Köpfe zusammenwirken, desto größer ist die Wahrscheinlichkeit, daß in einem von ihnen der entscheidende Lösungseinfall heranreift.
- Unvollständige Lösungsvorschläge eines Gruppenmitglieds können von anderen weitergedacht werden.
- Irreführende Einfälle können von anderen leichter als solche erkannt und verworfen werden.
- Verschiedene Aspekte eines Problems lassen sich in Gruppen arbeitsteilig bearbeiten.
- Je mehr Menschen versammelt sind, desto mehr einschlägige Erfahrungen fließen in ihre Beratungen ein.

Mitunter wird noch ein sechster, nicht ganz präzise formulierbarer Grund genannt:

Kreativitätstest

Kreativitätstests erheben den Anspruch, individuelle, schöpferische Möglichkeiten eines Menschen diagnostizieren zu können. Ein solcher Kreativitätstest für den deutschen Sprachraum stammt von dem Bonner Psychologen Karl-Josef Schoppe (1975). Sein Verfahren soll lediglich die verbal-produktiven Merkmale der Kreativität erfassen, da die stark am Inhalt orientierten amerikanischen Tests nach Schoppe auf ernste Bewertungsschwierigkeiten stoßen und damit eine objektive Auswertung in Frage stellen.

Der verbale Kreativitätstest von Schoppe erfaßt den verbalen Assoziations- und Einfallsreichtum. Eine Aufgabe, die den Einfallsreichtum bezüglich der Funktionen von angegebenen Gegenständen erfassen soll, ist die folgende:

„Zu einem Gegenstand, der Ihnen genannt wird, sollen Sie sich möglichst viele ungewöhnliche Verwendungsarten einfallen lassen. ... Verzichten Sie auf Begründungen und umständliche Erklärungen. Schreiben Sie Ihre Einfälle im Telegrammstil einzeilig untereinander auf."

Unter den vorgegebenen Gegenständen waren:

leere Konservendose

einfache Schnur

Die Zeitbegrenzung für jedes Testwort beträgt 120 Sekunden. Als originell anerkannt werden u. a. solche Antworten, die unmoralische oder verbrecherische Verwendungen darstellen (ermorden, zerschneiden, erwürgen), die übliche Funktionen mit unüblichen Situationen oder ungewöhnlichen Gegenständen in Zusammenhang bringen.

- In Gruppen entstehe manchmal ein besonderes „Kreativitätsklima" (Taylor & Ellison, 1975, S. 202ff.), eine Stimmung oder Bewußtseinslage, welche die Offenheit für neue Probleme und Lösungseinfälle begünstigt.

Die Vorzüge der Gruppe können freilich in ihr Gegenteil umschlagen: Die wechselseitige Erwartung, der jeweils andere Partner werde schon die Lösung beibringen, setzt das Engagement der gesamten Gruppe herab. Irreführende Lösungsvorschläge finden oft die gemeinschaftliche Unterstützung, während erfolgversprechende Ansätze auf Mehrheitsbetreiben nicht weiter verfolgt werden. Der Sozialpsychologe Irving L. Janis von der Yale Universität glaubt sogar feststellen zu können: Die Rücksicht auf die eigene Gruppe steht einer sachgerechten Problemlösung nicht selten im Wege.

Janis nennt die produktivitätsfeindliche Form des Gruppendenkens „*groupthink*"; er führt den Begriff folgendermaßen ein:

„Ich benutze den Begriff ‚groupthink', um schnell und einfach eine Denkweise zu bezeichnen, derer sich Menschen in stark kohärenten Gruppen befleißigen; ein Fall von ‚groupthink' liegt dann vor, wenn das Bestreben der Mitglieder nach Einmütigkeit ihr Bemühen unterdrückt, verschiedene Handlungsalternativen realistisch zu bewerten ... . ‚Groupthink' steht in Beziehung zu einer Beeinträchtigung der geistigen Leistungsfähigkeit, des Realitätsbewußtseins und des moralischen Urteils, welches sich aus dem Druck innerhalb der Gruppe ergibt. "

(Übersetzung aus Janis, 1972, S. 9.)

Crott, H. (1979). *Soziale Interaktion und Gruppenprozesse.* Stuttgart: Kohlhammer.

Taylor, C. W. & Ellison, R. L. (1975). Moving towards working models in creativity: Utah creativity experiences and insights. In I. A. Taylor & J. W. Getzels (Eds.), *Perspectives in creativity* (pp. 191-223). Chicago: Aldine.

Janis, I. L. (1972). *Victims of groupthink. A psychological study of foreign policy decisions and fiascoes.* Boston: Houghton & Mifflin.

Janis belegt seine These von der möglichen Beeinträchtigung des realistischen Problemlösens durch soziale Prozesse anhand von sechs Fallstudien aus dem Bereich der amerikanischen Außenpolitik. Als Paradefall von blindem Gruppendenken führt er die Kuba-Invasion aus dem Jahre 1961 an. Die Invasion gegen das Kuba Fidel Castros wurde im April 1961 von 1400 Exilkubanern unternommen. Sie landeten an einem sumpfigen Strand der Insel, genannt „Schweinebucht" (engl. *bay of pigs*), unterstützt vom amerikanischen Geheimdienst, der US-Marine und der US-Luftwaffe. Das Unternehmen, gegen den frisch etablierten Diktator Castro gerichtet, wurde innerhalb von drei Tagen zum vollständigen Debakel. Durch die vorgewarnten und gut ausgerüsteten Truppen Castros wurden die eindringenden Angreifer völlig aufgerieben. Die 1200 Mann, die in Gefangenschaft gerieten, mußten sieben Monate später gegen Warenlieferungen im Werte von 53 Millionen Dollar freigelöst werden.

Die Gründe für den Fehlschlag sind schnell zusammengefaßt: Überschätzung der eigenen Kraft (insbesondere der Kampfkraft der Exilkubaner), Unterschätzung des Gegners, Fehlinformationen über die geographischen Verhältnisse. Die sozialpsychologische Frage war: Wie konnte der damals verantwortlichen, an hervorragenden Köpfen reichen Regierung Kennedy ein solcher Fehlschlag unterlaufen? Janis deutet die Situation folgendermaßen: Die Regierung Kennedy war zur Zeit der Planung neu im Amt. Ihr Bedürfnis nach Solidarität war groß. Gerade weil sie hervorragende Persönlichkeiten vereinigte, war die Scheu vor gegenseitiger Kritik vorherrschend. Den Invasionsplan hatte die Regierung von der vorangegangenen Regierung Eisenhower/Nixon übernommen; das Unternehmen glich einem fahrenden Zug, den niemand mehr gerne aufhält. Die neue Regierungsmannschaft hatte noch zu viel Respekt vor der alteingesessenen Verwaltung, brachte deren Information zu viel Vertrauen entgegen und ließ sich durch antiquierte Geheimhaltungsvorschriften davon abhalten, unabhängige Experten zu Rate zu ziehen. Hinzu gesellte sich die Überzeugung von der

eigenen moralischen und militärischen Überlegenheit. Kurz gesagt: Das Kabinett agierte
so, daß das Einvernehmen zwischen seinen
Mitgliedern sowie zwischen Kabinett und
Ministerialverwaltung möglichst ungetrübt
blieb. Der Preis dafür: eine gründliche
Verkennung der Wirklichkeit und ein völliges
Fiasko - nach Janis ein klassischer Fall von
Gruppendenken mit fatalen Folgen. (Zum
Kontrast schildert der Autor allerdings auch
einen Fall, in dem das Gruppendenken sich in
den Dienst einer realistischen Problemlösung
gestellt hat, nämlich der Entwicklung, Durch-
setzung und Verwirklichung des Marshall-
Plans zum Wiederaufbau Europas nach dem
Zweiten Weltkrieg.)

Kabinettsitzung (1993). Eine Reihe von Sachproble-
men steht zur Lösung an (Pflegeversicherung,
Rentenfinanzierung, Aufbau der Wirtschaft in den
neuen Bundesländern usw.). Gleichzeitig besteht
das Problem, die Regierungsmannschaft arbeits- und
kooperationsfähig zu erhalten (Erhaltung der
Koalition der die Regierung tragenden Parteien,
Integration der Ressortminister im Gesamtkabinett.)

Zusammenfassung

1. Im Verlauf der lebenslangen Entwicklung
   spielen Veränderungen in der Fähigkeit
   zum Lösen von Problemen eine hervorragende Rolle. Starrheit in der Anwendung
   von Lösungsregeln fällt bei jüngeren Kindern stärker auf als eine von Konvention
   unbelastete Kreativität. Die spätere Entfaltung der Kreativität wird durch eine
   anspruchsvolle Erziehungshaltung offenbar
   gefördert.

2. In der Persönlichkeitspsychologie wird
   Kreativität als überdauernde Persönlich-
   keitseigenschaft betrachtet. Kreativität
   bestimmt den Lebensweg und formt die
   Persönlichkeit. Für manche Persönlichkeitstheoretiker gehört sie unabdingbar

zum autonomen, sich selbst verwirklichen-
den Menschen, für tiefenpsychologische
Theoretiker wurzelt sie in frühkindlichen
Konfliktsituationen.

3. Die Sozialpsychologie befaßt sich mit dem
   Problemlösen, wenn die zur Lösung
   anstehenden Probleme sozialer Natur sind
   oder wenn mehrere Individuen zusammen
   Probleme lösen. Das Lösen von Problemen
   in Gruppen hat Vorteile und Nachteile:
   Durch die Mitwirkung mehrerer Individuen
   erhöht sich die Wahrscheinlichkeit, eine
   Lösung zu finden; gleichzeitig besteht
   jedoch die Gefahr, daß sich die Gruppe auf
   eine falsche Lösung einigt, um ihren
   Zusammenhalt zu wahren.

LITERATUR ZUR ERGÄNZUNG UND VERTIEFUNG

Anderson, J. R. (1993). *Rules of the mind.* Hillsdale, NJ.: Lawrence Erlbaum. (Er stellt eine eigene Kognitionstheorie über Wissensrepräsentation und Denken dar.)

Dörner, D. (1976). *Problemlösen als Informationsverarbeitung.* Stuttgart: Kohlhammer. (Abhandlung über den Prozeß und die Gesetzmäßigkeiten des Problemlösens.)

Funke, J. (1986). *Komplexes Problemlösen. Bestandsaufnahme und Perspektiven.* Berlin: Springer. (Überblick über die Forschung im Bereich des Problemlösens im deutschsprachigen Raum; Darstellung des eigenen Forschungsansatzes.)

Hayes, J. R. (1989). *The complete problem solver.* Hillsdale, NJ: Lawrence Erlbaum, 2. Aufl. (Eine umfassende Darstellung aller Themen der Problemlösepsychologie.)

Preiser, S. (1976). *Kreativitätsforschung.* Darmstadt: Wissenschaftliche Buchgesellschaft. (Übersichtliche und anschauliche Darstellung von Bedingungen und Erscheinungsweisen der Kreativität.)

Putz-Osterloh, W. (1981). *Problemlöseprozesse und Intelligenztestleistung.* Bern: Huber. (Bericht über eigene theoretische und empirische Studien zum Zusammenhang von allgemeinen Strategien beim Problemlösen und individuell bestimmbarer Intelligenz.)

Rohr, A. R. (1975). *Kreative Prozesse und Methoden der Problemlösung.* Weinheim: Beltz. (Ausarbeitung von theoretischen Modellvorstellungen und Bericht über eigene empirische Studien zur Erhöhung der Kreativität beim Problemlösen.)

Roth, E., Oswald, W. D. & Daumenlang, K. (1975). *Intelligenz.* Stuttgart: Kohlhammer, 3. Aufl. (Erstausgabe 1972). (Einführung in die wichtigsten Methoden und Ergebnisse der Intelligenzforschung.)

Seiffge-Krenke, I. (1974). *Probleme und Ergebnisse der Kreativitätsforschung.* Bern: Huber. (Überblick über neuere Forschungsansätze; besondere Berücksichtigung von Methoden des Kreativitätstrainings.)

Kapitel 9

Zielgerichtetes Verhalten

Reaktives Verhalten

Instinktverhalten

Planen und Handeln

Zielsetzung

Intrinsische und extrinsische Motivation

Mehrfachtätigkeit

Menschen sind aktive Wesen. Nicht immer begnügen sie sich mit dem Vorhandenen, sondern streben nach anderem, Neuem. Das ist die Grundauffassung der psychologischen Handlungstheorie. Man kann aber auch annehmen: Menschen passen sich ihrer jeweiligen Umgebung an. Sie reagieren auf die aktuellen Reize aus ihrer Umgebung und ihrem Körper. Auf dieser Grundauffassung fußt die psychologische Verhaltenstheorie.

Wie menschliche (und tierische) Tätigkeiten in Gang kommen und nach welchen Prinzipien sie ablaufen, ist das zentrale Thema dieses Kapitels. Es ist kein Zufall, daß dieses Kapitel über zielgerichtetes Verhalten unmittelbar an das Kapitel über Problemlösen anschließt. Erweist sich doch in vieler Hinsicht das menschliche Handeln als eine praktische Umsetzung problemlösenden Denkens.

Die Rolle der Motivation im menschlichen Verhalten ist ein weiteres wichtiges Thema dieses Kapitels. Angesichts vieler ungewöhnlicher und normwidriger Taten von Menschen - darunter bejubelten Höchstleistungen und verabscheuten Gewalttaten - stellt sich zudem die Frage nach der Vielfalt menschlicher Motive (z. B. Hunger, Liebe, Herrschsucht). Diese Frage wird hier allerdings ausgeklammert und erst im Kapitel 11 über „Motivation und Emotion" aufgegriffen.

Ebenfalls in diesem Kapitel ausgespart ist das Problem der Verhaltensänderung durch Lernen; ihm ist das gesamte Kapitel 10 gewidmet.

9.1
Menschliche Tätigkeit - ihr Aufbau, ihre Anlässe, ihre Ziele

9.1.1 Tathergang und persönliche Schuld

Als Ungeheuerlichkeit wurde der 1867 erstmals erschienene Roman *Raskolnikoff - Schuld und Sühne* des russischen Schriftstellers Fjodor Michailowitsch Dostojewski (1821-1881) aufgenommen. Schilderte er doch nichts weniger als die Vorbereitung und Ausführung eines brutalen Doppelmordes. Negativer Held des Romans ist Raskolnikoff, ein junger Mann, verelendet, verschuldet, innerlich zerrissen, in einer Welt voller Not und Erniedrigung.

Der Beginn des Verbrechens: Raskolnikoff hat sich entschlossen, die Pfandleiherin Lisabetha Iwanowna und ihre Schwester Aljona aufzusuchen. In der vorangegangenen Nacht war er spät nach Hause gekommen und hatte den Tag in einem fiebrigen Schlaf verbracht. Dann fährt der Erzähler fort:

„Unterdessen schlug es sechs Uhr. ... An Vorbereitungen war ... nicht viel erforderlich. Er hatte alle seine Kraft darauf gerichtet, daß alles vorbedacht und nichts vergessen war; aber sein Herz schlug und hämmerte, daß ihm der Atem schwer wurde. Zunächst war es erforderlich, eine Schleife zu verfertigen und sie an dem Rock anzunähen - das Werk eines Augenblicks. Er suchte in seinem Kissen und zog aus der hineingestopften Wäsche ein vollständig zerfetztes, altes, ungewaschenes Hemd. Aus dessen Fetzen drehte er ein Band. Dieses legte er doppelt, dann nahm er seinen dicken, haltbaren, aus starkem Baumwollstoff gefertigten Überrock - sein einziges Oberkleid - und begann, beide Enden des Bandes unter der linken Achselhöhle von unten anzunähen. Seine Hände zitterten bei dieser Arbeit, aber er ermannte sich und nähte es an, so daß von außen nichts zu sehen war, wenn er den Rock wieder anzog. Nadel und Zwirn hatte er schon längst in Bereitschaft in der Brieftasche in seinem Tisch. Was die Schlinge anlangte, so hatte er einen eigentümlichen Gedanken

ersonnen. Sie war für die Axt bestimmt; er konnte auf der Straße die Axt nicht in den Händen tragen; wenn er sie unter dem Rock verbarg, so hätte er sie mit den Händen halten müssen, und das wäre aufgefallen. Jetzt, mit dieser Schlinge, brauchte er sie nur in diese hineinzustecken, und sie hing ruhig darin unter seinem Arm, während er auf dem Wege war. Steckte er die Hände in die Seitentaschen seines Überziehers, so konnte er auch das Ende des Axtstieles festhalten, damit es nicht hin und her schwang. ... Diese Schlinge hatte er sich schon vor vierzehn Tagen ausgedacht."

Nach kurzer Zeit erreichte Raskolnikoff das Haus der Pfandleiherin.

„Die Tür öffnete sich, wie schon bei seinem früheren Besuche, nur bis auf einen schmalen Spalt, wiederum richteten sich zwei scharfe, mißtrauische Augen aus der Finsternis auf ihn. ,Verzeiht, Aljona Iwanowna, ich bin ein Bekannter von Euch, Raskolnikoff, und bringe Euch das Pfand, das ich neulich schon versprach.' Er hielt ihr sein Pfand entgegen. Die Alte blickte es an, doch richtete sie gleich wieder das Auge auf den ungebetenen Besucher; sie blickte forschend, bösartig und mißtrauisch. ... ,Was ist das?' fragte sie nochmals, Raskolnikoff durchdringend musternd und sein Pfand in der Hand wägend. ... Sie bemühte sich, die Schnur zu lockern, und drehte sich dabei nach dem Fenster zum Licht. ... Er knöpfte seinen Rock auf, hob die Axt aus der Schlinge, nahm sie aber noch nicht ganz heraus, sondern hielt sie mit der Rechten noch unter dem Rock.

Seine Hände waren entsetzlich schwach, es schien ihm, als ob sie mit jedem Augenblick mehr abstürben und erstarrten. Er fürchtete, die Axt loszulassen und zu verlieren - plötzlich drehte sich ihm alles vor den Augen. ,Wozu hat Er es nur eingewickelt!' rief jetzt die Alte verdrießlich und wandte sich zur Seite nach ihm. Es war kein Augenblick mehr zu verlieren; er zog die Axt jetzt ganz hervor, schwang sie mit beiden Händen, sich selbst mehr kaum empfindend und fast ohne Anstrengung, wie eine Maschine, und ließ sie im Schwunge herniedersausen. Es war ihm, als fühle er gar keine Kraft mehr in sich, aber sobald die Axt herniedergefallen war, überkam ihn frischer Mut.

... Der Schlag hatte mitten auf den Scheitel getroffen, ... Die Alte schrie auf, ... und sank plötzlich lang zu Boden, indem sie noch Versuche machte, beide Hände nach ihrem Kopf zu heben; in der einen hielt sie immer noch das Pfand. Jetzt versetzte ihr Raskolnikoff mit ganzer Kraft noch einen zweiten Hieb wieder auf den Scheitel. Das Blut lief wie aus einem zerbrochenen Glase, und ihr Körper streckte sich nach rückwärts."

(Dostojewski, 1957, S.67ff., übersetzt von H. Moser)

Nach vollbrachter Tat beraubt Raskolnikoff die getötete Aljona Iwanowna ihres Brustbeutels und stopft sich die Taschen mit den Wertgegenständen voll, die er in ihrem Zimmer findet. Dabei wird er von ihrer Schwester Lisabetha überrascht. Er streckt auch diese mit der Axt nieder und entflieht.

Das Verstecken der Axt, der Weg zur Pfandleiherin, das einleitende Gespräch, der Doppelmord, der Raub, die Flucht - das ist eine Kette von aufeinanderfolgenden Tätigkeiten. Genügt die genaue Beschreibung des Tathergangs? Stellt sich nicht auch die Frage nach den Ursachen der Tat, nach der Verantwortung? Was sind Raskolnikoffs Beweggründe? Handelt er aus Habgier, aus Not, aus Rachsucht oder aus Grausamkeit? Trifft den Täter eine persönliche Schuld? Haben sich die ermordeten Frauen ihr Schicksal selbst zuzuschreiben? Ist eine Gesellschaft, die Not und Ausbeutung hervorbringt, für die Tat verantwortlich zu machen?

Die Aufmerksamkeit wendet sich weiterhin den Empfindungen und anderen inneren Vorgängen bei der handelnden Person zu. Welche Empfindungen und Gedanken begleiten Raskolnikoffs Tat? Der Verfasser erwähnt ausdrücklich: Herzklopfen und Atemnot während der Vorbereitungsphase, Muskelschwäche und Schwindel vor dem ersten Mord, Gefühllosigkeit vor dem ersten Schlag, „frischer Mut" danach. Und zusätzlich ist zu fragen: Wie erlebt der Täter seine Welt? Was denkt er über sein Opfer? Was verspricht er sich für einen Nutzen von seinem Tun?

Juri Taratorkin als Raskolnikoff in einem Film nach Dostojewski´s Roman *Schuld und Sühne* aus dem Jahre 1970.

In der Betrachtung sind zu trennen:

- Der äußere Hergang der Tat, die Abfolge von beobachtbaren Bewegungen und ihren Folgen (z. B. Raskolnikoff macht sich auf den Weg, schwingt die Axt),
- die inneren Beweggründe des Handelnden, seine Motive (wie Habgier, Rachsucht, Not),
- die Körperempfindungen und Gefühle vor, bei und nach der Tat (z. B. Schwindel, Angst),
- die nervösen, hormonalen und kardio-vaskulären Veränderungen des Körpers vor, bei und nach der Tat (z. B. Herzklopfen, Schweißausbruch),
- die Kognitionen des Handelnden: die Wahrnehmung der jeweiligen Situation, das im Gedächtnis gespeicherte Wissen über die jeweilige Situation, die Gedanken über mögliche Handlungen und die durch sie zu erzielenden Wirkungen. (So erwächst etwa das Bemühen Raskolnikoffs, die Axt vor der Pfandleiherin zu verbergen, aus der Besorgnis, das offene Vorzeigen des späteren Mordinstruments könnte Verdacht erregen und frühzeitige Gegenwehr hervorrufen.)

9.1.2 Reaktives Verhalten, zielgerichtetes Handeln und unbewußte Impulse

Als Raskolnikoff die Axt unter seinem Mantel versteckte, als er sich Zugang zur Pfand-leiherin verschaffte, als er sie mit zwei Hieben niederstreckte: Hat er da nicht lediglich auf äußere Umstände reagiert? Auf situative Bedingungen wie die Wehrlosigkeit der Alten, die Verfügbarkeit des Mordinstruments, die Zerrüttung seiner Gesellschaft? Und auf innere Bedingungen: seinen Hunger, seine fiebrige Erregung? Behavioristische und reflexologische Autoren (s. Abschnitt 2.3) bevorzugen solche Deutungen. Für sie ist Verhalten eine *Reaktion*, ein *Reflex* auf vorgegebene (innere und äußere) Reize.

Anders kognitivistische Autoren (s. Abschnitt 2.1): Für sie sind Menschen voraus-schauende, planende Wesen. Sie setzen sich Ziele und suchen durch *Handeln* diese Ziele zu verwirklichen. Da die Ziele eine Vorweg-nahme zukünftiger Umstände darstellen, ist auch das Handeln auf die Zukunft gerichtet.

Aus kognitivistischer Sicht wird man dem Fall Raskolnikoff nicht gerecht, wenn man ihn lediglich als ein Produkt gegenwärtig herr-schender Lebensbedingungen betrachtet. Vielmehr müsse man die Hoffnungen und Erwartungen ausfindig machen, die Raskolni-koffs Tat motivieren. Hofft er etwa, durch den Raubmord die Befreiung von drückenden Schulden zu erlangen? Wie schätzt er die Wahrscheinlichkeit einer Bestrafung nach Entdeckung der Tat ein? Was tut er, um den Gewinn zu sichern und die Bestrafung zu vermeiden? Die kognitivistische Analyse wird einem Täter wie Raskolnikoff zumindest in begrenztem Umfang ein Bewußtsein seines Tuns zuschreiben; sie wird eine Kalkulation des Für und Wider der geplanten Tat annehmen, eine Zweckbestimmung seines Handelns, eine willentliche Entscheidung und eine persönliche Verantwortlichkeit.

Die dritte große Gruppe von Theoretikern, die Tiefenpsychologen (vgl. Abschnitt 2.2), nimmt wie die Kognitivisten an, daß die Tätigkeit ihre wesentliche Ursache in der tätigen Person hat und nicht in der sie umgebenden Situation. Im Gegensatz zu den Kognitivisten bezweifeln sie jedoch die Bewußtheit und Zweckmäßigkeit des Verhal-tens. Verhalten sei gelenkt von *triebhaften Impulsen*, deren Herkunft aus dem Unbewuß-ten verborgen bleibe. Im Falle des Raskolni-koff würden sie vermutlich dessen triebhafte Aggressivität, möglicherweise sogar eine zum Frauenhaß verkehrte Mutterliebe hervorheben.

Tiefenpsychologen haben ihre Theorien oft durch Deutungen von *Fehlleistungen* zu unter-mauern versucht, mit Fällen von Verlesen, Versprechen, Verschreiben, Vergreifen. Fehl-leistungen sind oft harmlos und alltäglich. So schilderte der Wiener Psychoanalytiker Viktor Tausk folgendes Vorkommnis:

„Ich war ... auf Urlaub nach Wien gekommen. Ein alter Patient hatte von meiner Anwesenheit Kenntnis bekommen und ließ mich bitten, daß ich ihn besuche, da er krank zu Bette lag. Ich leistete der Bitte Folge und verbrachte zwei Stunden bei ihm. Beim Ab-schied fragte der Kranke, was er schuldig sei. ‚Ich bin auf Urlaub hier und ordiniere jetzt nicht‘, antwortete ich. ‚Nehmen Sie meinen Besuch als einen Freundschaftsdienst.‘ Der

Kranke stutzte, da er wohl das Empfinden hatte, er habe kein Recht, eine berufliche Leistung als unentgeltlichen Freundschaftsdienst in Anspruch zu nehmen. Aber er ließ sich meine Antwort schließlich gefallen ... - Mir selbst stießen schon wenige Augenblicke später Bedenken über die Aufrichtigkeit meiner Noblesse auf, und, von Zweifeln erfüllt, bestieg ich die elektrische Straßenbahnlinie X. Nach einer kurzen Fahrt hatte ich in die Linie Y umzusteigen. Während ich an der Umsteigestelle wartete, vergaß ich die Honorarangelegenheit ... Indem kam der von mir erwartete Wagen und ich stieg ein. Aber bei der nächsten Haltestelle mußte ich wieder aussteigen. Ich war nämlich statt in einen Y-Wagen versehentlich und ohne es zu merken in einen X-Wagen eingestiegen und fuhr in der Richtung zum Patienten, von dem ich kein Honorar annehmen wollte. Mein Unbewußtes aber wollte sich das Honorar holen."

(Tausk, 1916/17, S. 157f.)

Dostojewski, F. M. (1957). *Raskolnikoff - Schuld und Sühne*. München: Goldmann (Erstausgabe 1867).

Tausk, V. (1916/17). Falsche Fahrtrichtung. *Internationale Zeitschrift für Psychoanalyse, 4*, 157-158.

9.1.3 Tätigkeitsziele und Verhaltensketten

Die zu Beginn wiedergegebene Romanepisode beschreibt eine Fülle einzelner Tätigkeiten. Raskolnikoff stellt eine Schlinge her, transportiert mit ihrer Hilfe eine Axt, unterhält sich mit der Pfandleiherin usf. Die Tätigkeiten unterscheiden sich einerseits in ihrer Zielsetzung, andererseits in ihrer Ausführung. Einen groben Überblick vermittelt die folgende Einteilung von Tätigkeiten:

- Produktionstätigkeiten (lat. *producere*, hervorbringen); Ziel von Produktionstätigkeiten ist die Herstellung eines Gegenstandes oder eines Zustandes (z. B. die beschriebene Herstellung einer Schlinge).

- Lokomotionen (lat. *locus*, Ort, *motio*, Bewegung); sie dienen der Ortsveränderung von Personen und Gegenständen (wie das Zurücklegen eines Weges oder der Transport einer Axt).

- Orientierungstätigkeiten (ursprünglich „nach dem Ort des Sonnenaufgangs, dem Orient, die Himmelsrichtungen bestimmen"); ihr Ziel ist das Beschaffen einer Kenntnis (z. B. mustert die Pfandleiherin den Eindringling Raskolnikoff).

- Kommunikationstätigkeiten (lat. *communicare*, teilnehmen, mitteilen); sie dienen der Verständigung zwischen sozialen Partnern mit den Mitteln der Sprache (z. B. das Gespräch zwischen Raskolnikoff und Aljona Iwanowna).

- Regenerations- und Rekreationstätigkeiten (lat. *regenerare*, wiederherstellen; *recreare*, erfrischen, kräftigen); sie umfassen so unterschiedliche Tätigkeiten wie Spielen, Essen und Trinken sowie Ruhen und Schlafen.

Tätigkeiten sind vielfältig miteinander zu Verhaltensketten verknüpft. Wenn Raskolnikoff der Aljona Iwanowna den Schädel spaltet, erreicht die kriminelle Handlung ihren Höhepunkt; aber der Tötungsakt steht in einem größeren Handlungszusammenhang. Ihm folgt der Raub von Geld und Kostbarkeiten; insofern ist der Mord Vorstadium und Mittel zum Raub. Vorausgegangen ist die Beschaffung des Mordinstruments und sein versteckter Transport; insofern ist der Mord die Ausführung einer vorangegangenen Vorbereitung und Planung. Über mindestens vierzehn Tage erstreckt sich der Tathergang, wie ihn Dostojewski in seinem Roman beschreibt.

Wie weit erstreckt sich der von den Handelnden selbst erlebte Handlungszusammenhang? Planen sie auf längere Sicht? Erleben sie ihr gegenwärtiges Tun als Glied einer längeren, zusammengehörigen Reihe? Handlungszusammenhänge lassen sich durch Hinweise auf Endziele begründen, die ein längeres Verfolgen verlangen. So dehnen sich Studientätigkeiten über mehrere Jahre aus, bis sie den angestrebten Abschluß finden. Führungskräfte in Wirtschaft und Politik durchlaufen oft eine jahrzehntelange Karriere, bis sie eine angestrebte Position erreichen. Die zeitliche Strecke, auf die Menschen zu Beginn ihrer Handlungen vorausschauen und auf die sie während und nach ihrer Handlung zurückblicken können, hat Leonhard Frank (1939) ihre *Zeitperspektive* genannt.

Verhaltensforscher unterscheiden sich in der Länge der untersuchten Zeitperspektive. Im äußersten Fall erwägen sie die Möglichkeit eines lebenslangen Strebens zu einem einzigen, beherrschenden Ziel. Von dem Tiefenpsychologen Alfred Adler (s. Abschnitt 2.2.2) stammt die These, das Leben vieler Menschen stehe unter einem einheitlichen Lebensziel - und sei das *Lebensziel* so allgemein wie „mit liebenswürdigen Mitteln die überlegenere Rolle zu spielen" (Adler, 1929, S. 70). Unter dem Eindruck des Lebensziels folge das Leben daher - wie Adler in einer Schrift aus dem Jahre 1912 formulierte - einem *Lebensplan.*

Frank, L. K. (1939). Time perspectives. *Journal of Social Philosophy, 4,* 293-312.

Adler, A. (1929). *Menschenkenntnis.* Leipzig: Hirzel.

Adler, A. (1973). Organdialekt. In A. Adler & C. Furtmüller (Hrsg.), *Heilen und Bilden* (S. 114-122). Frankfurt a. M.: Fischer (Erstausgabe 1912).

Kognitivisten scheuen sich ebenfalls nicht, Tätigkeiten mit langfristiger Zielsetzung zu analysieren. Anders wiederum Behavioristen. Da langfristige Ziele nur als kognitive Vorwegnahmen zu deuten sind, äußern diese ihre schon mehrfach erwähnten erkenntnistheoretischen Bedenken gegen die Erörterung einer langen Zeitperspektive von Zielsetzungen und Tätigkeitsfolgen.

Die Wahl der Größe von Verhaltens- bzw. Handlungseinheiten, verbunden mit einer Entscheidung über die zeitliche Entfernung der Ziele, wird somit zu einem kritischen Punkt bei der Verhaltensanalyse. Als Einheiten des Verhaltens mit unterschiedlichem Umfang bieten sich dann an:

• die Tätigkeit einzelner Muskelfasern bzw. einzelner Gefäße (z. B. Blutgefäße, Hormondrüsen, Schweißdrüsen),
• die Aktion einzelner Muskeln und Muskelgruppen bei Körperbewegungen (z. B. im Akt des Greifens, des Schreitens u. ä.),
• die kurzfristige Bewegungsphase in einem weiter erstreckten Ablauf (z. B. Drehung beim Tanz, Anschlag auf dem Klavier),
• die koordinierte, kurzfristige Bewegung (z. B. Einparken eines Fahrzeugs),
• mittelfristige Tätigkeiten (z. B. Sonntagsausflug, Nähen eines Kleides),
• langfristige Tätigkeiten (z. B. Entwicklung eines Geräts bis zur Produktionsreife, Sanierung eines Stadtgebietes).

Die derart unterschiedenen Tätigkeiten kann man verschieden komplex nennen. Man kann erklären: Sie liegen auf verschiedenen Ebenen der Untersuchung. Dabei schließen die komplexer aufgefaßten Tätigkeiten die weniger komplexen ein. Eine reizvolle wissenschaftliche Aufgabe ist dann die mehrere Ebenen umfassende Verhaltensanalyse.

ZUSAMMENFASSUNG

1. Bei der psychologischen Verhaltensanalyse werden berücksichtigt: Der äußere Hergang der Tätigkeit, die dafür maßgebenden Motive, Eigenempfindungen und Gefühle, psychophysiologische Begleiterscheinungen, Kognitionen bei der Tätigkeit.

2. Behavioristische und reflexologische Autoren betrachten die Abhängigkeit des Verhaltens von äußeren und inneren Reizen. Kognitivistische Autoren betonen dagegen die Bewußtheit und Zweckbestimmtheit von Handlungen sowie rationale Planungen und Entscheidungen, die Tätigkeiten zugrunde liegen. Tiefenpsychologische Theorien behandeln vor allem das Wirken unbewußter Antriebe;

das Wirken unbewußter Triebe versuchen sie u. a. im Fehlverhalten (z. B. beim Versprechen, Verschreiben) nachzuweisen.

3. Wichtige Klassen von Tätigkeiten sind die Produktions- und Lokomotionstätigkeiten sowie die Orientierungs-, Rekreations- und Regenerationstätigkeiten.

4. Verhaltenseinheiten können verschieden umfangreich definiert werden; so sind Analysen auf verschiedenen Ebenen der Komplexität möglich. Verhaltenseinheiten schließen sich zu längeren Ketten zusammen; dadurch ergeben sich Handlungen mit unterschiedlicher Zeitperspektive.

9.2
Reaktives Verhalten

9.2.1 Instinktverhalten

Lebewesen unterscheiden sich in ihrer körperlichen Beschaffenheit und damit auch in ihrer äußeren Gestalt. Wie unterscheiden sie sich in ihrem Verhalten? Dieser Frage widmet sich eine eigene Disziplin der Biologie, die *Verhaltensforschung* oder *Ethologie* (griech. *ethos,* Wohnort, Lebensweise). Die Ethologie hat inzwischen eine Fülle von Beobachtungen zusammengetragen, aus denen man schließen kann: Jede Tierart zeichnet sich durch eigene Verhaltensmuster aus - zumindest solange sich ihre Angehörigen in demselben Lebensraum aufhalten.

Ein Beispiel für ein solches *arteigenes Verhalten* hat der niederländische Ethologe Nikolaas Tinbergen in seinem inzwischen klassisch zu nennenden Werk *Instinktlehre* gegeben: Das Paarungsverhalten des dreistachligen Stichlings. Die Paarung dieser Fische verläuft in ihrem *Biotop* (griech. *bios,* Leben; *topos,* Ort) stets nach dem gleichen Muster (s. Abbildung auf der folgenden Seite):

1. Das Stichlingsmännchen vollführt vor dem weiblichen Stichling einen Zickzacktanz.
2. Daraufhin wendet das Weibchen dem Männchen seinen Bauch zu.
3. Nunmehr führt das Männchen das Weibchen zum Nest.
4. Das Weibchen folgt.
5. Das Männchen zeigt den Nesteingang.
6. Das Weibchen schwimmt in das Nest.
7. Das Männchen vollführt ein Schnauzentremolo.
8. Das Weibchen laicht ab.
9. Das Männchen besamt den Laich.

Jeder Verhaltensakt in diesem Ablauf scheint durch einen eigenen Außenreiz ausgelöst zu sein. Beim Männchen: Der Weg zum Nest durch den Anblick des weiblichen Bauches, das Schnauzentremolo durch den Anblick des Weibchens im Nest. Bei dem Weibchen löst der Zickzacktanz die Bauchwendung aus, das Schnauzentremolo bewirkt das Ablaichen. Tinbergen nennt solche Reize in Übereinstimmung mit dem deutschen Ethologen Konrad Lorenz *Auslöse-* oder *Schlüsselreize* (Lorenz, 1968, S. 36).

der Beute - Nachfliegen - Fangen - Töten - Schlucken; sein Blick und seine Schnabelhiebe gingen aber ins Leere. Lorenz machte für dieses Verhalten eine starke Ansammlung von *Antriebsenergie* verantwortlich. Verhalten, das derart unabhängig von Umweltreizen auftritt, nennt er *Leerlaufhandlung*.

Nach Tinbergen und Lorenz vereinigen Tiere (und wohl auch Menschen) in sich eine Reihe von biologisch bedeutsamen Verhaltenstendenzen, wie die Tendenz zur Paarung oder zur Nahrungsbeschaffung. Die Autoren nennen sie *Instinkte*. Den Instinkt definiert Tinbergen (1952, S. 104) als einen

„... nervösen Mechanismus, der auf bestimmte ... Impulse, sowohl innere wie äußere, anspricht, und sie mit wohlkoordinierten, lebens- und arterhaltenden Bewegungen beantwortet. "

Zu trennen sind nach dieser Definition die inneren Instinktmechanismen und das darauf beruhende Instinktverhalten. Instinktverhalten gilt dabei als zweckmäßig - es sichert das Überleben des Individuums ebenso wie die Erhaltung der Gattung. Aber es ist nirgendwo davon die Rede, daß der Instinkt in seiner Zweckmäßigkeit dem betroffenen Individuum einsichtig ist. Im Gegenteil: Das Lebewesen folgt seinen Instinkten in einem dunklen Drange; es kann sich seiner Instinkte nicht erwehren.

Zweckmäßigkeit und Blindheit treten innerhalb der Instinkthandlung in eine bemerkenswerte Beziehung. Es ist, als gäbe die Natur ihren Lebewesen ein Repertoire sinnvoller Verhaltensweisen, entziehe ihnen aber zugleich die selbständige Verfügung über dieses Verhalten. So wird das Instinktwesen zum Träger seines instinktiven Verhaltens, nicht aber zu seinem Urheber.

Paarungsverhalten des dreistachligen Stichlings (Tinbergen, 1952, S. 45).

Die genannten Schlüsselreize wirken beim Stichling allerdings nicht zu allen Zeiten. Nur in der Brunstzeit ist die Bereitschaft zum Paarungsverhalten vorhanden. Tinbergen nennt solche Bereitschaften *Stimmungen*.

Es müssen also stets eine innere Stimmung und ein äußerer Auslöser zusammentreffen, damit ein Verhaltensakt hervorgebracht wird. Dabei kommt der Intensität der Stimmung eine große Bedeutung zu. Je stärker die Stimmung ist, desto schwächer kann der Auslöser sein. Eine extrem starke Stimmung ist in Einzelfällen offenbar allein imstande, ein Verhalten auszulösen, ohne daß es eines erkennbaren äußeren Reizes bedarf. Lorenz berichtet etwa von einem gefangenen Star, der sich auf Insektenjagd begab, ohne daß ein Insekt zu sehen war. Er zeigte eine für Stare charakteristische Verhaltenskette: Anspähen

9.2.2 Verhalten - ein Produkt von Auslösemechanismen?

Beruht jedes Verhalten - auch alles menschliche Verhalten - auf dem Wirken von *Auslösemechanismen*? Ist somit eine der wichtigsten Grundannahmen der Reflexologie und des Behaviorismus gerechtfertigt? Iwan P. Pawlow

Die moderne Ethologie und ihre Begründer

Zu allen Zeiten haben Jäger, Züchter und Naturfreunde Beobachtungen an Tieren angestellt. Aber erst in diesem Jahrhundert hat die Ethologie den Rang einer eigenständigen wissenschaftlichen Disziplin erreicht.

Viele Ethologen warnen vor vorschnellen Vergleichen zwischen tierischem und menschlichem Verhalten. Und doch: Gerade die Suche nach Ähnlichkeiten zwischen Mensch und Tier verleiht der Ethologie oft einen besonderen Reiz. Leben etwa im modernen Menschen seine tierischen Vorfahren weiter? Ist das Lachen des Menschen aus dem Zähnefletschen des Tieres entstanden? Breitet der Mensch zum Drohen ebenso die Arme aus wie der ihm stammesgeschichtlich vorangehende Anthropoide? Ist die Aggression des Menschen ein Überbleibsel seiner tierischen Angriffslust? Rührt sein Hang zur Monogamie von der Paarbindung im Tierreich her?

Aus den früheren Vertretern der modernen Ethologie ragen zwei Persönlichkeiten hervor: Der in Wien geborene Konrad Lorenz (1903-1989) und Nikolaas Tinbergen, geboren im Jahre 1907 in Den Haag. Lorenz und Tinbergen haben in den Jahren 1936 und 1937 eng zusammengearbeitet. Lorenz war damals Privatdozent an der Universität Wien. Tinbergen war an der Universität Leiden tätig. Lorenz besuchte erst Tinbergen in Holland; dann verbrachten die beiden Wissenschaftler gemeinsam einen dreimonatigen Forschungsaufenthalt in Altenberg an der Donau.

1949 übernahm Tinbergen eine Professur für Zoologie an der englischen Universität Oxford und verfaßte mit seiner *Instinktlehre* das erste Lehrbuch der Ethologie. Lorenz wurde 1940 als Professor für Philosophie mit Schwerpunkt „Vergleichende Psychologie" nach Königsberg berufen. Nach dem Krieg richtete die Max-Planck-Gesellschaft für ihn ein eigenes Forschungsinstitut für Verhaltensphysiologie ein. Es befindet sich in Seewiesen (Bayern) und umfaßt neben Wohnhäusern und Laboratorien ein naturbelassenes Seen- und Waldgebiet.

Lorenz hat es meisterhaft verstanden, seine Beobachtungen und Theorien einer breiten Öffentlichkeit mitzuteilen. Im Jahre 1973 wurden Lorenz und Tinbergen gemeinsam mit dem Nobelpreis ausgezeichnet. Es war übrigens der Nobelpreis für Medizin, denn die hohe Ehrung ist für die Gebiete der Biologie und der Psychologie nicht vorgesehen.

Tinbergen, N. (1952). *Instinktlehre*. Berlin: Parey (Erstausgabe 1951: *The study of instinct.* Oxford: Clarendon Press).

Lorenz, K. (1968). Vergleichende Verhaltensforschung. In K. Lorenz & P. Leyhausen (Hrsg.), *Antriebe tierischen und menschlichen Verhaltens* (S. 15-47). München: Piper.

(s. Abschnitt 2.3.3) gebraucht die Begriffe „Instinkt(verhalten)" und „Reflex" offenbar ohne Unterschied. So führt er auf dem 3. Kongreß für experimentelle Pädagogik im Jahre 1916 in St. Petersburg wörtlich aus:

„Das ganze Leben stellt die Verwirklichung eines Ziels dar, und zwar die Erhaltung des Lebens selbst, eine unermüdliche Arbeit dessen, was als allgemeiner Lebensinstinkt bezeichnet wird. Dieser allgemeine Lebensinstinkt oder Lebensreflex besteht aus einer

Menge einzelner Reflexe. Den größten Teil dieser Reflexe stellen die positiven motorischen Reflexe dar, d. h. Reflexe, die auf Bedingungen gerichtet sind, die für das Leben günstig sind, ... Es sind zugreifende, packende Reflexe. Ich werde bei zwei Reflexen dieser Art als den gewöhnlichsten und gleichzeitig stärksten stehenbleiben. Es sind dies der Nahrungs- und Orientierungs- oder Untersuchungsreflex."

(Pawlow, 1953, S. 223f.)

Mit ihrer Reflexausstattung werden Menschen zu automatenhaft reagierenden Wesen. Sooft ihnen ihre Umgebung einen bekannten *Auslösereiz* anbietet, wird - hinreichende Bereitschaft vorausgesetzt - der damit verbundene Verhaltensakt hervorgerufen. So führt die Darbietung von Nahrung bei Hunger zur Nahrungsaufnahme, der Anblick eines unbekannten Gegenstands zur Erkundung.

Auch Hull (s. Abschnitt 2.3.2) legt seiner Verhaltenstheorie die Annahme fester Verbindungen von Reizen und Reaktionen zugrunde. Dabei unterscheidet er die von Geburt an vorhandenen, *ungelernten Verbindungen* (die Rezeptor-Effektor-Verbindungen, symbolisiert im Ausdruck $_sU_R$) und die durch Lernen gebildeten Verbindungen, die *Gewohnheiten* (engl. *habits,* symbolisiert als $_sH_R$). Hulls Theorie ist somit ebenfalls eine Automatentheorie des Verhaltens; die biologisch zweckmäßige Anpassung an die jeweilige Lebensumwelt wird darin zum Hauptproblem.

Nun verfügt der Mensch über ein ziemlich ausgedehntes Verhaltensrepertoire, und seine Umwelt hält ein ungeheuer reichhaltiges Reizangebot für ihn bereit. Entsprechend muß man sich - so die Vertreter der Reflexologie und des Behaviorismus - die Reiz-Reaktions-Verbindungen als recht kompliziert vorstellen. Dazu werden (von verschiedenen Autoren) die folgenden Zusatzannahmen gemacht (mehr später im Kapitel 10 über Verhaltenslernen):

- Mit einem Reiz (z. B. einem Sirenenton) können gleichzeitig mehrere Reaktionen verknüpft sein (z. B. Weglaufen oder Notruf bei der Feuerwehr).
- Mit mehreren verschiedenen Reizen kann ein und dieselbe Reaktion verknüpft sein (z. B. Flucht bei Sirenenton oder bei Anblick eines Tieres oder bei Feuer).
- Verhaltensweisen können an spezifische Reizkomplexe gebunden sein, d. h. an Kombinationen gleichzeitig auftretender Reize (z. B. Rückzug bei Feuer und gleichzeitiger Abwesenheit der Mutter).
- Verknüpfungen von Reizen und Reaktionen können - vor allem je nach vorangegangener Lerngeschichte - verschiedene Stärke haben (z. B. mag die Fluchttendenz bei Feuer im Einzelfall stärker ausgeprägt sein als beim Anblick eines Tierkadavers).

Innerhalb jeder bekannten Situation verfügt ein Individuum nach Hull über eine eigene Reaktionshierarchie, eine Familie von Gewohnheiten (engl. *habit family hierarchy*). Es handelt sich dabei um einen Satz von Reaktionsalternativen, deren Ausführbarkeit in der jeweiligen Situation das betroffene Individuum bereits erfahren hat. So mögen etwa Menschen, die in einem Bus einem Bekannten begegnen, mehrere Verhaltensweisen zur Auswahl haben: Grüßen mit nachfolgendem Abwenden, Ansprechen und Unterhalten, starres Vorbeischauen u. ä. Wenn Menschen im Laufe der Zeit alle diese Reaktionen mehrfach ausgeführt haben, wird man jedoch in der Regel auffällige Unterschiede in der Häufigkeit dieser Reaktionen feststellen. Der eine wird Bekannte meistens nur grüßen und selten danach eine Unterhaltung beginnen, andere werden ihr Gegenüber bevorzugt in eine Unterhaltung verwickeln und eine Begrüßung unterlassen. Die unterschiedliche Auftretenshäufigkeit erklärt der Autor durch unterschiedliche Gewohnheitsstärke, beruhend auf unterschiedlich häufiger Übung. Je nach Häufigkeit der Wiederholung habe sich die Bindung der Reaktion an die Situation verfestigt. Nach der Stärke der Bindung an die Situation ordnen sich die Mitglieder einer Familie von Gewohnheiten in eine Rangreihe (mehr über Aufbau und Veränderungen von Reaktionshierarchien in Abschnitt 10.2.3).

Freilich folgt das Verhalten nicht immer streng der Hierarchie - erklärt Hull (1952, S. 11f.); denn sonst käme ja stets nur die ranghöchste Gewohnheit zum Vorschein. Wie alle biologischen Größen würden nämlich Reaktionstendenzen Oszillationen unterliegen, d. h. spontanen Schwankungen. Dadurch können zu einer gegebenen Zeit mitunter schwächere Gewohnheiten die stärkeren überflügeln und dadurch zur Ausführung gelangen. Als Grundlage für den von Hull beschriebenen Zusammenhang zwischen Reizen und Reaktionen kann man eine Nervenschaltung im Gehirn annehmen. Dabei bestimmen Gewichtsfaktoren bei der Übertragung im *Nervennetz* die unterschiedliche Stärke von Gewohnheiten (vgl. bereits Abschnitt 3.3.2 über neuronale Netze).

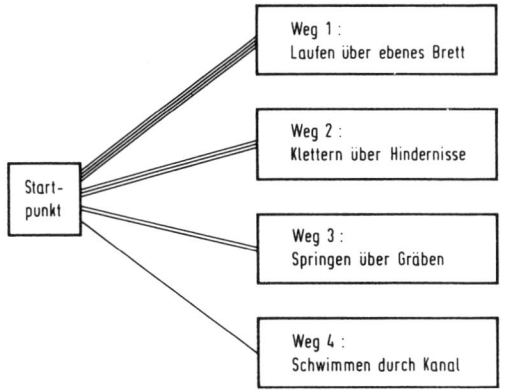

Beispiel einer Reaktionshierarchie (erweitert nach Hull, 1952, S. 310f.). Beschrieben wird das Verhalten einer Ratte, die auf vier verschiedenen Wegen und mit vier verschiedenen Bewegungs-formen zu einer Futterbox gelangen kann. Das Laufen in der Ebene sei dabei die wahrscheinlichste Bewegung, das Schwimmen durch den Kanal die unwahrscheinlichste.

Pawlow, I. P. (1953). Der Zielreflex. *Sämtliche Werke* (Band 3, S. 222-227). Berlin: Akademie Verlag (Erstausgabe 1916).

Hull, C. L. (1952). *A behavior system*. New Haven: Yale University Press.

Gagné, R. M. (1969). *Die Bedingungen des menschlichen Lernens*. Hannover: Schroedel (Erstausgabe 1965: *The conditions of learning*. New York: Holt, Rinehart u. Winston).

Längere Ketten von Verhaltensweisen mit zielgerichteter Tätigkeit lassen sich nach Hull als Folgen von Reiz-Reaktionseinheiten dar-stellen. Jede Reaktion R_i bringt den Tätigen in eine neue Reizsituation S_{i+1}, bis das Ziel erreicht ist und mit der Vereinnahmung des Zielobjekts die Kette ihr Ende findet:

„... Schon beim bloßen Beobachten des Verhaltens von Säugetierorganismen wird klar, daß nicht alles Lernen zur Verein-fachung führt; auf mancherlei Weise ergibt sich beim Lernen ein komplizierterer Aufbau des Verhaltens. Dies ist dann der Fall, wenn Verhaltensweisen zu einer mehr oder weniger langen Reaktionskette miteinander verbunden werden. ... Ist mit der letzten Reaktion das Ziel erreicht, erfolgt eine Endverstärkung ...“

(Übersetzung aus Hull, 1952, S. 156f.)

Eine Reaktionskette ist in allgemeiner Form folgendermaßen darzustellen:

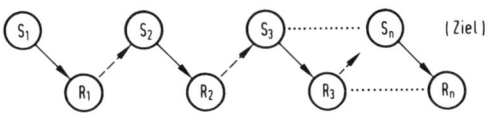

Die Kombination von Einzelreaktionen zu einer zusammenhängenden Tätigkeit im beha-vioristischen Sinne veranschaulicht Gagné am Beispiel eines Fahrschülers, der von seinem Lehrer aufgefordert wird: „Starten Sie den Wagen!“

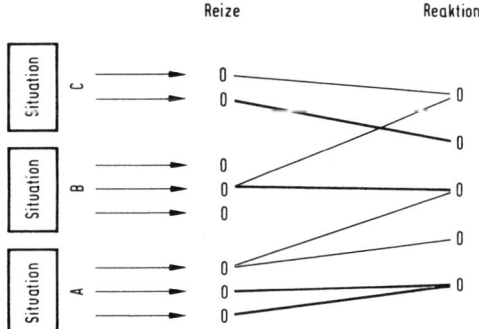

Netz von Reizen und Reaktionen. Die Dicke der Linien soll die Stärke von Verbindungen anzeigen.

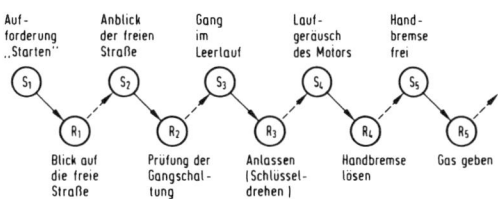

Beispielfall einer Reiz-Reaktionskette (nach Gagné, 1969, S. 75).

Der Mensch als Automat

Die Annahme einer automatenhaften Mechanik im Verhalten, wie sie Behaviorismus und Reflexologie betonen, fußt auf einer philosophischen Tradition, die im französischen *Materialismus* des 18. Jahrhunderts ihren stärksten Ausdruck fand.

Der Begriff der Maschine bezeichnet in der Antike vornehmlich das Theater- und Kriegswerkzeug. Im späten Mittelalter - die mechanische Uhr war inzwischen erfunden - erweitert sich der Begriff der Maschine zu dem Bild eines regelhaften Kosmos: Die Uhr ahme die Bewegung der Gestirne nach, und in den Gestirnen walte die göttliche Vernunft; so werde im Kosmos die göttliche Ordnung sichtbar (Nicolaus Oresme im Jahre 1377). Automatenhaft-mechanisch verhielten sich auch die Tiere sowie der menschliche Körper. Insbesondere im 18. Jahrhundert wurde das materialistisch-mechanistische Denken auf den menschlichen Geist und das menschliche Sozialleben ausgedehnt. Der französische Autor Clemens A. Helvétius strebte nach einer Physiologie und Psychologie mit eigenen, der Strenge der Mechanik entsprechenden Gesetzen. Diese seien nicht nur auf Sinnesvorgänge und einfache Reaktionen anwendbar, sondern auch auf die Moral, d. h. nach neuerem psychologischen Sprachgebrauch auf Motivation, Emotion, Handeln:

„Wenn das Universum der Physik den Gesetzen der Bewegung unterworfen ist, dann ist das Universum der Moral nicht weniger denen der Interessen unterworfen."

(Übersetzung aus Helvétius, 1792, S. 139f.)

Nicht nur der Einzelne, auch Familie und Staat ließen sich nach Kriterien der Zweckmäßigkeit als funktionierende Mechanismen beschreiben. Das Weltbild vereinheitlichte sich. Im Werk von d'Holbach etwa erscheint der Entwurf einer völlig kausal determinierten Natur, als deren Teil die Individuen und ihre politischen und familiären Verbände ebenfalls nach strengen Gesetzen organisiert sind.

Das mechanische Bild des Menschen wurde nicht wenig gefördert durch die seit der Renaissance verbreiteten Menschenautomaten - Puppen, die tanzten, Instrumente spielten und einige Worte schreiben konnten. Hier die Abbildung einer Kriegerstatuette aus dem Pariser Louvre (Metall, 26 cm hoch). Die Figur kann vorwärts schreiten sowie Kopf und Arme wie ein Bogenschütze bewegen, der einen Pfeil auf ein Ziel ausrichtet.

9.2.3 Die Rolle der Antriebe in der behavioristischen Verhaltenstheorie

Insbesondere frühe Behavioristen neigten dazu, Begriffe wie „Antrieb" (engl. *drive*) oder „Motiv" als unwissenschaftlich abzulehnen. Antriebe seien entweder zu definieren als subjektive Erlebnisse (z. B. Hungergefühl, Liebesbedürfnis) und würden daher dem wissenschaftlichen Anspruch der Objektivität nicht genügen. Oder sie seien erschlossen aus dem Verhalten (z. B. „Wer so gierig ißt, muß Hunger haben!"); ein solcher Schluß vom beobachtbaren Verhalten zum zugrundeliegenden Trieb bringe jedoch keinen Erkenntnisgewinn - so Edwin B. Holt, Professor für Psychologie an der Harvard Universität in einer Schrift aus dem Jahre 1931. In der Tat liegt hier ein Zirkelschluß vor: Es wird erst vom Verhalten auf den Trieb geschlossen und sodann zurück vom Trieb auf das Verhalten (z. B. „am gierigen Essen erkennt man den Hunger, und der Hunger ist die Ursache des Essens").

Spätere Behavioristen folgten dieser Kritik nur mit Einschränkungen. Hull entwickelte sogar innerhalb der behavioristischen Theorie eine eigene Trieblehre (Hull, 1952). Zwar versuchte er ebenfalls nicht, verschiedenen Verhaltensweisen eigene Triebe zuzuordnen (z. B. Hunger als Ursache der Nahrungsaufnahme, Ehrgeiz als Ursache des Wettkampfs). Aber er erkannte Bedürfniszustände als psychologische Begriffe an und schlug eine Definitionsgröße zu ihrer objektiven Erfassung vor: die *Entzugsdauer* (engl. *deprivation time*). Der Entzug von Futter -

Oresme, N. (1968). Livre du ciel et du monde. In A. D. Menut & A. J. Denomy (Eds.), *Medieval Studies* (Vol. 3-5). Madison: University of Wisconsin Press (verfaßt 1377).

Helvétius, Cl. A. (1792). *De l'esprit*. Oeuvres Band 1. Paris: Servières & Bastien (verfaßt 1784).

D'Holbach, P.-H. Th. (1966). *Système de la nature*. Band 1. Y. Belaval (Hrsg.). Hildesheim: Olms (Erstausgabe 1770).

nahm er an - würde ein Tier in einen bestimmten Bedürfniszustand versetzen, der Entzug von Flüssigkeit in einen anderen Bedürfniszustand. Bedürfniszustände besäßen zwei Charakteristika:

- Sie erzeugen Triebreize (z. B. Hunger-, Durstsignale in Mund und Magen).
- Sie erhöhen den Spannungszustand bzw. das Energieniveau.

Triebreize (engl. *motivational stimuli*) fielen bei verschiedenen Bedürfniszuständen (engl. *drive states*) unterschiedlich aus. Insofern könnten Lebewesen etwa unterscheiden, ob sie an dem Entzug von Nahrung oder von Flüssigkeit litten. Entsprechend seien Triebreize an der Steuerung des Verhaltens beteiligt. Nicht nur Umgebungsreize dienten als Auslöser von Verhalten; auch Innenreize seien dazu imstande - allein oder in Kombination mit anderen Innenreizen oder in Kombination mit Außenreizen. So wird etwa plausibel, daß ein Lebewesen nicht in stets gleicher Weise auf den Anblick von Nahrung reagiert, sondern fallweise die Nahrung verzehrt, fallweise unberührt liegen läßt - je nach den gerade verspürten Hungerreizen.

Jeder Entzug erhöhe weiterhin das allgemeine *Triebniveau* (engl. *drive level*). Dieses Triebniveau kennzeichne die dem Individuum gerade verfügbare Energiemenge. Die Besonderheiten der Einzelbedürfnisse werden im allgemeinen Triebniveau nicht mehr unterschieden. (So ergibt sich bei langem Nahrungs- und kurzem Flüssigkeitsentzug grundsätzlich das gleiche Triebniveau wie bei kurzem Nahrungs- und langem Flüssigkeitsentzug.) Das Triebniveau hat nun eine besondere Funktion: Es aktiviert die vorhandenen Gewohnheiten (vgl. später auch Abschnitt 11.2.3).

Den Zusammenhang von Gewohnheit und Trieb erfaßte Hull im Begriff des *Reaktionspotentials* (engl. *reaction potential*). Sein Postulat VII lautet:

„*Das Reaktionspotential ($_SE_R$) eines gelernten Verhaltens ... wird bestimmt durch den ... Antrieb (D) ... vervielfacht mit der Gewohnheitsstärke ($_SH_R$), d. h.*

$$_SE_R = D \, x \dots \, _SH_R.\text{"}$$

(Übersetzung aus Hull, 1952, S. 7)

Holt, E. B. (1931). *Animal drive and the learning process. An essay toward radical empiricism.* London: Williams & Norgate.

Hull, C. L. (1943). *Principles of behavior.* New York: Appleton Century Crofts.

Perin, C. T. (1942). Behavior potentiality as a joint function of the amount of training and the degree of hunger at the time of extinction. *Journal of Experimental Psychology, 30,* 93-113.

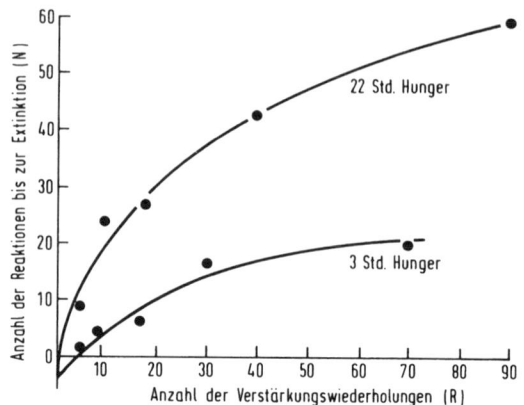

Bereits in einem früheren Werk belegte Hull (1943) den Zusammenhang von Gewohnheitsstärke und Triebniveau anhand von Daten seines Studenten C. T. Perin (1942). Perin ließ Ratten durch ein Labyrinth laufen, an dessen Ende sie zunächst Futter fanden. Je häufiger sie das Labyrinth durchquert (und das gebotene Futter vorgefunden) hatten, desto hartnäckiger blieben sie bei dieser Gewohnheit. Hatten sie erst einmal die Erfahrung des Futters am Ende des Labyrinths gemacht, so durchquerten sie das Labyrinth auch dann noch unverdrossen, wenn ihnen kein Futter mehr geboten wurde; erst nach mehreren Mißerfolgen gaben sie auf und stellten weitere Läufe ein. Ihre Ausdauer stieg dabei mit der Zahl vorheriger erfolgreicher Wiederholungen an. Nun hing das Festhalten an der alten Gewohnheit nicht nur von der Häufigkeit früherer Wiederholungen ab, sondern auch von dem jeweiligen Hunger der Tiere. Je länger sie gehungert hatten, desto ausdauernder durchliefen sie das Labyrinth.

Ausdauer von Ratten in Abhängigkeit von ihrer Übung und dem Grad ihres Hungers (nach Perin, 1942). Auf der Abszisse abgetragen ist die Zahl vorheriger Übungsläufe mit einer Futterbelohnung (Wiederholungen), auf der Ordinate die Ausdauer der Tiere als Zahl der Läufe nach Ausbleiben des Futters (Zahl erfolgloser Läufe). Die beiden Kurven stammen von verschiedenen Tieren. Die einen haben vor dem Versuch jeweils drei Stunden kein Futter bekommen; die anderen hatten 22 Stunden lang gefastet. Der Unterschied in der Stärke des Hungers wirkte sich nach häufiger Übung viel stärker aus als nach geringer Übung. Wer eine genaue mathematische Bestimmung der Funktionen vornimmt, wird bestätigen: Die Kurvenwerte steigen mit dem Produkt aus der Zahl der Wiederholungen (Gewohnheitsstärke) und der Dauer des Fastens (Triebniveau). In der Hartnäckigkeit der Tiere (Zahl der erfolglosen Läufe) findet das Reaktionspotential als Produkt aus Gewohnheitsstärke und Triebniveau seinen beobachtbaren Ausdruck.

ZUSAMMENFASSUNG

1. Die Ethologie beschreibt artspezifisches Verhalten. Es wird durch äußere Schlüsselreize ausgelöst und setzt eine innere Bereitschaft (Stimmung) voraus.

2. Verknüpfungen von Reizen und Reaktionen zu Reflexen bzw. Gewohnheiten bilden die Grundlage des Verhaltens aus reflexologischer und behavioristischer Sicht. Das Auftreten von Reaktionen sei dabei eine Funktion der vorherigen Übung (bzw. der Stärke der Gewohnheit).

3. Einige behavioristische Theorien enthalten Annahmen über das Wirken von Trieben. Triebe werden dabei verstanden als innere Reize (Körpersignale) sowie als Energiezustände (Spannungen). Mit dem Produkt aus Gewohnheit und Triebstärke wachse die Wahrscheinlichkeit von Reaktionen.

9.3
Der planmäßige Vollzug von Tätigkeiten

9.3.1 Einsicht, Planung und operatives Abbild

Aus kognitivistischer Sicht vollzieht sich zielgerichtetes Handeln als ein Prozeß praktischen Problemlösens (vgl. Kap. 8). Entsprechend durchläuft das Handeln die folgenden Phasen:
- Erfassen einer Aufgabe, eines Problems,
- Zielsetzung,
- Planung der Handlung,
- Ausführung der Handlung,
- Feststellung des Ergebnisses und Vergleich von Ergebnis und Ziel (Erfolgskontrolle).

Um Ziele setzen und planen zu können, um Aufgaben zu verstehen und Lösungen zu verwirklichen, brauchen - so kognitivistische Autoren - Handelnde Einsicht in die jeweilige Handlungssituation und die darin möglichen und zielführenden Handlungen. In den Begriffen der Problemlösetheorie: Handelnde brauchen für das planmäßige Vorgehen die Kenntnis von Aktionsbäumen oder mindestens von Heuristiken (vgl. Abschnitt 8.2.2).

Was *Einsicht* in eine Handlungssituation bedeutet, hat Edward C. Tolman (1886-1959) am Beispiel der Ortskenntnis erläutert. Tolman, Psychologieprofessor an der Universität von Kalifornien, stand in der Auseinandersetzung mit seinen behavioristischen Kollegen; er bemühte sich um den Nachweis, daß Situationen mehr sind als Mengen von Reizen.

Räume würden als *Handlungsräume* erfahren, die Gegenstände darin als *Handlungsobjekte* oder *Handlungsmittel*. Tolman (1932) unterscheidet:
- Diskriminanda (lat. *discriminare*, unterscheiden); das sind Gegenstände und Merkmale von Situationen, die geeignet sind, das Handeln zu leiten (z. B. Wegweiser),
- Manipulanda (lat. *manipulus*, Handvoll, allgemein: Kunstgriff); das sind Gegenstände, die zum Hantieren geeignet sind. Manipulanda dienen einerseits als
- Ziel-Objekte; das sind solche Gegenstände, die geeignet sind, Bedürfnisse zu befriedigen (z. B. Nahrung); andererseits dienen Manipulanda als
- Mittel-Objekte; diese eignen sich als Werkzeuge zur Erreichung von Zielen.

Zu den für das Handeln wichtigsten Einsichten gehöre die Kenntnis von *Mittel-Ziel-Beziehungen* („Was kann ich benutzen, um ein vorgegebenes Ziel zu erreichen?"). Wichtig sei zudem die Erkenntnis gangbarer Wege im Handlungsraum („Was führt wozu?"). So baue der Handelnde eine „*geistige Landkarte*" (engl. *cognitive map*) auf. Mit Hilfe dieser Landkarte könne er Zweckmäßigkeit und Unzweckmäßigkeit, Möglichkeit und Unmöglichkeit einer Handlung beurteilen. Es lassen sich neue Handlungen entwerfen. Und nicht zuletzt: Als Weg über eine „geistige Landkarte" erscheint auch eine über längere Zeit erstreckte Handlung als einheitlich und zusammenhängend und nicht etwa als eine beliebig zusammengestellte Folge von einzelnen Akten.

„Geistige Landkarten" und die Kenntnis von Gegenständen und Wegen bewähren sich nicht nur in der Gegenwart (z. B. „Wie komme ich jetzt zu einer Tasse Kaffee?"). Sie ermöglichen auch eine Vorsorge für die Zukunft (z. B. „Wo bekomme ich morgen auf der Reise etwas zu trinken?"). Einsicht und Voraussicht werden so Voraussetzungen für Handlungen in späterer Zukunft und mit langfristiger *Zeitperspektive*.

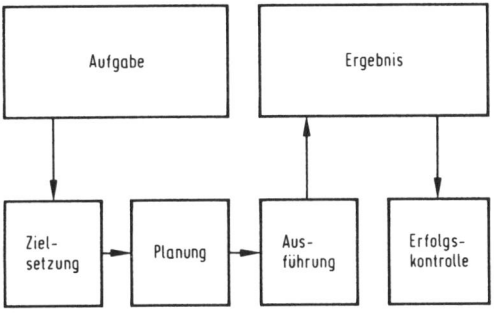

Phasengliederung von Handlungen.

Ein wichtiger Beitrag zur modernen Handlungspsychologie ist das Buch des Dresdener Psychologieprofessors Winfried Hacker (1978) *Allgemeine Arbeits- und Ingenieurpsychologie.* Hacker verwertet darin Erfahrungen aus der Industrie. Nach Hacker sind Arbeitstätigkeiten - Handlungen überhaupt - auf drei Ebenen zu analysieren:

- der intellektuellen Ebene; auf dieser Ebene entstehen *Handlungsstrategien* und *Handlungspläne* (z. B. *Fertigungspläne*),
- der perzeptiv-begrifflichen Ebene; auf dieser Ebene wird das Angebot an Signalen mit begrifflichen Schemata in Einklang gebracht (z. B. Erkennen, daß ein Aggregat sich mit einer Schraube bestimmter Paßform an einem Träger befestigen läßt),
- der sensumotorischen Ebene; auf dieser Ebene vollziehen sich automatisierte oder zumindest nach hinreichender Einübung automatisierbare Bewegungen (z. B. die Schraubbewegung).

Die drei Ebenen seien hierarchisch angeordnet. Das soll bedeuten: Die automatische Bewegung (dritte Ebene) ist eingebettet in das gedankliche Schema der Anwendung einer solchen Bewegung (zweite Ebene). Die Anwendung des Schemas wird wiederum geleitet durch übergreifende Strategien und Pläne (erste Ebene).

Hacker und seine Mitarbeiter von der Technischen Universität Dresden richteten ihr Augenmerk vor allem auf die oberste Ebene und analysieren deshalb den Handlungsablauf vorwiegend als einen intellektuellen Prozeß. In diesen Prozeß gingen zwei Arten von Informationen ein:

- Informationen über die Handlungssituation; sie werden zu einem *Situationsmodell* verarbeitet,
- Informationen über auszuführende Handlungen und ihre Wirkungen; sie fügen sich zu einem *Operationsmodell* zusammen.

Situations- und Operationsmodell zusammen bilden nach Hacker ein operatives Abbildsystem. Das operative Abbildsystem sei langfristig im Gedächtnis gespeichert; angesichts aktueller und insbesondere neuer Aufgaben könnten vorhandene Abbilder jedoch stets verändert und dadurch den jeweiligen Anforderungen angepaßt werden.

Tolman, E. C. (1932). *Purposive behavior in animals and men.* New York: Appleton Century Crofts.

Hacker, W. (1978). *Allgemeine Arbeits- und Ingenieurpsychologie.* Bern: Huber.

Von der Güte innerer Abbilder dürfte sowohl die Qualität der Arbeit als auch die bei der Arbeit entstehende Belastung abhängen. So berichten etwa Matern, Lehmann und Uebel (1976), daß Arbeiter in der Metallindustrie umso bessere Leistungen zeigten, je genauer sie über den Betriebsprozeß Bescheid wußten - d. h. je besser ihr Situationsmodell war. Eine entsprechende Untersuchung zum Operationsmodell stammt von Wolfgang Skell (1976). Er stellte durch Befragung fest, nach welchem Arbeitsplan Dreher ein Werkstück herzustellen beabsichtigten. Jeder der Befragten benannte die nacheinander auszuführenden Arbeitsschritte wie Langdrehen, exzentrische Bohrung, Ausdrehen, Zentrieren; nachher wurde er bei seiner tatsächlichen Arbeit beobachtet. Dabei erwies sich ein guter Plan als wesentliches Hilfsmittel bei der auszuführenden Arbeit. Zwar wurden Planschritte, die in der Aufzählung fehlten, bei der Ausführung mitunter ergänzt. Aber oft unterblieb auch in der Ausführung, was schon im Plan gefehlt hatte.

Die Erstellung eines neuen Handlungsplans ist oft ein zeitaufwendiger und anstrengender kognitiver Prozeß. Als solcher wird er - wie Hacker schreibt - „bewußtseinspflichtig", d. h. ihm wendet sich die bewußte Aufmerksamkeit mit Vorrang zu. Ist die Planung jedoch abgeschlossen, so kann der fertige Plan im Gedächtnis gespeichert und von da nach Bedarf abgerufen werden. Der Abruf eines bereits ausgearbeiteten Plans ist in der Regel schnell und mühelos. Die darauf aufbauende Handlung erscheint „automatisch" und „routiniert". Automatisierte Tätigkeiten, Routinetätigkeiten sind - wiederum nach Hacker - „bewußtseinsfähig", aber nicht „bewußtseinspflichtig", d. h. der Handelnde kann sie sich bewußt machen, muß dies aber nicht tun, um sie erfolgreich ausführen zu können.

Handlungstheorie interdisziplinär

Die westliche Wissenschaft hat für die Theorie des Handelns schon frühzeitig eine eigene Richtung geschaffen, die Praktische Philosophie. Menschliches Handeln, Praxis (griech. *praxis,* Tat), erscheint in der klassischen Phase der Praktischen Philosophie abgegrenzt von der Naturlehre, der Physik (griech. *physis,* Natur), und den Hervorbringungen des Geistes (griech. *poiesis,* Herstellung eines Werks). Das Naturgeschehen (z. B. die Bahn der Sterne) wird dabei in Abhängigkeit von Naturgesetzen gesehen - real, aber unabhängig vom menschlichen Willen. Die Schaffung eines künstlerischen oder wissenschaftlichen Werkes sei Ausfluß des menschlichen Geistes, greife jedoch nicht in die Realität ein. Im Handeln schließlich werde menschlicher Wille in die Realität umgesetzt.

Die Praktische Philosophie der Antike befaßte sich mit Ratschlägen für Politik und Hauswirtschaft und entwickelte Lehren vom sittlichen Handeln. In seiner *Nikomachischen Ethik* entwarf Aristoteles eine allgemeine Theorie der Enstehung und Beurteilung von Handlungen. Ihre zentrale Annahme ist die Zurechenbarkeit von Handlungen zu Individuen. Die „Tatherrschaft" setze allerdings Bewußtsein und Freiwilligkeit voraus. (Deshalb geht nach Aristoteles Kindern und Tieren die Zurechnungs- und Schuldfähigkeit ab.)

In der Tradition der Aristotelischen Ethik steht nicht nur die *(kognitivistische) Handlungspsychologie.* Auch zahlreiche praktisch orientierte Disziplinen haben die klassische Handlungstheorie aufgegriffen und - teilweise spezifisch für einzelne Anwendungsbereiche - fortgeschrieben. Die Psychologie teilt daher den handlungstheoretischen Ansatz mit anderen Fächern, insbesondere der
- Rechtswissenschaft,
- Wirtschaftswissenschaft und
- Soziologie
(vgl. Lenk, 1977-1984).

9.3.2 Funktionsanalyse von Tätigkeiten

Zielgerichtete Tätigkeiten kann man in Teilschritte gliedern. Solche Teilschritte nennt man Operationen. Handlungen sind durch eine bestimmte zeitliche Abfolge (Sukzession) von Operationen zu charakterisieren. So mißt oder wiegt beispielsweise der Bäcker erst das Mehl ab, verrührt es dann zu Teig und formt daraus Brotlaibe, die er schließlich im Ofen bäckt; diese Reihenfolge läßt sich - ohne Schaden für den Handlungszweck - nicht ändern. In manchen Tätigkeiten sind mehrere Operationen gleichzeitig auszuführen. Eine Arbeiterin an einer Nähmaschine setzt z. B. mit dem Druck ihres Fußes die Nadel in Bewegung und führt gleichzeitig mit der Hand das zu nähende Tuch.

Professor Tadeusz Tomaszewski von der Universität Warschau hat den Versuch unternommen, Operationen in Handlungen nach ihrer Funktion, d. h. ihrem Beitrag zum Handlungszweck zu klassifizieren. Vor allem unterscheidet er *produktive Operationen* und *Hilfsoperationen.* Während produktive Operationen im Sinne von Tomaszewski unmittelbar der Erstellung eines bestimmten Produkts dienen, sind Hilfsoperationen dazu bestimmt, die hinreichenden Bedingungen für diese produktiven Operationen zu schaffen. Dazu ein Beispiel: Produktiv an der Tätigkeit des Lastwagenfahrers ist der Transport von Gütern. Damit der LKW-Fahrer jedoch diese Tätigkeit erfolgreich verrichten kann, wird er mehrere unterstützende Tätigkeiten ausführen müssen: Tanken, Getriebeöl nachfüllen, Reifendruck prüfen u. ä.

Aristoteles (1956). Nikomachische Ethik. In E. Grumach (Hrsg.), *Aristoteles Werke* (Band 6). Berlin: Akademie Verlag.

Lenk, H. (Hrsg.). (1977-1984). *Handlungstheorien - interdisziplinär* (Band 1-4). München: Fink.

Der Schneider von Ulm: Realist oder Phantast?

Ein guter Plan muß zweierlei in Rechnung stellen: Die gestellten Anforderungen und die Fähigkeiten der mit der Ausführung des Plans betrauten Personen. Dies ist vergleichsweise leicht bei Plänen, die bereits früher erfolgreich in die Tat umgesetzt worden sind. Aber wie steht es mit neuen, unerprobten Plänen? Kann man ihnen eine Erfolgschance zubilligen? Oder muß man sie als unrealistisch zurückweisen?

Manchmal begegnet man einem kühnen Plan, der zunächst unausführbar erscheint und später doch mit Erfolg in die Tat umgesetzt wird. Wie schwer die Beurteilung neuer Vorhaben ist, zeigt das Schicksal des Erfinders und Schneiders Albrecht Berblinger, der im Jahre 1811 mit einem Gleitflieger von der Adlerbastei in Ulm aus die Donau überqueren wollte. Bertolt Brecht (1898-1956) hat ihm das folgende Gedicht gewidmet, in dem das historische Ereignis allerdings fast um drei Jahrhunderte vorverlegt wird:

„Der Schneider von Ulm   (Ulm 1552)

Bischof, ich kann fliegen
Sagte der Schneider zum Bischof.
Paß auf, wie ich's mach!
Und er stieg mit so'nen Dingen
Die aussahn wie Schwingen
Auf das große, große Kirchdach.
  Der Bischof ging weiter.
  Das sind lauter so Lügen
  Der Mensch ist kein Vogel
  Es wird nie ein Mensch fliegen
  Sagte der Bischof zum Schneider.
Der Schneider ist verschieden
Sagten die Leute zum Bischof.
Es war eine Hatz.
Seine Flügel sind zerspellet
Und er liegt zerschellet
Auf dem harten, harten Kirchenplatz.
  Die Glocken sollen läuten
  Es waren nichts als Lügen
  Der Mensch ist kein Vogel
  Es wird nie ein Mensch fliegen
  Sagte der Bischof den Leuten."

(Brecht, 1976, S. 28)

Brecht, B. (1976). *Gedichte* (Band 4). Frankfurt a. M.: Suhrkamp.

Wie diese zeitgenössische Abbildung zeigt, ist Berblinger - übrigens erfolgreich als Konstrukteur einer Beinprothese - keinesfalls auf dem Münsterplatz zerschellt, sondern in die Donau gefallen und daraus gerettet worden.

Tomaszewski (1978) unterscheidet fünf Hauptarten von Hilfsoperationen:
- Orientierungsoperationen: Erkundigungen, Messungen und andere Untersuchungen,
- Vorbereitungsoperationen: Aufstellen von Maschinen, Beschaffung von Materialien, Räumung des Arbeitsplatzes u. ä.,
- Sicherungsoperationen: Betrieb von Schutzvorrichtungen, Beseitigung von Gefahrenquellen u. ä.,
- Kontrolloperationen: Vergleich von Arbeitsergebnissen mit Plänen,
- Korrekturoperationen: Das Beseitigen von Fehlern.

Innerhalb einer Tätigkeit können Hilfs-operationen verschieden stark vertreten sein. So spielt bei manchen Berufen die Orientie-rung eine beherrschende Rolle (z. B. bei Copiloten in einer Flugzeugkanzel), bei anderen die Sicherungs- und Korrektur-operationen (z. B. bei Sicherheitsingenieuren in Betrieben). Die Zusammensetzung jeder Tätigkeit aus zweckbestimmten Teiloperatio-nen nennt Tomaszewski die funktionelle Struktur der jeweiligen Tätigkeit.

9.3.3 Mehrfachtätigkeiten

Der Jongleur auf der folgenden Abbildung erregt die Bewunderung der Zuschauer, weil er gleichzeitig mit dem Kopf balanciert, mit den Händen jongliert und mit dem Fuß einen Ball hält. Die Hand- und Kopfbewegungen des Jongleurs erscheinen unabhängig von-einander - sowohl unabhängig in ihrem Bewegungsablauf als auch unabhängig in ihrer Zielsetzung. Man wird also die beiden Tätigkeiten nicht ohne weiteres zu einer einheitlichen Handlung zusammenfassen, sondern sie als *Parallel-* oder *Mehrfach-tätigkeiten* betrachten.

Der Jongleur Claude Richard.

Die eingehende Analyse von Handlungen zeigt: Viele Tätigkeiten enthalten parallele Komponenten, auch wenn dies nicht immer so auffällig in Erscheinung tritt wie in der kunstvollen Vorführung von Jongleuren. Eine Parallelisierung von Tätigkeiten kann von zweierlei Art sein:

- Phasenverschiebung auf verschiedenen Tätigkeitsebenen. Während etwa noch eine motorische Tätigkeit A ausgeführt wird, richten sich die Planungen bereits auf eine nachfolgende Tätigkeit B (z. B. während einer Autofahrt zu einer Baustelle überlegt ein Ingenieur bereits, wie er am Bau eine Installation vornehmen soll).
- Die gleichzeitige Ausführung mehrerer Teil-tätigkeiten auf gleichen Ebenen.

Das Skifahren ist ein Beispiel für eine Mehr-fachtätigkeit der zweiten Art. Bei genauer Betrachtung entpuppt es sich als viel-schichtiger Prozeß, in dem zur gleichen Zeit mehrere Teilaufgaben mit Hilfe mehrerer Teilhandlungen zu bewältigen sind:

„Fährt der Skiläufer ... im Pflug einen Hang hinunter, so hat er in jedem Zeitquerschnitt gleichzeitig mehrerlei zu leisten: er hat die Skier in einem bestimmten Winkel zu halten, er hat durch Unebenheiten des Geländes auftretende Störungen auszuregeln, dabei stets eine bestimmte Verkantung einzuhalten, eine bestimmte Körperhaltung, eine bestimmte Richtung der Gleitbewegung in bezug auf den relevanten Geländeausschnitt, eine bestimmte Armhaltung, bestimmte Stockhaltung u. a. m. zu bewahren."

(Kaminski, 1973, S. 236.)

Die Koordination bei Mehrfachtätigkeiten ereignet sich wiederum auf mehreren Ebenen. Auf der motorischen Ebene ist die Begrenzt-heit des Bewegungsapparats zu beachten. Dieselbe Hand, die einen Schraubenzieher dreht, kann nicht gleichzeitig eine Feile führen. Von ebenso großer Bedeutung ist aber die Begrenztheit der intellektuellen Kapazi-täten. Die Aufmerksamkeit kann sich etwa so stark auf das Sprechen konzentrieren, daß gleichzeitiges Schreiben unterbrochen wird - obwohl Sprechapparat und Schreibhand motorisch völlig getrennt sind.

Die israelischen Wissenschaftler David Navon und Daniel Gopher (1979) haben ein Modell der *intellektuellen Steuerung von Mehrfachtätigkeiten* entworfen. Jeder Mensch besitze eine begrenzte Steuerungskapazität, die auf zwei (oder mehr) gleichzeitige Tätigkeiten verteilt werden könne. Prioritätensetzungen, d. h. Entscheidungen über den Vorrang einer Tätigkeit, ermöglichten ungleiche Zuteilungen von Kapazitäten. Von Bedeutung ist dabei die Verträglichkeit der Tätigkeiten, ihre Eignung für die zeitgleiche Nutzung von *Steuerungskapazitäten* (engl. *time-sharing)*. Gut vertragen sich z. B. das gleichzeitige Sprechen und Schreiben, wenn es derselbe Text ist, der gesprochen und geschrieben wird; schlecht verträglich sind dagegen das gleichzeitige Sprechen und Schreiben verschiedener Texte.

Matern, B., Lehmann, B. & Uebel, H. (1976). Zur Ermittlung von inneren Modellen für Tätigkeiten der Prozeßregulation als Voraussetzung zur Optimierung von Arbeits- und Anlernverfahren. In W. Hacker (Hrsg.), *Psychische Regulation von Arbeitstätigkeiten* (S. 53-57). Berlin: Deutscher Verlag der Wissenschaften.

Skell, W. (1976). Bemerkungen zur Genese und Realisierung von Plänen im Arbeitsprozeß. In W. Hacker (Hrsg.), *Psychische Regulation von Arbeitstätigkeiten* (S. 66-71). Berlin: Deutscher Verlag der Wissenschaften.

Tomaszewski, T. (1978). *Tätigkeit und Bewußtsein.* Weinheim: Beltz.

Kaminski, G. (1973). Bewegungshandlungen als Bewältigung von Mehrfachaufgaben. *Sportwissenschaft, 3,* 233-250.

Navon, D. & Gopher, D. (1979). On the economy of the human-processing system. *Psychological Review, 86,* 214-255.

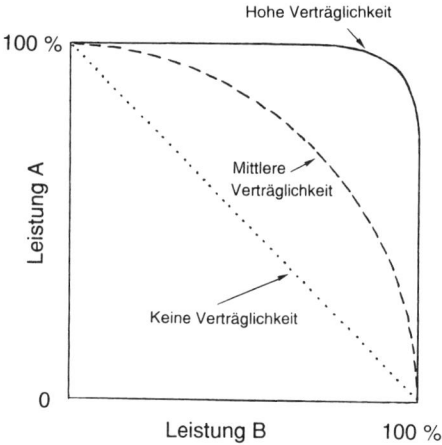

Modell der Doppeltätigkeit (nach Navon & Gopher, 1979, S. 216). Die Kurven zeigen Kombinationen von Leistungen in zwei zeitgleichen Tätigkeiten A und B. Wenn sich die Steuerungskapazität auf zwei gleichzeitige Tätigkeiten A und B verteilt, hängt die Leistung in jeder der Tätigkeiten von der gesetzten Priorität ab; unterschiedliche Prioritäten ergeben verschiedene Kombinationen, die alle auf der gleichen Kurve liegen. Der Verlauf der Kurven hängt von der Verträglichkeit der beiden Tätigkeiten ab.

ZUSAMMENFASSUNG

1. Die kognitivistisch orientierte Handlungstheorie sieht die zielgerichtete Tätigkeit als einen planmäßig gesteuerten Ablauf. Er beruhe auf der Kenntnis des Handlungsraums und seiner Hilfsmittel sowie auf der Einsicht in Ziele und Wege zu Zielen.

2. Handlungsvollzüge lassen sich auf drei Ebenen analysieren: Auf der intellektuellen, der perzeptiv-begrifflichen und der sensumotorischen Ebene. Die Ebenen überlagern sich hierarchisch, wobei die intellektuelle Ebene stets im Bewußtsein repräsentiert ist.

3. Handlungsvollzüge lassen sich in Teiloperationen wie Orientierung, Sicherung, Korrektur oder Kontrolle zerlegen. Solche Teiloperationen können in Handlungen dominieren (z. B. bei Gefahrenbekämpfung).

4. Bei Mehrfachtätigkeiten werden mehrere Operationen gleichzeitig ausgeführt. Die Mehrfachtätigkeit bedarf insbesondere auf der intellektuellen Ebene einer besonderen Koordination. Bei gleichzeitiger Ausführung mehrerer Tätigkeiten können Prioritäten gesetzt werden.

9.4
Zielsetzung und Leistungsbewertung

9.4.1 Vornahme und Erfolgskontrolle

Für Behavioristen beginnt eine Tätigkeit mit dem ersten Reiz, der eine *Verhaltenskette* in Gang setzt; sie endet mit dem Erreichen eines Zielobjekts oder eines Zielorts und der dort ausgeführten Zielreaktion (z. B. Trinken). Aus behavioristischer Sicht müssen Tätige dem auslösenden Reiz folgen; sie haben keine Wahl. Ebenso ist die Beendigung der Tätigkeit am Ziel zwingend. Anders kognitivistische Autoren: Für sie ist der Tätige Herr seines Handelns. Er bestimmt Anfang und Ende seines Tuns nach eigenem Ermessen. Ihren Anfang nimmt die Handlung mit einer Vornahme, mit dem Entschluß, ein Ziel durch eigenes Zutun zu verwirklichen. Und ihr Ende findet die Handlung mit der Überzeugung, daß das Ziel erreicht sei (oder mit der Rücknahme des Handlungsentschlusses).

Ein Beispiel: das Tapezieren eines Zimmers. Der Wunsch dazu mag schon lange vorhanden sein. Aber zur Einleitung der Arbeiten ist ein Entschluß vonnöten: „Nun packen wir es an!" Was da angepackt wird, wird gleich mitgedacht: Ob etwa auch Tapeten an die Decke geklebt werden, ob alle Wände neu tapeziert werden, wann die Arbeit losgeht, wann sie zu Ende sein soll. Folgen der Vornahme Taten, können sich zwei Arten

von Ergebnissen einstellen - wunschgerechte und unerwünschte. Gelangt der Handelnde zu der Überzeugung: „So habe ich mir das Zimmer gewünscht!", wird er mit Befriedigung und Stolz seine Arbeit beenden. Er kann auch erklären: „Das neue Muster an der Wand gefällt mir gar nicht" oder „Die vielen Blasen sind Pfusch!" Dann wird er seine Arbeit fortsetzen - vielleicht die gerade geklebten Tapeten abreißen und neue kleben.

Der Handelnde kann jederzeit seine Vornahme zurücknehmen und die Tätigkeit abbrechen. Noch im Laden bei der Auswahl der Tapeten können ihm etwa Bedenken kommen: „Lohnt sich eigentlich die viele Arbeit?" Und selbst wenn er schon in seinem Zimmer auf der Leiter steht, kann er beschließen: „Die eine Wand mache ich noch fertig. Aber den Rest verschiebe ich bis zum nächsten Jahr!"

Mit solchen Begriffen kann man die Motivierung des Verhaltens charakterisieren. In der Psychologie sind sie spätestens seit Kurt Lewins (s. Abschnitt 2.3.1) programmatischer Schrift *Vorsatz, Wille und Bedürfnis* aus dem Jahre 1926 heimisch. In neuerer Zeit bedient sich die Handlungstheorie gerne der Begriffe und der Logik der Regeltechnik, um Ablauf und Motivierung von Handlungen darzustellen. Zum maßgeblichen Modell für die Analyse wird dabei der *Regelkreis*.

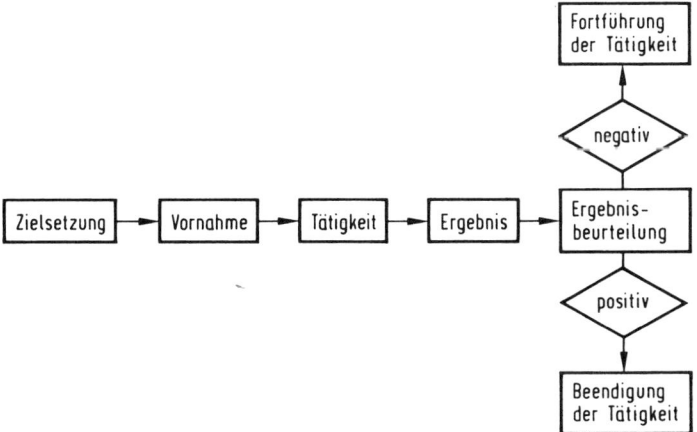

Motivierung der zielgerichteten Tätigkeit aus kognitivistischer Sicht. Eine Tätigkeit wird so lange fortgeführt, wie eine Vornahme erhalten bleibt und das Ergebnis noch nicht dem gesteckten Ziel entspricht.

Im Regelkreis spielen vor allem die folgenden Begriffe eine Rolle:

- Ist-Wert; hierunter versteht man die innere Repräsentation eines jeweils anzutreffenden tatsächlichen Zustands (z. B. die Wahrnehmung der Sauberkeit einer Tapete).
- Soll-Wert; hierunter versteht man die innere Repräsentation des jeweils angestrebten Zustands (z. B. die Vorstellung einer neu geklebten Tapete).
- Ist-Soll-Abweichung; hierunter versteht man den Unterschied zwischen den Repräsentationen des jeweils anzutreffenden und des erstrebten Zustandes.
- Regelung; das ist jede Tätigkeit, die eine Ist-Soll-Abweichung verringert und möglichst ganz beseitigt (z. B. Tapezieren eines Zimmers, durch welches eine unerwünscht schmutzige Tapete durch eine neue, saubere ersetzt wird). Der Soll-Wert wird bei der Regelung zur Führungsgröße. Die Regelung wirkt sich ihrerseits aus auf die
- Regelstrecke, d. i. das Objekt der Tätigkeit (z. B. die Zimmerwand selbst).
- Rückmeldung, Rückwirkung oder Rückkopplung heißt die Veränderung des Ist-Wertes aufgrund der Veränderungen auf der Regelstrecke (z. B. die Wahrnehmung einer frisch geklebten Tapete).

Die als Regelvorgang verstandene Handlung wird oft als *Handlungsregulation* bezeichnet. Entscheidende Regelgröße ist der Ist-Wert, die Wahrnehmung des jeweils bearbeiteten Zustandes.

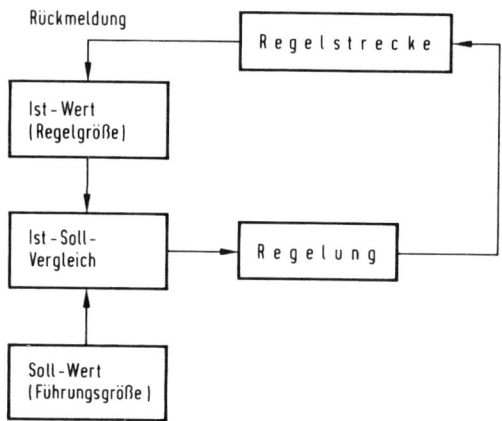

Regelkreismodell

Handlungsregulation erfordert einen oft erheblichen Aufwand. Die Bereitschaft, einen Aufwand zu erbringen, nennt man *Motivation*. Die Motivation muß ein Mindestmaß überschreiten, damit eine Tätigkeit überhaupt ausgeführt wird. Auch stehen in der Regel mehrere Zustände gleichzeitig zur Regulation an. Es ist also eine Entscheidung über die Prioritäten bei verschiedenen Tätigkeiten zu treffen. Dabei findet ein Vergleich des Aufwandes und der Ergebnisse möglicher Handlungen statt. Bei der Bemessung der Höhe der Motivation für eine Tätigkeit wird in Anschlag gebracht:

- Die Einschätzung von Ist-Soll-Abweichungen (bzw. der Nützlichkeit einer Tätigkeit),
- die Einschätzung der Wirksamkeit einer Regulation (bzw. der Erfolgschance einer Tätigkeit),
- die Einschätzung der Unerläßlichkeit einer Regulation (bzw. der Wahrscheinlichkeit einer anderweitigen Beseitigung einer Ist-Soll-Abweichung).

Diesen Themen sind die beiden folgenden Abschnitte gewidmet.

Lewin, K. (1926). Untersuchungen zur Handlungs- und Affektpsychologie I und II. Vorsatz, Wille und Bedürfnis (mit Vorbemerkungen über die psychischen Kräfte und Energien und die Struktur der Seele). In *Psychologische Forschung, 7,* 294 -385.

Schmidt, H. (1941). Regelungstechnik. *Zeitschrift des Vereins deutscher Ingenieure, 85,* 81-88.

Wiener, N. (1968). *Kybernetik.* Reinbek: Rowohlt (Erstausgabe 1948: *Cybernetics.* New York: Wiley).

Miller, G. A., Galanter, S. & Pribram, K. H. (1973). *Strategien des Handelns.* Stuttgart: Klett (Erstausgabe 1960: *Plans and the structure of behavior.* New York: Holt, Rinehart u. Winston).

Mittenecker, E. (1963). Kybernetische Modelle in der Psychologie. In G. Lienert (Hrsg.), *Bericht über den 23. Kongreß der Deutschen Gesellschaft für Psychologie 1962* (S. 68-92). Göttingen: Hogrefe.

Kybernetik

In den ersten Jahrzehnten dieses Jahrhunderts reifte die Erkenntnis, daß es allgemeine Prinzipien der Regelung und Informationsübertragung geben könnte, die auf Lebewesen und Maschinen in gleicher Weise anwendbar seien. Der deutsche Regelungstechniker Hermann Schmidt schlug 1941 zum Studium dieser Prinzipien eine eigene Disziplin vor, die er *Allgemeine Regelungskunde* nannte. Unabhängig von Schmidt machte der amerikanische Mathematiker Norbert Wiener (1948) den gleichen Vorschlag und führte den Namen „Kybernetik" (griech. *kybernetes,* Steuermann) ein, der sich alsbald durchsetzte.

In die Psychologie und Biologie hat das kybernetische Denken schnell Einzug gehalten. War doch dort der Gedanke durchaus geläufig, daß Organismen von ihrer Umwelt zur Tätigkeit angeregt werden und ihrerseits durch ihre Tätigkeit die Umwelt verändern.

Drei Autoren ist es gelungen, eine für viele Psychologen attraktive Neuformulierung des Regelkreises zu entwickeln, das sogenannte TOTE-Modell. Das TOTE-Modell sieht als Grundstruktur des Handelns eine Folge von vier Schritten vor: Test-Operation-Test-Exit (abgekürzt TOTE). Die drei Autoren, welche das TOTE-Modell entwickelt und propagiert haben, sind der Psycholinguist George A. Miller, der Neurophysiologe Karl Pribram sowie Steve Galanter, der seine wissenschaftlichen Sporen mit psychophysischen Studien verdiente. Sie hatten sich in einem Forschungszentrum in Kalifornien getroffen, um zu überlegen, wie die Psychologie, die damals stark vom behavioristischen Denken

beherrscht war, fortzuentwickeln sei. Ihr Buch, in dem sie ihr TOTE-Modell beschreiben, markiert das Ende der Blütezeit des Behaviorismus.

Mit dem kybernetischen Denken in der Psychologie war oft die Erwartung eines sprunghaften Erkenntnisfortschritts verknüpft. So hat der österreichische Psychologieprofessor Erich Mittenecker bereits 1962 in einem Vortrag beim Kongreß der Deutschen Gesellschaft für Psychologie den hohen Erkenntniswert kybernetischer Modelle in der Psychologie gerühmt.

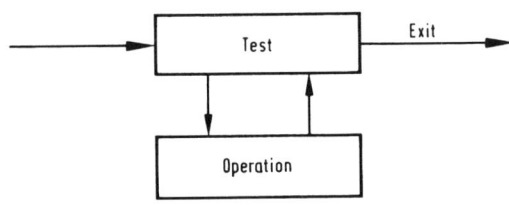

Das TOTE-Modell (nach Miller, Galanter & Pribram, 1960).

TEST - Das Prüfen eines Sachverhalts (z. B. Prüfen der Länge eines Fingernagels).
OPERATION - Das Ergebnis der Prüfung setzt eine Tätigkeit in Gang (z. B. Abschneiden des Fingernagels).
TEST - Nun wird der ursprüngliche Sachverhalt erneut geprüft (z. B. „ist der Fingernagel immer noch zu lang?").
EXIT (AUSGANG) - Besteht der Sachverhalt die Prüfung (z. B. „jawohl, jetzt hat der Fingernagel die richtige Länge"`), so findet die Tätigkeit ihr Ende.

9.4.2 Ursachen und Konsequenzen von Handlungsfolgen

Sind die Folgen eigenen Handelns immer klar? Was bewirkt etwa ein Lehrer mit seinem Schulunterricht? Falko Rheinberg (1980) hat von 99 Lehrern nicht weniger als 3591 verschiedene Aussagen gesammelt, in denen sie

die Gründe für die Leistungen ihrer Schüler zum Ausdruck brachten. Die Gründe sind grob in drei Gruppen einzuteilen: Gründe, die im Schüler selbst liegen (z. B. Begabung, Interesse), Unterrichtsfaktoren (z. B. Unterrichtsgestaltung, Unterrichtsmaterial) sowie Faktoren außerhalb der Schule (z. B. Einstellung der Eltern, Fernsehen).

Einige dieser Faktoren entziehen sich ganz oder weitgehend dem Einfluß einzelner Lehrer (z. B. Begabung, Elternhaus); nur auf einige wenige können Lehrer Einfluß nehmen (z. B. Unterrichtsgestaltung). Würden nun Lehrer zu der Einschätzung gelangen, daß die von ihnen nicht beeinflußten Ursachenfaktoren außerhalb des Unterrichts ein weitaus stärkeres Gewicht besitzen als die eigenen Unterrichtsmaßnahmen, würde das die Lehrer sehr entmutigen. Ermutigt fühlen würden sich dagegen Lehrer, die im Unterricht den durchschlagenden Faktor sehen. Sie würden das Mittel des Unterrichts engagiert nutzen.

Die Zuschreibung von Ursachen hat auch wesentliche Bedeutung für die Wahl der Tätigkeit. Lehrer, die nur den Unterricht für die Leistung ihrer Schüler verantwortlich machen, werden ihre Bemühungen auf die Vorbereitung und Durchführung des Unterrichts konzentrieren. Lehrer, die dagegen der Einstellung der Eltern eine hohe Bedeutung beimessen, werden sich intensiv um die Eltern bemühen (z. B. Eltern häufig zu Sprechstunden und in Elternversammlungen einladen).

Die Zuschreibung von Ursachen nennt man auch *Kausalattribuierung* (lat. *causa*, Ursache, *attribuere*, zuteilen). Fritz Heider hat 1958/1977 in einem Buch über zwischenmenschliche Beziehungen geltend gemacht, man könne die Fülle der Kausalattribuierungen für Handlungsfolgen auf einige wenige Allgemeinbegriffe aus der Alltagssprache zurückführen. Heider selbst erschloß unter anderem aus Tierfabeln die Kausalfaktoren der „naiven Jedermann-Psychologie", die in der handelnden Person selbst liegen: Können und Wollen. Können (*Fähigkeit, Begabung*) und Wollen (*Anstrengung, Einsatz*) unterscheiden sich - so Heiders Deutung des Alltagsverständnisses - hinsichtlich ihrer Stabilität in der Zeit. Würden Fähigkeiten in der Regel als langfristiger Besitz betrachtet, könne die Höhe der Anstrengung kurzfristig schwanken.

Einen anderen Gegensatz hob Julian B. Rotter mit seinen Mitarbeitern hervor: Die Begründung von Handlungsfolgen durch die handelnde Person einerseits und ihre Umgebung (Aufgabe, Arbeitsbedingungen, Partner) andererseits. Rotter (1966) prägte den Ausdruck „*Kontrolle von Verstärkung*" und bezeichnet „damit alle Einflüsse, denen Handlungsfolgen unterliegen". Einflüsse, die von handelnden Personen ausgehen, werden unter dem Begriff „*internale Kontrolle*" zusammengefaßt, Einflüsse der Umgebung unter dem Begriff „*externale Kontrolle*".

Bernhard Weiner von der Universität von Kalifornien hat die Ansätze von Heider und Rotter zu einem handlichen Schema vereinigt. Er unterscheidet Person- und Umweltfaktoren und trennt diese jeweils in zeitlich stabile (konstante) und zeitlich labile (variable).

Ursachen von Handlungsfolgen im subjektiven Erleben (nach Weiner, 1974, S. 52).

Stabilität	Kontrollinstanz	
	internal	external
stabil	Fähigkeit	Aufgabenschwierigkeit
instabil	Anstrengung	Glück

Eine Ursachenattribuierung setzt nun nicht erst am Ende einer Handlung ein, wenn die Folgen feststehen. Sie findet schon bei der Planung statt und bestimmt die Motiviertheit von Handlungen. Vor allem ein Befund hat sich in der neueren Forschung wiederholt bestätigt: Eine gute Motiviertheit setzt die Erwartung internaler Kontrolle voraus, d. h. die Überzeugung, selbst die Folgen der Handlung bestimmen zu können. Ein eindrucksvolles Beispiel hierfür berichten McClelland und Winter (1969) in einer Studie aus Indien.

Rheinberg, F. (1980). *Leistungsbewertung und Lernmotivation*. Göttingen: Hogrefe.

Heider, F. (1977). *Die Psychologie der interpersonalen Beziehungen*. Stuttgart: Klett (Erstausgabe 1958: *The psychology of interpersonal relations*. New York: Wiley).

Rotter, J. B. (1966). Generalized expectancies for internal versus external control of reinforcement. *Psychological Monographs, 80*, Nr. 609.

Weiner, B. (1974). An attributional interpretation of expectancy value theory. In B. Weiner (Ed.), *Cognitive views of human motivation* (pp. 51-69). New York: Academic Press.

Willensfreiheit

Der Kognitivismus steht in der philosophischen Tradition des *Indeterminismus* und widersetzt sich der Gegentradition des *Determinismus* (lat. *determinatio,* Ende, Abgrenzung). Der Indeterminismus behauptet die Freiheit des Menschen, zwischen Bewußtseinsinhalten, Zielen und Handlungen wählen zu können. Der Determinismus bestreitet dies und führt als Gründe für die Festgelegtheit des Menschen an:

- Die Umgebung des Menschen mit ihren physikalischen, biologischen und sozialen Einwirkungen,
- die eigene Natur des Menschen, insbesondere seine Triebe und Affekte,
- die transzendentale Vorbestimmung des menschlichen Schicksals.

Die Vorbestimmtheit des menschlichen Lebens durch Gottheiten und Gestirne ist im Wirkungsbereich großer Religionen Gegenstand heftiger Auseinandersetzungen; ihren theologischen Höhepunkt erreichen diese Auseinandersetzungen in der Frage der *Prädestination,* der Vorbestimmung zur Seligkeit oder Verdammnis (s. Maier, 1971).

Der *Materialismus* des 17. und 18. Jahrhunderts (s. Abschnitt 9.2.2) nahm die These von der uneingeschränkten Kausalität in der Natur zum Anlaß, dem Menschen als Bestandteil dieser Natur jedwede Freiheit abzusprechen. Dieser Tradition haben sich behavioristische Autoren angeschlossen. Freilich scheint das materialistische Argument durch Entwicklungen der modernen Physik in seiner Geltung bedroht zu sein; mit Bezug auf Heisenbergs Unschärferelation kann man sogar Elementarteilchen Wahlfreiheit zubilligen und damit den Determinismus selbst in der Physik in Frage stellen (Wenzl, 1947).

Einem Wandel ist auch die Beurteilung des Zusammenhangs von Freiheit, Sittlichkeit und Vernunft unterworfen. Sokrates soll *Freiheit* als „Tun des Besten" verstanden haben. Im *Idealismus* bedeutet das eine *Autarkie* (griech. *autarkeia,* Unabhängigkeit). Sie soll eine Zuwendung zu höheren geistigen Gütern und eine Abkehr von der als minderwertig empfundenen natürlichen Welt sowie der eigenen Körperlichkeit ermöglichen. Auf dem Höhepunkt des Idealismus im 18. Jahrhundert ordnete Kant die Freiheit einerseits der Vernunft zu, andererseits der Sittlichkeit (Kant, 1786).

Diesen Zusammenhang hat nun wieder der französische Existentialist Jean-Paul Sartre (1943/1952) radikal aufgegeben. Freiheit sei keinem sozialen Prinzip und keiner vermittelbaren Logik verpflichtet. Freiheit sei jeweils Freiheit des Einzelnen, der sich an der Freiheit des anderen lediglich stoße. Insofern manifestiere sich die Freiheit des Einzelnen gerade in der Ungebundenheit, in der Absurdität und in der Mißachtung der Sittengesetze.

Maier, G. (1971). *Mensch und freier Wille.* Tübingen: Mohr.

Wenzl, A. (1947). *Philosophie der Freiheit.* München-Pasing: Filser.

Kant, I. (1920). Kritik der praktischen Vernunft. In K. Vorländer (Hrsg.), *I. Kant. Sämtliche Werke,* 1. Teil 1. Band 3. Hptst. Leipzig: Meiner (Erstausgabe 1786).

Sartre, J.-P. (1952). *Das Sein und das Nichts.* Hamburg: Rowohlt (Erstausgabe 1943: *L'être et le néant.* Paris: Gallimard).

Indische Reisbauern seien nicht bereit gewesen, sich moderner Düngemittel und Anbaumethoden zu bedienen. Sie hätten den Ertrag ihrer Ernte zunächst nur auf Regen und Sonne zurückgeführt - äußere, externale Faktoren, die man nicht kontrollieren könne. Erst als man ihnen demonstrierte, daß man den Ertrag des Bodens durch den Einsatz von Geräten und Zusatzstoffen - d. h. durch eigenes Zutun - verbessern kann, gaben sie ihre abwartende Haltung auf und griffen zu diesen Mitteln.

Die verschiedenen Ursachenfaktoren scheinen übrigens in modernen Gesellschaften eine unterschiedlich hohe Anerkennung zu genießen. Fähigkeit als Ursache von Erfolgen steht dabei offenbar höher in der Gunst als Anstrengung oder gar äußere Hilfe - wie unter anderem Nicholls (1976) festgestellt hat -, und Erfolge werden gern als Beweis für das Vorhandensein von Fähigkeiten gewertet.

Handlungsfolgen erschöpfen sich nicht in ihrem unmittelbaren Ergebnis. In dem Maße, in dem ein Ergebnis weitere Folgen nach sich zieht, breiten sich die Wirkungen einer Handlung aus. Die Tätigkeit des Lehrers, der oben schon einmal als Beispiel gedient hat, veranschaulicht das. Was bringt der Lehrer im Unterricht hervor? Er schreibt Wörter an die Tafel, deutet mit einem Stock auf eine Landkarte, streicht Fehler in den Heften der Kinder an usw. Aber bleibt es bei diesen unmittelbaren Ergebnissen? Hoffentlich nicht. Das Vorschreiben, Deuten, Anstreichen wird von den Schülern aufgenommen als Demonstration, Erklärung und Korrektur. Es mehrt ihr Wissen und mindert ihre Fehler; es macht sie bereit zur Aufnahme neuen Wissens. Letztlich ist sogar zu folgern: Ohne den Unterricht des Lehrers gäbe es keine berufliche Bildung, keine wissenschaftliche Forschung, keine künstlerische Entfaltung. Ebenso gilt für viele andere Tätigkeiten: Ihre Ergebnisse haben Konsequenzen in den verschiedensten Bereichen, und diese Konsequenzen können sich über lange Zeitstrecken hinweg fortpflanzen.

Die Vielfalt der Wirkungen eines Handlungsergebnisses und die Dauerhaftigkeit dieser Wirkungen faßt man unter dem Begriff der *Instrumentalität* zusammen - Vroom hat ihn 1964 eingeführt. Die Instrumentalität eines erzielbaren Handlungsergebnisses trägt zu dessen Anreiz und damit zur Motivierung der Handlung bei. Ergebnisfolgen können verschiedene Gestalt annehmen: Erleichterungen bei späteren Aufgaben (z. B. nach Vokabellernen), Belohnungen in Geld oder anderen materiellen Werten (z. B. Leistungsprämien), soziale Anerkennung (z. B. öffentliche Auszeichnungen), Vervielfältigung der eigenen Wirkung (z. B. bei Reden mit Fernsehübertragung).

Die *Ursachen- und Folgeerwartungen* hat Heckhausen (1977) folgendermaßen definiert:

- Situations-Ergebnis-Erwartungen (Erwartungen externaler Kontrolle im Sinne Rotters),
- Handlungs-Ergebnis-Erwartungen (Erwartungen internaler Kontrolle im Sinne Rotters),
- Ergebnis-Folge-Erwartungen (Instrumentalitätserwartungen im Sinne Vrooms).

McClelland, D. C. & Winter, D. G. (1969). *Motivating economic achievement*. New York: Free Press.

Nicholls, J. G. (1976). Effort is virtuous, but it's better to have ability: Evaluative responses to perceptions of effort and ability. *Journal of Research in Personality, 10*, 306-315.

Vroom, V. H. (1964). *Work and motivation*. New York: Wiley.

Heckhausen, H. (1977). Achievement motivation and its constructs: A cognitive model. *Motivation and Emotion, 1*, 283-329.

9.4.3 Intrinsische und extrinsische Motivation

Je größer die Instrumentalität einer Handlung, desto mehr drohen die Handlungsfolgen sich der Kontrolle des Handelnden zu entziehen. Wer für Geld und Anerkennung arbeitet, ist auf die Gunst seiner Förderer und Beurteiler angewiesen. Durch Manipulation der Folgen können andere Menschen in den Motivierungsprozeß eingreifen und Individuen zu Handlungen veranlassen, die sie nicht um ihrer unmittelbaren Ergebnisse willen vollziehen, sondern zur Erlangung ihrer weiteren

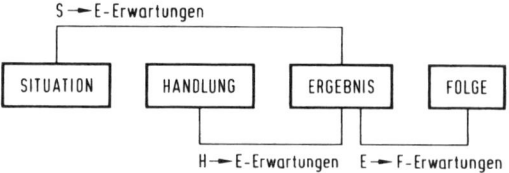

Drei Arten von Erwartungen im Prozeß der Motivierung (nach Heckhausen, 1977).

Folgen. Viele Beispiele für eine solche Art der Motivierung stammen aus der modernen Arbeitswelt. Sie beschreiben Arbeiter, die ihre Tätigkeiten überwiegend wegen des Lohnes verrichten und nicht wegen der Freude an dieser Tätigkeit sowie den dabei hergestellten Gütern. Man nennt eine solche *Motivierung extrinsisch*, von außen kommend, und stellt sie der von innen kommenden, *intrinsischen Motivierung* gegenüber. Intrinsische Motivation in ihrer reinsten Form wird Handlungen ohne erkennbares äußeres Ergebnis zugeschrieben; ein Beispiel ist das kindliche Spiel. Als überwiegend intrinsisch motiviert gelten weiterhin Tätigkeiten, die aufgrund eines Interesses am unmittelbaren Ergebnis zustande kommen (z. B. handwerkliche und künstlerische Produktionen).

Über die Bewertung und Anwendung von Maßnahmen der extrinsischen Motivierung (z. B. Schulnoten, Leistungsprämien) hat es lange Kontroversen gegeben, in denen Vertreter der behavioristischen und der kognitivistischen Richtung entgegengesetzte Standpunkte bezogen haben. Behavioristische Autoren haben vor allem die Wirksamkeit von Lohn- und Strafmaßnahmen als Argument ins Feld geführt. An ihrer Spitze forderte Burrhus F. Skinner (s. a. Abschnitt 2.3.2) die Entwicklung einer auf Lohn und Strafmaßnahmen aufbauenden Erziehungstechnologie zur Bewältigung der drängenden Lebensprobleme unserer Zeit. Der Autor schreibt:

„Tätigkeitsfolgen kann man setzen; indem wir die Beziehungen zwischen dem Verhalten und der Umwelt verstehen lernen, entdecken wir neue Wege der Verhaltensänderung. Die Grundzüge einer Technologie sind bereits klar. Man nimmt sich vor, ein Verhalten zu erzeugen oder zu modifizieren und schafft dann die einschlägigen Folgen ... Die Technologie ist bisher am erfolgreichsten, wenn das Verhalten einigermaßen fest umschrieben werden kann und wenn angemessene Folgen herzustellen sind - zum Beispiel in Kindergärten und Schulen, bei Behinderten und bei Geisteskranken in Anstalten. Die gleichen Grundsätze sind jedoch anwendbar bei der Entwicklung von Lehrmaterial auf jedem Bildungsniveau, auch bei schwieri-geren Aufgaben der Psychiatrie, der Rehabilitation, in der Wirtschaft, bei der Stadtplanung und in vielen anderen Bereichen des menschlichen Verhaltens. "

(Übersetzung aus Skinner 1971, S. 149f.)

Die Kritik an der extrinsischen Motivierung des Verhaltens entzündet sich an dem Umstand, daß ihre Maßnahmen sozial bestimmt sind. Extrinsisch motiviert zu sein, heißt dann von anderen abzuhängen. Abhängigkeit von anderen verträgt sich jedoch nicht mit Entscheidungsfreiheit und Selbstverantwortung - den Idealen der Kognitivisten.

Zudem verdichtet sich der Verdacht, daß die Aussicht auf Belohnung und die Furcht vor Bestrafung keine unbeschränkt wirksamen Mittel zur Leistungssteigerung sind. Kenneth O. McGraw (1978) hat in einem Überblick über Belohnungsstudien gezeigt, daß es vorwiegend die ungeliebten und routinemäßig zu erledigenden Aufgaben sind, die von einer Belohnung profitieren: einfache Rechenaufgaben, Auswendiglernen u. ä. Anders die schon von sich aus als reizvoll empfundenen, kreativ zu lösenden Aufgaben - wie knifflige Denksportaufgaben; deren Lösung wird durch die Aussicht auf Belohnung eher verzögert. Der Autor erklärt das folgendermaßen: Fehlt die Freude an der Arbeit selbst, mag die Idee einer späteren Belohnung die erforderliche Motivation hervorrufen. Wo es jedoch an der Arbeitsfreude nicht mangelt, erweist sich ein zusätzlicher Lohnanreiz zur Weckung der Begehrlichkeit als überflüssig. Die in Aussicht stehende Belohnung kann sich eher ungünstig im Verhalten niederschlagen. Die Tätigkeit

Skinner, B. F. (1973). *Jenseits von Freiheit und Würde*. Hamburg: Rowohlt (Erstausgabe 1971: *Beyond freedom and dignity*. New York: Knopf).

McGraw, K. O. (1978). The detrimental effects of reward on performance: A literature review and a prediction model. In M. R. Lepper & D. Greene (Eds.), *The hidden costs of reward* (pp. 33-60). Hillsdale, NJ: Lawrence Erlbaum.

drängt zu einem frühen Ende, bedient sich
bewährter Routinen und unterläßt die spiele-
rische, experimentierfreudige Suche nach
selten begangenen Wegen. So seien es vor
allem die heuristisch zu lösenden Aufgaben,
die unter Belohnung leiden.

Die Kritik geht noch weiter: Die unan-
gebrachte Verabreichung äußerer Belohnung
sei geeignet, intrinsische Motivation sogar zu
zerstören. Lepper, Greene und Nisbett (1973)
waren unter den ersten, die diese Behauptung
experimentell zu erhärten versuchten. Ihr
Versuch fand in einem Kindergarten statt.
Dort verteilten die Autoren zunächst Filzstifte,
welche die Kinder noch nicht kannten
(„Zauberstifte"), und ließen die Kinder drei
Tage nach Belieben damit malen. Die Kinder
wurden zwei Wochen später einzeln aufgefordert, noch einmal mit den „Zauberstiften"
zu malen. Einem Drittel von ihnen verspra-
chen die Versuchsleiter dafür eine Urkunde
mit ihrem Namen („*Good Player Award*"), die
sie am Schluß der Einzelsitzung mit lobenden
Worten tatsächlich erhielten. Ein weiteres
Drittel der Kinder erhielt zum Abschluß die
gleiche Urkunde; allerdings war das für sie
eine Überraschung, denn es war vorher nicht
angekündigt worden. Das letzte Drittel der
Kinder erhielt keine Urkunde; es wurde auch
von Anfang an kein Preis in Aussicht gestellt.

Ein bis zwei Wochen nach den Einzelsitzungen erhielten die Kinder erneut die
„Zauberstifte"; drei Tage lang konnten sie
damit malen - wie zu Beginn. Kinder aller drei
Versuchsgruppen beteiligten sich. Zu gewinnen gab es nichts mehr. Wie lange würden sie
sich mit den Filzstiften beschäftigen? Das
Ergebnis: Kinder, die während der Einzelsitzung in der Erwartung eines Preises gemalt
hatten, beschäftigten sich nur noch halb so
lange mit den Stiften wie die anderen Kinder.
Die Deutung des Ergebnisses: Die Dauer der
Betätigung im Nachtest hänge vom Ausmaß
der intrinsischen Motivation ab. Mangels
äußerer Gewinnanreize habe sich keine
extrinsische Motivation entfalten können. Auf
eine intrinsische Motiviertheit hätten sich nun
diejenigen Kinder eingestellt, die während der
Einzelsitzungen ohne ausdrückliche Aussicht
auf einen Gewinn gemalt hätten. Bei den
anderen Kindern habe die Erwartung eines

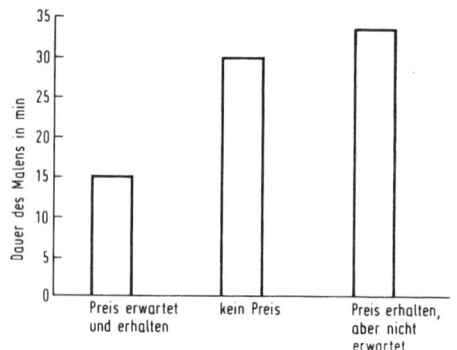

Dauer einer spielerischen Betätigung (Malen) in
einer Beobachtungszeit von insgesamt drei Stunden.
Verglichen werden Kinder, denen vorher für
dieselbe Tätigkeit ein Preis verliehen worden war,
mit anderen Kindern, die entweder keinen Preis
erhalten oder einen Preis erhalten, aber nicht
erwartet hatten (nach Lepper, Greene & Nisbett,
1973, S. 13).

Preises während der Einzelsitzung die extrinsische Motivation geweckt, und diese habe die
intrinsische Motivation zurückgedrängt.

Es gibt schließlich Anzeichen dafür, daß
Individuen den Verlockungen äußerer Anreize
nicht immer bereitwillig folgen. Dieser
Umstand dürfte nicht selten die Faustregel:
„Je größer die Aussicht auf Belohnung, desto
höher die Bereitwilligkeit zur Handlung"
außer Kraft setzen. Belohnungen werden ja oft
großzügig bemessen, um den Entscheidungs-
spielraum einzuengen. Wem aber die eigene
Freiheit lieb ist, sträubt sich gegen äußere
Abhängigkeit und Kontrolle („Ich lasse mich
doch nicht kaufen!"). Brehm (1966) hat auf
solche Zusammenhänge aufmerksam gemacht
und dem Widerstreben gegen den Verlust der
persönlichen Freiheit einen eigenen Namen
gegeben: *Reaktanz*.

Brehm (1966, S. 82ff.) schildert selbst
einen Fall von Reaktanz. Im Rahmen einer mit
Judith Winter durchgeführten Studie wurden
in einem Supermarkt Handzettel verteilt, die
für eine Brotsorte warben. An dem Zettel war
ein Vierteldollar befestigt - genau so viel, wie
das Brot kostete. Diese Werbemaßnahme
führte tatsächlich zu einer Steigerung des
Absatzes der angepriesenen Sorte. An einem
anderen Tag wurden neue, eindringlicher
formulierte Werbezettel verteilt; ihnen waren

35 Cents beigefügt - zehn Cents mehr als der Preis des Brotes. Diese Werbemaßnahme steigerte den Umsatz nicht; die Käufer fühlten sich dadurch unter Druck gesetzt. Hatten sie die Gabe von 25 Cents noch als Einladung zu einem „Gratiseinkauf" angenommen, so wirkte die zusätzliche Überlassung von zehn Cents bereits als Versuch einer Nötigung.

Lepper, M. R., Greene, D. & Nisbett, R. E. (1973). Undermining children's intrinsic interest with extrinsic reward: A test of the „over-justification" hypothesis. *Journal of Personality and Social Psychology, 28*, 129-137.

Brehm, J. (1966). *A theory of psychological reactance.* New York: Academic Press.

9.4.4 Nützlichkeit und Erfolgswahrscheinlichkeit

Die These, daß Menschen nach Erfolg streben, steht im Mittelpunkt der Forschungen zum Leistungsverhalten in Schule und Wirtschaft, im Sport und in anderen Bewährungssituationen. Die Aussicht auf Erfolg bestimmt
- die Wahl von Aufgaben,
- die Intensität der Bearbeitung von Aufgaben,
- die Ausdauer bei der Bearbeitung von Aufgaben,
- die erzielte Leistung.

Der Begriff der Erfolgserwartung umfaßt zwei Komponenten: Nützlichkeit und Erfolgswahrscheinlichkeit. *Nützlichkeit* variiert von extrem hohen positiven Werten bis zu extrem hohen negativen Werten; negative Nützlichkeit ist als Schädlichkeit zu verstehen. Die *Erfolgswahrscheinlichkeit*, d. h. die Wahrscheinlichkeit, daß das erwünschte oder gefürchtete Ergebnis einer Handlung auch tatsächlich eintritt, erstreckt sich von der Gewißheit des Erfolgs bis zur Sicherheit des Mißerfolgs. Sie ist vor allem einzuschätzen aufgrund der angenommenen Aufgabenschwierigkeit sowie der beim Handelnden vermuteten Fähigkeiten.

John W. Atkinson (1957) und zahlreiche seiner Mitarbeiter an der Universität von Michigan haben das Zusammenspiel von Nützlichkeit und Erfolgswahrscheinlichkeit einer eingehenden Analyse unterzogen. Dies erwies sich als recht kompliziert, da Erfolgswahrscheinlichkeit und Nützlichkeit durchaus nicht stets Hand in Hand gehen. Auf der Suche nach Erfolg wird ein Mensch gern „auf Nummer Sicher gehen" wollen und leichte Aufgaben wählen. Gleichzeitig werden ihn jedoch Aufgaben reizen, deren Bewältigung einen maximalen Nutzen verspricht. Nun schließen sich aber - diese Behauptung bildet jedenfalls den Kern der Atkinsonschen Theorie - im Denken des Menschen leichter Erfolg und hoher Anreiz in der Regel aus. Was ihm sicher und mühelos zufällt, erscheint ihm alltäglich und unattraktiv. Als begehrenswert schätzt er nur ein, was er unter Schwierigkeit und Risiken erreicht. So wird der *Erfolgsmotivierte* zu einem Kompromiß gezwungen: Er verzichtet auf Ziele mit hohem Anreiz, die er doch zu verfehlen droht, und er meidet die leicht erreichbaren Ziele, weil er sich von ihnen einen zu geringen Nutzen verspricht. Er entscheidet sich für Aufgaben mit mittlerer Erfolgswahrscheinlichkeit (z. B. mittlerer individueller Schwierigkeit), die ihm dann auch einen mittleren Anreiz bieten.

Kinder in Wettkämpfen verhielten sich tatsächlich so, wie Atkinson das in seiner Theorie vorhergesagt hatte. Beim Ringwerfen bevorzugten sie jeweils mittlere Distanzen, die Erfolg und Mißerfolg gleich wahrscheinlich erscheinen ließen. Die Wahl eines Berufs scheint der gleichen Tendenz zu folgen. Die meisten Realschüler scheuen - wie eine Untersuchung von Uwe Kleinbeck (1975) ergab - sowohl sehr schwierige, angesehene Berufe (wie etwa Klaviervirtuose) als auch leicht zugängliche, aber wenig einträgliche Berufe (wie Bürobote). Dafür suchen sie Berufe, die eine mittlere Attraktivität - etwa gemessen an Vorzügen wie Einkommen, Ansehen, Interessantheit - mit einer mittleren Erfolgschance verbinden - etwa hinsichtlich der Erreichbarkeit eines Ausbildungsabschlusses, dem Angebot von Arbeitsplätzen sowie den Aufstiegsmöglichkeiten (z. B. Industriekaufmann).

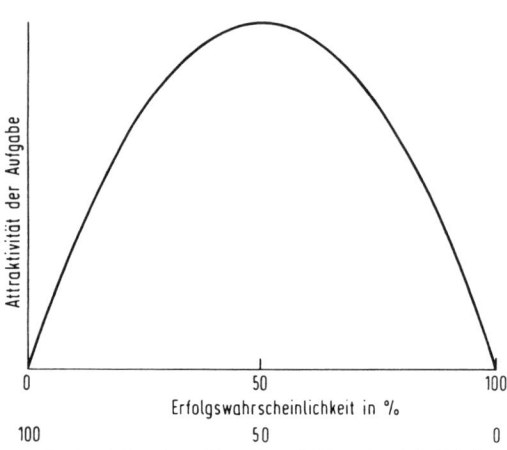

Risikowahlmodell nach Atkinson (1957). Erfolgsmotivierte meiden sowohl Aufgaben mit hoher
Erfolgschance (weil sie deren Anreiz als gering
erachten) als auch Aufgaben mit hohem Anreiz (weil
sie deren Erfolgschance als gering einstufen).

Das theoretische Modell von Atkinson
gehört in die Gruppe der *Erwartungs-mal-
Wert-Modelle*. Es verlangt subjektive Einschätzungen des Erfolgs E, leitet daraus den
zu erwartenden Wert W ab und sagt dann eine
maximale Motiviertheit für die Aufgaben
bzw. diejenigen Tätigkeiten voraus, die das
höchste Produkt aus E und W erwarten lassen.
Man sieht das an folgendem Berechnungs-
beispiel:

Erwartungs-mal-Wert-Modell. Die Motiviertheit ist
das Produkt aus Erfolgserwartung E und Wert W.
Dabei sinkt der Wert mit der Erfolgserwartung.

Erfolgserwartung E	Wert W 1-E	Motiviertheit E x W
0	1,0	0
0,2	0,8	0,16
0,5	0,5	0,25
0,8	0,2	0,16
1,0	0	0

Dem Erwartungs-mal-Wert Modell entsprechen auch folgende Befunde: Individuen
sind am ausdauerndsten bei Aufgaben mittlerer
Erfolgswahrscheinlichkeit; sie brechen bei
solchen Aufgaben am seltensten ab und legen

die wenigsten Pausen ein (Nygard, 1975).
Ebenso werden Rückmeldungen über die
erzielten Erfolge am häufigsten bei mittlerer
Aufgabenschwierigkeit eingeholt (Butzkamm,
1972/1980). Schließlich gibt es Belege dafür,
daß unter Erfolgsmotivation bei mittlerer
Schwierigkeit sowohl die angesagte Bereit-
schaft zur Anstrengung am höchsten ist
(Meyer & Hallermann, 1977, bei sportlichen
Leistungen wie Gewichtheben und Schleuder-
ball) als auch die tatsächliche körperliche
Anstrengung (Krug, Hage & Hieber, 1978, bei
Treten auf einem Fahrradergometer).

Zu bedenken ist zudem: Bei der Wahl der
Schwierigkeit braucht das zu erzielende
Ergebnis selbst nicht die entscheidende Rolle
zu spielen. Maßgebend könnte vielmehr der
durch Handeln zu erzielende Gewinn an
Selbsterkenntnis sein. Diese Auffassung hat
Wulf-Uwe Meyer von der Universität Biele-

Atkinson, J.-W. (1957). Motivational determinants
of risk-taking behavior. *Psychological Review,
64*, 359-372.

Kleinbeck, U. (1975). *Motivation und Berufswahl.*
Göttingen: Hogrefe.

Nygard, R. (1975). A reconsideration of the
achievement-motivation theory. *European
Journal of Social Psychology, 5*, 61-92.

Butzkamm, J. (1980). Informationseinholung über
den eigenen Leistungsstand in Abhängigkeit
vom Leistungsmotiv und von der Aufgabenschwierigkeit. (Unveröff. Diplomarbeit 1972
nach H. Heckhausen, *Motivation und Handeln.*
Berlin: Springer, S. 550f.).

Meyer, W.-U. & Hallermann, B. (1977). Intended
effort and informational value of task outcome.
Archiv für Psychologie, 129, 131-140.

Krug, S., Hage, A. & Hieber, S. (1978).
Anstrengungsvariation in Abhängigkeit von der
Aufgabenschwierigkeit, dem Konzept eigener
Tüchtigkeit und dem Leistungsmotiv. *Archiv für
Psychologie, 130*, 265-278.

Meyer, W.-U. (1973). *Leistungsmotiv und
Ursachenerklärung von Erfolg und Mißerfolg.*
Stuttgart: Klett.

feld vertreten. Menschen suchten im Erfolg die Bestätigung ihrer Annahmen über die Gründe für Erfolge und Mißerfolge; dabei überprüften sie ihre eigenen Fähigkeiten und Bemühungen. Ein wesentliches Motiv für die Aufgabenwahl sei also das Bedürfnis nach Information über die eigenen Fähigkeiten. Aufgaben mittlerer Schwierigkeit seien am hilfreichsten für den Aufbau des *Selbstbildes*, des *Selbstkonzepts*. Denn was könnten sie über ihre Fähigkeit lernen, wenn sie (individuell) leichte Aufgaben sicher bewältigten und an (individuell) schweren Aufgaben scheiterten? Sie erfahren dadurch nichts Neues. Ihre Unsicherheit liege im mittleren Bereich der (subjektiven) Erfolgswahrscheinlichkeit. Diese Unsicherheit zu beseitigen, bedeute, Gewißheit über die eigene Leistungsfähigkeit zu erhalten.

9.4.5 Fehlregulation und unerledigte Handlungen

Der Vorgang der Regelung (Abschnitt 9.4.1) verdient seinen Namen nur dann, wenn er die Abweichung zwischen Ist und Soll verringert und möglichst beseitigt. Tatsächlich gelingt nicht jeder Versuch einer Regelung. Mitunter kommt es zu Minderregulationen, die einen Teil der ursprünglichen Abweichungen beseitigen, den Rest aber bestehen lassen. Mitunter bleibt der Versuch einer Regelung wirkungslos oder schafft sogar neue *Ist-Soll-Diskrepanzen*; dann spricht man von Fehlregulation. Diese Begriffe gelten auch für die *Handlungsregulation*. Handlungen können ein Ende finden, bevor sie noch das ihnen zugedachte Ziel erreicht haben (z. B. im Falle einer Unterbrechung). Manchmal verschlimmern Handelnde einen Zustand trotz der Absicht, ihn zu verbessern (z. B. Fehlleistungen durch falsche Planung, durch mangelhafte Ausführung).

In der Forschungsgruppe von Kurt Lewin (s. Abschnitt 9.4.1) hat man vorsätzliche Tätigkeiten, die vor Erreichen ihres Ziels abgebrochen wurden, „*unerledigte Handlungen*" genannt. Unerledigte Handlungen entfalten oft eine erhebliche Dynamik und drängen nach Erledigung. Dafür gibt es vor allem zwei Hinweise:

- Unerledigte Handlungen werden häufiger erinnert als erledigte,
- unerledigte Handlungen werden häufiger wiederaufgenommen als erledigte.

Bluma Zeigarnik ließ ihre Probanden - es waren Kinder und Erwachsene - 43 verschiedene Aufgaben bearbeiten, z. B. ein Tier aus Plastilin kneten, ein Puzzle zusammensetzen und ein Gedicht aufschreiben, das die Probanden auswendig kannten. Eine Hälfte der Tätigkeiten ließ die Autorin jeweils zu Ende führen, die restlichen Tätigkeiten wurden unterbrochen. Die Unterbrechung nahm die Versuchsleiterin selbst vor, indem sie den Probanden, wenn sie sich am stärksten „im Schwung der Arbeit" (Zeigarnik, 1927, S. 20) befanden, eine neue Aufgabe vorlegte mit den Worten: „Jetzt machen Sie bitte dies!" Im Anschluß an die Serie wurde geprüft, an welche Aufgaben sich die Probanden noch erinnerten. Das Ergebnis: Die unterbrochenen Aufgaben wurden doppelt so häufig erinnert wie die erledigten.

Das bevorzugte Erinnern der unerledigten Aufgaben entsprang offensichtlich dem Wunsch nach *Wiederaufnahme* und Abschluß der unterbrochenen Tätigkeiten. Das konnte Maria Ovsiankina (1928) zeigen. Auch sie gab ihren Probanden eine stattliche Reihe von Aufgaben zu lösen. Einen Teil der Tätigkeiten ließ sie zu Ende führen, einen anderen Teil unterbrach sie. Unterbrechungen kamen dabei auf zweierlei Weise zustande: Durch die Anweisung der Versuchsleiterin, die Arbeit an einer Aufgabe vorzeitig abzubrechen und zur nächsten Aufgabe überzugehen, oder durch das Eintreten eines Helfers, der Proband und Versuchsleiterin zum Umstellen von Möbeln ins Nebenzimmer bat. Nach Bearbeiten der letzten Aufgabe mußten die Probanden an ihrem Arbeitstisch warten, bis die Versuchsleiterin mit ihren Notizen fertig war. Das taten die Probanden gerne, denn nun hatten sie Gelegenheit, die vorher abgebrochenen oder unterbrochenen Aufgaben zu Ende zu führen. Fast 100% der durch äußere Störung unterbrochenen Aufgaben wurden wiederaufgenommen und immerhin 80% der von der Versuchsleiterin unterbrochenen. Die Wiederaufnahmequote der vollendeten Aufgaben lag dagegen bei 10%.

Anspruchsniveausetzung und das Peterprinzip

Menschen, die zur Leistung motiviert sind, steigern typischerweise die Schwierigkeit der gewählten Aufgaben, solange sie Erfolg haben. Stellt sich Mißerfolg ein, kehren sie zu leichteren Aufgaben zurück. So steigert etwa ein Hochspringer die Höhe der Sprunglatte, bis ihm gehäufte Mißerfolge anzeigen, daß er die Grenze seiner Leistungsfähigkeit erreicht hat. Diesen Vorgang der Einregelung der optimalen Aufgabenschwierigkeit hat Fritz Hoppe - ein weiterer Schüler Lewins - die „*Setzung des Anspruchsniveaus*" genannt.

Hoppe, F. (1931). Erfolg und Mißerfolg. *Psychologische Forschung, 14*, 1-62.

Peter, L. J. & Hull, R. (1972). *Das Peter-Prinzip.* Hamburg: Rowohlt (Erstausgabe 1969: *The Peter principle.* New York: Morrow).

In einer ernsthaft- satirischen Betrachtung des Systems der Berufskarrieren hat der kanadische Pädagoge Laurence J. Peter - nach Angabe seines Verlages Direktor des *Evelyn Frieden Center for Prescriptive Teaching* - die Anspruchsniveausetzung in Betrieben und Behörden unter die Lupe genommen. In Betrieben und Behörden gibt es das Prinzip des Bewährungsaufstiegs. Die Tätigkeiten sind nach ihrer Schwierigkeit in Gruppen geordnet. Der Berufsneuling beginnt in der Regel in der niedrigsten Schwierigkeitsstufe und wird je nach Bewährung „hochgestuft". Irgendwann muß dann bei den meisten Berufstätigen - meint Peter - der Punkt erreicht sein, wo sie den Bereich ihrer Fähigkeiten verlassen und in eine Schwierigkeitsstufe aufsteigen, der sie nicht mehr gewachsen sind. Aber dann gibt es für sie - anders als bei Sportlern und spielenden Kindern - kein Zurück. Das soziale System verbietet eine Rückstufung, die als „Degradierung" der Betroffenen und als Kritik an der Personalführung Unruhe schaffen würde. So füllen

sich - Peter zufolge - Betriebe und Behörden mit Menschen, die durch ihre Aufgaben überfordert werden und schließlich nur noch damit beschäftigt sind, ihre Inkompetenz zu kaschieren.

„Mein Prinzip ist der Schlüssel zum Verständnis aller hierarchischen Systeme und damit gleichzeitig zum Verständnis der gesamten Struktur unserer Zivilisation. Einige wenige Exzentriker versuchen, sich den Fängen der Hierarchien zu entziehen, doch jeder, der dem Geschäftsleben, der Industrie, der Politik, den Gewerkschaften angehört, den Streitkräften, den Kirchen oder dem Erziehungswesen, ist ihnen ausgeliefert. Sie alle sind dem Peter-Prinzip unterworfen.

Viele von ihnen kommen sicherlich in den Genuß von einer oder zwei Beförderungen und steigen dabei von einer Kompetenzstufe zu einer höheren auf. Die Fähigkeit in der neuen Position qualifiziert sie für einen weiteren Aufstieg. Doch für jedes Individuum, für Sie genauso wie für mich, bedeutet die allerletzte Beförderung den Wechsel von der Stufe der Fähigkeit zu einer Stufe der Unfähigkeit.

Genügend Zeit und genügend Rangstufen in einer Hierarchie vorausgesetzt, steigt jeder Beschäftigte bis zu seiner Stufe der Inkompetenz auf und verharrt dort. Peters Schlußfolgerung daraus lautet: nach einer gewissen Zeit wird jede Position von einem Mitarbeiter besetzt, der unfähig ist, seine Aufgabe zu erfüllen.

Wer macht die Arbeit? Man wird natürlich kaum ein System finden, in dem jeder Mitarbeiter seine Stufe der Unfähigkeit bereits erreicht hat. In den meisten Fällen wird immer noch etwas geleistet, um die angeblichen Aufgaben zu erfüllen, für deren Erledigung die Hierarchie existiert. Die Arbeit wird von den Mitarbeitern erledigt, die ihre Stufe der Inkompetenz noch nicht erreicht haben. "

(Peter & Hull, 1972, S. 19f.)

Eigene Handlungen werden nicht nur bevorzugt erinnert und wiederaufgenommen, wenn sie vorzeitig unterbrochen wurden (der Fall der *Minderregulation*). Wie Erika Junker 1960 dreißig Jahre nach den erwähnten Experimenten von Zeigarnik und Ovsiankina zeigen konnte, werden einige Tätigkeiten auch dann bevorzugt erinnert und weiterverfolgt, wenn deren Ergebnisse als fehlerhaft bewertet werden (der Fall der Fehlregulation).

In der Hartnäckigkeit, mit der Individuen an Tätigkeiten festhalten, obwohl sie vorher unterbrochen wurden oder gescheitert sind, zeigt sich die enge Bindung dieser Tätigkeiten an die gesetzten Ziele. Sowohl das Scheitern einer Tätigkeit als auch ihr vorzeitiger Abbruch führt - solange am Ziel festgehalten wird - in eine *Krise*. Diese Krise äußert sich in den Erlebnissen der Enttäuschung, der Trauer, der Ratlosigkeit. Mit den Gefühlen der Beunruhigung geht auch eine körperliche Unruhe einher (vgl. Mandler, 1964). Dem erfolgreichen Abschluß einer Handlung folgt dagegen in der Regel eine Phase der Ruhe und der körperlichen *Entspannung*.

Zeigarnik, B. (1927). Über das Behalten von erledigten und unerledigten Handlungen. *Psychologische Forschung, 9*, 1-85.

Ovsiankina, M. (1928). Die Wiederaufnahme unterbrochener Handlungen. *Psychologische Forschung, 11*, 302-379.

Junker, E. (1960). *Über unterschiedliches Behalten eigener Leistungen.* Frankfurt a. M.: Kramer.

Mandler, G. (1964). The interruption of behavior. In D. Levine (Ed.), *Nebraska Symposium on Motivation* (pp. 163-219). Lincoln: University of Nebraska Press.

ZUSAMMENFASSUNG

1. Aus kognitivistischer Sicht fußt der Vollzug einer Handlung auf einer Zielsetzung und endet mit der Erreichung des gesetzten Ziels. Handlung läßt sich somit als Regulationsvorgang darstellen, durch den die Abweichung eines Ist-Zustandes von einem Soll-Zustand beseitigt wird.

2. Individuen tendieren dazu, nach Ursachen für die Folgen ihrer Handlungen zu suchen (Kausalattribuierung). Insbesondere unterscheiden sie Ursachen, die in ihrer Person begründet sind (Fähigkeit, Anstrengung) von Ursachen in der Umgebung (fremde Hilfe, Aufgabenschwierigkeit). Je mehr sie sich selbst für die Folgen ihrer Handlung verantwortlich fühlen (Erwartung internaler Kontrolle), und je weniger sie ihre Umgebung hierfür verantwortlich machen (Erwartung externaler Kontrolle), desto mehr sind sie zu der jeweiligen Handlung motiviert.

3. Zur Motivation trägt weiterhin die erwartete Instrumentalität der Handlungsfolgen bei, d. h. ihr Nutzen zur Erreichung weiterer Ziele wie soziale Anerkennung, finanzielle Honorierung. Die Gewährung weitergehenden Nutzens kann jedoch mit sozialer Abhängigkeit verknüpft sein; so mag ein Konflikt zwischen innerer (intrinsischer) und von außen eingeführter (extrinsischer) Motivation entstehen.

4. Individuen bevorzugen Tätigkeiten, bei denen geschätzter Nutzen und angenommene Erfolgswahrscheinlichkeit in einem vorteilhaften Verhältnis stehen. Dies ist in der Regel bei mittlerer Aufgabenschwierigkeit der Fall.

5. Das gesetzte Ziel wird nicht erreicht bei vorzeitigem Abbruch einer Tätigkeit (Minderregulation) und bei fehlerhafter Tätigkeit (Fehlregulation). Nach Verfehlen eines Ziels neigen Personen zur Wiederaufnahme der unerledigten Handlung.

9.5
Probleme des Verhaltens in der Entwicklungs-, Persönlichkeits- und Sozialpsychologie

9.5.1 Entwicklungspsychologie

„Mit einem Monat hebt der Säugling den Kopf, mit sieben Monaten kann er sitzen, mit einem Jahr fängt er an zu laufen." Solche Normen für die motorische Entwicklung finden sich in zahlreichen Ratgebern für Eltern und andere Erzieher. Tatsächlich scheint es eine bestimmte Reihenfolge zu geben, in der motorische Leistungen auftreten. Nicht nur die Reihenfolge, sondern auch die Zeit des ersten Auftretens läßt sich relativ genau vorhersagen. Es handelt sich hier also um eine Stufenfolge, in der später erreichte Fertigkeiten frühere Fertigkeiten voraussetzen (z. B. folgt das Laufen dem Sitzen). Die Entwicklung motorischer Fertigkeiten ist abhängig vom körperlichen Wachstum (vor allem vom Wachstum des Muskelapparats und des Nervensystems). Die Förderung von seiten der Umgebung spielt ebenfalls eine Rolle (z. B. haben „Laufställchen" einen Einfluß auf das Krabbeln und Laufen).

Handeln als geistig gesteuerter Ablauf verlangt jedoch mehr als nur körperliche Beweglichkeit. Es verlangt Planungs- und Handlungskonzepte: Einsicht in den Zusammenhang von Handlung und Ergebnis, die begriffliche Trennung von Kausalfaktoren wie Aufgabenschwierigkeit, Fähigkeit und Anstrengung.

Sich selbst als Urheber einer Leistung zu erkennen, ist ein wichtiger Entwicklungsschritt. So freuen sich Kinder bis zu einem Alter von etwa drei Jahren genau so sehr über einen Turm aus Holzscheiben, den ein Erwachsener gebaut hat, wie über einen selbstgebauten Turm. In diesem Alter kommt es nur auf den Effekt an. Und dieser ist der gleiche, ob nun der Partner oder das Kind selbst den Turm fertigstellt. Erst nach dem dritten Lebensjahr erlebt das Kind den Anreiz, selbst der Urheber eines Ergebnisses zu sein. Der *Wettkampf* gewinnt in diesem Stadium für das Kind einen Sinn - wie Heckhausen und Roelofsen (1962) herausgefunden haben. Freude über einen gebauten Turm zeigt es dann nur noch, wenn es ihn selbst gebaut hat. Kommt ihm dabei ein Erwachsener zuvor, so senkt es den Blick und ist beschämt.

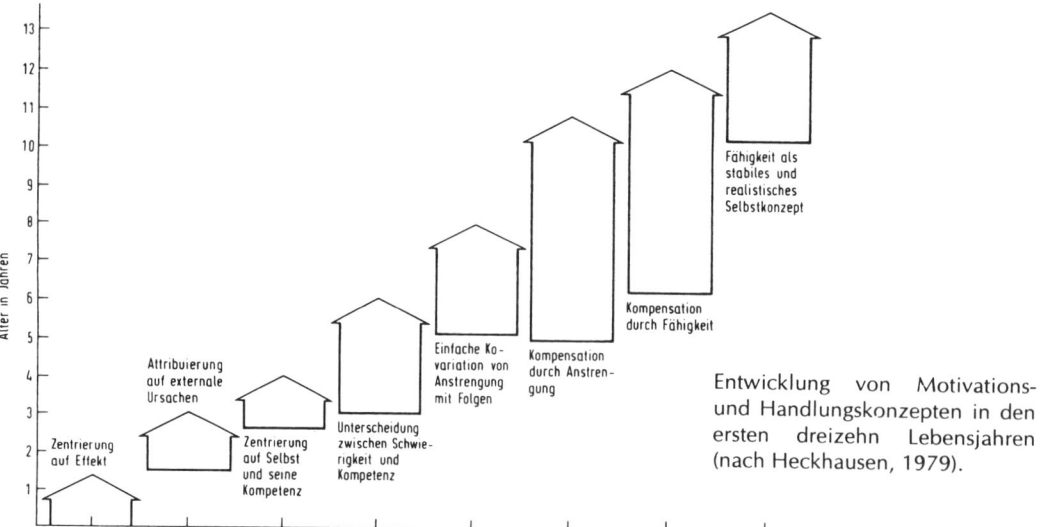

Entwicklung von Motivations- und Handlungskonzepten in den ersten dreizehn Lebensjahren (nach Heckhausen, 1979).

9.5.2 Persönlichkeitspsychologie

Individuelle Unterschiede im (reaktiven) Verhalten und (zielgerichteten) Handeln werden - bei gleicher äußerer Situation - von verschiedenen Autoren zurückgeführt auf
• nervöse und konstitutionelle Unterschiede,
• Unterschiede in der Lernerfahrung,
• unterschiedliche Handlungsstrategien.
   In der Theorie der Leistungsmotivation hat Atkinson in seinem Modell der Risikowahl (s. Abschnitt 9.4.4) zwei Motivgruppen unterschieden: die Erfolgsmotivierten - sie streben nach Erfolg - und die Mißerfolgsmotivierten sie sind zufrieden, wenn sie den Mißerfolg meiden. Die in Abschnitt 9.4.4 wiedergegebene Kurve gilt nur für Erfolgsmotivierte. Mißerfolgsmotivierte wählen nach Atkinson bevorzugt leichte Aufgaben (Erfolgswahrscheinlichkeit nahe 100%), um nicht zu scheitern - auch wenn sie aus dem leichten Erfolg keinen großen Nutzen ziehen können. Oder sie wählen extrem schwere Aufgaben (Erfolgswahrscheinlichkeit nahe 0), weil Mißerfolg bei schweren Aufgaben ohnehin nicht weh tut.

Ist Instinktverhalten ererbt?

Wenn die Instinkte und das Instinktverhalten zur arteigenen Ausstattung gehören, müßten sie über Generationen weitervererbt werden. Es gibt zahlreiche Untersuchungen, die dies zu belegen versuchen. Eine davon stammt von Irenäus Eibl-Eibesfeldt (1963). Er untersuchte die Vererbung des Nestbauinstinkts bei Ratten und anderen Tieren. Die Studie ist nach der „Kaspar-Hauser-Technik" angelegt. Die Tiere wachsen ohne Kontakt mit Artgenossen auf - wie angeblich auch der legendäre Kaspar Hauser als vermuteter Sohn Napoleons bis zu seinem 17. Lebensjahr von den Menschen getrennt gelebt haben soll.

Unerfahrene Ratte beim Bau ihres Nestes (Eibl-Eibesfeldt 1963, S. 738).

Die Tiere konnten also den Nestbau nicht durch Beobachtung anderer Tiere erlernen; sie erhielten darüber hinaus in ihren Käfigen keine Gelegenheit, mit festen Gegenständen zu hantieren. Sogar ihr Schwanz wurde amputiert, damit sie ihn nicht als Ersatz für andere Gegenstände zum Üben verwenden konnten. Erst als sie 8-12 Wochen alt waren und damit in das Alter kamen, in dem Ratten mit dem Nestbau beginnen, erhielten sie Material für ein Nest. Und siehe da - nachdem einige Anfangsschwierigkeiten überwunden waren (z. B. Auswahl des geeigneten Platzes), bauten sie annähernd wie normal aufgewachsene Ratten. Sie sammelten das benötigte Material, ordneten es in der für Ratten charakteristischen Rundform an und klopften es schließlich fest. So kam der Autor zu dem Schluß: Das Nestbauverhalten ist den Ratten durch ihr Erbgut mitgegeben.
   Die Untersuchung der Erblichkeit anderen Instinktverhaltens fiel nicht so eindeutig aus. Dies gilt etwa für das Sexualverhalten. Isoliert aufgewachsene Tiere haben Schwierigkeiten beim Sexualverhalten; offenbar setzen erfolgreiche sexuelle Kontakte die Aufnahme von Sozialbeziehungen mit Artgenossen in einem früheren Entwicklungsstadium voraus (Hanby & Brown, 1974).

Heckhausen, H. & Roelofsen, I. (1962). Anfänge und Entwicklung der Leistungsmotivation. I. Im Wetteifer des Kleinkindes. *Psychologische Forschung, 26,* 313-397.

Heckhausen, H. (1979). Sachimmanente Entfaltungslogik der Attribution. Unveröffentlichtes Referat, 4. *Tagung Entwicklungspsychologie in Berlin.*

Eibl-Eibesfeldt, I. (1963). Angeborenes und Erworbenes im Verhalten einiger Säuger. *Zeitschrift für Tierpsychologie, 20,* 704-754.

Hanby, J. P. & Brown, C. E. (1974). The development of sociosexual behaviors in Japanese Macaques. *Behavior, 49,* 152-196.

Menschen bilden weiterhin feste Meinungen über das Entstehen von Erfolgen und Mißerfolgen. So schwört der eine unverdrossen auf sein Glück, während ein anderer glaubt, vom Pech verfolgt zu sein. Mancher baut auf seine Fähigkeiten, andere glauben, mit Energie alle Schwierigkeiten überwinden zu können. Julian Rotter (vgl. Abschnitt 9.4.2) hat einen Test entworfen, mit dessen Hilfe man die Kontrollerwartung bei einzelnen Personen abfragen kann. Der Test versucht, Personen mit überwiegend *internalen Kontrollerwartungen* (Selbstvertrauen) von Personen mit überwiegend *externalen Kontrollerwartungen* (Fremdbestimmtheit durch Gesellschaft, Lebensumstände, überirdische Mächte) zu trennen. Allerdings haben Erhebungen mit einer an der Universität Mannheim erprobten deutschen Version die Vermutung bestätigt, daß man von durchgehenden Voreingenommenheiten nicht sprechen sollte (Rost-Schaude, 1982). Kontrollerwartungen sind bei einzelnen Personen durchaus bereichsspezifisch. So kann sich etwa ein Angestellter im Beruf für einen ausgemachten Pechvogel halten (externale Kontrolle im Bereich A) und zugleich überzeugt sein, das Gelingen seiner Ehe sei nur auf seine Partnerschaftlichkeit zurückzuführen (internale Kontrolle im Bereich B).

Die Planungs- und Handlungsfähigkeit variiert ebenfalls zwischen Personen. Menschen zeigen unterschiedlich starke Neigungen, langfristige oder detaillierte Pläne zu machen, sich um Erfolgsrückmeldungen und Informationen über die Aufgabe zu kümmern u. ä. Frese, Stewart und Hannover (1987) haben anhand solcher Eigenschaften Handlungsstile als eigene Persönlichkeitsmerkmale zu erfassen versucht.

Von individuellen Unterschieden in der funktionellen Struktur von Handlungen (s. Abschnitt 9.3.2) berichtet Jan Strelau, Professor für Psychologie an der Universität Warschau. In einer Untersuchung an Taxifahrern und Gießereiarbeitern fand er vor allem unterschiedliche Neigungen zu *Hilfsoperationen.* Eine Gruppe von Taxifahrern prüfte häufiger den Ölstand und den Motor, bastelte und putzte mehr an ihrem Wagen herum. Ebenso gab es eine Gruppe von Gießereiarbeitern, die umsichtiger ihre Geräte für die Arbeit vorbereitete. Solche Personen, die mehr Hilfsoperationen ausführten, nannte Strelau *Hochreaktive.* Er deutete die erhöhte Reaktivität als Ausdruck des Temperaments. Unter *Temperament* versteht er eine (teilweise erbliche) biologische Ausstattung, die Geschwindigkeit, Ausdauer und Leistungsbereitschaft bestimmt (Strelau, 1975).

Rotter, J. B. (1966). Generalized expectancies for internal versus external control of reinforcement. *Psychological Monographs, 80,* Nr. 609.

Rost-Schaude, E. (1982). Untersuchungen zu einer deutschen Form des IEC Fragebogens von Rotter. In R. Mielke (Hrsg.), *Interne/externe Kontrollüberzeugung* (S. 156-177). Bern: Huber.

Frese, M., Stewart, J. & Hannover, B. (1987). Goal orientation and planfulness: Action styles as personality concepts. *Journal of Personality and Social Psychology, 52,* 1182-1194.

Strelau, J. (1975). Reactivity and activity style in selected occupations. *Polish Psychological Bulletin, 6,* 199-206.

9.5.3 Sozialpsychologie

Unter dem Begriff *soziales Handeln* kann man zweierlei verstehen:

- Individuelles Handeln mit Auswirkungen auf eine oder mehrere andere Personen (andere Individuen und Gruppen als Objekte der Handlung),
- gemeinschaftliches Handeln mehrerer Personen, das in Verlauf und Ergebnis zwischen den Beteiligten abgestimmt ist (Gruppen als Subjekte der Handlung).

Soziales Handeln der ersten Art kann Auswirkungen auf andere Personen haben, die diesen erwünscht sind. Solches Handeln schließt alle Arten von Unterstützung ein und wird *prosozial* genannt. Als *antisozial* bezeichnet man dagegen Handlungsweisen, die andere Personen körperlich oder psychisch verletzen. Die neuere Sozialpsychologie hat sich in der Absicht, pro- und antisoziales Handeln genauer zu untersuchen, vor allem zwei Problemen zugewandt: der physischen Aggression und der Hilfeleistung.

Eine Studie zur *Hilfeleistung* aus dem deutschen Sprachbereich stammt von Rudolf Wormser. Für seine an der Universität München vorgelegte Dissertation hat Wormser (1977) mehrere Experimente durchgeführt, darunter auch das folgende „Pannen-Experiment": An einer Münchner Ausfallstraße stellte er (zu verschiedenen Zeiten) drei verschiedene Autotypen (Klein-, Mittelklasse- und Luxuswagen) mit geöffneter Motorhaube an den Straßenrand; dabei befanden sich jeweils ein Mann oder eine Frau, die nach ihrer Kleidung als „Fahrer" kenntlich waren und eine Panne vortäuschten. Wer von den vorbeifahrenden Autofahrern würde anhalten und helfen? Zunächst stellte der Autor fest: Männer leisten „Pannenfahrern" häufiger Hilfe als Frauen. Männer erhalten aber auch (geringfügig) häufiger Hilfe als Frauen. Außerdem scheint es bei Autofahrern eine „Klassensolidarität" zu geben; sie lassen ihre Hilfe bevorzugt Fahrern zukommen, die ein Auto der gleichen Klasse benutzen wie sie selbst. Aufschlußreich ist eine Zusatzbedingung: Stellte das Untersucherteam einen Kilometer vor der vorgetäuschten Panne ein weiteres „liegengebliebenes" Fahrzeug auf

und führte dort eine „aktive Pannenhilfe" vor, so stieg durch dieses Vorbild die spätere Hilfeleistung um rund 20% (verglichen mit der Bedingung ohne Vorbild).

Prozentsatz von männlichen Autofahrern, die bei (vorgetäuschter) Panne zur Hilfeleistung anhalten (nach Wormser 1977, S. 331).

Wagen des hilfsbereiten Fahrers	Wagen des hilfsbedürftigen Fahrers		
	Klein-wagen	Mittel-klasse	Luxus-klasse
Kleinwagen	10 %	11 %	13 %
Mittelklasse	8 %	19 %	9 %
Luxusklasse	15 %	10%	23 %

Gemeinschaftliches Handeln - auch *Kooperation* und *Interaktion* genannt - ist eine zweite Erscheinungsform sozialen Verhaltens. Gemeinschaftliches Handeln setzt eine Rollenteilung voraus. Im Theater bezeichnet man die Zuweisung einzelner Charaktere in einem Schauspiel (z. B. „Engstrand" in Ibsens „Gespenstern") als Verteilung von Rollen. Der Begriff der *Rolle* läßt sich jedoch noch weiter fassen. So herrscht im Theater auch eine Rollenteilung zwischen dem Schauspieler, dem Beleuchter, dem Bühnentechniker und dem Dramaturgen; diese Personen besitzen verschiedene Berufsrollen. In der Familie ergeben sich spezielle Rollen wie die des Vaters oder die Rolle der ältesten Tochter. In Betrieben, Schulen und Freizeitgruppen entstehen Anführer-, Sprecher- und Clownrollen. Das vorherrschende Verständnis des Begriffs „Rolle" in der Psychologie (und auch in der Soziologie) charakterisieren Müller und Thomas folgendermaßen:

„Der Begriff ‚Rolle' läßt sich am ehesten definieren, wenn man ihn gegen einen anderen Begriff absetzt, den der ‚sozialen Position'. Jeder Mensch hat in der Gesellschaft eine bestimmte Stellung inne. Er ist entweder männlich oder weiblich, er hat ein bestimmtes Alter, einen bestimmten Familienstand, Beruf, Wohnort, Herkunft usw. Diese soziologischen Kategorien stellen Dimensionen dar, die den Ort des Menschen im sozialen System bestimmen. Diesen durch soziologische Kategorien bestimmten Ort im sozialen System nennen wir Position oder auch Status.

Die Parabel vom barmherzigen Samariter

Das Unterlassen von Hilfeleistungen ist nicht erst ein Problem der modernen Massenzivilisation; es wird bereits im Neuen Testament zum Thema. Das Evangelium des Lukas (10, 30-36) berichtet die Parabel vom barmherzigen Samariter:

„Es war ein Mensch, der ging von Jerusalem hinab gen Jericho und fiel unter die Mörder; die zogen ihn aus und schlugen ihn und gingen davon und ließen ihn halbtot liegen. Es begab sich aber ungefähr, daß ein Priester dieselbe Straße hinabzog; und da er ihn sah, ging er vorüber. Desgleichen auch ein Levit; da er kam zu der Stätte und sah ihn, ging er vorüber. Ein Samariter aber reiste und kam dahin; und da er ihn sah, jammerte ihn sein, ging zu ihm, verband ihm seine Wunden und goß darein Öl und Wein und hob ihn auf sein Tier und führte ihn in die Herberge und pflegte sein. Des anderen Tages reiste er und zog heraus zwei Groschen und gab sie dem Wirte und sprach zu ihm: Pflege sein; und so du was mehr wirst dartun, will ich dir's bezahlen, wenn ich wiederkomme. Welcher dünkt dich, der unter diesen dreien der Nächste sei gewesen dem, der unter die Mörder gefallen war?"

(Aus: Ketter, P. (Hrsg.). (1955). *Das Neue Testament*. Stuttgart: Kepplerhaus)

Die Parabel hat einen sozialkritischen Charakter, denn die Adressaten der Erzählung sind Israeliten. Aber nicht deren hochangesehene Priester werden als prosozial geschildert, sondern ein Mann aus der Provinz Samaria. Die Samariter waren ein Mischvolk aus Israeliten und Assyrern, hatten eine eigene Variante des Jahwe-Kultes entwickelt und wurden von den Israeliten aus Galiläa und Judäa diskriminiert; so duldeten sie etwa keine Mischehen mit den Samaritern.

Mit jeder dieser Ortsbestimmungen im sozialen System ist ein Satz von Erwartungen darüber verbunden, wie der Inhaber einer Position sich verhalten soll. Diese Struktur von Erwartungen, die sich an eine Position knüpft, definieren wir als Rolle. Rolle ist der dynamische Aspekt des statischen Begriffs Position. Beispiel: ,Arzt' bedeutet eine Position in sozialen Systemen. Verbunden mit dieser Position sind Verhaltenserwartungen, z. B. daß ein Arzt Tag und Nacht angesprochen werden kann, daß er über die Krankheiten seiner Patienten Schweigen bewahrt und so fort. Das Verhaltensmuster, *das sich aus diesen Erwartungen ergibt, nennen wir die Rolle des Arztes."*

(Müller & Thomas, 1974, S. 77.)

Aus der Rollenverteilung in einer Gruppe erwächst deren Struktur (vgl. Fischer, 1962). Feuerwehrleute, die beim Löschen Wassereimer von Hand zu Hand wandern lassen, bilden eine Kette. Eine Kette bezeichnet man auch als Linienstruktur. Dagegen besitzt ein Straßenbauteam zumeist eine Sternstruktur; mehrere Arbeiter übernehmen verschiedene Aufgaben; ihre Tätigkeit wird von einem Meister zentral beaufsichtigt und koordiniert.

Löschkette: Beispiel einer Linienstruktur

Straßenbauteam unter Leitung eines Schacht-
meisters: Beispiel einer Sternstruktur

Im Kulturvergleich ist zu beachten: Handeln erhält innerhalb jeder Kultur seine eigene Form und Bedeutung. Ein Beispiel für den kulturspezifischen Erwerb von Planungsfähigkeit gibt Fabienne Tanon (1994) in einer Studie über die Weberei an der Elfenbeinküste in Westafrika. Das Weben von Decken und anderen Textilien verlangt einen Entwurf von Mustern, das Zurechtlegen und Sortieren von Fäden u. ä. Die Autorin bildete Mitglieder zweier Stämme, der Senufas und der Diulas, in der Vorbereitung und Planung des Webens aus. Sie stellte fest, daß das Training in einer kulturell vertrauten Arbeit die Planungsfähigkeit besonders förderte.

Senufas und Diulas, welche die Planung von Webarbeiten gelernt hatten, konnten danach auch eine neue Art der Arbeitsplanung besser bewältigen, nämlich die Planung des Beladens eines Lastwagens. Das Training in der Planung der heimischen Webarbeit förderte die Planung des Beladens von Lastwagen mehr als einige Fächer des Schulunterrichts, die nach europäischen Vorbildern gestaltet waren. Die Autorin sah in diesen Befunden Belege für die Kulturspezifität von Planungen und deren Übertragung auf neu in die Kultur eingeführte Aufgaben.

Wormser, R. G. (1977). *Taxonomie der Motivation altruistischen Verhaltens.* Philosophische Dissertation, Universität München.

Müller, E. F. & Thomas, A. (1974). *Einführung in die Sozialpsychologie.* Göttingen: Hogrefe.

Fischer, H. (1962). *Gruppenstruktur und Gruppenleistung.* Bern: Huber.

Tanon, F. (1994). *A cultural view on planning: The case of weaving in Ivory Coast.* Tilburg: Tilburg University Press.

ZUSAMMENFASSUNG

1. In der Entwicklungspsychologie wird die Entwicklung von motorischen Handlungsvollzügen, aber auch von Attribuierungen und Zielsetzungen untersucht. In der Entwicklung motorischer Abläufe gibt es Regelmäßigkeiten bezüglich der Zeit des ersten Auftretens und der Reihenfolge des Auftretens. Dies gilt auch für die Entwicklung von Attribuierungen, Zielsetzungen und Handlungsplänen.

2. Individuelle Unterschiede im reaktiven Verhalten und zielgerichteten Handeln, wie sie die Persönlichkeitspsychologie untersucht, werden zurückgeführt auf nervöse und konstitutionelle Veranlagung, auf unterschiedliche Lernerfahrung, auf unterschiedliche Zielsetzungen sowie auf unterschiedliche Handlungsstrategien.

3. Unter sozialem Handeln versteht man einerseits individuelles Handeln mit Auswirkungen auf eine oder mehrere andere Personen (prosoziales und antisoziales Verhalten), andererseits gemeinschaftliches Handeln mehrerer Personen, das im Verlauf und Ergebnis zwischen den Beteiligten abgestimmt ist. Im gemeinschaftlichen Handeln (Interaktion) werden Individuen soziale Rollen zugewiesen. Im kulturellen Kontext erhält Handeln seine eigene Form und Bedeutung.

Literatur zur Ergänzung und Vertiefung

Cranach, M. von, Kalbermatten, U., Indermühle, K. u. a. (1980). *Zielgerichtetes Handeln*. Bern: Huber.
(Theoretisch anspruchsvolle Analyse handlungspsychologischer Begriffe; Bericht über eigene empirische Studien zum zielgerichteten Handeln.)

Cratty, B. J. (1973). *Movement behavior and motor learning*. Philadelphia: Lea & Febiger.
(Systematische Darstellung der Probleme der Ausführung von Bewegungen sowie des Bewegungslernens.)

Frese, M. & Sabini, J. (Hrsg.). (1985). *Goal directed behavior*. Hillsdale, NJ: Lawrence Erlbaum.
(Sammelband mit Beiträgen zur Handlungsorganisation und -regulation.)

Gallistel, C. R. (1980). *The organization of action: A new synthesis*. Hillsdale, NJ: Lawrence Erlbaum.
(Darstellung der aktuellen Forschungsproblematik in der Handlungspsychologie.)

Heckhausen, H. (1980). *Motivation und Handeln*. Berlin: Springer.
(Reichhaltiges Lehrbuch mit vorwiegend kognitivistischer Ausrichtung.)

Heckhausen, H., Gollwitzer, P. M. & Weinert, F. E. (Hrsg.). (1987). *Jenseits des Rubikon. Der Wille in den Humanwissenschaften*. Berlin: Springer.
(Forschungsergebnisse zu den psychischen Vorgängen des Wünschens, Wählens und Wollens.)

Kuhl, J. (1983). *Motivation, Konflikt und Handlungskontrolle*. Berlin: Springer.
(Eigener Forschungsansatz zu den genannten Themenbereichen.)

Lorenz, K. (1978). *Vergleichende Verhaltensforschung. Grundlagen der Ethologie*. Berlin: Springer.
(Eine repräsentative Darstellung der vergleichenden Verhaltensforschung.)

Nuttin, J. (1984). *Motivation, planning and action. A relational theory of behavior dynamics*. Hillsdale, NJ: Lawrence Erlbaum.
(Eigener theoretischer Ansatz zum Prozeß des zielgerichteten Handelns.)

Volpert, W. (Hrsg.). (1980). *Beiträge zur psychologischen Handlungstheorie*. Bern: Huber.
(Sammelband mit zwölf aktuellen Beiträgen zur psychologischen Handlungstheorie; besondere Berücksichtigung arbeitspsychologischer Fragestellungen.)

Werbik, H. (1978). *Handlungstheorien*. Stuttgart: Kohlhammer.
(Studientext zur Einführung in handlungstheoretische Grundbegriffe; Vergleich theoretischer und methodischer Ansätze in der Handlungspsychologie.)

Kapitel 10

Lernen von Verhalten

Wie entstehen neue Gewohnheiten?

Wie erwirbt man neue Fertigkeiten?

Wieviel läßt sich aus der Beobachtung lernen?

Was ist mentale Übung?

Was versteht man unter Konditionierung?

Wie wirken Lohn und Strafe auf das Lernen?

Wird man nur aus eigenem Schaden und Nutzen klug?

Lernen - das bedeutet, den Wissensschatz und das Verhaltensrepertoire durch Erfahrung zu erweitern. Das vorliegende Kapitel behandelt die Veränderungen des äußerlich sichtbaren Verhaltens durch Lernen und führt somit die Darstellung aus Kapitel 9 (Zielgerichtetes Verhalten) fort. Außerdem schließt es sich an Kapitel 7 (Gedächtnis) an, das den Erwerb von Wissen zum Thema hatte.

Kann man den Wissenserwerb einerseits sowie den Erwerb neuer Fertigkeiten und Gewohnheiten andererseits überhaupt getrennt betrachten? Diese Frage ist in der Lerntheorie umstritten. Kognitivistische Autoren vertreten die Meinung, neues Verhalten erwachse aus neuen Einsichten; insofern seien der Wissenserwerb und die Aneignung neuer Handlungsmuster aufs engste miteinander verknüpft.

Für behavioristische und reflexologische Forscher gehört der Begriff des Wissens zu den subjektiven Konzepten, die in einer wissenschaftlichen Theorie sowohl bedenklich als auch entbehrlich sind; daher beschränken sie ihre Betrachtung von vornherein auf die beobachtbaren Verhaltensweisen und deren Veränderung. Die beiden widerstreitenden Positionen prallen in der Lernpsychologie aufeinander wie auf keinem anderen Forschungsgebiet. Entsprechend wird sich eine von den gegensätzlichen theoretischen Standpunkten geprägte Grundsatzdiskussion wie ein roter Faden durch das folgende Kapitel ziehen.

10.1
Lernen als psychologisches Problem

10.1.1   Training für Körperbehinderte

Andreas T. ist 17 Jahre alt. Seit einem Sport-
unfall vor einigen Monaten sind seine beiden
Beine gelähmt. Die Mitteilung des Arztes, er
werde für den Rest seines Lebens an einen
Rollstuhl gefesselt sein, war für Andreas ein
schwerer Schock.

   Aber Andreas gibt nicht auf. Er lernt, sich
auf Krücken zu stützen. So kann er wenigstens den Weg vom Bett zum Tisch, vom
Tisch zur Couch allein zurücklegen. Er lernt
auch, mit einem Rollstuhl umzugehen. Er hat
schnell heraus, wie man mit dem Rollstuhl
geradeaus fährt. Um Kurven sicher zu fahren
und Hindernissen auszuweichen, braucht er
einige Übung. Um größere Entfernungen zu
bewältigen, wird er später ein Spezialauto für
Behinderte benutzen. Es hat eine automatische
Kupplung und einen mit Hand zu bedienenden
Gashebel. Wenn er damit vertraut ist, wird er
in seinem alten Betrieb eine Stelle als
technischer Zeichner einnehmen können.

Die scheinbar leichtesten Aufgaben sind
mitunter erstaunlich schwer. Andreas muß
lernen, Passanten und Freunde um Hilfe zu
bitten. Er muß gleichzeitig lernen, unerwünschte Unterstützung und unbedachtes
Mitleid abzuwehren. Kann man Unbekannte
einfach ansprechen? Kann man Freundlichkeit
ablehnen? Wie erklärt man am besten, was
man braucht? Wie bedankt und verabschiedet
man sich nach Empfang der Hilfe? Andreas
hat das Glück, in eine Rehabilitandengruppe
aufgenommen zu werden, in der das Umgehen
mit helfenden Partnern geübt wird.

   Andreas T. befindet sich in einem umfassenden Lernprozeß. In diesem Lernprozeß
macht er sich mit technischen Hilfen vertraut,
erwirbt neue Geschicklichkeiten, er bekommt
Übung im Umgang mit sozialen Partnern.

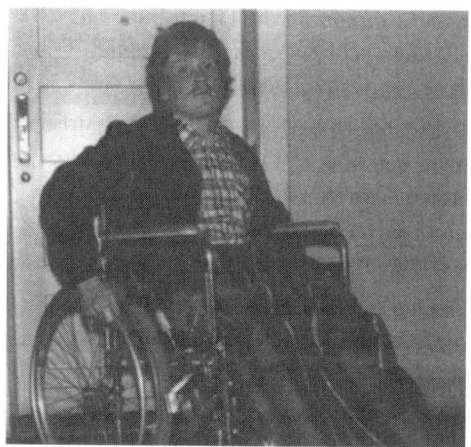

   Freilich ist die Welt für Andreas T. seit
dem Unfall eine andere geworden. Trotz aller
technischer Hilfen kann er nicht mehr alle
Wege und Treppen benutzen. In öffentlichen
Gebäuden schaut er sich um nach Wegzeichen
für Behinderte.

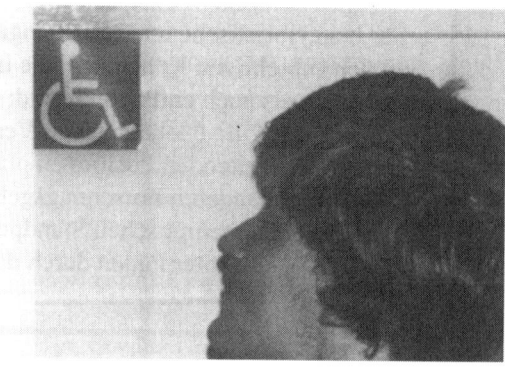

Aber das Lernen hat noch weitergehende Wirkungen: Es befreit ihn von den belastenden Gefühlen der Hilflosigkeit und Mutlosigkeit, und es gibt ihm einen Teil seines Selbstvertrauens zurück. (Trainingsprogramme für körperlich Behinderte sind - wie hier beschrieben - inzwischen tatsächlich ausgearbeitet und erprobt worden, vgl. dazu Schöler, Lindenmeyer & Schöler, 1981.)

10.1.2 Was wird gelernt und warum wird gelernt?

Lernprozesse vermitteln
• Gewohnheiten (z.B. das regelmäßige Bedanken nach Erhalt einer Hilfeleistung),
• Fertigkeiten (z. B. die Bedienung eines Fahrzeuges).
Manche Autoren sprechen statt von Fertigkeiten lieber von *Fähigkeiten*, von *Kompetenzen* (lat. *competentia*, Eignung).

In das Lernen ist wohl das gesamte Spektrum menschlicher Verhaltensweisen und Zustände einbezogen:
• sensumotorische Tätigkeiten (z. B. Erwerb von Handgeschick),
• sprachliche Tätigkeiten (z. B. Lernen von Fremdsprachen),
• nichtsprachliche Zeichen (z. B. Erlernen von Handzeichen),
• Gefühle bzw. Gefühlsausdruck (z. B. konventionelle Trauer),
• Bedürfnisse (z. B. Verlangen nach ortsüblichen Speisen),
• Handlungs- und Problemlösungsabläufe (z. B. Strategien des Problemlösens),
• Denkabläufe (z. B. Assoziationsketten),
• Orientierungstätigkeiten (z. B. das Einüben der Leserichtung).
Neue Verhaltensweisen baut der Behinderte auf, wenn er einen Rollstuhl zu steuern lernt oder wenn er sich eine neue soziale Technik aneignet, um untaugliche Hilfen freundlich abzuwehren. Wenn er dagegen lernt, auf Zeichen zu achten, die Behinderte zu Aufzügen oder Rampen leiten, stellt er sich auf neue Auslösebedingungen ein. Er wird dann angesichts eines Behindertenwegweisers etwa wissen: „Dort drüben finde ich für meinen Rollstuhl eine Auffahrt"; daraufhin wird er darauf verzichten, Passanten zu bitten, ihn mit seinem Rollstuhl einen Treppenabsatz hochzutragen.

Im Lernen vollzieht sich eine Anpassung der Menschen an ihre jeweiligen Lebensbedingungen. Aber gleichzeitig verschafft das Lernen den Menschen Fähigkeiten zur Anpassung der Umgebung an ihre Bedürfnisse. Die den Menschen durch Lernen zuwachsenden Einsichten, Geschicklichkeiten und Einstellungen ermöglichen jeweils neue und noch wirkungsvollere Eingriffe in die Umwelt. Am Anfang ihres Lernprozesses erleben Lernende oft eine bedrückende Unterlegenheit gegenüber ihrer Umgebung. Mit fortschreitendem Lernen erfahren sie dagegen eine zunehmende Beherrschung ihrer Umwelt.

Im menschlichen Leben gibt es normale und krisenhafte Lernsituationen. Als normal zu bezeichnen sind gleichbleibende Situationen, in denen der Erwerb von Fähigkeiten, von Wissen und von Gewohnheiten langsam fortschreitet (z. B. das Sprechenlernen des Kleinkindes). Krisenhafte Züge nimmt die Lernsituation jedoch an nach schnellen und unvorhergesehenen Änderungen, auf die sich die Fähigkeiten, das Wissen und die Gewohnheiten neu einstellen müssen (z. B. nach Katastrophen) sowie nach dem plötzlichen und unvorhergesehenen Verlust von eigenen Fähigkeiten (z. B. bei Rehabilitation nach Krankheit, Verletzungen u.ä.).

Man ist geneigt, Veränderungen durch Lernen als individuellen Fortschritt aufzufassen, der zumeist auch zum sozialen Fortschritt beiträgt. Lernen und Bildung gelten als Mittel zur Besserung der individuellen Lage und zur Höherentwicklung der Kultur. Tatsächlich verdanken berufliche, sprachliche und andere individuelle Fertigkeiten dem Lernen eine erhebliche Steigerung, wenn nicht gar ihre ganze Existenz. Dem Aufbau moderner Industriegesellschaften liegt ein gewaltiger Lernprozeß zugrunde. Trotzdem ist einzuschränken: Es gibt *Fehlanpassungen* und fehlgeleitetes Lernen. *Falsches Lernen* erhöht nicht die Effektivität des Verhaltens und dient zumindest langfristig nicht der Befriedigung vorhandener Bedürfnisse. Ein Beispiel für eine Fehlanpassung: Die zunehmende Geschicklichkeit beim Umgang mit einem Spritzbesteck mag Drogensüchtigen tatsächlich auf kurze Frist einen schmerzlosen Einstieg in eine berückende Traumwelt verschaffen. Indem der Drogenkonsum jedoch langfristig den Ruin ihrer Gesundheit nach sich zieht, erweist sich das Geschick zum „Setzen eines Schusses" als verhängnisvoll. Lernen ist auch nur so gut zu heißen wie das Motiv, dessen Befriedigung die gelernte Handlung dient. So lernt manches Kind Alte und Behinderte als wehrlose Opfer für Hänseleien, ja sogar für Aggressionen kennen; sie zu kränken oder gar sich an ihnen zu bereichern mag seinen Selbstwert steigern. Aus sozialer Verantwortung ist ein solches Lernen freilich nicht zu billigen.

10.1.3 Psychologische Lerntheorie - Anspruch und Kontroversen

Lerntheoretiker sind oft Lernoptimisten gewesen. Sie waren zutiefst davon überzeugt, daß alles auftretende Verhalten weitgehend durch Lernen entstanden ist und durch geeignete Lernprozesse weiter verändert werden kann. Einen Eindruck von dieser Überzeugung gibt das folgende Zitat von John Dollard und Neal E. Miller:

„Menschliches Verhalten ist gelernt; genau das Verhalten, von dem viele Leute annehmen, es charakterisiere den Menschen als rationales Lebewesen oder als Mitglied einer bestimmten Nation bzw. sozialen Klasse, ist

Schöler, L., Lindenmeyer, J. & Schöler, H. (1981). *Das alles soll ich nicht mehr können? Sozialtraining für Rollstuhlabhängige.* Weinheim: Beltz.

Dollard, J. & Miller, N. E. (1950). *Personality and psychotherapy.* New York: McGraw Hill.

Hilgard, E. R. & Bower, G. H. (1971). *Theorien des Lernens.* Stuttgart: Klett (spätere Ausgabe von R. E. Hilgard (1948). *Theories of learning.* New York: Appleton-Century-Crofts).

gelernt und nicht angeboren. Wir lernen auch Ängste, Schuld und andere sozial erworbene Motivationen, ebenso Symptome und Rationalisierungen - Komponenten einer normalen Persönlichkeit, die aber klarer in einer extremen Form wie der neurotischen Persönlichkeit hervortreten. Erfolgreiche Psychotherapie schafft Bedingungen, in denen die Neurose verlernt werden kann und andere, angepaßtere Gewohnheiten gelernt werden können."

(Übersetzung aus Dollard & Miller, 1950 , S. 25)

Wenn viele - wenn nicht gar alle - Verhaltensweisen erlernt sind, eröffnet sich für die psychologische Lerntheorie eine einzigartige Chance. Durch Ermittlung der allgemeinen Gesetze des Lernens könnte sie den Schlüssel für die Erklärung der verschiedenartigsten psychischen Phänomene liefern (der Wahrnehmung, des Denkens, des Sozialverhaltens, der Persönlichkeit u. ä.). Als Theorie des Verhaltens schlechthin würde sie die Mitte und den Angelpunkt der Psychologie darstellen. So argumentiert Ernest Hilgard in dem wohl am weitesten verbreiteten Buch über psychologische Lerntheorien:

„ ... eine ... Ursache für das Interesse des Psychologen an Lernvorgängen ... ist die zentrale Stellung, die das Lernen in den breiter angelegten Theorien der Psychologie einnimmt. Ein Wissenschaftler, der seine Wißbegierde über die Natur befriedigen will, muß seine Beobachtungen in zusammenhängende Theorien und Gesetze einordnen ...

Für Psychologen, die nach solchen Zusammenhängen streben, besitzt die Lerntheorie eine erhebliche Bedeutung, weil so viele der unterschiedlichsten menschlichen Verhaltensweisen Ergebnisse von Lernprozessen sind. Wenn man die reiche Mannigfaltigkeit des Verhaltens aufgrund weniger Prinzipien verstehen kann, so müssen einige dieser Prinzipien notwendigerweise die Lernvorgänge betreffen."

(Übersetzung aus Hilgard, 1948, S. 2)

Die Hoffnung auf die baldige Entdeckung universell anwendbarer Lernprinzipien hat sich allerdings nicht bestätigt. Vertreter der Lerntheorie wie Edward C. Tolman (1949) und O. H. Mowrer (1947) haben deshalb ihre Kollegen aufgerufen, sich nicht auf die Suche nach einzelnen, alles beherrschenden Lernprinzipien zu versteifen. Angezweifelt wurde auch der Lernoptimismus, der alle Fertigkeiten und Gewohnheiten als individuell erlernt ansieht; demgegenüber wurden verhaltensprägende Erbfaktoren stärker in die Theorie eingebracht (vgl. Eibl-Eibesfeldt, 1973; De Fries & Plomin, 1978).

Der Anspruch früher behavioristischer Autoren, die Grundlegung zu einer allgemeinen Verhaltenstheorie zu leisten, hat der von ihnen propagierten Lerntheorie einen hohen Rang in der bisherigen Geschichte der Psychologie verschafft. Es war die behavioristisch formulierte Lerntheorie, an deren Thesen sich die heftigsten Kontroversen zwischen Behavioristen (und Reflexologen) auf der einen Seite und Kognitivisten auf der anderen entzündet haben. Die rigorose Forderung der Behavioristen (und Reflexologen) nach Objektivität der wissenschaftlichen Beobachtung (s. Abschnitt 2.3.2) ließ sich bei der Untersuchung von Lernprozessen so weitgehend erfüllen wie in keinem anderen Gebiet der psychologischen Forschung.

Die methodische Orientierung ging einher mit einer philosophischen: dem Glauben an die Abhängigkeit der Menschen von ihrer jeweiligen Umgebung, ihrem Milieu. Der Mensch könne sich den durch seine Umgebung gesetzten Reizbedingungen nicht entziehen; in seinem Streben nach Erfolg richte er sich nach den Folgen seiner Tätigkeiten, nach Lohn und Strafe. Die Koppelungen des Verhaltens an die Umgebung stellten sich dabei zwangsläufig, automatenhaft ein und blieben bis zur Änderung der situativen Bedingungen verhaltenswirksam. So werde etwa ein Kind, das eine Angstreaktion auf eine Ratte gelernt habe, diese Angstreaktion bei jedem neuen Erscheinen der Ratte zeigen - es sei denn, diese Reaktion werde ihm wieder abtrainiert.

Wenn Kognitivisten sich gegen behavioristische und reflexologische Grundsätze wehren, dann wiederum aus methodischen und aus philosophischen Gründen. Zum einen sei es methodisch nicht unstatthaft sondern geboten, die Gedanken und das Wissen der Betroffenen in die Beobachtung mit einzubeziehen. Zum anderen würden solche kognitiven Inhalte gerade die strenge Bindung des Verhaltens und des Verhaltenslernens an die Umgebungsbedingungen mildern, wenn nicht gar ganz aufheben. Der Mensch stelle sich nicht blind auf eine Situation ein, sondern suche bewußt ihren Sinn zu erfassen. Dabei bilde er einsichtige Zusammenhänge zwischen einer Situation, den in ihr möglichen Handlungen und deren Folgen (z. B. „in diesem Kaufhaus ist gerade Hochbetrieb, da fällt es gar nicht auf, wenn ich ein Hemd mitgehen lasse").

Tolman, E. C. (1949). There is more than one kind of learning. *Psychological Review, 56*, 144-155.

Mowrer, O. H. (1947). On the dual nature of learning: A reinterpretation of „conditioning" and „problem solving". *Harvard Educational Review, 17*, 102-148.

Eibl-Eibesfeldt, I. (1973). *Der vorprogrammierte Mensch. Das Ererbte als bestimmender Faktor im menschlichen Verhalten.* Wien: Molden.

De Fries, J. C. & Plomin, R. (1978). Behavioral genetics. *Annual Review of Psychology, 29*, 473-515.

Betroffene hätten - so die kognitivistische Deutung - mehrere individuelle Möglichkeiten, einsichtige Zusammenhänge zu bilden; die Situation wirkt deshalb nicht eindeutig. Aus kognitivistischer Sicht ist daher den Betroffenen viel Freiheit zuzubilligen, zu welchen Handlungen sie sich aufgrund ihrer Einsichten entscheiden (z. B. „ich könnte hier leicht ein Hemd klauen, aber ich will nicht"). Wird also nach behavioristischer Absicht beim Lernen ein Netz von Reiz-Reaktions-Verbindungen geknüpft, in dem das Verhalten programmiert ist, entsteht nach kognitivistischer Auffassung beim Lernen ein Wissen, das der Betroffene bei der Entscheidung über seine Handlungen nutzen kann.

Und noch eine weitere Kontroverse durchzieht die Lerntheorie: die Kontroverse über die Rolle der *Verstärkung* (Belohnung und Bestrafung). Für Kognitivisten bietet die Erfahrung des Erfolges selbstverständlich eine wichtige Quelle von Einsichten über bestehende Zusammenhänge (z. B. „daß der Lehrer mir eine Eins gibt, beweist die Richtigkeit meiner Übersetzung"). Aber der äußere Erfolg ist nicht die einzige Richtschnur seiner Einsicht; so ist er auch imstande, ohne äußerlich vergebene Belohnung und Bestrafung Neues zu erlernen (z. B. „der Lehrer hat mir zwar nur eine Drei gegeben, ich weiß aber trotzdem, daß meine Übersetzung richtig ist"). Deshalb kann sich das Lernen anders entwickeln, als der Erzieher es mit seinen Belohnungs- und Bestrafungsmaßnahmen leiten möchte.

Die leidenschaftlichsten Verfechter der *Verstärkungstheorie* finden sich unter den Behavioristen. Menschen und Tiere - behaupten diese Autoren - lernen nur aus den Folgen ihrer Tätigkeit. Deshalb hänge der Lernerfolg von Art, Dauer und Zeitpunkt der Verstärkung ab. Die Notwendigkeit der Verstärkung für das Lernen ist jedoch auch innerhalb des Behaviorismus umstritten. Manche behavioristischen Autoren kommen ohne das Verstärkerprinzip aus. Für das Lernen genüge bereits das raum-zeitliche Nebeneinander von Reiz und Reaktion; eine gesonderte Verstärkung brauche nicht mehr hinzuzutreten.

In der Auseinandersetzung der großen Theorierichtungen über das Lernen spiegelt sich ihr schon oben festgestellter Gegensatz über die Natur der menschlichen Tätigkeit. Die behavioristische Theorie betont den algorithmischen Charakter von Tätigkeiten und sucht die minutiös steuernden Programme zu ermitteln, die den Tätigkeiten unmittelbar zugrunde liegen. Nach dieser Zielsetzung bedeutet Lernen: konkrete Änderung an Details des verhaltenssteuernden Programms. Die kognitivistische Theorie hebt dagegen die globalen verhaltensleitenden Strategien mit ihrem heuristischen Charakter hervor (zur Unterscheidung von Algorithmen und Heuristiken s. bereits Abschnitt 8.2.2).

ZUSAMMENFASSUNG

1. Beim Lernen von Verhaltensweisen ist vor allem zu unterscheiden zwischen dem Aufbau neuer Gewohnheiten und Fertigkeiten sowie der Einstellung auf neue Auslösebedingungen.

2. Lernen erfordert eine Anpassung des Betroffenen an seine Lebensbedingungen, steigert aber gleichzeitig seine Fähigkeiten zur Anpassung der Umwelt an die eigenen Bedürfnisse.

3. Behavioristisch orientierte Autoren erheben den Anspruch, auf der Grundlage allgemeiner Lernprinzipien eine umfassende Verhaltenstheorie begründen zu können.

4. Behavioristische Autoren bezeichnen Koppelungen des Verhaltens an Umgebungsreize als die wesentlichen Lernprozesse; einige von ihnen - aber nicht alle - halten die Belohnung (Verstärkung) für eine notwendige Voraussetzung der Kopplung von Reizen und Reaktionen.

5. Kognitivistische Autoren halten den Erwerb von Einsichten über Situationen, Tätigkeiten und Tätigkeitsfolgen für die wesentliche Grundlage der Verhaltensänderung.

10.2
Lernen von Auslösebedingungen

10.2.1 Klassisches Konditionieren

Als der russische Physiologe Pawlow (s. Abschnitt 2.3.3) noch die Verdauungstätigkeit bei Hunden untersuchte, pflegte er ihnen selbst das Futter zu reichen. Dabei machte er die folgende Entdeckung: Der Speichelfluß, der den Beginn der Verdauung einleitet, setzte nach einigen Fütterungen bereits ein, als sich Pawlow erst den Tieren näherte. Es konnte sich hier nicht um eine biologische Reaktion auf das gereichte Futter handeln. Pawlow deutete es vielmehr als eine psychische Reaktion auf den Untersucher, als eine „psychische Sekretion". Mit seinen Schülern an der St. Petersburger Militärakademie ging er der Erscheinung nach. Auch andere Personen konnten den Effekt auslösen. Und selbst Ereignisse, die in keinerlei ursächlichem Zusammenhang zur Verabreichung der Nahrung standen, wie der Klang einer Glocke oder das Ticken eines Metronoms, konnten den Speichelfluß auslösen, wenn sie nur oft genug vor oder bei der Verabreichung der Nahrung auftraten.

Aus seiner Entdeckung leitete Pawlow das Prinzip des *bedingten Reflexes* ab, das sich für die Lernpsychologie als grundlegend erweisen sollte. Der bedingte Reflex entstehe in drei aufeinander aufbauenden Schritten:
- Ein „natürlicher" oder zumindest nicht unmittelbar vorher gelernter Reiz ruft eine Reaktion - in Pawlows Terminologie: einen *Reflex* - hervor.
- Während der oben beschriebene unbedingte Reflex abläuft, tritt zu dem unbedingten Auslöserreiz ein weiterer, neutraler Reiz hinzu. Nun geschieht der entscheidende Schritt: Zwischen dem unbedingten Reflex und dem hinzutretenden neutralen Reiz entsteht ebenfalls eine Verbindung.
- Ein vorher neutraler Reiz ersetzt nun den unbedingten Reiz als Auslöser des Reflexes.

Der Reflex ist nunmehr auf eine neue Auslösebedingung eingestellt, *konditioniert* (lat. *conditio*, Bedingung) worden. Pawlow bezeichnet ihn als *bedingten (konditionierten) Reflex*, der in einer bedingten (konditionierten) Verbindung zu einem neuen, bedingten (konditionierten) Reiz steht.

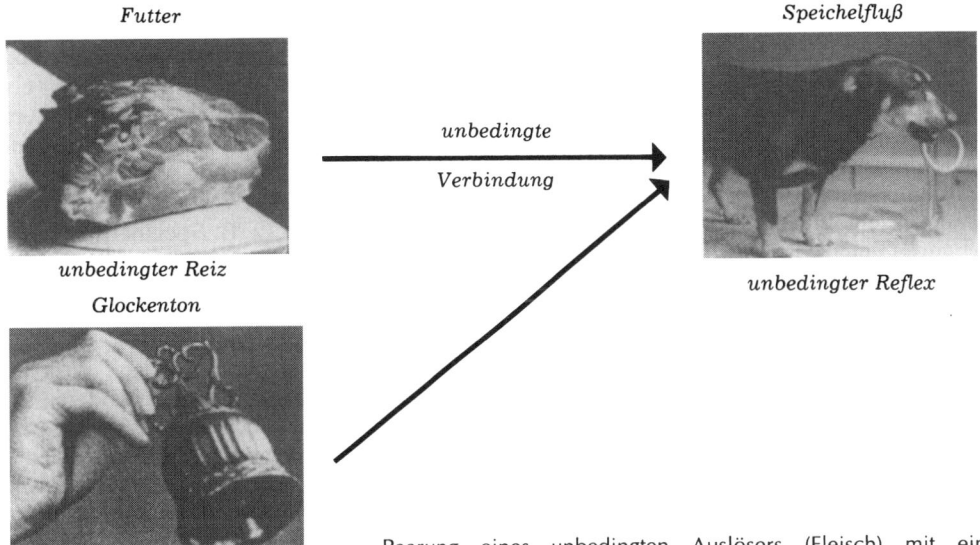

Futter

Speichelfluß

unbedingte

Verbindung

unbedingter Reiz

unbedingter Reflex

Glockenton

neutraler Reiz

Paarung eines unbedingten Auslösers (Fleisch) mit einem neutralen Reiz (Glockenton).

Für Pawlow kommt nur eine physiologisch formulierte Erklärung dieser Beobachtung in Frage. Er nimmt an, daß der konditionierte Reiz dem bereits vorher bestehenden Reflexbogen der unkonditionierten Bedingung zugeschaltet wird. Der unkonditionierte Reflex sei nicht durch einen nachweisbaren Lernprozeß auf die Auslösebedingung „Futter" eingestellt worden. Pawlow sagt dazu: Der Reflex ist nicht konditioniert, d. h. experimentell bedingt worden. Er bezeichnet ihn deshalb als *unbedingten (unkonditionierten) Reflex* auf einen *unbedingten (unkonditionierten) Reiz.*

Zwei Phasen sind demnach zu trennen:
- Eine Phase, in der der unbedingte Reiz als Verstärker zusätzlich zum bedingten Reiz gegeben wird - die *Konditionierungsphase* - und eine darauf folgende
- zweite Phase, in welcher dem bedingten Reiz kein Verstärker folgt - die *Löschungs-* oder *Extinktionsphase* (lat. *extinguere,* auslöschen).

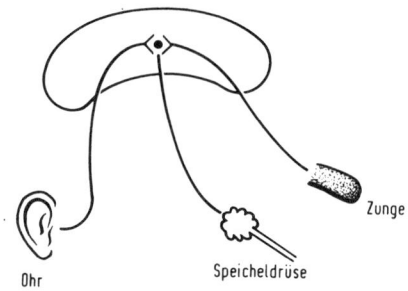

Pawlows Theorie des bedingten Reflexes. Dem Reflexbogen der unbedingten Verbindung wird der bedingte Reiz zugeschaltet.

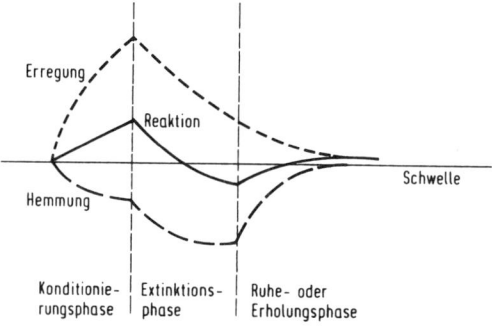

Erregung und Hemmung in den drei Phasen des Konditionierungsversuchs.

Pawlow unterscheidet beim Konditionieren zwei nervöse Prozesse: *Erregung* und *Hemmung.* Erregung führe zu einer Ausführung von Reaktionen, Hemmung zu einer Unterdrückung von Reaktionen. Das Wechselspiel von Erregung und Hemmung zeigt sich nach Pawlow etwa im folgenden Versuchsablauf: Ein Hund wird auf einen Ton konditioniert und erhält gleichzeitig Futter; dies entspricht einer Erhöhung der Nervenerregung. Gleichzeitig wird aber die Nervensubstanz in Anspruch genommen; um ihre Leistungsfähigkeit zu erhalten, schützt sie sich vor weiterer Erregung durch Hemmung. Erhält das Tier weiter Futter, schwächt die Hemmung die Erregung, ohne sie vorerst ganz zu unterdrücken. Die bedingte Reaktion wird dann zunächst abgeschwächt ausgeführt. Wird dem Tier aber das Futter in weiteren Versuchen vorenthalten, gewinnt die Hemmung die Oberhand über die Erregung, und die bedingte Reaktion bleibt aus.

Zugunsten der Annahme einer nervösen Hemmung läßt sich noch die folgende zusätzliche Beobachtung anführen: Eine bedingte Reaktion wird gebildet und anschließend zum Erlöschen gebracht. Nun vergehen einige Minuten, und der Versuchsleiter bietet erneut den bedingten Reiz (z. B. einen Glockenton), jedoch ohne nachfolgende Verstärkung (z. B. Fleisch). Dann kann es sehr wohl sein, daß die bedingte Reaktion (z. B. Speichelfluß) wiederkehrt. Nach Pawlow: Die Hemmung ist in der Ruhezeit abgebaut worden, und aufgrund der noch bestehenden Resterregung zeige die Reaktion eine Erholung.

Die zunächst an Hunden gesicherten Befunde ließen sich an vielen anderen Arten von Lebewesen - auch am Menschen - nachweisen. Außer dem Speichelfluß ließen sich Hand- und Beinbewegungen, der Lidschlag und weitere Reaktionen konditionieren. Als Signal ließ sich der Glockenton durch eine Fülle anderer Sinnesreize und Ereignisse ersetzen: durch Lichter, Gerüche, Bilder, Wörter, Melodien u. a. Unter der Bezeichnung *klassisches Konditionieren* nimmt das von Pawlow beschriebene Lernen einen festen Platz in der Fachliteratur ein.

10.2.2 Konditionieren höherer Ordnung und komplexe Auslösebedingungen

Solange eine Verbindung besteht, kann sie als Grundlage für neues Konditionieren dienen. So berichteten die Psychologen Ross C. Rizley und Robert A. Rescorla (1972) von der amerikanischen Yale-Universität das folgende Experiment: Sie brachten Ratten zuerst bei, einen der Pfote verabreichten Elektroschock durch Niederdrücken eines Hebels zu beenden. Danach paarten sie den Schock mit einem Lichtsignal. Daraufhin betätigten die Tiere ihren Hebel bereits, wenn das Signal aufleuchtete. In diesem Stadium wurde das Lichtsignal mit einem Ton kombiniert dargeboten - der Schock wurde auch in dieser Phase nicht mehr verabreicht. Nach einigen kombinierten Darbietungen von Licht und Ton war das Tonsignal allein imstande, den Hebeldruck auszulösen.

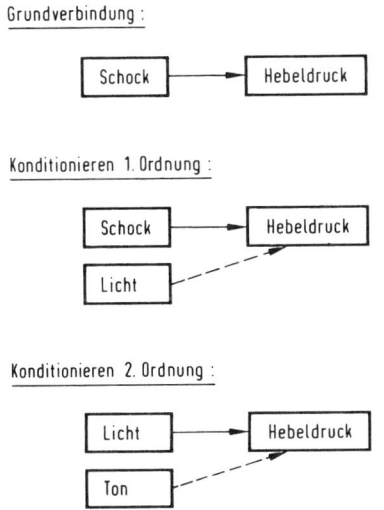

Grundverbindung:

Konditionieren 1. Ordnung:

Konditionieren 2. Ordnung:

Konditionieren höherer Ordnung nach Rizley und Rescorla (1972).

Pawlow, I. P. (1953). Die gemeinsamen Typen der höheren Nerventätigkeit der Tiere und des Menschen. *Sämtliche Werke* (Band 3, S. 492-511). Berlin: Akademie Verlag (Erstausgabe 1935).

Rizley, R. C. & Rescorla, R. A. (1972). Associations in second-order conditioning and sensory preconditioning. *Journal of Comparative and Physiological Psychology, 81,* 1-11.

Im allgemeinen scheint sich die Erfahrung von Pawlow und seinen Mitarbeitern zu bestätigen, daß - von einer gut eingerichteten Verbindung ausgehend - sich im Tierversuch ohne Rückkehr zu einem unbedingten Reiz bis etwa drei neue Verbindungen nacheinander herstellen lassen. Man nennt einen solchen sukzessiven Aufbau konditionierter Verbindungen *Konditionieren höherer Ordnung.*

Der *Theorie des klassischen Konditionierens* ist vorgehalten worden, sie werde der Vielfalt und Reichhaltigkeit von Lernsituationen nicht gerecht. Die These vom Konditionieren höherer Ordnung mildert diesen Vorwurf. Denn mit ihrer Hilfe lassen sich mehr Lernsituationen analysieren als allein mit der elementaren Annahme vom bedingten Reflex. Lernen muß danach nicht immer stets zu den (biologischen und seltenen) ungelernten Verbindungen zurückgeführt werden. Es kann vielmehr die Fülle der zusätzlich erworbenen Beziehungen nutzen. Insbesondere kann das menschliche Lernen mit den kulturell erworbenen Bedingungen in Beziehung gesetzt werden, vor allem den sozialen Symbolen der Sprache.

Ein weiterer Einwand gegenüber der Theorie der klassischen Konditionierung ist: Wie stereotyp müßte doch das Verhalten sein, wenn es nur den Gesetzen der klassischen Konditionierung folgen würde! Auf jeden Auslöser könnte stets nur eine einzige Reaktion erfolgen. Zum Beispiel: Habe ein Kind gelernt, beim Anblick einer Puppe zu lachen und beim Anblick einer Katze ängstlich zu weinen, so müsse es dies - der Konditionierungstheorie zufolge - stets wieder tun, sooft es Puppe und Katze sähe. Dies ist aber offensichtlich nicht so. Auch die geliebte Puppe kann gelegentlich Schreien und Weinen auslösen - etwa wenn sie sich gerade in der Hand eines feindseligen Eindringlings befindet. Und die gefürchtete Katze kann zum Gegenstand des befreienden Lachens werden - etwa wenn sie sich vor einem Hund auf den Baum flüchten muß.

Kann die Konditionierungstheorie mit diesen Widersprüchen fertig werden? Der georgische Psychophysiologe E. A. Asratjan (1966/ 1971), der als einer der treuesten Schüler Pawlows gilt, hat sich bemüht, einen Wechsel der Reaktion auf gleiche Reize im Rahmen der *Reflexologie* zu erklären. Asratjans grundlegende These ist: Reflexe können nicht nur von einem einzigen Reiz ausgelöst werden; sie sind manchmal auch von *Reizkombinationen* abhängig. Er erläutert das u. a. anhand des folgenden Versuchs aus seinem Laboratorium: In einem Versuchsraum A wurde einem Hund ein Futter- (Speichel-) Reflex auf einen Berührungsreiz angelernt. Im gleichen Raum wurde nach dem Ton eines Summers ein elektrischer Schock an die Pfote verabreicht, was den Hund veranlaßte, schon bei dem Ertönen des Summers eine Abwehrbewegung auszuführen. Nun wurde der Hund in einen Versuchsraum B gebracht. Auch dort erhielt er einen Berührungsreiz und einen Schallreiz. Aber in Raum B waren die Folgen umgekehrt als in Raum A: nach dem Schallreiz gab es Futter, nach dem Berührungsreiz gab es einen Schock. In Raum B lernte das Tier also, auf den Summer zu speicheln und auf Berührung die Pfote zu heben. Hatte der Hund in Raum B vergessen, was er in Raum A gelernt hatte? Keineswegs. Sooft er wieder in Raum A zurückgebracht wurde, wo die gleichen Bedingungen herrschten wie zuvor, speichelte er wieder bei Berührung und hob abwehrend die Pfote bei Ertönen des Summers. Er konnte also die Räume genau unterscheiden und hatte für jeden Raum ein eigenes Reflexrepertoire ausgebildet.

Aus Asratjans Labor stammen noch mehrere ähnliche Demonstrationen: Tiere lernten einen Futterreflex auf einen schnellen Metronomschlag bei einem Versuchsleiter I; bei einem Versuchsleiter II erlernten sie auf denselben Metronomschlag einen Abwehr-

reflex. Oder sie lernten am Morgen auf dieselben Reize andere Reflexe als am Nachmittag. Übereinstimmend war jeweils festzustellen: Nach einigem Training konnten sie unterscheiden, in welchem Raum, bei welchem Versuchsleiter und zu welcher Tageszeit welche Reaktionsverbindung „dran" war. Asratjan wertete diese Unterscheidungsfähigkeit als Beweis für die unterschiedliche Schaltung von Reflexen. Der Reflex auf einen konditionierten Reiz kann danach durchaus über verschiedene Bahnen laufen; die Wahl der Bahn erfolgt dann aufgrund zusätzlicher Auslösebedingungen. In diesem Sinne kann der Reflexvorgang umgestellt werden. Das Verhalten paßt sich somit verschiedenen Lebensbedingungen an und gewinnt an Flexibilität.

Obwohl in den bekannt gewordenen Studien von Asratjan jeweils nur zwei Auslösebedingungen miteinander kombiniert werden, ist seine Theorie offen für eine größere Zahl zu kombinierender Reize. So wäre etwa die Konditionierung eines Abwehrreflexes auf einen Summton denkbar, der nur am Morgen und nur bei einem Versuchsleiter I und in einem anderen Raum A erfolgt, nicht aber am Nachmittag oder bei einem anderen Versuchsleiter oder in einem anderen Raum.

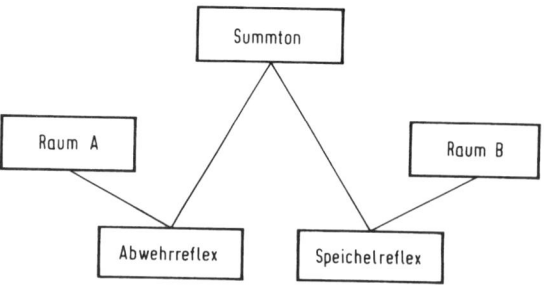

Unterschiedliche Schaltung eines Reflexes in zwei verschiedenen Räumen (nach Asratjan, 1971, S. 94).

Klassisches Konditionieren als universelles Erziehungsprinzip

In Aldous Huxleys Utopie einer nach wissenschaftlichen Prinzipien organisierten Gesellschaft spielt das klassische Konditionieren bei der Erziehung eine bedeutsame Rolle. Die Gesellschaft bedient sich der Konditionierungstechniken, um das jeweils gewünschte soziale Verhalten zu erzeugen. Bereits in den Kinderkrippen werden die Babies frühzeitig zu Fabrikarbeitern erzogen:

„In der Kinderkrippe werden Babies Bücher mit in Farbe und Form besonders anziehenden Abbildungen von Rosen und verschiedenen anderen Blumen und Tierarten gezeigt. Sie dürfen die Abbildungen anfassen, auf ihnen herumkrabbeln und sie auf jede Weise manipulieren. In dieses muntere Treiben hinein läßt die Oberschwester eine schrille Sirene in unerträglicher Lautstärke ertönen.

Es folgt eine unmittelbare, heftige Schreckreaktion der Babies. Die Oberschwester löst nun einen Hebel aus, der die Krabbelfläche unter Strom setzt, so daß die Babies elektrische Schläge erhalten. Sie wimmern und krümmen sich. Nach kurzer Zeit werden die Reize wieder abgestellt, und die Babies entspannen sich allmählich.

Nun werden die Babies erneut mit den hübschen Abbildungen konfrontiert, aber im Gegensatz zum erstenmal schrecken sie nun vor den Abbildungen zurück, sie fangen an zu schreien und zeigen Fluchtreaktionen. Der Direktor dieser 'schönen neuen Welt' weist seine Besucher stolz auf dieses Konditionierungsergebnis hin.

Bücher und Sirenengeheul, Blumen und elektrische Schocks werden bereits im Babyalter erbarmungslos miteinander gekoppelt; und nach einer ausreichenden Anzahl von Wiederholungen dieser Reiz-Reaktions-Verbindung wird diese Kopplung unauflösbar sein ...“

(Huxley, 1981, S. 32 ff.)

Asratjan, E. A. (1971). Die Schaltung bedingter Reflexe. In Th. Kussmann & H. Kölling (Hrsg.), *Biologie und Verhalten* (S. 77-103). Bern: Huber (Erstausgabe 1966).

Huxley, A. (1981). *Schöne neue Welt*. Frankfurt a. M.: Fischer (Erstausgabe 1932: *Brave new world*. London: Chatto & Windus).

10.2.3 Lernen durch Kontiguität und die Umschichtung von Reiz-Reaktions-Verbindungen

Dem Prinzip des klassischen Konditionierens aus der Reflexologie entspricht das Prinzip der Reiz-Reaktions-Verknüpfung aus der behavioristischen Theorie. Hier wie da gilt als wesentliche Bedingung für einen Lernfortschritt: die *Kontiguität* (engl. *contiguity*, Berührung, Nachbarschaft), d. h. die raumzeitliche Nähe des Auftretens von Reiz und Reaktion. Zur gleichen Zeit, zu der Pawlow und seine Mitarbeiter die Gesetze der Konditionierung erforschten, verfocht in den USA Edward L. Thorndike (1874-1949) eine eigene *Verbindungslehre* (engl. *connectionism*). Er erklärte:

„Die Stärke einer Verbindung zwischen einer Situation S_1 und irgendeiner Reaktion - etwa R_{27}- bedeutet die Wahrscheinlichkeit, daß R_{27} auf S_1 folgt. ... Lernen besteht teilweise aus Änderungen der Stärke von S-R-Verbindungen, ...

Das Wort 'Verbindung' wird ohne jede physiologische oder sonstige Nebenbedeutung benutzt. Es ist einfach der Ausdruck der Wahrscheinlichkeit, daß ein bestimmtes R einem S folgt. Die Begriffe 'Verknüpfung', 'Bindung', 'Beziehung' oder 'Tendenz' oder ein noch farbloseres Wort könnten an seiner Stelle stehen.“

(Übersetzung aus Thorndike, 1931, S. 5ff.)

Noch konsequenter als Thorndike machte der Amerikaner Edwin R. Guthrie (1886-1959) die Assoziation zwischen Reiz und Reaktion zum Mittelpunkt seiner Lerntheorie.

Konditionierungstechniken bei der Behandlung von Ängsten

In der psychologischen Praxis werden Konditionierungstechniken häufig im Bereich der Klinischen Psychologie angewandt. Verbreitet ist die Methode der Gegenkonditionierung bei Spannungen und Ängsten.

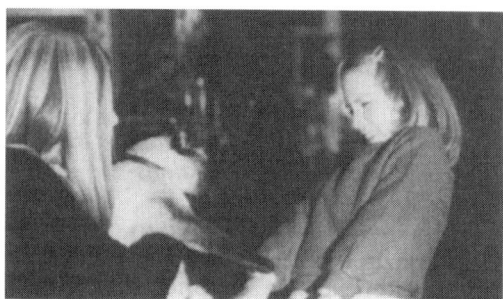

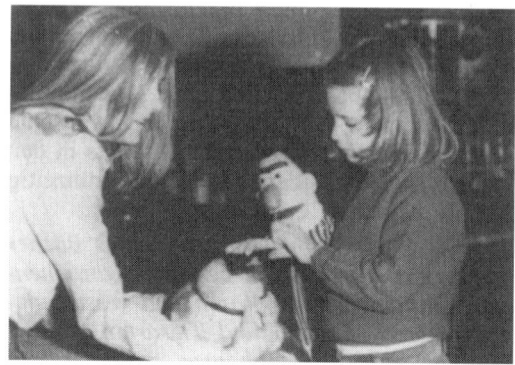

So ist bei Phobien (speziellen Ängsten vor Tieren, Plätzen o. ä.) der Zustand vor allem durch körperliche Spannung und bedrohliche Vorstellungen gekennzeichnet: hier ein Kind mit einer Katzenphobie. Sein Gesichtsausdruck zeigt seine innere Anspannung und seine Angst an.

Die Therapeutin sucht zuerst wirksame Auslöser von Entspannung und Sicherheit. Auf dem folgenden Bild bringt sie das Kind durch eine Puppe zum entspannten Lachen.

In die entspannte Situation führt die Therapeutin langsam den bedrohlichen Gegenstand ein: Die ursprünglich gefürchtete Katze darf zuerst von weitem „zugucken". Nach einer Zeit der Gewöhnung darf sie näherrücken und schließlich „mitspielen".

Die Therapeutin erklärt Erfolge ihres Verfahrens mit der Konditionierungstheorie: Die entkrampfende Wirkung der Spielpuppe (als unbedingtem Reiz) ist auf die Katze (als bedingtem Reiz) übergegangen.

Guthrie versuchte mit einem einzigen Lerngesetz auszukommen, das er folgendermaßen formulierte:

„Eine Kombination von Reizen, die mit einer Bewegung einhergeht, pflegt beim erneuten Auftreten diese Bewegung nach sich zu ziehen."

(Übersetzung aus Guthrie, 1935, S. 26)

Vor allem durch Guthries Schriften ist das Prinzip der raum-zeitlichen Nähe unter dem Namen *Kontiguitätsprinzip* in die Lernpsychologie eingegangen. Guthrie neigte zu einer Alles-oder-Nichts-Annahme: Durch Kontiguität werde eine Beziehung zwischen Reiz und Reaktion gestiftet oder die Verbindung unterbleibe; man dürfe daher eine unterschiedliche Stärke von Verbindungen nicht annehmen. Dies tut jedoch Thorndike - wie das obige

Zitat zeigt - ausdrücklich, und die meisten behavioristischen Autoren sind ihm hierin gefolgt. Die Stärke einer Verbindung wachse mit der Häufigkeit der Paarung von Reiz und Reaktion - so Thorndikes *Gesetz der Übung* (engl. *law of exercise*). Häufige Wiederholungen einer Tätigkeit in einer Situation erhöhten die Wahrscheinlichkeit ihres erneuten Auftretens in dieser Situation. Neue Verhaltensweisen entstünden durch Übung neuer Reaktionen (z. B. lerne ein Kind, das einen Neuankömmling zuerst mit Aggression empfängt, ihn später mit einem Lächeln zu begrüßen).

Dem Problem der Umschichtung von Reaktionswahrscheinlichkeiten auf denselben Reiz ist vor allem Clark L. Hull (s. Abschnitt 2.3.2) nachgegangen. Nach seiner *Theorie der Gewohnheitshierarchie* (s. Abschnitt 9.2.2)

können mit ein und demselben Reiz mehrere miteinander konkurrierende Reaktionen verknüpft sein. Manche Reaktionen treten dabei mit höherer Wahrscheinlichkeit auf, andere mit geringerer Wahrscheinlichkeit - je nach der Stärke ihrer bisherigen Assoziation. Allerdings könne sich die Hierarchie ändern: Eine ursprünglich hierarchisch niedrige Reaktion B könne im Lernprozeß vermehrt auftreten, dadurch festige sie ihre Assoziation zu einem situativen Reiz schneller als eine bisher hierarchisch höhere Reaktion A. Die Folge ist: Am Ende des Lernprozesses hat die Reaktion B ihre Konkurrentin A auf dem Weg zur Spitze der Hierarchie überholt.

Die Frage erhebt sich allerdings: Wie kann eine Reaktion in der Hierarchie aufsteigen oder zurückfallen, wenn ihr Platz in der Hierarchie durch ihre Auftretenswahrscheinlichkeit bestimmt ist und umgekehrt ihre Auftretenswahrscheinlichkeit durch ihren Platz in der Hierarchie? Hull schlug zwei Ansätze vor, um diesem Zirkelschluß zu entgehen: Erstens könnte die Anreizwirkung von Belohnungen das Muster vorgegebener Auftretenswahrscheinlichkeiten durchbrechen. Indem während eines Lernprozesses eine hierarchisch niedrigere Reaktion B mehr Belohnung erfährt als eine hierarchisch höhere A, steigt die Auftretenshäufigkeit von B schneller als die von A; das kann sich so lange fortsetzen, bis A und B ihre Plätze in der Hierarchie tauschen.

Thorndike, E. L. (1931). *Human learning*. Cambridge, Mass.: MIT Press.

Guthrie, E. R. (1935). *The psychology of learning*. New York: Harper & Row.

Hull, C. L. (1943). *Principles of behavior*. New York: Appleton Century Crofts.

Noch eine zweite Ursache der Umschichtung zieht Hull in Betracht: die *Oszillation* (lat. *oscillatio*, Schaukeln). Assoziationen seien ihrer Natur nach neurobiologisch, und alle biologischen Größen seien spontanen Schwankungen unterworfen. Diese Schwankungen verteilten sich nach dem Zufall; kleine Veränderungen seien häufig, große Änderungen selten. Deshalb dürfe man im Einzelfall die Gewohnheitshierarchie nie als festes Gefüge betrachten. Das Auftreten hierarchisch hoher Reaktionen könne für eine gewisse Zeit spontan zurückgehen, das Auftreten hierarchisch niedrigerer Reaktionen zunehmen. Mit der tatsächlichen Reaktionshäufigkeit verändere sich die Assoziationsfestigkeit der betroffenen Reaktionen und im Zusammenhang damit ihr Rang in der Gewohnheitshierarchie. Man könne Oszillationen für den Einzelfall nicht voraussagen; da sie jedoch dem Gesetz der großen Zahl folgten, könne man sie - so Hull - für größere Kollektive berechnen.

ZUSAMMENFASSUNG

1. Unter klassischer Konditionierung versteht man eine nervöse Umschaltung, durch welche die Fähigkeit zur Auslösung eines Reflexes (einer Reaktion) von einem vorgegebenen (unbedingten) Reiz A auf einen neutralen (bedingten) Reiz B übergeht.

2. Geht die Auslösewirkung von einem bedingten Reiz B auf einen weiteren neutralen Reiz C über, spricht man von Konditionieren höherer Ordnung. Durch Konditionieren höherer Ordnung werden auch sprachliche Reize zu Auslösern.

3. Konditionierungen können auch auf Reizkombinationen erfolgen. Dann erfolgt eine Reaktion nur, wenn mehrere Auslöser gleichzeitig gegeben sind. Man nennt dies eine Schaltung bedingter Reflexe.

4. Im Behaviorismus entwickelt sich die Lehre von der Verknüpfung (Assoziation) räumlich und zeitlich naher Reize und Reaktionen (Kontiguitätstheorie). Die Häufigkeit des gemeinsamen Auftretens von Reizen und Reaktionen gilt als Maß ihrer Assoziationsfestigkeit bzw. ihres Ranges in der Hierarchie der Gewohnheiten.

10.3
Erkunden des Handlungsraums

10.3.1 Die Ausbildung situativer Erwartungen

Kognitivistische Autoren haben die Experimente zum Konditionieren sowie zur Reiz-Reaktions-Koppelung mit Skepsis verfolgt; die daraus gezogenen Schlüsse haben sie einhellig abgelehnt. Aus ihrer Kritik schälen sich zwei zentrale Bedenken heraus:

- Eine Verbindung zwischen Reizen und Reaktionen kann nur als Sinnzusammenhang gestiftet sein; die Auslösung einer Reaktion nach Erscheinen eines Reizes beruhe auf einer aus dem Sinnzusammenhang abgeleiteten Erwartung.
- Das Herstellen von Sinnzusammenhängen und das Setzen von Erwartungen erfolge keineswegs automatisch und richte sich nicht nur nach der Häufigkeit der Reiz-Reaktions-Paarungen.

Inwiefern kann man etwa in der Beziehung Fleisch-Speichel (nach Pawlow eine unbedingte Verbindung) einen guten Sinn sehen? Welche Erwartungshaltung mag der Sequenz Glocke-Speichel (nach Pawlow eine bedingte Verbindung) unterlegt werden?

Hier läßt sich leicht argumentieren: Der Speichelfluß gehört zum Verzehr; er stellt eine sinnvolle instrumentelle Tätigkeit dar. Gegenüber dem Glockenton ist das Speicheln selbstverständlich nicht instrumentell und daher keine unmittelbar sinnvolle Antwort. Aber - und das ist der Kern der kognitivistischen Gegenvorstellung - die Speichelreaktion erfolge ja gar nicht unmittelbar auf den Glockenton; sie erfolge vielmehr auf die Vorstellung einer Futtergabe. Der Glockenton habe lediglich die Wirkung, eine solche Vorstellung hervorzurufen. Aufgrund der vorherigen Erfahrung werde er als Signal gewertet, das die Fütterung ankündige. (Entsprechend könne in einer anderen Anordnung die Glocke eine Fluchtreaktion auslösen, weil sie als Signal für einen bevorstehenden schmerzhaften Elektroschock verstanden werde.)

Der kalifornische Psychologieprofessor Edward C. Tolman (s. bereits Abschnitt 9.3.1) hat den bedingten Reiz ein *Zeichen* (engl. *sign*) und den unbedingten Reiz ein *Bezeichnetes* (engl. *significate*) genannt. Darauf folgt dann für die Deutung des Verhaltens von Pawlows Hunden:

„Was Pawlows Hunde unserer Auffassung nach erworben haben, war die Zeichen-Gestalt-Erwartung, daß das ‚Warten‘ in Anwesenheit des Zeichen-Objekts, Farbe oder Ton, zu dem Bezeichneten, dem Futter, führen werde. In diesem Fall ergab es sich, daß sich die Antwort, die ursprünglich dem Bezeichneten galt, sich auch als angemessen für das Zeichen erwies - und zwar als ein Vorsignal des kommenden Bezeichneten. (Das heißt: Wenn es physiologisch richtig ist, bei wirklichem Futter Speichel abzusondern, dann ist es auch gut, dies kurz vor dem Erscheinen von Futter zu tun.) Der Erwerb einer Zeichen-Gestalt-Erwartung zeigt sich deshalb in diesem Fall durch die Übertragung ein- und derselben Verhaltensweise. Das heißt, das Verhalten nach Erlernen der gesamten Zeichen-Gestalt-Erwartung ist dasselbe wie vor dem Lernen das Verhalten gegenüber dem bezeichneten Objekt selbst.“

(Übersetzung aus Tolman, 1932, S. 331)

Mit seiner Deutung stellt Tolman das von Pawlow definierte theoretische Prinzip grundsätzlich in Frage. In der Analyse kognitivistisch orientierter Autoren wird aus dem klassischen Konditionieren ein *Hypothesenbilden*. Menschen wie Tiere im Lernversuch fragten demnach: „Was macht eigentlich der Versuchsleiter?“ „Auf welche Signale muß ich achten?“ „Wie kann ich aus dem Zeitpunkt und der Beschaffenheit eines Signals (z. B. Licht, Ton) auf den Zeitpunkt und die Beschaffenheit eines kritischen Ereignisses (z. B. Futter, Elektroschock) schließen?“ Wissentlichkeit fördere die Hypothesenbildung; doch könne sich diese auch ohne bewußte Reflektion vollziehen (Brewer, 1974).

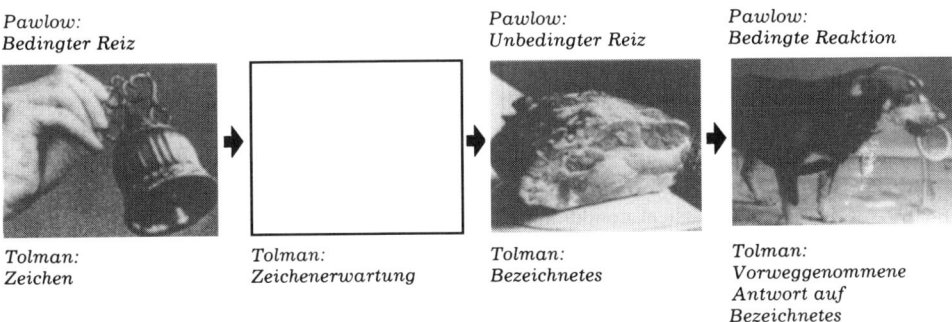

<table>
<tr><td>*Pawlow:*
Bedingter Reiz</td><td></td><td>*Pawlow:*
Unbedingter Reiz</td><td>*Pawlow:*
Bedingte Reaktion</td></tr>
<tr><td>*Tolman:*
Zeichen</td><td>*Tolman:*
Zeichenerwartung</td><td>*Tolman:*
Bezeichnetes</td><td>*Tolman:*
Vorweggenommene
Antwort auf
Bezeichnetes</td></tr>
</table>

Tolmans Neuinterpretation der von Pawlow beschriebenen Konditionierung.

10.3.2 Das Kennenlernen einer Situation

Nach der kognitivistischen Theorie gibt es eigentlich gar keine festen Auslöser von Verhalten in einer Situation. Das betroffene Individuum entscheidet selbst über sein Verhalten. Um eine solche Entscheidung treffen zu können, bedarf es allerdings der Kenntnis und der Einsicht in seine Situation. In Tolmans Laboratorium an der Universität von Kalifornien hat man deshalb großen Wert darauf gelegt, die Wahlmöglichkeit eines Individuums in seiner Situation und die Flexibilität des Lernens in dieser Situation zu demonstrieren. So baute Tolman mit seinem Studenten Honzik im Jahre 1930 für Ratten ein Labyrinth mit drei verschiedenen Wegen vom Einlaß zur Futterkammer. Der Weg 1 führte direkt vom Einlaß zur Futterkammer. Am Anfang oder am Ende konnte er gesperrt werden. Lag das Hindernis am Anfang des Weges, ließ es sich durch einen kurzen Weg 2 umgehen. Ein Hindernis am Ende des direkten Weges ließ sich durch einen längeren Weg 3 umgehen. Würden die Tiere sich in diesem Labyrinth zurechtfinden? Die Beobachtungen sprachen dafür, daß die Tiere das taten.

Zuerst erhielten die Tiere Gelegenheit, das gesamte Labyrinth zu erkunden. Sie durchstreiften zunächst das Labyrinth, ohne am Ende Futter zu erhalten und dadurch genötigt zu werden, sich gleich auf den kürzesten Weg festzulegen. Dadurch entstand - nach Meinung der Versuchsleiter - ein Überblick über die Wege des Labyrinths, eine Einsicht. Als es später Futter gab, kam ihnen ihre Kenntnis zugute. Sie bevorzugten den kürzesten Weg 1, wenn dieser frei war. War der Weg 1 an einer Stelle versperrt, wählten sie geschickt den jeweils günstigeren Umweg 2 oder 3. Und was die Autoren besonders betonen: Die Tiere rannten nicht zur Sperre, um sich dort von der Unmöglichkeit des Durchlassens belehren zu lassen. Sie blickten vielmehr gleich zu Beginn ihres Laufes in den Gang, um dort Hindernisse auszumachen. War der Gang frei, liefen sie geradeaus weiter. War er versperrt, wandten sie sich - je nach Lage des Hindernisses - nach links oder rechts.

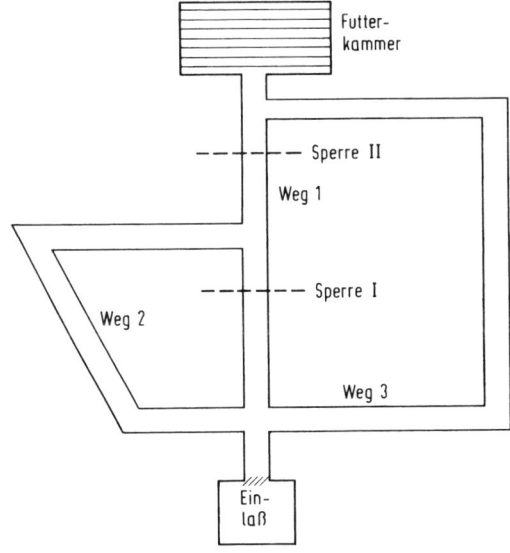

Labyrinth zur Prüfung des Ortslernens bei Ratten (nach Tolman & Honzik, 1930).

Tolman, E. C. (1932). *Purposive behavior in animals and men*. New York: Appleton-Century.

Brewer, W. F. (1974). There is no convincing evidence for operant or classical conditioning in adult humans. In W. B. Weimer & D. S. Palermo (Eds.), *Cognition and the symbolic processes* (pp. 263-298). Hillsdale, NJ: Lawrence Erlbaum.

Tolman, E. C. & Honzik, C. H. (1930). „Insight" in rats. *University of California Publications in Psychology*, 4, 215-232.

Nach Tolman haben die Ratten eine *geistige Landkarte* (engl. *cognitive map*) erworben, in der sie sich je nach Lage und Bedarf orientierten. Dabei hätten sie stets das gesamte Labyrinth „vor Augen" und nicht etwa nur einzelne Ecken oder Kanten. Entsprechend hätten sie sich sinnvoll im Raum orientiert und nicht nur einfach auf einzelne Auslöserreize durch Rechts-, Links- oder Vorwärtsbewegung reagiert.

Mit geistigen Landkarten gewinnen Individuen - so der Autor weiterhin - Kenntnisse, die sie für den zweckmäßigen Vollzug zukünftiger Handlungen benötigen. In Tolmans Terminologie: Wissen über *Diskriminanda*, *Manipulanda*, *Ziel-Objekte*, *Mittel-Objekte* und *Mittel-Ziel-Beziehungen*. Dieses Wissen ist nicht nur als Faktenwissen zu verstehen, das vergangene Zustände festhält, sondern auch als Erwartungswissen, das sich in der Zukunft zu bewähren hat.

Ortskenntnis

„Eine Ente will nicht nur fressen, sie will auch wissen, was es in ihrem Lebensraum theoretisch alles zu fressen gibt."

Dem Verhaltensforscher Konrad Lorenz (s. Abschnitt 9.2.2) zugeschriebene Äußerung.

Die moderne Forschung zur Kognitions- und Handlungspsychologie hat sich die Tolmansche Konzeption vom Ortslernen als Grundlage des Verhaltenslernens bereitwillig zu eigen gemacht; sie hat diese Konzeption weiter ausgearbeitet und ihre Anwendung auf menschliche Verhältnisse erprobt. Die Konzeption lebt wieder auf in den durch Studien zur künstlichen Intelligenz inspirierten Ansätzen. So schält sich etwa in der Arbeit zum Script-Modell von Schank und Abelson (s. Abschnitt 5.4.2) als zentrale Frage heraus, welche *Elemente* des *Handlungsraums* (*Requisiten*, *Rollen*, *Örtlichkeiten* u. ä.) bekannt sein müssen, damit Tätigkeiten geplant und ausgeführt werden können.

Handlungstheorien, welche die Regulation von Tätigkeiten mit inneren Modellen dieser Tätigkeiten, den *operativen Abbildsystemen*, in Beziehung setzen (s. Abschnitt 9.3.1), erklären zur Grundlage des Verhaltenslernens die zweckmäßige Veränderung jener Modelle bzw. Abbildsysteme. Veränderungen und Verbesserungen von Handlungsentwürfen setzen jedoch ein ausreichendes Wissen über den Wirkungsbereich der Handlungen voraus und fordern nicht selten eine Vermehrung dieses Wissens. Das bestätigt sich in den theoretischen und empirischen Untersuchungen der Dresdener Arbeitsgruppe um Winfried Hacker (vgl. wieder Abschnitt 9.3.1). Aus den Ergebnissen dieser Studien kann man praktische Konsequenzen für die Industrieproduktion zu ziehen versuchen und Empfehlungen für die Gestaltung von Anlernverfahren geben.

So haben Gisela Schöne und Sigrid Hartmann von der Technischen Universität Dresden (1976) die Wirksamkeit einer Einweisung untersucht, die sich nicht nur auf die auszuführenden Handgriffe beschränkte, sondern auch einen weiteren Teil des Betriebsprozesses umfaßte. Zur Demonstration ausgewählt wurde das Erlernen einer Tätigkeit, wie man sie in der chemischen Industrie findet: die Regelung der Höhe einer Flüssigkeitssäule in einem U-förmigen Rohr. Die Einweisung beschrieb erstens den Arbeitsauftrag, zweitens die Eingriffsmöglichkeiten bei der Arbeit (verschiedene Gerätetasten und deren Wirkungen auf die Druckverhältnisse im Rohr) sowie drittens die Wirkung weiterer Einfluß-

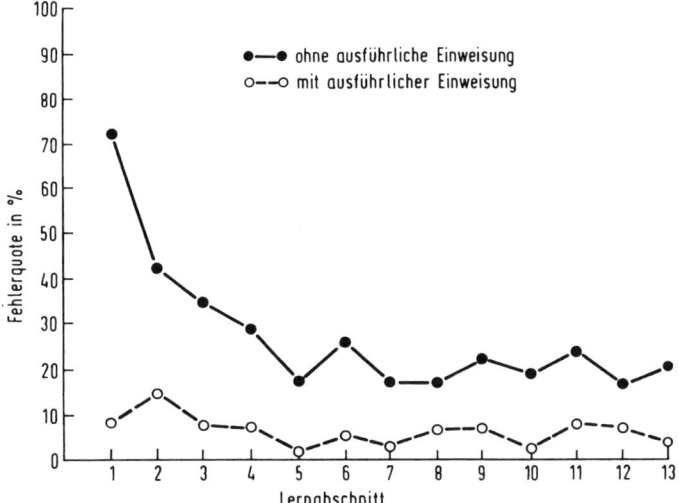

Fehlerquote von Personen mit und ohne ausführliche Einweisung u. a. in den Betriebsprozeß (nach Schöne & Hartmann, 1976, S. 63f).

faktoren, die dem Zugriff des Arbeitenden entzogen sind (im Falle der Ausdehnung von Flüssigkeiten wäre etwa an die Außentemperatur oder an die Zusammensetzung der Flüssigkeit zu denken).

Schank, R. C. & Abelson, R. P. (1977). *Scripts, plans, goals and understanding.* Hillsdale, NJ.: Lawrence Erlbaum.

Schöne, G. & Hartmann, S. (1976). Zum Aufbau innerer Modelle über die Wirkung von Eingriffen bei abhängigem Signalangebot. In W. Hacker (Hrsg.), *Psychische Regulation von Arbeitstätigkeiten* (S. 58-65). Berlin: Deutscher Verlag der Wissenschaften.

In der vorliegenden Erörterung zur Kenntnis des Handlungsraumes verdient vor allem der zuletzt genannte Teil der Instruktion Beachtung. Die Erläuterung jener Teile des Betriebsprozesses, die von dem Tätigen nicht zu gestalten, aber gleichwohl bei der Arbeit zu berücksichtigen sind, scheint sich als durchaus vorteilhaft zu erweisen. Kann der Betriebsablauf als ganzer besser eingeschätzt werden, so ist es leichter und schneller möglich, sich auf veränderte Betriebsbedingungen einzustellen. Dies schlägt sich wohl auch in der Fehlerzahl nieder. Personen mit ausführlicher Einweisung machten jedenfalls von Anfang an weniger Fehler als Personen ohne ausführliche Anweisung; die Überlegenheit der Personen mit ausführlicher Einweisung blieb über dreizehn Lernabschnitte hinweg erhalten.

ZUSAMMENFASSUNG

1. Kognitivistische Autoren deuten den Übergang einer Auslösewirkung von einem natürlich vorgegebenen auf einen neutralen Reiz als Ergebnis einer Erwartungsbildung; durch Paarung werde der neutrale (bedingte) Reiz zu einem Signal für den natürlich vorgegebenen (unbedingten) Reiz und rufe mit der Vorstellung des natürlichen Reizes sinnvolle Vorausreaktionen auf den natürlichen Reiz hervor.

2. Aus kognitivistischer Sicht gibt es gar keine zwingenden Auslöser für Verhaltensweisen. Es gebe nur das Bestreben nach zweckmäßiger Nutzung der vorhandenen Situation. Deshalb könne eine Vermehrung des Wissens über den Handlungsraum Aufschluß über Ziele, Hindernisse und Wege zu Zielen geben und dadurch zur erhöhten Wirksamkeit des Verhaltens beitragen.

10.4
Der Aufbau neuer Verhaltensweisen

10.4.1 Lernen am Erfolg und operantes Konditionieren

Noch einmal zurück zu den Anfängen der Lernpsychologie. Als Edward L. Thorndike (s. Abschnitt 10.2.3) das Lernen von Katzen untersuchte, ging es ihm nicht allein um die Wirkung neuer Auslösebedingungen. Ihn bewegte vielmehr die Frage: Wie entsteht neues Verhalten? Denn die von ihm untersuchten Tiere mußten neues Verhalten erwerben. Sie saßen in einem Käfig, aus dem sie sich nur durch Öffnen eines Verschlusses befreien konnten. Dieses Öffnen hatten sie jedoch noch nicht geübt. Würden sie imstande sein, neues Verhalten hervorzubringen?

Die Beobachtung zeigte, daß die Katzen in der Regel versuchten, zuerst die Stäbe des „Problemkäfigs" mit Kratzen und Beißen zu entfernen. Dies gelang nicht. Wenn die Tiere nun nicht aufgaben, führten sie eine Reihe von Bewegungen mit Kopf und Rumpf, auch den Gliedmaßen aus: sie wälzten sich, sie drückten den Körper gegen die Tür, sie hantierten am Verschlußmechanismus der Tür. Die meisten Handlungen erwiesen sich als nutzlos. Aber das Hantieren am Verschluß brachte den gewünschten Erfolg, die Tür öffnete sich. Kamen die Tiere nun erneut in den verschlossenen Käfig, so konnte sich der gesamte Ablauf wiederholen. Aber die Wahrscheinlichkeit wuchs, daß die nutzlosen Akte des Kratzens, Beißens und Wälzens seltener und kürzer auftraten als die nützlichen des Hantierens am Verschluß. Nach hinreichend vielen Wiederholungen war es dann in der Regel soweit: Die Tiere unterließen alle unnützen Bewegungen und öffneten zielsicher den Verschluß. Ein neues Verhalten war gelernt worden.

War es wirklich ein neues Verhalten? In seinen Grundelementen nicht. Denn die Bewegungen, die das Schloß öffneten, waren früher schon im Repertoire der Katze. Aber daß diese Bewegungen nach einiger Übung zielsicher ausgeführt, andere dagegen unter-

lassen werden, das macht nach Thorndike den Lernerfolg aus. Für Thorndike (1898) ist das Lernen ein Selektionsvorgang. Dabei wird
• die Wiederholung nutzloser Tätigkeiten seltener,
• die Wiederholung nützlicher Tätigkeiten häufiger.

Am Anfang des Lernens stehe jeweils der Zufall, der tastende Versuch, der zumeist das Ziel verfehlt. Aber wenn nur genügend viele Tätigkeiten hervorgebracht werden, führe auch einmal der Zufall zum Erfolg. Hier setze nun das Lernen ein: an den erfolgreichen Tätigkeiten hält das Tier fest, die erfolglosen scheidet es aus. Ein solches Lernen durch den Erfolg nennt Thorndike *Lernen nach Versuch und Irrtum* (engl. *trial and error*).

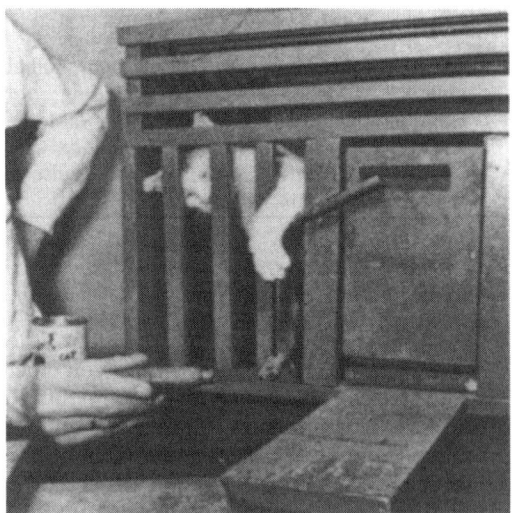

Eine Katze im Thorndikeschen Problemkäfig versucht, aus dem Käfig zu gelangen und das Futter zu erreichen, das ihr der Versuchsleiter hinhält.

Die Auffassung Thorndikes, daß *Lernen* sich *am Erfolg* bildet, wurde von dem amerikanischen Behavioristen Burrhus F. Skinner (s. Abschnitt 2.3.2) aufgegriffen und präzisiert. In einer Auseinandersetzung mit seinem Landsmann Miller und dem Polen Konorsky, die beide in Pawlows Labor gearbeitet hatten, kam Skinner im Jahre 1937 zu dem Ergebnis, es seien zwei Arten von Reaktionen zu unterscheiden:

• die durch Reize *ausgelösten* (engl. *elicited behavior*) und

• die vom Individuum von sich aus *hervorgebrachten* (engl. *emitted behavior*).

Antwortverhalten sei gebunden an situative Reize - wie an den Ton einer Glocke oder an ein Lichtsignal; dieses werde nach der Art des bedingten Reflexes erlernt (s. Abschnitt 10.2.1). Das meiste Verhalten sei jedoch nicht an Reize gebunden und durch diese ausgelöst. Das Einnehmen einer Mahlzeit beruhe nicht auf dem Geruch der Speisen, die Benutzung eines Hammers gehe nicht auf dessen Anblick zurück. Mahlzeiten werden vielmehr eingenommen, weil sie sättigen, Hammerschläge werden ausgeführt, um einen Gegenstand zu befestigen. Allgemein: Die meisten Tätigkeiten werden um ihrer Wirkung willen hervorgebracht - sie seien *Wirkreaktionen* (engl. *operant behavior*).

Wirkreaktionen werden nach Skinner nicht durch Koppelung an die vorangehenden Bedingungen gelernt, sondern durch ihre Beziehung zu den Folgebedingungen. Das Reiz-Reaktionsschema erkennt Skinner daher für das Lernen von Wirkreaktionen nicht an. Er setzt an seine Stelle die Aufeinanderfolge von Tätigkeiten und die von ihnen herbeigeführten Bedingungen. Diese Aufeinanderfolge nennt Skinner *Kontingenz* (engl. *contingency*). Die Ausbildung solcher Kontingenzen im Lernprozeß nennt er das *operante Konditionieren* (engl. *operant conditioning*).

Nach Skinner wird es zur vordringlichen Aufgabe der Psychologie, die Nachfolgebedingungen festzustellen, unter denen sich das jeweils erwünschte Verhalten einstellt. Das Ziel der Psychologie als Verhaltenswissenschaft sei der Gewinn von Kontrolle, d. h. von Einfluß auf Verhalten.

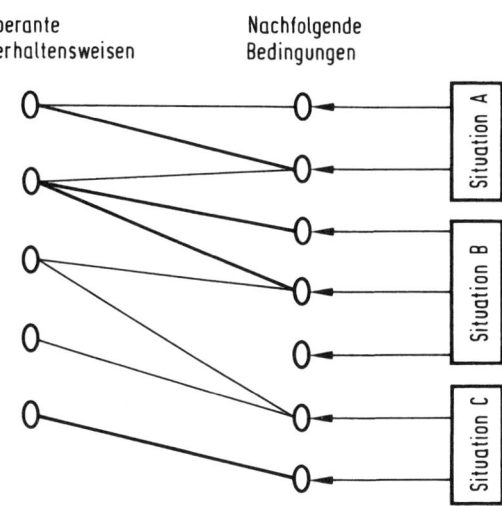

Operante Verhaltensweisen — Nachfolgende Bedingungen — Situation A — Situation B — Situation C

Nach der Theorie des operanten Konditionierens sind für das Lernen die Kontingenzen zwischen Tätigkeiten und den durch sie herbeigeführten Bedingungen maßgebend. (Die Stärke der Kontingenzen wird durch unterschiedliche Strichstärke wiedergegeben.)

Die Idee des operanten Konditionierens wird wohl am eindrucksvollsten in Demonstrationen zur *Verhaltensformung* (engl. *shaping*) veranschaulicht. Die Verhaltensformung wird auch als *Näherungslernen* (engl. *approximation*) bezeichnet. Soll etwa eine Ratte lernen, einen Hebel in einer *Skinner-Box*, dem vom Autor entworfenen Untersuchungskäfig (vgl. Abschnitt 2.3.4), zu drücken, so braucht man nicht zu warten, bis sie ihn durch Zufall betätigt, bevor man ihr - z. B. durch eine Futtergabe - signalisiert, sie solle dieses Verhalten beibehalten. Man kann schon damit beginnen, ihr Futter zu verabreichen, wenn sie sich in Richtung auf den Hebel in Bewegung setzt. Damit lernt sie, sich bevorzugt am Ort des Hebels aufzuhalten. Am Ort des Hebels kann sie zunächst dafür belohnt werden, daß sie sich aufrichtet (anstatt nur den Boden zu beschnuppern). Richtet sie sich häufiger auf, wird sie belohnt, wenn sie beim Aufrichten den Hebel berührt. So wird sie durch gezielte Belohnung immer näher an das gewünschte Verhalten herangeführt.

Iwanow-Smolensky und das operante Konditionieren

Das Prinzip des operanten Konditionierens, das Hervorrufen einer Reaktion durch nachfolgende Belohnung, ist auch im Forscherkreis um Pawlow in die Untersuchung einbezogen worden. Der erste bekannt gewordene Bericht über derartige Arbeiten stammt aus dem Jahre 1927. Verfasser ist der Psychiatrie-Professor am Hertzen-Institut im (damals so genannten) Leningrad und Lehrbeauftragter an der Leningrader Militärakademie, an der auch Pawlow lehrte, Anatol G. Iwanow-Smolensky.

Seine Versuchsanordnung beschreibt er folgendermaßen:

„Durch die Wand des Experimentierraums, in welchem sich der Proband befindet, läuft eine geneigte Metallröhre (Länge 55 cm, Durchmesser 3 cm) NN'. Auf der Seite des Versuchsleiters ist die Bahn mit einem einfachen photographischen Verschluß versehen, der verbunden ist (1) mit einem Signal D und (2) mit einem Gummiball R. Durch Drücken dieses Gummiballs öffnet der Versuchsleiter den oberen Einlaß der Röhre NN'; gleichzeitig setzt der Verschluß das Signal in Bewegung, und der Zeitpunkt der Öffnung kann auf einem Schreiber registriert werden.

Vor der Öffnung ist ein kleiner Sims L, auf welchen der Versuchsleiter ein Stück Schokolade legt. Dieses fällt in die Röhre und rutscht schnell zur unteren Öffnung a'. Hier befindet sich der photographische Verschluß, der sich durch einen Gummiball R' öffnen läßt; der letztere wird von dem Probanden betätigt und ist nicht nur mit dem Photoverschluß verbunden, sondern auch mit einer Vorrichtung M, deren Verschluß sich öffnet, wenn der Proband auf den Ball drückt. Die Bewegung von M wird auf einem Schreiber registriert.

Die Metallröhre hat in ihrem unteren Drittel oben ein Glasfenster V, das dem Probanden erlaubt, die Bewegung der Schokolade zu verfolgen. Vor der unteren Öffnung der Bahn befindet sich ein Metallteller, auf den die Schokolade fällt, wenn der Verschluß sich öffnet."

(Übersetzung aus Iwanow-Smolensky, 1927/1977, S. 181ff.)

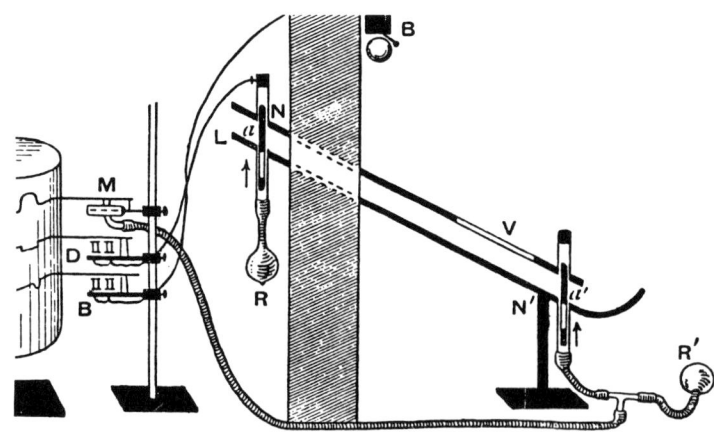

Die erste bekannt gewordene Anordnung zum operanten Konditionieren (Iwanow-Smolensky, 1927/1977).

Thorndike, E. L. (1898). Animal intelligence. *Psychological Review Monograph Supplement*, Nr. 8.

Skinner, B. F. (1937). Two types of conditioned reflex: A reply to Konorski and Miller. *Journal of General Psychology, 16*, 272-279.

Skinner, B. F. (1938). *The behavior of organisms.* New York: Appleton Century Crofts.

Iwanow-Smolensky, A. G. (1977). On the methods of examining the conditioned food reflexes in children and in mental disorders. *Journal of the Experimental Analysis of Behavior, 28*, 181-184 (Nachdruck aus Brain (1927)).

Mit der Methode der *Verhaltensformung* kann man recht possierliches und ungewöhnliches Verhalten antrainieren. So berichtet Skinner etwa:

„Als eine Art Meisterleistung habe ich - durch neuere Untersuchungen an Menschenaffen angeregt - einer Ratte eine komplizierte Folge von Tätigkeiten beigebracht. Sie muß zuerst an einer Schnur ziehen, um eine Murmel von einem Gestell herunterrollen zu lassen. Dann muß sie die Murmel mit ihren Vorderpfoten aufheben, zu einer Röhre tragen, deren Öffnung 5 cm über dem Boden des Käfigs liegt, und die Kugel dort hineinwerfen. Jeder Abschnitt dieses Ablaufs mußte in mehreren Näherungsschritten eingeübt werden, weil die darin enthaltenen Reaktionen nicht zum ursprünglichen Repertoire der Ratte gehörten. "

(Übersetzung aus Skinner, 1938, S. 339f.)

Solche Demonstrationen haben den Optimismus begründet, auch komplexes menschliches Verhalten könne durch Näherungslernen neu entstehen.

Skinner kann freilich nicht umhin, in seiner Theorie auch die situativen Reize zu berücksichtigen. Denn schließlich muß er der Tatsache Rechnung tragen, daß gelerntes Verhalten bestimmten Situationen zugeordnet ist. Die oben erwähnte Ratte hat zum Beispiel gelernt, die Murmel in der Nähe des Gestells hochzuhalten, aber nicht mehr in der Röhre. Skinner führt daher den Begriff des Hinweisreizes (engl. *cue*) in seine Theorie ein. *Hinweisreize* geben nach Skinner an, wann sich ein Verhalten lohnt. Das ändert jedoch nichts an seiner Behauptung, das Gewicht des Lernens liege auf der Erfahrung der Tätigkeitsfolgen.

10.4.2 Einsichtiges Verhalten und Aufbau von Handlungsplänen

Auf Widerspruch im kognitivistischen Lager stoßen nicht nur die behavioristischen Thesen zum Prozeß des Aufbaus von Verhaltensketten, sondern auch die zugehörigen Darstellungen der Struktur gelernter Verhaltensketten. Das Verhaltenslernen werde lediglich als mechanisches Zusammensetzen gedeutet, lautete die Kritik, und das Ergebnis des Lernens entsprechend als eine grundsätzlich beliebige Aneinanderreihung isoliert gesehener Verhaltensakte. Dabei sei doch offenkundig: Gerade die gelungensten Ergebnisse des Verhaltenslernens seien planvoll auf ein Ziel hin geordnete Schrittfolgen. Der Vorgang des Lernens erreiche seinen Höhepunkt, wenn das Ordnungsprinzip der Schrittfolge gefunden wird; insofern gleiche das Lernen mehr einem kreativen Problemlösungsvorgang, der Einsicht in den Zusammenhang aufeinander folgender Lösungsoperationen vermittle.

Zum frühen Kronzeugen für den kognitivistischen Standpunkt wurde der deutsche Psychologe Wolfgang Köhler (s. Abschnitte 2.1.3 und 4.2.4). Köhler hielt sich während des ersten Weltkriegs auf einer Tierbeobachtungsstation in Teneriffa auf und stellte Untersuchungen an Menschenaffen an. Zu den Versuchstieren gehörte der Schimpanse Sultan. Eine seiner bekanntesten Leistungen: An der Decke des Käfigs hing ein Büschel Bananen; vergebens versuchte Sultan, die Bananen zunächst durch Hochspringen und Strecken zu erreichen. Plötzlich trug er einige umherliegende Kisten zusammen, stapelte sie übereinander und kletterte an ihnen hoch, um sich der Bananen zu bemächtigen. Köhler war weit davon entfernt, Sultans Leistung - wie

Thorndike das getan hätte (vgl. Abschnitt 10.4.1) - einem glücklichen Zufall zuzuschreiben: Sultan verfahre nicht nach dem Prinzip „Alles ausprobieren und Bewährtes beibehalten". Köhler führt Fortschritte vielmehr auf eine *Einsicht* zurück, die Einsicht in Gesetze der Statik und deren Nutzungsmöglichkeiten. Die Akte des Greifens, Hebens, Tragens, Aufeinanderstellens und Kletterns würden zu einer umfassenden Handlungsstruktur vereinigt; jeder Akt finde darin einen spezifischen Platz (z. B. ist die zeitliche Reihenfolge von Tragen und Aufeinanderstellen nicht umkehrbar). Für Köhler ist wesentlich, daß das neue Verhalten nach einer Phase des unbeholfenen Hantierens plötzlich auftritt und sogleich in seinem vollen Ablauf ausgeführt wird. Seine Deutung:

- Sultan habe die neue Verhaltenskette sogleich in ihrem gesamten Zusammenhang erfaßt; er beweise Einsicht in sein Verhalten.
- Zu seiner Einsicht sei Sultan in einem schnellen Erkenntnisprozeß gelangt, vergleichbar einem Einfall beim Denken (verbunden mit einem „Aha"-Erlebnis).

Der Schimpanse Sultan holt eine Banane von der Decke (Köhler, 1917/1921, S. 97).

Selbst Lernfortschritte, die nicht durch ihre Kreativität beeindrucken, haben nach Meinung kognitivistischer Lerntheoretiker eine gedankliche Handlungsstruktur zur Grundlage. Wenn - wie in der Handlungstheorie der Dresdener Gruppe (vgl. wieder Abschnitte 9.3.1 und 10.3.2) - die sichtbaren Gewohnheiten und Tätigkeiten als Ausführungen innerer Handlungspläne verstanden werden, setzt eine Verbesserung der Ausführung eine Vervollkommnung des inneren Entwurfs voraus. Dieses Prinzip wird bereits in einer der ersten Untersuchungen aus der Dresdener Gruppe deutlich, einer Studie von Jürgen Neubert (1968).

Neubert untersuchte u. a. Maschinenbaulehrlinge, die im Rahmen ihrer Ausbildung ein Werkstück nach Plan auszufräsen hatten. Beim Fräsen muß man das unbearbeitete Werkstück, den Rohling, zunächst in die Werkbank einspannen und danach in mehreren Arbeitsgängen durch Ausfräsen in die durch eine Zeichnung vorgegebene Form bringen. Mit steigender Übung werden die Lehrlinge immer schneller und machen immer weniger Fehler. Vor allem konnte Neubert beobachten:

- eine Verringerung der Zahl von Ein-, Aus- und Umspannungen,
- eine Verringerung der Zahl von Kontrollmessungen,
- keine wesentliche Veränderung der Menge notwendiger Verrichtungen.

Der Schluß liegt auf der Hand: Im Grunde haben die Lehrlinge keine neuen Handgriffe gelernt. Sie haben vor allem gelernt, die notwendigen Handgriffe gezielt vorzunehmen und unnötige Handgriffe zu vermeiden. Dies deutet Neubert als eine kognitive Leistung. Nach den Worten des Autors gehen

„... wesentliche Leistungsverbesserungen vor allem auf intellektuell vermittelte Umstrukturierungen der Tätigkeit, weniger auf eine Erhöhung und Stabilisierung im Fertigkeitsniveau der erforderlichen Operationen"

zurück. Sie beruhen demnach auf

„Veränderungen im operativen Abbild der Aufgaben- und Handlungsbedingungen".

(Neubert, 1968, S. 34).

Weitere Forschungen haben die Fragestellung vertieft. Für den Zusammenhang zwischen der Güte der Ausführung einer Tätigkeit und ihrer Verankerung im Gedächtnis gibt es inzwischen eine stattliche Reihe von Belegen. Es hat sich weiterhin ergeben: Es werden beim motorischen Lernen verbalisierbare Regeln gelernt. Allerdings werden offenbar nicht sämtliche Regeln gelernt und ausgenutzt, deren Anwendung den erfolgreichen Vollzug einer Tätigkeit sichert. Manche Personen lernen nur einen Teil der Regeln, betätigen sich aber trotzdem erfolgreich, da sie die nicht gemerkten Regeln in der Vollzugssituation selbst hervorbringen (Hacker, 1982). Die zuletzt aufgeführte Beobachtung wirft das Problem auf, wieweit Lernen von Tätigkeiten eine komplette Verinnerlichung dieser Tätigkeiten erfordert und wieweit es den Erwerb der Fähigkeit einschließen soll, zu gegebener Zeit den rechten Weg zum Ziel selbständig zu finden.

Bei der Entstehung neuer Handlungsstrukturen scheint der zeitlichen Organisation von Teiltätigkeiten eine besondere Aufgabe zuzukommen. So hat sich L. Henry Shaffer (1976) von der englischen Universität Exeter

Köhler, W. (1921). *Intelligenzprüfungen an Anthropoiden. Abhandlungen der Preußischen Akademie der Wissenschaften 1917.* Berlin: Springer.

Neubert, J. (1968). Zur Aktualgenese aufgabenspezifischer Tätigkeitsstrukturen (vorläufige Mitteilung). In W. Hacker, W. Skell & W. Straub (Hrsg.), *Arbeitspsychologie und wissenschaftlich-technische Revolution* (S. 93-106). Berlin: Deutscher Verlag der Wissenschaften.

Hacker, W. (1982). Action control. On the taskdependent structure of action-controlling mental representations. In W. Hacker, W. Volpert & M. von Cranach (Eds.), *Cognitive and motivational aspects of action* (pp. 137-158). Amsterdam: North-Holland.

Shaffer, L. H. (1976). Intention and performance. *Psychological Review, 83,* 375-393.

die Frage gestellt, wie sich wohl zeitliche Abfolgen im Verhalten herausbilden. Seiner Meinung nach liegt bei so verschiedenen Tätigkeiten wie dem Maschineschreiben, dem Spielen eines Musikinstrumentes und dem Halten einer Rede das gleiche Merkmal der zeitlichen Koordination vor (und in der Tat scheint bei Versagen der zeitlichen Koordination - wie beim Erzeugen von „Buchstabensalat" beim Maschineschreiben oder beim Singen falscher Melodien - derselbe Typ von Fehlleistung vorzuliegen). Die Ermittlung der Gesetzmäßigkeiten, nach denen sich zeitliche Ordnungen im feinmotorischen und sprachlichen Verhalten bilden, verspricht dann auch die Lösung einiger Rätsel, welche die Lernpsychologie heute noch aufgibt.

10.4.3 Mentales Üben und Beobachtungslernen

Unterstützung hat die kognitivistische Lerntheorie in den letzten Jahren durch den Nachweis des mentalen Übens sowie des Lernens durch Beobachtung erhalten. Wenn Lernen von Verhalten wesentlich auf der zweckmäßigen Ausarbeitung gedanklicher Abbilder beruht, so brauchen die zu lernenden Verhaltensweisen gar nicht praktisch ausgeführt zu werden. Es genügt der zweckmäßige Entwurf von Plänen und Abbildern in der Vorstellung. Und eine Ausarbeitung ist auch durch die Beobachtung von Vorbildern, von Modellen möglich. Die Wirksamkeit des Lernens durch Vorstellung - kurz mentales Üben genannt - und des Beobachtungslernens ist inzwischen durch mehrere Untersuchungen belegt. Einige der ersten sind unter der Leitung von Eberhard Ulich an der Universität München durchgeführt worden.

Ulich (1965) untersuchte u. a. 14-16jährige Schülerinnen und Schüler einer Handelsschule, die gerade das Maschineschreiben lernten. Eine Gruppe übte eine gewisse Zeit praktisch an ihren Maschinen. Eine zweite Gruppe schaute der ersten Gruppe beim Üben zu; es wurde erwartet, daß diese zweite Gruppe durch Beobachtung lernen würde. Eine dritte Gruppe erhielt für die Dauer der gleichen Zeit keine Maschine, sollte jedoch in

der Vorstellung das Tippen weiter üben. Das
Ergebnis: Selbstverständlich ist für die Perfek-
tion im Maschineschreiben die Praxis die
beste Lehrmeisterin. Aber die Beobachtung
erwies sich keineswegs als unnütz. Die
beobachtende Gruppe erzielte in einer anschließenden Prüfung immerhin noch 49% des
Lernfortschritts der praktisch übenden
Gruppe. Bei der mental übenden Gruppe
betrug der Lernfortschritt sogar 91 % des
Lernerfolgs der praktisch übenden Gruppe.

In einer Arbeit von Robert Jeffery an der
Stanford Universität (dort entstanden
zahlreiche maßgebliche Untersuchungen des
Beobachtungslernens) wurde das Verhältnis
von Beobachtungslernen, mentalem Üben und
praktischem Üben eingehender untersucht.
Jeffery (1976) ließ seine Probanden - es waren
Studenten - u. a. eine komplizierte Stäbe-
konstruktion bauen. Das turmähnliche Gebilde
bestand aus fünf verschiedenen Arten von
Holzstäben und sieben Typen von Verbin-
dungssteckern. Es ruhte auf mehreren Stützen,
und um seine Mittelsäule rotierte ein Dreieck.
In einem ungefähr sechs Minuten langen Film
bekamen die Probanden den Turmbau vorgeführt. Danach wurden sie in Gruppen den
verschiedenen Bedingungen zugeordnet:
einige sollten den Turmbau gedanklich üben,
andere praktisch; eine letzte Gruppe verbrachte die Zeit vor dem ersten entscheidenden Test
mit Lesen, so daß sie weder gedanklich noch
praktisch üben konnte.

Als die Übungszeit vorüber war, kam die
Prüfung des Gelernten. Die Probanden mußten
den Turm nun von Anfang bis Ende neu
aufbauen. Dabei wurde die benötigte Zeit
gemessen und die Genauigkeit des Arbeitens
bestimmt; die Genauigkeit des Arbeitens
wurde anhand des Prozentsatzes richtig
gesteckter Teile festgestellt.

Das waren die Ergebnisse:

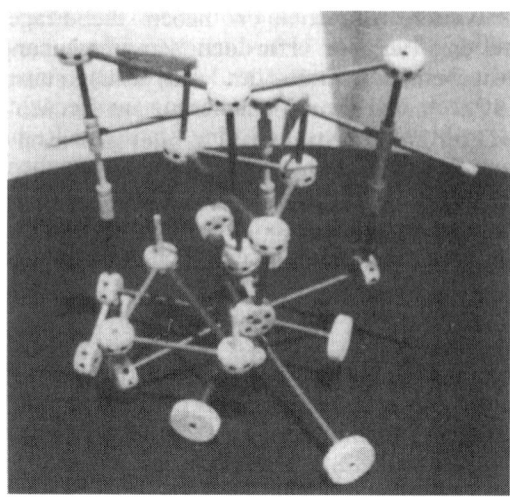

Turmkonstruktion in den Versuchen von Jeffery
(1976).

- Die Beobachtung war nicht ohne Erfolg
  geblieben; 56% der Anforderungen wurden
  die Probanden ohne Üben gerecht.
- Mentales Üben brachte darüber hinaus eine
  nicht unbeträchtliche Steigerung der
  Genauigkeit und der Geschwindigkeit.
- Praktisches Üben verbesserte die Geschwindigkeit, aber nicht die Genauigkeit.
- Eine praktische Vorübung nach einer Phase
  der mentalen Vorbereitung steigerte die
  Genauigkeit und die Geschwindigkeit am
  wirkungsvollsten.

Offenbar hat die Praxis einige Vorteile für
die Geschicklichkeit des Umgangs mit dem
Material gebracht; die Organisation des
Zusammenbaus ist aber durch das gedankliche
Verarbeiten am meisten gefördert worden.
Jeffery meint sogar: Das unmittelbare Manipulieren mit dem Baumaterial hat von der
gedanklichen Organisation des Turmbaus
abgelenkt.

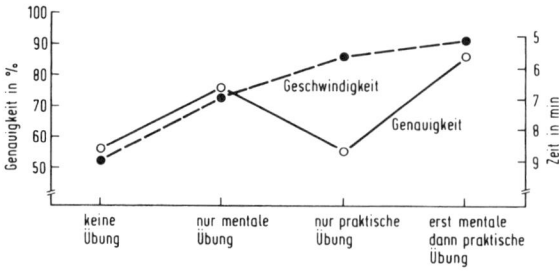

Geschwindigkeit und Genauigkeit beim Turmbau: Vergleich
von Beobachtungslernen und
verschiedener Vorübung (nach
Jeffery, 1976, S. 121f.).

Ulich, E. (1965). Untersuchungen über sensumotorisches Lernen. In H. Heckhausen (Hrsg.),
*Bericht über den 24. Kongreß der Deutschen
Gesellschaft für Psychologie 1964 in Wien* (S.
363-367). Göttingen: Hogrefe.

Jeffery, R. W. (1976). The influence of symbolic
and motor rehearsal in observational learning.
Journal of Research in Personality, 10, 116-
127.

Die Studie von Jeffery gibt einen Einblick in die kognitiven Anteile einer zu lernenden Handlung. Er zeigt aber auch, daß es über das kognitive Erfassen hinaus besondere motorische Anteile gibt: Fingerfertigkeit, Gelenkigkeit. Sie werden durch Beobachtung und mentale Vorübung allein nicht erworben, sondern erfordern praktische Übung. Für den Turmbau aus Hölzern bringen die Probanden sicherlich einen Großteil der erforderlichen Fingerfertigkeit bereits mit. Bei anderen Tätigkeiten wäre der Anteil der zu erwerbenden motorischen Fähigkeiten wohl größer gewesen: etwa beim Trainieren einer Übung am Reck, eines akrobatischen Kunststücks oder einer feinen Nadelarbeit. Die gedankliche Erfassung des Ablaufs solcher Tätigkeit ist für deren erfolgreichen Vollzug sicher eine erhebliche Hilfe. Die Abstimmung der Bewegung, die sensumotorische Koordination, ist jedoch darüber hinaus gesondert einzuüben.

Kopfstand auf dem schwingenden Trapez. Solche Leistungen können mental vorgeübt werden; ihr Erlernen erfordert aber auch eine gedanklich nicht voll erfaßbare sensumotorische Koordination (Foto Zirkus Krone).

ZUSAMMENFASSUNG

1. Aus behavioristischer Sicht ist Verhalten durch Versuch und Irrtum gelernt; erfolgreiches Verhalten wird jeweils beibehalten.

2. Nach der Theorie des operanten Konditionierens richtet sich das Auftreten von Verhalten nach seiner Kontingenz zu nachfolgenden Bedingungen.

3. Nach behavioristischer Auffassung werden längere Verhaltensketten Stück für Stück gelernt; auch ein Lernen durch langsame Annäherung ist möglich.

4. Aus kognitivistischer Sicht stehen die Akte einer gelernten Verhaltenskette in einem sinnvollen Zusammenhang; Lernen richtet sich auf die Erfassung dieses Zusammenhanges. Wirksamer werden Tätigkeiten durch Verbesserung von Handlungsplänen.

5. Fortschritte beim Verhaltenslernen lassen sich auch durch Vorstellung und Beobachtung von Tätigkeiten erzielen. Dies wird als Beweis für die Richtigkeit der kognitivistischen Lerntheorie gewertet.

10.5
Belohnung und Bestrafung beim Lernen

10.5.1 Verstärkung und Verstärkungspläne

In einem psychologischen Laboratorium an der englischen Universität Manchester saßen vor einigen Jahren drei junge Frauen vor einem Apparat, an dem ein Knopf betätigt werden konnte. In der Nähe des Knopfes befanden sich eine grüne und eine rote Lampe, sowie ein Zählwerk. Es handelt sich um eine Versuchsanordnung der Autoren C. M. Bradshaw, E. Szabadi und P. Bevan (1977). Die Probandinnen arbeiteten mehrere Tage an diesem Apparat. Am ersten Tag erhielten sie die folgende Instruktion:

„Hier können Sie Geld verdienen. Sie können hier Geld verdienen, indem Sie einfach auf den Knopf drücken. Manchmal, wenn Sie auf den Knopf drücken, wird ein grünes Licht aufleuchten. Das bedeutet: Sie haben einen Penny verdient. Der Gesamtbetrag, den Sie verdient haben, erscheint auf dieser Anzeige. Jeden Tag beginnen Sie mit 25 Pence, die auf dem Zähler angezeigt sind. Jedesmal, wenn das Licht aufleuchtet, springt der Zähler eine Einheit weiter."

Nach dieser Instruktion konnten sie insgesamt 50 Minuten arbeiten; alle zehn Minuten wurde eine fünfminütige Pause eingelegt. Am dritten Tag wurde die Instruktion ergänzt:

„Die beiden letzten Tage waren ,gute Tage'. Heute und danach - an jedem zweiten Tag - wird es einen ,schlechten Tag' geben. An ,schlechten Tagen' werden Sie nicht nur die Chance haben, etwas zu gewinnen; Sie werden auch Geld verlieren können. Manchmal, wenn Sie den Knopf drücken, wird das rote Licht angehen, und von ihrem auf dem Zähler angezeigten Betrag wird eine Einheit abgezogen. Gewinne werden wie üblich durch das grüne Licht angezeigt."

Der Versuch dauerte einige Tage. In unregelmäßigen Abständen leuchtete das grüne Licht auf, an ,schlechten Tagen' auch das rote. Das rote Licht erschien seltener als das grüne, so daß ein kleiner Gewinn übrigblieb.

Die Probandinnen stellten sich auf diese Anordnung ein. Je häufiger sie einen Penny erhielten, desto häufiger drückten sie ihren Reaktionsknopf, bis sie ihre maximale Geschwindigkeit erreichten. Liefen sie an ,schlechten Tagen' Gefahr, das Gewonnene wieder zu verlieren, so waren ihre Reaktionen merklich zögernder. Ihr Verhalten ließ sich durch eine vergleichsweise einfache Regel beschreiben, für die Herrnstein (1970) eine mathematische Formel entwickelte. Die Regel lautet: Belohnung macht ein Verhalten wahrscheinlicher, Bestrafung macht es unwahrscheinlicher.

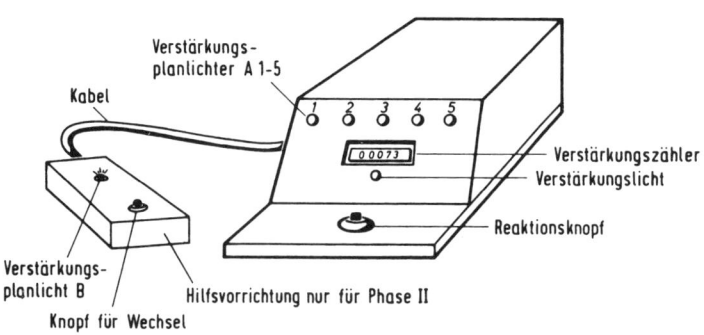

Versuchsapparat von Bradshaw, Szabadi Bevan (1977).

Die Studie von Bradshaw, Szabadi und Bevan steht in der Tradition von Skinners *Theorie des operanten Konditionierens*; nach dieser Theorie richtet sich Verhalten ausschließlich nach seinen Folgen (s. Abschnitt 10.4.1). Belohnung baut neues Verhalten auf. In diesem Sinne ist Belohnung ein Verstärker von Verhalten.

Skinner hat mit seinem Mitarbeiter Ferster viel Mühe darauf verwandt zu ermitteln, in welcher zeitlichen Beziehung die Gabe von Belohnungen zum Auftreten des zu lernenden Verhaltens steht. Ferster und Skinner (1957) unterscheiden zunächst

- die *kontinuierliche* Verstärkung: dabei folgt jeder Reaktion eine Verstärkung (z. B. für jeden Knopfdruck erhält eine Person einen Penny);
- die *intermittierende* Verstärkung: Verstärkung gibt es nur für einige Reaktionen (z. B. eine Person muß mehrmals den Knopf drücken, bevor sie einen Penny erhält).

Das intermittierende Verstärken läßt sich variieren. Man kann verstärken

- nach dem Zeitablauf, d. h. in Intervallen;
- nach der Zahl der ausgeführten Reaktionen, d. h. im Verhältnis zur Reaktionsmenge.

Die intermittierende Verstärkung kann dabei regelmäßig oder unregelmäßig sein (Skinner schreibt „fest" oder „variabel"). So gibt es Verstärkungen

- nach festen Intervallen (z. B. einen Penny nach jeweils 10 Sekunden) und
- nach festen Verhältnissen (z. B. einen Penny für jeden zehnten Knopfdruck);
- nach variablen Intervallen (z. B. einen Penny nach unregelmäßigen Zeiten zwischen 5 und 20 sec.) und
- nach variablen Verhältnissen (z. B. einen Penny nach einer jeweils wechselnden Zahl von 5 bis 20 Reaktionen).

Auf diese Weise lassen sich verschiedene Schemata zur Verabreichung von Verstärkern festlegen. Man nennt sie *Verstärkungspläne* (engl. *schedules of reinforcement*).

Verstärkungspläne haben einen starken Einfluß auf das Verhalten. Ferster und Skinner haben das eingehend an Tauben demonstriert. Die Tiere mußten jeweils auf einen Schalter picken, um Futter zu erhalten. Der Schalter war mit einem Schreibstift verbunden; jedes

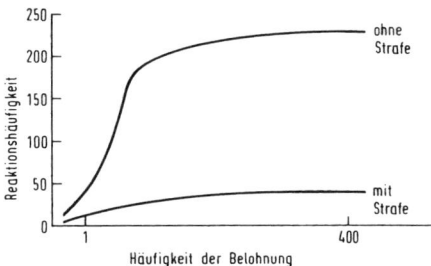

Häufigkeit von Reaktionen (in 10 Minuten) in Abhängigkeit von der Häufigkeit der Belohnung - mit und ohne zwischengeschalteter Bestrafung (nach Bradshaw, Szabadi & Bevan, 1977, S. 277).

Picken verschob den Stift um einen festen Betrag. Ließ man unter dem Schreibstift einen Papierstreifen in konstanter Geschwindigkeit vorbeilaufen, so entstand eine Kurve, aus der die Gesamtzahl der Pickreaktionen im jeweils zurückliegenden Registrationsabschnitt abzulesen war. Diese Art der Aufzeichnung nennt man *Kumulativschreibung*.

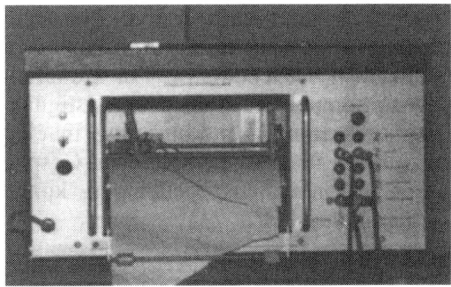

Kumulativschreiber. Jede Reaktion läßt den Schreibstift um einen festen Betrag nach links rücken. Ein Papierstreifen läuft mit konstanter Geschwindigkeit nach unten.

Bradshaw, C. M., Szabadi, E. & Bevan, P. (1977). Effect of punishment on human variable-interval performance. *Journal of the Experimental Analysis of Behavior, 27*, 275-279.

Herrnstein, R. J. (1970). On the law of effect. *Journal of the Experimental Analysis of Behavior, 13*, 243-266.

Ferster, C. B. & Skinner, B. F. (1957). *Schedules of reinforcement.* New York: Appleton-Century-Crofts.

Münzwirtschaft

Die von Skinner und Ferster untersuchte Verhaltenskontrolle durch Verstärkung ist aus der Arbeitswelt gut bekannt. Der Verstärkung in Intervallen entspricht der Zeitlohn, der Verstärkung im Verhältnis zur Leistung der Akkordlohn.

Die Entlohnung als Erziehungsprinzip wird durch die Theorie des operanten Konditionierens auch in die Praxis der pädagogischen und klinischen Psychologie hineingetragen. Erprobt ist inzwischen die *Münzwirtschaft* (engl. *token economy*) in der Psychiatrischen Klinik, in der Rehabilitationsarbeit des Strafvollzugs und in Schulklassen.

Wohl als erste in einem größeren Praxisprojekt haben Theodoro Ayllon und Nathan Azrin am Anne State Hospital im US-Staat Illinois ein krankenhauseigenes Münzsystem eingeführt. Ihre Patienten konnten sich Bons für nützliche und kooperative Betätigung verdienen: für selbständiges Zähneputzen, Bettenmachen, Duschen usw. Für die erhaltenen Bons konnten sie dann Vergünstigungen erstehen. Sogar die Unterbringung in einem Einzelzimmer und ein persönliches Gespräch mit dem Krankenhauspsychologen konnten sie dafür eintauschen.

Ayllon, T. & Azrin, N. (1968). *The token economy: A motivational system for therapy and rehabilitation.* New York: Appleton-Century-Crofts.

In ihrem Bericht aus dem Jahre 1968 stellten Ayllon und Azrin erhebliche Erfolge durch die eingeführte Münzwirtschaft fest. Das Verhalten der Patienten sei dadurch wesentlich verbessert worden.

Die folgende Kurve stammt von einer Taube, die Futter in festen Intervallen von vier Minuten erhielt; die Zeitpunkte, zu denen das Tier eine Verstärkung erhielt, sind jeweils durch einen Querstrich markiert.

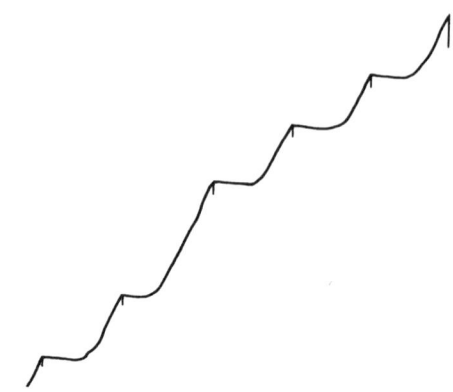

Kumulative Häufigkeit von Verhaltensakten bei Verstärkung in festen Intervallen; eine Fütterung erfolgte regelmäßig in Abständen von vier Minuten (Ferster & Skinner, 1957, S. 159). Offensichtlich ist das Tier am Ende des Intervalls mit Eifer tätig; am Anfang des Intervalls, im Anschluß an die Fütterung, ruht die Tätigkeit.

Anders dagegen die nächste Aktivitätskurve. Sie steigt ohne wesentliche Unterbrechung steil an und zeugt somit von einer gleichmäßig zügigen Tätigkeit. Die Kurve stammt von einer Taube, die regelmäßig nach 90 Pickreaktionen Futter erhielt.

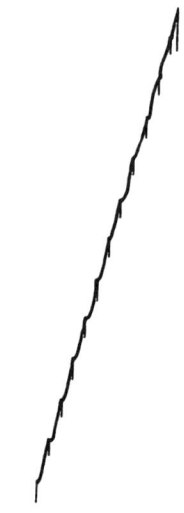

Kumulative Häufigkeit von Verhaltensakten bei Verstärkung in festem Verhältnis zur Reaktionszahl; eine Fütterung erfolgte regelmäßig nach 90 Pickreaktionen (Ferster & Skinner, 1957, S. 91).

10.5.2 Verstärkung - notwendige Voraussetzung für das Lernen?

Skinner ist im modernen Behaviorismus der konsequenteste Vertreter der These, Verstärkung sei eine notwendige Voraussetzung für das Lernen. Oder anders formuliert: Wirkverhalten sei ausschließlich an seine Folgen gebunden. Reiz-Reaktionstheoretiker haben die Wahl: Sie können annehmen, daß es die Konsequenzen sind, die Reiz-Reaktionsverbindungen verstärken; sie können jedoch auch erklären, daß eine reine raum-zeitliche Koppelung von Reiz und Reaktion für ein Lernen ausreicht. So ist die Frage der Notwendigkeit einer Verstärkung im behavioristischen Lager umstritten geblieben. Thorndike und Hull sahen in der Bedürfnisbefriedigung, die einem Verhalten folgt, die Ursache für die Verstärkung der Verbindung zwischen diesem Verhalten und den vorangegangenen Reizen. Für Edwin R. Guthrie reichte die reine Kontiguität zwischen Reiz und Reaktion für Lernen aus (vgl. Abschnitt 10.2.3).

Zwischen den kontroversen Positionen vermitteln wollte ein weiterer einflußreicher behavioristischer Autor, Kenneth W. Spence (1956). Spence argumentierte, man müsse zwei Gegebenheiten unterscheiden: den Schatz des Gelernten - die *Gewohnheiten* (engl. *habits*) - und die Motivation, das Gelernte auszuführen. Positive Folgen wirken auf die Motivation, sorgen also für eine häufigere Ausführung des Gelernten. Das bedeutet: Bei häufigerer Bekräftigung wird das Gelernte öfter ausgeführt und dabei noch besser eingeübt. Aber die Umkehrung dieses Satzes wäre nicht richtig: Wenn ein Verhalten keine positiven Folgen hat, so wird es deshalb nicht schlechter gelernt; man merkt nur nicht, daß das Verhalten gelernt worden ist, weil die betroffenen Individuen seltener ausführen, was sie gelernt haben.

Mit dieser Argumentation macht sich Spence eine wichtige These der kognitivistischen Lerntheorie zu eigen. Kognitivistische Autoren hatten sich mit der Idee einer Verstärkung nie anfreunden können. Warum sollte eine Einsicht besser werden, wenn sie sich nachträglich als nützlich herausstellte? Diese Ansicht setzte freilich wiederum eine

Trennung von Lernen und Ausführung des Gelernten voraus. Es war zu trennen:

- das Gelernte (aus kognitivistischer Sicht etwa die Einsichten in Zusammenhänge zwischen der Situation und den darin möglichen Handlungen),
- die Motivation, das Gelernte auszuführen,
- die Ausführung des Gelernten selbst.

Ein Schüler Tolmans, H. C. Blodgett, hatte den Zusammenhang zwischen diesen Größen bereits im Jahre 1929 zu demonstrieren versucht. Er ließ hungrige Ratten durch ein kompliziertes Labyrinth laufen. Eine Gruppe I erhielt vom ersten Tag an am Ende des Labyrinths Futter. Innerhalb von sieben Tagen lernte sie, das Labyrinth fehlerfrei zu durchlaufen. Eine zweite Gruppe lief drei Tage lang durch das Labyrinth, bis sie am dritten Tag am Ausgang ebenfalls Futter fand. Als sich danach die Fütterung täglich wiederholte, erreichte sie innerhalb eines Tages die Leistungen der Gruppe I, die von Anfang an Futter erhalten hatte. Genau die gleiche Erscheinung zeigte eine dritte Gruppe. Sie durchlief sieben Tage lang hungrig das Labyrinth. Als sie aber am siebenten Tag Futter bekam, verringerten sich die Fehler von einem Tag auf den anderen beträchtlich.

Die Interpretation des Befundes von Blodgett lag auf der Hand: Alle Gruppen hatten das Labyrinth gleich gut gelernt - und zwar nur durch Hin- und Herlaufen. Aber erst die Belohnung hatte die Tiere veranlaßt - jeweils zu verschiedenen Zeiten - ihre Kenntnis zu nutzen und den kürzesten Weg zu wählen. Tolman (1932) nahm Blodgetts Ergebnisse als Beleg für die Möglichkeit *latenten Lernens* (lat. *latens,* verborgen). Latentes Lernen sei nicht von einer Belohnung abhängig. Belohnung - hier: die Verabreichung des Futters - wecke nur die Motivation, das latent Vorhandene auch in sichtbares Verhalten umzusetzen.

Eine nicht zu unterschätzende Bedeutung messen auch kognitivistische Autoren der Belohnung bei. Belohnung kann beim Lernen

- die Richtigkeit gewonnener Einsichten bestätigen (Rückmeldeeffekt),
- das Selbstvertrauen bei der Bewältigung der übernommenen Lernaufgabe heben (Motivierungseffekt).

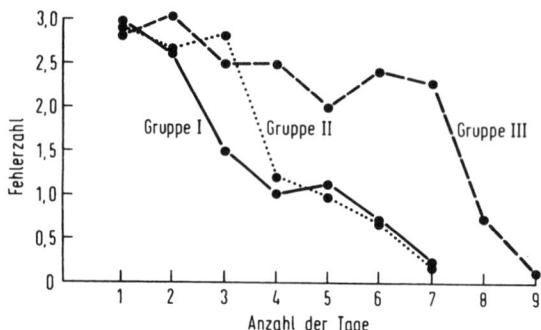

Drei Gruppen von Ratten durchqueren ein Labyrinth. Die Gruppe I, die vom ersten Tag an Futter erhält, ist den beiden anderen Gruppen überlegen, so lange diese hungrig bleiben. Sobald die Tiere der Gruppen II und III aber ebenfalls Futter erhalten, verschwinden die Leistungsunterschiede (nach Tolman, 1932, S. 49).

Spence, K. W. (1956). *Behavior theory and conditioning*. New Haven: Yale University Press.

Blodgett, H. C. (1929). The effect of the introduction of reward upon the maze performance of rats. *University of California Publications in Psychology, 4,* 113-134.

Tolman, E. C. (1932). *Purposive behavior in animals and men*. New York: Appleton-Century-Crofts.

Rotter, J. B., Liverant, S. & Crowne, D. P. (1961). The growth and extinction of expectancies in chance controlled and skilled tasks. *Journal of Psychology, 52,* 161-177.

Rückmelde- und Motivierungswirkungen greifen - so die weitere kognitivistische Interpretation - in das Gefüge der Ursachenzuschreibungen ein. Eine kontinuierliche Verstärkung werde als Beweis eigener Tüchtigkeit gedeutet, wenn Lernende sich selbst als Verursacher der Leistung betrachten, dagegen als Glückssträhne oder als Beweis äußerer Gunst, wenn man glückliche Umstände oder Wohltäter dafür verantwortlich macht. Wie Rotter, Liverant und Crowne (1961) in einer gegenüber Skinner kritischen Studie zur Wirkung von Verstärkungsplänen festgestellt haben, läßt sich der Effekt von Verstärkungen überhaupt erst vorhersagen, wenn bekannt ist, ob die Betroffenen eine Belohnung *internen Ursachen* - d. h. sich selbst - oder *externen Ursachen* zuschreiben. Rotter und seine Mitarbeiter haben u. a. belegt: Bleibt die Belohnung nach einer Zeit kontinuierlicher Verabreichung plötzlich aus, so wird bei externaler Zuschreibung die vorher belohnte Tätigkeit vergleichsweise schnell eingestellt (nach dem Argument „jetzt hat mich eben mein Glück verlassen"). Herrscht jedoch eine internale Zuschreibung vor, wird die Tätigkeit auch nach Absetzen der Belohnung vergleichsweise lange fortgesetzt (nach den Argumenten „das habe ich doch die ganze Zeit gekonnt", „was die ganze Zeit richtig war, kann doch jetzt nicht auf einmal falsch sein").

Der Fülle von Belegen für die Wirksamkeit von Belohnungen stehen schließlich die beiden folgenden Fragen gegenüber:
- Was geschieht mit den nicht belohnten Verhaltensweisen?
- Und kann man wirklich jedwedes Verhalten durch Belohnung hervorrufen?

Zur ersten Frage: Folgt man den klassischen behavioristischen Erklärungen, so schwindet Verhalten, wenn es keine Verstärkung erfährt. Solche Erklärungen rechnen allerdings nicht mit einer Eigendynamik von Verhaltensweisen. Dem stehen jedoch Beobachtungen gegenüber, daß Menschen und Tiere oft Tätigkeiten vermehrt ausführen, nachdem sie diese mangels Belohnung längere Zeit nicht ausführen konnten. Allison (1989) erklärt diesen Befund mit der Hypothese einer *Reaktionsunterdrückung*. Die Belohnung von Reaktionen A habe zu einer Unterdrückung der Reaktionen B geführt. Den Reaktionen B sei jedoch eine Tendenz zur Ausführung eigen, und ihre Unterdrückung habe die ihnen eigene Ausführungstendenz gesteigert.

Zur zweiten Frage: Die biologische Ausstattung der Menschen und Tiere mag die Lernfähigkeit und das Lernergebnis auf artspezifische Formen begrenzen. Breland und Breland (1966) unterscheiden *arteigenes* und *artfremdes Verhalten*. Arteigen nennen sie Verhalten, das in dem natürlichen Repertoire eines Lebewesens enthalten ist. Versuche ein

Experimentator, artfremdes Verhalten anzu-
lernen, erzeuge er nur „*Fehlverhalten*". Artfremdes Verhalten lasse sich nur unvollkommen antrainieren. Das versuchten die
Autoren zu demonstrieren. Sie brachten z. B.
einem Huhn bei, einen Ball zu treten und
danach zu einem bestimmten Punkt zu laufen.
Obwohl dieses Verhalten nicht zum natürlichen Repertoire von Haushühnern gehört, war
es möglich, es diesen Tieren anzudressieren.
Allerdings führte fortgesetztes Training nicht
zu einer Verfestigung des neu angelernten
Verhaltens. Vielmehr gingen die neu antrai-
nierten Verhaltensweisen verloren, und die
Tiere gingen zu artspezifischeren Verhaltensweisen über; z. B. trieb ein Huhn den Ball
einfach vor sich her.

Allison, J. (1989). The nature of reinforcement. In
S. B. Klein & R. R. Mowrer (Eds.),
*Contemporary learning theories: Instrumental
conditioning theory and the impact of
biological constraints on learning* (Vol. 2, pp.
13-39). Hillsdale, NJ: Lawrence Erlbaum.

Breland, K. & Breland, M. (1966). *Animal
behavior*. New York: Macmillan.

10.5.3 Stellvertretende Belohnung und Bestrafung

Wenn Lohn und Strafe symbolische Bedeutung haben, indem sie der Bestätigung von
Einsichten in Situations- und Handlungszusammenhänge dienen, so kommt es gar
nicht darauf an, daß der Lernende selbst eine
Belohnung oder Bestrafung erhält. *Lernen*
kann er auch *aus der Beobachtung* der
Belohnung und Bestrafung anderer Personen.
So war es für die kognitivistische Lerntheorie
eine wichtige Unterstützung, als sich bei
Versuchen zum Beobachtungslernen ergab,
daß sich Lernende auch an Lohn und Strafe
orientieren, die Modellpersonen zukommen.
Eine der ersten Studien zu diesem Problem
stammt aus dem Untersuchungsprogramm von
Albert Bandura. Die Untersuchung wurde mit

Jungen und Mädchen im Alter zwischen vier
und sechs Jahren durchgeführt. Die Kinder
wurden zum Spielen eingeladen, erhielten
jedoch zunächst über einen Fernseher einen
Film vorgeführt. Der Film zeigte eine Frau,
die mit einer großen Gummipuppe spielte.
Den Inhalt des ersten Filmteils beschreibt der
Autor folgendermaßen:

> „*Zuerst legte das Modell die Puppe Bobo auf
> die Seite, setzte sich darauf und boxte ihr auf
> die Nase, indem sie bemerkte: ,Wumm, gerade
> auf die Nase, bumm, bumm.' Danach stellte
> das Modell die Puppe auf und schlug ihr mit
> einem kleinen Hammer auf den Kopf. Jeder
> Schlag war von der Äußerung begleitet: ,Mist,
> bleib liegen!'. Nach dem Angriff mit dem
> Hammer trat das Modell die Puppe mit dem
> Fuß durch das Zimmer und murmelte
> dazwischen ,Hau ab!'. Schließlich warf das
> Modell Gummibälle auf Bobo und rief
> ,päng!', wenn es die Puppe traf.*"

(Übersetzung aus Bandura, 1965, S. 590f.)

Für ein Drittel der Kinder endete der Film
an dieser Stelle. Die übrigen Kinder erlebten
noch eine Fortsetzung, in der das Modell
entweder für sein Verhalten belohnt oder
bestraft wurde. Der Inhalt beider Fort-
setzungen:

- Version I (Belohnung): Ein Erwachsener
  betritt den Raum mit einem Tablett voller
  Süßigkeiten und Getränke. Er erklärt der
  Modellperson, sie sei ein „Champion" und
  ihr hervorragender Einsatz verdiene eine
  große Belohnung. Darauf erhält das Modell
  „Kraftspenden" in Form von Süßigkeiten
  und Getränken.
- Version II (Bestrafung): Ein Erwachsener
  tritt ein und tadelt das Modell. Das Modell
  schreckt zurück und fällt dabei hin. Der
  Erwachsene droht mit Hieben, wenn das
  Modell die Puppe noch einmal so schlecht
  behandeln sollte.

Nach der Filmvorführung wurde jedes Kind in
ein Spielzimmer geführt. Dort stand die echte
Bobo-Puppe, dazu gab es drei große Bälle,
einen Hammer, ein Puppenhaus, Spielautos
und einen Bauernhof mit Tieren. Der Versuchsleiter forderte jedes Kind auf, zu zeigen,
was die Person im Film alles gemacht habe.

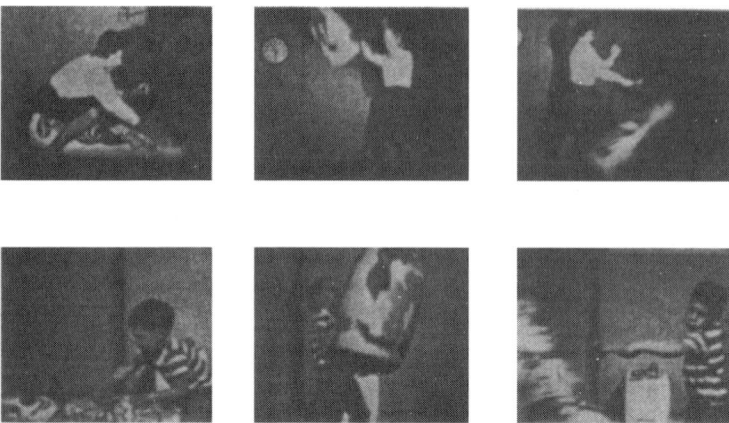

Modell und Proband mit der Puppe Bobo (Bandura, Ross & Ross, 1963, S. 8).

Stellte der Versuchsleiter diese Frage ganz neutral, so beschrieben und demonstrierten die Kinder das Gesehene nur, wenn sie die Belohnung des Modells oder keine Folgen erlebt hatten. Hatten sie jedoch die Bestrafungsszene miterlebt, so waren sie in ihren Äußerungen deutlich zurückhaltender. (Die Mädchen hielten sich durchweg in ihren Äußerungen mehr zurück als die Jungen.)

In dem Versuch von Bandura richteten die Kinder offensichtlich ihr Verhalten nach den Konsequenzen aus, die das Modell erfahren hat und deren Zeuge sie geworden waren. Verallgemeinert ausgedrückt: Man wird nicht nur aus eigenem Schaden und Nutzen klug, sondern auch aus dem miterlebten Schaden und Nutzen der anderen. Bandura (1971) prägte für diese Erscheinung den Begriff der *stellvertretenden Verstärkung* (engl. *vicarious reinforcement*).

Bandura, A. (1965). Influence of models' reinforcement contingencies on the acquisition of imitative responses. *Journal of Personality and Social Psychology, 1*, 589-595.

Bandura, A. (1971). Vicarious- and self-reinforcement processes. In R. Glaser (Ed.), *The nature of reinforcement* (pp. 228-278). New York: Academic Press.

Bandura, A., Ross, D. & Ross, S. A. (1963). Imitation of film-mediated aggressive models. *Journal of Abnormal and Social Psychology, 66*, 3-11.

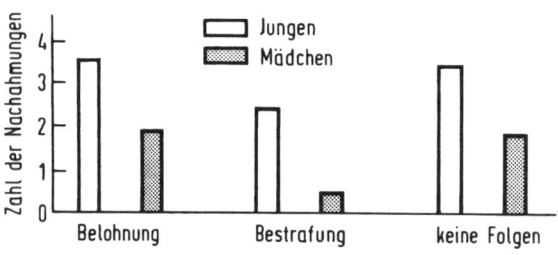

Ausführung des Modellverhaltens bei Jungen und Mädchen nach Belohnung und Bestrafung des Modells (nach Bandura ,1965, S. 592).

ZUSAMMENFASSUNG

1. Einige Autoren halten eine Belohnung (Verstärkung) für eine unverzichtbare Voraussetzung des Lernens. Andere Autoren nehmen an, das Lernen schreite auch ohne Belohnungen fort; Belohnungen würden nur die Ausführung des gelernten Verhaltens fördern und dadurch seine weitere Vervollkommnung begünstigen.

2. In der lernpsychologischen Forschung ist nicht nur die Auswirkung der Menge von Belohnungen und Bestrafungen auf das Lernen untersucht worden, sondern auch dessen Abhängigkeit von der Verteilung der Belohnungen und Bestrafungen (Verstärkungsplan).

3. Die Wirkung von Lohn und Strafe dürfte von Kognitionen, insbesondere der Zuschreibung auf interne und externe Faktoren, abhängig sein.

4. Dem Lernen neuer Verhaltensweisen scheinen Grenzen gesetzt zu sein, die sich aus dem arteigenen Verhaltensrepertoire ergeben.

5. Lohn und Strafe wirken nicht nur, wenn sie dem Lernenden selbst verabreicht werden. Auch die Beobachtung der Belohnung und Bestrafung einer Modellperson kommen dem Lernen zugute (stellvertetende Verstärkung).

10.6
Lernpsychologische Probleme in der Entwicklungs-, Persönlichkeits- und Sozialpsychologie

10.6.1 Entwicklungspsychologie

Alle Autoren stimmen überein, daß die Entwicklung der Menschen zu einem erheblichen Teil auf Lernen beruht. Es gibt jedoch Unterschiede in der Bemessung des Anteils des erlernten Verhaltens im menschlichen Leben. Für den Erwerb von Fertigkeiten und Gewohnheiten werden gleichermaßen das klassische Konditionieren, das operante Konditionieren und das einsichtige Lernen verantwortlich gemacht. Lernpsychologische Kontroversen darüber, ob und wann diese Formen des Lernens auftreten, setzen sich in der Entwicklungspsychologie fort.

Die Technik des klassischen Konditionierens läßt sich bereits beim Kind im Mutterleib anwenden. So beschreibt etwa David Spelt (1948) die Konditionierung von Bewegungen bei einem sieben Monate alten Fötus; als unkonditionierten Reiz benutzte er einen lauten Ton, als konditionierten Reiz Vibrationen am Bauch der Mutter. Die Technik des

operanten Konditionierens ist erst nach der Geburt anwendbar, bringt aber schon Erfolge in den ersten Lebensmonaten.

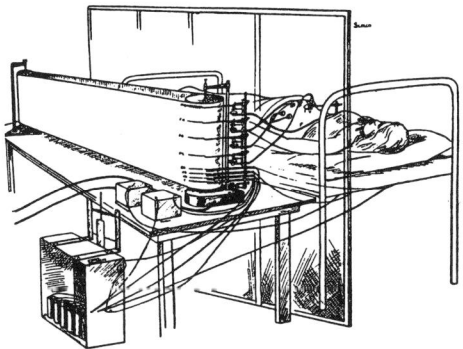

Versuchsanordnung zur Konditionierung eines Fötus (Spelt, 1948, S. 339). Ein Vibrator löst als unbedingter Reiz Bewegungen des Kindes aus; die Vibration wird daraufhin mit einem Lautsignal als bedingten Reiz gekoppelt. Am Bauch der Mutter befinden sich Aufnehmer zur Registrierung der Bewegungen des Kindes.

Wie früh einsichtiges Lernen beginnt, ist schwer nachzuweisen. Folgt man Jean Piaget (1972), so entsteht die absichtliche Bewegung (z. B. das Greifen, absichtliches Ziehen) etwa in der Mitte des ersten Lebensjahres. Zur gleichen Zeit gehen nach Piaget die primären Kreisreaktionen in die sekundären Kreisreaktionen über. Damit ist folgendes gemeint: Das Kind wiederholt Bewegungen zunächst mechanisch oder zufällig und erzielt damit bevorzugt den gleichen Effekt (z. B. Aufheben und Fallenlassen eines Würfels). Später - in der Kreisreaktion der zweiten Art - wiederholt es Bewegungen absichtlich, in der Erwartung und in der Vorfreude des dann entstehenden Effekts (z. B. Wegziehen eines Tuchs im „Guck-guck-da" Spiel).

Spelt, D. (1948). The conditioning of human fetus in utero. *Journal of Experimental Psychology*, 38, 338-346.

Piaget, J. (1972). Sechs psychologische Studien. In J. Piaget (Hrsg.), *Theorien und Methoden der modernen Erziehung* (S. 185-351). Wien: Molden.

Galperin, P. J. (1967). Die Psychologie des Denkens und die Lehre von der etappenweisen Ausbildung geistiger Handlungen. In E. A. Budilowa, E. W. Schochorowa, A. W. Bruschlinski u. a. (Hrsg.), *Untersuchungen des Denkens in der sowjetischen Psychologie* (S. 81-119). Berlin: Volk und Wissen.

Reschetowa, S. A. & Kaloschina, I. P. (1973). Psychologische Bedingungen des Polytechnischen Unterrichts. In J. Lompscher (Hrsg.), *Sowjetische Beiträge zur Lerntheorie* (S. 71-99). Köln: Pahl-Rugenstein.

Das Erlernen von Bewegungsabläufen (wie Schwimmen, Turnen, Laufen) ist für sich schon ein wesentliches Ziel der Entwicklung. Dem Lernen äußerer Bewegung kommt darüber hinaus noch eine weitere, kaum zu unterschätzende Bedeutung zu, wenn die Behauptung stimmt, die inneren gedanklichen Abläufe entwickelten sich nach dem Vorbild der äußeren motorischen Abläufe. Dieser Annahme folgt auch der russische Psychologe P. J. Galperin (1967) mit seiner *These* von der *etappenweisen Ausbildung geistiger Handlungen*.

Um das gemeinte Lernprinzip zu veranschaulichen, haben zwei Mitarbeiterinnen Galperins, S. A. Reschetowa und I. P. Kaloschina (1973), Untersuchungen an Schülern durchgeführt, die eine Berufsausbildung als Dreher erhielten. Zu ihrem Lehrplan gehörte die Fertigung von Wellen. Die Schüler mußten dabei einerseits die Fertigung solcher Wellen erlernen (das Einspannen des Rohlings, das Ausmessen, Schruppen und Schlichten), zum anderen mußten sie theoretische Kenntnisse über verschiedene Arten von Wellen sowie über Kriterien zu ihrer Beurteilung erwerben.

In Anlehnung an eine allgemeine von Galperin vorgeschlagene Methodik führten die Autorinnen ein Training in drei Stufen (nach Galperin: Etappen) ein:
- In der ersten Stufe mußten die Schüler praktisch arbeiten. Nach Vorschrift hatten sie Messungen auszuführen, die Meßergebnisse in Tabellen einzutragen, Berechnungen anzustellen sowie weitere Arbeitsgänge durchzuführen.
- Die zweite Stufe vollzog sich in der Form des lauten Sprechens oder Schreibens. Durch Beschreibung wurde die praktische Tätigkeit in begriffliche Form gebracht. Die Schüler mußten in einem Vortrag oder in einer Niederschrift wiedergeben, was sie getan hatten.
- In der dritten Stufe folgte das Reflektieren und Einprägen der sprachlichen Formulierungen. Diese dritte Stufe stellt nach Galperin die eigentliche geistige Handlung dar. Aus der materialisierten Handlung hat sich - so schreiben die Autoren - ein aktives Wissen gebildet.

Nach diesem Vorbild glaubten die Autorinnen auch den Entwicklungsverlauf deuten zu können: Es ereigne sich während der individuellen Entwicklung ein stufenweises Lernen, das von der konkreten (und wenig reflektierten) Handlung zum abstrakten Wissen führe.

10.6.2 Persönlichkeitspsychologie

Zwischen der Persönlichkeitspsychologie und der Lerntheorie bestehen zwei Arten von Beziehungen:
- Verschiedene Personen zeigen ein unterschiedliches Lernverhalten (differentielle Psychologie des Lernens),
- unterschiedliche Persönlichkeiten lassen sich auf verschiedene Lerngeschichten zurückführen (lerntheoretische Ansätze in der Persönlichkeitspsychologie).

Ein Beispiel zur differentiellen Psychologie des Lernverhaltens: Trainiert man mehrere Personen nach der Technik des klassischen Konditionierens, so stellt man fest, daß die Zahl der bis zur Auslösung einer bedingten Reaktion benötigten Versuche individuell stark variiert. Pawlow (1923/1953) deutet die Schnelligkeit des Konditionierens als Indiz für die Erregbarkeit des Nervensystems. Der Londoner Persönlichkeitstheoretiker Hans-Jürgen Eysenck (1973) betrachtet die nervöse Erregbarkeit als ein Merkmal der *Introversion*. (Wer durch Außenreize leicht erregbar ist, tendiert zur Abwendung von seiner Umwelt.) Daher hat er zu zeigen versucht, daß Introvertierte im allgemeinen schneller zu konditionieren sind als Extravertierte.

In einem Versuch wählte Eysenck (1973) den Schließreflex des Augenlids als kritische Reaktion. Der Lidschlußreflex läßt sich durch einen das Auge treffenden Luftstoß auslösen;

dieser Luftstoß fungiert als unbedingter Reiz. Er wurde mit einem Ton gepaart. Nach hinreichend vielen Paarungen schloß sich das Augenlid bereits bei Darbietung der Töne allein. Introvertierte erlernten die Paarung dabei schneller als Extravertierte.

Zum Bereich der lerntheoretisch orientierten Persönlichkeitspsychologie nur so viel: Von einer Persönlichkeitstheorie erwartet man nicht nur die Beschreibung von Persönlichkeitseigenschaften und deren Zusammenhang innerhalb einer übergreifenden Persönlichkeitsstruktur. Man erwartet von ihr auch eine Erklärung der Herkunft dieser Eigenschaften, ja der Persönlichkeitsstruktur überhaupt. Es gibt kaum eine moderne Persönlichkeitspsychologie, die nicht in irgendeiner Weise die Formung der Persönlichkeit durch Erfahrung der Umwelt (und somit auch durch Lernen) in Rechnung stellen würde. Manche Theoretiker meinen, die menschliche Persönlichkeit und ihre Eigenschaften seien vollkommen durch die Lernerfahrung bestimmt - so etwa die bereits erwähnten Autoren Dollard und Miller (Abschnitt 10.1.3).

Wie weit maßgebliche Persönlichkeitsmerkmale auf Lernen beruhen, ist Gegenstand weiterer Forschungen. Zum Beispiel: Wie weit ist die Depressionsneigung ein erworbener Charakterzug? Der amerikanische Psychologe Martin Seligman (1995) glaubt, die Entstehung (zumindest vieler Fälle) von Depression auf folgende Weise lernpsychologisch erklären zu können: Am Anfang der Depression steht die Erfahrung einer mangelnden Situationskontrolle. Ein Mann gerät etwa an ein unlösbares Problem. Er verliert vielleicht seinen Arbeitsplatz und ist - trotz erheblicher Anstrengungen - nicht in der Lage, einen neuen zu finden. Das Ergebnis ist die Erfahrung der eigenen Hilflosigkeit, einer *erlernten Hilflosigkeit* (engl. *learned helplessness*). Diese Hilflosigkeit - die zunächst nur bei der Arbeitssuche besteht - wird nun auf andere Situationen verallgemeinert. Der Betroffene befürchtet auch den Verlust seiner Gesundheit, seiner Familie, seiner freundschaftlichen Beziehungen. Unter dem Druck der Befürchtung läßt dann seine Aktivität nach, seine Zukunftserwartungen werden düster und seine Emotionen negativ.

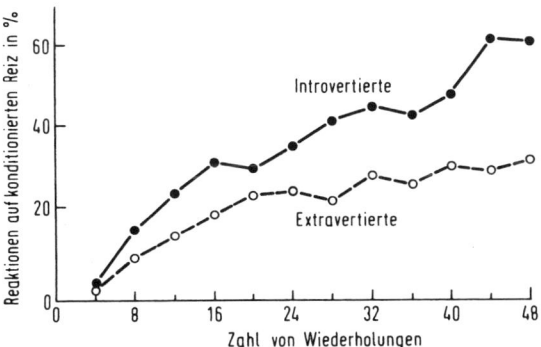

Geschwindigkeit der Konditionierung bei Introvertierten und Extravertierten (nach Eysenck, 1973, S. 161).

Depression erscheint demnach als Folge einer (pathologischen) Verallgemeinerung einer (möglicherweise durchaus realistischen) Erfahrung.

Pawlow, I. P. (1953). Zwanzigjährige Erfahrungen mit dem objektiven Studium der höheren Nerventätigkeit (des Verhaltens) der Tiere. *Sämtliche Werke* (Band 3, S. 1-136). Berlin: Akademie Verlag (Erstausgabe 1923).

Eysenck, H. J. (1973). Conditioning, introversion-extraversion and the strength of the nervous system. In H. J. Eysenck (Ed.), *Eysenck on extraversion* (pp. 156-169). London: Crosby Lockwood Staples.

Dollard, J. & Miller, N. E. (1950). *Personality and psychotherapy.* New York: McGraw Hill.

Seligman, M. (1995). *Erlernte Hilflosigkeit.* Weinheim: Psychologie Verlags Union (Erstausgabe 1975: *Helplessness.* San Francisco: Freeman).

10.6.3 Sozialpsychologie

Von *sozialem Lernen* ist die Rede, wenn
* ein Lernprozeß durch Interaktion mehrerer Individuen, eventuell sogar Institutionen getragen wird (Lernen als sozialer Prozeß),
* die vermittelten Inhalte und Fertigkeiten sozial bedeutsam sind (soziale Thematik des Lernstoffes).

Sozial lernen im ersten Sinne heißt: Gemeinsam lernen, voneinander lernen, unter gesellschaftlich gesetzten Randbedingungen lernen. Ein Beispiel ist der Fachunterricht in Schulen. Er vollzieht sich in Klassengemeinschaften. Schülern und Lehrern fallen darin getrennte Rollen zu. Viele Randbedingungen (z. B. Schulzeit, Unterrichtsstil) sind durch Gesetzgeber, Behörden und öffentliche Erwartungen gesetzt.

Soziales Lernen im zweiten genannten Sinne heißt: sozial bedeutsames Wissen erwerben (vgl. Abschnitte 5.5.3 und 7.4.3). Soziales Lernen heißt weiterhin: sich soziale Verhaltensweisen und Rollen aneignen; dieser Punkt soll in den folgenden Absätzen behandelt werden. Ein aktuelles Beispiel ist das *Kommunikationstraining.* Programme zur Förderung kommunikativer Fähigkeiten werden häufig für Lehrer angeboten, aber auch für Verwaltungsbeamte, Betriebsräte, Studenten und andere Gruppen (Greif, Rieger & Semmer, 1977; Semmer & Pfäfflin, 1978).

Zu den Verhaltensweisen, die sich im Kommunikationstraining verbessern lassen, gehören: die aufmerksame Zuwendung zum Gesprächspartner (z. B. gezielte Begrüßung, Blickkontakt), der angemessene sprachliche Ausdruck (z. B. Wortwahl, Satzaufbau, Gliederung von Redebeiträgen), der mimische und gestische Ausdruck (z. B. Gesten der Entschiedenheit, Hinweise auf Kompromißbereitschaft), allgemeine Konventionen des Umgangs (z. B. Anbieten und Entgegennehmen von Hilfen beim Betreten und Verlassen von Räumen, bei gemeinsamen Mahlzeiten). Wesentlich ist, diese Tätigkeiten jeweils in ihrer Wirkung auf die soziale Situation beurteilen zu lernen, z. B. hinsichtlich ihrer Bedeutung für die Durchsetzung eigener Interessen oder der Vertrauensbildung bei den Partnern. Kommunikationstraining erfolgt vorzugsweise in Gruppen, kann aber auch individuell betrieben werden (z. B. beim Probesprechen auf Tonband, beim Agieren vor dem Spiegel oder vor einer Videokamera).

Die beiden zu Beginn dieses Abschnitts unterschiedenen Aspekte des sozialen Lernens, der prozessuale und der thematische, fallen beim Rollen- und Partnertraining zusammen. Dabei ist das Lernziel, das Verhalten von - oft langfristig verbundenen - Partnern aufeinander abzustimmen. Ein solches Training erweist sich etwa bei der Rehabilitation Behinderter als wünschenswert. Im Optimalfall läßt man Unfallgeschädigte wie den eingangs (Abschnitt 10.1.1) geschilderten Rollstuhlfahrer Andreas T. nicht allein lernen, mit seiner Behinderung fertig zu werden; man schließt seine gesunden Partner, seine Familienmitglieder, Freunde und Arbeitskollegen in das Training ein. Es soll ja nicht nur der Rehabilitand seine Ängste und Ungeschicklichkeiten gegenüber seiner Umgebung ablegen. Auch seine körperlich nicht behinderten Partner zeigen oft Ängste und Unsicherheiten, wenn sie Andreas treffen.

Greif, S., Rieger, A. & Semmer, N. (1977). Verhaltenstraining für Betriebsräte. *Psychologie heute, 4,* 18-25.

Semmer, N. & Pfäfflin, M. (1978). *Interaktionstraining.* Weinheim: Beltz.

Schöler, L., Lindenmeyer, J. & Schöler, H. (1981). *Das alles soll ich nicht mehr können? Sozialtraining für Rollstuhlabhängige.* Weinheim: Beltz.

Nickel, H. (1977). Überblick über ein Forschungsvorhaben: Erziehermerkmale, Sozialverhalten und Erziehungsbedingungen in unterschiedlichen vorschulischen Einrichtungen. In W. H. Tack (Hrsg.), *Bericht über den 30. Kongreß der Deutschen Gesellschaft für Psychologie in Regensburg 1976* (Band 1, S. 245-247). Göttingen: Hogrefe.

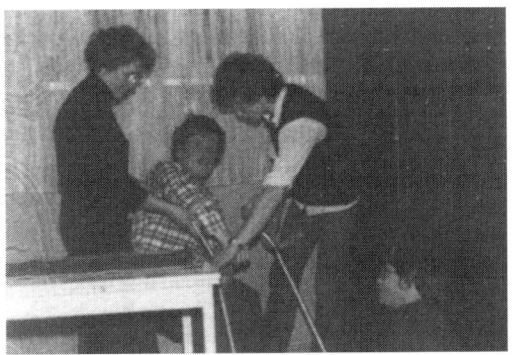

Gemeinsames Rehabilitationstraining eines Behinderten mit seinen gesunden Partnern. Hier wird gerade das richtige Übergeben und Abnehmen von Krücken geübt.

Dürfen sie seine Behinderung ansprechen? Wie können sie mit ihm über seine Behinderung sprechen, ohne ihn zu verletzen? Wann braucht er Hilfe? Wie hilft man ihm am besten? Die Beteiligung am Rehabilitationsprogramm kann gesunden Partnern helfen, mit diesen Schwierigkeiten fertig zu werden (vgl. wieder Schöler, Lindenmeyer & Schöler, 1981).

Das soziale Lernen wird vielfach zum Thema der Sozialpsychologie; denn Gruppen und Kulturen entfalten erhebliche Aktivitäten, um das Lernen von Verhaltensweisen in Gang zu setzen und seinen Erfolg zu kontrollieren. Viele der gelernten Verhaltensweisen sind selbst sozialer Natur, d.h. sie betreffen den Umgang mit sozialen Partnern. Es gibt Programme zur Sozialerziehung, daneben aber auch vielfältige informelle Ereignisse und Unternehmungen in Familien, Spielgruppen, Sportvereinen u. ä., die soziales Verhalten und soziale Kognitionen prägen. In ihrem Gefolge entsteht eine Einbindung von Neuankömmlingen in bestehende Gruppen und Kulturen; sie ermöglichen auch den kulturellen Wandel. Die Gesamtheit sozialer Lernprozesse, die ein Mensch durchläuft, nennt man *Sozialisation*; als Sozialisation wird oft auch das Ergebnis dieser Lernprozesse bezeichnet.

In den letzten Jahrzehnten ist das Interesse der Psychologie an der Erforschung der Sozialisation, insbesondere der frühkindlichen Sozialisation, sprunghaft angewachsen. Für Untersuchungen in Deutschland recht repräsentativ ist ein von Horst Nickel geleitetes Forschungsprojekt an der Universität Düsseldorf. Das Projekt beschäftigt sich mit der vorschulischen Sozialisation und vergleicht Erziehungsziele, Erziehungspraktiken und Erziehungswirkungen in Kindergärten verschiedener gesellschaftlicher Organisationen (d. h. Kindergärten der Gemeinden und Kirchen) sowie freien Kinderläden (in der Regel Eltern-Initiativgruppen). Charakteristisch für dieses Projekt ist: Es wird nicht nur kindliches Verhalten beobachtet, sondern auch das Erziehungsverhalten. Die gleichzeitige Beobachtung von Erziehern und Kindern eröffnet dann die Möglichkeit, die Erzieher-Kind-Interaktion in ihrem Wandel zu erfassen (vgl. Nickel, 1977).

ZUSAMMENFASSUNG

1. Die Entwicklung der Menschen ist wohl weitgehend von Lernvorgängen bestimmt. Bereits vor der Geburt lassen sich Konditionierungsvorgänge beobachten. Es wird diskutiert, ob sich innere, gedankliche Abläufe nach dem Vorbild äußerer, motorischer Tätigkeiten entwickeln.

2. Individuen zeigen unterschiedliches Lernverhalten (differentielle Psychologie des Lernens); unterschiedliche Persönlichkei-

ten lassen sich auf verschiedene Lerngeschichten zurückführen (lerntheoretische Ansätze der Persönlichkeitspsychologie).

3. Lernen spielt sich oft im sozialen Umfeld und mit verteilten Rollen ab. Ziel des Lernens ist häufig der Aufbau sozialer Verhaltensweisen. Die Gesamtheit sozialen Lernens, denen Menschen in einer Kultur unterworfen ist, nennt man Sozialisation.

 LITERATUR ZUR ERGÄNZUNG UND VERTIEFUNG

Angermeier, W. F., Bednorz, P. & Schuster, M. (1984). *Lernpsychologie*. München: Reinhardt.
(Grundlegende Modelle einer Psychologie des Lernens werden allgemeinverständlich dargestellt.)

Bredenkamp, J. & Wippich, W. (1977). *Lern- und Gedächtnispsychologie*. Band 1. Stuttgart: Kohlhammer.
(Studientext mit Schwerpunkt beim Verhaltenslernen.)

Colley, A. M. & Beech, J. R. (1989). *Acquisition and performance of cognitive skills*. Chichester: Wiley.
(Das Buch behandelt neue Fragestellungen im Bereich des Erwerbs und Transfers von kognitiven Fertigkeiten.)

Cormier, S. M. & Hagman, J. D. (Eds.). (1987). *Transfer of learning. Contemporary research and applications*. New York: Academic Press.
(Sammelband mit Beiträgen zum gegenwärtigen Stand der Diskussion über Lernübertragung.)

Holding, D. H. (1981). *Human skills*. New York: Wiley.
(Über den Erwerb von motorischen Fertigkeiten, ihre Erhaltung über die Zeit sowie ihre Koordination bei der Ausführung.)

Klein, S. B. & Mowrer, R. R. (1989). *Contemporary learning theories*. 2 Vol. Hillsdale, NJ: Lawrence Erlbaum.
(Überblick über neue Ansätze im Lernen und Verhalten, verläßt aber nicht den durch die klassischen Lerntheorien vorgegebenen Rahmen.)

Seligman, M. E. P. & Hager, J. L. (1972). *Biological boundaries of learning*. New York: Appleton-Century-Crofts.
(Beitrag zur Instinkt-Lernen-Kontroverse mit umfassendem theoretischen und empirischen Material aus zahlreichen Bereichen tierischen und menschlichen Verhaltens.)

Watson, D. & Tharp, R. (1975). *Einübung in Selbstkontrolle. Grundlagen und Methoden der Verhaltensänderung*. München: Pfeiffer (Erstausgabe 1972: *Self-directed behavior. Self modification for personal adjustment*. Monterey, Calif.: Brooks/Cole).
(Anwendung von Lernprinzipien zur Veränderung des eigenen Verhaltens, z. B. Angewöhnung von Studientechniken, Abgewöhnen des Rauchens.)

Kapitel 11

Motivation und Emotion

Was für Bedürfnisse, welche Gefühle bewegen die Menschen?

Sind Gefühle und Bedürfnisse immer bewußt?

Können Gefühle schädlich sein?

Gibt es eine überstarke Motivierung?

Welche Zusammenhänge bestehen zwischen Kognition und Gefühl?

Wie ändern sich Gefühle und Bedürfnisse mit den Lebensumständen?

Die Psychologie der Motivation und Emotion - für eine breite Öffentlichkeit ist das der Inhalt der Psychologie schlechthin. In der so begriffenen Psychologie spiegelt sich die Dynamik der Menschen, aber auch deren zerstörerische Kraft, ihre Schwäche und Unberechenbarkeit. Wenn die Psychologie das (zweifelhafte) Ansehen einer Geheimlehre genießt, die Eingeweihten Macht über Mitmenschen verleiht, so rührt dies wesentlich her von ihrer nicht selten vorgenommenen Verengung auf eine Wissenschaft von der Motivation und Emotion.

Der Zauber des als geheimnisvoll Angekündigten verfliegt freilich rasch mit der eingehenderen Beschäftigung. Schwer zu fassen ist die Dynamik emotionaler und motivationaler Prozesse. Und was im eigenen Erleben vital, mitreißend, ja mitunter überwältigend erscheint, gerät in der wissenschaftlichen Beschreibung leicht zu einem blaß und belanglos wirkenden Abklatsch der Wirklichkeit. In der nüchternen Analyse geht oft vollends jene Spontaneität verloren, welche in der motivationalen und emotionalen Betroffenheit wurzelt.

Der Motivations- und Emotionstheorie innerhalb der Psychologie eine zentrale Stellung einzuräumen, bedeutet nicht, ihre Bedeutung zu überschätzen. Denn Strebungen und emotionale Bewertungen prägen Wahrnehmungen und Denkabläufe; sie lenken das Handeln und das Lernen. Wenn Wahrnehmen und Denken, Handeln und Lernen sich zu koordinierten Aktionen zusammenfügen und daraus das Bild einer einheitlichen Persönlichkeit entsteht, so ist dies wohl dem individuell geprägten und Kontinuität stiftenden Wirken der Motive und emotionalen Einstellungen zu verdanken.

11.1
Motivation und Emotion - zwei Seiten derselben Münze?

11.1.1 Die Angst des Beifahrers und die Anspannung des Fahrers

Ein Blick in einen Volkswagen Passat. Ein Mann sitzt am Steuer, neben ihm seine Frau. Ihr Gesicht ist verkrampft, ihr Herz schlägt manchmal bis zum Hals, ihre Hände werden feucht. Sie beobachtet ununterbrochen ihren Mann; sie leidet darunter, nicht selbst Lenkrad und Bremse betätigen zu können. Entgegenkommende Fahrzeuge erschrecken sie. Mitunter verschafft sie sich durch Zurufe Erleichterung: „Vorsicht!", „Bremsen!", „Pass' doch auf!" Sie hat Angst.

Man würde der Frau Unrecht tun, wollte man ihr Benehmen als „typisch weibliche Nervosität" abtun. Männer, die ihre Frauen auf dem Beifahrersitz begleiten, stehen ihren Frauen an Nervosität und Gespanntheit nicht nach. Was viele Menschen als ihr privates Familienproblem ansehen, entpuppt sich in einer von der Bundesanstalt für Straßenwesen durchgeführten Testreihe als eine verbreitete Erscheinung: Beifahrer haben oft Angst und sind aufgeregter als Fahrer.

Eine Woche lang fuhren vor allem Ehepaare in einem Testwagen über das Land und durch die Stadt München - abwechselnd als Fahrer und Beifahrer. Der Testwagen war mit einer Serie von Meßgeräten bestückt. Fahrer und Beifahrer wurden vor der Fahrt an physiologische Registriergeräte angeschlossen, die ihren Herzschlag und ihre Schweißdrüsentätigkeit aufzeichneten (Lieret, 1977).

Schweißdrüsentätigkeit und Herzschlag sind bei Beifahrern erhöht. Aber auch für routinierte Fahrer kann das Autofahren zu einer aufregenden Sache werden. Steigerungen der Herztätigkeit von rund 80 Schlägen

Blick in den Meßwagen. Ein Techniker fährt auf dem Rücksitz mit.

pro Minute in Ruhe auf mehr als 90 Schläge sind bei einer Dauergeschwindigkeit von 90 Stundenkilometern durchaus normal - wie Lisper, Laurell und Stening (1973) von der schwedischen Universität Uppsala mit einem Volvo-Testwagen festgestellt haben. Der Herzschlag steigert sich auf 130 und mehr Schläge in Risikosituationen wie beim Überholen und bei dichtem Auffahren (vgl. Bösser, Lloyd & Schmidt-Mummendey, 1977). Das bedeutet freilich nicht, daß der Fahrer sich als aufgeregt erlebt; er empfindet seinen Zustand eher als Konzentration, als Anspannung.

Die Angst des Beifahrers und die konzentrierte Anspannung des Fahrers haben eines gemeinsam: Es sind Erregungszustände. Die Steigerung der inneren Erregung wird in beiden Fällen erkennbar in
• dem subjektiven Erleben der Betroffen,
• dem sprachlichen Ausdruck,
• dem nicht-sprachlichen Ausdruck,
• der äußerlich sichtbaren Tätigkeit,
• der physiologischen Aktivität.
Derart nachweisbare psychophysiologische Erregtheit wird auch *Aktiviertheit* oder *Aktivation* genannt.

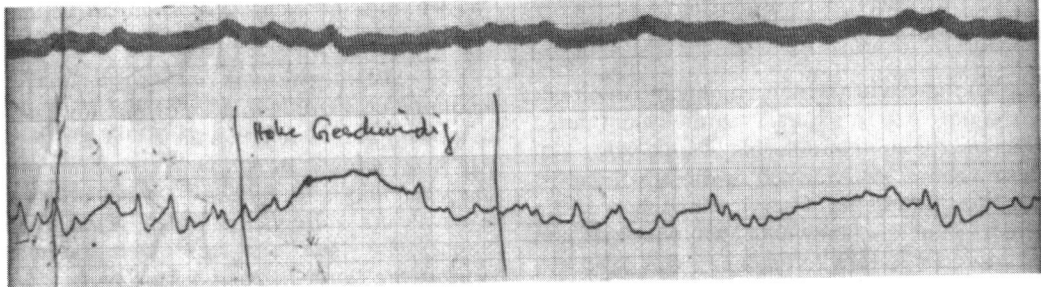

Erhebung der mit Emotionalität und Anspannung einhergehenden physiologischen Aktiviertheit. Das oben abgebildete Registrationsbeispiel stammt aus der eingangs geschilderten Studie von Lieret (1977). Der obere Teil des Streifens zeigt die Blutdruck- schwankungen im Ohrläppchen (Ohrpuls), der untere Teil den elektrischen Hautwiderstand als Anzeiger der Schweißdrüsenaktivität. Man sieht: Bei erhöhter Geschwindigkeit reagiert der Beifahrer mit der Steigerung der Schweißdrüsenaktivität.

Lieret, I. (1977). Angst des Beifahrers. ADAC-Motorwelt, 9, 41-43.

Lisper, H. O., Laurell, H. & Stening, G. (1973). Effects of experience of the driver on heart-rate, respiration rate, and subsidiary reaction time in a three hours continuous reaction task. Ergonomics, 16, 501-506.

Bösser, Th. F., Lloyd, I. & Schmidt-Mummendey, A. (1977). Bedingungen offensiven und gefähr-lichen Fahrverhaltens auf der Autobahn. Systemanalytische Untersuchungen. In W. Tack (Hrsg.), Bericht über den 30. Kongress der Deutschen Gesellschaft für Psychologie 1976 in Regensburg (Band 2, S. 375-377). Göttingen: Hogrefe.

Zwischen Fahrern und Beifahrern besteht jedoch ein wesentlicher Unterschied: Fahrer gebieten über Gaspedal und Steuer; sie können Fahrtgeschwindigkeit und Fahrtrichtung bestimmen. Anders ausgedrückt: Sie besitzen Einflußmöglichkeiten, Kontrolle. Einfluß und Kontrolle ist aber genau das, was den Beifahrern fehlt. Man kann demnach sagen: Die Aktiviertheit der Fahrer kommt ihrer Tätigkeit zugute, sie wird in den Dienst des von ihnen verfolgten Ziels gestellt. Beifahrer können ihre Aktiviertheit keiner festen Tätigkeit zuführen; sie staut sich auf und wechselt in ihrer Ausrichtung.

11.1.2 Motiviertheit - organisiert? Emotionalität - unorganisiert?

Es hat inzwischen Tradition, jenem Anteil der Erregung, der Handlungen zufließt und deren Zielen zugute kommt, als *Motiviertheit* zu bezeichnen. Motiviertheit in diesem Sinne ist als der Betrag an Energie aufzufassen, die einer Tätigkeit innewohnt. Motiviertheit und Energie einer Tätigkeit mögen ihren Ausdruck finden in den Phänomenen der Willensstärke, der Einsatzbereitschaft und der Konzentration. Motiviertheit in diesem Sinne richtet sich auf Ziele; die mit ihr einhergehende Energie entlädt sich im Verfolgen dieser Ziele - wie bei einem konzentrierten Autofahrer.

In der angesprochenen Tradition wird die *Emotionalität* von der Motiviertheit (lat. movere, bewegen) abgesetzt. Emotionalität umfasse ebenfalls einen Anteil an Erregung, eine Teilmenge der verfügbaren Energie. Aber es sei jener Anteil an Erregtheit und Energie, der nicht oder noch nicht an Handlungen gebunden sei; deshalb fehle es dort an Ordnung, an Organisation - wie beim nervös erscheinenden Beifahrer. Der Emotionalität kommen aus dieser Sicht vorzugsweise zwei Eigenschaften zu: Unstetigkeit und Störwirkung. Der französisch-schweizerische Psychologe Edouard Claparède hat die unkontrollierte Dynamik der Gefühle folgendermaßen beschrieben:

„*Die Nutzlosigkeit, ja sogar die Schädlichkeit des Gefühls ist allgemein bekannt. Nehmen wir einen Menschen, der die Straße überqueren will; wenn er Angst vor Autos hat, verliert er die Fassung und wird überfahren. Angst, Freude, Ärger - sie schwächen unsere Aufmerksamkeit und unser Urteil und lassen uns oft bedauerliche Handlungen begehen. Kurz - der Mensch in der Gewalt einer Leidenschaft verliert seinen Kopf.*"
(Übersetzung aus Claparède, 1928, S. 127)

Ähnlich definierte Young (1973) das *Gefühl* als einen „Prozeß oder Zustand der Verwirrung" (engl. *disturbed process or state*).

Nun ist die Theorie von der Unorganisiertheit der Emotionalität nicht ohne Widerspruch geblieben; auch die generelle Nutzlosigkeit, ja Schädlichkeit der Gefühle ist angezweifelt worden. In seiner Schrift *Denken und Emotion* argumentiert George Mandler:

„*... es gibt gut gelerntes (d. h. organisiertes) emotionales Verhalten, und es hat dieselben Merkmale der Geschlossenheit und Ordnung wie jedes andere Reaktionssystem. Ein Zornausbruch läuft in der gleichen Regelmäßigkeit ab wie die alltäglichste und gefühlsarme Verrichtung, und wie diese kann er auch erwünschte Konsequenzen hervorbringen. Gut ausgeführte aggressive Reaktionen gegenüber wohlbekannten Objekten in gut definierten Situationen mögen ein anderer Fall einer geordneten ... Unterbrechung sein.*"
(Übersetzung aus Mandler, 1975, S. 167)

Claparède, E. (1928). Feelings and emotions. In M. L. Reymert (Ed.), *Feelings and emotions: The Wittenberg Symposium* (pp. 124-139). Worcester, Mass.: Clark University Press.

Young, P. T. (1973). *Emotion in man and animal.* Huntington, NY: Krieger.

Mandler, G. (1979). *Denken und Fühlen.* Paderborn: Junfermann (Erstausgabe 1975: *Mind and emotion.* New York: Wiley).

George Mandler knüpft in seinem oben genannten Buch an Lewins Theorie der unerledigten Handlung an (s. Abschnitt 9.4.5) und kehrt das Argument der *Desorganisationstheorie* geradezu um: Emotionalität sei nicht Grund einer Unterbrechung, sondern deren Folge. Unterbrechungen entstünden durch äußere Störung oder durch die Wirkungslosigkeit vorbedachter Maßnahmen. Setze eine Unterbrechung einer Planung oder einer Handlung ein vorzeitiges Ende, so habe dies zwei Folgen: Einerseits (rückgewandt) Enttäuschung, andererseits (gegenwarts- und zukunftsbezogen) Konfrontation mit einer neuen Situation. Damit entsteht eine *Krise*, zu deren Überwindung Energie zu mobilisieren sei. Der Psychophysiologe Walter Cannon (1939, s. a. später Abschnitt 11.2.2) hat in ähnlichem Sinne der Emotion eine *Notfallfunktion* (engl. *emergency function*) zugesprochen. Sie habe sich in den naturgeschichtlich alten Krisensituationen des Kampfes und der Flucht herausgebildet und werde nunmehr auf andere Bewährungssituationen verallgemeinert. So betrachtet, fällt der Emotion eine hoch konstruktive Aufgabe zu: Sie stellt zur Bewältigung schwieriger und unerwarteter Situationen Energie bereit, erhöht Einsatz und Ausdauer.

Es wäre allerdings wirklichkeitsfremd, der Emotionalität nur konstruktive Kräfte zuzuschreiben. Es gilt ebenfalls: Starke Gefühle pflegen der Leistung zu schaden; es sind eher die schwachen Gefühle, welche die Leistung fördern. Durch Emotionen gefördert werden weiterhin zumeist die leichten, geübten Tätigkeiten, nicht die schwer auszuführenden.

Verzehrende Angst

Wie übermächtig Angst werden kann, schildert Erich Fried in folgendem (bisher unveröffentlichten) Gedicht:

„Meine Angst
ist so groß geworden,
daß sie vor nichts mehr Angst hat.
Meine Angst
ist so groß geworden,
daß alles Angst hat vor ihr.
In Wirklichkeit ist meine Angst
klein geblieben
und kleinlich.
Auch mich macht sie klein
und kleiner.
Nur dadurch
kommt sie mir so groß vor.“

Wie bewähren sich diese allgemeinen Aussagen über das Verhältnis von Gefühlsstärke, Aufgabenschwierigkeit und Leistung, wenn man sie auf einzelne Emotionen - wie etwa *Angst* - anwendet? Kann man etwa belegen: Leichte Angst beflügelt, doch nur bei leichten Aufgaben. Starke Angst lähmt das Denken; nennenswerte Leistungen kommen in diesem Zustand nicht zustande. Das ist tatsächlich der Fall (vgl. z. B. Chiles, 1958; Tennyson & Woolley, 1971). Beobachtet man Ängstliche und Nichtängstliche bei ihren Arbeiten, stellt man fest: Ängstliche sind eifriger und aktiver (z. B. Eysenck, 1979). Im Sinne Tomaszewskis (s. Abschnitt 9.3.2) kann man ergänzen: Ängstliche tun mehr zur Aufdeckung und Korrektur von Fehlern, sie sichern sich stärker bei ihrer Tätigkeit ab. Ein solches Mehr an Aktivität hat sicher seine Vorzüge; ein Autofahrer mit einem Anflug von Ängstlichkeit wird Risiken stärker beachten und mag dadurch eher unfallfrei sein Ziel erreichen. Aber der Vorzug verwandelt sich schnell in einen Nachteil, wenn die Zusatztätigkeit überhand nimmt und unnötige Aufmerksamkeit von der Haupttätigkeit abzieht. So wird der stark ängstliche Autofahrer u. a. unnötige Pausen einlegen, um den Zustand seines Fahrzeuges zu überprüfen.

Optimale Aktiviertheit: Die Yerkes-Dodson-Regel

Eine Fülle von Beobachtungen zum Leistungshandeln unter emotionaler Belastung (z. B. durch Angst) und Beanspruchung durch die Umwelt (z. B. durch Lärm) lassen sich in einem eleganten theoretischen Entwurf zur Deckung bringen: Der *Yerkes-Dodson-Regel*. Als gemeinsame Funktion emotionaler Belastung und äußerer Beanspruchung wird dabei die psychophysische Erregung, die Aktiviertheit des Organismus angenommen. Ein mittlerer Grad an Aktiviertheit sei jeweils für die Leistung optimal. Mit der Schwierigkeit einer Aufgabe wachse jedoch die Irritierbarkeit durch Aktivierung; deshalb sinke das Optimum der Aktiviertheit mit der Aufgabenschwierigkeit (vgl. Duffy, 1962).

Die Modellvorstellung der ∩ - förmigen Abhängigkeit der Leistung von der Aktiviertheit wird gewöhnlich den Amerikanern Robert M. Yerkes und John D. Dodson (1908) zugeschrieben. Tatsächlich lagen den beiden Autoren so weitreichende Formulierungen fern. Eigentlich haben sie nur eine Studie über das Lernen von Tanzmäusen veröffentlicht;

darin hatten sie unterschiedlich schwere Lernaufgaben verwendet und das Tempo des Lernens durch Verabreichung von Elektroschocks zu verändern versucht. Die Interpretation, welche die Autoren an ihre Leser geben wollten, war in behavioristischer Manier knapp auf die Beobachtungsdaten zugeschnitten: Schwache Schocks beschleunigen das Lernen, starke Schocks beeinträchtigen es; dabei sind schwierige Aufgaben anfälliger gegen Störungen als leichte. Vorbildlich wurde ihre Arbeit in formaler Hinsicht. Sie zeigte erstmals ∩ - förmige Abhängigkeiten von Leistungsmaßen (hier: des Lernens) von der äußeren Belastung (hier: der Schockintensität), deren Gipfel sich noch dazu mit der Aufgabenschwierigkeit verschob.

Yerkes forschte übrigens mit Dodson an der Universität Harvard. Später wurde er Leiter eines bekannten Zentrums für Forschungen an Primaten (Menschenaffen) in Orange Park, Florida. Nach seinem Tod erhielt das Institut zu seinem Gedenken den Namen Yerkes-Center.

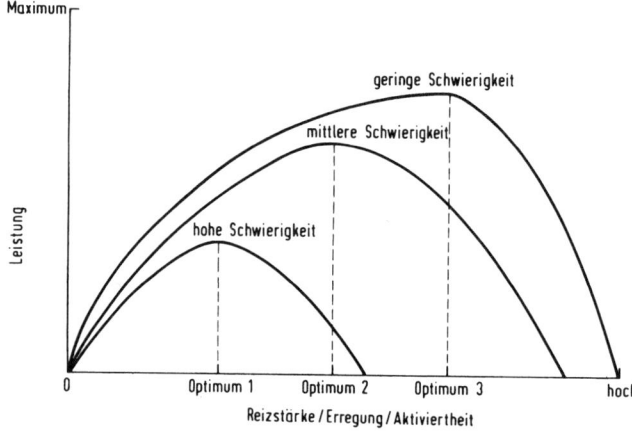

Die Regel von Yerkes und Dodson (1908). Ein Reiz kann die Leistung sowohl fördern als auch beeinträchtigen. Bei geringer Reizstärke bzw. Erregung bzw. Aktiviertheit hat die fördernde Wirkung die Oberhand, bei hoher Reizstärke bzw. Erregung bzw. Aktiviertheit die beeinträchtigende Wirkung. Darüber hinaus sind Beeinträchtigungen umso wahrscheinlicher, je schwieriger die Aufgabe ist. (Mit der Schwierigkeit sinkt das Leistungsniveau; deshalb die verschiedenen Maxima der drei Kurven.)

Überhaupt wird im kognitivistischen Lager die Ablenkung der Aufmerksamkeit als Grund für Leistungsverschlechterungen unter Angst stark betont. Angst bedeute einerseits erhöhte emotionale Erregung, zum anderen eine Erschütterung des Selbstvertrauens. In der

Kognition gewännen daher Wahrnehmungen der eigenen Erregtheit (z. B. Zittern, Herzklopfen) und Selbstzweifel Raum und zögen Aufmerksamkeit auf sich, die dann dem Leistungshandeln abgehe (z. B. Morris & Liebert, 1970).

Cannon, W. B. (1939). *The wisdom of the body*. New York: Norton (Erstausgabe 1932).

Chiles, W. D. (1958). Effects of shock-induced stress on verbal performance. *Journal of Experimental Psychology, 56*, 159-165.

Tennyson, R. D. & Woolley, F. R. (1971). Interaction of anxiety with performance on two levels of task difficulty. *Journal of Educational Psychology, 62*, 463-467.

Eysenck, M. W. (1979). Anxiety, learning, and memory: A reconceptualization. *Journal of Research in Personality, 13*, 363-385.

Duffy, E. (1962). *Activation and behavior*. New York: Wiley.

Yerkes, R. M. & Dodson, J. D. (1908). The relation of strength of stimulus to rapidity of habit formation. *Journal of Comparative Neurology and Psychology, 18*, 459-482.

Morris, L. W. & Liebert, R. M. (1970). Relationship of cognitive and emotional components of test anxiety to physiological arousal and academic performance. *Journal of Consulting and Clinical Psychology, 35*, 332-337.

Dieser Exkurs in die Angsttheorie macht deutlich: Die in diesem Abschnitt eingeführte These von der Desorganisiertheit sowie der desorganisierenden Wirkung von Emotionen hat ihre Gründe. Jedoch zeigt die eingehende Analyse von Emotionen auch erhebliche konstruktive Anteile. Die Emotionalität nur als Destruktivkraft zu charakterisieren, ist demnach kaum zu rechtfertigen.

11.1.3 Anreiz und Befriedigung

Zu jedem *Motiv* gibt es spezifische Objekte oder Ereignisse, die das Motiv befriedigen. Ein körperliches Motiv wie der Durst wird durch die Einnahme von Flüssigkeit befriedigt, ein soziales Motiv wie der Ehrgeiz durch Gewinn eines Wettbewerbs. Zur Befriedigung geeignete Objekte oder Ereignisse üben, bevor sie erreicht sind, auf Bedürftige einen Anreiz aus.

Die *Befriedigung* eines *Bedürfnisses* (z. B. Durst) durch ein Objekt (z. B. Wasser) läßt sich nach zwei Prinzipien beschreiben:
- nach dem Prinzip der Triebreduktion (Regelung auf einen Soll-Wert von Null),
- nach dem Homöostaseprinzip (Regelung auf einen Soll-Wert mittlerer Ausprägung).

Dem *Triebreduktionsprinzip* liegt die Annahme von Mangelzuständen zugrunde, die der Organismus zu beseitigen trachtet - je vollständiger desto besser. Aus dieser Sicht erscheint der Hunger als ein Bedürfnis, das durch Entzug von Nahrungsmitteln entsteht und durch Konsum von Nahrungsmitteln vollständig zu beseitigen ist.

Anders das *Homöostaseprinzip* (griech. *homoios*, gleich; *stasis*, Stand) - das Prinzip des Gleichgewichts. Autoren, welche das Homöostaseprinzip bevorzugen - man trifft sie häufig im kognitivistischen Lager, verweisen auf die häufige Suche nach einem „goldenen Mittelweg" - beim Essen und Trinken, bei sexueller Betätigung, beim Machtstreben, bei der Neugier; es ist jeweils ein Streben nach einem Optimum in der Mitte zwischen Extremen.

Homöostase läßt sich allerdings nicht nur erklären als Regelung auf einen einzigen *Soll-Wert* in Mittellage. Homöostatisch wirkt auch die gleichzeitige Regelung auf zwei einander entgegengesetzte Soll-Werte, je einen auf Versorgung und einen auf Hemmung eingestellten Soll-Wert. Die zuletzt genannte Form der antagonistischen Regelung scheint beim Hunger vorzuliegen. Es gibt eine Tendenz zur Nahrungsaufnahme, die jedoch durch eine entgegengesetzte Tendenz zur Meidung von Übersättigung gebremst wird. Jede der beiden Tendenzen ist in einem eigenen physiologischen Mechanismus verankert. Im Zwischenhirn gibt es eine Region, die den Organismus zur Nahrungsaufnahme veranlaßt: das *Eßzentrum*. Eine andere Region im Zwischenhirn scheint dagegen die Nahrungsaufnahme zu hemmen: das *Sättigungszentrum*. Zerstört man bei Versuchstieren das Eßzentrum, verhungern sie bei gefülltem Freßnapf. Zerstört man dagegen das Sättigungszentrum, dann werden die Tiere bei reichlichem Futter übergewichtig; an den Folgen der Übergewichtigkeit können sie zugrunde gehen (vgl. Teitelbaum

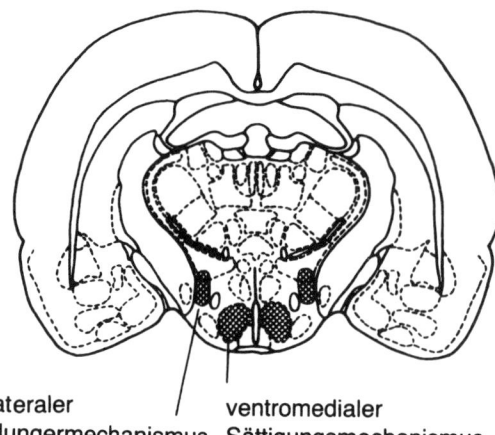

lateraler   ventromedialer
Hungermechanismus Sättigungsmechanismus

Steuerung der Nahrungsaufnahme über Hirn-
strukturen (Pellegrino, Pellegriono & Cushman,
1967).

& Epstein, 1962). Beim intakten Organismus gibt es offensichtlich für die aufgenommene Nahrung zwei Schwellenwerte, einen oberen und einen unteren. Wird der untere unterschritten, tritt das Eßzentrum in Aktion und treibt zur Nahrungsaufnahme an; wird dann jedoch die obere Schwelle überschritten, so wird das Sättigungszentrum aktiv und beendet die Nahrungsaufnahme.

Übergewichtiger Affe nach operativer Zerstörung des Sättigungszentrums (Hamilton & Brobeck, 1964, S. 267).

In Gefühlen spiegelt sich der Anreizwert von Gegenständen und Situationen. Indem Anreize die Handlung steuern, erhalten auch Gefühle, welche die Anreize widerspiegeln, eine handlungsleitende Funktion. Damit ergibt sich ein Zusammenhang zwischen Gefühlen und der Motivation zielgerichteter Handlungen. Ernst Lantermann (1982) von der Gesamthochschule Kassel hat gezeigt, daß die Gefühlsqualität von Objekten und Situationen einen deutlichen Bezug zu drei wichtigen Faktoren der Motivation besitzt: die *Instrumentalität*, d. h. die Zieldienlichkeit, die *Valenz*, d. i. der Anreiz oder der Wert eines Handlungsergebnisses, sowie die *Kontrolle*, d. i. der eigene Einfluß auf das Ergebnis der Handlung (s. Abschnitte 9.4.2, 9.4.4).

Pellegrino, L. J., Pellegrino, A. S. & Cushman, A. J. (1967). *A stereotaxic atlas of the rat brain*. New York: Plenum.

Teitelbaum, P. & Epstein, A. N. (1962). The lateral hypothalamic syndrome: Recovery of feeding and drinking after lateral hypothalamic lesions. *Psychological Review, 69,* 74-90.

Hamilton, C. L. & Brobeck, J. R. (1964). Hypothalamic hyperphagia in the monkey. *Journal of Comparative and Physiological Psychology, 57,* 271-278

In Lantermanns Untersuchungen beschrieben Studierende bekannte Situationen wie „Vorlesung", „Cafeteria", „Bibliothek" nach den Merkmalen der Instrumentalität, der Valenz und der Kontrolle und gaben zugleich ihre Gefühle den genannten Orten gegenüber an. Da jedes der drei Merkmale positiv oder negativ zu bewerten war, ergaben sich acht Konstellationen von handlungsrelevanten Einstufungen (z. B. Instrumentalität und Valenz negativ, Kontrolle positiv), und ihnen waren verschiedene emotionale Bewertungen zugeordnet. „Freude" herrschte etwa vorwiegend über zieldienliche, persönlich bedeutsame, beeinflußbare Situationen, während persönlich bedeutsame, aber nicht zieldienliche und

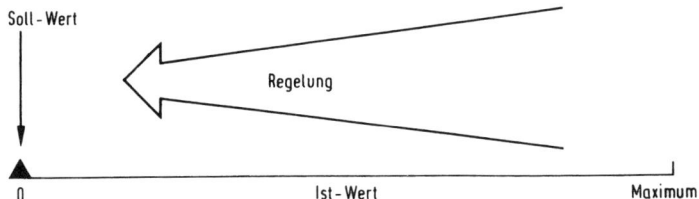

Soll-Wert

Regelung

0   Ist-Wert   Maximum

Einfache Triebreduktion :   Regelung auf einen Soll-Wert der Größe Null

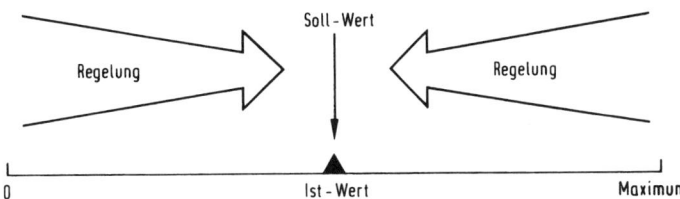

Soll-Wert

Regelung   Regelung

0   Ist-Wert   Maximum

Homöostase I :   Regelung auf einen Mittelwert

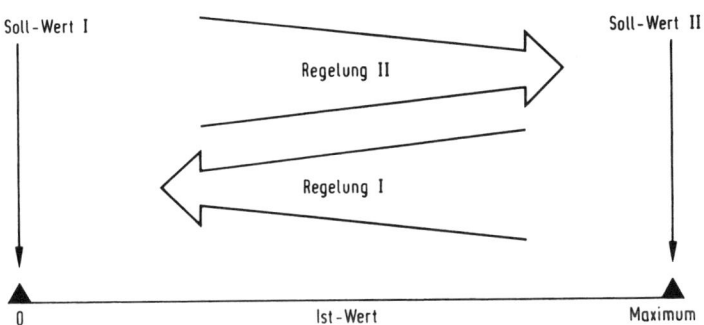

Soll-Wert I   Soll-Wert II

Regelung II

Regelung I

0   Ist-Wert   Maximum

Homöostase II :   Regelung auf zwei einander entgegengesetzte Soll-Werte
(antagonistische Regelung)

Drei Modelle der Regelung bzw. der Bedürfnisbefriedigung: Triebreduktion, Streben nach einem optimalen Mittelwert, antagonistische Regelung.

unkontrollierbare Situationen (wie z. B. eine langweilige Vorlesung ohne den erhofften Wissensgewinn) eher „Trauer" und „Niedergeschlagenheit" hervorriefen. Der Autor rückt in seiner Analyse die Emotionen in die Nähe von *Einstellungen*. Es seien schnelle, Interessen und Intentionen widerspiegelnde Urteile - „*heiße Kognitionen*", wie Robert Zajonc (1980) sie genannt hat.

Solche Erwägungen lassen Emotionen in ganz neuem Licht erscheinen: als handlungsvorbereitende, handlungsbegleitende und auf Handlungen folgende Bewertungen der Welt in ihrem Bezug zur eigenen Person. So entsteht eine Gefühlswelt, die langfristige Objektbeziehungen festhält (z. B. Vorlieben für Gegenstände, Bindungen an Partner).

Diese Objektbeziehungen sind dann imstande, Handlungen zu initiieren und zu leiten. Die tätige Fürsorge, das entschlossene Eingreifen, das geduldige Aushalten mag derart in Emotionen seinen Ursprung haben.

Lantermann, E. D. (1982). Integration von Kognitionen und Emotionen in Handlungen. In H.-W. Hoefert (Hrsg.), *Person und Situation - interaktionspsychologische Untersuchungen* (S. 67-84). Göttingen: Hogrefe.

Zajonc, R. B. (1980). Feeling and thinking: Preferences need no inferences. *American Psychologist, 35,* 151-175.

Die Reizsummenregel

Ist ein Bedürfnis stark, so können viele und unaufdringliche Gegenstände die Begehrlichkeit wecken und das Gefühl erregen. Ist das Bedürfnis jedoch schwach, werden nur wenige und dann vorwiegend aufdringliche Gegenstände die Begehrlichkeit reizen und Gefühle hervorrufen. So ist der Hungrige nicht wählerisch und auch über schlichte Kost entzückt, während der Satte nur noch an ausgefallenen Delikatessen Genuß empfindet.

Der Biologe Alfred Seitz (1940) hat diesen Umstand am Kampf- und Laichverhalten afrikanischer Fische exakter nachgewiesen. Form und Färbung dieser Fische dienen als Auslöser (vgl. Abschnitt 9.2.1). Der Autor stellt jedoch fest: Den äußeren Auslösereizen stehen innere instinktive Reize gegenüber. Im Effekt würden Innenreize gegen Außenreize aufgerechnet bzw. beide Arten von Reizen würden akkumuliert (*Reizsummenregel*).

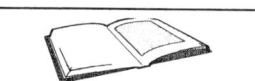

Seitz, A. (1940). Die Paarbildung bei einigen Cichliden. *Zeitschrift für Tierpsychologie, 41*, 40-84.

Charles Chaplin als Goldgräber in dem Film „Goldrausch". Ausgehungert genießt er gekochte Schnürsenkel als Delikatesse.

11.1.4 Theoretische und methodische Kontroversen in der Motivations- und Emotionspsychologie

Für den Leipziger Psychologen Felix Krueger stellen Gefühle den „Ursprung" sowie den „ergiebigsten Nährboden" für das *Bewußtsein* dar. Aus dieser Sicht bildet die Analyse von Gefühlszuständen den Schlüssel zur psychologischen Untersuchung überhaupt. Folgt man Krueger (1929), so sind Gefühle und Antriebe zwar individuell und subtil, können jedoch von dem empfindsamen Beobachter mitsamt ihren Gegenständen erfaßt und in wissenschaftlich brauchbarer Weise beschrieben werden. Dies ist ein kognitivistischer und phänomenologischer Ansatz (zum Begriff der Phänomenologie vgl. Abschnitt 3.1.1).

Manche kognitivistischen Autoren wie Krueger selbst und vor ihm der erst in München, dann in Frankfurt lehrende Philosoph und Psychologe Hans Cornelius (1863-1947) fassen Willens- und Gefühlserlebnisse als komplexe, nuancierte, aber gleichwohl ganzheitliche Erscheinungen auf. Insbesondere Gefühle werden als „*Prädikate des Gesamterlebnisses*" (Cornelius, 1897) verstanden. Da der Eigenart und Nuanciertheit der Gefühle und Antriebe nur eine ganzheitliche Betrachtung gerecht werde, verbiete sich die getrennte Erfassung einzelner Komponenten (z. B. Skalierung der Intensität von Gefühlen, Messung einzelner Körperreaktionen). Diese Deutung ist der Ganzheitstheorie, einer Variante des kognitivistischen Ansatzes, zuzurechnen (vgl. Abschnitt 2.1.3).

Bedürfnis und Umwelt

Je nach Bedürfnislage gewinnt die Umwelt eine eigene Bedeutung. Sie verspricht die Befriedigung von Bedürfnissen und versagt sie zugleich. Die wissenschaftliche Psychologie hat sich mit ausgewählten Gegenständen der Umwelt und ihren Merkmalen beschäftigt, die für Gefühle und Bedürfnisse bedeutsam sind (z. B. die körperliche Attraktivität von sozialen Partnern), ist aber Beschreibungen der Anreize komplexer Umwelten für fühlende und verlangende Individuen bisher weitgehend schuldig geblieben. Solche Beschreibungen sind die Domäne von Dichtern und Romanschriftstellern. Zu ihnen gehört Marcel Proust (1871-1922). Aus seinem siebenteiligem Roman *Auf der Suche nach der verlorenen Zeit* stammt der folgende Rückblick auf Empfindungen bei einem Spaziergang durch das ländliche Frankreich:

„Manchmal verband sich mit der überspannten Freude, die mir die Einsamkeit schenkte, noch eine andere, die ich nicht ganz klar davon zu trennen vermochte, und die in mir durch das Verlangen entstand, ein ländliches Mädchen zu sehen, das ich in die Arme schließen könnte. ... Allem, was in diesem Augenblick meine Sinne erfüllte, dem rosigen Ziegeldach, den wehenden Grasbüscheln, dem Dorfe Roussainville, wohin ich schon längst einmal wollte, den Bäumen seiner Wälder, dem Glockenturm der Kirche, schrieb ich die neue Regung zu, die sie mir noch erwünschter erscheinen ließ, weil ich glaubte, sie nur brächten die Lust hervor, während sie mich offenbar nur umso rascher ihnen entgegentragen wollte, wenn sie mein Segel mit einer mächtigen, unbekannten, in günstiger Richtung wehenden Brise schwellte. Dies Verlangen nach einer Frau gab den Reizen der Natur etwas noch Aufregenderes, die Reize

Proust, M. (1964). *Auf der Suche nach der verlorenen Zeit. In Swanns Welt I.* Frankfurt a. M.: Suhrkamp.

der Natur hoben den Wunsch nach einer Frau aus seiner Begrenztheit heraus. Es kam mir so vor, als sei der Zauber der Bäume auch noch ihr zu verdanken, und als ob das Beseelte der Horizonte, des Dorfes Roussainville, der Bücher, die ich in jenem Jahr las, durch ihren Kuß mir offenbar werden würde. ... Ich verlangte nach einer jungen Bäuerin von Méséglise oder Roussainville, einer Fischerin aus Balbec, so wie ich mich nach Méséglise oder nach Balbec sehnte. ... In Paris die Bekanntschaft einer Bäuerin aus Méséglise oder einer Fischerin aus Balbec zu machen, wäre mir so vorgekommen wie Muscheln, die ich nicht selbst am Strand gesehen oder ein Farnkraut, das ich nicht in den Wäldern gepflückt, es hätte der Lust, die diese Frau mir schenkte, alles das genommen, womit meine Einbildungskraft sie umwoben hatte. Aber hier in den Wäldern von Roussainville umherirren und keine Dörflerin zum Umarmen haben, bedeutete, daß ich den verborgenen Schatz, die innewohnende Schönheit dieser Wälder nicht kannte. Dies Mädchen, das ich immer nur mit Laub bedeckt vor mir sah, war für mich selbst nur ein Gewächs der Gegend, freilich von höherer Art und ihrer Natur nach so beschaffen, daß man durch sie der auf dem Grunde verborgenen Essenz des Landes näher kommen konnte als auf irgendeinem anderen Weg."

(Proust, 1964, S. 208ff., übersetzt von E. Rechel-Mertens)

Der Behaviorismus hatte für kognitivistische Positionen in der Emotionstheorie nur Kritik und mitunter auch Spott übrig. Was seien denn subjektive Gefühlserlebnisse? Bestenfalls private Ereignisse, die sich der exakten wissenschaftlichen Behandlung entzögen; schlimmstenfalls seien es Hirngespinste. Und zur Ganzheitlichkeit: Das Bemühen um „ganzheitliche Schau" sei vorwissenschaftlich; die Wissenschaft bewähre sich gerade im Aufgliedern und Messen von Einzelmerkmalen. So hat 1933 Max F. Meyer von der Universität von Missouri seinen behavioristischen Kollegen wohl aus dem Herzen gesprochen, als er in der angesehenen Zeitschrift *Psychological Review* die Meinung kundtat, das Problem der Gefühlserlebnisse werde unnötig hochgespielt und dürfte bald - der Autor schätzt bis 1950 - aus der wissenschaftlichen Psychologie verschwunden sein. Meyers Artikel beginnt mit den provozierenden Sätzen:

„Der Wal fällt unter den Fischen doppelt auf: Aus der Ferne betrachtet, sieht er aus wie ein besonders großer Fisch. Aus der Nähe sieht man dann: er ist überhaupt kein Fisch. Etwas ähnliches sage ich für die Gefühlstheorie voraus, wie man sie in psychologischen Lehrbüchern und Zeitschriften findet.

Die Psychologie als die Wissenschaft vom menschlichen Verhalten ist noch so jung, daß sie sich des überflüssigen Ballasts nicht zu schämen braucht, den sie noch aus ihrer Frühzeit mit sich herumträgt. Die Physiologie mußte in ihrem Beginn die Theorie der vier Säfte loswerden. Die Physik mußte sich von der Theorie der vier Elemente befreien, die auf der Suche nach ihrem Platz sein sollten. Die Chemie hatte ihren Humbug, den man Phlogiston nannte. Die Psychologie soll auch ihren Humbug haben; aber nicht mehr lange."

(Übersetzung aus Meyer, 1933, S. 292)

Kein Humbug sind für den Behavioristen Meyer im Emotionsgeschehen lediglich die objektiv meßbaren Verhaltensweisen, die mit der erlebten Emotion einhergehen: Muskel-, Gefäß- und Nervenreaktionen.

Ähnliche Einwände wurden von behavioristischer Seite teilweise gegen den Triebbegriff erhoben. Triebe seien jedenfalls als subjektive Erlebnisse wissenschaftlich nicht zu fassen. Man könne sie allenfalls durch die Operation des Entzugs bestimmen. Hunger sei etwa zu definieren als Entzug von Nahrung, Durst als Entzug von Flüssigkeit. Triebstärke sei dann gleichbedeutend mit der Dauer des Entzugs, vermindert um eine Entkräftungskomponente als Folge längerer Entbehrung

(vgl. Abschnitt 9.2.3). Ebenso sei der Anreiz eines Objekts als dessen Verstärkungswirkung zu ermitteln (vgl. Abschnitt 10.5.1).

Vertreter der Tiefenpsychologie bereicherten die Motivations- und Emotionstheorie mit einem weitreichenden Anspruch. Sie glaubten, Affekte und Triebe nachweisen zu können, die noch nicht einmal in das Bewußtsein der Betroffenen gedrungen waren. Was ihren Anspruch noch provozierender machte: Die *unbewußten Motive* und *Affekte* sollten eine durchschlagende Wirkung auf das Verhalten haben. Seine psychoanalytische Affektlehre entwickelt Freud vor der Jahrhundertwende in einer Serie von Studien über Hysterie. In einer ersten Fassung seiner Theorie nimmt Freud an, in einem Vorgang der Abwehr werde von einem belastenden (sexuellen) Erlebnis die Affekterregung abgetrennt und verknüpfe sich mit einer bisher affektiv neutralen Vorstellung, die dadurch überwertig und zwanghaft werde. Der Autor schilderte als Beleg den folgenden Fall:

„Ein Mädchen litt unter der Furcht, von Harndrang überfallen zu werden und sich nässen zu müssen, seitdem ein solcher Drang sie einmal wirklich genötigt hatte, einen Konzertsaal während der Aufführung zu verlassen. Diese Phobie hatte sie allmählich völlig genuß- und verkehrsunfähig gemacht.

... Eingehendes Examen wies nach, daß der Harndrang zum ersten Mal unter folgenden Verhältnissen aufgetreten war: In dem Konzertsaale hatte ein Herr nicht weit von ihr Platz genommen, der ihrem Empfinden nicht gleichgültig war. Sie begann ... sich auszumalen, wie sie als seine Frau neben ihm sitzen würde. In dieser erotischen Träumerei bekam sie jene körperliche Empfindung, die man mit der Erektion des Mannes vergleichen muß, und die bei ihr ... mit einem leichten Harndrang abschloß. Sie erschrak jetzt heftig über die ... sexuelle Empfindung, weil sie bei sich beschlossen hatte, diese wie jede andere Neigung zu bekämpfen, und im nächsten Moment hatte sich der Affekt auf den begleitenden Harndrang übertragen und nötigte sie, nach qualvollem Kampf den Saal zu verlassen."

(Freud, 1894/1952, S. 69f.)

Seine Theorie von der Trennung des Bewußten und des Unbewußten hat Freud erst nach 1894 ausgearbeitet. Aufgrund dieser Theorie deutet der Autor später ähnliche Fälle folgendermaßen: Das erotische Erlebnis sei (durch *Affektabspaltung*) ins Unbewußte verdrängt worden, der Harndrang (durch *Affektzufuhr*) sei anstatt dessen als Zwang ins Bewußtsein getreten (vgl. Freud, 1926/1948, insbesondere S.122f.).

Die psychoanalytische Theorie, der Mensch werde durch unbewußte Motive und Affekte beherrscht, verbunden mit der Zuversicht, das Unbewußte lasse sich durch Anwendung psychoanalytischer Verfahren zutage fördern, hat hohe Erwartungen gegenüber der Psychologie geweckt und nicht wenig zu ihrer Publizität beigetragen.

Krueger, F. (1929). *Das Wesen der Gefühle. Entwurf einer systematischen Theorie.* Leipzig: Akademische Verlagsgesellschaft.

Cornelius, H. (1897). *Psychologie als Erfahrungswissenschaft.* Leipzig: Teubner.

Meyer, M. F. (1933). That whale among the fishes - the theory of emotions. *Psychological Review, 40,* 292-300.

Freud, S. (1952). Die Abwehr-Neuropsychosen. *Gesammelte Werke* (Band 1). Frankfurt a. M.: Fischer (Erstausgabe 1894).

Freud, S. (1948). Hemmung, Symptom und Angst. *Gesammelte Werke* (Band 14). Frankfurt a. M.: Fischer (Erstausgabe 1926).

ZUSAMMENFASSUNG

1. Motiviertheit und Emotionalität schließen psychophysische Erregtheit, auch Aktiviertheit genannt, ein. Der Motiviertheit sprechen einige Autoren einen konstruktiv zu nennenden Anteil an Aktiviertheit zu, der zielgerichteten Handlungen zufließt und in Phänomenen wie der Konzentration zum Ausdruck kommt. Die Emotionalität stellt nach Meinung dieser Autoren einen destruktiven Anteil an Aktiviertheit dar, der sich in ungeordneten Tätigkeiten entlädt und zielgerichtete Handlungen stört.

2. Gegner der Theorie von der Desorganisiertheit der Emotionen haben auf den regelmäßigen Ablauf emotionalen Verhaltens (z. B. Zorn) hingewiesen sowie auf die Notfallfunktion der Emotionen. Ob Emotionalität der Leistung schadet, hängt u. a. von ihrer Stärke ab. Starke Emotion (z. B. heftige Angst) beeinträchtigt in der Regel die Leistung, während schwache Emotion (z. B. milde Angst) der Leistung durchaus förderlich sein kann.

3. Bedürfnisse bzw. Triebe bzw. Motive sind als Mangelzustände zu beschreiben. Die Befriedigung von Bedürfnissen erfolgt teilweise nach dem Prinzip der Triebreduktion, teilweise nach dem Homöostaseprinzip; antagonistische Regelung ist möglich.

4. Je nach ihren Eigenschaften können Objekte und Zustände zur Befriedigung von Bedürfnissen dienen; dadurch erhalten sie einen zu Handlungen motivierenden Anreiz. Die Zieldienlichkeit und Wünschbarkeit eines Objekts schlägt sich in der gefühlsmäßigen Einstellung zu diesem Objekt nieder.

5. Kontroversen in der Geschichte der Motivations- und Emotionspsychologie betrafen die objektive Erfaßbarkeit von Motiven und Emotionen, ihre Ganzheitlichkeit sowie die Frage ihrer Verdrängung ins Unbewußte.

11.2
Beschreibung und Klassifizierung von Motiven und Emotionen

11.2.1 Polythematische Theorien

Man kann den Menschen als ein Wesen begreifen, das von Natur aus oder aufgrund seiner Sozialisation mit einer Reihe von Bedürfnissen bzw. Trieben ausgestattet ist. So ausgestattet, müßte der Mensch ein Verhaltensrepertoire entwickeln, das ihm die Befriedigung seiner Bedürfnisse erlaubt. Weiterhin müßten, sofern Bedürfnisse auf Gefühle bezogen sind, der Reihe qualitativ verschiedener Bedürfnisse eine Serie von Gefühlsqualitäten zuzuordnen sein. Wie groß ist die qualitative Vielfalt von Bedürfnissen, Gefühlen und Tätigkeiten, die unter diesen Voraussetzungen in Rechnung gestellt werden muß? Der Konstrukteur einer Theorie kann da recht feine Unterscheidungen bezüglich der Bedürfnisse und der sie befriedigenden Objekte treffen (z. B. Durst auf Wasser, Durst auf Saft, Durst auf Wein usw.). Er kann jedoch auch zur Klassenbildung schreiten und die erfahrbare Vielfalt auf eine begrenzte Zahl von Kategorien zurückführen. Darstellungen, welche diesen Weg gehen und dabei zu mehr als zwei Kategorien gelangen, werden hier polythematische Theorien genannt. Entsprechend werden später behandelte Theorien mit ein oder zwei grundlegenden Motiven sowie Theorien, die auf die ausdrückliche Definition von Motiv- und Emotionsqualitäten verzichten, als mono-, bi- und athematisch bezeichnet. Den Begriff des *Themas* (griech. *thema*, das Gesetzte) hat der amerikanische Persönlichkeitstheoretiker Henry A. Murray in die Motivationspsychologie eingeführt. Damit meint der Autor einen bestimmten Motivinhalt (s. u.).

Der Ansatz einer *polythematischen Motivations- und Emotionstheorie* wird voll entfaltet in einem der ersten Entwürfe zu einer systematischen Sozialpsychologie. Der englische Psychologe William McDougall legte im Jahre 1908 einen Katalog von Grundinstinkten vor. Unter „Instinkt" versteht der Autor einen Komplex, bestehend aus einer Antriebskomponente (entsprechend einem Bedürfnis), einer Affektkomponente (entsprechend einer Emotion) und einer Verhaltenskomponente. Insgesamt schlägt er sieben Grundinstinkte vor.

Grundinstinkte nach McDougall (1908)

Antrieb	Affekt	Verhalten
Fluchtinstinkt	Angst	Zurückweichen/ Flucht
Abwehrinstinkt	Ekel	Zurückstoßen
Kampfinstinkt	Zorn	Angreifen
Neugier	Staunen	Annähern/ Prüfen
Elterlicher Pflegeinstinkt	Fürsorge/ Zärtlichkeit	Pflege/Füttern
Selbsterhaltung	Positives Selbstgefühl/ Überheblichkeit	Vorzeigen/ Imponieren
Selbsterniedrigung	Negatives Selbstgefühl/ Unterwürfigkeit	Wegschleichen/ Sich unterwerfen

Solche Instinktkataloge und Triebinventare sind vor und nach McDougall in großer Zahl zur Diskussion gestellt worden. So schlägt vierzig Jahre vorher in Deutschland der Philosoph Immanuel Hermann Fichte (1873) vier Grundklassen von Trieben vor: Selbsterhaltungs-, Persönlichkeits-, Geselligkeits- und Ehrtrieb. Und fünfzig Jahre nach McDougalls *Sozialpsychologie* veröffentlicht Plutchik (1962) eine Liste von acht *Grundemotionen*, die mit ebenso vielen prototypischen biologischen Verhaltensweisen in Zusammenhang stehen: Begehren, Ekel, Zorn, Liebe, Freude, Traurigkeit, Erstaunen, Hoffnung.

Aufgrund seiner klinischen Erfahrungen hat Henry A. Murray (1938) eine Liste von zwanzig *Grundbedürfnissen* bzw. Motivthemen (s. o.) zusammengestellt. Dieser Liste geht der Ruf voraus, sie umfasse die wirklich wesentlichen Bedürfnisse des in der westlichen Welt sozialisierten Menschen (und nicht nur biologisch grundlegende Triebe). Zur Probe vier Motive aus Murrays Liste mit einer kurzen Charakterisierung:

1. Leistungsbedürfnis: etwas Schwieriges zustande bringen. Physikalische Gegenstände, menschliche Wesen oder Ideen beherrschen, ordnen, damit umgehen; dieses so schnell und so selbständig wie möglich tun. Hindernisse überwinden und hohen Maßstäben genügen. Mit anderen konkurrieren und sie übertreffen. Den Selbstwert erhöhen durch erfolgreichen Einsatz der eigenen Fähigkeit.

2. Anschlußbedürfnis: einem Partner (der einem gleicht oder einen liebt) näher rücken, mit ihm freundschaftlich zusammenarbeiten, sich mit ihm austauschen. Einer geliebten Person Gefallen erweisen und ihre Zuneigung gewinnen. Einem Freund zugehören und ihm treu bleiben.

3. Bedürfnis aufzufallen: einen Eindruck machen. Gesehen und gehört werden. Anregen, Bewunderung erregen, unterhalten, schockieren, amüsieren, intrigieren, verführen.

4. Empfindsamkeit: Suche nach ästhetischen Eindrücken.

Weiterhin enthält die Murraysche Aufstellung die folgenden Bedürfnisse:

5. Unterordnung
6. Aggression
7. Selbständigkeit
8. Gegenwehr
9. Verteidigung
10. Ehrerbietung
11. Überlegenheit
12. Schmerzmeidung
13. Mißerfolgsmeidung
14. Ordnung
15. Spielen
16. Zurückweisung
17. Gewährung von Hilfe
18. Annahme von Hilfe
19. Erotik und Sexualität
20. Verständnis

McDougall, W. (1928). *Grundlagen einer Sozialpsychologie.* Jena: Fischer (Erstausgabe 1908: *Social psychology.* London: Methuen).

Fichte, I. H. (1873). *Psychologie. 2. Teil: Die Lehre vom Denken und vom Willen.* Leipzig: Brockhaus.

Plutchik, R. (1962). *The emotions.* New York: Random House.

Murray, H. A. (1938). *Explorations in personality.* New York: Oxford University Press.

Wundt, W. (1911). *Grundzüge der physiologischen Psychologie.* Leipzig: Engelmann (Erstausgabe 1873).

Die Listen verschiedener Autoren weisen große Überlappungen auf; z. B. fehlt selten die ausdrückliche Einbeziehung eines Liebes- und eines Aggressionstriebes. Bei der Konstruktion von Motiv- und Gefühlsinventaren sind zumindest zwei Probleme unvermeidbar: das Problem der Abgrenzung (sind z. B. Unterordnung und Flucht vollständig unabhängig voneinander?) und das Problem der Grundständigkeit (gehört z. B. das Macht- und Überlegenheitsmotiv wirklich zur Grundausstattung des Menschen?).

Die Schwierigkeiten bei der Konstruktion von Motiv- und Gefühlsinventaren haben den Wunsch nach anderen Formen der Beschreibung und Ordnung aufkommen lassen. Wilhelm Wundt (1873/1911) hat die Frage aufgeworfen, ob verschiedene Emotionen so völlig eigener Natur sind, daß sich ein Vergleich zwischen ihnen verbietet, oder ob sie gemeinsame Eigenschaften besitzen, mit deren Hilfe Ähnlichkeiten zwischen ihnen feststellbar sind. Wundt entschied sich für die zweite Annahme und schlug für Gefühle drei Vergleichsmerkmale vor. Ein Merkmal war die Intensität. Wenn so verschiedene Gefühle wie der Stolz und die Reue jeweils die gleiche Eigenschaft „Stärke" besitzen, so kann man sie bezüglich dieser Eigenschaft miteinander vergleichen. (Zum Beispiel ist dann die Aussage gerechtfertigt: „Seine Reue ist größer als sein Stolz.") Ein anderes Merkmal ist nach Wundt der Grad der Lust bzw. der Unlust.

Traxel, W. (1962). Grundzüge eines Systems der Motivierungen. *Archiv für die gesamte Psychologie, 114*, 143-172.

Traxel, W. & Heide, H. J. (1961). Dimensionen der Gefühle. *Psychologische Forschung, 26*, 179-204.

Werner Traxel ist der Wundtschen Frage nach gemeinsamen Eigenschaften von Motiven und Emotionen weiter nachgegangen (Traxel, 1962; Traxel & Heide, 1961). Er befragte Personen nach der von ihnen empfundenen Ähnlichkeit zwischen verschiedenen Bezeichnungen für Gefühle und Motive und stellte in anschließenden Analysen der erhobenen Urteile fest: Es gibt tatsächlich übergreifende Vergleichsmerkmale bzw. *Ähnlichkeitsdimensionen*, wie Wundt das angenommen hatte. Drei Vergleichsmerkmale bzw. Ähnlichkeitsdimensionen reichen aus, um einen großen Teil der angegebenen Ähnlichkeitsbeziehungen zu erklären: *Stärke* (Intensität im Sinne Wundts), *Bewertung* (Lust-Unlust nach Wundt) und *Dominanz-*

Submission - etwa „überlegenes Herangehen" - „unterwürfiger Rückzug" (Kontrolle im Sinne Rotters, s. Abschnitt 9.4.2).

11.2.2 Mono- und bithematische Theorien

Monothematische Theorien führen die Fülle unterscheidbarer Bedürfnisse auf einen einzigen Grundtrieb zurück. Monothematische Triebtheorien sind vor allem innerhalb der Tiefenpsychologie entwickelt worden. In seinen ersten Studien über Hysterie war Freud von der Kraft sexueller Bedürfnisse fasziniert (s. Abschnitt 11.1.4). Seine *Drei Abhandlungen zur Sexualtheorie* aus den Jahren 1904/5 waren weniger als Spezialabhandlungen zur Sexualpathologie zu verstehen; vielmehr vertraten sie die These, ein nach körperlicher Lust drängendes Energiepotential staue sich in den Menschen und suche - oft unbemerkt von den Betroffenen - eine Abfuhr in den verschiedenartigsten Verhaltensweisen. Verschiedenartig erscheinende Bedürfnisse seien somit Ausfluß ein und desselben Bedürfnisses nach sexuellem Lustgewinn.

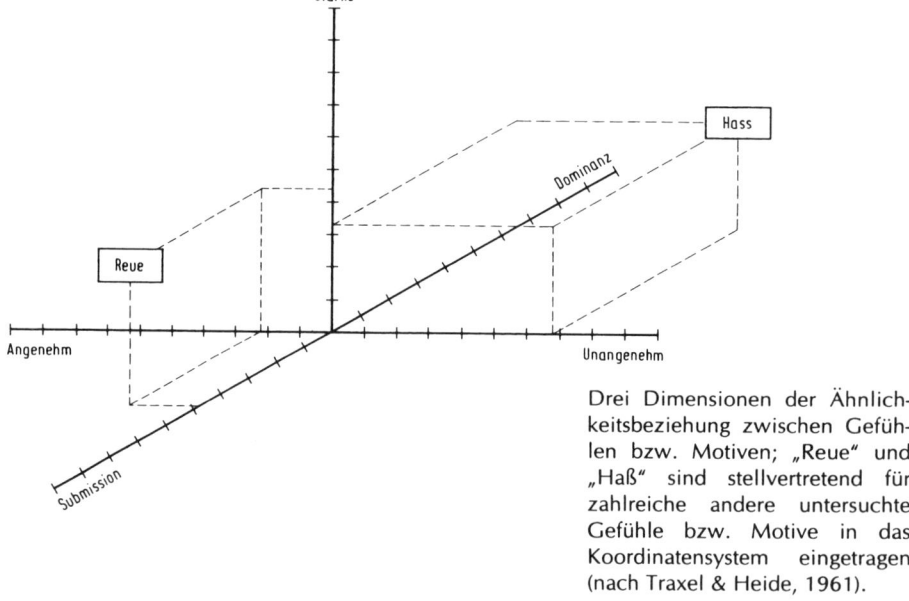

Drei Dimensionen der Ähnlichkeitsbeziehung zwischen Gefühlen bzw. Motiven; „Reue" und „Haß" sind stellvertretend für zahlreiche andere untersuchte Gefühle bzw. Motive in das Koordinatensystem eingetragen (nach Traxel & Heide, 1961).

Anders dagegen der Tiefenpsychologe Alfred Adler (1927). Er hält ein *Macht-* und *Geltungsstreben* für grundlegend. Der (neurotische) Mensch leide an dem Gefühl der *Minderwertigkeit* und suche dieses durch Überflügeln und Beherrschen seiner Mitmenschen auszugleichen, zu kompensieren. Das Macht- und Geltungsmotiv durchdringe sämtliche Bestrebungen; es nähre den politischen Ehrgeiz, den Forschungsdrang, das künstlerische Streben und den Einsatz in Wirtschaft und Verwaltung.

Freud und Adler waren sich dabei in einem wesentlichen Punkt einig, der sie beide als Tiefenpsychologen auszeichnet: in der Annahme eines einheitlichen und unbewußten Potentials an Triebenergie - in Freuds Terminologie der *Libido* (lat. *libido*, Begierde, Lust). Diese Gemeinsamkeit machte sie zunächst zu Kampfgefährten. Noch 1910 führte Adler den Vorsitz in der Wiener Gruppe der Psychoanalytischen Vereinigung. In mehreren Vorträgen *Zur Kritik der Freudschen Sexualtheorie des Seelenlebens* distanzierte er sich jedoch 1911 von der Freudschen Sexualtheorie und trennte sich von der psychoanalytischen Bewegung.

Freud, S. (1972). Drei Abhandlungen zur Sexualtheorie. *Gesammelte Werke* (Band 5). Frankfurt a. M.: Fischer (Erstausgabe 1905).

Adler, A. (1927). *Studie über Minderwertigkeit von Organen.* München: Bergmann.

Die Geschlossenheit der monothematischen Theorien hat diesen zahlreiche Anhänger zugeführt. Aber sie hat auch den Vorwurf der unzulässigen Vereinfachung herausgefordert. Als einfachste Alternative boten sich bithematische (dualistische) Theorieversionen an. In der Biologie waren dualistische Ansätze früh verbreitet. So war es ein Physiologe, Walter Cannon, der schrieb:

„In der langen Geschichte des Menschengeschlechts waren die Bakterien nicht die einzigen feindlichen Lebewesen, und in der freien Natur waren sie vielleicht nicht einmal die schlimmsten. Es gab grausame Wesen unter den Menschen und Tieren, die heimlich heranschlichen und jeden Augenblick ohne Vorwarnung angreifen konnten. Da mußte man kämpfen, zur Rache, zur Sicherheit und um Beute. In dieser harten Schule haben Angst und Wut zur Vorbereitung von Handlungen gedient ... Angst wurde verbunden mit dem Instinkt zu laufen, zu entkommen; und Wut oder Aggression mit dem Angriffsinstinkt."

(Übersetzung aus Cannon, 1939, S. 226f.)

Zwei Arten von Emotions- und Antriebszuständen rücken damit in das Zentrum der theoretischen Überlegung:

- der Angriff, allgemein das Aufsuchen und aktive Bewältigen (engl. *fight*),
- die Flucht, allgemein das Zurückweichen und Meiden (engl. *flight*).

Ax (1953) sowie Funkenstein, King und Drolette (1954) haben nachzuweisen versucht, daß Aufsuchen und Meiden auf zwei verschiedenen *physiologischen Aktivierungssystemen* beruhen. In einer Stimmung des aktiven Herangehens trete vor allem ein andrenerges System in Aktion - kenntlich an einem erhöhten Adrenalinspiegel in Blut und Urin. Der Rückzug sei dagegen stärker durch ein cholinerges System aktiviert - gekennzeichnet durch eine verstärkte Ausschüttung des Hormons Acetylcholin bzw. Noradrenalin.

Ax und Funkenstein haben sich bemüht, ihre Behauptung durch Beobachtungen an frei lebenden Tieren und in Laboratoriumsuntersuchungen an Menschen zu erhärten. Im Laboratorium haben sie Aggressions- und Fluchtreaktionen zu erzeugen versucht; so haben sie z. B. Probanden an physiologische Meßgeräte angeschlossen und einen „gefährlichen Kurzschluß" vorgetäuscht. Dabei war festzustellen, daß sich mit der Adrenalinausschüttung auch andere physiologische Meßgrößen veränderten. Es ergab sich mit erhöhter Adrenalinausschüttung ein Anstieg der Hautleitfähigkeit, der Atemfrequenz und der Muskelspannung; bei erhöhter Ausschüttung von Acetylcholin/Noradrenalin kam es zu einem Blutdruckanstieg, gepaart mit einer Abnahme der Pulsfrequenz.

Cannon, W. B. (1939). *The wisdom of the body.* New York: Norton (Erstausgabe 1932).

Ax, A. (1953). The physiological differentiation between fear and anger in humans. *Psychosomatic Medicine, 15,* 433-442.

Funkenstein, D. H., King, J. H. & Drolette, M. (1954). The direction of anger during a laboratory stress situation. *Psychosomatic Medicine, 16,* 404-413.

Der Konflikt von Aufsuchen (*Appetenz*) und Meiden (*Aversion*), von Hoffnung und Furcht ist auch ein bevorzugtes Thema kognitivistischer Motivationsanalysen. Dies zeigt die folgende Charakterisierung des Skifahrens, bei dem Wagemut und Verletzungsfurcht miteinander streiten:

„Nehmen wir ... das Verhalten eines Skiläufers, der seinen Anfängerkurs erfolgreich absolviert hat und der bei der ersten selbständigen Wahl seiner Abfahrtspiste - einige Schwierigkeitsstufen überspringend - auf der Bergstation eines für ihn viel zu schwierigen Skihanges angelangt ist. Je nach Inhalt seiner vorausgegangenen Erfahrung, seiner Könnensgrenzen, wird ihm beim Anblick des Steilhangabgrundes mehr oder weniger bänglich zumute, und die Furcht kann ... ihn zu einer Rückzugsentscheidung motivieren.

Entscheidet er sich jedoch entgegen der Furchtwarnung zur Abfahrt, so wird er binnen kurzem in einen circulus vitiosus verstrickt werden, bestehend aus ... erstes Mißlingen, das zum Sturz oder zu verkrampfter Sturzabwehr führt, ... Fehlsicherung: er traut sich nicht, das Gewicht bei Schwung auf den Außenski zu legen, ... erhöhte Unfallserwartung, vermehrte Furcht, vermehrte Verkrampfung.

Für die Differenzierung und den Abbau der Furchtreaktion kann der Skiläufer auf seine Erfolgserfahrung im Anfängerkurs zurückgreifen. Kehrt er auf den Anfängerhügel zurück und ,fängt wieder klein an', so wird er ... nach kurzer Zeit sein Selbstvertrauen wieder zurückgewinnen. Aber die Erfahrung

der Furchtblockade wird ihre Spuren hinterlassen: Fortan muß er sich, wenn er den Schwierigkeitsgrad einer Piste abschätzt, nicht nur mit der Sorge auseinandersetzen, daß diese vielleicht seine Könnensgrenze überschreitet, sondern auch mit dem Problem, daß ihre Schwierigkeit nicht jenseits der Angstgrenze liegt, ...“

Diese einfühlsame Beschreibung stammt von Rainer Fuchs (1976, S. 102ff.), früher Professor für Psychologie und Pädagogik in München und selbst Leistungssportler.

Innerhalb der Tiefenpsychologie war es Freud selbst, der seine ursprüngliche monothematische Theorie (s. o.) zu einer dualistischen erweitert hat. Führt Freud zunächst das gesamte Triebgeschehen auf ein einheitliches Streben nach Lust zurück, so beschreibt er in seiner Abhandlung *Jenseits des Lustprinzips* die Entdeckung eines weiteren Antriebes: des Strebens zum Anfang, zur Ruhe, zum Tode.

Freud schildert in der genannten Schrift das Verhalten von Menschen mit *„traumatischen Neurosen"*, die nach Kriegsverletzungen, Verkehrsunfällen u. ä. immer wieder in Gedanken zu der traumatischen Situation zurückkehren. Er erinnert an Kinder, die immer wieder belastende Erlebnisse wie die Trennung von der Mutter durchspielen. Eine solche Rückkehr zu beschwerlichen und beunruhigenden Situationen könne nicht im Dienst des Lustgewinns stehen; sie müsse vielmehr auf einem eigenen Trieb beruhen, einem *Konservierungstrieb.*

„Wenn also alle organischen Triebe konservativ, historisch erworben und auf Regression, Wiederherstellung von Früherem, gerichtet sind, so müssen wir die Erfolge der organischen Entwicklung auf die Rechnung äußerer, störender und ablenkender Einflüsse setzen. Das elementare Lebewesen würde sich von seinem Anfang an nicht haben ändern wollen, hätte unter sich gleichbleibenden Verhältnissen stets nur den nämlichen Lebensablauf wiederholt. Aber im letzten Grunde müßte es die Entwicklungsgeschichte unserer Erde und ihres Verhältnisses zur Sonne sein, die uns in der Entwicklungsgeschichte der Organismen ihren Abdruck

hinterlassen hat. Die konservativen organischen Triebe haben jede dieser aufgezwungenen Abänderungen des Lebenslaufes aufgenommen und zur Wiederholung aufbewahrt und müssen so den täuschenden Eindruck von Kräften machen, die nach Veränderung und Fortschritt streben, während sie bloß ein altes Ziel ... zu erreichen trachten. ... Der konservativen Natur der Triebe widerspräche es, wenn das Ziel des Lebens ein noch nie erreichter Zustand wäre. Es muß vielmehr ein alter, ein Ausgangszustand sein, ... zu dem es über alle Umwege der Entwicklung zurückstrebt. Wenn wir es als ausnahmslose Erfahrung annehmen dürfen, daß alles Lebende aus inneren Gründen stirbt, ins Anorganische zurückkehrt, so können wir nur sagen: Das Ziel alles Lebens ist der Tod ..."

(Freud, 192/01972, S. 39f.)

Freud hat diese Zeilen unter dem Eindruck der Massenvernichtung des Ersten Weltkrieges geschrieben, und man könnte meinen, er sei dabei, zugunsten des von ihm neu in die Diskussion gebrachten Todestriebs die These vom Sexualtrieb zurückzunehmen. Freud selbst beugt dieser Auffassung vor, indem er die obige Passage einen „extremen Gedankengang" nennt, „der ..., wenn die Sexualtriebe in Betracht gezogen werden, Einschränkung und Berichtigung findet" (Freud, 1920/1972, S. 36). So gelangt die Psychoanalyse zu dem Dualismus zwischen

- Todestrieb(en), auch Ich-Trieb(e) genannt; sie sind rückwärts gerichtet, streben ins Unbelebte und suchen das Leben zur Ruhe zu bringen, und

- Sexualtrieb(en), auch Lebenstrieb(e) genannt; sie drängen vorwärts, nach (körperlicher) Lust strebend, nach Neuem begierig, neues Leben schaffend.

Vier Partialtriebe nach Freud (1915/1946)

Fixierung	Sexualtrieb	Todestrieb
Eigene Person	Narzißmus	Masochismus
Äußeres Objekt	Liebe	Sadismus

Fuchs, R. (1976). Furchtregulation und Furchthemmung des Zweckhandelns. In A. Thomas (Hrsg.), *Psychologie der Handlung und Bewegung* (S. 97-162). Meisenheim: Hain.

Freud. S. (1972). Jenseits des Lustprinzips. *Gesammelte Werke* (Band 13). Frankfurt a. M.: Fischer (Erstausgabe 1920).

Freud, S. (1946). Triebe und Triebschicksale. *Gesammelte Werke* (Band 10). Frankfurt a. M.: Fischer (Erstausgabe 1915).

Nach Freud (1915/1946) können sich die beiden von ihm angenommenen Grundtriebe auf die eigene Person oder auf Gegenstände und Personen in der Umwelt richten (*Triebfixierung*). Daraus ergeben sich *vier Partialtriebe (Teiltriebe)*: Narzißmus, Masochismus, Liebe und Sadismus.

11.2.3 Athematische Theorien

Ist die Festlegung von Triebqualitäten in einer Motivationstheorie unverzichtbar? Oder kann man die Menge wirksamer Antriebe als ein Energiepotential auffassen, das nicht von vornherein eine bestimmte Qualität besitzt und insofern auch nicht an feste Objekte gebunden ist? Solche theoretischen Ansätze sind in der Tat erprobt worden. Sie werden hier als athematisch bezeichnet.

Das Konzept eines einheitlichen und thematisch nicht von vornherein festgelegten Energiepotentials hat der schweizerische Tiefenpsychologe Carl Gustav Jung (1875-1961) vertreten. Von Freud, mit dem ihn zunächst eine lebhafte Korrespondenz und freundschaftliche Begegnungen verbanden, übernahm er zur Bezeichnung jenes Energiepotentials den Terminus *Libido* (s. Abschnitt 11.2.2). Allerdings weigerte er sich, eine feste Koppelung der Libido mit der Sexualität anzunehmen. Vielmehr war er der Meinung, die innere Energie wende sich frei den verschiedenen seelischen Prozessen und den vielfältigen Objekten der Umwelt zu. Diese Zuwendung bedeute einerseits eine verstärkte

Betonung geistiger Haltungen und Abläufe (z. B. der *Intuition*), andererseits eine erhöhte Orientierung an Personen und an Gegenständen (z. B. erhöhtes Interesse an der Umwelt, Mutterbindung).

Mit seiner Theorie stellte Jung nicht nur die von Freud zugrunde gelegte sexuelle Fixierung der Libido in Frage, sondern auch ihren Ursprung aus dem Unbewußten. Dem Bewußtsein wende sich die Libido - so Jung - ebenso leicht zu wie den Bildern des Unbewußten. Und mehr noch: Die Besetzung von unbewußten Inhalten mit Libido fördere keineswegs ihre Verhaftung im Unbewußten, sondern ihr Aufsteigen ins Bewußtsein. Damit meldete Jung den Anspruch einer kognitivistisch ausgerichteten Tiefenpsychologie

an. Dies führte zum Zerwürfnis mit Freud und seinen Anhängern. Jung legte - 1911 noch zum Präsidenten der „Internationalen Psychoanalytischen Gesellschaft" gewählt - im Jahre 1914 den Vorsitz nieder und trat aus der Gesellschaft aus.

Jung, C. G. (1977). Symbole der Wandlung. *Gesammelte Werke* (Band 5). Olten: Walter (Erstausgabe 1912: *Wandlungen und Symbole der Libido*).

Bloch, E. (1959). *Das Prinzip Hoffnung* (Band 1). Frankfurt a. M.: Suhrkamp.

Hunger - Grundtrieb und Urtrieb

Aus materialistischer Sicht sind die biologischen Triebe die grundlegenden - allen voran Hunger und Durst. Für den marxistischen Philosophen Ernst Bloch (1885-1979) gibt es keinen Trieb „ohne Leib dahinter" (Bloch 1959, S. 52). Den Hunger beschreibt er mit beschwörenden Worten als *Urkraft zur Selbsterhaltung*; er schlage durch alle soziökonomischen Bedingungen durch. Blochs beißender Spott trifft die Tiefenpsychologie. Was ihre Vertreter als Grundtriebe vorstellen (Freud die Sexualität, Adler die Macht, Jung u. a. das Eintauchen in die Erfahrung der Vorwelt), sei alles andere als grundlegend, es sei Frucht der historischen Bedingungen und mit ihnen wandelbar. Bloch in seinem Hauptwerk *Prinzip Hoffnung*:

„*Sehr wenig, allzu wenig wurde bisher vom Hunger gesprochen. Obwohl dieser Stachel ebenfalls recht ursprünglich oder urtümlich dreinsieht. Denn ein Mensch ohne Nahrung kommt um, während es sich ohne Liebesgenuß immerhin eine Weile leben läßt. Erst recht läßt es sich ohne Befriedigung des Machttriebes leben, erst recht ohne Rückkehr ins Unterbewußte fünfhunderttausendjähriger*

Vorfahren. Aber der zusammenbrechende Arbeitslose, der seit Tagen nicht gegessen hat, ist wirklich an die ältest bedürftige Stelle unseres Daseins geführt worden und macht sie sichtbar. Das Mitgefühl mit Verhungernden ist ohnehin das einzig verbreitete, ja überhaupt in Breite mögliche. Das Mädchen, ja der Mann, der sich nach Liebe sehnt, diese sind nicht mitleiderregend, die Hungerklage dagegen ist wohl die stärkste, einzige, die ohne einen Umweg dargeboten werden kann. Dem Hungernden glaubt man sein eigenes Unglück; selbst der Frierende, selbst der Kranke, gar erst der Liebeskranke wirken dagegen luxushaft. ... Der Magen ist die erste Lampe, auf die Öl gegossen werden muß. Sein Sehnen ist genau, sein Trieb so unvermeidlich, daß er nicht einmal lange verdrängt werden kann."

(Bloch, 1959, S. 71f.)

Bloch war als marxistisch geprägter Geschichtsforscher mit den Auswirkungen von Wirtschaftskrisen vertraut; die Grausamkeit von Hungersnöten kannte er u. a. aus seinen Studien über die Bauernkriege.

Wohl völlig unbeeinflußt von Jungs Beiträgen ist die These von einem einheitlichen Energiepotential ohne vorgegebene Objektfixierung in der physiologischen Psychologie in neuer Form hervorgetreten. Im Jahre 1951 propagierte Elizabeth Duffy, Professorin am Women's College der Universität von North Carolina, den Begriff der *Energiemobilisierung.* Am Verhalten seien jeweils zwei Aspekte zu unterscheiden: seine Richtung und sein Energieaufwand. Die Richtung des Verhaltens mache seine Qualität aus (z. B. Angreifen, Essen, Trinken). Der Energieaufwand bestimme dagegen die Intensität und Dauer des Verhaltens (z. B. zurückhaltender oder heftiger Angriff, lustloses und gieriges Trinken). Energieaufwand trete als Schnelligkeit, Kraft und Ausdauer in Erscheinung sowie in der Stärke von Trieben und Gefühlen. Der Grad der Energiemobilisierung zeige sich in der autonomen Aktivität des Herzens, der Schweißdrüsen und der Muskelspannung. Ab 1957 hat Duffy den Begriff der Energiemobilisierung zunehmend durch die Begriffe *(physiologische) Erregung* (engl. *arousal*) und *Aktivierung* (engl. *activation*) ersetzt. Dem letzten Begriff (vgl. bereits Abschnitt 11.1.1) verdankt Duffy´s Theorie ihren Namen: *Aktivierungstheorie.*

Nach der Aktivierungstheorie verfügt der Organismus über eine Menge an Energie, die er erhalten oder in Tätigkeiten umsetzen kann. Grundsätzlich kann die Energie allen Tätigkeiten zugute kommen. Da die Energiemenge jedoch begrenzt ist, wird Energie, die für eine Tätigkeit bereitsteht, anderen Tätigkeiten entzogen. Energie, die etwa für das Musizieren aufgewandt sei, könne nicht noch einmal für das Rechnen eingesetzt werden. Andererseits läßt sich Energie, die für eine Tätigkeit mobilisiert, aber nicht aufgebraucht wurde, ohne Schwierigkeiten einer anderen Tätigkeit zuführen. Vor allem die Breitenwirkung der Energiemobilisierung hat die Aktivierungstheorie zu demonstrieren versucht. Die Überlegung dabei: Wenn Energie, ursprünglich für eine bestimmte Tätigkeit aufgebracht, einer ganz andersartigen Tätigkeit zugute komme, läßt sich daraus auf die *Unspezifität dieser Energie* schließen.

Einen der ersten Belege für die Hypothese der Unspezifität hat eine Studie von Stauffacher aus dem Jahre 1937 erbracht. Stauffacher beobachtete Studenten beim Lernen von Buchstabenkombinationen, einer recht schwierigen Aufgabe. Vorher prüfte er ihre Kraft beim Halten von Gewichten. Beim nachfolgenden Lernen verschiedener Reihen konnten sie entweder entspannt sitzen oder sie mußten ein Viertel oder die Hälfte oder drei Viertel des im Vorversuch festgestellten Maximalgewichts halten. Das Ergebnis: Die Muskelspannung steigerte die Lernleistung. Die Deutung des Ergebnisses: Energie aus der Muskelarbeit war zur Lerntätigkeit „übergeflossen".

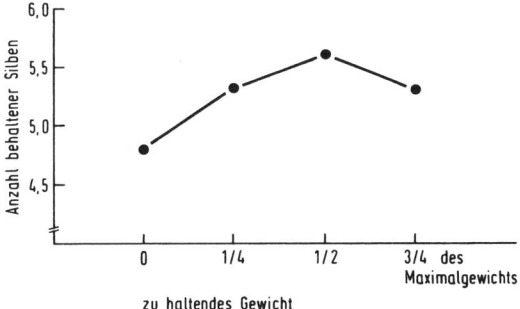

Zahl behaltener Silben nach fünf Wiederholungen in Abhängigkeit von der Muskelspannung (nach Stauffacher, 1937, S. 29).

Belege für die *Übertragbarkeit von Erregung* und damit für deren Unspezifität haben sich seit Stauffachers Studie gehäuft. Dabei fand sich eine wichtige Entdeckung: Geistige und körperliche Tätigkeiten werden nicht nur durch zusätzliche Muskelspannung gefördert, sondern auch durch Sinnesreizung. So konnten z. B. Hörmann und Todt (1960) in Göttingen experimentell nachweisen, daß selbst bedeutungsloses Rauschen in einem Kopfhörer das Einprägen von Paaren sinnloser Silben beschleunigt.

Zu den wiederholten Beobachtungen der Aktivierungstheoretiker gehörte jedoch noch ein anderer Befund: eine Leistungsminderung bei starker Beanspruchung bzw. Aktiviertheit. Hier schließen sich die Überlegungen zur

Yerkes-Dodson-Regel an (s. bereits Abschnitt 11.1.2). Die Gründe für die Grenzen des Aktivierungseffektes sind dabei umstritten. Frühere Autoren wie Duffy neigten eher zur Annahme einer Überaktivierung, d. h. einer Energiemobilisierung, welche der Betroffene nicht unter Kontrolle bringen und daher auch nicht in gezielte Tätigkeiten umsetzen könne. Neuere Autoren wie der Finne Risto Näätänen (1973) verweisen dagegen auf die Ablenkung, welche schwere Muskeltätigkeit (z. B. Gewichtheben) oder starke Sinnesreizung (z. B. Lärm) verursachen, und deuten die Leistungsverschlechterung als Effekt einer verminderten Konzentration auf die Haupttätigkeit.

Einen Zusammenhang zwischen der Emotionalität und Leistungsbereitschaft auf der einen Seite und Körperfunktionen auf der anderen hat der Psychophysiologe Donald B. Lindsley (1951) anhand neurophysiologischer Befunde herzustellen versucht. Die Motorik, die Sensorik und die autonomen Körperfunktionen seien alle über dasselbe Gebiet im Hirnstamm, die Retikulärformation, verschaltet. Jede motorische Aktion und jede Wahrnehmung steigere die Erregung der Retikulärformation, und die Erregungssteigerung der Retikulärformation teile sich den bisher in Ruhe befindlichen Teilen des Bewegungs- und Sinnesapparats mit. So führe jede Tätigkeit und jeder Sinneseindruck zu einem „Weckeffekt". Ein solcher allgemeiner Weckeffekt wäre biologisch durchaus sinnvoll, da eine gesteigerte Wahrnehmung (z. B. bei Gefahr) in der Regel eine verstärkte Motorik nach sich zieht und umgekehrt eine erhöhte Motorik (z. B. schneller Lauf) zu einer vermehrten Wahrnehmung Anlaß gibt. Die autonomen Funktionen (wie die Herztätigkeit) wären dabei mitzuaktivieren, weil ihnen die Aufgabe der Versorgung (z. B. der Sauerstoffzufuhr zum Muskel) zukommt.

Theorien der unspezifisch-einheitlichen Aktivierung werden aufgrund neuerer Forschungen skeptisch beurteilt. Nicht nur Befunde über unterschiedliche Aktivierungsmuster bei Aufsuchen und Meiden stehen ihr entgegen (s. Abschnitt 11.2.2). Es finden sich auch Belege für die getrennte Aktivierung des sensorischen und des motorischen Systems (Pribram & McGuinness, 1975).

Duffy, E. (1951). The concept of energy mobilization. *Psychological Review, 58*, 30-40.

Duffy, E. (1957). The psychological signifcance of the concept of "arousal" or "activation". *Psychological Review, 64*, 265-275.

Stauffacher, J. C. (1937). The effect of induced muscular tension upon various phases of the learning process. *Journal of Experimental Psychology, 21*, 26-46.

Hörmann, H. & Todt, E. (1960). Lärm und Lernen. *Zeitschrift für experimentelle und angewandte Psychologie, 7*, 422-426.

Näätänen, R. (1973). The inverted U-relationship between activation and performance - a critical review. In S. Kornblum (Ed.), *Attention and performance* (Vol. 4, pp. 155-174). New York: Academic Press.

Lindsley, D. B. (1951). Emotion. In S. S. Stevens (Ed.), *Handbook of experimental psychology* (pp. 473-516). New York: Wiley.

Pribram, K. H. & McGuinness, D. (1975). Arousal, activation, and effort in the control of attention. *Psychological Review, 82*, 116-149.

11.2.4 Wachstums- und Lerntheorien

Bereits Freud lehrte die Wandelbarkeit der Libido. Sie könne oral fixiert als Trinklust, genital fixiert als Sexualtrieb, anal fixiert als Geiz in Erscheinung treten (vgl. Abschnitt 2.4.2). In einem Prozeß der *Sublimation* könne die Libido gar die Gestalt ästhetischer Bedürfnisse annehmen; der große Florentiner Künstler und Wissenschaftler Leonardo da Vinci (1452-1519) habe seine berühmten Madonnen - so Freud nach biographischen Recherchen (1910/1969) - aus verdrängter Liebe zu seiner (Stief-)Mutter gemalt.

Veränderungen anderer Art wären das Wachstum sowie das Lernen von Motiven und Emotionen. Eine Veränderung durch Wachstum käme einer selbständigen Entfaltung nach einem inneren Plan gleich. Eine Veränderung durch Lernen wäre ein Wandel aufgrund von Erfahrung.

Eine Wachstumslogik für Motive hat Abraham Maslow (s. Abschnitt 2.1.3) entworfen. Danach entstehen jeweils höhere Motive, wenn niedrigere Motive befriedigt sind. Maslows Motivationsmodell umfaßt in der Version von 1954 fünf Stufen:

• die physiologischen Triebe - Bedürfnisse nach Sauerstoff, Flüssigkeit, Zucker u. ä. Diese Triebe beherrschen Menschen nach ihrer Geburt, und sie sind darauf bedacht, den jeweils aktuellen Bedarf zu decken.

• die Sicherheitsbedürfnisse. Sicherheitsbedürfnisse treten erst auf, wenn aktuelle physiologische Triebe befriedigt sind. Das hungrige Kind nehme Speisen wahllos zu sich. Das stärker gesättigte Kind prüfe dagegen, ob eine Speise ihm Leibschmerzen verursachen könnte u. ä. Es sorge sich weiterhin um die Anwesenheit der Eltern, weil es von ihnen Schutz erwartet.

• Zugehörigkeits- und Liebesbedürfnisse. Sind körperliche Befriedigung und Sicherheit hergestellt, entsteht der Wunsch, Liebe zu empfangen und Liebe zu geben - ein Wunsch nach sozialem Austausch.

• Bedürfnis nach Anerkennung, Leistungsbedürfnis. Es ist dies einerseits das Bedürfnis, sich in einer Aufgabe zu bewähren, andererseits das Bedürfnis, für die erzielte Leistung die Anerkennung der Partner zu erlangen. Diese Bedürfnisse stellen sich ein, wenn die Liebesbedürfnisse erfüllt sind.

• Bedürfnis nach Selbstverwirklichung. Zu diesem Bedürfnis - in der Fassung von 1954 die höchste Wachstumsstufe - erklärt der Autor:

„Ein Musiker muß einfach Musik machen, ein Maler muß malen, ein Dichter muß schreiben, um letztlich seinen Frieden zu finden. Was ein Mensch sein kann, muß er auch sein."

(Übersetzung aus Maslow, 1954, S. 91)

Der Stufe des Zu-sich-selbst-Kommens fügt Maslow 1968 eine weitere Stufe hinzu:

• das Bedürfnis nach Transzendenz. Dies sei ein Bedürfnis, über sich selbst hinauszugelangen und einzugehen in eine höhere Welt des Kosmischen und des Göttlichen.

Maslow bezeichnet seine Theorie als „ganzheitlich-dynamisch" (Maslow, 1954, S. 80). Ganzheitlich, weil jeweils höhere Stufen die niedrigeren Stufen in sich aufnehmen: So sei im Bedürfnis nach Selbstverwirklichung das Liebesbedürfnis nicht erstickt; vielmehr wachse die liebende Zuwendung in die Selbstverwirklichung hinein und erfülle sich in ihr auf besondere Weise. Dynamisch nennt Maslow seine Theorie, weil sie - wie tiefenpsychologische Ansätze - die Verteilung von Kräften behandle. Insbesondere müßten untere Stufen gefestigt sein, damit sich höhere entwickeln könnten. Eine Fixierung von Energie auf eine niedere Stufe lasse das Gebäude der höheren Stufe zusammenbrechen. Der Verdurstende in der Wüste (Fixierung auf die Stufe der physiologischen Bedürfnisse) wird zum Beispiel gierig aus jedem Tümpel trinken und die mögliche Infektionsgefahr gering schätzen (Vernachlässigung des Sicherheitsbedürfnisses); in seiner Gier mag er sogar Begleiter von dem Wasserloch wegstoßen (Vernachlässigung des Liebesbedürfnisses).

Das Modell der Motiventfaltung wird oft als Stufenmodell bezeichnet, erweist sich aber bei genauerer Betrachtung als „Zwiebelmodell". Die Entwicklung schreitet nach diesem Modell nicht einfach von Stufe zu Stufe fort, wobei alte Stufen verlassen werden; vielmehr schließt jede neue Stufe die früheren Stufen ein (nach Maslow, 1954, 1968).

Wandlung eines biologischen Motivs zum sozialen Motiv: geselliges Trinken nach festgelegten Regeln zur Kräftigung des Gruppenzusammenhalts (Korporierte Studenten beim Festkommers).

Wandlung eines biologischen Motivs zum transzendentalen Motiv: Weingenuß als symbolische Vereinigung mit dem christlichen Erlöser (Ökumenische Abendmahlsfeier).

Ähnliche Stufenfolgen oder „Zwiebelmodelle" lassen sich für den Bereich der Gefühle entwerfen. So spricht der deutsche Psychologe Philipp Lersch (1962) von einem „*Schichtaufbau der Persönlichkeit*" und unterscheidet

- Gefühlsregungen des lebendigen Daseins wie Schmerz, Lust, Ekel, Freude, Trauer,
- Gefühlsregungen des individuellen Selbstseins wie Wut, Furcht, Vertrauen,
- Gefühlsregungen des Über-sich-Hinausseins wie Sympathie, Verehrung, Spott, Mitleid, Schaffensdrang, religiöse Ergriffenheit,
- Schicksalsgefühle wie Erwartung, Sorge, Hoffnung, Verzweiflung.

Freud, S. (1969). Eine Kindheitserinnerung des Leonardo da Vinci. *Gesammelte Werke* (Band 8). Frankfurt a. M.: Fischer (Erstausgabe 1910).

Maslow, A. H. (1954). *Motivation and personality*. New York: Harper.

Maslow, A. H. (1968). Various meanings of transcendence. *Journal of Transpersonal Psychology, 1*, 56-66.

Lersch, Ph. (1962). *Aufbau der Person*. München: Barth, 8. Aufl. (vorher 1938: *Aufbau des Charakters*. München: Barth).

Aus dem behavioristischen Lager stammt die These, Bedürfnisse und Gefühle seien zu erwerben wie Gewohnheiten. Der von behavioristischen Autoren gern verwendete Begriff der *erworbenen Bedürfnisse* (engl. *acquired drives*) ist freilich mißverständlich. Geht man zurück auf die Entstehung des Begriffs in einer Studie von Neal E. Miller (1948), so entpuppt sich der Trieberwerb als ein Lernen von Auslösebedingungen (s. Abschnitt 10.2). Was war zu beobachten? Ratten befanden sich in einem weiß gestrichenen Käfig mit einem Metallboden. Wurde der Metallboden unter Strom gesetzt, flüchteten sie vor den Schocks in einen nebenan gelegenen schwarzen Käfig. In späteren Stadien des Versuchs entwickelten die Tiere „Angst vor dem weißen Käfig". Auch ohne daß der Boden unter Strom gesetzt wurde, flüchteten sie in den schwarzen Käfig. Die Autoren deuteten diese „Angst vor Weiß" als neuen Trieb. Der Trieb ist dabei nach behavioristischer Manier definiert durch den Reiz „weißer Käfig".

Aus anderer Sicht läßt sich freilich kritisieren: Es ist keinesfalls ein neuer Trieb gelernt worden, wirksam ist jeweils der gleiche Trieb nach Schmerzvermeidung. Die Tiere haben lediglich die weißen Wände als Signal kennengelernt, welches das Eintreten eines Schocks anzeigte.

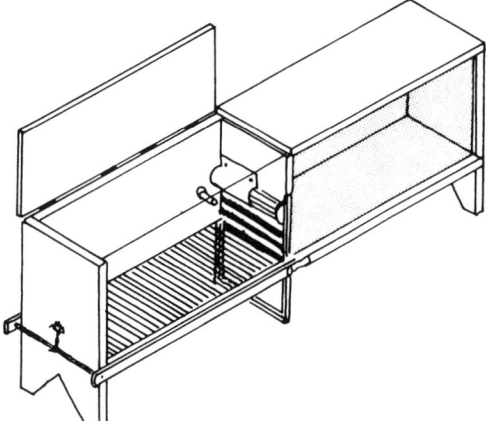

Apparat zur Erzeugung von Furcht bei Ratten (Miller, 1948, S. 90). Der linke Käfigteil ist weiß gestrichen, der rechte schwarz. Der Boden des weißen Abteils besteht aus einem Gitter, das unter Strom gesetzt werden kann. Aus Furcht vor einem Schock flüchten die Tiere aus dem weißen Abteil in das schwarze.

Kognitivistisch orientierte Autoren erörtern ebenfalls die Möglichkeiten der Veränderung von Gefühlen und Bedürfnissen. Insbesondere ziehen sie Veränderungen des Wertsystems in Betracht. Bei Änderungen des *Wertsystems* spielen Vorbilder oft eine erhebliche Rolle (vgl. Abschnitt 10.4.3). Ein Beispiel einer Wertänderung durch Vorbilder haben 1979 Bortz und Leitner vorgestellt. Als Vorbilder dienten dabei die Berichte und Kommentare in zwei großen deutschen Tageszeitungen, der *Frankfurter Rundschau* und der *Welt*. In grundsätzlichen politischen Fragen (u. a. Marktwirtschaft, staatliche Ordnungsmaßnahmen, Gewerkschaftspolitik) nahmen die beiden Zeitungen verschiedene Bewertungen vor. Zwei Jahre lang erhielten Fachhochschulstudenten (Ingenieure und Wirtschaftler) eine der beiden Zeitungen zugeschickt. Und in regelmäßigen Abständen wurden die Urteile der Leser zu den behandelten Grundsatzfragen

erhoben. Das Ergebnis der Untersuchung: Die Leser näherten ihre Einstellung der Einschätzung der Redaktionen an, auch wenn sie diesen gegenüber kritisch gesonnen waren. Mit den Einstellungen dürften sowohl die Gefühle gegenüber Politikern, Parteien und ihren Programmen eine Veränderung erfahren haben als auch die Bereitschaft zu deren Unterstützung.

Miller, N. E. (1948). Studies of fear as an acquirable drive. *Journal of Experimental Psychology, 38,* 89-101.

Bortz, J. & Leitner, K. (1979). Zur Frage der Beziehung zwischen der attitüdenändernden Wirkung zweier Tageszeitungen und ihrer Bewertung. *Zeitschrift für Sozialpsychologie, 10,* 70-84.

ZUSAMMENFASSUNG

1. Nach der Zahl unterschiedener Gefühls- bzw. Bedürfnisqualitäten lassen sich polythematische, bithematische und monothematische Emotions- und Motivationstheorien unterscheiden. Zu den am häufigsten genannten Trieben gehören Selbsterhaltung, Aggression und Sexualtrieb.

2. Athematische Motivationstheorien nehmen das Vorhandensein eines Potentials an ursprünglich ungerichteter Energie an; diese Energie könne wahlweise verschiedenen Tätigkeiten oder Zielen zugeführt werden. Die Mobilisierung des Energiepotentials läßt sich auch als unspezifische psychophysiologische Aktivierung deuten.

3. Die Wandelbarkeit von Motiven und Gefühlen steht im Mittelpunkt von Wachstums- und Lerntheorien. Wachstumstheorien beschreiben eine den Motiven innewohnende Entfaltungslogik. Lerntheorien wenden Lerngesetze auf Motivation und Emotion an.

11.3
Selbstwahrnehmung und Selbstkontrolle von Motiven und Emotionen

11.3.1 Emotionen und Motive als Gegenstände der Selbstwahrnehmung

Menschen können selbst Zeugen ihres eigenen Gefühls- und Motivationszustandes werden. Sie bemerken: „Jetzt habe ich Hunger" oder „eben bin ich wahnsinnig erschrocken". Bereits früh in der psychologischen Emotionstheorie wird Selbstwahrnehmung als Voraussetzung von Gefühlserlebnissen genannt. Es geschah dies in einer psychophysiologischen Theorie, die annähernd gleichzeitig von dem Kopenhagener Medizinprofessor Carl Georg Lange (1885/1887) und dem amerikanischen Psychologen William James (1884) veröffentlicht wurde. Die Theorie behauptet den Vorrang von körperlichen Erregungen. Insbesondere Eingeweide-, Drüsen- und Muskelreaktionen bildeten den eigentlichen Emotionsprozeß. Das Gefühlserlebnis stelle sich erst nach der Körperreaktion ein, und zwar aufgrund der Beobachtung der eigenen Körpererregung. James hat seine Theorie folgendermaßen erläutert:

„Gewöhnlich meinen wir, die heftigeren Gefühle kämen zustande, wenn die Wahrnehmung einer Sache die geistige Betroffenheit erregt, die man Emotion nennt, und dieser Bewußtseinszustand zu den körperlichen Ausdruckserscheinungen führt. Meine Theorie ist - ganz im Gegensatz dazu -, daß die körperlichen Veränderungen sich direkt aus der Wahrnehmung des erregenden Sachverhalts ergeben, und daß unser Empfinden dieser Veränderungen mit der Emotion identisch ist. Man sagt einfach: Wir verlieren unser Hab und Gut, sind traurig und weinen; wir stoßen auf einen Bären, haben Angst und laufen weg; wir werden von einem Gegner beleidigt, sind zornig und wehren uns. Nach der Hypothese, die hier vertreten wird, kehrt dies die wahre Reihenfolge um; der eine Bewußtseinszustand folgt nicht unmittelbar aus dem anderen, die körperlichen Erscheinungen müssen erst zwischen sie treten. Die Vernunft legt die Behauptung nahe, wir seien traurig, weil wir weinen, zornig, weil wir schlagen, ängstlich, weil wir zittern, und nicht, daß wir weinen, schlagen oder zittern, weil wir traurig, zornig oder ängstlich sind."

(Übersetzung aus James, 1884, S. 190)

Der letzte Satz ist zu einem geflügelten Wort geworden.

Eingehendere Untersuchungen haben Schwächen der *James-Lange-Theorie* aufgedeckt. Der erste Einwand ist: Innere physiologische Reaktionen stellen sich oft langsamer ein als die zugehörigen Gefühlserlebnisse. So läuft nach einem lauten Knall das Schreckerlebnis der Darmbewegung als physiologischer Schreckreaktion voraus. Eine Erklärung dafür, die Walter Cannon (1927) zu einer Revision der James-Lange-Theorie benutzt hat: In der Selbstbeobachtung erfaßt werden nicht erst die peripheren physiologischen Reaktionen (z. B. die Darmbewegung, der Herzschlag), sondern bereits die Hirnimpulse, welche die peripheren Reaktionen hervorrufen; wenn sich also das Schreckerlebnis schneller einstellt als die Darmbewegung, so liegt das nach der Cannonschen Revision daran, daß bereits der an die inneren Organe gehende Nervenimpuls erfaßt und im Erlebnis verarbeitet wird.

Zum anderen ist an der James-Lange-Theorie zu bemängeln: Wenn das Gefühlserlebnis nichts anderes sein soll als die Beobachtung der eigenen Körpererregung, dann muß der Vielfalt verschiedener Gefühlserlebnisse eine ebensolche Vielfalt von körperlichen Reaktionsmustern entsprechen. Das ist jedoch nicht der Fall. Während Gefühlserlebnisse zwischen Freude, Zorn und Ärger die verschiedensten Nuancen aufweisen, sind Körperreaktionen recht gleichförmig: Eine Steigerung des Herzschlags kann etwa die Wut ebenso begleiten wie die ausgelassene Freude. Zwei amerikanische Psycho-

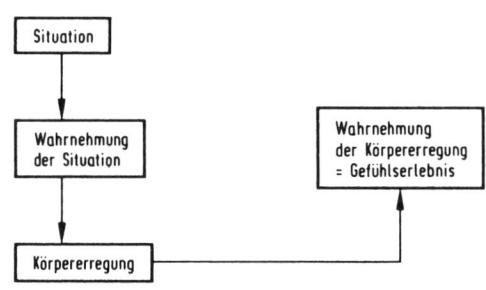

Gefühlstheorie nach James (1884) und Lange (1885).

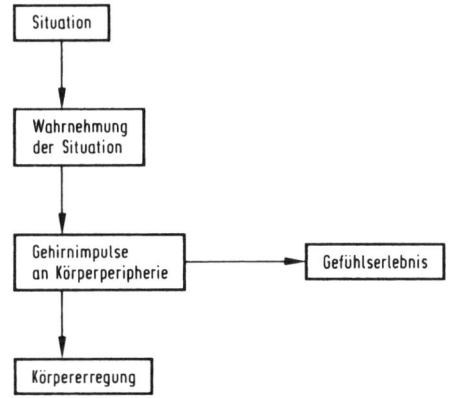

Gefühlstheorie nach Cannon (1927).

logen, Stanley Schachter und Jerome Singer (1962), haben deshalb ihre *kognitiv-soziale Emotionstheorie* in die Diskussion gebracht:
- Das betroffene Individuum nimmt in der Tat seine Körpererregung wahr.
- Zur Wahrnehmung der eigenen Erregung tritt die Erkenntnis von Ursachen der Erregung (z. B. soziale Partner, Gegenstände in der Umgebung). Dies ist ein Vorgang der Ursachenzuschreibung, der Kausalattribuierung (vgl. bereits Abschnitt 9.4.2).
- Die wahrgenommene Erregung und die hierfür angenommenen Gründe gehen gemeinsam in das Gefühlserlebnis ein; die Ursachenzuschreibung ist vor allem für die Qualität des Gefühlserlebnisses maßgebend.

Die Theorie von Schachter und Singer ist unverkennbar eine kognitivistische Theorie. Sie schreibt letztlich das Entstehen von Gefühlserlebnissen dem Bewußtsein selbst zu. Der Mensch verschafft sich danach in seinem Gefühlserlebnis Klarheit über seinen eigenen Zustand und dessen Ursachen; und er tut das in einem Urteilsprozeß. Zur Beurteilung zieht er ein eigenes Kategoriensystem von Gefühlen heran; es enthält Kategorien wie „Liebe", „Freude", „Ärger". Diese Kategorien sind Gegenstandsbegriffen wie „Haus", „Kind" (vgl. Abschnitt 5.3) vergleichbar. Ihre vielfältigen Eindrücke von seinem eigenen Zustand und dessen Ursachen fassen Menschen mit Hilfe der vorgegebenen Gefühlskategorien zusammen. Schachter und Singer schreiben ausdrücklich: Den Eindrücken wird ein Etikett (engl. *label*) mit einer Bezeichnung angeheftet (z. B. Herzklopfen in Anwesenheit eines

sexuell attraktiven Partners fällt in die Kategorie „Liebe"; dieselbe Reaktion beim Anblick eines defekten Geräts ist als „Ärger" zu deuten).

Schachter und Singer haben ihre Theorie in einem Experiment zu belegen versucht. Zwei Bedingungen sind darin wesentlich:
- die Stärke der Körpererregung. Diese wurde durch eine Adrenalinspritze bei einem Teil der Probanden erhöht. Adrenalin - ein Hormon der Nebennieren - regt die Aktivität des sympathischen Nervensystems an.
- die soziale Anregung. Ein Teil der Probanden wurde einem Partner zugesellt, der sich als „Stimmungskanone" betätigte, indem er mit einem Hula-Hoop-Reifen tanzte und Papierflieger in die Luft warf. Ein anderer Teil der Probanden wurde in eine verärgernde Situation gebracht (u. a. durch einen Fragebogen mit peinlichen und widerwärtigen Fragen wie „Mit wievielen Männern hatte Ihre Mutter außerehelichen Geschlechtsverkehr - außer mit Ihrem Vater?").

Daß die Spritze Adrenalin enthielt, wurde den hier interessierenden Probanden zunächst verheimlicht. Als sich bei ihnen nach einiger Zeit Schweißausbruch, Zittern und ein erhöhter Puls einstellten, fehlte ihnen dafür eine zutreffende Begründung. Die Autoren sagten nun voraus: Um zu einer Erklärung zu gelangen, würden diese Probanden ihre Erregung auf die euphorische Stimmung des Partners oder den ärgerlichen Fragebogen zurückführen. Sie würden daher nach Verabreichung einer Adrenalspritze sowohl ihre freudige Erregung als auch ihre Verärgerung höher einstufen als Vergleichspersonen ohne Adrenalin.

Die Schachter-Singer-Studie war bahnbrechend in ihrer Fragestellung und elegant in ihrem experimentellen Plan. Deshalb wird sie häufig zitiert und fehlt selten in einschlägigen psychologischen Lehrbüchern. Dabei wird viel zu selten darauf hingewiesen, daß schon die von Schachter und Singer 1962 erhobenen Daten ihrer Theorie nicht voll entsprechen und spätere Nachuntersuchungen bedenkliche Abweichungen zeigten. So haben etwa Gisela Erdmann und Wilhelm Janke 1978 an der Universität Düsseldorf zwar bestätigen können, daß unerkannte Gaben von einem Adrenalinpräparat den Eindruck der Euphorie in einer Erfolgssituation verstärken. Waren jedoch Elektroschocks angekündigt, trat trotz unerkannter Gaben von Adrenalin keine gesteigerte Angst auf, obwohl das Mittel nachweislich Blutdruck und Herzschlag erhöhte und die Betroffenen ihr verändertes Befinden auch bemerkten.

Lange, C. G. (1887). *Über Gemütsbewegungen.* Leipzig: Thomas (Erstausgabe 1885: *Om sindsbevägelser.* Kopenhagen: Lund).

James, W. (1884). What is emotion? *Mind, 9,* 188-205.

Cannon, W. B. (1927). The James-Lange theory of emotions: A critical examination and an alternative theory. *American Journal of Psychology, 39,* 106-124.

Schachter, S. & Singer, J. E. (1962). Cognitive, social, and physiological determinants of emotional state. *Psychological Review, 69,* 379-399.

Erdmann, G. &. Janke, W. (1978). Interaction between physiological and cognitive determinants of emotions: Experimental studies on Schachter's theory of emotions. *Biological Psychology, 6,* 61-74.

11.3.2 Kontrolle von Motiv- und Emotionszuständen

Es mag das Lebensziel aller Menschen sein, ihren Bedürfnissen Befriedigung zu verschaffen und sich an angenehmen Gefühlen zu erfreuen. Die Verwirklichung dieses Ziels stößt freilich mitunter auf bemerkenswerte Widersprüche. Wie soll man sich etwa an der reich gedeckten Tafel freuen, wenn man keinen Appetit verspürt? Hier muß das Bedürfnis erst stimuliert werden - am unmittelbarsten durch Einnahme von appetitanregenden Mitteln. Pharmaka und Drogen werden auch eingenommen, um Mißstimmungen zu beseitigen. Veränderungen der Bedürfnisse und Gefühle können also in zwei Richtungen gehen: Sie lassen sich dämpfen, aber auch steigern.

Die Kontrolle eigener Gefühle und Motive ist ein Akt der Regulation (vgl. Abschnitt 9.4.1). Die Regelung kann dabei an Gefühls- und Motivzuständen selbst ansetzen oder bei Gegebenheiten, welche Einfluß auf sie nehmen:

• durch Eingriffe in die Umwelt sowie durch Ortswechsel, um sich emotional anregenden

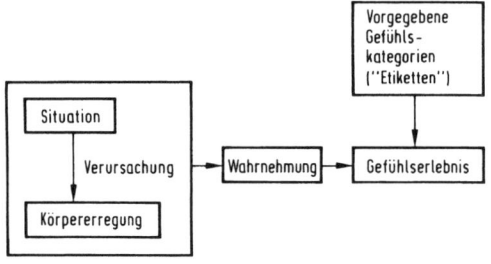

Kognitiv-soziale Theorie der Entstehung von Gefühlserlebnissen nach Schachter und Singer (1962).

Personen, Objekten oder Ereignissen zu nähern oder um diesen zu entgehen,
- durch Veränderung der Wahrnehmung und Einschätzung derjenigen Teile der Umgebung, die für Bedürfnisse und Emotionen bedeutsam sind,
- durch Veränderung von Vorstellungen über Personen, Gegenstände und Ereignisse,
- durch Einflußnahme auf Gefühls- und Willenserlebnisse selbst,
- durch Einflußnahme auf den eigenen körperlichen Zustand.

Unsicherheit der Gefühle

Über die Schwierigkeit, seine Empfindungen einzuschätzen, klagt bereits der junge Page Cherubino im ersten Akt der Mozart/da Ponteschen Oper *Die Hochzeit des Figaro*:

„Ihr, die Ihr wißt, was Liebe ist,
Damen seht, ob ich sie im Herzen habe.
Was ich empfinde,
werde ich Euch erklären,
es ist neu für mich,
ich kann es nicht verstehen.
Ich spüre ein Gefühl
voller Verlangen,
das mal Lust ist,
das mal Leiden ist.
Ich erfriere, und dann fühle
ich die Seele auflodern,
und im nächsten Augenblick
erfriere ich wieder. ...
Ich seufze und klage,
ohne es zu wollen.
Ich zittere und bebe,
ohne es zu merken.
Ich finde keinen Frieden,
weder Nacht noch Tag,
und doch gefällt es mir,
mich so zu verzehren. ... "

(Übersetzung von Karl Dietrich Gräwe)

Der Page ist recht beredt und kann selbst seine Unsicherheit noch in Worte fassen. So traut man ihm zu, daß er seine Unsicherheit überwinden und mit seinen Liebeserfahrungen zurecht kommen wird.

Anders ist das bei den bäuerlichen und proletarischen Gestalten in dem Stück *Wildwechsel* des bayrischen Dramatikers Franz Xaver Kroetz (geb. 1946). Den Personen in diesem Stück fehlt die Sprache, um ihre Gefühle zum Ausdruck zu bringen. Sie isolie-

Evelyn Lear als Cherubin und Erika Köth als Susanne in einer Aufführung von *Die Hochzeit des Figaro* an der Städtischen Oper Berlin.

ren sich gegenüber ihren Partnern und kommen mit ihren Empfindungen nicht ins Reine. Einerseits drohen ihre Gefühle unter diesen Umständen zu versiegen, andererseits brechen sie in unbeherrschten und gewaltsamen Handlungen hervor.

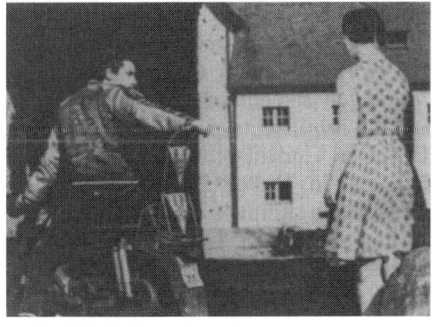

Eva Mattes als Hanni und Jörg von Liebenfels als Franz im Film „Wildwechsel" von R. W. Fassbinder.

Die zuerst genannte Einflußnahme auf die Umgebung ist ein Akt der Außenregulation. Diese Art der Einflußnahme ist die Handlung, deren oberstes Ziel, eigene Bedürfnis- und Gefühlszustände langfristig zu verbessern, hier erneut hervortritt. Die weiteren vier Möglichkeiten der Einflußnahme ereignen sich in den Betroffenen selbst; sie sind als Maßnahmen der *Selbstkontrolle* bzw. der *Selbstregulation* zu bezeichnen.

Wie weit besitzen Menschen die Fähigkeit zur Selbstregulation? Wie weit stößt diese Fähigkeit auf Widerstände

- von seiten einer übermächtigen Umwelt,
- von seiten des sich sperrenden oder in Zwängen verhafteten menschlichen Geistes,
- von seiten des sich autonom gebärdenden Körpers?

Den Begriffen der Selbstkontrolle und Selbstregulation stehen somit die Begriffe der Fremdkontrolle und Fremdregulation entgegen. Mit letzteren Begriffen ist nicht nur im Sinne Rotters bzw. Heiders (s. wieder Abschnitt 9.4.2) das Fehlen der unmittelbaren äußeren Einflußnahme auf Ergebnisse und Folgen eigener Handlungen gemeint, sondern auch die Einschätzung, ein Mensch sei nicht mehr Herr seiner Gefühle und Bedürfnisse. Das mag mitunter bedeuten: Anstelle seiner ursprünglichen Gefühle und Bedürfnisse würden ihm neue aufgezwungen.

Ein äußerer Zwang wird oft von seiten der physikalischen und sozialen Umgebung gesehen: Zum Beispiel würden Lohnarbeiter zur Übernahme von monotonen und ihnen sinnleer erscheinenden Aufgaben durch die herrschende Arbeitsorganisation gezwungen (Ulich, 1991). Das eigene Bewußtsein und der eigene Körper können ebenfalls als Quellen von Zwängen erscheinen. So können quälende Gedanken erwünschte positive Gefühle stören (z. B. „Der Gedanke an diesen Unfall läßt mich nicht in Ruhe!"); drängende Körperempfindungen können als wichtig erlebte Pläne und Absichten zunichte machen (z. B. „Meine Nerven machen mich ganz fertig!"). Sieht sich ein Mensch nicht Zwängen seiner Umwelt, sondern unabweisbaren eigenen Gedanken und Empfindungen ausgeliefert, so erfährt er die Verlagerung eines Konflikts ins eigene Ich. Schreitet dieser Konflikt fort, kann

Selbstbeherrschung - Ethik

Das Thema der Emotionen und Motive und ihrer Beherrschung verfolgt die abendländische Philosophie seit der Antike. Sie werden unter dem Begriff der *Leidenschaften* (griech. *pathos*, Leiden), der Affekte (lat. *afficere*, antun) abgehandelt. Leidenschaften und Affekte werden dabei als eigenwillige und ungebärdige Kräfte im Menschen verstanden, die diesen selbst in Gefahr bringen. So nennt etwa der Stoiker Zenon (~336-~264 v. Chr.) Affekte

„… unvernünftige und widernatürliche Regungen der Seele oder das Maß überschreitende Triebe …"

(Zenon in Stoicorum … I, Nr. 205)

Damit drängt sich das Problem auf: Wie wird der Mensch Herr über seine Affekte? Ist er überhaupt zur willentlichen Selbstbeherrschung in der Lage? Die Antwort auf diese Fragen kann einerseits empirisch, andererseits normativ gefaßt sein. Empirisch: Der Mensch kann seine Leidenschaften - etwa durch Gebrauch seiner Vernunft - im Zügel halten. Normativ: Es gibt ein sittliches Prinzip, welches das rechte Maß befiehlt. So wird die Lehre von den Leidenschaften zu einem Thema der philosophischen Ethik.

Charakteristisch für die Ethik zu Beginn der Neuzeit ist die 1677 nach dem Tod des Autors erschienene Schrift *Ethik, in geometrischer Weise dargestellt und in fünf Teile geschieden* des in Amsterdam lebenden Baruch Spinoza (1632-1677). Die beiden letzten Teile lauten:

IV. Von der menschlichen Knechtschaft oder von der Macht der Affekte.
V. Von der Macht der Erkenntnis oder von der menschlichen Freiheit.

Weiterhin ethischen Fragen zugewandt, ist die Philosophie bis in die Neuzeit hinein reich an Analysen von Gefühlsregungen und Motivierungen (z. B. Sartre, 1939). Die Neigung der Kultur, menschliche Bedürfnisse und Gefühle zu kanalisieren oder gar ganz zu unterdrücken, ist dabei zunehmend kritisch beurteilt worden (z. B. Elias, 1939).

er sich bis zur *Ich-Spaltung* (Freud, 1932/1969) steigern. Das Ich trennt sich in zwei Teile: ein als ursprünglich empfundenes und erwünschtes Stück Ich; im Konflikt damit ein unerwünschtes Stück Ich, einen Anteil des Bewußtseins oder einen Körperbereich umfassend. Dieses unerwünschte Ich erscheint als Eindringling und Fremdkörper - wie eine fremde Macht im eigenen Haus (vgl. auch in Abschnitt 9.4.2 das Problem der Willensfreiheit).

Kroetz, F. X. (1973). *Wildwechsel*. Wollerau: Lentz.

Ulich, E. (1991). *Arbeitspsychologie*. Stuttgart: Poeschel.

Zenon (1905). *Stoicorum veterum fragmenta collegit Ioannes ab Armin* 1-4. Leipzig: Teubner.

Spinoza, B. (1955). *Ethik*. Stuttgart: Kröner (Erstausgabe 1677).

Sartre J. P. (1939). *Esquisse d'une théorie phénoménologique des emotions. Actualités scientifiques et industrielles* No. 838. Paris: Hermann.

Elias, N. (1939). *Über den Prozeß der Zivilisation*. (Band 2). Basel: Haus zum Falken.

Freud, S. (1969). Neue Folge der Vorlesungen zur Einführung in die Psychoanalyse. 31. Vorlesung: Die Zerlegung der psychischen Persönlichkeit. *Gesammelte Werke* (Band 15). Frankfurt a. M.: Fischer (Erstausgabe 1932).

11.3.3 Motivierte Wahrnehmung und Wunschvorstellung

Bevor Gegebenheiten aus der Realität auf Gefühle und Bedürfnisse Einfluß nehmen, müssen sie in einem Akt der Wahrnehmung kognitiv repräsentiert sein. An die Stelle von Wahrnehmungen können jedoch auch Vorstellungen und Erinnerungen treten. Die Regulation eigener Motive und Emotionen kann daher bei der kognitiven Repräsentation ansetzen. So entsteht die *motivierte Wahr-*nehmung (s. bereits Abschnitt 4.3.2) und die *Wunschvorstellung* (s. Abschnitt 5.1.3). Die motivierte Wahrnehmung und die Wunschvorstellung haben dabei vorwiegend zwei Wirkungen:

- Inhalte, welche Bedürfnisse und Gefühle in unwillkommener Weise verändern (z. B. Wahrnehmungen von Mängeln, Vorstellungen von angstauslösenden Situationen), werden aus der Kognition ausgeschlossen (*Verleugnung*) oder erscheinen in geeignet abgewandelter Gestalt (*Verkennung*).
- Wunschgerechte und emotional befriedigende Inhalte werden in der Kognition bevorzugt repräsentiert und spiegeln im äußersten Fall dem Betroffenen eine gar nicht vorhandene Wunschwelt vor.

Dies alles gilt nicht nur für Gegebenheiten der Umwelt wie lobende Worte oder langwierige Krankheiten. Sofern Motive und Emotionen selbst Wahrnehmungen und Einschätzungen des eigenen körperlichen Zustands einschließen, sind es auch Eigenempfindungen, die in der Kognition illusionär oder verzerrt abgebildet werden können. Menschen haben offenbar unterschiedliche Fähigkeit oder Bereitschaft zur wirklichkeitsgetreuen Berichterstattung über ihre Körperreaktionen wie Herzschlag, Schweißabsonderung. Man kann unterstellen, daß sie sich manchmal gegen das Eingeständnis eines Erregungszustandes oder eines Bedürfnisses sträuben, manchmal aber in ihrer Selbstbeschreibung die Stärke einer Erregung oder eines Bedürfnisses übertreiben (Mandler, Mandler & Uviller, 1958; Weinstein, Averill, Opton & Lazarus, 1968).

Richard Lazarus (1991) von der Universität von Kalifornien in Berkeley hat einen doppelten *Bewertungsprozeß* angenommen, der über Art und Stärke von Emotionalität und Motivation entscheidet:

- Eine Erstbewertung (engl. *primary appraisal*). Sie bestimmt zunächst die bedrohlichen und herausfordernden Eigenschaften einer Situation oder eines Gegenstandes.
- Eine Zweitbewertung (engl. *secondary appraisal*). Sie ermittelt die Möglichkeiten der Bewältigung (Hilfen, eigene Fähigkeiten) von Bedrohungen und Herausforderungen.

Die beiden Bewertungsschritte sind nicht unabhängig voneinander. Denn je mehr Mög-

Mandler, G, Mandler, J. M. & Uviller, E. T. (1958). Autonomic feedback: The perception of autonomic activity. *Journal of Abnormal and Social Psychology, 56,* 367-373.

Weinstein, J., Averill, J. R., Opton, E. M. et al. (1968). Defensive style and discrepancy between self-report and physiological indexes of stress. *Journal of Personality and Social Psychology, 10,* 406-413.

Lazarus, R. S. (1991). *Emotion and adaptation.* New York: Oxford University Press.

Speisman, J. C., Lazarus, R. S., Mordkoff, A. et al. (1964). Experimental reduction of stress based on ego-defense theory. *Journal of Abnormal and Social Psychology, 68,* 367-380.

lichkeiten der Bewältigung erlebt werden, desto mehr verlieren bedrohliche und herausfordernde Eigenschaften an erschreckender und ängstigender Wirkung. Die Bewertungen liegen nach Lazarus nicht ein für allemal fest, sondern können in einem Prozeß der *Neubewertung* (engl. *reappraisal*) stets revidiert werden.

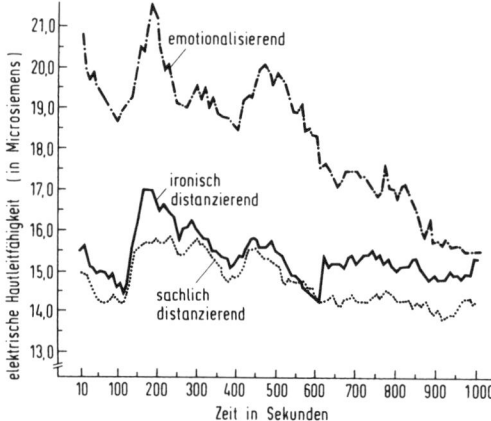

Die elektrische Hautleitfähigkeit als Maß der emotionalen Reaktion auf belastende Filmszenen. Distanzierende Kommentare dämpfen die Reaktionen, emotionalisierende Kommentare erhöhen sie (nach Speisman, Lazarus, Mordkoff et al., 1964).

Die Bedeutung von Bewertungsprozessen hat Lazarus mit seinen Kollegen auch experimentell demonstriert. Dazu wurde Studenten u. a. ein ethnologischer Film über Beschneidungsriten bei dem australischen Stamm der Arunta vorgeführt. Einige Szenen über primitiv durchgeführte Operationen im Genitalbereich waren geeignet, bei westlichen Beobachtern heftige Abwehrtendenzen und Ekelgefühle auszulösen. Um verschiedene Bewertungen nahezulegen, wurde der Film bei verschiedenen Betrachtern mit drei unterschiedlichen Kommentaren versehen:

• einem emotionalisierenden Kommentar, der die Gefährlichkeit und Schmerzhaftigkeit der Operation hervorhob,
• einem sachlich distanzierenden Kommentar, der die Unterschiede in den Kulturen betonte und die anthropologische Bedeutung der Beschneidung erläuterte,
• einem ironischen, distanzierenden Kommentar, der die Gefährlichkeit und Schmerzhaftigkeit der Operation zu bagatellisieren trachtete.

Während der Darbietung wurde die elektrische Leitfähigkeit der Haut als Maß der emotionalen Erregung gemessen. Tatsächlich trat ein, was theoretisch vorhergesagt war: Die durch den emotionalisierenden Kommentar gesteigerte Einschätzung der Bedrohlichkeit förderte die Erregung, während die distanzierenden Kommentare die Erregung dämpften.

11.3.4 Unmittelbare Selbstregulation von Affekt-, Motiv- und Organzuständen

Gefühle sind offenbar der unmittelbaren Regulation zugänglich. Der Trauernde ist imstande, seine schmerzlichen Gefühle zu unterdrücken; er kann sie aber auch, indem er sich ihnen willig hingibt, steigern. Dasselbe gilt wohl für Bedürfnisse: Wirtschaftliche, sexuelle und andere Begehrlichkeiten lassen sich durch Verzicht ebenso bezwingen wie durch erneuerte Ansprüche verstärken. Philosophen, Theologen und Pädagogen haben es als Aufgabe des Menschen als Kulturwesen gesehen, seine Affekte und Bedürfnisse zu beherrschen. Der Philosoph Epiktet (~50- ~138 n. Chr.) aus der Schule der Stoiker (s.

Abschnitt 11.3.2 über Ethik) hat sogar ein Übungsprogramm zur Zügelung der Affekte entworfen:

„Wenn du nun nicht jähzornig sein willst, so ziehe in dir nicht die Gewohnheit groß und gib ihr keine Gelegenheit zum Wachsen. Anfangs suche dich zu beruhigen und zähle die Tage, an denen du nicht zornig bist: Gewöhnlich war ich jeden Tag zornig, jetzt bin ich es nur über den anderen Tag, dann immer erst nach zwei Tagen, dann erst nach dreien; wenn du sogar dreißig Tage hast vorbeigehen lassen können, dann opfere der Gottheit. Die Gewohnheit bekommt zuerst Unterbrechungen, zuletzt hört sie ganz auf: Heut war ich nicht traurig, morgen werde ich es auch nicht sein und so zwei, drei Monate fort; aber gib Obacht, wenn irgendwelche Versuchungen kommen."

(Epiktet, undatiert/1905, Buch II, 18, übersetzt von J. Grabisch)

Nun hat sich die Frage des unmittelbaren Umgangs mit komplexen Emotionen und Motiven bisher der genaueren Untersuchung entzogen. Die Forschung hat sich dafür umso eingehender einer Teilfrage aus diesem Bereich zugewandt, der *Selbstregulation* bzw. der *Selbstkontrolle* eigener Körperfunktionen: der Muskeltätigkeit, der Atmung, des Herzschlags, der Durchblutung, der Hirnstromaktivität. Den an Emotions- und Motivationsproblemen interessierten Autoren in diesem Forschungsbereich schwebt offenbar vor, daß mit der Selbstregulation der Organtätigkeit auch ein Teil der Affekt- und Motivregelung geleistet ist. Daß etwa, wer das Zittern seiner Hände oder das Tempo der Atmung nach seinem Willen steuern kann, auch die Gefühlserregung und die Begehrlichkeit dem Einfluß seines Willens unterworfen hat.

Als Kriterien des Regulationserfolgs dienen zumeist:
• Veränderung von Organzuständen nach eigener Vornahme (Selbstinstruktion),
• Anpassung von Organzuständen an Bekräftigungsbedingungen, d. h. an Lohn und Strafe (operantes Konditionieren).

Die beiden Kriterien sind recht gut bei Muskeltätigkeiten (einschließlich der Atmung) zu erfüllen. Rumpf und Gliedmaßen gehorchen weitgehend dem eigenen Willen. Körperbewegungen lassen sich darüber hinaus recht gut durch Lohn und Strafe beeinflussen (s. Abschnitt 10.5.1 zum hierfür herangezogenen Prinzip der operanten Konditionierung). Der dem Willen und der Bekräftigung nicht unterworfene Anteil der Muskelfunktionen (z. B. Angstzittern, fliegende Atmung, ausfahrende Bewegung) wird daher im allgemeinen als gering angesehen. Als autonom, d. h. weder als willentlich steuerbar noch als konditionierbar, galten dagegen für lange Zeit die Drüsen- und Gefäßfunktionen.

Die Ansichten über die Selbständigkeit von Drüsen- und Gefäßfunktionen, insbesondere der Autonomie des Herz-Kreislaufsystems, haben sich freilich in den vergangenen Jahrzehnten drastisch gewandelt. Angeregt durch Berichte über indische Yogis, die ihre Herztätigkeit bis zum Herzstillstand drosseln konnten, fuhr der amerikanische Psychophysiologe Wenger nach Indien, um dort mit indischen Kollegen den Umfang möglicher Willenseinflüsse auf das Herz zu untersuchen. Sein Ergebnis erregte Aufsehen: Seine Probanden waren imstande, ihren Puls in völlig ruhiger Lage (d. h. ohne zusätzliche Bewegung) um bis zu 30 Schläge zu steigern und bei voller Aufmerksamkeit (d. h. ohne zu schlafen) um bis zu 16 Schläge zu senken. Das gewählte Verfahren: Die beobachteten Personen erhielten Prämien für jede instruktionsgemäße Änderung des Herzschlags. Und sie konnten die Veränderungen ihres Pulsschlags deutlich mitverfolgen, denn dieser wurde entweder über akustische Signale hörbar oder über optische Anzeigen sichtbar gemacht (Wenger, Bagchi & Anand, 1961). Vor allem die zuletzt genannte Methode erwies sich als wegweisend: die (optische oder akustische) *Rückmeldung körperlicher Zustände* (engl. *biofeedback*). Sie hat inzwischen Eingang in die Psychotherapie gefunden (vgl. etwa Birbaumer & Kimmel, 1979).

Bis 1973 konnten Blanchard und Young siebzehn weitere Studien zur Selbstkontrolle des Herzschlags zusammenfassen. Sie zeigten: Eine Einflußnahme auf den Herzschlag durch Belohnung und Selbstinstruktion gibt es nicht nur bei Angehörigen asiatischer Kulturen; auch in der westlichen Kultur sind sie nachzu-

Epiktet (1905). *Unterredungen*. Jena: Diederichs.

Wenger, M. A., Bagchi, B. K. & Anand, B. K. (1961). Experiments in India on "voluntary" control of the heart and pulse. *Circulation, 24*, 1319-1325.

Birbaumer, N. & Kimmel, H. D. (Eds.). (1979). *Biofeedback and self-regulation*. Hillsdale, NJ: Lawrence Erlbaum.

Blanchard, E. B. & Young, L. D. (1973). Self-control of cardiac functioning. A promise as yet unfulfilled. *Psychogical Bulletin, 79*, 145-163.

Linden, M. & Manns, M. (1977). *Psychopharmakologie für Psychologen*. Salzburg: Müller.

Novaco, R. W. (1975). *Anger control: The development and evaluation of an experimental treatment*. Lexington, MA.: Lexington Books.

Siebert, M. (1977). Ärgerkontrolle: Eine Methode der Aggressionsbewältigung. *Zeitschrift für klinische Psychologie, 6*, 59-69.

weisen - selbst bei Personen, denen die fernöstlichen Philosophien und Meditationstechniken fremd sind. Allerdings: Es gibt große individuelle Unterschiede in der Fähigkeit zur Selbstregulation des Herzschlags, und die von Wenger, Bagchi und Anand angegebenen Maximalwerte (s. o.) werden in den neueren amerikanischen und europäischen Studien nicht erreicht.

Eine Mischform aus externer und interner Regulation stellt die Einnahme von Drogen zur Veränderung von Gefühlen, Stimmungen und Bedürfnissen dar. Die dazu angewandten Mittel, ihre Wirksamkeit, die ihre Wirkung vermittelnden Mechanismen sowie die Problematik des Arzneimittel- und Drogenkonsums sind Gegenstände eines eigenen interdisziplinär angelegten Faches, der Psychopharmakologie (zur Einführung s. Linden & Manns, 1977).

Ärgerkontrolle

Viele Menschen leiden unter ihren Gefühlen des Mißmuts, der Trauer, des Überschwangs, der Gehässigkeit; und ihre Umwelt leidet mit ihnen. Wenn es an der Fähigkeit zur Selbstregulation mangelt, kann diese planmäßig trainiert werden.

So neigen manche Personen zu Ärgerreaktionen und fallen dadurch sich selbst und ihrer Umgebung zur Last. Ist die Ärgerreaktion nicht als normale Antwort auf eine unzumutbare Umgebung anzuerkennen und will man die Verwendung von Beruhigungsmitteln vermeiden, so bleibt als Hilfe nur ein Training, das die Veränderung der eigenen Gedanken und Körperreaktionen zum Ziel hat. Ein solches Programm zur Ärgerkontrolle ist von Raymond W. Novaco (1975) in den Vereinigten Staaten entwickelt und von Madlen Siebert (1977) in Deutschland erprobt worden. Nach diesem Verfahren erhalten zu ungewöhnlichen Unmutsreaktionen und Aggressionen neigende Personen ein Kognitions- und Entspannungstraining. Im Kognitionstraining sollen sie lernen, ihre Aufmerksamkeit nicht ständig auf ärgerliche Umstände zu richten, sondern in einer Situation Unangenehmes gegen Angenehmes abzuwägen. Im Entspannungstraining lernen sie, insbesondere ihre Muskelspannung - und in Verbindung damit auch ihre Atmung und ihre Herz-Kreislaufreaktionen - willentlich zu senken.

Gelingt das Training, verlieren Belastungssituationen für die Betroffenen ihre verärgernde Bedeutung, und die Betroffenen gewinnen darüber hinaus an Gelassenheit gegenüber ärgerlichen Erfahrungen.

ZUSAMMENFASSUNG

1. Gefühle und Bedürfnisse sind Gegenstände der Wahrnehmung. In die Wahrnehmung gehen nicht nur Organtätigkeiten wie Muskelzittern und Herzschlag ein, sondern wohl bereits die nervösen Impulse, welche solche Organtätigkeiten steuern.

2. Aus kognitivistischer Sicht vermittelt die Wahrnehmung eigener körperlicher Tätigkeit und Erregung kein ausreichendes Bild eigener Bedürfnisse und Gefühle. Einbezogen würden auch mögliche situative und soziale Ursachen wahrgenommener körperlicher Zustände. Je nach Einschätzung des eigenen Zustandes und seiner Ursachen werde eine Zuordnung zu vorgegebenen Gefühls- und Motivkategorien (Etiketten) vorgenommen.

3. Zu verändern sind Motive und Gefühle durch Eingriffe in die sie auslösenden realen Situationen. Aber auch die Vorstellung geeigneter Situationen sowie Verleugnungen und Verkennungen in der Wahrnehmung sind Mittel zur Regulation von Motiv- und Emotionszuständen.

4. Weiterhin scheint es Möglichkeiten der unmittelbaren Regulation von Gefühlen und Bedürfnissen zu geben (Unterdrückung und Steigerung von Gefühlen, Triebverzicht und Steigerung von Triebansprüchen). Nachweisbar ist bei vielen Personen die Selbstkontrolle eigener Körperfunktionen, wie sie Gefühls- und Antriebserlebnisse begleiten (z. B. Herzschlag).

11.4
Motivations- und emotionspsychologische Probleme in der Entwicklungs-, Persönlichkeits- und Sozialpsychologie

11.4.1 Entwicklungspsychologie

Die ersten Tage nach seiner Geburt verbringt ein Kind zumeist im Schlaf, der lediglich zur Aufnahme der Nahrung unterbrochen wird. Die Stillzeit kündigt sich mit Schreien und aufgeregten Bewegungen an. Entwicklungspsychologen sehen im Wachen den Beginn der psychischen Funktionen und stellen mit großer Einmütigkeit fest, Hunger und die damit einhergehenden Körpererregungen seien die frühesten Erscheinungen menschlicher Motivation und Emotion. Im Laufe der menschlichen Entwicklung nähmen die Gefühle und Bedürfnisse an Zahl zu. Gleichzeitig gewinne der Mensch an Fähigkeit, seine Gefühle und Bedürfnisse sowie deren Ausdruck zu regulieren.

Es gibt zahlreiche Theorien, welche die Entwicklung von Motiven und Gefühlen als Wachstumsprozeß, Stufenfolge oder Differenzierungsvorgang beschreiben. Sie versuchen nachzuweisen, wie später zu beobachtende Gefühle und Bedürfnisse auf früheren aufbauen oder sich von ihnen abspalten. Einen Eindruck von solchen Theorien haben bereits die oben erwähnte Phasentheorie Freuds und die Wachstumstheorie Maslows vermittelt (s. Abschnitte 2.4.2 und 11.2.4).

Eine häufig gestellte Frage ist: In welches Lebensalter fallen die verschiedenen Phasen und Stufen? Die Beantwortung dieser Frage bereitet oft erhebliche Schwierigkeiten. So könnte man geneigt sein, den Anfang eines biologisch so eindeutig bestimmbaren Motivs wie das der Sexualität mit der Ausreifung der

Geschlechtsorgane, d. h. etwa im Alter von vierzehn Jahren anzunehmen. Aber lehrt nicht die Psychoanalyse die sexuelle Natur aller Triebhaftigkeit, so daß der Beginn der kindlichen Sexualität schon bei der Geburt, spätestens in der von der Psychoanalyse angenommenen genitalen Phase im dritten Lebensjahr anzusetzen ist?

Wachstumsmodelle der *Motivation* verbieten geradezu eine feste Zuordnung von Lebensjahren zu Aufbaustufen, denn eine neue Stufe ist erst zu erreichen bei ausreichender Befriedigung der vorangehenden Stufe. Diese Befriedigung hängt aber ab von Lebensumständen und Lebensschicksal und nicht allein vom Lebensalter. Einem Individuum oder einer gesamten Kultur mag die Befriedigung auf einer frühen oder mittleren Stufe verwehrt werden; dann verharrt das Wachstum auf dieser Stufe. Wenn beispielsweise durch Widrigkeiten der Natur die Sicherheit auf längere Dauer gefährdet ist, wird das Streben sich auf den Erhalt von Schutz und Sicherung konzentrieren und nicht zur Geselligkeit oder gar zur individuellen Selbstverwirklichung fortschreiten. So gibt es - ontogenetisch betrachtet - Individuen und - phylogenetisch betrachtet - Völkerstämme, die auch nach langer Lebenszeit nie sämtliche Stufen des Wachstumsmodells durchlaufen. Auch ist der Weg über die Stufen keineswegs nur als Aufstieg zu verstehen; es gibt die Rückkehr von einer höheren zu einer niedrigeren Stufe. Gerät etwa ein Mensch, der - materiell wohl versorgt und sozial gestützt - sich seiner Selbstverwirklichung gewidmet hat, in eine wirtschaftliche Krisensituation, die ihn seiner Versorgung und seiner sozialen

Unterstützung beraubt, wird er auf elementare Bedürfnisse zurückgeworfen: die Sorge um Nahrung, Wohnung und soziale Hilfe. Tendenzen zur *Selbstverwirklichung* (z. B. im künstlerischen Bereich) werden dann ruhen. Diese Rückkehr zu niedrigeren Stufen - in der Terminologie der Psychoanalyse eine *Regression* (lat. *regredi,* zurückgehen) - ist ebenfalls nicht fest an ein Lebensalter gebunden, sondern eher an das Lebensschicksal.

Die Entwicklung von Gefühlen folgt der Entwicklung von Motiven. Insofern ist das erste Auftreten von Gefühlen nicht eindeutig bestimmten Lebensaltern zuzuordnen. Gleichwohl hat sich der Versuch als sinnvoll erwiesen, für eine definierte Stichprobe normal sozialisierter europäischer Kinder die Differenzierung von Gefühlen mit dem Lebensalter zu erheben. Häufig zitiert wird eine Erhebung Katherine M. Banham Bridges aus dem Jahre 1932. Die Beobachtungen der Autorin belegen, daß sich im Alter von etwa drei Monaten von der Allgemeinerregung spezifische Lust- und Unlustgefühle abspalten. Diese teilen sich bis zum Ende des ersten Lebensjahres in Furcht-, Ekel-, Ärger- und Unlustemotionen einerseits, sowie in Lust, Heiterkeit und Liebe andererseits auf. Nach dieser Theorie hat die Unlust übrigens einen Entwicklungsvorsprung vor der Lust.

Betrachtungen des Wachstums bzw. der Differenzierung im Bereich der Motive allein oder im Bereich der Emotionen allein schließen allerdings einen wichtigen Gesichtspunkt von vornherein aus: die Beziehung von Motiven und Emotionen. Zu Beginn der Entwicklung - darauf hat Carrol E. Izard (1979) eindringlich aufmerksam gemacht - sind ja Motive und Emotionen noch untrennbar miteinander verknüpft. Erst im Laufe der Entwicklung scheint die Kopplung zwischen Gefühlen und Bedürfnissen schwächer zu werden. Hier scheint es sich um einen Differenzierungsvorgang zu handeln, der sich einerseits im Laufe der Ontogenese, der Geschichte des Einzelmenschen, andererseits in der Phylogenese, der Stammesgeschichte, vollzieht. Erst der Mensch mit (ontogenetisch) höherem Entwicklungsalter und (phylogene-

Bridges, K. M. B. (1932). Emotional development in early infancy. *Child Development, 3,* 324-341.

Izard, C. E. (1979). Emotions as motivations. An evolutionary-developmental perspective. In R. A. Dienstbier (Ed.), *Nebraska Symposium on Motivation* (Vol. 26, pp. 163-200). Lincoln: University of Nebraska Press.

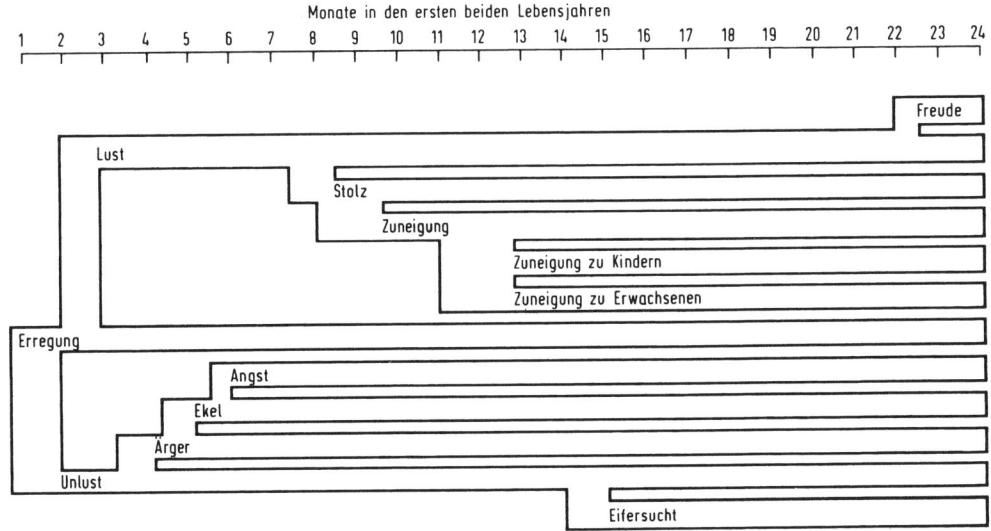

Entwicklung der Gefühle in den beiden ersten Lebensjahren (nach Bridges, 1932, S. 340). Die Gefühlsbezeichnungen werden von der Autorin durch Verhaltensbeschreibungen genauer umrissen.

tisch) höherer Entwicklungsstufe verfügt über eine „kalte Entschlossenheit" (d. h. Motiviertheit bei geringer emotionaler Beteiligung) und ein „reines Gefühl" (d. h. emotionale Beteiligung ohne Handlungsabsicht, wie u. U. beim Hören eines Konzerts).

11.4.2 Persönlichkeitspsychologie

Daß Menschen sich in ihren Gefühlen und Bedürfnissen unterscheiden, ist eine Binsenwahrheit. Daß sie in der Selbstwahrnehmung des eigenen Zustands und ihrer Selbstregulation, in ihrer Zuwendung zu Annehmlichkeiten und ihrer Abwendung von Bedrohlichkeiten ebenfalls variieren, ist bisher weniger bekannt. In ihrem Bestreben, Art und Ausmaß der individuellen Unterschiede in der Motiviertheit und Emotionalität zu ermitteln, stößt die differentielle Psychologie mitunter auf paradox anmutende Befunde. Wer sich etwa an den alten hedonistischen Grundsatz hält, die Menschen strebten nach Ruhe, Sicherheit und Zufriedenheit, wird mit Überraschung feststellen, daß eine Reihe von Personen Ruhe und beschauliches Glück als Erlebnisarmut und Langeweile empfinden;

solche Personen suchen die Abwechslung und das Abenteuer. Aus dieser Gruppe rekrutieren sich zahlreiche Fallschirmspringer, Tiefseetaucher, Fernreisende, Glücksspieler und neuerdings auch Heroinsüchtige. Der individuellen Messung und Deutung der *Abenteuerlust*, des *Erlebnishungers* und der *Risikofreude* hat Marvin Zuckerman (1979) ein Forschungsprogramm gewidmet.

Zur Klassifikation von Personen kann man Trieb- und Gefühlsinventare zugrunde legen. So sind etwa Meßinstrumente für einige Bedürfnisse aus der Murrayschen Triebliste (s. Abschnitt 11.2.1) entwickelt worden, u. a. für das Leistungsmotiv (Heckhausen, 1963) und das Anschlußmotiv (Heyns, Veroff & Atkinson, 1958). Auf Motivorientierungen greifen auch Typologien zurück. Ein Beispiel sind die „Lebensformen", wie sie der deutsche Pädagoge und Psychologe Eduard Spranger beschrieben hat. Spranger (1930) sieht die menschliche Motivation vor allem durch die Werte der Kultur bestimmt. Gewinnt einer der Werte die Oberhand, bildet sich ein hervorstechender Typ. Insgesamt unterscheidet Spranger sechs Arten von kulturellen Werten und im Anschluß daran ebenso viele Grundtypen:

- den theoretischen Menschen; er strebt vor allem nach kognitiver Ordnung,
- den ökonomischen Menschen mit vorrangigem Streben nach wirtschaftlichem Gewinn,
- den sozialen Menschen, den vor allem das Wohl seiner Mitmenschen und der Allgemeinheit bewegt,
- den politischen Menschen mit seinem Streben nach Macht,
- den religiösen Menschen,
- den ästhetischen Menschen, der am liebsten „dem Bilderspiel des Lebens" zusieht - so Spranger (1930, S. 168) - „freilich nicht theoretisch reflektierend, sondern einfühlend und genießend-beschauend".

Zuckerman, M. (1979). *Sensation seeking: Beyond the optimal level of arousal.* Hillsdale, NJ.: Lawrence Erlbaum.

Heckhausen, H. (1963). *Hoffnung und Furcht in der Leistungsmotivation.* Meisenheim: Hain.

Heyns, R. W., Veroff, J. & Atkinson, J. W. (1958). A scoring manual for the affiliation motive. In J. W. Atkinson (Ed.), *Motives in fantasy, action and society* (pp. 205-218). Princeton: Van Norstrand.

Spranger, E. (1930). *Lebensformen.* Halle: Niemeyer.

Epstein, S. (1976). Anxiety, arousal, and the self-concept. In Ch. D. Spielberger (Ed.), *Stress and anxiety* (Vol. 3, pp. 185-224). Washington: Wiley/Hemisphere.

Innerhalb der Persönlichkeitspsychologie wird auch die Frage nach der Bedeutung von Motiven und Emotionen im Gesamtgefüge der Persönlichkeit aufgeworfen. Viele wichtige Probleme der allgemeinen Motivations- und Emotionstheorie stellen sich im Zusammenhang der Persönlichkeitsforschung aufs neue: Dazu gehört das Problem der *elementaren Bedürfnisausstattung* (s. o. Abschnitt 11.2.1) sowie das Problem der Selbstkontrolle (s. o. Abschnitt 11.3.2). Eine wichtige Frage gilt der Rolle des Ich bei der Erfahrung und Regulation von Emotionen und Motiven. Dem Ich hat nicht nur die Tiefenpsychologie eine

zentrale Stellung in der Emotionstheorie eingeräumt. Auch die kognitivistischen Theorien schenken ihm viel Beachtung. So demonstrieren etwa O'Brien und Epstein (nach Epstein, 1976) anhand einer Erhebung des Auftretens von Gefühlen in Alltagssituationen, daß sowohl die positiven Affekte wie Glück und Zuneigung als auch die negativen Affekte wie Ärger sich von *persönlicher Betroffenheit* herleiten. Positive Affekte treten dabei vor allem auf, wenn der *Selbstwert* sich durch *soziale Anerkennung* und durch Nachweis der eigenen Leistungsfähigkeit erhöht; negative Affekte sind die Folge einer *Selbstwertminderung* durch soziale Zurückweisung und durch Beweise der eigenen *Inkompetenz*.

11.4.3 Sozialpsychologie

Ein Hundegrab auf einem Tierfriedhof. Darauf die Inschrift:

„Du warst mein bester Freund die anderen gingen du bliebst immer."

Man mag über Denkmäler für Tiere den Kopf schütteln. Aber selbst wenn man die Gefühle ihrer Besitzer nicht teilt, wird man sich durch sie in mancherlei Hinsicht belehren lassen: über die Stärke, ja Unabweisbarkeit des Bedürfnisses nach sozialer Partnerschaft, über den emotionalen Gehalt sozialer Bindungen und über die Bitterkeit des Mißlingens sozialer Beziehungen. Emotionalität und Motiviertheit kann durch Bezug zu anderen - seien es Menschen oder Tiere - in doppelter Hinsicht neue Qualität gewinnen und dadurch zur sozialen Emotion und zur sozialen Motivation werden:

- Das Erlebnis der Anwesenheit bzw. der Unterstützung sozialer Partner verstärkt bestehende und weckt neue Emotionen und Motive,
- soziale Partner, Gruppen und Institutionen werden selbst zum Gegenstand des Gefühls und dem Ziel des Willens.

Es war der zuerst genannte Aspekt, der in der frühen Sozialpsychologie besonders herausgestellt wurde. In einem erstmals 1895 gedruckten und ungewöhnlich stark beachteten Buch des französischen Arztes und Anthropologen Gustave Le Bon (1841-1931) mit dem Titel *Psychologie der Massen* wird vor allem auf die Veränderung der Motivation in der Großgruppe hingewiesen:

„Die mannigfachen Triebe, denen die Massen gehorchen, können je nach dem Anreiz edel oder grausam, heldenhaft oder feige sein, stets sind sie aber so unabweisbar, daß der Selbsterhaltungstrieb vor ihnen zurücktritt.

... Die Masse wird leicht zum Henker, ebenso leicht aber auch zum Märtyrer. Aus ihrem Herzen flossen die Ströme von Blut, die für den Triumph jedes Glaubens notwendig sind. Man braucht nicht zu den Zeitaltern der Helden zurückzugehen, um zu erkennen, wozu die Massen fähig sind. Nie bangten sie bei einem Aufstand um ihr Leben, und erst vor wenigen Jahren hätte ein General, der plötzlich volkstümlich geworden war, wenn er es verlangt hätte, leicht hunderttausend Menschen gefunden, bereit, sich für seine Sache töten zu lassen. ...

Die Masse ist nicht nur triebhaft und wandelbar. Gleich dem Wilden läßt sie nicht zu, daß sich zwischen ihre Begierde und die Verwirklichung dieser Begierde ein Hindernis erhebt, umso weniger, als ihre Überzahl ihr das Gefühl unwiderstehlicher Macht gewährt. Für den Einzelnen in der Masse schwindet der Begriff des Unmöglichen. Der alleinstehende Einzelne ist sich klar darüber, daß er allein

keinen Palast einäschern, keinen Laden plündern könnte, und die Versuchung hierzu kommt ihm kaum in den Sinn. Als Glied einer Masse aber übernimmt er das Machtbewußtsein, das ihm die Menge verleiht, und wird der ersten Anregung zu Mord und Plünderung augenblicklich nachgeben. Ein unerwartetes Hindernis wird wütend zertrümmert. Wenn der menschliche Organismus dauernde Wut zuließe, so könnte man die Wut als den normalen Zustand der gehemmten Masse bezeichnen.“

(Le Bon, 1895/1953, S. 22ff, übersetzt von H. Dingeldey)

Der Autor bezieht sich hier offensichtlich auf Extremsituationen, wie sie die Kriege und Revolutionen in Frankreich seit dem Sturm auf die Bastille hervorgebracht haben; auch das zwanzigste Jahrhundert hat Extremsituationen erlebt, auf welche die Urteile des Autors passen.

Allerdings wäre es eine unzulässige Verallgemeinerung zu behaupten, jedweder Gruppenkontakt führe zur Enthemmung und zu gesteigerter Emotionalität. Die Steigerung der Erregung in Gruppen ist vielmehr ein subtiler Vorgang, den die Gruppenmitglieder peinlich zu regeln trachten, denn gemeinsame Aktion und gemeinsame Stimmung bedeutet gleichzeitig erhöhte Intimität. Und es überlegt sich mancher, ob er in ein Lachen einstimmt, ob er an einem fröhlichen Spiel teilnimmt, oder ob er sich an einer leidenschaftlichen Debatte beteiligt, wenn dadurch die Distanz zu anderen abgebaut wird und partnerschaftliche Verpflichtungen entstehen (Patterson, 1976). So ist - eine spezielle Veranschaulichung dieses Grundsatzes - das Lachen eines Freundes ansteckender als das Lachen eines Fremden; das berichteten jedenfalls drei Untersucher von der Universität von Wales in Cardiff in einer Studie über 7-8jährige Jungen und Mädchen, denen sie paarweise einen lustigen „Tom und Jerry"- Film vorführten (Foot, Chapman & Smith, 1977).

Damit ist bereits der zweite der beiden oben genannten Aspekte angesprochen: Partner (z. B. Arbeitskollegen), Gruppen (z. B. Schulklassen) und Institutionen (z. B. Verbände, Parteien, Firmen) als Gegenstände

Le Bon, G. (1953). *Psychologie der Massen.* Stuttgart: Kröner (Erstausgabe 1895: *Psychologie de foules.* Paris: Alcan).

Patterson, M. L. (1976). An arousal model of interpersonal intimacy. *Psychological Review, 83,* 235-245.

Foot, H. C., Chapman, A. J. & Smith, J. R. (1977). Friendship and social responsiveness in boys and girls. *Journal of Personality and Social Psychology, 35,* 401-411.

der Sympathie und Antipathie, als Ziele eigener Tätigkeit und als Quellen von Forderungen. Die soziale Motivation ist auf Austausch von Leistungen und Gütern ausgerichtet - so jedenfalls die *Theorie des sozialen Austauschs* (engl. *social exchange*) von Kelley und Thibaut (1978); Ziel des Austauschs ist die Herstellung von Gerechtigkeit (vgl. Mikula, 1980). Freilich ist die gerechte Verteilung stets gefährdet durch Macht und körperliche Attraktivität. So haben etwa - wie Heinz Schuler und Walter Berger (1979) an der Universität Augsburg in einer Simulationsstudie ermittelt haben - gut aussehende (männliche und weibliche) Stellenbewerber eine erhöhte Chance, für die Einstellung vorgeschlagen zu werden. Wo die rechte Verteilung gefährdet ist, droht der emotionale belastende Konflikt.

Im Prozeß des sozialen Austausches bzw. des Konflikts besteht die Wahl zwischen einer *prosozialen, altruistischen* (lat. *alter,* der andere) und einer *antisozialen Haltung.* Dabei kann sich das Gleichgewicht entweder zugunsten egoistischer oder zugunsten altruistischer Motive verschieben. Im ersten Fall verkümmert unter dem Bestreben, den Nutzen und das Wohlbefinden der eigenen Person zu mehren, die prosoziale Motivation. Im zweiten Fall treten im Interesse von Partnern, Gruppen und Institutionen die eigenen Wünsche zurück. Altruistisch motiviert kann man zum Beispiel den Lebensretter nennen, der - vielleicht sogar sein eigenes Leben aufs Spiel setzend - ein Kind aus Flammen befreit. Altruistisch

gesinnt ist auch ein Bürger zu nennen, der zugunsten seiner Stadt auf einen eigenen Vorteil verzichtet. Dabei darf den Lebensretter keine Geldprämie locken, den genannten Bürger kein öffentliches Lob. Ist ein Interesse denkbar, das nicht der eigenen Person gilt?

Es spricht viel für die Annahme, daß die altruistische Motivation ein Produkt der Sozialerziehung ist. Der Warschauer Psychologe Janusz Reykowski vertritt die Auffassung, daß sich altruistische Motive nicht einfach aus biologischen ableiten lassen. Vielmehr glaubt er an ein kognitives Weltbild, in dem Bedürfnisse nach „*Schutz, Erhaltung und Entwicklung von Objekten außerhalb des eigenen Ich*" (Reykowski, 1978, S. 65) verankert sind. Das von Reykowski beschriebene Weltbild ist ein kognitives Netz, das in sich Vorstellungen von Dingen, Personen, Werten, Regeln des Zusammenlebens und des ordnungsgemäßen Gebrauchs vereint. Altruistische Bedürfnisse fußen auf den in diesem kognitiven Netz festgehaltenen Ordnungs- und Wertvorstellungen - etwa dem Eindruck, den hilflosen Kindern gebühre Fürsorge bis zur Selbstaufopferung oder der Überzeugung, die Achtung der Gesetze habe Vorrang vor dem privaten Gewinn. Wenn es

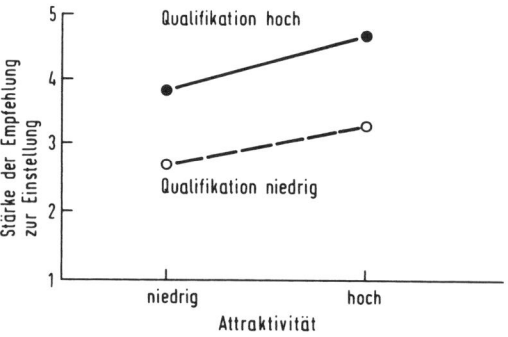

Personalleiter neigen bei hoher wie bei niedriger Qualifikation der Bewerber dazu, gut aussehende Männer und Frauen bei der Stellenbesetzung zu bevorzugen (nach Schuler & Berger, 1979). In der Beurteilung von männlichen und weiblichen Bewerbern gab es dabei keine bedeutsamen Unterschiede.

also einen Egoismus im Altruismus gibt, dann diesen: Die Welt und das eigene Handeln mögen stets dem inneren Netz der Ordnungsvorstellungen entsprechen. In den Worten des Autors:

„... besitzt der Mensch dank einer bestimmten Ordnung des kognitiven Netzes die Fähigkeit, sich einen Idealzustand vorzustellen, dem ein bestimmtes Objekt entsprechen sollte. ... Der Vergleich des aktuellen Zustandes mit dem Ideal stellt ebenfalls eine Spannungsquelle dar. ..."

(Reykowski, 1978, S. 71)

Die von Reykowski gemeinten Idealzustände mögen sich zu anderen Ordnungs- und Wertvorstellungen gesellen, die ihrer Art nach nicht notwendig sozial sind. Neben der Wertvorstellung „Wohlergehen der anderen" mögen stehen „Gerechtigkeit", „Ehrlichkeit", „Sauberkeit", aber auch „Fehler meiden" und „den Dingen auf den Grund gehen". Solche Werte dürften weitgehend durch Lebenserfahrung und Erziehung vermittelt werden. Sie beruhen also selbst auf Sozialisation und sind kulturspezifisch ausgeprägt.

Kelley, H. H. & Thibaut, J. W. (1978). *Interpersonal relations. A theory of interdependence.* New York: Wiley.

Mikula, G. (Hrsg.). (1980). *Gerechtigkeit und soziale Interaktion.* Bern: Huber.

Schuler, H. & Berger, W. (1979). The impact of physical attractiveness on an employment decision. In M. Cook & G. Wilson (Eds.), *Love and attraction* (pp. 33-36). Oxford: Pergamon.

Reykowski, J. (1978). Persönlichkeitspsychologische Mechanismen prosozialen Handelns. *Probleme und Ergebnisse der Psychologie, 67,* 65-86.

ZUSAMMENFASSUNG

1. Bei Säuglingen scheinen Motive und Emotionen noch eine Einheit zu bilden. Im Laufe der Entwicklung trennen sich beide und bringen je für sich neue Formen hervor (z. B. bildet sich aus dem undifferenzierten Unlustgefühl der ersten Lebensmonate einerseits Angst, andererseits Eifersucht). Bei der Gefühls- und Motiventwicklung gibt es auch Rückbildungen auf frühere Stufen (Regression).

2. Menschen unterscheiden sich in ihren Gefühlen und Bedürfnissen (z. B. vorwiegend ökonomisch und religiös motivierte Menschen). Manche bevorzugen Ruhe, Sicherheit und Befriedigung, andere Abenteuer und Risiken. Der Bezug auf das eigene Ich spielt bei der Entstehung von Gefühlen eine wesentliche Rolle.

3. Die Emotionalität und Motiviertheit gewinnt durch Partner oder Gruppen eine neue Qualität. Die Anwesenheit von Partnern verstärkt bestehende und weckt neue Emotionen und Motive. Soziale Partner und Organisationen werden zu Gegenständen von Gefühlen und zu Zielen von Handlungen. Sozial konstruktive Motivation ist auf Austausch und Gerechtigkeit gerichtet. Altruistische Motive dürften als Ergebnisse einer kulturspezifischen Sozialisation kognitiv verankert sein.

LITERATUR ZUR ERGÄNZUNG UND VERTIEFUNG

Fiedler, K. & Forgas, J. (Eds.). (1988). *Affect, cognition and social behavior.* Göttingen: Hogrefe.
(Über die Rolle der Gefühle in Kognition und sozialem Verhalten.)

Frijda, N. H. (1986). *The emotions.* Cambridge: Cambridge University Press.
(Überblick über Emotionspsychologie des englischen Sprachraums.)

Gehm, T. (1991). *Emotionale Verhaltensregulierung.* Weinheim: Psychologie Verlags Union.
(Auf neueren Forschungsergebnissen beruhende Darstellung der Rolle der Gefühle bei der Regulierung von Verhalten.)

Keller, J. A. (1981). *Grundlagen der Motivation.* München: Urban & Schwarzenberg.
(Systematisch angelegtes Lehrbuch zur Motivationspsychologie.)

Krohne, H. W. (1977). *Angst bei Schülern und Studenten.* Hamburg: Hoffmann und Campe.
(Empirische Befunde und theoretische Analysen.)

Meyer, W.-U., Schützwohl, A. & Reisenzein, R. (1993). *Einführung in die Emotionspsychologie* (Band 1). Bern: Huber.
(Der vorliegende erste Band des Studientextes gibt insbesondere eine Einführung in unterschiedliche Theorien der Emotion.)

Mitscherlich, M. (1972). *Müssen wir hassen?* München: Piper.
(Tiefenpsychologisch orientierte Abhandlung über Liebe und Hass.)

Scherer, K. R. & Ekman, P. (1984). *Approaches to emotion.* Hillsdale, NJ.: Lawrence Erlbaum.
(Anthropologischer Ansatz in der Emotionspsychologie.)

Schmidt-Atzert, L. (1996). Lehrbuch der *Emotionspsychologie.* Stuttgart: Kohlhammer.
(Einführung in Geschichte, Methoden und Ergebnisse der Emotionsforschung.)

Schneider, K. & Schmalt, H.-D. (1994). *Motivation.* Stuttgart: Kohlhammer.
(Einführungstext mit eingehender Behandlung einzelner Motive wie Hunger, Sexualität, Aggression und Machtstreben.)

Kapitel 12

Sprache, Kommunikation, Ausdruck

Welchen Zwecken dient Sprache?

In welcher Beziehung stehen Sprache und Denken?

Welche Formen des Ausdrucks bestehen neben der (gesprochenen und geschriebenen) Lautsprache?

Was ist Metakommunikation?

Wie werden Wörter zu Sätzen organisiert?

Was versteht man unter einem Erzählschema?

Das Hervorbringen von Lauten und anderen Ausdruckserscheinungen bildet eine besondere Form menschlicher Tätigkeit. Die hervorgebrachten Ausdruckserscheinungen dienen als Zeichen im Prozeß der partnerschaftlichen Verständigung, der Kommunikation. Es ist in der Psychologie üblich geworden, Sprache, Ausdruck und Kommunikation als ein eigenes Gebiet zu behandeln; dieser Tradition folgt das vorliegende Kapitel. Als Schlußkapitel dieses Lehrbuchs kann es dabei an zahlreiche frühere Ausführungen anknüpfen: Über die Entstehung von Verhalten im allgemeinen, über die Motivierung des Verhaltens sowie dessen Veränderbarkeit durch Lernen (Kapitel 9, 10); weiterhin über die Wahrnehmung, den Aufbau und das Behalten von Wissen (Kapitel 3, 4, 5, 7).

Zwei Besonderheiten heben dieses Kapitel von den vorangehenden ab: Seine sozialpsychologische und seine interdisziplinäre Ausrichtung. Kommunikation ist ihrer Natur nach ein sozialer Prozeß; die Sprache als Mittel der Kommunikation ist tragender Bestandteil der Kultur. Die Betonung interdisziplinärer Bezüge kommt dadurch zustande, daß die Sprache wie kein anderes Thema der Psychologie auch Gegenstand anderer Wissenschaften geworden ist. Sprach- und Kommunikationspsychologie ist eine vergleichsweise junge Disziplin. Ihr steht seit ihrem Beginn eine lange etablierte Philologie (mit den Schwerpunkten Linguistik und Literaturwissenschaft) gegenüber. Zudem widmen sich der Sprache und Kommunikation zahlreiche weitere Disziplinen - vor allem die Soziologie, die Kunst- und Kommunikationswissenschaften sowie die Biologie. Der interdisziplinäre Austausch ist rege; das folgende Kapitel soll dies widerspiegeln.

12.1

Sprache - angeboren oder sozial erworben?

12.1.1 Genie - ein weiblicher Kaspar Hauser

Genie war das zweite Kind eines psychisch kranken Vaters und einer in ständiger Furcht vor ihrem Mann lebenden Mutter. Aus Abneigung gegen das Kind entschloß sich der Vater, Genie im Alter von zwanzig Monaten in ein leeres Zimmer zu sperren. Sie war tagsüber auf dem Töpfchen angeschnallt; nachts lag sie in einem mit Zaundraht abgedeckten Gitterbettchen. Sie erhielt ihr Essen und wurde zu Bett gebracht. Weitere Kontakte gab es nicht. Machte sie selbst durch Lärm auf sich aufmerksam, wurde sie bestraft. Da die Fenster ihres Zimmers bis auf einen oberen Spalt verdunkelt waren, konnte sie auch keine Eindrücke von der Außenwelt gewinnen.

Als Genie 13 ½ Jahre alt war, lehnte sich ihre Mutter gegen den grausamen Vater auf und verließ ihn mit Genie. Das Kind wurde in ein Krankenhaus eingeliefert. Zu Beginn ihres Krankenhausaufenthaltes imitierte sie lediglich ein paar Worte. Ihre Artikulation, d. h. die Aussprache, war sehr undeutlich. Ihre kognitive Entwicklung mit 13 Jahren entsprach derjenigen einer Zweijährigen; sie hatte also erst den Entwicklungsstand normaler Kinder bei Beginn des Spracherwerbs erreicht. Die theoretisch wichtige Frage, ob Spracherwerb nach Beginn der Pubertät noch möglich sei, bewegte die Psychologin Susan Curtiss, die Genie gründlich untersuchte (Curtiss, 1977).

Doch als Genie gefördert wurde, zeigte sie nicht nur wachsende kognitive und motorische Fertigkeiten, sie erwarb auch Sprache - allerdings mit besonderen Störungen. Sie wies auch nach intensivem Training starke Unterschiede zwischen passivem Sprachwissen und aktivem Sprachgebrauch auf. Sie zeigte eine ungewöhnlich starke und langwährende Unstetigkeit in der Anwendung von grammatischen Regeln. Sie verwendete z. B. immer wieder „no more" (deutsch: nicht mehr, genug), und zwar in ganz verschiedenartigen Situationen. Vergleicht man ihren Spracherwerb mit dem Wiedererlernen von Sprache

bei Erwachsenen nach Schädigung der linken Hirnhälfte, in der vorwiegend sprachliche Informationsverarbeitung erfolgt (vgl. Abschnitt 3.3.3), so zeigen sich erhebliche Übereinstimmungen. Zum Beispiel hatte Genie Schwierigkeiten, unterschiedliche Wortfolgen in Sätzen als bedeutungsgleich oder -ungleich zu erkennen.

12.1.2 Biologische Grundlagen der Sprache

Sprache ist der vorherrschenden gegenwärtigen Auffassung nach eine biologisch programmierte Leistung des Menschen - und vielleicht auch von Tieren (vgl. Pinker & Bloom, 1990). Das biologische Programm schafft zunächst allgemeine kognitive Voraussetzungen für den Spracherwerb; es ist also unmittelbar und spezifisch für Sprache eingerichtet, wie Noam Chomsky (1986) erklärt. Chomsky vertritt damit eine radikal *nativistische Position*, während z. B. Pinker und Bloom eine gemäßigt biologisch-nativistische Richtung vertreten. Argumente für einen angeborenen *Spracherwerbsmechanismus* (Chomsky, 1986) schließen ein, daß Sprache
• sich schnell entwickelt;
• sich unabhängig von anderen kognitiven Kompetenzen entfaltet;
• sich auch ohne soziale Interaktionen aufbaut.

Curtiss, S. (1977). *Genie. A psycholinguistic study of a modern-day „wild child".* New York: Academic Press.

Pinker, S. & Bloom, P. (1990). Natural language and natural selection. *Behavioral and Brain Sciences, 13,* 707-784.

Chomsky, N. (1986). *Knowledge of language.* New York: Praeger.

Die Auffassung von Chomsky besagt: Das Beherrschen der *syntaktischen Regeln* einer Sprache (zum Begriff der Syntax s. Abschnitt 12.2.3) ist eine eigenständige kognitive Kompetenz. Dem widersprechen Linguisten wie Fillmore (1968/1977). Sie behaupten, jede Grammatik sei von den Bedeutungen, der *Semantik* (s. Abschnitt 12.2.2), gesteuert. Eine genauere Analyse syntaktischer Regeln zeigt freilich, daß *Grammatik* eine Mischung von syntaktischen wie semantischen Regelelementen enthält. Dies spricht wiederum gegen die Annahme einer eigenständigen grammatisch ausgerichteten Kompetenz.

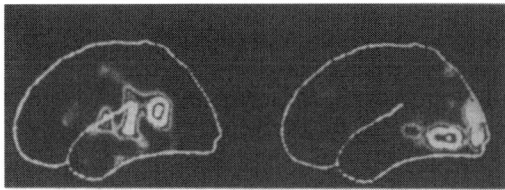

Wörter hören   Wörter sehen

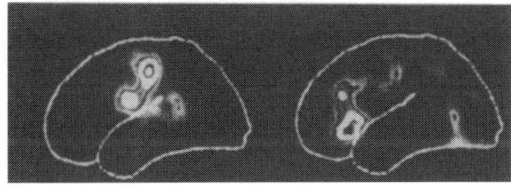

Wörter aussprechen   Wörter erzeugen

Vier sprachliche Funktionen: Zentren der Erregung im Gehirn (nach Feshbach, 1992, S. 54f.).

Fillmore, C. J. (1977). Plädoyer für Kasus. In W. Abraham ((Hrsg.), *Kasustheorie* (S. 1-118). Frankfurt a. M.: Athenäum (Erstausgabe 1968: The case for case. In E. Bach & R. T. Harms (Eds.), *Universals in linguistic theory* (pp. 1-90). New York: Holt, Rinehart & Winston).

Feshbach, G. D. (1992). Mind and brain. *Scientific American, 267,* 48-57.

Damasio, A. R. & Damasio, H. (1992). Brain and language. *Scientific American, 267,* 89-93.

Sprachzentren im Gehirn

In der linken Hirnhälfte (Hemisphäre) des Menschen sind sprachverarbeitende Zentren von Arealen getrennt, die für die Objektrepräsentationen zuständig sind. Eine Fülle neuropsychologischer Befunde stützt inzwischen die Auffassung von einem *Sprachsystem*, das von einem *nicht-sprachlichen Begriffs- oder Repräsentationssystem* abgelöst ist (vgl. Damasio & Damasio, 1992).

Bei hirngeschädigten Patienten konnte nachgewiesen werden, daß Wortbedeutungen eigenständig aktiviert werden können, aber auch mit Bereichen nicht-sprachlicher Objektrepräsentationen in Zusammenhang stehen. Einerseits unabhängig, andererseits mit den anderen Bereichen verbunden, läßt sich ein Areal für die Artikulation sprachlicher Laute ausfindig machen. Zum Beispiel kann bei Schädigung eines wichtigen Sprachzentrums (Wernicke'sches Zentrum) die Artikulation von Worten ausfallen. Bei Schädigungen von Zwischenarealen kann das Abrufen von Farbnamen beeinträchtigt sein, aber nicht die Artikulation von Worten allgemein oder die Wahrnehmung von Farben. Oder: Repräsentationen von Personen und Ereignissen -. allgemein von Objekten - können verlorengehen; aber die zugehörigen sprachlichen Repräsentationen in Form von Lautmustern bleiben erhalten. Ebenso - eine alltägliche Erscheinung: Es können Repräsentationen von Personen erhalten bleiben, die Namen der Personen sind aber nicht zu erinnern - eine alltägliche Erscheinung.

12.1.3 Sprache und Denken

In einer Gesellschaft kann Wissen von Generation zu Generation und innerhalb von Generationen weitgehend nur dann weitergegeben werden, wenn es gelingt, Wissensbeständen eine sprachliche Form zu geben. Man ist daher geneigt, Geist und Sprache einer Kultur in einem unauflöslichen Zusammenhang zu sehen. Geraten mitgeteilte Inhalte damit in Abhängigkeit von der Form der Mit-

Haben Tiere eine Sprache?

Wenn Sprache biologisch verankert ist, dann sollte sich die Entwicklung der Sprache in der Stammesgeschichte widerspiegeln. Die Betrachtung der stammesgeschichtlichen Entwicklung der Sprache wirft allerdings die Frage nach der Definition von Sprache auf. Gebräuchlich ist die Bestimmung der Sprache als System von Zeichen und ihren Verbindungen. Lautsprache ist demnach nicht die einzig mögliche Form von Sprache. Die Entwicklung von Sprache in einer Tierart hängt also davon ab, ob Tiere imstande sind, willkürliche Zuordnungen von Bedeutungen und Zeichen zu erlernen. Dadurch wird es möglich, durch Zeichen Inhalte zu repräsentieren, die nicht notwendigerweise zur Zeit der Mitteilung anwesend sein müssen. Es ist nicht nötig, daß Tiere ihre Mitteilungen mit Mund und Zunge artikulieren. Sie könnten also Sprache besitzen, ohne wie Menschen sprechen zu können.

Wie die Primatenforscherin E. Soe Savage-Rumbaugh (1988) zeigen konnte, lernen Schimpansen nicht nur viele willkürliche Zuordnungen von Zeichen und Bedeutungen, sondern verstehen auch unzählige gesprochene Sätze. Damit beherrschen sie einige, aber nicht alle vom Menschen bekannte Aspekte von Sprache. Vor allem können sie nicht annähernd die syntaktische Struktur der menschlichen Sprache in ihren Sprachprodukten abbilden oder verstehen.

Beim Menschen werden die Sprachfunktionen der linken Hirnhälfte zugeordnet (s. wieder Abschnitt 3.3.3). Kann man eine solche Asymmetrie auch bei Tieren nachweisen? Hopkins, Morris und Savage-Rumbaugh (1991) zeigten ihren Schimpansen bedeutungshaltige Zeichenkombinationen - einmal ausschließlich dem linken Auge und dann ausschließlich dem rechten. Da sich die Sehbahnen kreuzen, müßten rechtsäugig dargebotene Kombinationen besser (schneller) erkannt werden als linksäugig gebotene. Diese Annahme ließ sich tatsächlich bestätigen.

Nach dem Stand der gegenwärtigen Forschung erscheint es als wahrscheinlich, daß

Sprache im Zusammenhang mit der Entwicklung anderer kognitiver Funktionen erlernt wird. So setzt sprachlicher Ausdruck das Verständnis für logische Begriffe und Beziehungen voraus. Um dies zu prüfen, entwarf David Premack (1976) eine Zeichensprache, deren Elemente aus verschieden geformten Plastikstücken bestanden. Die Elemente entsprachen Wörtern; sie ließen sich nach bestimmten Regeln zu Sätzen zusammenfügen. Schimpansen konnten die Elemente und ihre Anordnungen gut unterscheiden und auch selbst Anordnungen legen. Eine Schimpansin mit Namen Sarah bildete und verstand mehrgliedrige Sätze wie „Sarah legt Banane in den Napf und Apfel in die Schale". Sie konnte mit Wenn-dann-Beziehungen umgehen (z. B. „Wenn Sarah nimmt Apfel, dann Mary gibt Sarah Schokolade"). Sie wurde mit Verneinungen vertraut sowie mit Mengenbezeichnungen wie „alle" oder „einige". Sie erlernte sogar den Gebrauch des Fragezeichens und somit die Unterscheidung zwischen Frage und Aussage.

Die Schimpansin Elisabeth mit ihrer Trainerin Amy Samuels vor dem vertikal geschriebenen Satz „Elisabeth gibt den Apfel Amy" (Premack, 1976, S. 24).

Savage-Rumbaugh, E. S. (1988). A new look at ape language: Comprehension of vocal speech and syntax. In D. Leger (Ed.), *The Nebraska Symposium on Motivation*, (Vol. 35, pp. 201-255). Lincoln: University of Nebraska Press.

Hopkins, W. D., Morris, R. D. & Savage-Rumbaugh, E. S. (1991). Evidence for asymmetrical hemispheric priming using known and unknown warning stimuli in two language-trained chimpanzees (Pan troglodytes). *Journal of Experimental Psychology: General, 120*, 46-56.

Premack, D. (1976). *Intelligence in ape and man.* Hillsdale, NJ: Lawrence Erlbaum.

teilung? Ist Sprache ein Zwangskorsett, dem sich der Geist anzupassen hat? Verkümmert kulturelles Wissen bereits im Ansatz, wenn es keinen sprachlichen Ausdruck findet? Oder ist die Sprache ein flexibles Instrument, das neue Ausdrucksmöglichkeiten entwickelt, sobald neue Wissensbestände auftreten? Sofern man Sprache als ein konventionelles Zeichensystem auffaßt, das ein Individuum in seiner Umgebung vorfindet, stellen sich diese Fragen noch mit erhöhter Schärfe. Kann ein Mensch nur in den Kategorien denken, welche ihm durch die Sprache in seiner Kultur vorgegeben sind? Stehen ihm etwa nur die Begriffe zur Verfügung, für welche seine Sprache auch Bezeichnungen anbietet (vgl. Abschnitt 5.3 zur Begriffsbildung)? Kann er Bedeutungszusammenhänge lediglich im Rahmen der ihm vorgegebenen Sprache herstellen - ist etwa das Denken über Zusammenhänge zwischen einem Handelnden, dem behandelten Gegenstand und dem Nutznießer der Handlung nur auf der Grundlage einer *Kasusgrammatik* (s. Abschnitt 5.4.1) möglich?

Solchen Fragen tauchen in sprachwissenschaftlichen, in sprachphilosophischen, in anthropologischen, in sozio- und psycholinguistischen Diskussionen auf. Dabei sind die Fragestellungen selbst nicht unumstritten, beruhen sie doch ihrerseits auf kontroversen Voraussetzungen. Die zwei wohl wichtigsten Grundsatzprobleme:

- Ist Sprache wirklich ein vom Denken und von der Wirklichkeit abgehobenes und der Konvention unterworfenes Zeichensystem?
- Ist eine Trennung von Sprache und Denken wissenschaftlich zu rechtfertigen?

Entschiedene Argumente gegen eine Sonderstellung der Sprache trägt der Philosoph Ludwig Wittgenstein (1960) vor. Sprachliche Zeichen entstünden durch ihren Gebrauch und könnten auch im Gebrauch verändert werden. Nutzung und Gestaltung der Sprache glichen dem Befolgen und Vereinbaren von Spielregeln; sie stellten - ein vielzitierter Wittgensteinscher Begriff - ein „*Sprachspiel*" dar. Das Spiel mit der Sprache entspringe der menschlichen Lebenstätigkeit. Sprache sei Ausdruck der Objekte, könne daher nicht beliebig über sie verfügen. Am anschaulichsten wird diese Theorie am Phänomen der lautmalerischen Worte (z. B. „lallen", „summen").

Die Gleichsetzung von Denken und Sprechen entstammt der behavioristischen und reflexologischen Tradition und beruht auf der These, Denken als geistiger Prozeß sei kein objektivierbarer und damit wissenschaftlich faßbarer Vorgang (vgl. Abschnitt 2.3.2). Was den Betroffenen als Denken erscheine, sei in Wirklichkeit ein lautloses Zu-sich-selbst-Sprechen (Watson, 1925/1968, S. 240).

Indem Watson das Denken auf die Muskeltätigkeit zurückführt, sucht er einen Zugang zur objektiven Messung. Die Tätigkeit der feinen, an der Artikulation beteiligten Muskeln zu erfassen, ist freilich nicht einfach. Mit Hilfe fortgeschrittener Methoden der Messung von Elektropotentialen der Muskeln (*Elektro-*

Wittgenstein, L. (1960). Philosophische Untersuchungen. In L. Wittgenstein (Hrsg.), *Schriften* (S. 279-544). Frankfurt a. M.: Suhrkamp.

Watson, J. B. (1968). *Behaviorismus.* Köln: Kiepenheuer & Witsch (Erstausgabe 1925: *Behaviorism.* New York: Norton).

Sokolow, A. N. (1972). *Inner speech and thought.* New York: Plenum (Erstausgabe 1968: *Vnutrennyaya rech' i myshlenie.* Moskwa: Prosveshchenie).

myographie) ist es jedoch durchaus möglich - wie u. a. der Moskauer Psychophysiologe A. N. Sokolow in seinem Forschungsprogramm gezeigt hat. Es lassen sich tatsächlich Zungenbewegungen registrieren, wenn Personen Worte nicht aussprechen, sondern lediglich still lesen oder vorstellen (Sokolow, 1968/1972, S. 157ff.). Die Bewegungen sind jedoch sehr klein und in ihrem Ablauf formen sich keine erkennbaren, den Lauten und Wörtern der Sprache entsprechenden Zeichen oder Zeichenfolgen aus.

Trotz grundsätzlicher Einwände ist die Auffassung, Denken und Sprache stellten zwei voneinander abzusetzende menschliche Leistungen dar, vorherrschend geblieben, und damit stellt sich nach wie vor das oben bereits aufgeworfene Problem der Abhängigkeitsbeziehung von Sprache und Denken. Eine Abhängigkeitsbeziehung kann drei Formen annehmen:
- Denken steht in Abhängigkeit von der Sprache,
- Sprache steht in Abhängigkeit vom Denken,
- Sprache und Denken sind wechselseitig voneinander abhängig.

Alle drei Möglichkeiten haben ihre Befürworter.

Mit der These, die Sprache einer Gemeinschaft bestimme das Weltbild ihrer Mitglieder, haben die beiden amerikanischen Sprachwissenschaftler und Ethnologen Edward Sapir (1884-1939) und Benjamin Whorf (1897-1941) eine Reihe kulturanthropologischer Untersuchungen eingeleitet. Clyde Kluckhohn und Dorothea Leighton (1946) erläutern an einem Beispiel aus der Navaho-Sprache die *Sapir-Whorfsche These*. Die Navahos sind ein Indianerstamm im Südwesten der Vereinigten Staaten. Will ein Navaho ausdrücken, daß ein Gegenstand zu Boden fällt, obwohl er ihn festzuhalten trachtet, so sagt er (in angenäherter Übersetzung): *„Ich lasse es fallen"*. Will er dagegen ausdrücken, daß er den Fall durch sein Ungeschick verursacht hat, wählt er eine andere Formulierung; er bringt darin auch das Ausmaß zum Ausdruck, in dem der Handelnde das Fallen kontrolliert. Für jede der Qualitäten des Objekts (je nach Beschaffenheit - rund, länglich, flüssig, belebt - wird ein anderer Wortstamm gewählt), je nachdem

Sag, was du denkst - denk, was du sagst

Die wechselseitigen Spiegelungen des Denkens und Sprechens bringt Peter Handke in seinem Stück *Kaspar* zum Ausdruck:

„Sag, was du denkst. Du kannst nichts anderes sagen, als was du denkst. Du kannst nichts sagen, was du nicht auch denkst. Sag, was du denkst. Wenn du sagen willst, was du nicht denkst, mußt du es im gleichen Augenblick auch zu denken anfangen. Sag, was du denkst. Du kannst anfangen zu sprechen. Du mußt anfangen zu sprechen. Wenn du zu sprechen anfängst, wirst du zu denken anfangen, was du sprichst, auch wenn du etwas anderes denken willst. Sag, was du denkst. Sag, was du nicht denkst. Wenn du zu sprechen angefangen hast, wirst du denken, was du sagst. Du denkst, was du sagst, das heißt, du kannst denken, was du sagst, das heißt, es ist gut, daß du denkst, was du sagst, das heißt, du sollst denken, was du sagst, das heißt sowohl, daß du denken darfst, was du sagst, als auch, daß du denken mußt, was du sagst, weil du nichts anderes denken darfst als das, was du sagst. Denk, was du sagst."

(Handke, 1972, S. 150f.)

Nachdem „Einsager" dem Kaspar - einer Figur nach dem Vorbild des historischen, in Einsamkeit aufgewachsenen Kaspar Hauser - diese Sätze eingeflüstert haben, beginnt seine Selbstreflexion, die mit der Entdeckung seiner Ich-Identität endet: *„Ich bin, der ich bin"*.

ob eine Handlung soeben vollzogen wird, gerade anfangen soll oder im Begriff ist aufzuhören, ob sie gewohnheitsmäßig ausgeführt oder einfach wiederholt wird. Kluckhohn und Leighton wollen mit diesen Sprachanalysen den Zwang demonstrieren, den die Sprache auf das Denken des Sprechers ausübt. Damit gilt nach Sapir-Whorf auch die Negation: Sprachlich nicht verankerte Denkkategorien fehlen in den Kognitionen der Sprecher.

Da der Sprachbenutzer zwischen verschiedenen vorgegebenen Ausdrucksformen zu wählen habe, werde für ihn die Analyse sprachlich ausdrückbarer Aspekte verbindlich. Diese These läßt sich nicht durchweg bestätigen. So konnten Childs und Greenfield (1980) bei einem Indianerstamm im Süden Mexikos nur einen einzigen Farbnamen für drei verschiedene rötliche Farbtöne (Rot, Rosa, Orange) feststellen, die in den Teppichen zu rot-weißen Mustern verwoben sind. Auf Anforderung konnten die Indianer die drei Farbtöne jedoch sicher unterscheiden und sortieren.

Hunt und Banaji (1988) beleuchteten die Sapir-Whorf-Hypothese aus kognitionspsychologischer Sicht. Sie meinen, die Hypothese, Sprache beeinflusse das Denken, sei bereits in Gedächtnismodellen enhalten. Die Modelle des Arbeitsspeichers und des Langzeitspeichers (Abschnitte 7.3.2, 7.3.4) nähmen etwa die Verarbeitung sprachspezifischer Kognitionen zu Wissensstrukturen an; diese Strukturen könnten wiederum - je nach Sprache - unterschiedliche Netzwerke bilden (vgl.

Sapir, E. (1972). *Die Sprache*. München: Hueber (Erstausgabe 1921: *Language*. New York: Harcourt).

Whorf, B. L. (1963). *Sprache, Denken, Wirklichkeit*. Reinbek: Rowohlt (Erstausgabe 1956: *Language, thought, and reality*. Cambridge, MA: MIT Press).

Kluckhohn, C. & Leighton, D. (1946). *The Navaho*. Cambridge: Cambridge University Press.

Childs, C. P. & Greenfield, P. M. (1980). Weaving skill, color terms, and pattern representation: Cultural influences and cognitive development among the Zinacantecos of Southern Mexico. *Interamerican Journal of Psychology, 2*, 23-48.

Handke, P. (1972). *Stücke I*. Frankfurt a. M.: Suhrkamp.

Hunt, E. B. & Banaji, M. R. (1988). The Whorfian hypothesis revisited: A cognitive science view of linguistic and cultural effects on thought. In J. W. Berry, S. H. Irvine & E. B. Hunt (Eds.), *Indigenous cognition: Functioning in cultural context* (pp. 57-84). Dordrecht: Nijhoff.

Abschnitt 7.3.5). Die assoziative Einbettung von Begriffen in unterschiedliche Sprachen ist - kognitionspsychologisch gesehen - die Grundlage des Problems der Beziehung von Sprache und Denken.

Begriffe haben einen definitorischen (denominativen) *Bedeutungskern* und einen assoziativen (denotativen) *Bedeutungshof* (vgl. Abschnitt 12.2.2). Sprachen lassen sich danach unterscheiden, ob sie jeweils das eine oder das andere mehr betonen. Zum Beispiel gibt es in allen Sprachen der Welt ein Wort für „Vater". Jedoch sind die *assoziativen Netzwerke*, in denen ein universaler Begriff „Vater" in einer Kultur eingebettet ist, den jeweils anderen Kulturen fremd. Je nach Kultur kann „Vater" zusätzlich „Schöpfer", „Ernährer", „Haushaltsvorstand" u. ä. bedeuten. Eine einseitige sprachliche Bestimmung des Denkens und der Begriffsbildung ist also nicht anzunehmen. Denn die von der Sprache angezeigten Ausschnitte der Wirklichkeit sind in unterschiedlichen Kulturen gleich (z. B. gibt es überall Väter); aber als Kulturträger können Sprachen die Bedeutung auch von „Universalien" noch modifizieren.

ZUSAMMENFASSUNG

1. Sprache ist nach der in Linguistik und Psychologie vorherrschenden Auffassung biologisch programmiert. Das biologische Programm schafft zunächst kognitive Voraussetzungen für den Spracherwerb.

2. Einzelne Sprachfunktionen sind in bestimmten Hirnarealen lokalisierbar.

3. Tiere können eine Symbolsprache bis zu einer Komplexitätsgrenze erwerben.

4. Denkkategorien sind sprachabhängig; Sprachkategorien bestimmen Denkkategorien.

5. Da Sprache Kulturträger ist, sind sprachabhängige Denkkategorien auch kulturabhängig.

12.2
Gesprochene und geschriebene Sprache

12.2.1 Eine Sprachprobe und vier Ebenen der Sprachanalyse

Der vierzehnjährige Matthias F. hat für den Deutschunterricht eine Comic-Geschichte geschrieben (s. u.). Die Lehrerin hatte Bilderbögen ausgeteilt, auf denen Phantasiefiguren dargestellt waren. Die Schüler sollten die Figuren ausschneiden, aufkleben und durch Text und weitere Zeichnungen ergänzen; dabei sollte eine fortlaufende Geschichte entstehen. Matthias wählt eine Figur als Helden, die er als Tarzan bezeichnet. Die Geschichte wird in Form von Dialogen und Selbstgesprächen dargestellt. Tarzan wird darin verfolgt; es gelingt ihm aber, seine Widersacher unschädlich zu machen. Sprache, Stil und Rechtschreibung sind nicht ganz altersgemäß.

Matthias war bereits vor seiner Einschulung durch eine Sprachentwicklungsstörung aufgefallen. Sein Lispeln, Stottern und seine fehlerhafte Grammatik machten eine Sprachtherapie (logopädisches Training) notwendig.

Wegen einer diagnostizierten *Lese- und Rechtschreibschwäche* (Legasthenie, griech. *legein*, lesen;. *astheneia*, Kraftlosigkeit) erhielt er während seiner gesamten Schulzeit Förderstunden.

Man kann die Sprachprobe unter fünf psycholinguistisch bedeutsamen Aspekten betrachten:
• dem phonologischen Aspekt,
• dem semantischen Aspekt,
• dem syntaktischen Aspekt und
• dem pragmatischen Aspekt.
• Für geschriebene Sprache kommt noch der morphologische Aspekt der Wortgestalt hinzu.

Weil die Betrachtung der Sprache unter jedem der Aspekte wie ein mikroskopischer Schnitt durch ein medizinisches Präparat erscheint, bezeichnet man die abgehobene Untersuchung eines Aspekts auch als Analyse einer spezifischen Ebene. Man spricht dann von Analysen auf phonologischer, auf semantischer, auf syntaktischer, morphologischer und pragmatischer Ebene.

*Tarzan der Herr des Schunkel
Tarzan zwillings Bruder*

Bin wieder daheim - Tarzan ist da nanu warum kommen sie nicht sonst sind sie immer da - Tarzan nicht gut - Tarzan böse feuer machen - was ich habe feuer gemacht nein

Gegenstand der Betrachtung auf *phonologischer* Ebene (griech. *phone,* Ton, Laut) sind die Laute und deren Verbindung zu bedeutungshaltigen Einheiten; dabei interessiert sowohl das Vorkommen von einzelnen Lauten in einer Sprache als auch die Regeln ihrer Aneinanderreihung.

Jede natürliche Sprache besitzt ein charakteristisches Lautrepertoire. Die kleinsten Lauteinheiten zur Unterscheidung von Bedeutungen heißen *Phoneme.* Die Phoneme der deutschen Sprache werden recht gut durch die Buchstaben der Schriftsprache wiedergegeben. Eine vollständige Zuordnung von Buchstaben und Phonemen ist jedoch nicht möglich. Daher wurde eine eigene Umschrift zur genauen Wiedergabe von Phonemen geschaffen. Beim Lernen einer Fremdsprache begegnet ihr jeder Schüler. Wenn Matthias das Schriftwort „Dschungel" als „Schunkel" wiedergibt, so deutet dies entweder darauf hin, daß er die phonetische Struktur dieses Wortes noch nicht erfaßt hat oder daß ihm die Umsetzung dieser Struktur in die Schriftform nicht vollständig geglückt ist. Ebenso ist bei seinen Rechtschreibfehlern zu fragen, wieweit sie auf Unsicherheit im Bereich der *Phonemdiskrimination* beruhen.

Eine Häufung von Konsonanten - wie im polnischen Wort *sprzaczka* (phonetisch *sp∫ont∫ka,* deutsch *Schnalle*) - ist anderen Sprachen fremd. Dafür weisen diese wiederum eigene sprachspezifische Laute auf, wie z. B. die Nasale im Französischen, die Zischlaute des Slawischen, die Schnalzlaute mancher afrikanischer Stammessprachen. Sprachspezifisch ist auch die Aneinanderreihung der Phoneme in Wörtern. Eine Häufung von Konsonanten ist im Italienischen z. B. unüblich. Das Italienische ist eine Sprache, in der sich Konsonanten und Vokale ziemlich regelmäßig abwechseln.

Auf der semantischen Ebene werden die sprachlich zum Ausdruck gebrachten Bedeutungen sowie die sprachlichen Träger von Bedeutungen untersucht. Würde man sagen: Träger von Bedeutungen innerhalb der Sprache sind die Wörter, so wäre dies - genau genommen - nicht richtig. Es wäre deshalb nicht richtig, weil bedeutungträchtige Einheiten kleiner als Wörter sein können. Nimmt man etwa aus dem dritten Bild der Geschichte von Matthias das Wort „Schreie" (aus dem Satz *„... meine Schreie und alles wurde übergespielt"*), so erkennt man zwei bedeutungstragende Komponenten in einem Wort: Den

Das war der Professor der wollte meine Stimme haben und ich durfte nicht alle Räume sehen ???
ja er hat meine Stimme die P. aufgenommen hat
wer bist du du siehst aus ich ich
In dem Raum dar war er meine Schreie und alles wurde übergespielt
Tarzan muß ich Töden Töden befehl ist befehl

Du wirst sterben und dem Professor ist erledigt.
Dem haben schon die Affen. Hilfe ich lalle

Zeichnungen aus einer Comic-Serie mit Textergänzungen eines vierzehnjährigen Schülers.

Stamm „Schrei-" sowie die Pluralendung „-e". Beides sind *Morpheme* (griech. *morphe,* Gestalt). So wie der Stamm mit anderen Endungen gekoppelt neue Bedeutungsnuancen annehmen kann (z. B. mit der Endung „-en" zum Tätigkeitswort „schreien" in der Grundform wird), kann die Endung „-e", an andere Wortstämme gehängt, dort die Mehrzahl ausdrücken (z. B. in „Tische"). Als Morpheme bezeichnet werden die kleinsten Bedeutung tragenden Einheiten der Sprache (Wortstämme, Präfixe - d. h. Vorsätze - sowie Suffixe - d. h. Anhängsel). Die größte Variation weisen unter den Morphemen die Wortstämme auf; sie werden in Standardform zu Lexika zusammengestellt.

Der Sinn eines Satzes, ja eines ganzen Textes geht allerdings oft über die Summe der Bedeutungen der im Satz oder Text enthaltenen Wörter und Morpheme hinaus. Wenn etwa in der Geschichte von Matthias (Bild 2) das zottige Wesen sagt: *„Tarzan böse Feuer machen"*, so klingt dies nach dem „gebrochenen" Deutsch eines Fremden; durch eine bestimmte Art, Wörter aneinanderzureihen, entsteht ein Sinn, der jedem einzelnen der Wörter abgeht.

Die Regeln des Zusammenfügens von Wörtern werden zum Gegenstand der Betrachtung unter dem *syntaktischen* Aspekt (griech. *syntaxis,* Anordnung). Am häufigsten behandelt wird die Bildung von Sätzen; die hierfür anzuwendenden Regeln werden auch unter dem Begriff der Grammatik zusammengefaßt. Die Textsyntax, auch Textgrammatik genannt, umfaßt darüber hinaus noch Regeln des Textaufbaus (wie z. B. des Dialogs, der Erzählung usw.). Die Syntax weist den Wörtern im Satz und den Sätzen im Text bestimmte Rollen zu. So bauen sich einfache Aussagesätze weitgehend aus den Komponenten des Subjekts, des Prädikats und des Objekts auf. Verschiedene Fallformen von Substantiven sind vorgesehen für das Subjekt als Träger einer Handlung (Nominativ), für das Objekt (Akkusativ), für den Besitzer eines Objekts (Genitiv) sowie für den Nutznießer (Dativ); Präpositionen wie AUF, IN, VOR ermöglichen den Ausdruck weiterer Beziehungen im Satz (zur Kasusgrammatik s. bereits Abschnitt 5.4.1). Wie streng und informativ

die Konstruktionsregeln im Satz sind, fällt am meisten auf, wenn sie verletzt werden. So etwa in Bild 4 der Geschichte von Matthias: „Du wirst sterben und dem Professor ist erledigt. Dem haben schon die Affen." Im zweiten Teil des ersten Satzes ist nämlich das unbedingt erforderliche Subjekt im Nominativ durch ein Substantiv im Dativ ersetzt; entsprechend ist im zweiten Satz (durch „dem" statt „den") die an dieser Stelle nicht einsichtige Rolle eines Nutznießers eingeführt, anstelle des unverzichtbaren Objekts im Akkusativ.

Hinzu kommt die *pragmatische* Ebene. Bei der Deutung der Geschichte von Matthias ist zu berücksichtigen: Sie entstammt einer Schulsituation, und der Schreiber ist bestrebt, eine gute Note zu erhalten. Da Matthias weiß, daß seine Lehrerin mit seinen bisherigen Rechtschreibleistungen unzufrieden war, konzentriert er sich auf die Schreibweise der einzelnen Wörter und hat daher keine Zeit, einen langen Text zu verfassen. So wird seine Geschichte ein Mittel zur Einflußnahme auf die Lehrerin, und dies schlägt sich in der Gestaltung der Geschichte nieder.

Auf der phonologischen, der semantischen und der syntaktischen Ebene formulieren Sprachforscher immer wieder das Problem der Beziehung zwischen *idealem* und *realem Sprecher.* An Matthias läßt sich dieses Problem veranschaulichen: Seine Sprache wirkt unbeholfen, ja manchmal sogar fehlerhaft. Ein solches Urteil setzt die Vorstellung einer idealen Sprache voraus. Der französische Sprachwissenschaftler Ferdinand de Saussure (1969) postuliert eine solche ideale Sprache (franz. *langue*) als ein vollständiges und einheitliches Regelsystem für den Gebrauch von Zeichen in einer Sprachgemeinschaft; in Gegensatz dazu setzt er die jeweils tatsächlich gesprochene oder geschriebene Sprache eines Individuums (franz. *parole*). Ähnlich unterscheidet der amerikanische Sprachwissenschaftler Noam Chomsky zwischen sprachlicher Kompetenz und sprachlicher Performanz. Kompetenz nennt er die Fähigkeit zur Beherrschung der Sprachregeln, der Regeln, nach denen Sprachproduktionen zu verstehen und hervorzubringen sind. *Kompetenz* ist Wissen um eine ideale Sprache.

De Saussure, F. (1969). *Grundfragen der allgemeinen Sprachwissenschaft.* Berlin: de Gruyter (Erstausgabe 1916: *Cours de linguistique generale.* Lausanne: Payot).

Chomsky, N. (1970). *Sprache und Geist.* Frankfurt a. M.: Suhrkamp (Erstausgabe 1969: *Language and mind.* Del Marc, CA: CRM-Books).

Katz, J. J. & Fodor, J. (1970). Die Struktur einer semantischen Theorie. In H. Steger (Hrsg.), *Vorschläge für eine strukturale Grammatik des Deutschen* (S. 202-268). Darmstadt: Wissenschaftliche Buchgesellschaft (Erstausgabe 1963: The structure of semantic theory. *Language, 39,* 170-210).

„Kompetenz heißt ein internalisiertes Regelsystem, das Laut und Bedeutung auf besondere Weise in Beziehung setzt."

(Chomsky, 1970, S. 49)

Performanz (engl. *performance*, Ausführung) ist dagegen ein individuelles, aktuelles Sprechen und Schreiben mit seinen Abweichungen vom Ideal.

Idealsprache - vollkommen?

Was Linguisten als Idealsprache bezeichnen, ist als sprachlicher Standard unbestritten. Doch sind Unregelmäßigkeiten in natürlichen Sprachen häufig. Der Münchener Komiker Karl Valentin (1882-1948) karikiert das in einem Dialog aus dem Jahre 1940:

„... die Höhe des Wortunfugs sind die Tätigkeitswörter: Der Koch kocht, der Bäcker bäckt, der Schmied schmiedet; was ist das bei einem Dienstmann? Man kann doch nicht sagen: Der Dienstmann dienstmandelt, der Arzt arztelt, der Zimmermann zimmermundelt. Wenn man etwas ißt, sagt man: ich habe es gegessen; richtiger wäre es: ich habe es vergessen. Wenn einer zuviel sauft, sagt man: der hat sein Geld versoffen und wenn einer viel ißt, müßte man sagen, der hat sein Geld vergessen. Aus all diesem können Sie ersehen, daß die deutsche Sprache noch sehr unvollkommen ist ..."

(Valentin, 1940, ungedrucktes Zitat)

12.2.2 Wortbedeutungen

Die auffälligsten Bedeutungsträger in der gesprochenen und geschriebenen Sprache sind die Wörter. Ihnen kommen zwei Arten von Bedeutungen zu:

• Denotative Bedeutung (lat. *denotare*, bezeichnen, hinweisen), d. h. die Hauptbedeutung nach der Festlegung im Lexikon,
• konnotative Bedeutung (engl. *connotation*, Nebenbedeutung), zusätzliche, oft emotional-bewertende Nebenbedeutungen.

Die Denotation umfaßt den präzisen Bezug eines Wortes zu einem Sachverhalt, einer Person, einem Gegenstand oder einem Ereignis. Mit Präzision bezeichnet etwa der Ausdruck MUTTER eine Frau mit einem Kind oder mehreren Kindern. Darüber hinaus besitzt der Ausdruck noch untergründige und auch nicht restlos von allen Menschen geteilte Zusatzbedeutungen: Quelle liebevoller Fürsorge, Stifterin von Geborgenheit. Die Grenzen zwischen Denotation und Konnotation sind freilich nicht leicht zu ziehen.

Eine gängige Modellvorstellung ist: Menschen verfügen über ein inneres Lexikon, d. h. ein Wortverzeichnis mit den Bedeutungen der einzelnen Wörter. Nach Katz und Fodor (1970) muß ein inneres Lexikon u. a. drei Arten von Eintragungen zu jedem Wort enthalten: die syntaktische Definition (z. B. „dieses Wort ist ein Adjektiv", „dieses Wort ist ein Adverb"), die semantische Definition, das sind Sinnmerkmale, welche das Wort mit anderen teilt (z. B. „ist ein Gebäude", „ist eßbar") sowie semantische Unterscheidungsmerkmale, d. h. spezifische Sinngehalte, welche das Wort aus der Menge der anderen lexikalischen Einheiten herausheben (z. B. „Polizist im Vatikan" „Tintenschreiber"). Mit Hilfe solcher Eintragungen lassen sich dann ein und demselben Wort sogar verschiedene alternative Bedeutungen zuerkennen.

Diese von Katz und Fodor entworfene und seitdem häufig diskutierte Logik der Bedeutungsdefinition deckt sich weitgehend mit der Merkmalstheorie zur Beschreibung von Begriffen; dort wie hier tauchen Beschreibungsdimensionen, allgemeinere Merkmale und spezifischere Merkmale im Modell auf (s. Abschnitt 5.3.1). An dieser Stelle tritt erneut

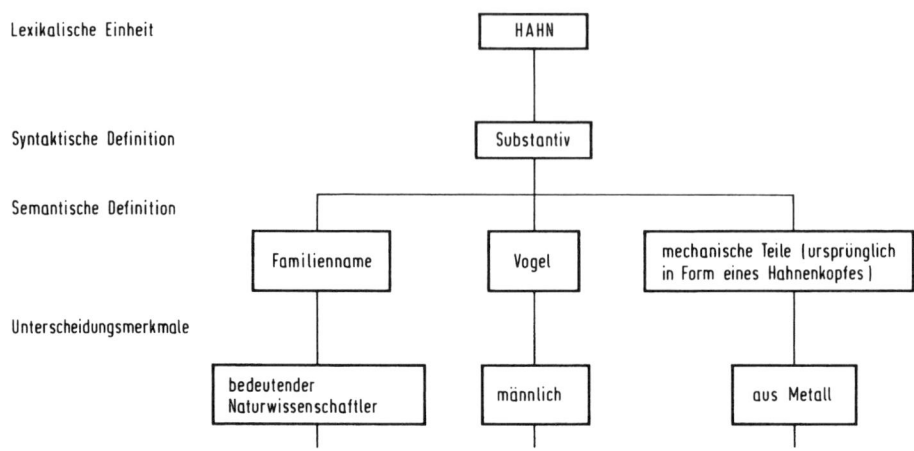

Hypothetischer Fall einer Eintragung ins subjektive Lexikon (nach Katz & Fodor, 1970).

die enge Verknüpfung von Sprache und Denken in Erscheinung (s. Abschnitt 12.1.3). Es gibt aus psychologischer Sicht keinen Sinn, die Definition der Wortbedeutung von der Begriffsbildung zu trennen; beide gehen offensichtlich miteinander einher. Insofern lassen sich Wortbedeutungen auch in semantischen Netzen darstellen. Oder anders ausgedrückt: Semantische Netze lassen sich als komplexe Lexika auffassen (vgl. wieder Abschnitt 5.4.1).

Die Frage nach dem Zusammenhang von Sprache und Denken stellt sich auch bei der Betrachtung von Wortbedeutungen. Sind Begriffe aus Wissensstrukturen gleichzusetzen mit den Bedeutungen von Wörtern? Fodor und Katz bejahen die Frage: Begriffe seien Wortbedeutungen und Wortbedeutungen seien Begriffe. Doch gäbe es Begriffe, denen keine Wortbedeutung entspräche (z. B. der Begriff von den „Dingen, die man am Strand bei Regen tun kann"). Wörter können weiterhin mehreren Begriffen gleichzeitig entsprechen (z. B. „Demokratie").

Von besonderem Interesse bei der Analyse von Wortbedeutungen sind *Homonyma* - gleichlautende Namen für verschiedene Gegenstände (griech. *homoios*, gleich; *onoma*, Name). Zwei Beispiele: SCHLOSS (1.

fürstliches Gebäude, 2. Verschluß) und PFLASTER (1. Straßenabdeckung, 2. Wundschutz). Woher sollen Hörer wissen, welche der vorhandenen Bedeutungen Sprecher bei der Benutzung von Homonyma gerade im Sinn haben?

Wie die Mehrdeutigkeit von Wörtern und Sätzen teils übersehen, teils entdeckt und beseitigt wird, hat Michael Bock (1978) in einer Studie demonstriert. In dieser Studie hat er Bilddarstellungen zusammen mit mehrdeutigen Sätzen zum Lesen dargeboten. Die Bilder konnten dreierlei darstellen: Die beim Lesen des Satzes seltenere Bedeutung (inkongruente Bilder) sowie eine Mischung aus dominierenden und seltenen Bedeutungsinhalten (mehrdeutige Bilder); zum Vergleich wurden die Sätze auch ohne Bilder vorgelegt. Die Ergebnisse: Ohne Bilderergänzung wurden die Sätze von Studenten zu 32 % als mehrdeutig anerkannt. Diese Quote sank auf 14 %, wenn kongruente Bilder die Leser in ihrem Verständnis der dominanten Version bestärkten. Machten inkongruente Bilder auf die seltenere Version aufmerksam, wurde in 54 % der Fälle eine Mehrdeutigkeit bemerkt. Diese Zahl blieb nur knapp unter der Quote von 58 %, die erreicht wurde, wenn Bilder die Mehrdeutigkeit des Satzes ausdrücklich vorführten.

Ärgernis Kultur - Ärgernis Wort

Während des Ersten Weltkriegs bildete sich eine vor allem von Künstlern getragene Bewegung, die mit dem Krieg auch der bürgerlichen Kultur den Kampf ansagte: Der *Dadaismus*. Die nihilistisch-satirischen Angriffe der Dadaisten richteten sich mit Vehemenz auch gegen die Festgefügtheit des Lexikons. Die Wörter der konventionellen Sprache zu zerstören und durch neue Ausdrucksmittel zu ersetzen - das war ein zentrales Vorhaben im dadaistischen Programm. Dazu der deutsche Schriftsteller Hugo Ball (1886-1927) bei der Eröffnung einer Dada-Zusammenkunft in Zürich am 14. Juli 1916:

„Ich will keine Worte, die andere erfunden haben. Alle Worte haben andere erfunden. Ich will meinen eigenen Unfug, und Vokale und Konsonanten dazu, die ihm entsprechen. ... Ich lasse die Laute ganz einfach fallen. Worte tauchen auf Schultern von Worten; Beine, Arme, Hände von Worten. Au, oi, u. Man soll

Valentin, K. (1940). *Der Sprachforscher* (1. Fassung). Stadtarchiv München.

Ball, H. (1966). Entwurf zu „Eröffnungsmanifest des 1. Dada-Abends". *Du-Atlantis, 26,* 738.

nicht zuviel Worte aufkommen lassen. Ein Vers ist die Gelegenheit, möglichst ohne Worte und ohne die Sprache auszukommen ... Jede Sache hat ihr Wort; da ist das Wort selber zur Sache geworden. Warum kann der Baum nicht Pluplusch heißen und Pluplubasch, wenn es geregnet hat? Und warum muß er überhaupt etwas heißen? Müssen wir denn überall unseren Mund dran hängen? Das Wort, das Wort, das Weh gerade an diesem Ort, das Wort ... ist eine öffentliche Angelegenheit ersten Ranges."

(Ball, 1966)

Peter R. Hofstätter (1955) hat später an der Universität Hamburg die Methode des *semantischen Differentials* für die deutsche Sprache adaptiert. Er benutzte zwölf Eigenschaftspaare, um die Ähnlichkeit von Begriffen wie SCHLAF, HÖFLICHKEIT, REVOLUTION und SIEG nachzuweisen.

Er konnte zeigen, daß SCHLAF und HÖFLICHKEIT - obwohl denotativ deutlich voneinander unterschieden - denselben Konnotationsbereich teilten, sich aber in ihrer Konnotation klar von REVOLUTION und SIEG absetzten, die ihrerseits konnotativ nahe beieinander lagen.

konguentes Bild

inkongruentes Bild

mehrdeutiges Bild

Ergänzende bildliche Darstellungen zum Satz SPRÜNGE DIESER ART SIND RELATIV UNGEWÖHNLICH. Wird dieser Satz isoliert dargeboten, so wird das Wort SPRUNG zumeist als „sportliche Leistung" aufgefaßt. (Unveröffentlichte Abbildungen aus der Untersuchung von Bock, 1978).

Bock, M. (1978). Levels of processing of normal and ambiguous sentences in different contexts. *Psychological Research, 40,* 37-51.

Hofstätter, P. R. (1955). Über Ähnlichkeit. *Psyche, 9,* 54-80.

Osgood, Ch. E. (1952). The nature and measurement of meaning. *Psychological Bulletin, 49,* 197-237.

Osgood, Ch. E. & Suci, G. J. (1955). Factor analysis of meaning. *Journal of Experimental Psychology 50,* 325-338.

Ertel, S. (1964). Die emotionale Natur des „semantischen" Raumes. *Psychologische Forschung, 28,* 1-32.

Was bereits Osgood und sein Mitarbeiter Suci (1952, 1955) ermittelt haben, hat sich später auch für den deutschen Sprachraum bestätigt (vgl. Ertel, 1964): Eine Fülle von Eindrucksurteilen läßt sich auf drei grundlegende Dimensionen zurückführen:
• Aktivität („schnell" - „langsam" oder „aktiv" - „passiv")
• Potenz („stark" - „schwach")
• Valenz („gut" - „schlecht").
Die Verwandtschaft dieser drei Dimensionen zu den Dimensionen von Gefühlserlebnissen ist unverkennbar: Aktivität hier entspricht Intensität dort, Potenz entspricht der Dominanz und Valenz dem Faktor der Lust / Unlust (Abschnitt 11.2.1). Wegen dieser Gleichartigkeit hat man die im Eindrucksdifferential erfaßten Konnotationen als *emotionale Bedeutungskomponenten* interpretiert, in denen sich Bewertungen und Einstellungen gegenüber dem bezeichneten Objekt widerspiegeln.

12.2.3 Syntax (Grammatik) von Sätzen

Wörtern kommen Bedeutungen und Rollen in ihren Verbindungen mit anderen Wörtern zu. Sätze stellen solche Verbindungen zwischen Wörtern her und schaffen Bedeutungseinheiten höherer Ordnung. Reine Grammatik - oder Syntaxanalysen ohne Beachtung der Bedeutung, der Semantik, sind sinnlos.

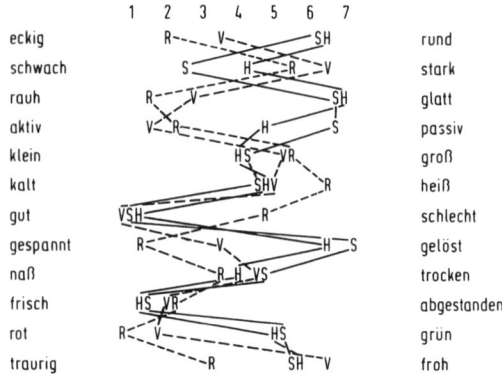

Einstufungen der Begriffe Schlaf (S), Höflichkeit (H), Revolution (R), Sieg (V) nach der Methode des Eindrucksdifferentials zur Ermittlung von Konnotationen (nach Hofstätter, 1955, S. 68).

Der folgende Satz gibt keinen rechten Sinn, genügt aber völlig den Regeln der deutschen Grammatik:

GRÜNE IDEEN SCHLAFEN WÜTEND

Der Linguist Noam Chomsky (s. bereits Abschnitt 12.1.2) hat diesen Beispielsatz erfunden, um mit seiner Hilfe die Eigenständigkeit der Grammatikalität zu demonstrieren. Von ihm stammt auch ein Ansatz zur Analyse von Satzstrukturen, der die Psycholinguistik in den vergangenen Jahrzehnten nachhaltig beeinflußt hat: Die generative Grammatik (Chomsky, 1957, 1969). Generative Grammatik begreift den Satz als eine Einheit, die sich zur Zerlegung anbietet. Sätze lassen sich erzeugen bzw. aufschließen, indem man sie nach und nach durch immer kleinere Einheiten ersetzt. So bildet der Satz

DER LEHRER TRÖSTET DAS KIND

eine Wortgruppe, die sich zunächst durch den Verbund einer Nominalgruppe DER LEHRER und einer Verbalgruppe TRÖSTET DAS KIND ersetzen läßt. Die Nominalgruppe läßt sich sodann differenzieren in den Artikel DER und das Nomen LEHRER. In der Verbalgruppe ist das Verbum TRÖSTET von einer weiteren Nominalgruppe DAS KIND zu trennen; die zuletzt genannte Nominalgruppe gliedert sich wiederum in einen Artikel und ein Nomen. Chomsky nennt Wortgruppen *Phrasen (Konstituenten)* und die durch Satzzerlegung ermittelte Beziehung zwischen Wörtern die Phrasenstruktur des Satzes.

Die Phrasenstruktur des obigen Satzes läßt sich somit durch eine Reihe von Gleichungen darstellen:

S (Satz) = NP (Nominalphrase) + VP (Verbalphrase)
NP = ART. (Artikel) + N (Nomen)
VP = V (Verb) + NP (Nominalphrase)
NP = ART (Artikel) + N (Nomen)

Die Bestimmung der Phrasenstruktur folgt eigenen Regeln. Woher stammen diese Regeln? Dazu Chomsky: Sie seien eben Teil der Sprache, und der Zugang zu ihnen mache u. a. die Kompetenz des Sprachbenutzers aus (vgl. Abschnitt 12.2.1).

Sätze sollen Gedanken ausdrücken. Im obigen Beispielsatz betrifft dieser Gedanke die Beziehung zwischen LEHRER, KIND und TRÖSTEN. Ein Gedanke kann nach Chomsky auf vielerlei Weise ausgedrückt werden, unter anderem als Behauptung (z. B. DER LEHRER TRÖSTET DAS KIND), als Verneinung (z. B. DER LEHRER TRÖSTET DAS KIND NICHT), als Frage (z. B. TRÖSTET DER LEHRER DAS KIND?), als Wendung ins Passive (z. B. DAS KIND WIRD VOM LEHRER GETRÖSTET). Für die Herstellung der äußeren sprachlichen Form kämen eigene syntaktische Regeln zum Einsatz, die *Transformationsregeln.*

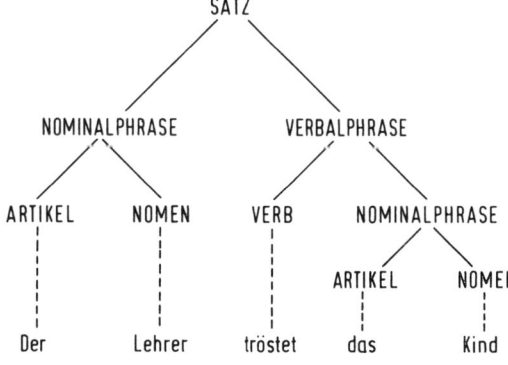

Phrasenstruktur eines Satzes nach Maßgabe der generativen Grammatik.

Nach der Theorie der *generativen Grammatik* kann also der gleiche Inhalt in verschiedener sprachlicher Form zum Ausdruck gelangen. Gleichzeitig ist jedoch festzustellen: Äußerlich gleich erscheinende Sätze besitzen keinesfalls immer die gleiche Phrasenstruktur. So etwa bei den Sätzen

HANS HAT SEIN BROT MIT ABSICHT LIEGEN LASSEN
HANS HAT SEIN BROT MIT KÄSE LIEGEN LASSEN

Im ersten Satz ist die Präposition MIT der Verbalphrase MIT ABSICHT LIEGEN LASSEN zugehörig, im zweiten Fall der Nominalphrase BROT MIT KÄSE. Weil innere und äußere Struktur somit nicht immer übereinstimmen, nehmen die Vertreter der generativen Theorie eine doppelte Repräsentation an: eine *Tiefenstruktur* und eine *Oberflächenstruktur*. Die Oberflächenstruktur kommt in den jeweils gesprochenen und geschriebenen Sätzen zum Ausdruck. Ihnen zugrunde liegt aber eine Grundaussage als Tiefenstruktur. Die funktionalen Beziehungen zwischen den Phrasen machen die Tiefenstruktur aus. Die Tiefenstruktur sei durch die Phrasenregeln bestimmt, die Oberflächenstruktur durch die Transformationsregeln wesentlich überformt.

Die generative Grammatik ist ein linguistisches Beschreibungsmodell; sie zielt auf die *Idealsprache* bzw. die erforderliche *Kompetenz* des Sprachbenutzers. Die *Performanz*, das heißt, das tatsächliche Verstehen und Produzieren von Sätzen, betrachtet Chomsky als psychologisches Problem, zu dessen Lösung sein linguistisches Modell nicht bestimmt sei (Chomsky, 1961).

Der Psychologie zugewiesen wurde damit das Problem, ob den linguistischen Regeln der generativen Grammatik eine psychologische Realität zukommt, d. h. ob diese Regeln wirklich das Sprechen und Verstehen leiten. Von grundsätzlichem Interesse für psychologische Forscher war weiterhin die Unterscheidung einer sprachlichen Oberflächenstruktur von einer Tiefenstruktur. Beobachtungen haben gezeigt, daß die grammatikalische Form des Satzes als Merkmal der Oberflächenstruktur (z. B. Passivform) schlechter behalten wird als die dem Satz innewohnende Bedeutung als

Merkmal der Tiefenstruktur (s. Abschnitt 7.3.2). Aus den gemachten Beobachtungen jedoch den Schluß zu ziehen, man könne zwischen Form und Inhalt von Sätzen eine strenge Unterscheidung treffen, hielten kritische Autoren nicht für angebracht. Bedeutungszusammenhänge zwischen Wörtern könnten grammatikalische Bestimmungen überspielen.

Das versuchte Engelkamp (1973, S. 125f.) zu belegen anhand des Satzes

DER FISCHER MIT DER UHR STOPPTE DIE ZEIT FÜR DEN WETTLAUF

Obwohl in diesem Satz der Ausdruck MIT DER UHR grammatikalisch eindeutig dem Nomen FISCHER zugeordnet ist, stellten Probanden beim Reproduzieren des Satzes die Bedeutungsbeziehung zwischen UHR und ZEITSTOPPEN heraus und formulierten neu:

DER FISCHER STOPPTE DIE ZEIT FÜR DEN WETTLAUF MIT DER UHR

Weiterhin läßt sich in Zweifel ziehen, ob Transformationen wie die Wendung eines Satzes aus dem Aktiv in das Passiv lediglich die oberflächliche Formulierung verändert. Der damit verbundene Perspektivenwechsel (s. bereits Abschnitt 5.5.3) kann durchaus als tiefgreifender Bedeutungswandel aufgefaßt werden. Ist dies aber so, verliert die Unterscheidung von Tiefen- und Oberflächenstruktur ihren Sinn.

In den achtziger Jahren ist die Theorie der generativen Grammatik zunehmend von der Theorie der *Kasusgrammatik* verdrängt worden. Dieser von Fillmore begründete Ansatz (Abschnitt 12.1.2) betrachtet den Satz von vornherein als ein semantisches Gebilde, dessen Form einer Allgemeinbedeutung entspricht. Der Satz

DER LEHRER TRÖSTET DAS KIND

ist demnach eine spezielle Ausprägung der allgemeinen Aussage

EIN HANDELNDER WIRD TÄTIG AN EINEM GEGENSTAND.

Sätze dieses Typs vereinen in sich drei Aussagefälle - eine Handlung (z. B. TRÖSTEN), einen Handelnden (z. B. LEHRER) sowie ein

Objekt (z. B. KIND). Indem man zusätzliche Aussagefälle in die Analyse einbezieht (z. B. einen Nutznießer, ein Instrument, ein Ziel), erweitert sich die Satzstruktur. Im Rahmen eher semantisch orientierter Grammatiktheorien (vgl. Frawley, 1992) wird formuliert, daß grammatische Bedeutungen syntaktische Form annehmen können, aber nicht notwendig annehmen müssen.

Grundlegende Einheiten für grammatische Konstruktionen sind Substantive, Adjektive und Verben. Givón (1984) arbeitete als zugrunde liegende Dimension, auf der sich die genannten Einheiten unterscheiden, die zeitliche Stabilität heraus:

Substantive	Adjektive	Verben
<--------------------->		
Zeitlich stabil		zeitlich instabil

Sprachen, in denen Adjektive fehlen, drücken Information über Substantive aus, wenn keine Zeitinformation enthalten ist; sie benutzen Verben, wenn Zeitinformation ausgedrückt werden soll.

Chomsky, N. (1957). *Syntactic structures.* 'S-Gravenhage: Mouton.

Chomsky N. (1969). *Aspekte der Syntaxtheorie.* Frankfurt a. M.: Suhrkamp (Erstausgabe 1965: *Aspects of the theory of syntax.* Cambrigde, MA: MIT Press).

Chomsky N. (1961) On the notion ‚rule of grammar'. In Proceedings of Symposia in Applied Mathematics. *American Mathematical Society, 12,* 6-24.

Engelkamp, J. (1973). *Semantische Struktur und die Verarbeitung von Sätzen.* Bern: Huber.

Frawley, W. (1992). *Linguistic semantics.* Hilsdale, N.J.: Lawrence Erlbaum.

Givón, T. (1984). *Syntax: A functional typological introduction, I.* Amsterdam: Benjamin.

12.2.4 Narrative Strukturen: Das Erzählen von Geschichten

Auch zusammenhängende Texte wie Berichte, Erzählungen, Romane haben ihre Syntax und ihre Semantik. Die Syntax erscheint als ihr formaler Aufbau, in dem Sätze und Satzgruppen einen eigenen Platz einnehmen und regelhafte Beziehungen eingehen.

Textuntersuchungen von psychologischer Seite haben die semantische Funktion der Textgliederung unterstrichen. Es gibt Regeln für den Aufbau von Geschichten. Diese Regeln betreffen vor allem die in der Geschichte zu erwähnenden Inhalte und die Reihenfolge ihrer Wiedergabe. In der westlichen Kultur gliedern sich Geschichten üblicherweise in drei Teile (vgl. Brémond, 1973): Die Einleitung (Exposition) mit Einführung des Helden, des Ortes und der Zeit (z. B. *„Unter der Regierung des Kalifen Harun al Raschid lebten in Bagdad zwei Männer namens Sindbad"*), die Komplikation, d. h. ein Ereignis, das die Geschichte in Gang bringt (z. B. *„Da lief die Kunde durch die Stadt: Vor den Toren liegt ein großes Untier"*), sowie die Auflösung der Komplikation (Resolution) (z. B. *„Ein tapferer Schneider erlegt das Untier"*).

Exposition, Komplikation und *Resolution* bilden übergreifende Sinneinheiten; Kintsch und van Dijk (1975) nennen sie *Makropropositionen*. Die genannten Sinneinheiten bzw. Makropropositionen bedürfen der differenzierten Ausfüllung durch Einzelsätze bzw. durch *Propositionen* (vgl. bereits Abschnitt 7.2.2). Die gesamte Gliederung einer Geschichte nennt man auch *narrative Struktur* (lat. *narrare*, erzählen) oder *Erzählschema*. Manche Autoren sprechen in diesem Zusammenhang von einer *Geschichtengrammatik* (engl. *story grammar*).

Ist die Struktur einer Geschichte vertraut, so ist die Geschichte leicht zu verstehen und einfach zusammenzufassen. Das haben etwa die amerikanischen Studenten bewiesen, die Erzählungen von Boccaccio (Länge jeweils rund 1800 Wörter) in knappen Sätzen (insgesamt etwa 70 Wörter) zusammenzufassen hatten. Dieselben Studenten hatten jedoch große Schwierigkeiten, ebenso lange India-

nermärchen zu verstehen und zusammenzufassen, denn diese Märchen hatten keinen durchgehenden Helden, keinen kausalen Zusammenhang zwischen Episoden und keinen Handlungsablauf mit Komplikation und Lösung (Kintsch & van Dijk, 1978).

Die Vertrautheit mit einem Schema erleichtert auch das Anfertigen einer Erzählung. Bereits Vorschulkinder folgen in ihren Erzählungen konventionellen Schemata. So zeigten Dorothy Poulson, Eileen und Walter Kintsch sowie David Premack (1979) Kindern eine Serie von Tierbildern in verschiedenen Reihenfolgen und ließen dazu eine Geschichte erzählen. Ihre Äußerungen ließen sich zu einem großen Teil als Stücke von Expositionen, Komplikationen und Resolutionen deuten; die meisten Äußerungen entfielen dabei auf die Komplikation.

Innerhalb des beschriebenen Erzählschemas lassen sich die verschiedensten Themen ansiedeln, die ihrerseits wieder Konventionen unterliegen, Moden unterworfen sind und sich unterschiedlicher Beliebtheit erfreuen. So gibt es bevorzugte Themen für Komplikationen (z. B. Betrug, Abschied, Eintreffen eines Übeltäters, Heirat). Diese zu ermitteln ist Aufgabe der Inhaltsanalyse von Märchen, Romanen u. ä., wie sie vor allem von Literaturwissenschaftlern und Ethnologen betrieben wird (vgl. Blood, 1978). Vergleichbare Schemata gibt es für andere Berichtsformen wie wissenschaftliche Abhandlungen oder Zeitungsmeldungen.

Brémond, C. (1973). *Logique du recit*. Paris: Seuil.

Kintsch, W. & Dijk, T. A. van (1975). Comment on se rapelle et on résume des histoires. *Langages, 40*, 98-116.

Kintsch, W. & van Dijk, T. (1978). Toward a model of text comprehension and production. *Psychological Review, 85*, 363-394.

Poulsen, D., Kintsch, E., Kintsch, W. et al. (1979). Children's comprehension and memory for stories. *Journal of Experimental Child Psychology, 28*, 379-403.

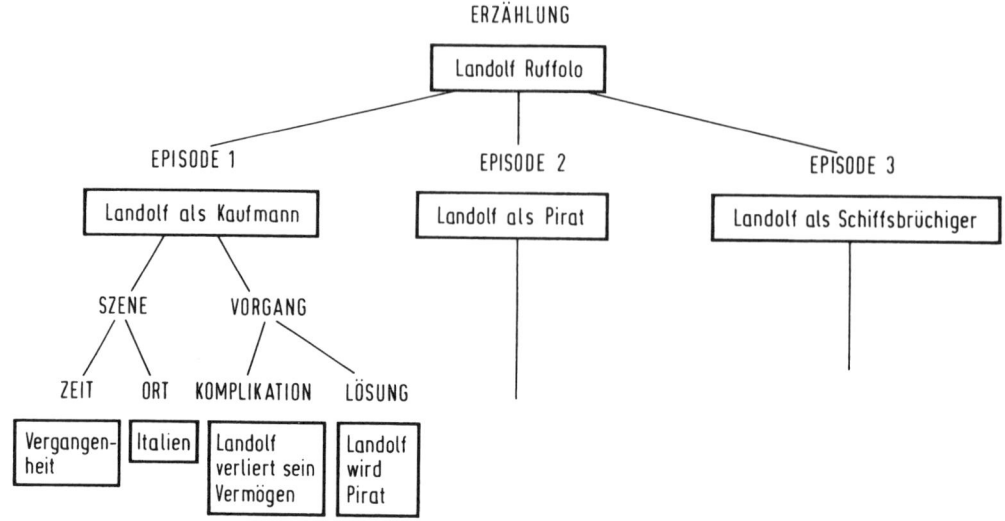

Schema (narrative Struktur) der Erzählung IV, 2. Tag, von Giovanni Boccaccio (1313-1375) aus *Das Decameron* (nach Kintsch & van Dijk, 1975).

12.2.5 Sprachverstehen und Sprachproduktion

Das Verstehen von Sprache, in der Regel geprüft als Verstehen von Texten oder Sätzen, stellt vor allem drei Probleme:
- Gibt es eine eigenständige Wahrnehmung für die syntaktischen Besonderheiten des Textes?
- Werden in der Wahrnehmung syntaktische und semantische Informationen zusammen (interaktiv) ausgewertet?
- Falls in der Wahrnehmungsphase eine syntaktische Analyse erfolgt, wird das Ergebnis der Analyse dann auch ständig genutzt?

Beim Satzverstehen fällt zunächst auf, daß die Satzbedeutung verstanden wird, auch wenn syntaktische Regeln verletzt werden (vgl. Marslen-Wilson & Tyler, 1980). Die Versuchsergebnisse weisen darauf hin, daß ein komplexer Stimulussatz durch sequentielle Verarbeitung der Phoneme - so wie Laute zum Ohr gelangen - analysiert wird. Entsprechend werden im Lexikon dann alle Wörter aufgerufen, die mit demselben Phonem beginnen; sodann werden alle Wörter sukzessive gehemmt, die nicht zu den weiter einlaufenden Phonemen passen.

Eine langwährende Diskussion in der Psycholinguistik versucht zu klären, ob die Analyse der syntaktischen Besonderheiten eines Satzes eine eigenständige und autonome Phase in der Satzwahrnehmung darstellt oder ob immer mit der Einwirkung anderer Subprozesse zu rechnen ist. Die Annahme einer eigenständigen syntaktischen Verarbeitung stützte Foster (1979) mit seinen Versuchen. Sätze mit gestörter Wortfolge wurden schnell visuell dargeboten: z. B.

DIE WAR ANSPRACHE SORGFÄLTIG GESCHRIEBEN

DER WAR TRAUM ZIEMLICH HINZUGEFÜGT

Im ersten Satz ist nur die Wortfolge gestört, der Satz ergibt aber eine sinnvolle Aussage, wenn eine syntaktisch richtige Umstellung der Wörter erfolgt ist. Im zweiten Satz ergeben die Wörter auch bei syntaktisch richtiger Wortstellung keine sinnvolle Aussage. Das Wiedererkennen für beide Satzarten war gleichermaßen gestört; es lief also auf ähnliche Weise ab. Ein weiteres Argument für eine eigenständige syntaktische Verarbeitung lieferten Untersuchungen von Jarvella und seinen Mitarbeitern (vgl. Jarvella & Nelson, 1982). Sie fixierten die Blickrichtung ihrer Probanden und ließen sie Sätze mit syntaktischen oder semantischen sowie syntaktischen und semantischen Rechtschreibfehlern lesen.

Anschließend wurde ein Verständnistest durchgeführt, und die jeweiligen Fehler sollten benannt werden. Die Leser verweilten mit ihrem Blick länger auf syntaktischen Fehlern als auf syntaktisch fehlerlosen Stellen, auch wenn sie die Fehler nachher nicht berichten konnten. Es liegt anscheinend eine Verarbeitung bei der automatischen Wahrnehmung vor, über die nicht explizit berichtet werden kann.

Sprachverstehen wird von einigen Psycholinguisten auch als interaktiver Prozess verstanden: Die Informationen werden nicht sequentiell, also nacheinander, sondern parallel, also gleichzeitig, verarbeitet. Das heißt auch, daß alle Informationen in der Verarbeitungsphase bereitgehalten werden müssen, so daß jederzeit ein Rückgriff auf alle Informationskategorien (phonologisch, syntaktisch, semantisch, pragmatisch) möglich ist. Experimente von Danks, Bohn und Fears (1983) liefern Teilbelege für ein solches interaktives Vorgehen des sprachverarbeitenden Systems. In einem Grundexperiment wurde eine Zeitungsmeldung über einen Zusammenstoß eines Schulbusses mit einem Zug so nachgeschrieben, daß keine ungewöhnlichen

Marslen-Wilson, W. D. & Tyler, L. K. (1980). The temporal structure of spoken language understanding. *Cognition, 8*, 1-71.

Foster, K. I. (1979). Levels of processing and the structure of language processor. In W. E. Cooper & E. C. T. Walker (Eds.), *Sentence processing: Psycholinguistic studies presented to Merrill Garrett* (pp. 27-85). Hillsdale, NJ: Lawrence Erlbaum.

Jarvella, R. J. & Nelson, T. R. (1982). Focus of Information and general knowledge in language understanding. In J. F. Le Ny & W. Kintsch (Eds.), *Language and comprehension* (pp 73-86). Amsterdam: North Holland.

Danks, J. H., Bohn, L. & Fears, R. (1983). Comprehension processes in oral reading. In G. B. Flores d'Arcais & R. J. Jarvella (Eds.), *The process of language understanding* (pp. 193-223). Chichester, GB: Wiley.

Wörter oder Formulierungen vorkamen. In jedem Abschnitt befanden sich vier kritische Wörter, die verändert wiedergegeben waren. Die Veränderungen enthielten die experimentellen Variationen: In dem Satz

DER MUTTER KAM DER GEDANKE, IHRE TOCHTER KÖNNTE VON DEN ANDEREN KINDERN *VERLETZT* WORDEN SEIN BEI DEM VERSUCH, DEN BUS ZU VERLASSEN,

wurde das Wort VERLETZT verändert. Zur semantischen und zugleich syntaktischen Veränderung ersetzte EISBERG das Wort VERLETZT. In der semantischen Variation wurde VERLIEHEN eingesetzt. Bei einer syntaktischen Veränderung wurde VERLETZUNG eingesetzt - das Partizip wurde zum Substantiv.

In einer inhaltlichen Veränderung wurde dem vorhergehenden Text durch eine Aussage widersprochen. Der ursprüngliche Text sagte aus, die Mutter hielte ihre Tochter für körperlich schwach. Dies wurde im kritischen Satz umgeändert zu

DER MUTTER KAM DER GEDANKE, IHRE TOCHTER KÖNNTE ANDERE KINDER VERLETZT HABEN.

Gemessen wurde die Lesezeit des kritischen Wortes sowie die Lesezeit der fünf Wörter vor und nach dem kritischen Wort. Die gemessene Zeit für die doppelt veränderte Bedingung (semantisch und syntaktisch) unterschied sich am stärksten von der Kontrollbedingung mit dem angemessenen Wort; die zweitlängste Zeit ergab sich nach syntaktischer Veränderung, aber erst beim folgenden Wort. Sie hielt weitere zwei Wörter lang an. Die semantische Veränderung hatte einen ähnlichen Effekt, während die Lesezeit in der Bedingung mit inhaltlicher Veränderung sich von der Lesezeit in der Kontrollbedingung am wenigsten unterschied. *Sprachwahrnehmung* erfolgt also interaktiv. Mehrere Informationsebenen werden im Wahrnehmungsprozess ausgewertet und beeinflussen das Wahrnehmungsergebnis.

Die Erforschung der Sprachproduktion blieb zunächst hinter der des Sprachverstehens zurück. Inzwischen gehört die Sprachproduktion jedoch zu einem theoretisch und methodisch gut entwickelten Forschungsbereich. Die Arbeitsgruppe um Willem J. M. Levelt in Nijmegen (Holland) beschäftigte das Problem der mangelnden Kontrollierbarkeit der Ausgangsgrößen für die sprachliche Produktion durch eine eigene Lösung. Denn die Sprachproduktion setzt meist nicht aufgrund eines äußeren Anstoßes ein; sie geht vielmehr von inneren Einflußgrößen aus. Levelt (1989) hat dies in seinem *Modell der Sprachproduktion* deutlich gemacht.

Das Modell enthält eine Instanz, die nach Kenntnis der Situation sowie allgemeiner Erfahrung Inhalte zusammenstellt. Ein Monitor sorgt für die richtige „Dosierung" dieses Hintergrundwissens. Die Nachricht befindet sich zu diesem Zeitpunkt noch in einem präverbalen Stadium. Sie unterliegt danach dem Prozeß des Enkodierens, und zwar sowohl dem syntaktischen als auch dem phonologischen Kodieren. Im syntaktischen Enkodieren wird die syntaktische Repräsentation der sprachlichen Äußerung entworfen. Auf der Wortebene werden zunächst „Lemmas" aus dem mentalen Lexikon im Langzeitspeicher aktiviert. „Lemmas" sind Wortrepräsentationen mit ihren Bedeutungs- und syntaktischen Eigenschaften.

Phonologische Merkmale haben Lemmas noch nicht. Sie erscheinen erst mit Aktivierung des phonologischen Enkodierens. Diese erfolgt nicht global, sondern in Teilen der phonologischen Repräsentation, wie aus der Forschung zum Zungenspitzenphänomen (Abschnitt 7.1.5) zu entnehmen ist. Erst danach wird die Artikulation einbezogen, und das Aussprechen beginnt. Das Verstehen der eigenen Sprachproduktion wird dann zum Regulativ für die nachfolgenden Äußerungen.

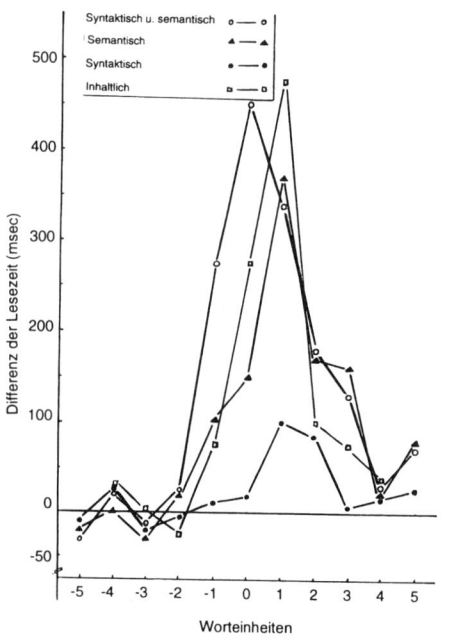

Lesezeiten nach syntaktischer, semantischer und inhaltlicher Veränderung eines Satzes; Verlängerung gegenüber unkritischen Wörtern (nach Danks, Bohn & Fears, 1983, S. 206).

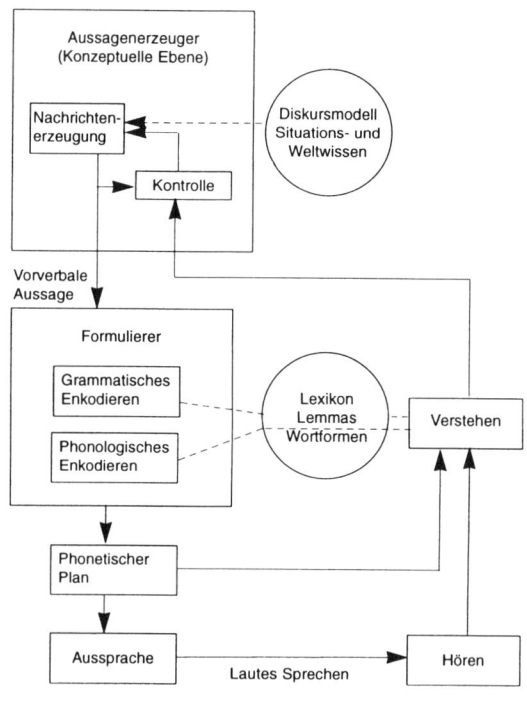

Modell der Sprachproduktion nach Levelt (1989).

Eine experimentelle Überprüfung der Beziehungen zwischen der Lemmakomponente und dem syntaktischen Enkodieren versuchten Flores d'Arcais und Schreuder (1987). Sie bedienten sich dabei der *Methode der Vorreizung* (engl. *priming).* In Versuchen mit Vorreizung wird, bevor ein Wort (o. ä.) gefunden oder ausgesprochen werden soll, ein anderes Wort (o. ä.) geboten. Das vorab gebotene Wort, der Vorreiz (engl. *primer)* bahnt dabei dem nachfolgenden Wort den Weg, wenn Vorreiz und nachfolgendes Wort in einer Ähnlichkeitsbeziehung stehen. Zum Beispiel erkennt man das Wort STADION schneller, wenn man vorher das Wort SPORT gesehen hat. Die Priming-Methode ermöglicht demnach einen differenzierten Nachweis des Erscheinens von Bedeutungen und Bezeichnungen.

D'Arcais und Schreuder verwendeten die Priming-Methode insbesondere, um die Wortfindung beim Anblick eines Objektes zu erkunden. Sie ließen Bilder benennen (z. B. sollte das Bild einer Gitarre mit dem Wort GITARRE beantwortet werden). Gemessen wurde die Reaktionszeit vom Beginn der Bilddarbietung bis zur Benennung. Dem Zeigen des kritischen Bildes ging das Zeigen eines anderen Bildes voraus. Das vorausgehende Bild konnte

- ähnlich gestaltet sein wie das kritische (z. B. „Tennisschläger in gleicher Schräglage" vor „Gitarre"),
- semantisch ähnlich sein, aber unähnlich aussehen (z. B. „Ziehharmonika" vor „Gitarre"),
- semantisch und visuell ähnlich sein (z. B. „Geige" vor „Gitarre"),
- semantisch und visuell unähnlich sein (z. B. „Stuhl" vor „Gitarre").

Die Reaktionszeit war am kürzesten, wenn „Geige" als Vorreiz (Primer) benutzt wurde, am zweitkürzesten bei „Tennisschläger". Die visuelle Ähnlichkeit war also für die Anbahnung der Benennung wichtig. Semantische Ähnlichkeit (bei „Ziehharmonika" als Vorreiz) verkürzte die Reaktionszeit nur geringfügig. Bei Unähnlichkeit des Vorreizes („Stuhl") war keine Verkürzung der Reaktion festzustellen - verglichen jeweils mit der Benennung ohne Darbietung eines Vorreizes.

Blood, D. (1978). Some aspects of Cham discourse structure. *Anthropological Linguistics, 20,* 110-132.

Levelt, W. J. M. (1989). Speaking. F*rom intention to articulation.* Cambridge, MA: MIT Press.

Flores d'Arcais, G. B. & Schreuder, R. (1987). Semantic activation during object naming. *Psychological Research, 49,* 153-159.

Aus den Ergebnissen des Experiments von d'Arcais und Schreuder kann man schließen: Die Ebene der Lemmas wird bei der Benennung eines Objektes aktiviert; diese Aktivierung wird am meisten beschleunigt durch eine Bahnung der Wortfindung über einen sowohl semantisch als auch visuell ähnlichen Vorreiz.

ZUSAMMENFASSUNG

1. Gesprochene Sprache ist aus Phonemen aufgebaut; die Auswahl und Kombination von Phonemen erfolgt sprachspezifisch.

2. Die kleinsten Bedeutungsträger einer Sprache sind die Morpheme (insbesondere Stämme und Endungen von Worten). Den Bestand einer Sprache an Wörtern nennt man Lexikon. Unterschieden wird die denotative Bedeutung von Wörtern (Bezug zu Gegenständen u. ä.) von ihrer konnotativen (emotional-bewertenden) Bedeutung.

3. Die Regeln der Satzgrammatik bzw. der Syntax des Satzes bestimmen die Zusammensetzung von Sätzen aus Wörtern. Die Theorie der generativen Grammatik trennt die Oberflächenstruktur von der Tiefenstruktur von Sätzen. Nach dem Ansatz der Kasusgrammatik sind Sätze als semantische Gebilde zu betrachten.

4. Die Konstruktion von Texten aus mehreren Sätzen ist ebenfalls von Regeln geleitet. In Kulturen bilden sich Erzählschemata (narrative Strukturen) aus. Solche Schemata erleichtern sowohl das Herstellen von Texten als auch deren Verständnis.

12.3
Kommunikation: Austausch von Wissen

12.3.1 Ein Kommunikationsmodell

Im Prozeß der *Kommunikation* (lat. *communicare*, teilnehmen lassen, sich verständigen) sind von Bedeutung:

- der Gegenstand, über den eine Mitteilung gemacht wird,
- ein Partner, der die Mitteilung macht,
- ein Partner, der die Mitteilung aufnimmt.

Jedem dieser drei Bezugspunkte der Kommunikation dient die Sprache in einer anderen Weise, lehrte bereits der deutsche Psychologe Karl Bühler (1934). Dem Gegenstand gegenüber hat sie eine Darstellungsfunktion, dem Mitteilenden verhilft sie zum Ausdruck des Gemeinten, dem Empfänger der Mitteilung übermittelt sie einen *Appell* (Ansprache). Der Kommunikationswissenschaftler H. D. Lasswell (1948) brachte diese Zusammenhänge auf die Formel: *„Wer teilt wem wie was mit?"*

In der Formel *wer teilt wem wie was mit?* sind die psychischen Voraussetzungen und Konsequenzen der Kommunikation nicht ausdrücklich enthalten. Für die psychologische Analyse des Kommunikationsvorgangs sind folgende Bereiche maßgebend:

- Gegenstandswissen,
- Wissen über den Partner,
- Kenntnis von Sprachregeln,
- kommunikative Absichten.

Bühler, K. (1934). *Sprachtheorie*. Jena: Fischer.

Lasswell, H. D. (1948). The structure and function of communication in society. In L. Bryson (Ed.), *The communication of ideas* (pp. 37-51). New York: Harper.

Offensichtlich kann eine Nachricht einen Gegenstand nicht vollständig darstellen. In der Nachricht zum Ausdruck gebracht wird vielmehr das (vermeintliche oder vielleicht sogar nur vorgespielte) Wissen über den Gegenstand. Bei der Erstellung der Nachricht wird das (vermutete) Wissen des Empfängers in Rechnung gestellt; der Sender sucht das Wissen des Empfängers zu vermehren, zu bestätigen, zu korrigieren. Dabei baut er auf dem vorhandenen Wissen auf. Nicht nur das beim Empfänger vermutete Gegenstandswissen spielt eine Rolle, sondern auch das Wissen über den Partner, über seine Einstellungen und Interessen sowie über die beiderseitig eingenommene soziale Position. Dasselbe gilt für das Verstehen auf seiten des Empfängers der Nachricht. Er stellt in Rechnung, was er von seinem Partner überhaupt an Mitteilungen erwarten kann.

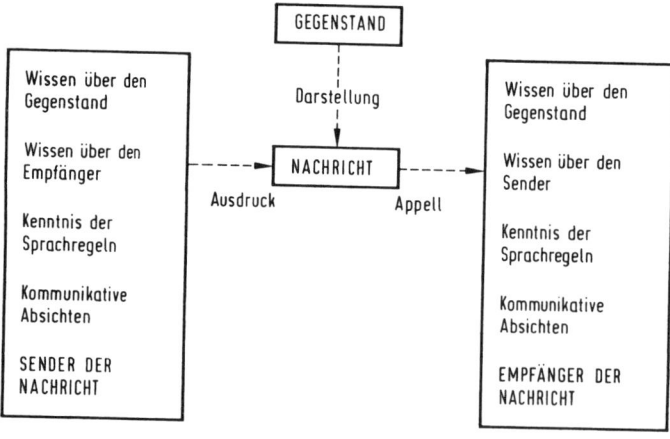

Faktoren im Prozeß der Kommunikation (Organonmodell nach Bühler, 1934, S. 28).

Wie weit das Gegenstandswissen von Partnern von vornherein in sprachlicher Form repräsentiert ist, ist eine umstrittene Frage. Auf jeden Fall wird die spezielle Formulierung der Nachricht (z. B. die Wahl des Sprachstils) bei jeder Mitteilung neu zu leisten sein. Dies setzt auf seiten des Senders die Kenntnis von Zeichen und Sprachregeln voraus. Das Verständnis der Nachricht auf seiten des Empfängers gelingt nur, wenn er über das gleiche Zeichenrepertoire sowie die gleichen Sprachregeln verfügt. Insofern wird der Sender sich im Regelfall vergewissern, über welche sprachlichen Fertigkeiten der Empfänger verfügt und sich bei der Abfassung seiner Nachricht danach richten, wenn er verstanden werden will.

Die Nachricht hat also den Charakter von Zeichen (*Symbolen*). In der Nachrichtentechnik heißt ein System, nach dem Zeichen ausgewählt und miteinander verknüpft werden (z. B. Buchstaben und Schriften) ein *Kode* (engl. *code;* lat. *codex,* Gesetzessammlung). Sowohl die Linguistik als auch die Kommunikationstheorie haben diesen Begriff übernommen. Der Vorgang der Umsetzung eines Nachrichteninhalts in ein Zeichensystem wird als Verschlüsselung oder *Enkodierung* bezeichnet; die Enkodierung ist eine Leistung des Senders. Das Verständnis der Nachricht durch den Empfänger umfaßt dagegen eine Umsetzung der übermittelten Zeichen in einen Inhalt; diesen Vorgang nennt man Entschlüsselung oder *Dekodierung*.

12.3.2 Kommunikative Absicht und die Theorie des sprachlichen Handelns

Die psychologische Analyse der Kommunikation bliebe unvollständig, würde man nicht auf seiten des Senders ebenso wie auf seiten des Empfängers kommunikative Absichten annehmen. Mit ihrer Nachricht haben Sender somit ein Mittel, auf Empfänger einen Einfluß auszuüben. Das Aussenden einer Nachricht zielt darauf ab, bei Empfängern zwei Arten von Veränderungen herbeizuführen: Änderungen des Wissens und Urteilens sowie Änderungen des Handelns.

Sofern der Empfänger einer Nachricht bereit ist, solche Veränderungen an sich zuzulassen, wird er die Nachricht bereitwillig aufnehmen. Widerstreben ihm solche Änderungen, wird er die Kommunikation verweigern (z. B. Briefe ungeöffnet lassen, sich von einem Sprecher abwenden); kann er sich der Mitteilung nicht entziehen, wird er ihrer Aufnahme Widerstand entgegensetzen. So ereignen sich auf seiten des Empfängers die Vorgänge der Selektion und der Abwehr, wie sie unter Motivationseinfluß bei der Wahrnehmung generell zu beobachten sind (s. bereits Abschnitt 4. 3.3).

Der Gedanke, Sprache in Zusammenhang mit ihren Benutzern zu analysieren, ist 1938 von Charles Morris in die Sprachwissenschaft eingeführt worden. Für eine derartige Analyse hat sich die von Morris vorgeschlagene Bezeichnung *Pragmatik* eingebürgert. Nach Vorschlag des Autors soll sich die Pragmatik der Untersuchung „der Beziehung von Zeichen zu ihren Interpreten" (Morris, 1973, S. 52) widmen. Er grenzt damit die Pragmatik ab von dem ebenfalls in den Sprachwissenschaften etablierten Forschungszweig der *Semantik*, welche sich mit der Beziehung von Zeichen zu Gegenständen und Sachverhalten außerhalb des Zeichensystems befaßt (zum Begriff der Semantik s. Abschnitt 12.2.1).

In neuerer Zeit weitet sich die Pragmatik zu einer *Theorie sprachlichen* und *kommunikativen Handelns* aus. Sprechen wird dabei als eine Form des Handelns aufgefaßt, als ein Handeln nämlich, das sich der Mittel der Sprache bedient und sich als Kommunikation entfaltet. Sprache und Kommunikation lassen sich dann im Rahmen der allgemeinen *Handlungstheorie* deuten; so stehen etwa Begriffe wie *Zielgerichtetheit, Instrumentalität* und *Rückmeldung* (s. Abschnitt 9.3) zu ihrer Interpretation zur Verfügung. In

Morris, Ch. (1973). *Zeichen, Sprache und Verhalten.* Düsseldorf: Schwann (Erstausgabe 1938: *Signs, language and behavior.* Englewood Cliffs: Prentice Hall).

Deutschland wurde ein solcher Ansatz durch den Sprachwissenschaftler Utz Maas (1977) vertreten. Vertreter der pragmatischen Sprachanalyse heben in ihren Abhandlungen hervor, daß Sprache durch soziale Konventionen geregelt sei. Daher schaffe die Sprache gesellschaftliche Möglichkeiten, „*Handlungen zu kontrollieren, zu reflektieren und damit gewisse Voraussetzungen dafür, sich aus Handlungszwängen zu befreien*" (Maas, 1977, S. 145).

Innerhalb der pragmatisch orientierten Sprachforschung wurden erhebliche Anstrengungen unternommen, kommunikative Akte zu definieren. Besonders haben sich Autoren aus der Linguistik und Psycholinguistik mit der Frage auseinandergesetzt, wie die *kommunikativen Absichten* eines Sprechers (und Schreibers) seine Sprache prägen. So ist ja unverkennbar: Dem gleichen Sachverhalt kann ein Sprecher ganz verschiedenen Ausdruck verleihen, je nach Betonung oder Wahl der Satzkonstruktion. Die Formulierung

FRITZ VERPRÜGELT FRANZ

bedeutet keineswegs dasselbe wie die Formulierung

FRANZ WIRD VON FRITZ VERPRÜGELT.

Das Beispiel stammt von Ertel (1973, S. 130). Im ersten Fall wird die Prügelei aus der Perspektive des Täters Fritz geschildert, im zweiten Fall aus der Perspektive des Opfers Franz. Mit der Wendung des Satzes aus der Aktiv- in die Passivform ist demnach ein Wechsel der Ich-Perspektive verbunden.

12.3.3 Diskurse und ihre Regeln

Diskurse (lat. *discursus*, Umherlaufen, Auseinanderlaufen) können persönliche Unterhaltungen sein; es können aber auch Mitteilungen an vorgestellte, allgemeine Empfänger sein, wie dies bei öffentlichen Auseinandersetzungen über aktuelle zeitkritische Fragen oftmals der Fall ist.

Die Diskursforschung begann mit der Analyse von Diskussionsgruppen und einfachen Dialogen. Joseph Jaffe und Stanley Feldstein (1970) unternahmen die Pionierarbeit, den

Maas, U. (1977). Sprachliches Handeln. In Funkkolleg *Sprache* (Band 2, S. 144-172). Frankfurt a. M.: Fischer.

Ertel, S. (1973). Satzsubjekt und Ich-Perspektive. In L. H. Eckensberger & U. S. Eckensberger (Hrsg.), *Bericht über den 28. Kongreß der Deutschen Gesellschaft für Psychologie 1972 in Saarbrücken* (Band 1, S. 129-139). Göttingen: Hogrefe.

Jaffe, J. & Feldstein, S. (1970). *Rhythms of dialogue*. New York: Academic Press.

Ray, M. L. & Webb, E. J. (1966). Speech duration effects in the Kennedy news conferences. *Science, 153*, 899-901.

Sprechrhythmus im Dialog näher kennenzulernen. Sie konnten zuverlässig beobachten, daß immer nur ein Sprecher die Rede beherrschte und gleichzeitiges Sprechen des Partners zu unterdrücken vermochte. Dabei glichen die Sprecher ihre Pausen wechselseitig an; verkürzte etwa ein Partner seine Sprechpausen, tat dies auch der andere. Die Dauer der Sprechphasen gestaltete sich jedoch unterschiedlich; ein Partner konnte lange sprechen, der andere kurz. Die Dauer, die ein Sprecher für seine Sprechphase beanspruchte, hing nicht von der Dauer der Sprechphase des vorherigen Sprechers ab. Freilich hängt - wie Ray und Webb (1966) feststellten - die Länge der Fragen und die Länge der darauf folgenden Antworten zusammen; je länger eine Frage war, umso länger fällt die Antwort darauf aus.

Die *Diskursanalyse* zeigt vielfältige Funktionen der Sprache auf. Mit Sprache kann man sich selbst darstellen, andere überreden, ihnen Verantwortung aufbürden. Diskurse gründen auf der *sozialen Kompetenz* von Diskursteilnehmern. Zwei Arten von Regeln sind Bestandteil der sozialen Kompetenz: *regulative* und *interpretative Regeln*. Eine regulative Diskursregel ist etwa „nicht gleichzeitig sprechen", eine interpretative Regel „der Überlegene faßt sich kurz".

Grice (1975) sieht im Diskurs ein kooperatives Unternehmen, das nach Regeln des Vertrauens und der *Logik* abläuft. *Sprechen* ist nach Grice *rationales Verhalten.* Die Grundregeln der Rationalität sind Verhältnismäßigkeit von Quantität und Qualität des Gesprochenen. Der Sprechbeitrag sollte im Zusammenhang mit den Erfordernissen der Sprechsituation stehen, eindeutig und in geordneter Folge sein. Freilich scheinen zahlreiche Diskurse - wie etwa Gerichtsverhandlungen - diesen Regeln nicht zu folgen (Penman, 1987).

Grice, P. (1975). Logic and conversation. In P. Cole & J. L. L. Morgan (Eds.), Syntax and semantics. *Speech Acts* (Vol. 3, pp. 41-58). New York: Academic Press.

Penman, R. (1987). Discourse in courts: Cooperation, coercion and coherence. *Discourse Processes, 10,* 201-218.

12.3.4 Metakommunikation

Ebenso wie man über Denken nachdenken kann, kann man über Sprache und Sprechen sprechen, sich über die Verständigung verständigen. Hat sich für das erste der Name *Metakognition* eingebürgert (Abschnitt 3.1.2), so bezeichnet man letzteres auf Vorschlag von Bateson, Jackson, Haley et. al. (1969) als Metakommunikation. In der *Metakommunikation* werden mehrere Mitteilungsebenen aufgebaut. Zum Beispiel:

Ebene 1: „Du gehst mir auf die Nerven."

Ebene 2: „Es tut mir leid, daß ich gesagt habe, du gehst mir auf die Nerven."

Ebene 3: „Ich habe mich doch schon dafür entschuldigt, daß ich gesagt habe, du gehst mir auf die Nerven."

Der Satz von Ebene 1 wird Gegenstand der Aussage auf Ebene 2; der Satz von Ebene 2 wird seinerseits Gegenstand der Aussage auf Ebene 3.

Die Metakommunikation enthält Aussagen über

- den Zustand und die Absichten des Senders (z. B. „Ich sage das nicht gerne ...", „ich will damit folgendes sagen ..."),
- den Zustand und das Verständnis des Empfängers (z. B. „Kannst du mir folgen?", „das bedeutet natürlich für dich ..., „wenn du das liest, dann wirst du gleich deine Koffer packen wollen, aber ..."),
- die Beziehungen zwischen Partnern (z. B. „Wir können ja offen miteinander reden"),
- den Inhalt auszutauschender Mitteilungen sowie die Organisation des Austauschs (z. B. „Sollen wir nicht besser morgen darüber sprechen?"),
- die Form auszutauschender Mitteilungen (z. B. „Soll ich das mündlich vortragen oder soll ich es schriftlich verteilen?").

Kommunikation, Ethik, Recht

Für die Sprache gibt es eine eigene Ethik (Grewendorf & Meggle, 1974). Sie verlangt
- Übereinstimmung von Aussage und Sachverhalt (Wahrheit),
- Übereinstimmung von Aussage und Denken (Ehrlichkeit).

Die Erfüllung dieser Forderungen ist ein bevorzugtes Thema der Metakommunikation. Fragen und Beteuerungen (z. B. „Hast du dich da nicht geirrt?", „Du willst mich wohl an der Nase herumführen?", „So glaube mir doch!") sollen Irrtümer und Täuschungen aufdecken oder auszuschließen helfen.

Die feierlichste und am stärksten verpflichtende Form der Beteuerung ist der Eid. Er bezeugt die Wahrheit einer Aussage (Aussageeid) oder die Verbindlichkeit einer Zusage (Versprechenseid). Der Eid ist religiösen Ursprungs; er ruft ursprünglich Götter oder Ahnen als Zeugen an. Auch atheistische und religiös neutrale Staaten der Neuzeit haben den Eid in ihr Recht aufgenommen. Im Zivil- und Prozeßrecht dient er als Beweismittel zur Feststellung der Richtigkeit von Zeugen-, Sachverständigen- und Parteienaussagen. Nach dem Staatsrecht dient er zur Verpflichtung des Staatsoberhaupts und der Minister, der Beamten, Richter und Soldaten (Verfassungseid, Diensteid, Fahneneid).

Gesprächspartner messen der Metakommunikation oft ein großes Gewicht bei; gelegentlich gewinnt die Metakommunikation die Oberhand. Dies erlebt man u. a. bei Tagesordnungsdebatten und bei öffentlichen Selbstdarstellungen von Politikern. So ist etwa Schwitalla (1979) eine Häufung metakommunikativer Aussagen in Fernsehinterviews der bayrischen Politiker Josef Ertl und Franz-Josef Strauß aufgefallen. Einige Proben aus Schwitallas (1979, S. 115ff.) Belegliste, z. T. in phonetischer Wiedergabe:

„... Wissen Sie, diese Überfallfragen liebe ich nicht ... Hätten Sie mir das vorher geschickt, wie es sich für normale journalistische Gepflogenheiten gehört hätte, hätte ich Ihnen dazu die Auskunft ... mitgebracht."

„... bei Lebensmitteln müssen Sie ein glein bißchen mehr differenzieren, und drum muß ich sagen, können Sie so die Frage nich stellen."

„Ich weiß genau wie Sie, welche Antwort Sie gerne von mir hören würden."

„Ich bin hier nicht im Wahlkampf mit Ihnen, ich hab auch nicht die Absicht, scharf oder ironisch zu werden ..."

Metakommunikation wird für die Beteiligten deshalb so wichtig, weil sie dadurch ihre sozialen Beziehungen erkunden und regeln - ihr Vertrauensverhältnis, ihre Rangordnung, ihre Rollenverteilung. Die Bedeutung des Beziehungsaspekts in der Kommunikation haben zunächst Bateson und seine Mitarbeiter (1969) eindrucksvoll belegt. Die Psychiater Paul Watzlawick, Janet Beavin und Don Jackson (1967/1971) bauen in ihrem Buch *Menschliche Kommunikation* auf der Analyse von Beziehungen ihre Kommunikationstheorie auf. Die Theorie dieser Autoren hat auch deshalb viel Aufsehen erregt, weil sie Zusammenhänge zwischen Störungen der Metakommunikation und der Partnerbeziehung nachzuweisen versuchen. Besonders betonen sie die Vielfalt kommunikativen Ausdrucks (Wortsprache, Tonfall, Gesichtsausdruck, Körperhaltung u. ä.) sowie mögliche Widersprüche zwischen verschiedenen Äußerungen (s. später Abschnitt 12.4.4).

Bateson, G., Jackson, D. D., Haley, J. et al. (1969). *Schizophrenie und Familie* (S. 11-43). Frankfurt a. M.: Suhrkamp (Erstausgabe 1956: Toward a theory of schizophrenia. *Behavioral Science, 1,* 251-264).

Grewendorf, G. & Meggle, G. (Hrsg.). (1974). *Sprache und Ethik. Zur Entwicklung der Metaethik.* Frankfurt a. M.: Suhrkamp.

Schwitalla, J. (1979). Metakommunikation als Mittel der Dialogorganisation und der Beziehungsdefinition. In J. Dittmann, (Hrsg.), *Arbeiten zur Konversationsanalyse* (S. 111-143). Tübingen: Niemeyer.

Watzlawick, P., Beavin, J. H. & Jackson, D. D. (1971). *Menschliche Kommunikation - Formen, Paradoxien, Störungen.* Bern: Huber (Erstausgabe 1967: *Pragmatics of human communication. A study of interactional patterns, pathologies, and paradoxes.* New York: Norton).

ZUSAMMENFASSUNG

1. Im Kommunikationsprozess wirken drei Größen zusammen: der Sender, die Mitteilung und der Empfänger. Weiterhin beeinflussen diesen Prozeß das Gegenstandswissen, das Wissen über Partner, die kommunikative Absicht und die Kenntnis der Sprachregeln sowie des Diskurses.

2. Innerhalb der pragmatisch orientierten Sprachforschung wurden kommunikative Handlungen definiert. Sie beziehen paralinguistische Merkmale mit ein.

3. Durch Metakommunikation werden Mitteilungen auf einer Ebene weitergegeben, die neben der direkten inhaltlichen Ebene existiert. Unmittelbare Mitteilungsebene und metakommunikative Ebene können sich ergänzen oder widersprechen.

12.4
Nichtverbale Kommunikation

12.4.1 Merkmale und Erscheinungsformen nichtverbaler Kommunikation

Die Lautsprache, die in der Schrift festgehalten wird und aus der sich weitere Sprachen ableiten lassen (z. B. die Flaggensprache der Schiffahrt, die Zeichensprache der Taubstummen) bildet in ihrem Formenreichtum und ihrer Wandelbarkeit ein höchst leistungsfähiges Zeichensystem; aber das einzige dem Menschen verfügbare Zeichensystem ist es nicht. Neben dem *verbalen* (lat. *verbum*, Wort), d. h. dem lautsprachlichen und schriftsprachlichen Ausdruck, steht der *nichtverbale* Ausdruck als Mittel der *Kommunikation*.

Grundsätzlich kann jede Tätigkeit und jedes Produkt einer Tätigkeit zum Träger symbolischer Information (vgl. Abschnitt 4.2.5) werden. Manche Tätigkeiten sind als *Symbolhandlungen* kulturell fest verankert: das Überreichen von Brot und Salz beim Empfang eines Gastes als Zeichen des Willkommens, das Niederlegen eines Kranzes an einem Grab oder einem Denkmal als Zeichen des Gedenkens und der Trauer u. ä. Manche Handlungen erhalten ihren Symbolwert mehr aus individuellem Verständnis oder aus individueller Übereinkunft, wie z. B. jenes Zeichen, das in einer Schelmennovelle des italienischen Dichters Boccaccio (1964, S. 263) die ungetreue Ehefrau Tessa des Wollwebers Johann mit ihrem Liebhaber Friedrich vereinbart:

„Er sollte, wenn er am Tage an ihrem Weinberge vorüberginge, einen Eselskopf auf einen Pfahl gesteckt finden, kehrte derselbe die Schnauze nach Florenz, so sollte er sich des Nachts bei ihr einfinden ... Stünde die Schnauze aber nach Fiesole, dürfte er nicht kommen, weil alsdann Johann zugegen wäre."

Selbst Unterlassungen kann ein Symbolwert zugedacht sein. (Zum Beispiel weigerten sich im Jahre 1988 nach Agenturberichten die Bürger Eriwans, ihre Häuser zu verlassen, um damit für die Angliederung der Region Berg-Karabach an Armenien zu demonstrieren.)

Boccaccio, G. (1964). *Das Decameron.* München: Goldmann.

Róheim, G. (1972). *Animism, magic, and the divine king.* London: Routledge & Paul (Erstausgabe 1930).

Boesch, E. E. (1980). *Kultur und Handlung.* Bern: Huber.

MacKay, D. M. (1972). The nature of communication. In R. A. Hinde (Ed.), *Non-verbal communication* (pp. 3-26). Cambridge: Cambridge University Press.

Hinde, R. A. (1972). Comments on part A. In R. A. Hinde (Ed.), *Non-verbal communication* (pp. 86-98). Cambridge: Cambridge University Press.

Vor allem tiefenpsychologisch orientierte Ethnologen (z. B. Róheim, 1972) haben die Symbolik von Handlungen in zahlreichen Kulturen zu erschließen versucht; sie findet sich nicht nur in Ausnahmesituationen wie bei kultischen Ritualen, sondern auch in der alltäglichen Auseinandersetzung mit der Umwelt (vgl. Boesch, 1980).

Zahlreiche nichtverbale Tätigkeiten dienen ausschließlich oder zumindest weit überwiegend der Kommunikation. Sie bringen *nichtverbale Zeichen* hervor; diese unterscheiden sich in
- dem sie tragenden Körperbereich,
- ihrer Sinnesmodalität,
- ihrer Dynamik,
- der Intentionalität des Senders.
Als Träger nichtverbaler Zeichen werden zumeist genannt: das Gesicht, die Stimme, die Hände, die Beine, die Gesamtheit des Körpers mit Kopf, Rumpf und Gliedmaßen. Die Zeichen selbst sind verschiedenen Sinnesmodalitäten (vgl. Abschnitt 4.2.2) zuzuordnen, zumeist den Bereichen des Sehens, Hörens und Riechens.

Der vielseitigste Zeichengeber ist wohl die Hand, sie gibt visuelle Zeichen (z.B. Winken als Zeichen für Herkommen), auditive Zeichen (z. B. Fingerschnalzen) und taktile (z. B. beim zärtlichen Streicheln). Das Merkmal der Dynamik erfaßt die Geschwindigkeit, mit der sich ein Ausdruck zu verändern vermag. So vollzieht sich das Verzerren des Gesichts beim Erschrecken recht schnell; fast ebenso schnell kann sich der schreckhafte Ausdruck lösen. Demgegenüber ist der Ausdruck der Klugheit im Gesicht eines Menschen fest eingeprägt; er verändert sich in der Regel nur langsam.

Eine kritische Größe ist die Intentionalität, d. h. die Absichtlichkeit des Ausdrucks. Folgt man dem Kommunikationswissenschaftler D. M. MacKay (1972), so kann man eine Äußerung nur dann als kommunikativ gelten lassen, wenn sie von einem Sender mit der Absicht der Mitteilung hervorgebracht wird und bei dem Empfänger den ihr zugedachten Einfluß auf Denken und Verhalten ausübt. Dieser strengen Forderung genügen am ehesten die konventionellen Gesten: Zeige-, Droh- und Grußbewegungen.

Nicht selten wird jedoch nur eine der von MacKay genannten Bedingungen erfüllt sein. Entweder: Der Sender vollzieht eine Tätigkeit in der Absicht der Mitteilung, findet aber keinen verständnisvollen Empfänger - so etwa

beim Hilfsbedürftigen am Straßenrand, dessen Haltezeichen die Vorbeifahrenden übersehen. Oder: Ein Beobachter gewinnt aus einer Äußerung seines Partners Aufschluß über dessen Gefühl oder Einstellung, ohne daß dieser die Absicht hatte, ihm einen solchen Aufschluß zu vermitteln. So etwa beim Weinenden, der glaubwürdig beteuert, seine Rührung habe ihn ganz gegen seinen Willen erfaßt und er wolle keineswegs sein Gegenüber damit anstecken; in diesem Zustand beobachtet worden zu sein, sei ihm peinlich.

Wenn somit nicht beide von MacKay geforderten Bestimmungsmerkmale gleichzeitig gegeben sind, ist der Begriff des *kommunikativen Aktes* und des Zeichens auf nichtverbale Äußerungen nur eingeschränkt anwendbar (vgl. dazu das Kommunikationsmodell nach Bühler, Abschnitt 12.3.1). Insbesondere wird man zu trennen haben zwischen *informativem Verhalten*, welches der Sender mit der Absicht der Mitteilung an einen Empfänger hervorbringt und *symptomatischem Verhalten*, welches ohne Mitteilungsabsicht entsteht, gleichwohl aber als Anzeichen für einen zugrunde liegenden Zustand u. ä. zu verstehen ist. Treffende Beispiele für symptomatisches Verhalten sind das Erröten als Ausdruck der Verlegenheit, des peinlichen Überraschtseins oder das Erblassen in Schreck- und Angstsituationen.

Informativer Ausdruck: Siegeszeichen V (für engl. *victory*, Sieg) nach Erhalt der Nachricht, daß DDR-Flüchtlinge aus Prag in die BRD ausreisen dürfen (Ullstein Bilderdienst).

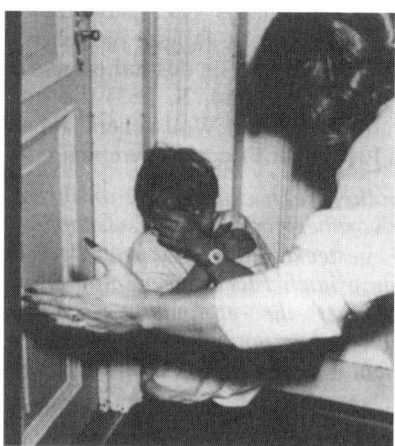

Symptomatisches Verhalten: Angsterfüllte Abwehr des Kindes bei Schlägen der Mutter (Ullstein Bilderdienst).

Nichtverbale Äußerungen sind oft unabhängig von verbalen. Mitunter kommen jedoch auch Verknüpfungen von nichtverbalen Äußerungen mit verbalen vor; teilweise beruhen sie auf der gemeinsamen Herkunft der Äußerungen aus dem Sprechapparat, teilweise sind sie durch deren gemeinsames Auftreten beim Sprechen bedingt. Hinde (1972) benennt folgende, gemeinhin zu den nichtverbalen Äußerungen gerechnete Formen, die mit lautsprachlichen Mitteilungen in enger Beziehung stehen:

- reflexhafte Äußerungen wie Husten und Räuspern (als Zeichen des Erstaunens, der Verlegenheit u. ä.),
- Stimmeigenschaften wie die Stimmlage (als Anzeichen der Erregung, der Ängstlichkeit u. ä.),
- prosodische Äußerungen (griech. *prosodos*, Herangehen), das sind die Gestaltungsmomente des auf Wirkung beim Zuhörer ausgerichteten Sprechens wie Betonung, Sprachmelodie, Akzent,
- paralinguistische Äußerungen, das sind die Begleitbewegungen beim Sprechen (z. B. Gebärden zur Bekräftigung des Gesagten und zur Beteuerung der Glaubwürdigkeit des Sprechers),
- extralinguistische Äußerungen, die ihrer Art nach nicht lautsprachlich sind und von der Lautsprache getrennt auftreten. Paralinguistische und extralinguistische Ausdrucksformen werden gleichermaßen unter dem Begriff der Körpersprache zusammengefaßt.

12.4.2 Statische Ausdruckserscheinungen

Die äußere Erscheinung eines Menschen, zum Teil allein sein Gesicht, vermittelt dem Betrachter nicht selten einen Eindruck von seinen überdauernden Eigenschaften - etwa seiner Klugheit, seiner Freundlichkeit, seinem Humor, seiner Energie. Eine solche *Persönlichkeitsdiagnostik* für jedermann muß sich freilich die kritischen Fragen gefallen lassen, die an jedwede diagnostische Untersuchung zu stellen sind: Wie verläßlich ist das gleichzeitige Auftreten von Symptom und zu erschließender Eigenschaft? (Wie häufig geht beispielsweise die Aufrichtigkeit eines Menschen mit einem offenen Blick einher?) Wie hoch ist die Übereinstimmung verschiedener Beurteiler in der Erfassung ein und desselben Symptoms? (Wie einig sind sich verschiedene Betrachter z. B. in der Feststellung eines offenen Blicks bei derselben Person?) Wie hoch ist die Übereinstimmung verschiedener Beurteiler in dem Schluß vom Symptom auf die zu findende Eigenschaft? (Wie einig sind sich die Betrachter z. B. in der Annahme, ein offener Blick deute auf ein aufrichtiges Wesen hin?) Wie gut stimmen die Annahmen der Beurteiler über Zusammenhänge zwischen Symptom und Eigenschaft mit der Wirklichkeit überein? (Wenn z. B. Beurteiler annehmen, zwischen der Aufrichtigkeit eines Menschen und der Offenheit seines Blicks bestünde eine Beziehung: Ist diese Annahme auch zutreffend?) Die Diagnose von Eigenschaften einer Person nach ihrem äußeren Erscheinungsbild bildet den Sonderfall eines *Wahrscheinlichkeitsschlusses* (s. Abschnitt 6.3.3). Dabei kann sich das Urteil der Wirklichkeit annähern; es kann sich aber auch von der Wirklichkeit entfernen und lediglich zu *subjektiven Vorstellungsbildern* oder - bei Übereinstimmung mehrerer subjektiv Urteilender - zu *sozialen Stereotypen* (vgl. Abschnitt 5.5.3) führen.

Eine der ersten breit angelegten Reihenuntersuchungen zur *Eindrucksbildung* gelangt zu einer günstigen Einschätzung der diagnostischen Fähigkeiten im Alltag. Sie stammt von dem später als Kunstpsychologen hervorgetretenen Rudolf Arnheim (s. Abschnitt 4.2.5). Der Autor legte zahlreichen Beurteilern u. a. Fotografien der Gesichter von bedeutenden Künstlern und Wissenschaftlern vor, von Menschen aus dem Alltag sowie von geistig Behinderten. Die Gesichter ließ er zum Teil frei beschreiben, zum Teil miteinander vergleichen. Zum Vergleich gab er Persönlichkeitsbeschreibungen vor. So hatten die Beurteiler die Fotografien zu ordnen z. B. nach dem Scharfsinn und der Vertrauenswürdigkeit der auf ihnen abgebildeten Männer und Frauen, ihren Lebensgewohnheiten: (z. B. „trinkt gern") (Arnheim, 1928, S. 11). Die Dargestellten hatte der Autor so ausgewählt, daß er glaubte, sich selbst ein objektives Urteil über sie erlauben zu können. Würden die Beurteiler lediglich aus den Fotografien erschließen können, was der Autor aus zahlreichen anderen und wohl verläßlicheren Quellen über die Abgebildeten wußte? Faßt man alle Ergebnisse zusammen, so stellt man nicht nur ein hohes Maß an Übereinstimmung zwischen verschiedenen Beurteilern fest, sondern auch eine hohe Trefferquote. Die besten Leistungen erzielten die Beurteiler, wenn die vorgegebenen Charakterbeschreibungen ausführlich waren; dann stieg die Trefferquote auf 64 % an - weit mehr, als durch einfaches Raten zu erreichen war.

Arnheim, R. (1928). Experimentell-psychologische Untersuchungen zum Ausdrucksproblem. *Psychologische Forschung, 11,* 2-132.

Ekman, P., Friesen, W. V. & Ellsworth, Ph. (1972). *Emotion in the human face.* New York: Pergamon.

Ist also wirklich den meisten Menschen die Fähigkeit gegeben, Persönlichkeit, Lebensgewohnheiten und Schicksal ihren Mitmenschen aus dem Gesicht zu lesen? Offenbar gibt das Gesicht einige Hinweise, welche Betrachter ausnutzen können. Allerdings muß man auch berücksichtigen, daß soziale Stereotypen existieren: das Stereotyp des fröhlichen Trinkers, des scharfsinnigen Denkers, der energischen Geschäftsfrau. Arnheim dürfte bei der Auswahl seiner Bilder auch von solchen stereotypen Allgemeinvorstellungen geleitet gewesen sein. Insofern darf man viele Treffer im Alltag nur dann erwarten, wenn alle Menschen den Allgemeinvorstellungen entsprechen. Von theoretischer Bedeutung ist die Identifikation der Merkmale, nach denen sich der Eindruck von Beurteilern richtet. Diesen Punkt greifen Studien von Ekman, Friesen und Ellsworth (1972) auf. Zuverlässig lassen sich die klassischen Emotionen (Abschnitt 11.2.1) an Gesichtsmerkmalen wie Stellung der Mundwinkel und der Augenlider ablesen.

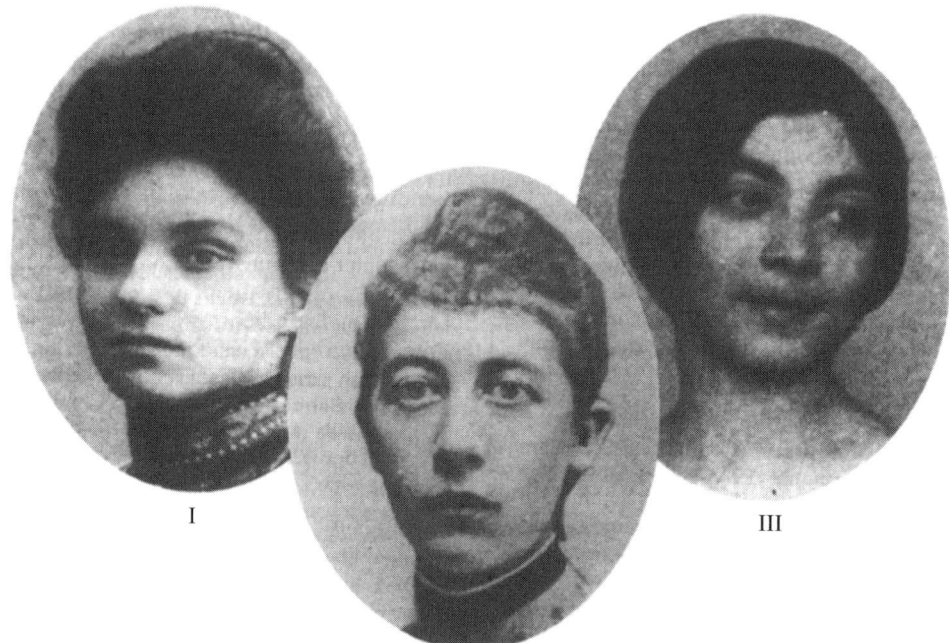

I   III

II

Drei Frauenbilder in dem Versuchsmaterial Arnheims (1928, S. 128). Die Frage hierzu: „Welche führt nach dem Tode ihres Mannes einen Geschäfts-betrieb tüchtig, umsichtig, willenskräftig?" 84 % der Beurteiler entschieden sich zutreffenderweise für Bild 1 (Arnheim, 1928, S. 45).

12.4.3 Dynamische Ausdruckserscheinungen

Die dynamischen, d. h. zeitlich wechselnden Ausdruckserscheinungen werden als *Symptome* von Gefühlen, Gedanken und Absichten oder als *gezielte Informationen* über diese gewertet. Wie schon bei den statischen Ausdruckserscheinungen stellt sich das Problem der Verläßlichkeit sowie der übereinstimmenden und wirklichkeitsgetreuen Erfassung des dynamischen Ausdrucks (Abschnitt 12.4.2). Die Anlässe eines zeitlich begrenzten äußeren Ausdrucks sind oft unschwer erkennbar (z. B. ein Knall als Anlaß einer Schreckreaktion); deshalb fällt es der Forschung bei dynamischen Erscheinungen leichter, die *Eindrucksbildung* mit der *Ausdruckserzeugung* zu vergleichen.

Man kann Gesichter mit verschiedenem Ausdruck nach ihrer Ähnlichkeit ordnen lassen. Dann treten zwei große Vergleichsdimensionen hervor: die Angenehmheit und die Intensität (Ekman, Friesen & Ellsworth, 1972, S. 71). Das sind dieselben Faktoren, die auch zum Vergleich von Gefühlsbezeichnungen herangezogen werden (Abschnitt 11.2.1). Mit der *Mimik* eng verbunden ist die Sprechstimme. Sie besitzt ein vielfältiges Spektrum von Ausdrucksweisen: Lautheit, Stimmhöhe und Stimmhöhenwechsel (Melodie), Klangfarbe (Timbre), Geschwindigkeit.

Zahlreiche Untersuchungen zum Ausdruck der Sprechstimme beschäftigen sich mit der *Geschwindigkeit* des *Sprechens*. Im Sprechtempo spiegelt sich der Zustand von Sprechern. Bei starkem Antrieb und im Affekt, bei Sorglosigkeit und Engagement schlagen Sprecher eher ein schnelles Tempo an; ein langsames Tempo deutet dagegen auf Antriebsmangel, gedrückte Stimmung und Sorge, aber auch auf Gelassenheit und Nachdenklichkeit hin. Die Sprechgeschwindigkeit ist zudem ein Mittel zur Einflußnahme auf den Hörer. Ein erhöhtes Tempo soll schlagkräftige Argumente und Rechtfertigungen unterstützen, soll die Überredungskunst steigern; ein langsames Tempo wird dagegen vorgelegt, wenn der Eindruck der Wichtigkeit geweckt werden soll. So ist es vom Sprecher gemeint, und so wird es von Hörern im allgemeinen auch verstanden (Görlitz, 1972).

Kleidung als Ausdrucksträger

Der Ausdruck der menschlichen Gestalt und des Gesichts wird oft nachhaltig verändert und ergänzt durch die Kleidung. Die Kleidung kann u. a. Aufschluß geben über Beruf und Rang eines Menschen (z. B. Offiziersuniform, Richtertalar), über seine Herkunft (z. B. Trachten) sowie über seine Stimmungen und Absichten (z. B. Fest-, Trauer- und Arbeitskleidung).

Die Kleidung kann symptomatisch sein, d. h. sie kann einen Eindruck von ihrem Träger vermitteln, ohne daß dieser es beabsichtigt. Die Wahl der Kleidung vollzieht sich jedoch auch oft als informativer Akt, durch den der Träger seinen Betrachter zu beeinflussen sucht (zur Unterscheidung von symptomatischen und informativen Äußerungen s. Abschnitt 12.4.1). Die verfügbare Kleidung in einer Kultur kann man somit als eigenes Zeichensystem betrachten, als *vestimentären Kode* (lat. *vestimentum*, Kleid). In Situationen, die genügend Freiheit bei der Wahl der Kleidung lassen (z. B. bei Maskeraden), können vestimentäre Zeichen auch Illusionen zum Ausdruck bringen - vor allem die Illusionen der Männlichkeit, der Weiblichkeit und der unbeschwerten Kindlichkeit (Hoffmann, 1987).

Von besonderer Lebendigkeit sind die Ausdrucksbewegungen der Hände, die *Gestik*. Der Ablauf der Handbewegungen, an denen auch Arme und Schultern beteiligt sind, ist allerdings schwer zu beschreiben. So bedeutete es einen großen Fortschritt, als der Argentinier David Efron (1941/1972) ein Beschreibungssystem für Gesten entwarf. Seine wichtigsten Beschreibungskategorien:

- raumzeitliche Merkmale: Radius der Bewegung, Form der Bewegung (eckig, rund), Ebene der Bewegung (vertikal, horizontal), beteiligte Körperteile (Kopf, Rumpf),
- interaktive Merkmale: Vertrautheit der interagierenden Personen, Simultaneität von Körperbewegungen verschiedener Partner, Gruppierung der Partner zueinander, Gebrauch zusätzlicher Objekte,

• Bedeutungsgehalt der Körperbewegungen: deiktische (griech. *deixis,* Zeigen) Bewegungen (Zeigehandlungen), physiographische Bewegungen (gestische Darstellung von Objekten), logisch-diskursive Bewegungen (Bewegungen, die sich auf Gedanken beziehen, z. B. Verlegenheitsgebärden).

Efron führte seine Untersuchungen zu Beginn der vierziger Jahre in New York an Angehörigen verschiedener Immigrantengruppen durch. Die gefundene Gestik erwies sich - anders als vorhin für Gesichtsausdrücke festgestellt - keineswegs als universell; vielmehr war sie für verschiedene Volksgruppen spezifisch. Die Gestik der Einwanderer aus jüdischen Ghettos war vor allem durch Bewegungen im Handgelenk sowie durch Unterarmbewegungen gekennzeichnet. Dagegen zeichnete sich die Gestik traditionsgebundener Italiener durch einen großen Radius um das Schultergelenk aus. Die kulturspezifische Gestik verschwindet - stellte der Autor fest - mit der Anpassung der Einwanderer an ihre neue Heimat.

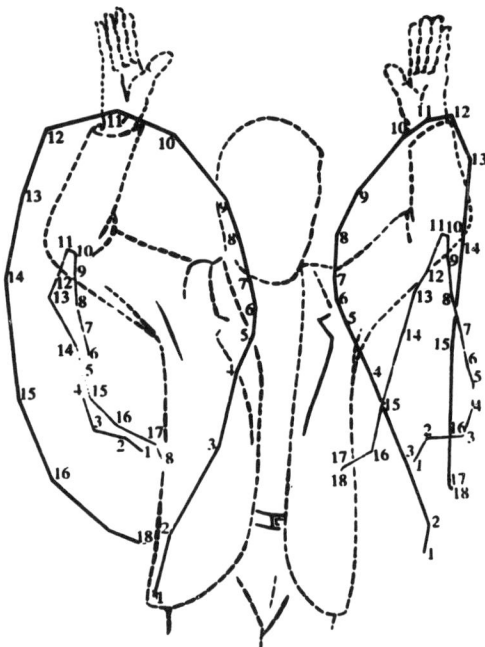

Gestik von traditionsgebundenen Italienern (Efron, 1972, S. 177). Die Zahlen geben sukzessive Bewegungsphasen wieder.

Hoffmann, H.-J. (1985). *Kleidersprache. Eine Psychologie der Illusionen in Kleidung, Mode und Maskerade.* Frankfurt a. M.: Ullstein.

Görlitz, D. (1972). *Ergebnisse und Probleme der ausdruckspsychologischen Sprechstimmforschung.* Meisenheim: Hain.

Efron, D. (1972). *Gesture, race and culture.* Den Haag: Mouton (Erstausgabe 1941).

12.4.4 Mehrkanalige Kommunikation

Jede Klasse von Botschaften - sei es die Lautsprache, die Stimme, die Mimik, die Gestik o. ä. - definiert (so der aus der Nachrichtentechnik zu übernehmende Fachausdruck) einen eigenen Übertragungskanal. Für die Kommunikation stehen in der Regel mehrere Kanäle zur simultanen oder sukzessiven Informationsübertragung bereit. Die auf verschiedenen Kanälen übermittelten Botschaften können sich inhaltlich decken; sie können aber auch beziehungslos nebeneinander herlaufen oder aufeinander folgen. Der Sozialpsychologe Klaus Scherer (1979, S. 26ff.) zählt vier Arten der beziehungsvollen Abweichung auf:

• Substitution (Ersatz): Ein Ausfall auf einem Kanal wird durch eine Äußerung auf einem anderen Kanal ausgeglichen (z. B. kann das Antippen der Schläfe mit dem Zeigefinger an die Stelle des Satzes „du hast ja einen Vogel" treten).

• Amplifikation (Verstärkung): Die Äußerung auf einem Kanal wird mit Hilfe eines anderen Kanals verstärkt (z. B. der klagende Ausdruck einer hohen Stimmlage wird durch einen Augenaufschlag unterstrichen).

• Modifikation (Abänderung): Durch eine Äußerung auf einem Kanal gewinnt die Äußerung auf einem anderen Kanal eine neue Bedeutungsnuance (z. B. wird durch eine skeptische Miene eine gleichzeitige Mitteilung in Frage gestellt).

• Kontradiktion (Widerspruch): Die Inhalte von Mitteilungen auf verschiedenen Kanälen stehen im Gegensatz (z. B. freundliches Lächeln bei drohend erhobener Faust).

Die Mehrkanaligkeit der Kommunikation stellt an die Kapazität von Sender und Empfänger mitunter hohe Anforderungen. Das gleichzeitige Hervorbringen mehrerer Botschaften ist ein Akt der *Mehrfachtätigkeit*, der Koordinationsanstrengungen verlangt und Mehrfachbelastung (Abschnitt 9.3.3) erzeugen kann. Aber auch das Verfolgen von Botschaften auf mehreren Kanälen kann beschwerlich sein; es bindet mehrfach die oft knappe Aufmerksamkeit (Abschnitt 4.3.1). Sender und Empfänger können sich der erhöhten Inanspruchnahme entziehen, indem sie sich auf einzelne Kanäle konzentrieren und andere weniger beachten.

Tatsächlich läßt sich nachweisen, daß bei mehrkanaliger Information die verschiedenen Kanäle nicht immer gleich stark beachtet werden. So kamen etwa Bugental, Kaswan und Love in einer Studie aus dem Jahre 1970 zu dem Ergebnis, die Miene eines Sprechers hinterlasse bei den Beobachtern einen nachhaltigeren Eindruck als die von ihm gesprochenen Sätze. Auch nach einer Erhebung von Ekman und Friesen (1969) steht das Gesicht eines Sprechers im Mittelpunkt der Aufmerksamkeit des Betrachters; seltener werden die Hände beachtet und nur gelegentlich die Beine und Füße. Allerdings schlossen die erwähnten Versuche keinen Vergleich zwischen Gesichts- und Stimmausdruck ein; die Sprecher wurden auf Videoband vorgeführt, wobei der Ton abgeschaltet war.

Im Anschluß an die bereits erwähnten Untersuchungen konnten Ekman, Friesen, O'Sullivan und Scherer (1980) die Bedingungen so variieren, daß keine eindeutige Vorherrschaft eines Kanals zu ermitteln war. In einer Täuschungssituation dominierte sogar die Stimme über das visuelle Ausdrucksgeschehen. Sie erklärten diesen Unterschied zu älteren Befunden, in denen die visuellen Informationen bevorzugt wurden, mit einer Umverteilung der Aufmerksamkeit: In der Täuschungssituation erhoben die Darsteller unwillkürlich die Stimme, was einen höheren Aufmerksamkeitswert für die Beurteiler haben könnte.

Interessanterweise scheint die Aufmerksamkeitsverteilung der Betrachter in etwa derjenigen der Sprecher selbst zu gleichen. In einer weiteren Studie haben Ekman und Friesen (1974) ihre Interviewpartner - es waren angehende Kindergärtnerinnen - gefragt, welche Ausdrucksmittel sie bevorzugten. Dabei wurde die Miene häufiger genannt als Gesten und Haltungen.

Scherer, K. R. (1979). Die Funktionen des nonverbalen Verhaltens im Gespräch. In K. R. Scherer & H. G. Wallbott (Hrsg.), *Nonverbale Kommunikation. Forschungsberichte zum Interaktionsverhalten* (S. 25-32). Weinheim: Beltz.

Bugental, D. E., Kaswan, J. W. & Love, L. R. (1979). Die Wahrnehmung von Mitteilungen mit Widersprüchen zwischen verbalen und nichtverbalen Komponenten. In K. R. Scherer & H. G. Wallbott (Hrsg.), *Nonverbale Kommunikation. Forschungsberichte zum Interaktionsverhalten* (S. 256-270). Weinheim: Beltz (Erstausgabe 1970: Perception of contradictory meanings conveyed by verbal and nonverbal channels. *Journal of Personality and Social Psychology, 16,* 647-655).

Ekman, P. & Friesen, W. V. (1969). Nonverbal leakage and clues to deception. *Psychiatry, 32,* 88-105.

Ekman, P., Friesen, W. V., O'Sullivan, M. & Scherer, K. R. (1980). Relative importance of face, body, and speech in judgments of personality and affect. *Journal of Personality and Social Psychology, 38,* 270-277.

Nun wird man sich hüten müssen, solche Befunde ohne Kenntnis ihrer Voraussetzungen zu verallgemeinern. Zu den wichtigsten Voraussetzungen gehören die Erwartungen der Kommunikationspartner und das Informationsangebot auf den verschiedenen Kanälen. Diese Voraussetzungen dürften mit der Situation wechseln. So muß man zur Einschätzung der vorhin geschilderten Befunde von Bugental, Kaswan und Love wissen, daß teilweise widersprüchliche Mitteilungen zu deuten waren. Die Sprecher - auf Videobändern festgehalten - trugen einzelne Sätze vor; die Sätze waren ihrem Inhalt nach zur

Lüge, Witz und paradoxe Kommunikation

Widersprüche zwischen Botschaften aus verschiedenen Kanälen (z. B. Beteuerungen der Unschuld bei gleichzeitigem wie schuldbewußt gesenktem Blick) untergraben die Glaubwürdigkeit und werden leicht als verräterischer Hinweis auf eine Lüge ausgelegt (Mehrabian, 1971). Das Herstellen von Widersprüchen kann jedoch auch ein mit Bedacht gewähltes Ausdrucksmittel sein, das nicht täuschen, sondern zu differenzierter Einsicht hinführen will. So stellt der Seufzer richtig, daß der Ausruf „Das ist ja eine schöne Bescherung!" durchaus nicht als Freudenkundgebung, sondern als Ausdruck der Überraschung zu werten ist. Der Großvater, der vor Weihnachten mit verschmitztem Lächeln verkündet: „Dieses Jahr kriegt ihr aber nichts!" will in Wirklichkeit seine Enkel auf das Fest einstimmen.

Widersprüchlichkeiten, auch *Paradoxien* (griech. *para,* gegen, griech. *doxa,* Meinung) genannt, gelten - insbesondere wenn gerade aus der Gegensätzlichkeit ihrer Bestandteile ein eigener Sinn entspringt - oft als geistreich, witzig und ironisch. Sie werden von vielen hoch geschätzt; denn beziehungsreiche Paradoxien zu erfinden und beim Verstehen ihre inneren Gegensätze aufzulösen, ist für viele Menschen ein Gesellschaftsspiel, das den Beteiligten Vergnügen bereitet und sie enger aneinander bindet („Wir kennen uns doch, alter Kumpel!"). Manche Menschen versetzen ihre Partner mit widersprüchlichen Botschaften jedoch in Ratlosigkeit und Verwirrung; darunter leidet die soziale Beziehung. Auf solche Fälle verweisen vor allem Watzlawick, Beavin und Jackson (1967) in ihrem oben (Abschnitt 12.3.4) bereits eingeführten Werk zur Metakommunikation.

George Bateson (s. wiederum Abschnitt 12.3.4) - übrigens ein Lehrer Watzlawicks - führte sogar schwere psychische Erkrankungen auf eine paradoxe Kommunikation in der Familie zurück. Schizophrenie entsteht seiner Auffassung nach durch Widersprüche zwischen einer Berichts- und einer Anweisungsebene; solchen Widersprüchen seien manche Menschen von Kindheit an ausgesetzt.

Viel zitiert wird der von Bateson et al. (1969, S. 29) beschriebene Fall eines schizophrenen jungen Mannes: Seine Mutter besucht ihn auf der psychiatrischen Station. Er geht auf sie zu und begrüßt sie mit spontaner Herzlichkeit. Sie erstarrt bei seiner Umarmung. Enttäuscht läßt der Junge von ihr ab und steht nun steif und teilnahmslos da. Dieses Verhalten wird von der Mutter nunmehr mit der Bemerkung kommentiert: „Liebst du mich nicht mehr? Lieber, du darfst nicht so leicht verlegen werden und Angst vor deinen Gefühlen haben!" Diese Bemerkung stellt die wahren Verhältnisse auf den Kopf, denn es ist ja die Mutter, die seinen Gefühlsausdruck blockiert. Der Junge kann die Mutter aber nicht korrigieren, weil damit der Vorwurf verbunden wäre, sie würde ihrer Mutterrolle nicht gerecht. Er steht also in einem für ihn unauflöslichen Dilemma zwischen seiner Bindung an die Mutter und seinem Bedürfnis nach zutreffender kognitiver Verarbeitung ihrer gegenseitigen Beziehung. Bateson nennt diesen widersprüchlichen Zustand eine *Doppelbindung* (engl. *double bind*).

Hälfte freundlich (z. B. „Das hast du wirklich prima gemacht!"), zur Hälfte unfreundlich (z. B. „Du bist unmöglich, ich geb's jetzt auf!"). Die Hälfte der Sätze freundlichen Inhalts wie die Hälfte der Sätze unfreundlichen Inhalts wurden in freundlichem Tonfall vorgetragen, die andere Hälfte beider Arten von Sätzen in barschem Ton. So konnte es zu widersprüchlichen Darbietungen kommen: Ein Satz mit freundlichem Inhalt konnte auf unfreundliche Weise gesprochen sein, ein dem Inhalt nach unfreundlicher Satz dagegen auf freundliche. So ergaben sich vier Arten von Aussagen. Jede Art wurde nun teilweise mit freundlich-lächelnder Miene vorgetragen, teilweise mit unwirscher Miene. Dadurch ergaben sich insgesamt acht Arten von Darbietungen, darunter einige, deren Inkongruenz erhebliche Rätsel aufgab. Wie würden die Zuhörer die Freundlichkeit der Mitteilungen insgesamt einstufen? Das oben bereits vorweggenannte Ergebnis, daß für die Beurteilung die Miene wichtiger war als Tonfall und Satzinhalt, mag die schlichte Volksweisheit widerspiegeln, daß mit Worten mehr gelogen wird als mit der Miene; der Wortlaut und die Aussprache von Sätzen sei dem sozial Wünschbaren leichter anzupassen als der Gesichtsausdruck. Nach dieser Regel wäre im Zweifelsfall dem Gesicht mehr zu trauen. Wären die Beurteiler mit der Vermutung in die Untersuchung gegangen, sie würden routinierten Schauspielern begegnen, die sie durch ihr Mienenspiel narren wollten, hätte die sprachliche Information vermutlich an Gewicht gewonnen.

Eine ähnliche Deutung gaben Ekman und Friesen (1969, 1974) ihren oben erwähnten Ergebnissen: Sender und Empfänger konzentrieren sich mehr auf das Gesicht und weniger auf Hände und Beine, weil alle Beteiligten annehmen, die Mimik biete die reichhaltigsten Ausdrucksmöglichkeiten und stelle somit die ergiebigste Informationsquelle dar. Was folgt daraus für den Fall der *Täuschung*? Der Sender wird vor allem seinen Gesichtsausdruck

zu verstellen trachten; eben darum wird der Betrachter dem Gesichtsausdruck mit Mißtrauen begegnen. Ekman und Friesen (1974) überprüften diese Hypothese in einer eigenen Versuchsreihe, in der ehrliche und unehrliche Äußerungen zu unterscheiden waren. (Um unehrliche Äußerungen zu erhalten, ließen die Autoren einige Kindergärtnerinnen Gefallen an einem Film heucheln, der ihnen in Wirklichkeit gründlich mißfallen hatte.) Tatsächlich war zum Erkennen der Täuschung die Beobachtung des Mienenspiels weniger hilfreich als die Beobachtung von Haltung und Gestik. Das Gesicht sei noch der Täuschungsabsicht gefolgt; den restlichen Körper hätten die Sprecherinnen weniger unter Kontrolle gehabt und dort sei - so die Autoren - „die Wahrheit durchgesickert".

Mehrabian, A. (1971). Nonverbal betrayal of feeling. *Journal of Experimental Research in Personality*, 5, 64-73.

Ekman, P. & Friesen, W. V. (1974). Detecting deception from the body or face. *Journal of Personality and Social Psychology*, 29, 288-298.

ZUSAMMENFASSUNG

1. Neben dem verbalen Zeichensystem der Lautsprache gibt es zahlreiche nichtverbale Zeichen (Körpersprache). Nichtverbale Zeichen (z. B. Mimik, Gestik, Stimme) gehören verschiedenen Körperbereichen und Modalitäten (z. B. visuell, akustisch) zu. Manche Zeichen werden intentional zur Mitteilung verwendet, andere verweisen symptomatisch, d. h. ohne die Absicht ihrer Träger, auf deren Befinden.

2. Eine Reihe von überdauernden Merkmalen in der äußeren Erscheinung (Körperbau, Gesicht) wird als Hinweis auf die Persönlichkeit und die Lebensgewohnheiten eines Menschen gedeutet.

3. Gefühle finden vor allem im Mienenspiel einen gut erkennbaren Ausdruck. Auch die Stimmführung, Gestik und Haltung sind geeignet, Gefühle auszudrücken und auf Objekte hinzuweisen; insbesondere dienen sie der Metakommunikation (s.o.).

4. Botschaften, die über verschiedene Übertragungskanäle aufgenommen werden, können sich gegenseitig ersetzen, verstärken und modifizieren; sie können einander auch widersprechen. Im Falle des Widerspruchs wird der Kanal mit der größten Informationsdichte oder mit der höchsten Glaubwürdigkeit bevorzugt.

12.5
Sprach- und kommunikationspsychologische Probleme der Entwicklungs-, Persönlichkeits- und Sozialpsychologie

12.5.1 Entwicklungspsychologie

Der Erwerb von Lauten einer Sprache baut auf einem Repertoire von Lautäußerungen auf; Säuglinge und Kleinkinder äußern es spontan (Gurr- und Lall-Repertoire). Es ist in allen Bereichen gleich; es gilt daher als universal. Die erste beobachtbare Anpassung an die Sprache der Umgebung erfolgt im Bereich der Betonungs- und Satzmelodienmuster. Danach differenzieren sich aus dem Spontanrepertoire gegen Ende des ersten Lebensjahres die ersten Einzellaute der Umgebungssprache aus. Je sprachspezifischer ein Laut ist (z. B. die Nasallaute im Französischen), umso später wird er erworben (Jakobson, 1942).

Den Anfang der kindlichen Sprachentwicklung bilden *Ein-Wort-Äußerungen* (z. B. Mama). Wie weit in diesem Stadium auch der Anfang einer Entwicklung der Syntax gesehen werden kann, wird heftig diskutiert. Steht dieses Wort für einen ganzen Satz (etwa „Wo ist Mama?"), so handelt es sich zumindest um eine Vorform einer syntaktischen Äußerung. Es schließt sich das Zwei-Wort-Stadium an, in dem einzelne Worte wie im Telegrammstil aneinandergereiht werden (z. B. „Mama kommen").

Jakobson, R. (1942). Kindersprache, Aphasie und allgemeine Lautgesetze. *Universitets Arsskrift (Uppsala)*, 9, 1-83.

Brown, R. (1973). *A first language. The early stages*. Cambridge/Mass.: MIT Press.

Clark, E. (1973). What's in a word? The child's acquisition of semantics in his first language. In T. E. Moore (Ed.) *Cognitive development and the acquisition of language* (pp. 65-110). New York: Academic Press.

Der Übergang zum *Mehr-Wort-Stadium* wird nach Roger Brown (1973) durch den Umgang mit fremden Menschen erzwungen. Die Mehrdeutigkeit der Zwei-Wort-Sätze wird in der Familie meist kompensiert durch die genaue Kenntnis der Erfahrungswelt des Kindes. Will sich das Kind jedoch mit unvertrauten Partnern verständigen, wird es gezwungen, eindeutige Äußerungen zu produzieren; eindeutige Inhalte können aber meist nur über komplexere Sätze vermittelt werden.

Der *Aufbau eines Lexikons*, das heißt der Erwerb von Wortbedeutungen, ist ein langwieriger Entwicklungsprozeß. Das Erkennen von Bedeutungen und ihre Zuordnung zu sprachlichen Zeichen erfordern einen Diskriminierungsprozeß, der die wahrnehmbaren Merkmale des Bezeichneten voneinander abhebt und für die sprachliche Verarbeitung bereitstellt. Diese Hypothese wurde zuerst von Eve Clark (1973) vertreten (vgl. auch Abschnitt 5.5.1). Ihre Analyse setzt bei der Erscheinung der *Übergeneralisation* im Ein- und Zwei-Wort-Stadium an. Kinder bezeichnen mit dem Lautgebilde WAUWAU zunächst eine Vielzahl von Tierarten. Diese globale Bedeutung wird durch die Umwelt ständig korrigiert, indem für die verschiedenen Arten von WAUWAU neue Namen angeboten werden. Diese Korrektur veranlaßt das Kind, auf Merkmale bei der Wahrnehmung zu achten, die zu den verschiedenen Benennungen führen. Sobald es die diskriminierenden Merkmale erfaßt hat, kann es die Übergeneralisation aufgeben: Es erkennt, daß die Bezeichnung WAUWAU nur dann gerechtfertigt ist, wenn über die Merkmale „lebendiges Wesen", „Tier" hinaus noch die Merkmale „vier Beine", „Fell", „bellen" usw. gegeben sind. Bei diskriminierenden Merkmalen braucht es sich jedoch nicht immer um Objekteigenschaften zu handeln; es können auch Funktionen sein, wie z. B. „Kuscheln" (Nelson, 1980). Auch *Prototypen* (s.

Abschnitt 5.3.2) stellen möglicherweise eine Hilfe bei der Zuordnung von Bedeutungen zu Zeichen dar (Bowerman, 1977).

Aus dem Blickwinkel der Pragmatik bedeutet Spracherwerb eine Umsetzung von Handlungsabläufen in sprachliche Symbole. Im vorsprachlichen Stadium bestimmen Handlungsabläufe - mit und ohne begleitende Lautäußerungen - den gesamten Aktionsspielraum eines Kindes. Im Laufe der Entwicklung wird dieser Spielraum immer mehr durch sprachliches Handeln angereichert. Die Umwandlung vom nicht-sprachlichen zum sprachlichen Handeln wird zu einem beträchtlichen Teil über das Spiel vermittelt (vgl. Bruner, 1975). Der fiktive Charakter des Spiels erlaubt, Varianten und Ersatzmuster in den Handlungsablauf einzuführen. Das Kind gewinnt damit die Freiheit, neue Kombinationen von Handlungssequenzen zu erproben und dabei auch Zeichen an die Stelle früherer Handlungen zu setzen. Die amerikanische Entwicklungspsychologin Elizabeth Bates (1979) skizziert aufgrund ihrer experimentellen Beobachtungen folgendes Beispiel für eine Umsetzung von Handlungen in *Symbole*: Ein Säugling versucht, durch unruhiges Hin- und Herblicken und unspezifische Lautäußerungen eine für einen nahestehenden Erwachsenen verständliche Beziehung zwischen sich, dem Erwachsenen und einem gewünschten Gegenstand herzustellen. Er will deutlich

Nelson, K.(1980). Explorations in the development of a functional system. In W. A. Collins (Ed.), *The 12th Minnesota Symposium on child psychology* (pp. 47-81). Hillsdale: Erlbaum.

Bowerman, M. (1977). The acquisition of word meaning: An investigation of some current conflicts. In P. N. Johnson-Laird & P. C. Wason (Eds.), *Thinking* (pp. 239-253). Cambridge: Cambridge University Press.

Bruner, J. S. (1975). The ontogenesis of speech acts. *Journal of Child Language, 2*, 1-19.

Bates, E. (1979). *The emergence of symbols: Cognition and communication in infancy.* New York: Academic Press.

machen, daß er einen Gegenstand auf dem Umweg über den Erwachsenen erreichen möchte. Bereits ein Vierteljahr später gehört es zu seinem Erfahrungsschatz, daß die Lautäußerung allein ausreicht, den Erwachsenen zu der gewünschten Vermittlung zu bewegen. Die Äußerung hat damit Signalwirkung bekommen; sie wird als Zeichen verwendet.

In einem Überblick über die Entwicklung nichtsprachlicher Formen der Verständigung heben Mayo und La France (1978) hervor, daß zunächst wenige nichtverbale Kommunikationsformen zur Verständigung eingesetzt werden; zum Beispiel dominiert die Gestik bis zum Beginn des zweiten Lebensjahres (McNamara, 1977). Erst im Laufe der Entwicklung wird das Repertoire erweitert. Mit der Erweiterung muß bei mehrkanaliger Kommunikation auch die Koordination einzelner Formen geleistet werden. Kleinere Kinder schenken bei mehrkanaliger Kommunikation dem sprachlich dargebotenen Inhalt der Botschaft größere Beachtung als den gleichzeitig übermittelten nichtsprachlichen Informationen (Bugental, Kaswan & Love, 1970, s. Abschnitt 12.4.4).

Die Regeln der Zuordnung von nichtverbalen Verständigungsformen zu bestimmten sozialen Kontexten (engl. *display rules*), d. h. die Konventionen, welche Ausdrucksform für welche Situation angemessen erscheint, müssen ebenfalls erlernt werden (z. B. Ausdruck der Trauer bei einem Begräbnis).

12.5.2 *Persönlichkeitspsychologie*

Die Erwartung, daß sich die Persönlichkeit in Sprache und Ausdruck manifestiert, hat zu Versuchen geführt, Sprache und Ausdruck diagnostisch zu verwerten. So hat man vor allem versucht, aus Gesichtsausdruck, Schrift, Schreib- und Redestil Persönlichkeitseigenschaften zu erschließen (s. bereits Abschnitte 12.4.2 und 12.4.3). Das Problem ist freilich: Zwar lassen sich Individuen anhand ihrer Schrift, ihrer Stimme und anderer Ausdrucksweisen oft recht gut identifizieren; aber es fällt schwer, einzelne ihrer psychologisch bedeutsamen Eigenschaften abgrenzbaren Merkmalen ihres Ausdrucks zuzuordnen.

Furnham (1990) hat Zuordnungen von sprachlichen Indikatoren zu den Persönlichkeitsdimensionen *Introversion - Extraversion* nach Eysenck (1981) vorzunehmen versucht. Nach seiner Auffassung neigen Introvertierte eher zu einem Sprachstil mit komplexen und grammatisch richtigen Sätzen. Extravertierte bevorzugten dagegen eher einen eingeschränkten Sprachstil mit unvollständigen Sätzen, so daß die volle Bedeutung durch den Kontext erschlossen werden müsse. Introvertierte verwendeten mehr Substantive, Adjektive und Präpositionen, Extravertierte mehr Verben, Adverbien und Pronomina. Introvertierte wählten schließlich treffendere Vokabeln, besäßen eher eine Standardaussprache und sprächen langsamer und flüssiger als Extravertierte.

In welcher Beziehung stehen andere paralinguistische Begleiterscheinungen des Sprechens wie Betonung, Akzentuierung, Satzmelodie und Stimmhöhe zu überdauernden Persönlichkeitsdispositionen? Klaus Scherer (1979) versuchte anhand von Stimmproben - der Inhalt des Gesprochenen wurde dabei durch einen technischen Kunstgriff unkenntlich gemacht - einen Zusammenhang zwischen einigen Merkmalen wie Stimmhöhe, Lautstärke, Artikulation, Hauchen, Näseln usw. und einigen Persönlichkeitsmerkmalen wie Gewissenhaftigkeit, emotionale Stabilität, Extraversion, Durchsetzungstendenz und Liebenswürdigkeit herauszufinden. Die Sprecher waren Deutsche und Amerikaner mittleren Alters. Ihre Persönlichkeitszüge wurden durch Bekanntenurteile ermittelt; die Stimmerkmale beurteilten Phonetiker. Sprecher, die als extravertiert, sozial und emotional stabil beurteilt

wurden, zeigten mehr Stimmaufwand; das galt jedoch nicht für dominante Sprecher.

Einen anderen Zusammenhang zwischen Sprache und Persönlichkeit stellte Gerda Lazarus-Mainka (1973) fest. Sie ließ zu einer Serie von Bildern Geschichten erzählen und Deutungen abgeben. Die Teilnehmer an ihrem Versuch hatte sie vorher einem Test der Störbarkeit (*Interferenzneigung*) unterzogen. Personen, die sich als leichter störbar erwiesen hatten, gebrauchten mehr Wörter und setzten diese zu komplexeren Sätzen zusammen.

Mayo, C. & La France, M. (1978). On the acquisition of nonverbal communication: A review. *Merrill Palmer Quarterly, 24*, 213-228.

McNamara, J. (1977). From sign to language. In J. McNamara (Ed.), *Language learning and thought* (pp. 11-45). New York: Academic Press.

Furnham, A. (1990). Language and personality. In H. Giles & W. P. Robinson (Eds.), *Handbook of Language and social psychology* (pp. 73-95). Chichester: Wiley.

Eysenck, H.-J. (1981). *A model for personality.* New York: Springer.

Scherer, K. R. (1979). Personality markers in speech. In K. R. Scherer & H. Giles (Eds.), *Social markers in speech* (pp. 147-209). Cambridge: Cambridge University Press.

Lazarus-Mainka, G. (1973). Persönlichkeitsspezifisches im Sprachverhalten. *Zeitschrift für experimentelle und angewandte Psychologie, 20*, 68-91.

Mögliche Sprechervariationen der Persönlichkeitsdimension Introversion/Extraversion (Furnham, 1990).

Sprachindikatoren	Introvertierte	Extravertierte
Kode	Standardsprache angenähert	umgangssprachlich
Grammatik	Mehr Substantive, Adjektive, Präpositionen	Mehr Verben, Adverbien, Pronomina
Vokabeln	treffend	ungenau
Akzent	Standard	Regional
Geschwindigkeit	langsam	schnell
Paralinguistik	wenig sinnleere Füllphoneme	viele sinnleere Füllphoneme

Im übrigen ist die Verwendung von Worten ebenso individuell wie der Gebrauch von Begriffen, die mit Worten ausgedrückt werden. Barsalou (1989) hat gezeigt, wie die Bedeutung von Worten und Begriffen sogar bei ein und derselben Person über die Zeit schwanken kann. Barsalous Material bestand aus Worten, die begrifflichen Kategorien entsprachen. Sie sollten definiert werden. Die gegebenen Definitionen schwankten je nach Kontext, vorherigen Erfahrungen und vorhandenen Wissensstrukturen von Sitzung zu Sitzung. Der Autor schloß aus den beobachteten Schwankungen, daß Personen gar keine festen Wortbedeutungen und Begriffe besässen. Sie hätten vielmehr Bedeutungsfelder, aus denen sie je nach Stimmung und Situation spezifische Aspekte aktivierten.

12.5.3 Sozialpsychologie

Aus sozialpsychologischer Sicht entspringt Sprache dem Leben in der Gemeinschaft, und Kommunikation dient dem Aufbau, der Erhaltung und der Fortentwicklung sozialer Organisationen. Ohne Sprache und Kommunikation gäbe es keine *sozialen Kognitionen* und kein *soziales Handeln*.

Die Beziehungen zwischen Kognition und Kommunikation sind komplex, aber die Konventionen, denen Unterhaltungen unterliegen, unterstützen sich und schränken sich gegenseitig ein. In jeder Unterhaltung muß erst einmal eine gemeinsame Grundlage zwischen den Sprechern gefunden werden. Wie Clark und Brennan (1991) feststellen konnten, vollziehen sich solche Prozesse nach dem Prinzip der geringsten gemeinsamen Anstrengung. Die damit verbundenen Aktivitäten verändern sich je nach Zweck der Unterhaltung - wie z. B. das Identifizieren von Verweisen oder das Registrieren von wörtlichen Inhalten. Eine Rolle spielt auch das Medium der Unterhaltung (z. B. Kommunikation von Angesicht zu Angesicht oder durch elektronische Post).

Auf der sprachlichen Ebene gilt ebenso wie auf der Ebene des Ideenaustauschs (vgl. Abschnitt 8.4.3), daß Unterhaltungen gemeinsame Produkte sind. Die Analyse linguistischer Formen in Unterhaltungen zeigt

unvollständige Sätze und inkohärente Satzfolgen. Sprecher rechnen damit, daß Kohärenz gestiftet wird, und zwar über die Beiträge anderer sowie über die physikalische Umgebung (vgl. Resnick, Levine & Teasley, 1991). Schaltet sich ein Partner ein, um unvollkommene Äußerungen zu ergänzen oder zu korrigieren, hält er damit das gemeinsame Bezugssystem und die Kooperationsbeziehung mit seinen Gesprächspartnern aufrecht. Im Laufe einer Kommunikation bilden Personen, die an einer Unterhaltung teilnehmen, Hypothesen über ihre gemeinsame Umgebung aus zweierlei Quellen: Aus Vorstellungen und Erwartungen über andere sowie aus Erfahrungen, die sich während direkter Interaktionen einstellen.

Die soziale Bestimmung von Sprache wird am eindrucksvollsten bei Übergängen von einer Kultur zur anderen erkennbar. Übersetzungsschwierigkeiten bezeugen kulturelle Variationen der Sprache. Die aus Polen stammende Linguistin Anna Wierzbicka (1992) wies etwa in einer Studie über Übersetzungsäquivalente darauf hin, daß es im Polnischen kein Wort für Ekel (engl. *disgust*, franz. *degout*) gäbe; das französische Wort „*degout*" bezöge sich lediglich auf Essenssituationen, in denen das englische Wort „*disgust*" als unangemessen empfunden wird.

Barsalou, L. W. (1989). Intra-concept similarity and its implications for inter-concept similarity. In S. Vosniadou & A. Ortony (Eds.), *Similarity and analogical reasoning* (pp. 76-121). Cambridge: University Press.

Clark, H. H. & Brennan, S. E. (1991). Grounding in communication. In L. B. Resnick, J. M. Levine & S. D. Teasley (Eds.), *Perspectives on socially shared cognition* (pp. 127-149). Washington: American Psychological Association.

Resnick, L. B., Levine, J. M. & Teasley, S. D. (Eds.). (1991). *Perspectives on socially shared cognition.* Washington: American Psychological Association.

Wierzbicka, A. (1992). *Semantics, culture and cognition.* New York: Oxford University Press.

Sprache ist gleichzeitig für den Einzelnen ein Werkzeug zur Schaffung von Macht und zur Sicherung von Vorteilen in der Gruppe. Aber nicht alle Menschen gelangen gleichermaßen in den Besitz dieses Werkzeugs. Die Ausdrucksmöglichkeiten von Angehörigen der sozio-ökonomischen Unterschicht scheinen stärker eingeschränkt zu sein als diejenigen von Mittelschichtangehörigen. Das schlechtere Abschneiden von Unterschichtangehörigen in Schule und Wirtschaft, ihr geringeres Durchsetzungsvermögen in Politik und Verwaltung dürfte mit der Begrenzung ihres Ausdrucksvermögens in engem Zusammenhang stehen. Der englische Soziolinguist Basil Bernstein (1959) hat zur *Schichtabhängigkeit der Sprache* genaueres und für viele seiner Leser alarmierendes Material vorgelegt. Nach seinen Befunden verfügen Angehörige der Unterschicht und solche der Mittelschicht gleichermaßen über ein lexikalisches und syntaktisches Repertoire für die Alltagssprache. Nur die Mittelschichtangehörigen besitzen darüber hinaus jedoch einen Sprachvorrat für Anlässe, die sich aus dem Alltag abheben (z. B. für den Schriftverkehr mit Ämtern, für öffentliche Erklärungen).

Dies gilt nicht nur für die englische Bevölkerung, an der Bernstein seine Untersuchungen durchgeführt hat, sondern - wie inzwischen Nachuntersuchungen von Oevermann (1972) ergeben haben - auch im (westlichen) Deutschland. Bernstein führte zur Kennzeichnung des eingeengten Sprachrepertoires der Unterschicht den Ausdruck *„restringierter Kode"* (lat. *restringere,* einengen, beschränken) ein. Für die der Mittelschicht zusätzlich verfügbare Sprache benutzt man den Ausdruck *„elaborierter Kode"* (lat. *elaborare,* ausarbeiten). Da sich der elaborierte Kode besser zur Wiedergabe abstrakter Sachverhalte und differenzierter Beziehungen eignet, liegt nahe, ihn als den leistungsfähigeren und überlegenen zu bewerten; der Kode der Unterschicht weise demgegenüber ein Defizit auf. Spätere Autoren (vgl. Schlee, 1974) stehen der Defizithypothese kritisch gegenüber. Der eingeschränkte Kode setze die *soziale Distanz* zwischen Kommunikationspartnern herab und erhöhe ihr Solidaritätsgefühl; diese Eigenschaften gingen jedoch dem elaborierten Kode

Bernstein, B. (1952). A public language: Some sociological implications of a linguistic form. *British Journal of Sociology,* 10, 311-326.

Oevermann, U. (1972). *Sprache und soziale Herkunft.* Frankfurt a. M.: Suhrkamp.

Schlee, J. (1974). Sprache, Wortschatz und Intelligenz bei Vorklassenschülern. Heftreihe *„Modellversuche im Bildungswesen",* Heft 5, Kiel.

Schönbach, P. (1979). Sprachstrukturelle Einflüsse auf Personenbeurteilungen. *Zeitschrift für experimentelle und angewandte Psychologie,* 26, 621-642.

Ellis, D. S. (1967). Speech and social status in America. *Social Forces,* 45, 431-437.

ab. Da Wärme und Vertrautheit nicht minder positiv zu beurteilen seien als Differenziertheit und Abstraktion, könne man zwischen den beiden schichtspezifischen Ausdrucksweisen lediglich Differenzen feststellen, jedoch keine Wertunterschiede.

Der *soziale Status* findet in der Sprache seinen unmittelbaren Ausdruck. Bereits zwischen dem sozialen Status und der Wortzahl in Äußerungen herrscht ein unverkennbarer Zusammenhang. Gegenüber Höherrangigen gilt es als akzeptabel, mehr Worte zu machen; insbesondere tragen metakommunikative (vgl. Abschnitt 12.3.4) Zusätze (z. B. „wenn ich mir diese Bemerkung erlauben darf") und ehrende Hinzufügungen (z. B. „verehrter Herr Doktor") zum Anschwellen der Äußerungen gegenüber Höherrangigen bei. Für Höherrangige erscheinen knappe Formulierungen angemessen; werden sie ausführlicher, verlieren sie an positiver Wertung bei ihren Gesprächspartnern (Schönbach, 1979). Der soziale Status drückt sich weiterhin in paralinguistischen Eigenheiten wie Sprechtempo, Betonung, Pausen und Akzentuierung aus. So konnten unvorbereitete Beurteiler in einem Versuch von Ellis (1967) mit recht hoher Treffsicherheit die Schichtzugehörigkeit von Sprechern erkennen, die den gleichen Text auf ein Tonband gesprochen hatten.

Sechsundzwanzig Jahre nach der Besetzung Polens durch die deutsche Wehrmacht kniet der deutsche Bundeskanzler Willy Brandt vor dem Denkmal für die Opfer des Widerstands in Warschau nieder. Diese stumme Geste ist zum Symbol für den Beginn der Aussöhnung zwischen Polen und Deutschland geworden.

Fünfzig Jahre nach der Befreiung Polens schließt der deutsche Bundespräsident Roman Herzog seine Rede zum Jahrestag des Warschauer Aufstandes mit den Worten: „Ich bitte um Vergebung für das, was Deutsche Ihnen angetan haben." Auch diesem Satz kommt ein Symbolwert zu. Er bildete eine politische Voraussetzung für den Abschluß der Versöhnung.

Wie vielfältig Kommunikation (einschließlich der Metakommunikation) in das soziale Leben eingreift, kann hier nicht mehr ausgeführt werden. Zum Abschluß sei nur in Erinnerung gerufen, in welch hohem Maße - insbesondere im gegenwärtigen Zeitalter der Massenkommunikation - der Alltag von Nachrichten und Zeichen bestimmt wird und welche Kraft Rede, Schrift, Mimik und Gestik besitzen, um die Erlebnisse der Erschütterung, der Einsicht und des Aufbruchs zu vermitteln, die individuelles wie soziales Bewußtsein bestimmen und privaten wie politischen Wandel einleiten.

ZUSAMMENFASSUNG

1. Spracherwerb vollzieht sich hinsichtlich sämtlicher Aspekte der Sprache mit hoher Regelmäßigkeit; dies gilt für den Erwerb von Lauten, von Syntax, von Bedeutungen, für den Aufbau eines Lexikons sowie für die Aneignung pragmatischer Regeln. Weiterhin wird ein nichtsprachliches Ausdrucksrepertoire erworben.

2. Zwischen der Persönlichkeit von Sprachbenutzern sowie ihrem Sprachstil, ihrer Wortwahl und ihren paralinguistischen Merkmalen bestehen Zusammenhänge.

3. Kommunikation ist selbst ein sozialer Prozeß und greift in das soziale Leben von Gruppen nachhaltig ein. Kommunikation wird zur Grundlage sozialer Kognitionen und sozialen Handelns. Der soziale Status eines Partners schlägt sich deutlich in der Sprache nieder. Viel Beachtung hat die These gefunden, daß die Sprache als soziales Instrument nicht allen Mitgliedern einer Kultur gleichermaßen zur Verfügung stehe; vielmehr seien Unterschichtangehörige aufgrund der Einengung ihres Sprachrepertoires benachteiligt.

 LITERATUR ZUR ERGÄNZUNG UND VERTIEFUNG

Argyle, M. & Trower, P. (1981). *Signale von Mensch zu Mensch.* Weinheim: Beltz.
(Reichhaltige und anschauliche Beschreibung vom Ausdruck des Gesichts, der Körperhaltung u. ä. in sozialen Situationen.)

Giles, H. & Robinson, W. P. (1990). *Handbook of language and social psychology.* Chichester: Wiley.
(Umfassende Themenauswahl zu den vielfältigen Beziehungen von Sprache und sozialem Umfeld.)

Grimm, H. & Engelkamp, J. (1981). *Sprachpsychologie. Handbuch und Lexikon der Psycholinguistik.* Berlin: Schmidt.
(Sammlung von Überblicksartikeln zum Gesamtgebiet der Sprachpsychologie. Lexikonteil zum Nachschlagen der wichtigsten Begriffe.)

Krasnegor, N. A., Rumbaugh, D. M., Schiefelbusch, R. L. & Studdert-Kennedy, M. (1991). *Biological and behavioral determinants of language development.* Hillsdale, NJ: Lawrence Erlbaum.
(Beiträge zu kritischen theoretischen Fragen des kindlichen Spracherwerbs, des vergleichend beobachteten Spracherwerbs bei Primaten und der Sprachverzögerung.)

Meggle, G. (1981). *Grundbegriffe der Kommunikation.* Berlin: de Gruyter.
(Anspruchsvolle Darstellung der Kommunikationswissenschaft aus der Sicht der Sprachwissenschaft.)

Literatur

Abele, A. & Rank, S. (1993). Zur Stimmungskontingenz der Verarbeitung persuasiver Kommunikationen. *Zeitschrift für Sozialpsychologie, 24,* 117-128.

Abell, W. (1936). *Representation and form. A study of aesthetic values in representational art.* London: Scribner.

Abelson, R. P. & Rosenberg, M. J. (1958). Symbolic psychologic: A model of attitudinal cognition. *Behavioral Science, 3,* 1-13.

Adler, A. (1973). Die Theorie der Organminderwertigkeit und ihre Bedeutung für Philosophie und Psychologie. Nachdruck in A. Adler & C. Furtmüller: *Heilen und Bilden.* Frankfurt a. M.: Fischer (Erstausgabe 1907).

Adler, A. (1927). *Studie über die Minderwertigkeit von Organen.* München: Bergmann (Erstausgabe 1907).

Adler, A. (1929). *Menschenkenntnis.* Leipzig: Hirzel.

Adler, A. (1973). Organdialekt. In A. Adler & C. Furtmüller (Hrsg.), *Heilen und Bilden* (S. 114-122). Frankfurt a. M.: Fischer.

Adorno, T. W., Frenkel-Brunswik, E., Levinson, D. J. & Sanford, R. N. (1950). *The authoritarian personality.* New York: Harper.

Aebli, H. & Ruthemann, U. (1987). Angewandte Metakognition: Schüler vom Nutzen der Problemlösestrategien überzeugen. *Zeitschrift für Entwicklungspsychologie und Pädagogische Psychologie, 19,* 46-64.

Aebli, H. (1980). *Denken: Das Ordnen des Tuns* (Band 1). Stuttgart: Klett-Cotta (Band 2, 1981).

Alkon, D. L. (1987). *Memory traces in the brain.* Cambridge: University Press.

Allison, J. (1989). The nature of reinforcement. In S. B. Klein & R. R. Mowrer (Eds), *Contemporary learning theories: Instrumental conditioning theory and the impact of biological constraints on learning* (Vol. 2, pp. 13-39). Hillsdale, NJ: Lawrence Erlbaum.

Allport, G. W. (1949). *Persönlichkeit.* Stuttgart: Klett (Erstausgabe 1948: *Personality.* New York: Holt).

Allport, G. W. (1958). *Werden der Persönlichkeit.* Bern: Huber. (1961: *Pattern and growth in personality.* New York: Holt, Rinehart & Winston (Erstausgabe 1937).

Anderson, J. R. (1983). *The architecture of cognition.* Cambridge, MA: Harvard University Press.

Anderson, J. R. (1993). *Rules of the mind.* Hillsdale, NJ: Lawrence Erlbaum.

Angermeier, W. F., Bednorz, P. & Schuster, M. (1984). *Lernpsychologie.* München: Reinhardt.

Annett, M. (1985). *Left, right, hand and brain: The right shift theory.* London: Lawrence Erlbaum.

Argyle, M. & Dean, J. (1965). Eye-contact, distance and affiliation. *Sociometry, 28,* 289-304.

Argyle, M. & Trower, P. (1981). *Signale von Mensch zu Mensch.* Weinheim: Beltz.

Argyle, M. (1979). *Körpersprache und Kommunikation.* Paderborn: Junfermann (Erstausgabe 1975: *Bodily communication.* London: Methuen).

Aristoteles (1956). Nikomachische Ethik. In E. Grumach (Hrsg.), *Aristoteles Werke* (Band 6). Berlin: Akademie Verlag.

Arnheim, R. (1928). Experimentell-psychologische Untersuchungen zum Ausdrucksproblem. *Psychologische Forschung, 11,* 2-132.

Arnheim, R. (1965). *Kunst und Sehen. Eine Psychologie des schöpferischen Auges.* Berlin: De Gruyter.

Arnim, L. A. von & Brentano, C. (1977). *Des Knaben Wunderhorn* (Teil 3), herausgegeben von H. Rölleke. Stuttgart: Kohlhammer (Erstausgabe 1808).

Asratjan, E. A. (1971). Die Schaltung bedingter Reflexe. In Th. Kussmann & H. Kölling (Hrsg.), *Biologie und Verhalten* (S. 77-103). Bern: Huber (Erstausgabe 1966).

Atkinson, J.-W. (1957). Motivational determinants of risk-taking behavior. *Psychological Review, 64,* 359-372.

Aura, H. & Loftus, G. (1993). A model for conceptual processing of naturalistic scenes. *Canadian Journal of Experimental Psychology, 47,* 548-569.

Ax, A. (1953). The physiological differentiation between fear and anger in humans. *Psychosomatic Medicine, 15,* 433-442.

Ayllon, T. & Azrin, N. (1968). *The token economy: A motivational system for therapy and rehabilitation.* New York: Appleton-Century-Crofts.

Baddeley, A. D. (1986). *Working memory.* Oxford: Clarendon Press.

Baddeley, A. D. (1966). Short-term memory for word sequences as a function of acoustic, semantic, and formal similarity. *Quarterly Journal of Experimental Psychology, 18,* 362-365.

Baddeley, A. D. (1990). *Human memory: Theory and practice.* Hillsdale, NJ: Lawrence Erlbaum.

Bailey, C. & Chen, M. (1991). The anatomy of long term sensitization in Aplysia: Morphological insights into learning and memory. In L. R. Squire, N. M. Weinberger, G. Lynch & J. L. McGungh (Eds.), *Memory: Organization and locus of change* (pp. 273-300). New York: Oxford University Press.

Baillargeon, R. (1987). Object permanence in 3 1/2- and 4 1/2 month-old infants. *Developmental Psychology, 23,* 655-664.

Ball, H. (1966). Entwurf zu „Eröffnungsmanifest des 1. Dada-Abends". *Du-Atlantis, 26,* 738.

Bandura, A. (1965). Influence of models' reinforcement contingencies on the acquisition of imitative responses. *Journal of Personality and Social Psychology, 1,* 589-595.

Bandura, A. (1971). Vicarious-and self-reinforcement processes. In R. Glaser (Ed.), *The nature of reinforcement* (pp. 228-278). New York: Academic Press.

Bandura, A., Ross, D. & Ross, S. A. (1963). Imitation of film-mediated aggressive models. *Journal of Abnormal and Social Psychology, 66,* 3-11.

Barsalou, L. W. (1989). Intra-concept similarity and its implications for inter-concept similarity. In S. Vosniadou & A. Ortony (Eds.), *Similarity and analogical reasoning* (pp. 76-121). New York: Cambridge University Press.

Bartlett, F. C. (1958). *Thinking.* London: Allen & Unwin (Erstausgabe 1951 in: *Manchester Memoirs, 93,* 3).

Barzilai, A., Kennedy, T. E., Sweatt, J. D. & Kandel, E. R. (1989). 5 H-T modulates protein synthesis and the expression of specific proteins during long-term facilitation in Aplysia sensory neurons. *Neuron, 2,* 1577-1586.

Bates, E. (1979). *The emergence of symbols: Communication and cognition in infancy.* New York: Academic Press.

Bateson, G., Jackson, D. D., Haley, J. et al. (1969). Auf dem Wege zu einer Schizophrenie-Theorie. In G. Bateson, D. D. Jackson, J. Haley et al. *Schizophrenie und Familie* (S. 11-43).

Frankfurt a. M.: Suhrkamp. (Erstausgabe 1956: Toward a theory of schizophrenia. *Behavioral Science, 1*, 251-264).

Baust, W. (1970). Die Phänomenologie des Schlafes. In W. Baust (Hrsg.), *Ermüdung, Schlaf und Traum* (S. 99-144). Stuttgart: Wissenschaftliche Verlagsgesellschaft.

Bayes, Th. (1763). An essay towards solving a problem in the doctrine of chances. *The Philosophical Transactions, 53*, 370-418 (Nachdruck 1958 in *Biometrika, 45*, 296-315).

Begg, I. & Denny, J. P. (1969). Empirical reconciliation of atmosphere and conversion interpretation of syllogistic reasoning errors. *Journal of Experimental Psychology, 81*, 351-354.

Bekésy, G. von (1960). *Experiments in hearing.* New York: McGraw Hill.

Belleville, S., Peretz, I. & Arguin, M. (1992). Contribution of articulatory rehearsal to short-term memory: Evidence from a case of selective disruption. *Brain and Language, 43*, 713-746.

Berlyne, D. E. (1958). The influence of complexity and novelty in visual figures on orienting responses. *Journal of Experimental Psychology, 55*, 289-296.

Berlyne, D. E. (1974). *Konflikt, Erregung und Neugier.* Stuttgart: Klett (Erstausgabe 1960: *Conflict, arousal, and curiosity.* New York: McGraw Hill).

Bernstein, B.(1952). A public language: Some sociological implications of a linguistic form. *British Journal of Sociology, 10*, 311-326.

Bexton, W. H., Heron, W. & Scott, T. H. (1954). Effects of decreased variation in the sensory environment. *Canadian Journal of Psychology, 8*, 70-76.

Biederman, I. (1987). Recognition-by-components: A theory of human image understanding. *Psychological Review, 94*, 115-117.

Birbaumer, N. & Kimmel, H. D. (Eds.). (1979). *Biofeedback and self-regulation.* Hillsdale, NJ: Lawrence Erlbaum.

Blanchard, E. B. & Young, L. D. (1973). Self-control of cardiac functioning. A promise as yet unfulfilled. *Psychogical Bulletin, 79*, 145-163.

Bloch, E. (1959). *Das Prinzip Hoffnung* (Band 1). Frankfurt a. M.: Suhrkamp.

Blodgett, H. C. (1929). The effect of the introduction of reward upon the maze performance of rats. *University of California Publications in Psychology, 4*, 113-134.

Blood, D. (1978). Some aspects of Cham discourse structure. *Anthropological Linguistics, 20*, 110-132.

Boccaccio, G. (1964). *Das Decameron.* München: Goldmann.

Bock, M. (1978). Levels of processing of normal and ambiguous sentences in different contexts. *Psychological Research, 40*, 37-51.

Boesch, E. E. (1980). *Kultur und Handlung.* Bern: Huber.

Bonaiuto, P., Giannini, A. M. & Bonaiuto, M. (1991). Visual illusory productions with or without amodal completion. *Perception, 20*, 243-257.

Bortz, J. & Leitner, K. (1979). Zur Frage der Beziehung zwischen der attitüdenändernden Wirkung zweier Tageszeitungen und ihrer Bewertung. *Zeitschrift für Sozialpsychologie, 10*, 70-84.

Bösser, Th. F., Lloyd, I. & Schmidt-Mummendey, A. (1977). Bedingungen offensiven und gefährlichen Fahrverhaltens auf der Autobahn. Systemanalytische Untersuchungen. In W. H. Tack (Hrsg.), *Bericht über den 30. Kongreß der Deutschen Gesellschaft für Psychologie 1976 in Regensburg* (Band 2, S. 375-377). Göttingen: Hogrefe.

Bower, G. H. & Reitman, J. S. (1972). Mnemonic elaboration in multilist learning. *Journal of Verbal Learning and Verbal Behavior, 11*, 478-485.

Bower, G. H. (1981). Mood and memory. *American Psychologist, 36,* 129-148.

Bowerman, M. (1977). The acquisition of word meaning: An investigation of some current conflicts. In P. N. Johnson-Laird & P. C. Wason (Eds.), *Thinking* (pp. 239-253). Cambridge: Cambridge University Press.

Bradshaw, C. M., Szabadi, E. & Bevan, P. (1977). Effect of punishment on human variable-interval performance. *Journal of the Experimental Analysis of Behavior, 27,* 275-279.

Brainerd, C. D. (1982). *Children's logical and mathematical cognition.* Berlin: Springer.

Braitenberg, V. & Schüz, A. (1990). Cortex: hohe Ordnung oder größtmögliches Durcheinander? In W. Singer (Hrsg.), *Gehirn und Kognition* (S. 182-194). Heidelberg: Spektrum der Wissenschaft.

Bransford, J. D. & Johnson, M. K. (1972). Contextual prerequisites for understanding: Some investigations of comprehension and recall. *Journal of Verbal Learning and Verbal Behavior, 11,* 717-726.

Brecht, B. (1976). *Gedichte* (Band 4). Frankfurt a. M.: Suhrkamp.

Bredenkamp, J. & Wippich, W. (1977). *Lern- und Gedächtnispsychologie.* Stuttgart: Kohlhammer.

Brehm, J. (1966). *A theory of psychological reactance.* New York: Academic Press.

Breland, K. & Breland, M. (1966). *Animal behavior.* New York: McMillan.

Brémond, C. (1973). *Logique du recit.* Paris: Seuil.

Brentano, C. (1923). *Gesammelte Werke* (Band 1), herausgegeben von H. Amelung & K. Vietor. Frankfurt a. M.: Frankfurter Verlagsanstalt.

Brentano, F. (1874). *Psychologie vom empirischen Standpunkt.* Leipzig: Meiner.

Breuer, F. (1991). *Wissenschaftstheorie für Psychologen.* Münster: Aschendorff.

Brewer, W. F. (1974). There is no convincing evidence for operant or classical conditioning in adult humans. In W. B. Weimer, & D. S. Palermo (Eds.), *Cognition and the symbolic processes* (pp. 263-298). Hillsdale, NJ: Lawrence Erlbaum.

Bridges, K. M. B. (1932). Emotional development in early infancy. *Child Development, 3,* 324-341.

Broadbent, D. E. (1958). *Perception and communication.* London: Pergamon Press.

Bromme, R. (1992). *Der Lehrer als Experte. Zur Psychologie des professionellen Wissens.* Bern: Huber.

Brown, A. S. (1991). A review of the tip-of-the-tongue experience. *Psychological Bulletin, 109,* 204-223.

Brown, R. (1973). *A first language. The early stages.* Cambridge/Mass.: Massachussetts Institute of Technology Press.

Bruce, V. & Green, P. R. (1990). *Visual perception. Physiology, psychology and ecology.* Hillsdale, NJ: Lawrence Erlbaum.

Bruner, J. S. (1964). The course of cognitive growth. *American Psychologist, 19,* 1-15.

Bruner, J. S. (1975). The ontogenesis of speech acts. *Journal of Child Language, 2,* 1-19.

Bruner, J. S., Goodnow, J. J. & Austin, G. A. (1956). *A study of thinking.* New York: Wiley & Sons.

Brunswik, E. (1934). *Wahrnehmung und Gegenstandswelt.* Leipzig: Deuticke.

Buchheim, L. G. (1959). *Der ‚Blaue Reiter' und die ‚Neue Künstlervereinigung München'.* Feldafing: Buchheim.

Bugental, D. E., Kaswan, J. W. & Love, L. R. (1979). Die Wahrnehmung von Mitteilungen mit Widersprüchen zwischen verbalen und nichtverbalen Komponenten. In K. R. Scherer & H. G. Wallbott (Hrsg.), *Nonverbale Kommunikation: Forschungsberichte zum Interaktionsverhalten* (S. 256-270). Weinheim: Beltz (Erstausgabe 1970: Perception of contradictory meanings conveyed by verbal and nonverbal channels. *Journal of Personality and Social Psychology, 16*, 647-655).

Bühler, Ch. & Bugenthal, J. F. (1974). Broschüre der Association for Humanistic Psychology. In Ch. Bühler & M. Allen (Hrsg.), *Einführung in die humanistische Psychologie*. Stuttgart: Klett (Erstausgabe 1962).

Bühler, K. (1907). Tatsachen und Probleme zu einer Psychologie der Denkvorgänge. I. Über Gedanken. *Archiv für die gesamte Psychologie, 9*, 297-365.

Bühler, K. (1934). *Sprachtheorie*. Jena: Fischer.

Bunge, M. (1984). *Das Leib-Seele-Problem*. Tübingen: Mohr (Erstausgabe 1980: *The mind-body-problem. A psychological approach*. Oxford, New York: Pergamon Press).

Butzkamm, J. (1980). Informationseinholung über den eigenen Leistungsstand in Abhängigkeit vom Leistungsmotiv und von der Aufgabenschwierigkeit. Unveröff. Diplomarbeit 1972. Zit. n. H. Heckhausen: *Motivation und Handeln*. Berlin: Springer.

Byron (o. J.). *Gesammelte Werke* (Band 3). Leipzig: Bibliographisches Institut.

Cannon, W. B. (1927): The James-Lange theory of emotions: A critical examination and an alternative theory. *American Journal of Psychology, 39*, 106-124.

Cannon, W. B. (1939). *The wisdom of the body*. New York: Norton (Erstausgabe 1932).

Carnap, R. (1932). Psychologie in physikalischer Sprache. *Erkenntnis, 3*, 107-142.

Carnap, R. (1966). *Physikalische Begriffsbildung*. Darmstadt: Wissenschaftliche Buchgesellschaft.

Carroll, L. (1865/1975). *Alice's adventures in wonderland*. Harmondsworth, GB: Puffin.

Cattell, R. B. (1950). *Personality*. New York: McGraw Hill.

Chappell, M. & Humphreys, M. S. (1994). An auto-associative neural network for sparse representations: Analysis and application to models of recognition and cued recall. *Psychological Review, 101*, 103-128.

Chi, M., Feltovich, P. & Glaser, R. (1981). Categorization and representation of physics problems by experts and novices. *Cognitive Science, 5*, 121-152.

Childs, C. P. & Greenfield, P. M. (1980). Weaving skill, color terms, and pattern representation: Cultural influences and cognitive development among the Zinacantecos of Southern Mexico. *Interamerican Journal of Psychology, 2*, 23-48.

Chiles, W. D. (1958). Effects of shock-induced stress on verbal performance. *Journal of Experimental Psychology, 56*, 159-165.

Chomsky, N. (1957). *Syntactic structures*. 'S-Gravenhage: Mouton.

Chomsky, N. (1961). On the notion 'rule of grammar'. In *Proceedings of Symposia in Applied Mathematics. American Mathematical Society, 12*, 6-24.

Chomsky, N. (1969). *Aspekte der Syntaxtheorie*. Frankfurt a. M.: Suhrkamp (Erstausgabe 1965: *Aspects of the theory of syntax*. Cambridge: Massachusetts Institute of Technology Press).

Chomsky, N. (1970). *Sprache und Geist*. Frankfurt a. M.: Suhrkamp (Erstausgabe 1969: *Language and mind*. Del Mar (Calif.): CRM-Books).

Chomsky, N. (1986). *Knowledge of language*. New York: Praeger.

Claparède, E. (1924). *Comment diagnostiquer les aptitudes chez les écoliers*. Paris: Flammarion.

Claparède, E. (1928). Feelings and emotions. In M. L. Reymert (Ed.), *Feelings and emotions: The Wittenberg Symposium* (pp. 124-139). Worcester, MA: Clark University Press.

Clark, E. (1973). What's in a word? The child's acquisition of semantics in his first language. In T. E. Moore (Ed.), *Cognitive development and the acquisition of language* (pp. 65-110). New York: Academic Press.

Clark, H. H. (1969). Linguistic processes in deductive reasoning. *Psychological Review, 76*, 387-404.

Clark, H. H. & Brennan, S. E. (1991). Grounding in communication. In L. B. Resnick, J. M. Levine & S. D. Teasley (Eds.), *Perspectives on socially shared cognition* (pp. 127-149). Washington: American Psychological Association.

Cohen, A. S. (1976). Augenbewegungen des Autofahrers beim Vorbeifahren an unvorhergesehenen Hindernissen und auf freier Strecke. *Zeitschrift für Verkehrssicherheit, 22*, 68-75.

Cohen, D. B. (1979). *Sleep and dreaming*. Oxford: Pergamon.

Cole, M., Gay, J., Glick, J. A. & Sharp, D.W. (1971). *The cultural context of learning and thinking*. London: Methuen 1971.

Colley, A. M. & J. R. Beech (1989). *Acquisition and performance of cognitive skills.* Chichester: John Wiley & Sons.

Conway, M. A. & Rubin, D. C. (1993). The structure of autobiographical memory. In A. F. Collins, S. E. Gathercole, M. A. Conway & P. E. Morris (Eds.), *Theories of memory* (pp. 103-137). Hillsdale, NJ: Lawrence Erlbaum.

Cooper, L. A. & Shepard, R. N. (1973). Chronometric studies of the rotation of mental images. In W. G. Chase (Ed.), *Visual information processing* (pp. 75-176). New York: Academic Press.

Cormier, S. M. & Hagman, J. D. (Eds.). (1987). *Transfer of learning. Contemporary research and applications*. New York: Academic Press.

Cornelius, H. (1897). *Psychologie als Erfahrungswissenschaft*. Leipzig: Teubner.

Coutts, L. M. & Schneider, F. W. (1975). Visual behavior in an unfocused interaction as a function of sex and distance. *Journal of Experimental Social Psychology, 11*, 64-77.

Craik, F. I. M. & Lockhart, R. S. (1972). Levels of processing: A framework for memory research. *Journal of Verbal Learning and Verbal Behavior, 11*, 671-684.

Craik, F. I. M. & Tulving, E. (1975). Depth of processing and the retention of words in episodic memory. *Journal of Experimental Psychology: General, 104*, 268-294.

Cranach, M. von, Kalbermatten, U., Indermühle, K. & Gugler, B. (1980). *Zielgerichtetes Handeln*. Bern: Huber.

Cratty, B. J. (1973). *Movement behavior and motor learning*. Philadelphia: Lea & Febiger.

Cremerius, J. (1975). Kurt Tucholsky über Psychoanalyse. *Psyche, 29*, 355-359.

Crott, H. (1979). *Soziale Interaktion und Gruppenprozesse*. Stuttgart: Kohlhammer.

Curtiss, S. (1977). *Genie: A psycholinguistic study of a modern day ‚wild child'.* New York: Academic Press.

Damasio, A. R. & Damasio, H. (1992). Brain and language. *Scientific American, 117*, 89-93.

Danks, J. H., Bohn, L. & Fears, R. (1983). Comprehension processes in oral reading. In G. B. Flores d'Arcais & R. J. Jarvella (Eds.), *The processes of language understanding* (pp. 193-223). Chichester: John Wiley & Sons.

Darmstaedter, L. (1926). *Naturforscher und Erfinder*. Bielefeld: Velhagen & Klasing.

Darwin, Ch. (o. J.). *Die Entstehung der Arten durch natürliche Zuchtwahl.* Leipzig: Kröner (Erstausgabe 1859: *The origin of species by means of natural selection.* London: Murray).

Davidson, A. D. (1975). The relationship of reported sexual daydreaming to sexual attitude, sexual knowledge and reported sexual experience in college women. *Dissertation Abstracts (International) 35,* (7 B) 3574-3575.

De Beaugrande, R. (1980). *Text, discourse, and process.* London: Longman.

De Fries J. C. & Plomin, R. (1978). Behavioral genetics. *Annual Review of Psychology, 29,* 473-515.

De Groot, A. D. (1978). *Thought and choice in chess.* Den Haag: Mouton (Erstausgabe 1948: *Het Denken van den Schaker.* Amsterdam: Utig).

De Saussure, F. (1969). *Grundfragen der allgemeinen Sprachwissenschaft.* Berlin: de Gruyter (Erstausgabe 1916: *Cours de linguistique generale.* Lausanne: Payot).

Deese, J. (1961). From the isolated verbal to the connected discourse. In C. N. Cofer (Ed.), *Verbal learning and verbal behavior* (pp. 11-31). New York: McGraw Hill.

Descartes, R. (1959). *Meditationen über die Grundlagen der Philosophie.* Herausgegeben von L. Gäbe. Hamburg: Meiner (Erstausgabe 1641: *Meditationes de prima philosophia.* Paris: Soly).

Deutsch, J. A. & Deutsch, D. (1963). Attention: Some theoretical considerations. *Psychological Review, 70,* 80-90.

Devine, P. G. & Malpass, R. S. (1985). Orienting strategies in differential face recognition. *Personality and Social Psychology Bulletin, 11,* 33-40.

D'Holbach, P.-H., Th. (1966). *Système de la nature* (Vol. 1). Y. Belaval (Ed.). Hildesheim: Olms (Erstausgabe 1770).

Dewey, J. (1929). *The quest for certainty.* New York: Minton, Blach & Co.

Dijk, T. van & Kintsch, W. (1983). *Strategies of discourse comprehension.* New York: Academic Press.

Dixon, N. F. (1981). *Preconscious processing.* Chichester: Wiley & Sons.

Dollard, J. & Miller, N. E. (1950). *Personality and Psychotherapy.* New York: McGraw Hill.

Dörner, D. (1976). *Problemlösen als Informationsverarbeitung.* Stuttgart: Kohlhammer.

Dörner, D. (1979). Ut desint vires ... *Scheidewege, 9,* 167-188.

Dörner, D., Kreuzig, H. W., Reither, F. & Stäudel, Th. (Hrsg.). (1983). *Lohhausen. Vom Umgang mit Unbestimmtheit und Komplexität.* Bern: Huber.

Dostojewski, F. M. (1957). *Raskolnikoff - Schuld und Sühne.* München: Goldmann.

Drachmann, A. G. (1967). *Große griechische Erfinder.* Zürich: Artemis.

Drösler, J. (1989). *Quantitative psychology.* Toronto: Hogrefe.

Duffy, E. (1951). The concept of energy mobilization. *Psychological Review, 58,* 30-40.

Duffy, E. (1957). The psychological significance of the concept of „arousal" or „activation". *Psychological Review, 64,* 265-275.

Duffy, E. (1962). *Activation and behavior.* New York: Wiley & Sons.

Duncker, K. (1926). A qualitative (experimental and theoretical) study of productive thinking (solving of comprehensible problems). *Journal of Genetic Psychology, 33,* 642-708.

Duncker, K. (1935). *Zur Psychologie des produktiven Denkens.* Berlin: Springer.

Dürrenmatt, F. (1962). *Die Physiker.* Zürich: Verlag der Arche.

Dutta, S. & Kanungo, R. N. (1975). *Affect and memory: A reformulation.* New York: Pergamon.

Ebbinghaus, H. (1885). *Über das Gedächtnis.* Leipzig: Duncker & Humblot.

Eberlein, G. & Pieper, R. (Hrsg.). (1976). *Psychologie - Wissenschaft ohne Gegenstand?* Frankfurt a. M.: Campus.

Eccles, J. C. (1964). Excitatory responses of spinal neurons. In J. C. Eccles & J. P. Schade (Eds.), *Progress in brain research.*. Vol. 12: *Physiology of spinal neurons* (pp. 1-34). Amsterdam: Elsevier.

Eddington, A. S. (1935). *The nature of the physical world.* London: Dent.

Efron, D. (1972). *Gesture, race and culture.* Den Haag: Mouton (Neudruck der Erstausgabe von 1941).

Egan, D. E. & Greeno, J. G. (1974). Theory of rule induction: Knowledge acquired in concept learning, serial pattern learning and problem solving. In L. W. Green (Ed.), *Knowledge and cognition* (pp. 43-104). Potomac: Lawrence Erlbaum.

Ehrenfels, Chr. von (1890). Über Gestaltqualitäten. *Vierteljahresschrift für Philosophie, 14,* 249-292.

Eibl-Eibesfeldt, I. (1963). Angeborenes und Erworbenes im Verhalten einiger Säuger. *Zeitschrift für Tierpsychologie, 20,* 704-754.

Eibl-Eibesfeldt, I. (1973). *Der vorprogrammierte Mensch. Das Ererbte als bestimmender Faktor im menschlichen Verhalten.* Wien: Molden.

Einstein, G. O., McDaniel, M. A., Owen, P. D. & Coté, N. C. (1990). Encoding and recall of texts: The importance of material appropriate processing. *Journal of Memory and Language, 29,* 566-581.

Ekman, P. & Friesen, W. V. (1969). Nonverbal leakage and clues to deception. *Psychiatry, 32,* 88-105.

Ekman, P. & Friesen, W. V. (1974). Detecting deception from the body or face. *Journal of Personality and Social Psychology, 29,* 288-298.

Ekman, P., Friesen, W. V. & Ellsworth, Ph. (1972). *Emotion in the human face.* New York: Pergamon.

Ekman, P., Friesen, W. V. O'Sullivan, M. & Scherer, K. R. (1980). Relative importance of face, body, and speech in judgments of personality and affect. *Journal of Personality and Social Psychology, 38,* 270-277.

Elias, N. (1939). *Über den Prozeß der Zivilisation* (Band 2). Basel: Haus zum Falken.

Ellis, D. S. (1967). Speech and social status in America. *Social Forces, 45,* 431-437.

Ellis, H. C. & Ashbrook, P. W. (1991). The „state" of mood and memory research: A selective review. In D. Kuiken (Ed.), *Mood and memory* (pp.1-21). London: Sage.

Ende, M. (1960). *Jim Knopf und Lukas der Lokomotivführer.* Stuttgart: Thienemann.

Engelkamp, J. (1973). *Semantische Struktur und die Verarbeitung von Sätzen.* Bern: Huber.

Engelkamp, J. (1990). *Das menschliche Gedächtnis. Das Erinnern von Sprache, Bildern und Handlungen.* Göttingen: Verlag für Psychologie.

Ephron, H. S. & Carrington, P. (1966). Rapid eye movement sleep and cortical homeostasis. *Psychological Review, 73,* 500-526.

Epiktet (1905). *Unterredungen.* Jena: Diederichs.

Epstein, S. (1976). Anxiety, arousal, and the self-concept. In Ch. D. Spielberger (Ed.), *Stress and anxiety* (Vol. 3, pp. 185-224). Washington: Hemisphere.

Epstein,W. (1967). *Varieties of perceptual learning.* New York: Mc Graw Hill.

Erdmann, G. & Janke, W. (1978). Interaction between physiological and cognitive determinants of emotions: Experimental studies on Schachter's theory of emotions. *Biological Psychology, 6,* 61-74.

Erikson E. H. (1968). *Kindheit und Gesellschaft*. Stuttgart: Klett (Erstausgabe 1959: *Childhood and society*. New York: Norton).

Erismann, T. (1948). Das Werden der Wahrnehmung. In J. von Allesch, W. Jacobsen, G. Munsch u. a. (Hrsg.), *Bericht über den Kongreß des Berufsverbandes Deutscher Psychologen 1947 in Bonn* (Band 1, S. 51-86). Hamburg: Nölke.

Ernst, G. W. & Newell, A. (1969). *GPS: A case study in generality and problem solving*. New York: Academic Press.

Ertel, S. (1964). Die emotionale Natur des „semantischen" Raumes. *Psychologische Forschung, 28*, 1-32.

Ertel, S. (1966). Ein differentiell-methodischer Versuch zum Intelligenzproblem. *Psychologische Forschung, 30*, 151-195.

Ertel, S. (1973). Satzsubjekt und Ich-Perspektive. In L. H. Eckensberger & U. S. Eckensberger (Hrsg.), *Bericht über den 28. Kongreß der Deutschen Gesellschaft für Psychologie 1972 in Saarbrücken* (Band 1, S. 129-139). Göttingen: Hogrefe.

Essler, W. K. (1969). *Einführung in die Logik* (2. Aufl.). Stuttgart: Kröner.

Estes, W. K. (1976). The cognitive side of probability learning. *Psychological Review, 83*, 37-64.

Eysenck, H.-J. (1973). Conditioning, introversion-extraversion and the strength of the nervous system. In H.-J. Eysenck (Ed.), *Eysenck on extraversion* (pp. 156-169). London: Crosby Lockwood Staples.

Eysenck, H.-J. (1981). *A model for personality*. New York: Springer.

Eysenck, M. W. (1979). Anxiety, learning, and memory: A reconceptualization. *Journal of Research in Personality, 13*, 363-385.

Fechner, G. Th. (1860). *Elemente der Psychophysik*. Leipzig: Breitkopf & Härtel.

Fechner, G. Th. (1877). *In Sachen der Psychophysik*. Leipzig: Breitkopf & Härtel.

Ferster, C. B. & Skinner, B. F. (1957). *Schedules of reinforcement*. New York: Appleton-Century-Crofts.

Feshbach, G. D. (1992). Mind and brain. *Scientific American, 267*, 48-57.

Festinger, L. (1978). *Theorie der kognitiven Dissonanz*. Bern: Huber (Erstausgabe 1957: *A theory of cognitive dissonance*. Stanford: Stanford University Press).

Fichte, I. H. (1873). *Psychologie. 2. T.: Die Lehre vom Denken und vom Willen*. Leipzig: Brockhaus.

Fiedler, K. (1980). *Urteilsbildung als kognitiver Vorgang*. München: Minerva.

Fiedler, K. & Forgas, J. (Eds.). (1988). *Affect, cognition and social behavior*. Göttingen: Hogrefe.

Fietkau, H. J., Kessel, H. & Tischler, W. (1982). *Umwelt im Spiegel der öffentlichen Meinung*. Frankfurt a. M.: Campus.

Fillmore, C. J. (1977). Plädoyer für Kasus. In W. Abraham (Hrsg.), *Kasustheorie* (S. 1-118). Frankfurt a. M.: Athenäum (Erstausgabe 1968: The case for case. In E. Bach & R. T. Harms (Eds.), *Universals in linguistic theory* (pp. 1-90). New York: Holt, Rinehart & Winston).

Fischer, H. (1962). *Gruppenstruktur und Gruppenleistung*. Bern: Huber.

Flavell, J. H., Flavell, E. R. & Green, F. L. (1987). Young children's knowledge about the apparent-real and pretended-real distinctions. *Developmental Psychology, 23*, 816-822.

Flores d'Arcais, G. B. & Schreuder, R. (1987). Semantic activation during object naming. *Psychological Research, 49*, 153-159.

Fodor, J. A. (1983*)*. *The modularity of mind*. Cambridge, MA: Massachusetts Institute of Technology Press.

Foot, H. C., Chapman, A. J. & Smith, J. R. (1977). Friendship and social responsiveness in boys and girls. *Journal of Personality and Social Psychology, 35*, 401-411.

Foster, K. I. (1979). Levels of processing and the structure of language processor. In W. E. Cooper & E. C. T. Walker (Eds.), *Sentence processing: Psycholinguistic studies presented to Merrill Garrett* (pp. 27-85). Hillsdale, NJ: Lawrence Erlbaum Associates.

Foulkes, D. (1964). Theories of dream formation and recent studies of sleep consciousness. *Psychological Bulletin, 62*, 236-247.

Frank, H. (1965). *Kybernetik, Brücke zwischen den Wissenschaften*. Frankfurt a. M.: Umschau.

Frank, L. K. (1939). Time perspectives. *Journal of Social Philosophy, 4*, 293-312.

Frawley, W. (1992). *Linguistic semantics*. Hillsdale, NJ: Lawrence Erlbaum.

Frese, M. & Brodbeck, F. C. (1989). *Computer in Büro und Verwaltung*. Berlin: Springer.

Frese, M. & Sabini, J. (Eds.). (1985). *Goal directed behavior*. Hillsdale, NJ: Lawrence Erlbaum.

Frese, M., Stewart, J. & Hannover, B. (1987). Goal orientation and planfulness: Action styles as personality concepts. *Journal of Personality and Social Psychology, 52*, 1182-1194.

Freud, S. (1941). Analyse der Phobie eines fünfjährigen Knaben. *Gesammelte Werke* (Band 7, S. 241-377). Frankfurt a. M.: Fischer (Erstausgabe 1909).

Freud, S. (1946). Triebe und Triebschicksale. *Gesammelte Werke* (Band 10, S. 209-232). Frankfurt a. M.: Fischer (Erstausgabe 1915).

Freud, S. (1948). Hemmung, Symptom und Angst. *Gesammelte Werke* (Band 14, S. 111-205). Frankfurt a. M.: Fischer (Erstausgabe 1926).

Freud, S. (1952). Die Abwehr-Neuropsychosen. *Gesammelte Werke* (Band 1, S. 57-74). Frankfurt a. M.: Fischer (Erstausgabe 1894).

Freud, S. (1969). Eine Kindheitserinnerung des Leonardo da Vinci. *Gesammelte Werke* (Band 8, S. 127-211). Frankfurt a. M.: Fischer (Erstausgabe 1910).

Freud, S. (1969). Neue Folge der Vorlesungen zur Einführung in die Psychoanalyse. 31. Vorlesung: Die Zerlegung der psychischen Persönlichkeit. *Gesammelte Werke* (Band 15). Frankfurt a. M.: Fischer (Erstausgabe 1932).

Freud, S. (1969). Zur Geschichte der psychoanalytischen Bewegung. *Gesammelte Werke* (Band 10, S. 43-113). Frankfurt a. M.: Fischer (Erstausgabe 1914).

Freud, S. (1972). Abriß der Psychoanalyse. *Gesammelte Werke* (Band 17, S. 63-138). Frankfurt a. M.: Fischer (Erstausgabe 1940).

Freud, S. (1972). Bruchstücke einer Hysterieanalyse. *Gesammelte Werke* (Band 5, S. 161-286). Frankfurt a. M.: Fischer (Erstausgabe 1905).

Freud, S. (1972). Charakter und Analerotik. *Gesammelte Werke* (Band 7, S. 201-209). Frankfurt a. M.: Fischer (Erstausgabe 1908).

Freud, S. (1972). Das Ich und das Es. *Gesammelte Werke* (Band 13, S. 235-289). Frankfurt a. M.: Fischer (Erstausgabe 1923).

Freud, S. (1972). Der Untergang des Ödipuskomplexes. Gesammelte Werke (Band 13, S. 393-402). Frankfurt a. M.: Fischer (Erstausgabe 1924).

Freud, S. (1972). Drei Abhandlungen zur Sexualtheorie. *Gesammelte Werke* (Band 5, S. 27-145). Frankfurt a. M.: Fischer (Erstausgabe 1905).

Freud, S. (1972). Jenseits des Lustprinzips. *Gesammelte Werke* (Band 13, S. 1-69). Frankfurt a. M.: Fischer (Erstausgabe 1920).

Freud, S. (1973). Die Traumdeutung. *Gesammelte Werke* (Band 2/3, S. 1-642). Frankfurt a. M.: Fischer (Erstausgabe 1900).

Freud, S. (1973). Totem und Tabu. *Gesammelte Werke* (Band 9). Frankfurt a. M.: Fischer (Erstausgabe 1912/13).

Freud, S. (1973). Zur Psychopathologie des Alltagslebens. *Gesammelte Werke* (Band 4). Frankfurt a. M.: Fischer (Erstausgabe 1904).

Frijda, N. H. (1986). *The emotions*. Cambridge: Carnbridge University Press.

Fuchs, R. (1976). Furchtregulation und Furchthemmung des Zweckhandelns. In A. Thomas (Hrsg.), *Psychologie der Handlung und Bewegung* (S. 97-162). Meisenheim: Hain.

Fullerton, G. (1897). The „knower" in psychology. *Psychological Review, 4*, 1-26.

Funke, J. (1986). *Komplexes Problemlösen. Bestandsaufnahme und Perspektiven*. Berlin: Springer.

Funkenstein, D. H., King, J. H. & Drolette, M. (1954). The direction of anger during a laboratory stress situation. *Psychosomatic Medicine, 16*, 404- 413.

Furnham, A. (1990). Language and personality. In H. Giles & W. P. Robinson (Eds.), *Handbook of language and social psychology* (pp. 73-95). Chichester: John Wiley & Sons.

Gagné, R. M. (1969). *Die Bedingungen des menschlichen Lernens*. Hannover: Schroedel (Erstausgabe 1965: *The conditions of learning*. New York: Holt, Rinehart & Winston).

Gallistel, C. R. (1980). *The organization of action: A new synthesis*. Hillsdale, NJ: Lawrence Erlbaum.

Galperin, P. J. (1967). Die Psychologie des Denkens und die Lehre von der etappenweisen Ausbildung geistiger Handlungen. In E. A. Budilowa, E. W. Schochorowa, A. W. Bruschlinski u. a. (Hrsg.), *Untersuchungen des Denkens in der sowjetischen Psychologie* (S. 81-119). Berlin: Volk und Wissen.

Gardner, H. (1989). *Dem Denken auf der Spur: der Weg der Kognitionswissenschaft*. Stuttgart: Klett-Cotta (Erstausgabe 1985: *The mind's new science: a history of the cognitive revolution*. New York: Basic Books).

Gardner, R. W., Holzman, P. S., Klein, G. S., Linton, H. B. & Spence, D. P. (1959). Cognitive control: A study of individual consistencies in cognitive behavior. *Psychological Issues, 1*, Nr. 4.

Gazzinaga, M. S. (1970). *The bisected brain*. New York: Appleton-Century-Crofts.

Gehm, T. (1991). *Emotionale Verhaltensregulierung*. Weinheim: Psychologie Verlags Union.

Genesereth, M. R. & Nilsson, N. J. (1989). *Logische Grundlagen der künstlichen Intelligenz*. Braunschweig: Vieweg (Erstausgabe 1987: *Logical foundations of artificial intelligence*. Los Altos, CA: Morgan Kaufman).

Gentner, D. & Gentner, D. R. (1983). Flowing waters and teeming crowds: Mental models of electricity. In D. Gentner & A. L. Stevens (Eds.), *Mental models* (pp. 99-129). Hillsdale, NJ: Lawrence Erlbaum.

Gentner, D. (1978). Der experimentelle Nachweis der psychologischen Realität semantischer Komponenten: Die Verben des Besitzes. In D. A. Norman & D. E. Rumelhart (Hrsg.), *Strukturen des Wissens* (S. 213-247). Stuttgart: Klett-Cotta (Erstausgabe 1975: Evidence for the psychological reality of semantic components: The verbs of possession. In D. A. Norman & D. E. Rumelhart (Eds.), *Explorations in cognition* (pp. 211-246). San Francisco: Freeman).

Getzels, J. W. (1979). Problem finding: A theoretical note. *Cognitive Science, 3*, 167-172.

Getzels, J. W. & Csikszentmihalyi, M. (1975). From problem solving to problem finding. In I. A. Taylor & J. W. Getzels (Eds.), *Perspectives in creativity* (pp. 90-116). Chicago: Aldine.

Gibson, E. J. & Walk, R. D. (1960). The visual cliff. *Scientific American, 202*, 67-71.

Gibson, J. J. (1973). *Die Wahrnehmung der visuellen Welt*. Weinheim: Beltz (Erstausgabe 1950: *The perception of the visual world*. Boston: Houghton: Mifflin).

Gibson, J. J. (1979). *The ecological approach to visual perception*. Boston, MA: Houghton & Mifflin.

Giles, H. & Robinson, W. P. (1990). *Handbook of language and social psychology*. Chichester, New York: John Wiley & Sons.

Gilfillan, F. C. (1970). *The sociology of invention*. Cambridge, MA: Massachusetts Institute of Technology Press.

Gilson, C. & Abelson, R. P. (1965). The subjective use of inductive evidence. *Journal of Personality and Social Psychology, 2*, 301-310.

Givón, T. (1984). *Syntax: A functional typological introduction, I.* Amsterdam: Benjamin

Glassbrenner, A. (1977) *... ne scheene Jejend is det hier!* Berlin: arani.

Goldstein, K. M. & Blackman, S. (1978). *Cognitive style*. New York: Wiley & Sons.

Gopnik, A. (1993). How we know our minds: The illusion of first-person knowledge of intentionality. *Behavioral and Brain Sciences, 16,* 1-14.

Görlitz, D. (1972). *Ergebnisse und Probleme der ausdruckspsychologischen Sprechstimmen-forschung*. Meisenheim: Hain.

Greif, S., Rieger, A. & Semmer, N. (1977). Verhaltenstraining für Betriebsräte. *Psychologie heute, 4,* 18-25, 83.

Grewendorf, G. & Meggle, G. (Hrsg.). (1974). *Sprache und Ethik. Zur Entwicklung der Metaethik*. Frankfurt a. M.: Suhrkamp.

Grice, P. (1975). Logic and conversation. In P. Cole & J. L. L. Morgan (Eds.), *Syntax and semantics. Speech acts* (Vol. 3, pp. 41-58). New York: Academic Press.

Grillparzer, F. (1840/1961). Der Traum ein Leben. In *Sämtliche Werke*, herausgegeben von Peter Frank und Karl Pörnbacher (Band 2, S. 89-182). München: Hanser.

Grimm, H. & Engelkamp, J. (1981). *Sprachpsychologie. Handbuch und Lexikon der Psycholinguistik.* Berlin: Schmidt.

Grimm, J. & Grimm, W. (Hrsg.). (1975). *Kinder- und Hausmärchen.* Darmstadt: Wissenschaftliche Buchgesellschaft (Erstausgabe 1819).

Guthrie, E. R. (1935). *The psychology of learning*. New York: Harper & Row.

Guttmann, G. (1982). *Lehrbuch der Neuropsychologie*. Bern: Huber.

Hacker, W. (1978). *Allgemeine Arbeits- und Ingenieurpsychologie*. Bern: Huber.

Hacker, W. (1982). Action control. On the task-dependent structure of action-controlling mental representations. In W. Hacker, W. Volpert & M. von Cranach (Eds.), *Cognitive and motivational aspects of action* (pp. 137-158). Amsterdam: North-Holland.

Hadamard, J. (1951). A propos de la psychologie de l'invention. *Acta Psychologica, 8,* 147-153.

Haith, M. M. (1978). Visual competence in early infancy. In R. Held, H. W. Leibowitz & H. L. Teuber (Eds.), *Handbook of sensory physiology. Perception* (Vol. 8, pp. 311-356). Heidelberg: Springer.

Hajos, A. (1980). *Einführung in die Wahrnehmungspsychologie*. Darmstadt: Wissenschaftliche Buchgesellschaft.

Haken, H. (1990). *Erfolgsgeheimnisse der Natur: Synergetik - Die Lehre vom Zusammenwirken.* Frankfurt a. M.: Ullstein.

Hall, C. S. & Castle, R. L. van de (1966). *The content analysis of dreams.* New York: Appleton Century Crofts.

Halpern, A. R. (1992). Musical aspects of auditory imagery. In D. Reisberg (Ed.), *Auditory imagery* (pp. 1-28). Hillsdale, NJ: Lawrence Erlbaum.

Hamilton, C. L. & Brobeck, J. R. (1964). Hypothalamic hyperphagia in the monkey. *Journal of Comparative and Physiological Psychology, 57,* 271-278.

Hamilton, V. (1975). Socialization anxiety and information processing: A capacity model of anxiety-induced performance deficits. In I. G. Sarason & Ch. D. Spielberger (Eds.), *Stress and anxiety* (Vol. 2, pp. 45-68). Washington: Hemisphere Publishing Corporation.

Hampden-Turner, Ch. (1996). *Modelle des Menschen. Dem Rätsel des Bewußtseins auf der Spur.* Weinheim: Psychologie Verlags Union.

Hanawalt, N. G. & Demarest, I. H. (1939). The effect of verbal suggestion in the recall period upon the reproduction of visually perceived forms. *Journal of Experimental Psychology, 25,* 159-174.

Hanby, J. P. & Brown, C. E. (1974). The development of sociosexual behaviors in Japanese Macaques. *Behavior 49,* 152-196.

Handke, P. (1972). *Stücke. I.* Frankfurt a. M.: Suhrkamp.

Harnad, S. R. (1987). *Categorical perception. The groundwork of cognition.* Cambridge: Cambridge University Press.

Harris, G. J. & Burke, D. (1972). The effects of grouping on short term serial recall of digits by children: Developmental trends. *Child Development, 43,* 710-716.

Hartmann, H. (1970). *Ich-Psychologie und Anpassungsproblem.* Stuttgart: Klett.

Hartmann, N. (1921). *Grundzüge einer Metaphysik der Erkenntnis.* Berlin: De Gruyter.

Hartmann, N. (1933). *Systematische Selbstdarstellung.* Berlin: Juncker & Dünnhaupt.

Havighurst, R. J. (1972). *Developmental tasks and education.* New York: Longman.

Hayes, J. R. (1989). *The complete problem solver* (2. Aufl.). Hillsdale, NJ: Lawrence Erlbaum.

Haygood, R. C. & Bourne, L. E. (1965). Attribute- and rule-learning aspects of conceptual behavior. *Psychological Review, 72,* 175-195.

Heckhausen, H. & Roelofsen, I. (1962). Anfänge und Entwicklung der Leistungsmotivation. I. Im Wetteifer des Kleinkindes. *Psychologische Forschung, 26,* 313-397.

Heckhausen, H. (1963). *Hoffnung und Furcht in der Leistungsmotivation.* Meisenheim: Hain.

Heckhausen, H. (1977). Achievement motivation and its constructs: A cognitive model. *Motivation and Emotion, 1,* 283-329.

Heckhausen, H. (1979). Sachimmanente Entfaltungslogik der Attribution. Unveröffentlichtes Referat, *4. Tagung Entwicklungspsychologie in Berlin* 1979.

Heckhausen, H. (1980). *Motivation und Handeln.* Berlin: Springer.

Heckhausen, H., Gollwitzer, P. M. & Weinert, F. E. (Hrsg.). (1987). *Jenseits des Rubikon. Der Wille in den Humanwissenschaften.* Berlin: Springer.

Heidbreder, E. (1946a). The attainment of concepts: I. Terminology and methodology. *Journal of General Psychology, 35,* 173-189.

Heidbreder, E. (1946b). The attainment of concepts: II. The problem. *Journal of General Psychology, 35,* 191-223.

Heider, F. (1977). *Die Psychologie der interpersonalen Beziehungen.* Stuttgart: Klett (Erstausgabe 1958: *The psychology of interpersonal relations.* New York: Wiley & Sons).

Heller, T. (1961). *Logik und Axiologie der analogen Rechtsanwendung.* Berlin: De Gruyter.

Helmer, O. (1966). *50 Jahre Zukunft.* Hamburg: Mosaik (Erstausgabe 1966: *Social technology.* New York: Basic Books).

Helmholtz, H. (1867). *Handbuch der physiologischen Optik.* Leipzig: Voss.

Helson, H. (1947). Adaptation level as frame of reference for prediction of psychophysical data. *American Journal of Psychology, 60,* 1-29.

Helson, H. (1964). *Adaptation level theory.* New York: Harper & Row.

Helvétius, Cl. A. (1792). *De l'esprit. Oeuvres,* Band 1. Paris: Servières & Bastien (verfaßt 1784).

Hendra, T. (1994). *BRAD '61. Portrait des Künstlers als junger Mann.* München: Schirmer/Mosel.

Herrmann, Th. (1988). Mentale Repräsentation - ein erläuterungsbedürftiger Begriff. *Sprache und Kognition, 7,* 162-175.

Herrnstein, R. J. (1970). On the law of effect. *Journal of the Experimental Analysis of Behavior, 13,* 243-266.

Heyns, R. W., Veroff, J. & Atkinson, J. W. (1958). A scoring manual for the affiliation motive. In J. W. Atkinson (Ed.), *Motives in fantasy, action and society* (pp. 205-218). Princeton: Van Norstrand.

Hilgard, E. R. & Bower, G. H. (1971). *Theorien des Lernens.* Stuttgart: Klett (spätere Auflage von R. E. Hilgard 1948: *Theories of learning.* NewYork: Appleton-Century-Crofts).

Hinde, R. A. (1972). Comments on part A. In R. A. Hinde. (Ed.), *Non-verbal communication* (pp. 86-98). Cambridge: Cambridge University Press.

Hoffmann, H.-J. (1987). *Kleidersprache- Eine Psychologie der Illusionen in Kleidung, Mode und Maskerade.* Frankfurt a. M.: Ullstein.

Hoffmann, J. (1986). *Die Welt der Begriffe. Psychologische Untersuchungen zur Organisation des menschlichen Wissens.* Weinheim: Beltz.

Hofstätter, P. R. (1955). Über Ähnlichkeit. *Psyche, 9,* 54-80.

Holding, D. H. (1981). *Human skills.* New York: Wiley & Sons.

Holt, E. B. (1931). *Animal drive and the learning process. An essay toward radical empiricism.* London: Williams & Norgate.

Holzkamp, K. (1983). *Grundlegung der Psychologie.* Frankfurt a. M.: Campus.

Holzkamp, K. (1993). *Lernen. Subjektwissenschaftliche Grundlegung.* Frankfurt a. M.: Campus.

Hopkins, W. D., Morris, R. D. & Savage-Rumbaugh, E. S. (1991). Evidence for asymmetrical hemispheric priming using known and unknown warning stimuli in two language-trained chimpanzees (Pan troglodytes). *Journal of Experimental Psychology: General, 120,* 46-56.

Hoppe, F. (1931). Erfolg und Mißerfolg. *Psychologische Forschung, 14,* 1-62.

Hörmann, H. & Todt, E. (1960). Lärm und Lernen. *Zeitschrift für experimentelle und angewandte Psychologie, 7,* 422-426.

Horowitz, M. J. (1970). *Image formation and cognition.* New York: Appleton-Century-Crofts.

Howe, M. L. & Brainerd, C. J. (Eds.). (1988). *Cognitive development in adulthood.* New York: Springer.

Hull, C. L. (1943). *Principles of behavior.* New York: Appleton Century Crofts.

Hull, C. L. (1951). *Essentials of behavior.* New Haven: Yale University Press.

Hull, C. L. (1952). *A behavior system.* New Haven: Yale University Press.

Hüllen, J. (1971). Archetypus. In J. Ritter (Hrsg.), *Historisches Wörterbuch der Philosophie* (Band 1, S. 497-500). Basel: Schwabe.

Hume, D. (1907). *Eine Untersuchung über den menschlichen Verstand.* Leipzig: Dürr (Erstausgabe 1739: *Enquiry concerning human understanding.* London: Noon).

Hundertwasser, F. (1975). *Katalog zur Ausstellung im Haus der Kunst München.* Glarus, Schweiz: Grüne Janura.

Hunt, E. B. & Banaji, M. R. (1988). The Whorfian hypothesis revisited: A cognitive science view of linguistic and cultural effects on thought. In J. W. Berry, S. H. Irvine & E. B. Hunt (Eds.), *Indigenous cognition: Functioning in cultural context* (pp. 57-84). Dordrecht: Martinus Nijhoff Publishers.

Hunt, J. McV. (1960). Experience and the development of motivation: Some reinterpretations. *Child Development, 31,* 489-504.

Huttenlocher, J. (1968). Constructing spatial images: A strategy in reasoning. *Psychological Review, 75,* 550-560.

Huxley, A. (1981). *Schöne neue Welt.* Frankfurt a. M.: Fischer (Erstausgabe 1932: *Brave new world.* London: Chatto & Windus).

Issing, L. J. (1994). Wissenserwerb mit bildlichen Analogien. In B. Weidenmann (Hrsg.), *Wissenserwerb mit Bildern* (S. 149-176). Bern: Huber.

Iwanow-Smolensky, A. G. (1977). On the methods of examining the conditioned food reflexes in children and in mental disorders. *Journal of the Experimental Analysis of Behavior, 28,* 181-184. (Nachdruck aus Brain (1927)).

Izard, C. E. (1979). Emotions as motivations. An evolutionary-developmental perspective. In R. A. Dienstbier (Ed.), *Nebraska Symposium on Motivation* (Vol. 26, pp. 163-200). Lincoln: University of Nebraska Press.

Jacobi, C. (1994). Stationäre Behandlung von Bulimia nervosa. In M. Zielke & J. Sturm (Hrsg.), *Handbuch: Stationäre Verhaltenstherapie* (S. 563-570). Weinheim: Psychologie Verlags Union.

Jaensch, E. R. (1932). Das Verhältnis der Integrationstypologie zu anderen Formen der Typenlehre. *Zeitschrift für Psychologie, 125,* 113-148.

Jaffe, J. & Feldstein, S. (1970). *Rhythms of dialogue.* New York: Academic Press.

Jäger, A. O. (1967). *Dimensionen der Intelligenz.* Göttingen: Hogrefe.

Jakobson, R. (1942). Kindersprache, Aphasie und allgemeine Lautgesetze. *Universitets Arsskrift (Uppsala), 9,* 1-83.

James, W. (1884). What is emotion? *Mind, 9,* 188-205.

James, W. (1905). *Psychology.* New York: Holt.

Janis, I. L. (1972). *Victims of groupthink. A psychological study of foreign policy decisions and fiascoes.* Boston: Houghton & Mifflin.

Janis, I. L. & Frick, F. (1943). The relationship between attitudes towards conclusions and errors in judging logical validity of syllogisms. *Journal of Experimental Psychology, 33,* 73-77.

Jarvella, R. J. & Nelson, T. R. (1982). Focus of information and general knowledge in language understanding. In J. F. Le Ny & W. Kintsch (Eds.), *Language and comprehension* (pp 73-86). Amsterdam: North Holland.

Jeffery, R. W. (1976). The influence of symbolic and motor rehearsal in observational learning. *Journal of Research in Personality, 10,* 116-127.

Johnson, G. (1991). *In den Palästen der Erinnerung.* München: Droemer Knaur (Erstausgabe 1991: *In the palaces of memory.* New York: Knopf).

Johnson, M. K., Foley, M. A., Suengas, A. G. & Raye, C. L. (1988). Phenomenal characteristics of memories for perceived and imagined autobiographical events. *Journal of Eexperimental Psychology: General, 117*, 371-376.

Johnson, M. K., Hashtroudi, S. & Lindsay, D. S. (1993). Source monitoring. *Psychological Bulletin, 114*, 3-28.

Johnson-Laird, P. N. (1977). Reasoning with quantifiers. In P. N. Johnson-Laird & P. C. Wason (Eds.), *Thinking* and reasoning (pp. 129-142). Cambridge: Cambridge University Press.

Johnson-Laird, P. N. (1983). *Mental models: Towards a cognitive science of language, inferences, and consciousness.* Cambridge, MA: Cambridge University Press.

Joseph, R. (1992). *The right brain and the unconscious.* New York: Plenum.

Jung, C. G. (1944/1972). Psychologie und Alchemie. *Gesammelte Werke* (Band 12). Olten: Walter.

Jung, C. G. (1954/1976). Die Archtypen und das kollektive Unbewußte. *Gesammelte Werke* (Band 9). Olten: Walter.

Jung, C. G. (1976). Die Dynamik des Unbewußten. *Gesammelte Werke* (Band 8). Olten: Walter (Abhandlungen aus den Jahren 1931-1954).

Jung, C. G. (1977). Symbole der Wandlung. *Gesammelte Werke* (Band 5). Olten: Walter (Erstausgabe 1912: *Wandlungen und Symbole der Libido*).

Jungermann, H. (1976). *Rationale Entscheidungen.* Bern: Huber.

Junker, E. (1960). *Über unterschiedliches Behalten eigener Leistungen.* Frankfurt a. M.: Kramer.

Jüttemann, G., Sonntag, M. & Wulf, Ch. (1991). *Die Seele.* Weinheim: Psychologie Verlags Union.

Kafka, F. (1953). Hochzeitsvorbereitungen auf dem Lande. *Gesammelte Werke* (Band 6), herausgegeben von M. Brod. Frankfurt a. M.: Fischer.

Kaminski, G. (1973). Bewegungen als Bewältigung von Mehrfachaufgaben. *Sportwissenschaft, 3*, 233-250.

Kant, I. (1920). Kritik der praktischen Vernunft. In K. Vorländer (Hrsg.), *I. Kant Sämtliche Werke* (1. T., 1. Band, 3. Hptst.). Leipzig: Meiner (Erstausgabe 1786).

Katz, J. J. & Fodor, J. A. (1970). Struktur einer semantischen Theorie. In H. Steger (Hrsg.), *Vorschläge für eine strukturale Grammatik des Deutschen* (S. 202-268). Darmstadt: Wissenschaftliche Buchgesellschaft (Erstausgabe 1963: The structure of semantic theory. *Language 39*, 170-210).

Katz, J. J. & Halstead, W. C. (1950). Protein organization and mental functions. *Comparative Psychology Monographs, 20*, 1-38.

Katzenberger, L. F. (1967). *Gedächtnis oder Gedächtnisse?* München: Ehrenwirth.

Kebeck, G. (1994). *Wahrnehmung.* Weinheim: Juventa.

Keller, H. (1955). *Die Geschichte meines Lebens.* Bern: Scherz (Erstausgabe 1954: *The story of my life.* New York: Doubleday).

Keller, J. A. (1981). *Grundlagen der Motivation.* München: Urban & Schwarzenberg.

Kelley, H. H. & Thibaut, J. W. (1978). *Interpersonal relations. A theory of interdependence.* New York: Wiley & Sons.

Kelly, G. A. (1955). *The psychology of personal constructs.* New York: Norton.

Ketter, P. (Hrsg.).(1955). *Das neue Testament.* Stuttgart: Kepplerhaus.

Kihlstrom, J. F. (1987). The cognitive unconscious. *Science, 237*, 1445-1452.

Kintsch, W. & Dijk, T. A. van (1975). Comment on se rapelle et on résume des histoires. *Langages, 40*, 98-116.

Kintsch, W. & Dijk, T. A. van (1978). Toward a model of text comprehension and production. *Psychological Review, 85*, 363-394.

Klee, P. (1920). Beitrag für den Sammelband ,Schöpferische Konfession' (Nachdruck 1976 in Ch. Geelhaar (Hrsg.), Paul Klee. *Schriften* (S. 118-122). Köln: Du Mont).

Klein, S. B. & Mowrer, R. R. (1989). *Contemporary learning theories* (2 Vols.). Hillsdale, NJ: Lawrence Erlbaum.

Kleinbeck, U. (1975). *Motivation und Berufswahl*. Göttingen: Hogrefe.

Klix, F. (1971). *Information und Verhalten*. Bern: Huber.

Klix, F. (1978). On the representation of semantic information in human long-term memory. *Zeitschrift für Psychologie, 186*, 26-38.

Klix, F. (1980). On the structure and function of semantic memory. In F. Klix & J. Hoffmann (Eds.), *Cognition and memory* (pp. 11-25). Berlin: Deutscher Verlag der Wissenschaften.

Klix, F. (1993). *Erwachendes Denken*. Berlin, Heidelberg: Spektrum.

Kluckhohn, C. & Leighton, D. (1946). *The Navaho*. Cambridge: Cambridge University Press.

Kluwe, R. H. (1981). Metakognition. In W. Michaelis (Hrsg.), *Bericht über den 32. Kongreß der Deutschen Gesellschaft für Psychologie in Zürich 1980* (Band 1, S. 246-258). Göttingen: Hogrefe.

Knapp, T. J. & Robertson, L. C. (1986). *Approaches to cognition: Contrasts and controversies*. Hillsdale, NJ: Lawrence Erlbaum.

Knopf, M. (1987). *Gedächtnis im Alter*. Berlin: Springer.

Koch, S. & Leary, D. E. (1985). *A century of psychology as a science*. New York: McGraw Hill.

Koestler, A. (1966). *Der göttliche Funke*. München: Scherz (Erstausgabe 1964: *The act of creation*. London: Hutchinson).

Koffka, K. (1921). *Die Grundlagen der psychischen Entwicklung*. Osterwieck/Harz: Zickfeldt.

Kohlberg, L. (1963). The development of children's orientation towards a moral order: I. Sequence in the development of moral thought. *Vita Humana, 6*, 14-33.

Kohler, I. (1956). Der Brillenversuch in der Wahrnehmungspsychologie mit Bemerkungen zur Lehre von der Adaptation. *Zeitschrift für experimentelle und angewandte Psychologie, 3*, 381-417.

Köhler, W. (1920). *Die physischen Gestalten in Ruhe und im stationären Zustand*. Erlangen: Weltkreis Verlag.

Köhler, W. (1921). *Intelligenzprüfungen an Anthropoiden. Abhandlungen der Preußischen Akademie der Wissenschaften 1917*. Berlin: Springer.

Kolb, B. & Whishaw, I. Q. (1993). *Neuropsychologie*. Heidelberg: Spektrum (Ausführlichere Erstausgabe 1980: *Fundamentals of human neuropsychology*. New York: Freeman).

Kolodner, J. L. & Riesbeck, C. K. (Eds.). (1986). *Experience, memory, and reasoning*. Hillsdale, NJ: Lawrence Erlbaum.

Kosslyn, S. M. (1975). Information representation in visual images. *Cognitive Psychology, 7*, 341-370.

Kosslyn, S. M. (1978). The representational-developmental hypothesis. In P. A. Ornstein (Ed.), *Memory development in children* (pp. 157-189). Hillsdale, NJ: Lawrence Erlbaum.

Krämer, S. (Hrsg.). (1994). *Geist - Gehirn - künstliche Intelligenz*. Berlin: de Gruyter.

Krasnegor, N. A., Rumbaugh, D. M., Schiefelbusch, R. L. & Studdert-Kennedy, M. (1991). *Biological and behavioral determinants of language development*. Hillsdale, NJ: Lawrence Erlbaum.

Krause, R. (1977). *Produktives Denken bei Kindern*. Weinheim: Beltz.

Kreibig, J. K. (1909). *Die intellektuellen Funktionen. Untersuchungen über Grenzfragen der Logik, Psychologie und Erkenntnistheorie*. Wien: Hölder.

Kretschmer, E. (1929). *Körperbau und Charakter*. Berlin: Springer.

Krist, H., Fieberg, E.-L. & Wilkening, F. (1993). Intuitive physics in action and judgment: The development of knowledge about projectile motion. *Journal of Experimental Psychology: Learning, Memory, and Cognition, 19*, 952-966.

Kroetz, F. X. (1973). *Wildwechsel*. Wollerau: Lentz.

Kroh, O. (1929-1934). *Experimentelle Beiträge zur Typenkunde* (Band 1-3). Leipzig: Barth (Zeitschrift für Psychologie, 1. Abt., Ergänzungsband 2).

Krohne, H. W. (1976). *Theorien zur Angst*. Stuttgart: Kohlhammer.

Krohne, H. W. (1977). *Angst bei Schülern und Studenten*. Hamburg: Hoffmann & Campe.

Krowalewski, H. E., Peters, T. & Zerbst, E. (1979). Prozessorgesteuerte Reizparameteroptimierung für ein rückgekoppeltes Nervenschrittmachersystem. *Biomedizinische Technik, 24*, 229-230.

Krueger, F. (1928). *Das Wesen der Gefühle. Entwurf einer systematischen Theorie*. Leipzig: Akademische Verlagsgesellschaft.

Krug, S., Hage, A. & Hieber, S. (1978). Anstrengungsvariation in Abhängigkeit von der Aufgabenschwierigkeit, dem Konzept eigener Tüchtigkeit und dem Leistungsmotiv. *Archiv für Psychologie, 130*, 265-278.

Künssberg, E. von (Hrsg.). (o. J.). *Der Sachsenspiegel*. Leipzig: Insel.

Kuhl, J. (1983). *Motivation, Konflikt und Handlungskontrolle*. Berlin: Springer.

Kunst-Wilson, W. R. & Zajonc, R. B. (1980). Affective discrimination of stimuli that cannot be recognized. *Science, 207*, 557-558.

Kunze, R. (1969). *Sensible Wege*. Reinbek: Rowohlt.

Kutschera, F. von & Breitkopf, A. (1971). *Einführung in die moderne Logik*. Freiburg, München: Alber.

Kuttner, P. (1989). *Moderne Psychoanalyse*. München: Verlag Internationale Psychoanalyse.

Lange, C. G. (1887). *Über Gemütsbewegungen*. Leipzig: Thomas (Erstausgabe 1885: *Om sindsbevaegelser*. Kopenhagen: Lund).

Lange, F. A. (1875). *Geschichte des Materialismus* (Band 2, 2. Aufl.). Iserlohn: Baedeker.

Lantermann, E. D. (1982). Integration von Kognitionen und Emotionen in Handlungen. In H.-W. Hoefert (Hrsg.), *Person und Situation - interaktionspsychologische Untersuchungen* (S. 67-84). Göttingen: Hogrefe.

Laotse (undatiert/1922). *Sprüche*, übersetzt von Klabund. Berlin: Heyder.

Larenz, K. (1975). *Methodenlehre der Rechtswissenschaft*. Berlin: Springer.

Lasswell, H. D. (1948). The structure and function of communication in society. In L. Bryson (Ed.), *The communication of ideas* (pp. 37-51). New York: Harper.

Lazarus, R. S. (1991). *Emotion and adaptation*. New York: Oxford University Press.

Lazarus-Mainka, G. (1973). Persönlichkeitsspezifisches im Sprachverhalten. *Zeitschrift für experimentelle und angewandte Psychologie, 20*, 68-91.

Le Bon, G. (1953). *Psychologie der Massen.* Stuttgart: Kröner (Erstausgabe 1895: *Psychologie des foules.* Paris: Alcan).

Le Faivre, R. (1974). *Fuzzy problem-solving.* Ann Arbor: University of Wisconsin (Dissertationsdruck).

Leibniz, G. W. (1925). *Die Theodicee.* Neu übersetzt und herausgegeben von A. von Buchenau. Leipzig: Meinersche Philosophische Bibliothek (Erstausgabe 1710: *Essais de théodicée sur la bonté de dieu, la liberté de l'homme et l'origine du mal.* Amsterdam: I. Troyel).

Lenin, W. I. (1961). *Gesammelte Werke* (Band 32). Berlin: Akademie Verlag.

Lenk, H. (Hrsg.). (1977-1984). *Handlungstheorien - interdisziplinär* (Band 1-4). München: Fink.

Leontjew, A. N. (1973). *Probleme der Entwicklung des Psychischen.* Frankfurt a. M.: Athenäum Fischer (Erstausgabe: Moskau 1959).

Lepper, M. R., Greene, D. & Nisbett, R. E. (1973). Undermining children's intrinsic interest with extrinsic reward: A test of the „overjustification" hypothesis. *Journal of Personality and Social Psychology, 28,* 129-137.

Lersch, Ph. (1962). *Aufbau der Person* (8. Aufl.) München: Barth. (vorher: *Aufbau des Charakters.* München: Barth 1938).

Lesser, H. & Hlavacek, P. (1977). Problem-solving rigidity of children on perceptual tasks as a function of parental authoritarianism. *Journal of Genetic Psychology, 131,* 97-106.

Leuba, C. (1955). Toward some integration of learning theories: The concept of optimal stimulation. *Psychological Reports, 1,* 27-33.

Levelt, W. J. M. (1989). *Speaking. From intention to articulation.* Cambridge, MA: Massachusetts Institute of Technology Press.

Levy, J. & Trevarthen, C. (1976). Metacontrol of hemispheric function in human split-brain patients. *Journal of Experimental Psychology: Human Perception and Performance, 2,* 299-312.

Lewin, K. (1926). Untersuchungen zur Handlungs- und Affektpsychologie. I und II. Vorsatz, Wille und Bedürfnis (mit Vorbemerkungen über die psychischen Kräfte und Energien und die Struktur der Seele). In *Psychologische Forschung, 7,* 294 -385.

Liebhart, E. (1971). *Nationalismus in der Tagespresse.* Meisenheim: Hain.

Lieret, I. (1977). Angst des Beifahrers. *ADAC-Motorwelt, 9,* 41-43.

Linden, M. & Manns, M. (1977). *Psychopharmakologie für Psychologen.* Salzburg: Müller.

Linden, M. van der, Brédart, S. & Beerten, A. (1994). Age-related differences in updating working memory. *British Journal of Psychology, 85,* 145-152.

Linden, M. van der, Coyette, F. & Seron, X. (1992). Selective impairment of the „central executive" component of working memory: A single case study. *Cognitive Neuropsychology, 9,* 301-326.

Lindsley, D. B. (1951). Emotion. In S. S. Stevens (Ed.), *Handbook of experimental psychology* (pp. 473-516). New York: Wiley & Sons.

Lindworsky, J. (1916). *Das schlußfolgernde Denken.* Freiburg i. Br.: Herder.

Lippmann, W. (1922). *Public opinion.* New York: Macmillan.

Lisper, H. O., Laurell, H. & Stening, G. (1973). Effects of experience of the driver on heart-rate, respiration rate, and subsidiary reaction time in a three hours continuous reaction task. *Ergonomics, 16,* 501-506.

Little, B. R. (1977 gekürzt). Der Mensch in der Psychologie - Wissenschaftler, Humanist und Spezialist. In W. Schönpflug (Hrsg.), *System Mensch - Beispiele aus der psychologischen*

Fachliteratur (S. 26-32). Stuttgart: Klett-Cotta (Erstausgabe 1972: Psychological man as scientist, humanist, and specialist. *Journal of Experimental Research in Personality, 6*, 95-118).

Lorenz, K. (1968). Vergleichende Verhaltensforschung. In K. Lorenz & P. Leyhausen (Hrsg.), *Antriebe tierischen und menschlichen Verhaltens* (S. 15-47). München: Piper.

Lorenz, K. (1978). *Vergleichende Verhaltensforschung. Grundlagen der Ethologie.* Berlin: Springer.

Lorenzen, P. (1955). *Einführung in die operative Logik und Mathematik.* Berlin: Springer.

Lorge, I., Fox, D., Davitz, J. & Brenner, M. (1958). A survey of studies contrasting the quality of group performance and individual performance (1920-1957). *Psychological Bulletin, 55*, 337-372.

Lott, A. J. & Lott, B. E. (1965). Group cohesiveness as interpersonal attraction: A review of relationships with antecedent and consequent variables. *Psychological Bulletin, 64*, 259-309.

Luchins, A. S. (1965). Mechanisierung beim Problemlösen. Die Wirkung der „Einstellung". In C.-F. Graumann (Hrsg.), *Denken* (S. 171-202). Köln: Kiepenheuer & Witsch (Erstausgabe 1942: Mechanization in problem solving: The effect of „Einstellung". *Psychological Monographs, 54*, Nr. 248).

Luh, C. W. (1922). The conditions of retention. *Psychological Monographs, 31*, Nr. 142.

Lurija, A. R. (1991). *Der Mann, dessen Welt in Scherben ging. Zwei neurologische Geschichten.* Reinbek: Rowohlt (Erstausgabe 1968: *Malenkaja knishka o bolschoj pamjati.* Moskau: Isdatelstwo Moskowskowo Universiteta).

Lycan, W. G. (1987). *Consciousness.* Cambridge, MA: Massachusetts Institute of Technology Press.

Lyotard, J.-F. (1989). *Der Widerstreit.* München: Fink (Erstausgabe 1983: *Le différend.* Paris: Les Editions de Minuit).

Maas, U. (1977). Sprachliches Handeln. In *Funkkolleg Sprache* (Band 2, S. 144-172). Frankfurt a. M.: Fischer.

Mach, E. (1885). *Analyse der Empfindungen.* Jena: Fischer.

MacKay, D. M. (1972). The nature of communication. In R. A. Hinde (Ed.), *Non-verbal communication* (pp. 3-26). Cambridge University Press.

Mahler, W. (1933). Ersatzhandlungen verschiedenen Realitätsgrades. *Psychologische Forschung, 18*, 27-89.

Maier, G. (1971). *Mensch und freier Wille.* Tübingen: Mohr.

Maier, N. R. F. (1930). Reasoning in humans. I. On direction. *Journal of Comparative Psychology, 10*, 115-143.

Maltzmann, I. (1955). Thinking: From a behavioristic point of view. *Psychological Review, 62*, 275-286.

Mandl, H. & Huber, G. L. (Hrsg.). (1978). *Kognitive Komplexität.* Göttingen: Hogrefe.

Mandl, H. & Spada, H. (Hrsg.). (1988). *Wissenspsychologie.* Weinheim: Psychologie Verlags Union.

Mandler, G. (1964). The interruption of behavior. In D. Levine (Ed.), *Nebraska Symposium on Motivation* (pp. 163-219). Lincoln: University of Nebraska Press.

Mandler, G. (1979). *Denken und Fühlen.* Paderborn: Junfermann (Erstausgabe 1975: *Mind and emotion.* New York: Wiley & Sons).

Mandler, G. (1985). *Cognitive psychology. An essay in cognitive science*. Hillsdale, NJ: Lawrence Erlbaum.

Mandler, G., Mandler, J. M. & Uviller, E. T. (1958). Autonomic feedback: The perception of autonomic activity. *Journal of Abnormal and Social Psychology, 56*, 367-373.

Marbe, K. (1901). *Experimentalpsychologische Untersuchungen über das Urteil*. Leipzig: Engelmann.

Marks, D. F. (1990). On the relationship between imagery, body, and mind. In P. J. Hampson, D. F. Marks & J. T. E. Richardson (Eds.), *Imagery* (pp. 1-38). London: Routledge.

Marslen-Wilson, W. D. & Tyler, L. K. (1980). The temporal structure of spoken language understanding. *Cognition, 8*, 1-71.

Marx, K. (1972). Zur Kritik der Hegelschen Rechtsphilosophie. In K. Marx & F. Engels, *Werke* (Band 1, S. 378-391). Berlin: Dietz (Erstausgabe 1844).

Maslow, A. H. (1954). *Motivation and personality*. New York: Harper.

Maslow, A. H. (1958). Emotional blocks to creativity. *Journal of Individual Psychology, 14*, 51-56.

Maslow, A. H. (1968). Various meanings of transcendence. *Journal of Transpersonal Psychology, 1*, 56-66.

Masters, R. E. L. & Houston, J. (1966). *The varieties of psychedelic experience*. New York: Holt, Rinehart & Winston.

Matern, B., Lehmann, B. & Uebel, H. (1976). Zur Ermittlung von inneren Modellen für Tätigkeiten der Prozessregulation als Voraussetzung zur Optimierung von Arbeits- und Anlernverfahren. In W. Hacker (Hrsg.), *Psychische Regulation von Arbeitstätigkeiten* (S. 53-57). Berlin: Deutscher Verlag der Wissenschaften.

Mayer, R. E. & Revlin, R. (1978). An information processing framework for research on human reasoning. In R. Revlin & R. E. Mayer (Eds.), *Human reasoning* (pp. 1-32). New York: Wiley & Sons.

Mayo, C. & La France, M. (1978). On the acquisition of nonverbal communication: A review. *Merrill Palmer Quarterly, 24*, 213-228.

McClearn, G. E. & De Fries, J. C. (1973). *Introduction to behavioral genetics*. San Francisco: Freemann.

McClelland, D. C. & Atkinson, J. W. (1948). The projective expression of needs: I. The effect of different intensities of the hunger drive on perception. *Journal of Psychology, 25*, 205-222.

McClelland, D. C. & Winter, D. G. (1969). *Motivating economic archievement*. New York: Free Press.

McCulloch, W. S. (1965). *Embodiments of mind*. Cambridge, MA.: Massachusetts Institute of Technology Press.

McDougall, W. (1928). *Grundlagen einer Sozialpsychologie*. Jena: Fischer (Erstausgabe 1908: *Social psychology*. London: Methuen).

McGraw, K. O. (1978). The detrimental effects of reward or performance: A literature review and a prediction model. In M. R. Lepper & D. Greene (Eds.), *The hidden costs of reward* (pp. 33-60). Hillsdale, NJ: Lawrence Erlbaum.

McNamara, J. (1977). From sign to language. In J. McNamara (Ed.), *Language learning and thought* (pp. 11-45). New York: Academic Press.

Mees, U. & Fieguth, G. (1977). Sequentielle Beobachtungen und Analyse aggressiven Kinderverhaltens. In W. Tack (Hrsg.), *Bericht über den 30. Kongreß der Deutschen Gesellschaft für Psychologie 1976 in Regensburg* (Band 2, S. 77-79). Göttingen: Hogrefe.

Mees, U. (1974). *Vorausurteil und aggressives Verhalten.* Stuttgart: Klett.

Meggle, G. (1981). *Grundbegriffe der Kommunikation.* Berlin: De Gruyter.

Mehrabian, A. (1970). Some determinants of affiliation and conformity. *Psychological Reports, 27,* 19-29.

Mehrabian, A. (1971). Nonverbal betrayal of feeling. *Journal of Experimental Research in Personality, 5,* 64-73.

Melton, A. W. (1963). Implications of short-term memory for a general theory of memory. *Journal of Verbal Learning and Verbal Behavior, 2,* 1-21.

Mertens, W. (Hrsg.). (1981). *Neue Perspektiven der Psychoanalyse.* Stuttgart: Kohlhammer.

Mesarovi*ʂ*, M. D. (1965). Toward a formal theory of problem solving. In M. A. Saff & W. D. Wilkinson (Eds.), *Computer augmentation of human reasoning* (pp. 37-64). Washington: Macmillan.

Mesarovi*ʂ*, M. D. (1972). Mathematical theory of general systems. In G. J. Klir (Ed.), *Trends in general systems theory* (pp. 251-269). New York: Wiley & Sons.

Metz-Göckel, H. (1989). *Witzstrukturen.* Opladen: Westdeutscher Verlag.

Metzger, W. (1953). *Gesetze des Sehens.* Frankfurt a. M.: Kramer.

Meyer, M. F. (1933). That whale among the fishes - the theory of emotions. *Psychological Review, 40,* 292-300.

Meyer, W.-U. & Hallermann, B. (1977). Intended effort and informational value of task outcome. *Archiv für Psychologie, 129,* 131-140.

Meyer, W.-U. (1973). *Leistungsmotiv und Ursachenerklärung von Erfolg und Mißerfolg.* Stuttgart: Klett.

Meyer, W.-U., Schützwohl, A. & Reisenzein, R. (1993). *Einführung in die Emotionspsychologie* (Band 1). Bern: Huber.

Michaelis, W. (1986). *Psychologieausbildung im Wandel. Beschwichtigende Kompromisse, neue Horizonte.* München: Profil.

Middleton, D. & Edwards, D. (1990). Conversational remembering: A social psychological approach. In D. Middleton & D. Edwards (Eds.), *Collective remembering* (pp. 23-45). London: Sage.

Mikula, G. (Hrsg.). (1980). *Gerechtigkeit und soziale Interaktion.* Bern: Huber.

Miler, A. (1960). Vergleich der Vergessenskurven für Reproduzieren und Wiedererkennen von sinnlosem Material. *Zeitschrift für experimentelle und angewandte Psychologie, 7,* 29-38.

Miller, G. A. (1956). The magical number seven, plus or minus two: Some limits on our capacity for processing information. *Psychological Review, 63,* 81-97.

Miller, G. A., Galanter, S. & Pribram, K. (1973). *Strategien des Handelns.* Stuttgart: Klett (Erstausgabe 1960: *Plans and the structure of behavior.* New York: Holt, Rinehart & Winston).

Miller, N. E. (1948). Studies of fear as an acquirable drive. *Journal of Experimental Psychology, 38,* 89-101.

Miller, P. H., Kessel, F. S. & Flavell, J. H. (1970). Thinking about people thinking about people thinking about ... : A study of social cognitive development. *Child Development, 41,* 613-623.

Minsky, M. (1975). A framework for representing knowledge. In P. H. Winston (Ed.), *The psychology of computer vision* (pp. 211-277). New York: McGraw Hill.

Mitscherlich, A. (1963). *Auf dem Wege zur vaterlosen Gesellschaft.* München: Piper.

Mitscherlich, M. (1972). *Müssen wir hassen?* München: Piper.

Mittenecker, E. (1963). Kybernetische Modelle in der Psychologie. In G. Lienert (Hrsg.), *Bericht über den 23. Kongreß der Deutschen Gesellschaft für Psychologie 1962* (S. 68-92). Göttingen: Hogrefe.

Mommaers, P. (1979). *Was ist Mystik?* Frankfurt a. M.: Insel.

Moreno, J. (1959). *Gruppentherapie und Psychodrama.* Stuttgart: Klett.

Morf-Rohr, U. (1981). Tagträumen in der Vorpubertät. In W. Michaelis (Hrsg.), *Bericht über den 32. Kongreß der Deutschen Gesellschaft für Psychologie 1980 in Zürich* (Band 1, S. 444-446). Göttingen: Hogrefe.

Morris, Ch. (1973). *Zeichen, Sprache und Verhalten.* Düsseldorf: Schwann (Erstausgabe 1938: *Signs, language and behavior.* Englewood Cliffs: Prentice Hall).

Morris, L. W. & Liebert, R. M. (1970). Relationship of cognitive and emotional components of test anxiety to physiological arousal and academic performance. *Journal of Consulting and Clinical Psychology, 35,* 332-337.

Mowrer, O. H. (1947). On the dual nature of learning: A reinterpretation of „conditioning" and „problem solving". *Harvard Educational Review, 17,* 102-148.

Mowrer, O. H. (1950). *Learning theory and personality dynamics.* New York: Ronald Press.

Müller, E. F. & Thomas, A. (1974). *Einführung in die Sozialpsychologie.* Göttingen: Hogrefe.

Müller, G. E. & Pilzecker, A. (1900). *Experimentelle Beiträge zur Lehre vom Gedächtnis.* Leipzig: Barth.

Müller-Lyer, F. C. (1889). Optische Urteilstäuschungen. *Archiv für Psychologie (Ergänzungsband),* 263-270.

Münch, H. (1960). *Die gegenstandslose Kunst - ein Denkfehler.* Wels: Wancara.

Münsterberg, H. (1914). *Psychology: General and applied.* New York: Appleton Century Crofts.

Murray, H. A. (1938). *Explorations in personality.* New York: Oxford University Press.

Musil, R. (1943/1972). *Der Mann ohne Eigenschaften.* Hamburg: Rowohlt.

Mussen, P. H., Conger, J. J. & Kagan, J. (1976). *Lehrbuch der Kinderpsychologie.* Stuttgart: Klett (Erstausgabe 1956: *Child development and personality.* London: Harper & Row).

Näätänen, R. (1973). The inverted U-relationship between activation and performance - a critical review. In S. Kornblum (Ed.), *Attention and performance. IV* (pp. 155-174). New York: Academic Press.

Navon, D. & Gopher, D. (1979). On the economy of the human-processing system. *Psychological Review, 86,* 214-255.

Neisser, U. (1981). John Dean's memory: A case study. *Cognition, 9,* 1-22.

Neisser,U. (1979). *Kognition und Wirklichkeit.* Stuttgart: Klett-Cotta (Erstausgabe 1976: *Cognition and reality.* San Francisco: Freeman).

Nelson, K. (1980). Explorations in the development of a functional system. In W. A. Collins (Ed.), *The 12th Minnesota Symposium on child psychology* (pp. 47-81). Hillsdale, NJ: Lawrence Erlbaum.

Nelson, T. O. & Leonesio, R. J. (1988). Allocation of self-paced study time and the „labor-in-vain-effect". *Journal of Experimental Psychology: Learning, Memory and Cognition, 14,* 676-686.

Neubert, J. (1968). Zur Aktualgenese aufgabenspezifischer Tätigkeitsstrukturen (vorläufige Mitteilung). In W. Hacker, W. Skell & W. Straub (Hrsg.), *Arbeitspsychologie und wissenschaftlich-technische Revolution* (S. 93-106). Berlin: Deutscher Verlag der Wissenschaften.

Neumann, O. & Prinz, W. (Eds.). (1990). *Relationship between perception and action.* Berlin: Springer.

Neumann, O. (1987). Zur Funktion der selektiven Aufmerksamkeit für die Handlungssteuerung. *Sprache und Kognition, 6,* 107-125.

Newell, A. & Simon, H. A. (1972). *Human problem solving.* Englewood Cliffs: Prentice Hall.

Newell, A. (1990*). Unified theories of cognition.* Cambridge, MA: Harvard University Press.

Nicholls, J. G. (1976). Effort is virtuous, but it's better to have ability: Evaluative responses to perceptions of effort and ability. *Journal of Research in Personality, 10,* 306-315.

Nickel, H. (1977). Überblick über ein Forschungsvorhaben: Erziehermerkmale, Sozialverhalten und Erziehungsbedingungen in unterschiedlichen vorschulischen Einrichtungen. In W. H. Tack (Hrsg.), *Bericht über den 30. Kongreß der Deutschen Gesellschaft für Psychologie in Regensburg 1976* (Band 1, S. 245-247). Göttingen: Hogrefe.

Nicklisch, H. (1932). *Die Betriebswirtschaft.* Stuttgart: Poeschel.

Nisbett, R. E. & Ross, L. (1980). *Human inference: Strategies and shortcomings of social judgment.* Englewood Cliffs: Prentice Hall.

Norman, D. A. & Rumelhart, D. E. (1978). Gedächtnis und Wissen. In D. A. Norman & D. E. Rumelhart (Hrsg.), *Strukturen des Wissens* (S. 21-47). Stuttgart: Klett-Cotta (Erstausgabe 1975: *Explorations in cognition.* San Francisco: Freeman).

Novaco, R. W. (1975). *Anger control: The development and evaluation of experimental treatment.* Lexington, MA: Lexington Books.

Nuttin, J. (1984). *Motivation, planning and action. A relational theory of behavior dynamics.* Hillsdale, NJ: Lawrence Erlbaum.

Nygard, R. (1975). A reconsideration of the achievement-motivation theory. *European Journal of Social Psychology, 5,* 61-92.

Ockham (1957). *Philosophical writings.* Ph. Boehner (Ed.). London: Nelson.

Oerter, R., Dreher, E. & Dreher, M. (1977). *Kognitive Sozialisation und subjektive Struktur.* München: Oldenbourg.

Oevermann, U. (1972). *Sprache und soziale Herkunft.* Frankfurt a. M.: Suhrkamp.

Olton, R. M. (1979). Experimental studies of incubation: Searching for the elusive. *Journal of Creative Behavior, 13,* 9-22.

Oppenheimer, L. (1980). Die Beziehung zwischen rekursivem Denken und sozialer Perspektivenübernahme: Eine Entwicklungsstudie. In L. Eckensberger & R. K. Silbereisen (Hrsg.), *Entwicklung sozialer Kognitionen* (S. 211-227). Stuttgart: Klett-Cotta.

Opwis, K. (1990). Selbstreferentielle wissensbasierte Systeme. *Sprache und Kognition, 9,* 193-204.

Oresme, N. (1968). Livre du ciel et du monde. In A. D. Menut & A. J. Denomy (Eds.), *Medieval studies* (Vol. 3-5). Madison: University of Wisconsin Press (verfaßt 1377).

Osgood, Ch. E. & Suci, G. J. (1955). Factor analysis of meaning. *Journal of Experimental Psychology, 50,* 325-338.

Osgood, Ch. E. (1952). The nature and measurement of meaning. *Psychological Bulletin 49,* 197-237.

Oswald, I., Taylor, A. M. & Treisman, M. (1960). Discriminative responses to stimulation during human sleep. *Brain, 83,* 440-453.

Otto, H. R. & Tuedio, J. A. (Eds.). (1988). *Perspectives on mind.* Dordrecht: Reidel.

Ovsiankina, M. (1928). Die Wiederaufnahme unterbrochener Handlungen. *Psychologische Forschung, 11*, 302-379.

Paivio, A. (1986*).* *Mental representations.* New York: Oxford University Press.

Paivio, A., Yuille, J. C. & Rogers, T. B. (1969). Noun imagery and meaningfulness in free recall and serial recall. *Journal of Experimental Psychology, 79*, 509-514.

Palmer, S. E. (1978). Visuelle Wahrnehmung und Wissen. In D. A. Norman & D. E. Rumelhart (Hrsg.), *Strukturen des Wissens* (S. 281-307). Stuttgart: Klett-Cotta (Erstausgabe 1975: Visual perception and world knowledge. In D. A. Norman & D. E. Rumelhart (Eds.), *Explorations in cognition* (pp. 279-307)*.* San Francisco: Freeman).

Parkin, A. (1996). *Gedächtnis. Ein einführendes Lehrbuch.* Weinheim: Psychologie Verlags Union.

Patterson, M. L. (1976). An arousal model of interpersonal intimacy. *Psychological Review, 83*, 235-245.

Pawlik, K. (1976). Ökologische Validität. Ein Beispiel aus der Kulturvergleichsforschung. In G. Kaminski (Hrsg,), *Umweltpsychologie* (S. 59-72). Stuttgart: Klett.

Pawlow, I. P. (1953). Der Zielreflex. *Sämtliche Werke* (Band 3, S. 222-227). Berlin: Akademie Verlag (Erstausgabe 1916).

Pawlow, I. P. (1953). Die gemeinsamen Typen der höheren Nerventätigkeit der Tiere und des Menschen. *Sämtliche Werke* (Band 3, S. 492-511). Berlin: Akademie Verlag (Erstausgabe 1935).

Pawlow, I. P. (1953). Zwanzigjährige Erfahrungen mit dem objektiven Studium der höheren Nerventätigkeit (des Verhaltens) der Tiere. *Sämtliche Werke* (Band 3, S. 1-136). Berlin: Akademie Verlag (Erstausgabe 1923).

Pawlow, I. P. (1953-1955). *Sämtliche Werke.* Berlin: Akademie Verlag.

Pellegrino, L. J., Pellegrino, A. S. & Cushman, A. J. (1967). *A stereotaxic atlas of the rat brain.* New York: Plenum.

Penfield, W. & Rasmussen, Th. (1957). *The cerebral cortex of man.* New York: Macmillan.

Penman, R. (1987). Discourse in courts: Cooperation, coercion and coherence. *Discourse Processes, 10*, 201-218.

Perin, C. T. (1942). Behavior potentiality as a joint function of the amount of training and the degree of hunger at the time of extinction. *Journal of Experimental Psychology, 30*, 93-113.

Perner, J., Leekam, S. & Wimmer, H. (1987). Three-year-old's difficulty with false belief: The case for a conceptual deficit. *British Journal of Developmental Psychology, 5*, 125-137.

Peter, L. J. & Hull, R. (1972). *Das Peter-Prinzip.* Hamburg: Rowohlt (Erstausgabe 1969: *The Peter principle.* New York: Morrow).

Piaget, J. & Inhelder, B. (1977). *Von der Logik des Kindes zur Logik des Heranwachsenden.* Olten: Walter (Erstausgabe 1955: *De la logique de l'enfant à la logique de l'adolescent.* Paris: Presses Universitaires de France).

Piaget, J. (1972). Sechs psychologische Studien. In J. Piaget (Hrsg.), *Theorien und Methoden der modernen Erziehung* (S. 185-351). Wien: Molden.

Piaget, J. (1974). *Der Aufbau der Wirklichkeit beim Kinde.* Stuttgart: Klett (Erstausgabe 1950: *La construction du réel chez l'enfant.* Neuchâtel: Delachaux & Niestlé).

Piaget, J. (1976). *Die Äquilibration der kognitiven Strukturen.* Stuttgart: Klett (Erstausgabe 1975: *L'équilibration des structures cognitives: Problème central du développement.* Paris: Presses Universitaires des France).

Piatelli-Palmarimi, M. (Ed.). (1980). *Language and learning. The debate between Jean Piaget and Noam Chomsky.* London: Routledge & Kegan Paul.

Pinker, S. & Bloom, P. (1990). Natural language and natural selection. Behavioral and Brain Sciences, 13, 707-824.

Platon (undatiert/1974). Das Gastmahl. *Werke* (Band 3, S. 209-394), herausgegegeben von G. Eigler. Darmstadt: Wissenschaftliche Buchgesellschaft.

Plutchik, R. (1962). *The emotions.* New York: Random House.

Polya, G. (1949). *Schule des Denkens.* Bern: Francke.

Pongratz, L. J., Traxel, W. & Wehner, E. G. (1972,1979). *Psychologie in Selbstdarstellungen* (Band 1, Band 2). Bern: Huber.

Postman, L. & Keppel, G. (Eds.). (1970). *Norms of word association.* New York: Academic Press.

Poulsen, D., Kintsch, E., Kintsch, W. & Premack, D. (1979). Children's comprehension and memory for stories. *Journal of Experimental Child Psychology, 28,* 379-403.

Preiser, S. (1976). *Kreativitätsforschung.* Darmstadt: Wissenschaftliche Buchgesellschaft.

Premack, D. (1976). *Intelligence in ape and man.* Hillsdale, NJ: Lawrence Erlbaum.

Pribram, K. H. & McGuinness, D. (1975). Arousal, activation, and effort in the control of attention. *Psychological Review, 82,* 116-149.

Proust, M. (1964). *Auf der Suche nach der verlorenen Zeit.* In *Swanns Welt. I.* Frankfurt a. M.: Suhrkamp.

Pudel, V. & Maus, N. (1990). Ernährung. In R. Schwarzer (Hrsg.), *Gesundheitspsychologie* (S. 151-168). Göttingen: Hogrefe.

Putz-Osterloh, W. (1974). Über die Effektivität von Problemlösungstraining. *Zeitschrift für Psychologie, 182,* 253-276.

Putz-Osterloh,W. (1981). *Problemlöseprozesse und Intelligenztestleistung.* Bern: Huber.

Pylyshin, Z. (1973). What the mind's eye tells the mind's brain: A critique of mental imagery. *Psychological Bulletin, 80,* 1-24.

Rank, O. (1924). *Das Trauma der Geburt.* Wien: Psychoanalytischer Verlag.

Rapaport, D. (1942). *Emotions und memory.* Baltimore: Williams & Wilkins.

Rausch, E. (1952). Zum Ganzheitsproblem in der Psychologie des Denkens. *Studium Generale, 5,* 473-489.

Raven, J. C. (1978). *Raven-Matrizen-Test.* Deutsche Bearbeitung von A. Schmidtke, S. Schaller & P. Becker. Weinheim: Beltz (Erstausgabe 1956: *Standard progressive matrices.* London: Watt).

Ray, M. L. & Webb, E. J. (1966). Speech duration effects in the Kennedy news conferences. *Science, 153,* 899-901.

Reber, A. S. (1992). The cognitive unconscious: An evolutionary perspective. *Consciousness and Cognition, 1,* 93-133.

Rechenberg, I. (1973). Bionik, Evolution und Optimierung. *Naturwissenschaftliche Rundschau, 26,* 465-472.

Reich, W. (1979). *Die Massenpsychologie des Faschismus.* Frankfurt a. M.: Fischer (Erstausgabe 1933).

Reik, Th. (1920). Über kollektives Vergessen. *Internationale Zeitschrift für Psychoanalyse, 6*, 202-215.

Reiser, B. J., Black, J. B. & Abelson, R. P. (1985). Knowledge structures in the organization and retrieval of autobiographical memories. *Cognitive Psychology, 17*, 89-137.

Reppen, J. (1985). *Beyond Sigmund Freud. A study of modern psychoanalytic theorists.* Hillsdale, NJ: Analytic Press.

Reschetowa, S. A. & Kaloschina, I. P. (1973). Psychologische Bedingungen des polytechnischen Unterrichts. In J. Lompscher (Hrsg.), *Sowjetische Beiträge zur Lerntheorie* (S. 71-99). Köln: Pahl-Rugenstein.

Resnick, L. B., Levine, J. M. & Teasley, S. D. (Eds.). (1991). *Perspectives on socially shared cognition.* Washington: American Psychological Association.

Restorff, H. von (1933). Über die Wirkung von Bereichsbildung im Spurenfeld. *Psychologische Forschung, 18*, 299-342.

Revlis, R. (1975). Syllogistic reasoning: Logical decisions from a complex data base. In R. J. Falmagne (Ed.), *Reasoning: Representation and process in children and adults* (pp. 93-133). Hillsdale, NJ: Lawrence Erlbaum.

Reykowski, J. (1978). Persönlichkeitspsychologische Mechanismen prosozialen Verhaltens. *Probleme und Ergebnisse der Psychologie, 67*, 65-86.

Rheinberg, F. (1980). *Leistungsbewertung und Lernmotivation.* Göttingen: Hogrefe.

Rizley, R. C. & Rescorla, R. A. (1972). Associations in second-order conditioning and sensory preconditioning. *Journal of Comparative and Physiological Psychology, 81*, 1-11.

Robinson, J. A. (1992). First experience memories: Contexts and function in personal histories. In M. A. Conway, D. C. Rubin, H. Spinnler & W. Wagenaar (Eds.), *Theoretical perspectives on autobiographical memory* (pp. 223-239). Dordrecht: Kluwer.

Rock, I. (1985). *Wahrnehmung. Vom visuellen Reiz zum Sehen und Erkennen.* Heidelberg: Spektrum der Wissenschaft.

Roediger, H. L. & Crowder, R. G. (1982). A serial position effect in recall of United States presidents. In U. Neisser (Ed.), *Memory observed. Remembering in natural contexts* (pp. 230-237). San Francisco: Freeman.

Rogers, C. R. (1976). *Die nicht-direktive Beratung.* München: Kindler (Erstausgabe 1942: *Counseling and psychotherapy.* Boston: Houghton & Mifflin).

Rohde, E. (1898/1980). *Psyche. Seelenkult und Unsterblichkeitsglaube der Griechen* (zwei Bände in einem Band). Darmstadt: Wissenschaftliche Buchgesellschaft.

Róheim, G. (1972). *Animism, magic, and the divine king.* London: Routledge & Paul (Erstausgabe 1930).

Rohr, A. R. (1975). *Kreative Prozesse und Methoden der Problemlösung.* Weinheim: Beltz.

Rohracher, H. (1956). *Kleine Charakterkunde.* Wien: Urban & Schwarzenberg.

Röhrich, L. (1973). *Lexikon der sprichwörtlichen Redensarten* (Band 2). Freiburg i. Br.: Herder.

Rosch, E. (1975). Cognitive representations of semantic categories. *Journal of Experimental Psychology: General, 104*, 192-233.

Rosch, E. (1978). Principles of categorization. In E. Rosch & B. B. Lloyd (Eds.), *Cognition and categorization* (pp. 27-48). Hillsdale, NJ: Lawrence Erlbaum.

Rosch, E., Mervis, C. D., Gray, W. D., Johnson, D. M. & Boyes-Braem, P. (1976). Basic objects in natural categories. *Cognitive Psychology, 8*, 382-439.

Rost-Schaude, E. (1982). Untersuchungen zu einer deutschen Form des IEC Fragebogens von Rotter. In R. Mielke (Hrsg.), *Interne/externe Kontrollüberzeugung* (S. 156-177). Bern: Huber.

Roth, E., Oswald, W. D. & Daumenlang, K. (1975). *Intelligenz*. Stuttgart: Kohlhammer, 3. Aufl. (Erstausgabe 1972).

Rotter, J. B. (1966). Generalized expectancies for internal versus external control of reinforcement. *Psychological Monographs, 80*, Nr. 609.

Rotter, J. B., Liverant, S. & Crowne, D. P. (1961). The growth and extinction of expectancies in chance controlled and skilled tasks. *Journal of Psychology, 52*, 161-177.

Rubinstein, S. L. (1977). *Das Denken und die Wege seiner Erforschung* (6. Aufl.). Berlin: Deutscher Verlag der Wissenschaften.

Sachs, J. S. (1967). Recognition memory for syntactic and semantic aspects of connected discourse. *Perception and Psychophysics, 2*, 437-442.

Sahakian, W. S. (1975). *History and systems of psychology*. New York: Schenkman/Wiley & Sons.

Saling, G. (1908). Assoziative Massenversuche. *Zeitschrift für Psychologie, 49*, 238-253.

Sanders, C. (1978). *Die behavioristische Revolution in der Psychologie*. Salzburg: Müller (Erstausgabe 1972: *De behavioristische revolutie in de psychologie*. Deventer: Van Loghum Slaterus).

Sapir, E. (1972). *Die Sprache*. München: Hueber (Erstausgabe 1921: *Language*. New York: Harcourt).

Sarris, V. (1971). *Wahrnehmung und Urteil*. Göttingen: Hogrefe.

Sarris,V. (1967). Die Abhängigkeit des Adaptationsniveaus von Ankerreizen. *Zeitschrift für experimentelle und angewandte Psychologie, 14*, 1-53.

Sartre, J. J. (1939). *Esquisse d'une théorie phénoménologique des emotions. Actualités scientifiques et industrielles No. 838*. Paris: Hermann.

Sartre, J. P. (1952). *Das Sein und das Nichts*. Hamburg: Rowohlt (Erstausgabe 1943: *L'être et le néant*. Paris: Gallimard).

Saugstad, P. & Raaheim, K. (1977). Problemlösen und Verfügbarkeit von Funktionen. In W. Schönpflug (Hrsg), *System Mensch - Reader* (S. 146-150). Stuttgart: Klett-Cotta (1957/58 gekürzt: Problem solving and availability of functions. *Acta Psychologica, 13*, 263-278).

Savage-Rumbaugh, E. S. (1988). A new look at ape language: Comprehension of vocal speech and syntax. In D. Leger (Ed.), *The Nebraska Symposium on Motivation*, (Vol. 35, pp. 201-255). Lincoln: University of Nebraska Press.

Schachter, S. & Singer, J. E. (1962). Cognitive, social and physiological determinants of emotional state. *Psychological Review, 69*, 379-399.

Schacter, D. L. (1993). Understanding implicit memory: A cognitive neuroscience approach. In A. F. Collins, S. E. Gathercole, M. A. Conway & P. E. Morris (Eds.), *Theories of memory* (pp. 387-412). Hillsdale, NJ: Lawrence Erlbaum.

Schäfer, B. (1975). Konstruktion eines Eindrucksdifferentials zur Erfassung der ideologiespezifischen Bewertung politischer Schlüsselwörter. In R. Bergler (Hrsg.), *Das Eindrucksdifferential* (S. 139-156). Bern: Huber.

Schäfer, R. (1989). *Der Ewige Schlaf - visages de morts*. Hamburg: Kellner.

Schandry, R. (1989). *Lehrbuch der Psychophysiologie*. Weinheim: Psychologie Verlags Union.

Schank, R. C. & Abelson, R. P. (1977). *Scripts, plans, goals, and understanding.* Hillsdale, NJ: Lawrence Erlbaum.

Scheerer, E. (1983). *Die Verhaltensanalyse.* Berlin: Springer.

Scheerer, M. (1963). Problem solving. *Scientific American, 208,* 118-128.

Schefe, P. (1991). *Künstliche Intelligenz - Überblick und Grundlagen. Grundlegende Konzepte und Methoden zur Realisierung der künstlichen Intelligenz.* Mannheim: Biblographisches Institut Wissenschafts Verlag.

Scherer, K. R. & Ekman, P. (1984). *Approaches to emotion.* Hillsdale, NJ: Lawrence Erlbaum.

Scherer, K. R. (1979). Die Funktionen des nonverbalen Verhaltens im Gespräch. In K. R. Scherer & H. G. Walbott (Hrsg.), *Nonverbale Kommunikation. Forschungsberichte zum Interaktionsverhalten* (S. 25-32). Weinheim: Beltz.

Scherer, K. R. (1979). Personality markers in speech. In K. R. Scherer & H. Giles (Eds.), *Social markers in speech* (pp. 147-209). Cambridge: Cambridge University Press.

Schlee, J. (1974). Sprache, Wortschatz und Intelligenz bei Vorklassenschülern. Heftreihe *„Modellversuche im Bildungswesen", Heft 5,* Kiel.

Schmalohr, E. (1991). Metakognitive Instruktionsgespräche über Leseschwierigkeiten mit Grund- und Sonderschülern. *Heilpädagogische Forschung, 17,* 117-128.

Schmidt, H. (1941). Regelungstechnik. *Zeitschrift des Vereins deutscher Ingenieure, 85,* 81-88.

Schmidt-Atzert, L. (1996). Lehrbuch der *Emotionspsychologie.* Stuttgart: Kohlhammer.

Schneewind, K. A. (Hrsg.). (1977). *Wissenschaftstheoretische Grundlagen der Psychologie.* München: Reinhardt.

Schneider, K. & Schmalt, H. D. (1994). *Motivation.* Stuttgart: Kohlhammer.

Schneider, W. & Pressley, M. (1989). *Memory development between 2 and 20.* New York: Springer.

Schneider, W. & Shiffrin, R. M. (1977). Controlled and automatic human information processing. I. Detection, search, and attention. *Psychological Review, 84,* 1-66.

Schneider, W. (1985). Developmental trends in the metamemory-memory behavior relationship: An integrative review. In D. L. Forrest-Pressley, G. E. MacKinnon & T. G. Waller (Eds.), *Cognition, metacognition, and human performance* (pp. 57 - 109). New York: Academic Press.

Schneider, W. (1989). *Zur Entwicklung des Meta-Gedächtnisses bei Kindern.* Bern: Huber.

Schöler, L., Lindenmeyer, J. & Schöler, H. (1981). *Das alles soll ich nicht mehr können? Sozialtraining für Rollstuhlabhängige.* Weinheim: Beltz.

Schönbach, P. (1979). Sprachstrukturelle Einflüsse auf Personenbeurteilungen. *Zeitschrift für experimentelle und angewandte Psychologie, 26,* 621-642.

Schöne, G. & Hartmann, S. (1976). Zum Aufbau innerer Modelle über die Wirkung von Eingriffen bei abhängigem Signalangebot. In W. Hacker (Hrsg.), *Psychische Regulation von Arbeitstätigkeiten* (S. 58-65). Berlin: Deutscher Verlag der Wissenschaften.

Schönpflug, W. & Beike, P. (1964). Einprägen und Aktivierung bei gleichzeitiger Variation der Absichtlichkeit des Lernens und der Ich-Bezogenheit des Lernstoffs. *Psychologische Forschung, 27,* 366-376.

Schoppe, K. J. (1975). *Verbaler Kreativitätstest. Handanweisung.* Göttingen: Hogrefe.

Schuler, H. & Berger, W. (1979). The impact of physical attractiveness on an employment decision. In M. Cook & G. Wilson (Eds.), *Love and attraction* (pp. 33-36). Oxford: Pergamon.

Schulman, A. I. (1974). Memory for words recently classified. *Memory and Cognition, 2,* 47-52.

Schultz-Gambard, J. & Altschuh, E. (1993). Unterschiedliche Führungsstile im geeinten Deutschland. *Zeitschrift für Sozialpsychologie, 24,* 167-175.

Schulze, W. (1963). *Aufzeichnungen,* herausgegeben von W. Haftmann. Köln: Du Mont Schaumberg.

Schwitalla, J. (1979). Metakommunikation als Mittel der Dialogorganisation und der Beziehungsdefinition. In J. Dittmann (Hrsg.), *Arbeiten zur Konversationsanalyse* (S. 111-143). Tübingen: Niemeyer.

Scribner, S. (1975). Recall of classical syllogisms: A cross-cultural investigation of error in logical problems. In R. J. Falmagne (Ed.), *Reasoning: Representation and process in children and adults* (pp. 153-173). Hillsdale, NJ: Lawrence Erlbaum.

Seamon, J. G., Marsh, R. L. & Brody, N. (1984). Critical importance of exposure duration for affective discrimination of stimuli that are not recognized. *Journal of Experimental Psychology: Learning, Memory, and Cognition, 10,* 465-469.

Searle, J. R. (1986). *Geist, Hirn und Wissenschaft.* Frankfurt a. M.: Suhrkamp (Erstausgabe 1984: *Mind, brain and science.* London: British Broadcasting Corporation).

Sechenow, I. M. (1960). *Selected physiological and psychological works,* herausgegeben von G. Gibbons. Moskau: Foreign Language Publication House.

Segal, L. (1988). *Das 18. Kamel oder Die Welt der Erfindung.* München: Piper (Erstausgabe 1986: *The dream of reality.* New York: London).

Seiffge-Krenke, I. (1974). *Probleme und Ergebnisse der Kreativitätsforschung.* Bern: Huber.

Seitz, A. (1940). Die Paarbildung bei einigen Cichliden. *Zeitschrift für Tierpsychologie, 41,* 40- 84.

Selfridge, O. G. (1959). *Pandemonium: A paradigm for learning. Symposium on the mechanization of thought processes.* London: HM Stationary Office.

Seligman, M. E. P. & Hager, J. L. (1972). *Biological boundaries of learning.* New York: Appleton Century Crofts.

Seligman, M. E. P. (1995). *Erlernte Hilflosigkeit* (5. korrig. Aufl.). Weinheim: Psychologie Verlags Union (Erstausgabe 1975: *Helplessness.* San Francisco: Freeman).

Semmer, N. & Pfäfflin, M. (1978). *Interaktionstraining.* Weinheim: Beltz.

Sexton, V. S. & Misiak, H. (1976). *Psychology around the world.* Monterey: Brooks & Cole.

Shaffer, L. H. (1976). Intention and performance. *Psychological Review, 83,* 375-393.

Shakespeare, W. (1956). Ein Sommernachtstraum. *Sämtliche Werke* (Band 2, S. 298). Berlin: Aufbau Verlag.

Shepard, R. N. (1967). Recognition memory for words, sentences and pictures. *Journal of Verbal Learning and Verbal Behavior, 6,* 156-163.

Sherif, M. & Sherif, C. W. (1953). *Groups in harmony and tension.* New York: Harper.

Shiffrin, R. M. & Atkinson, R. C. (1969). Storage and retrieval processes in long-term memory. *Psychological Review, 76,* 179-193.

Siebert, M. (1977). Ärgerkontrolle: Eine Methode der Aggressionsbewältigung. *Zeitschrift für klinische Psychologie, 6,* 59-69.

Singer, J. L. (1966). *Daydreaming.* New York: Random House.

Skell,W. (1976). Bemerkungen zur Genese und Realisierung von Plänen im Arbeitsprozeß. In W. Hacker (Hrsg.), *Psychische Regulation von Arbeitstätigkeiten* (S. 66-71). Berlin: Deutscher Verlag der Wissenschaften.

Skinner, B. F. (1937). Two types of conditioned reflex: Reply to Konorski and Miller. *Journal of General Psychology, 16,* 272-279.

Skinner, B. F. (1938). *The behavior of organisms.* New York: Appleton Century Crofts.

Skinner, B. F. (1970). *Futurum II.* Hamburg: Wegner.

Skinner, B. F. (1973). *Jenseits von Freiheit und Würde.* Hamburg: Rowohlt (Erstausgabe 1971: *Beyond freedom and dignity.* New York: Knopf).

Skinner, B. F. (1978). *Was ist Behaviorismus?* Hamburg: Rowohlt (Erstausgabe 1974: *About behaviorism.* New York: Knopf, 2. Aufl).

Sokolow, A. N. (1972). *Inner speech and thought.* New York: Plenum (Erstausgabe 1968: *Vnutrennyaya rech' i myshlenie.* Moskwa: Prosveshchenie).

Speisman, J. C., Lazarus, R. S., Mordkoff, A. & Davison, L. (1964). The experimental reduction of stress based on ego defense theory. *Journal of Abnormal and Social Psychology, 68,* 367-380.

Spelt, D. (1948). The conditioning of human fetus in utero. *Journal of Experimental Psychology, 38,* 338-346.

Spence, K. W. (1956). *Behavior theory and conditioning.* New Haven: Yale University Press.

Sperling, G. (1960). The information available in brief visual presentations. *Psychological Monographs, 74,* Nr. 498.

Sperry, R. W. (1968). Hemisphere deconnection and unity in conscious awareness. *American Psychologist, 23,* 723-733.

Spilich, G. J., Vesonder, G. T., Chiesi, H. L. & Voss, J. F. (1979). Text processing of domain-related information for individuals with high and low domain knowledge. *Journal of Verbal Learning and Verbal Behavior, 18,* 275-290.

Spinoza, B. (1955). *Ethik.* Stuttgart: Kröner (Erstausgabe 1677).

Spranger, E. (1930). *Lebensformen.* Halle: Niemeyer.

Springer, S. P. & Deutsch, G. (1987). *Linkes - rechtes Gehirn: funktionelle Asymmetrien.* Heidelberg: Spektrum der Wissenschaft (Erstausgabe 1985: *Left brain - right brain.* New York: Freeman).

Stachowiak, H. (1973). *Allgemeine Modelltheorie.* Wien: Springer.

Stadler, M., Seeger, F. & Raeithel, A. (1975). *Psychologie der Wahrnehmung.* München: Juventa.

Staudinger, U. M., Smith, J. & Baltes, P. B. (1992). Wisdom-related knowledge in a life review task: Age differences and the role of professional specialization. *Psychology and Aging, 7,* 271-281.

Stauffacher, J. C. (1937). The effect of induced muscular tension upon various phases ot the learning process. *Journal of Experimental Psychology, 21,* 26-46.

Steiner, G. (1980). *Visuelle Vorstellungen beim Lösen von elementaren Problemen.* Stuttgart: Klett-Cotta.

Sternberg, S. (1975). Memory scanning: New findings and current controversies. *Quarterly Journal of Experimental Psychology, 27,* 1-32.

Stevens, S. S. (1975). *Psychophysics.* New York: Wiley & Sons.

Stierlin, H. & Ravenscroft, K. (1974). Trennungskonflikt bei Jugendlichen. *Psyche, 28,* 719-746.

Still, A. & Costall, A. (1987). Introduction: In place of cognitivism. In A. Costall & A. Still (Eds.), *Cognitive psychology in question* (pp.1-12). Brigthon, Sussex: Harvester Press.

Störring, G. (1908). Experimentelle Untersuchungen über einfache Schlußprozesse. *Archiv für die gesamte Psychologie, 11,* 1-127.

Störring, G. (1926). *Das urteilende und schließende Denken in kausaler Behandlung*. Leipzig: Akademische Verlagsgesellschaft.

Strauss, M. S. & Carter, P. (1984). Infant memory: Limitations and future directions. In R. Kail & N. E. Spear (Eds.), *Comparative perspectives on the development of memory* (pp. 317- 323). Hillsdale, NJ: Lawrence Erlbaum.

Strelau, J. (1975). Reactivity and activity style in selected occupations. *Polish Psychological Bulletin, 6*, 199-207.

Sydow, H. (1970). Zur metrischen Erfassung von subjektiven Problemzuständen und deren Veränderung im Denkprozeß. *Zeitschrift für Psychologie, 177*, 145-198.

Tack, W. (1983). Psychophysische Methoden. In H. Feger & J. Bredenkamp (Hrsg.), *Messen und Testen. Enzyklopädie der Psychologie* (Themenbereich B, Serie I, Band 3, S. 346-426). Göttingen: Hogrefe.

Tajfel, H. (1969). Social and cultural factors in perception. In G. Lindzey & E. Aronson (Eds.), *The handbook of social psychology* (pp. 315-394). Reading, MA: Addison Wesley.

Tanon, F. (1994). *A cultural view on planning: the case of weaving in Ivory Coast*. Tilburg: Tilburg University Press.

Tausch, R. (1954). Optische Täuschungen als artifizielle Effekte der Gestaltungsprozesse von Größen- und Formkonstanz in der natürlichen Raumwahrnehmung. *Psychologische Forschung, 24*, 299-348.

Tausch, R. & Tausch, A.-M. (1979). *Gesprächspsychotherapie*. Göttingen: Hogrefe.

Tausk, V. (1916/17). Falsche Fahrtrichtung. *Internationale Zeitschrift für Psychoanalyse, 4*, 157-158.

Taylor, C. W. & Ellison, R. L. (1975). Moving towards working models in creativity: Utah creativity experiences and insights. In I. A. Taylor & J. W. Getzels (Eds.), *Perspectives in creativity* (pp. 191-223). Chicago: Aldine.

Teitelbaum, P. & Epstein, A. N. (1962). The lateral hypothalamic syndrome: Recovery of feeding and drinking after lateral hypothalamic lesions. *Psychological Review 69*, 74-90.

Tennyson, R. D. & Woolley, F. R. (1971). Interaction of anxiety with performance on two levels of task difficulty. *Journal of Educational Psychology, 62*, 463-467.

Tesauro, G. (1990). Neural models of classical conditioning: A theoretical viewpoint. In S. J. Hanson & C. R. Olson (Eds.), *Connectionist modeling and brain function: The developing interface* (pp.74-104). Cambridge, MA: Massachusetts Institute of Technology Press.

Tholey, P. (1977). Der Klartraum. Seine Funktion in der experimentellen Traumforschung. In W. Tack (Hrsg.), *Bericht über den 30. Kongreß der Deutschen Gesellschaft für Psychologie 1976 in Regensburg* (Band 1, S. 376-378). Göttingen: Hogrefe.

Thomae, H. & Feger, H. (1969). *Hauptströmungen der neueren Psychologie*. Bern: Huber.

Thomae, H. (1977). *Psychologie in der modernen Gesellschaft*. Hamburg: Hoffmann & Campe.

Thomas, J. C. (1974). An analysis of behavior in the hobbits-orcs problem. *Cognitive Psychology, 6*, 257-269.

Thorndike, E. L. (1898). Animal intelligence. *Psychological Review, Monograph Supplement, Nr. 8*.

Thorndike, E. L. (1931). *Human learning*. Cambridge, MA: Massachusetts Institute of Technology Press.

Tichomirow, O. K. (1975). Struktur der Denktätigkeit des Menschen. In A. W. Bruschlinski & O. K. Tichomirow (Hrsg.), *Zur Psychologie des Denkens* (S. 133-352). Berlin: Deutscher Verlag der Wissenschaften.

Tiedemann, J. (1988). Zur Diagnostik kognitiver Stile. *Diagnostica, 34,* 289-300.

Tinbergen, N. (1952). *Instinktlehre.* Berlin: Parey (Erstausgabe 1951: *The study of instincts.* Oxford: Clarendon Press).

Tolman, E. C. & Honzik, C. H. (1930). „Insight" in rats. *University of California Publications in Psychology, 4,* 215-232.

Tolman, E. C. (1932). *Purposive behavior in animals and men.* New York: Appleton-Century-Crofts.

Tolman, E. C. (1949). There is more than one kind of learning. *Psychological Review, 56,* 144-155.

Tomaszewski, T. (1978). *Tätigkeit und Bewußtsein.* Weinheim: Beltz.

Trabasso, T., Riley, C. A. & Wilson, E. G. (1975). The representation of linear order and spatial strategies in reasoning: A developmental study. In R. J. Falmagne (Ed.), *Reasoning: Representation and process in children and adults* (pp. 201-229). Hillsdale, NJ: Lawrence Erlbaum.

Traxel, W. (1962). Grundzüge eines Systems der Motivierungen. *Archiv für die gesamte Psychologie, 114,* 143-172.

Traxel, W. & Heide, H. J. (1961). Dimensionen der Gefühle. *Psychologische Forschung, 26,* 179-204.

Tucholsky, K. (1975). *Gesammelte Werke* (Band 4), herausgegeben von M. Gerold-Tucholsky & F. J. Raddatz. Reinbek: Rowohlt.

Tulving, E. (1972). Episodic and semantic memory. In E. Tulving & W. Donaldson (Eds.), *Organisation of memory* (pp. 381-403). New York: Academic Press.

Tulving, E. (1983). *Elements of episodic memory.* Oxford: Clarendon Press.

Tulving, E. & Thomson, D. M. (1973). Encoding specificity and retrieval processes in episodic memory. *Psychological Review, 80,* 352-373.

Ulich, E. (1965). Untersuchungen über sensumotorisches Lernen. In H. Heckhausen (Hrsg.), *Bericht über den 24. Kongreß der Deutschen Gesellschaft für Psychologie 1964 in Wien* (S. 363-367). Göttingen: Hogrefe.

Ulich, E. (1991). *Arbeitspsychologie.* Stuttgart: Poeschel.

Valentin, K. (1940). *Der Sprachforscher* (1. Fassung). Stadtarchiv München.

Velden, M. (1982). *Die Signalentdeckungstheorie in der Psychologie.* Stuttgart: Kohlhammer.

Volpert, W. (Hrsg.). (1980). *Beiträge zur psychologischen Handlungstheorie.* Bern: Huber.

Voss, H. G. & Keller, H. (Hrsg.). (1981). *Neugierforschung.* Weinheim: Beltz.

Vroom, V. H. (1964). *Work and motivation.* New York: Wiley & Sons.

Vukovich, A. (1974). E. A. Dölles linguistische Durchbrüche. In Th. Herrmann (Hrsg.), *Dichotomie und Duplizität - Ernst August Dölle zum Gedächtnis* (S. 165-183). Bern: Huber.

Vukovich, A. (1977). Der rhetorische Forschungsansatz in der Kommunikationspsychologie. In H. W. Tack (Hrsg.), *Bericht über den 30. Kongreß der Deutschen Gesellschaft für Psychologie 1976 in Regensburg* (Band 1, S. 157-166). Göttingen: Hogrefe.

Wagner, I. & Cimiottti, E. (1975). Impulsive und reflexive Kinder prüfen Hypothesen: Strategien beim Problemlösen, aufgezeigt an Blickbewegungen. *Zeitschrift für Entwicklungspsychologie und Pädagogische Psychologie, 7,* 1-15.

Wallmann, J. (1973). *Kirchengeschichte Deutschlands* (Band 2). Frankfurt a. M.: Ullstein.

Wandersman, A., Poppen, P. & Ricks, D. (1976). *Humanism and behaviorism: Dialogue and growth.* Oxford: Pergamon.

Watson, D. & Tharp, R. (1975). *Einübung in Selbstkontrolle. Grundlagen und Methoden der Verhaltensänderung.* München: Pfeiffer (Erstausgabe 1972: *Self-directed behavior. Self modification for personal adjustment.* Monterey, CAL: Brooks & Cole).

Watson, G. (1957). Some personality differences in children related to strict or permissive parental discipline. *Journal of Psychology, 44,* 227-249.

Watson, J. B. (1968). *Behaviorismus.* Köln: Kiepenheuer & Witsch (Erstausgabe 1925: *Behaviorism.* New York: Norton).

Watzlawick, P., Beavin, J. H. & Jackson, D. D. (1971). *Menschliche Kommunikation - Formen, Paradoxien, Störungen.* Bern: Huber (Erstausgabe 1967: *Pragmatics of human communication. A study of interactional patterns, pathologies, and paradoxes.* New York: Norton).

Webb, W. B. (1970). The university-wide department of psychology model. *American Psychologist, 25,* 424-427.

Weber, E. H. (1851). *Die Lehre vom Tastsinne und Gemeingefühle.* Braunschweig: Vieweg.

Wechsler, D. (1964). *Die Messung der Intelligenz Erwachsener.* Bern: Huber (Erstausgabe 1939: *The measurement of adult intelligence.* Baltimore: Williams & Wilkins).

Weder, H. (1966). *Der Makler.* Hamburg: Hoffmann & Campe.

Wehner, E. G. (1992). *Psychologie in Selbstdarstellungen* (Band 3). Bern: Huber.

Weiner, B. (1974). An attributional interpretation of expectancy value theory. In B. Weiner (Ed.), *Cognitive views of human motivation* (pp. 51-69). New York: Academic Press.

Weinert, F. E. (1987). Zur Lage der Psychologie. *Psychologische Rundschau, 38,* 1-13.

Weinert, F. E. (1991). Weiß das Gedächtnis, daß, was und wie es lernt? In K. Grawe, R. Hänni, N. Semmer & F. Tschan (Hrsg.), *Über die richtige Art, Psychologie zu betreiben* (S. 271-281). Göttingen: Hogrefe.

Weinert, F.-E. & Kluwe, R.-H. (Hrsg.). (1984). *Metakognition, Motivation und Lernen.* Stuttgart: Kohlhammer.

Weinert, Th. (1976). *Aggression und Depression.* Göttingen: Verlag für medizinische Psychologie.

Weinstein, J., Averill, J. A., Opton, E. M. & Lazarus, R.S. (1968). Defensive style and discrepancy between self-report and physiological indexes of stress. *Journal of Personality and Social Psychology, 10,* 406-413.

Wender, K. F., Colonius, H. & Schulze, H.-H. (1980). *Modelle des menschlichen Gedächtnisses.* Stuttgart: Kohlhammer.

Wenger, M. A., Bagchi, B. K. & Anand, B. K. (1961). Experiments in India on „voluntary" control of the heart and pulse. *Circulation, 24,* 1319-1325.

Wenzl, A. (1947). *Philosophie der Freiheit.* München-Pasing: Filser.

Werbik, H. (1978). *Handlungstheorien.* Stuttgart: Kohlhammer.

Werner, H. & Wapner, S. (1965). An experimental approach to the organismic-developmental point of view. In H. Werner & S. Wapner (Eds.), *The body percept* (pp. 9-25). New York: Random House.

Wertheimer, M. (1923). Untersuchungen zur Lehre von der Gestalt. *Psychologische Forschung*, *4*, 301-350.

Wertheimer, M. (1925). *Drei Abhandlungen zur Gestalttheorie* (S. 164-184). Erlangen: Palm & Enke.

Wertheimer, M. (1956). *Produktives Denken*. Frankfurt a. M.: Kramer (Erstausgabe 1943: *Productive thinking*. New York: Harper & Row).

Whorf, B. L. (1963). *Sprache, Denken, Wirklichkeit*. Reinbek: Rowohlt (Erstausgabe 1956: *Language, thought, and reality*. Cambridge, MA.: Massachussetts Institute of Technology Press).

Wickelgren, W. A. (1974). *How to solve problems*. San Francisco: Freeman.

Wiener, N. (1968). *Kybernetik*. Reinbek: Rowohlt (Erstausgabe 1948: *Cybernetics*. New York: Wiley & Sons).

Wierzbicka, A. (1992). *Semantics, culture and cognition*. New York: Oxford University Press.

Wilhelm, H. (1992). *Studienführer Psychologie*. München: Lexika Verlag.

Witkin, H. A., Lewis, H. B., Hertzman, M., Machover, K., Bettnall Meisser, P. & Wapner, S. (1975). *Personality through perception* (3. Aufl.). New York: Harper (Erstausgabe 1954).

Witte, W. (1960). Experimentelle Untersuchungen von Bezugssystemen. I. Struktur, Dynamik und Genese von Bezugssystemen. *Psychologische Beiträge*, *4*, 218-252.

Wittgenstein, L. (1960). Philosophische Untersuchungen. In L. Wittgenstein (Hrsg), *Schriften* (S. 279-544). Frankfurt a. M.: Suhrkamp.

Wolff, Chr. (1962). Philosophia prima sive ontologia. *Gesammelte Werke* (2. Abt. Band 3), herausgegeben von J. Ecole. Hildesheim: Olms (Erstausgabe 1730).

Woodworth, R. S. & Sells, S. B. (1935). An atmosphere effect in syllogistic reasoning. *Journal of Experimental Psychology*, *18*, 451-460.

Wormser, R. G. (1977). *Taxonomie der Motivation altruistischen Verhaltens*. Dissertation Universität München.

Wulf, F. (1922). Über die Veränderungen von Vorstellungen (Gedächtnis und Gestalt). *Psychologische Forschung*, *1*, 333-373.

Wundt, W. (1896). *Grundriß der Psychologie*. Leipzig: Engelmann.

Wundt, W. (1911). *Grundzüge der Physiologischen Psychologie* (6. Aufl.). Leipzig: Engelmann (Erstausgabe 1873).

Wyer, R. S. & Podeschi, D. M. (1978). The acceptance of generalizations about persons, objects and events. In R. Revlin & R. E. Mayer (Eds.), *Human reasoning* (pp. 101-137). New York: Wiley & Sons.

Yando, R., Seitz, V. & Zigler, E. (1978). *Imitation : A developmental perspective*. Hillsdale, NJ: Lawrence Erlbaum.

Yates, F. A. (1991). *Gedächtnis und Erinnern. Mnemonik von Aristoteles bis Shakespeare*. Weinheim: VCH (Erstausgabe 1966: *The art of memory*. London: Routledge & Kegan).

Yerkes, R. M. & Dodson, J. D. (1908). The relation of strength of stimulus to rapidity of habit formation. *Journal of Comparative Neurology and Psychology*, *18*, 459-482.

Young, P. T. (1973). *Emotion in man and animal*. New York: Krieger.

Zajonc, R. B. (1980). Feeling and thinking. Preferences need no inferences. *American Psychologist*, *35*, 151-175.

Zeigarnik, B. (1927). Über das Behalten von erledigten und unerledigten Handlungen. *Psychologische Forschung, 9,* 1-85.

Zenon (1905). *Stoicorum veterum fragmenta collegit Ioannes ab Armin* 1-4. Leipzig: Teubner.

Zöllner, J., Mothes, O. & Luckenbacher, F. (1864). *Einführung in die Geschichte der Erfindungen.* Leipzig u. Berlin: Spamer.

Zuckerman, M. (1979). *Sensation seeking: Beyond the optimal level of arousal.* Hillsdale, NJ: Lawrence Erlbaum.

Autoren und Herausgeber

Sachwörter

Bildnachweis